COMENTARIO DE MARTÍN LUTERO
SOBRE LA EPÍSTOLA A LOS GÁLATAS (1535)

COMENTARIO DE MARTÍN LUTERO SOBRE LA EPÍSTOLA A LOS GÁLATAS (1535)

CONFERENCIAS TRANSCRITAS POR ESTUDIANTES Y TRADUCIDAS AL ESPAÑOL DE HOY

TRADUCCIÓN DE HAROLDO CAMACHO

Comentario de Martín Lutero sobre la Epístola a los Gálatas (1535)
© 2024 Haroldo S. Camacho

Todos los derechos reservados. Ninguna porción de esta publicación puede ser reproducida, almacenada en un sistema de recuperación, o transmitida de ninguna forma ni por ningún medio —ya sea electrónico, mecánico, fotocopias, grabación u otros— sin el previo permiso de la editorial o una licencia que permita copia restringida.

Publicado en © 2024 por 1517 Publishing
PO Box 54032 Irvine, CA 92619-4032

ISBN (Paperback) 978-1-956658-90-3
ISBN (EBook) 978-1-956658-91-0

A menos que se indique algo distinto, los textos bíblicos proceden de la versión Reina-Valera 1960 ® © Sociedades Bíblicas en América Latina, 1960. Renovado © Sociedades Bíblicas Unidas, 1988. Utilizado con permiso.

Las citas bíblicas marcadas con RV 1995 están tomadas de la versión Reina-Valera 1995. Reina-Valera 95® © Sociedades Bíblicas Unidas, 1995. Utilizado con permiso.

Las citas bíblicas marcadas con RVC están tomadas de la versión Reina Valera Contemporánea ® © Sociedades Bíblicas Unidas, 2009, 2011.

Las citas bíblicas marcadas con RVA-2015 están tomadas de la versión Reina Valera Actualizada, Copyright © 2015 por Editorial Mundo Hispano.

Las citas bíblicas marcadas con NVI están tomadas de la Santa Biblia, NUEVA VERSIÓN INTERNACIONAL® NVI® © 1999, 2015 por Biblica, Inc.® Usado con permiso de Biblica, Inc.® Reservados todos los derechos en todo el mundo.

Las citas bíblicas marcadas con CST están tomadas de la Santa Biblia, NUEVA VERSIÓN INTERNACIONAL® NVI® (Castellano) © 1999, 2005, 2017 por Biblica, Inc.® Usado con permiso de Biblica, Inc.® Reservados todos los derechos en todo el mundo.

Las citas bíblicas marcadas con LBLA están tomadas de LA BIBLIA DE LAS AMERICAS®, Copyright © 1986, 1995, 1997 por The Lockman Foundation. Usado con permiso.

Las citas bíblicas marcadas con PDT están tomadas de la Palabra de Dios para Todos © 2005, 2008, 2012, 2015 Centro Mundial de Traducción de La Biblia © 2005, 2008, 2012, 2015 Bible League International.

Las citas bíblicas marcadas con JBS están tomadas de la Biblia del Jubileo 2000 (JUS) © 2000, 2001, 2010, 2014, 2017, 2020 por Ransom Press International.

Contenido

Introducción del traductor 9

Prefacio de Martín Lutero 13

¡50 aplausos para la justicia propia, sus obras y virtudes!
De la pluma del apóstol Pablo a los Gálatas 21

Conferencia 1: viernes 3 de julio 25
    Introducción de Martín Lutero 25
    Argumento de la Epístola a los Gálatas 27

Conferencia 2: sábado 4 de julio
    Gálatas 1:1 – Gálatas 1:2 36

Conferencia 3: jueves 9 de julio
    Gálatas 1:3 54

Conferencia 4: viernes 10 de julio
    Gálatas 1:4 – Gálatas 1:7 74

Conferencia 5: viernes 17 de julio
    Gálatas 1:8 – Gálatas 1:17 89

Conferencia 6: sábado 18 de julio
    Gálatas 1:18 – Gálatas 2:4-5 112

Conferencia 7: viernes 24 de julio
    Gálatas 2:4-5 – Gálatas 2:9 131

Conferencia 8: viernes 31 de julio
    Gálatas 2:10 – Gálatas 2:14 145

CONTENIDO

Conferencia 9: sábado 1 de agosto
Gálatas 2:14 – Gálatas 2:16 161

Conferencia 10: viernes 7 de agosto
Gálatas 2:16 174

Conferencia 11: sábado 8 de agosto
Gálatas 2:17 – Gálatas 2:18 188

Conferencia 12: viernes 14 de agosto
Gálatas 2:19 – Gálatas 2:20 204

Conferencia 13: sábado 15 de agosto
Gálatas 2:20 – Gálatas 2:21 220

Conferencia 14: viernes 21 de agosto
Gálatas 2:21 – Gálatas 3:1 239

Conferencia 15: sábado 22 de agosto
Gálatas 3:2 258

Conferencia 16: viernes 28 de agosto
Gálatas 3:3 – Gálatas 3:6 273

Conferencia 17: sábado 29 de agosto
Gálatas 3:6 – Gálatas 3:9 292

Conferencia 18: sábado 5 de septiembre
Gálatas 3:9 – Gálatas 3:10 307

Conferencia 19: viernes 11 de septiembre
Gálatas 3:10 – Gálatas 3:12 232

Conferencia 20: sábado 12 de septiembre
Gálatas 3:12 – Gálatas 3:13 341

Conferencia 21: viernes 18 de septiembre
Gálatas 3:13 – Gálatas 3:17 357

CONTENIDO

Conferencia 22: sábado 19 de septiembre
Gálatas 3:18 – Gálatas 3:19 373

Conferencia 23: viernes 25 de septiembre
Gálatas 3:19 – Gálatas 3:21 389

Conferencia 24: sábado 26 de septiembre
Gálatas 3:21 – Gálatas 3:24 407

Conferencia 25: viernes 9 de octubre
Gálatas 3:24 – Gálatas 3:29 424

Conferencia 26: sábado 10 de octubre
Gálatas 4:1 – Gálatas 4:4 439

Conferencia 27: viernes 16 de octubre
Gálatas 4:5 – Gálatas 4:6 455

Conferencia 28: sábado 17 de octubre
Gálatas 4:6 – Gálatas 4:9 469

Conferencia 29: viernes 23 de octubre
Gálatas 4:9 – Gálatas 4:12 488

Conferencia 30: viernes 30 de octubre
Gálatas 4:12 – Gálatas 4:18 502

Conferencia 31: sábado 31 de octubre
Gálatas 4:19 – Gálatas 4:27 520

Conferencia 32: viernes 13 de noviembre
Gálatas 4:27 – Gálatas 4:31 538

Conferencia 33: sábado 14 de noviembre
Gálatas 5:1 – Gálatas 5:4 557

Conferencia 34: viernes 20 de noviembre
Gálatas 5:5 – Gálatas 5:9 576

CONTENIDO

Conferencia 35: sábado 21 de noviembre
Gálatas 5:9 – Gálatas 5:13 595

Conferencia 36: viernes 27 de noviembre
Gálatas 5:14 – Gálatas 5:15 611

Conferencia 37: sábado 28 de noviembre
Gálatas 5:16 – Gálatas 5:18 623

Conferencia 38: viernes 4 de diciembre
Gálatas 5:19 – Gálatas 5:24 642

Conferencia 39: sábado 5 de diciembre
Gálatas 5:25 – Gálatas 6:3 663

Conferencia 40: viernes 11 de diciembre
Gálatas 6:4 – Gálatas 6:10 683

Conferencia 41: sábado 12 de diciembre
Gálatas 6:11 – Gálatas 6:18 698

Apéndice A
Prólogo de Philip Watson 717

Apéndice B
Notas del traductor 737

Índice 745

Introducción del traductor

«En mi corazón reina este único artículo, la fe en Cristo». Muchas veces durante la traducción de este comentario escuchaba frases como esta de los labios de Lutero. Quedaba conmovido. Tenía que levantar las manos del teclado al escuchar el eco de sus palabras traspasar los siglos. Súbitamente, era uno más de sus alumnos en esa sala de conferencias del seminario de Wittenberg. Detrás del atril, estaba el reformador, sufriendo achaques de enfermedad y centenares de batallas a favor del evangelio. Pero ni su intelecto ni su vigor habían disminuido. Apasionado por el tema de la justificación por la sola fe en Cristo, sacaba este gran tesoro de la Epístola a los Gálatas y enseñaba todos sus aspectos como admirando y descubriendo un precioso diamante.

En 1531, Lutero dictó una serie de 41 conferencias sobre la Epístola a los Gálatas en la Universidad de Wittenberg. La primera conferencia fue el 3 de julio y la última el 12 de diciembre del mismo año. Todas las disertaciones fueron dictadas en latín, el idioma teológico de aquellos días, ante los atentos y expectantes seminaristas. Uno de sus alumnos y estrecho colaborador, Georg Rörer, junto con otros dos compañeros, tomaron copiosos apuntes de todas estas conferencias en taquigrafía de su propia invención. Después, Rörer los preparó para publicarlos, con el visto bueno de Lutero y un prefacio de su mano. Todas las conferencias se publicaron en latín en 1535 como el *Comentario de Martín Lutero sobre la Epístola del Apóstol Pablo a los Gálatas*. En 1538 se publicó la segunda edición con algunos cambios para facilitar la lectura[1].

---

1. La traducción de este comentario sigue la edición de 1538, según el texto de Irmischer, cotejado con la edición Weimar 46, 46a.

INTRODUCCIÓN DEL TRADUCTOR

En 1545 se publicó en alemán, y en 1575 en inglés. No obstante, jamás fue traducido al español[2] hasta ahora que este tomo llega a tus manos[3]. La casa publicadora 1517 Publishing lo ha hecho posible bajo la dirección tras bambalinas del estudioso y académico Stephen Byrnes, con quien la posteridad estará eternamente en deuda. 1517 Publishing es la rama publicadora de 1517.org[4]. Esta es una organización teológica dedicada al mensaje central de la Biblia: que Cristo murió por los pecadores para el perdón de sus pecados y fue resucitado para presentarlos justificados ante Dios.

Esta traducción procura que Lutero se escuche en un español moderno, dinámico, haciendo eco de la oratoria de Lutero. Este comentario fue publicado en latín como una transcripción de las conferencias de Lutero. Rörer captó el sentido auditivo de las conferencias al verterlas en latín. Posteriormente, las traducciones al alemán y al inglés intentaron convertirlas en obras académicas literarias. Esto hizo que se perdiera el sentido dinámico auditivo de la oratoria de Lutero. Esta traducción al español intenta, aunque apenas en lejanos ecos, captar la voz dinámica y ágil de Lutero dictando sus conferencias. Al subir al púlpito tenía ante sí escasas notas con textos bíblicos que guiaban su oratoria e investigación del texto. En este comentario escuchamos asimismo a Lutero frente a sus alumnos dialogando, disputando, y rebatiendo los argumentos de los falsos apóstoles, como también los de sus oponentes en sus propios días.

He intentado, aunque no siempre con éxito, que el español de esta traducción pueda ser entendido por el laico contemporáneo, a comienzos del siglo XXI. Al mismo tiempo, cuando Lutero usó terminología teológica en latín, y la manera más precisa de traducir tal acepción era el término teológico en español, lo hice de esa manera, recordando que Lutero dictó estas clases a seminaristas entendidos en la teología, el griego, y el hebreo de la Biblia. Por esa

---

2. Lutero había publicado un comentario sobre Gálatas en 1519. Ese comentario, diferente y mucho más breve, sí se había traducido al español. Véase http://www.iglesiareformada.com/Lutero_Galatas.html.
3. En 2011, el traductor autopublicó una edición preliminar. Véase Palibrio, 2011. ISBN 978-1-4633-0389-1. La presente publicación de 1517 Publishing representa la edición final en español.
4. Steve Byrnes dirigió también la publicación de mi traducción del latín al inglés de este mismo *Comentario de Lutero sobre Gálatas*. Véase https://shop.1517.org/collections/books/products/martin-luthers-commentary-on-galatians-1535-lectures?variant=12482469757013.

razón no quise diluir el sentido y el valor teológico del catedrático en divinidades, el doctor Martín Lutero. El valor de esta traducción se ha de juzgar según su fidelidad a la pasión de Pablo en Gálatas y a la de Lutero en sus conferencias por el artículo de la justificación por la fe.

Cuando Lutero tradujo la Biblia al alemán, puntualizó las pautas que utilizó en su traducción. Respecto a una de ellas, dijo: «Yo quería hablar alemán, no latín ni griego, ya que me había comprometido a hablar alemán en la traducción»[5]. De igual manera, yo he querido que esta traducción hable un español sencillo y contemporáneo, sin diluir ni simplificar el profundo pensamiento de Lutero. En la mayoría de los casos, cuando se podía escoger entre dos sinónimos, escogía el más sencillo si es que no alteraba o confundía el significado y el impacto del pensamiento original[6].

En este comentario, Lutero habla de los «turcos, los judíos, los papistas» de un cierto modo que hoy se consideraría ofensivo o «políticamente incorrecto». Estas acepciones han quedado tal cual. Siguiendo la norma que no diluiría el lenguaje de Lutero, las dejé así. Como tal, la traducción conserva su valor histórico.

En sus disertaciones de Gálatas, Lutero hizo relucir todo el drama que vivieron los gálatas con la llegada de los falsos apóstoles. Al leer este comentario uno se traslada no solo a esa gran sala en la Universidad de Wittenberg, donde se puede ver y escuchar a un Lutero apasionado con el tema de la justificación, sino que también es transportado a las antiguas iglesias de los gálatas. Allí uno puede escuchar los sermones y las enseñanzas de los falsos apóstoles, puede

---

5. «I wanted to speak German, not Latin or Greek, since I had undertaken to speak German in the translation». *On Translating: An Open Letter*, The Wilderness, October 8, 1530.

6. Esta traducción no es una paráfrasis, versión revisada, o condensación del *Comentario de Lutero sobre Gálatas*. Desde la última mitad del siglo pasado se popularizó una edición en inglés del comentario de Lutero de 1535, que incorrectamente se autodenomina el *Comentario de Lutero sobre Gálatas*, según la redacción de Theodore Graebner (1949). Pero la obra de Graebner no es una traducción, sino tan solo una paráfrasis de la magna obra de Lutero. Por tanto, le resta virtud y pureza al comentario de 1535 pues Graebner no traduce a Lutero, sino que lo interpreta. Por ejemplo, Graebner traduce al inglés las frases latinas de Lutero *imputatio iustitiae* e *imputationem iustitiae* como «a transfusion of righteousness» («una transfusión de justicia») en varios lugares (véase su comentario en Gálatas 3:6). «Transfusión de justicia» es precisamente el concepto de justificación que sostiene el catolicismo romano, alegando que la justicia es «infusa» o «infundida» dentro del pecador, por lo que Dios podría justificarlo. Este concepto es el que Lutero contrarrestó arduamente aquí en su comentario de 1535. Pero en la traducción de 1949 se afirma lo opuesto, bajo el manto de una fidedigna traducción de Lutero. Esta obra de Graebner ya ha sido traducida al español y otros idiomas modernos, transmitiendo un concepto contrario y erróneo de la teología de Lutero, y por ende, del mismo apóstol Pablo.

ver a la hermandad titubeando entre el Evangelio de Pablo y este «otro evangelio», y hasta es posible oír la lucha interna de la hermandad por no abandonar el Evangelio de Pablo. Al mismo tiempo, uno se da cuenta de que están siendo seducidos por las enseñanzas sutilmente piadosas pero falsas de los falsos apóstoles. Lutero es un profesor y catedrático por excelencia, lo cual reluce en su estilo de enseñanza que tan precisamente captó Rörer en sus apuntes, y que, con imperfecciones, he tratado de conservar en esta traducción.

En el Apéndice A incluyo la traducción del prólogo de Philip Watson a su versión en inglés (1953), por la minuciosa reseña histórica que detalla, y sus aportes teológicos que contextualizan este comentario de Lutero.

Agradezco a mi esposa Mercedes y a mi hijo Orlando Samuel por todo el apoyo de fe y amor durante el largo proceso de traducción y revisión.

En la gracia del Señor Jesús pongo en las manos de los lectores hispanohablantes esta traducción, para la gloria de Cristo, la alabanza de Dios, y la bendición del Espíritu Santo que nos trae la fe que justifica.

Haroldo Samuel Camacho, Ph. D.
27 de enero de 2022
Davie, Florida

Prefacio de Martín Lutero sobre la Epístola a los Gálatas (1535)[1]

Apenas puedo creer que fui tan locuaz[2] cuando sin tapujos dicté estas conferencias sobre la Epístola de san Pablo a los Gálatas, pero este pequeño ejemplar[3] me convence. No obstante, reconozco que todos estos pensamientos[4] son míos. Los hermanos[5], con mucha diligencia, los sellaron en esta obra escrita; y todos, y hasta más de la cuenta, recogidos en esta publicación, provienen de mis ponencias[6]. Pues en mi corazón reina este único artículo, a saber, la fe en Cristo[7]. De él, por él, y en él, todos mis estudios teológicos, día y noche, ocurren y recurren de continuo. Y aun así, percibo que no puedo lograr cosa alguna capaz de igualar la altura, la anchura, y la profundidad de tan alta e inestimable sabiduría. Tan solo aparecen ciertos indicios pobres y fragmentados.

Por tanto, me avergüenzo de que mis comentarios tan áridos y fríos puedan colocarse junto a los de este apóstol, vasija selecta de Dios. Pero ¡me avergüenzo de mi vergüenza! Debo ser firme y

---

1. En 1517, Lutero dictó por primera vez una serie de conferencias sobre Gálatas. No obstante, todavía era un monje agustino. Sus conferencias sobre Gálatas en 1531 manifiestan una comprensión mucho más profunda del evangelio centrado en la justificación por la sola fe.
2. *verbosum fuisse me.*
3. *Libellus exhibet.*
4. *Cogitationes.*
5. Lutero se refiere a sus alumnos Georg Rörer, Veit Dietrich y Caspar Cruciger. Bajo la dirección de Rörer, los tres tomaron notas de cada palabra con una taquigrafía latina de su propia invención.
6. *in ista publica tractatione a me esse dicta.* Obsérvese que Lutero da la clave para la comprensión de este escrito. Es en sí una reproducción o transcripción de sus conferencias sobre Gálatas.
7. *Nam in corde meo iste unus regnat articulus, scilicet, fides Christi.*

osado. Hay una abominación infinita y horrorosamente profana que siempre ha desatado su furia contra la Iglesia de Dios. Hasta el día de hoy arremete sin tregua alguna contra ese masivo monolito. Esa roca es el lugar exclusivo de nuestra justificación[8]. Con toda confianza podemos decir que somos justificados no por nuestras propias obras (las cuales son menos que nosotros), sino por otro socorro, provisto fuera de nosotros[9]. Esa ayuda no es nadie más que el único Hijo de Dios. Él nos ha redimido del pecado, la muerte, y el diablo, y nos ha dado el obsequio de la vida eterna.

Satanás ciertamente arremetió contra esta roca en el paraíso cuando persuadió a nuestros primeros padres de que, por su propia sabiduría y poder, podían ser como Dios (Génesis 3:2). Le dieron la espalda a la fe en Dios, quien les había dado la vida y la promesa de prolongarla. Poco después, este mentiroso y homicida (aunque siempre fiel a sí mismo) incitó a Caín a matar a su hermano (Génesis 4). Sin razón alguna, excepto que su piadoso hermano, por la fe, ofreció un sacrificio más excelente. Pero Caín, ofreciendo sus propias obras sin fe, no agradó a Dios. Después siguió la más implacable persecución de esta misma fe, por parte de Satanás, mediante los hijos de Caín. Por consiguiente, Dios fue constreñido a purificar toda la tierra por medio del diluvio, y defender a Noé, predicador de la justicia. No obstante, Satanás prolongó su simiente en Cam, el tercer hijo de Noé, y en muchos otros cuyo listado sería demasiado largo. Después de estas cosas, todo el mundo enloqueció contra esta fe, forjando un número infinito de ídolos y extrañas religiones. Por tanto (como dijera san Pablo)[10], cada cual se fue por su propio camino, confiando en sus propias obras. Algunos pensando apaciguar y complacer a un dios, otros a una diosa, otros a muchos dioses, y aun otros a muchas diosas. Es decir, sin el auxilio externo de Cristo[11]. Pretendían redimirse por sus propias obras de todas sus calamidades y pecados, como lo atestiguan todos los hechos y escritos de todas las naciones.

---

8. *justificationis locum.*
9. *alienum auxilium*
10. Hechos 14:15s.
11. *sine alieno auxilio Christi.*

Sin embargo, estas obras no son nada en comparación con las que Dios realizó por su pueblo Israel, o la sinagoga. Este pueblo había sido bendecido por encima de los demás, no solo con la inquebrantable promesa dada a los padres, y con la ley dada por Dios mismo mediante sus ángeles; sino también mediante el constante testimonio de las palabras, los milagros, y los ejemplos de los profetas. No obstante, aun entre ellos, Satanás (la esencia de la justicia propia, en todo su furor) prevaleció a tal punto que después mataron a todos los profetas; sí, incluso al propio Cristo, el Hijo de Dios, su Mesías prometido. Todo ocurrió por la misma razón, que habían enseñado que los hombres son aceptos y recibidos en el favor de Dios por la sola gracia, y no por su propia justicia. Esta es la suma de toda la doctrina del diablo, y del mundo, desde el principio: «No daremos la apariencia de hacer el mal, sino que, todo lo que hagamos, Dios lo debe consentir, y todos sus profetas deben consentirlo por igual; pues si se niegan, perecerán. Abel morirá y Caín vivirá. Que esta sea nuestra ley». Y sigue siendo así.

Ni tampoco podríamos decir que las cosas han marchado mejor en la Iglesia de los gentiles. Más bien, las cosas han ido de mal en peor. La furia de la sinagoga parece un juego de niños en comparación. Pues ellos (como dijera san Pablo) «no conocieron a su ungido, y por tanto crucificaron al Señor de gloria»[12]. Cierto, la Iglesia de los gentiles ha aceptado y confesado que Cristo es el Hijo de Dios, que ha sido hecho justicia nuestra. Públicamente así lo canta, lee, y enseña. No obstante, tan pronto como lo confiesan, lo asesinan. Alegando que son la Iglesia, persiguen y se enfurecen contra quienes no hacen otra cosa que creer y predicar a Cristo mismo. Los perseguidores se ven obligados a confesar lo mismo, pero solo fingen. Pues hoy tienen el poder porque usurpan el nombre de Cristo, pero si pudieran retener su poder sin el nombre de Cristo, declararían abiertamente lo que de veras piensan de Él en sus corazones. Pues lo desestiman más que los judíos, quienes al menos lo tienen por *thola*, es decir, un ladrón pagando su merecido, colgado de la cruz. Pero estos hombres lo tienen por una fábula, y

---

12. 1 Corintios 2:8.

lo consideran un dios inventado por los gentiles; lo cual es patente en Roma, en la curia papal, y casi por toda Italia.

Por tanto, ya que Cristo se torna, por así decirlo, en objeto de burla entre sus cristianos (porque cristianos se hacen llamar), y puesto que Caín mata continuamente a Abel, y la abominación de Satanás ahora reina suprema, es necesario que con urgencia prestemos atención a este artículo. Hay que contraponerlo a Satanás, seamos simples o elocuentes, educados o incultos. Pues si todo hombre callare, esta roca debería ser proclamada por las propias piedras y peñascos[13].

Por esto, con la mayor voluntad, cumplo aquí mi deber, y permito la publicación de este comentario tan lleno de palabras, a fin de incitar a todos mis hermanos en Cristo a contrariar las artimañas y la malicia de Satanás. En estos últimos días, Satanás se ha enfurecido sin medida contra este conocimiento sano de Cristo. En consecuencia, si en el pasado los hombres parecieron estar poseídos por furiosos demonios sin cuartel, hoy pareciera que los mismos demonios están poseídos por peores diablos, y se ensañan con aun más furia que el furor de los demonios. Todo esto argumenta con fuerza que el enemigo de la verdad y la vida percibe que el día del juicio está cerca, el cual es el horrible día de su destrucción, pero para nosotros, el precioso día de nuestra redención, y el fin de su tiranía sobre nosotros. Porque su molestia no es sin causa, cuando sus miembros y poderes son tan embestidos; tal como un ladrón o un adúltero, cuando llega el amanecer y se manifiesta su maldad, es prendido con las manos en la masa.

Pues ¿quién hubiera imaginado (sin tomar en cuenta las abominaciones del papa) que tantos monstruos irrumpirían en este mundo al mismo tiempo, como lo vemos este mismo día tan solo en los anabaptistas? En ellos, ciertamente Satanás resopla, por decirlo así, el último estallido de su reino, mediante horribles alborotos. Los dispone por doquier con tal furia, como si, por ellos, no solo hubiera de destruir repentinamente todo el mundo con sediciones, sino que, con un sinnúmero de sectas, pretendiera engullir y devorar

---
13. *cf.* Lucas 19:40.

a Cristo por entero junto con su Iglesia. Él no se ensaña así contra las vidas viles y las opiniones de otros: a saber, los fornicarios, ladrones, asesinos, perjuros, impíos, blasfemos, e incrédulos, entre otros. No, a estos más bien les da paz y tranquilidad; los mantiene en su corte, con toda clase de placeres y deleites, y les da lo que quieran, según su voluntad; como sucedió poco tiempo después del inicio de la Iglesia, cuando no solamente permitió que todas las idolatrías y falsas religiones del mundo tuvieran paz y fueran intocables, sino que también poderosamente las sustentó. Sin embargo, perturbó a la Iglesia y la religión de Cristo por todos lados. Asimismo, aun hasta el día de hoy se dedica tan solo a este oficio (que siempre ha sido el suyo), de perseguir a Cristo, que es nuestra justicia, sin obra alguna de nuestra parte; como se escribió de él (Génesis 3:15): «lo herirás en el calcañar».

Sin embargo, no publico mis pensamientos sobre esta epístola en contra de estas personas, sino por nuestra propia gente; ellos me agradecerán por mi labor o me perdonarán por mi debilidad e insensatez. Por cierto, no me hago ninguna ilusión de que los impíos le darán su visto bueno. Más bien, ellos y su dios se enfadarán con estos pensamientos; pues los formulé (con gran esfuerzo) solo para aquellos a quienes el apóstol mismo escribió esta epístola: los perturbados, afligidos, y tentados (los únicos que pueden entender estas cosas), los desdichados gálatas en la fe. Los que no se puedan identificar así, bien pueden prestar atención a los papistas, los monjes, los anabaptistas, y todos los otros maestros de infinita sabiduría y religión, que de todo corazón desprecian lo que decimos y hacemos, sin darse el trabajo de comprenderlo.

Porque hoy mismo los papistas y anabaptistas en conjunto conspiran contra la Iglesia de Dios en este punto (aunque disimulan sus palabras), afirmando y asegurando que la obra de Dios depende de la virtud de la persona. Porque así enseñan los anabaptistas, que el bautismo no vale nada a menos que la persona pueda creer. De este principio (así lo llaman) se sigue necesariamente que todas las obras de Dios tampoco valen nada a menos que el hombre sea bueno. Si el bautismo, que es una obra de Dios, deja de ser obra de

Dios cuando el hombre es malo, de allí se sigue que el matrimonio[14], el juzgado[15], el servicio[16], los cuales son obras de Dios, ya no son obras de Dios por cuanto los hombres son malos. Los impíos tienen el sol, la luna, la tierra, el agua, el aire, y todo lo que está sujeto al hombre; pero como no son piadosos, se sigue entonces que el sol no es el sol, ni tampoco la luna, la tierra, el agua, o el aire, son lo que son. Los mismos anabaptistas tenían cuerpos y almas antes de ser rebautizados, pero puesto que no eran piadosos, no tenían verdaderos cuerpos y almas. Igualmente, tampoco sus padres estaban verdaderamente casados —pues así lo admiten— porque no se habían rebautizado, y por tanto, los mismos anabaptistas, todos ellos, son ilegítimos, y sus padres fueron adúlteros y fornicarios. No obstante, heredan las propiedades de sus padres, aunque ellos mismos admiten que eran ilegítimos y sin derechos de herencia.

¿Quién no se puede dar cuenta aquí de que los anabaptistas no son hombres poseídos por demonios, sino los mismos demonios poseídos por peores demonios? De igual manera los papistas, hasta el día de hoy, insisten en las obras que, presumen, manifiestan la virtud del ser humano, desprovistas de la gracia, y así (al menos en palabras), vienen vigorosamente en auxilio de sus hermanos, los anabaptistas. Porque estos zorros están atados todos juntos por la cola, aunque sus cabezas apuntan en dirección opuesta. Porque, aunque en las apariencias pretenden ser grandes enemigos, no obstante, en su interior todos piensan, enseñan, y defienden lo mismo en contra de Cristo nuestra única justicia. Por tanto, todo aquel que pueda, que se aferre a este único artículo; y los demás, los que han naufragado, que se los lleven el viento y las olas, hasta que regresen a la barca, o puedan nadar hasta la orilla. Pero diremos más de los anabaptistas en otra ocasión, si lo permite el Señor Jesucristo. Amén.

[Lo antedicho fue el prefacio de la primera edición (1535). En la segunda edición (1538) y en las subsiguientes se añadieron los siguientes párrafos después de «nadar hasta la orilla».]

---

14. *Coniugium.*
15. *Magistratus.*
16. *Servitus.*

El fin y la suma de esta querella es la siguiente: en vano se espera que venga la calma o se acabe la disputa mientras Cristo y Belial no estén de acuerdo[17]. «Una generación va y otra generación viene» (Eclesiastés 1:4). Si una herejía muere, al tiempo brota otra; pues el diablo no pestañea ni duerme. Yo mismo (aunque nada soy), aunque llevo ya unos veinte años en el ministerio de Cristo, puedo atestiguar que he sido asediado por más de veinte sectas, de las cuales algunas ya perecieron; otras (como partes de insectos desmembrados) todavía se retuercen.

Sin embargo, Satanás, el dios de todos los sectarios, aviva nuevas sectas a diario, y la última es la que menos hubiera previsto o sospechado. Hablo de quienes enseñan que los diez mandamientos deberían quedar fuera de la Iglesia, y que los hombres no deberían tener el temor de la ley, sino ser mansamente exhortados por la predicación de la gracia de Cristo, a fin de que se cumpla lo dicho por el profeta Miqueas, «que nadie contienda ni nadie reprenda»[18], «No les profeticéis»[19] (Miqueas 2:6). Como si fuéramos ignorantes, o jamás hubiéramos sido instruidos que el afligido y quebrantado de espíritu debe ser consolado por Cristo; pero los faraones de duro corazón, a quienes en vano se predica la gracia de Dios, deben sentir el temor de la ley. Ellos mismos se ven obligados a inventarse revelaciones de la ira de Dios contra los impíos e incrédulos. Pero la ley, y nada más, es la que manifiesta la ira de Dios. Sin embargo, con su ceguera y presunción, estos hombres se dictan su propia condena.

Por tanto, es necesario que los ministros de la palabra de Dios estén plenamente convencidos (si se han de contar entre los fieles y sabios en el día de Cristo) de que no en vano san Pablo habló la palabra, ni profetizó un asunto de poca importancia, cuando dijo: «Porque preciso es que haya entre vosotros aun herejías, para que los que son probados se manifiesten entre vosotros» (1 Corintios 11:19). Sí, y digo, que el ministro de Cristo sepa que, mientras enseñe a Cristo con pureza, jamás faltarán los espíritus perversos; sí, aun

---

17. 1 Corintios 6:15.
18. *Verum non arguatur vir*, Oseas 4:4, Vulgata.
19. *Non stillabis super nos*. El texto de la Vulgata de Miqueas 2:6 reza: *Non stillabit super istos*.

de los nuestros, y entre nosotros, que se dediquen a perturbar a la Iglesia de Cristo. Y que se consuele con el pensamiento de que «no hay paz entre Cristo y Belial, o entre la Simiente de la mujer y la simiente de la serpiente» (2 Corintios 6:15). Sí, que se regocije en las perturbaciones que causan estas sectas y la constante sucesión de espíritus sediciosos. Porque nuestro regocijo es este, «el testimonio de nuestra conciencia» (2 Corintios 1:12), que seamos hallados firmes y luchando a favor de la Simiente de la mujer en contra de la simiente de la serpiente. Que hiera nuestro calcañar todo lo que quiera.

De nuestra parte, no cesaremos de aplastar su cabeza mediante Cristo, el primero en aplastarla, bendito sea Él por siempre jamás.

¡50 aplausos para la justicia propia, sus obras y virtudes! De la pluma del apóstol Pablo a los Gálatas[1]

Capítulo 1

1. Su llamado es: «¡aléjense de la gracia!»
2. Abraza otro evangelio.
3. Perturba las mentes de los fieles.
4. Invierte el Evangelio de Cristo.
5. Está maldita.
6. Busca congraciarse con los hombres.
7. Complace a los hombres.
8. No rinde servicio a Cristo.
9. Se deriva de los hombres y no de la revelación.
10. La más excelente justicia de la ley no es nada.
11. Derroca la Iglesia de Dios.

---

1. *Quinquaginta praeconia et virtutes justitiae propriae ex operibus quaesitae, auctore Apostolo Paulo ad Galatas.* Con la palabra *praeconia*, Pablo dibuja el siguiente cuadro en la mente del oyente. El pregonero de la ciudad llega a la plaza. Sopla el cuerno con sonido agudo, y un gentío lo rodea. Desenrolla el pergamino, y proclama esta *praeconia*, que la primera intención de traducirse como «Vamos, aplausos» para la justicia propia, y demás. Lutero era diestro en el uso literario de la sátira y el sarcasmo. De modo que el lector verá otros ejemplos en este comentario. El lector desapercibido no los captará, o pensará que Lutero dice otra cosa. Pero lo decía sin cambiar el semblante, con cara seria. Estas *praeconia* aparecieron por primera vez en la edición de 1538 con la breve anotación: *Mense Augusto, Anni M. D. XXXVIII.* Ya que obviamente pertenecen a la sátira, surge la pregunta: ¿cuál fue la primera intención de estas preguntas, y por qué aparecieron en la edición de 1538 y no en la de 1535? ¿Se trataba tal vez de un sílabo para la clase de Gálatas, pero no se publicó hasta 1538? La pregunta, por supuesto, quedará sin resolver, pero he incluido aquí «Los aplausos» por su valor histórico y, por supuesto, su estrecha relación con el tema de la epístola a los Gálatas.

Capítulo 2

12. Es imposible que sus obras justifiquen.
13. A los justos en Cristo los convierte en pecadores.
14. Convierte a Cristo en ministro de pecado.
15. Vuelve a edificar el pecado previamente derrocado.
16. Produce transgresores.
17. Rechaza la gracia de Dios.
18. Concluye que Cristo murió en vano.

Capítulo 3

19. Produce insensatos como los gálatas.
20. Embruja.
21. No obedece a la verdad.
22. Crucifica a Cristo.
23. Insiste en que el Espíritu se recibe por medio de las obras.
24. Aleja el Espíritu, termina en la carne.
25. Está bajo maldición.
26. Sustituye el testimonio de Dios por el suyo.
27. Hace abundar el pecado.
28. Te encierra bajo pecado.
29. Sirve a los principios elementales.

Capítulo 4

30. Anula la predicación del Evangelio.
31. Deshace todo lo bueno que hizo antes.
32. Nace de la esclava y vive en esclavitud.
33. Despacha a sus seguidores con la esclava y pierde la herencia.
34. Cristo de nada aprovecha.
35. Hace deudores de toda la Ley.

Capítulo 5

36. No queda nada de Cristo en sus seguidores.
37. Hace caer de la gracia a sus seguidores.
38. Elimina la producción de buen fruto.
39. Su persuasión no procede de Dios.

40. Leuda corrupción.
41. Todo lo que enseña está bajo juicio.
42. Sus seguidores se muerden y devoran.
43. Se cuenta entre las obras de la carne.

Capítulo 6
44. Te hace pensar que eres algo cuando no eres nada.
45. No pone su jactancia en Dios, sino en otros.
46. Comenzando por la carne, busca complacer a la carne.
47. Odia sufrir persecución por la cruz.
48. Ni siquiera guarda la ley.
49. Se gloría en la doctrina de la carne.
50. De nada aprovecha, ni sus obras tienen valor alguno.

Introducción de Martín Lutero

Una vez que M. Lutero hubo comentado públicamente esta Epístola[1], se dio a la tarea de interpretarla otra vez, de la manera que se expone en el siguiente Tratado; por lo cual declara, en estas breves palabras, lo siguiente:

CONFERENCIA 1: viernes 3 de julio

En el nombre del Señor, he asumido la tarea de comentar una vez más esta Epístola de San Pablo a los Gálatas; no porque desee enseñar cosas nuevas, o jamás dichas, pues, por la gracia de Cristo, Pablo ya las ha dado plenamente a conocer. Más bien (como a menudo les advertí) debemos temer como el peligro más grande e inminente que Satanás nos aleje de la pureza de esta doctrina de la fe, y traiga una vez más sobre la Iglesia la doctrina de las obras y de las tradiciones humanas. Por eso, el anuncio público y la práctica de esta doctrina es imprescindible, tanto para los lectores como para los oyentes. Y aunque jamás se llegue a conocer tan plenamente, ni se aprenda con tanta exactitud, aun así, tengamos presente a nuestro adversario el diablo, quien acecha continuamente, queriendo devorarnos, pues no está muerto. De igual manera, nuestra carne y nuestro viejo hombre aún están vivos. Además, por todos lados, nos confunde y oprime todo tipo de tentaciones; por cuanto esta doctrina jamás podrá enseñarse, enfatizarse, ni repetirse lo suficiente. Si esta doctrina se llega a perder, entonces también se perderá y desaparecerá la doctrina de la verdad, la vida, y la salvación. Si esta doctrina florece, entonces todo lo bueno también

---

[1]. La primera vez habría sido en 1516, y publicada en 1519.

florecerá: la religión, el verdadero servicio a Dios, la gloria de Dios, y el correcto conocimiento de todo lo necesario para un cristiano en todos los aspectos de su vida. Así pues, manos a la obra y sin pereza. Comenzaremos donde terminamos, de acuerdo con el proverbio del hijo de Sirac: «Cuando el hombre cree que ha terminado, es cuando apenas comienza»[2].

---

2. Eclesiástico 18:7.

Argumento de la Epístola de san Pablo a los Gálatas

por el Dr. Martín Lutero

Primero, debemos declarar el argumento principal de esta epístola.

¿Qué pretende Pablo?

Su propósito es el siguiente.

San Pablo se propone establecer la doctrina de la fe, la gracia, el perdón de los pecados, o la justicia cristiana. De esta manera, podemos ver perfectamente la diferencia entre la justicia cristiana y todas las otras clases de justicia. Porque hay diferentes tipos de justicia. Hay una justicia política o civil, de la cual se ocupan los emperadores, los príncipes del mundo, los filósofos y los abogados. También existe una justicia de la ética social, según las costumbres de los hombres. Tanto los padres como los tutores pueden instruir en esta justicia sin peligro alguno, puesto que no le atribuyen ningún poder para satisfacer la deuda del pecado, complacer a Dios, o merecer la gracia. Ellos enseñan que tales comportamientos solo son necesarios para corregir los malos modales y ciertas conductas del quehacer diario. Además de estas, existe otra justicia, llamada la justicia de la ley, o de los diez mandamientos, en la cual instruye Moisés. Esta también la enseñamos, según la doctrina de la fe.

Sin embargo, hay otra justicia que está por encima de todas estas; a saber, «la justicia de la fe, o la justicia cristiana». Debemos ver cuán diferente es esta justicia. Esta última se opone a las demás. Las primeras justicias fluyen de las leyes de los emperadores, las tradiciones del papa, y los mandamientos de Dios. También consisten en nuestras obras, y podemos cultivarlas por nuestro puro esfuerzo natural (como lo llaman los papistas,) o aun por el don de Dios. Todas estas clases de justicia son también dádivas de Dios, junto con las muchas otras cosas buenas que disfrutamos.

Pero esta justicia más excelente, es decir, la de la fe, Dios la coloca a nuestra cuenta por medio de Cristo, sin obra alguna de nuestra parte[3]. No es política, ni ética[4], ni es la justicia de la ley de Dios[5]; tampoco se conforma con obras, sino que existe en un nivel muy diferente. Es una sencilla justicia pasiva, pues todas las previas son activas. Para obtenerla no hacemos obra alguna, ni ofrendamos cosa alguna ante Dios. En vez de eso, solo recibimos y permitimos que Otro obre en nuestro favor, a saber, nadie más que el propio Dios. Por lo tanto, me ha parecido bien llamar a esta justicia la justicia pasiva, la justicia de la fe, o la justicia cristiana.

Esta justicia es un misterio escondido; el mundo la desconoce. Es más, los propios cristianos no la comprenden plenamente, y a duras penas pueden aferrarse a ella en sus tentaciones. Por tanto, es necesario enseñarla y practicarla de continuo, sin cesar jamás. Y todo aquel que no la comprenda o no pueda aferrarse a esta justicia será fustigado por un constante remordimiento de conciencia, y ciertamente será derribado. Pues para la conciencia no hay otro consuelo tan firme y seguro como el de la justicia pasiva.

Pero la naturaleza humana es tan débil y miserable[6], que en los terrores de la conciencia y el peligro de muerte no podemos ver más que nuestras obras, nuestro mérito, y la ley. La ley nos muestra nuestros pecados, y al instante viene a nuestra memoria nuestra antigua vida de pecado. Entonces, en gran agonía de espíritu, el pecador gime, y piensa para sí: «¡Me remuerde la conciencia! ¡He vivido como un loco! Si Dios se apiadara de mí y prolongara mi vida, ¡entonces cambiaría!». La razón humana no deja de mirar su

---
3. *nobis absque operibus imputat.*
4. *ceremonialis.* Probablemente: «de las ceremonias de la ética humana».
5. *nec legis divinae justitia.*
6. *imbecillitas et miseria.*

propia justicia activa[7] ni deja de preguntarse si está avanzando en su justicia propia[8]; ni tampoco puede levantar sus ojos para fijarse en la justicia pasiva o cristiana, sino que se ampara en su propia justicia activa; ¡tan arraigado está este mal en nosotros!

Por otro lado, Satanás, aprovechándose de la debilidad de nuestra naturaleza, ciertamente aumenta y agrava estos sombríos pensamientos en nosotros. Nos quedamos atónitos cuando la pobre conciencia se perturba, horroriza, y aturde. Pues es imposible que la mente pueda, por sí misma, concebir consuelo alguno, o fijarse solo en la gracia cuando siente el horror del pecado. Tampoco puede rechazar constantemente todos los argumentos a favor de sus obras. Pues esto está muy por encima de nuestro ingenio y capacidad, y aun fuera del alcance de la ley de Dios. En verdad, de todas las cosas del mundo, la ley es la más excelente; mas no puede acallar la conciencia mortificada. Por el contrario, la ley aumenta sus remordimientos, y la arrastra a la desesperación. «Para que por medio del mandamiento el pecado llegue a ser en extremo pecaminoso» (Romanos 7).

La conciencia mortificada y afligida no tiene remedio alguno contra la desesperación y la muerte eterna. Debe aferrarse a la promesa de la gracia, ofrecida gratuitamente en Cristo[9], es decir, aferrarse a esta «justicia pasiva, o justicia cristiana». Si lo logra, encontrará reposo. Podrá decir confiadamente: «No busco la justicia activa o de obras, aunque sé que debo tenerla y cumplirla. No obstante, aun si pudiera lograrla y cumplirla fuera de dudas, no puedo confiar en ella, ni usarla como escudo contra el juicio de Dios. Por tanto, me despojaré de toda justicia activa, tanto mía como de la ley de Dios, y simplemente abrazaré la justicia pasiva, la justicia de la gracia, la misericordia y la remisión de pecados. Esta es la justicia de Cristo y del Espíritu Santo; *no la producimos, pero nos sometemos a llevarla; no se encuentra en nosotros, pero la recibimos como un don de Dios Padre por medio de Jesucristo*»[10].

Una tierra sedienta jamás logrará por sí misma la feliz satisfacción de abrir los cielos para saturarse de una lluvia torrencial. Sin importar cuán imponente y esplendorosa sea, jamás podrá producir

---

7. *spectro justitiae activae.*
8. *propriae evolvere.*
9. *promissionem gratiae oblatae in Christo.*
10. *quam non facimus, se patimur, non habemus, sed accipimus, donate eam nobis Deo Patre per Iesum Christum.*

su propia lluvia. Más bien, la lluvia riega la tierra como un don de Dios. De la misma manera, Dios nos atribuye esta justicia celestial sin nuestros méritos y obras. Así como la tierra no es capaz de llover sobre sí misma para que su fruto crezca, tampoco nosotros podemos beneficiarnos de esta justicia eterna y celestial. Jamás la podríamos obtener si no fuera porque Dios nos la imputa por su pura gracia[11]; solo la recibimos por el don gratuito de Dios. ¡Nos faltan palabras para describir la grandeza de su valor! Por tanto, toda la sabiduría del cristiano consiste en desconocer la ley, y desentenderse de todas las obras de la justicia activa, especialmente cuando la conciencia lucha contra el juicio de Dios. Por otro lado, la mayor sabiduría y conocimiento de quienes no pertenecen al pueblo de Dios es profundizar en la ley y estimular fervorosamente sus obras y la justicia activa.

No obstante, instruir a los cristianos a desconocer la ley y vivir ante Dios como si esta no existiera es algo muy extraño e inaudito en el mundo. Sin embargo, no podrás ser salvo a menos que desconozcas la ley y, en tu corazón, estés confiadamente persuadido de que ya no hay ley ni ira de Dios, sino tan solo gracia y misericordia por el favor de Cristo. Por medio de la ley viene solamente el conocimiento del pecado. Por otro lado, el mundo debe ser presionado para producir obras y guardar la ley como si no hubiera promesa o gracia alguna. Los tercos, orgullosos, y duros de corazón jamás se aterrarán y humillarán a menos que sus ojos vean únicamente las incesantes demandas de la ley. Esta fue dada para estremecer, abatir, y acosar al hombre viejo. Por tanto, se debe trazar bien la línea entre la palabra de la gracia y el escrito condenatorio de la ira, de acuerdo al apóstol (2 Timoteo 2).

Aquí se necesita alguien sabio y fiel que pueda trazar debidamente la palabra de Dios; alguien capaz de amordazar la ley y retenerla dentro de sus límites. Quienes enseñan la justificación ante Dios mediante la observancia de la ley traspasan los límites de esta. Se equivocan, se los oye intentando explicarlas, se inventan razones que parecieran lógicas, pues no enseñan estas dos justicias debidamente. En cambio, quien traza bien la palabra es quien aplica la ley y las obras al hombre viejo, y la promesa del perdón de pecados

---

11. *gratuitam imputare*. Literalmente, «gratuitamente, o por gracia, nos la imputa, acredita a cuenta nuestra».

y la misericordia de Dios al hombre nuevo. La carne, o el hombre viejo, debe atarse a la ley y a las obras; y el espíritu, o el hombre nuevo, debe unirse a la promesa de Dios y su misericordia. Por tanto, cuando alguien ya ha sido lo suficientemente magullado, oprimido por la ley, mortificado por el pecado, y anhela sentirse a salvo, es hora de quitar de su vista la ley y la justicia activa, y mediante el Evangelio poner ante sus ojos la justicia cristiana y pasiva. Esta excluye a Moisés y su ley, pero le ofrece la promesa hecha en Cristo, quien vino por los afligidos y pecadores. Con esto, el pecador vuelve a levantarse, y concibe una buena esperanza, pues ya no está bajo la ley, sino bajo la gracia (Romanos 6:14). Pero ¿cómo es que ya no está bajo la ley? Es así en el hombre nuevo, pues la ley ya no tiene nada que ver con él. La ley llega a su límite al encontrarse con Cristo, como diría Pablo: «la ley nos lleva a Cristo» (Gálatas 3:24)[12]. Con su llegada, puso fin a Moisés, su ley, circuncisión, sacrificios, sábados, y aun a todos los profetas.

En esto radica nuestra teología: enseñamos a distinguir claramente estos dos tipos de justicia: la activa y la pasiva. En consecuencia, la urbanidad y la fe, las obras y la gracia, la política y la religión, no se deben mezclar ni confundir la una con la otra. Ambas son necesarias, pero ambas deben mantenerse dentro de sus debidos límites. La justicia cristiana tiene que ver con el hombre nuevo, mientras que la justicia de la ley tiene que ver con el hombre viejo, nacido de carne y sangre. Sobre este hombre viejo debe colocarse, tal como sobre una mula vieja, una carga que lo agobie y le impida gozar del espíritu de la gracia en libertad a menos que, por la fe en Cristo, se ponga primero el hombre nuevo. Será la única manera de que goce del reino y el inestimable don de la gracia, aunque, en esta vida, jamás dará en el blanco.

Digo todo esto para que nadie piense que rechazamos o prohibimos las buenas obras, como los papistas tan falsamente nos calumnian. Ni ellos mismos comprenden lo que dicen ni lo que nosotros enseñamos. Lo único que conocen es la justicia de la ley, y aun así se creen capaces de juzgar aquella doctrina que está muy por sobre la ley. El hombre carnal no está capacitado para juzgarla. Por lo tanto, es inevitable que se sientan ofendidos, pues no pueden

---

12. Este es un ejemplo de Lutero parafraseando la Vulgata en Gálatas 3:24: «*lex usque ad Christum*». La Vulgata reza: «*itaque lex pedagogus noster fuit in Christo*».

mirar por encima de la ley. Para ellos, todo lo que está por encima de la ley es una gran ofensa.

Nosotros, más bien, nos imaginamos sencillamente dos mundos: uno celestial y otro terrenal. En ellos colocamos dos clases de justicia, separadas lo más posible la una de la otra. La justicia de la ley es terrenal, tiene que ver con asuntos terrenales, y hacemos buenas obras para complacerla. La tierra solo rinde fruto si le llueve; su fruto depende solo de lo que viene de arriba. *La tierra no puede juzgar, renovar ni gobernar al cielo; por el contrario, es el cielo el que juzga, renueva, y fecunda la tierra, para que cumpla lo que Dios manda.* Lo mismo sucede con la justicia de la ley: aun después de hacer muchas cosas, no logramos nada. Y aun cuando pensamos que hemos cumplido la ley, no la hemos satisfecho. A menos que, sin obras ni méritos nuestros, seamos primero declarados justos por esta justicia cristiana[13]. Esta no tiene nada que ver con la justicia de la ley, o con la justicia activa o terrenal. Sin embargo, la justicia pasiva y celestial, como suele llamarse, no la tenemos dentro de nosotros, sino que la recibimos de arriba. No obramos para lograrla, sino que ella obra a nuestro favor, y nos aferramos a ella por la sola fe. Por eso podemos elevarnos por encima de toda ley y toda obra. Por tanto, tal como llevamos la imagen del Adán terrenal (como dijo Pablo), así también llevamos la imagen del celestial, el nuevo hombre en un nuevo mundo (1 Corintios 15:49)[14]. Aquí no hay ley, ni pecado, ni remordimiento, ni reproche de la conciencia, ni muerte, sino gozo perfecto, justicia, gracia, paz, salvación, y gloria.

¿Qué pues, entonces? ¿No tenemos que hacer nada? ¿Acaso no tenemos que hacer obra alguna para lograr esta justicia? Respondo: nada en absoluto. Pues esta es la justicia perfecta: «no hacer nada, no oír nada, no saber nada de la ley ni de las obras», sino solo saber esto: Cristo ha ido al Padre, y ahora no lo podemos ver. Está en el cielo sentado a la diestra de su Padre, no como juez, sino que, por voluntad divina, es nuestra sabiduría, justicia, santidad, y redención. En resumen, Él es nuestro Sumo Sacerdote, intercediendo por nosotros,

---

13. *justificati simus per justitiam christianam.*
14. *novus homo in novo mundo.* El «nuevo hombre (*novus homo*)» es en realidad el «nuevo hombre Jesucristo». Lutero señala hacia Cristo y no hacia nosotros. Obsérvese que Lutero está parafraseando el texto de la Vulgata.

y reinando por gracia sobre nosotros y en nosotros. En esta justicia celestial no hay lugar para el pecado, puesto que no hay ley; y donde no hay ley, no puede haber transgresión alguna.

Por tanto, aquí no hay lugar alguno para el pecado, ni inquietud de conciencia, ni temor, ni pesadumbre. Por eso Juan dijo (1 Juan 5:18): «Todo el que ha nacido de Dios, no peca». Pero si hay algún temor o remordimiento de conciencia, es señal de que sucedió esto: la justicia se marchó, la gracia se ocultó, y Cristo se oscureció y apartó de la vista. Pero donde Cristo ciertamente resplandece, no hay duda alguna: habrá gozo pleno y perfecto en el Señor. La conciencia estará en paz. Confiadamente pensará: «Aunque por la ley soy pecador, y estoy bajo la condena de la ley, aun así, no me castigo ni muero, porque Cristo vive. Él es mi justicia y mi vida eterna. En esa justicia y vida no tengo pecado, no temo, no tengo remordimiento de conciencia, ni siento ansiedad por la muerte. En cuanto a esta vida y su justicia, ciertamente soy pecador, pues soy hijo de Adán. En cuanto a la justicia terrenal, la ley me acusa, la muerte reina sobre mí, y finalmente ha de devorarme. Pero, por encima de esta vida, tengo otra justicia y vida, la cual es Cristo, el Hijo de Dios, quien no conoce ni pecado ni muerte, sino justicia y vida eterna. Por Él, este mi cuerpo, estando muerto y en el polvo de la tierra, se volverá a levantar, y liberado de la esclavitud de la ley y el pecado, será santificado junto con el espíritu».

De modo que, mientras estamos aquí, estas dos conviven lado a lado. La carne es acusada, lucha contra tentaciones, es oprimida por la angustia y la tristeza, y recibe las heridas de esta justicia activa de la ley. Empero el espíritu reina, se regocija, y se salva por esta justicia pasiva y cristiana. El espíritu confía y sabe que tiene un Señor en el cielo, a la diestra de su Padre, quien ha abolido la ley, el pecado, la muerte, y ha hollado todo mal bajo sus pies; los ha llevado cautivos, y Él mismo ha triunfado sobre ellos (Colosenses 2:15).

Por tanto, en esta epístola, san Pablo se dedica a enseñar, a consolar, y a perfeccionar el conocimiento de esta más excelente justicia cristiana. Pues si el artículo de la justificación[15] se llegara a perder, perderemos toda verdadera doctrina cristiana. Y quienes no se aferran a esta doctrina, son judíos, o turcos, o papistas, o herejes.

---

15. *articulo justificationis*.

Porque entre la «justicia de la ley» y la «justicia cristiana» no hay un término medio. El que se desvía de esta «justicia cristiana» caerá sin lugar a duda en la «justicia de la ley»; es decir, «cuando ha perdido a Cristo, ha de caer en la confianza en sus propias obras».

Esto lo podemos ver hoy en los espíritus fanáticos y los autores de las sectas, pues no enseñan nada, ni tampoco pueden enseñar nada sano con respecto a la justicia de la gracia[16]. *Es cierto, ellos han sacado las palabras de nuestra boca y de nuestros escritos, y las incorporan a todo lo que dicen y escriben. Pero en cuanto al tema en sí, no lo pueden exponer y exhortar claramente, pues ni lo entienden ni lo pueden comprender, ya que solo se aferran a la justicia de la ley. Por tanto, son y siguen siendo abogados de la ley, desprovistos de cualquier facultad que los eleve por encima de la justicia activa. Por eso se quedan como estaban bajo el Papa, excepto que ahora se inventan nuevos nombres y nuevas obras. No obstante, a pesar de todo, no cambian de tema; siempre es el mismo, tal como los turcos hacen obras diferentes a los papistas, y los papistas hacen obras diferentes a los judíos, etc. Pero, aunque algunos hagan obras más espléndidas, grandiosas, y difíciles que otros, la sustancia es la misma, solo se distinguen en calidad. Es decir, las obras difieren únicamente en apariencia y nombre, no en los hechos, pues de igual manera solo son obras, y quienes las hacen no son ni serán cristianos, sino asalariados, no importa si se hacen llamar judíos, turcos, papistas, etc.*

Por eso repetimos fervorosamente esta doctrina de «fe», o «justicia cristiana», para ponerla siempre en práctica, y poder distinguir claramente que existe lejos de la «justicia activa de la ley». De otro modo, jamás podremos sostener la verdadera enseñanza, pues la Iglesia se fundamenta solamente en esta doctrina[17]. *Si no es así, al instante la convertimos en excremento*[18]. Por consiguiente, nos volvemos expertos en leyes eclesiásticas, guardadores de ceremonias, abogados de la ley, y papistas. En consecuencia, Cristo queda tan oscurecido que nadie puede ser debidamente instruido o establecido en la Iglesia. Por lo tanto, si hemos de ser maestros y líderes, nos incumbe ser muy cuidadosos en estos asuntos, y trazar bien esta distinción entre la justicia de la ley y la justicia de Cristo. Y esta distinción sale muy fácilmente de la boca, pero es muy difícil

---

16. *justitiam gratiae.*
17. *sola doctrina fit et consistit ecclesia.*
18. *sed fimus statim.*

usarla y conocerla personalmente. Cuando se acerca la muerte, o la conciencia agoniza más allá del dolor, estas dos clases de justicia se acercan más de lo que esperas o quisieras. Por eso los exhorto, especialmente a quienes instruirán y guiarán en asuntos de la conciencia, como también a cada uno en particular, a ejercitarse continuamente en el estudio y la lectura, meditando en la palabra, constantes en oración. Así, cuando venga la tentación, podrán instruir y consolar a sus propias conciencias y a las de otros. Deben saber cómo llevar a los oyentes de la ley a la gracia, de la justicia activa y las obras, a la justicia pasiva, para que la reciban; y en conclusión, llevarlos de Moisés a Cristo.

Cuando sufrimos aflicción y la conciencia nos atormenta, el diablo busca atemorizarnos con la ley. Coloca frente a nosotros la culpa por el pecado, nuestro asqueroso pasado, la ira y el juicio de Dios, el infierno, y la muerte eterna. De esa manera intenta precipitarnos a la desesperación, convertirnos en sus esclavos, y arrebatarnos de Cristo. Además, nos dirige esos textos del Evangelio en donde Cristo mismo nos exige obras y amenaza con condenar a todos los que no las hagan. Y si ahora no podemos juzgar entre estas dos clases de justicia, y si mediante la fe no nos aferramos a Cristo sentado a la diestra de Dios (donde intercede ante el Padre por nosotros, míseros pecadores), entonces estamos bajo la ley y no bajo la gracia. En tal caso, Cristo deja de ser Salvador y lo convertimos en un legislador. Ya no hay salvación, sino la certeza de la desesperación y la muerte eterna, a menos que procedamos al arrepentimiento.

Por lo tanto, aprendamos a juzgar cuidadosamente entre estas dos clases de justicia, para saber hasta qué punto debemos obedecer la ley. Pues ya lo dijimos, que en el cristiano la ley no debe extralimitarse, sino ejercer dominio solo sobre la carne, la cual está sujeta a ella, y permanece bajo la misma. Siempre que así sea, la ley permanece dentro de sus fronteras. Pero si busca deslizarse hasta tu conciencia, queriendo reinar allí, más vale que hagas el papel de un astuto especialista en lógica, y puedas separarlas correctamente. No des a la ley más de lo debido, sino dile: «Ley, pretendes trepar hasta el reino de mi conciencia, y allí reinar y acusarla de pecado. Luego pretendes quitar el gozo de mi corazón, que es mío por la sola fe en Cristo, y precipitarme a la desesperación, para que pierda toda esperanza, y me arruine hasta perecer. Pero haces esto fuera de tu oficio; mantente dentro de tus límites, y ejerce tu poder sobre la carne. No toques mi conciencia, pues he sido bautizado y llamado por el Evangelio a ser partícipe de la justicia y la vida eterna, al reino de Cristo, en donde mi conciencia reposa, y en donde no hay ley, sino solo el absoluto perdón de los pecados, y solo existe paz, quietud, gozo, salvación, y vida eterna. No me molestes más con estos asuntos, pues no te permitiré reinar como un déspota tan opresivo y como un cruel verdugo sobre mi conciencia, pues es el trono y el templo de Cristo, el Hijo de Dios. Él es el rey de justicia y paz, y mi más dulce Salvador y Mediador. Él guardará mi conciencia con gozo y paz en la sana doctrina del Evangelio, y en el conocimiento de esta justicia pasiva».

Cuando esta justicia reina en mi corazón, desciendo del cielo como la lluvia que hace retoñar la tierra: es decir, entro a otro reino, y hago buenas obras, según lo requiera la ocasión. Si soy ministro de la palabra, predico, consuelo al abatido de corazón, administro los sacramentos. Si soy cabeza del hogar, gobierno mi casa y mi familia, criando a mis hijos en el conocimiento y en el temor de Dios. Si soy magistrado, un cargo que se me da desde lo alto, lo ejerzo con diligencia. Si soy siervo, llevo fielmente a cabo los negocios de mi amo. En conclusión, todo aquel que esté persuadido y confiado de que Cristo es su justicia, no solo ejerce bien los menesteres de su vocación con gozo y felicidad, sino que también se somete por amor a sus magistrados y a sus leyes, por más severas, punzantes y crueles que estas sean. Si resulta necesario, se someterá a todas las cargas y peligros de esta vida, porque sabe cuál es la voluntad de Dios, y que esta obediencia le agrada.

CONFERENCIA 2: sábado 4 de julio

En cuanto al argumento de esta epístola, Pablo exhorta a los gálatas pues falsos maestros habían oscurecido esta justicia de la fe entre ellos; por tanto, Pablo los enfrenta y defiende su propia autoridad y oficio.

COMENTARIO SOBRE LA EPÍSTOLA A LOS GÁLATAS (1531/1535)[19]

por Martín Lutero, DD

Traductor/Editor: Haroldo S. Camacho[20] (2017)

---

19. Esta obra traduce la edición del texto en latín de 1538, tal como aparece en la reimpresión de J. Conrad Irmischer de 1843, cotejada con la versión de Weimar. Véase «Apéndice B: Notas del traductor: *Sobre el texto en latín*».
20. Haroldo S. Camacho, Ph. D., Claremont School of Theology, 1991; intérprete/traductor profesional, certificado por el Consejo Judicial del Estado de California, Estados Unidos de América.

Gálatas 1

CONFERENCIA 2: sábado 4 de julio (continuación)

VERSÍCULO 1. *Pablo, apóstol (no de hombres ni por hombre, sino por Jesucristo y por Dios el Padre que lo resucitó de los muertos)*[21].

Ya hemos expuesto el argumento de esta epístola a los Gálatas. Pero antes de seguir adelante, sería bueno señalar la ocasión que movió a Pablo a escribirla. Pablo había sembrado entre los gálatas la doctrina pura del Evangelio[22] y la justicia de la fe. Pero inmediatamente después de su partida, entraron ciertos falsos maestros. Sigilosamente derribaron todo lo que él había sembrado con su enseñanza entre los gálatas. Pues el diablo no puede hacer nada más que desacreditar furiosamente esta doctrina con toda fuerza y engaño. Tampoco descansa, sino que arremete sin tregua instigando la furia de tiranos y ciertos fanáticos descarriados. También emplea gente sumamente perversa, camuflada bajo una capa de gran religiosidad y devoción, a fin de sofocar el Evangelio como si intentaran apagar chispas con un hacha. El diablo desata toda su furia contra nosotros pues entregamos la doctrina del Evangelio en toda su pureza; esa es la única razón. Con un vínculo de odio amargo incita al mundo y a los herejes contra nosotros. El Evangelio es una doctrina exclusiva. Está muy por encima de la sabiduría, la justicia y la religión del mundo. Esta doctrina anuncia la libre remisión de pecados por medio de Cristo[23]. Deja las demás cosas en su lugar, y las saluda como cosas buenas creadas por Dios.

---

21. En la traducción por lo general he usado las versiones Reina Valera Gómez, 1960/2004. Cuando empleo otra versión, la indico al pie de página.
22. Aunque peco contra la ortografía del español, he decidido dejar «Evangelio» con mayúscula, por su origen divino, y para diferenciarlo de cualquier otro evangelio.
23. *Remissionem peccatorum gratuitam per Christum.*

CONFERENCIA 2: SÁBADO 4 DE JULIO

Pero el mundo prefiere estas cosas creadas en vez de a su Creador. Además, el mundo empeora su propia situación, pues echando mano de lo creado pretende quitar su pecado, sacudirse del yugo de la muerte, y así lograr la vida eterna. El Evangelio maldice todo eso[24]. El mundo no puede tolerar que alguien lo condene y le quite las cosas que más acaricia. Por tanto, el mundo toma nota y presenta cargos contra el Evangelio. Alega que el Evangelio es una doctrina sediciosa, errada. Declara que el Evangelio derroca poderíos, países, dominios, reinos, e imperios, y por tanto ofende tanto a Dios como al César[25]. También alega que por el Evangelio se abrogan leyes, se corrompen los buenos modales, y la gente se entrega al libertinaje. Por tanto, con el pretexto de preservar un celo santo y rendir un gran servicio a Dios (pues así pareciera), el mundo persigue esta doctrina, aborrece a sus maestros y seguidores, y procura destruirla como si fuera la peor plaga sobre toda la tierra.

Pero hay más. Por la predicación del Evangelio, el diablo queda derrotado y su reino vencido. Se ha armado de la ley, el pecado, y la muerte, como si fueran los tiranos más fuertes e invencibles, para sujetar al mundo entero bajo su dominio. Pero el Evangelio le arrebata sus prisioneros y los traslada del reino de la oscuridad y la esclavitud al reino de la luz y la libertad. ¿Acaso el diablo se va a quedar quieto ante todo eso? ¿Acaso el padre de mentiras no se valdría de toda su fuerza y sutileza para oscurecer, corromper, y desarraigar por entero esta doctrina de la salvación y la vida eterna? Por cierto, el apóstol Pablo lamenta esta situación en esta y en todas sus epístolas, pues, en su época, el diablo ya andaba al descubierto dejando en claro que estaba más vivo que nunca. *De igual manera hoy nos quejamos y lamentamos por el daño que Satanás ha causado a nuestro Evangelio por medio de sus ministros, los espíritus fanáticos. El daño es peor que el propinado por todos los tiranos, reyes, príncipes y obispos que lo persiguieron y siguen persiguiendo con violencia. Y si aquí en Wittenberg no hubiéramos vigilado y trabajado con suma diligencia al sembrar esta doctrina de la fe, no habríamos permanecido de común acuerdo hasta hoy. No obstante, desde antes de nuestra llegada, ya estaban las sectas. Pero debido a que no nos hemos movido de esta doctrina, y la recalcamos sin cesar, conservamos plena unidad y paz. Pero otros, que la*

---

24. *hoc damnat evangelium*. Es decir, el Evangelio profiere maldición contra todo eso.
25. *Deum et Caesarem*, «Dios y el emperador».

descuidan o piensan que tienen una doctrina más sublime, pronto caen presa de varios perniciosos errores y sectas sin fin, y así llegarán a la ruina[26]. Pienso que es útil señalar aquí que el Evangelio es una doctrina muy peculiar, pues condena todo tipo de justicia y predica solo la justicia de Cristo[27]. Todos los que se amparan en esta reciben una conciencia en paz y todas las cosas buenas. No obstante, el mundo la odia y persigue mordazmente.

Como dije antes, lo que incitó a Pablo a escribir esta epístola fue la entrada de falsos maestros poco después de su partida. Ellos destruyeron entre los gálatas lo que Pablo había construido con una gran y ardua labor. Pero estos falsos apóstoles eran los de la circuncisión y la secta de los fariseos. Eran hombres de gran estima y autoridad. Se jactaban ante la gente de que pertenecían a esa casta santa y escogida de los judíos. Decían que eran israelitas, de la simiente de Abraham, que tenían todas las promesas de los padres. Finalmente, decían que eran ministros de Cristo, y eruditos alumnos de los apóstoles. Habían mantenido comunión con ellos, habían visto sus milagros, y tal vez ellos mismos habían realizado algunas señales y milagros (pues, en Mateo 7, el propio Cristo testifica que los impíos también obran milagros). Además, estos falsos apóstoles, utilizando toda la sutileza que pudieron concebir, desfiguraron la autoridad de Pablo, diciendo: «¿Por qué lo estiman tanto? ¿Por qué le tienen tanto respeto? Es apenas el último de todos los conversos a Cristo. Pero nosotros somos discípulos de los apóstoles, y convivimos con ellos. Vimos a Cristo obrando milagros, y lo escuchamos predicar. Pablo vino mucho después, y por eso no está a nuestra altura. Es imposible que estemos equivocados, pues somos su pueblo santo, ministros de Cristo, y hemos recibido el Espíritu Santo. Además, nosotros somos muchos, mientras que Pablo es tan solo uno, y está solo. Ni siquiera está familiarizado con los apóstoles, ni ha visto a Cristo. Incluso persiguió a la Iglesia de Cristo por un tiempo. ¿Acaso piensan que Dios iba a permitir que tantas Iglesias fueran engañadas, tan solo para darle la razón a Pablo?».

---

26. Se recuerda al lector que, cuando el texto aparece en *cursiva*, representa una de las partes que fueron omitidas en la primera traducción al inglés, en 1575. Los traductores no querían ofender a los seguidores de Zuinglio, pues en esos pasajes Lutero no solo rechazaba la doctrina sacramentaria de Zuinglio, sino que además rechazaba categóricamente toda contribución humana a la justificación, incluyendo el amor, pues el amor también es el cumplimiento de la ley.

27. *solam Christi praedicet*.

Cuando personajes dotados de tal autoridad llegan a algún país o ciudad, pronto se granjean la gran admiración de la gente. Bajo esa apariencia de piedad y devoción, no solo embaucan a los sencillos, sino también a los educados. Logran engañar aun a los confirmados en la fe. Pues estos personajes se jactan (así lo hicieron los falsos apóstoles) de que son simiente de los patriarcas, ministros de Cristo, eruditos de los apóstoles, etc. Hoy, hasta el mismo papa, sin autoridad bíblica que lo apoye, lanza continuamente este argumento contra nosotros: «La Iglesia, la Iglesia. ¿Piensan que Dios está tan molesto que, por unos cuantos herejes como los sectarios de Lutero, va a desechar a toda su Iglesia? ¿Piensan que Dios permitió que su Iglesia permaneciera en el error por tantos siglos?». Y, con esto, se mantiene tercamente en pie: «La Iglesia triunfante jamás será vencida». Tal como hoy este argumento convence a muchos, en el tiempo de Pablo, estos falsos apóstoles, con gran jactancia, y tocando sus propios bombos y platillos, cegaron los ojos de los gálatas. Así fue como Pablo llegó a perder su autoridad entre ellos, y la gente comenzó a cuestionar su doctrina.

Contra toda esta jactancia e insolencia de los falsos apóstoles, Pablo, con gran constancia y osadía[28], establece su autoridad apostólica. Defiende su ministerio y recomienda altamente su propia vocación. No hay texto alguno que insinúe en lo más mínimo que Pablo cedió, ni siquiera ante los mismos apóstoles.

Y para tumbarlos del pedestal de su orgullo farisaico y su desvergüenza, trae a colación lo sucedido en Antioquía, donde él mismo se opuso a Pedro cara a cara. Además, sin tomar en cuenta la ofensa que podría haber causado, como dice el texto, tuvo la valentía de acusar y reprender al mismo Pedro, el principal de los apóstoles, el cual había visto a Cristo y había sido uno de sus más cercanos seguidores. Pablo dijo: «soy apóstol, y lo soy de un modo tal que no disimulé las faltas de los otros apóstoles. Aun más, no tuve miedo de reprender al pilar mismo de los demás apóstoles». De esta manera, en los dos primeros capítulos, Pablo se dedica únicamente

---

28. Lutero usó la palabra griega παρρησία durante su conferencia en latín. Esta es la palabra para «osadía» en Hechos 4:13 (NVI): «Los gobernantes, al ver la osadía con que hablaban Pedro y Juan...».

a establecer su vocación, su oficio, y su Evangelio. Afirma que no recibió su Evangelio de los hombres, sino por revelación de Jesucristo. Y si él, o aun un ángel del cielo, trajera otro Evangelio, diferente del que ya había predicado, debía ser tenido por maldito.

La certeza del llamamiento

Pero ¿qué busca Pablo al jactarse así? Respondo que, lo que parece una manera muy natural de hablar, tiene aquí el siguiente propósito: todo ministro de la palabra de Dios debe estar seguro de su llamamiento. Quien tenga esta certeza delante de Dios y de los hombres, puede gloriarse osadamente, con libertad de conciencia, pues predica el Evangelio conforme fue llamado y enviado. De esa manera, también, un embajador real se gloría y se jacta de no venir como un cualquiera, sino como un embajador del rey. Por la dignidad del cargo de embajador real, recibe la más alta honra y el lugar de la más alta estima. Si viniera como un particular no recibiría ninguno de estos honores. Por tanto, todo predicador del Evangelio debe estar seguro de que su llamamiento es de Dios. Y es provechoso, siguiendo el ejemplo de Pablo, que magnifique su llamamiento, a fin de que gane la debida confianza y autoridad entre la gente. Por tanto, no se vanagloria, sino que da dignidad a su cargo; pues no se gloría en sí mismo, sino en el rey que lo envió, cuya gloria honra y magnifica. *Y cuando, en nombre del rey, anuncia la voluntad real, no dice: «Por favor, hagan caso», sino: «Decretamos esto y aquello»; mientras que, como ciudadano particular, dice: «por favor; suplico», y cosas así.*

De la misma manera, cuando Pablo exalta tan altamente su ministerio, no es para buscar su propia alabanza. Exalta su ministerio con un orgullo santo y necesario. Pues en Romanos 11:13 dice: «Por cuanto yo soy apóstol de los gentiles, honro mi ministerio»[29]. Es decir, «Quiero que me reciban, no como Pablo de Tarso, sino como Pablo el apóstol o embajador de Jesucristo». Lo dice así pues necesitaba reclamar su autoridad, a fin de que, cuando la gente lo escuchara, prestara más atención. Pues no solo escuchaban a Pablo, sino que en Pablo escuchaban a Cristo mismo, y a Dios Padre, quien lo enviaba con su mensaje. Tal como la gente

---

29. Romanos 11:13 RVR. En el texto en latín hay un error tipográfico, pues cita Romanos 1:13.

debe honrar religiosamente la autoridad y la majestad divinas, debe también escuchar a los mensajeros de Dios que traen su palabra y mensaje.

Este no es un asunto cualquiera, cuando, por jactarse y gloriarse tanto en su ministerio, Pablo pareciera despreciar a todos los demás. La costumbre del mundo es precisamente despreciar a los demás en beneficio de la estima propia. Aquel que se eleva por encima de los demás solo logra lucir su necedad y ofender al resto. Pero la jactancia de Pablo es necesaria, pues no se trata de su propia gloria, sino de la gloria de Dios, a quien rendimos sacrificios de gratitud y alabanza. Mediante esta jactancia, el nombre, la gracia, y la misericordia de Dios se dan a conocer al mundo. Y es así como él comienza su epístola.

VERSÍCULO 1. *Pablo, apóstol (no de hombres, ni por hombre, etc.)*[30].

Aquí, al inicio, Pablo señala a los falsos maestros[31]. Ellos se jactaban de ser discípulos de los apóstoles, y asimismo, enviados por ellos. Con ese pretexto despreciaban a Pablo, diciendo que no era erudito de los apóstoles ni había sido enviado a predicar el Evangelio por ninguno de ellos. Decían que, de alguna manera, Pablo se había metido en tal oficio por cuenta propia. Pablo defiende su llamamiento diciendo: «Mi llamamiento les parece profano. Pero quienes han aparecido entre ustedes han sido enviados por hombres, o por algún hombre. Si han llegado por cuenta propia es porque no han sido llamados. De otra manera, fueron enviados por otros. Pero mi llamamiento no es de los hombres ni por el hombre, sino que es superior a cualquier llamamiento según los apóstoles, pues es "por Jesucristo y por Dios el Padre"».

Donde dice «de hombres», habla de aquellos que se llaman a sí mismos y luego se entrometen cuando ni Dios ni hombre los ha llamado ni enviado. Ellos corren y hablan por sí mismos. De igual manera, hoy en día hay ciertos espíritus fanáticos que acechan en las esquinas buscando dónde derramar su veneno. Llegan a lugares públicos, o bien a congregaciones donde el Evangelio ya ha sido

---

30. Rörer abreviaba el texto con «etc.». Aquí el latín no incluye «ni por hombre»; está incluido en el «etc.». La frase se agregó para mayor claridad en la traducción.
31. Literalmente, *falsos [...] doctores.*

establecido. Estos, digo yo, han sido enviados «de hombres». Pero cuando Pablo dice «por hombre», entiendo a aquel que recibe un llamamiento divino, el cual, no obstante, le llega «por medio del hombre». Dios los llama de ambas maneras, ya sea a través de algún medio humano o de manera directa.

Hoy, Dios los llama al ministerio de su palabra, no directamente por sí mismo, sino usando otros medios, es decir, «por el hombre». Pero los apóstoles fueron llamados directamente por Cristo mismo, tal como los profetas del ayer fueron llamados por Dios mismo. *Después los apóstoles llamaron a sus discípulos, tal como Pablo llamó a Timoteo, a Tito, etc. Estos hombres llamaron obispos (como en Tito 1), y los obispos a sus sucesores, hasta nuestros días, y así hasta el día final. Estos llamamientos vienen a través de mediadores humanos; y no obstante, son llamamientos de Dios.*

En otras palabras, cuando un príncipe, o un magistrado, o yo, llamo a cualquier hombre, ese hombre recibe su llamamiento «por medio del hombre». Desde el tiempo de los apóstoles los llamamientos han sido así. Tampoco debe cambiarse ese modo de extender el llamamiento. Más bien debería emplearse mucho más. Lo digo así pues los fanáticos testarudos desprecian ese llamamiento y se jactan de otro nuevo y mejor[32]. Ellos alegan que son llamados a enseñar «por medio del Espíritu». Pero son mentirosos e impostores, pues no los mueve un espíritu bueno, sino uno maligno.

Yo no tengo permiso alguno para abandonar mi lugar designado, ir a una ciudad a la que no fui llamado, y predicar allí (aunque siendo doctor en teología podría predicar a través de todo el papado, si me toleraran)[33]. Ni siquiera debo ir si se están enseñando falsedades y las almas son seducidas y acarreadas a la condenación; aunque con mi sana doctrina pueda librarlas del error y la condenación. Debo entregar el asunto a Dios, quien a su tiempo encontrará la ocasión de llamar legítimamente ministros para entregar su palabra. Porque Él es el Señor de la siega, que enviará obreros a su cosecha. A nosotros nos corresponde orar (Mateo 9:38).

Por tanto, no debemos entrometernos en la cosecha de otro, pues el diablo incita a sus ministros a hacer precisamente eso. De tal modo que corren sin ser llamados. Con aparente celo y fervor se lamentan de que la gente está siendo seducida. Pretenden enseñarles la verdad y arrebatarlos

---

32. *alimam meliorem.*
33. *modo me tolerent.*

de las trampas del diablo. Aun si alguien fervoroso, piadoso y con buenas intenciones intentara por su propia sana doctrina librar del error a los descarriados, daría un mal ejemplo. Daría ocasión a que maestros del maligno se entrometieran, a través de lo cual Satanás ocuparía luego el púlpito, y tal ejemplo haría gran daño.

Pero cuando soy llamado por el príncipe u otro magistrado, entonces puedo con plena confianza jactarme contra el diablo y los enemigos del Evangelio de que he sido llamado por orden divina mediante la voz del hombre. Pues allí el mandato de Dios llega a través del príncipe; y estas son verdaderas vocaciones. Nosotros también somos llamados por autoridad divina. Cierto, no «por Cristo» como lo fueron los apóstoles, sino «por hombre».

Este pasaje que concierne a la certeza del llamamiento es indispensable debido a esos espíritus pestilentes y satánicos. Ellos se sobrepasan, y vuelan por encima del Espíritu y del llamamiento celestial. Le dan a su mensaje cierto colorido, y así engañan a muchos, pero no son más que insolentes mentirosos. Pero debido a la certeza de nuestro llamamiento, nos gloriamos con Juan el Bautista: «vino la palabra de Dios sobre mí». Por tanto, cuando predico, bautizo, administro los sacramentos, cumplo con estas cosas como alguien que ha sido enviado y llamado; es la voz del Señor la que ha venido sobre mí. No se ha hecho en una esquina, como se jactan los espíritus fanáticos, sino mediante la boca de un hombre que está en su debido derecho de ejercer su vocación. Pero si tan solo uno o dos individuos me pidieran predicar, no debo hacer caso a tal llamamiento tan particular, puesto que abro una ventana de oportunidad a Satanás, que puede seguir este ejemplo y causar daño, como lo dije anteriormente. Pero cuando me lo suplican los que desempeñan un cargo público, entonces debo responder a esa necesidad.

Por tanto, cuando Pablo dice: «no de hombres, ni por hombre», él rebaja a los falsos apóstoles. Es como si dijera: «Por mucho que esas víboras se jacten, solo se jactan de haber sido enviados "por hombres", es decir, por sí mismos. De otro modo, fueron enviados "por hombre", es decir, enviados por otros. Yo no me fijo en estas cosas, ni tampoco ustedes deberían tomarlas en cuenta. En cuanto a mi persona, no soy llamado ni enviado de hombres, ni por hombre. He sido enviado sin mediador alguno, es decir, por Jesucristo mismo. Mi llamamiento está a la altura de los apóstoles, pues ciertamente soy un apóstol». Por tanto, Pablo encara eficazmente el tema del llamamiento apostólico. En otro lugar, coloca el apostolado en una categoría aparte, como en 1 Corintios 12:28, y en Efesios 4:11, donde dice: «Y a unos puso Dios en la Iglesia, primeramente apóstoles, luego profetas, lo tercero maestros». Aquí coloca en primer lugar a los apóstoles para que sean propiamente llamados apóstoles, «enviados directamente por Dios mismo», sin ningún intermediario en común.

Así fue como Matías fue llamado solo por Dios, pues cuando los demás apóstoles designaron a dos, no se atrevieron a escoger entre el uno y el otro. Echaron suertes, y oraron para que Dios mostrara a su designado. Pues ya que sería un apóstol, era necesario que recibiera el llamamiento de Dios. Así fue como Pablo fue llamado a ser el apóstol de los gentiles. Por esto a los apóstoles también se les llama santos, porque están seguros de su llamamiento y doctrina, habiendo permanecido fieles en su oficio. Ninguno de ellos fue descartado, sino solo Judas, pues el llamamiento de los apóstoles es sagrado.

Esta es la primera arremetida de Pablo contra los falsos apóstoles, que corrían por donde nadie los había enviado. El llamamiento no ha de ser despreciado. No basta con la sana doctrina y la palabra. Es imperativo estar seguro del llamamiento. Todo el que entra sin esta confianza, entra solo para matar y destruir. Pues Dios jamás prospera la obra de los que no han sido llamados. Aunque enseñan algunas cosas buenas y provechosas, no edifican. De igual manera hoy los fanáticos tienen las palabras de fe en sus bocas, pero no dan fruto alguno. Su meta principal es atraer a la gente a sus falsas y perversas opiniones. Los que tienen un llamamiento cierto y santo sostendrán muchos y grandes conflictos. Los de doctrina sana y pura deben permanecer fieles a su debido llamamiento. Tendrán que afrontar los infinitos e interminables ataques del diablo y la furia del mundo. Ante esto, ¿qué puede hacer el que no está seguro de su llamamiento y tiene una doctrina impura?

Por tanto, nuestro consuelo en el ministerio de la palabra es la certeza de un llamamiento santo y celestial. Y los debidamente llamados triunfamos contra todas las puertas del infierno. Por otro lado, cosa horrenda es cuando la conciencia dice: «¿Qué es esto que has hecho sin un debido llamamiento?». Entonces tiembla de terror mental, pues no tiene llamamiento. Desearía nunca haber oído la palabra que ahora enseña. Por esta desobediencia, todas sus obras se vuelven impías, y hasta sus mayores obras y logros se convierten en sus más grandiosos pecados.

Vemos, pues, lo buena y necesaria que es esta jactancia de gloriarnos en nuestro ministerio. Tiempo atrás, cuando yo era tan solo un joven seminarista, pensaba que Pablo se jactaba demasiado de su llamamiento. Lo mencionaba con mucha frecuencia en sus epístolas. «Le falta un poco de sabiduría», pensaba yo. Pero no comprendía su propósito. Yo no sabía que el ministerio de la palabra de Dios era un asunto de gran peso. No sabía nada de la doctrina de la fe y una conciencia firmemente persuadida, pues ni en los seminarios ni en las iglesias se enseñaba con certeza. De hecho, todo estaba lleno de los sutiles sofismas de los eruditos. Por tanto, nadie podía comprender la dignidad y el poder de esta jactancia santa y espiritual de tener un llamamiento debidamente confirmado. Pues este llamamiento rinde primeramente honor a la gloria de Dios, y luego al avance de nuestro oficio. Sobre todo, a nuestra salvación y a la del pueblo. Por esta nuestra jactancia no buscamos la estima del mundo, ni alabanzas entre los hombres, ni dinero, ni placeres, ni favores del mundo. Pues es un llamamiento divino y es la obra de Dios. El pueblo tiene gran necesidad de confiar en nuestro llamamiento, para que sepa que nuestras palabras son la palabra de Dios. Por tanto, con orgullo nos jactamos y nos gloriamos en nuestro ministerio. No es un engreimiento vano, sino un orgullo de la mayor santidad contra el diablo y contra el mundo, pero con humildad ante Dios.

VERSÍCULO 1. *Por Dios el Padre que lo resucitó de los muertos.*

Pablo está tan enardecido de fervor que no puede esperar para llegar al tema. De inmediato, en el título mismo, irrumpe y declara lo que hay en su corazón. Su intención en esta epístola es ocuparse de la justicia que viene por la fe, y defenderla. Dicho de otro modo, se propone derribar la ley y la justicia que viene por las obras. Está lleno de tales pensamientos. Por tanto, de la abundancia de su corazón habla su boca, rebosando de esta maravillosa y sobreabundante excelencia de la sabiduría y el conocimiento de Cristo.

Esta llama, este gran fuego que arde en su corazón, no puede apagarse. No le permite taparse la boca. Por tanto, no le basta con decir que era un «apóstol enviado por Jesucristo». También debe añadir: «por Dios el Padre, que lo resucitó de los muertos».

Sin embargo, pareciera que aquí no sería necesario añadir las palabras «Y por Dios el Padre». Pero, como dije, Pablo habla de la abundancia de su corazón; su mente arde de deseos de mostrar, desde el inicio mismo de su epístola, las inescrutables riquezas de Cristo, y de predicar la justicia de Dios, que lleva el nombre de «la resurrección de los muertos». Cristo viviente ha resucitado, habla desde Pablo y lo mueve a expresarse así. Por tanto, tiene una razón para añadir que es apóstol por «Dios el Padre, que ha resucitado a Jesucristo de los muertos». Como si dijera: «Tengo que lidiar con Satanás, y con esas víboras, los instrumentos de Satanás, que pretenden despojarme de la justicia de Cristo, levantado de los muertos por Dios el Padre. Es por Él que somos justificados, y por el cual seremos también levantados de los muertos para vida eterna en el día final. Pero quienes se dedican a derrocar la justicia de Cristo resisten al Padre y al Hijo, y a la obra de ambos».

Por tanto, en el principio mismo, Pablo irrumpe directamente en el tema de su epístola. Porque (tal como dije) él fija de inmediato su mirada en la resurrección de Cristo, que fue resucitado debido a nuestra justificación (Romanos 4:25)[34]. Con su resurrección, Él ha vencido la ley, el pecado, la muerte, el infierno, y todo mal. Y esta victoria nos la ha dado a nosotros. Entonces, cuando estos tiranos (nuestros enemigos) nos acusan y atemorizan, no pueden lanzarnos al pánico, ni tampoco condenarnos. Pues Cristo, a quien Dios Padre ha levantado de los muertos, es nuestra justicia y victoria. Por tanto, «gracias a Dios quien nos ha dado la victoria por medio de nuestro Señor Jesucristo». Amén.

Miren lo precisa y al punto que es esta declaración de Pablo. Pues no dice: «Por Dios, que hizo los cielos y la tierra, el Señor de los ángeles, que ordenó a Abraham salir de su tierra, que envió a Moisés a Faraón el rey, que sacó a Israel de Egipto». Tampoco Pablo se jactó del Dios de sus padres (como lo hicieron los falsos apóstoles)

---

34. *qui propter nostram justitiam resurrexit.* Pie de página de Lutero: *Victoria Christi Nostra est*, «La victoria de Cristo es nuestra». En el texto original aparece la cita de Romanos 4:15, que probablemente fue un error tipográfico en el original, o posiblemente un error de la memoria de Lutero, anotado textualmente por Rörer. Aquí he señalado la referencia como Romanos 4:25.

como Creador, Sustentador, y aquel que preserva todo obrando maravillas entre su pueblo. Es que Pablo tenía otra cosa en su corazón. A saber, la «justicia de Cristo». Por tanto, no escatima palabras para decir: «Yo soy apóstol, no de hombres, ni por hombre, sino por Jesucristo, y Dios el Padre, que lo resucitó de los muertos». Pueden ver, entonces, que Pablo es guiado con gran fervor de espíritu en este asunto, el cual se propone establecer y sostener contra todo el reino del infierno, el poder y la sabiduría del mundo, y contra el diablo y sus apóstoles.

VERSÍCULO 2. *Y todos los hermanos que están conmigo.*

Esto debería bastar para tapar la boca de esos falsos apóstoles. Todos los argumentos de Pablo son para respaldar y engrandecer su ministerio a la vez que desacredita el de ellos. Es como si dijera: «Debería bastar con que yo haya sido enviado como apóstol por el llamamiento divino de Jesucristo, y de Dios el Padre, que lo ha resucitado de los muertos. Pero, para no estar solo, para dejarlo abundantemente claro (más de lo necesario), añadiré a todos los hermanos, quienes no son apóstoles, sino como compañeros de trinchera. Ellos escriben esta epístola junto conmigo. Están a mi lado y testifican que mi doctrina es veraz y piadosa. Por tanto, estamos seguros de que Cristo está presente con nosotros, y también enseña y habla en medio de nosotros, y por medio de nuestra Iglesia. Los falsos apóstoles, si son algo, solo son enviados por hombres o por hombre. Pero yo he sido enviado por Dios el Padre, y por Jesucristo, quien es nuestra resurrección y nuestra vida (Juan 11:25). Mis otros hermanos son enviados por Dios, aunque por medio de hombre, a saber, por mí. Por tanto, que nadie diga que yo me jacto de estar solo teniendo a todos los demás en mi contra, pues tengo a mis hermanos conmigo. Todos son del mismo pensar, como testigos fieles que piensan, escriben, y enseñan como yo».

VERSÍCULO 2. *A las iglesias de Galacia.*

Pablo había predicado el Evangelio por toda Galacia. Aunque no todo el territorio se había convertido a Cristo, había establecido muchas Iglesias. Pero los ministros de Satanás, los falsos apóstoles, las fueron invadiendo sigilosamente. De igual manera, hoy los fanáticos anabaptistas no van a los lugares donde dominan los adversarios del Evangelio. Llegan a donde están los cristianos y los hombres de buena fe que aman el Evangelio. Aun en territorios donde rigen los tiranos y perseguidores del Evangelio se meten en las casas de los creyentes. Usando pretextos vierten su veneno engañando a muchos. ¿Por qué no van más bien a las ciudades, países, y dominios del papado? ¿Por qué no profesan y sostienen allí su doctrina en presencia de príncipes impíos, obispos, y eruditos de las universidades, como lo hemos hecho nosotros, con la ayuda de Dios? Estos mártires delicados no arriesgan peligro alguno. Toman la precaución de ir a donde el Evangelio ya tiene puerto. Allí viven sin peligrar su paz y tranquilidad. De igual manera, los falsos apóstoles no arriesgaron sus vidas presentándose en Jerusalén ante Caifás, ni en Roma ante el emperador, ni en lugar alguno donde nadie hubiera predicado, como lo hicieron Pablo y los demás apóstoles. Vinieron a Galacia, que ya había sido ganada para Cristo por la labor de los viajes de Pablo. También llegaron a Asia, Corinto, y otros lugares donde ya había hombres de buena fe, que profesaban el nombre de Cristo, y que no perturbaban a nadie, sino que sufrían todas las cosas en silencio. Allí, los enemigos de la cruz de Cristo vivían con gran seguridad, sin sufrir persecución alguna.

Esto nos permite aprender lo que le espera a todo maestro piadoso, pues además de la persecución sufrida a manos de un mundo malo e ingrato, y el gran esfuerzo por establecer nuevas Iglesias, tiene por delante aun más sufrimiento. Habiendo enseñado la verdad por mucho tiempo, esta pronto es derrocada por los espíritus fanáticos que después se enseñorean y reinan sobre ellos. Esto causa dolor a los ministros piadosos más que la persecución de los tiranos. Por tanto, todo ministro del Evangelio debería regocijarse por tal desprecio, y aun más querer afrontarlo. Pero si no, que entregue su cargo a otro. Hoy en día, nosotros también sufrimos lo mismo en carne propia. Desde afuera somos míseramente condenados y hostigados por tiranos. Desde adentro, por aquellos que nuestra mano ha restaurado a la libertad del Evangelio, y también por falsos hermanos. Pero nuestro consuelo y gloria está en haber sido llamados por Dios, por quien tenemos la promesa de la vida eterna. Ponemos la mira en esa recompensa que ojo no vio, ni oído oyó, ni ha entrado al corazón del hombre (1 Corintios 2:9). «Y cuando apareciere el Príncipe de los pastores, vosotros recibiréis la corona incorruptible de gloria»³⁵, y aquí en este mundo Él no permitirá que muramos de hambre.

Jerónimo plantea aquí una pregunta: «¿Por qué Pablo llama Iglesias a las que no eran Iglesias?». Y añade: «Pablo escribe a los gálatas que se han pervertido, y le han dado la espalda a Cristo y la gracia, siguiendo a Moisés y la ley». A esto respondo que Pablo las llama Iglesias de Galacia usando el principio de la parte por el todo, algo común en las Escrituras. Pues escribe de igual manera a los corintios, «se regocija por ellos, que la gracia de Dios les fue dada en Cristo, habiendo sido hechos ricos por Él en toda palabra y conocimiento». No obstante, muchos de ellos fueron descarriados por los falsos apóstoles, y no creían en la resurrección de los muertos.

De igual manera hoy nosotros llamamos a la Iglesia romana, santa. Así también a todo su obispado, santo, aunque se haya rebelado y sus ministros sean impíos. Pues Dios «domina en medio de sus enemigos», el anticristo «se sienta en el templo de Dios», y «Satanás está presente entre los hijos de Dios». Aun si la Iglesia está «en medio de una generación torcida y perversa» (como dijera Pablo en Filipenses³⁶), aun si estuviera en medio de lobos y asaltantes, es decir, tiranos espirituales, eso no impide que siga siendo la Iglesia. Aunque la ciudad de Roma sea peor que Sodoma y Gomorra, aun así conserva el bautismo, el sacramento, la voz y el texto del Evangelio, las Sagradas Escrituras, los ministerios, el nombre de Cristo y el nombre de Dios. Los que tienen estas cosas, ¡las tienen! Los que no, no tienen excusa, pues el tesoro está allí. Por tanto, la Iglesia de Roma es santa, porque tiene el santo nombre de Dios, el Evangelio, el bautismo, etc. Si se encontraran estas cosas entre el pueblo, tal pueblo sería santo. Así también los ciudadanos de Wittenberg son santos. Sin duda alguna somos santos, y por cierto que lo somos, porque hemos sido bautizados, enseñados y llamados por Dios; participamos de la mesa del Señor, y tenemos las obras de Dios entre nosotros, a saber, la palabra y los sacramentos, y estas cosas nos designan como santos.

Digo estas cosas a fin de que diligentemente podamos distinguir entre la santidad cristiana y las otras. Los monjes llaman a sus órdenes, santas

---

35. Esta es una de varias ocasiones en las que Lutero cita las palabras de un texto bíblico sin indicar la referencia.
36. Pie de página de Lutero: *Ecclesia est in medio luporum etc.*, «La Iglesia existe en medio de lobos».

(aunque ellos mismos no se atreven a llamarse santos), pero ellos mismos no son santos. Esto se debe, como lo hemos dicho antes, a que la santidad cristiana no es una santidad activa, sino pasiva[37]. *Por tanto, que nadie se considere a sí mismo santo apoyándose en su manera de vivir o en sus obras, o si ayuna, ora, golpea su cuerpo, da limosnas a los pobres, consuela al desconsolado y afligido, etc. En ese caso, el fariseo en Lucas también sería santo. Aunque estas obras se hacen por mandato divino y Dios las requiere estrictamente de nosotros, podemos estar seguros de que no nos santifican ante Dios. En cambio, ustedes y yo, la Iglesia, la ciudad, y el pueblo, somos santos, no en nosotros mismos, sino por una santidad que reside fuera de nosotros*[38]. *Somos santos porque poseemos cosas divinas y sagradas, tales como el llamamiento al ministerio, el Evangelio, y otras más.*

Por lo tanto, aunque los gálatas se habían desviado de la doctrina de Pablo, conservaban el bautismo, la palabra, y el nombre de Cristo. También había algunos de buena fe que no le habían dado la espalda. Tenían una correcta opinión de la palabra y los sacramentos, y los administraban debidamente. Además, estas cosas no pueden ser profanadas por los renegados. El bautismo, el Evangelio, y otras cosas, no se corrompen, aunque algunos tengan manchas, impurezas, y las entiendan erróneamente. Estas cosas jamás pierden su santidad, aunque estén entre los piadosos o los impíos; pues no pueden ser contaminadas ni santificadas. Podrían ser profanadas o santificadas ante el mundo pagano (por nuestras buenas o malas palabras, o por nuestra vida, buena o mala, con sus costumbres), pero no ante Dios. *Por tanto, la Iglesia es santa aun donde imperan los espíritus fanáticos, mientras no nieguen la palabra y los sacramentos. Porque si estos se niegan, es imposible que haya Iglesia*. Por eso, dondequiera que permanezca la sustancia de la palabra y los sacramentos, allí está la santa Iglesia; aunque allí reine el anticristo, pues, como dice la Escritura, él no reina en un establo de diablos, ni en un chiquero, ni en la multitud de los incrédulos, sino en el lugar más alto y santo, el templo de Dios (2 Tesalonicenses 2:4). Por tanto, aunque allí reinen los tiranos espirituales, aun así habría un templo

---

37. *christiana sanctitas non est active, sed passive sanctitas.*
38. *aliena sanctitate*. Lutero quiere decir que somos santos por una santidad o justicia que radica «fuera de nosotros» y no «en nosotros»; a saber, la preciosa e incorruptible santidad y justicia de Cristo, que radica a la diestra del Padre, a nuestro favor. Esta es la única por la cual somos declarados justos, por la sola fe, sin obra alguna de la Ley.

de Dios, y el templo sería preservado bajo ellos. De modo que, brevemente, respondo a esta cuestión que la Iglesia es universal por todo el mundo, dondequiera que esté el Evangelio de Dios y los sacramentos. Los judíos, los turcos, y otros espíritus vanos, no son la Iglesia, pues luchan contra estas cosas y las niegan. Hasta aquí he expuesto el título o la inscripción de esta epístola. Ahora prosigo al saludo de Pablo.

CONFERENCIA 3: jueves 9 de julio

VERSÍCULO 3. *Gracia a vosotros y paz de parte de Dios nuestro Padre y del Señor Jesucristo.*

Espero que no desconozcan el significado de *gracia* y *paz*, pues son palabras que Pablo usa con frecuencia, y hoy ya no son oscuras ni desconocidas. Nos proponemos comentar esta epístola no porque sea necesario, o porque yo pudiera decir ciertas cosas con dureza. Lo hacemos para confirmar nuestras conciencias contra las herejías que vendrán. No se les haga tedioso si repetimos las cosas que, en otros lugares y ocasiones, hemos enseñado, predicado, cantado, y escrito. Pues si descuidamos el artículo de la justificación[39], lo perderemos todo. Por tanto, ¡cuán necesario es que lo pongamos sobre todas las cosas, e inculquemos y repiquemos[40] este artículo continuamente![41] Como dijo Moisés sobre la ley. Pues no puede resonar lo suficiente ni demasiado en nuestros oídos. Y aunque lo aprendamos y comprendamos bien, no hay nadie que pueda dominarlo o creerlo a la perfección en su corazón. ¡Así de escurridiza[42] es nuestra carne, y nuestro espíritu es desobediente!

Este saludo del apóstol es desconocido para el mundo. Antes de la predicación del Evangelio, este saludo jamás se había escuchado. Pues estas dos palabras, gracia y paz, contienen todo lo que pertenece a la cristiandad. La gracia suelta las ataduras del pecado y la paz apacigua la conciencia. Los dos demonios que nos atormentan son

---

39. *articulo justificationis*, la doctrina clave del cristianismo (recuérdese que *articulo* en latín significa «pivote o punto de apoyo»).
40. *perpetuo inculcemus et acuamus.*
41. Lutero añade este pie de página: *Articulus justificationis perpetuo inculcandus*, «perpetuamente hay que inculcar el artículo de la justificación».
42. *lubrica.*

el pecado y la conciencia. Pero Cristo ha vencido y pisoteado a estos dos monstruos, en este mundo y en el venidero. El mundo desconoce esto; por eso no puede enseñar con certeza alguna la derrota del pecado y de la muerte, y que hay paz para la conciencia. Solo los cristianos tienen esta doctrina, y tienen experiencia en el uso de esta arma para vencer el pecado, la desesperanza, y la muerte eterna. Esta doctrina no procede del uso del libre albedrío, ni ha sido inventada por la razón o la sabiduría humana, sino que ha sido dada desde lo alto.

Además, estas dos palabras, *gracia* y *paz*, contienen en ellas la suma total del cristianismo. La gracia contiene la remisión de pecados. La paz, una conciencia tranquila y gozosa. Solo cuando la conciencia reconoce el pleno perdón de sus pecados puede estar en completa paz. Pero el pecado no se perdona por el cumplimiento de la ley, pues nadie es capaz de satisfacer la ley. La ley, más bien, denuncia el pecado, declara la ira de Dios, acusa e intimida a la conciencia, y la arroja por el precipicio hacia la desesperanza. Aun menos se quita el pecado por las obras e inventos de los hombres, como adoraciones impías, religiones extrañas, votos, y peregrinajes.

En breve, no hay obra alguna que pueda quitar el pecado. Al contrario, las obras aumentan el pecado. Pero los pedantes legalistas, cuanto más se esfuerzan y sudan por zafarse del pecado, tanto más hondo se sumen en la maldad. Pues hay un solo medio para quitar el pecado, la sola gracia[43]. No hay otro medio[44]. Por eso Pablo, en todos los saludos de su epístola, opone el pecado y la mala conciencia a la gracia y la paz. Esto hay que recalcarlo. Es fácil decir las palabras. Pero en la hora de la tentación no hay nada más difícil que estar plenamente convencido de que, *por la gracia sola*[45], dejando de lado todo otro medio en el cielo y la tierra, tenemos la remisión de los pecados y la paz con Dios[46].

El mundo no comprende esta doctrina. Por tanto, no la puede tolerar, ni hoy ni mañana. La condena como herejía e impiedad. El mundo se jacta del libre albedrío, de la luz de la razón, de la integridad de la naturaleza con sus poderes y cualidades. También se jacta de las buenas obras como el medio de discernir y alcanzar

---

43. *sola gratia*.
44. *et simpliciter nullo alio modo*.
45. *solam gratiam*.
46. *habeamus remissionem peccatorum et pacem cum Deo*.

la gracia y la paz. Es decir, obtener el perdón del pecado y una conciencia en paz. Pero es imposible que la conciencia tenga gozo y quietud a menos que sea mediante la gracia. Es decir, mediante el perdón de pecados prometido en Cristo. Muchos se han afanado infatigablemente por hallar diversas órdenes religiosas con sus prácticas a fin de alcanzar paz y tranquilidad de conciencia. Pero en todo eso, lo único que han logrado es hundirse más en graves miserias. Pues todos esos artificios son tan solo medios para aumentar la duda y la desesperanza. Por tanto, ni tus huesos ni los míos tendrán descanso hasta que escuchemos la palabra de la gracia, aferrándonos a ella con constancia y fidelidad. Entonces, sin duda alguna hallaremos la gracia y la paz para nuestra conciencia.

El apóstol distingue correctamente esta gracia y paz de cualquier otra índole de gracia y paz. Desea que los gálatas tengan gracia y paz, no del emperador, ni de reyes, ni de príncipes. Estos comúnmente persiguen a los piadosos, y se levantan contra el Señor, y Cristo su Ungido (Salmo 2:2). Tampoco les desea la paz del mundo (pues Cristo dijo en Juan 16:33: «en el mundo tendrán tribulación»). Les desea la paz de Dios nuestro Padre, etc. Desearles la paz celestial es concederles el mismo deseo. Pues por eso Cristo dijo: «Mi paz os dejo, mi paz os doy; no como el mundo la da, yo os la doy». La paz del mundo otorga solo la paz de los bienes y las cosas materiales. La gracia o el favor del mundo nos permite disfrutar de nuestros bienes, y no nos desaloja de nuestras posesiones. Pero en la aflicción y en la hora de la muerte, la gracia y el favor del mundo no nos sirven de nada, pues no pueden librar de la aflicción, la angustia, y la muerte. Pero cuando la gracia y la paz de Dios están en el corazón, entonces hay fuerza en el hombre. La adversidad no lo puede tumbar, ni la prosperidad lo puede engreír. Más bien camina recto, sin desviarse del camino. Pues cobra ánimo y valor en la victoria de la muerte de Cristo. En su conciencia, la confianza comenzará a reinar sobre el pecado y la muerte. Pues mediante Cristo tiene la confianza del perdón de sus pecados. Cuando echa mano de esta confianza, hay descanso para la conciencia y recibe aliento por la palabra de la gracia. Por tanto, cuando somos alentados y fortalecidos por la gracia de Dios (el perdón del pecado y la conciencia en paz), podemos con valentía sobrellevar y vencer toda tribulación, incluso la misma muerte. Esta paz de Dios no se da al mundo —pues el mundo no la anhela ni la comprende—, sino solo a los que creen. Y el único medio por el cual se da es la sola gracia de Dios.

Guíense por esta norma:
No hagan conjeturas sobre la naturaleza de Dios

Pero ¿por qué añade, en el saludo, «Y de nuestro Señor Jesucristo»? ¿Acaso no bastaba con decir: «Y de Dios nuestro Padre»? ¿Por qué, entonces, vincula[47] a Jesucristo con el Padre? Con frecuencia hemos dicho que es una norma y un principio en las Escrituras, que ha de observarse con diligencia, que debemos abstenernos de curiosas conjeturas sobre la majestuosidad de Dios, pues el cuerpo no lo tolera, ni mucho menos la mente. «Nadie puede verme (dice el Señor), y vivir» (Éxodo 33:20). El papa, los musulmanes, los judíos, y todos los que confían en sus propios méritos, no guardan esta norma. De esa manera, quitan de su vista a Cristo el Mediador. Hablan solo de Dios, oran solo ante Él, y así hacen todo lo que hacen.

Por ejemplo, el monje reflexiona en su imaginación: «Mis obras agradan a Dios, Dios tomará en cuenta mis votos, y por todo aquello me dará la salvación». El musulmán dice: «Si guardo los mandamientos del Corán, Dios me aceptará, y me dará la vida eterna». El judío piensa: «Si guardo las cosas que ordena la ley, hallaré la misericordia de Dios, y seré salvo». De igual manera vemos hoy algunas cabezas cubiertas de barro, jactándose del Espíritu, de revelaciones, de visiones, y otras monstruosidades, no sé cuántas, que andan por las nubes con maravillas muy por encima de sus pies. Estos nuevos monjes se han inventado una nueva cruz y nuevas obras, soñando que, por hacerlas, agradan a Dios. En pocas palabras, todos los que desconocen el artículo de la justificación[48] desalojan a Cristo del propiciatorio a empujones. No obstante, se empeñan por comprender a Dios en su grandeza mediante el juicio de la razón, y apaciguarlo con sus propias obras.

Sin embargo, la verdadera teología cristiana (como les he advertido con frecuencia) no nos presenta a Dios en su majestuosidad,

---

47. *annectit.*
48. *Quotquot ignorant articulum justificationis.*

como lo hacen la doctrina de Moisés y otras. No nos ordena escudriñar la naturaleza de Dios. Nos manda conocer su voluntad para nosotros en Cristo, a quien Él puso para que se hiciese carne por nosotros, naciera y muriera por nuestros pecados, y nos ordena predicarlo a todas las naciones. «Porque ya que en la sabiduría de Dios el mundo no conoció a Dios por medio de su propia sabiduría, agradó a Dios, mediante la necedad de la predicación, salvar a los que creen». Por tanto, cuando tu conciencia está en pleno conflicto, luchando contra la ley, el pecado, y la muerte, ante la presencia de Dios, no hay nada más peligroso que divagar en curiosas conjeturas de cosas celestiales. Por cierto te podrás maravillar del poder incomprensible de Dios, su sabiduría, majestad, de cómo creó el mundo y lo gobierna. Pero, si de ese modo intentas comprender a Dios, ¿intentarás también pacificarlo sin Cristo el Mediador, haciendo de tus obras el puente entre tú y Dios? Si es así, también caerás como Lucifer, perdiendo del todo a Dios en una horrible agonía. Ya que, como Dios, en su propia naturaleza, es inmensurable, incomprensible, e infinito, la naturaleza humana jamás podría resistir tal conocimiento.

Por tanto, si quieres estar fuera de peligro, con tu conciencia sana y salva, ponle riendas a este espíritu trepador y arrogante. De tal modo que puedas buscar a Dios como te enseña Pablo. Él dice: «Pero nosotros predicamos a Cristo crucificado, piedra de tropiezo para los judíos, y necedad para los gentiles; mas para los llamados, tanto judíos como griegos, Cristo es poder de Dios y sabiduría de Dios» (1 Corintios 1:23-24). Por tanto, comienza en donde Cristo comenzó, en el vientre de la virgen, en el pesebre, en el pecho de su madre. Pues para esto Él descendió, vivió entre los hombres, sufrió, fue crucificado, y murió; para que, equipados de todos estos medios, los ojos de nuestro corazón se fijen solo en Él. De tal modo que así nos impide trepar al cielo, y tratar de satisfacer nuestra curiosidad haciendo conjeturas sobre la divina majestad.

Cuando trates el tema de la justificación, y te pongas a disputar contigo mismo sobre cómo encontrarás al Dios que justifica y acepta pecadores, sobre dónde y cómo se lo ha de buscar, comprende que no hay ningún otro Dios fuera de este hombre, Jesucristo. Abrázalo y aférrate a Él con todo tu corazón, despójate de toda conjetura sobre la divina majestad. Pues el que escudriña la majestad de

Dios será vencido por su gloria. Lo digo por experiencia propia. Pero estos espíritus fanáticos quieren llegar a Dios excluyendo al Mediador. Pero no lo crean solo porque yo lo diga. Cristo mismo dijo: «Yo soy el camino, y la verdad, y la vida; nadie viene al Padre sino por mí» (Juan 14:6). Por tanto, aparte de este camino, Cristo, no encontrarás ningún otro camino al Padre. Si lo buscas, andarás como un vagabundo perdido. No tendrás certeza alguna, sino hipocresía y mentiras. No encontrarás la vida, sino la muerte eterna. Por tanto, en cuanto a la justificación, ten claro que, cuando alguno de nosotros tiene que luchar contra la ley, el pecado, la muerte, y cualquier otro mal, no hay ningún otro Dios en el cual fijarnos, sino solo este Dios hecho carne.

Sin embargo, cuando no se trate el tema de la justificación, cuando tengas que discutir con judíos, musulmanes, papistas, herejes, etc., sobre el poder, la sabiduría, y la majestad de Dios, dirige entonces todo tu ingenio y empeño hacia ese fin. Tendrás que profundizar en ese campo con toda la sutileza que puedas, pues entonces estarás en otro tema. Pero en cuanto al tema de la conciencia, de la justicia, y de la vida, y de cómo contrarrestar el poder de la ley, el pecado, la muerte, y el diablo, tienes que marcar la diferencia. En el tema de cómo se satisface la justicia divina, y cómo se obtiene la remisión de pecados, la reconciliación, y la vida eterna, debes despojar tu mente de toda cavilación y dejar de hacer conjeturas sobre la naturaleza de Dios. Debes mirar solo a este hombre, Jesucristo. Él se presenta ante nosotros como Mediador. Nos dice: «Venid a mí, todos los que estáis cansados y cargados, y yo os haré descansar» (Mateo 11:28). Si haces esto, te darás cuenta del amor, la bondad, y la dulzura de Dios. Verás su sabiduría, poder, y majestad debidamente endulzados y adaptados a tu capacidad de comprender. Hallarás que, en esta agradable contemplación, está la verdad de Pablo a los colosenses: «Cristo, en quien están escondidos todos los tesoros de la sabiduría y del conocimiento» (Colosenses 2:3). Y también: «Porque toda la plenitud de la Deidad reside corporalmente en él» (Colosenses 2:9). El mundo ignora esto, y en cambio, busca la voluntad de Dios despreciando la promesa de Cristo; en consecuencia, se destruye a sí mismo. «Nadie conoce al Padre, sino el Hijo, y aquel a quien el Hijo se lo quiera revelar» (Mateo 11:27).

Esta es la razón por la que frecuentemente Pablo vincula a Jesús con el Padre, a fin de enseñarnos lo que es la verdadera fe cristiana. Esta no comienza en lo más alto, como en otras religiones, sino en el lugar más bajo. Nos pide subir por la escalera de Jacob, sobre la cual se apoya Dios mismo, y cuyos pies tocan la tierra, junto a la cual Jacob reposó su cabeza.

Por tanto, cuando estés pensando en tu propia salvación, deja de lado toda conjetura sobre la majestad inescrutable de Dios. No caviles desviándote hacia obras, tradiciones, filosofías, y ni aun hacia la ley de Dios. Más bien, corre sin distraerte hacia el pesebre, abraza a ese infante, toma en tus brazos al recién nacido de la virgen. Fíjate en Él tal como nació, mamando, creciendo, conversando entre los hombres, enseñando, muriendo, resucitando, ascendiendo a los más altos cielos, y ejerciendo poder sobre todas las cosas. De esta manera podrás sacudirte de todo horror y error, tal como el sol disipa la neblina. Esta contemplación te mantendrá en el camino recto, para que puedas seguir a Cristo en su camino. Por eso Pablo, al desear gracia y paz no solo de Dios Padre, sino también de Jesucristo, nos enseña primeramente a abstenernos de especular sobre la divina majestad. Pues ningún hombre ha conocido a Dios. Escucha a Cristo. Él está en el regazo del Padre, y nos declara su voluntad, pues el Padre lo ha designado como nuestro maestro, para que en todas las cosas podamos escuchar su voz.

Cristo es Dios por naturaleza

El otro tema que Pablo enseña aquí para la confirmación de nuestra fe es que Cristo es «Dios de Dios». Frases como esta, respecto a la deidad, deben multiplicarse y recalcarse repetidas veces. Se han de usar no solo contra los arrianos y otros herejes que han sido o serán, sino también para confirmarnos en la fe. Porque Satanás no dejará de poner en tela de juicio todos los artículos de nuestra fe hasta el día de nuestra muerte. Él es el acérrimo enemigo mortal de nuestra fe, pues sabe que esta es la victoria que vence al mundo. Por tanto, la tarea ante nosotros es resguardar el fundamento de nuestra fe. Hemos de fortalecerlo y agrandarlo diligentemente mediante el ejercicio constante de la palabra y la oración ferviente, para poder resistir a Satanás.

La declaración sin tapujos es que «Cristo es Dios mismo», pues Pablo le atribuye los mismos atributos que al Padre. A saber, que ejerce potestad divina, es el dador de la gracia, perdona los pecados, concede paz de conciencia, vida, nos da su victoria sobre el pecado, la muerte, el diablo, y el infierno. Ninguna de estas cosas le serían lícitas —de hecho, sería sacrilegio si las hiciera— a menos que fuera Dios mismo, como se dijo: «A otro no daré mi gloria» (Isaías 42:8). Y nuevamente: nadie puede dar a otros lo que no es suyo. Pero dado que Cristo otorga gracia, paz, el Espíritu Santo, y libra del poder del diablo, el pecado y la muerte, ciertamente tiene un poder divino e infinito, igual en todo al poder del Padre.

Tampoco Cristo concede la gracia y la paz del mismo modo que los apóstoles. Ellos otorgaron estas dádivas mediante la predicación del Evangelio, pero Cristo las da como su Autor y Creador. El Padre crea, y da vida, gracia, paz, y todo buen don. Son las mismas cosas que el Hijo crea y da. Dar gracia, paz, vida eterna, perdón de pecados, justificar[49], vivificar, librar de la muerte y del diablo, no son obras de criatura alguna, sino solo de la Divina Majestad. Los ángeles no pueden crear ni dar estas cosas. Por tanto, estas obras solo competen a la gloria de la soberana Majestad, al Creador de todas las cosas. Dado que Pablo atribuye a Cristo y al Padre el mismo poder de crear y dar todas estas cosas por igual, se sigue que Cristo es «Dios de Dios» por naturaleza.

Juan presenta muchos argumentos similares en los cuales atribuye las mismas obras del Hijo al Padre. Por tanto, él atestigua esta conclusión: la deidad del Padre y del Hijo es una sola. Por eso, los dones que recibimos del Padre y los que recibimos del Hijo son todos de una misma unidad. En caso contrario, Pablo habría dicho: «gracia de Dios Padre, y paz de nuestro Señor Jesucristo». Pero al entretejerlas, las atribuye por igual, tanto al Hijo como al Padre. Les advierto con diligencia sobre este asunto, pues hay un peligro. Surgen tantos errores, y hay una variedad tan grande de confusión entre las sectas, como los arrianos, eunomianos, macedonios, y otras herejías, que podrían perjudicar a las Iglesias con sus sutilezas.

De hecho, los arrianos eran personajes astutos y sutiles. Concedían las dos naturalezas de Cristo. Asentían a llamarlo «Dios de Dios», aunque solo fuera nominalmente. Cristo, decían ellos, es

---

49. *iustificare*. Significa «declarar justos», y no «hacer justos».

una criatura de la mayor nobleza y perfección, superior a los ángeles, por medio del cual Dios creó luego el cielo y la tierra, y todas las cosas. De la misma manera Mahoma honra a Cristo con sus palabras. Pero todo esto no es más que una impresionante imaginación[50]. Son palabras agradables y plausibles que apelan a la razón humana. Con tales cosas los espíritus fanáticos engañan a los hombres, a menos que estos estén apercibidos. Sin embargo, Pablo habla de Cristo de otra manera. «Ustedes (dijo él) están arraigados y establecidos en esta doctrina: Cristo no es solo una criatura perfecta, sino Dios mismo, pues Dios Padre hace las mismas cosas». Hace las obras divinas no de una criatura, sino del Creador, pues da gracia y paz. Tiene la potestad de darlas, pues condenó al pecado, venció a la muerte, y puso al diablo bajo sus pies. Ningún ángel puede dar estas cosas. Pero habiendo sido atribuidas a Cristo, se concluye que Él es Dios en su misma naturaleza.

VERSÍCULO 4. *Que él mismo se dio por nuestros pecados.*

Pablo aprovecha todas las maneras y palabras para promover el tema de esta epístola. En su boca tiene solamente a Cristo. Por tanto, cada palabra contiene fervor de espíritu y vida. Escuchen atentamente[51] cuán bien expresa su propósito. No dice: «él mismo recibió nuestras obras de nuestras manos», ni tampoco recibió el sacrificio de la ley de Moisés, adoraciones, religiones, misas, votos, o peregrinajes. En vez de eso, dice: «él mismo se dio». ¿Qué dio? Ni oro, ni plata, ni corderos pascuales, ni un ángel, sino a sí mismo. ¿Para qué? No por una corona, ni por un reino, ni por nuestra santidad o justicia, sino «por nuestros pecados». Estas palabras son como truenos celestiales de protesta contra toda clase y tipo de justicia propia. E igualmente, Juan dice: «He aquí el Cordero de Dios que quita el pecado del mundo» (Juan 1:29). Por tanto, debemos prestar atención a cada palabra de Pablo. No podemos leerlas fríamente ni a la ligera. Pues, para los desesperados, son de un consuelo asombroso, y les brinda una seguridad reconfortante.

---
50. *speciosae coginationes.*
51. *attende autem.* Estas palabras nos recuerdan que Lutero está dictando una conferencia «en vivo y en directo».

GÁLATAS 1:4

Pero queda por responder la cuestión: ¿cómo podemos obtener la remisión de pecados, para otros y para nosotros mismos?[52] Pablo responde: «El hombre llamado Jesucristo, el Hijo de Dios, se dio a sí mismo por nuestros pecados». Estas son palabras de inmenso consuelo[53]. Son las mismas promesas de la ley antigua, que nuestros pecados no son quitados por ningún otro medio excepto la entrega del Hijo de Dios a la muerte. Con esta pólvora y artillería se está desmantelando el papado. También trae la ruina de toda religión pagana, todo tipo de culto, y toda obra y mérito. Porque si pudiéramos librarnos de nuestros pecados por nuestras propias obras y dolorosos castigos de remordimiento[54], ¿por qué el Hijo de Dios se entregó por nuestros pecados? Pero como ciertamente Él fue entregado por nuestros pecados, se sigue que no pueden ser anulados por nuestras propias obras.

Nuevamente, esta declaración manifiesta la siguiente verdad. Nuestros pecados son tan grandes, infinitos e invencibles, que es imposible para cualquier mortal proveer satisfacción aunque sea por uno de ellos. El hecho de que Cristo, el Hijo de Dios, se haya entregado por nuestros pecados demuestra el gran precio de nuestro rescate. Este gran precio demuestra nuestra incapacidad de proveer satisfacción por el pecado o alegar que podemos dominarlo. La fuerza y el poder del pecado se magnifica con estas palabras: «Quien se dio a sí mismo por nuestros pecados». Por tanto, hágase notorio el precio infinitamente inmenso que se tuvo que pagar por el pecado. No había medio alguno que pudiera quitarlo. El propio Hijo de Dios se entregó a sí mismo por el pecado como nuestro único recurso. Pablo escudriña estas cosas a fondo, y comprende que esta palabra «pecado» abarca toda la ira eterna de Dios y todo el reino de Satanás. Ciertamente debería estremecernos de temor.

---

52. *Quaestio est, quomodo consequi possimus remissionem peccatorum, aliorum et nostrorum?* La torpe repetición se encuentra en el original. Sin embargo, cuando entendemos el texto en latín como una transcripción de la exposición de Lutero, podemos oírlo repetir la pregunta para lograr el máximo efecto posible; quiere incluir a todos los que lo escuchan. Casi podemos sentir una pausa larga y silenciosa al finalizar su pregunta en esa gran sala.
53. *magnifica et consolatoria.*
54. *satisfactiones.* En la teología católica romana, estas «satisfacciones» son dolorosos castigos que logran satisfacer la ira de Dios. Se conforman al sacramento de la Penitencia. De allí la traducción «dolorosos castigos de penitencia».

Pero somos descuidados, y tomamos el pecado muy a la ligera, como si fuera una minucia. Pero de por sí tiene el aguijón y causa el remordimiento de conciencia. No obstante, pensamos que pesa tan poco que, con tan solo una pequeña obra o algún mérito, lo podemos quitar.

Sin embargo, la siguiente declaración testifica «que todo ser humano es esclavo y siervo del pecado», y se encuentran, como dijera Pablo en otro lugar, «vendidos al pecado» (Romanos 7:14). El pecado es el tirano más cruel y poderoso sobre todos los hombres. No puede ser vencido por el poder de criatura alguna, sea ángel o ser humano. Solamente ha sido vencido por el poder soberano e infinito de Jesucristo, quien se entregó a sí mismo por el pecado.

Aun más, esta declaración anuncia un consuelo extraordinario a toda conciencia aterrorizada por la grandeza de sus pecados. El pecado ha sido un tirano invencible, pero ahora que Cristo lo ha vencido por su muerte, todo el que cree en Él no será abatido. Además, si tomamos esta fe como nuestra arma, y nos aferramos con todo el corazón a este hombre Jesucristo, se enciende una luz, y se nos concede un sano juicio para juzgar con toda certeza y libertad todas las maneras de vivir. Pues cuando escuchamos que el pecado tiene a todo el mundo en sus garras, aprendemos la consecuencia inevitable: ¿acaso los papistas, monjes, monjas, sacerdotes, musulmanes, anabaptistas, con sus tradiciones, obras preparatorias, y satisfacciones, no desean lavarse de sus pecados y vencerlos? Al instante juzgamos que estas son sectas impías y perniciosas para todo el mundo, las cuales no solo oscurecen la gloria de Dios y de Cristo, sino que la arrancan de raíz. Pero nuestra causa la glorifica constantemente.

Hay que sopesar cuidadosamente cada palabra de Pablo y recalcar en particular el pronombre «nuestros». El efecto consiste en relacionar bien los pronombres, que se encuentran frecuentemente en las Escrituras con gran vehemencia y poder. Se te haría fácil decir y creer que Cristo el Hijo de Dios fue dado por los pecados de Pedro, Pablo, y otros santos. A ellos los consideramos dignos de esta gracia. Pero te es muy difícil creer que es para ti, pues te consideras indigno de esta gracia. «¿Cómo?», dirás, «¿Cristo fue dado por mis pecados invencibles, infinitos, y horribles?». Por tanto, comúnmente, sin el uso del pronombre, es fácil magnificar y ampliar el beneficio de Cristo. Fácilmente decimos: «Cristo fue dado por los pecados, pero por los pecados de otros que lo merecían». Pero cuando se trata de colocar el pronombre «nuestros», nuestra débil naturaleza y razón dan marcha atrás, y no se atreven a dar otro paso hacia Dios. La naturaleza humana no puede creer la promesa de que tan grande tesoro le sea dado gratuitamente, y por tanto, no quiere nada con Dios, a menos que primeramente se purifique hasta estar sin pecado. Por eso, aunque alguien lee o escucha este decreto: «Que se dio a sí mismo por nuestros pecados», u otros semejantes, no lo relaciona consigo mismo, sino que lo atribuye a otros que cree que lo merecen porque aparentan gran santidad. Pero, en cuanto a sí mismo, esperará hasta que crea ser digno sobre la base de sus propias obras.

Esto no es más que el vano deseo de la razón. ¡Cuánto quisiera la razón igualar el poder del pecado y ponerlo al alcance de su propia imaginación! Los hipócritas, ignorantes de Cristo, aunque sientan remordimiento por el pecado, piensan que de veras, y a pesar de su pecado, pueden fácilmente quitárselo por medio de sus buenas obras y méritos. Secretamente, en sus corazones, piensan que esas palabras, «que se dio a sí mismo por nuestros pecados», solo fueron dichas en humildad. Se engañan esperanzados de que sus pecados en sí no tienen sustancia ni verdad, sino que son asuntos de poca importancia. Resumiendo, la razón humana se atreve a presentarle a Dios un pecador fingido y falsificado, que no teme al pecado ni tampoco lo siente. Le presentaría a Dios un pecador sano que no tiene necesidad de médico, y cuando ya no sienta el pecado, entonces creerá que Cristo fue entregado por nuestros pecados.

Todo el mundo ha quedado tocado así; particularmente quienes quieren ser más justos y santos que los demás, como los monjes y los justicieros religiosos[55]. Estos confiesan con sus bocas que son pecadores, que pecan a diario, pero sus pecados no son tantos ni tan grandes como para no poder quitárselos por sus propias obras.

---

55. *justitiarii*. Un grupo informal de religiosos en el tiempo de Lutero. Se dedicaban a vigilar el comportamiento de los fieles y fungían como informantes para que los infractores (según ellos) fueran castigados por las autoridades eclesiásticas.

Y como si fuera poco, traerán su propia justicia y obras meritorias al tribunal de Dios, exigiendo del Juez la recompensa de la vida eterna. Mientras tanto, puesto que pretenden gran humildad —pues no son tan engreídos como para considerarse totalmente libres de pecado—, fingen ciertos pecados. Claman que, para obtener el perdón de esos pecados, podrían orar con la devoción del publicano: «¡Dios, ten piedad de mí, un pecador!» (Lucas 18:13). A ellos, estas palabras de san Pablo, «por nuestros pecados», les parecen pocas y pequeñas. Por tanto, no las entienden, ni pueden —en la tentación, cuando de veras sienten el pecado— hallar consuelo en ellas, sino que se sumen en la desesperanza.

Entonces, este es el principio del conocimiento y de la verdadera sabiduría de los cristianos: «Que Cristo fue entregado a muerte no por nuestra justicia ni santidad, sino por nuestros pecados». Estos pecados son ciertamente verdaderos, grandes y muchos, infinitos e invencibles. Son reales, potentes, y de gran consecuencia. Por tanto, no piensen que son pequeñeces, y que, como tales, pueden anularse con buenas obras. Tampoco caigan en la desesperanza, por lo grandes que son, cuando se sientan abrumados por ellos, en la vida o en la muerte. Al contrario, aprendan de Pablo a creer que Cristo fue dado, no por pecados fingidos o de acuarela[56], no por naderías, sino por pecados grandes y enormes. No por uno ni dos, sino por todos. No por pecados vencidos (pues ningún hombre ni ángel puede vencer el más mínimo pecado), sino por pecados invencibles. Y a menos que te cuentes entre los que dicen «nuestros pecados», es decir, que tienen esta doctrina de la fe, y que la enseñes, escuches, aprendas, ames, y creas, no hay salvación para ti.

Esfuérzate, pues, con diligencia, para tener esta fe no solo fuera de la hora de la tentación, sino también estando en ella y en el conflicto con la muerte. Cuando tu conciencia esté aterrada por el recuerdo de tus pecados pasados. Cuando el diablo arremeta contra ti con gran violencia. Cuando procure hundirte con olas, diluvios, y mares enteros de pecados a fin de infundirte pavor, alejarte de Cristo, y hundirte en la desesperanza. Entonces procura, digo, decir con firme confianza: «Cristo, el Hijo de Dios, no fue entregado por los justos y santos, sino por los injustos y llenos de pecado. Si yo fuera

---

56. *fictis aut pictis.*

justo, y no tuviera pecado, no necesitaría que Cristo fuera mi Reconciliador. ¿Por qué, entonces, santurrón de Satanás[57], procuras que rebusque santidad dentro de mí, cuando, en realidad, no tengo más que los pecados más repugnantes?».

No son pecados fingidos ni tampoco pequeñeces. Son pecados contra la primera tabla: grave escepticismo, dudas, desesperanza, desprecio de Dios, odio, ignorancia, blasfemia contra Dios, ingratitud, abuso del nombre de Dios, negligencia, desprecio propio, desprecio de la palabra de Dios, y otros. Pero hay más: quedan también los pecados carnales contra la segunda tabla: deshonrar a los padres, desobedecer la ley, codiciar los bienes del prójimo, codiciar su mujer, y tales. No obstante, estos últimos son leves comparados con los primeros. Yo sé que no soy asesino, ni fornicario, ni ladrón, ni he cometido otros pecados contra la segunda tabla. Pero ciertamente los he cometido en mi corazón. Por tanto, soy transgresor de todos los mandamientos de Dios. La multitud de mis pecados no se puede contar: «Porque los pecados que he cometido son más numerosos que la arena del mar»[58].

Además, Satanás es un malabarista tan diestro que voltea mi justicia y mis buenas obras y las conviete en pecado[59]. De modo que mis pecados son tan pesados, infinitos, horribles e invencibles, que mi justicia se convierte en un estorbo delante de Dios. Por eso «Cristo, el Hijo de Dios, fue entregado a la muerte por ellos, para quitarlos, y así salvar a todos los que creen». Así es como se efectúa la salvación eterna. Que estas palabras se tengan por eficaces, verdaderas, y de gran importancia. Y no es por nada que lo digo. Por experiencia propia he comprobado lo difícil que es creer diariamente (en particular cuando la conciencia se siente perturbada por grandes conflictos) «que Cristo fue entregado» no por los santos, los justos, y los que aparentan ser dignos como si fueran sus amigos, sino por perversos pecadores, por los indignos, por sus enemigos, y quienes solo merecen la ira de Dios y la muerte eterna.

Por tanto, es indispensable que nos armemos con estas y otras declaraciones similares de las Sagradas Escrituras cuando el diablo nos acuse:

---

57. *in modum sancte Satan.*
58. Lutero no da la referencia para esta cita, pero es de la Oración de Manasés 9.
59. *justitia mea possit facere maximum peccatum.* Lutero añade al pie de la página: *Satan justitiam vertere in peccatum solet* («Satanás suele convertir mi justicia en pecado»).

—Eres pecador; por tanto, estás condenado.

Respondamos así:

—Dices que soy pecador, por tanto, soy justificado y salvo.

—No —dice el diablo—, te perderás.

—No —respondo yo—, pues me refugio en Cristo, que se entregó a sí mismo por mis pecados. Por tanto, Satanás, no prevalecerás contra mí. Pues te propones aplastarme, agobiarme con la grandeza de mis pecados, oprimirme con pesadumbre, desconfianza, desesperanza, odio, desprecio, y blasfemias contra Dios. Quiero que sepas que, cuando dices que soy un gran pecador, me entregas una armadura y armas contra ti. Pues con tu propia espada te degollaré, y te pisotearé, porque Cristo murió por pecadores. Aun más, tú me predicas de la gloria de Dios. Pues me haces recordar el amor paternal de Dios hacia mí, un pobre y desgraciado pecador. «Porque de tal manera amó Dios al mundo, que ha dado a su Hijo unigénito, para que todo aquel que en Él crea, no se pierda, mas tenga vida eterna» (Juan 3:16). Y cada vez que protestas que soy un pecador, me haces recordar el beneficio que ya es mío en Cristo mi Redentor. Pues sobre sus hombros, y no sobre los míos, fueron cargados todos mis pecados, pues el Señor «cargó en Él la iniquidad de todos nosotros», y «por la rebelión de mi pueblo fue herido» (Isaías 53:6, 8). Por tanto, cuando dices que soy un pecador, no me haces desesperar[60], sino que me consuelas sin medida.

Quien pueda usar esta astucia podrá fácilmente evitar toda maquinación y artimaña del diablo. Pues él empuja a los hombres a postrarse desalentados recordándoles sus pecados. Por ese medio trata de destruirlos, a menos que se lo resista con esta astucia y sabiduría celestial. Solo así se puede vencer el pecado, la muerte, y al diablo. Pero el que no elimina el pecado de su memoria, sino que sigue atormentándose con un millar de pensamientos, pronto pensará que podrá rescatarse a sí mismo con sus propias fuerzas y estrategias. O esperará hasta que su conciencia se tranquilice. Pero finalmente caerá en las trampas de Satanás, afligido como un miserable, vencido por una tentación sin tregua, pues el diablo jamás dejará de acusarlo en su conciencia.

---

60. *non terres*. «No me aterras».

Contra esta tentación debemos usar estas palabras de san Pablo, en las cuales define con certeza y verdad a Cristo: «Cristo es el Hijo de Dios, y de la virgen, entregado y muerto por nuestros pecados». Si el diablo alega cualquier otra definición de Cristo, dile: «La definición y lo que defines es falso. Por tanto, no la acepto». Sé de lo que hablo. Pues conozco lo que me mueve con fervor para que aprendamos a definir a Cristo usando las palabras de Pablo. Pues Cristo no es ningún cobrador de deudas[61], sino aquel que, por su sacrificio, pagó la pena de los pecados de todo el mundo. Si eres pecador (como ciertamente todos lo somos), no imagines a Cristo como un juez en su tribunal sobre el arco iris. Si lo haces, te aterrarás y perderás la esperanza en su misericordia. Más bien, aférrate a su verdadera definición, que Cristo, el Hijo de Dios y de la virgen, no amenaza, ni aflige, ni condena por nuestro pecado. Tampoco exige que rindamos cuentas por nuestra vida del pasado, sino que Él mismo se ha dado por nuestros pecados, y con un solo sacrificio ha quitado los «pecados de todo el mundo»[62]. Los ha colgado sobre la cruz, y por sí solo los ha extinguido por completo.

Aprendan esta definición con diligencia. En particular, practiquen el uso de este pronombre, «nuestros». Confíen plenamente en que estas sílabas devoran todos sus pecados. Pueden saber con toda confianza que Cristo ha quitado los pecados, no solo de algunos hombres, sino también de ti, y de todo el mundo. Que tus pecados, pues, no sean solo pecados en general, sino los tuyos. Puedes creer que Cristo no fue dado solo por los pecados de otros, sino también por los tuyos. Aférrate a esto sin soltarlo. No permitas que te alejen de esta dulcísima definición de Cristo, por la cual se regocijan hasta los mismos ángeles del cielo. De acuerdo con la debida y verdadera definición de Cristo, Él no es ningún Moisés, ningún legislador, ningún carnicero[63]. Él es el Mediador por los pecados. Es el dador de la gracia, de la justicia, y de la vida. Él no se entregó por nuestros méritos, santidad, justicia, y vida piadosa[64]. Se entregó por nuestros pecados. Ciertamente Cristo interpreta la ley, pero esa no es su función asignada ni principal.

---

61. *exactor.*
62. *sed propitiator peccati totius mundi.*
63. *carnifex.*
64. *sancta vita nostra.*

CONFERENCIA 3: JUEVES 9 DE JULIO

Tenemos cierto conocimiento de estas cosas, por eso podemos hablar al respecto, y en particular de sus palabras y significado. Pero en la vida real, y en el conflicto, cuando el diablo merodea para desfigurar a Cristo y quitarnos del corazón la palabra «gracia», todavía no las comprendemos bien, como deberíamos. Cuando llega esa hora, el que puede definir adecuadamente a Cristo, y ensalzarlo, y mirarlo como su más dulce Salvador y Sumo Sacerdote (no como un juez exigente), tal persona ha vencido todo mal, y vive como si ya estuviera en el reino de los cielos. Pero lograr esto en medio del conflicto es de lo más difícil. Hablo por experiencia propia. Pues conozco las artimañas del diablo. En el conflicto, él sale a infundirnos temor con los terrores de la ley. Tal como de una semilla salen muchas vigas, él convierte algo que no es pecado en un verdadero infierno. Pues es muy astuto para engrandecer el pecado. Incluso infla las buenas obras en la conciencia. Pero también se deleita en atemorizarnos con la misma persona del Mediador, del cual se disfraza. Expone ante nosotros cierto texto de las Escrituras, o palabras de Cristo. Con estas punza nuestros corazones. Se manifiesta como si fuera Cristo mismo, dejándonos paralizados pensando en eso. Nuestra conciencia podría incluso jurar que es Cristo mismo, con cuyas palabras el diablo nos acusa. Aun más, la sutileza del enemigo es tal que no nos presenta a Cristo en su plenitud. Nos presenta tan solo un aspecto de Cristo. Puede que sea el Hijo de Dios, y el hombre nacido de una virgen, pero por allí le zurce otra cosa, algún dicho de Cristo, con el cual infunde pavor a los pecadores impenitentes, como el de Lucas 13:3: «Todos ustedes perecerán, a menos que se arrepientan». De esa manera, con su veneno, corrompe la verdadera definición de Cristo. Aunque creamos que Cristo es el verdadero mediador, el diablo aflige nuestra conciencia haciéndonos sentir y creer que Cristo es un tirano y juez. Por tanto, una vez que el diablo nos engaña, perdemos de vista a Cristo, nuestro dulce Sumo Sacerdote y Salvador. Una vez que estamos así de perdidos, lo rehuimos como si fuera el diablo mismo.

Por esta razón les suplico fervorosamente que aprendan la verdadera definición de Cristo, comenzando por estas palabras de Pablo: «Que se dio a sí mismo por nuestros pecados». Si se entregó a la muerte por nuestros pecados, entonces sin duda no es ningún tirano ni juez que nos condenará por ellos. Él no aplasta a los afligidos sino que levanta a los caídos. Es un misericordioso alentador y consolador de los cansados y cargados de corazón. De otra manera, Pablo mentiría cuando dice: «se entregó a sí mismo por nuestros pecados». Si defino a Cristo de esta manera, lo hago debidamente; con estas palabras me aferro al verdadero Cristo, y con toda confianza me pertenece. Estando aquí, paso por alto todas las conjeturas curiosas sobre la majestad divina, y me quedo con la humanidad de Cristo. Así aprendo ciertamente a conocer la voluntad de Dios. No tengo entonces temor alguno, sino dulzura pura, gozo, paz de conciencia, y cosas semejantes. Aquí brilla una luz que me alumbra el verdadero conocimiento de Dios, de mí mismo, de toda criatura, y de toda la iniquidad del reino del diablo. No enseñamos cosas nuevas, sino que repetimos lo establecido en la antigüedad, las enseñanzas de los apóstoles y de todos los piadosos que nos precedieron. Ojalá las pudiéramos enseñar y establecer de tal modo que estén no solo en nuestra boca, sino también arraigadas a lo más profundo de nuestro corazón, plenamente establecidas. Así las podremos usar en la aflicción y en el conflicto final de la muerte.

VERSÍCULO 4. *Para librarnos de este presente siglo malo.*

Con estas palabras Pablo trata más eficazmente el argumento de esta epístola. Todo este mundo pasajero, lo que ha sido, lo que es, y lo que será, lo llama «este presente siglo malo». De esta manera, hace una diferencia entre este mundo y el mundo eterno por venir. Además lo llama «malo», porque está sujeto a la perversidad del diablo, el cual reina sobre el mundo entero. Por esta causa, el mundo es el reino del diablo. Pues el mundo ignora, desprecia, blasfema, odia a Dios, y desobedece todas las palabras y obras de Dios. Estamos en y bajo este reinado perecedero.

Nuevamente, pueden ver que nadie es capaz, ni por sus obras ni por fuerza propia, de quitarse el pecado, porque este siglo actual es malo, como dijera san Juan: «el mundo entero está bajo el maligno» (1 Juan 5:19). Por tanto, todos los que están en el mundo son esclavos del diablo, y están obligados a servirlo y a hacer todas las cosas como a él le agradan.

CONFERENCIA 3: JUEVES 9 DE JULIO

¿Para qué, entonces, establecer tantas órdenes religiosas con el fin de abolir el pecado? ¿Por qué inventarse tantas obras grandes y extremadamente dolorosas? ¿Para qué vestirse de cilicio, flagelarse hasta que corra sangre? ¿Para qué los peregrinajes a Santiago, enjaezados con arreos, y tales cosas? Aunque hagas todas estas cosas, y aunque sean ciertas, estás en este presente siglo malo, y no en el reino de Cristo. Y si no estás en el reino de Cristo, de seguro, entonces, perteneces al reino de Satanás, el cual es este presente mundo malo. Por eso, todos los dones de que disfrutes, sean del cuerpo o de la mente, como sabiduría, justicia, santidad, elocuencia, poder, belleza, y riquezas, son tan solo instrumentos y armas al servicio de su tiranía infernal. Todo lo que tienes tan solo te obliga a promover y extender su reino.

Primero, con tu conocimiento oscureces la sabiduría y el conocimiento de Cristo. Con tu impía doctrina, los desvías del camino, de tal modo que no pueden llegar a la gracia y el conocimiento de Cristo. Despliegas y alabas tu propia justicia y santidad. Pero la justicia de Cristo, la única por la que somos justificados y vivificados, la odias y condenas como impía y diabólica. En resumen, con tu poder destruyes el reino de Cristo, y con tu mismo poderío abusas y desarraigas el Evangelio, persiguiendo y matando a los ministros de Cristo, y a todos los que les prestan atención. Por tanto, si no tienes a Cristo, esta tu sabiduría se te cuenta por doble necedad. Tu justicia se cuenta por doble pecado e impiedad, porque desconoce la sabiduría y la justicia de Cristo. Aun más, oscurece, estorba, blasfema y persigue a esa justicia. Por tanto, Pablo certeramente lo llama «el siglo malo o impío». Porque cuando este mundo está en su mejor momento, es cuando está en el peor. En cuanto a los religiosos de alto perfil, los hombres sabios y eruditos, el mundo los cuenta como lo mejor que tiene. No obstante, por eso mismo, se les cuenta como una doble maldad. Aquí ni siquiera menciono los groseros vicios contra la segunda tabla, como la desobediencia a los padres, a los jueces, los adulterios, fornicaciones, codicias, robos, asesinatos, y todo tipo de violencia. El mundo se ahoga en estas cosas. No obstante, son faltas leves comparadas con la sabiduría y la justicia del mundo, porque estas batallan contra la primera tabla. Este diablo blanco obliga a los hombres a cometer pecados espirituales que luego venden como si fuera una gran religiosidad[66]. Este diablo blanco es más peligroso que el diablo negro, que solo los obliga a cometer pecados de la carne, aquellos que el mundo mismo reconoce como pecados.

Mediante estas palabras, «para librarnos», Pablo señala el argumento de su epístola: que necesitamos de la gracia de Cristo. Ninguna otra criatura, sea humana o angelical, nos puede librar de este presente siglo malo. Porque solo las obras de la majestad divina nos pueden librar. Ningún otro ser, humano o angélico, tiene la capacidad de hacer tan grandiosas obras. Pero Cristo ha quitado el pecado, y nos ha librado de la tiranía y el reino del diablo. Es decir, nos ha librado de este siglo malo, el cual es malo por voluntad propia. Este mundo tan solo es siervo obediente del diablo, su dios. Todo lo que el homicida y padre de mentiras haga o diga, el mundo, como su más fiel y obediente hijo, sigue y cumple al pie de la letra. Por tanto, está repleto de ignorancia de Dios, odio, mentiras, errores, blasfemia, y desprecio de Dios. Además, está colmado de pecados graves como asesinatos, adulterios, fornicaciones, robos, atracos, y tales, porque conoce a su padre el diablo, que es un mentiroso y asesino. No obstante, cuanto más sabios, santos y piadosos son los hombres sin Cristo, tanto más agravian al Evangelio. Así también nosotros, antes de que nos iluminara el conocimiento del Evangelio de Cristo, éramos hombres religiosos, dos veces más perversos porque estábamos en el papado, a pesar de que vivíamos disfrazados de lo que parecía verdadera piedad y santidad.

Entonces, que las palabras de Pablo permanezcan, pues son ciertamente veraces y eficaces. No son matizadas ni falsificadas; «este presente siglo es malo». No te dejes perturbar porque hay un sinnúmero de hombres con excelentes virtudes, ni tampoco porque los hipócritas despliegan un gran teatro de santidad. Fíjate más bien en lo que dice Pablo. Toma sus palabras con toda osadía y libertad, y pronuncia sentencia contra el mundo. Pues el mundo entero, con toda su sabiduría, poder, y moral, es tan solo el reino del diablo: del cual solo Dios nos puede librar mediante su Hijo unigénito.

Por tanto, adoremos a Dios el Padre, dándole gracias por su gracia sin medida, por la cual Él nos ha librado del reino del diablo. Por su Hijo nos libró, estando en cautiverio, cuando nos era imposible

---

66. *pro justitia*.

lograr nuestra libertad por fuerza propia. Reconozcamos con Pablo que «todas nuestras obras y justicia» (por las que el diablo no agacharía la cabeza ni un pelo) no son más que «desperdicio y estiércol». También pisoteemos y detestemos por entero el poder de los que encumbran el libre albedrío, la sabiduría, y la justicia hipócrita[67], todas las órdenes religiosas, todas las misas, ceremonias, votos, ayunos y cosas parecidas, como un trapo de lo más inmundo[68], pues es el veneno más mortífero del diablo. Por el contrario, exaltemos y magnifiquemos la gloria de Cristo, que no solo nos rescató, sino que con su muerte nos salvó de este mundo malo.

CONFERENCIA 4: viernes 10 de julio

Por tanto, cuando Pablo usa esta palabra «malo», señala el aspecto particular de este mundo. No es más que el reino del diablo, donde impera la maldad, la ignorancia, el error, el pecado, la muerte, la blasfemia, la desesperación, y la eterna condenación. Por otro lado, el reino de Cristo es totalmente opuesto. Es el reino de equidad, luz, gracia, remisión de pecados, paz, consuelo, salud vivificadora, y la vida eterna a la cual hemos sido trasladados por nuestro Señor Jesucristo, a quien sea la gloria, por todos los siglos sin fin. Amén.

VERSÍCULO 4. *Conforme a la voluntad de nuestro Dios y Padre.*

Aquí Pablo coloca cada palabra en su preciso lugar para que todas, sin falta, combatan en favor del artículo de la justificación[69] contra los falsos apóstoles. Cristo, dice él, nos ha librado de este reino malo del diablo, y del mundo. Lo ha logrado «conforme a la voluntad, el agrado, y el mandamiento del Padre». Por tanto, no somos librados por nuestra astucia o voluntad. Dios es quien ha tenido misericordia de nosotros. Él nos ha amado, tal cual está escrito en otro lugar: «En esto consiste el amor: no en que nosotros hayamos amado a Dios, sino en que Él nos amó a nosotros y envió a su Hijo

---

67. *justitiam pharisaicam* (justicia farisaica).
68. *foedissimum menstruatae pannum* (lit. «asquerosos trapos de menstruación»).
69. *articulo justificationis*.

como propiciación por nuestros pecados» (1 Juan 4:10). Que somos librados de este presente siglo malo es por pura gracia, y no porque lo merecemos. Pablo es tan abundante, tan vehemente al ampliar y exaltar la gracia de Dios, que afila cada palabra y la lanza contra los falsos apóstoles.

También hay otra razón por la que Pablo menciona aquí la voluntad del Padre. De igual manera, Juan, en su Evangelio, al resaltar la obra de Cristo, nos deriva a la voluntad del Padre. Nos hace ver que, al escuchar las palabras y admirar las obras de Cristo, estamos, en efecto, mirando al Padre. Pues Cristo vino al mundo, tomando la naturaleza humana, a fin de presentarse como sacrificio por los pecados de todo el mundo, y así somos reconciliados con Dios el Padre. Así es como Cristo nos confirma que todo se hizo mediante la buena voluntad del Padre. Así, al fijar nuestros ojos en Cristo, somos atraídos y arrebatados directamente al Padre.

Pues como les he advertido, nuestras teorías y conjeturas para nada nos ayudan a comprender al Dios de nuestra salvación. En vez de eso, es necesario que nos aferremos a Cristo, pues conforme a la voluntad del Padre, se ha entregado a sí mismo por nuestros pecados[70]. Cuando reconoces que esta es la voluntad de Dios mediante Cristo, entonces cesa la ira, y desaparece el temor y el temblor como se disipa la neblina de la mañana. Al llegar ese momento, verás a Dios totalmente misericordioso, pues por medio de su inalterable voluntad dispuso que su Hijo muriera por nosotros y nos diera vida en Él. Este conocimiento alegra el corazón. Siempre comprenderás más y más que Dios no está disgustado con nosotros. Te darás cuenta de que su amor es tan generoso hacia nosotros, infelices pecadores, pues entregó a su Hijo por nosotros. No es por nada, entonces, que Pablo con tanta frecuencia repite y machaca en nuestra cabeza, que Cristo fue dado por nuestros pecados, por la buena voluntad del Padre. De otro modo, ponerse a curiosear, intrigados por la naturaleza de Dios y de sus temibles juicios, por qué destruyó al mundo entero con el diluvio, o su razón para destruir a Sodoma, y tales cuestiones, es muy peligroso. Estos pensamientos llevan a la desesperación, y llevan a la gente al precipicio de su propia destrucción (ya he hablado de esto).

---

70. *propter peccata nostra.*

VERSÍCULO 4. *Nuestro Dios y Padre.*

Esta palabra, «nuestro», se relaciona con los dos, de modo que el significado es «de nuestro Dios, y de nuestro Padre». De modo que el Padre de Cristo es el mismo que el nuestro. Así también en Juan 20:17, Cristo dice a María Magdalena: «Subo a mi Padre y a vuestro Padre, a mi Dios y a vuestro Dios». Por tanto, Dios es nuestro Padre y nuestro Dios, pero solamente mediante Cristo. Esta es una frase apostólica, y también es propia de Pablo. Aunque él no habla aquí con palabras tan espléndidas y altisonantes, van muy al caso, ardiendo de celo fervoroso.

VERSÍCULO 5. *Al cual sea la gloria por los siglos de los siglos. Amén.*

Los hebreos intercalaban expresiones de alabanza y gratitud en sus escritos. Esta particularidad es común en los hebreos y en los apóstoles. Con frecuencia la vemos en Pablo. El nombre del Señor se ha de tener en gran reverencia, y jamás se ha de nombrar sin alabanza y gratitud. Cuando hacemos esto, rendimos adoración y alabanza a Dios. Por ejemplo, en asuntos terrenales, cuando mencionamos el nombre de reyes o príncipes, tenemos la costumbre de hacer alguna reverencia, así como doblar la rodilla. ¡Cuánto más lo debemos hacer cuando hablamos de Dios; debemos doblar la rodilla de nuestro corazón, y mencionar el nombre de Dios con gratitud y gran reverencia!

VERSÍCULO 6. *Estoy maravillado.*

Pueden ver cómo Pablo trata a sus gálatas descarriados, viendo que habían sido seducidos por los falsos apóstoles. Al principio, él no arremete contra ellos con palabras ásperas y furiosas. Más bien como un padre, no solamente los tolera en su desliz, sino que también en cierto modo los disculpa. Además, les manifiesta cierto afecto maternal, pues habla con ellos suavemente, pero de tal modo que al mismo tiempo los reprocha. No obstante, lo hace con palabras muy apropiadas, adaptadas sabiamente al caso. En cambio, contra los falsos apóstoles que los habían seducido, él expresa su ardor lleno de indignación, y les echa toda la culpa. Por tanto, al principio de su epístola, estalla contra ellos con inconfundibles truenos y relámpagos. «Si alguno», dice, «os anunciare otro Evangelio del que os hemos anunciado, sea maldito». Después, en el capítulo 5, él amenaza a los falsos apóstoles con condenación. «El que os inquieta, llevará el juicio, quienquiera que sea» (Gálatas 5:10). Pronuncia sobre ellos maldición con palabras temibles, diciendo: «Ojalá también se cortaran los que os inquietan». Estas son réplicas de truenos contra la justicia de la carne o de la ley.

Podría haber sido más rudo con los gálatas. Podría haberlos reprendido con más aspereza: «Me avergüenzo de ustedes por haber dejado la verdad. Me duele que hayan sido tan ingratos conmigo. Estoy molesto con ustedes». O también podría haberlos increpado como en una tragedia [griega][71]: «¡No faltaba más!»[72]. Pero como su propósito es levantar a los caídos, y con fervor paternal llamarlos a volver de su error a la pureza del Evangelio, deja a un lado las palabras ásperas y rudas, especialmente al principio, de modo que se dirige a ellos con bondad y moderación. Pues viendo que su obra era sanar a los heridos, no convenía que agravara sus heridas poniendo un parche áspero y molesto lastimándolos aun más. Por tanto, de todas las palabras dulces y mesuradas, escoge la más adaptada al caso: «Estoy maravillado». Con esta frase les indica que le dolía y desagradaba que se hubieran apartado de él.

Aquí Pablo recuerda su mandato en el capítulo 6, donde dice: «Hermanos, si alguno fuere sorprendido en alguna falta, vosotros que sois espirituales, restauradle con espíritu de mansedumbre, considerándote a ti mismo, no sea que tú también seas tentado» (6:1). Debemos seguir este ejemplo demostrando afecto por los descarriados, como los padres por sus hijos. De esa manera podrán percatarse de nuestro afecto paternal y maternal hacia ellos, y podrán ver que no deseamos su destrucción sino su bienestar. Sin embargo, contra el diablo y sus ministros, contra los autores de la falsa doctrina y de las sectas, también debemos seguir el otro ejemplo del apóstol. Con ellos debemos mostrarnos impacientes, orgullosos, tajantes, y amargos, detestando y condenando sus falsas

---

71. Se añade con fines de claridad. Obviamente Lutero había leído algunas tragedias griegas.
72. *o secula, o mores*. Esta es una expresión idiomática del latín (comúnmente *O tempore, o mores*), la cual expresa repudio por tan malos tiempos. Literalmente, podría ser: «¡Estos tiempos! ¡Y sus costumbres!». Por lo cual ofrezco como traducción la frase idiomática tan común en español: [A como están las cosas, ¡no faltaba más!].

artimañas y malabarismos con todo el rigor y la severidad posibles. Así mismo hacen los padres cuando su hijo es mordido y lastimado por un perro; al perro lo persiguen, pero al niño lo consuelan y le hablan tiernamente con las más dulces palabras.

Por tanto, el espíritu de Pablo revela una astucia maravillosa para lidiar con las conciencias afligidas de los caídos. Por el contrario, el papa (estando guiado por un espíritu maligno) estalla con violencia como un tirano, y lanza truenos y maldiciones contra las conciencias afligidas y dolidas. Esta actitud es notoria en sus bulas, y particularmente en la bula tocante a la cena del Señor. Los obispos no se rectifican en lo más mínimo en el desempeño de su cargo. No enseñan el Evangelio, ni tienen cuidado de salvar las almas de los hombres. Solo buscan tener señorío y soberanía sobre ellos. Por tanto, sus palabrerías y obras tienen la finalidad de dogmatizar y mantener intacto su poderío. De igual manera están tocados sus presumidos eruditos.

VERSÍCULO 6. *Tan pronto ustedes.*

Pablo se queja de lo fácil que es abandonar la fe. Al respecto, en otro lugar amonesta: «El que piensa estar firme, mire que no caiga» (1 Corintios 10:12). Cada día comprobamos que la mente concibe y retiene muy poco una fe sana y perseverante. También, con cuánta dificultad se reúne a una congregación perfeccionada para el Señor. Un hombre puede laborar con diligencia unos diez años antes de levantar una pequeña Iglesia debidamente establecida en su doctrina. Y cuando ya la tiene así, se mete algún fanático, hasta un idiota que no sabe nada, tan solo para lanzar insultos contra los sinceros predicadores de la verdad. En un momento echa todo por tierra. ¿Quién no va a resentirse con tal jugada, tan impía e insolente?

Nosotros, por la gracia de Dios, aquí en Wittenberg hemos logrado formar una Iglesia cristiana. Se enseña la palabra con pureza, se administran los sacramentos debidamente, hacemos oración por los gobernantes y los exhortamos. En resumen, todo marcha prósperamente. Esta felicidad se nos acabaría tan pronto como entrara un descabellado y, en un momento, derribaría todo lo que, con el trabajo de muchos años, hemos construido. Esta misma fue la suerte de Pablo, la vasija escogida de Dios. Había ganado las Iglesias de Galacia con gran esmero y labor. Pero, poco tiempo después de su partida, llegaron los falsos apóstoles y las derribaron, tal como se atestigua en esta y otras epístolas. Tal es la debilidad y lo desdichado de este siglo presente, que caminamos en medio de las asechanzas de Satanás. Una sola cabeza fanática puede, en poco tiempo, destruir y derribar todo lo que muchos ministros verdaderos, obrando día y noche, han levantado con el trabajo de años. Esta es nuestra experiencia hoy en día, y nos ha dejado un gran dolor. Aun así, tampoco podemos remediar este enorme agravio.

Viendo, entonces, que la Iglesia es un objeto tan delicado y frágil, y tan fácil de derribar, hay que vigilar con buena fe a estos espíritus fanáticos. Pues habiendo escuchado unos dos sermones o habiendo leído unas pocas páginas de las Sagradas Escrituras, ya se sienten maestros y señores de todos los educados e instruidos, y contrarían la autoridad de todos y cualquiera. Así se puede encontrar hoy a tales hombres pretenciosos e insolentes, haciendo ostentación de su osadía. Pues desconocen la tentación, no han aprendido a temer a Dios, ni jamás han gustado ni sentido la gracia. Estos fulanos carecen del Espíritu Santo y enseñan lo que les parece bien, lo que agrada a la gente común, pues predican cosas dentro de su alcance. Luego, la plebe inexperta en estas cosas[73], pero ansiosa de oír novedades, se les va juntando. También hay muchos de quienes se ha tenido un buen concepto en la doctrina de la fe, los cuales, cuando son expuestos a esta tentación, caen seducidos.

Pablo, por experiencia propia, nos enseña que las congregaciones logradas con gran labor pronto pueden ser derribadas. Así también nosotros debemos vigilar con insólita atención y cuidado. El diablo anda recorriendo por todos lados, y mientras dormimos podría venir y sembrar cizaña entre el trigo. Aunque los pastores estén siempre alertas y vigilando, el rebaño cristiano está siempre ante el peligro de Satanás. Pues Pablo (como he dicho) había plantado Iglesias en Galacia con gran atención y diligencia, pero tan pronto como puso el pie fuera de la puerta (por así decirlo), llegaron los falsos apóstoles engañando a algunos, cuya caída fue la gran ruina

---

73. *vulgus imperitum.*

de las Iglesias en Galacia. Esta pérdida, tan súbita y tan grande, fue para el apóstol más amarga que la misma muerte. Por tanto, vigilemos con esmero. Primero, cada cual por sí mismo. Luego, todos los maestros, no solo por ellos mismos, sino también por toda la Iglesia, para que no entremos en tentación.

VERSÍCULO 6. *Me maravillo que tan pronto ustedes hayan abandonado.*

Nuevamente, él no usa palabras cortantes, sino una frase muy delicada. No dice: «Me maravillo pues tan pronto han abandonado, han desobedecido, son frívolos, inconstantes, ingratos, y ya se apartaron». Más bien es como si hubiera dicho: «Ustedes mismos no causaron el daño, pues fueron tolerantes; pero sufrieron porque fueron perjudicados». Su intención es hacerles un llamado a dar la vuelta y regresar del sendero equivocado. Por eso acusa a los causantes en vez de a los descarriados. No obstante, muy discretamente también los acusa, pues se queja de que han abandonado el camino. Como si dijera: «Aunque los abrazo con el afecto de un padre, sé que han sido engañados, no por culpa propia, sino por culpa de los falsos apóstoles. Aun así, me hubiera gustado que hubieran madurado más, fortaleciéndose en la sana doctrina. No se aferraron con fuerza a la palabra, no se arraigaron lo suficiente en ella, y por eso el viento se los llevó con tan solo una ventisca». Como si hubiera dicho: «Tienen razón, gálatas tanto de nombre como en los hechos, que han caído llevados por el viento». Jerónimo se pregunta si Pablo quiso interpretar la palabra «gálatas» relacionándola con la palabra hebrea «galath»[74]. Como si dijera: «Tienen razón en llamarse gálatas, pues quiere decir "escurridizos"».

Algunos piensan que los alemanes descienden de los gálatas. No estarían muy lejos de la verdad. Pues los alemanes tienen cierto parecido. Yo también quisiera más constancia y perseverancia en mis compatriotas. Pues en todas las cosas que hacemos, al principio arrancamos con mucho empuje, pero cuando el fuego de nuestro afecto se apaga lentamente, aflojamos. Con el mismo ímpetu que comenzamos las cosas, así mismo las soltamos, y al final las rechazamos del todo.

---

74. Lutero se refiere a la palabra hebrea que utilizó Jerónimo, גלה. Uno de los significados originales es «movedizo». Los caracteres hebreos se encuentran en el texto de los originales en latín.

Al principio, cuando brilló la luz del Evangelio, después de tan grandes tinieblas por las tradiciones de los hombres, muchos se tornaron fervorosamente a la piedad. Hambrientos escuchaban los sermones y tenían a los ministros de la palabra de Dios en reverencia. Pero ahora, cuando la religión se ha reformado con gran aumento en la palabra de Dios, muchos que antes eran fervorosos discípulos tan solo condenan con su enemistad. Estos no solo dejaron el estudio y el fervor por la palabra de Dios, sino también a sus ministros. También odian la buena enseñanza, y se convierten en puros cerdos, cuyo vientre es un dios, dignos (sin duda) de ser comparados con los necios[75] y frívolos gálatas.

VERSÍCULO 6. *De Él quien os llamó en la gracia de Cristo*[76].

El significado del original es un tanto incierto, y por eso hay dos maneras de entenderlo. La primera es: «De que Cristo os ha llamado en la gracia». La otra es: «De Él, es decir, de Dios que os ha llamado en la gracia de Cristo». Prefiero la primera porque me atrae debido a los argumentos de Pablo. Primero, porque poco antes Pablo declara a Cristo el Redentor, quien por su muerte nos libró de este mundo malo. También declaró a Cristo el dador de la gracia y la paz igualmente con el Padre. Así también aquí lo declara como aquel que llama a la gracia. De estas maneras Pablo demuestra que su propósito particular es de taladrar en nuestras mentes el beneficio de Cristo, por quien hemos llegado al Padre.

También, estas palabras, «del que os llamó en la gracia», son muy apasionadas. Allí se manifiesta una relación contraria. Como si dijera: «¡Increíble! ¡Cómo se han dejado apartar de Cristo, aquel que los ha llamado, no a la ley, a las obras, a los pecados, a la ira, a la condenación, como los llamó Moisés, sino a la plenitud de la gracia!». De igual manera nosotros, con Pablo, nos quejamos de la ceguera y perversidad de los hombres. Es horrible, pues nadie recibe la doctrina de la gracia y de la salvación. O, si alguien la recibe, ¡cuán pronto cae y la abandona! Pero es la que trae consigo todo lo bueno, tanto para el espíritu como para el cuerpo. A saber,

---

75. En esta conferencia, Lutero utilizó el término griego ἀνόητοι, el mismo que se encuentra en Gálatas 3:1.
76. Traducción del texto latino *Abe o, qui vocavit vos in gratia Christi*.

el perdón de pecados, verdadera justicia, paz de conciencia, y vida eterna. Aun más, trae luz y un juicio sano a todas las disciplinas y quehaceres de la vida. Aprueba y establece el gobierno civil, el gobierno del hogar, y todo estilo de vida ordenado y señalado por Dios. Saca de raíz todas las doctrinas del error, la sedición, la confusión, y tales. Deshace el temor al pecado y a la muerte. En resumen, revela todas las sutilezas y obras del diablo, abriéndonos los beneficios del amor de Dios en Cristo. Por su odio a esta palabra, el mundo perjudica a todos los que abrazan esta buena nueva de consuelo eterno, gracia, salvación, y vida eterna. Entonces, ¿de veras les sorprende que el mundo persiga al Evangelio con tanto rencor y furia infernal?

Anteriormente, Pablo califica este presente siglo como malo e impío, es decir, es el reino del diablo. Si no lo fuera, reconocería el beneficio y la misericordia de Dios. Pero ya que está bajo la potestad del diablo, lo odia y persigue sin tregua ni piedad. El mundo ama la oscuridad, los errores, y el reino del diablo más que la luz, la verdad, y el reino de Cristo (Juan 3:19). Y no es por ignorancia o error, sino por la perversidad del diablo. Esto es patentemente claro pues Cristo, el Hijo de Dios, al entregarse a sí mismo hasta la muerte por los pecados de todo ser humano, no ha ganado nada de este mundo perverso y condenable. A cambio de su inestimable beneficio, lo único que ha recibido es blasfemias, y la persecución de su palabra, la única palabra de salvación. Y si bien pudiera, el mundo otra vez lo colgaría clavado a una cruz. Por eso, el mundo no solo habita en tinieblas, sino que es la tiniebla misma, como está escrito en Juan 1:5.

Por tanto, Pablo se apoya en estas palabras: «de Cristo, que los ha llamado». Como si dijera: «Mi predicación no se trataba de las exigentes leyes de Moisés. Tampoco les enseñé que debían ser esclavos bajo ese yugo. Más bien, prediqué solo la doctrina de la gracia y la libertad de la ley, el pecado, la ira, y la condenación». Les estaba diciendo: «Cristo, por pura misericordia, los ha llamado a la gracia, a fin de que sean libres bajo Cristo, y no esclavos bajo Moisés. Pero ustedes han regresado nuevamente a la esclavitud gracias a los falsos apóstoles. Pues mediante la ley de Moisés, ellos no los han llamado a la gracia sino a la ira de Dios, a repudiar a Dios, y a entregarse a la condenación del pecado, y en consecuencia, a la muerte». Pero Cristo los llama a su gracia, y esta los salva en absoluto. Los llama para conducirlos a la buena nueva del Evangelio en vez de conducirlos a la ley, pues allí solo sufrirán agonía mental. Por medio de Cristo somos trasladados de la ira de Dios al favor de Dios. Cristo nos saca del pecado y nos pone dentro de su justicia. Nos ha sacado de la muerte y nos ha puesto dentro de su vida. Entonces, ¿van a permitir que los aparten tan pronto, y que fácilmente los manden por otro camino, lejos de la fuente de vida y la plenitud de su gracia? Y si Moisés convoca a los hombres a la ira de Dios, y al pecado mediante la ley de Dios, entonces ¿hacia dónde convoca el papa a los hombres mediante sus tradiciones? El otro sentido, que el «Padre llama en la gracia de Cristo», también es apropiado. Pero el primer significado con respecto a Cristo trae mayor consuelo a las conciencias oprimidas.

VERSÍCULO 6. *Para seguir otro Evangelio.*

Aquí podemos aprender a espiar las artimañas y sutilezas del diablo. No van a encontrar a ningún hereje en el índice de Errores y Diabluras[77]. Tampoco el diablo se presenta en su propia forma, especialmente ese diablo blanco que ya mencionamos. Aun el diablo negro, que obliga a los hombres a revelar su maldad, les proporciona una capa para encubrir el pecado que cometen, o el propósito del delito. El asesino, en su furia, no puede ver cuán inmenso y horrible es su pecado, pues se viste de una tapadera para encubrirse. Las prostitutas, los ladrones, los codiciosos, borrachos, y tales, se jactan de sus fechorías y con eso cubren sus pecados. Así también el diablo negro sale disfrazado disimulando todas sus obras y estrategias. Pero en lo espiritual, Satanás no sale luciendo negro sino ostentando blanco. Vestido con el más hábil disfraz y maravillosos malabarismos, finge ser un ángel, o aun Dios mismo. Reserva su veneno más fulminante para la doctrina de la gracia, para la palabra de Dios, para el Evangelio de Cristo. Por esta razón, Pablo llama a la doctrina de los falsos apóstoles, los ministros de Satanás, «otro evangelio». Pero en burla, como si dijera: «Oh gálatas, ahora tienen otros evangelistas, y otro evangelio. Ahora, entre ustedes, ya desprecian y desprestigian mi Evangelio. Pero les tengo lástima, pues ahora ya no tienen nada que valga la pena».

---

77. *sub titulo erroris et Satanae.*

Por lo que se puede entender, estos falsos apóstoles habían condenado el Evangelio de Pablo entre los gálatas. Habían dicho: «Pablo comenzó bastante bien. Pero un buen comienzo no basta. Todavía quedan temas más elevados». Como dice en Hechos 15, «No basta con solo creer en Cristo, o ser bautizados, sino que ahora necesitan la circuncisión, pues "Si no se circuncidan conforme al rito de Moisés, no pueden ser salvos"». Eso es lo mismo que decir: «Cristo fue un buen artesano, y de hecho comenzó el edificio. Pero no lo terminó. Eso hay que dejarlo en manos de Moisés».

Así mismo hoy los fanáticos sectarios, los anabaptistas, y otros, nos condenan abiertamente. Dicen: «Estos luteranos tienen el espíritu de timidez, no se atreven a profesar la verdad en forma libre y franca hasta el final». Ellos siguen diciendo que nosotros hemos puesto un fundamento. Es decir, que hemos enseñado la fe en Cristo, pero que el principio, el medio, y el fin, deben quedar unidos. Para lograr todo eso, dicen que Dios los ha llamado, pues esa ya no es nuestra obra. De esta manera, estos espíritus perversos y diabólicos exaltan y magnifican su maldita doctrina, llamándola la palabra de Dios. Y así, tomando en vano el nombre de Dios, engañan a muchos. Pues el diablo no va a mostrar la cara fea, ni tampoco va a vestir a sus ministros de negro. Más bien, lucen simpáticos vestidos de blanco. Y a fin de hacerse pasar por bueno, reviste todas sus palabras y obras con el matiz de la verdad, y con el nombre de Dios. De allí ha surgido el proverbio alemán: «Toda fechoría comienza en el nombre de Dios».

Por tanto, aprendamos que el Evangelio es el blanco especial de las sutilezas del diablo. Si él no puede perjudicar persiguiendo y destruyendo, lo hace bajo el disimulo de corregir y edificar. Por eso, hoy nos persigue con el poder de la espada. Cuando nos haya despachado, no solo desfigurará el Evangelio sino que lo reducirá a nada más que escombros. Pero hasta hoy no ha prevalecido. Aunque muchos, constantes en esta nuestra doctrina santa y celestial, pagaron con sus vidas, su sangre riega la Iglesia en vez de demolerla.

Pero como no pudo destruir a la Iglesia de esa manera, ahora levanta espíritus malvados en maestros perversos[78]. Al principio ellos toleran nuestra doctrina; la enseñan de común acuerdo con

---

78. *suscitat nequam spiritus impios doctores.*

nosotros. Poco después dicen que nuestra tarea es la de dispensar los principios básicos de la doctrina cristiana[79]. Pero de allí pasan a decir que Dios mismo, desde lo alto, les ha revelado los misterios de las Escrituras y los ha llamado a dar a conocer esas cosas. Así el diablo obstruye el Evangelio por la derecha y por la izquierda, pero más por la derecha, como lo dije antes. Pues finge construir y corregir, en vez de ir por la izquierda persiguiendo y destruyendo. Por eso nos toca orar sin cesar, leer las Sagradas Escrituras, aferrarnos fuertemente a Cristo y su santa palabra. De esta manera podremos vencer las sutilezas del diablo, con las que nos ataca de izquierda a derecha. «Porque nuestra lucha no es contra sangre y carne, sino contra principados, contra potestades, contra los poderes de este mundo de tinieblas, contra las huestes espirituales de maldad en las regiones celestiales» (Efesios 6:12).

VERSÍCULO 7. *Porque no hay otro, sino que hay algunos que os inquietan.*

Nuevamente el apóstol disculpa a los gálatas y ásperamente recrimina a los falsos apóstoles, como diciendo: «Ustedes los gálatas se dejaron engañar pues llegaron a pensar que el Evangelio que recibieron de mí no es el verdadero y genuino Evangelio. ¿Piensan, por eso, que hacen bien recibiendo ese nuevo evangelio predicado por los falsos apóstoles, y hasta les parece mejor que el mío? Sin embargo, no los culpo tanto a ustedes por esta falta, sino a los que perturban sus conciencias, y los arrebatan de mi mano». Aquí pueden ver su pasión y fervor contra esos impostores. Las palabras ásperas y rudas de Pablo desenmascaran el disfraz de los engañadores. Son los que inquietan a las Iglesias, los que no hacen más que seducir y estafar a incontables conciencias quebrantadas. Causan terrible daño y calamidad en las congregaciones. Hoy vemos este enorme mal y también nos acongoja el corazón. No obstante, somos tan impotentes para remediar la situación como Pablo lo fue en su día.

Este texto testifica que los falsos apóstoles habían informado que Pablo era un apóstol imperfecto, como también un predicador

---

[79]. *traderemus prima rudimenta doctrinae christianae.*

débil y mal orientado. Por tanto, pone al descubierto sus verdaderas intenciones dándoles el nombre de «perturbadores de la Iglesia» y «demoledores del Evangelio de Cristo». Aquí hay condena mutua. Los falsos apóstoles condenaban a Pablo, y Pablo a los falsos apóstoles. Esta misma contienda y mutuas condenas siempre han existido en la Iglesia, especialmente cuando florece la doctrina del Evangelio. Los maestros impíos persiguen, condenan, y oprimen a los piadosos. Por su parte, los piadosos reprochan y condenan a los impíos.

Hoy, los papistas y los fanáticos sectarios nos odian, y condenan nuestra doctrina como impía y errónea. Se agazapan al acecho de lo que hacemos y de nuestras propias vidas. Por nuestra parte, nosotros, con odio perfecto, detestamos y condenamos su maldita y blasfema doctrina. Mientras tanto, la gente en su miseria no tiene alivio, vacilando entre esta y la otra, dudando de si pueden apoyarse en su fe, o cuál de las dos van a seguir. Pues no todos pueden juzgar sanamente en estos asuntos de gran peso. Pero al final se verá quién enseña la verdad y tiene razón al condenar al otro. Por cierto, nosotros no perseguimos a nadie, ni oprimimos a nadie, ni matamos a nadie, ni tampoco perturbamos las conciencias de nadie, sino que las libramos de un sinnúmero de errores y trampas del diablo. Pues lo cierto es que hay mucha gente agradeciendo a Dios por nuestra doctrina, pues han recibido un consuelo cierto y seguro para sus conciencias. Pablo no tenía la culpa de que los falsos apóstoles anduvieran perturbando a las Iglesias. De la misma manera, hoy nosotros tampoco tenemos la culpa. Más bien son los anabaptistas y otros espíritus sectarios los que, descabelladamente, traen muchos y grandes problemas a las Iglesias.

Presten atención[80]. Todos los que enseñan las obras y la justicia de la ley están turbando a las Iglesias y las conciencias de los hombres. ¿Quién se hubiera imaginado que el papa, los cardenales, obispos, monjes, y toda la sinagoga de Satanás, serían perturbadores de las conciencias de los hombres? En particular, los fundadores de las órdenes religiosas (aunque, milagrosamente, ¡Dios salvará a algunos de ellos!). Sí, en verdad son aun peores que esos falsos apóstoles. Los falsos apóstoles creían que, además de la fe en Cristo,

---

80. Lutero estaba al frente dictando esta conferencia. ¿Será que algún alumno estaba cabeceando?

las obras de la ley de Dios también eran necesarias para la salvación. Pero los seguidores del papa descartan la fe, y enseñan tradiciones de los hombres y obras que Dios jamás ordenó. Ellos mismos se las han inventado sin el apoyo de la palabra de Dios, y en contra de ella. Y no solo han dado a las tradiciones un lugar igual a la palabra de Dios, sino que las han exaltado muy por encima de la palabra. Pero cuanto más teatro hacen los herejes, tanto más daño causan. Pues si los falsos apóstoles no hubieran sido dotados de dones sobresalientes, gran autoridad, y apariencia de piedad, jactándose de ser ministros de Cristo, discípulos de los apóstoles, y predicadores sinceros del Evangelio, no habrían podido desfigurar tan fácilmente la autoridad de Pablo, y desviar a los gálatas por otro camino.

La razón por la cual el apóstol se indispuso tan severamente contra ellos, llamándolos perturbadores de las Iglesias, es que, además de la fe en Cristo, también enseñaban la circuncisión y la observancia de la ley como necesarias para la salvación. Lo que Pablo también testifica, más adelante, en el capítulo 5, Lucas lo declara en el capítulo 15 de los Hechos con estas palabras: «Si no os circuncidáis conforme al rito de Moisés, no podéis ser salvos» (Hechos 15:1). Por tanto, los falsos apóstoles contendían, con gran fervor y obstinación extrema, que se debía guardar la ley. Y los judíos de dura cerviz se les unieron después para fácilmente persuadir a los que no estaban bien establecidos en la fe. Alegaban que Pablo no era un maestro sincero, porque no tomaba la ley en cuenta, sino que predicaba tal doctrina que abolía y derrocaba la ley. Por lo que les parecía algo muy extraño que la ley de Dios fuera quitada del todo, y que ahora se rechazara a los judíos, quienes siempre habían sido contados como el pueblo de Dios. Y les parecía algo mucho más raro que los gentiles, siendo impíos idólatras, ahora alcanzaran la gloria y la dignidad de ser pueblo de Dios sin la circuncisión, y sin las obras de la ley, sino por la sola gracia y la fe en Cristo[81].

Los falsos apóstoles habían exagerado estas cosas al máximo. Querían encender más odio contra Pablo entre los gálatas. Buscando predisponerlos aun más contra él, alegaban que enseñaba a los gentiles la libertad de la ley. En consecuencia, decían, la ley de

---

81. *sine circumcisione, sine operibus legis per solam gratiam et fides in Christum.*

Dios sería despreciada y finalmente abolida junto con toda la nación judía. En breve, alegaban que la predicación de Pablo contrariaba el ejemplo de los apóstoles. Por tanto, había que pararlo en seco porque blasfemaba abiertamente contra Dios, y se había rebelado contra toda la nación judía. Añadían que más bien ellos (los falsos apóstoles) merecían la atención de los gálatas, pues además de predicar el Evangelio debidamente, eran discípulos de los mismos apóstoles. Además, se quejaban de que Pablo jamás se había molestado siquiera en familiarizarse con ellos. Mediante esta estrategia difamaron y echaron por tierra a Pablo ante los gálatas. Por ese trato tan perverso Pablo se vio obligado a contraponerse a los falsos apóstoles diciendo que eran perturbadores de las Iglesias y demoledores del Evangelio de Cristo, como verán seguidamente.

VERSÍCULO 7. *Y quieren pervertir el Evangelio de Cristo.*

En otras palabras: «Estos falsos apóstoles no solo los perturban, sino que pretenden abolir y dejar en escombros el Evangelio de Cristo».

El diablo se dedica a dos cosas sin respiro. Primero, perturba y engaña a muchos mediante falsos apóstoles. Pero aun más, se aprovecha de ellos para derrocar por completo al Evangelio. Los manipula sin tregua alguna hasta lograr su objetivo. Sin embargo, nada perturba más a esos falsos apóstoles que ser llamados apóstoles del diablo; más bien, se glorían del nombre de Cristo a más no poder, y se jactan de ser los más sinceros predicadores del Evangelio. Pero, puesto que mezclan la ley con el Evangelio, en realidad son demoledores del Evangelio. Porque, o Cristo vive y la ley perece, o la ley permanece y Cristo perece. Porque de ninguna manera Cristo y la ley pueden unirse y gobernar en la conciencia al mismo tiempo. Donde reina la justicia de la ley, no puede reinar la justicia de la gracia. Donde reina la justicia de la gracia, no puede reinar la justicia de la ley. Una de las dos tiene que ceder ante la otra.

Si no puedes creer que Dios perdona tus pecados por causa de Cristo, a quien envió al mundo como nuestro Sumo Sacerdote, ¿cómo, pues, vas a creer que perdonará tus pecados por tus obras de la ley, la cual jamás podrás cumplir? ¿Acaso piensas que tus propias obras podrán sofocar el juicio de Dios? Por lo tanto, la doctrina de la ley no puede quedar en pie junto con la doctrina de la gracia. La una debe rechazar y derrocar a la otra, y la otra debe quedar afianzada.

Pero, así como los judíos aborrecían esta doctrina de la fe y de la gracia, así también nosotros quisiéramos dar marcha atrás. Pues yo mismo, de buena gana, serviría a la justicia de la gracia, por haberme justificado, y a la justicia de la ley, para que Dios me tome en cuenta. Pero tal como Pablo lo explica aquí, combinar la una con la otra es pervertir el Evangelio de Cristo.

Sin embargo, si se trata de un debate en el cual se presentan las apariencias como las mejores pruebas, ¡ojo! La mejor evidencia no gana el día. Cristo, por su lado, es tierno y manso[82], y además, tienen la predicación del Evangelio por locura. Pero, por el otro lado, el reino del mundo y su príncipe, el diablo, aparentan tener mucha más fuerza, pues ¡presentan apariencias sin fin! Además, la sabiduría y la justicia de la carne organizan grandes espectáculos. Si medimos a partir de las apariencias, la justicia de la gracia y de la fe pierde, y la otra justicia, la de la ley y las obras, avanza y gana terreno. Pero este es nuestro consuelo, que el diablo, con todos sus miembros, no puede lograr lo que se propone. Puede perturbar a muchos, pero no puede derrocar al Evangelio de Cristo. La verdad puede ser asediada por todos lados, pero no puede ser vencida, pues la palabra del Señor permanece para siempre.

CONFERENCIA 5: viernes 17 de julio

Pareciera una pequeñez entremezclar la ley y el Evangelio, la fe y las obras, pero produce el lío más grande que pueda concebir la mente humana. Mezclar la ley con el Evangelio no solo enmaraña el conocimiento de la gracia, sino que echa fuera a Cristo con todos sus beneficios. La causa de este gran mal es nuestra carne, que, viéndose hundida en sus pecados, no ve manera alguna de salirse, sino por medio de las obras. De tal modo que se dedica a vivir en las obras de la ley, y a encontrar reposo y confianza en sus obras. Por lo cual vive en total ignorancia de la doctrina de la fe y de la gracia. No obstante, sin esta doctrina la conciencia no puede hallar quietud y reposo.

---

82. *infirmus.*

Las palabras de Pablo, «quieren pervertir el Evangelio de Cristo», también demuestran la excesiva altivez y poca vergüenza de estos falsos apóstoles. Pablo solo engrandece su ministerio y su Evangelio con las siguientes palabras:

VERSÍCULO 8. *Mas aun si nosotros o un ángel del cielo os anunciare otro Evangelio del que os hemos anunciado, sea anatema.*

Aquí Pablo enciende llamaradas con sus palabras, y su celo arde tan candente que, por poco, maldice a los mismos ángeles. Dice: «Aun si nosotros mismos, mis hermanos Timoteo, Tito, y yo, junto con todos los que predican a Cristo en su pureza (no hablo de los que seducen las conciencias), o si un ángel del cielo les anunciare otro Evangelio, entonces, que se nos tenga a todos, a mí, a mis hermanos, y aun a los ángeles del cielo, por malditos. ¡Que Dios nos maldiga a todos si le damos la vuelta a mi Evangelio y lo ponemos boca abajo!»[83].

Pablo arde de celo pues se atreve a lanzar una maldición tan poderosa. Invoca condenación no solo sobre él y sus hermanos, sino aun sobre un ángel del cielo. La palabra griega Ἀνάθημα (*anatema*), en hebreo חרם (*herem*), y en latín *maledictum*, significa algo maldito, execrable, detestable, que no tiene relación, participación, o comunión alguna con Dios. Así lo dice Josué: «Maldito delante de Jehová el hombre que se levantare y reedificare esta ciudad de Jericó» (Josué 6:17, 26). Hacia el final de Levítico se declara: «Ninguna persona bajo anatema podrá ser rescatada. Morirá irremisiblemente» (Levítico 27:29 RVA-2015). Así dispuso Dios también contra Amalec y ciertas otras ciudades. La maldición de Dios decretó que fueran totalmente destruidas. Entonces esto es lo que está en la mente de Pablo: «Yo prefiero ser maldito, junto con mis otros hermanos, y aun un ángel del cielo, si nosotros u otros llegáramos a predicar algún otro Evangelio que no sea el mismo que ya hemos predicado». Por tanto, Pablo primeramente se maldice, pues los hábiles en la persuasión encuentran primero falta en sí mismos, a fin de poder reprochar a otros con mayor libertad y severidad.

---

83. *meum evangelium inverti*. Literalmente, «inviertan mi Evangelio».

Por tanto, Pablo concluye: «No hay otro Evangelio. El único Evangelio es el mismo que ya prediqué». Pero no había predicado un Evangelio inventado por él mismo, sino el mismo que Dios había prometido desde antes por sus profetas en las Sagradas Escrituras (Romanos 1). Por eso se incluye a sí mismo y a otros, incluso a un ángel del cielo, como ciertamente malditos si enseñaban cosa alguna contraria al Evangelio previo. Pues la voz del Evangelio, tan pronto como fue proclamada, no puede detenerse hasta el día final.

VERSÍCULO 9. *Como antes hemos dicho, también ahora lo decimos otra vez: Si alguno os anunciare otro Evangelio del que habéis recibido, sea anatema.*

Pablo repite la maldición, dirigiéndola ahora a otras personas. Antes, se maldijo a sí mismo, a sus hermanos, y a un ángel del cielo. «Ahora», dice, «si hay otros que predican un Evangelio diferente del que ya recibieron de nosotros, ¡sean también malditos!». Con esto Pablo excomulga y maldice a todos los falsos maestros, incluyendo a sus adversarios. Aquí se presenta con un gran fervor de espíritu. Se atreve a maldecir a todos los maestros, por cielo y tierra, que pervierten su Evangelio enseñando cualquier otra cosa. Pues todos deben creer el Evangelio que Pablo predicó, o, de otro modo, quedan bajo maldición y condenación. ¡Ojalá esta horrible sentencia del apóstol infundiera temor en los corazones de quienes buscan pervertir el Evangelio de Pablo! Pero lamentablemente el mundo ya está atiborrado de estas perversiones.

Aquí se nota un cambio en las personas a quienes Pablo se dirige. Pues en la primera maldición Pablo usa palabras diferentes a las que usa en la segunda. En la primera dice: «Pero si aun nosotros, o un ángel del cielo, os anunciara otro Evangelio, contrario al que os hemos anunciado». En la segunda habla de un Evangelio «contrario al que recibisteis». Esto lo dice a propósito, no sea que los gálatas dijeran: «Pablo, nosotros no pervertimos el Evangelio que has predicado. Es que no te entendíamos bien. Pero los maestros que han venido después de ti nos han declarado su verdadero significado». «Esto», dice él, «no lo aceptaré. Pues no deben añadirle nada, ni tampoco corregirlo. Lo que escucharon de mí es la palabra inmutable de Dios: ¡déjenla así! Tampoco quisiera haber

CONFERENCIA 5: VIERNES 17 DE JULIO

sido otro maestro entre ustedes, ni que ustedes hubieran sido otros discípulos. Por tanto, si escuchan a cualquier hombre trayendo otro Evangelio, diferente del que yo les prediqué, o jactándose de que les entregará cosas mejores que las que yo ya les entregué, ¡pues háganse sus discípulos, pero Dios los maldecirá!».

Sin embargo, los ministros de Satanás saben por naturaleza cómo entrometerse en la cabeza de la gente con este engaño. Confiesan: «los que vinieron antes y enseñaron el Evangelio comenzaron bien, pero les faltó completarlo». Pero ahora, ellos traen lo que faltaba pues anuncian una verdad mucho más confiable. Por tanto, a fin de producir el mayor número de discípulos, todos deben someterse a ellos[84].

De igual manera hoy las cabezas fanáticas nos felicitan a medias, diciendo que comenzamos bien con este asunto del Evangelio. Pero como detestamos y condenamos su blasfema doctrina, nos llaman los nuevos papistas, dos veces peores que los anteriores. Así es como los ladrones y asaltantes se meten al rebaño del Señor para robar, matar, y destruir (Juan 10:1, 10). Primero apoyan nuestra enseñanza. Pero luego dicen que nos están corrigiendo y hacen una exposición mucho más amplia (así piensan), pues dicen que nosotros no comprendíamos las cosas lo suficientemente bien. De igual manera los falsos apóstoles ganaron entrada a los gálatas. «Pablo», decían ellos, «por cierto ha puesto el cimiento de la doctrina cristiana. Sin embargo, él no sostiene el verdadero camino de la justificación, pues enseña que no hay nada malo en desviarse de la ley. Por tanto, reciban de nuestras manos lo que él no les pudo dar». Pero Pablo no tolera que nadie enseñe otra cosa, ni que los gálatas escuchen o reciban algo más, sino solo lo mismo que él les había enseñado antes, y lo que habían escuchado y recibido de él. Entonces, dice él, todos los que enseñen y reciban otra cosa, ¡malditos sean!

En los dos primeros capítulos él solamente defiende su doctrina y refuta ciertos errores. De tal modo que no trata el tema central de esta epístola, es decir, el lugar de la justificación[85], sino hasta el final del segundo capítulo. Aun así, esta declaración de Pablo es una gran advertencia. Todos los que piensan que el papa es el juez de las Escrituras están bajo maldición. Pues los eruditos papales han

---

84. *se vero certissima afferre, quae ita velint tradere, ut auditores magnum fructum inde ferre possint etc.* Esta es una frase difícil de traducir. Ofrezco esta traducción pues el contexto resuelve la dificultad. Lutero alega que los falsos apóstoles se oponen al Evangelio porque buscan una cosecha con mayor *fructus* o «un mayor número de discípulos». Es inevitable reflexionar si hoy no existe la misma situación.
85. *locum justificationis.*

enseñado impíamente el siguiente falso argumento: la Iglesia solo ha permitido cuatro evangelios, así que solo hay cuatro; si hubiera permitido más, habría más. Por tanto, la Iglesia tiene la potestad de recibir y permitir tantos evangelios como quiera, pues la Iglesia está por sobre el Evangelio. ¡Qué buen argumento! ¿No? El papa alega: «yo les doy el visto bueno a las Escrituras, ¡ergo! [por tanto] estoy por encima de las Escrituras!». ¿Vale también, pues, alegar que, si Juan el Bautista reconoció y confesó a Cristo, y lo señaló, ¡entonces está sobre Cristo!? ¿La Iglesia aprueba la fe y la doctrina cristiana, así que ¡la Iglesia está sobre ellas!?[86] Para refutar esta doctrina impía y blasfema no hay nada mejor que este texto que resuena como la descarga de un trueno. Pues aquí, Pablo se pone bajo la autoridad de las Escrituras él mismo, y pone también a un ángel del cielo, a todos los eruditos de la tierra, y a todos los maestros y profesores por doquier. Pues ellos no deben ser maestros, jueces, ni árbitros, sino solo testigos, discípulos, y declarantes de la Iglesia. No importa si es el papa, Lutero, Agustín, Pablo, o un ángel del cielo. Tampoco debe enseñarse en la Iglesia doctrina alguna, ni escucharse cualquier otra cosa que no sea la pura palabra de Dios, es decir, las Sagradas Escrituras. De otro modo, tanto los maestros como los oyentes, y la doctrina misma, todos por igual: ¡malditos sean!

VERSÍCULO 10. *Porque ¿persuado yo ahora a hombres o a Dios?* [87]

Estas palabras se declaran con el mismo espíritu candente de antes. Es como si dijera: «Después de haber yo predicado tan abiertamente en sus Iglesias, ¿acaso ya no me conocen? ¿No recuerdan mis amargos conflictos y agudas batallas contra los judíos? Me parece (pienso yo) que toda mi predicación, y todas las grandes aflicciones que he sufrido por todos lados, bastarían para que se dieran cuenta de si sirvo a los hombres o a Dios. Pues todos pueden ver que, con mi predicación, no solo he fomentado la persecución en mi contra en todas partes, sino que me he ganado el odio cruel de mi propia nación, y de todos los demás. Por tanto, demuestro a plena luz, que con mi predicación no busco el favor ni los elogios de los hombres. Mi gran anhelo es iluminar el beneficio y la gloria de Dios».

---

86. No es muy difícil imaginarse a Lutero frente a sus alumnos dramatizando este sarcasmo.
87. *Nunc enim homines suadeo an Deum?*

CONFERENCIA 5: VIERNES 17 DE JULIO

Tampoco procuramos los elogios de los hombres mediante nuestra doctrina, pues enseñamos que todo ser humano es impío por naturaleza, e hijo de ira. Condenamos en todo ser humano su libre albedrío, su capacidad, sabiduría, y justicia, y toda religión de invención humana. En resumen, decimos que no hay nada en nosotros que nos capacite para merecer la gracia y el perdón de los pecados. Predicamos que obtenemos esta gracia solamente por la gratuita misericordia de Dios, por causa de Cristo. De tal modo que los cielos cuentan la gloria de Dios y sus obras, las cuales condenan a todos los hombres en general con todas sus obras. Esta predicación no atrae el favor de los hombres ni del mundo. El mundo tampoco puede tolerar la voz que condena su sabiduría, justicia, religión, y poderío. Hablar contra esos dones poderosos y gloriosos del mundo no es para ser aplaudido, sino para ganarse el odio y la indignación del mundo. Pues si hablamos contra los hombres, o cualquier otra cosa que compete a su gloria, el único resultado es: persecuciones, excomuniones, asesinatos, y condenaciones.

Si entonces (dice Pablo) son tan lúcidos en otros asuntos, ¿por qué no ven también esto, que yo enseño las cosas de Dios, y no las de los hombres? Es decir, ¿no se dan cuenta de que mi doctrina no procura el favor de nadie, sino que más bien muestro la misericordia de Dios ofrecida en Cristo? Pues, si yo buscara el favor de los hombres, no condenaría sus obras. Pero es verdad. Yo condeno las obras de los hombres. Es decir, declaro el juicio de Dios contra todo ser humano, conforme a su palabra (de la cual soy ministro y apóstol). Anuncio que todos son pecadores, injustos, impíos, hijos de ira, esclavos de Satanás, y están bajo condena. Además, nadie es declarado justo por las obras[88], o por la circuncisión, sino por la sola gracia y la fe en Cristo[89]. Por todo esto, el consejo implacable del odio mortal de todos los hombres me condena; mucho menos son ellos capaces de oír que son así. ¡No! Más bien, quisieran ser alabados por su sabiduría, justicia, y santidad. Por tanto, esto testifica más de la cuenta, que no enseño la doctrina de ningún hombre.

Del mismo modo, Juan declara en el capítulo 7: «No puede el mundo aborreceros a vosotros; mas a mí me aborrece, porque yo doy testimonio de él, que sus obras son malas» (v. 7). También en

---
88. *iustificentur non operibus.*
89. *sed sola gratia et fide in Christum.*

Juan 3: «Y esta es la condenación: porque la luz vino al mundo, y los hombres amaron más las tinieblas que la luz; porque sus obras eran malas» (v. 19).

«Pues bien, que conste que yo enseño las cosas de Dios», dice el apóstol, «pues predico solo la gracia, la misericordia, el beneficio, y la gloria de Dios[90], de una manera clara y fácil de entender. Además, tal como dijo Cristo, el que declara las cosas que su Señor y Maestro le ha mandado, y no se glorifica a sí mismo, sino a aquel que lo envió, este es un apóstol, y anuncia y enseña la palabra divina. Pero yo me limito a enseñar lo que existe por mandato divino; no es cosa mía sino de Él, el que me envió y a quien glorifico. Además, incito contra mí la ira y la indignación tanto de judíos como de gentiles. Por tanto, mi doctrina es veraz, sincera, segura, y divina. Tampoco puede haber otra, ni mucho menos otra mejor que mi doctrina. Por tanto, cualquier otra doctrina que no enseñe como la mía, que todos los hombres son pecadores, y que son justificados por la sola fe en Cristo[91], es de por sí falsa, impía, blasfema, maldita, y diabólica. De igual talante son los que la enseñan y la reciben».

Así también nosotros, con Pablo, promulgamos osada y confiadamente: ¡toda doctrina que no concuerda con la nuestra está maldita! Pues nosotros no procuramos, con nuestra predicación, caer en gracia a los hombres, o el favor de los príncipes u obispos. Buscamos solo el favor de Dios, predicando solamente su gracia y misericordia, despreciando y pisoteando todo lo que tiene que ver con nosotros mismos. Por tanto, cualquiera que enseñe una buena nueva diferente o contraria a la nuestra, tenemos la osadía de decir que ha sido enviado por el diablo y ¡maldito sea!

VERSÍCULO 10. *¿O me esfuerzo por agradar a los hombres?*

Es decir, ¿estoy al servicio de los hombres, o de Dios? Siempre está mirando de reojo a los falsos apóstoles. Estos, dice él, siempre procuran halagar y agradar a los hombres. De este modo, quieren que la gente se gloríe de ellos en la carne. Además, no pueden llevar la carga del odio y la persecución de los hombres, pues enseñan la circuncisión, solo queriendo evitar la persecución por causa de la cruz de Cristo, como dice en Gálatas 5:11.

---
90. *quod solius Dei gratiam, misericordiam, beneficium et gloriam praedico.*
91. *et sola fide in Christus justificari.*

De igual manera hoy podemos encontrar a muchos que procuran agradar a los hombres, a fin de vivir en la paz y seguridad de la carne. Enseñan las cosas de los hombres, es decir, cosas impías. De otra manera, toleran las blasfemias y juicios injustos de los adversarios, lo que es contrario a la palabra de Dios; lo hacen contra su propia conciencia, para conservar el favor de los príncipes y de los obispos, y no perder a sus dioses. Pero nosotros, puesto que nos dedicamos a agradar a Dios y no a los hombres, provocamos contra nosotros la maldad del diablo y del mismo infierno. Sufrimos los reproches y calumnias del mundo, la muerte y todos los males que se puedan inventar en nuestra contra.

Pues es lo que Pablo dice aquí. Yo no procuro agradar a los hombres para que alaben mi doctrina e informen que soy un excelente maestro; solo deseo agradar a Dios. Por esto me hago enemigos mortales. Pero me consta, por experiencia propia, que es toda la verdad. Porque me recompensan con infamia, calumnias, prisión, espada, y todo lo demás. Además, los falsos apóstoles enseñan las cosas de los hombres, es decir, aquellas que, dentro de lo posible, están de acuerdo con la razón. De tal modo que así viven plácidamente, y compran el favor, la buena voluntad y las alabanzas de la gente. Y encuentran lo que buscan, pues reciben las alabanzas y las exaltaciones de los hombres. Así lo dijo Cristo (Mateo 6:2), que los hipócritas hacen todo con el fin de recibir los elogios de los hombres. Y en el Evangelio de Juan (5:44) reprocha duramente a esos tales: «¿Cómo podéis creer, cuando recibís gloria los unos de los otros, y no buscáis la gloria que viene del Dios único?». Las cosas que Pablo ha enseñado hasta este punto son solo ejemplos. No obstante, con todo fervor y por doquier enseña que su doctrina es sincera y sana. Por tanto, exhorta a los gálatas a no abandonarla para darle preferencia a alguna otra doctrina.

VERSÍCULO 10. *Si yo todavía estuviera tratando de agradar a los hombres, no sería siervo de Cristo.*

Estas palabras abarcan el oficio y el ministerio de Pablo. Demuestran el contraste con su vida anterior en el judaísmo. Es como si hubiera dicho: «¿Piensan que todavía me dedico a agradar a los hombres, como lo hacía en el pasado?». Después, en el capítulo 5, dice lo mismo: «si todavía predico la circuncisión, ¿por qué soy perseguido aún?» (Gálatas 5:11). Como si dijera: «¿Acaso no ven ni escuchan que cada día sufro conflictos, gran persecución y aflicción? Después de mi conversión fui llamado al oficio del apostolado; por eso nunca he enseñado la doctrina de los hombres, ni tampoco procuro agradar a los hombres, sino tan solo a Dios. Es decir, con mi ministerio y mi doctrina no busco los elogios y el favor de los hombres, sino el de Dios».

Nuevamente aquí resalta la malicia y astucia de los falsos apóstoles predisponiendo odio contra Pablo entre los gálatas. Rebuscaban entre las prédicas y escritos de Pablo ciertas contradicciones (tal como nuestros adversarios lo quieren hacer con nuestros libros). Hasta habrían procurado convencerlo de que él mismo se había contradicho. Por tanto, decían, ¡no le presten atención! Por su parte, ellos sí tenían la obligación de circuncidarse y guardar la ley. Alegaban que Pablo también había reconocido esa obligación y hasta dado su propio ejemplo, pues había circuncidado a Timoteo de acuerdo con la ley. Junto con otros cuatro hombres se había purificado en el templo de Jerusalén, y se había rapado la cabeza en Cencrea. Sutilmente alegaban que Pablo se había visto obligado a cumplir con esos ritos por mandamiento y autoridad de los apóstoles. Pero Pablo había observado estas cosas con total libertad y por condescendencia con la debilidad de los hermanos débiles, para no causarles ofensa, pues aún no comprendían lo que era la libertad en Cristo.

A todas estas calumnias, él contestó: Lo cierto del caso es que la verdad habla por sí misma. Es muy cierto que los falsos apóstoles forjan contra mí el plan de derribar mi Evangelio, volviendo a levantar la ley y la circuncisión. Pues si yo predicara la ley y la circuncisión, y elogiara el poder, la fortaleza, y el libre albedrío del hombre, no me odiarían tanto, sino que sería totalmente de su agrado.

VERSÍCULOS 11-12. *Mas os hago saber, hermanos, que el Evangelio que ha sido anunciado por mí, no es según hombre; ni yo lo recibí, ni aprendí de hombre, sino por revelación de Jesús, el Cristo.*

El objetivo principal de este tema es el siguiente. Refutar a sus adversarios y defender su doctrina, hasta el final del capítulo

2. Pablo siempre recita esta historia. *Jerónimo se da muchas vueltas, preocupado por encontrar la manera de armonizarla. Pero no llega al corazón del tema, pues no toma en cuenta el propósito de Pablo, ni lo que Pablo está considerando. En las Escrituras hay historias que se encuentran resumidas, y por eso confunden. De tal modo que no es posible reconciliarlas fácilmente. Por ejemplo, las negaciones de Pedro, la historia de la pasión de Cristo, y otras. De igual manera, aquí Pablo tampoco narra toda la historia. Por tanto, no me afano, ni me preocupo por armonizarla. Aquí considero lo que Pablo tiene en mente, y lo que él toma en cuenta.*

El punto principal, aquí, es este: mi Evangelio no es según el hombre, ni tampoco lo recibí de hombre, sino por revelación de Jesucristo. De aquí no se mueve, y redobla su afirmación con un juramento: «No recibí mi Evangelio de ningún hombre, sino que lo recibí por revelación de Jesucristo». Se vio obligado a jurar, para que los gálatas le creyeran y no hicieran caso a la calumnia de los falsos apóstoles. Los tilda de mentirosos, porque decían: «Pablo recibió y aprendió su Evangelio de los apóstoles».

Con respecto a la declaración de Pablo, «mi Evangelio no es según hombre», él no quiere decir que su Evangelio no sea humano[92]. Eso, de por sí, es obvio. Además, los falsos apóstoles se jactaban alegando: «nuestra doctrina no es humana, sino divina»[93]. Insiste en que aprendió su Evangelio no por el ministerio de los hombres, ni por algún medio humano[94], como todos nosotros lo aprendimos por el ministerio de los hombres, o lo recibimos por algún otro medio humano[95], algunos oyendo, otros leyendo, o escribiendo, o pintando[96]. Más bien, él lo recibió solamente por revelación de Jesucristo. Si alguien quisiera distinguirlo de alguna otra manera, no me opongo. Y de paso, aquí el apóstol demuestra que Cristo no es solo hombre, sino Dios y hombre en sí mismo, cuando dice que no recibió su Evangelio por medio de hombre.

Pablo recibió su Evangelio en el camino a Damasco, donde Cristo se le apareció y habló con él. Después también habló con él en el templo de Jerusalén. Pero su Evangelio lo recibió en el camino, como lo dice Lucas al narrar la historia en Hechos capítulo 9. «Levántate»,

---

92. *humanum.*
93. *divinum.*
94. *humano medio.*
95. *humano medio.*
96. *pingendo* - «pintando».

dijo Cristo, «y se te dirá lo que debes hacer». No le dice que vaya a la ciudad para aprender el Evangelio de Ananías. Más bien, Ananías fue enviado a ir, bautizarlo, imponerle las manos, y encomendarlo a la Iglesia. Ananías no recibió mandato alguno de enseñarle el Evangelio, pues Pablo ya lo había recibido, como aquí se gloría, por la sola revelación de Jesucristo. Esto mismo confiesa Ananías, diciendo: «Hermano Saulo, el Señor, que te apareció en el camino, me ha enviado para que recibas la vista». Por tanto, no recibió su doctrina de Ananías, sino que ya había sido llamado, iluminado y enseñado por Cristo en el camino. Fue enviado a Ananías para recibir también el testimonio de los hombres, de que había sido llamado por Dios para predicar el Evangelio de Cristo.

Pablo se vio obligado a recitar toda esta narración pues vio la necesidad de desmentir las calumnias de los falsos apóstoles. Ellos habían tramado volverlo odioso ante los gálatas, diciendo que Pablo era inferior al resto de los eruditos que provenían de los apóstoles. Los falsos apóstoles también alegaban haber recibido su enseñanza y ceremonias de los mismos apóstoles. Además, decían haber sido compañeros de los apóstoles por mucho tiempo, y que el propio Pablo había recibido la misma doctrina de los apóstoles, aunque ahora lo negara. ¿Por qué, entonces, los gálatas obedecerían a alguien inferior, y despreciarían la autoridad de los propios apóstoles, siendo ellos los ancianos que, desde tiempo atrás, habían venido enseñando no solo a los gálatas, sino también a todas las Iglesias del mundo entero?

Este argumento, de que los falsos apóstoles basaban su doctrina en la autoridad de los apóstoles, se presentó de manera vigorosa y poderosa. Por tanto, los gálatas cayeron de repente, y particularmente en este asunto. Yo nunca hubiera creído, si no fuera por el ejemplo de las Iglesias de Galacia, Corinto, y otras, que los que al principio reciben la palabra de Dios con tanto gozo —entre los cuales había muchos de renombre—, pudieran caer tan de repente. ¡Buen Señor![97] ¡Cuán horrible e infinita es la pérdida causada por un solo argumento! Un solo argumento que retira la gracia de Dios puede atravesar y desmoralizar la conciencia de cualquier persona. En tan solo un instante puede perder toda la paz

---

97. *Bone Deus.*

que la había consolado. Los falsos apóstoles los engañaron fácilmente con sus calumnias, pues los gálatas no estaban firmemente establecidos y arraigados, sino todavía débiles en la fe.

Además, el artículo de la justificación es escurridizo[98]. No de por sí, porque en sí mismo es cierto y veraz, sino en nosotros. Lo sé por experiencia propia. Lo he conocido en las largas horas de lucha en la oscuridad que a veces sale a mi encuentro. Sé cuán a menudo, y de un momento a otro, pierdo las ráfagas del Evangelio y la gracia, como si cayera una sombra que me envuelve en nubes oscuras y tenebrosas. Sé muy bien en qué deslizaderos[99] se encuentran aun los que tienen experiencia y parecieran estar bien parados en la fe. Tenemos buena experiencia en este asunto. Pues podemos instruir a otros, y esto es señal de que comprendemos la fe. Pero cuando, en medio del conflicto, debiéramos usar el Evangelio, que es la palabra de gracia, consuelo, y vida, entonces aparece la ley, la palabra de ira, pesadumbre, y muerte. Allí vemos a la ley, estorbando al Evangelio con sus rugidos y terrores que retumban en la conciencia. La encontramos nada menos que en ese temible espectáculo del monte Sinaí. De tal modo que un solo lugar de las Escrituras que contenga alguna amenaza de la ley, abruma y ahoga todo consuelo, y sacude toda nuestra fortaleza interior, con el resultado de que olvidamos la justificación, la gracia, Cristo, el Evangelio, y todo lo que abarca.

Por tanto, en cuanto a nosotros, el Evangelio es muy escurridizo[100] porque nosotros somos escurridizos[101]. Tenemos en contra nuestra la mitad de lo que somos, es decir, la razón, con todos sus poderes. Como si fuera poco, la carne resiste al espíritu, siendo incapaz de creer con toda confianza en las ciertas y verdaderas promesas de Dios. La carne lucha contra el espíritu, y como dice Pablo, «tiene cautivo al espíritu», de modo que este no puede creer con toda la constancia de su anhelo. Por eso enseñamos que el conocer a Cristo y creer en Él no viene por ningún logro humano. Es sencillamente el don de Dios, el cual, así como crea la fe, la sustenta en nosotros. Tal como Él primeramente nos da la fe mediante la palabra, así también después la ejercita, aumenta, fortalece, y perfecciona en

---

98. *Bone Deus.*
99. *lubrico.*
100. *lubrica.*
101. *lubrici.*

nosotros por medio de la palabra. Por lo cual, el más grande tributo que el ser humano podría rendir a Dios, el sábado de todos los sábados, es el piadoso ejercicio de comprender debidamente la palabra y escucharla con atención. Por el contrario, no hay nada más peligroso que fastidiarse con la palabra[102]. Por tanto, quienes llegan a pensar que ya lograron suficiente conocimiento, poquito a poco comienzan a detestar la palabra. Estos se han soltado del Evangelio y de Cristo. El que piensa que ya lo sabe todo, tan solo está mirando nubes de su propia imaginación. Santiago dice que este «es como el que se mira el rostro en un espejo y, después de mirarse, se va y se olvida en seguida de cómo es»[103]. Estos son los que al fin se vuelven fanáticos e impostores.

Por tanto, que todos se esfuercen y procuren con toda diligencia aprender y guardar esta doctrina. Humildemente, y orando desde el corazón, estudiémosla con constancia y meditemos en ella. Pues cuando hayamos hecho hasta lo que nos parezca demasiado, aún no será suficiente para mantenernos firmes en la doctrina. Pues nuestros enemigos no son pequeños, sino fuertes y potentes. Continuamente nos hacen la guerra. Y ¿cuáles son? Nuestra propia carne, todos los peligros del mundo, la ley, el pecado, la muerte, la ira y el juicio de Dios; aun el diablo mismo. Pues este último jamás cesa de tentarnos desde adentro con sus dardos encendidos, y por fuera, por medio de sus falsos apóstoles, a fin de despojarnos de todo lo que tenemos. Y si no logra arrebatarnos todo, nos quita lo más precioso que poseemos.

Por eso, este argumento de los falsos apóstoles tenía buena presentación, y parecía muy contundente. El mismo argumento convence a muchos hoy. Y ¿cuál es? «Lo mismo que los apóstoles, los santos padres y sus sucesores enseñaron, es lo mismo que la Iglesia enseña y cree hoy». Aun más, alegan así: «Es imposible que Cristo haya permitido que su Iglesia vagara en el error por tanto tiempo. ¿Acaso tú solo eres más sabio que tantos hombres santos? ¿Más sabio que la Iglesia entera?». De esta manera presentan al diablo como ángel de luz, y hoy nos asechan con estas sutilezas. Ciertos hipócritas pestilentes dicen: «Ni al papa se lo perdonamos; aborrecemos la hipocresía de los monjes», y cosas así. «Pero no vayan

---
102. *fastidium verbi.*
103. Nueva Versión Internacional (NVI).

a tocar la autoridad de la Iglesia. No cuestionen lo que la Iglesia ha creído, y enseñado, por tanto tiempo. Así han creído todos los eruditos de la Iglesia primitiva, hombres piadosos, con mayor antigüedad y mejor educados que tú. ¿Quién eres, que te atreves a estar en desacuerdo con todos ellos, y traernos una doctrina contraria?». Cuando Satanás razone contigo de esta manera, valiéndose de la razón y la carne como cómplices, tu conciencia se intimidará y perderás las esperanzas. A menos que vuelvas a ti mismo, y digas: «No importa si Cipriano, Ambrosio, Agustín, san Pedro, Pablo, Juan, o aun un ángel del cielo enseña otra cosa; esto sé con toda confianza: yo no enseño las cosas de los hombres, sino las de Dios. Es decir, ¡a Dios rindo todo tributo, aunque el hombre se quede con las manos vacías!».

Cuando me di por primera vez a la tarea de defender el Evangelio, recuerdo que el doctor Staupitz, hombre noble, me dijo: «Esto me agrada mucho. La doctrina que tú predicas le rinde gloria y todo lo demás solo a Dios, pero al hombre, ¡nada! Porque jamás se puede rendir demasiada gloria, bondad, y misericordia a Dios». Estas palabras me consolaron y confirmaron en gran manera. Y es cierto que la doctrina del Evangelio despoja al hombre de toda gloria, sabiduría, justicia, y cualquier otra cosa. Le rinde gloria solo al Creador, que hizo todas las cosas de la nada. Es mucho más seguro atribuir demasiado a Dios que atribuir demasiado al hombre. Pues, en este caso, puedo decir con toda osadía: «Aun si la Iglesia, Agustín y todos los otros encumbrados teólogos, como también Pedro y Apolos, y aun un ángel del cielo, enseñare una doctrina contraria, ¡mi doctrina es tal que solo enseña la gracia y la gloria de Dios! Empero ¡maldita sea toda sabiduría y justicia humana ofrecida en favor de la salvación! En esto no hay ningún pecado posible, porque tanto a Dios como al hombre se les rinde lo que corresponde».

Pero dirás: la Iglesia es santa; los padres son santos. Es cierto. Aun así, por santa que la Iglesia sea, tiene la obligación de orar: «Perdónanos nuestras faltas». Y los padres, sin importar cuán santos sean, aun ellos son salvos por el perdón de los pecados. Por tanto, tampoco a mí me han de creer, ni a la Iglesia, ni a los padres, ni a los apóstoles, ni aun a un ángel del cielo, si enseñamos algo contrario a la palabra de Dios. ¡Que la palabra de Dios permanezca para siempre! De otro modo, este argumento de los falsos apóstoles habría prevalecido poderosamente contra la doctrina de Pablo. Pues ciertamente era una gran cosa, un gran tema, digo yo, para exponer ante toda la Iglesia de los gálatas, alegando el apoyo de los apóstoles: «Que Pablo estaba solo, que solo había surgido tardíamente, y que tenía muy poca autoridad». Por lo tanto, este era un poderoso argumento, con poderosas conclusiones. Pues ningún hombre, por su propia voluntad, diría: «La Iglesia está equivocada». No obstante, es necesario decir que sí está equivocada, si enseña cosas que no están en la palabra de Dios, o la contradicen.

Pedro, el principal de los apóstoles, enseñó con su vida y doctrina algo que no estaba en la palabra de Dios. Por tanto, erró, y fue engañado. Pablo no le disimuló su error, a pesar de que parecía tan solo una pequeña falta. Pues Pablo vio que perjudicaría a toda la Iglesia. Por tanto, «me opuse a él cara a cara, porque era de condenar»[104] (infra cap. 2)[105]. Por eso, no debe prestarse oído a la Iglesia, ni a Pedro, ni a los apóstoles, ni a los ángeles del cielo, a menos que traigan y enseñen la palabra de Dios en su pureza.

Este argumento[106], hasta el día de hoy, todavía causa estragos en nuestra causa. Pues si no hemos de creer al papa, ni a los padres, ni a Lutero, ni a ningún otro, a menos que enseñen la pura palabra de Dios, entonces ¿a quién vamos a creer? ¿Quién, entre tanto, va a certificar a nuestras conciencias cuál de los dos partidos enseña la palabra de Dios en su pureza: nosotros, o nuestros adversarios? Pues ellos también se jactan de que tienen y enseñan la pura palabra de Dios. Nuevamente, nosotros no creemos a los papistas, porque no enseñan la palabra de Dios, ni tampoco pueden enseñarla. Por el contrario, ellos nos odian con la mayor amargura y nos persiguen como si fuéramos los herejes más pestilentes que seducen al pueblo. En tal caso, ¿qué se puede hacer? ¿Es legítimo, entonces, que cualquier espíritu fanático enseñe lo que le parezca viendo que el mundo no puede oír ni permanecer en nuestra doctrina? Nos gloriamos con Pablo, de que enseñamos el puro Evangelio de Cristo. *Al cual no solo el emperador, el papa y todo el mundo deben entregarse, sino también recibirlo con manos abiertas, besos, acción de*

---

104. En esta oración, Lutero enlaza Gálatas 2:11 con 2:14.
105. Así reza el texto. Lutero se refiere a lo que vendrá después, cuando exponga Gálatas 2:11.
106. El argumento del «Evangelio más algo más».

gracias, y tratarlo con mucho cuidado para que se enseñe por todos lados. Pero si alguien enseñare de otra manera, sea el papa, o san Agustín, o un apóstol, o un ángel del cielo, ¡sea maldito junto con su evangelio! Pero enseñar el Evangelio puro no nos logra homenaje alguno. Más bien se nos obliga a escuchar que esta nuestra gloria no solo es vana, áspera, y arrogante, sino también diabólica y llena de blasfemia. Pero si nos rebajamos cediendo a la furia de nuestros adversarios, entonces los papistas y los anabaptistas se pondrán eufóricos. Los anabaptistas se jactarán de traer y enseñar una doctrina peculiar que el mundo jamás ha escuchado. Ellos se restablecerán, perpetuando sus abominaciones y haciendo lo que les venga en gana. Esté, pues, cada uno alerta, seguro de su llamamiento y doctrina, para que, con Pablo, pueda decir osadamente: «Pero si aun nosotros, o un ángel del cielo...», y todo lo demás.

Hasta este punto, él ha planteado el argumento de este pasaje: no recibió el Evangelio de persona alguna, sino por revelación de Jesucristo. Ahora, se propone contar varias historias para demostrar su argumento.

VERSÍCULOS 13-14. *Porque vosotros habéis oído acerca de mi antigua manera de vivir en el judaísmo, de cuán desmedidamente perseguía yo a la Iglesia de Dios y trataba de destruirla, y cómo yo aventajaba en el judaísmo a muchos de mis compatriotas contemporáneos, mostrando mucho más celo por las tradiciones de mis antepasados.*

Este pasaje no contiene ninguna doctrina en particular. No obstante, Pablo aporta su propio ejemplo. Dice: «Yo defendí las tradiciones de los fariseos, y de la religión judía, más que todos ustedes y sus falsos maestros. Por lo que, si la justicia de la ley valiera algo, no la habría dejado atrás. Sin embargo, al guardarla antes de conocer a Cristo, me esforcé tanto por sacarle provecho, que sobrepasé a muchos de mis propios compatriotas. Aun más, tenía tanto celo por defenderla, que perseguí extremadamente a la Iglesia de Dios, y la asolé. Pues habiendo recibido autoridad de los sumos sacerdotes, mandé a muchos al calabozo (Hechos 26:10). Cuando llegaba el momento de juzgarlos, yo pronunciaba la sentencia de muerte. Los castigaba en todas las sinagogas. Los obligaba a blasfemar, y me enfurecía tanto contra ellos, que los perseguía hasta en las ciudades extranjeras».

VERSÍCULO 14. *Mostrando mucho más celo por las tradiciones de mis antepasados.*

Aquí no dice si las tradiciones de los antepasados eran tradiciones de los fariseos o sencillamente humanas, como advierte acertadamente Jerónimo. Aquí no se trata de las tradiciones de los fariseos, sino de un asunto mucho más importante. Aquí agrupa la santa ley de Moisés junto con las tradiciones de los antepasados en un mismo cuadro. Trata a las dos como una y la misma herencia. Por estas, dice él, «cuando yo estaba en la religión judía, era muy celoso». De este mismo modo habla a los filipenses (3:5-6): «En cuanto a la ley», dice él, «fariseo; en cuanto al celo, perseguidor de la Iglesia; en cuanto a la justicia de la ley, hallado irreprensible». Como si dijera: «En esto podría gloriarme, y compararme con toda la nación de los judíos, hasta con los mejores y más santos de todos los de la circuncisión. Muéstrenme, si pueden, un defensor de la ley de Moisés más celoso y fervoroso. Yo era el abanderado, mucho mejor que los demás en mi celo por las tradiciones de los padres. Era el devoto más fiel a la justicia de la ley. Esto (¡oh gálatas!) debería haberlos persuadido a no creer las falsedades de esos engañadores que inflan la justicia de la ley como el tema de mayor importancia. Pues si hubiera razón alguna para gloriarse en la justicia de la ley, yo tendría mucha más razón que cualquier otro».

Lo mismo puedo decir por experiencia propia. Antes de recibir la luz del Evangelio, era igual de celoso por las leyes papales y las tradiciones de los padres. Yo me medía con cualquiera, con sumo fervor sosteniéndolas y defendiéndolas como santas y necesarias para la salvación. Aun más, yo mismo procuraba observarlas y guardarlas en todo lo que me fuera posible. Castigaba mi pobre cuerpo con ayunos, vigilias, oraciones, y otros ejercicios. Lo hacía más que todos los que hoy me odian y me persiguen tenazmente, pues ahora les he quitado la gloria de justificarse por sus obras y méritos. Yo era tan diligente y supersticioso en esas observancias, que le imponía a mi cuerpo más de lo que podía soportar, arriesgando mi propia salud. Como asunto de conciencia, honraba al papa. Sin fingimientos, y sin intención alguna de procurar prebendas, promociones, y bonos de vivienda. Todo lo que hacía, lo hacía de corazón, con lealtad, y para la gloria de Dios. Pero ahora, junto con Pablo, todas esas cosas de provecho personal las cuento como pérdida por la excelencia del conocimiento de Jesucristo, mi Señor. Pero nuestros adversarios, flojos bien comidos, no habiendo soportado tentación alguna, no creen que yo y muchos otros hayamos soportado cosas así. Hablo de esas experiencias pues, por medio de esas cosas, era mi gran anhelo acallar y pacificar mi conciencia. No obstante, en esa grande y densa oscuridad no encontré lo que estaba buscando.

VERSÍCULOS 15-17. *Pero cuando Dios, que me apartó desde el vientre de mi madre y me llamó por su gracia, tuvo a bien revelar a su Hijo en mí para que yo le anunciara entre los gentiles, no consulté enseguida con carne y sangre, ni subí a Jerusalén a los que eran apóstoles antes que yo, sino que fui a Arabia, y regresé otra vez a Damasco.*

Este es el primer viaje de Pablo. Aquí Jerónimo suda la gota gorda[107], diciendo que Lucas, en los Hechos, no dice nada del viaje de Pablo a Arabia; como si fuera necesario apuntar todos los sucesos y los hechos de cada día en particular, siendo tal cosa imposible. Nos basta con tener algunas partes y cierto número de relatos que nos permitan obtener ejemplos e instrucción. Aquí, él testifica que, inmediatamente después de haber sido llamado por la gracia de Dios a predicar a Cristo entre los gentiles, se fue a Arabia sin consultar a nadie para llevar a cabo la obra a la cual había sido llamado. Aquí testifica quién le enseñó, y por qué medio llegó al conocimiento del Evangelio, y de su apostolado. «Cuando Dios tuvo a bien», dice. Como si dijera: «No lo merecía, pues tenía tanto celo por la ley de Dios que no tenía temor al juicio. Más bien, un celo necio e impío se movía dentro de mí. Dios, en su tolerancia, permitió que cayera de cabeza hasta en los pecados más abominables y descarados. Pues perseguía a la Iglesia de Dios, era enemigo de Cristo, blasfemaba contra su Evangelio; en fin, fui el autor de mucha sangre derramada por tantos inocentes. Ese fue mi mérito[108]. En medio de ese cruel furor, fui llamado a tan inmensa gracia. ¿Qué? ¿Acaso fue por mi despiadada crueldad? ¡De ninguna manera! Fue, más bien, porque la abundante gracia de Dios, que llama y muestra misericordia a

---
107. Esta frase idiomática se acerca al original en latín, «*Hieronymus hic sudat*».
108. *hoc meum meritum.*

quien quiere, me perdonó y me liberó de todas esas blasfemias. Por estos, mis horribles pecados, que en ese entonces yo pensaba eran perfecta justicia y servicio agradable a Dios, me concedió su gracia, el conocimiento de su verdad, y me llamó a ser un apóstol».

También nosotros hemos llegado hoy al conocimiento de la gracia por los mismos méritos. Diariamente yo crucificaba a Cristo con mi vida de monje. A diario blasfemaba contra Dios con mi falsa fe, en la que vivía de continuo. En las apariencias no era como los otros hombres, timadores, perniciosos. Más bien, practicaba el celibato, la pobreza, y la obediencia. Además, era libre de los afanes de esta vida. Me entregaba por completo al ayuno, vigilias, oraciones, lectura de misas, y tales cosas. Mientras tanto, bajo este manto de presunta santidad, fomentaba una confianza en mi propia justicia, en la cual desconfiaba sin cesar, dudando, temiendo, odiando, y blasfemando contra Dios. Pero esta justicia mía no era más que un pozo negro, el propio reino del diablo. Pues Satanás ama a tales santos, y los cuenta por sus consentidos, pues destruyen sus propios cuerpos y almas, y se privan de todas las bendiciones de las dádivas de Dios. Mientras tanto, sin embargo, reina en ellos la impiedad, la ceguera, el desprecio de Dios, la ignorancia del Evangelio, la profanación de los sacramentos, la blasfemia y el pisoteo de Cristo, y el abuso de todos los beneficios y los dones de Dios. En conclusión, tales santos son esclavos de Satanás, por lo que se ven obligados a hablar, pensar y hacer todo lo que él quiera. Pero, por fuera, pareciera que superan a todos los demás en buenas obras, santidad y una vida pulcra y admirable.

Así éramos bajo el papado. Ciertamente no menos —si no más— contumaces y blasfemos contra Cristo y su Evangelio que Pablo mismo. Especialmente yo. Pues tenía la autoridad papal en tan alta estima, que hasta pensaba que estar en desacuerdo con el papa era un pecado digno de la muerte eterna. Esa opinión impía me llevó a pensar que Juan Huss había sido un maldito hereje. Lo tuve por un delincuente odioso. Al acordarme de él, pensaba que, para defender la autoridad del papa, yo mismo habría provisto fuego y espada para quemar y destruir a ese hereje, y con ello, habría rendido un alto servicio a Dios. Por lo tanto, los publicanos y las prostitutas no son nada malos, si los comparan con estos santurrones hipócritas. Porque a los primeros, cuando ofenden, les remuerde la conciencia, y no justifican sus malas obras. Sin embargo, estos otros están lejos de reconocer que sus abominaciones, idolatrías, ceremonias impías, y la idolatría del libre albedrío y la voluntad, son en su totalidad solo pecado. Piensan que son un sacrificio agradable a Dios, y las adoran como si fueran pruebas de una santidad muy particular. Y como si fuera poco, por ellas prometen la salvación a otros, y las venden por dinero, como capital disponible para la salvación.

Tal cual es la alta calidad de nuestra justicia, y este gran mérito nuestro, por el cual hemos llegado al conocimiento de la gracia. A saber, que hemos perseguido a muerte, y diabólicamente blasfemado, pisoteado, y condenado a Dios, a Cristo, al Evangelio, la fe, los sacramentos, a todos los hombres buenos, el verdadero culto a Dios, y hemos enseñado y establecido cosas muy contrarias. Y cuanto más santurrones éramos, más ciegos estábamos, y tanto más adorábamos al diablo. Pero entre nosotros no había ninguno que no fuera una sanguijuela —si no en los hechos, en el corazón—.

VERSÍCULO 15. *Mas cuando quiso Dios.*

Es como si hubiera dicho: «Solo por el inestimable favor de Dios yo fui perdonado, siendo tan impío y maldito miserable, tan blasfemo, perseguidor, y rebelde. Y como si fuera poco, no se contentó con perdonarme, sino que Dios me concedió el conocimiento de su salvación, su Espíritu, su Hijo, el oficio de apóstol, y la vida eterna». De tal modo que Dios, fijándose en nuestra culpabilidad por pecados similares, no solo ha perdonado nuestras impiedades y blasfemias por pura misericordia por causa de Cristo, sino que también nos ha colmado de tan grandes beneficios y dones espirituales. Pero muchos de los nuestros no solo han sido ingratos con Dios por esta gracia inestimable; pues como está escrito, han olvidado la purificación de sus pecados pasados (2 Pedro 1:9), sino que además, algunos han abierto nuevamente la ventana al diablo, y despreciando la palabra, la han llegado a pervertir y corromper, convirtiéndose en autores de nuevos errores. «Y el estado final de estos hombres resulta peor que el primero».

VERSÍCULO 15. *Me separó desde el vientre de mi madre.*

Esta es una frase hebrea. Es como si dijera: «Me santificó, me ordenó, y me preparó. Cuando todavía estaba en el vientre de mi madre, Dios ya me había predestinado[109] para ensañarme contra su Iglesia. Y luego, su misericordia me llamaría a volver al camino de la verdad y la salvación, por su pura gracia, estando todavía en mi crueldad y blasfemia. En breve, cuando aún no nacía, ya era un apóstol a la vista de Dios, y habiendo llegado el momento, fui declarado apóstol ante el mundo entero».

De esta manera Pablo corta todo mérito, y rinde gloria solo a Dios[110]. A sí mismo atribuye solo vergüenza y confusión. Como si dijera: «Todos los dones, tanto pequeños como grandes, espirituales y corporales, todo lo que Dios se propuso darme, todo lo bueno que en algún momento haría con mi vida, Dios mismo ya lo había dispuesto cuando todavía estaba en el vientre de mi madre. Allí no podía desear, pensar, ni hacer ninguna obra buena. Por tanto, recibí este don por la predestinación[111] y la gratuita misericordia de Dios antes de que naciera. Aun más, después de nacer, Él me sostuvo, pues estaba sobrecargado de innumerables iniquidades y las más horribles impiedades. Y para declarar aun más patentemente la inefable e inestimable grandeza de su misericordia hacia mí, me perdonó, por pura gracia, mis infinitos y abominables pecados. Aun más, me reabasteció con tanta abundancia de su gracia, que no solo se me dieron a comprender las cosas que se nos han dado en Cristo, sino también el predicarlas a otros. Sin esto, lo que recibe todo ser humano es su debido merecido, especialmente esos viejos necios e inútiles que se han estado embarrando en los pozos negros de la justicia humana por mucho más tiempo que los demás[112].

VERSÍCULO 15. *Y me llamó por su gracia.*

Fíjense cuán solícito es el apóstol. Dice: «Me llamó». ¿Cómo? ¿Acaso

---

109. *predestinaverat.*
110. *soli Deum gloriam.*
111. *predestinaverat.*
112. *qui sese in stercoribus justitiae humanae prae ceteris exercuerunt.*

fue por mi religión de fariseo? ¿Acaso fue por mi vida irreprensible y piadosa? ¿Acaso fue por mis oraciones, ayunos, y obras? No. Mucho menos fue, entonces, por mis blasfemias, persecuciones, y opresiones. ¿Cómo fue entonces? Solo por su pura gracia[113].

VERSÍCULO 16. *Revelar a su Hijo en mí.*

Ahora escuchamos el tipo de doctrina encomendada a Pablo: la doctrina del Evangelio, que es la revelación del Hijo de Dios. Esta es una doctrina bien contraria a la ley. La doctrina de la ley no revela al Hijo de Dios, sino que hace relucir el pecado, mortifica la conciencia, manifiesta la muerte, la ira y el juicio de Dios, y el infierno. El Evangelio es una doctrina tal que no admite ley alguna. Debe separarse tan lejos de la ley como la distancia que separa al cielo de la tierra. Esta diferencia en sí es fácil y clara. Sin embargo, para nosotros es difícil y repleta de dificultades. Pues es fácil decir que el Evangelio no es otra cosa que la revelación del Hijo de Dios, o el conocimiento de Jesucristo, y que no es la revelación de la ley. Pero en la agonía y la aflicción de la conciencia, aferrarse a esto y practicarlo en los hechos, es difícil, aun para los que ya tienen experiencia.

Pues bien, si el Evangelio es la revelación del Hijo de Dios, tal como Pablo aquí lo define, entonces ciertamente no acusa ni teme las consecuencias, no amenaza con la muerte ni lleva a la desesperanza, como lo hace la ley, pues el Evangelio es la doctrina que gira en torno a Cristo. Y Él no es ley ni obra, sino nuestra justicia, sabiduría, santificación, y redención (1 Corintios 1:30). Aunque esto sea más claro que la luz del sol, la locura y la ceguera de los papistas ha sido tan grande, que ha hecho del Evangelio una ley de caridad, y de Cristo, un legislador[114] más exigente y severo en sus mandatos que el mismo Moisés. Pero el Evangelio enseña que Cristo no vino para establecer una nueva ley ni dar mandamientos que regulen el comportamiento. El Evangelio enseña que Él vino con este propósito: dar su vida como ofrenda por los pecados de todo el mundo, para el perdón de nuestros pecados, y para que se nos conceda la vida eterna por causa suya, y no por las obras de la

---
113. *per meram gratiam.*
114. *ex Evangelio legem charitatis, ex Christo Legislatorem fecerint.*

ley, ni por nuestra justicia. Este es el tesoro inestimable del cual propiamente nos predica el Evangelio. Por tanto, esta doctrina no se aprende ni se recibe por el estudio diligente, o la sabiduría del hombre, o siquiera por la ley de Dios. El Evangelio es revelado por Dios mismo, tal como Pablo lo dice aquí: primero, por la palabra externa, y luego, por la obra del Espíritu en el interior. El Evangelio es la palabra divina que desciende del cielo, y se revela por medio del Espíritu Santo, que fue enviado con el mismo fin. No obstante, la palabra externa viene antes. Pues Pablo mismo no recibió ninguna revelación interna sino hasta después de escuchar la palabra externa del cielo que le dijo: «Saulo, Saulo, ¿por qué me persigues?». Primero, entonces, escuchó la palabra externa, y luego siguieron las revelaciones, el conocimiento de la palabra de fe, y los dones del Espíritu Santo.

VERSÍCULO 16. *Para que le predicase entre los gentiles.*

«Quiso Dios», dice el apóstol, «revelarse en mí». ¿Con qué fin? No solo para que yo mismo pudiera creer en el Hijo de Dios, sino para que también pudiera predicarlo entre los gentiles. Y ¿por qué no entre los judíos? Pues aquí vemos que Pablo era propiamente el apóstol de los gentiles, aunque también predicó a Cristo entre los judíos.

Aquí Pablo bosqueja en pocas palabras (como lo suele hacer) toda su teología, la cual es predicar a Cristo entre los gentiles. Es como si dijera: «Yo no voy a imponer la carga de la ley sobre los gentiles, porque soy el apóstol y evangelista de los gentiles, no su legislador». De esta manera dirige todas sus palabras contra los falsos apóstoles. Como si dijera: «Oh gálatas, ustedes no me han escuchado enseñar de la justicia de la ley, ni de las obras. Esa labor pertenece a Moisés, y no a mí, Pablo, pues soy el apóstol de los gentiles. Mi función y mi ministerio es el de llevarles el Evangelio y enseñarles la misma revelación que yo recibí. Por tanto, no deben escuchar a maestro alguno que enseñe la ley. Porque entre los gentiles no se debe predicar la ley, sino el Evangelio. No Moisés, sino el Hijo de Dios. No la justicia de las obras, sino la justicia de la fe. Esta es la predicación que pertenece propiamente a los gentiles».

VERSÍCULO 16. *Luego no consulté con sangre y carne.*

Aquí san Jerónimo no tiene ningún buen comentario respecto a Porfirio y Julián. Ellos acusan a Pablo de arrogancia, pues no consultó a los apóstoles para ver si estaban enseñando el mismo Evangelio. Además, porque Pablo se refiere a los apóstoles como tan solo «carne y sangre». Pero aquí, cuando Pablo menciona carne y sangre, no habla de los apóstoles, pues añade: «Ni fui a Jerusalén a los que eran apóstoles antes que yo». Lo que Pablo quiere decir es que, una vez que recibió la revelación del Evangelio de Cristo, no consultó con persona alguna en Damasco. Mucho menos pidió a alguien que le enseñara el Evangelio. De tal modo que no fue a Jerusalén, a Pedro y los demás apóstoles, para que ellos le enseñaran el Evangelio. En vez de eso, predicó de inmediato a Cristo en Damasco, donde recibió el bautismo y la imposición de manos por parte de Ananías. Pues era necesario que obtuviera la señal y el testimonio externo de su llamamiento. Lo mismo escribe Lucas en Hechos 9.

VERSÍCULO 17. *Ni fui a Jerusalén a los que eran apóstoles antes que yo; sino que me fui a Arabia, y volví de nuevo a Damasco.*

Dice: «Fui a Arabia sin ver ni consultar antes a los apóstoles. Asumí de inmediato el oficio de predicar entre los gentiles». Para eso había sido llamado, y había también recibido una revelación de Dios. *En vano, por tanto, Jerónimo indaga lo que hacía Pablo en Arabia. ¿Qué más iba a hacer sino predicar a Cristo? Pues por esta razón (dijo él) le fue revelado el Hijo de Dios, para que lo predicara entre los gentiles. Por lo cual de inmediato se traslada desde Damasco, una ciudad gentil, hasta Arabia, también entre los gentiles, y lleva allí a cabo su oficio con poder.* Por tanto, él no recibió su Evangelio de hombre alguno, ni de los mismos apóstoles. Más bien, se regocijó solo en su llamamiento celestial, y por la revelación de Jesucristo.

CONFERENCIA 6: sábado 18 de julio

Por tanto, todo este pasaje es una refutación del argumento de los falsos apóstoles. Alegaban contra Pablo que era tan solo un autodidacta. Afirmaban que había escuchado a los apóstoles, y ellos vivían de acuerdo a la ley. Y así, concluían que Pablo mismo había vivido de acuerdo a la ley. Por tanto, era necesario que los mismos gentiles guardaran la ley y se circuncidaran. A fin de tapar la boca de estos pretenciosos, él repite esta larga historia. Antes de mi conversión, dice, yo no aprendí mi Evangelio de los apóstoles ni de ningún otro de los hermanos que creyeron (pues perseguí al extremo no solo esta doctrina, sino también a la Iglesia de Dios, abatiéndola). Tampoco aprendí de los apóstoles después de mi conversión, pues de inmediato prediqué en Damasco, no a Moisés con su ley, sino a Jesucristo. No consulté con hombre alguno, pues todavía no había visto a ninguno de los apóstoles.

De igual manera nosotros también nos jactamos de no haber recibido nuestra doctrina del papa. Ciertamente hemos recibido de él las Escrituras y los símbolos externos[115]*, pero no la doctrina. Esta nos ha llegado solo como regalo de Dios. A ello hemos añadido nuestro estudio, lectura, e investigación. Por tanto, el argumento de nuestros adversarios es una pequeñez, pues hoy nos dicen: «¿Quién va a creer su doctrina, oh luteranos, viendo que ustedes no han sido públicamente designados? Deben recibir su doctrina del papa y de los obispos; ellos han sido ordenados y ejercen con todas las de la ley».*

VERSÍCULOS 18-19. *Después, pasados tres años, fui a Jerusalén a ver a Pedro, y estuve con él quince días. Mas a ningún otro de los apóstoles vi, sino a Jacobo, el hermano del Señor.*

Pablo reconoce que estuvo con los apóstoles, pero no con todos. No obstante, aclara que fue a Jerusalén, no por mandato de ellos, sino por voluntad propia; no para aprender cosa alguna de ellos, sino para ver a Pedro. Lucas relata lo mismo en Hechos 9:27: que Bernabé llevó a Pablo para ver a los apóstoles. Declaró ante ellos cómo había visto al Señor en el camino, y que había hablado con Él. También que había predicado osadamente en Damasco, en el nombre de Jesús. De esto, Bernabé dio testimonio. Todas sus palabras están dentro de ese contexto y sirven para comprobar que su Evangelio no era de hombre. Reconoce, en efecto, que vio a Pedro,

---

115. *externa symbola*, i.e., los sacramentos.

y a Santiago, el hermano de nuestro Señor. Pero no vio a ningún otro de los apóstoles, ni tampoco aprendió cosa alguna de los que vio.

Por tanto, reconoce que estuvo en Jerusalén con los apóstoles. Esto es lo único que contiene el informe de los falsos apóstoles. Además, reconoce que había vivido según la costumbre de los judíos, pero solo cuando se encontraba entre los judíos. Pablo se ajustaba a esta regla: «Cuando estés en Roma, haz como los romanos». Esto es lo que dice en 1 Corintios 9:19ss.): «Porque aunque soy libre de todos, de todos me he hecho esclavo para ganar a mayor número. A los judíos me hice como judío, para ganar a los judíos; a los que están sujetos a la ley, como sujeto a la ley»; «a todos me he hecho todo, para que por todos los medios salve a algunos». Reconoce que estuvo en Jerusalén con los apóstoles, pero negó haber aprendido su Evangelio por boca de ellos. También niega haber sido obligado a enseñar el Evangelio de la manera que se lo prescribieron los apóstoles. Todo el efecto de este asunto recae en las palabras «a ver». «Yo fui», dice, «a ver a Pedro, no a aprender de él. Por tanto, ni Pedro es mi maestro, ni tampoco Santiago». En cuanto a los demás apóstoles, niega por completo haber visto a alguno de ellos.

Pero ¿por qué Pablo repite con tanta frecuencia que no aprendió su Evangelio de los hombres, ni de los mismos apóstoles? Su propósito es este: persuadir a las Iglesias de Galacia, ahora bajo el liderazgo de los falsos apóstoles, de que su Evangelio era la verdadera palabra de Dios. Es por esta razón que lo repite con tanta frecuencia. De no haber prevalecido en este tema, jamás habría tapado la boca de los falsos apóstoles. De otro modo, habrían protestado contra él: «Somos como Pablo, pues somos igualmente discípulos de los apóstoles. Además, él es tan solo uno, nosotros somos muchos. Por tanto, lo sobrepasamos, tanto en autoridad como en cantidad de creyentes».

Aquí Pablo se vio obligado a jactarse, afirmar y jurar que no había aprendido su Evangelio de ningún hombre, ni tampoco lo había recibido de los apóstoles. *Le fue imperativo jactarse de esa manera, y no fue vana jactancia, como declaran falsamente Porfirio y Julián, que no percibieron (como tampoco Jerónimo) lo que Pablo procuraba.* Pues su ministerio estaba aquí en gran peligro, así como en todas las Iglesias, pues lo habían tenido a él como su pastor y maestro principal. Por tanto, su ministerio y todas las Iglesias requerían que se jactara de su vocación con santo orgullo, como asimismo del conocimiento del Evangelio que Cristo le había revelado. Este énfasis fue necesario a fin de persuadir a las conciencias de los gálatas de que su doctrina era la verdadera palabra de Dios. Aquí Pablo lidiaba con un asunto de suma gravedad. ¿Cuál? La necesidad de que todas las Iglesias de Galacia permanecieran en la sana doctrina. La controversia en sí era un tema de vida y muerte eternas. Pues si la palabra de Dios desaparece, ya no hay consuelo, ni vida, ni salvación. Por tanto, esta es la causa por la cual recita estas cosas, a fin de mantener a las Iglesias en la verdadera y sana doctrina.

Él persevera en esta lucha no para defender su propia gloria, como Porfirio lo calumnia. Su propósito, con esta historia, es demostrar que no había recibido su Evangelio de hombre alguno. Y lo vuelve a repetir: él había predicado por cierto tiempo, a saber, a lo largo de tres o cuatro años, tanto en Damasco como en Arabia. Recibió su doctrina por revelación de Dios, antes de haberse visto con cualquiera de los apóstoles; pero era el mismo Evangelio que los apóstoles habían predicado.

Aquí Jerónimo trata el tema del misterio de los quince días con liviandad. Dice también que en esos quince días Pablo fue enseñado por Pedro e instruido en los misterios de Ogdoad y Hebdoad. Pero estas cosas no tienen nada que ver con los hechos. Pues Pablo dice expresamente que vino a Jerusalén a ver a Pedro, y se quedó con él quince días. Si su propósito hubiera sido aprender el Evangelio de Pedro, tendría que haberse quedado allí varios años. En quince días no habría podido convertirse en semejante apóstol y maestro de los gentiles —sin mencionar que, en esos quince días, habló osadamente en el nombre de Jesús y disputó con los griegos (como Lucas testifica en Hechos 9:28ss.)—.

VERSÍCULO 20. *Y en esto que os escribo, he aquí delante de Dios, que no miento.*

¿Era necesario que Pablo se sometiera a un juramento? Fue necesario pues narró un evento histórico. Por eso se vio obligado a jurar, para que las Iglesias le creyeran. Quería evitar que los falsos apóstoles protestaran: «¿Quién sabe si Pablo está diciendo la verdad?». Aquí se puede ver que los gálatas ya tenían a Pablo, vasija escogida por Dios, en muy baja estima. Aunque les había predicado a Cristo, se vio obligado a jurar por la verdad de sus palabras. Si los apóstoles tuvieron que lidiar con adversarios tan poderosos, ¿acaso nos sorprende que hoy nos suceda lo mismo? Aunque de ninguna manera somos dignos de ser comparados con los apóstoles. Por tanto, Pablo jura sobre algo que nos pareciera de poco peso. Pero jura la verdad: no se quedó con Pedro para aprender de él, sino solo para verlo. Pero si el tema se sopesa con diligencia, es de gran consecuencia e importancia debido a lo que había dicho antes. De igual manera, nosotros juramos como Pablo en este asunto: Dios sabe que no mentimos.

VERSÍCULO 21. *Después fui a las regiones de Siria y Cilicia.*

Siria y Cilicia son países limítrofes. Con esto, todavía quiere persuadir que, antes y después de ver a los apóstoles, siempre había enseñado el mismo Evangelio. Pues lo había recibido por revelación de Cristo, y no de los apóstoles, pues jamás había sido discípulo de ellos.

VERSÍCULOS 23-24. *Pero todavía no era conocido en persona en las iglesias de Judea que eran en Cristo; sino que solo oían decir: El que en otro tiempo nos perseguía, ahora predica la fe que en un tiempo quería destruir. Y glorificaban a Dios por causa de mí.*

Esto lo añade para continuar la historia. Añade que, después de ver a Pedro, fue a Siria y Cilicia. Allí predicó con tal poder que obtuvo el testimonio de todas las Iglesias en Judea. Como diciendo: «Apelo al testimonio de todas las Iglesias, aun las de Judea. Pues las Iglesias dan testimonio de que no solo en Damasco, Arabia, Siria, y Cilicia, sino también en Judea, yo he predicado la misma fe que en otro tiempo rebatía y perseguía. Y glorificaban a Dios en mí. No porque yo enseñaba la circuncisión y la observancia de la ley de Moisés, sino por la predicación de la fe, y por la edificación de las Iglesias mediante mi ministerio en el Evangelio. Por tanto, tienen el testimonio no solo de todo el pueblo de Damasco y de Arabia, sino también de todas las Iglesias de Judea por doquier»[116].

---

116. Lutero usa el término latino *catholicae* en el sentido de «por dondequiera que se encuentren».

Gálatas 2

VERSÍCULO 1. *Entonces, después de catorce años, subí otra vez a Jerusalén.*

La enseñanza de Pablo era: «Los gentiles son justificados solo por fe, sin las obras de la ley»[1]. Él había proclamado esta doctrina entre los gentiles. Cuando llegó a Antioquía, declaró a los apóstoles el contenido de su enseñanza. Los educados en las antiguas costumbres de la ley se indignaron contra Pablo, pues predicaba a los gentiles la libertad del yugo de la ley. Por eso se armó una gran discordia y surgieron nuevos problemas. Pero Pablo y Bernabé se mantuvieron en la verdad. Testificaron: «Dondequiera que predicábamos a los gentiles, *el Espíritu Santo se derramó sobre los que recibieron la palabra en todas las Iglesias de los gentiles. No predicamos la circuncisión ni pusimos el requisito de la observancia de la ley. Predicamos vez tras vez la sola fe en Jesucristo*[2]. *Por nuestra predicación de la fe, Dios dio el Espíritu Santo a los que escuchaban*». Por tanto, el Espíritu Santo aprobaba la fe de los gentiles sin la ley y la circuncisión. Si el Espíritu Santo no se hubiera agradado con la predicación del Evangelio y la fe en Cristo a los gentiles, no se habría derramado en forma visible sobre los incircuncisos que escuchaban la palabra. Al derramarse sobre ellos tan solo por el oír de la fe[3], el Espíritu Santo aprobaba la fe de los gentiles, pues nunca se había escuchado que tal cosa hubiera sucedido por la predicación de la ley.

---

1. *sola fide justificari, sine operibus legis.*
2. *Sed tantum fidem in Christum.*
3. *per solum auditum fidei.*

CONFERENCIA 6: SÁBADO 18 DE JULIO

Muchos de los judíos y de los fariseos habían creído. Pero todavía, con gran vigor, defendían la gloria de la ley con mucho celo y oposición. Pablo afirmaba que los gentiles eran justificados por la sola fe, sin las obras de la ley[4]. Los judíos porfiaban que debían guardar la ley, y que los gentiles debían ser circuncidados, porque de otra manera no podían ser salvos. Este argumento tiene su impacto, pues el mismo nombre de «la ley de Dios» es santo y pavoroso. El pagano que jamás ha escuchado cosa alguna de Dios, con tan solo oír que esta doctrina es la ley de Dios, se perturba. ¿Cómo, pues, no habría de abogar el judío por la ley de Dios, y conmoverse ante ella, habiendo sido desde su infancia nutrido y criado por ella?

Hoy vemos la terquedad de los papistas al defender sus tradiciones y doctrinas de diablos. Así que no nos sorprende la vehemencia y el celo de los judíos al procurar retener la ley que habían recibido de Dios. La costumbre tiene tal fuerza que, de por sí, se inclina a la observancia de la ley. Y al observarla por tanto tiempo, su fuerza se redobla, de tal modo que no era posible, para los judíos recién convertidos a Cristo, abandonar la ley de un momento a otro. Aunque habían recibido la fe en Cristo, pensaban que, de todos modos, era necesario seguir observando la ley. El Señor toleró esta debilidad por un tiempo, hasta que la doctrina del Evangelio pudiera distinguirse claramente de la ley. De igual modo toleró la flaqueza de Israel durante el tiempo del rey Acab, cuando el pueblo vacilaba entre dos religiones. También toleró nuestra debilidad cuando estuvimos bajo la ceguera del papa. Pues «Él es lento para la ira y abundante en misericordia». Pero no debemos abusar de esta bondad y clemencia del Señor, ni seguir en nuestra debilidad y error, pues ahora la verdad ha sido revelada por la clara luz del Evangelio.

Aun más, se opusieron a Pablo bajo el pretexto de que los gentiles tenían que ser circuncidados. Además, primeramente, tenían que prestar atención a la ley y a las costumbres de la nación, y luego seguir el ejemplo de los apóstoles. Finalmente, argumentaron que Pablo mismo había dado ejemplo al circuncidar a Timoteo. Por tanto, si en su defensa, Pablo hubiera dicho que no lo hizo por obligación, sino por el amor y la libertad del cristiano y para no ofender a los

---

4. *gentes sola fide sine operibus legis justificarentur.*

más débiles en la fe, ¿quién le habría creído? Pues consta que todos le habrían dicho: «Es obvio que circuncidaste a Timoteo, y digas lo que digas, lo hiciste». Este asunto sobrepasaba la capacidad del entendimiento de ellos. Además, no hay defensa que sirva cuando uno ya ha quedado desprestigiado ante la gente, cayendo en menosprecio y odio fatal. Así que Pablo, viendo que esta contienda crecía cada día, y habiendo sido advertido por revelación de Dios, sube nuevamente a Jerusalén después de catorce años (además de los que ya había trabajado en Damasco y Arabia). Su deseo es confrontar su Evangelio con el de los otros apóstoles, pero no para defenderse, sino a fin de favorecer a los gentiles[5].

Esta contienda tocante a la observancia de la ley perturbó a Pablo por mucho tiempo, hasta casi agotarlo por completo. Pero pienso que no es la misma contienda mencionada por Lucas en Hechos 15, la cual pareciera haber surgido tan pronto como se inició el Evangelio. Esta historia que Pablo menciona aquí pareciera haber ocurrido tiempo después, cuando ya Pablo había estado predicando el Evangelio por casi dieciocho años.

VERSÍCULO 1. *Con Bernabé, llevando también a Tito.*

Llevó consigo a dos testigos, Bernabé y Tito. Bernabé había acompañado a Pablo en la predicación a los gentiles. Habían predicado sobre la libertad de la servidumbre de la ley. Bernabé había sido testigo de todo lo que Pablo había hecho. También había visto al Espíritu Santo derramarse entre los gentiles incircuncisos y libres de la ley de Moisés tan solo predicándoles la fe en Cristo[6]. Por eso, apoyó fielmente a Pablo en este asunto, afirmando que no era necesario imponer la ley a los gentiles. Bastaba que creyeran en Cristo[7]. Por su propia experiencia, Bernabé daría testimonio con Pablo de que los gentiles llegaban a ser hijos de Dios y salvos por la sola fe en Jesucristo[8], sin la ley de la circuncisión.

Tito no solo era cristiano, sino también el supervisor principal[9] en Creta, pues Pablo le había encomendado administrar las Iglesias allí (Tito 1). Este Tito era gentil.

---

5. *populi causa.*
6. *praedicationem fidei in Christum.*
7. *sed sufficiere, quod credant in Christum.*
8. *per solam fidem in Christum.*
9. *Archiepiscopus*, Arzobispo.

VERSÍCULO 2. *Subí por causa de una revelación.*

De no haber sido advertido en una revelación que debía ir a Jerusalén, Pablo no habría ido. Pero, mediante una revelación especial, Dios lo amonestó y le ordenó ir. Pablo obedeció y fue con la intención de poner riendas a los judíos, o al menos tranquilizar a los que habían creído pero mantenían su obstinado apego a la observancia de la ley. Con este viaje, Pablo procuraba avanzar y confirmar la verdad del Evangelio.

VERSÍCULO 2. *Les presenté el Evangelio que predico.*

¡Por fin! Después de dieciocho años, Pablo consulta con los apóstoles en Jerusalén respecto al Evangelio. Esto es lo que escuchamos en este versículo.

VERSÍCULO 2. *Que predico entre los gentiles.*

Por un tiempo, Pablo toleró la ley y la circuncisión entre los judíos, como los demás apóstoles: «A todos me he hecho todo» (1 Corintios 9:22). Sin embargo, siempre sostuvo la verdadera doctrina del Evangelio, prefiriéndola por encima de la ley, la circuncisión, los apóstoles, y hasta los ángeles del cielo. Pues a los judíos dijo: «Por medio de este Cristo se os anuncia el perdón de los pecados». Y luego añade, con toda claridad: «de todas las cosas de que no pudisteis ser justificados» (Hechos 13:39). Por esta causa Pablo enseñaba y defendía el Evangelio en todo lugar, siempre preservándolo del peligro. Aun así, desde un principio no dejó a nadie atrás; pues siempre tenía en cuenta a los débiles. Para que ellos no se ofendieran, habló así a los judíos: «Si el inútil servicio a la ley de Moisés, que de nada aprovecha, tanto les agrada, háganlo de mi parte, provisto que no sujeten a los gentiles a esta ley a la cual no están ligados, y que no se les imponga como carga».

Por tanto, Pablo confiesa que comunicó a los apóstoles el Evangelio que predicaba. Pero dice: «Ellos no aportaron en nada, ni me enseñaron nada. Al contrario, por defender la libertad del Evangelio en presencia de los apóstoles, constantemente resistí a los que exigían que los gentiles guardaran la ley, y los vencí. Por lo que sus falsos apóstoles mienten cuando dicen que circuncidé a Timoteo, me rasuré la cabeza en Cencrea, y fui a Jerusalén por orden de los apóstoles. ¡No! Más bien me glorío de que fui a Jerusalén por revelación de Dios y no por orden de los apóstoles. Después de comunicarles mi Evangelio, logré que sucediera lo inesperado, es decir, los apóstoles me dieron su visto bueno a mí, y no a mis adversarios».

El tema de la consulta con los apóstoles en esta asamblea fue este: ¿es posible ser justificado sin la ley? A lo que Pablo contestó: «He predicado a los gentiles, de acuerdo con mi Evangelio que recibí de Dios, la fe en Cristo y no en la ley. Cuando prediqué la fe, ellos recibieron el Espíritu Santo, de lo cual Bernabé da testimonio. Por tanto, concluyo que no se debe imponer a los gentiles la carga de la ley, ni la circuncisión. No obstante, no impongo prohibición alguna a los judíos aquí; si ellos necesitan guardar la ley y ser circuncidados, no me opongo, con tal de que lo hagan con libertad de conciencia. Pues así he enseñado y vivido entre los judíos, "a los judíos como judío", pero siempre sosteniendo en alto la verdad del Evangelio».

VERSÍCULO 2. *Pero lo hice en privado a los que tenían alta reputación.*

En otras palabras, no solo consulté con los hermanos sino con sus dirigentes.

VERSÍCULO 2. *Para cerciorarme de que no corría ni había corrido en vano.*

Pablo no tenía duda alguna. Él no había corrido en vano pues ya había predicado el Evangelio por dieciocho años. El texto declara fielmente que, durante todo este tiempo, no había desfallecido en su constancia, sino que había perseverado en el Evangelio. Pero muchos pensaban que Pablo había predicado el Evangelio en vano por muchos años pues había liberado a los gentiles de la observancia de la ley. Y es que esta opinión crecía a diario, que la ley era necesaria para la justificación. Por tanto, al ir a Jerusalén por revelación divina, Pablo quiso remediar este mal. Al reunirse con ellos, todos verían claramente que su Evangelio de ninguna manera era contrario al de los otros apóstoles. De esta manera,

Pablo procuraba tapar la boca de sus adversarios para que no dijeran que él corría, o había corrido, en vano. Entiéndase bien. Los que enseñan la virtud de la justicia propia, o la justicia de la ley, son los que corren y viven en vano.

VERSÍCULO 3. *Pero ni aun Tito, que estaba conmigo, fue obligado a circuncidarse, aunque era griego.*

Esta palabra, «obligado», declara la conclusión de la conferencia: «Los gentiles no tenían la obligación de ser circuncidados».

Por respeto a los padres, la circuncisión se toleraría por un tiempo hasta que se fortalecieran en la fe, pero no como necesaria para obtener la justicia. También por amor a los débiles, para que no se ofendieran, hasta que crecieran en la fe y madurasen. Porque les hubiera parecido algo muy extraño e impropio abandonar tan repentinamente la ley y las tradiciones de los padres, las cuales con gran gloria habían sido dadas por Dios a este pueblo.

Por tanto, Pablo no rechazó la circuncisión como algo condenable. Ni tampoco, ya sea de palabra o de hecho, obligó a los judíos a abandonarla. Pues en 1 Corintios 7:18 dijo: «¿Fue llamado alguno ya circuncidado? Quédese circuncidado». Pero rechazó la circuncisión como algo necesario para la justicia. Mostró que los padres no fueron justificados por ella (Romanos 4:11). Para ellos solo fue una señal, un sello de justicia por medio del cual testificaban que habían ejercido su fe. Aun así, los creyentes judíos que todavía eran débiles y celosos de la ley, al oír que la circuncisión no era necesaria para la justicia, no podían aceptarlo, pese a todas las aclaraciones. Pablo decía: «De nada aprovecha y es reprochable», y eso era todo lo que podían entender. Los judíos débiles en la fe tenían mucho afecto por la doctrina de la ley, de tal modo que los falsos apóstoles alababan sus virtudes. En consecuencia, lograron indisponer a la gente contra Pablo, a fin de desacreditar su doctrina, de ser posible, en su totalidad. Así que hoy nosotros no rechazamos los ayunos, y otros ejercicios religiosos, como reprochables. Aunque enseñamos que por estas cosas no obtenemos la remisión de pecados. Sin embargo, cuando la gente escucha esto, nos acusa de hablar contra las buenas obras. Esta opinión la confirman y aumentan los papistas en sus prédicas y escritos. No obstante, por muchos años, no ha habido doctrina más sana y piadosa tocante a las buenas obras, que la que nosotros enseñamos hasta el día de hoy.

Por tanto, Pablo no reprobó la circuncisión como si fuera pecado recibirla o preservarla, pues los judíos se habrían ofendido grandemente. Pero en este concilio se definió que no era necesaria para la justificación, y por tanto no debía imponerse a los gentiles. De modo que convinieron en este término medio[10]: por respeto a los padres, y por amor a los débiles en la fe, los judíos podrían, por un tiempo, preservar la ley y la circuncisión, en el entendido de que no se requerirían para la justificación. Además, no se impondrían a los gentiles, porque para ellos sería muy novedoso y una carga intolerable (Hechos 15:10). En resumen, nadie debería ser obligado a circuncidarse ni impedido de circuncidarse.

La amarga contienda entre Jerónimo y Agustín respecto de la autoridad de Pablo es bien conocida. El argumento que defiende Agustín se apoya en el vocablo «obligado». Jerónimo no comprende este vocablo. Porque aquí no se disputa lo que Pedro o Pablo hicieron con respecto a circuncidar o no circuncidar, como piensa Jerónimo. Jerónimo se pregunta: ¿por qué Pablo se atrevió a reprochar a Pedro? Pues es obvio, según lo escrito, que Pablo circuncidó a Timoteo; y teniendo en cuenta, además, su modo de actuar: que cuando estaba con los gentiles, era como gentil, y con los judíos, como judío.

Jerónimo piensa así: «Lo que sucedió no fue tan grave; no podría culparse a ninguno de los dos». Jerónimo tiende a minimizar las faltas de ambos diciendo que los dos estaban fingiendo un poco, y que ambos echaron mentiritas blancas[11]*. Pero, en realidad, todas sus contiendas fueron y siguen siendo de gran peso e importancia. Por tanto, ninguno de los dos estaba montando un espectáculo*[12]*.*

Aquí, la cuestión más importante es esta: para ser justificados, ¿es necesaria la ley, o no?

Este es el tema principal, la sustancia de toda la doctrina cristiana, y la razón de la disputa entre Pablo y Pedro. Pablo era un hombre demasiado noble como para enfrentar a Pedro y reprocharlo abiertamente en presencia

---

10. ἐπιείκεια. En el texto latino, Lutero usa el termino griego.
11. *Officioso mendacio*, una «mentira blanca».
12. Se recuerda al lector que, cuando el texto se encuentra en *cursiva*, representa las partes que fueron omitidas en la primera traducción al inglés en 1575. Los traductores no querían ofender a los seguidores de Zuinglio, porque en esas partes Lutero rechazaba categóricamente toda contribución humana a la justificación, incluyendo el amor, pues este también es el cumplimiento de la ley. Además, algunas de esas secciones contienen puntos sobre la Eucaristía en los cuales Lutero difiere de Zuinglio.

de toda la Iglesia de Antioquía por tan solo una pequeñez. Lo encaró dada la preeminencia de la doctrina cristiana[13]. *Pedro, cuando no estaba con los judíos, comía con los gentiles, pero cuando venían los judíos, se retiraba. De modo que Pablo se lo reprochó por su fingimiento, pues, al fingir, obligaba a los judíos a incluir la ley y la circuncisión como requisitos para judíos y gentiles. La fuerza de todo el argumento se encuentra en las palabras «tú obligas». No hubo manera de que Jerónimo se diera cuenta de esto.*

Por tanto, Pablo no obligó a nadie a circuncidarse ni a quedarse incircunciso. Solo daba a entender que la circuncisión no era necesaria para la justificación. Pablo sí quitó ese requisito. Por tanto, toleró que los judíos guardaran la ley con tal de que se hiciera con libertad de conciencia. Pues él siempre había enseñado, a judíos y a gentiles, que la conciencia debería sentirse libre de la ley y de la circuncisión. Pues todos los patriarcas, y todos los fieles del Antiguo Testamento, tuvieron libertad de conciencia, y fueron justificados por la fe, y no por la ley ni la circuncisión. Ciertamente Pablo habría tolerado la circuncisión de Tito, pero como se dio cuenta de que tenían la intención de obligarlo, no lo permitió. Pues si hubieran prevalecido, pronto habrían concluido que era necesaria para la justificación, y esa habría sido la norma imperante.

De modo que dejamos en libertad a todos los que quieran ponerse o quitarse una cogulla[14], *entrar o abandonar un monasterio, comer carne o verduras. Solo que lo hagan libremente y sin ofender la conciencia, para complacer a un hermano o como ejemplo de amor. Además, que sepan que todas estas cosas son inútiles para rendir satisfacción por nuestros pecados o para merecer la gracia.*

Así como en el tiempo de Pablo los falsos apóstoles no dejaban quieto el tema de la circuncisión y la observancia de la ley, sino que lo imponían como necesario para la salvación, del mismo modo, hoy nuestros adversarios son igualmente testarudos. Porfían diciendo: «las tradiciones de los hombres no pueden omitirse sin poner en riesgo la salvación». Entonces, como ejemplo de la fe, ponen el ejemplo del amor. Pero no se dan cuenta de que hay un solo ejemplo de la fe: creer en Jesucristo. Esto, por ser lo único necesario para la salvación, incumbe por igual a todo ser humano. No obstante, nuestros

---

13. La «doctrina cristiana» es la abreviatura usada por Lutero para la doctrina de la justificación por la sola fe.
14. Hábito con capucha que los monjes lucían en aquel tiempo.

adversarios, en vez de adorar a Dios, caerían diez veces de rodillas ante el diablo para obstruir esa fe. Por tanto, cada día se endurecen más y más, y procuran establecer sus impiedades y blasfemias contra Dios. Las defienden con la fuerza de tiranos, y no llegan a ningún acuerdo ni respaldan nuestra doctrina. ¿Qué, entonces? ¡Sigamos adelante con valor en el nombre del Señor de los ejércitos! En todo esto no cesemos de poner por delante la gloria de Jesucristo. Luchemos valerosamente contra el reino del anticristo usando la palabra y la oración, para que «el nombre de Dios sea santificado, su reino venga, y sea hecha su voluntad». Y para que todo esto suceda pronto, pues es el anhelo más profundo de nuestros corazones, diciendo: «amén y amén».

Este triunfo de Pablo fue muy glorioso. Tito, un gentil, habiendo estado en medio de esta cuestión discutida con tanto fervor ante los apóstoles y ante todos los fieles, no fue obligado a circuncidarse. Pablo se llevó esta victoria. Dijo: «Todos los apóstoles presentes en esta reunión lo respaldaron, y con el visto bueno de toda la Iglesia, decidieron que Tito no debería ser circuncidado». Este es un argumento poderoso contra los falsos apóstoles. Con este argumento, Tito no fue obligado a ser circuncidado, y Pablo pudo frenar y convencer a todos sus adversarios. Es como si hubiera dicho: «¿Por qué estos fingidos apóstoles dan falso testimonio de mí, diciendo que estoy obligado a observar la circuncisión por mandato de los apóstoles, viendo que tengo el testimonio de todos los fieles en Jerusalén, y aun más, de todos los apóstoles mismos? ¿Acaso no ven que, debido a mi viaje, se decidió lo opuesto a lo que ellos alegan —que no solo prevalecí, pues Tito no fue circuncidado, sino que además todos los apóstoles me confirmaron y respaldaron—? Por tanto, sus falsos apóstoles mienten fatalmente, y me calumnian bajo el nombre de apóstoles, y con eso los engañan. Pues tengo a los apóstoles y a todos los fieles no en mi contra, sino en mi favor. Lo compruebo con la experiencia de Tito».

No obstante, Pablo (como he dicho con frecuencia) no reprobó la circuncisión como algo inútil, ni tampoco la hizo obligatoria. Pues no es pecado ni justicia circuncidarse o no circuncidarse, tal como no es pecado ni justicia comer o beber. «Pues ni somos menos si no comemos, ni somos más si comemos» (1 Corintios 8:8). Pero si alguien añade pecado o justicia, diciendo: «Si comes, pecas; si te abstienes, eres justo», el tal es necio e impío. Por tanto, ligar las ceremonias con el pecado o la justicia es una gran impiedad. Esto mismo es lo que hace el papa, pues en su forma de excomulgar, amenaza a todos los que no obedecen la ley del pontífice de Roma, diciendo que sobre ellos recae una gran maldición e indignación de Dios, y de esta manera establece que sus leyes son necesarias para la salvación[15]. Pues el mismo diablo habla en la persona del papa, y en todos los decretos papales. Porque si la salvación consistiera en guardar las leyes del papa, ¿qué necesidad habría de que Cristo fuera nuestro justificador y salvador?

VERSÍCULOS 4-5. *Y esto fue por causa de los falsos hermanos introducidos secretamente, que se habían infiltrado para espiar la libertad que tenemos en Cristo Jesús, a fin de someternos a esclavitud, a los cuales ni por un momento cedimos, para no someternos, a fin de que la verdad del Evangelio permanezca con vosotros.*

Aquí Pablo demuestra la razón por la que fue a Jerusalén y confrontó su Evangelio con los otros apóstoles, y presentó su argumento para no circuncidar a Tito. No fue para estar más seguro, o ser confirmado en el Evangelio por los otros apóstoles, pues él no tenía duda alguna. Fue para que la verdad del Evangelio permaneciera entre los gálatas y en todas las Iglesias de los gentiles. Nos damos cuenta de que la misión de Pablo no era poca cosa.

Cuando él habla de la verdad del Evangelio, es para señalar que hay dos evangelios: uno verdadero y otro falso. De por sí, el Evangelio es sencillo, verdadero, y sincero. Pero debido a la perversidad del ministerio de Satanás, se ha corrompido y desfigurado. Por tanto, cuando él habla de «la verdad del Evangelio», también quiere que comprendamos lo contrario. Como si dijera: «Los falsos apóstoles también predican una fe y un evangelio, pero ambas cosas son falsas[16]. Por eso he persistido en enfrentarlos. No les he dado lugar, y el resultado ha sido que la verdad del Evangelio permanece entre ustedes».

De igual manera el papa y los espíritus fanáticos se jactan hoy de que enseñan el Evangelio y la fe en Cristo. Es verdad, pero con

---

15. En el latín, Lutero añade, a pie de página: «Al contrario, en su tradición el papa coloca la justicia a su servicio».
16. Pie de página de Lutero: «*Evangelium papae et haereticorum*», «El evangelio del papa y de los herejes».

igual fruto que los falsos apóstoles, a quienes Pablo, en el capítulo 1, llamó perturbadores de la Iglesia y trastornadores del Evangelio de Cristo. En cambio, Pablo dice que él enseña «la verdad del Evangelio». Como si dijera: las cosas que los falsos apóstoles enseñan, sin importar cuánto se jacten de enseñar la verdad, no son más que puras mentiras. Así también todos los herejes se disfrazan con el nombre de Dios, de Cristo, y de la Iglesia. De igual manera insisten en que no son mentiras ni errores, y testifican que enseñan la verdad ciertísima y el más puro Evangelio.

Sin embargo, la verdad del Evangelio es que nuestra justicia viene solo por la fe, sin las obras de la ley[17]. Corromper o falsificar el Evangelio es afirmar que somos justificados por la fe, pero no sin las obras de la ley[18]. Los falsos apóstoles predicaban el Evangelio añadiendo esa condición. Es la misma cosa que también los sofistas y los papistas enseñan en nuestro día[19]. Pues alegan que debemos creer en Cristo, y que la fe es el fundamento de nuestra salvación, pero que esta no justifica a menos que sea arropada por el amor. Esta no es la verdad del Evangelio, sino farsa y falsedad.

El verdadero Evangelio es que las obras del amor no son el adorno o la perfección de la fe, sino que la fe misma es el don de Dios, y la obra de Dios en el corazón[20]. Esa fe nos justifica, pues se sujeta a Cristo nuestro Salvador[21]. La razón del hombre se sujeta a la ley como su objeto, pensando dentro de sí: «Ya cumplí con esto, me falta todavía aquello». Pero la fe, en su debida función, no se mide por ningún otro objeto excepto Jesucristo el Hijo de Dios, entregado a muerte por los pecados del mundo entero. La fe no se fija en el amor. La fe no dice: «¿Qué es lo que ya cumplí? ¿De qué manera pequé? ¿Qué es lo que merezco?», sino que dice: «¿Qué es lo que Cristo ya hizo? ¿Qué es lo que Él merece?». Es aquí donde responde la verdad del Evangelio: «Él te ha redimido del pecado, del diablo, y de la muerte eterna». La fe, por tanto, reconoce a esta única persona, Jesucristo, como aquel que perdona tus pecados y te

---

17. *Justitia nostra est ex sola fide, sine operibus legis.*
18. *sed non sine operibus legis*, «mas no sin las obras de la ley».
19. Pie de página de Lutero: «*Doctrina papistarum de fide*», «La doctrina de fe del papado».
20. *opus divinum in corde.*
21. *opus divinum in corde, quod ideo justificat, quia apprehendit ipsum Christum salvatorem.* Obsérvese que Lutero usa la frase «la obra de Dios en el corazón» de una manera totalmente opuesta a la usanza de Trento. La obra de amor en el corazón, de acuerdo con Lutero, no tiene la finalidad de convertir el corazón en un objeto justificable, o merecedor de la justificación. Más bien, la obra de amor en el corazón es para que «el corazón se sujete a Cristo como nuestro Salvador».

da la vida eterna. El que aparta la mirada de este objeto no tiene verdadera fe, sino una fantasía y vana opinión. Tal fulano ha desviado su mirada de las promesas, poniéndola en la ley, que lo aterra y lo incita a desesperar.

Pues los doctos del papa[22] han enseñado que la fe justificadora tiene que estar revestida de amor, pero esto es tan solo vana imaginación. Porque la fe que se sujeta a Cristo el Hijo de Dios se reviste solamente de Él. Esta es la verdadera fe que justifica, y no la fe que incluye el amor. La fe verdadera y duradera necesita sujetarse solamente a Cristo. Cuando te encuentras en la lucha con los terrores de tu conciencia, no puedes apoyarte en nada excepto esta unión. Todo el que, sintiéndose amedrentado por la ley y oprimido por el peso de sus pecados se aferra a Cristo por la sola fe, puede al mismo tiempo gloriarse osadamente de que es justo. ¿Cómo así? ¿De qué modo? Por medio de esa perla preciosa, Jesucristo, pues Él es tuyo por la fe. Nuestros adversarios no lo comprenden. Desechan a Cristo, la perla de gran precio. Lo sustituyen por el amor. Este, dicen ellos, es su precioso diamante. Pero como ni siquiera pueden decir qué es la fe, ¡se les hace imposible tenerla! Mucho menos pueden enseñar a otros cómo obtenerla. Lo que ellos parecen tener son sueños, nacidos de la razón en bruto, pero no fe.

Digo todo esto para que vean que, cuando Pablo usa la frase «la verdad del Evangelio», con todo vigor rechaza todo lo contrario como calumnia pura. Pues reprende a los falsos apóstoles, que habían enseñado un falso evangelio imponiendo la circuncisión y la observancia de la ley como necesarias para la salvación. Además, le tendieron una trampa a Pablo. Lo vigilaban de cerca para ver si iba a circuncidar a Tito. También para ver si se atrevía a contradecirlos en presencia de los apóstoles. Por esta razón los reprende duramente. «Se dispusieron», dice, a «espiar la libertad que tenemos en Cristo Jesús, a fin de someternos a esclavitud». Por cuanto los falsos apóstoles se armaron de todo para persuadir a toda la congregación y confundirlos. Además, se prestaron para abusar de la autoridad de los apóstoles, acusándolo en presencia de ellos. Decían: «Pablo ha traído a Tito, un incircunciso, a la compañía de todos los fieles. Niega y condena la ley ante ustedes, los apóstoles. Si

---

22. *Sophistae*.

Pablo se atreve a ser así ante ustedes, ¿se imaginan a lo que se puede atrever estando lejos de ustedes, entre los gentiles?».

Por tanto, cuando se dio cuenta de que lo acechaban tan sigilosamente, los denunció fuertemente, diciendo: «No vamos a tolerar que nuestra libertad en Cristo peligre, sin importar todos los esfuerzos de los falsos hermanos para ponernos trampas y causarnos problemas. Los vencimos por el mismo juicio de los apóstoles, y no cedimos ni por una hora». Ellos habrían querido al menos frenar a Pablo por un tiempo, pues Pablo se dio cuenta de que querían añadir la observancia de la ley como necesaria para la salvación. Si lo hubieran pedido como un obsequio para la hermandad, Pablo lo habría concedido. Sin embargo, ellos pedían otra cosa: la esclavitud de Pablo y todos los que seguían su doctrina. Por tanto, él no cedió ni por un segundo.

De igual manera ofrecemos a los papistas todo lo que tenemos que ofrecer, y hasta más de la cuenta. Tan solo nos reservamos la libertad de conciencia que tenemos en Cristo Jesús. Pues no vamos a tolerar que nuestra conciencia quede atada a obra alguna; a nada que nos diga que haciendo esto o aquello seremos justos, o que dejando de hacerlo seremos condenados. Felices comeremos las mismas carnes que ellos comen, y guardaremos las mismas fiestas y días de ayuno, siempre y cuando nos permitan hacerlo con libertad de conciencia. Que se dejen de esas palabras amenazantes. Pues con ellas han amedrentado y sujetado al mundo entero. Pues dicen: «Mandamos, ordenamos, decretamos, nuevamente decretamos, excomulgamos», y otras más. No obstante, no podemos conseguir esta libertad, tal como tampoco Pablo pudo obtenerla en su tiempo. Por eso haremos lo mismo que él hizo. Pues cuando vio que no podía obtener esta libertad, no dio lugar a los falsos apóstoles, ni por una hora.

Por cuanto nuestros adversarios no nos admiten esta libertad, de que la sola fe en Cristo justifica[23], tampoco aceptaremos su alegato pretencioso de que la fe conformada por el amor es lo que justifica. En este punto no cederemos. Más bien, seremos rebeldes y pertinaces contra ellos. De otro modo, perderemos la verdad del Evangelio. Perderíamos la libertad que tenemos, no en el emperador,

---

23. *quod sola fides in Christum justificet.*

ni en reyes o príncipes, ni en el papa, ni en la carne, la sangre, la razón, etc., sino la que tenemos en Cristo Jesús. Como he dicho, perderíamos la fe en Cristo a menos que nos sujetemos solo a Cristo, la gema de gran precio. Por esta fe, por la que renacemos, somos justificados, e injertados en Cristo; si nuestros adversarios nos la dejan sana y pura, nos ofrecemos a hacer todo lo que no sea contrario a ella. Pero como ellos no ponen esto en nuestras manos, por nuestra parte no cederemos ni un pelo. El asunto en nuestras manos es de gran peso e importancia, pues tiene que ver con la muerte del Hijo de Dios. Él, por voluntad y mandato del Padre, se hizo carne, fue crucificado, y murió por los pecados del mundo. Si la fe llega a ceder, entonces esta muerte y resurrección del Hijo de Dios fue en vano. Que Cristo es el Salvador del mundo sería tan solo una fábula. Dios sería mentiroso, por no haber cumplido lo prometido. Por tanto, en esta persistencia nuestra somos santos y piadosos. Procuremos, pues, preservar nuestra libertad en Cristo Jesús, y retener la verdad del Evangelio. Porque si la perdemos, también perderemos a Dios, a Cristo, todas las promesas, la fe, la justicia, y la vida eterna.

Sin embargo, aquí algunos dirán: «La ley es divina y santa». Pues bien, que la ley tenga su gloria. Pero ninguna ley, por divina y santa que sea, debe enseñar que por ella debo ser justificado y vivir. Concedo que me enseña muy bien el amor a Dios y a mi prójimo, me enseña castidad y paciencia, etc. Pero no puede enseñarme cómo ser libre del pecado, del diablo, de la muerte, y del infierno. Aquí debo aconsejarme escuchando el Evangelio. El Evangelio no me enseña lo que debo hacer (pues esa es la función propia de la ley), sino lo que Jesucristo el Hijo de Dios ya hizo por mí: Él sufrió y murió para librarme del pecado y de la muerte. El Evangelio me saluda con esta buena nueva y me conduce a creerle y a aferrarme a Él. Esa es la verdad del Evangelio. También es el artículo principal de toda doctrina cristiana[24], que contiene el conocimiento de toda piedad. Por tanto, urge la necesidad de conocer este artículo a fondo, enseñarlo a otros, e inculcarlo continuamente. Porque, una vez que se encuentra en nosotros, se estropea fácilmente. Pablo había sido probado en esto, y todos los piadosos también lo han comprobado.

---

24. *principalis est doctrinae christianae articulus.*

GÁLATAS 2:4-5

CONFERENCIA 7: viernes 24 de julio

En resumen, bajo ningún concepto Pablo iba a circuncidar a Tito. Sobre todo (pues así lo dijo) porque ciertos falsos hermanos se habían infiltrado para espiar su libertad. Lo hicieron con la única intención de obligarlo a circuncidar al joven griego. Pablo, viendo que lo presionaban así, ¡no les permitió ni una hora, ni un segundo! En lugar de eso, los resistió. Dijo: «ni aun Tito, que estaba conmigo, fue obligado a circuncidarse, aunque era griego». Si lo hubieran pedido por consentir al amor fraternal, sin duda no lo habría hecho. Pero él se dio cuenta de que para ellos era algo necesario, y lo exigían como obligatorio. Pero en ese caso, darían mal ejemplo, derribando el Evangelio y esclavizando las conciencias. Por eso, Pablo se les opuso enérgicamente, y prevaleció. Tito no fue circuncidado.

Pareciera cosa pequeña, ser circuncidado o no. Pero cuando alguien se afianza en algo de tan poco valor, o tiene temor si no lo hace, niega a Dios, rechaza a Cristo, y repudia la gracia y todas las promesas de Dios. Pero si la circuncisión se observa sin esta condición, no hay peligro alguno. Si el papa de esta manera nos pidiera que guardáramos sus tradiciones, como simples ceremonias, no nos sería tan penoso guardarlas. *¿De qué vale lucir la cogulla, desfilar desplegando la tonsura?*[25] *¡Todo lo amarran en el bulto de las ceremonias! A esto añaden otra gran impiedad, alegando que, en estas pequeñeces, en estos asuntos de poca cosa, dicen, se encuentra la vida y la salvación, la muerte y la condenación. ¡Esto no es más que blasfemia satánica! En este asunto, sea quien sea, si no protesta, ¡maldito sea!*[26]

En cuanto a las comidas, las bebidas, los vestuarios, las cogullas, yo cumpliría con todo lo que prescribe el papa, siempre y cuando nos diera libertad en todas estas cosas. Pero él exige todo esto como algo necesario para la salvación. Con estas minucias esclaviza las conciencias, como si con esas cosas se rindiera culto agradable a Dios. A tal extremo, ¡es mi deber repudiarlas del todo! Las pequeñeces como tallados en madera, piedras, imágenes, no ocasionan daño alguno. El daño está cuando se usan para rendirle culto a Dios; y cuando a la madera, a la piedra, o a esta o aquella imagen se les atribuye divinidad. Así, se rinde culto a un ídolo en vez de a Dios.

---

25. Las coronillas afeitadas.
26. *anathema esto.*

Por tanto, hay que apreciar la conducta de Pablo en esta ocasión. No fue como la de Jerónimo, que habló neciamente, suponiendo que la cuestión y la disputa trataban de pequeñeces. En esto Jerónimo se equivoca. De hecho, la discusión no es tocante a esta o aquella madera, o a esta o aquella piedra. Más bien, la contienda se trata de sumarle otro significado al objeto mismo. El punto de contienda es si este trozo de madera es Dios, o en cuál de estos pedazos de piedra se encuentra la divinidad. A esto respondemos, madera es madera, así como todo lo demás. Por eso, dice Pablo, la circuncisión es nada, y tener prepucio de nada vale. Pero atribuir justicia, temor de Dios, confianza de salvación, temor a la muerte, a estas cosas, es atribuir divinidad a las ceremonias. Por tanto, no debemos conceder cosa alguna a los adversarios. ¡No, ni un pelo! Así como Pablo tampoco cedió en lo más mínimo ante los falsos apóstoles. Porque la justicia no tiene nada que ver con la circuncisión, el prepucio, las tonsuras, o las cogullas, sino únicamente con la sola y pura gracia. Esta es «la verdad del Evangelio».[27]

VERSÍCULO 6. *Y de aquellos que tenían reputación de ser algo, lo que eran, nada me importa (lo que fueron en tiempos pasados, no me importa)*[28].

En la oratoria, esto se llama un giro eclíptico. Pues faltarían las palabras: «pues yo nada recibí de ellos». ¡Se te absuelve, Pablo! Aquí Pablo peca un poco contra la gramática, pero la falta es pequeñísima pues Pablo está hablando en el Espíritu Santo. Pablo habla con gran fervor. De hecho, habla con tanto fervor que no puede observar con exactitud todas las reglas de la gramática y la retórica.

También es una refutación vehemente y admirable. Pablo no confiere a los apóstoles ningún título glorioso. Más bien, como si subestimara la dignidad de ellos, dice: «Que tenían reputación de ser algo». Es decir, los que estaban en autoridad, los que juzgaban sobre todo asunto. No obstante, la autoridad de los apóstoles ciertamente se había establecido grandemente en todas las Iglesias. Pablo no procuraba en lo más mínimo restarles autoridad a los apóstoles. Sin embargo, con sus palabras repudia los argumentos de los falsos apóstoles, que buscaban la manera de socavar su autoridad en todas las Iglesias, oponiéndole la autoridad y dignidad de los apóstoles. De

---
27. *sed sola et mera gratia. Haec est evangelii veritas.*
28. Paréntesis de Lutero.

esta manera, la autoridad de Pablo sería debilitada y todo su ministerio caería en desprecio. Pablo no iba a tolerar esa actitud. Por eso, responde enérgicamente: «Si fuera así, la verdad del Evangelio (la cual incluye la libertad de la conciencia) no permanecería entre los gálatas y en todas las Iglesias de los gentiles. Yo no me dejo impresionar por la grandeza de los apóstoles ni lo que hayan sido en el pasado». Aunque le contraponían la autoridad de los apóstoles, él no se dejó afectar por eso. Declaró que los apóstoles ciertamente eran algo, y era necesario reconocer su autoridad. No obstante, el Evangelio y el ministerio de Pablo no serían derribados ni por el nombre, ni por el título de cualquiera, fuera apóstol, o ángel del cielo.

Este fue el mayor de los argumentos lanzados por los falsos apóstoles contra Pablo: «Los apóstoles vivieron con Cristo por espacio de tres años. Escucharon y vieron todos sus sermones y milagros. Además, ellos mismos predicaron e hicieron milagros cuando Cristo todavía estaba en la tierra. Pablo jamás vio a Jesús en la carne. En cuanto a su conversión, fue mucho después de la glorificación de Cristo. Ahora, recapaciten: ¿a quién van a creer más? ¿A Pablo, que aparece solo y de la nada (tan solo un mero discípulo, y el último de todos), o creerán a los apóstoles mayores y más excelentes enviados y confirmados por Cristo mismo mucho antes de que Pablo llegara al escenario?».

Pablo respondió: «¿Y a qué conclusión quieren llegar con todo esto? Este argumento no llega a ningún paradero. Sean los apóstoles tan grandes como sean, y aun si son como ángeles del cielo, eso no me impresiona en absoluto. Aquí la contienda no tiene que ver con la excelencia de los apóstoles. Lo que está en juego es la palabra de Dios y la verdad del Evangelio. Esto tiene que guardarse puro e incorrupto, y preferirse sobre todas las cosas. Por tanto, todos los milagros de Pedro y de los demás apóstoles no tienen importancia alguna. A mí no me concierne. Lo que procuro en mi lucha es que la verdad del Evangelio se preserve entre ustedes». Esto podría parecer una respuesta de muy poco peso, con la cual rechazaba o reducía la autoridad de los apóstoles. Pues los falsos apóstoles lo retaban apelando a esa autoridad. Pero Pablo responde a lo que parece un argumento contundente diciendo tan solamente: «A mí no me importa». No obstante, continúa y añade una razón para rebatirlos.

VERSÍCULO 6. *Dios no hace acepción de personas.*

Aquí Pablo acude a las palabras de Moisés: «No harás injusticia en el juicio, ni favoreciendo al pobre ni complaciendo al grande» (Deuteronomio 1:17). Esta es una γνώμη²⁹ [norma] teológica: «Dios no hace acepción de personas». Pablo usó este proverbio como tapabocas para todos los falsos apóstoles. Como si les dijera: «Ustedes me contraponen a los que parecieran ser algo, pero Dios no se fija en las apariencias. No se fija en el rango del apostolado, ni en la dignidad ni en la autoridad de los hombres. Como prueba, toleró a Judas, uno de los principales apóstoles. Sobrellevó a Saúl, uno de los reyes más sobresalientes, aunque fue el primero en caer en la desgracia y la condenación. También rechazó a Ismael y Esaú, ambos primogénitos. En todas las Escrituras se encuentran hombres que aparentaban ser buenos y santos. En estos ejemplos pareciera que Dios es cruel, pero fue necesario que estos ejemplos se mostraran por escrito».

Tenemos como injerto este mal, que estimamos a las personas y la apariencia externa de los hombres como más valiosa que la propia palabra de Dios. Por el contrario, Dios quiere que fijemos nuestra mirada solamente en la palabra misma. Dios no dispone que reverenciemos y adoremos a los personajes Pedro y Pablo, sino al Cristo que habló por medio de ellos, y la palabra que nos traen y predican.

Sin embargo, el hombre es tan solo animal³⁰ y tiene un velo puesto sobre los ojos, de tal modo que no puede ver la palabra. El hombre espiritual es el único que puede discernir entre la persona y la palabra, entre el velo de Dios y la persona misma de Dios. Hay un velo³¹ entre Dios y toda criatura³². En esta vida Dios no se nos presenta cara a cara, sino con un velo, como si fuera una máscara. Tal como dijera Pablo: «Ahora vemos por espejo, oscuramente; mas entonces veremos cara a cara» (1 Corintios 13:12). Nosotros no podemos quitar el velo. Es necesario discernir entre la persona de

---

29. Se recuerda al lector que, a lo largo de estas conferencias, Lutero empleaba términos en griego y en hebreo, pues sus oyentes eran seminaristas entendidos en estos idiomas. Aquí, aunque cita Deuteronomio 1:17, el texto es un resumen de otros textos bíblicos: 2 Crónicas 19:7; Romanos 2:11; Hechos 10:34; Efesios 6:9; Colosenses 3:25. En Deuteronomio 1:17, la Vulgata reza de otra manera.
30. *animales homo.*
31. *larva*, velo o máscara.
32. *tota* (1ª edición: *universa*) *creatura.*

Dios y la máscara, pero el mundo no tiene esa capacidad. La persona materialista escucha que «no solo de pan vivirá el hombre, sino de toda palabra que procede de la boca de Dios». De tal modo que come pan, pero no puede discernir a Dios en el pan. Este hombre solo puede ver el velo e imágenes borrosas. De tal modo que solo puede confiar en el oro y en otras cosas creadas, confiando en ellas siempre y cuando las tenga. Pero cuando estas lo abandonan, se desespera. Estos fulanos no pueden ver al Creador sino a las criaturas. No adoran a Dios, sino a sus propios vientres.

Todo esto lo digo para que nadie piense que Pablo condena totalmente estas máscaras externas o personas. Porque no dijo que no debería haber personas, sino que Dios no hace acepción entre ellas. La gente existe con los velos que Dios les ha dado, y son sus criaturas de bien. Pero no debemos entregarles nuestra confianza. Todo lo que importa es su debido uso, y no las cosas en sí. No hay falta alguna en la circuncisión o la incircuncisión, sino en el significado que se les da. «La circuncisión nada es, y la incircuncisión nada es». Pero adorar, reverenciar, y establecer la circuncisión como justicia, y al mismo tiempo, condenar al prepucio como pecado, es condenable. Estos significados deben desecharse, y una vez que han desaparecido, la circuncisión y el prepucio son cosas buenas en sí mismas.

Por tanto, el juez, el emperador, el rey, el príncipe, el gobernador, el erudito, el predicador, el tutor, el discípulo, el padre, la madre, el libre, el dueño, y el siervo, todas son personas cada una con su velo. Son criaturas que existen para Dios y se deben reconocer y respetar como necesarias para esta vida.

Pero para evitar que las exaltemos por sus apariencias, o que confiemos en ellas, Dios deja a personas importantes con faltas y pecados ofensivos; a veces son faltas asombrosas, para mostrarnos que hay una gran diferencia entre cualquier persona y Dios. David era un buen rey. Pero para que no tuviera la apariencia de alguien en quien confiar, cayó en horribles pecados, adulterio y asesinato. Pedro, apóstol por excelencia, negó a Cristo. Las Escrituras están llenas de tales ejemplos. Nos advierten que no debemos reposar nuestra confianza en los hombres o en las apariencias con su despliegue de sombras y teatros. En el papado, la apariencia cuenta por encima de todo. Por cierto, todo el papado no es más que hacer acepción de personas[33]. Dios ha dispuesto que todas sus criaturas tengan un propósito útil, mas no como ídolos para ser adorados. Por tanto, usemos el pan, el vino, el vestido, los bienes, el oro, la plata, y cualquier otra cosa, pero no confiemos en ellas, ni nos gloriemos en ellas; pues solo debemos confiar y gloriarnos en Dios[34]. Nuestro amor debe ser para Él solo, y solo a Él debemos reverenciar y honrar.

Aquí, en este versículo, Pablo llama al apostolado, y al oficio de los apóstoles (ellos obraron muchos y grandes milagros, enseñaron y convirtieron a muchos a la fe, y también estuvieron con Cristo), someramente: «personas».

En breve, esta palabra «personas» abarca toda la vida piadosa de los apóstoles, así como su gran autoridad. No obstante, para Dios tales vidas no son ni poca ni gran cosa. Pero respecto a la verdad de la justificación, sean personas grandes o gloriosas, Dios no lo toma en cuenta. Es necesario que hagamos esta distinción entre lo que pertenece a la teología y lo que compete a la política humana. En cuanto a la vida civil, Dios desea que honremos y reverenciemos a los instrumentos humanos por los cuales Él gobierna y preserva el mundo. Pero cuando se trata de la fe, de la conciencia, el temor y la confianza en Dios, su adoración, no debemos temer a las apariencias de estas personas, ni poner nuestra confianza en ellas, o esperar que nos libren en cuerpo o alma. Por eso mismo Dios no hace acepción de personas, pues el juicio pertenece a Él. Mi confianza debe fiarse solo en Dios, el verdadero juez. Debo reverenciar al juez o al magistrado, pues son siervos[35] de Dios. Pero mi conciencia no debe confiar y apoyarse en su justicia y honestidad, ni temer su injusticia y tiranía. En tal caso, caería en la tentación de ofender a Dios con falso testimonio, mintiendo, negando la verdad, y cosas así. De otra manera, acataré los decretos de las autoridades civiles.

De mi parte, honraría al papa, le extendería su merecido respeto, si dejara mi conciencia en paz, y no me obligara a pecar contra Dios. Pero el papa quiere ser temido y adorado a tal punto que, si no lo consentimos, ¡ofenderíamos a Dios mismo en su divina majestad! Por tanto, si debemos escoger entre el uno o el otro, soltemos la máscara

---

33. Aquí Lutero usó la palabra griega προσωποληψία, que quiere decir fingir reverencia a las personas de mayor rango con miras a recibir favores.
34. *In solo enim Deo gloriandum.*
35. *larvam.*

y aferrémonos a Dios. De buena gana toleraríamos el dominio del papa. Pero él abusa de su autoridad y se porta como todo un tirano. Nos obliga a negar y blasfemar contra Dios, a reconocerlo solo a él como nuestro señor y maestro. Enceguece nuestra conciencia, nos roba el temor y la confianza que deberíamos tener en Dios. Por tanto, ¡obedezco a Dios, pero me opongo al papa! Ese es el mandamiento de Dios, porque escrito está: «Debemos obedecer a Dios antes que a los hombres» (Hechos 5:29). Por eso, sin que me remuerda la conciencia, la cual es nuestro consuelo, ¡condenamos la autoridad del papa!

Müntzer y otros frenéticos personajes quisieron destruir al papa, pero acudieron a las armas, y no a la palabra. Lo resistieron por su persona, pero no se fundamentaron en la palabra de Dios. Nosotros, por nuestra parte, daríamos nuestros respetos a Behemot[36] *y toda su recua, con todos sus dignatarios y personajes a su mando, si tan solo nos dejara a solas con Cristo. Pero ya que para ellos eso es imposible, condenamos sus personas y decimos osadamente con Pablo: «Dios no hace acepción de personas» (Romanos 2:11).*

Debe notarse cierta vehemencia en la palabra «Dios». En cuanto a los temas de la palabra de Dios, no haremos acepción de personas. Pero cuando se trata de la religión y sus pólizas, en primer lugar, honramos a Dios y luego a las personas. De otro modo, habría desprecio por toda autoridad y orden. En este mundo, Dios quiere ver orden, respeto, y honra entre una persona y otra. De otro modo, el niño, el siervo, el obrero diría: «Si yo también soy cristiano como mi padre, mi profesor, mi empleador, mi gobernante, ¿por qué lo voy a respetar?» Por lo tanto, ante Dios, no hacemos acepción de personas. No hay griego ni judío, sino que todos somos uno en Cristo. Pero no así ante el mundo.

Hemos visto cómo Pablo pudo rebatir el argumento de los falsos apóstoles con respecto a la autoridad de los apóstoles. El tema no se trata de respetar más a una clase de persona que a otra. Hay algo de mayor importancia. ¿Vamos a respetar a Dios y su palabra, o vamos a respetar al apostolado? A lo que Pablo responde: para el avance del Evangelio; a fin de que la palabra de Dios y la justicia de la fe se preserven puras y sin contaminación, entonces, ¡que todo perezca!

---

36. En el texto en latín, Lutero usó el término hebreo בהמות.

¡No importa si son apóstoles, un ángel del cielo, o hasta Pedro o Pablo!

VERSÍCULO 6. *Pues bien, los que tenían reputación, nada me enseñaron.*

Es como si hubiera dicho: «No consulté con los apóstoles; por tanto, no me enseñaron cosa alguna. ¿Qué me podían enseñar, si Cristo, por su revelación, ya me había enseñado todas las cosas? Llevo dieciocho años predicando el Evangelio entre los gentiles. Con milagros Cristo ha confirmado mi doctrina. La consulta fue una mera conversación, y no hubo discusión alguna. No aprendí nada de ellos. No repudié cosa alguna, ni tuve que defender mi doctrina. Solo declaré lo que yo había hecho, que había predicado entre los gentiles la fe en Cristo, sin la ley. En respuesta a mi predicación, el Espíritu Santo se derramó sobre los gentiles pues de inmediato hablaron en diferentes idiomas[37]. Cuando los apóstoles escucharon esto, también dieron testimonio de que yo había enseñado la verdad. Por tanto, los falsos apóstoles me causan gran agravio y pervierten lo que ya está claro».

Pablo tampoco tenía su orgullo herido cuando dijo que los apóstoles no le enseñaron nada. Pero le fue sumamente necesario expresarlo. Si hubiera cedido, la verdad del Evangelio habría perecido. Pablo no cedió ante los falsos apóstoles, mucho menos debemos ceder nosotros ante nuestros adversarios. Ellos no hacen más que jactarse en su ídolo el papa. Yo sé que un cristiano debe ser humilde, pero contra el papa, voy a decirle con orgullo santo: «No me someteré a usted, papa; ni tampoco me dará órdenes, porque estoy seguro de que mi doctrina es del cielo». Pero el papa no acepta esta doctrina. De hecho, nos obligaría a obedecer sus leyes y decretos, y si no, nos excomulgará con maldiciones, condenándonos como herejes. Tal orgullo contra el papa es imperativo. Si no lo condenamos enérgicamente, con toda su doctrina, a él junto con el diablo (el padre de mentiras habla por su boca), jamás tendremos éxito en preservar el artículo fundamental de la justicia por la fe[38]. No pretendemos enseñorearnos sobre el papa ni exaltarnos sobre toda autoridad suprema. Es obvio que

---

37. *variis linguis.*
38. *nulle modo retinere possemus articulum justitiae fidei.*

procuramos que todo hombre, con humildad, se someta a las autoridades establecidas por Dios. Pero persistimos en rendir la gloria solo a Dios, y en preservar sana y salva la justicia que es por la fe.

Si el papa llegara a conceder que Dios mismo, mediante la sola gracia, a través de Cristo, justifica a los pecadores[39], lo llevaríamos en hombros y besaríamos sus pies. Pero ya que no podemos obtener esta concesión, nos gloriamos en Dios sobremanera grande[40]. No cederemos ante nadie, ni ante todos los ángeles del cielo, ni ante Pedro, ni ante Pablo, ni ante un centenar de emperadores, ni ante un millar de papas, ni ante el mundo entero. Por tanto, echemos lejos de aquí toda humildad porque quieren despojarnos de nuestra gloria, la cual es Dios mismo, que nos creó y dio todas las cosas; y de Jesucristo, que nos ha redimido con su sangre. Esto es lo más importante. Estemos, pues, resueltos a esto, a sufrir la pérdida de todas las cosas, la pérdida de nuestro buen nombre, de la vida misma, pero no vamos a permitir que nadie nos quite el Evangelio o nuestra fe en Jesucristo. Y maldita sea toda la humildad que en este punto agache la cabeza y se someta. Más bien, que todo cristiano permanezca erguido, indómito con la frente en alto, no sea que niegue a Cristo.

Por tanto, y con la ayuda de Dios, seré más testarudo que todos los hombres. Y que me den este título, de acuerdo con el proverbio, *cedo nulli*, «ante nadie cedo». De todo corazón aquí me regocijo de que me llamen rebelde y pertinaz. Y aquí confieso que soy y seré tan rígido, que no cederé ni un pelo ante criatura alguna. El amor cede, pues «todo lo sufre, todo lo cree, todo lo espera, todo lo soporta». Pero la fe no cede. No tolera nada, según el dicho popular: *Non patiter ludum fama, fides, oculus*, «No juegues con mi reputación, ni con mi fe; ni tampoco me metas el dedo en el ojo». Por lo cual un cristiano, en cuanto a la fe, debe ser el más altivo y pertinaz; y no debe permitir que nada ni nadie lo haga ceder, ¡ni un pelo! Porque por la fe, el hombre llega a ser como Dios (1 Pedro 1:4). ¡Porque Dios no cambia en nada, ni ante nadie cede, porque Él es inmutable! De igual modo, la fe es inmutable, no sufre cambio alguno, y mucho menos cede ante nadie. Pero en cuanto al amor, que el cristiano sufra y ceda en todo, porque en eso es un mero mortal.

---

39. *Si igitur papa nobis concesserit, quod solus Deus ex mera gratia per Christum justificet peccatores.*
40. *ultra omnem modum.*

VERSÍCULOS 7-8. *Antes por el contrario, como vieron que el Evangelio de la incircuncisión me era encargado, como a Pedro el de la circuncisión (porque el que obró en Pedro para el apostolado de la circuncisión, obró también en mí para con los gentiles).*

Con estas palabras el apóstol refuta a los falsos apóstoles, pues se atribuye la misma autoridad concedida a los verdaderos apóstoles. Usa una figura llamada «inversión retórica»[41], pues les devuelve el argumento que ellos habían usado contra él: «Los falsos apóstoles alegan contra mí la autoridad de los grandes apóstoles, y con ello pretenden prosperar su causa. Pero yo, por mi parte, alego lo mismo contra ellos, y me defiendo, pues los apóstoles están conmigo. Por tanto, gálatas míos, no crean a esos apóstoles falseados que tanto se jactan de la autoridad de los apóstoles sobre mí. Pues los apóstoles, al ver que me había sido encomendada la incircuncisión, y enterados de la gracia que me fue dada, nos dieron a mí y a Bernabé la mano de bienvenida. Con ese gesto dieron el visto bueno a mi ministerio, dando gracias por el don que se me había dado». De esa manera volteó el argumento contra ellos. En estas palabras hay una vehemencia ferviente, y el tema contiene mucho más de lo que las palabras pueden expresar. *De modo que Pablo se olvidó de su gramática, le dio la vuelta a lo que ellos decían, y lo devolvió. Pero cuando dice: «los que tenían reputación de ser pilares», no lo dice en vano, pues en verdad se les tenía como pilares. Los apóstoles eran reverenciados y honrados por toda la Iglesia. Tenían la autoridad de aprobar y publicar la doctrina de la verdad, y de condenar todo lo demás que se oponía.*

    Este es un texto muy sobresaliente pues Pablo dice que le había sido encomendada la incircuncisión, y a Pedro la circuncisión. No obstante, Pablo también predicaba a los judíos en sus sinagogas, y Pedro a los gentiles. Hay ejemplos y testimonios de ambos en el libro de los Hechos. Pedro convirtió al centurión, con toda su familia, que era gentil (Hechos 10). También escribió a los gentiles, según el testimonio de su primera epístola. Pablo predicaba a Cristo en las sinagogas de los judíos (Hechos 9). En Marcos 16:15, y luego en Mateo 28:19, Cristo manda a los apóstoles a predicar por todo el mundo, a toda criatura. Pablo dice igualmente que el Evangelio «es predicado a toda criatura que está debajo del cielo» (Colosenses 1:6).

---

41. *inversione rhetorica.*

¿Por qué, entonces, se llama a sí mismo el apóstol de los gentiles, y a Pedro y a los otros apóstoles, los de la circuncisión?

Pablo tomó nota de que los apóstoles permanecieron en Jerusalén hasta que Dios los llamó a otras regiones. Mientras la situación política de los judíos se mantuvo igual, las cosas no cambiaron. Los apóstoles se quedaron en Jerusalén. Pero al acercarse la destrucción de Jerusalén, se esparcieron por todo el mundo. Pablo, según el libro de Hechos, fue el apóstol escogido para los gentiles, y saliendo de Judea, viajó por los países de ellos (Hechos 13). Al viajar entre los gentiles, Pablo encontraba a los judíos en sus sinagogas, y siendo los hijos del reino, les anunciaba las buenas nuevas de que en Cristo Jesús se habían cumplido las promesas hechas a los padres. Cuando no quisieron escuchar, se volvió a los gentiles, como testifica Lucas en Hechos 13:46. Allí, Lucas introduce la ferviente advertencia de Pablo respecto al celo de los judíos por la ley, pues lo estaban contradiciendo. Debido a esa oposición, dice Pablo, «Era necesario que les anunciáramos la palabra de Dios primero a ustedes. Pero al rechazarla, se han dictado juicio contra ustedes mismos, que son indignos de la vida eterna; de tal modo que ahora nos dirigimos a los gentiles» (NVI). Y en Hechos 28:28: «Sabed, por tanto, que esta salvación de Dios ha sido enviada a los gentiles. Ellos sí oirán».

Por tanto, Pablo fue enviado particularmente a los gentiles. No obstante, era deudor de todos, y a todos se hizo de todo. Por eso, cuando se presentaba la ocasión, entraba en la sinagoga de los judíos. Allí, tanto judíos como gentiles lo escuchaban predicar a Cristo. De otra manera, predicaba públicamente en los mercados, en las casas, y en la ribera del río. Y así como él fue apóstol de los gentiles, Pedro lo fue de los judíos, aunque también predicó a Cristo a los gentiles cuando se le presentó la ocasión.

Aquí, Pablo llama a los gentiles la «incircuncisión», y a los judíos «la circuncisión». Acude a una figura llamada sinécdoque, la cual denota que una parte representa al todo. Esta figura se encuentra frecuentemente en las Sagradas Escrituras. El Evangelio de la incircuncisión se refiere o designa a los gentiles. Este Evangelio, dice él, le fue encomendado, así como el Evangelio de la circuncisión fue encomendado a Pedro. Así como Pedro predicaba el Evangelio entre los judíos, Pablo predicaba entre los gentiles.

De paso, tomen nota de la gramática aquí. Los hebreos toman la construcción del modo genitivo unas veces como voz activa, y otras, como pasiva. En ocasiones, esto oscurece el sentido. Hay ejemplos en todos los escritos de Pablo y en todas las Escrituras. Por ejemplo, la frase: «la gloria de Dios» es un tanto ambigua, pues se puede interpretar activa y pasivamente. Activamente, es esa gloria que Dios tiene en sí mismo. Pasivamente, es aquella con la que glorificamos a Dios. De igual manera, fides Christi, *o «la fe de Cristo». Casi siempre interpretamos tales frases pasivamente, es decir, la fe de Cristo es aquella por la cual se cree en Cristo. De igual manera, «el Evangelio de Dios» se entiende activamente como aquello que solo Dios da a la humanidad. Pero el Evangelio de la circuncisión y de la incircuncisión se entiende pasivamente, como aquello enviado a los gentiles y a los judíos; y recibido por ellos.*

Pablo repite con frecuencia que Pedro, Santiago, y Juan, aunque parecían ser columnas de la Iglesia, no le enseñaron nada, ni lo comisionaron para predicar el Evangelio, como si hubieran tenido autoridad y gobierno[42] sobre él. Ellos mismos, dice él, pudieron ver que se le había encomendado el Evangelio. No había recibido su autoridad de Pedro, pues no recibió ni aprendió el Evangelio de hombre alguno, como tampoco el mandato de predicarlo entre los gentiles. Dios lo comisionó directamente, tal como había encomendado a Pedro predicar entre los judíos.

Este texto testifica claramente que los apóstoles tenían un solo llamamiento, una sola gran comisión, y un solo Evangelio. Pedro no predicaba un Evangelio diferente al de los otros apóstoles, ni tampoco confería cargos y oficios a otros, sino que entre todos había igualdad[43], pues todos fueron enseñados por Dios. Su vocación y cometido les fue dado íntegra y directamente por Dios. Por tanto, no había uno mayor que el otro. Así que, cuando el papa se jacta de que Pedro era el principal de los apóstoles, a fin de establecer y confirmar una primacía que el mismo papa ha usurpado, ¡no es más que un mentiroso descarado!

---

42. *ut maiores et ordinatores.*
43. *aequalitas.*

VERSÍCULO 8. *Porque Aquél que obró eficazmente para con Pedro.*

Esto refuta otro argumento de los falsos apóstoles. Pablo pregunta: ¿por qué se jactan ellos del Evangelio de Pedro, que fue poderoso, convirtió a muchos, obró grandes y muchos milagros, levantó a los muertos, y hasta con su sombra sanó a los enfermos? Todo eso es cierto, pero Pedro recibió este poder de lo alto. Dios concedió virtud a su palabra de tal modo que muchos creyeron por él, y por él se obraron grandes milagros. «Pero yo también recibí el mismo poder, y no fue de Pedro. El mismo Dios que obró con eficacia en Pedro obró eficazmente en mí. Obtuve la misma gracia. A muchos enseñé. Obré muchos milagros, y también los enfermos sanaron cuando mi sombra los tocó». Lucas testifica: «Y Dios hacía milagros extraordinarios por mano de Pablo, de tal manera que incluso llevaban pañuelos o delantales de su cuerpo a los enfermos, y las enfermedades los dejaban y los malos espíritus se iban de ellos» (Hechos 19:11-12. Léase más en Hechos 13, 16, 20, 28).

Se concluye que de ningún modo Pablo se tiene por inferior a los demás apóstoles, y aquí se gloría con un orgullo piadoso y santo. Por lo tanto, en vano Juliano y Porfirio calumnian a Pablo de insolencia contra la cabeza de los apóstoles. Aquí, Pablo fue impetuoso y pedante contra Pedro por obligación divina; pues el celo por la gloria de Dios lo obligó a ser orgulloso. Estos calumniadores no se dieron cuenta de eso. Pensaban que su soberbia era un asunto de la carne. Lo mismo piensa hoy el papa junto con sus obispos. Pero esto no se trataba de Pablo, sino de la fe. En cuanto a la fe debemos ser invencibles, inflexibles y pertinaces, y si fuera posible, más duros que el diamante.

En cuanto al amor, debemos ser suaves y flexibles como una caña o una hoja, listos para ceder en todo. Pero esta no era una contienda por la gloria de Pablo, sino por la gloria de Dios, la palabra de Dios, la adoración del verdadero Dios, la verdadera religión, y la justicia de la fe, a fin de que estas cosas permanecieran sanas y salvas.

VERSÍCULO 9. *Y al reconocer la gracia que se me había dado, Jacobo, Pedro y Juan, que eran considerados como columnas, nos dieron a mí y a Bernabé la diestra de compañerismo, para que* *nosotros fuéramos a los gentiles y ellos a los de la circuncisión.*

(i.e. para predicar el Evangelio)[44]

«En otras palabras, ellos escucharon que yo había recibido mi llamado y comisión de Dios. Les dije que se me había encomendado predicar el Evangelio entre los gentiles. Además, que Dios había obrado muchos milagros por mi mano. También, que un gran número de los gentiles habían llegado al conocimiento de Cristo a través de mi ministerio. Los gentiles habían recibido el Espíritu Santo tan solo por la predicación de la fe; no lo habían recibido mediante la predicación de la ley y la circuncisión. Viendo todo esto, los apóstoles glorificaron a Dios por la gracia que se me había dado».

La gracia de la cual habla aquí es todo lo que había recibido de Dios. Es decir, que siendo perseguidor y avasallador de la Iglesia, fue hecho apóstol, enseñado por Jesucristo, y enriquecido con dones espirituales. Y con esto demuestra que Pedro mismo dio testimonio de él, que era un verdadero apóstol, enviado y enseñado no por Pedro, sino solo por Dios. Pedro reconoció la autoridad de Pablo y de sus dones espirituales por dádiva divina. También los aprobó y confirmó, no como si fuera su autoridad de origen[45], sino como hermano y testigo. Santiago y Juan hicieron lo mismo. Por ello, concluye: «los apóstoles, las mismas columnas de la Iglesia, están conmigo, y no contra mí».

VERSÍCULO 9. *La diestra de compañerismo.*

En otras palabras, se dieron la mano en señal de que pertenecían a la misma comunidad. Dijeron: «Pablo, estamos de acuerdo contigo, pues predicamos el mismo Evangelio que tú predicas. Somos compañeros en esta misma doctrina, y por eso ahora estamos en una misma comunión. Participamos de la misma doctrina porque predicamos el mismo Evangelio, el mismo bautismo, el mismo Cristo, y la misma fe. Por tanto, no te podemos dictar ni inculcar nada, pues estamos mutuamente de acuerdo en todas las cosas. Porque

---

44. Este subtítulo se encuentra en el texto en latín, también en minúsculas.
45. *auctor.*

no enseñamos cosas más excelentes que las que tú enseñas. En ti vemos los mismos dones que nosotros tenemos, solo que a ti te ha sido encomendado el Evangelio a la incircuncisión, y a nosotros, a la circuncisión. Pero aquí concluimos que ni la incircuncisión ni la circuncisión deben impedir nuestra comunión, no importando quién sea quién, pues todos predicamos el mismo Evangelio».

Este texto nos advierte que hay tan solo un Evangelio, y es el mismo tanto para gentiles como para judíos, monjes y laicos, jóvenes y viejos, hombres y mujeres[46]*. No hay acepción de personas, pues para todos la palabra y la doctrina es una y la misma. Todo el que la escucha y cree, es salvo, sea incircunciso o circuncidado.*

CONFERENCIA 8: viernes 31 de julio

Con todo esto, el apóstol ha demostrado por muchos testimonios, no solo de Dios sino del hombre, por parte de los apóstoles, que él había predicado el Evangelio en toda su verdad con fidelidad. Con esto demuestra que todo lo dicho por los falsos apóstoles para restarle autoridad era hipocresía pura y falsedad. Pero, estando solo y sin testigos, Pablo añade un juramento, invocando a Dios para que anote en sus actas la verdad de sus palabras.

VERSÍCULO 10. *Solo nos pidieron que nos acordáramos de los pobres, lo mismo que yo estaba también deseoso de hacer.*

Una vez que se predica el Evangelio, el oficio y cometido de un pastor fiel y verdadero es el de cuidar a los pobres. Donde se encuentre la Iglesia, allí estarán los pobres. En su mayoría, los únicos verdaderos discípulos de Cristo son los pobres. De ellos, Cristo dijo: «a los pobres se les anuncian las buenas nuevas» (Mateo 11:5 CST). El mundo y el diablo persiguen a la Iglesia y luego dejan a muchos en la pobreza. Luego quedan abandonados y desechados por el mundo. El mundo ofende aun más, pues descuida y no preserva el Evangelio, la verdadera religión, y el verdadero servicio a Dios. ¡Los que cuidan a los ministros de la Iglesia y edifican escuelas han desaparecido! Los que quedan tan solo construyen y establecen la

---

46. Pie de página de Lutero: *Idem ese evangelium omnium*, «es el mismo Evangelio para todos».

falsa adoración, la superstición y la idolatría. No se ha escatimado costo alguno, sino que todos han estado más que dispuestos a contribuir libre y generosamente. De allí que hay tantos monasterios, tantas iglesias convertidas en catedrales, tantos obispados en la Iglesia papal, donde reina toda impiedad, con grandes ingresos para su provisión. Cuando reinaba el papa y toda su impiedad, se mantenía cualquier cantidad de monasterios, frailes, monjas, y enjambres de sacerdotes. Ahora ni siquiera hay para uno o dos pobres ministros del Evangelio. En síntesis, la verdadera religión siempre sufre de necesidad. Cristo se queja de que «tiene hambre, y sed, y está desamparado, desnudo, y enfermo» (Mateo 25:42). Por el contrario, la falsa religión y la impiedad florecen y abundan con toda la riqueza y pompa mundanal. Por tanto, un pastor[47] fiel y verdadero debe cuidar de los pobres. Pablo confiesa que él tenía ese mismo deseo.

VERSÍCULO 11. *Pero cuando Pedro vino a Antioquía, me opuse a él cara a cara, porque era de condenar.*

Pablo sigue refutando, diciendo que en su defensa no solo trae el testimonio de Pedro y de los otros apóstoles que estaban en Jerusalén, sino que se opuso a Pedro en presencia de toda la Iglesia de Antioquía. Este asunto no se hizo a oscuras donde nadie lo podía ver, sino en presencia de toda la Iglesia de Antioquía. *Y esta es una historia maravillosa. Ha dado ocasión para que muchos acusen falsamente a Pablo, como por ejemplo Porfirio, Celso, Julián, y otros. Ellos acusan a Pablo de soberbia, porque enfrentó al principal de los apóstoles, y esto delante de toda la Iglesia. Por lo que dicen que se extralimitó en lo requerido por la modestia y la humildad cristiana. Pero no es de extrañar que los que piensan y hablan así quieran deshacer la razón de la contienda de Pablo. Onis non vident*[48].

Pues como he dicho antes, para Pablo este asunto no se trataba de lucrar ¡ni por lana de chivos ni por el precio del pan![49] En vez de eso, se trataba del artículo principal de toda la fe cristiana[50]. Al que

---
47. *episcopus.*
48. *onis non vident*, «nadie lo vio» o «nadie se dio cuenta». He dejado la breve frase tal como está en el texto original. Así es como Lutero resume la manera en que otros intentaron que la contienda desapareciera. Obviamente, la frase en latín es un instrumento retórico que Lutero maneja en su enseñanza. La pregunta que pareciera dirigir a sus alumnos es: «Y ustedes, ¿se habrían dado cuenta? ¿Lo habrían visto?».
49. *de lana caprina nec de pane lucrando.*
50. *Se de praecipuo articulo christianae doctrinae.*

valora lo que en sí es útil y majestuoso, todo lo demás le parece vil y despreciable. Pues ¿quién es Pedro? ¿Quién es Pablo? ¿Quién es un ángel del cielo? ¿De qué valen todas las otras criaturas comparadas con el artículo de la justificación?[51] Si de veras lo entendemos, ¡nada podría ser más claro! Pero si fingimos que no lo vemos, andaremos en la más densa y oscura bruma. Por tanto, si vemos que este artículo se desacredita o peligra, no temamos en resistir a Pedro o a un ángel del cielo. *Pues este artículo no puede ser exaltado en demasía. En cambio, Porfirio y los otros quedan pasmados contemplando la gran dignidad de Pedro, admiran su persona y se olvidan de la majestad de este artículo fundamental*[52]. *Pablo hace lo contrario: no agrede ásperamente a Pedro, sino que lo trata con suficiente respeto.* Pero viendo que la majestad de este artículo de la justificación[53] corría el peligro de disiparse en el olvido si favorecía la dignidad de Pedro, no la tomó en cuenta. Pablo solo quería preservar este artículo puro y sin contaminación. Pues escrito está: «El que ama al padre o a la madre más que a mí, no es digno de mí; y el que ama al hijo o a la hija más que a mí, no es digno de mí» (Mateo 10:37).

Por lo cual no nos avergonzamos de defender la verdad del Evangelio. Nos llaman y cuentan entre los hipócritas, orgullosos, y obstinados. Que pretendemos ser los únicos sabios, que no le hacemos caso a nadie, y que a todos les faltamos el respeto. Es que, en este asunto, debemos ser tercos e inflexibles. No importa cuánto ellos se sientan ofendidos porque rebajamos la dignidad del mundo o la fama de grandes personajes, y que se nos juzgue como los más viles pecadores. Ante Dios, esa es nuestra mayor virtud[54]. Se nos aconseja que, «si amamos a nuestros padres, honramos a los magistrados, reverenciamos a Pedro y a los otros ministros de la palabra, bien hacemos». Pero el tema no es cantar las bondades de Pedro, ni de los padres, ni de los magistrados, ni del mundo, ni de ninguna otra criatura, sino las del excelso Dios. Pero, en esto, «bien hacemos» si no damos lugar a nuestros padres, ni al magistrado, ni a los ángeles del cielo. Porque ¿de qué tamaño es la criatura cuando se la compara con su Creador? Y ¿qué son todas las criaturas, comparadas

---

51. *articulum justificationis.*
52. *obliviscuntur majestatis hujus articuli.*
53. *majestatem articuli de justificatione.*
54. *summae virtutues coram Dei.*

con Él? Como una gota de agua en el mar. ¿Por qué, entonces, he de reverenciar tanto a Pedro, que es una gota, y despreciar a Dios, que es todo el mar? Que la gota ceda ante el mar, y que Pedro ceda su lugar a Dios.

Digo todo esto a fin de ponderar y sopesar lo que implora Pablo, pues Pablo implora por la palabra de Dios, la cual jamás podremos engrandecer lo suficiente. *Agustín ha ponderado este incidente de Pablo mejor que Jerónimo, pues este último le concede la primacía a la dignidad y la autoridad de Pedro. Jerónimo razona de esta manera: Pedro era el principal de los apóstoles; por tanto, Pablo no debió reprocharlo. Pero si Pablo lo reprochó, tan solo fingía que lo reprochaba. De allí que Jerónimo alega que Pablo tan solo fingía, que Pablo solamente quería simular que Pedro merecía el reproche. De esa manera, Pablo podría promover su propio apostolado defendiendo a sus gentiles. Pero Jerónimo se inventa todo tipo de pretextos para justificar a Pedro, y le da la razón. No obstante, esto no es más que voltear el texto al revés, pues declara expresamente, sin tapujos, que Pedro era de reprochar pues se había desviado de la verdad. [Jerónimo también sugiere] que los otros judíos, junto con Pedro, también jugaron a los reprochados, de tal modo que hasta Bernabé se descarrió con ellos en el disimulo. Jerónimo no puede ver la claridad de estas palabras, pues solo se aferra a esto: Pedro era un apóstol; por tanto, era irreprochable y no podía pecar. Agustín responde a esta conclusión diciendo: «No vale decir que Pablo fingió, viendo que confirma la verdad con un juramento».*

Por tanto, Jerónimo y Erasmo perjudican a Pablo. Interpretan las palabras «cara a cara»[55] como «para aparentar»[56], es decir, el comportamiento de Pablo no fue del corazón, sino tan solo para dar cierta apariencia. Alegan que Pablo no resistió a Pedro con sinceridad, sino apenas dando la apariencia de que lo resistía, para que los gentiles no se ofendieran si guardaba silencio. Pero «cara a cara» significa «frente a frente ante todos»; pues resistió a Pedro abiertamente, y no en un rincón. Pedro mismo había estado presente y toda la Iglesia en puntillas lo había presenciado.

Pablo dirige la frase «cara a cara» especialmente contra esas víboras venenosas y apóstoles de Satanás. Ellos lo calumniaron a sus espaldas, pero cara a cara ni se atrevían a abrir la boca. Pablo estaba diciendo: «De tal modo, yo no ofendí a Pedro con mis palabras,

---

55. *secundum faciem.*
56. *in speciem.*

sino que franca y abiertamente lo enfrenté; no le fingí afecto fraternal, pues su comportamiento era de culpar y merecía un fuerte reproche».

Otros pueden debatir si un apóstol puede pecar o no. Por mi parte, no debemos disimular la falta de Pedro haciéndola pasar por menos de lo que fue. Los mismos profetas a veces erraron y fueron engañados. Natán, movido por su propio espíritu, le dijo a David que edificara casa al Señor. Pero esta profecía tuvo que ser corregida por medio de una revelación especial de Dios. «No sería David sino Salomón quien construiría la casa del Señor, pues David había sido hombre de guerra y había derramado mucha sangre». También los apóstoles erraron, pues se imaginaron que el reino de Cristo sería carnal y terrenal. En Hechos 1 le preguntaron a Cristo: «Señor, ¿restaurarás el reino ahora a Israel?» (Hechos 1:6). Pedro, aunque escuchó el mandato de Cristo, «Id por todo el mundo» (Mateo 28:19), no habría ido a casa de Cornelio si Dios no lo hubiera instado en visión. Y en el tema aquí considerado, no solamente erró, sino que cometió un gran pecado. Si Pablo no lo hubiera resistido, todos los creyentes gentiles habrían quedado bajo la obligación de circuncidarse y guardar la ley. Los judíos creyentes también se habrían visto confirmados en su creencia de que era necesario observar estas cosas para la salvación. A través de Pedro, habrían vuelto a recibir la ley en vez del Evangelio; habrían recibido a Moisés en lugar de Cristo. Y en todo este enorme y horripilante pecado, Pedro, con sus fingimientos, habría sido la única causa. Por tanto, no debemos atribuir a los santos tanta perfección, como si no pudieran pecar.

Lucas relata que, entre Pablo y Bernabé, «se produjo un desacuerdo tan grande que se separaron el uno del otro» (Hechos 15:39). No obstante, ambos habían sido apartados para el ministerio entre los gentiles y viajado juntos predicando el Evangelio a lo largo de muchas regiones. Pero es patente que uno de los dos tenía una falta. Tampoco la discordia fue poca cosa, pues a pesar de su unión en santa comunión, se separaron. De tal modo que tales ejemplos fueron escritos para nuestro consuelo. Porque es un gran consuelo cuando nos enteramos de que hasta los santos pecan, aunque tengan el Espíritu de Dios. Pero los que dicen que los santos no pecan, nos quieren despojar de este consuelo.

Sansón, David, y muchos otros hombres de renombre, llenos del Espíritu Santo, cayeron en penosos pecados. Job y Jeremías maldijeron el día en que nacieron. Elías y Jonás se cansaron de la vida y, en oración, desearon la muerte. Tales faltas y ofensas de los santos se manifiestan en las Escrituras a fin de consolar a los que se sienten afligidos y oprimidos por la desesperación. De igual manera aterrorizan a los orgullosos. Nadie, en ningún momento, ha caído tan bajo que no pueda levantarse. Por otro lado, nadie está tan firme que no pueda caer. Si Pedro cayó, yo también puedo caer. Si él se levantó, yo también puedo levantarme. Los de débil corazón y conciencia frágil pueden obtener mucho consuelo de estos ejemplos. Les será de ayuda cuando oren, para entender la razón de las palabras «Y perdónanos nuestras transgresiones» y «Creo en el perdón de los pecados».

Nosotros tenemos el mismo espíritu de gracia y oración que estuvo disponible para los apóstoles y los santos. Ellos no tenían ventaja alguna sobre nosotros. Tenemos los mismos dones que ellos tenían, el mismo Cristo, el bautismo, la palabra, y el perdón de pecados. En todo esto no tenían menor necesidad que la nuestra. Y, por lo mismo, fueron santificados y salvos de igual manera que nosotros.

Digo esto contra los monstruosos elogios y alabanzas con que los necios sofistas y monjes han adornado a los santos. Dicen: «la Iglesia es santa y sin pecado alguno». Ciertamente la Iglesia es santa, tal como confesamos nuestra fe: «Creo en la santa Iglesia». No obstante, tiene pecado. Por tanto, también cree en la remisión de pecados, pues ora: «Y perdónanos nuestras ofensas». Por tanto, se dice que la Iglesia no es santa por naturaleza, como se diría que la pared es blanca por su inherente blancura. No obstante, [ante Dios] esa inherente blancura no basta, pero Cristo sí, en su perfecta e íntegra santidad. Ya que toda esa inherencia jamás satisface, Cristo es más que suficiente.

VERSÍCULO 12. *Porque antes de venir algunos de parte de Jacobo, él comía con los gentiles.*

Los gentiles convertidos a la fe en Cristo comían alimentos prohibidos por la ley. Pedro, conviviendo entre estos gentiles conversos, comió carne y bebió vino con ellos, sabiendo que estas cosas eran prohibidas. Por tanto, hizo bien al quebrantar osadamente la ley entre los gentiles. Pablo declaró que él había hecho lo mismo, que él se había hecho judío a los judíos, y a los que no tenían la ley, como si no tuviera la ley. Él comió y bebió con los gentiles despreocupado de guardar ley alguna. Sin embargo, cuando estaba con los judíos, se abstuvo de todo lo prohibido por la ley, pues procuraba servir y agradar a todos a fin de poder «ganar al mayor número posible» (1 Corintios 9:20-21). Por tanto, cuando Pedro comió y bebió con los gentiles, ciertamente no pecó. Más bien hizo lo correcto, sabiendo que le era lícito hacerlo. Con esta transgresión demostró que la ley no era necesaria para la justicia, y asimismo libraba a los gentiles de observar la ley. Porque si a Pedro le era lícito quebrantar la ley en una sola cosa, entonces le era lícito hacerlo en todas. Pero Pablo no reprocha a Pedro por su transgresión, sino por los fingimientos que siguieron.

VERSÍCULO 12. *Pero cuando vinieron, empezó a retraerse y apartarse, porque temía a los de la circuncisión.*

Allí se ve el pecado de Pedro, que Pablo describe claramente. No lo acusa de malicia ni de ignorancia, sino de fingir y ser débil en lo siguiente: Pedro se abstuvo de las carnes prohibidas por la ley, pues temía ofender a los judíos que habían venido enviados por Jacobo. Por tanto, se identificó más con su pueblo judío que con los gentiles. Pero por su comportamiento peligraba la libertad cristiana y la verdad del Evangelio. Al retirarse y apartarse del todo, se abstuvo de las carnes prohibidas por la ley a pesar de que antes las había comido. Infundió escrúpulos en la conciencia de los fieles, por lo cual ellos pensarían: «Pedro se abstiene de las carnes prohibidas por la ley. Por tanto, el que come carnes prohibidas por la ley da la señal más segura de que peca contra la ley. Pero el que se abstiene de las carnes prohibidas por la ley guarda la ley y es justificado».

Este es el punto de lo que se trata aquí. Es lo que Jerónimo no vio. Él se fijó solo en el acto, pero no en las consecuencias. El hecho en sí no tuvo nada malo, porque comer o beber, o no comer ni beber, de nada vale. Pero deducir de allí que: «Si comes, pecas; si te abstienes, eres justo», eso es impío. La circuncisión en sí es buena, pero la conclusión es impía: «Si no te circuncidas según la ley de Moisés, no puedes ser salvo». Igualmente, no hay nada malo en comer las carnes prohibidas por la ley. Pero ese alejamiento y separación de Pedro está del todo mal, pues de allí se podría llegar a la siguiente conclusión: «Pedro se abstiene de las carnes prohibidas por la ley. Por lo tanto, a menos que ustedes también se abstengan, no podrán ser salvos». Pablo no podía disimularle esta falta, pues peligraba la verdad del Evangelio. A fin de que la verdad del Evangelio fuera preservada sana y salva, resistió a Pedro en su cara.

Aquí debemos distinguir entre dos asuntos. Las carnes se pueden evitar por dos razones. La primera, por causa del amor fraternal cristiano. Aquí no hay peligro alguno. Sobrellevar la debilidad de mi hermano es bueno. Pablo enseñó e instó a lo mismo (1 Corintios 9:19-22). La segunda razón dice: «Si te niegas a comerlas, no pecas, y serás justo y salvo. Pero si las comes, pecas y serás condenado».

Ya que llegamos a este punto, maldito sea el amor, con todo el servicio y las obras del amor que pudieran prestar con ese fin. Porque abstenerse de las carnes con este último pretexto es negar a Cristo, pisotear su sangre, blasfemar contra el Espíritu Santo, Dios y todo lo sagrado[57]. Por tanto, si hemos de perder un amigo, o un hermano, o cualquier hombre, que así sea. Pero no perdamos a Dios el Padre. Pues si Dios el Padre perece, ni el hermano, ni el amigo, ni el hombre permanecerán por mucho tiempo.

Jerónimo, que no comprendió este pasaje, ni tampoco la epístola entera, piensa que Pablo tan solo estaba fingiendo su reproche a Pedro. Además, disculpa la caída de Pedro diciendo que «lo hizo por ignorancia». Pero Pedro ofendió por su doblez, pues al fingir establecía la necesidad de la ley. Al mismo tiempo, con su ejemplo obligaba tanto a gentiles como a judíos a rebelarse contra la verdad del Evangelio. Les daba gran ocasión de abandonar a Cristo, despreciar la gracia, y volver a la religión judía. Si Pablo no lo hubiera reprochado, habrían tenido que llevar todos los yugos de la ley. Si se hubiera permitido que Pedro diera este ejemplo, se habría revocado la libertad que hay en Cristo Jesús para gentiles y judíos, y también se habría revocado la verdad del Evangelio.

La falta de Pedro fue grave, y si alguien se dedicara a magnificarla, resultaría muy grande. No obstante, la falta de Pedro no fue porque

---

57. Aquí hay que seguir de cerca a Lutero. Su argumento es este: Si nos abstenemos de las carnes para no pecar, pero fingimos que es por amor al prójimo, entonces ¡maldito sea ese amor!

tenía malas intenciones o ignoraba lo que hacía. Su falta fue por miedo, dada la ocasión. Hay que estar alertas a toda la ruina que viene por la falta y la caída de un solo hombre, si no se corrige a tiempo. Por tanto, no podemos jugar con este artículo de la justificación[58]. Por eso tenemos más que buenas razones para recordárselo con tanta frecuencia y esmero.

Sorprende que Pedro, apóstol por excelencia, haya hecho lo que hizo. Previamente, en un concilio en Jerusalén, él había sido el único que había defendido este artículo fundamental. Prevaleció en favor de la salvación que viene por la fe sin la ley[59]. Aquel que previamente había defendido con tanta perseverancia la verdad y la libertad del Evangelio, ahora, por su caída al abstenerse de las carnes prohibidas en la ley, no solo ofende en gran manera, sino que también quebranta su propio decreto. «Así que, el que piensa estar firme, mire que no caiga». ¿Quién pensaría y quisiera que hubiera riesgo alguno en las tradiciones y ceremonias? ¿Qué podría ser más necesario que la ley con sus ceremonias? No obstante, hay gran peligro, pues los mismos hombres que la enseñan llegan a negar a Cristo. Pues con la ley viene a menudo cierta confianza y apoyo en las obras. Donde eso existe no puede haber confianza en Cristo. Por tanto, se niega a Cristo en un instante, como lo vemos en Pedro, que conocía este artículo de la justificación mejor que nosotros[60]. Pero esta doctrina habría caído en la ruina si Pablo no lo hubiera increpado. Todos los gentiles se habrían desligado de la predicación de Pablo, lanzando al vacío el Evangelio y a Cristo mismo. Todo esto habría ocurrido con un pretexto muy piadoso. Los gentiles habrían dicho: «Pablo, hasta ahora has enseñado que debemos ser justificados solo por la gracia, sin la ley[61]. Pero ¿acaso no ves que Pedro hace lo contrario? Pues él se abstiene de las carnes prohibidas en la ley. Con eso nos enseña que no seremos salvos a menos que recibamos la circuncisión y guardemos la ley».

VERSÍCULO 13. *Y el resto de los judíos se le unió en su hipocresía, de tal manera que aun Bernabé fue arrastrado por la hipocresía de ellos.*

---

58. *jocandum cum articulo justificationis.*
59. *per fidem contingere credentibus justitiam sine lege.*
60. *qui melius novit articulum justificationis quam nos.*
61. *oportere nos sola gratia sine lege justificare.*

Aquí podemos ver claramente que Pablo acusa a Pedro de fingir. Por el contrario, Jerónimo atribuye esto a Pablo. Si Pedro fingió es porque ciertamente sabía qué era verdad y qué no lo era. El que finge no peca por ignorancia, sino porque engaña pintando las cosas de un color que sabe muy bien que es falso. «Y el resto», dice, «se unió con Pedro en su disimulo, de tal manera que Bernabé (que había sido compañero de Pablo y había predicado por mucho tiempo entre los gentiles la fe en Cristo sin la ley)[62] fue arrastrado por la misma hipocresía». Aquí, la falta de Pedro se describe claramente como fingimiento. ¿Acaso no se habría derrumbado el Evangelio cuando apenas se estaba levantando? ¡Menos mal que Pablo se opuso a Pedro!

Es maravilloso cómo Dios preservó a la Iglesia en su juventud, y el Evangelio mismo, mediante una sola persona. Solo Pablo se mantuvo firme en la verdad, pues perdió a su compañero Bernabé, y Pedro estaba en contra suya. A veces, una sola persona en una asamblea puede lograr más que la asamblea entera. Los papistas lo saben demasiado bien, pues Pafnucio prevaleció sobre todo el concilio de Nicea (el mejor de todos los concilios desde el concilio de los apóstoles en Jerusalén).

Digo esto para que con diligencia aprendamos el artículo central de la justificación[63], y podamos ver con claridad la diferencia entre la ley y el Evangelio[64]. Aquí no podemos llegar con fingimientos. ¡No cedamos ni un pelo ante nadie! Si queremos conservar la verdad del Evangelio y toda nuestra fe, las cuales, como he dicho, se lastiman muy fácilmente.

Hasta aquí, y a toda distancia, la razón es enemiga de la fe. Pues en las tentaciones del pecado y de la muerte no reposa en la justicia de la fe. En vez de eso, la ignora por completo, y se entrega totalmente a la justicia de la ley. Tan pronto como la ley y la razón se combinan, al instante se viola la virginidad de la fe[65], pues nada forcejea tanto contra la fe como la unión entre la ley y la razón. Estas dos enemigas no se pueden vencer sino con gran esfuerzo y dificultad. No obstante, si hemos de tener seguridad alguna, debemos vencerlas.

---

62. *fidem in Christum sine lege.*
63. *ut summa diligentia articulum justificationis discamus.*
64. *purissime discernamus evangelium a lege.*
65. *Quam primum autem lex et ratio conjunguntur, statim virginitas fidei violata est.*

Por tanto, cuando la conciencia esté aterrorizada por la ley, luchando por evadir el juicio de Dios, no pidas consejo ni a la razón ni a la ley. Apóyate únicamente en la gracia y en la palabra de consuelo. Allí te comportarás como si nunca hubieras oído nada de la ley de Dios. Allí solo brilla la figura[66] de la fe, que nos da la confianza de que solo Cristo salva por fuera y más allá de la ley[67]. Por tanto, el Evangelio nos conduce más allá y por encima de la luz de la ley y la razón. Nos lleva hasta los más remotos secretos[68] de la fe, en donde la ley y la razón no tienen nada que decir. No obstante, la ley también debe ser escuchada, pero en su debido lugar y momento. Cuando Moisés estaba en la cima del monte hablando con Dios cara a cara, no tenía la ley, no escribió ley alguna, ni fue ministro de la ley. Pero cuando bajó del monte, fue un legislador gobernando al pueblo por la ley. Así es como la conciencia debe estar libre de la ley, pero a la inversa, el cuerpo debe ser obediente a la ley[69].

Entonces no fue por una pequeñez que Pablo reprochó a Pedro. El reproche fue por causa del artículo principal de toda la doctrina cristiana[70]. Este artículo había caído en gran peligro por los fingimientos de Pedro. Pues Bernabé y otros judíos también llegaron a fingir junto con él. En fin, todos ofendieron, no por ignorancia o malas intenciones, sino por temor a los judíos. Tan ciegos estaban, que no pudieron ver su propio pecado. Ciertamente nos deja atónitos que hombres de tanto renombre como Pedro, Bernabé, y otros, puedan caer tan rápida y fácilmente. Ellos sabían muy bien cuál era su deber, y hasta lo habían enseñado a otros. De allí que sea peligroso confiar en nuestras propias fuerzas (como el Dr. Staupitz nos amonestaba con frecuencia). Jamás nos creamos tan santos, instruidos, y confiados en lo que hemos aprendido. Pues aun en lo que mejor sabemos, podemos errar y caer, causando gran peligro y riesgo para otros y nosotros. Por tanto, con suma humildad, procuremos ejercitarnos en el estudio de las Sagradas Escrituras, y oremos desde lo más profundo de nuestro corazón para jamás perder la verdad del Evangelio.

---

66. *aenigma.*
67. *salvari extra et ultra legem, in Christo.* Añadí «solo» para aclarar el énfasis, puesto que el español lo requiere, aunque se sobreentiende en latín.
68. *tenebras.*
69. *sic conscientia libera sit a lege, corpus autem obediat legi.*
70. *sed propter praecipuum articulum doctrinae christianae.*

Por lo tanto, aunque nuestros dones sean grandes, nada somos sin el socorro de Dios. Si nos deja solos, de nada vale nuestra sabiduría y conocimiento. *A menos que Él nos sostenga, ni la más alta educación, y ni siquiera la teología[71] misma, nos sirven de nada.* Pues en la hora de la tentación sucede que, de repente, por la astucia del diablo, nuestra vista se cierra a las Escrituras que nos consuelan. No podemos ver más que amenazas ante nuestra vista. En momentos así, quedamos oprimidos y totalmente confundidos. Aprendamos que, si Dios retirara su mano, quedaríamos derrotados. Que nadie se gloríe en su propia justicia, sabiduría, u otros dones. Más bien, oremos humildemente con los apóstoles: «Señor, auméntanos la fe» (Lucas 17:5).

VERSÍCULO 14. *Cuando vi que ellos no se comportaban según la verdad del Evangelio.*

Este es un maravilloso ejemplo de aquellos que son considerados pilares de la Iglesia. Nadie sino Pablo tuvo los ojos abiertos. Solo él vio la falta de Pedro, Bernabé, y los otros judíos que jugaban a los disimulos con Pedro. Por el contrario, ellos mismos no vieron su propia falta. Para nada. Más bien pensaron que habían hecho bien sobrellevando la flaqueza de los débiles judíos. Por eso fue imprescindible que Pablo reprochara su delito, y no dejara las cosas así sin llamarles la atención. Por eso acusa a Pedro, Bernabé, y los otros, que no andaban con rectitud en cuanto a la verdad del Evangelio. Es decir, se habían desviado de la verdad del Evangelio. Era un asunto tan grave que Pablo tuvo que reprender a Pedro diciéndole: «Caíste de la verdad del Evangelio». No podía ser reprochado más duramente. No obstante, lo sufrió con paciencia. Sin duda, reconoció su falta con un corazón alegre. Como he dicho, muchos tienen el Evangelio, pero no la verdad del Evangelio. Por eso Pablo dice que Pedro, Bernabé, y los otros judíos «no andaban con rectitud en cuanto a la verdad del Evangelio». Tenían el Evangelio, pero «no se comportaban según la verdad del Evangelio». Aunque lo habían predicado, con su disimulo (los fingimientos no tienen lugar alguno junto a la verdad del Evangelio) estaban en realidad estableciendo la ley. Pero establecer la ley es abolir y derrocar el Evangelio.

---
71. *theologia.*

Todo el que pueda juzgar debidamente entre la ley y el Evangelio puede dar gracias a Dios y saber que es un teólogo[72]. Confieso que, cuando viene la tentación, yo mismo no puedo separarlos como debiera. La manera de separarlos es colocar el Evangelio en el cielo, y la ley en la tierra. Llamemos a la justicia del Evangelio, celestial; llamemos a la justicia de la ley, terrenal y humana. Separen cuidadosamente la justicia del Evangelio de la justicia de la ley. Pues así Dios separó cuidadosamente el cielo de la tierra, la luz de las tinieblas, y el día de la noche. Que la una sea día y luz, y la otra, noche y tinieblas. ¡Ojalá fuéramos capaces de separarlas más!

Por tanto, si el tema tiene que ver con la fe o la conciencia, vamos a excluir la ley por completo. La vamos a dejar en la tierra. Si tiene que ver con las obras, que la lámpara de las obras o de la justicia de la ley se encienda en la noche. Cuando sea de día, que el brillo del sol y la infinita luz del Evangelio y de la gracia alumbren por doquier. Cuando sea de noche, que alumbre la lámpara de la ley.

De tal modo que, si tu conciencia se estremece de pavor por el sentido y los sentimientos del pecado, debes pensar de la siguiente manera: «Eres como una mula en la tierra. Es allí donde las mulas divagan y trabajan. Que la mula se quede allí, sirviendo y llevando la carga que le toca llevar. Es decir, que se quede allí el cuerpo con sus miembros sujetos a la ley. Pero cuando te remontes hacia el cielo, deja la mula en la tierra con su carga. La conciencia no tiene nada que ver con la ley, ni con las obras, ni con la justicia terrenal. Que la mula se quede en el valle, pero que la conciencia ascienda con Isaac a la cima del monte. Que no lleve nada de la ley ni de sus obras. Que suba mirando solamente la remisión de los pecados y la pureza de la justicia que Cristo nos ofrece gratuitamente».

Por otro lado, en nuestra vida diaria aquí en la tierra, se debe exigir una rigurosa obediencia a la ley. En esta esfera no existe el Evangelio, ni la conciencia, ni la gracia, ni la remisión de los pecados, ni la justicia celestial, ni Cristo mismo. Allí solo debe aparecer Moisés con su ley y sus obras. Si recalcamos bien esta diferencia, ni la una ni la otra debe sobrepasar sus límites. La ley no mira si hay cielo, ni tiene corazón ni conciencia. En claro contraste, la libertad del Evangelio habitará fuera de la tierra, fuera del cuerpo

---

72. *et sciat se esse theologum.*

CONFERENCIA 8: VIERNES 31 DE JULIO

y sus miembros. Por tanto, tan pronto como la ley y el pecado entran en el cielo (es decir, en la conciencia), hay que expulsarlos cuanto antes. La conciencia que ya teme por el pavor de la ira y el juicio de Dios no debe tomar en cuenta la ley y el pecado. Debe fijarse solo en Cristo. Por otro lado, cuando la gracia y la libertad llegan a la tierra (es decir, al cuerpo), debes decir: «¿Qué estás haciendo aquí, en la pocilga y la escoria de esta vida corporal? ¡Vete al cielo, ese es tu lugar!».

Con sus fingimientos, Pedro oscureció esta distinción entre la ley y el Evangelio. Persuadió a los creyentes de que necesitaban ser justificados por el Evangelio junto con la ley. Pablo no pudo tolerar esto y, por tanto, reprochó a Pedro. No para avergonzarlo, sino para recalcar la clara diferencia entre ambos, es decir, que el Evangelio justifica en el cielo, y la ley en la tierra. El papa no solo mezcla la ley con el Evangelio, sino que ha convertido el Evangelio en meras leyes, y tales que son solo ceremoniales. También ha mezclado y confundido la política con la religión, lo cual es una confusión diabólica e infernal.

Es indispensable marcar la diferencia entre la ley y el Evangelio, pues allí está la sustancia de toda la doctrina cristiana. Por eso, todo creyente debe esforzarse por aprender a distinguir la una de la otra; no solo con palabras, sino también en sus afectos y en la vida diaria. Es decir, en el corazón y en la conciencia. Es fácil expresar la diferencia en palabras. Pero cuando llega la tentación, verás que el Evangelio rara vez aparece. Al contrario, la ley vendrá a visitarte como un huésped constante en tu conciencia. Pues la razón y la conciencia se conocen demasiado bien.

Por eso, cuando la conciencia esté aterrada por el pecado, por el palabrerío de la ley que siempre grita cada vez más fuerte, dile: «Hay un tiempo para morir, y hay un tiempo para vivir. Hay un tiempo para oír la ley, y un tiempo para despreciarla. Hay un tiempo para oír el Evangelio, y un tiempo para desconocerlo. Bien, ha llegado el tiempo de que la ley se marche y dé paso al Evangelio. Pues ya no es tiempo de oír la ley, sino el Evangelio. Pues no has hecho nada bueno, y has pecado vergonzosamente. Es verdad, lo confieso. Pero tengo la remisión de todos mis pecados por medio de Cristo, *y por Él, todos mis pecados han sido perdonados*».

Pero cuando salgas del conflicto con la conciencia, cuando tengas que cumplir con tu deber de cada día, *entonces, no importa si eres ministro de la palabra, magistrado, esposo, maestro, discípulo, etc.,* ese no es el momento de escuchar al Evangelio, *sino a la ley y cumplir con tu vocación.*

VERSÍCULO 14. *Dije a Pedro delante de todos: Si tú, siendo judío, vives como los gentiles y no como los judíos, ¿por qué obligas a los gentiles a vivir como judíos?*

Él está diciendo: «Eres judío y tienes la obligación de vivir como judío, abstenerte de las carnes prohibidas por la ley. Aun así, vives como gentil, pues haces lo que va contra la ley, y quebrantas la ley por la manera en que estás viviendo. De hecho, comes hasta hartarte (de carnes limpias e inmundas), y tampoco hay nada malo en eso. Así viven todos los gentiles que están libres de la ley. Pero ante la presencia de tus hermanos conversos de los judíos, te abstienes de las carnes prohibidas en la ley; por tanto, ¡no haces otra cosa que rendir servicio a la ley! Mira, ¡estás convirtiendo a gentiles en judíos! Es decir, les estás diciendo que están bajo la obligación de guardar la ley. Y al abstenerte de las carnes inmundas, das ocasión para que los gentiles piensen esto: "Pedro se abstiene de las carnes que comúnmente comen los gentiles, las cuales él mismo comía antes. Por lo tanto, nosotros también debemos evitarlas, y vivir como los judíos. De otro modo, no podremos ser salvos"». Podemos ver que Pablo no reprochó a Pedro ignorancia (pues sabía muy bien que podía comer libremente con los gentiles todo lo que quisiera), sino por su fingimiento, con el cual imponía a los gentiles la obligación de vivir como judíos.

Vuelvo a recordarles que no hay nada malo en vivir como judío. ¿Qué diferencia hay entre comer cerdo y otras carnes? Pero si pretendes hacerte pasar por judío diciendo que te abstienes de ciertas carnes por un asunto de conciencia, eso es negar a Cristo y derrocar el Evangelio. Por tanto, cuando Pablo vio que el disimulo de Pedro tenía este fin, se le opuso. Le dijo: «Tú sabes que guardar la ley no es necesario para la justicia. En vez de eso, la justicia es nuestra por aferrarnos solo a Cristo[73]. La verdad es que tú no guardas la ley. Más bien la quebrantas y comes lo que quieres. Sin

---

73. *Tu nosti observationem legis non esse necessariam ad justitiam, sed eam nobis per solum Christum contingere.*

embargo, con tu ejemplo obligas a los gentiles a apartarse de Cristo e inclinarse a la ley, porque les das ocasión de pensar así: la sola fe no justifica; sino que se requiere guardar al mismo tiempo la ley y las obras. Con su ejemplo, Pedro nos enseña que, si en verdad queremos ser justificados, la observancia de la ley debe unirse a la fe en Cristo». Por tanto, Pedro no solo ofende la pureza de la doctrina, sino también la verdadera fe y la justicia cristiana. Los gentiles habrían entendido que guardar la ley era necesario para la justicia. Si se hubiera dado pie a este error, ¡Cristo no valdría nada!

Todo esto permite entender cuál fue el fin de la discordia y del conflicto de Pablo con Pedro. Pablo actúa con fervor, y de corazón, y no finge que lo está reprochando. Es Pedro quien está fingiendo, *tal como dice el texto claramente, y Pablo reprende su hipocresía*.

Por lo cual en Pablo no hay pretensión alguna, sino un espíritu cristiano, aunque severo, como también un santo orgullo. Pablo habría caído en una falta si Pedro solo hubiera cometido un pecado leve y no un pecado contra el artículo principal de la doctrina cristiana[74]. *Pero como la verdad del Evangelio resultaría perjudicada por la falta de Pedro, Pablo no puede ni quiere dejar de defenderla. Se propone preservarla, no importa lo que hagan Pedro, Bernabé, y todos los demás.*

Por tanto, Porfirio y Julián perjudican a Pablo pues falsamente lo acusan de reprochar a Pedro por mera arrogancia. Pero la lógica misma, al ver el blanco al cual Pablo apunta, lo confirma: por su descuido, Pedro debe ceder el lugar que solo corresponde a la majestad divina. Así la doctrina de la fe no correría peligro.

Pues ese es el tema en juego aquí: o Pedro merece un severo reproche, o hay que sacar a Cristo de en medio. Aquí, sería preferible que Pedro pereciera y se fuera al infierno, si fuera la única forma de no perder a Cristo. Porfirio y todos los demás deberían estar de acuerdo con esta sentencia. Nadie puede negar que en este caso Pablo obró bien y piadosamente. Si hubiera sido una contienda sobre un asunto menor (como lo fue su discordia con Bernabé en Hechos 15:39, claramente una pequeñez frívola), Pablo habría cedido. Pero esta era la mayor de todas las causas, y él no iba a ceder. Por tanto, todo cristiano debería sentirse orgulloso del ejemplo de Pablo. El amor todo lo soporta, todo lo cree, y todo lo espera (1 Corintios 13:7); pero la fe es la que manda, rige, triunfa y no cede ante

---

74. *et non contra praecipuum articulum christianae doctrinae peccasset.*

nadie[75]. *Pues todas las cosas deben estar sujetas a la fe y rendirse ante ella: pueblos, naciones, reyes y jueces de la tierra, como dice Salmo 2:10-11: «Ahora pues, oh reyes, mostrad discernimiento; recibid amonestación, oh jueces de la tierra. Adorad al Señor con reverencia [...] no sea que perezcáis en el camino». Por tanto, los efectos, oficios y virtudes del amor y de la fe son patentemente opuestos entre sí.*

Por tanto, toda la fuerza radica en esta frase: «Obligas a los gentiles a vivir como judíos». Es decir, los empujas fuera de la gracia y de la fe para que caigan en la ley y en las obras. Pero de ese modo niegan a Cristo, como si Él hubiera sufrido y muerto en vano. Esta palabra, «obligas», contiene todos aquellos peligros y pecados contra los cuales Pablo advierte y se extiende a lo largo de esta epístola. Porque si se admite esta compulsión o necesidad, entonces la fe queda abolida. Y donde la fe perece, todas las promesas de Dios quedan nulas. Todos los dones del Espíritu Santo son pisoteados, y por fuerza mayor se sigue que todo ser humano debe perecer y ser condenado. A lo largo de toda esta epístola, Pablo atribuye muchas características de esta índole a la justicia de la ley.

CONFERENCIA 9: sábado 1 de agosto

Entonces es algo grave caer en manos de la ley. Esta caída puede ser súbita, y a un gran abismo, como si fuera desde las alturas del cielo hasta el mismo infierno. Por lo tanto, cada cristiano debe aprender con diligencia a discernir entre la ley y el Evangelio. Denle permiso a la ley para que reine sobre su cuerpo y sus miembros, pero no sobre su conciencia. Pues esta reina y esposa no debe ser maltratada. Hay que preservarla sin mancha ni arruga para su único esposo, Cristo. Así lo dice Pablo: «Os he desposado a un marido» (2 Corintios 11:2). Que la conciencia tenga su recámara nupcial, no abajo en el valle, sino en un monte alto. Que allí repose Cristo, y que desde allí reine y gobierne, no aterrorizando y afligiendo a los pecadores, sino consolando, perdonando, y salvándolos. Por tanto, que la conciencia afligida no piense en nada más, no presente nada más contra el juicio de Dios, sino solo la palabra de Cristo. Esta es la palabra de gracia, remisión de pecados, salvación y vida eterna. Pero lograr esto es difícil. La razón y la naturaleza humana no tienen

---

75. *nulli cedat.*

la perseverancia para aferrarse a Cristo. A veces se desvían, perturbadas por la ley y el pecado. Siempre buscan darle libertad a la carne, pero servidumbre y esclavitud a la conciencia.

Estando frente a Pedro, Pablo resume todo lo que abarca el artículo de la justificación al decirle: «si tú, siendo judío», y sigue hasta las palabras «por cuanto por las obras de la ley», donde se dirige nuevamente a los gálatas. Pero las palabras que dirigió a Pedro no tenían la intención de enseñarle el Evangelio, sino de fortalecerlo mientras toda la Iglesia está de pie y escucha. Por eso siguió dirigiéndose a Pedro en el siguiente versículo.

VERSÍCULO 15. *Nosotros judíos naturales, y no pecadores de los Gentiles.*

Es decir, «somos judíos por naturaleza, nacimos en la justicia de la ley, en Moisés, en la circuncisión; hasta nacemos con la ley debajo del brazo»[76]. Tenemos la justicia de la ley por naturaleza. Así lo dijo Pablo de sí mismo, en el primer capítulo: «siendo mucho más celoso de las tradiciones de mis padres» que todos los demás. Por tanto, si nos comparamos con los gentiles, no somos pecadores. No estamos sin ley y sin obras, como ellos. Por naturaleza, somos judíos, nacemos en esa justicia, y somos criados en esa justicia. Nuestra justicia comienza desde que nacemos, pues la religión judía es nuestra por naturaleza. «Pues Dios ordenó que Abraham circuncidara a todo hijo varón al octavo día» (Génesis 17:10-14). Posteriormente, Moisés confirmó esta ley de la circuncisión recibida de los padres. Entonces, es algo grandioso, ¡somos judíos de nacimiento! No obstante, aunque tenemos esta distinción de ser naturalmente justos, nacidos a la ley y a sus obras, y no somos pecadores como los gentiles, con todo eso, no somos justos ante Dios[77].

Aunque me pudieras mostrar un judío de impecable moral, concebido según la ley, y que desde su nacimiento haya guardado la ley a la perfección, aun así, no sería justo ante Dios. Ciertamente somos circuncidados, pero eso no nos justifica. La circuncisión es tan solo un «sello de justicia» (Romanos 4:11). Ni tampoco los hijos circuncidados en la fe de Abraham son

---

[76]. *et cum nativitate ipsam legem afferimus.* Al traducir al español, he usado una expresión idiomática equivalente al significado del latín.
[77]. *non sumus justi coram Deo.* Lutero añade el pie de página: «*Lex non justificat*».

salvos por su circuncisión, sino por su fe. No importa que seamos judíos al 100 %[78]. *No importa nuestra inmejorable santidad. No importa que nos gloriemos contra los gentiles por tener la ley como nuestro justificador. No importa que tengamos la verdadera adoración a Dios. No importa que tengamos las promesas y los patriarcas (gran gloria, por cierto). Aun así, con todo eso, no somos justos ante Dios*[79], *ni tenemos ventaja alguna sobre los gentiles.*

De todo esto resulta obvio que Pablo no habla de las ceremonias, como suponen Orígenes y Jerónimo. Porque después de Cristo, estas no tienen valor alguno, y tan solo destruyen. Pablo, en cambio, habla de un asunto de mucho más peso: se niega a calificar a los judíos de nacimiento como justos, aunque nazcan santos, sean circuncidados, guarden la ley, tengan la adopción, la gloria, el pacto, los patriarcas, la adoración, a Dios, al Mesías, las promesas. Ellos se glorían de esas cosas, como cuando dicen: «simiente de Abraham somos» (Juan 8:33); o también: «Un padre tenemos, que es Dios»[80]; y en Romanos: «Llevas el nombre de judío y te apoyas en la ley», etc. (2:17).

Por tanto, aunque Pedro, Pablo y los otros apóstoles eran hijos de Dios, justos según la ley, *los mismos apóstoles de Cristo, con todo lo que eran, no fueron declarados justos ante Dios*[81]. *Pues, aunque tengas todo este conjunto de cosas —la totalidad de la ley,* las obras y su justicia, la circuncisión, la adopción, los pactos, las promesas, el apostolado—, nada de eso es fe en Cristo. Porque, de acuerdo con el texto que sigue, la fe es lo único que justifica, y no la ley[82]. No es que se deba condenar la ley como maligna. El hecho de que no justifiquen no es razón para condenar la ley, la circuncisión, y tales cosas. Pablo, más bien, las despoja de todo poder para justificar a ser alguno, porque los falsos apóstoles porfiaban que, al hacer todas esas cosas, y solo por hacer la obra[83], la gente era justificada y salva. Pablo no toleraba tal cosa, porque sin fe todas las cosas son fatales: la ley, la circuncisión, la adopción, el templo, la adoración de Dios. ¡Sí! Las promesas, y aun Dios y Cristo mismo, no sirven de nada sin la fe. Por

---

78. *Ut maxime igitur simus Iudaei nati et sancti.* «Maxime» = 100 % (prerrogativa del traductor).
79. *non sumus justi coram Deo.*
80. Juan 8:41.
81. *non tamen ideo eran justi doram Deo.*
82. *quia non sunt fides in Christum, quae sola [...] justificat.* Lutero añadió este pie de página: *Fides justificat, praeterea nihil,* «la fe justifica, y se le suma absolutamente nada».
83. *ex opere operato.*

lo que Pablo denuncia rotundamente todo lo que es contrario a la fe, y no solo la sátira de las ceremonias.

VERSÍCULO 16. *Sabiendo que el hombre no es justificado por las obras de la ley, sino mediante la fe en Cristo Jesús.*
Esta frase, «las obras de la ley», corta mucha tela y debe recalcarse. *Digo esto a causa de los sofistas y monjes flojos y bien cobijados. Ellos oscurecen las palabras de Pablo. Oscurecen y corrompen todo su argumento sobre la justificación con sus necias e impías añadiduras. Pero no tienen la menor idea de lo que dicen.* Por tanto, hay que comprender que las obras de la ley están en antítesis, es decir, opuestas a la gracia[84]. Todo lo que es contrario a la gracia, es de la ley[85], no importa si es judicial, ceremonial, o los diez mandamientos. Suponiendo que de veras pudieras hacer las obras de la ley de acuerdo con este mandamiento: «Amarás a tu Dios con todo tu corazón» (Mateo 22:37), lo cual nadie ha logrado ni podría lograr, aun así, no serías justificado ante Dios. Pues no hay ser alguno que podría jamás ser justificado por las obras de la ley[86]. Más adelante, tendremos mucho más que decir al respecto.

Entonces, de acuerdo a Pablo, la frase «obras de la ley» da a entender la obra entera de la ley, ya sea de las ceremonias o del decálogo[87]. Por otro lado, si las obras del decálogo no justifican[88], mucho menos justifica la circuncisión, pues es obra de la ley ceremonial. Por tanto, cuando Pablo dice (como suele hacerlo) que «el hombre no es justificado por la ley, o por las obras de la ley» (que, para Pablo, son lo mismo), simplemente está hablando de toda la ley[89]. En esto, él contrapone la justicia de la fe a la justicia de toda la ley[90]. No importa si se practica la ley por el poder divino o por el esfuerzo humano[91]. «Porque por la justicia de la ley», dice él, «el hombre no es declarado justo ante Dios[92], sino que Dios imputa

---

84. *opus ergo legis accipe simpliciter per antithesis, contra gratiam.*
85. *quid quid non est gratia, lex est,* literalmente «todo y cuanto no es de la gracia, es ley».
86. *quia ex operibus legis non justificatur homo.*
87. *legis sive ceremonialis sive decalogi.*
88. *opus Decalogi non justificat.*
89. *simpliciter de tota lege loquitur.* En el texto latino, Lutero añade el pie de página para recalcar: *Paulus loquitur de tota lege.*
90. *opponens per antithesin justitiam fidei justitiae totius legis.*
91. *justitiae totius legis, quae parari potest sive virtute divina sive humana ex lege.*
92. *homo non pronuntiatur justus coram Deo.*

gratuitamente la justicia de la fe por gracia, por causa de Cristo»[93]. El énfasis recae en la frase «las obras de la ley». Sin duda alguna, la ley es santa, justa, y buena. Igualmente, no hay duda alguna de que las obras de la ley también son santas, justas, y buenas. Sin embargo, por todas estas el hombre no es justificado ante Dios[94].

Por tanto, debemos rechazar la opinión de Jerónimo y otros, pues imaginan que aquí Pablo no habla de las obras del decálogo[95]*, sino de la ley ceremonial*[96]*. No obstante, se ven obligados a reconocer que la ley ceremonial también era buena y santa. Pues ciertamente la circuncisión y otras leyes sobre los ritos del templo eran justas y santas, pues por mandato de Dios se habían dado leyes ceremoniales y morales. Aquí ellos dicen: «las leyes ceremoniales llegaron a su fin después de Cristo». Pero esto es un invento de su propia imaginación. Aquí Pablo no está hablando de los gentiles, porque para ellos no existen las leyes ceremoniales. Aquí Pablo habla de los judíos, y para ellos tales leyes eran buenas; aun Pablo mismo las observaba. Pero ni aun en ese entonces, cuando las leyes ceremoniales todavía eran santas y buenas, ¡aun así no podían justificar!*

Por tanto, Pablo no habla solo de una parte de la ley (que también era buena y santa), sino de la totalidad de la ley[97]*, diciendo que una obra hecha de acuerdo con toda la ley no puede justificar. Ni tampoco habla de pecar contra la ley, ni de una obra de la carne, sino de «las obras de la ley», es decir, obras hechas de acuerdo con la ley. Por tanto, no asesinar, no cometer adulterio, etc., ya sea que lo hagas por tu propia naturaleza, por la fuerza humana, por el libre albedrío, o según el don y el poder de Dios, no importa de qué manera guardes la ley, aun así no puede justificar.*

Ahora bien, las obras de la ley se pueden hacer antes o después de la justificación. Aun antes del tiempo de la justificación, había muchos hombres buenos entre los paganos. Jenofonte, Arístides, Fabio, Cicerón, Pomponio Ático, y otros, hicieron las obras de la ley, y se les conoció como hombres de bien. Cicerón sufrió la muerte con valentía por una causa buena y justa. Pomponio fue un hombre de constancia, y amaba la verdad, pues jamás mentía ni toleraba la mentira en otros. Pues bien, la constancia y la verdad son virtudes nobles y obras excelentes de la ley; sin embargo, a nadie justifican.

---

93. *iustitiam vero fidei imputat Deus gratis, per misericordiam, propter Christum.*
94. *et tamen per ea homo non justificatur coram Deo.*
95. *Decalogi*, «diez mandamientos».
96. *legis ceremonialis.*
97. *sed de universa lege.*

Después de la justificación, Pedro, Pablo, y otros cristianos han hecho y están haciendo las obras de la ley, pero aun así, no por ellas son justificados. «Porque no estoy consciente de nada en contra mía», dijo Pablo, «y aun así, no por eso soy justificado» (1 Corintios 4:4). Podemos ver que no habla solo de cierta parte de la ley, sino de toda la ley, y la totalidad de sus obras, y no solo de alguna infracción contra la ley.

La teología de los eruditos papales, comúnmente conocidos como los escolásticos[98]

Por tanto, sea maldita esa impía y perniciosa opinión de los eruditos del papa[99]. Esta opinión atribuye gracia y remisión de pecados al mérito ganado por «obrar una buena obra»[100]. Dicen ellos: «Una buena obra hecha antes de la gracia te capacita para lograr la gracia *de congruo*» [gracia por actuar en congruencia][101]. Pero habiendo obtenido ya la gracia, la siguiente obra merece vida eterna porque ya eres digno [*de condigno*].

Por ejemplo, fulano de tal se encuentra en pecado mortal y vive fuera de la gracia. Pero, por su propia disposición [naturaleza], hace una buena obra, tal como leer o escuchar misa, dar limosna, o algo así. Esa persona se hará merecedora de la gracia *de congruo*. Habiendo obtenido así la gracia *de congruo*[102], ahora realiza otra obra, pero esta vez digna y meritoria de la vida eterna. Por la primera, Dios no es deudor. No obstante, puesto que Dios es justo y bueno, le corresponde dar gracia por esa buena obra, aunque se haya obrado en pecado mortal. Pero de aquí en adelante, Dios es deudor y tiene que pagar con gracia. Pero después de esta primera gracia, por las obras que siguen, Dios se convierte en deudor, y tiene la obligación de corresponder con vida eterna. Pues ahora ya no es solamente una obra del libre albedrío, hecha por su naturaleza. De allí en adelante las obras que siguen son hechas en una gracia gratificante. Es decir, en amor[103].

---
97. *sed de universa lege.*
98. El original en latín sencillamente reza: *Theologia Sophistica*. El título no se encuentra en el texto Weimar.
99. Pie de página de Lutero: *Meritum congrui et condigni* [también *meritum de congruo* y *meritum de condigno*].
100. *operi operato.*
101. Gracia que Dios otorga por hacer una obra de acuerdo a su voluntad (de allí, congruente).
102. Hizo una obra de acuerdo (en congruencia) con la voluntad de Dios.
103. *sed etiam factum in gratia gratificante, hoc est, in dilectone.*

Esta es la teología del reino del anticristo, la cual expongo aquí a fin de explicar más claramente los argumentos de Pablo. Cuando se comparan dos temas opuestos, se comprenden mejor. Además, así todos pueden ver cuán lejos de la verdad se han extraviado estos guías ciegos, y se han desviado del camino estos ciegos guías de los ciegos. Mediante esta impía y blasfema doctrina ellos no solo han oscurecido el Evangelio, sino que lo han hecho desaparecer, y han enterrado a Cristo por entero. Este asunto es así. Digamos que yo, viviendo en pecado mortal, hago una muy pequeña buena obra; pero por ser buena, no importa cuán pequeña sea, gratifica a Dios. Además, no solo la hice de acuerdo con la intención misma de la obra, sino que me he demostrado capaz de hacer algo que está de acuerdo con la voluntad de Dios. Por eso Dios me concede el mérito de la *gracia de congruo* [mérito por estar de acuerdo con la voluntad de Dios][104]. Una vez que recibo ese mérito, quedo capacitado para hacer otras obras buenas que, ahora, se hacen de acuerdo con la gracia de Dios, es decir, ¡con las obras del amor! Y adquiero, por derecho, la vida eterna. Entonces, ¿por qué ahora voy a necesitar la gracia de Dios, el perdón de los pecados, la promesa, y la muerte y la victoria de Cristo? De ser así, lo que Cristo hizo no vale nada, y sus beneficios quedan anulados. Pues lo que tengo es mi libre albedrío, y el poder de hacer buenas obras. Primero me gano el mérito que me pone de acuerdo con la voluntad de Dios [*gratia de congruo*], y luego me gano la vida eterna por los méritos que me hacen digno [*gratia de condigno*].

Tales colosales y horribles blasfemias las habrían planteado los turcos y judíos, pero no pertenecen en la Iglesia de Cristo. Por esos argumentos es patente que el papa, con sus obispos, doctores, monjes, y todo lo demás, no tienen el menor conocimiento ni aprecio por las cosas sagradas, pues no velan por la salud del rebaño. En vez de eso, lo abandonan, pero no sin antes hacerlo pedazos. Pues si hubieran visto, aun como a través de una niebla, lo que Pablo llama pecado y lo que llama gracia, ¡jamás habrían obligado a la gente a creer tales abominaciones y malditas mentiras! Solo entendieron el pecado mortal como las obras externas perpetradas contra la ley, como el asesinato, el adulterio, el hurto, y similares. Pero no pudieron

---

104. Los méritos de *congruo* y de *condigno* todavía forman parte de la literatura teológica católica romana.

ver que el pecado mortal también incluye la ignorancia, el odio, el desprecio de Dios en el corazón, la ingratitud, la murmuración contra Dios, o la aversión a la voluntad de Dios. Tampoco ven que la carne no puede pensar, hablar, ni hacer nada excepto oponerse a Dios y favorecer al diablo. Si hubieran podido ver estas enormes pestes tan arraigadas en la naturaleza del hombre, no se habrían fijado en las impías tonterías del mérito de congruo y el mérito de condigno.

Por eso debemos definir con toda propiedad y sencillez lo impío y fatal que es un pecador. Es un hipócrita tan santurrón y sanguinario como lo era Pablo, cuando viajó a Damasco persiguiendo a Jesús de Nazaret, con miras a abolir la doctrina del Evangelio, asesinar a los fieles, y derribar por completo la Iglesia de Cristo. ¿Quién no dirá que estos fueron horribles pecados? Sin embargo, Pablo no los podía ver. Pues estaba tan cegado por un perverso celo por Dios, que pensaba que estas abominaciones no eran sino perfecta justicia, y un alto servicio rendido a Dios. Y ¿diremos que quienes defienden estos horribles pecados son justos, perfectos, y merecedores de la gracia?

Por tanto, con Pablo, negamos de raíz los méritos de congruo y de condigno. Denunciamos que estas especulaciones son meros engaños de Satanás; jamás se han logrado ni demostrado con ejemplos. Pues Dios jamás ha dado a ningún hombre gracia y vida eterna a través de los méritos de congruo y de condigno. Estas ponencias de los escolásticos, sobre los méritos de congruo y de condigno, son solo productos de la imaginación y los sueños especulativos de los ociosos. No tienen valor alguno. No obstante, son la base sobre la cual todo el universo del papado se fundó y sigue estando fundado hasta el día de hoy. Pues no hay monje[105] que no se imagine lo siguiente: «Soy capaz, por medio de mi orden religiosa, de merecer la gracia de congruo, y por tal obra, después de haberla recibido, acaparar un gran tesoro de mérito; pues no solo me bastará para obtener yo mismo la vida eterna, sino también para repartirla o venderla a otros». Toda orden religiosa[106] enseña y vive de acuerdo con esa norma. Hoy, a fin de defender esa horrible blasfemia contra Cristo, los papistas arremeten contra nosotros con

---

105. *monachus.*
106. *omnes monachi.*

todo lo que tienen. Pero entre todos ellos no hay uno solo, por más hipócrita santurrón y justiciero[107], que no se convierta en el más cruel y mortal enemigo del Evangelio de Cristo.

La verdadera doctrina del cristianismo[108]

Ahora bien, la verdadera doctrina del cristianismo es esta: primero, el ser humano debe reconocer por la ley que es un pecador, y por lo tanto, le es imposible hacer cualquier obra buena. Pues la ley dice: «Árbol malo eres, y por lo tanto, todo lo que piensas, dices, o haces, es contra Dios». No puedes, y por lo tanto, no mereces la gracia por tus obras. Pues si eso te propones, duplicas tu delito. Puesto que eres un árbol malo, tu fruto no puede ser otra cosa sino malo, es decir, pecados. «Pues todo lo que no es de fe, es pecado» (Romanos 14:23). Por tanto, todo el que busca recibir gracia por alguna obra previa a la fe, solo se propone agradar a Dios con pecados. Pues todo lo que hará será amontonar pila tras pila de pecados, burlándose de Dios, y provocando su ira. Pero cuando el hombre se deja instruir por esta ley, se horroriza y se humilla, pues puede ver la grandeza de su pecado, y no puede encontrar en sí mismo ni una chispa del amor de Dios. Por tanto, justifica a Dios en su palabra, y confiesa que es culpable de muerte y condenación eterna. La primera parte del cristianismo, entonces, es la predicación del arrepentimiento, y saber quiénes somos en realidad.

La segunda parte es esta: si quieres ser salvo, no puedes lograr la salvación por las obras. Pues «Dios ha enviado a su Hijo unigénito al mundo para que vivamos por Él. Él fue crucificado, y murió por ti, entregado como ofrenda por tus pecados en su propio cuerpo». Aquí, antes de la gracia, no hay ninguna obra que pueda estar de acuerdo con la voluntad de Dios, sino ira, pecado, pavor, y muerte. Pues la ley no hace más que amedrentar y humillar. De esa manera nos prepara para la justificación, impulsándonos hacia Cristo. Pues Dios, en su palabra, nos ha revelado que será para nosotros un Padre misericordioso. Sin merecerlo (viendo que nada merecemos), nos dará gratuitamente remisión de pecados, justicia, y vida eterna

---

107. *iustitiarius.*
108. *vera Christianismi ratio.* El título no aparece en el original. Aparece en la edición de Irmischer. Es la primera frase del siguiente párrafo.

por amor de su Hijo. Pues Dios da gratuitamente dones a sus hijos para la alabanza y la gloria de su deidad. Pero los justicieros[109] se niegan a recibir gratuitamente de Dios la gracia y la vida eterna. Buscarán merecerla por sus propias obras. Por esta causa, despojarán totalmente a Dios de la gloria de su divinidad. Por lo tanto, para conservar y defender su gloria, Dios se ve obligado a enviar primero su ley, la cual, como rayos y truenos del cielo, molerá y quebrantará la roca más endurecida.

Esta es, en resumen, nuestra doctrina de la justicia cristiana contra las abominaciones y blasfemias de los papistas, acerca de los méritos de congruo y de condigno, o las obras antes de la gracia y después de la gracia. Tales son los sueños vacíos ingeniados por individuos que jamás han luchado contra tentación alguna, jamás han tenido el verdadero sentimiento del pecado o el terror de la muerte, y por lo tanto, no saben lo que dicen ni lo que enseñan. Además, no han podido mostrar ejemplo alguno de una obra hecha antes o después de la gracia que pudiera justificar ante Dios. Son, pues, meras fábulas frívolas con las que los papistas se engañan tanto a sí mismos como a los demás. Pues Pablo, aquí, afirma claramente «que nadie es justificado por las obras de la ley, ya sea antes de la gracia (de lo cual habla aquí) o después de la gracia». Se puede ver que la justicia cristiana no es una cualidad esencial que habita dentro de la forma humana[110], como se imaginan los eruditos del papa, cuando enseñan lo siguiente.

La teología de los escolásticos[111]

Cuando se hace cualquier obra buena, Dios la acepta, y por ella, infunde amor en el individuo[112]. Este amor infuso, dicen ellos, es una cualidad que se adhiere al corazón[113] como goma, y la llaman justicia formal[114] (es necesario que comprendan estas frases). Ellos no pueden tolerar ni oír que esta cualidad no sea considerada justicia[115], pues alegan que «embellece el corazón como el blanqueado de una

---

109. Legalistas.
110. *Quod Christiana iustitia non est inhaerens forma.*
111. *Theologia Scholastica,* o los eruditos del papa.
112. *infundit ei caritatem.*
113. *haerentem in corde.*
114. *formalem justitiam.*
115. *non esse iustitiam.*

pared»[116]. No pueden escalar más alto que esta cavilación de la razón humana; que el hombre es justo[117] por su propia justicia formada[118], la cual es gracia que lo hace acepto, es decir, una persona llena de amor[119]. De allí se sigue que este amor que te habita y te moldea entretejiéndose con toda tu alma es una obra que haces de acuerdo con la ley. Pues la ley dice: «Amarás al Señor tu Dios», etc. Ellos atribuyen justicia a esta forma moldeada y dicen que es digna de vida eterna[120]. Añaden que cualquiera que la tenga es «formalmente justo». De allí en adelante, esa justicia se activa. Si sigo haciendo buenas obras, ¡merezco la paga de la vida eterna! Esta es la opinión de los eruditos del papa[121], y aun la de los mejores.

Hay otros que no son tan duchos, como Escoto, y como Ockham, que dijeron: «A fin de obtener la gracia de Dios, esta gracia infusa o dada por Dios no es necesaria, pues aun por su propia fuerza natural el hombre puede poner todo su empeño para lograr esta gracia». Pues Escoto razona así: «Un hombre puede amar a otra criatura; un joven a una doncella, el codicioso al dinero, cosas de menor valor. Pero puede también amar a Dios, que es un bien mayor. Si por su fuerza natural puede amar a la criatura, mucho más puede amar al Creador». Con este argumento se convencieron todos los eruditos del papa, y ninguno lo pudo refutar.

Aun así, respondieron lo siguiente: «La Escritura nos obliga a confesar», dicen, «que Dios no se contenta con el amor natural que ha infundido en nosotros. También requiere un amor sacrificado, el cual Él mismo da». Y con esto acusan a Dios de tirano y cruel déspota, que no se conforma solo con nuestra observancia y cumplimiento de su ley, sino que, además de la ley (que sí podemos cumplir), nos exige también cumplirla sumando otras circunstancias y accesorios, con el fin de adornar nuestra buena intención de cumplir la ley. Como si un ama de casa, insatisfecha con el plato más exquisito de su cocinera, le reprochara no haberlo

---

116. Lutero se refiere a la costumbre de pintar paredes con cal, que hasta el día de hoy se practica en muchos países y se conoce como blanquear o encalar un muro o fachada.
117. Nota de Rörer: *Quid papistae vocent formalem iustitiam*, «La cual los papistas llaman justicia formal».
118. *homo est justus formali sua justitia*.
119. *gratia gratum faciens, id est, dilectio*.
120. *quia lex dicit, diliges dominum, etc. tribuunt iustitiam formalem, et dicunt eam esse dignam vita aeterna*. Aquí, en un pie de página, Rörer añade: *Quid papistae vocent formalem iustitiam*, «que los eruditos papales llaman "justicia formal"».
121. *sophistarum*. Para una comprensión moderna de este término, lo he traducido como «eruditos del papa» a lo largo de este *Comentario*.

preparado vistiendo ropajes espléndidos y una corona de oro. ¿Qué clase de ama de casa sería esta, cuya cocinera, además de cumplir con todo su deber a la perfección, debiera cumplir el requisito de adornarse con atavíos que ni siquiera tiene? E igualmente, ¿qué clase de Dios sería este, si demandara que, además de cumplir su ley (la cual, según ellos, guardamos por nuestras fuerzas naturales), vistiéramos atuendos que ni siquiera podemos comprar?

Pero aquí ellos hacen una distinción como para disimular que no apoyan dos cosas contrarias al mismo tiempo. Dicen que la ley se cumple de dos maneras. Primero, de acuerdo con la intención de la obra[122]. Segundo, de acuerdo con la intención del Legislador[123]. De acuerdo con la intención de la obra, dicen que podemos cumplir todo lo que la ley ordena, pero no de acuerdo con la intención del Legislador. Es como si dijeran: Dios no se contenta con que ya hayas cumplido todos los mandatos de la ley con todas tus fuerzas, sino que también demanda que cumplas la ley en el espíritu del amor divino[124]. No del amor que ya tienes por naturaleza, sino del sobrenatural, el amor divino, dado por Él mismo. Y ¿qué es esto sino convertir a Dios en un tirano y verdugo? Pues ¡exige que le demos lo que está totalmente fuera de nuestro alcance! Pero entonces, dicen: «Si al final somos condenados, la culpa no es nuestra, sino de Dios; pues Él mismo nos impuso que cumpliéramos esa condición»[125].

Repito estas cosas con más insistencia para que vean cuán lejos se han desviado del verdadero sentido de las Escrituras. Pues dicen que por nuestra capacidad natural podemos amar a Dios sobre todas las cosas, o al menos, que por la obra hecha[126] podemos merecer la gracia y la vida eterna. Según ellos, Dios no se contenta con que cumplamos la ley de acuerdo con la intención de la obra, sino que su voluntad sería que también la cumplamos de acuerdo con su propia intención al dar la ley. Por tanto, según ellos, las Escrituras requieren que se nos infunda una cualidad sobrenatural desde arriba, la cual es el amor que moldea y embellece la fe, creando la causa de nuestra justificación[127]. Así que la fe sería el cuerpo, el

---
123. *secundum intentionem praecipientis.*
124. *caritate.* A lo largo de este *Comentario*, Lutero usa las palabras «amor» y «caridad» sin diferenciar entre ellas.
125. *exigit legem suam a nobis impleri.*
126. *opere operato.*
127. *habere habitum supernaturalem, e caelo infusum, qui est charitas, quam dixerunt esse formalem iusticiam, informantem & ornantem fidem, facientemque ut ea iustificet.*

cascarón, y el color; y el amor sería la vida, el núcleo, y la masa. Tales son los sueños ilusos de los eruditos del papa.

Sin embargo, en vez de este amor, nosotros colocamos la fe; *aunque ellos dicen que la fe es la línea del bosquejo*[128]*, y el amor el colorido y el relleno, nosotros decimos lo contrario*: la fe se apropia de Jesucristo. Él es la forma que adorna y atavía a la fe, tal como el color adorna y embellece[129] la pared. La fe cristiana, por tanto, no es una cualidad ociosa, o una cascarilla en el corazón que podría incluso estar en pecado mortal hasta que el amor viene al rescate y le infunde vida. La verdadera fe es una confianza cierta y segura en el corazón. Es un asentimiento firme por el cual uno se sujeta a Cristo. De tal modo que Cristo es el objeto de la fe. *Pero Él es más que el objeto*. Cristo está presente en la misma fe[130]. Por tanto, la fe es un conocimiento oscuro pero firme, o más bien una densa oscuridad que nada ve. No obstante, Cristo, asido por la fe, está sentado en medio de esta oscuridad, como Dios en el Sinaí y en el templo, cuando se mostró en «una densa nube» (Éxodo 19:9; 1 Reyes 8:10). Por eso, nuestra justicia formal no es el amor que viste y embellece la fe, sino la fe misma. Esta fe es como la realidad de una nube en nuestros corazones. Es una constante confianza y seguridad en aquello que no podemos ver, a saber, Cristo mismo. Y aunque no podamos ver nada de Él, aun así, Él está allí.

Por tanto, la fe justifica, porque se sujeta y se posesiona de este tesoro: la presencia de Cristo en la misma fe. Pero esta presencia no la podemos comprender, porque habita como en oscuridad, como he dicho. Por tanto, Cristo está presente aun en la nube y la oscuridad de la fe, pues habrá una confianza segura en el corazón. Esta es la verdadera justicia formal, por la cual el hombre es justificado, y no por el amor, como profieren los escolásticos del papa.

Concluyendo, los eruditos papales dicen que el amor le da forma e imbuye a la fe[131]. De igual manera nosotros decimos que Cristo es quien le da forma e imbuye a la fe. O más bien, Él es la forma misma y la perfección de la fe. Por tanto, la fe[132] sujetándose a Cristo y morando

---
128. En el texto en latín, Lutero usa la palabra griega μονόγραμμα.
129. *informat.*
130. *imo non obiectum, sed ut sic dicam, in ipsa fide Christus adest.*
131. *formare et imbuere.*
132. Pie de página de Lutero: *Reputari nos iustos propter Christum, &c*, «Nos reputa justos por causa de Cristo».

en el corazón, es la verdadera justicia cristiana[133]. Por ello Dios nos considera justos, y nos da la vida eterna. En esto no hay obra alguna de la ley, no hay amor [nuestro], sino otra justicia muy diferente. Es un mundo nuevo y seguro, más allá y por encima de la ley. Cristo o la fe no es la ley ni nuestra obra de la ley. Los eruditos papales no han enseñado este asunto correctamente porque jamás lo han comprendido bien. Pero de esto hablaremos después. Por ahora basta con las pruebas presentadas: ¡aquí Pablo no habla solamente de la ley ceremonial, sino de toda la ley!

CONFERENCIA 10: viernes 7 de agosto

Ya he mencionado el nocivo error de los eruditos papales en su doctrina de cómo se logra la remisión de pecados y la justificación[134].

La cuestión ante nosotros es si las obras previas (a las cuales llaman méritos de congruo) ameritan la gracia. Ellos alegan que esa gracia es una cualidad penetrante y se adhiere como pegamento[135] al poder de la voluntad. Es una cualidad dada por Dios, más alta y por encima del amor que tenemos por naturaleza. Dicen ellos que, cuando un hombre recibe esta gracia, es hecho formalmente justo y es un verdadero cristiano. Yo digo que esta es una opinión impía y pestilente. No corresponde a ningún cristiano, sino a un turco, judío, anabaptista, fanático, sectario, y otros semejantes.

Porque ¿quién puede, por la mera virtud humana, sin la gracia, hacer una buena obra que lo haga merecer la gracia, y todo lo demás? Es así como estos ilusos han hecho de la fe una cualidad vacía en el alma, alegando que sola y sin amor no vale nada, pero con el agregado del amor es eficaz y justifica.

Las obras que siguen (dicen ellos) promueven y tienen la facultad de ganarse la vida eterna porque, en sí mismas, son dignas[136]. Pues Dios, debido al amor que ha sido infundido[137] en la voluntad del hombre, acepta

---

133. *Ergo fide apprehensus & sic in corde habitans Christus, est iustitia Christiana.* El sentido de la oración es que la fe que mora en el corazón se aferra a Cristo. Lutero no enseñaba la teología popularizada hoy en el protestantismo evangélico de que somos justificados porque Cristo morando en el corazón nos da la gracia para obedecerle y servirle en todo punto y a cada momento. Esa teología no es sino la misma teología católica romana contra la cual luchaba Lutero, pues es una justicia de obras, y convierte a Cristo en un nuevo legislador, mandando y ordenando obediencia desde el corazón del creyente.
134. Aquí Lutero está resumiendo la conferencia anterior y el tema de los méritos de congruo y condigno.
135. *inhaerens.*
136. *de condigno.*
137. *infudit,* infundido o impartido.

la obra como causa para concederle la vida eterna. Pues dicen que Dios acepta una buena obra para la vida eterna, pero una obra mala no la acepta, y manda al hacedor al infierno y al castigo eterno. En algún sueño escucharon algo de la aceptación y entonces la relacionaron con las obras. Todas estas cosas son falsas y blasfeman contra Cristo. Pero no todos llegan a hablar así de bien, pues, como hemos dicho, otros han enseñado que, por nuestra propia fuerza[138]*, podemos amar a Dios sobre todas las cosas. Es provechoso estar al tanto de estas cosas, a fin de ver el argumento de Pablo con mayor claridad.*

La verdadera norma del cristianismo[139]

Como ya lo he mencionado, contra todas estas burlas y huecas ilusiones, nosotros enseñamos la fe y la verdadera norma del cristiano. Primero, el hombre debe aprender de la ley a conocerse a sí mismo. Necesita decir con el profeta: «Todos pecaron y necesitan de la gloria de Dios»[140]. Además: «No hay quien haga el bien, ni siquiera uno, no hay nadie que comprenda, no hay nadie que busque a Dios, todos se han desviado» (Salmo 14:3). Asimismo, «Contra ti solo he pecado» (Salmo 51:6). Por otro lado, queremos que todos huyan del mérito de congruo y del mérito de condigno. Por tanto, cuando alguien ha sido humillado por la ley, y ha comprendido quién es en realidad, entonces viene el verdadero arrepentimiento. Pues el verdadero arrepentimiento comienza con el temor del juicio de Dios. De modo que el hombre se da cuenta de que es un pecador tan grande, que no tiene manera alguna de librarse de sus pecados por sus propias fuerzas, intelecto, u obras. Es entonces que percibe a qué se refería Pablo cuando dijo: «soy carnal, vendido a la esclavitud del pecado». O también, que «Dios ha encerrado todo bajo pecado». Se da cuenta de que, junto con todo el mundo, es culpable ante Dios. Por lo cual podemos ver que toda la teología de los eruditos papales sobre los méritos de congruo y de condigno, no es más que un discurso de pura palabrería[141]. Y así se derrumba todo el papado.

Aquí se escucha el suspiro: «¿Quién, entonces, podrá socorrerme?». Pues la ley le ha causado terror, ha perdido toda

---
138. *ex puris naturalibus.*
139. *Vera Christianismi ratio.* El título no está en el texto original de Weimar.
140. Paráfrasis de Lutero.
141. ματαιολογιαν Discurso sin sentido. Lutero usó el término griego.

esperanza en sus propias fuerzas, mira a su alrededor y suspira por un mediador y salvador. Es entonces cuando le llega la palabra de sanidad del Evangelio, diciéndole: «Hijo mío, tus pecados te son perdonados (Mateo 9:2). Cree que Jesucristo fue crucificado por tus pecados. Si sientes tus pecados y su pesada carga, no permitas que te hundan en el desaliento. Recuerda que han sido transferidos y puestos sobre Cristo, por cuya herida has sido sanado (Isaías 53:5; 1 Pedro 2:24).

Este es el principio de la salvación. Por este medio somos librados del pecado, justificados y dotados de la vida eterna. No por nuestras propias obras y virtudes meritorias, sino por la fe, por la cual poseemos a Cristo. También reconocemos que hay una cualidad de justicia que toma forma en el corazón. No es el amor (como afirman los eruditos del papa), sino la fe. Y esta no es otra que aquella que fija sus ojos y se aferra únicamente a Cristo el Salvador. Aquí es necesario que conozcas la más sencilla definición de Cristo. Los eruditos papales han hecho de Cristo un juez y un verdugo, inventándose esa necedad de los méritos de congruo y de condigno.

Sin embargo, Cristo, de acuerdo con su propia definición, no es ningún Legislador, sino Aquel que ofrece el sacrificio por tus pecados[142], y un Salvador. A esto se sujeta la fe, y sin duda alguna cree que Él ha sobreabundado en obras y méritos de congruo y de condigno. Pues Él podría haber borrado los pecados del mundo con una sola gota de su sangre. Pero Él ha derramado su sangre copiosamente y ha provisto satisfacción sobreabundante. «Por su propia sangre, entró una sola vez en el santuario, habiendo obtenido eterna redención» (Hebreos 9). Como también Romanos 3: «Somos justificados gratuitamente por su sangre, mediante la redención que es en Cristo Jesús, a quien Dios puso por nuestra propiciación[143] mediante la fe en su sangre»[144]. Por lo tanto, es una gran cosa echar mano, por la fe, de Cristo, quien lleva los pecados del mundo. Esta sola fe se cuenta por justicia[145] (Romanos 3 y 4).

Observen que estas tres cosas[146], la fe, Cristo, y la aceptación o

---

142. *Propitiator.*
143. *Propitiatorium.*
144. En el margen se encuentra «Romanos 3:24s.». En la disertación Lutero solo dijo «Romanos 3».
145. *fides sola reputatur ad justitiam.*
146. Nota de Lutero: *Christus. Fides. Imputatio.* «Cristo. Fe. Imputación».

imputación[147], deben estar unidas como por un yugo. La fe echa mano de Cristo, y lo posee, lo sostiene sin soltarlo, como el anillo a la piedra preciosa. Y todo aquel que, por esta fe, esté sujeto al corazón de Cristo, Dios lo considera justo[148]. Esta es la razón y el mérito por el cual alcanzamos la remisión de pecados y la justicia. «Puesto que has creído en mí y tu fe ha echado mano de Cristo, a quien yo he dado para el perdón de tus pecados como tu mediador y pontífice[149], ¡eres justo!». Por lo tanto, Dios sí nos acepta o cuenta como justos, por nuestra sola fe en Cristo[150].

Y esta aceptación o imputación es sumamente necesaria[151]. Primero, porque todavía no somos perfectamente justos. Mientras estamos en esta vida, el pecado permanece en nuestra carne, y Dios nos limpia de estos residuos de pecado. Aun más, a veces se nos retira el Espíritu Santo, y caemos en pecados, como Pedro, David, y otros piadosos. Sin embargo, siempre podemos recurrir a este fundamento: «Que nuestros pecados han sido cubiertos, y que Dios no los pondrá en contra nuestra» (Salmo 32 y Romanos 4). No es que el pecado no esté en nosotros (como nos han enseñado los papistas, diciendo que debemos seguir obrando hasta que no haya pecado alguno en nosotros), pues ciertamente el pecado está siempre en nosotros, y los más piadosos sentirán su fuerza. Sin embargo, el pecado ha sido sepultado[152], y por amor a Cristo, Dios no nos lo imputa. Pues una vez que nos sujetamos a Él, todos nuestros pecados ahora ya dejan de ser pecados. Sin embargo, donde no hay Cristo ni fe, los pecados no son remitidos ni quitados. Lo único que permanece es la sola imputación y condenación de los pecados[153]. Así es como Dios glorifica a su Hijo, y por Él, será glorificado en nosotros.

Cuando de esta manera hemos enseñado la fe en Cristo, entonces enseñamos también las buenas obras. Puesto que, por la fe, te has aferrado a Cristo, y mediante Él, ya eres justo, comienza ahora a obrar el bien[154]. Ama a Dios y a tu prójimo, clama a Dios, dale gracias,

---

147. Lutero usa la palabra «aceptación» de manera muy diferente a la usanza del cristianismo popular de hoy, como en «aceptar a Cristo en el corazón». Más bien, Lutero señala que es Dios quien acepta al pecador sobre la base de la imputación de la justicia de Cristo. Por eso dice: «aceptación, o imputación».
148. *reputat Deus justus.*
149. *mediator et pontifex.*
150. *Itaque Deus acceptat seu reputat nos justos solum propter fidem in Christum.*
151. Véase la nota #139 sobre la «aceptación».
152. *absconditum.*
153. *imputatio et damnatio peccatorum.*
154. *per quem justus es, incipe nunc bene operari.*

predícalo, alábalo, confiésalo. Ayuda y sirve a tu prójimo, y sé responsable en tu diario vivir. Estas son ciertamente buenas obras que brotan de esta fe, y de este gozo nacido en el corazón, pues hemos recibido la gratuita remisión de pecados por causa de Cristo[155].

Toda cruz y aflicción que encontremos ahora en nuestro camino se llevará fácilmente, y se sufrirá con gozo. «Porque el yugo que Cristo pone sobre nosotros es fácil, y su carga es ligera». Cuando el pecado queda perdonado, y la conciencia es libre de la carga y el aguijón del pecado, entonces el cristiano puede sobrellevar todo fácilmente. Siente que, en sí mismas, todas las cosas son dulces y agradables; por tanto, tolera todas las cosas de buena gana. Pero cuando un hombre anda en su propia justicia, todo lo que hace es arduo y tedioso, porque lo hace refunfuñando.

Por tanto, definimos al cristiano de la siguiente manera. Un cristiano no es aquel que no tiene pecado, sino aquel a quien Dios no le imputa pecado, a causa de la fe en Cristo. Esta doctrina es de gran consuelo para la conciencia que se siente acongojada y afligida por profundos conflictos internos. Por tanto, es con buena razón que tan a menudo repetimos y remachamos en la mente el perdón de pecados, y la imputación de justicia por causa de Cristo[156]. Igualmente, insistimos en que un cristiano no debe tener nada que ver con la ley y el pecado, especialmente durante la tentación. Pues como ya es cristiano, está por encima de la ley y del pecado. Pues tiene a Cristo, el Señor de la ley, presente en su corazón, y resguardado (como he dicho) como el anillo resguarda a la joya o la piedra preciosa. Por eso, cuando la ley lo acusa y el pecado lo amedrenta, él fija sus ojos en Cristo, de quien ha echado mano por la fe. Se da cuenta de que ya tiene presente consigo al vencedor de la ley, el pecado, la muerte, y el diablo. Cristo reina y gobierna sobre estos males, de modo que ya no pueden herir al creyente.

Por lo tanto, la definición correcta del cristiano es «alguien libre de toda ley, y que no está sometido a criatura alguna, ni dentro ni fuera». Ese individuo se caracteriza de forma muy peculiar como cristiano, sin tomar en cuenta si es hombre o mujer. Pues su conciencia

---

155. *quod gratis habemus remissionem peccatorum per Christum.*
156. *inculcamos remissionem peccatorum et imputationem justitiae propter Christum.*

se ha adornado y embellecido con esta fe; con este tesoro magno e incomprensible, o como dijera Pablo, «este don inefable» (2 Corintios 9:15). No podemos alabar ni engrandecer este don lo suficiente, pues nos hace hijos y herederos de Dios. Por eso el cristiano es mayor que el mundo entero; porque tiene tal dádiva, tal tesoro en su corazón, que aunque parece pequeño, su pequeñez es mayor que el cielo y la tierra, porque Cristo, el don, es mayor que todas las cosas.

Mientras esta doctrina que apacigua la conciencia se preserve pura e incorrupta, los cristianos son hechos jueces de todo tipo de doctrina, y son señores sobre las leyes del mundo entero. Con certeza pueden juzgar que el turco con su Corán está bajo maldición, pues no está bien encaminado. Es decir, no reconoce que es un miserable condenado, ni se aferra por la fe a Cristo, por cuyos méritos puede confiar en que sus pecados son perdonados. De igual manera, pronuncian osadamente sentencia contra el papa, que también está condenado con todo su reino, pues anda enseñando de un lado a otro (con toda su recua de sofistas y escolásticos)[157] que por el mérito de congruo llegamos a la gracia, y después, por el mérito de condigno, ganamos la entrada al cielo. Pero el cristiano dice: «Ese camino no nos justifica, ni tampoco nos conduce al cielo. Pues no puedo merecer la gracia[158] por mis obras previas a la gracia, ni puedo merecer la vida eterna por mis obras después de la gracia»[159]. Sin embargo, el que cree en Cristo recibe el perdón de pecados, y se le imputa la justicia[160]. Esta verdad y esta justicia lo convierten en hijo de Dios y heredero de su reino. En esperanza, ya posee la vida eterna, y por medio de la promesa, está confiado y seguro. Por la fe en Cristo se nos dan todas las cosas, la gracia, la paz, el perdón de los pecados, la salvación, y la vida eterna. ¡Los méritos de congruo y de condigno nada son!

Por tanto, esta doctrina de los escolásticos[161], tocante a los méritos de congruo y de condigno, con sus ceremonias, misas, y la infinidad de fundamentos doctrinales del reino papal, son las más

---

157. *Monachis et scholis.*
158. *mereri gratiam de congruo.*
159. *consegui de condigno.*
160. *imputatur justitia.*
161. *Sententiariorum*, alumnos y exponentes de las «Declaraciones» de Pedro Lombardo, el principal libro de teología de la Edad Media.

abominables blasfemias contra Dios. Son un sacrilegio y niegan a Cristo. Así lo profetizó Pedro, con estas palabras: «Habrá también falsos maestros entre vosotros, los cuales encubiertamente introducirán herejías destructoras, negando incluso al Señor que los compró» (2 Pedro 2:1). Es como si dijera: «El Señor nos ha redimido y comprado con su sangre a fin de justificarnos y salvarnos. Este es el camino de la justicia y la salvación. Pero habrá falsos maestros que, negando al Señor, entrarán a hurtadillas blasfemando contra el camino de la verdad, la justicia y la salvación. Inventarán nuevas maneras de falsificar y destruir, y muchos seguirán sus caminos a la perdición». A lo largo de todo este capítulo, Pedro pinta un vívido cuadro del papado. Descuidando y despreciando el Evangelio de la fe en Cristo, el papado ha enseñado las obras y las tradiciones de los hombres, como los méritos de congruo y de condigno, las distinciones de días, carnes, votos, la invocación de santos, peregrinajes, el purgatorio y cosas semejantes. Los papistas han bebido tanto de estas falsedades, que ¡les es imposible comprender una sílaba del Evangelio o de la fe en Cristo!

La discrepancia es clara. Ellos se apoderan del privilegio que pertenece solo a Cristo. Él es el único que perdona los pecados, y otorga justicia y vida eterna. Pero ellos, con todo descaro e impiedad, se jactan de que pueden obtener estas cosas por sus propios méritos de congruo y de condigno antes y después de la gracia. Esto, dijo Pedro, es introducir herejías condenables y sectas que conducen a la perdición. Por estos medios niegan a Cristo, pisotean su sangre, blasfeman contra el Espíritu Santo, y desprecian la gracia de Dios. Por tanto, nadie puede concebir las graves consecuencias de la horrenda idolatría de los papistas. Tal como la dádiva de Cristo es de un valor inestimable, las profanaciones de los papistas son, en el mismo grado pero al otro extremo, abominables. Por lo tanto, estos asuntos no deben tomarse a la ligera ni relegarse al olvido, sino sopesarse con diligencia y consideración. Todo esto magnifica la gracia de Cristo y su beneficio, al verse que todas sus enseñanzas son totalmente opuestas. Cuanto más conozcamos el sacrilegio de la misa papal, tanto más nos será evidente su naturaleza horrenda y repugnante. Podremos abrazar el verdadero uso de la misa[162]; pero

---

162. *Missae*. La versión de 1575 reza «Santa Comunión».

el papa la ha despojado de su verdadero sentido pues la ha puesto en venta. Cuando el papa y los sacerdotes la venden por dinero, la usan para su propio provecho. Pues el papa (un apóstata que niega a Cristo y blasfema contra el Espíritu Santo) ha dicho que, cuando el sacerdote ofrece la misa, no solo hace una buena obra para provecho propio, sino que también la ofrece para bien de otros, los vivos y los muertos, toda la Iglesia, y tan solo por «la obra obrada»; por ninguna otra razón.

Y aun así podemos ver claramente la inmensurable paciencia de Dios. Pues ha pasado todo este tiempo, y Él todavía no ha destruido todo el papado, consumiéndolo con fuego y azufre, como lo hizo con Sodoma y Gomorra. Aunque ahora estos dicharacheros[163] quisieran pasearse no solo encubriendo su inmoralidad con adornos y vestuarios, no la pueden disimular. Debemos, por tanto, con toda diligencia, divulgar el artículo de la justificación[164], para que, brillando como la luz del día, descubra toda esa hipocresía, desenmascarando su inmundicia y vergüenza. Por esta causa repetimos fervorosamente la justicia de la fe, para desconcertar a nuestros adversarios, y para que este artículo quede establecido y arraigado profundamente en nuestros corazones. Esto es algo imprescindible, pues si perdemos este sol, caeremos nuevamente en nuestra antigua oscuridad. Y lo más horrendo fue que el papa mismo permitió que esto sucediera en la Iglesia, que Cristo sea negado, pisoteado, escupido, y blasfemado. Pues el papa ha oscurecido hasta el mismo Evangelio y los sacramentos. Los ha convertido en un abuso tan horrendo, que los volvió en contra del servicio a Cristo, a fin de establecer y fortalecer sus repugnantes abominaciones. ¡Cuán densas tinieblas! ¡Cuán infinita la ira de Dios!

VERSÍCULO 16. *También nosotros hemos creído en Cristo Jesús [¿con qué fin?]*[165]. *Para que seamos justificados por la fe en Cristo.*

Esta es la verdadera regla con la cual se nos mide para ver si somos

---

163. *belli homines.*
164. *Summa igitur diligentia illustrare debemus articulum justificationis.*
165. En el texto en latín, Lutero añade la pregunta *ad quid?* (¿con qué fin?). El texto de la Vulgata reza: «*Et nos in Christum Iesum credimus, (ad quid?) ut justificemur, etc.*». Claramente, la pregunta tenía un fin didáctico, el cual Lutero usaba con frecuencia en sus conferencias. Rörer y sus compañeros de apuntes lo captaron. Con la imaginación, podemos ver y escuchar a Lutero hacer una pausa después de *credimus*, y preguntar: «*ad quid?*». Luego, otra pausa. Finalmente, Lutero termina con el texto «*ut justificemur, etc.*»

cristianos[166]: somos justificados por la fe en Jesucristo, y no por las obras de la ley [167]. Rechazamos el vil barnizado de los eruditos del papa[168], que dicen que la fe solo justifica cuando va entrelazada con el amor y las buenas obras. Con este pestilente encalado los sofistas han oscurecido y corrompido esta y otras declaraciones de Pablo en las que atribuye expresamente la justificación a la sola fe en Cristo. Pero cuando el hombre escucha que debe creer en Cristo, y que, no obstante, la fe no justifica a menos que esté entrelazada con el amor, inmediatamente la fe perece. Se pondrá a pensar: «Si la fe sin amor no justifica, entonces vana es la fe y de nada aprovecha, pues es el amor mismo el que justifica. Porque, a menos que la fe esté moldeada por el amor, no vale nada».

Y para confirmar este encalado pernicioso y pestilente, los adversarios alegan este pasaje de 1 Corintios 13: «Si yo hablara lenguas humanas y angélicas, pero no tengo amor, he llegado a ser como metal que resuena o címbalo que retiñe». Este lugar es su murallita de bronce. Pues son hombres sin entendimiento, y por lo tanto, no pueden ver ni comprender nada en Pablo. Con esta falsa interpretación del texto, no solo han pervertido las palabras de Pablo, sino que también han negado a Cristo y enterrado todos sus beneficios. Eviten esa conclusión como un veneno enviado directamente del infierno. En vez de eso, debemos concluir con Pablo que somos declarados justos por la sola fe en Cristo[169], y no somos justificados por la fe conformada por el amor[170]. *No debemos atribuir la potestad de justificar a la forma. En vez de ello, es la fe, la cual en el corazón se aferra y posee a Cristo como Salvador. Por tanto, la fe es la que justifica, sin amor, y ¡antes de que el amor asome su cara!* [171]

Es muy necesario ser instruidos en el amor y las buenas obras, eso lo admitimos totalmente. No obstante, cada cosa tiene su debido tiempo y lugar. Pero ese momento y lugar no es cuando se trata el artículo central de la justificación[172]. En el texto, el tema es la

---

166. *Vera ratio Christianismi.*
167. *fide in Christum, non operibus legis, nos justificari.*
168. Lutero añade la siguiente nota a pie de página: «*Impiam esse sophistarum glossam, fidem caritate formatam justificare*», «Esa glosa sofista es impía, que la fe formada por el amor justifica».
169. Pie de página de Lutero: *Fides iustificat sine lege, &c.*, «La fe justifica sin la ley».
170. *sola fide, non fide formata caritate.*
171. Aquí Lutero añade este pie de página: *Fides iustificat sine lege*, «La fe justifica sin la ley».
172. Pie de página de Lutero: *Doctrina de bonis operibus non negligenda, sed a justificatione longe removenda*, «No debemos pasar por alto la doctrina de las buenas obras, pero hay que colocarla lejos de la justificación».

justificación: ¿de qué manera somos justificados, y cómo podemos obtener la vida eterna?

Aquí, con Pablo, respondemos: «Somos declarados justos por la sola fe en Cristo, y no por las obras de la ley y del amor»[173]. Esto no quiere decir que rechazamos las buenas obras y el amor, como nos acusan nuestros adversarios. Pero no vamos a permitir que a empujones y codazos nos alejen [de la justificación], pues ¡es lo que Satanás más quisiera! Más bien, cuando tratamos el tema de la justificación, rechazamos y condenamos todas las buenas obras, porque la doctrina de la justificación no permite la intromisión de argumentos que promuevan las buenas obras. En este asunto truncamos toda ley, y todas las buenas obras de la ley.

No obstante, la ley es buena, justa, y santa. Es verdad; lo es. Pero, cuando estamos en el tema de la justificación, no hay tiempo ni lugar para hablar de la ley. En vez de esto, la cuestión es: ¿quién es Cristo, y qué beneficios nos ha traído? Cristo no significa el obrar de la ley. Él no es una obra que yo hago, ni tampoco llegó a ser mío porque yo obré de acuerdo con la ley. No es mío debido a mi abstinencia sexual[174], mi obediencia, o mi pobreza. Él es el Señor de la vida y la muerte, el Mediador, el Salvador, el Redentor de todos los que están bajo la ley. Por la fe, nosotros estamos en Él, y Él en nosotros (Juan 6). El novio debe estar a solas con la novia en su recámara secreta. ¡Que salgan todos los siervos y la familia! Pero después, cuando se abra la puerta y se presenten, entonces que los siervos y las doncellas acudan, y ministren pan y bebida. Que allí, entonces, comience a obrar el amor.

A fin de definir a Cristo correctamente, debemos aprender a discernir entre todas las leyes, incluyendo la ley de Dios, y todas las obras. Así nos daremos cuenta de que todas estas son diferentes a la promesa del Evangelio de fe. Pues Cristo no es ninguna ley, y por tanto, tampoco es el cobrador de deudas de la ley y de las obras[175]. Más bien, «Él es el Cordero de Dios, que quita el pecado del mundo». Solo la fe se sujeta a esto[176]. La fe no se sujeta al amor, el cual, no obstante, debe seguir a la fe en espíritu de gratitud. Por

---

173. *sola fide in Christum nos pronuntiari justos, non operibus legis aut caritate.*
174. Los votos de castidad de las órdenes religiosas.
175. *ergo nec exactor legis nec operum.*
176. Pie de página de Lutero: *Fides sola justificat, quia sola apprehendit Christi beneficium*, «La sola fe justifica, porque la sola se aferra al beneficio de Cristo».

tanto, la victoria sobre el pecado y la muerte, la salvación y la vida eterna, no nos han llegado por la ley, ni por las obras de la ley, ni por el debido uso del libre albedrío, sino únicamente por el Señor Jesucristo[177]. *Por tanto, es la sola fe, sujetándose a Él, la que justifica*[178]. *La siguiente declaración muestra cómo diferenciar y comprender estos conceptos diferentes: La victoria sobre el pecado y la muerte viene sola y únicamente en Cristo; por tanto, no proviene de las obras de la ley, ni por nuestro libre albedrío, etc*[179]. *Aquí, con gusto, no nos vamos a ofender si nuestros adversarios nos llaman «solarios»*[180], *pero ellos no tienen la menor idea de lo que Pablo está diciendo.*

VERSÍCULO 16. *Para que seamos justificados por la fe en Cristo, y no por las obras de la ley.*

Aquí Pablo no solo habla de la ley ceremonial, como hemos dicho antes, sino de toda la ley. La ley ceremonial era tan parte de la ley de Dios como la ley moral. Por ejemplo, la circuncisión, la institución del sacerdocio, el servicio y las ceremonias del templo, todas habían sido dadas por mandato de Dios, al igual que los diez mandamientos. Además, cuando Abraham recibió el mandato de ofrecer a su hijo Isaac en holocausto, fue una ley. Esta obra de Abraham agradó a Dios de igual manera que las otras leyes de la ley ceremonial. No obstante, Abraham no fue justificado por esta obra, sino por la fe. Dice la Escritura: «Creyó Abraham a Dios, y le fue contado por justicia» (Romanos 4:3).

Ellos dicen: «Desde la manifestación de Cristo, es la ley ceremonial la que mata y trae la muerte». Sí, pero de igual manera lo hace la ley de los diez mandamientos, sin fe en Cristo. Además, no se debe tolerar ninguna otra ley en la conciencia excepto la ley del Espíritu y de vida, por la cual somos hechos libres en Cristo de la ley de la letra y de la muerte, de sus obras, y de todo pecado. No porque la ley sea mala, sino porque no tiene la capacidad de justificarnos. De hecho, tiene un efecto opuesto. Es un asunto de suma excelencia estar en paz con Dios. Por tanto, en este caso,

---

177. *sed per solum Iesum Christum.*
178. *Ergo sola fides hoc apprehendens justificat.*
179. *Victoria peccati et mortis est in solo Iesu Christo, ergo non est in operibus legis, nec in voluntate nostra etc.*
180. Del latín *«solarios»*. Lutero se refiere a las cinco solas de la Reforma: salvos por la sola gracia, la sola fe, la sola Escritura, mediante el solo Cristo, a Dios la sola gloria.

necesitamos un mediador mayor que Moisés o la ley, *o nuestra propia voluntad, o aun esa gracia que llaman el amor de Dios*[181]. Aquí no podemos presumir que somos algo. Solamente podemos recibir el tesoro, que es Cristo, sujetado en nuestro corazón por la fe, aunque sintamos que jamás hemos estado tan repletos de pecado.

Por tanto, el apóstol pone mucho énfasis en estas palabras: «Para que seamos justificados por la fe en Cristo, y no por las obras de la ley»[182]. Los eruditos del papa piensan que estas son palabras vanas y que de nada aprovechan. Por eso pasan a la carrera por encima de ellas.

Hasta ahora solo se han escuchado las palabras de Pablo a Pedro. Con estas pocas palabras le resumió el artículo principal de toda la doctrina cristiana, la verdadera manera de llegar a ser cristiano. Ahora se dirige a los gálatas, a quienes escribe, y concluye: «Ya que el asunto es así, que somos justificados por la fe en Cristo, por las obras de la ley nadie será justificado»[183].

VERSÍCULO 16. *Por cuanto por las obras de la ley ninguna carne [non omnis caro] será justificada.*

«Non omnis caro» [«no toda carne»] es una [traducción al latín] de una frase en el idioma hebreo. Pero [la traducción al latín] peca contra la buena gramática[184]. Es una frase frecuente en las Sagradas Escrituras, como en Génesis 4:15: «Para que no todo quien lo hallara hubiera de matarlo». Los griegos y los latinos se expresan de una manera diferente. «No todos» [en hebreo] significa «nadie» [en absoluto], y «no toda carne» [en hebreo] significa «ninguna carne» [en absoluto]. Pero en latín, «no toda carne» pareciera decir [que podría haber] «alguna carne». El Espíritu Santo, sin embargo, no se deja amarrar por los miramientos de la gramática [del latín][185].

«Carne», en Pablo, no significa los vicios crasos y evidentes (como imaginan los eruditos papales). Pablo llama a esos pecados por

---

181. *charitatem Dei.*
182. *ut ex fide Christi justificemur, non ex operibus legis.*
183. *ergo ex operibus legis non justificabitur omnis caro.*
184. El lector debe recordar que Lutero dictaba esta materia en latín y probablemente usaba la versión Vulgata de la Biblia, o una de sus revisiones.
185. El traductor ha suplido las palabras entre corchetes para mayor claridad. Recuérdese que la *cursiva* indica que estas palabras fueron omitidas en las primeras traducciones al inglés para no ofender a los seguidores de Zuinglio.

su nombre: adulterio, fornicación, inmundicia, y tales. Por «carne», Pablo entiende lo que Jesús dio a entender en Juan 3: «Lo que es nacido de la carne, carne es» (Juan 3:6). Por tanto, «carne» significa la naturaleza entera del hombre, incluyendo la razón y todas las facultades que pertenecen al ser humano. «Esta carne», dice Pablo, «no se puede justificar con obras, ni siquiera si son de la ley». *No dice: «La carne no es justificada por las obras contrarias a la ley, como el asesinato, la fornicación, borracheras, y tales», sino que no es justificada por obras hechas de acuerdo con la ley, las cuales son buenas*[186].

Por tanto, para Pablo, la carne significa toda la justicia, sabiduría, devoción, religión, intelecto, y el ejercicio del libre albedrío; todo lo que pueda existir en la naturaleza humana. *Si un judío no es justificado por obras hechas según la ley de Dios, mucho menos se justificará un monje por su orden religiosa, un sacerdote por decir misa y cumplir sus horas canónicas, un filósofo por su sabiduría, un teólogo por su teología, y un musulmán por su Corán*. Por tanto, aunque seas la persona más sabia y justa según la razón y la ley divina, aun así, con todas esas obras, méritos, los despliegues más elevados de santidad, y las adoraciones más impresionantes, no podrás ser justificado.

La curia papal no cree esto. Ciegos y testarudos, defienden sus abominaciones en contra de su propia conciencia, y persisten en la blasfemia de sus incesantes bravuconadas, con las cuales cometen un implacable sacrilegio, diciendo: «Todo el que haga esta o aquella buena obra, merece el perdón de los pecados; todo el que se someta a esta o aquella orden sagrada, y observare el reglamento, a ese mismo le prometemos con toda certeza la vida eterna». Faltan las palabras para declarar la horrenda blasfemia que es atribuir la vida eterna a la doctrina de demonios, a los decretos y reglamentos humanos, a las malvadas tradiciones del papa, y a las obras y méritos hipócritas de los monjes y de los frailes. ¿Por qué? Porque Pablo, el apóstol de Cristo, descarta la ley de Dios y sus obras para lograr la vida eterna. Pues si por las obras de la ley ninguna carne será justificada, mucho menos será justificada por las órdenes de Benedicto, Francisco, y todos los demás, en las que no hay ni una jota de verdadera fe en Cristo. Pero insisten solo en eso: que quien las guardare tendrá la vida eterna.

---

186. *quae bona sunt.*

A menudo me ha sorprendido enormemente que la Iglesia haya podido perseverar resistiendo a estas sectas de la perdición, las cuales han reinado por tantos años y en tal oscuridad y error. Dios llamó a algunos mediante el texto del Evangelio y el bautismo (pero no salieron de sus congregaciones). Estos anduvieron en sencillez y humildad de corazón. Pensaban que solo los monjes y los frailes, y los ungidos por los obispos, eran religiosos y santos. No se sentían dignos de ser comparados con ellos. Pero, no pudiendo encontrar en sí mismos ninguna obra que ofrendar contra la ira y el juicio de Dios, acudieron sin titubear a la muerte y la pasión de Cristo, y fueron salvos en esa sencillez.

La ira de Dios es horrenda y faltan palabras para expresarla. Por mucho tiempo, Dios ha castigado la ingratitud, el desprecio del Evangelio y de Cristo, en los papistas. Pues los ha entregado a su propia perdición, por cuanto han blasfemado y negado a Cristo por completo en lo que corresponde al deber de su oficio. En vez del Evangelio, se han inventado malditos reglamentos, ordenanzas, y tradiciones de hombres. Estas son adoradas, honradas, y preferidas mucho más que la palabra de Dios. De tal modo que llegaron al punto de prohibir el matrimonio, y han quedado atados a esa vida de incestuosos solterones. En esa condición se han contaminado y degenerado con todo tipo de horripilante maldad, adulterio, prostitución, impureza, sodomía, y otras tales abominaciones. Ese ha sido el fruto de esa sucia vida de su soltería religiosa[187].

Así es como Dios ha castigado pecado con pecado. Desde adentro, los ha entregado a una mente perversa de perdición. Por fuera, les ha permitido caer en tan horribles abominaciones. Esto ha sido justo, pues han blasfemado contra el Hijo único de Dios, en quien el Padre se glorifica, y al cual entregó a la muerte, para que todos los que en Él creen, sean salvos por Él, y no por esos malditos reglamentos y ordenanzas. «Yo honraré», dice Él, «a los que me honran» (1 Reyes 2; 1 Samuel 2:30). Dios es honrado en su Hijo (Juan 5:23). Dios honra a todo aquel que cree que el Hijo es nuestro Mediador y Salvador, pues esta es la verdadera honra del Padre. Es decir, Dios lo adorna con sus dones, el perdón de los pecados, la justicia, el Espíritu Santo, y la vida eterna. Por el contrario, «Los que me desprecian», dice Él, «serán menospreciados».

---

187. *Is fuit fructus impuri coelibatus.*

Esta, pues, es nuestra conclusión en general: «por las obras de la ley ninguna carne será justificada»[188]. *Amplifiquen, pues, y recorran todas las condiciones y situaciones de la vida de la siguiente manera:* Ergo [por tanto], *ningún monje será justificado por su orden religiosa, ninguna monja por su castidad, ningún ciudadano por su integridad, ningún príncipe por su nobleza, etc.* La ley de Dios es mayor que todo el mundo, pues condena a todo hombre, y todas las obras de la ley sobrepasan en excelencia a los más gloriosos justicieros legalistas y campeones en el uso de la fuerza de voluntad. Aun así, dice Pablo, «ni la ley, ni las obras de la ley, justifican; por tanto, la sola fe justifica»[189]. Pablo se dispone a confirmar este postulado. Su primer argumento da la vuelta a la pregunta: ¿qué tal si lo opuesto fuera verdad? [Es decir, si la ley y sus obras justificaran].

CONFERENCIA 11: sábado 8 de agosto

VERSÍCULO 17. *Y si buscando nosotros ser justificados en Cristo, también nosotros somos hallados pecadores, ¿es por eso Cristo ministro de nuestro pecado? En ninguna manera.*

Estas no son frases latinas; vienen del idioma hebreo y contienen significado teológico. Si es verdad, dice él, que somos justificados por Cristo, entonces es imposible que Dios nos siga contando como pecadores, o que Dios nos siga exigiendo la justicia por la ley. Por otro lado, si aquello no es verdad, sino que aún debemos justificarnos por la ley y las obras de la ley, entonces es imposible que Cristo nos haya justificado. Una de las dos declaraciones tiene que ser falsa: o Cristo no basta para nuestra justificación, o por medio de la ley no podemos lograr nuestra justificación. Pero la verdad es que ciertamente somos justificados por Cristo. Por tanto, no somos justificados por la ley. Pablo razona de la siguiente manera: «Si buscando ser justificados por Cristo». Es decir, digamos que nos dirigimos a Cristo para ser justificados. Pero una vez que somos justificados, todavía se nos cuenta como pecadores. En tal caso, nos veríamos obligados a justificarnos obedeciendo la ley (pues todavía

---
188. *quod ex operibus legis non justificabitur omnis caro.*
189. *Ergo sola fides justificat.*

se nos consideraría pecadores). En tal caso, todo lo que Cristo nos entregó en la justificación, no fue sino la ley y el pecado. Repito: si todos los que han sido declarados justos en Cristo en realidad no son justos porque todavía necesitan que la ley los justifique, entonces todo lo que Cristo les ha ministrado es tan solo la ley y el pecado. De tal modo que todo el que ha sido justificado por Cristo todavía necesita ser justificado por la ley, y entonces Cristo no es más que un Legislador, y ministro de pecado. Por tanto, el que es justo y santo en Cristo, en realidad no es justo ni santo, pues todavía necesita de la santidad y la justicia de la ley.

Sin embargo, tenemos toda certeza de que somos justificados y justos en Cristo[190]. Pues la verdad del Evangelio nos enseña que el hombre no es justificado por la ley, sino que es justificado en Cristo[191]. Pero si, por el contrario, los que son justificados en Cristo todavía se consideran pecadores, es decir, todavía pertenecen a la ley, y están bajo la ley (como enseñan los falsos apóstoles), entonces aún no han sido justificados. Pues la ley los acusa, y demuestra que son pecadores, exigiéndoles las obras de la ley, alegando que son necesarias para su justificación. Por tanto, los que son justificados en Cristo, en realidad no son justificados. De ello se sigue que Cristo no es el Justificador, sino el ministro de pecado[192].

Con estas vehementes palabras acusa a los falsos apóstoles y a todos los legalistas, que juntos, pervierten a todos. ¿Por qué? Porque convierten la ley en gracia, y la gracia en ley. De Moisés hacen un Cristo, y de Cristo, un Moisés. Convierten la figura de Moisés en una figura de Cristo, y la figura de Cristo la convierten en una imagen de Moisés. Enseñan que, además de Cristo, y toda la justicia de Cristo, la observancia de la ley es necesaria para la justificación. Y así podemos ver cómo, por medio de su intolerante perversidad, convierten la ley en un Cristo. Dicen: «Si cumples con los requisitos de la ley, serás salvo. Pero, si no los cumples, no serás justificado, por más que tengas fe en Cristo». Por tanto, si Cristo no justifica, no es más que un ministro de pecado (siguiendo la lógica de lo que enseñan). En este caso, Cristo es tan solo un representante de la ley. No nos da más de lo que ya nos puede dar la ley. La verdad es que Él

---

190. *Sed certe sumus justificati et justi in Christo.*
191. *non in lege sed in Christo justificetur.*
192. *peccati ministrum.*

tan solo nos enseña que somos pecadores. Puesto que Cristo es ministro de pecado[193], nos manda a la ley y a Moisés para que seamos justificados.

Por lo tanto, es inevitable que los eruditos papales[194], y todos los que ignoran la justicia de Cristo, o no la conocen verdaderamente, terminen convirtiendo a Cristo en Moisés y en la ley, y convirtiendo a la ley en Cristo. Pues enseñan esto: «Es verdad que la fe en Cristo justifica, pero aun así debemos guardar los mandamientos de Dios. Pues está escrito: "Si deseas entrar en la vida, guarda los mandamientos"» (Mateo 19:17). Aquí, desde el primer renglón, ya han negado a Cristo y abolido la fe, pues atribuyen a la ley lo que solo pertenece a Cristo. ¿Por qué? Pues Cristo, en su verdadera definición, es el Justificador y el Redentor de los pecados. Pero si atribuyo esto a la ley, entonces la ley es mi Justificador, y me libra de mis pecados, porque hago sus obras. En este caso, la ley es ahora Cristo, y Cristo pierde por completo su nombre, su oficio, y su gloria. Se convierte en nada más que un ministro de la ley, reprochando, intimidando, enviando al pecador a alguna otra fuente de justificación. Ese es todo el oficio de la ley.

No obstante, el debido oficio de Cristo, una vez que la ley ha declarado culpable al hombre, es levantarlo, y librarlo de sus pecados, si ha creído en el Evangelio. Pues, para todos los que creen, «Cristo es el fin de la ley para la justicia, Él es el Cordero de Dios que quita los pecados del mundo». Pero los papistas y los espíritus fanáticos no sostienen esta doctrina. Vuelven todo al revés: de Cristo hacen un Moisés, y de Moisés, un Cristo. Y aunque protestan diciendo que francamente no dicen eso, su argumento principal es este: «¡Cristo, por cierto, es Moisés!». Además, se burlan de nosotros, porque sin cesar inculcamos e instamos a la fe. «¡Ja, ja! ¡Espérate a ver si llegas al cielo por la sola fe! ¡Debes luchar por logros más sublimes! Más te vale que cumplas la ley de Dios, pues "Haz esto y vivirás" (Lucas 10:28). *Debes sufrir mucho, derramar sangre, dejar tu hogar, tu esposa, tus hijos, imitar el ejemplo de Cristo.* La fe, que tienes en tan alta estima, solo te vuelve descuidado, flojo, y negligente». Por eso, no son más que ministros de la ley y obradores de la ley.

---

193. *doctor peccati.*
194. 1ª edición latina: «papistas, zuinglianos, anabaptistas».

Hacen volver a la gente del bautismo, la fe, y las promesas de Cristo, a la ley y sus obras. Convierten la gracia en ley, y la ley en gracia.

¿Quién hubiera creído que estas cosas tan sencillas podrían ser tan fácilmente confundidas y entrecruzadas? No hay nadie tan desatinado que no pueda percibir esta diferencia entre la ley y la gracia, pues la diferencia no podría ser más clara y evidente. Pues la misma naturaleza y significado de las palabras marca la diferencia. ¿A quién no le puede entrar en la cabeza que estas palabras, «ley» y «gracia», son diferentes en nombre y significado? ¡La diferencia es tan clara! Los adversarios son tan diabólicos y perversos que revuelven la ley y la gracia tratando de hacerlas una sola cosa. De esa manera crean esta monstruosa monstruosidad[195] transformando a Cristo en Moisés. Por eso yo digo a menudo que esta doctrina de la fe es tan clara como el cristal. Cualquiera puede ver la diferencia entre la ley y la gracia con tan solo darles una mirada a las palabras, pero en cuanto al uso y la práctica, es muy difícil.

El papa y sus eruditos confiesan claramente que la ley y la gracia son cosas desiguales y distintas. Pero cuando se trata del uso y de la práctica, enseñan todo lo contrario[196]. La fe en Cristo, según ellos, está muerta a menos que venga entretejida con el amor. Además, «no importa cómo recibas la fe, ya sea que la traigas desde tu nacimiento, dada por la naturaleza, o que Dios la haya infundido o derramado dentro de ti». Pero si esto es cierto, ¿dónde queda la diferencia entre la ley y la gracia? Es cierto que a cada cual le dan un nombre diferente, pero en realidad no han hecho más que darles el mismo nombre a las dos: «amor». Y todos los que terminan exigiendo la observancia de la ley hacen lo mismo: atribuyen la ley y las obras a la justificación. Por tanto, quien no comprende perfectamente el artículo fundamental de la justificación, seguirá siempre confundiendo y mezclando la ley con la gracia, la una con la otra.

Que todos aprendan con esmero, sobre todas las cosas, a distinguir la diferencia entre la ley y la gracia en los hechos y en la práctica. No aprendas solo a cotorrear las palabras, como lo hacen

---

195. *monstrum monstrosissimum est.*
196. Pie de página de Lutero: *Papa legem et gratiam confundit*, «El papa confunde la ley con la gracia».

el papa y las sectas fanáticas. Pues, en cuanto a las palabras, admiten que son dos cosas distintas. Pero, en los hechos (como he dicho), confunden y combinan la una con la otra, pues de ninguna manera van a conceder que la fe justifica sin las obras. Pero, si esto es cierto, Cristo ya no me sirve para nada. Pues, de acuerdo con ellos, si mi fe es inmejorable, pero está desprovista de amor, no soy justificado. *No obstante, si a mi fe le falta amor, no hay suficiente amor en el mundo que la pueda satisfacer, pues siempre sería posible que yo amara un poco más.* Por tanto, Cristo, aun si lo aprehendiéramos por la fe, no sería un Justificador. La gracia no serviría de nada, ni tampoco podría la fe ser verdadera a menos que estuviera matizada con amor *(lo mismo alegan los anabaptistas; ellos no hablan de la cruz, de la pasión y el derramamiento de sangre). Pero, si en verdad tengo amor, las obras más la cruz, entonces es la verdadera fe, y por tanto, justifica.*

Con esta doctrina estos espíritus mentirosos y sectas de perdición oscurecen y desfiguran el beneficio de Cristo hoy en día. Le quitan la honra de Justificador, y lo hacen ministro de pecado. *No han aprendido nada de nosotros, excepto remedar las palabras, pero el tema en sí no lo entienden. Quisieran aparentar que ellos también enseñan el Evangelio y la fe en Cristo tan acertadamente como nosotros, pero cuando se trata de usarlo y practicarlo, son maestros de la ley, iguales en todo a los falsos apóstoles.* Por todas las Iglesias exigían la circuncisión y la observancia de la ley además de la fe en Cristo. Tanto así que, sin la circuncisión y la observancia de la ley, negaban la justificación. Decían: «A menos que sean circuncidados de acuerdo con la ley de Moisés, no pueden ser salvos» (Hechos 15:1). De igual manera hoy en día, estos exigentes militantes de la ley, además de la justicia de la fe, requieren la observancia de los mandamientos de Dios, de acuerdo con lo dicho: «Haz esto y vivirás» (Lucas 10:28). También: «Si quieres entrar en la vida, guarda los mandamientos» (Mateo 19:17). Por tanto, no hay ninguno de ellos, por mucho que hagan alarde de sabiduría, que comprenda la diferencia entre la ley y la gracia. *Al juzgarlos con las pruebas, quedan condenados.*

Nosotros, sin embargo, colocamos la diferencia en el lugar preciso. No cuestionamos si se deben hacer buenas obras, si la ley es buena, santa, y justa, o si se debe guardar o no. Ese es otro tema. Nuestra cuestión es sobre la justificación, si la ley justifica. Nuestros adversarios no dan cabida a esta pregunta, ni tampoco la contestan; no hacen distinción alguna. Solo braman: «Tienen que hacer buenas obras; tienen que guardar la ley». Eso lo sabemos más que bien. Pero como son dos temas diferentes, no toleramos que se mezclen. En el momento oportuno trataremos el tema de si es preciso hacer buenas obras. Pero ahora estamos tratando el tema de la justificación, así que dejamos a un lado todo lo que se trate de buenas obras. Nuestros adversarios se afanan tras ellas, atribuyendo por completo a las buenas obras el oficio de la justificación. Sin embargo, eso es quitarle la gloria a Cristo, y atribuirla a nuestras propias obras.

Este es un fuerte argumento, y a veces lo he usado para mi gran consuelo: «si buscando nosotros ser justificados en Cristo». Como si Pablo dijera: «Buscamos a Cristo, y Él ya nos declaró justos, es decir, nos justificó. Pero ahora vienen otros alegando que no es cierto, que todavía se nos debe reputar como pecadores. ¿Por qué? Porque dicen que ¡todavía nos falta ser justificados por la ley! Entonces, si las cosas son así, dejemos de buscar la justificación en Cristo, ¡para encontrarla en la ley!». Entonces, miren bien, si la justificación viene por la ley, entonces no viene por la gracia. Ahora bien, si la justificación no viene por la gracia, sino por la ley, ¿qué logró Cristo con su muerte, su predicación, su victoria sobre la ley, el pecado, la muerte, y la dádiva del Espíritu Santo? Pues debemos concluir una de dos cosas: «O somos justificados por Cristo, o Cristo nos manda a la ley para ser justificados, pues aun Él mismo nos declara todavía pecadores, culpables, y malditos». Sin embargo, si la ley es la que nos declara justos, es inevitable concluir que Cristo no nos justificó, sino que nos remató aun más, declarándonos culpables pecadores. Por consiguiente, Cristo no es más que ministro de pecado». Pero, en tal caso, tu argumento es este: «Todo aquel que confía en la gracia del Señor Jesucristo sigue siendo pecador, culpable de la muerte eterna; y a menos que des la vuelta a toda carrera para volver a la ley y hacer sus obras, no serás salvo».

La Sagrada Escritura, y en particular el Nuevo Testamento, enfatiza con frecuencia la fe en Cristo. «Todo aquel que creyere en Él, será salvo, no perecerá, no es juzgado, no será avergonzado, tiene vida eterna», etc. Pero ellos, por el contrario, dicen: «El que cree en Él es condenado, porque tiene fe sin obras, lo cual lo condena».

Pervierten todo. Hacen de Cristo un tenebroso verdugo, y de Moisés, un vivo salvador. ¿Acaso no es esta una horrenda blasfemia? Y peor, enseñan que las buenas obras te hacen merecedor de la vida eterna, pero, si crees en Cristo, ¡te haces culpable y merecedor de la muerte eterna! Y ¿acaso lo siguiente es menos horroroso? Pues alegan: ¡«La observancia de la ley te salva, pero la fe en Cristo te condena»!

Concedo que los adversarios no usan estas mismas palabras. Pero, en los hechos, esa es su doctrina. Dicen que la fe infusa (la cual es la propia fe en Cristo)[197] no nos libera del pecado, sino la fe que viene emperifollada con amor. De lo cual sigue que la fe en Cristo, sin la ley, no nos salva. Esto solo afirma sin titubeos que Cristo nos deja en nuestros pecados, bajo la ira de Dios, y nos hace culpables de la muerte eterna. Por otra parte, si guardas la ley, y haces sus obras, entonces la fe te justifica, pues contiene obras, sin las cuales la fe no sirve de nada. Por tanto, las obras justifican, y no la fe. *Porque la causa de algo es, en sí misma, más que el resultado; y si la causa de que la fe justifique son las obras, entonces las obras justifican más que la fe.* ¡Esta doctrina es una abominable blasfemia!

Pablo refuerza su argumento afirmando una imposibilidad. Propone dividir el dilema y resolverlo de una u otra manera[198]. Si, después de que Cristo nos justifica, todavía somos considerados pecadores, entonces no hay otra salida sino la de la ley. Pero, entonces, debemos dejar a Cristo de lado, pues Él solo nos acusa y nos condena porque no nos pudo justificar. Por consiguiente, Cristo murió en vano. Pero, en tal caso, todos los siguientes textos son falsos: «He aquí el Cordero de Dios que quita los pecados del mundo» (Juan 1:29). «Todo el que cree en Él tiene vida eterna» (Juan 3:16). En tal caso, toda la Escritura sería falsa, pues testificaría falsamente que Cristo es el Justificador y Salvador del mundo. Pues si somos hallados pecadores después de haber sido justificados por Cristo, llegamos a esta inevitable conclusión: todos los que guardan la ley son justificados sin Cristo. Si esto es verdad, entonces somos musulmanes, o judíos, o tártaros, profesando el nombre y la palabra de Dios en las apariencias, pero en los hechos y en la realidad negando

---

197. *Fide infusa* en latín, no *gratia infusa*.
198. Ánimo, lector. Siga el argumento. Estamos con dos titanes, Pablo y Lutero, abogando a un alto nivel por el artículo de la justificación.

totalmente a Cristo y su palabra. Pero la fe, para Pablo, «no es fingida»[199]. Por tanto, es un error grande y malvado afirmar lo siguiente: «La fe justifica, pero tiene que estar engalanada por el amor». Sin embargo, si los adversarios defienden a toda costa esta doctrina, ¿por qué, entonces, no rechazan del todo la fe en Cristo? Pues afirman que la fe solo es una cualidad del alma sin contenido alguno, la cual, sin obras, no sirve de nada. ¿Por qué, entonces, no llaman al pan, pan, y al vino, vino?[200] ¿Por qué no dicen sin rodeos que son las obras las que justifican, y no la fe? Y de paso, ¿por qué no aprovechan y niegan también a Pablo y el Evangelio entero (como de veras lo hacen), pues el Evangelio atribuye justicia a la sola fe y no a las obras? Pues si lo que justifica es engomar a la fe con el amor, entonces todo el argumento de Pablo es falso. Pues Pablo claramente declara: «El hombre no es justificado por las obras de la ley, sino por la fe en Cristo Jesús» (Gálatas 2:16)[201].

VERSÍCULO 17. *¿Es por eso Cristo ministro de pecado?*

Los hebreos usaban este tipo de lenguaje. Pablo también lo usó en 2 Corintios, capítulo 3. Allí, Pablo magnifica y aclara[202] estos dos ministerios: el ministerio de la letra y el ministerio del espíritu; el ministerio de la ley, y el ministerio de la gracia; el ministerio de la muerte, y el ministerio de la vida. «Moisés», dice Pablo, «es el ministro de la ley; tiene el ministerio del pecado», que califica de «ira, muerte, y condenación». Pablo tiene la tendencia a llamar a la ley con nombres no muy gloriosos. De todos los apóstoles, es el único que habla así de la ley. Los otros no. Y es sumamente necesario que todos los estudiosos de la Sagrada Escritura comprendan la manera en que Pablo hablaba de la ley.

Un ministro de pecado no es más que un legislador, un maestro de la ley, que instruye en las buenas obras y el amor. Enseña que el hombre debe sufrir la cruz, las aflicciones, seguir el ejemplo de Cristo y de los santos. El que enseña y requiere esto, es un ministro de la ley, del pecado, de la ira, y de la muerte. Pues con esta doctrina

---

199. En el texto en latín, Lutero usa la palabra griega ἀνυπόκριτον, que significa «sin hipocresía».
200. Lutero usa la frase del latín «*Cur non potius appellant scapham scapham?*», «¿Por qué no llaman a una barquía, una barquía?». La otra parte de la frase se sobreentiende: «y a un as de espadas, un as de espadas?». Yo he usado una frase idiomática más conocida en español: «Al pan, pan, y al vino, vino».
201. *hominem non justificari operibus legis, sed fide Iesu Christi.*
202. *magnifice et clarissime.*

CONFERENCIA 11: SÁBADO 8 DE AGOSTO

no hace sino aterrorizar y afligir las conciencias de los hombres, y encerrarlas bajo pecado. ¿Por qué? Porque es imposible que la naturaleza del hombre cumpla la ley. Aun en los que han sido justificados y tienen el Espíritu Santo, la ley de los miembros lucha contra la ley de la mente. ¿Cuál, entonces, no será el resultado en los impíos que no tienen el Espíritu Santo? Porque el que enseña que la justicia viene por la ley no entiende lo que dice ni lo que afirma. Mucho menos guarda la ley, sino que se engaña a sí mismo y a otros. Impone sobre otros cargas que él mismo no puede llevar, exigiendo y enseñando cosas imposibles, y al final, se arrastra a sí mismo y a sus discípulos a la desesperación.

El uso correcto y la finalidad de la ley es acusar y condenar como culpables a todos los que viven confiados en sí mismos; a fin de que puedan verse en peligro de pecado, ira, y muerte eterna. Así, el terror por su condición los llevará al borde de la desesperación, estremeciéndose y temblando hasta con la caída de una hoja. Y en este estado están bajo la ley. Pues la ley requiere perfecta obediencia a Dios, y condena a todos los que no la cumplen. Con toda certeza, ningún ser viviente es capaz de rendir esta obediencia. No obstante, Dios la requiere de nosotros. Por tanto, la ley no justifica; más bien, la ley condena, según se dijo: «Maldito todo aquel que no permaneciere en todas las cosas que están escritas en este libro» (Deuteronomio 27:26). Por tanto, todo el que enseña la ley es ministro del pecado.

Existe una muy buena razón por la que Pablo, en 2 Corintios 3, dice que la ley es el ministerio de pecado. La ley manifiesta el pecado y declara lo que es. Sin esto, la ley está muerta. El conocimiento del pecado no es ese conocimiento especulativo de los hipócritas. Es ese verdadero conocimiento por el cual podemos ver la ira de Dios contra nuestro pecado y sentir el hálito de la muerte encima de nosotros. Este conocimiento aterroriza nuestro corazón y sentimos que nos hundimos en una terrible desesperación. La ley mata y destruye (Romanos 7:11). Por eso, estos gloriosos eruditos de la ley y las obras son llamados «opresores y tiranos» en las Escrituras. Son iguales a los capataces egipcios que oprimían a los hijos de Israel con servidumbre corporal, pues estos nuevos dadores y milicianos de la ley oprimen a la gente para que vivan en la más mísera esclavitud del alma. Al final, ¡los llevan a la extrema desesperación y a la ruina! Estos autoproclamados eruditos de la ley no se conocen a sí mismos ni conocen el poder de la ley. Ni a ellos les es posible vivir con la conciencia tranquila cuando sufren grandes terrores internos, o la agonía de la muerte. Aunque hayan guardado la ley, amado a su prójimo, hecho muchas obras buenas, y sufrido gran pérdida personal, la ley siempre los sacude y acusa diciendo: «Nunca cumpliste con todo lo que la ley te mandó; maldito es aquel que no cumple continuamente todas las cosas que requiere la ley». Por tanto, la conciencia no puede librarse de su angustia. Más bien, su ansiedad se intensifica cada vez más. Y si a tales ilustres eruditos de la ley no los levantare la fe y la justicia de Cristo, la desesperanza los arrojaría al abismo.

Hay un ejemplo sobresaliente de esta situación en las «Vidas de los Padres». Se relata la historia de un ermitaño, poco antes de su muerte. Triste y desconsolado, se mantuvo por tres días con los ojos fijos en el cielo. Cuando le preguntaron por qué lo que hacía, respondió que temía a la muerte. Sus discípulos trataron de consolarlo diciéndole que no tenía por qué temer a la muerte, pues había vivido una vida sumamente santa. Pero él respondió: «Ciertamente he vivido píamente y he guardado los mandamientos de Dios, pero los juicios de Dios son muy diferentes a los de los hombres». Cuando se vio frente a la muerte, este hombre, a pesar de que había vivido sin tacha alguna y había guardado la ley de Dios, todavía no podía encontrar paz para su alma. Lo acosaba el pensamiento de que Dios juzga de manera muy diferente a los hombres. De este modo, perdió la confianza en todas sus buenas obras y méritos. Ciertamente se habría sumido en el desconsuelo de no haber sido fortalecido por la promesa de Cristo. Así que la ley no logra sino desnudarnos totalmente y ¡finalmente nos encierra en el calabozo como condenados! En tal caso, no hay consejo ni ayuda, sino que todo ha sido una gran pérdida. Aquí no hay socorro alguno para nosotros, ni en nosotros mismos ni en el martirio de todos los santos.

Esto también se plasmó de manera evidente cuando se dio la ley. Lo podemos ver en Éxodo 19 y 20. Moisés mandó al pueblo que saliera de sus tiendas pues tenía que reunirse con el Señor. Tenía que escuchar la voz del Señor hablando desde la densa oscuridad. Pero la gente, atónita y temblando de temor, huyó y se dispersó. Y eso, aunque poco antes habían prometido que harían todo lo que Dios había mandado. Estando lejos, retraídos, dijeron a Moisés: «¿Quién podrá sufrir el fuego, los truenos, el son de la trompeta, y el monte humeando? Habla tú con nosotros, y escucharemos, pero no hable Dios con nosotros, pues moriremos». Así que la debida función de la ley es sacarnos de nuestras tiendas y moradas, es decir, de la quietud y tranquilidad de nuestra vida diaria, de nuestra confianza propia, y traernos ante la presencia de Dios. Allí se nos manifiesta su ira por nuestros pecados. Aquí, la conciencia no siente confianza alguna de haber satisfecho la ley, ni de poder satisfacerla, ni de soportar la ira de Dios revelada por la ley cuando nos trae así ante la presencia de Dios. Pues la ley nos infunde temor, nos acusa, y nos echa nuestros pecados en cara. No es posible quedarnos allí. Por tanto, salimos corriendo, y con los hijos de Israel damos alaridos: «¡Moriremos, moriremos! ¡Que Dios no nos hable, habla tú con nosotros!».

Por lo tanto, todo el que enseña que la fe en Cristo no justifica a menos que se entreteja con la observancia de la ley, hace de Cristo un ministro de pecado, un pedagogo de la ley, enseñando la misma doctrina que Moisés. Pero cuando esto sucede, Cristo no es ningún salvador, ningún dador de gracia, sino un déspota cruel que, al igual que Moisés, exige lo que ningún hombre puede dar. Miren bien, ¡este es el mismo concepto que todos los legalistas justicieros tienen de Cristo! Pues lo convierten en un nuevo legislador, y consideran el Evangelio como un nuevo tomo de leyes con nuevas obras, tal como los musulmanes estiman su Corán. Pero en cuanto a leyes, basta con las de Moisés. El Evangelio, pues, es la predicación de Cristo, que perdona los pecados, da la gracia que justifica y salva a los pecadores. Pero los mandamientos que se encuentran en el Evangelio no son el Evangelio, sino explicaciones de la ley, y asuntos que dependen del Evangelio.

Para concluir, si la ley es ministro de pecado, también es ministro de ira y de muerte. Pues la ley, al revelar el pecado, infunde terror al ser humano. Le muestra su pecado y la ira de Dios, lo sacude con el terror de la muerte y de su condenación. Porque la conciencia, poco a poco, va pensando así: «No has guardado los mandamientos, así que Dios siente ira contra ti. Y si siente ira contra ti, te destruirá y condenará para siempre». Llega a pensar que la consecuencia es inevitable: «He pecado, debo morir». De ahí se sigue que el ministerio del pecado es el ministerio de la ira y la condenación.

Pues una vez revelado el pecado, viene la ira de Dios, la muerte y la condenación. *Pues la conciencia razona así: «Has pecado; por tanto, te encuentras totalmente solo ante la ira de Dios*: y si tiene ira contra ti, te destruirá y condenará para siempre». Esta es la razón por la que muchos no pueden sufrir el juicio y la ira de Dios, que la ley pone ante sus ojos; en consecuencia, van y se arrojan desde un acantilado o se ahogan.

VERSÍCULO 17. *De ninguna manera.*

Es como si Pablo dijera: «Cristo no es el ministro del pecado, sino el dador de justicia y vida eterna». Por lo cual Pablo coloca una gran distancia entre Moisés y Cristo. Es como si dijera: «Moisés, quédate en la tierra. Sé tú el maestro de la letra, y el vigilante de su cumplimiento. Encárgate de atormentar y crucificar a los pecadores». Pero los creyentes, dice Pablo, tienen otro Maestro en su conciencia: no Moisés, sino Cristo. Él ha abolido la ley y el pecado, ha vencido la ira de Dios, destruido la muerte, y llevado cautivas a ambas. A todos los que trabajamos oprimidos por todo tipo de calamidades, nos invita a venir a Él. Por tanto, cuando nos refugiamos en Cristo, Moisés desaparece con su ley, para que su sepulcro no se vea más, y el pecado y la muerte ya no nos puedan herir. Pues Cristo es nuestro Señor sobre la ley, el pecado, y la muerte; todos los que creen en Él, son librados de estas cosas. Por tanto, el debido oficio de Cristo es librar del pecado y de la muerte. Esto es lo que Pablo enseña y repite a lo largo de todos sus escritos.

La ley nos condena y da muerte. Cristo nos justifica y restaura a la vida. La ley nos aterroriza, y nos aleja de Cristo. Pero Cristo nos reconcilia con Dios, y nos abre la entrada, para que nos acerquemos osadamente a Él. Pues «Él es el Cordero de Dios que quita el pecado del mundo». Por eso, si quita el pecado del mundo, también quita mis pecados, pues he creído en Él[203]. Si el pecado ha sido quitado, entonces también han sido quitadas la ira de Dios, la muerte, y la condenación. En lugar del pecado entra la justicia. En lugar de la ira, la reconciliación y la gracia. En lugar de muerte, vida. En lugar de condenación, salvación. Aprendamos a practicar esta distinción,

---

203. Lutero añade la siguiente nota: *Christus sublatis omnibus malis attulit omnia bona*, «Cristo nos ha quitado toda maldad y ha producido todo lo bueno».

no solo con palabras, sino en la vida y la experiencia diaria, y también en nuestros sentimientos. Pues donde está Cristo, sin falta habrá un corazón gozoso y una conciencia en paz. Pues Cristo es nuestra reconciliación, justicia, paz, vida, salvación. En resumen, todo lo que una conciencia afligida podría desear, lo encuentra abundantemente en Cristo. Pablo pasa ahora a ampliar su argumento y persuadir de la siguiente manera.

VERSÍCULO 18. *Porque si las cosas que destruí, las mismas vuelvo a edificar, transgresor[204] me hago.*

Como si dijera: «¿Acaso piensan que ahora voy a construir las cosas que destruí con mi predicación? ¡No he estado perdiendo el tiempo! Si hiciera tal cosa, todo este tiempo habría estado trabajando en vano. Además, me haría un transgresor, derribando todo, al igual que los falsos apóstoles; es decir, si convirtiera la gracia y a Cristo en la ley y Moisés, y, por otro lado, si convirtiera la ley y a Moisés en gracia y Cristo. Mediante el ministerio del Evangelio he abolido el pecado, la tristeza, la ira, y la muerte. Pues así he enseñado: "Tu conciencia está sujeta a la ley, al pecado, y a la muerte. De esto no te pueden librar ni los hombres ni los ángeles. Pero ahora ha llegado el Evangelio, y te predica la remisión de pecados por Jesucristo, quien ha abolido la ley, y ha destruido el pecado y la muerte. Cree en Él, y así serás librado de la maldición de la ley, y de la tiranía del pecado y de la muerte. Así serás justo y tendrás la vida eterna"».

«Vean que, de esta manera, la predicación del Evangelio derroca a la ley. De esta manera, ya no puede seguir gobernando mi conciencia. Porque, cuando mi nuevo huésped entra a la nueva morada, se instala solo, sin nadie más. Moisés, el antiguo morador, tiene que desalojar la vivienda. Debe irse a otra parte. Asimismo, donde mora el nuevo huésped, ya no hay lugar para el pecado, la ira, y la muerte. Ahora solo hay gracia, justicia, gozo, vida, y verdadera confianza y afianzamiento en el Padre. Él ya ha sido satisfecho y reconciliado con nosotros. Es bondadoso, muy paciente, y lleno de misericordia, por amor a Cristo, su Hijo. ¿Voy, entonces, a destronar

---

204. Lutero cita la Vulgata, la cual traduce la palabra griega παραβάτης (transgresor) como *praevaricator*, o «prevaricador» en español, lo cual significa alguien que habla o actúa falsa o evasivamente con la intención de engañar.

a Cristo, y destruir su reino, que he sembrado por medio del Evangelio, reedificando sobre la ley y restableciendo el reino de Moisés? Eso es todo lo que haría, si volviera a enseñar la circuncisión y la observancia de la ley como necesarias para la salvación. Eso es lo que hacen los falsos apóstoles. Yo también, de esta manera, en vez de la justicia y la vida, estaría restableciendo el pecado y la muerte. Pues la ley no hace más que señalar el pecado, provocar la ira de Dios y la muerte».

Entonces, les pregunto (les ruego que lo entiendan): ¿cómo quedan los mejores eruditos del papa? Como demoledores del reino de Cristo, pero diestros constructores del reino del diablo, del pecado, de la ira y la muerte eterna. Sí, destruyen la Iglesia, lo que Dios ha edificado, no con la ley de Moisés, como los falsos apóstoles, sino mediante las tradiciones de los hombres y las doctrinas de demonios. Y aun las sectas fanáticas que hoy nos pisan los talones, destruyen y destruirán una y otra vez lo que nosotros hemos construido, y construyen y reconstruirán lo que nosotros hemos destruido.

Sin embargo, nosotros, por la gracia de Cristo, sostenemos el artículo de la justificación, sabiendo con toda confianza que somos justificados y considerados justos ante Dios por la sola fe en Cristo[205]. Por tanto, no mezclamos la ley y la gracia, la fe y las obras, sino que las separamos muy lejos[206]. Que cada verdadero cristiano marque diligentemente esta diferencia y distancia entre la ley y la gracia. Y que lo haga, no en la letra ni con palabras, sino en la práctica y en la experiencia interna. De tal modo que, cuando oiga que se deben hacer buenas obras, y que hay que seguir el ejemplo de Cristo, pueda juzgar acertadamente, y decir: «Con gusto haré todas estas cosas». Pero, ¿qué se infiere? ¿Que, por tanto, serás salvo y obtendrás la vida eterna? No. De ningún modo. No discuto que debo hacer buenas obras. Debo sufrir con paciencia pruebas y aflicciones, y hasta derramar sangre por causa de Cristo, pero nada de eso me hará ser justificado ni obtener la salvación.

Por tanto, no debemos permitir a las buenas obras izar bandera sobre el artículo de la justificación, como han hecho los monjes. Ellos no solo lo hacen con las buenas obras, sino también con el castigo

---

205. *Nos vero, gratia Dei, articulum justificationis tenentes certo scimus, nos sola fide in Christum justificari.*
206. *nos confundimos legem et gratiam, fidem et opera, sed ea longissime separamus.*

y los tormentos que sufren los malhechores por la impiedad de sus delitos. Pues les dicen que, si sufren con resignación, merecerán la vida eterna. Así los monjes consuelan a los condenados, cuando estos suben a la horca, o al lugar de su ejecución. «Debes sufrir esta vergonzosa muerte con paciencia y buena voluntad. Si lo haces, merecerás la remisión de tus pecados y la vida eterna». ¡Qué horripilante que un ladrón, asesino, o asaltante, sea seducido tan míseramente en aquel punto extremo de angustia y agonía! Que, estando al borde de la muerte, a punto de desplomarse con la horca al cuello, o de perder la cabeza, le nieguen el Evangelio y las dulces promesas en Cristo, las únicas palabras que pueden traerle consuelo y salvación. En su lugar, lo mandan a esperar el perdón de sus pecados ¡si sufre con buena voluntad y paciencia esa muerte vergonzosa que padece por sus propias fechorías! ¿Qué es esto? No es sino amontonar sobre él más de lo que sufre miserablemente. Es añadirle extrema perdición y destrucción, pues su conciencia es engañada al momento de su propia muerte. No es más que darle un empujón hacia el infierno.

Por tanto, estos hipócritas declaran a la luz del día que no enseñan ni comprenden ni una letra ni una sílaba de lo que es la gracia, el Evangelio, o Cristo. Solo en las apariencias conservan el nombre del Evangelio y de Cristo, a fin de poder engañar a los corazones de la gente. Pues niegan y rechazan a Cristo y su Evangelio, atribuyendo más valor a las tradiciones de los hombres. Esto se comprueba por tanta falsa adoración, tantas órdenes religiosas, tantas ceremonias, y tantos que presumen del ejercicio de su libre albedrío. Ellos mismos atestiguan que todas estas cosas fueron instituidas para obtener la gracia meritoria, y alcanzar la justicia y la vida eterna. En sus confesiones no hacen mención alguna de la fe ni de los méritos de Cristo. En vez de eso, enseñan y establecen la satisfacción de penas y los méritos de los hombres. La siguiente forma de absolución lo establece claramente (aquí no menciono otros asuntos); es la costumbre de los propios monjes, pues hay algunos que se consideran más devotos y religiosos que otros. Pienso que será bueno anotarla aquí, para que nuestra posteridad pueda ver cuán grande y horrendo ha sido el reino del papado.

Fórmula de absolución de los monjes
[para perdonar pecados]

«Que Dios te perdone, mi hermano. Que el mérito de la pasión de nuestro Señor Jesucristo, y de la bendita Santa María, virgen para siempre, y de todos los santos; el mérito de tu orden religiosa, la austeridad de tu religión, la humildad de tu confesión, tu corazón contrito, y las buenas obras que has hecho y harás por el amor de nuestro Señor Jesucristo, se te hagan disponibles para la remisión de tus pecados, el aumento de tu mérito y gracia, y el galardón de la vida eterna. Amén».

En estas palabras escuchamos que se menciona el mérito de Cristo. Pero, si las sopesas bien, te darás cuenta de que, en ellas, Cristo no sirve de nada en absoluto. Se le arrebatan la gloria y el nombre de Justificador y Salvador y se atribuyen a los méritos de los monjes. ¿Acaso no es esto tomar el nombre de Dios en vano? ¿No es esto confesar a Cristo de palabra, pero en los hechos, negar su poder, y blasfemar contra su nombre? Yo mismo estuve una vez enredado en este error. Pensaba que Cristo era un juez (aunque, con mi boca, confesaba que sufrió y murió por la redención del hombre). Pensaba que debía apaciguarlo mediante la observancia de los reglamentos de mi orden. Por lo tanto, cuando rezaba, o decía la misa, solía añadir, al final: «Oh Señor Jesús, vengo a ti, y te imploro que estas cargas y rigores de mi orden y religión puedan pagar por entero todos mis pecados». Pero ahora, «doy gracias al Padre de toda misericordia, que me ha llamado de las tinieblas a la luz de su glorioso Evangelio, y me ha dado un abundante conocimiento de Jesucristo mi Señor. Por su amor, considero todas estas cosas como pérdida, y las estimo como σκύβαλα[207] [estiércol], a fin de ganar a Cristo, y ser hallado en Él, no teniendo mi propia justicia de la orden agustina, sino aquella que viene por la fe en Cristo, a quien, junto con el Padre y el Espíritu Santo, sea la alabanza y la gloria, por los siglos de los siglos. Amén».

Por tanto, con Pablo, concluimos «que somos justificados por la sola fe en Cristo, sin la ley»[208]. Pero, una vez que el creyente ha sido justificado, y por la fe ya posee a Cristo, sabiendo que Él es su justicia

---

207. Literalmente, «bosta». Lutero usa la palabra de Filipenses 3:8. Recuérdese que Lutero está dictando cátedra ante seminaristas. De vez en cuando, emplea palabras griegas para enfatizar o aclarar sus ponencias. En griego, esta palabra significa «tirar las sobras a los perros» o, sencillamente, «basura».
208. *sola fide in Christum nos justificari, sine lege et operibus.*

y su vida, con toda seguridad no se quedará de brazos cruzados. Como buen árbol, dará buenos frutos. Pues el creyente tiene al Espíritu Santo, y donde mora el Espíritu Santo, no permite el ocio, sino que impulsa a todo ejercicio de piedad, al amor de Dios, a sufrir pacientemente toda aflicción, a la oración, a la acción de gracias, y a ser bondadoso con los demás.

Por lo cual también decimos que la fe sin obras es nada y vacía[209]. *Pero los papistas y fanáticos sectarios lo dicen al revés:* «*La fe sin obras no justifica; podrías tener la fe más grande y genuina, pero si no tiene obras, no tiene valor, es falsa*». *La fe sin obras, según la lógica de los fanáticos, es mera vanidad, es una imaginación del corazón, es falsa, y no justifica.*

CONFERENCIA 12: viernes 14 de agosto

Hasta ahora hemos tratado con el primer argumento de Pablo, quien sostiene que, o la ley no nos puede justificar, o si lo hace, Cristo termina siendo ministro de pecado. Pero ¡esto es imposible! Así que concluimos que no somos justificados por la ley. En este tema nos hemos extendido, como se merece. No obstante, es imposible recalcarlo o remacharlo lo suficiente en la memoria.

VERSÍCULO 19. *Porque yo por la ley soy muerto a la ley, para vivir a Dios.*

Estas son palabras maravillosas, pero en un lenguaje desconocido e incomprensible para la razón humana. Y aunque son breves, son declaradas con gran celo y ardor de espíritu, como si estuviera muy indignado. Como si dijera: «¿Por qué se jactan tanto de la ley? De eso no tengo ni la menor idea. Pero, si insisten en tener una ley, yo también tengo otra ley». Y, como si el Espíritu Santo lo hubiera movido a la indignación, él llama a la gracia misma, «la ley», dándole un nuevo nombre al efecto de la operación de la gracia, en desacato de la ley de Moisés y de los falsos apóstoles. Ellos pretendían contenciosamente que la ley era necesaria para la justificación. De modo que Pablo contrapone la ley a la ley. Estas son las palabras más dulces y llenas de consuelo, cuando en las Escrituras, particularmente en Pablo, se contrapone la ley a la ley,

---

[209]. *Quare et nos dicimus fidem, sine operibus nihili esse et inanem.*

el pecado al pecado, la muerte a la muerte, la cautividad a la cautividad, el infierno al infierno, el altar al altar, el cordero al cordero, la pascua a la pascua, etc[210].

En Romanos 8 (v. 3), dice: «Por el pecado, condenó al pecado». Luego: «Llevó cautiva la cautividad» (Salmo 68:19; Efesios 4:8). «Oh muerte, seré tu muerte: oh infierno, seré tu destrucción» (Oseas 13:14). De igual manera, aquí dice que, mediante la ley, él está muerto a la ley. Como si dijera: «La ley de Moisés me acusa y condena. Pero yo tengo otra ley, la ley de la gracia y la libertad. Esta ley acusa a la ley que me acusa. Esta ley condena a la ley que me condena». Así fue como la muerte deshizo a la muerte, pero esta muerte fue, en sí, vida. De igual manera, la justicia toma para sí el nombre de pecado, porque condena al pecado, y esta condenación del pecado es la verdadera justicia.

Aquí Pablo parece todo un hereje. Es el mayor hereje de todos, y su herejía, algo nunca antes oído. Pues dice: «Estando muerto a la ley, vivo para Dios». Los falsos apóstoles enseñaban: «Si no vives de acuerdo a la ley, estás muerto para Dios». Pablo dice todo lo contrario: «A menos que estés muerto a la ley, no puedes vivir para Dios». Hoy, la doctrina de nuestros adversarios es como la de los falsos apóstoles de aquel día. Ellos declaran: «Si has de vivir para Dios, tienes que vivir para la ley, o según la ley». Pero nosotros decimos lo opuesto: «Si has de vivir para Dios, tienes que estar enteramente muerto a la ley». La razón y la sabiduría humana no pueden comprender esta doctrina. Siempre la han enseñado al revés: «Si has de vivir para Dios, tienes que guardar la ley, pues escrito está: "Haz esto y vivirás"». Entre toda la gente ilustre del papa, esta es la norma escogida: «El que vive según la ley, vive para Dios». Pablo dice lo opuesto: «No podemos vivir para Dios a menos que hayamos muerto completamente a la ley». Por tanto, debemos ascender a esa altura celestial para estar seguros de que estamos muy por encima de la ley; tan así que hayamos muerto por entero a la ley. Y si ya hemos muerto a la ley, entonces esta ya no tiene derecho legal sobre nosotros, tal como la ley no tiene ya derecho legal sobre Cristo[211], quien nos libró de ella para que podamos vivir

---

209. *Quare et nos dicimus fidem, sine operibus nihili esse et inanem.*
210. *Opponitur lex legi, peccatum peccato, mors morti, captivitas captivitati, diabolus diabolo, infernus inferno, altare altari, agnus agno, pasca pascati, etc.*
211. *lex nihil juris habet in nos, ut neque in Christum aliquid juris habet.*

para Dios. Todo apunta a este fin: comprobar que no somos justificados por la ley, sino por la sola fe en Jesucristo[212].

Aquí Pablo no habla de la ley ceremonial. *Pues él sacrificó en el templo, circuncidó a Timoteo, rasuró su cabeza en Cencrea. Él no habría hecho estas cosas si hubiera estado muerto a la ley ceremonial. Más bien, él habla de toda la ley.* Por tanto, sencillamente, toda la ley, sea ceremonial o moral, ha sido abrogada para el cristiano, porque está totalmente muerto para ella[213]. No es que la ley en sí misma haya perecido[214], pues permanece, vive, y reina entre los impíos. Pero el creyente ha muerto para la ley, así como también está muerto para el pecado, el diablo, la muerte, y el infierno. Estas cosas permanecen, y de igual manera el mundo, con todos los impíos. Por tanto, cuando los papistas enseñan que solo la ley ceremonial ha sido abolida, entiende tú lo otro: que Pablo y todo cristiano han muerto para toda la ley, y sin embargo, la ley permanece.

Por ejemplo, cuando Cristo resucitó de la muerte, quedó libre de la tumba. Sin embargo, la tumba permanece. Pedro fue liberado de la cárcel, el paralítico de su lecho, el joven de su ataúd, la niña de su cama. Sin embargo, la cárcel, el lecho, el ataúd, y la cama permanecen. Pero, como he muerto a la ley por causa de otra ley, esa ley también ha muerto para mí; aunque no ha desaparecido, como tampoco desapareció la tumba de Cristo, la cárcel de Pedro, o la cama de la niña. Sin embargo, Cristo, por su resurrección, está muerto a la tumba, Pedro salió libre de la cárcel después de su rescate, y la niña fue liberada de su cama al recibir la vida.

Por tanto, las palabras «Soy muerto a la ley» son muy eficaces. Pues no dice: «Estoy libre de la ley por un tiempo, o soy señor de la ley». Simplemente, «Estoy muerto para la ley». Es decir, no tengo nada que ver con la ley. Pablo no podría haber dicho nada más eficaz contra la justicia de la ley que: «Estoy muerto a la ley».

Morir a la ley significa: no vivo atado a la ley, sino que vivo libre de la ley; de hecho, la desconozco por completo. Por tanto, el que quiera vivir para Dios, procure ser hallado sin la ley, y salga del sepulcro junto con Cristo. Cuando Cristo salió del sepulcro, los soldados quedaron atónitos. Los que vieron a la niña levantarse de

---

212. *per legem nos non justificari, sed sola fide in Christum.*
213. *Itaque simpliciter tota lex, sive sit ceremonialis sive decalogi, abrogata est christiano, quia ei mortus est.*
214. *non quod lex pereat.*

la muerte, se asombraron. De igual manera, la razón y la sabiduría humana se asombran, y ¡pierden la cabeza cuando escuchan que no somos justificados a menos que estemos muertos para la ley! Se les hace imposible comprender este misterio. Pero, cuando por fe nos aferramos a Cristo en lo profundo de la conciencia, entramos en una nueva ley, la cual devora a la ley antigua que nos tenía cautivos. La tumba donde yacía Cristo quedó vacía después de su resurrección. De igual manera, cuando creo en Cristo y resucito con Él, muero a mi sepulcro, es decir, a la ley que me tenía allí cautivo. Ahora, la ley queda como un sepulcro vacío, pues he escapado de mi prisión y sepulcro, es decir, de la ley. Por tanto, la ley no tiene derecho a acusarme, o a retenerme en sus garras, pues he vuelto a la vida.

Es necesario instruir las conciencias de esta manera, a fin de que puedan comprender la diferencia entre la justicia de la ley y de la gracia. La justicia de la gracia, o la libertad de la conciencia, de ningún modo pertenece a la carne. La carne no puede quedar en libertad. Debe quedar en la tumba, en la cárcel, en su lecho de muerte. Debe estar sujeta a la ley, y subyugada por los egipcios. Pero la conciencia del cristiano debe estar muerta a la ley, es decir, libre de la ley, y no debe tener nada que ver con ella. Es bueno saber esto. Ayuda a consolar las conciencias desesperanzadas. Por tanto, cuando veas a alguien horrorizado y doblegado por la sensación y el sentimiento de su pecado, le podrás decir: «Hermano, no distingues bien las cosas. Has puesto la ley en la conciencia, pero debes colocarla en la carne. Despierta, levántate, y recuerda que debes creer en Cristo, el vencedor de la ley y el pecado. Con esta fe te elevarás muy por encima de la ley, a ese cielo donde no hay ley ni pecado. Y aunque la ley y el pecado permanezcan, nada tienen que ver contigo, porque has muerto a la ley y al pecado».

Esto es fácil de decir, pero bienaventurado el que sabe aferrarse a estas cosas en los tiempos de aflicción. Cuando, sintiéndose oprimido por el pecado y la acusación de la ley, puede decir: «¿Qué me importa, oh ley, que me acuses diciendo que he cometido muchos pecados? Sí, tienes razón en que he cometido muchos pecados. Incluso los cometo a diario y pierdo la cuenta. Pero esto no me afecta para nada; estoy sordo y no puedo oír ni una palabra de lo que me dices. Por tanto, en vano me hablas, pues para ti estoy muerto. Pero si quieres discutir conmigo sobre mis pecados, vete a mi carne y sus miembros, mis siervos: instrúyelos, hostígalos y crucifícalos. Pero no te metas conmigo ni con mi conciencia; pues ella es toda una dama y una reina. Para ti estoy muerto, y ahora vivo en Cristo. Con Él tengo otra ley, la ley de la gracia, que gobierna sobre el pecado y la ley». ¿Por qué medio? Por la fe en Cristo, tal como lo declara Pablo a continuación.

Esta definición parece extraña y maravillosa: que vivir a la ley es morir para Dios, y morir a la ley es vivir para Dios. Estas dos proposiciones son tan contrarias a la razón, que ningún sofista sagaz ni legalista las puede comprender. Pero tú, aprende su verdadero significado. El que vive para la ley, el que procura ser justificado por las obras de la ley, es y sigue siendo pecador. Por tanto, está muerto y condenado. Pues la ley no lo puede justificar ni salvar. La ley solo lo acusa, aterroriza, y mata. Por tanto, vivir para la ley es morir para Dios, y al contrario, morir a la ley es vivir para Dios. Por eso, si quieres vivir para Dios, debes morir para la ley. Si quieres vivir para la ley, tienes que morir para Dios. Sin embargo, vivir para Dios es ser justificado por la gracia o por la fe, por causa de Cristo, y sin la ley ni sus obras.

Esta, entonces, es la propia y verdadera definición de un cristiano: es un hijo de la gracia y de la remisión de pecados, porque ya no está bajo la ley, sino por encima de la ley, el pecado, la muerte, y el infierno. Y de la misma manera que Cristo quedó libre del sepulcro, y Pedro de la cárcel, así el cristiano está libre de la ley. Además, entre la conciencia justificada y la ley hay un abismo tan grande como el que hay entre Cristo resucitado y el sepulcro mismo; o como el que hay entre Pedro liberado de la cárcel y la cárcel misma. Cristo, por su muerte y resurrección, está muerto al sepulcro, de modo que este no tiene poder alguno sobre él, ni tampoco lo puede retener. La piedra ha sido quitada, los sellos rotos, y los guardas petrificados. Él ha resucitado y nada lo sujeta. Pedro fue liberado de la cárcel y se dirigió a donde quiso. Asimismo, la conciencia, por la gracia, queda libre de la ley. Así es con todo aquel que es nacido del Espíritu. La carne no sabe ni de dónde viene esto, ni a dónde va, pues no puede juzgar a menos que sea según la ley. En cambio, el espíritu dice: «Que la ley me acuse, que el pecado y la muerte me intimiden todo lo que quieran, pero no desespero. Tengo la ley contra la ley, el pecado contra el pecado, y la muerte contra la muerte»[215].

Por tanto, cuando siento remordimiento y la ponzoña del pecado en la conciencia, fijo la mirada en Cristo, esa serpiente de bronce que cuelga en la cruz. Allí encuentro al otro pecado que se opone a mi pecado que me acusa y devora. Este otro pecado es la carne de Cristo, que quita los pecados del mundo; es poderoso, condena y devora mi pecado. De tal modo que mi pecado es condenado por otro pecado, es decir, por Cristo crucificado: Él fue hecho «pecado por nosotros, para que nosotros fuésemos hechos justicia de Dios en él». De igual manera encuentro la muerte en mi carne, que me aflige y me mata, pero tengo en mí una muerte contraria a esa muerte. Es la muerte de mi propia muerte, pues crucifica y devora a mi muerte.

Estos no son logros de la ley ni de las obras, sino de Cristo crucificado. Sobre sus hombros fueron cargados todos los males y miserias de la humanidad, la ley, el pecado, la muerte, el diablo, y el infierno. Todos estos encuentran la muerte en Él, porque por su muerte Él les ha dado muerte. No obstante, debemos recibir el beneficio de Cristo con una fe firme. Porque, así como no se nos ofrece la ley ni obra alguna, sino al solo Cristo[216], tampoco se requiere nada de nosotros sino la confianza de la fe. Por esta fe nos aferramos a Cristo, y creemos que nuestros pecados y muerte han sido condenados y abolidos en el pecado y la muerte de Cristo.

Por tanto, siempre tenemos argumentos más fuertes y seguros que certeramente concluyen que la justificación viene por la sola fe[217]. ¿Cómo podrían la ley y las obras valer para la justificación, si Pablo se contrapone tan fervorosamente a la ley y las obras? Pues él dice claramente que debemos estar muertos a la ley si queremos vivir para Dios. Pero si estamos muertos a la ley, y la ley está muerta a nosotros, ella no tiene nada que ver con nosotros. ¿Cómo podría contribuir en algo para nuestra justificación? Por tanto, nos vemos obligados a decir que somos justificados por la gracia sola, o por la fe en Cristo, sin la ley y las obras[218].

---

215. *legem contra legem, peccatum contra peccatum, mortem contra mortem habeo.*
216. *solus Christus.*
217. *necessario concludendum est solam fidem justificare.* Lutero añade a pie de página: *Lex non justificat, sed sola fides,* «La ley no justifica, sino la sola fe».
218. *sola gratia seu fide in Christum, sine lege et operibus justus pronuntiari.*

CONFERENCIA 12: VIERNES 14 DE AGOSTO

Los eruditos del papa están ciegos y no lo pueden comprender. Por eso deliran cuando alegan que la fe no justifica a menos que vaya acompañada por las obras del amor. Pero, de ser así, confiar en Cristo por la fe no sirve de nada y es inútil. Pues se le quita a la fe la virtud de justificar a menos que esté ataviada de amor. Dejemos la ley y el amor de lado, para otra ocasión. Reposemos sobre este punto principal de nuestro tema: Jesucristo, el Hijo de Dios, murió en la cruz y llevó en su cuerpo mis pecados, la ley, la muerte, el diablo y el infierno. Estos enemigos déspotas e invencibles oprimen, perturban, y afligen. Por tanto, debo tener cuidado de cómo me libraré de sus manos justificado y salvo. Aquí no encuentro ni ley, ni obra, ni amor, que me puedan librar de tal tiranía. Ningún otro excepto Cristo solo[219] quita la ley, mata y destruye mi muerte en su cuerpo. De esta manera despoja al infierno, juzga y crucifica al diablo, y lo arroja al infierno. En breve, Cristo se levantó sobre todos estos, «hizo de ellos un espectáculo público, triunfando sobre ellos». Tanto así que ya no tienen poder alguno sobre mí. Más bien, están obligados a servirme.

Por consiguiente, ¿cómo se nos puede ocurrir que, en este asunto, podemos contribuir cosa alguna? Solo nos queda escuchar que estas cosas fueron hechas así por nosotros, y aferrarnos a ellas por fe. Ciertamente, esta es la fe verdaderamente formada y engalanada. Y ahora, estando así aferrado a Cristo por la fe, y estando por Él muerto a la ley, justificado del pecado, librado de la muerte, del diablo, y del infierno, solo entonces puedo hacer buenas obras. Amo a Dios, le doy gracias, soy bondadoso con mi prójimo. Pero este amor que ha brotado no forma ni adorna mi fe. Es mi fe la que forma y adorna el amor. Esta es nuestra teología, que parece paradójica[220] y maravillosa, o tal vez necia, para la razón carnal: no soy solo sordo y ciego a la ley, sino que también he sido liberado, y vivo libre de la ley, y además estoy totalmente muerto para ella.

Esta declaración de Pablo, «Por la ley soy muerto a la ley», está repleta de consuelo. Si llegara a entrar oportunamente al entendimiento del hombre, y a alojarse en su corazón, surtirá un gran efecto. Lo fortalecerá para afrontar todos los peligros de la muerte, todos los terrores de la conciencia y del pecado, aunque sea

---
219. *solus Christus*.
220. *paradoxa*.

asediado, acusado, e impulsado a desesperar como nunca. Es cierto que todo hombre es tentado, si no en vida, al menos en su muerte. Allí, cuando la ley lo acusa y le muestra sus pecados, su conciencia llega a decir:

—Has pecado.

Pero, si te has aferrado bien a lo que Pablo enseña aquí, podrás responder:

—Es cierto que he pecado.

—Por lo tanto, Dios te castigará.

—No, no lo hará.

—Y ¿por qué no?

—Porque tengo otra ley que, de un golpe, enmudece a la tuya; pues tengo la ley de la libertad.

—¿Quién te liberó?

—Cristo. Por lo que Él hizo, soy enteramente libre de la ley. Por lo tanto, la ley que es y sigue siendo ley para el impío, para mí es libertad, y esta libertad ata a la ley que quisiera condenarme. De este modo, la ley que quisiera mantenerme cautivo, queda ella misma sujeta, cautiva de la gracia y la libertad. Esa es mi ley ahora, y le dice a esa ley que me acusa:

—No tendrás a este hombre atado y cautivo, pues es mío. Seré yo quien te mantendré cautiva, y ataré tus manos para que no lo hieras, pues ahora él vive para Cristo, y está muerto para ti[221].

Lograr esto de un golpe es tumbarle los dientes a la ley, quitarle su ponzoña y todas sus armas, y despojarla de toda su fuerza. Y, sin embargo, la ley permanece para los impíos e incrédulos. También para nosotros, los que seamos débiles, si es que nos falta la fe, la ley tendrá fuerza contra nosotros, volverá a sacar su afilada espada, y enseñará sus dientes. Sin embargo, si creo en Cristo, aunque el pecado me incite a desesperar como nunca, permanezco en esta libertad que tengo en Cristo. Confieso que he pecado, pero mi pecado es un pecado que ya ha sido condenado. Ese pecado ha sido puesto en Cristo, que es el pecado que condena al pecado mismo. Este otro pecado que condena es más fuerte que el pecado condenado, pues es gracia que justifica, es justicia, vida y salvación.

---

221. Este texto es lo más próximo a una transcripción de esta conferencia. El lector debe imaginar a Lutero relatando este monólogo frente al grupo de seminaristas, e incluirse entre ellos. Lutero lo desafía a dialogar así con su conciencia cuando es acusado por la ley.

Así, cuando siento el terror de la muerte, digo:

—Mira, muerte, no tengo nada que ver contigo, porque tengo otra muerte que te mata, la muerte de mi muerte. Y esta muerte que mata a la muerte, es la muerte más fuerte, porque ya te abatió y estás muerta.

Por eso, un hombre fiel, por la sola fe en Cristo[222], puede levantarse a sí mismo, y concebir tal firme y fuerte consuelo que no tiene por qué temer al diablo, al pecado, a la muerte, o a mal alguno. Y aunque el diablo se le venga encima con todo lo que tenga, y trate de vencerlo con todo el terror del mundo, el fiel le dice: «Señor diablo, no temo ninguna de tus amenazas y terrores, pues hay uno cuyo nombre es Jesucristo, en quien he creído. Él ha abolido la ley, condenado al pecado, vencido a la muerte, y destruido al infierno. Él es tu propio diablo[223], ¡oh Satanás! Pues te ha atado y te mantiene cautivo, para que ya no me hieras, ni a nadie que crea en Él». El diablo no puede vencer esta fe, sino que por ella es vencido. «Pues esta es la victoria que vence al mundo», dice san Juan, «nuestra fe» (1 Juan 5:4-5). «¿Quién es el que ha vencido al mundo, sino el que ha creído que Jesús es el Hijo de Dios?».

Por tanto, con fervoroso celo e indignación de espíritu, Pablo da el nombre de ley a la gracia misma, la cual, no obstante, es la sobremanera grande e inestimable libertad de la gracia que tenemos en Cristo Jesús. Aun más, bautiza a la ley con un nombre deshonroso: la llama muerta y condenada. Comprendamos que este nuevo nombre es para nuestro consuelo, pues ya no tiene vida. Y aquí también nos presenta un cuadro placentero. Presenta a la ley como si fuera un ladrón y asaltante que ya ha sido condenado y sentenciado a muerte. Pues habla de ella como si fuera un prisionero, maniatado y con grilletes. Ha quedado despojada de todo su poder. Ya no ejerce tiranía, es decir, ya no acusa ni condena. En este cuadro consolador, la ley se vuelve odiosa y aborrecible a la conciencia. De tal modo que el creyente en Cristo, con osadía y orgullo santo, triunfa sobre la ley, diciendo: «Soy pecador. Si puedes hacer algo contra mí, oh ley, ¡atrévete!». Así de impotente queda la ley, pues ya no puede atemorizar al creyente.

Ya que Cristo ha resucitado de la muerte, ¿por qué ahora habría

---

222. *fidelis per solam fidem.*
223. *diabolus.*

de temer a la tumba? Ya que Pedro ha sido liberado de la cárcel, ¿por qué sentiría miedo de ella? Cuando la niña estaba a punto de morir, tal vez tenía razón de temer a su lecho. Pero ahora que ha vuelto a la vida, ¿por qué habría de temerle? De igual manera, el cristiano gozoso de poseer a Cristo por la fe, ¿por qué habría de temer a la ley? Es cierto que sentirá los terrores de la ley, pero estos no lo vencerán. Sujetándose a la libertad que tiene en Cristo, dice: «Te oigo murmurar, oh ley, ¡que quieres acusarme y condenarme! Sin embargo, eso no me perturba para nada. Para mí, eres lo que la tumba fue para Cristo, porque te veo maniatada y con grilletes. Eso lo logró mi ley. ¿Qué ley es esa? ¡Se llama libertad! Así se llama esa ley, no porque me ata, sino porque ata a la ley que me tenía atado por todos lados. La ley de los diez mandamientos me tenía encadenado. Pero contrapuesta a esa ley tengo otra ley: es la ley de la gracia, aunque para mí no es ley alguna, ni me ata, sino que me quita los grilletes y me deja en libertad. Y esta es una ley opuesta a aquella que acusa y condena. Esta ley encadena a la ley que me condena, de modo que ya no me puede herir. Mi muerte me tenía maniatado y con grilletes, pero se le opuso otra muerte, es decir, la vida, la cual me ha dado vida en Cristo. Esta muerte, más poderosa, me desata de mis esposas y me libera de los grilletes de la muerte, y con esas mismas amarras sujeta a mi muerte. Así que la muerte que me tenía atado y amordazado ha quedado enteramente maniatada y engrilletada. La muerte que me mataba quedó abatida por la muerte, es decir, por la vida misma».

Por tanto, Cristo, el más dulce de todos los nombres, recibe también el nombre de mi ley, mi pecado, mi muerte; al oponerse a la ley, al pecado, y a la muerte. Pero, en la más pura realidad, Él es solo libertad, justicia, vida y salvación eterna. Por esta causa, Él ha llegado a ser la ley de la ley, el pecado del pecado, la muerte de la muerte; para redimirme de la maldición de la ley, justificarme y darme vida. Así que, mientras Cristo es la ley, es al mismo tiempo libertad. Por haber sido hecho pecado, Él es enteramente justo. Por ser Él la muerte, es la vida. Al permitir que la ley lo acusara, el pecado lo condenara, y la muerte lo devorara, abolió la ley, condenó al pecado, y destruyó la muerte; me justificó y me salvó. De modo que Cristo es el veneno contra la ley, el pecado, y la muerte. Y, por lo mismo, es el remedio que brinda libertad, justicia, y vida eterna.

Este modo de hablar es propio solo de Pablo, y está repleto de consuelo. De igual manera, en Romanos 7 él contrapone la ley del espíritu a la ley de los miembros. Debido a esta extraña pero maravillosa manera de hablar, penetra más fácilmente en la memoria, y se fija más rápidamente. Además, cuando dice: «Yo por la ley soy muerto a la ley», suena más dulce que si dijera: «Yo por la libertad soy muerto a la ley». Porque es como si nos mostrara, por así decirlo, a la ley luchando contra la ley. Como si dijera: «¡Oh ley, si puedes, acúsame, átame, atérrame, oprímeme, pero pondré sobre ti otra ley, es decir, otro verdugo, que te acusará, atará, espantará y oprimirá! Ciertamente, eres mi verdugo. Pero tengo otro verdugo, Cristo mismo, que te atormentará hasta que mueras. Y estando tú así atada, atormentada, y oprimida, entonces yo estoy en libertad». *De igual manera, si el diablo me azota, tengo un diablo más poderoso, que a su vez lo azota y lo vence*[224]. De tal modo que la gracia es una ley, no para mí, pues a mí no me encadena, sino que encadena a mi ley. Esta ley queda tan atada que ya no me puede herir.

Por tanto, Pablo nos aparta los ojos de la ley, del pecado, de la muerte, y otros males, para volver nuestra mirada a Cristo, y que, desde allí, podamos admirar este feliz conflicto: la ley en pugna contra la ley, luchando por mi libertad. El pecado lucha contra el pecado para llegar a ser mi justicia. La muerte lucha contra la muerte para poder darme la vida. Cristo lucha contra el diablo y el infierno para que yo sea un hijito de Dios, ¡porque de los tales es el reino de los cielos!

VERSÍCULO 19. *A fin de vivir para Dios.*

Con esto, quiere decir: para que pueda vivir ante Dios. Así, pueden ver que no hay vida a menos que sea sin la ley. Quiero decir, en la conciencia estar totalmente muerto a la ley. Mientras tanto, no obstante, mientras vivamos en el cuerpo (como lo he dicho a menudo), la carne necesita el ejercicio de las leyes, y ser hostigada por las demandas y penas de las leyes, como los israelitas bajo el acoso de los egipcios. Pero el hombre interior no está sujeto a la ley, pues ha sido liberado y vive libre de la ley. Es una persona dinámica,

---

224. *Item, si diabolus me flagellat, habeo fortiorem diabolum, qui illum vicissim flagellet, et vincit.*

justa, y santa; no por sí misma, sino en Cristo, pues ha puesto su confianza en Él, de la siguiente manera.

VERSÍCULO 20. *Con Cristo he sido crucificado.*

Añade esto para declarar que la ley devora a la ley. Dice: «No solo he muerto a la ley mediante la ley, a fin de vivir para Dios, sino que también estoy crucificado con Cristo». Pero Cristo es Señor sobre la ley. Fue crucificado y murió a la ley. Por tanto, yo también soy señor sobre la ley. ¿De qué manera? Porque también estoy crucificado y muerto con Cristo. ¿De qué modo? Por la gracia y la fe. Por medio de esta fe es que ahora estoy crucificado y muerto a la ley. Por eso la ley ha perdido todo el poder que tenía sobre mí, así como perdió todo el poder que tenía sobre Cristo. Cristo mismo fue crucificado a la ley, al pecado, a la muerte, y al diablo, de modo que estos ya no tienen más poder sobre Él. De igual manera, yo por la fe ahora soy crucificado con Cristo en espíritu. Así que yo también estoy crucificado y muerto a la ley, al pecado, a la muerte, y al diablo, de modo que ya no tienen poder sobre mí. Estos han sido crucificados y están muertos para mí.

Aquí Pablo no está hablando de imitar su crucifixión y tomarla como ejemplo. Pues seguir el ejemplo de Cristo es estar crucificado con Él, pero esta crucifixión pertenece a la carne. Por eso Pedro dice: «Pues también Cristo sufrió por vosotros, dejándoos ejemplo para que sigáis sus pisadas» (1 Pedro 2:21). Sin embargo, Pablo habla aquí de una crucifixión mayor y más alta. En esa crucifixión, el pecado, el diablo, y la muerte son crucificados en Cristo, y no en mí. En esta crucifixión, Cristo hace todo solo. Pero yo, confiando en Cristo por la fe, soy también crucificado con Cristo, de modo que todas estas cosas son crucificadas y muertas para mí.

VERSÍCULO 20. *Y vivo.*

Aquí habla con elocuencia y propiedad: «No estoy hablando de mi muerte y crucifixión como si no existiera. Más bien, vivo porque esa muerte y crucifixión me dieron la vida. Ya que ciertamente he sido liberado de la ley, del pecado, y de la muerte, puedo decir con toda seguridad que vivo. Esa crucifixión y muerte por las que estoy crucificado y muerto a la ley, el pecado, y la muerte, son para mí la resurrección y la vida. Y lo son porque Cristo crucificó al diablo, mató a la muerte, condenó al pecado, y ató a la ley. Y cuando yo creo en esto, soy puesto a salvo de la ley, del pecado, de la muerte, y del diablo. Por tanto, para mí la ley ha sido atada, muerta, y crucificada. Para mí, eso quiere decir que yo he sido atado, muerto, y crucificado a la ley. Por eso "vivo" por esta muerte y crucifixión, es decir, por esta gracia y libertad».

Aquí, como he dicho antes, hay que tomar en cuenta que Pablo habla de una manera muy particular. Pues dice que somos muertos y crucificados para la ley; pero para nosotros, la que ha sido muerta y crucificada es, en verdad, la ley misma. Él se expresa de esta manera a propósito, para que nos sea más dulce y consolador. Porque la ley, aunque permanece viva y reinando en todo el mundo, acusando a todo hombre, ha sido crucificada y muerta solo para los que confían en Cristo. Solo a ellos pertenece esta gloria de estar muertos al pecado, al infierno, y al diablo.

VERSÍCULO 20. *No ya yo.*

Es decir, no en mi propia persona, ni en mi propia sustancia. Aquí muestra claramente cómo él vive y enseña la justicia cristiana. La verdadera justicia cristiana es ciertamente la que Cristo vive en nosotros[225] y no la justicia que está dentro de nuestra propia persona[226]. Por tanto, cuando hablamos de la justicia cristiana, debemos rechazar a la persona por completo[227]. *Pues si me aferro a la persona o hablo de ella, quiéralo o no, la convierto en un obrero sujeto a practicar la ley.* Aquí, Cristo y mi conciencia llegan a ser un solo cuerpo, de modo que ante mis ojos no queda nada excepto Cristo crucificado y resucitado. Porque, si pongo la mirada en mí mismo, poniendo a Cristo a un lado, estoy perdido. Inmediatamente, caigo

---
225. *qua Christus in nobis vivit.*
226. Obsérvese que es Cristo quien vive en nosotros como nuestro sustituto ante Dios; no se trata de nuestra propia persona imbuida de alguna gracia infusa o impartida a fin de que podamos vivir ante Dios. Véase la próxima nota.
227. *qua Christus in nobis vivit, non quae est in persona nostra. Itaque cum disputandum est de justitia christiana, prorsus abjicientda est persona.* Obsérvese que Lutero especifica su comprensión del *Christus in nobis vivit* (Cristo vive en nosotros). El Cristo «en mí» conduce al pecador a fijar su mirada en nada más que «Cristo crucificado y resucitado de los muertos». En otras palabras, la justicia de Cristo permanece siempre como una justicia objetiva y ajena, aun cuando mora dentro del creyente. Véanse también las notas siguientes. Lutero prosigue diciendo que la vida de Cristo en el creyente es una «vida ajena», la cual se recibe por la sola fe.

en este cavilar: «Cristo está en el cielo, y tú sobre la tierra. ¿Cómo, pues, llegarás a Él? ¡Ah! ¡Ya lo sé! Llevaré una vida de santidad, y haré lo que manda la ley, de modo que pueda entrar en la vida». Pero, si me voy por ese lado, tan solo vuelvo a mí mismo, a darme cuenta de lo que soy, lo que debo ser, y lo que tengo que cumplir. Con ello, pierdo de vista a Cristo, que es mi justicia y mi vida[228]. Y si lo pierdo, no hay consejero ni mano ayudadora que me pueda socorrer. Necesariamente, lo que sigue es desesperación y destrucción arrasadora.

Este es un mal común entre nosotros. Nuestra miseria es tal que, cuando nos sobreviene la tentación o la muerte, enseguida hacemos a Cristo a un lado. Nos ponemos a considerar nuestro pasado, y todo lo que hemos hecho. Con esto, a menos que la fe nos vuelva a levantar, ciertamente pereceremos. En tales conflictos y terrores de la conciencia, debemos aprender a olvidar y dejar de lado la ley, nuestra vida pasada, y todas nuestras obras, que solo nos mueven a mirarnos a nosotros mismos. Debemos poner nuestra mira solo en la serpiente de bronce, Jesucristo crucificado. Debemos creer con toda confianza que Él es nuestra justicia y nuestra vida. No temamos las amenazas y terrores de la ley, el pecado, la muerte, y el juicio de Dios. Porque Cristo, en quien están fijos nuestros ojos, en quien vivimos, y quien además vive en nosotros, es Señor y vencedor de la ley, el pecado, la muerte, y todos los males. Él se nos presenta como nuestro más firme y seguro consuelo; nos da la victoria.

VERSÍCULO 20. *Y vivo, no ya yo, mas vive Cristo en mí.*

Hablando de su propia persona, dice «vivo», pero se corrige de inmediato, diciendo: «no ya yo». Es decir, ahora no vivo en mi propia persona, sino que «Cristo vive en mí». Ciertamente la persona vive, pero no en sí misma, ni en representación de sí misma[229]. Pero ¿quién es ese «yo» cuando dice «no ya yo»? Este es el

---

228. *qui solus est justitia et vita mea.*
229. *pro sua persona.* Pareciera que Lutero estuviera enterado del uso instrumental de la preposición griega εν εμοι («en mí») cuando se encuentra en el modo dativo. Recientemente, D. A. Carson ha documentado que al menos un 30 por ciento de los usos de εν en las cartas paulinas indican un uso instrumental en vez del locativo, aunque el posterior es el más frecuente. Por tanto, aquí, «Cristo en mí» podría igualmente traducirse con toda precisión como «Cristo vive por mí, o Cristo vive en mi lugar» (lo cual combinaría el significado del locativo y el instrumental); también podría ser «Cristo me representa». Pues así lo implica

«yo» que reclama la ley, y que está sujeto a cumplir sus obras. Es una persona separada de Cristo. A esta persona, Pablo la rechaza. Pues esta persona separada de Cristo pertenece a la muerte y al infierno. Por tanto, dice, «no ya yo, sino que Cristo vive en mí». Él es la forma de mi vida, el ornamento de mi fe, como la luz da color a la pared. Estamos obligados a recalcar este tema. Espiritualmente no podemos concebir que Cristo esté más unido[230] a nosotros que el blanco de la luz a la pared. Por tanto, dice, es así: «Cristo sujeto, adherido[231] y morando en mí, en esta vida, mi quehacer, la vida en que existo, es Cristo mismo[232]. Por lo que Cristo y yo somos uno en este aspecto»[233].

Cristo, viviendo en mí, deroga la ley, condena el pecado, y destruye la muerte. Pues no puede ser de otra manera. Ante su presencia, todo eso desaparece. Pues Cristo es la paz eterna, el consuelo, la justicia y la vida. Ante estos, el terror de la ley, la pesadumbre de la mente, el pecado, el infierno, la muerte, ceden su lugar. Cristo, viviendo y morando en mí, quita y devora todos los males que me hostigan y me afligen. Por este vínculo[234] soy librado del terror de la ley y del pecado, me separo de mí mismo, y soy trasladado a Cristo y a su reino. Este es el reino de la gracia, la justicia, la paz, el gozo, la vida, la salvación, y la gloria eterna. Mientras así vivo y moro en Él, ¿hay mal alguno que me pueda herir?[235]

Mientras tanto, el hombre viejo vive por fuera, y está sujeto a la ley. Pero, en lo que concierne a la justificación, Cristo y yo debemos

---

Lutero cuando dice que el creyente no vive *pro sua persona*. La traducción en el caso instrumental (en el cual Cristo es el instrumento a favor del pecador) corresponde precisa e inmediatamente al contexto de la justificación mediante la vida y muerte sustitutivas de Cristo a favor del pecador. Véase D. A. Carson, «The Vindication of Imputation», en *Justification: What's at Stake in the Current Debate*, ed. M. Husbands y D. J. Treier (Westmont, IL: InterVarsity Press, 2004), 46-78.
230. *haerere et manere.*
231. *inhaerens et conglutinatus.*
232. *Christus ergo, inquit, sic inhaerens et conglutinatus mihi et manens in me hanc vitam, quam ago, vivit in me, imo vita, qua sic vivo, est Christus ipse.*
233. *Itaque Christus et ego jam unum in hac parte sumus.*
234. *Haec inhaerentia.*
235. Aquí Lutero pareciera estar enterado del uso instrumental del dativo en la preposición griega «εν» en la frase griega «εν εμοι» («en mí»). Recientemente, D. A. Carson ha documentado que al menos un 30 por ciento de los usos de εν en las cartas de Pablo indica el uso instrumental en vez del uso de lugar, aunque este último es el más frecuente. Por lo que, aquí, «Cristo en mí» podría ser traducido por igual «Cristo vive *por* mí», o «Cristo vive a mi favor», o «Cristo vive a mi cuenta». Esta traducción con el sentido instrumental (en el cual Cristo es el instrumento a favor del pecador) se ajusta más al contexto inmediato de la justificación mediante la vida y muerte sustitutivas de Cristo a favor del pecador. Véase D. A. Carson, «The Vindication of Imputation», en *Justification: What's at Stake in the Current Debate*, ed. M. Husbands y D. J. Treier (Westmont, IL: InterVarsity Press, 2004), 46-78.

estar entrelazados, para que Él pueda vivir en mí, y yo en Él. Este es un maravilloso lenguaje. Ahora, puesto que Cristo vive en mí, ponte a admirar la clase de gracia, justicia, vida, paz, y salvación que hay en mí. Es la de Él, y no obstante, también es mía, por esa inseparable cohesión e inherencia[236] que es por la fe. Por esta fe, Cristo y yo somos como si fuéramos uno en cuerpo y espíritu. Ya que Cristo vive en mí, y por ende, yo estoy adherido a Él, soy partícipe de la gracia, la justicia, la vida, y la eterna salvación. De tal modo que la ley, el pecado, y la muerte ya no tienen lugar en mí. La ley ha sido crucificada y devorada por la ley, el pecado por el pecado, y la muerte por la muerte. De esta manera, Pablo nos saca a rastras para apartar nuestra vista de nosotros mismos, de la ley y de las obras; para luego trasplantarnos a Cristo mismo y a la fe de Cristo. Por eso, no debemos pensar que hay alguna otra razón por la cual somos justificados excepto la gracia. Debemos poner la gracia aparte, lejos de la ley y de las obras, pues en este asunto, estas no tienen nada que ver la una con la otra.

Pablo tiene cierta manera de hablar. Por lo general, los hombres no hablan así. Más bien, es una manera de hablar divina y celestial. Ningún otro evangelista, ni tampoco los otros apóstoles hablaron así. Solamente Juan se expresa de igual manera. Si Pablo no hubiera primero usado esta frase con claridad de palabras ante nosotros, ni los santos mismos habrían osado hablar así. Pues parece una forma insolente e inaudita de hablar: «Vivo, ya no vivo; estoy muerto, no estoy muerto; soy pecador, no soy pecador; tengo la ley, no tengo ley». Pero, para los que creen en Cristo, estas frases son dulces y consoladoras. Cada vez que se miren a sí mismos, verán la ley y el pecado. Sin embargo, al fijar su mirada en Cristo, están muertos a la ley, y no tienen pecado.

Si en el tema de la justificación separas de tu persona a la persona de Cristo, te encontrarás en la ley, morando en ella y no en Cristo. Por la ley serás condenado, y estarás muerto ante la presencia de Dios. Pues tendrás esa fe (de la que deliran los sofistas) formada por el amor. Hablo así porque es un ejemplo, ya que nadie ha sido jamás salvo por esa fe. Por tanto, todo lo que los eruditos papales han escrito sobre esa fe son meras burlas de Satanás. Pero, supongamos

---

236. *per conglutinationem et inhaesionem.*

que se diera el caso de que tuvieran esa fe. Aun así, por ella no serían justificados. Porque todo lo que creen es que Cristo fue un personaje de la historia. Así creen también el diablo y todos los impíos.

Por tanto, hay que enseñar la fe pura. Porque, con toda certeza, por ella te unes a Cristo como si de veras llegaras a ser una sola persona con Él. Y no habrá manera alguna de separarlos, sino que en verdad estarás perpetuamente adherido a su misma persona[237]. De esa manera, siempre podrás decir: «Yo existo en Cristo, es decir, la justicia de Cristo, su victoria, su vida, son mías». A su vez, Cristo declara: «Yo soy ese pecador, es decir, sus pecados y su muerte son míos, porque él está adherido a mí, y yo a él». Por fe somos una carne, «Somos miembros de su cuerpo, carne suya, hueso suyo» (Efesios 5:30). Esta fe me empareja tan estrechamente con Cristo como lo está un marido con su mujer. Esta fe no es una cualidad ociosa. Más bien, es de tal magnitud que eclipsa y totalmente quita de en medio esa tonta e ilusa doctrina de los eruditos papales. Pues estos tienen la doctrina de una fe ficticia formada por el amor, méritos, y cualidades dignas dentro de nosotros. Estas cosas las pondría más en claro, si es que pudiera.

CONFERENCIA 13: sábado 15 de agosto

Hasta ahora hemos declarado que este es el primer argumento de Pablo: que, si se sigue la lógica de los falsos apóstoles, Cristo es necesariamente ministro de pecado. Y si no es así, entonces la ley no justifica. Habiendo terminado este argumento, se puso a sí mismo como ejemplo. Dijo que «estaba muerto a la ley antigua por causa de una nueva ley». Ahora se propone responder a dos objeciones que se le podrían plantear. La primera es contra las calumnias de los soberbios y el escándalo de los débiles.

Cada vez que se predica la remisión gratuita de pecados, los malintencionados calumnian inmediatamente esta predicación, como en Romanos: «Hagamos el mal para que venga el bien» (3:8). Tan pronto como la gente con esta mentalidad escucha que no somos

---

[237]. *Quare fides pure est docenda, quod scilicet per eam sic conglutineris Christo, ut ex te et ipso fiat quasi una persona.*

justificados por la ley, enseguida concluyen malintencionadamente: «¡Entonces rechacemos la ley!». Y también: «Si la gracia abunda donde abunda el pecado, abundemos en pecado para ser justificados y que la gracia abunde aun más». Estos son los espíritus petulantes y malévolos que, con desprecio y alevosía, calumnian a las Escrituras y las palabras del Espíritu Santo. De igual manera calumniaban a Pablo mientras vivían los otros apóstoles. Pero estos calumniadores se depravaron en su propia perdición, como lo declara 2 Pedro 3:16.

Por lo demás, los débiles no son malintencionados ni calumniadores. Son buenas personas, pero se ofenden cuando escuchan que la ley y las buenas obras no deben hacerse para la justificación. Ellos necesitan ayuda. Necesitan instrucción. Necesitan saber que las buenas obras no justifican. Necesitan entender cuál es el lugar de las buenas obras, y cuál no es el lugar de ellas. Las buenas obras no se deben hacer como la causa, sino como los frutos de la justicia. Cuando ya es un hecho que soy justo[238], entonces las debo hacer. Pero no al revés: que, siendo injustos, las hagamos para hacernos justos. «Del árbol se recogen manzanas, y no árboles de la manzana».

Antes Pablo había dicho: «Estoy muerto», etc. Aquí, los malintencionados comienzan a calumniar. «Pablo, ¿qué dices? ¿Que estás muerto? ¿Cómo, pues, puedes hablar y escribir?» Los débiles también se ofenden fácilmente. Dicen: «Y entonces, ¿quién eres? ¿Acaso no vemos que estás vivo y que te desenvuelves en la vida?». A lo que responde: «Es cierto que vivo; pero no lo hago yo, sino que Cristo vive en mí». Hay, pues, dos vidas. «La mía, que es natural o humana, y otra ajena, que es la de Cristo en mí[239]. En segundo lugar, mi vida como ser humano ha muerto, porque ahora vivo una vida ajena[240]. Ahora no vivo como Pablo, pues Pablo ha muerto». ¿Quién, entonces, es el que vive? El cristiano. Pablo, entonces, en cuanto a su propia vida, ha muerto enteramente a la ley. Pero, en cuanto a su vida en Cristo, o más bien a la de Cristo en él, vive por medio de una vida ajena[241]. Es Cristo quien habla en él, opera en él, y ejerce todas sus acciones. Esto ya no viene de la vida de Pablo, sino

---

238. *iusti facti.*
239. *mea naturalis vel animalis, et aliena, scilicet Christi in me.*
240. *vivo alienam vita.*
241. *vivens vivit alienam vita.*

de la vida del cristiano. «Por tanto, tú, espíritu malévolo, cuando digo que estoy muerto, no calumnies más mis palabras. Y tú, que eres débil, no te escandalices, sino aprende a distinguir y a marcar este asunto correctamente. Porque, como dije, aquí hay dos vidas. Mi vida por naturaleza, y mi vida ajena[242]. No vivo por mi propia vida. Si lo hiciera, la ley tendría dominio sobre mí, y me tendría cautivo. Pero he muerto a esa ley por causa de otra ley; por eso la primera ley no me tiene cautivo ni en esclavitud. Esa muerte me ha comprado una vida ajena[243], que es la de Cristo. Esta vida no es mía por naturaleza[244], sino que es un don de Cristo por la fe».

Segundo, también pudo haberse objetado lo siguiente a Pablo: «¿Qué dices, Pablo? ¿Acaso no vives por tu propia vida, ni en tu propia carne, sino en Cristo? ¿Cómo, pues, vemos tu propia carne, pero no la de Cristo? ¿Acaso quieres engañarnos, diciendo que no debiéramos verte en tu carne, viviendo como siempre, y haciendo todas las cosas de la vida corporal, como todo el mundo?». Pablo responde:

VERSÍCULO 20. *Y la vida que ahora vivo en la carne, la vivo por fe en el Hijo de Dios.*

Como si dijera: «Es cierto que ahora vivo en la carne. Pero esta vida, sea como sea, no la estimo como tal. En verdad, no es ninguna vida verdadera, sino tan solo un cascarón[245] de vida. En esta vida, vive otro, a saber, Cristo, nuestra verdadera vida. Esta vida no se puede ver, sino que solo se escucha y se siente». «Escuchas el viento, mas no sabes ni de dónde viene ni a dónde va» (Juan 3:8). Así, puedes verme hablar, comer, trabajar, dormir, y hacer otras cosas. Pero, con todo eso, no ves mi vida. Porque el tiempo que ahora vivo, ciertamente lo vivo en la carne, pero no lo vivo a partir de la carne, o conforme a la carne, sino mediante la fe y conforme a la fe. Pablo no niega que vive en la carne, pues hace todas las cosas que pertenecen a su naturaleza[246]. También usa cosas de la carne, como alimentos, bebida, vestido, y cosas así, que son de la vida en la carne.

---

242. *mea et aliena.*
243. *alienam vita.*
244. *quae mihi non innata est.*
245. *larva.*
246. *animalis.*

Pero dice que esta no es su vida. Aunque todavía usa estas cosas, no vive por medio de ellas como el mundo, que vive mediante la carne yendo tras la carne. Pues el mundo no conoce ni espera alguna otra vida.

Por tanto, dice, «esta vida que ahora vivo en la carne», cualquiera que sea, «la vivo por fe en el Hijo de Dios». Esta palabra que ahora hablo con el cuerpo no es palabra de la carne, sino del Espíritu Santo, y de Cristo. Esta visión que entra y sale de mis ojos no procede de la carne; no la gobierna la carne, sino el Espíritu Santo. Lo que escucho no procede de la carne, aunque lo escucho en la carne, sino del Espíritu Santo. El cristiano no habla sino cosas castas, sobrias y santas, que competen a Cristo, a la gloria de Dios, y al provecho de su prójimo. Estas cosas no vienen de la carne ni se hacen de acuerdo a la carne, sin embargo, están en la carne. Pues no puedo enseñar, escribir, orar, o dar gracias, sino con estos instrumentos de la carne. Son necesarios para realizar estas obras. Sin embargo, estas obras no proceden de la carne, sino que son dadas por Dios desde lo alto. De igual modo, cuando miro a una mujer vulnerable[247], lo hago con ojo casto, y no deseándola. Esta manera de mirar no viene de la carne, aunque está en la carne, pues los ojos son los instrumentos carnales de la visión. Pero esa castidad de visión viene del cielo.

Por tanto, el cristiano se sirve del mundo y de todas las criaturas, igual que el incrédulo. Pues en su manera de vestir, comer, escuchar, ver, hablar, hacer ademanes, gestos de la cara, y otras cosas, son iguales. En las apariencias pareciera que todos son la misma cosa (como Pablo dice de Cristo, «hallándose en forma de hombre», Filipenses 2:8). No obstante, hay una gran diferencia. «Pues ciertamente vivo en la carne, pero ya no vivo de mí mismo. Lo que ahora vivo, lo vivo en la fe del Hijo de Dios. Lo que ahora me oyes hablar fluye de una fuente diferente a la que habías escuchado antes». Después de su conversión, no hubo cambio alguno en la voz ni en la lengua de Pablo. Fueron lo mismo, antes y después. Pero antes, todo lo que podía decir eran blasfemias y abominaciones contra Cristo y su Iglesia. Después de su conversión siguió con la misma carne, y la misma voz y lengua que antes; estas no cambiaron. Pero su voz y su lengua ya no proferían blasfemias,

---

247. *Mulierculam*, jovencita, mujer débil, o de baja estatura.

sino palabras espirituales y celestiales, alabando y dando gracias a Dios. Esto provenía del Espíritu Santo. Por tanto, aunque vivo en la carne, no vivo por ella, ni conforme a ella, sino en la fe del Hijo de Dios.

Podemos, entonces, ver claramente cuál es la fuente de esta vida espiritual. De ningún modo el hombre natural la puede entender, pues la desconoce.

De todo esto se puede entender de dónde viene esa vida ajena y espiritual, que el hombre carnal no percibe. Él solo oye el viento, pero no sabe de dónde viene ni adónde va. Oye la voz del hombre espiritual, conoce su rostro, modales y gestos, pero no puede ver de dónde vienen estas palabras. Pues antes eran impías y blasfemas, pero ahora son santas y divinas. También desconoce de dónde vienen sus conductas y acciones. No las puede ver, pues esta vida está en el corazón por la fe, donde Cristo sofoca a la carne y reina con su Espíritu Santo. El Espíritu ahora ve, oye, habla, obra, sufre, y hace todas las cosas en él, aunque la carne ofrezca mucha resistencia. En resumen, esta no es la vida de la carne, aunque se vive en la carne. Es la vida de Cristo, el Hijo de Dios, a quien el cristiano posee por la fe.

VERSÍCULO 20. *El cual me amó y se entregó a sí mismo por mí.*

Aquí Pablo describe la verdadera causa de la justificación, y un ejemplo perfecto de una fe confiada. Aquel que, con fe firme y constante, pueda decir con Pablo: «Vivo por la fe en el Hijo de Dios, el cual me amó y se entregó por mí», es de veras feliz. Con estas mismas palabras Pablo totalmente anula y quita de por medio toda la justicia de la ley y de las obras, tal como veremos después. Por tanto, debemos sopesar y considerar estas palabras: «El Hijo de Dios me amó, y se entregó a sí mismo por mí». Yo no amé al Hijo de Dios, ni me entregué por Él. Eso es lo que se imaginan los sofistas, cuando deliran que ellos aman al Hijo de Dios y se entregan por Él. Porque enseñan que el hombre, *ex puris naturalibus*, es decir, por pura fuerza natural, es capaz de hacer obras del mérito de congruo[248] [antes de la gracia], y amar a Dios y a Cristo sobre todas

---

248. *Posse facere meritum congrui.*

las cosas. Así pervierten el amor de Dios y Cristo. Pues dicen que el hacer está en ellos[249], que no solo pueden cumplir los mandamientos de Dios[250] sino también guardar los reglamentos, hacer las obras supererogatorias, y vender la sobra de sus méritos a los laicos[251]. Así deliran, dicen que se entregan por Cristo, y por tanto, se salvan a sí mismos y a otros. De este modo, cuando Pablo dice: «que me amó», invierten sus palabras y dicen: «Nosotros hemos amado a Cristo, y nos hemos entregado por Él». Por tanto, estos malvados se jactan con la sabiduría de la carne, se imaginan que en ellos está el hacer, amar a Dios, y entregarse por Cristo. Y ¿qué es lo que hacen? Nada más que abolir el Evangelio, mofarse, negar y blasfemar contra Cristo hasta escupirlo y pisotearlo. Confiesan de palabra que Él es justificador y salvador, pero en los hechos le quitan el poder tanto de justificar como de salvar, y se lo dan a sus propias obras de la voluntad, a sus ceremonias y devociones. Esto es vivir en su propia justicia y obras, y no en la fe del Hijo de Dios.

Haz lo que hay en ti[252]

Por tanto, esta no es la verdadera razón por la cual somos justificados: «Haz lo que hay en ti». Esa es una cita exacta de los sofistas papales y sus grandes académicos. Ellos afirman lo siguiente: si el ser humano hace lo que ya hay dentro de él, entonces Dios infaliblemente le dará gracia. *Esta proposición la colocan entre los artículos de la fe, y con ello dejan claro que no entienden ni un ápice de la doctrina de Pablo y del Evangelio. De allí declaran este proverbio: «Haz lo que hay en ti». Por un lado, ellos de veras no presionan a nadie con esta premisa; pero, por otro lado, lo difunden por todos lados como si fuera una verdad de la ciencia natural; casi como si fuera un número indivisible de la matemática, que nadie ha podido resolver.* Según ellos, basta con hacer lo que alguien con sentido común aprobaría. *Tan pronto como se hace esa obra, la gracia comienza a fluir, no solo por la naturaleza del mérito de congruo o del hecho mismo, sino también porque Dios es infalible.*

Puesto que Dios es tan bueno y justo, le sería imposible no conceder

---

249. *acere quod in se est.*
250. *praecepta Dei.*
251. *et laicis superflua merita vendut.*
252. *facere quod in se est.* Comúnmente: «Haz lo mejor que puedas».

gracia en recompensa por ese bien obrado[253], y todo lo demás. De esa conjetura proviene este proverbio: *Ultra posse viri non vult Deus ulla requiri*. Es decir,

Nunca Dios exige al hombre más
De lo que el hombre mismo es capaz[254].

Este es un buen dictamen, pero dicho en el lugar apropiado, como por cierto en el gobierno, la economía y la ciencia[255]. Si yo vivo en el reino de la razón, es para que el jefe de la casa lo utilice en el gobierno de la familia, otros en la construcción de edificios, o en el fuero judicial. Si procuro hacer todo lo que está dentro de mis posibilidades, estoy excusado. Este reino tiene sus límites. Dentro de sus muros, este proverbio tiene su debido lugar: «Haz tu mejor esfuerzo, hasta lograr todo lo posible». Por el contrario, los seguidores del papa arrastran estos refranes al reino espiritual, donde el ser humano no puede hacer otra cosa que pecar, pues está «vendido al pecado» (Romanos 7:14). Sin embargo, en lo externo (lo que atañe al gobierno civil, o en lo económico)[256] no soy siervo, sino señor y gobernante. Por lo tanto, los eruditos papales han obrado impíamente al traer estas premisas políticas y financieras a la Iglesia. Pues el reino de la razón humana debe estar separado del reino espiritual por una gran distancia.

La naturaleza conserva su integridad

Aun más, sostienen que la naturaleza se ha corrompido[257], pero que las cualidades de la naturaleza[258] están todavía intactas[259]. ¡Dicen lo mismo hasta de los demonios! Sobre esta premisa, razonan así: «Si las cualidades naturales están intactas, entonces el intelecto está puro, la voluntad está sana e íntegra, y por consiguiente, todas las cualidades naturales existen a la perfección en el ser humano».

Es necesario que conozcan estas cosas para que puedan conservar la pureza de la doctrina de la fe. Cuando ellos dicen que las cualidades

---

253. *sed infallibilitate Dei, qui tam bonus est et justus, ut non possit non dare gratiam pro bono etc.*
254. *Ultra posse viri, non vult Deus ulla requiri*. Literalmente: «Más de lo que es posible con las fuerzas, Dios en su voluntad no requiere».
255. *de politicis, oeconomicis et naturalibus*.
256. *politicis et oeconomicis rebus*.
257. *vitiatam*.
258. *naturalia*.
259. *integra*.

naturales están sanas e íntegras, les doy la razón en eso. Pero si de allí infieren que el ser humano es capaz por sí mismo de cumplir la ley, amar a Dios, y cosas así, ¡yo niego esa conclusión!

Aquí yo distingo entre las cualidades naturales y las espirituales[260]. Las espirituales no están intactas, sino corrompidas[261] ¡de pie a cabeza! Debido al pecado, están completamente extinguidas en el ser humano y en el diablo. ¡Es como si allí no hubiera nada! Por consiguiente, el intelecto está depravado[262], y la voluntad lucha continuamente contra Dios, y no piensa sino en las cosas que son contra Dios. No obstante, concedo que las cualidades naturales se mantienen íntegras. Pero ¿cuáles son estas cualidades? Un hombre hundido en la impiedad y sirviendo al diablo tiene voluntad, razón, libre albedrío y potestad para construir una casa, oficiar como juez, capitanear una nave, y ejercer otros oficios bajo su responsabilidad, de acuerdo con Génesis 1. *Pues estas cosas no se le han quitado: procrear, liderar el gobierno civil[263], administrar bienes[264]; no se han extinguido, sino que son confirmadas por estas declaraciones. Pero los eruditos del papa las han arrastrado al reino espiritual. Las tomaron, sin duda, de los Padres, pero como no las comprendían bien, las tergiversaron a las cualidades espirituales. De tal modo mezclaron y confundieron lo que pertenece al reino terrenal con lo que pertenece al reino de la Iglesia. Por tanto, nuestra parte es limpiar y restaurar cada una de estas cosas a su pureza, y sacar estos escándalos de la Iglesia.* No negamos que estas declaraciones tengan su lugar en el reino corporal. Pero si las arrastran al reino espiritual ante la presencia de Dios, las rechazo del todo. Pues como he dicho, estamos totalmente sumergidos y ahogados en pecado. Nuestra fuerza de voluntad no es otra cosa que maldad pura. Todo nuestro entendimiento se equivoca. Por tanto, en lo espiritual el hombre no tiene sino tinieblas, errores, malicia y perversiones de la voluntad y el intelecto. ¿De dónde, entonces, va a sacar para hacer el bien, amar a Dios, y cosas así?

Por tanto, Pablo dice que no fuimos nosotros, sino Cristo, quien tomó la iniciativa. «¡Él! Él me amó, y se entregó a sí mismo por mí». Como si dijera: «Él no halló en mí ni buena voluntad, ni un entendimiento

---

260. *spiritualia*.
261. *corrupta*.
262. *depravata*.
263. *politia*.
264. *oeconomia*.

recto, pero Cristo tuvo misericordia de mí, me vio impío, errante, dándole la espalda a Dios, y alejándome siempre de Él a toda marcha. Estaba en pugna con Dios, cautivo, gobernado y llevado por el diablo. Así que, por misericordia, anticipándose a mi razón, voluntad y entendimiento, me amó tanto que se entregó a sí mismo por mí, para así librarme de la ley, del pecado, del diablo, y de la muerte».

Nuevamente, estas palabras: «El Hijo de Dios, me amó y se entregó a sí mismo por mí», son como los mismos truenos y rayos del cielo contra la justicia de la ley y la doctrina de sus obras. Tan grandes son la maldad, el error, las tinieblas y la ignorancia en el fondo de mi voluntad e intelecto, que fue necesario pagar un precio mucho más grande por mi libertad. ¿Por qué me glorío, entonces, de los dictados de mi razón, de mis íntegras cualidades naturales, de una razón que aboga por lo correcto, de un raciocinio óptimo que me puede guardar del mal[265], y de «colaborar con lo mejor que hay en mí»? ¿Por qué ofrezco ante la ira de Dios (que, según Moisés, es «un fuego consumidor»[266]) este mi pajar, mis horrendos pecados, y quiero discutir con Él, para que a cambio me conceda la gracia y la vida eterna? Cuando escucho todo esto, lo comprendo. Es porque tengo tanta maldad revoloteando en mi naturaleza, que todo el mundo, con todas sus criaturas, no fue suficiente para detener la indignación de Dios, ¡sino que fue necesario que el mismo Hijo de Dios diera su vida por mí!

Consideremos atentamente este precio. Reconoce detenidamente, en este mismo cautivo entregado por mí (como dice Pablo), a nadie más que el Hijo de Dios. Observa cuán infinitamente mejor es este precio que la entrega de toda criatura[267]. ¿Qué obras vas a ofrendar al oír a Pablo decir que se ha pagado un precio tan incalculable por ti? ¿Ofrecerás acaso tu cogulla, tu tonsura, tu castidad, tu obediencia, tu pobreza? ¿Qué esperas ganar con todo eso? ¿Qué tal si pudieras ofrendar la ley de Moisés y las obras de la ley? ¿Qué de la suma de todas las buenas obras, añadiendo el sufrimiento de los mártires? ¿Qué de toda la obediencia de los santos ángeles, comparada con la

---

265. *de naturalibus integris, de dictamine rationis, de ratione deprecante ad optima.*
266. Deuteronomio 4:24.
267. Lutero añade lo siguiente al pie de página: «*Quid lex Mosi etc. ad filium Deit traditum pro sobis?*», «¿Van a comparar la observancia de la ley de Moisés, etc. con el Hijo de Dios que fue entregado por vosotros?».

horrenda humillación del Hijo de Dios, al entregar su propia vida? ¿Qué de la obediencia de su muerte en la cruz, y su misma sangre, derramada nada más que por tus pecados? Si examinaras el precio, deberías maldecir, escupir[268], maldecir y mandar al infierno toda cogulla, tonsura[269], todo voto, obras, méritos de congruo y méritos de condigno[270]. Pues es una intolerable y horripilante blasfemia fingir que cualquier obra, o presumir que cualquiera de estas cosas podría aplacar a Dios, viendo que nada pudo aplacarlo excepto el infinito precio, es decir, la muerte y la sangre de su Hijo, de la cual una sola gota vale más que la suma de todas las criaturas.

VERSÍCULO 20. *Por mí.*

¿Quién es este «mí»? El amado Hijo de Dios se entregó por mí, ¡un mísero y condenado pecador! Si por mi amor, o algún mérito, estuviera a mi alcance amar al Hijo de Dios y venir a Él, ¿qué necesidad habría tenido de entregarse en sacrificio por mí? Esto deja en evidencia la frialdad de los papistas. Pues maltratan y retuercen las Sagradas Escrituras y la doctrina de la fe. Porque si tan solo hubieran investigado estas palabras, que era necesario que el Hijo de Dios fuera entregado por mí, no habrían surgido tantas sectas[271]. La fe misma habría dado la respuesta: ¿Por qué escogieron este tipo de vida? ¿Por qué esta orden en particular? ¿Por qué estas obras? ¿Acaso no haces estas cosas para complacer a Dios y lograr tu justificación? Presta atención, malvado, ¿acaso no puedes escuchar ni entender que el Hijo de Dios se entregó y derramó su sangre por ti? Así, la verdadera fe en Cristo podría haber resistido todas las sectas.

Por eso digo repetidamente que no hay remedio alguno contra las sectas, ni forma alguna de resistirlas, excepto este único artículo de la justificación[272]. Si perdemos esta verdad fundamental nos será imposible resistir cualquier error o secta. Así lo vemos hoy en los espíritus fanáticos como los anabaptistas y los sacramentarios. Pues ellos se han desviado de este artículo, yerran, y jamás dejarán de

---

268. *conspurcare, conspuere.*
269. *cocullo, rasuras.*
270. *merita congrui et condigni.*
271. Lutero consideraba las órdenes monásticas como sectas, y sus seguidores, como sectarios.
272. *istum unicum articulum justitiae christianae.* Literalmente, «el único artículo de la justicia cristiana».

seducir a otros y levantar innumerables otras sectas, inventándose nuevas obras. Pero ¿de qué valen todas estas cosas, aunque hagan teatro de tantas buenas obras, al compararlas con la muerte y la sangre del Hijo de Dios, «que se entregó por mí»? Considéralo detenidamente, ¿quién es este Hijo de Dios? Fija tu mirada en toda su gloria, y su grandioso poder. ¿Qué son el cielo y la tierra, comparados con Él? Que todos los papistas y autores de las sectas, con toda su justicia, obras y méritos, se vayan al infierno, aun si todo el mundo va tras ellos, en vez de que la verdad del Evangelio se oscurezca y la gloria de Cristo perezca. ¿Qué pretenden al jactarse de sus obras y sus méritos? Si yo, un mísero pecador bajo condena, hubiera podido ser rescatado ofreciendo otro precio, ¿qué necesidad hubiera tenido de entregarse por mí el Hijo de Dios? Pero, precisamente porque no había en el cielo ni en la tierra otro precio que el de Cristo, el Hijo de Dios, fue entonces sumamente necesario que Él fuera entregado por mí. Aun más, lo hizo con inestimable amor, pues Pablo dice: «El cual me amó».

Por lo cual, estas palabras, «el cual me amó», están repletas de fe. Todo el que pueda decir esta palabra, «me», y junto con Pablo, hacerla suya con fe firme y confiada, será un buen abogado contra la ley. Pues Él no entregó por mí una oveja, ni un buey, ni oro, ni plata, sino que se entregó Él mismo, en toda su deidad[273]. Lo hizo entera y plenamente «por mí»; sí, este «mí», un paupérrimo y condenado pecador. Siguiendo la conocida tradición de los hijos de Dios, cuando exhalan su último suspiro, clama con este «mí». Eso es expresar el verdadero poder de la fe. Quienes han pasado toda su vida metidos en obras no pueden repetir: «Cristo, el que me amó». Estas palabras expresan la más clara predicación de la gracia y la justicia cristianas. Con ellas, Pablo muestra el gran contraste entre la justicia de la gracia y la justicia de la ley. Es como si hubiera dicho: «Aunque la ley sea una doctrina celestial con su propia gloria, no fue la ley la que me amó ni se entregó por mí. La ley tan solo me acusa, me aterroriza, y me desespera. Pero ahora tengo otro, que me ha librado de los terrores de la ley, el pecado, y la muerte, y me ha dado la libertad, la justicia de Dios, y la vida eterna: se llama el Hijo de Dios, quien me amó y entregó su vida por mí, al cual sea la gloria y la alabanza por siempre jamás. ¡Amén!».

---

273. *sed quidquid erat totus Deus.*

Por tanto, la fe, como he dicho, abraza y se arropa en Jesucristo el Hijo de Dios, entregado a muerte por nosotros, como Pablo lo enseña aquí. Cuando nos aferramos a Él por la fe, nos da la justicia y la vida. *Pues Cristo es el Hijo de Dios, y por causa de su puro amor* [274] *se dio a sí mismo por nuestra redención.* Y con estas palabras, Pablo despliega de la manera más vívida el sacerdocio y el oficio de Cristo. Él apacigua a Dios, intercede por los pecadores, los instruye, y los consuela. Aprendamos a definir correctamente a Cristo, no como los teólogos de las grandes facultades, que buscan establecer la justicia por sus propias obras. Ellos lo convierten en un nuevo legislador, que tras abolir la ley antigua, establece otra más actualizada. Para ellos Cristo no es más que un tirano exigente. Pero Cristo es tal como Pablo lo define aquí: el Hijo de Dios, y Él, no por algún mérito nuestro ni alguna justicia nuestra, sino por su propia misericordia y voluntad, se entregó a sí mismo como sacrificio por nosotros, miserables pecadores, a fin de santificarnos para siempre.

Así que Cristo no es ningún Moisés, ni un exigente dador de leyes, sino el dador de la gracia, un Salvador lleno de misericordia. En suma, no es más que infinita misericordia y bondad, entregada libre y abundantemente a nuestro favor. Cuando dibujes a Cristo, utiliza estos colores. Si permites que te lo retraten de otro modo, quedarás abatido cuando llegue la prueba y la tentación. Pero, tal como este es el más grande conocimiento y secreto del cristiano, es también el más difícil. Pues yo mismo, aun a la luz del Evangelio, en cuyo estudio he laborado por tanto tiempo procurando retener esta definición de Cristo presentada aquí por Pablo, confieso tener esta doctrina y opinión pestilente de Cristo como legislador pegada hasta en los huesos. Ustedes, los jóvenes, tienen en esto mucha más razón para estar contentos que nosotros, los viejos. Ustedes no han sido infectados con estos errores perniciosos con los que yo fui amamantado y sofocado desde mi juventud; mi corazón temblaba y se sacudía de temor con tan solo escuchar el nombre de Cristo. Estaba convencido de que era un juez severo. Por tanto, para mí es una doble agonía y prueba corregir y reformar este mal. Primero, debo desaprender, condenar y resistir este error tan arraigado, que Cristo es legislador y juez. Este mal siempre regresa. Luego, debo

---

274. *caritate.*

sembrar en mi corazón una nueva y verdadera convicción de que Cristo es justificador y salvador. Por eso digo que, si así lo desean, ustedes los jóvenes pueden aprender con menos dificultad a conocer a Cristo, de manera más pura y sincera. Por tanto, si alguna tristeza o angustia aflige el corazón de alguien, que no le eche la culpa a Cristo, aunque aquello venga bajo el nombre de Cristo. Échele la culpa al diablo, pues con frecuencia se disfraza de Cristo, transformándose en ángel de luz.

Por tanto, aprendamos a reconocer la diferencia entre Cristo y un legislador, no solo en palabra, sino también en los hechos y en la práctica. Para que, cuando el diablo aparezca bajo la sombra de Cristo, y en su nombre quiera asediarnos, estés convencido de que no es Cristo, sino el demonio mismo. Pues Cristo, cuando viene, no trae sino gozo y dulzura al corazón quebrantado y tembloroso. Ese es el testimonio de Pablo, quien aquí lo describe con el más dulce y consolador título, cuando dice «me amó y se entregó a sí mismo por mí». Cristo, en realidad, es el amante[275] de todos los que han caído en aflicción y agonía, en pecado, y en la muerte. Y tal amante, que se dio a sí mismo por nosotros, y es también nuestro Sumo Sacerdote, es decir, un Mediador entre Dios y nosotros, pobres y condenados pecadores. ¿Qué más podría decírsele a una conciencia agonizante y afligida? Si todo esto es cierto (como debe serlo, de otro modo el Evangelio sería solo una fábula), entonces no somos justificados por la justicia de la ley, ni mucho menos por nuestra propia justicia.

Aprende, entonces, con gran empeño estas palabras, «mí» y «por mí». Practícalas dentro de ti, para que, con fe cierta, concibas y grabes este «mí» en tu corazón. Convéncete de que es para ti, sin dudar de que estás entre aquellos a quienes pertenece ese «mí»; de que Cristo no solo amó a Pedro y a Pablo, y se entregó por ellos. Entiende que esa misma gracia, comprendida en ese «mí», nos alcanza con su abrazo, tanto a ellos como a nosotros. No podemos negar que todos somos pecadores, y estamos obligados a decir que, por el pecado de Adán, estamos perdidos, y fuimos hechos enemigos de Dios, sujetos a la ira y al juicio de Dios, y culpables de la muerte eterna. Al pasar revista a sus pecados, ¡cada corazón retrocede de

---

275. *amator*.

horror y confiesa esta verdad, aun más de la cuenta! Pero, de igual manera, no podemos negar que Cristo murió por nuestros pecados, para justificarnos[276]. Pues Él no murió para hacer justos a los justos, sino para hacer justos a los pecadores, volverlos amigos e hijos de Dios, y herederos de todos los bienes celestiales. Por tanto, cuando me confieso pecador por la transgresión de Adán, ¿por qué no habría de decir también que soy justo por la justicia de Cristo, especialmente cuando escucho que Él me amó, y se entregó a sí mismo por mí? El corazón de Pablo se apoyaba firmemente en esto. Por eso Pablo pudo decirnos plenamente convencido[277] que sí, de alguna manera, desde su propio corazón, nos alcanzó con su amor; sí, a ti y a mí, y se entregó a sí mismo por nosotros, amén.

VERSÍCULO 21. *No hago nula la gracia de Dios.*

Ahora Pablo organiza el segundo argumento de su epístola. Consideren lo que dice: «Procurar la justificación por las obras de la ley es rechazar la gracia de Dios». Pero ¿qué pecado puede ser más condenable y horrible que rechazar la gracia de Dios, y negarse a la justicia que es por la fe en Cristo? Ya es bastante que seamos impíos pecadores y transgresores de todos los mandamientos de Dios. Sin embargo, cometemos también el pecado más impío de todos al rechazar la remisión de pecados que, con tanta certeza, se nos ofrece a través de Cristo. No hay palabras para expresar cuán horrible es esta blasfemia. No hay pecado que Pablo y los otros apóstoles detestaran tanto como el desprecio de la gracia que Cristo nos concede. Sin embargo, por supuesto, no hay pecado más común. Esta es la razón por la que Pablo, más que todos, nos amonesta contra el anticristo, pues este desprecia la gracia de Dios y rechaza el beneficio de nuestro Sumo Sacerdote, quien se entregó como sacrificio por nuestros pecados. Negar a Cristo de esta manera, ¿no es acaso escupirlo, pisotearlo, y tomar su lugar, diciendo: «Yo mismo me justificaré y salvaré»? ¿Por qué medios? «Por medio de misas, peregrinajes, indulgencias, la observancia de ciertos reglamentos, y cosas semejantes». De esta manera, vemos la

---

276. *ur iustificaremur*, «justificarnos». Justificar en el sentido paulino siempre es «declarar justo», no «hacer justo». Aquí Lutero incluso cita Romanos 5:19, a pie de página, en latín: *Sicut per Adam omnes rei constituimur peccatorum, ita per Christum omnes justificamur.*
277. Aquí Lutero usa el vocablo griego Πληροφορια: seguridad plena, convicción, certeza.

altivez con que el anticristo se ha levantado contra y sobre Dios, tomando el lugar de Cristo, rechazando la gracia de Dios, y negando la fe. Pues esta es su doctrina: «La fe de nada vale a menos que tenga obras». Y por medio de esta doctrina falsa y detestable el anticristo ha desfigurado, oscurecido y totalmente enterrado los beneficios de Cristo. En lugar de la gracia de Cristo y su reino, ha establecido la doctrina de las obras y el reino de las ceremonias. Ha confirmado su reino con meras necedades. Cristo es el único que puede reinar en la conciencia; por eso el anticristo ha puesto a todo el mundo a marchar en dirección opuesta a Cristo, apremiándolos a todos para que se dirijan derechito al infierno y a la eterna condenación.

Por tanto, podemos comprender lo que es rechazar y rehusar la gracia de Dios a fin de buscar la justicia de la ley. Ahora, ¿a quién se le ha ocurrido que guardar la ley es lo mismo que rechazar la gracia? ¿Estamos, entonces, en pecado si guardamos la ley? ¡Dios no lo permita! Pero despreciamos la gracia cuando guardamos la ley a fin de justificarnos mediante su observancia. La ley es buena, santa y provechosa, pero no justifica[278]. El que guarda la ley para ser justificado rechaza la gracia, niega a Cristo, desprecia su sacrificio, y no será salvo por ese inestimable precio. Tal fulano seguirá porfiando que puede procurar el perdón de sus pecados por la justicia de la ley, y que merece la gracia por su propia justicia. ¡Eso no es otra cosa que blasfemia y desprecio de la gracia de Dios! ¿Podría haber alguien tan diabólico que desprecie la gracia y la misericordia de Dios? ¡No hay nada más aterrador! No obstante, ¡eso es lo que hace todo el mundo! Pero ellos no lo ven así; tan solo piensan que rinden un alto servicio y homenaje a Dios.

VERSÍCULO 21. *Porque si la justicia viene por medio de la ley, entonces Cristo murió en vano.*

Aquí nuevamente les advierto que Pablo no habla solo de la ley ceremonial, como se imaginan siempre los eruditos del papa. Orígenes y Jerónimo fueron los primeros en promover este error. Ellos son los maestros de esta perversidad, y todos los eruditos del papa los siguieron. Hoy en día, Erasmo aprueba y confirma tal error[279]. Pero los creyentes deben rechazar

---

278. *sed non justificat.*
279. Pie de página de Lutero: *depravatores Pauli*, «deformadores de Pablo».

totalmente las vanas imaginaciones de estos hombres que tanto corrompen a Pablo con sus necias glosas; pues hablan de un tema que jamás han conocido o experimentado. ¡Como si las ceremonias no fueran en sí mismas buenas y santas! La ordenación al sacerdocio, la circuncisión, los sacrificios, los ritos de adoración y semejantes obras santas, todas estas eran más que simples ceremonias. Por eso Pablo está hablando de toda la ley.

Tenemos que sopesar diligentemente estas palabras de Pablo. ¿Es verdad, o no, que Cristo murió? Y además, ¿murió Él en vano? Ciertamente nos vemos obligados a responder, a menos que estemos claramente locos[280], que murió, y también, que no lo hizo en vano, por nosotros. Por tanto, si no murió en vano, se infiere que la justicia no viene por la ley[281].

Tomen, pues, ambas leyes, la ceremonial y la moral, o los diez mandamientos. *Imagínense que han llegado hasta este punto por medio del mérito de congruo, y que por ese medio les ha dado el Espíritu, y como resultado, tienen amor (aunque tal monstruo no se encuentra en ninguna parte). Pero imagínense, digo, que poniendo todo de su parte*[282], *han obtenido la gracia, son justos, poseen el Espíritu. ¿De dónde salió todo eso? ¿Del mérito de congruo? En tal caso, no necesitas a Cristo, porque de nada te sirve, y para ti, ciertamente ha muerto en vano.*

Luego, tomen también los propios diez mandamientos, que ordenan la más alta adoración a Dios, el temor de Dios, la fe en Dios, el amor a Dios, y amar al prójimo generosamente. ¿Quién aquí es de la ley, y ya ha sido justificado por el decálogo? Aunque fuera cierto, sigue diciendo que Cristo murió en vano. Porque el que dice ser justificado por el decálogo está diciendo que tiene en sí mismo la capacidad de adquirir la justicia.

Ellos alegan que si dices: «No me opongo, sino que pondré de mi parte todo lo que hay en mí», te haces infaliblemente merecedor de la gracia, y se te infunde el Espíritu Santo para que puedas amar a Dios y a tu prójimo. El que toma esta postura está necesariamente diciendo que Cristo murió en vano.

¿Por qué, entonces, necesitarías a Cristo, que te amó y se dio a sí mismo por ti, cuando tú, sin Cristo, por el mérito de congruo, podrías

---

280. *nisi manifeste simus insani.*
281. *ergo ex lege non est justitia.*
282. *quod faciendo, quod in te est.*

obtener la gracia, y luego, por los méritos de condigno, ser digno de la vida eterna —o ser declarado justo por hacer las obras de la ley—? Cristo, entonces, es quitado con todos sus beneficios, pues para nada aprovecha. Pero, entonces, ¿por qué nació? ¿Por qué fue crucificado? ¿Por qué murió? ¿Por qué se hizo Sumo Sacerdote? ¿Por qué me amó y se entregó como un incomparable sacrificio?[283] ¿Por qué se entregó a sí mismo por mí? ¿Por qué hizo todo lo que hizo? Si podemos hallar la justicia como lo enseñan los eruditos del papa, entonces sin duda todo lo que hizo fue totalmente en vano —así de sencillo—. Encontrar justicia en la ley, o en mí mismo, es hallarla aparte de la gracia y de Cristo.

¿Acaso no es una blasfemia intolerable guardar silencio cuando alguien declara que la divina Majestad, no escatimando su propio Hijo, sino entregándolo a muerte por todos nosotros, no lo hizo en serio, ni con propósito alguno, sino solo porque se le hizo divertido? Antes de admitir esta blasfemia, yo tomaría no solo la santidad de todos los seguidores del papa y los justicieros legalistas, sino también la de todos los santos y los santos ángeles, ¡y la arrojaría al fondo del infierno, a la condena eterna, junto con el diablo! Mis ojos solo mirarán a este inestimable precio, mi Señor y Salvador Jesucristo. En cuanto a mí, Él debería ser un tesoro tal que, delante de Él, todo lo demás pareciera solo mugre. Debería ser para mí una luz tan brillante que, al aferrarme a Él por la fe, no me diera cuenta de ninguna ley, ningún pecado, ninguna justicia, o ninguna injusticia en el mundo. Porque ¿qué valor tiene todo lo que hay en el cielo y en la tierra, comparado con el Hijo de Dios? Pues Cristo Jesús es mi Señor, «que me amó y se entregó a sí mismo por mí».

Por lo que rechazar la gracia de Dios es un pecado horrible pero común que reina por todo el mundo. Todos los que procuran la justicia por su mérito de congruo, y procuran ser justificados por sus propias obras y méritos, o por la ley, rechazan la gracia de Dios y de Cristo, como lo he dicho. El papa ha sido el único autor de todas estas abominaciones. Pues él ha oscurecido, y más aun, ha sepultado el Evangelio de Cristo, con sus impías tradiciones que ha regado por todo el mundo. De esto testifican sus indulgencias y bulas de perdón, aunque ni ellos mismos se las creen. Pero así

---

283. *inaestimabilem hostiam.*

pretenden absolver a los contritos y confesos, y extienden sus manos sobre ellos con todas sus legiones.

Todo esto solo testifica que Cristo murió en vano, y que la gracia queda nula y sin efecto. Por eso las abominaciones y blasfemias del reino papal son incalculables, y hasta el día de hoy los eruditos del papa siguen ciegos y endurecidos a pesar de esta gran luz de la verdad. Persisten en sus impías y vanas opiniones, diciendo que las cualidades de la naturaleza están intactas e incorruptas, y que los hombres pueden prepararse para recibir la gracia por sus buenas obras y méritos. Y están tan lejos de reconocer su impiedad y error, que los defienden aun en contra de su propia conciencia.

Sin embargo, nosotros siempre afirmaremos con Pablo (porque no haremos nula la gracia de Dios), que Cristo, o murió en vano, o que la ley no justifica. Pero como Cristo no murió en vano, concluimos, por tanto, que la ley no justifica. Cristo, el Hijo de Dios, por su propia gracia y misericordia, nos declara justos[284]. Por consiguiente, la ley no puede justificarnos. Si la ley pudiera declararnos justos, habría sido una necedad que Cristo se entregara por nosotros para justificarnos[285]. Concluimos, por tanto, que no somos justificados por nuestras propias obras y méritos (ni antes ni después de la gracia). De nada vale que ofrendemos méritos de congruo o de condigno[286]. Tampoco somos justificados por nuestras propias aflicciones, ni por la ley. Es la sola fe en Cristo la que nos justifica[287].

Pero si Cristo tuvo que pagar un precio tan alto por mi salvación, que lo obligó a morir por mis pecados, entonces todas mis obras y justicia de la ley son de un precio tan grande que no compran nada, ni valen nada[288].

¿Cómo puedo comprar con un centavo lo que vale miles de lingotes de oro? La ley (y ni hablar de otras cosas de menor valor), con todas sus obras y justicia, es un mero centavo, si la comparas con Cristo. Pues Él, con su muerte, ha derrotado mi muerte, y me ha alcanzado la justicia y la vida eterna. ¿Voy, entonces, a despreciar y rehusar este precio incomparable? ¿Vas, acaso, a perseguir la ley y

---

284. *Christus Dei filius ex mera gratia et misericordia nos justificavit.*
285. *stulte egisset Christus, quod se ipsum tradidisset pro peccatis nostris, ut per hoc justificaremur.*
286. *neque merito congrui aut condigni.*
287. *sed sola fide in Christum nos justificari.*
288. Otra muestra de cómo Lutero usaba la sátira y el sarcasmo.

las obras de los méritos de congruo y de condigno para ganarte la justicia que Cristo ya te ha dado gratuitamente por su gran amor? Ya Pablo ha dicho que estas cosas son escoria y estiércol en comparación con Cristo. ¿Voy a rechazar lo que le costó tanto que se vio obligado a entregarse por mí? Pero, como he dicho, esto es lo que el mundo hace, y en particular los que se tienen por más santos y religiosos que los demás. Pero, tan pronto como abren la boca, demuestran quiénes son en verdad. Cristo muere en vano; blasfeman contra Cristo hasta no dar más, escupen su rostro, pisotean al Hijo de Dios, profanan la sangre del pacto, y mucho más.

Además, cuando Pablo menciona el cumplimiento de la justicia (algo que él toma muy en cuenta), está hablando del nivel espiritual. No tiene en mente la justicia política o administrativa, o las obras de la justicia social. Dios aprueba y requiere estas obras, premiando su cumplimiento. Hasta cierto punto, la razón es capaz de cumplir con sus demandas. En cambio, Pablo trata aquí de una justicia digna ante Dios, que pueda librarnos de la ley, el pecado, la muerte, y todo mal. Pablo aboga en favor de la justicia que nos hace partícipes de la gracia, la justicia y la vida eterna. Finalmente, esta justicia nos hace como señores del cielo, de la tierra, y de toda criatura. Esta justicia no la puede cumplir ni por la ley de los hombres ni por la ley de Dios.

La ley es añadida por encima de la razón humana, para iluminar y ayudar al hombre, para mostrarle lo que debe hacer, y en lo que no se debe meter. No obstante, el hombre, aun con todas sus fuerzas y razón, y hasta auxiliado por esta gran luz de origen celestial (hablo de la ley), no puede justificarse. Pues aquello de mayor excelencia en el mundo (la ley), que como un sol brillante se une a la razón oscurecida del hombre para iluminarla y guiarla, aun así, no lo puede justificar. ¿Piensan que la razón, sin la ley, puede lograr algo más? Miren, sin duda alguna, eso es todo lo que ha hecho el papa con todos sus filósofos medio dormidos; es decir, con toda su sinagoga: monjes, y todos los demás. Pues con sus propias tradiciones han oscurecido hasta la luz del primer mandamiento. Por lo que ni uno de ellos puede comprender correctamente ni una sílaba de la ley. En lugar de eso, cada cual anda en la oscuridad de su propia razón. El error que procede de la doctrina de las obras y de la ley no es tan pernicioso como este.

Por tanto, Pablo usó palabras muy contundentes cuando dijo: «Si la justicia viene por medio de la ley, en vano murió Cristo». No dice nada sobre la capacidad natural del hombre, su razón o sabiduría, por grandes que sean (cuanto más grandes, más pronto engañan al hombre). Aquí, él dice sencillamente: «Si por la ley». Por eso, la razón, iluminada, auxiliada y guiada por la ley divina, es incapaz de producir justicia. Más bien, se lleva la justicia a rastras, ¡y vende a Cristo por poco más que nada! Si pudiera generar justicia, Cristo habría muerto en vano. Por tanto, sencillamente enfrenta a toda ley con la muerte de Cristo. Luego, podrás decir con Pablo: «No tengo a nadie excepto a Cristo crucificado». Ninguna otra luz iluminará tu senda. Ese es el significado de una buena educación; por lo demás, serás justo y santo. Recibirás el Espíritu Santo, que te guardará en la pureza de la palabra y de la fe. Pero cuando se quita a Cristo de la vista, ¡el resto es un gran fraude!

CONFERENCIA 14: viernes 21 de agosto

Aquí vemos nuevamente la excelente recomendación[289] de la justicia de la ley, o la justicia propia, por parte de Pablo. Esta justicia no hace sino condenar y rechazar la gracia de Dios, anulando y frustrando[290] la muerte de Cristo. Pablo no es de gran elocuencia, pero si prestan atención lo escucharán desarrollando su argumento y exponiendo su retórica. Aquí se vuelve un gran orador cuando usa las frases: «no hago nula la gracia, la gracia de Dios», como también: «entonces, en vano murió Cristo». La elocuencia del mundo entero no basta para describir la atrocidad que denuncia. Alguien podría decir que cierto fulano murió en vano, y hasta podría tomarse a la ligera. Pero decir que Cristo murió en vano es borrarlo de la historia por completo. Si crees ser un buen orador con dones de retórica, aquí tienes abundante material. Podrías dictar cátedra sin fin sobre la nefasta doctrina de buscar la justicia de la ley y sus obras. ¿Acaso hay alguna otra blasfemia más ostentosa y horripilante que desprestigiar el valor de la muerte de Cristo? Pero

---

289. En el texto en latín, Lutero usa el término griego εγχώμιον, «alabanzas o elogios». Obviamente, Lutero utiliza el sarcasmo ante sus alumnos para remachar el argumento de Pablo de que la observancia de la ley no justifica.
290. *evacuatio et frustratio*.

cuando se enseña que la justificación se alcanza por medio de la observancia de la ley, ¿acaso no es la misma blasfemia? Pues decir que Cristo murió en vano es también decir que su resurrección, su victoria, su gloria, su reino, el cielo, la tierra, la majestad misma de Dios, y en resumen, todo lo demás, tampoco sirve de nada, y no vale nada. ¿Les parece esto poca cosa? *Si alguien dijera que los reyes y los reinos de Francia o el Imperio romano se establecieron en vano, ¡ustedes dirían que esa persona está completamente loca! Pero ¡eso no es nada comparado con decir que Cristo murió en vano!*

Estos truenos y relámpagos celestiales, contrarios a la justicia de la ley y a la justicia del hombre, deberían llevarnos a aborrecerlas. *Con tan solo la descarga de un rayo, todas las órdenes de los monjes y frailes, con sus monasterios, religiones, justicias, ceremonias y reglamentos de su propia hechura, deberían caer postradas y condenadas.* Todo el que escucha «Aborrezcan sus votos, cogullas, coronillas afeitadas, tradiciones humanas, y aun la observancia de la ley de Moisés», y no vomita completamente aquello, rechaza la gracia de Dios, y declara: «En vano murió Cristo». Cuando el mundo escucha esto, no puede creer que sea verdad. Piensa que en ningún corazón humano podría surgir tan horrible maldad, de rechazar realmente la gracia de Dios y estimar la muerte de Cristo como cosa vana. Sin embargo, este terrible pecado es el más común. Porque todo el que procura la justicia aparte de la fe en Cristo, sea por obras, méritos, satisfacciones, aflicciones, o por la observancia de la ley, rechaza la gracia de Dios, y desprecia la muerte de Cristo, sin importar cuánto su boca proteste lo contrario.

Gálatas 3

VERSÍCULO 1. *¡Oh, gálatas insensatos!*

Aquí Pablo deja ver su esmero apostólico, su ferviente celo y afecto espiritual por la Iglesia. Pues al disputar y rebatir, a veces entreteje la suave exhortación con fuertes reproches. Esta disposición concuerda con su propia norma dada a Timoteo: «Predica la palabra; insiste a tiempo y fuera de tiempo; redarguye, reprende, exhorta con toda paciencia y doctrina» (2 Timoteo 4:2). Si el lector se descuida, se pierde fácilmente. Podría pensar que Pablo, al enseñar, no tiene disciplina alguna. Bien es cierto que, en relación con las normas de la retórica, no cumple con ninguna de ellas. Pero en cuanto al espíritu, se ajusta a un orden acertado.

Por tanto, después de argüir, entrelaza dos poderosos argumentos para confirmar que la justicia cristiana no viene por la observancia de la ley, sino por la fe en Cristo[1]. De un solo plumazo, refuta la doctrina de los falsos apóstoles. Pero, a la mitad de este discurso, cambia su manera de hablar a los gálatas, y los increpa, diciendo: «¡Oh gálatas! ¡O son insensatos, o están dementes!»[2]. Como si dijera: «¡Estoy boquiabierto por lo bajo que han caído!»[3]. «¡Oh gálatas desdichados! Con sumo cuidado y mucho esmero les enseñé la verdad del Evangelio. ¿Cómo es posible que tan pronto la abandonaran? ¿Quién los hechizó?».

Reprocha con mucha firmeza a los gálatas, según parece, pues los

---

1. *justitiam christianam non esse ex lege, sed ex fide in Christum.*
2. *O insensati seu amentes.*
3. *prolapsis estis.*

tilda de dementes[4], hechizados y desobedientes a la verdad[5]. Si lo hizo por celo o compasión, no lo discutiré; ambas pueden ser ciertas. Una persona carnal podría interpretar esto como un agravio, en vez de un reproche piadoso. ¿Dio Pablo, entonces, un mal ejemplo, y fue por rencor contra las Iglesias de Galacia que las tildó de insensatas y hechizadas? No, para nada. Pues es lícito que, por celo cristiano, un apóstol, pastor, o predicador reproche severamente al rebaño bajo su cuidado; tales reproches son paternales y piadosos. Es así como los padres, por afecto paternal y maternal, reprochan y reprenden a sus hijos, mas no lo tolerarían si algún otro lo hiciera. A veces el maestro se molesta con su alumno, lo reprende y lo castiga; el alumno lo toma como algo para su bien, pero no lo toleraría de parte de otro. Del mismo modo se enoja el magistrado. Reprende y castiga a los que están bajo su mando. Esta disciplina no solo es buena, sino también necesaria; sin ella no se hacen bien las cosas. Por tanto, a menos que el magistrado, el ministro, el padre y la madre se molesten, y según la situación, reprendan y reprochen, se volverán inútiles, y jamás desempeñarán bien su oficio.

Así, en cada aspecto de la vida, la fuerte reprensión y la palabra amarga son tan necesarias como cualquier otra virtud. Sin embargo, tal enojo debe moderarse, de modo que no proceda del odio o la mala voluntad, sino solo de un cariñoso afecto paternal. Es decir, no debe ser infantil ni caprichoso[6], buscando represalias, sino solo lo necesario para corregir la falta. Así es como el padre corrige a su hijo no para desquitarse, sino solo para que el niño se rectifique. Estos tipos de enojo son buenos, y la Escritura los llama celos[7]. Pues al reprender a mi hermano, a mi hijo, al alumno, o a los que tengo a mi cargo, no busco su destrucción, sino su provecho y bienestar.

Por tanto, es posible que Pablo reprenda aquí a los gálatas por dos razones. Una, por un celo ferviente, no para destruirlos, sino para provocarlos a retomar el camino correcto; y otra, por lástima y

---

4. Lutero traduce debidamente el griego «*anoeto*» como «demente», pues «*anoeto*» significa «sin-mente».
5. A pie de página, en el original en latín, se encuentra la siguiente curiosa pregunta retórica de Lutero: «*Num peccat apostolus, quod tam scriter objurgat Galatas?*», «¿Acaso no peca el apóstol al escribir esos reproches a los gálatas?». «Num» anticipa una respuesta negativa.
6. *puerilis aut muliebris*, «ni de niños ni de mujeres».
7. Pie de página de Lutero: *Iusta ira vocatur zelus in scripturis* («En la Escritura, la ira justa se llama celos»).

compasión. No obstante, su reproche es más bien un lamento[8]; pues le duele profundamente que hayan sido tan fácilmente seducidos. Como si dijera: «Me da lástima su gran infelicidad»[9]. Del mismo modo nosotros reprendemos a los ingenuos. No para insultarlos, o echarles en cara su miseria, sino porque tenemos compasión de ellos. Digo esto por si alguno calumnia a Pablo acusándolo de lanzar peroratas contra las Iglesias de Dios y contrariar los preceptos del Evangelio.

De igual manera, Cristo reprocha a los fariseos llamándolos serpientes, generación de víboras, hijos del diablo. Sin embargo, estos son los reproches del Espíritu Santo. Son paternales y maternales; son como las represiones de un amigo fiel, como también lo dice Proverbios: «Fieles son las heridas del amigo, pero engañosos los besos del enemigo» (27:6). Por tanto, el mismo reproche, si sale de la boca de un padre, puede ser de gran provecho, pero si procede de la boca de uno de nuestros pares, o de un enemigo, puede ser el mayor insulto. Cuando dos hacen lo mismo, uno puede ser elogiado, y el otro reprochado. Cuando Cristo y Pablo reprenden, coinciden en propósito, y merecen encomio. Pero si algún filósofo o particular quisiera hacer lo mismo, sería una grave falta y afrenta[10]. Por tanto, la misma palabra que en labios de Pablo es de gran provecho, en boca de otro es maléfica[11].

Hay cierto énfasis en la palabra «Gálatas». Pues no los llama hermanos, como suele hacerlo en otros textos. Los llama por el nombre propio de su tierra natal. Pareciera que la necedad[12] era el vicio natural de esa nación, tal como la manía de los cretenses era la mentira. Como si dijera: «Lo que dice el nombre, eso mismo son». Es como si hubiera dicho: «gálatas necios»[13]. Lo que dice el nombre, eso demuestran ser por naturaleza, y no han cambiado. La prueba es patente en su desprecio del Evangelio (del que, sin embargo, deberían saber más). *De igual manera distinguimos a las naciones por sus peculiaridades. Cada nación tiene su defecto particular:*

---

8. *querulantis*, proviene de *querula*, quejido.
9. Eran pobres porque les faltaban las riquezas de la gracia.
10. *vitio et contumelia.*
11. *maleficium.*
12. Aquí, en el latín, Lutero recurre al término griego ανοητοι.
13. *Ibid.*

los alemanes están siempre listos para una revolución, los italianos son vanagloriosos, etc. Pablo, a fin de corregirlos, recuerda a los gálatas lo que son por naturaleza.

Además, aquí se nos advierte respecto a la carne, que ciertas faltas permanecen por naturaleza en las Iglesias y en los cristianos. La gracia no cambia a los creyentes convirtiéndolos inmediatamente en nuevas criaturas, perfectas en todo aspecto. Aún quedan ciertas asquerosidades de su corrupción antigua, propias de su naturaleza. Por ejemplo, se convierte un hombre inclinado naturalmente al enojo. Aunque sea templado por la gracia (y el Espíritu Santo penetre en su corazón[14] volviéndolo más misericordioso)[15], este vicio de la carne no se extingue plenamente. Asimismo, los que por naturaleza son duros, aunque se conviertan a la fe, no se deshacen totalmente de esa dureza, sino que en ellos perduran residuos de terquedad[16]. De ahí que la Sagrada Escritura y los Evangelios, que contienen una sola verdad, sean manejados de diversos modos por diferentes personajes. En su enseñanza, uno es tierno y el otro es áspero[17]. Aunque el Espíritu Santo se derrama en diferentes vasijas, no apaga de una vez todos los vicios de la naturaleza. Más bien, a lo largo de esta vida, Él purifica el pecado inherente[18] no solo en los gálatas, sino en las gentes de todas las naciones.

¿Cómo es posible que los gálatas, habiendo creído y sido iluminados con gran luz, y habiendo recibido el Espíritu Santo por la predicación de la fe, aún conservaran los vestigios de esta falta, esta yesca de necedad que tan fácilmente encendió la llama de la falsa doctrina? Entonces, que nadie confíe tanto en sí mismo pensando que, al recibir la gracia, ha quedado totalmente purificado de sus viejas faltas. Es cierto que muchas cosas se desvanecen dentro de nosotros; en particular, la cabeza de la serpiente. Es decir, la incredulidad y la indiferencia respecto de Dios reciben una herida mortal. Sin embargo, el cuerpo resbaladizo y los restos del pecado aún permanecen en nosotros. Que nadie sea tan presumido ni piense, al momento de recibir la fe, «Ahora, de un momento a otro,

---

14. *Spiritus sanctus imbuat cor ipsuius.*
15. *ut fiat clementior.*
16. *reliquiae istius duriciei.*
17. *mollior in docendo, alus durior.*
18. *inhaerens.*

soy una persona totalmente nueva». No, algunas de sus viejas faltas quedarán arraigadas en él, por mucho que sea buen cristiano. Pues aún no hemos muerto y seguimos viviendo en la carne. Esta todavía no se ha purificado, y vive en una lucha continua contra el espíritu (Gálatas 5:17). «Soy carnal», dijo Pablo, «vendido al pecado», «y veo otra ley en los miembros de mi cuerpo, que hace guerra contra la ley de mi mente» (Romanos 7:14). De modo que las faltas que estaban en nosotros antes de recibir la fe permanecen en nosotros después de recibir la fe. Solo que ahora están subyugadas al Espíritu, que las controla con mano más fuerte, para que no imperen. No obstante, no es sino con gran conflicto. Pero esta gloria es para Cristo solo[19], y este título es solo suyo, que Él es puro y sin mancha: «El cual no cometió pecado, ni engaño alguno se halló en su boca» (1 Pedro 2:22).

VERSÍCULO 1. *¿Quién os hechizó, para no obedecer a la Verdad?*

Ahí lo tienen. ¿Podría haber algo mejor? Ahí tienen ese mensaje tan maravilloso de la ley y la justicia propia. Nos lleva a despreciar la verdad, y nos lanza un hechizo para que no la obedezcamos, sino que nos rebelemos contra ella[20].

De la hechicería corporal y espiritual

Pablo llama a los gálatas necios y hechizados. Los compara con niños perjudicados por embrujos. Como si dijera: «Los han tratado como niños. Pues a ellos los brujos, magos, y encantadores los embrujan con sus hechizos y encantos del diablo». Después, en el capítulo cinco, entre las obras de la carne, incluye la hechicería, que es un tipo de brujería. Pues él claramente testifica que tal brujería y hechicería existen y se practican. Además, no se puede negar que el diablo, sano y merodeando, reina por el mundo entero. Por tanto, la brujería y la hechicería son obras del diablo. Con estas no solo hiere a las personas, sino que, cuando Dios lo permite, a veces también las destruye. Además, todos estamos sujetos al diablo tanto en el

---

19. *Solus Christus hanc gloriam.*
20. Aquí Lutero recurre al sarcasmo como método de enseñanza para enfatizar la ineficacia de la justicia de la ley.

cuerpo como en lo que tenemos. Nosotros somos extranjeros en este mundo del cual él es gobernante y dios. Por tanto, el pan que comemos, la bebida que bebemos, las prendas que vestimos, aun el aire que respiramos y todo lo que vivimos en la carne, están bajo su dominio. *Por consiguiente, por medio de sus brujos, es capaz de hacer daño a niños, darles un susto de muerte, herirlos con ceguera, robarlos, y hasta sacar a un niño de por medio y colocarse él mismo en la cuna. Escuché el relato de un niño en Sajonia, que mamaba la leche de cinco mujeres sin saciarse*[21]. *Hay muchos ejemplos como este.*

La brujería no es otra cosa que las maquinaciones y artimañas del diablo. Se dice que este, por medio de sus trucos, es capaz de tomar un miembro del cuerpo de un niño o de un anciano, lastimarlo, y luego aparentar que lo sana. Falsifica la curación de un ojo o de otro miembro que parecía lastimado, pero que, en realidad, no tenía nada. Sin embargo, él solo juega con los sentidos de sus embrujados y quienes observan, a tal punto que el embrujo no les parece una simple ilusión, sino que juran que es un daño real. No obstante, al pasar el tiempo, la apariencia de lesión es quitada, y es patente que no fue una lesión, sino un engaño; pues una verdadera lesión no puede restablecerse ni sanarse de esa manera.

Un ejemplo notable de este asunto se encuentra en Vidas de los Padres, *después de la* Metamorfosis de los poetas. *Se cuenta que los padres de cierta virgen llegaron al lugar donde san Macario vivía en el desierto. Ellos creían haber perdido a su hija. Suponían que se había convertido en una vaca, pues no podían ver forma alguna excepto la de una vaca. Así que la llevaron donde Macario, y le suplicaron que orara por ella para restablecer su forma humana por el poder de Dios. No obstante, al oír esto, Macario dijo: «Veo una doncella, no veo ninguna vaca». Él tenía ojos espirituales, por lo que Satanás no pudo engañarlo con sus trucos como había hecho con los padres y la hija. Estos estaban tan embrujados por el espíritu maligno, que sus ojos daban volteretas y juraban que esto era realidad. Cuando Macario oró por la niña, no pidió que recuperara su forma humana, pues nunca la había perdido. En vez de eso, suplicó a Dios que le quitara la apariencia con que el diablo la había disfrazado. Entonces, fueron abiertos los ojos tanto de los padres como de la hija, y se dieron cuenta de que no había sufrido daño alguno, sino que todo había sido una burla y un juego del diablo.*

---

21. *et tamen non potuit expleri.*

Tal es el poder del diablo para jugar con nuestros sentidos. Basta con mirar por un vidrio para ver cómo cambia la forma y el color de las cosas. Para él es muy fácil engañar a la gente con sus trucos y atracciones. La gente puede ver cosas que en verdad no existen para nada; o escuchan una voz, un trueno, una flauta o una trompeta que, en realidad, no oyen. Fue así como los soldados de Julio César creyeron haber oído el sonido de una caña o una trompeta. Suetonio lo menciona en su Vida de César. *Dice que, de repente, alguien de gran tamaño y forma apareció sentado tocando una caña. A prisa llegaron no solo los pastores, sino también muchos soldados que dejaron sus puestos, junto con algunos trompetistas, para escucharlo. Súbitamente, le arrebató la trompeta a uno, y se fue saltando con ella hasta la ribera del río. Allí tocó una nota fuerte e intensa antes de pasar a la otra ribera. Satanás puede muy bien afectar negativamente todos los sentidos, de modo que alguien pueda jurar que vio, oyó y tocó algo totalmente inexistente.*

Sin embargo, él no solo hechiza a los hombres de este modo burdo, sino también de un modo más sutil y mucho más peligroso, pues es un maravilloso embaucador. Así es como Pablo relaciona el hechizo de los sentidos con el embrujo del espíritu. Pues con esta brujería espiritual aquella serpiente antigua embruja no solo los sentidos de la gente, sino también sus mentes, con opiniones falsas e impías. Quienes se han dejado embaucar tienen estas opiniones por verdaderas y piadosas. Hoy, *él demuestra su capacidad de engañar a los fanáticos de los anabaptistas y los espíritus que blasfeman el sacramento del cuerpo y la sangre de Cristo. Sus mentes han sido tan embrujadas con su juego, que abrazan mentiras, errores y terribles tinieblas como si fueran la verdad más segura y la luz más brillante.*

Ninguno de ellos se dejaría apartar de estas imaginaciones ni por las más claras advertencias de las Escrituras. Están firmemente persuadidos de que son los únicos que tienen sabiduría y un juicio sano en las cosas sagradas, y de que todos los demás están ciegos. Están en las mismas que los padres de la doncella. Habían sido tan engañados por los trucos de Satanás, que juraban que su hija no era humana, sino bovina. No podían creer en nada excepto en los engaños y las ilusiones del diablo. Pues se aferraban al testimonio de todos sus sentidos: sus ojos veían la forma de una vaca, sus oídos oían el mugido de una vaca, etc., y aunque lo que veían era contrario a sus cinco sentidos, eran incapaces de resistirlo.

CONFERENCIA 14: VIERNES 21 DE AGOSTO

Por eso nosotros debemos ir contra nuestros sentidos cuando nuestro cuerpo se siente engañado; lo digo como un ejemplo. Así, y con mucho más brío, debemos responder cuando se trata del embrujo espiritual. Por fuera, se presenta con apariencias y colores para los sentidos, pero por dentro se presenta con opiniones doctrinales fáciles de creer que tienen apariencia de verdad. Por tanto (como he dicho), embruja los corazones de los hombres de tal modo que podrían jurar que sus imaginaciones más vanas e impías son la verdad más cierta y confiable. De esta manera, en nuestro tiempo, ha engañado a Müntzer, Zuinglio, y otros, y a través de ellos ha hechizado a incontables otros.

En resumen, tan grande es la maldad de este hechicero, y su deseo de hacer el mal, que no solo engaña a los que confían en sí mismos con orgullo, sino también a los que entienden correctamente la palabra de Dios y la religión cristiana. En cuanto a mí, a veces me asedia con tanta fuerza, que me oprime con pesadas cavilaciones, las cuales cubren a Cristo mi Salvador con sombras, a fin de apartarlo totalmente de mi vista. En resumidas cuentas, no hay ninguno de nosotros que no haya sido muchas veces hechizado por falsas convicciones. Es decir, que no haya temido, confiado, o sentido gozo a destiempo; o que no haya pensado, a veces, lo que no es preciso pensar sobre Dios, Cristo, la fe, o su vocación cristiana.

Por tanto, aprendamos a conocer las sutiles artimañas de este mago, no sea que nos encuentre durmiendo muy confiados, y nos engañe con sus encantos. Es cierto que con sus hechizos no puede perjudicar nuestro ministerio, pero está con nosotros en espíritu. Día y noche merodea, buscando la manera de devorarnos por separado. Y a menos que nos encuentre sobrios y equipados con las armas espirituales, es decir, con la palabra de Dios y la fe, logrará devorarnos.

Esta es la razón por la que a veces suscita nuevas luchas contra nosotros. Pero, en verdad, sus asechanzas nos son de gran provecho, pues nos pone a hacer ejercicio. Nos vemos obligados a fortalecernos en nuestra doctrina, y con sus empujones, crecemos en la fe. Ciertamente muchas veces nos hemos visto abatidos, y todavía estamos decaídos en este conflicto. Pero no perecemos, pues Cristo siempre ha triunfado, y triunfa a través de nosotros.

Por eso tenemos la firme esperanza de que nosotros también obtendremos la victoria contra el diablo por medio de Jesucristo. Y esta esperanza nos da firme consuelo, de modo que, en medio de nuestras tentaciones, cobremos ánimo y digamos: «He aquí, Satanás ya nos ha tentado, y con sus falsas ilusiones nos ha provocado a la incredulidad, a despreciar a Dios, y a desesperar. Sin embargo, no ha prevalecido, y tampoco lo hará en el futuro. Mayor es el que está en nosotros que aquel que está en el mundo. Cristo es más fuerte; es el hombre fuerte que ha vencido al fuerte que estaba en nosotros, y lo vencerá para siempre». Sin embargo, a veces el diablo nos vence en la carne, para que, al ser probados por el poder del asaltante, veamos el poder del hombre más fuerte. Es así como podemos decir con Pablo: «Pues cuando soy débil, entonces soy fuerte» (2 Corintios 12:10).

Por lo tanto, que nadie piense que los gálatas han sido los únicos hechizados por el diablo. Más bien, cada cual piense que él mismo podría haberlo sido, y todavía podría ser hechizado por él. Ninguno de nosotros es lo suficientemente fuerte para resistirlo, y especialmente si intenta vencerlo con sus propias fuerzas. Job fue un hombre recto y justo, temeroso de Dios, y no había ninguno como él sobre la tierra (Job 1:8). Pero ¿qué poder tuvo contra el diablo cuando Dios retiró su mano? ¿Acaso este justo no cayó horriblemente? Por eso, este encantador no solo fue poderoso contra los gálatas, sino que continuamente se empeña en engañar, si no a todos los hombres, a todos los que le sea posible, con sus falsas persuasiones y fantasías. «Pues es un mentiroso, y padre de mentira». Y, *como he dicho, con este artificio suyo ha hechizado hoy a los espíritus fanáticos. Reina en ellos, y los hace inflexibles y más duros que un yunque. Pues no se dejan enseñar, no escuchan razón alguna, ni admiten las Escrituras. Solo se esfuerzan por darles su propio toque a las Escrituras que los refutan*[22]*; lo cual es una señal muy clara de que han sido hechizados por los embrujos del diablo.*

VERSÍCULO 1. *¿Quién os hechizó?*

Aquí Pablo disculpa a los gálatas, y coloca toda la culpa sobre los falsos apóstoles. Es como si dijera: «Veo que han caído, no por

---
22. *glossis adductos contra se scripturae.*

voluntad propia ni maldad, sino porque el diablo ha enviado entre ustedes, mis hijos, a los encantadores de los falsos apóstoles para hechizarlos con su doctrina de la ley. Por eso ahora piensan de Cristo algo diferente a lo que pensaban antes, cuando escucharon el Evangelio que yo predicaba. Sin embargo, mediante nuestra predicación, y ahora escribiéndoles, nos esforzamos por quitarles el hechizo con que los falsos apóstoles los embrujaron, y libertar a los que cayeron en la trampa».

De igual manera debemos concentrar hoy todas nuestras fuerzas en blandir la palabra de Dios contra las opiniones fanáticas de los anabaptistas y los sacramentarios. Así luchamos para dar libertad a quienes han caído en su telaraña, y para llamarlos a la doctrina pura de la fe y mantenerlos allí. Y esta nuestra labor no ha sido en vano, pues hemos recuperado a muchos de los que ellos embrujaron, y los hemos librado de sus trampas. *Jamás habrían logrado eso por sus propias fuerzas, si no los hubiéramos amonestado y recuperado por la palabra de Dios.*

Es imposible que un hombre sea librado de los hechizos en sus sentidos (así como, antes de la oración de Macario, los padres no podían ver otra forma que la de una vaca). Asimismo, es imposible que los que han sido hechizados espiritualmente se liberen por sus propias fuerzas. Solo pueden ser librados por aquellos cuyas mentes no han caído en las trampas de esta brujería. Porque tal es la eficacia de los engaños de Satanás en los que han sido enredados, que se jactan y juran poseer la verdad más cierta, no pudiendo estar más lejos de admitir su error. A pesar de nuestros esfuerzos por convencer a algunos, y especialmente a los autores principales de estas sectas, usando las Escrituras, no logramos nada; pues enseguida tienen listas sus interpretaciones con las que les sacan el cuerpo a las Escrituras.

A pesar de nuestras advertencias, se endurecen más que nunca. Jamás lo habría creído si no lo hubiera visto con mis propios ojos. Tan grande es el poder del diablo, que puede crear una mentira y hacerla pasar por la mismísima verdad. Entonces es una gran calamidad, pues quiere tomar las conciencias acongojadas y matarlas con una gran tristeza. Sabe transformarse tan propia y perfectamente en la figura de Cristo, que los tentados de esta manera no lo pueden reconocer. Así, no se dan cuenta, y en la desesperación, incluso se quitan la vida. El diablo los enloquece. Piensan, como si fuera la más indiscutible verdad, que son tentados y acusados, no por el diablo, sino por Cristo mismo.

Eso mismo le sucedió, en el año 1527 de nuestro Señor, a ese pobre hombre, el Dr. Kraus de Halle. Pues dijo: «He negado a Cristo, y por tanto, Él está ahora ante su Padre, y me acusa». Se aferró tanto a su imaginación, estando cegado por esta alucinación del diablo, que no hubo exhortación, consuelo, ni promesa de Dios que lo pudiera desprender, de modo que desesperó y terminó con su vida de una manera muy lamentable. Había sido una simple mentira y un hechizo del diablo. Había creído una definición fantasiosa de Cristo, sin base alguna en las Escrituras. Pues la palabra de Dios presenta a Cristo, no como juez, tentador, ni acusador, sino como Reconciliador, Mediador, Consolador, Salvador, y en un trono de gracia.

Sin embargo, ese pobre hombre, alucinado por el diablo, no caía en la cuenta. Y así, en contra de toda la Escritura, pensó que esta era la verdad más cierta: «Cristo te acusa ante su Padre; está allí de pie, no a tu favor, sino en tu contra; por tanto, has sido condenado». Esta tentación no es del hombre, sino del diablo, aquel encantador que la imprime con fuerza en el corazón de los tentados. Para nosotros, que somos guiados y enseñados por otro Espíritu, lo ilusorio es una maldita mentira, y un embrujo del diablo. Pero, para los que están bajo tal hechizo, es una verdad tan cierta que no podría haber otra verdad más atinada.

El diablo es un artífice de mil encantos. Puede hábilmente imprimir en nuestros corazones una mentira tan patente y vergonzosa, que juraríamos mil veces es la irrefutable verdad. Por tanto, no debemos enorgullecernos, sino andar con temor y humildad, clamando a Cristo nuestro Señor, no sea que entremos en tentación. Los hombres mundanos y confiados, habiendo escuchado el Evangelio una o dos veces, pronto se imaginan que han recibido la abundancia del Espíritu, y de igual manera caen. No tuvieron temor de Dios, ni le dieron gracias, sino que presumieron sostener y defender la doctrina de la verdadera religión. A la vez, se creyeron capaces de resistir toda embestida o conflicto del diablo, no importando cuánto arreciara. Pero esas experiencias son los instrumentos del diablo para hechizarlos y lanzarlos a la desesperación.

Por otro lado, no digas: «Soy perfecto, no puedo caer». Más bien humíllate, con temor, no sea que, estando firme hoy, puedas caer mañana. Yo mismo, aunque soy doctor en teología, y he predicado a Cristo, y he luchado por largo tiempo contra el diablo y sus falsos maestros, sé por experiencia propia cuán difícil es esto. Pues no puedo zafarme de Satanás como quisiera, ni aferrarme a Cristo como lo precisa la Escritura, sino que a veces el diablo presenta ante mis ojos un falso Cristo. Mas gracias a Dios, que nos guarda en la palabra, en la fe y en la oración, para que podamos andar ante Él en temor y humildad. No podemos presumir de nuestra sabiduría, justicia y poder, sino confiar en el poder de Cristo, que es poderoso cuando nosotros somos débiles. Por tanto, Él continuamente vence y triunfa por medio de nosotros, débiles y frágiles criaturas; a Él sea la gloria para siempre. Amén.

Este hechizo y este embrujo, entonces, no son sino una mera ilusión del diablo, que imprime en el corazón una falsa opinión de Cristo y contra Cristo. El que ha sido engatusado con esta opinión, es porque está embrujado. Por tanto, quienes tienen esta convicción, que son justificados por las obras de la ley o por las tradiciones humanas, están hechizados[23], pues esta opinión es contraria a la fe y a Cristo. Pablo recurrió a esta palabra, «hechizados», por desprecio a los falsos apóstoles, que tan fervorosamente insistían en la doctrina de la ley y las obras. Como si dijera: «¿Qué hechizo diabólico es este?». Pues tal como la brujería pervierte los sentidos corporales, así también las mentes de los hombres quedan trastornadas por esta brujería espiritual.

VERSÍCULO 1. *Para no obedecer a la Verdad.*

Al principio, los gálatas escucharon la verdad con gozo y la obedecieron. Por eso, cuando dice: «¿Quién los hechizó?», significa que, hechizados por los falsos apóstoles, ahora se habían apartado de la verdad que antes habían obedecido. Pero cuando dice que ellos no obedecen a la verdad, suena como una manera de expresar

---

23. *Quod ex operibus legis aut traditionum humanarum justificentur, fascinati sunt.*

amargura y celo. Pues, con estas palabras, les quiere decir que están hechizados, y que quisiera librarlos de este embrujo, pero ellos no reconocen ni reciben su ayuda. Pues es cierto que él no había podido hacer volver a la verdad a todos los gálatas, sacándolos del error de los falsos apóstoles, sino que todavía quedaban algunos bajo sus hechizos. Por tanto, usa estas palabras cortantes y ardientes: «¿Quién los hechizó?». Como si dijera: «Están tan aturdidos y embrujados que ya no pueden obedecer a la verdad; me temo que jamás podrán volver a la verdad».

Aquí podemos escuchar a los pregoneros del pueblo[24] *proclamar a viva voz las alabanzas de la justicia de la ley*[25]*, o de la justicia propia, pues el poder de su embrujo para fascinar a la gente es tal que no son capaces de obedecer la verdad. Los apóstoles y los Padres de la Iglesia primitiva mencionaban a menudo este tema. Por ejemplo, en 1 Juan 5:16: «Hay un pecado que lleva a la muerte; yo no digo que deba pedir por ése». También en Hebreos 6:4ss.: «Porque en el caso de los que fueron una vez iluminados, que probaron del don celestial [...] pero después cayeron, es imposible renovarlos otra vez para arrepentimiento». Pareciera que estas palabras las hubiera dicho algún seguidor de Novacio. Pero los apóstoles se veían obligados a expresarse de esta manera por causa de los herejes (aunque no negaban a los extraviados el regreso a la comunidad de los fieles mediante la penitencia, como hacían los novacianos). Hoy en día, nosotros también debemos hablar así por causa de los autores y maestros de los errores y las sectas, y debemos decir que los tales jamás podrán volver a la verdad. Hay algunos que ciertamente podrían volver, pero son los que han sido atados con un hechizo más débil. No es así con los líderes y autores de los embrujos, los cuales deben conservar el título que Pablo les da: a saber, que no harán caso de la verdad, ni la podrán soportar, sino que más bien se aprestarán a resistirla, y a evadir los argumentos de las Escrituras presentados contra ellos. Pues han sido llevados cautivos, y están plenamente convencidos de que tienen la verdad más certera y la comprensión más pura de las Escrituras. Quien tiene esta convicción no está dispuesto a prestar atención ni mucho menos a cambiar. De tal modo que yo mismo no daré lugar a cosa alguna contraria a mi doctrina. Pues estoy seguro y persuadido, por el Espíritu de Cristo, de que mi enseñanza sobre la justicia cristiana es veraz y segura*[26].

---

24. *praeconium*. Véanse los «50 aplausos» en la introducción de este tomo.
25. El lector recordará que Lutero dicta esta conferencia ante sus alumnos, y aquí acude a la retórica del sarcasmo para enseñar lo opuesto: la justicia de la ley no es recomendable.
26. *Sum enim certus et persuasus per spiritum Christi meam doctrinam de christiana justitia veram ac certam esse*

CONFERENCIA 14: VIERNES 21 DE AGOSTO

VERSÍCULO 1. *Ante cuyos ojos Jesucristo fue ya descrito.*

Antes, Pablo habló ásperamente diciendo que no podían obedecer a la verdad por estar tan hechizados. Ahora se expresa con más severidad. Añade que él había descrito vívidamente a Cristo ante ellos. Casi lo podían tocar con las manos, y aun así, no obedecieron a la verdad. De esta manera los convence, recurriendo a su propia experiencia entre ellos. Como si dijera: «Están tan hechizados y alucinados con las opiniones perversas de los falsos apóstoles, que ahora no obedecerán a la verdad. Aunque con gran trabajo y diligencia les expuse vívidamente a Cristo crucificado ante sus ojos, todo fue en vano».

Con estas palabras se remite a los argumentos previos. Con ellos ya había demostrado que justificarse por las obras de la ley es rechazar la gracia de Dios y convertir a Cristo en un ministro de pecado. Por lo tanto, para ellos Cristo había muerto en vano. Él ya había presentado estos argumentos para engrandecer más a Cristo ante ellos, como si un pintor hubiera dibujado ante sus ojos un cuadro de Cristo crucificado. Ahora, estando ausente, les recuerda las mismas cosas, diciendo: «Ante cuyos ojos Jesucristo fue ya descrito». Como si dijera: «Ningún pintor tiene la habilidad de pintar tan vívidamente a Cristo con sus colores como yo lo hice con mi predicación, y aun así, siguen bajo el mismo miserable embrujo».

VERSÍCULO 1. *Crucificado entre vosotros.*

¿Qué cuadro, entonces, pinté? A Cristo mismo. ¿Cuál era su parecer? Crucificado entre ustedes. Aquí recurre a palabras muy ásperas y cortantes. Previamente, dijo que ellos habían estado procurando la justicia mediante la ley, y por lo tanto, habían rechazado la gracia de Dios; por consiguiente, para ellos Cristo había muerto en vano. Pero ahora añade que ellos también crucifican a Cristo, que había vivido y reinado entre ellos. Como si dijera: «Ahora no solo han rechazado la gracia de Dios, y Cristo murió por ustedes en vano, sino que lo crucifican vergonzosamente entre ustedes». De la misma manera lo expresa la epístola a los Hebreos: «puesto que de nuevo crucifican para sí mismos al Hijo de Dios y lo exponen a la ignominia pública» (Hebreos 6:6).

Realmente uno debería estremecerse de temor con tan solo escuchar la mención de un monje, su coronilla rasurada, su cogulla y sus reglamentos. No obstante, los papistas adoran estas abominaciones, y se jactan de ser perfectos en su religión y santidad. Yo mismo, junto con otros, pensábamos así antes de que Dios nos revelara su Evangelio. Porque fuimos criados en las tradiciones de los hombres, las cuales oscurecen a Cristo, y lo convierten en un Cristo inútil, sin provecho alguno. No obstante, deberían estremecerse cuando escuchan lo que Pablo dice. Pues él declara que los que procuran ser justificados por la ley de Dios no solo niegan a Cristo, sino que lo asesinan, y con toda impiedad lo crucifican de nuevo. Pues bien, si los que crucifican a Cristo son los que procuran ser justificados por la justicia de la ley de Dios y las obras de la ley, ¿qué serán, pues, les ruego que me digan[27], los que procuran la salvación y la vida eterna mediante la inmundicia y el estiércol de la justicia humana y las doctrinas de diablos?

Sin embargo, ¿quién habría creído o pensado que fuera un pecado tan horrible y abominable hacerse «religioso» —porque ese es el nombre que se dan los sacerdotes de misa, monjes, frailes y monjas—? Ciertamente, nadie. Además, dicen que hacerse monje es «el nuevo bautismo». ¿Podría haber algo más horrible que el reino de los papistas, que perversamente escupen el rostro de Cristo el Hijo de Dios, y lo crucifican de nuevo? Porque ciertamente, a Cristo (aquel que fue crucificado y volvió a la vida) lo crucifican otra vez tanto en ellos mismos como en la Iglesia, y en los corazones de los fieles. Pues con sus reproches malvados, censuras, calumnias e injurias, lo escupen, y con sus malvadas opiniones lo hieren, y lo atraviesan, para que muera en ellos de la manera más vergonzosa. Luego lo reemplazan con una gloriosa hechicería, con la cual encantan y enredan, de modo que no pueden saber que Cristo es su justificador, reconciliador y salvador. En lugar de eso, lo convierten en ministro de pecado, acusador, juez y destructor, que debe ser aplacado mediante nuestras obras y méritos.

Además, de esta opinión surgió después la doctrina más pestilente y perniciosa que resume todo el papado. Esa es: «Si rindes servicio a Dios, serás merecedor del perdón de pecados y la vida

---

[27]. El lector atento podrá imaginarse a Lutero hablando a sus alumnos con gestos de súplica durante la conferencia.

CONFERENCIA 14: VIERNES 21 DE AGOSTO

eterna, y también ayudarás a otros a alcanzar la salvación. Luego debes encerrarte en un claustro o monasterio, hacer votos de obediencia, castidad, pobreza, y cosas así». Los monjes y los frailes, y el resto de esa plebe religiosa, hinchados con esta opinión de su propia santidad, se jactaban enormemente. Decían: «Somos los únicos que vivimos en un estado de perfección. Los demás apenas son cristianos ordinarios». Alegaban que los demás no hacían obras extraordinarias (queriendo decir «más de la cuenta»). Es decir, los cristianos ordinarios no hacían votos, ni vivían en castidad, pobreza, obediencia, ni cosas así. Estos solo habían sido bautizados y guardaban los diez mandamientos. Pero la doctrina de los monjes dice que, además de cumplir con el deber de todo cristiano, hacen obras supererogatorias[28], y cumplen con todo el consejo de Cristo. Por eso, por hacer estas cosas, esperaban que tendrían méritos y un lugar en el cielo entre los santos más importantes, muy por encima de la otra muchedumbre de cristianos.

Sin duda alguna este ha sido un maravilloso espejismo del diablo, con el cual ha hechizado al mundo entero. Y todo hombre, cuanto más santo quiera ser, tanto más caerá enredado en la telaraña de este embrujo; es decir, con la pestilente persuasión de su propia justicia. Por esta causa no podíamos reconocer a Jesucristo como nuestro mediador y salvador, pues pensábamos que era un juez severo que solo podía ser aplacado por nuestras obras. Pero esto no era sino la más horrible blasfemia contra Cristo. Como dijera Pablo anteriormente, es rechazar la gracia de Dios, anular la muerte de Cristo, quitarle su eficacia, y no solo matarlo, sino volver a crucificarlo de la manera más vergonzosa. Este es el significado correcto de lo que Cristo declara en Daniel: «La abominación desoladora». Por esa razón, todo monje, religioso, y todo legalista, que procura la remisión de pecados y la justicia mediante sus propias obras o aflicciones, es un verdugo que crucifica al Cristo que reina y vive hoy. Esto no lo hacen en la persona misma de Cristo, sino en su corazón propio y en los corazones de los demás. Y todo el que entra en los monasterios buscando justificarse por su observancia a esos reglamentos, se mete en una cueva de ladrones, y como tales, crucifican otra vez a Cristo.

---

28. *supererogationis*, del latín «pagar más de la cuenta o de lo que se debe».

Por lo tanto, Pablo emplea aquí palabras muy severas y cortantes, a fin de infundir temor a los gálatas y apartarlos de la doctrina de los falsos apóstoles. Como si dijera: «Tomen conciencia de lo que han hecho. Han crucificado a Cristo de nuevo. Esto lo he dibujado ante sus propios ojos, para que lo vean y lo toquen con sus propias manos. Lo están crucificando porque procuran ser justificados por la ley. Pero si la justicia es por la ley, entonces Cristo es ministro de pecado, y su muerte ha sido totalmente en vano. Si esto es cierto, sin duda quiere decir que nuevamente han crucificado a Cristo entre ustedes».

Y hay una razón muy precisa por la que añade esta cláusula, «en ustedes» o «entre ustedes». Pues Cristo ya no puede ser crucificado. No muere en su propia persona, sino que, como dice en Romanos 6, muere en nosotros cuando, al rechazar la verdadera doctrina, la gracia, la fe, y la remisión gratuita de los pecados, procuramos ser justificados por nuestras propias obras, o por las obras que requiere la ley. Es allí donde Cristo es crucificado otra vez, en nosotros. Esta doctrina persuasiva es falsa y perversa, la de buscar la justicia por la ley y las obras. Son (como ya he dicho ampliamente) solo espejismos que dibuja el diablo. Por medio de esta ilusión echa un hechizo sobre la gente, de manera tal que son incapaces de reconocer el beneficio de Cristo. Es cierto, no pueden hacer con sus vidas otra cosa que negar al Señor que los compró, en cuyo nombre fueron bautizados, y lo crucifican nuevamente entre ellos mismos. Quien aún tenga algo del temor de Dios, o amor por Cristo y su verdadera religión, ¡que huya lo más rápido posible de esa Babilonia, y tiemble con tan solo escuchar el nombre del papado! Pues su impiedad y abominación es tan horrible que nadie la puede expresar con meras palabras, ni es posible verla con ojos que no sean espirituales.

Pablo aboga con estos dos argumentos y los remacha en la cabeza de los gálatas con mucha diligencia. Primero, están tan hechizados por el diablo que son incapaces de obedecer la verdad que está tan clara ante sus ojos. Segundo, crucifican a Cristo otra vez en ellos mismos. Estas palabras parecen simples, y pronunciadas sin gran elocuencia, pero ciertamente son tan poderosas que sobrepasan toda la elocuencia del hombre. Solo en el espíritu se puede comprender cuán grande es la impiedad de procurar ser justificado por la justicia de la ley, o por la justicia y los méritos del hombre.

Pues, como dice Pablo aquí, no es otra cosa que estar embrujado por el diablo, ser desobediente a la verdad, y crucificar a Cristo una vez más. ¿No les parecen muy buenas estas recomendaciones a favor de la justicia de la ley y de la justicia propia?[29]

CONFERENCIA 15: sábado 22 de agosto

Por tanto, el apóstol Pablo arde con ferviente celo, y con amargas palabras reprocha y condena la fe y la confianza en la justicia propia[30]. Se levanta contra la observancia de la ley de Dios, y la acusa de esta impiedad: que crucifica nuevamente al Hijo de Dios. Siendo un asunto tan peligroso, no puede ser suficientemente reprochado ni condenado. Pues esa misma manera de pensar originó la caída de Lucifer. Tal daño es irreparable, y por eso usa palabras tan tajantes y cortantes que ni siquiera escatima a la misma ley de Dios. Dirige fuertes acusaciones contra ella, a tal punto que pareciera estar rechazándola y condenándola del todo. Trata de llegar lo más lejos posible con este argumento, de otra manera no habría podido resistir a los falsos apóstoles, ni defender la justicia de la fe contra ellos. Aunque la ley es santa, justa y buena, esta se coloca la máscara[31] de un saludador que aparenta dar la bienvenida a la justicia por las obras[32]. Por eso él prosigue con un argumento del cual ya tenían conocimiento y que no podían negar. Pues dice:

VERSÍCULO 2. *Esto solo quiero saber de vosotros: ¿Recibisteis el Espíritu por las obras de la ley, o por el oír de la fe?*

Él dirige estas palabras con cierta indignación y desprecio por los falsos apóstoles. Si su único argumento contra ellos fuera la experiencia que han tenido, con eso bastaría. Como si dijera: «Vengan, contesten, ¿desde cuándo se volvieron eruditos, que ahora pretenden ser mis maestros y profesores? ¿Recibieron el Espíritu Santo por las obras de la ley, o por la predicación del Evangelio?». Tanto los convence con este argumento que los deja sin respuesta. Pues

---
29. Otra vez, ante sus alumnos, Lutero recurre a la retórica del sarcasmo para declarar lo opuesto: la justicia de la ley y de la justicia propia no son buenas recomendaciones.
30. *opinionem et fiduciam iustitiae.*
31. *personam.*
32. *eam induere quasi personam hypocritae volentis per opera justificari.*

la experiencia que han tenido los acusa, que no habían recibido el Espíritu Santo por las obras de la ley, sino por la predicación del Evangelio.

Aquí nuevamente les advierto que Pablo no habla solamente de la ley ceremonial, sino de toda la ley. Pues plantea su argumento dividiendo los temas acertadamente. Si solo hablara de la ley ceremonial, no tendría razón para separar los temas. Es un argumento que se apoya en dos partes opuestas. Para que una parte sea cierta, la otra tiene que ser falsa. Es decir, recibieron el Espíritu Santo por la ley, o de lo contrario, por el oír con fe. Si fue por la ley, entonces no fue por la predicación de la fe. Si fue por la predicación de la fe, entonces no pudo ser por la ley. No puede haber término medio. Porque todo lo que no es del Espíritu Santo o de la predicación de la fe, es de la ley. Aquí entramos al campo de la justificación. Para alcanzar la justificación, no hay otro medio que la voz del Evangelio, o de lo contrario, la voz de la ley. Lo que en general se entiende aquí por ley, es la ley aparte y separada del Evangelio. Sin embargo, no solo la ley ceremonial existe aparte del Evangelio, sino también la ley moral, o la ley de los diez mandamientos. Por lo que Pablo habla aquí de toda la ley.

Él ancla su argumento sobre una clara línea divisoria. «Díganme: ¿recibieron el Espíritu Santo por las obras de la ley, o por la predicación del Evangelio? Respóndanme. Pues no pueden decir que fue por la ley. Pues mientras estuvieron bajo la ley, haciendo sus obras, jamás recibieron el Espíritu Santo. Ciertamente cada sábado escuchaban la ley de Moisés, pero jamás se oyó ni vio que el Espíritu Santo fuera dado a cualquiera (fuera estudioso o discípulo) por la predicación de la ley. Además, no solo han enseñado y escuchado la ley, sino que también han luchado con todas sus fuerzas para cumplir sus requisitos mediante sus obras. Si el Espíritu Santo fuera dado por la ley, casi todos lo habrían recibido. Pues ustedes pretenden ser no solamente maestros y oyentes, sino también hacedores de la ley. Sin embargo, ninguno de ustedes puede detallarme el momento preciso en que se supone que aquello sucedió. No obstante, tan pronto como escucharon con fe el Evangelio que les fue dado, enseguida recibieron el Espíritu Santo. Les fue dado solo por el oír

---

33. *reputari iustos apud deum.*

con fe, antes de cualquier obra, o de haber manifestado algún fruto del Evangelio. Porque, como testifica Lucas en Hechos, tan solo a la predicación de Pedro y Pablo «el Espíritu Santo descendió sobre los que escuchaban la palabra, por el cual también recibieron diversos dones, de manera que hablaban en nuevas lenguas» (Hechos 10:44).

Por tanto, es patente que recibieron el Espíritu Santo solo por la predicación de la fe, antes de que hicieran alguna buena obra, o dieran algún fruto del Evangelio. Por otro lado, el cumplir con alguna ley jamás trajo el Espíritu Santo, y mucho menos el escuchar la ley. Por tanto, no solo el oír la ley, sino también ese afecto y celo con el cual procuran cumplir la ley y sus obras, es todo en vano e inútil. Si alguien se esforzara por cumplir con la ley y todas sus obras, y con el celo más ardiente por hacer la voluntad de Dios pusiera todo de su parte, ejercitándose día y noche, con todas sus fuerzas, en la justicia de la ley, estaría fatigándose inútilmente. Porque los que ignoran la justicia de Dios, y andan «procurando establecer su propia justicia», como dice Pablo en otro lugar, no se sujetan a la justicia de Dios. Asimismo, «Israel, que procuraba la ley de la justicia, no ha alcanzado la ley de la justicia». Ahora bien, de lo que Pablo habla aquí es de la manifestación del Espíritu Santo en la Iglesia primitiva. Pues el Espíritu Santo vino de igual manera sobre los que creyeron. Por medio de esta señal, el Espíritu testificó claramente que se manifestó en persona por la predicación de los apóstoles. Además, a todos los que escucharon la palabra de fe predicada por los apóstoles, se les contó por justicia ante Dios. De otro modo, el Espíritu Santo no habría descendido sobre ellos.

El argumento del libro de los Hechos de los Apóstoles

Por tanto, debemos sopesar con diligencia y considerar el impacto de este argumento, que se repite con frecuencia en los Hechos de los Apóstoles. Este libro fue escrito con el único propósito de confirmar y establecer este argumento. Pues su único tema es que el Espíritu Santo es dado al escuchar el Evangelio y no por la observancia de ley alguna. Pues mientras Pedro predicaba, el Espíritu Santo vino sobre todos los que lo escuchaban. En «un día, tres mil, que estuvieron presentes cuando Pedro predicó, creyeron y recibieron el Espíritu Santo» (Hechos 2). De igual manera, Cornelio recibió el Espíritu

Santo, no al dar limosnas, aunque lo hacía, sino cuando Pedro abrió su boca; y mientras hablaba, el Espíritu Santo descendió sobre todos los que escuchaban la palabra junto con Cornelio (Hechos 10). Estas son las evidencias manifiestas de la experiencia y las obras divinas, que no pueden engañar.

En Hechos 15, Lucas también relata que Pablo, después de predicar el Evangelio con Bernabé entre los gentiles, al regresar a Jerusalén, se dispuso contra los fariseos y los discípulos de los apóstoles. Pues estos insistían en la circuncisión y la observancia de la ley como necesarias para la salvación. No obstante, Pablo tapó sus bocas (dice Lucas) al mostrar las cosas que él y Bernabé habían hecho entre los gentiles, de modo que toda la Iglesia se maravilló al escucharlo. Se maravillaron cuando escucharon que Dios había obrado grandes maravillas y milagros a través de ellos entre los gentiles. Los que tenían gran celo por la ley se maravillaban. Decían: «¿Cómo es posible que los gentiles incircuncisos, sin cumplir la ley, alcancen la gracia de ser justificados y reciban el Espíritu Santo igual que nosotros, los judíos circuncidados?». Aquí, Pablo y Bernabé no alegaban sino su propio testimonio de lo sucedido. Sus oyentes quedaron tan maravillados que no podían responder. De igual manera, Sergio Paulo, el teniente, y todas aquellas ciudades, regiones, reinos y países a los cuales los apóstoles predicaron, creyeron solo por la predicación de la fe, sin la ley ni sus obras.

En todo el libro de los Hechos no se trata ningún otro tema. El único argumento es que tanto judíos como gentiles, tanto justos como injustos, deben ser justificados por la sola fe en Cristo Jesús, sin la ley ni sus obras[34]. Esto es patente en la predicación de Pedro, Pablo, Esteban, Felipe, y los otros apóstoles, como también en los ejemplos de gentiles y judíos. Porque, así como Dios dio el Espíritu Santo por medio del Evangelio a los gentiles (que vivían sin la ley), así también lo dio a los judíos: no lo recibieron por su observancia de la ley, ni por las ceremonias y sacrificios ordenados por la ley, sino solo por la predicación de la fe. Pero si la ley hubiera podido justificar, y si la justicia de la ley hubiera sido necesaria para la salvación, sin duda el Espíritu Santo no habría sido dado a los gentiles, quienes no guardaban la ley. Pero la historia misma da testimonio de que se les dio el Espíritu Santo sin la ley (de lo cual

---

34. *tam justos quam peccatores, sola fide in Christum Iesum justificari, sine lege et operibus.*

fueron testigos los apóstoles, Pedro, Pablo, Bernabé y otros). Por tanto, la ley no justifica, sino la sola fe en Cristo, como lo predica el Evangelio.

Hay que recalcar estos asuntos con diligencia, pues los adversarios no toman en cuenta el tema de los Hechos de los Apóstoles. Yo mismo, en el pasado, cuando leía este libro, no lo entendía para nada. Por tanto, cuando escuches o leas el término «gentiles» en los Hechos de los Apóstoles, o en cualquier lugar de las Escrituras, no debes entenderlo literalmente, según la naturaleza común a los gentiles. Esta palabra contiene un significado espiritual, pues describe a los que no están bajo la ley como los judíos; pues así se describe a los judíos en el capítulo 2: «nosotros somos judíos por naturaleza». Más bien, la palabra «gentiles» describe a los que no tienen la ley. Por tanto, los gentiles que son justificados por la fe no son sino aquellos «que no observan la ley ni hacen sus obras, los que no han sido circuncidados ni ofrecen sacrificios». Ellos son justificados y reciben el Espíritu Santo. ¿De qué modo? No por la ley y sus obras (pues no tienen ley alguna), sino gratuitamente y nada más que por escuchar la predicación del Evangelio[35].

Observen cómo Cornelio y los huéspedes que había invitado a su casa no hacen nada; no toman en cuenta si ya habían hecho buenas obras. No obstante, todos los presentes reciben el Espíritu Santo. Nadie habla excepto Pedro. Ellos, sentados, no hacen cosa alguna. No piensan en la ley, mucho menos la cumplen. No ofrecen sacrificios, no les importa ser circuncidados; solo están totalmente atentos a lo que Pedro dice. Él, por su predicación, trajo el Espíritu Santo a sus corazones; el resultado fue incluso visible: «pues hablaban en lenguas, y glorificaban a Dios».

No obstante, alguien podría objetar aquí: «¿Quién sabe si fue el Espíritu Santo o no?». Pues bien, que duden. Ciertamente fue el Espíritu Santo, y el testimonio del Espíritu no puede mentir. En lugar de eso, este testimonio demuestra que Él acepta a los gentiles como justos, y los justifica nada más que por la voz del Evangelio, o por oír cuando se predica la fe en Cristo. También podemos ver en los Hechos cómo los judíos se maravillaban de esto, que les parecía tan nuevo y extraño. Porque, al ver el don del Espíritu Santo derramado sobre los gentiles en la casa de Cornelio, los fieles de la

---

35. *Ergo non lex, sed sola fides in Christum, quam evangelium praedicat, justificat.*

circuncisión que habían venido con Pedro a Cesarea, se maravillaron. De la misma manera, los que estaban en Jerusalén se quejaron de que Pedro había entrado a una casa con varones incircuncisos, y había comido con ellos. Pero cuando oyeron el relato de Pedro sobre lo sucedido con Cornelio, se maravillaron y glorificaron a Dios, diciendo: «Entonces Dios también ha dado la salvación a los gentiles».

Por tanto, este reporte y esta noticia de que Dios también había dado la salvación a los gentiles, al principio fue no solo intolerable, sino que incluso los judíos creyentes se sintieron gravemente ofendidos. No podían superar la ofensa, pues tenían esta distinción sobre todas las naciones, «que ellos eran el pueblo de Dios, y que la adopción, la gloria, la alabanza pertenecía solo a ellos» (Romanos 9). Además, ellos se ejercitaban en la justicia de la ley, y habían trabajado todo el día, soportando la carga y el calor. Además, tenían promesas sobre la observancia de la ley. Por tanto, solo podían murmurar contra los gentiles (Mateo 20), diciendo: «Los gentiles llegan de repente, sin sufrir calor ni llevar la carga, y sin haber trabajado, obtienen la misma justicia y el Espíritu Santo que nosotros no pudimos obtener con nuestro trabajo, soportando la carga y el calor del día». Ciertamente trabajaron, pero solo por una hora, y por este trabajo estaban más refrescados que fatigados. ¿Por qué, entonces, nos atormentó Dios con la ley, si no sirve de nada para obtener la justicia? Porque nosotros, que somos el pueblo de Dios, hemos sido hostigados todo el día, pero ellos, no siendo el pueblo de Dios, ni guardando ley alguna, ni haciendo ninguna obra buena, reciben la misma paga.

Y por eso, el concilio de los apóstoles se vio apremiado para reunirse en Jerusalén, a fin de calmar a los judíos. Pues, aunque estos habían creído en Cristo, tenían profundamente arraigada en sus corazones la opinión de que debían guardar la ley de Moisés. Sin embargo, una vez reunidos, Pedro se opuso a ellos presentando su propia experiencia, diciendo: «Si Dios les dio el mismo don que a nosotros que hemos creído en el Señor Jesucristo, ¿quién era yo para estorbar a Dios?». Y luego, añadió: «Dios, que conoce los corazones, dio testimonio de que los aceptaba, dándoles el Espíritu Santo también como a nosotros. De ninguna manera discriminó entre ellos y nosotros, purificando sus corazones por la fe. Ahora, pues, ¿por qué tentáis a Dios, poniendo sobre la cerviz de los gentiles un yugo que ni nuestros padres ni nosotros hemos podido llevar?». Con estas palabras Pedro deroga toda la ley de una vez[36]. Como si dijera: «No guardaremos la ley, pues no la podemos guardar. Pero hemos creído mediante la gracia de nuestro Señor Jesucristo para salvación, así como ellos». De tal modo que Pedro se apoya enteramente en este argumento, que Dios ha dado a los gentiles la misma gracia que había dado a los judíos. Como si dijera: «Cuando prediqué a Cornelio, aprendí por experiencia propia que el Espíritu Santo fue dado a los gentiles sin la ley, tan solo por escuchar con fe. Por tanto, de ninguna manera se les debe imponer la carga de la ley. En conclusión, ya que es cierto que ni nosotros ni nuestros padres pudimos jamás cumplir la ley, nos es necesario repudiar este error, que la justicia y la salvación vienen por la ley»[37]. Y poco a poco los judíos fueron entendiendo; pero los impíos, que se sintieron ofendidos por esta predicación, con el pasar del tiempo se endurecieron.

El quehacer del libro de los Hechos de los Apóstoles

Por tanto, los Hechos de los Apóstoles es una colección de la experiencia, la predicación, y también ejemplos de los apóstoles rebatiendo la obstinada opinión de que la justicia viene por medio de la ley. Por eso deberíamos amar y prestar mucha atención a la lectura de este libro. Contiene sólidos testimonios que nos consuelan y confirman contra los papistas, nuestros judíos de hoy. Con nuestra doctrina impugnamos sus abominaciones e hipocresía matizada, a fin de desplegar los beneficios y la gloria de Cristo. Ellos no alegan nada de sustancia contra nosotros. Los judíos podrían haber alegado contra los apóstoles, pues habían recibido la ley y todas estas ceremonias[38] de Dios. No obstante, los papistas son igual de testarudos al defender sus malditas tradiciones y abominaciones. Se asemejan en todo a los judíos en la defensa de su ley (aunque Dios sí les dio la ley a los judíos). Se glorían y se jactan en su función de obispos, diciendo que han sido encomendados con la autoridad de

---
36. *Petrus semel evertit totam legem.*
37. *oportet et vos abjicere opinionem, quod per legem contingat justitia et salus.*
38. *totum cultum.*

gobernar las Iglesias. Con eso quisieran esclavizarnos, doblegarnos y obligarnos a decir que no somos justificados por la sola fe, sino por la fe amoldada y adornada por el amor [39]. Pero los resistimos con el libro de los Hechos. Que lean este libro, y consideren los ejemplos que contiene. Verán que el resumen de su contenido y argumento es el mismo: que somos justificados por la sola fe en Cristo sin las obras[40], y que el Espíritu Santo nos es dado solo por el oír con fe la predicación del Evangelio. No es dado por la predicación de la ley, ni por las obras de la ley.

Por tanto, esto es lo que enseñamos, escuchen: «Aunque ayunes, des limosnas, honres a tus padres, obedezcas al magistrado, y hagas obras similares; aun así, no serás justificado. Aunque escuches la voz de la ley, "honra a tus padres", o cualquier otra, sea que la escuches o la cumplas, no te justifica. ¿Entonces qué? Escucha la voz del Esposo, escucha la predicación de la palabra de fe[41]: oír esta palabra es lo que justifica. La justificación está en el oír. ¿Por qué? Porque nos trae el Espíritu Santo, que nos declara justos ante Dios»[42].

Por consiguiente, podemos ver cuál es la diferencia entre la ley y el Evangelio. La ley jamás trae al Espíritu Santo, sino que únicamente nos enseña nuestro deber; por eso no justifica. Pero el Evangelio trae al Espíritu Santo, porque enseña lo que debemos recibir. Por tanto, la ley y el Evangelio son dos doctrinas opuestas. Insistir en que la función de justificar pertenece a la ley es simplemente hacerle la guerra al Evangelio. Pues Moisés con su ley es un severo cobrador. Nos exige trabajar y dar. En resumidas cuentas, exige y cobra. Por el contrario, el Evangelio nos da gratuitamente y únicamente nos exige abrir nuestras manos para recibir lo que se nos ofrece. Pues bien, el exigir y el dar, el cobrar y el ofrecer, son acciones totalmente opuestas, y no pueden ocupar el mismo lugar. Pues lo que se da, lo recibo, pero lo que yo doy, no lo recibo, sino que lo ofrezco a otro. Por tanto, si el Evangelio es un regalo, no puede pedir nada en absoluto. Y al contrario, la ley no da nada, sino que solo exige, y estrictamente nos demanda hasta lo imposible.

---

39. *nos non sola fide, sed fide informata caritate justificari.*
40. *nos non sola fide, sed fide informata caritate justificari.*
41. *sermonem fidei.*
42. *Quia affert Spiritum sanctum, qui justificat.*

De Cornelio, en Hechos 10

Aquí nuestros adversarios citan en contra nuestra el ejemplo de Cornelio. Cornelio, dicen, era (según el testimonio de Lucas) un hombre «piadoso y temeroso de Dios con toda su casa, y que daba muchas limosnas al pueblo, y oraba a Dios siempre» (Hechos 10:2). Por tanto, por el mérito de congruo, merecía el perdón de pecados, y recibir el Espíritu Santo. Yo respondo: «Cornelio era gentil, y los adversarios no lo pueden negar, pues las mismas palabras de Pedro lo alegan en Hechos 10». «Y les dijo: Vosotros sabéis cuán abominable es para un varón judío juntarse o acercarse a un extranjero; pero a mí me ha mostrado Dios que a ningún hombre llame común o inmundo». Por tanto, era gentil, no había sido circuncidado, no guardaba la ley, ni se le había cruzado por la cabeza guardarla, pues la ley no tenía nada que ver con él. Sin embargo, fue justificado y recibió el Espíritu Santo. Y este argumento, como he dicho, es el tema del libro de los Hechos; a saber, que la ley no hace nada para cooperar con la justicia[43].

Con esto basta para la defensa del artículo de la justificación: Cornelio era gentil, no había sido circuncidado, y no guardaba la ley. Por tanto, no fue justificado por la ley, sino por el oír con fe. Por consiguiente, Dios justifica sin la ley[44], y por eso la ley de nada aprovecha para la justicia[45]. De otra manera, Dios habría dado el Espíritu Santo solamente a los judíos, que tenían la ley y la guardaban, y no a los gentiles, que no tenían la ley, y mucho menos la guardaban. Sin embargo, Dios hizo lo contrario, pues derramó el Espíritu Santo a los que no guardaban la ley. *Por tanto, la experiencia testifica patentemente que el Espíritu Santo es dado a los que no cumplen la ley.* Por consiguiente, la justicia no proviene de la ley. Así se resuelven las objeciones de los adversarios que no comprenden la verdadera manera de ser justificados.

Aquí nuevamente protestan nuestros adversarios, y dicen: «Es verdad que Cornelio era gentil y no recibió el Espíritu Santo mediante la ley. No obstante, ya que el texto dice claramente "que era un hombre piadoso, y daba limosnas", pareciera que por estas

---

43. *nihil cooperatur ad justitiam.*
44. *Ergo Deus justificat sine lege.*
45. En un pie de página, Lutero recalca su previa declaración: *Lex non cooperatur ad justitiam,* «La ley no colabora hacia la justicia».

obras merecía el Espíritu Santo que después le fue dado». Yo respondo que Cornelio fue un hombre piadoso y santo según el Antiguo Testamento. Fue debido a la fe en el Cristo que había de venir, como todos los patriarcas, profetas y reyes piadosos fueron justos, y en secreto recibieron el Espíritu Santo por la fe en el Cristo que había de venir. Pero estos sofistas papales no hacen diferencia alguna entre la fe en el Cristo que vendría y el Cristo ya venido. Por tanto, si Cornelio hubiera muerto antes del Cristo revelado, no hubiera sido condenado, pues tenía la fe de los patriarcas, que fueron salvos por la sola fe en el Cristo que había de venir (Hechos 15)[46]. Cornelio siguió siendo gentil, incircunciso y sin la ley. No obstante, él adoraba al mismo Dios que los patriarcas adoraban. Pues ellos, por la fe, adoraban al Mesías venidero. Pero ahora, una vez venido el Mesías, la revelación del apóstol Pedro le fue necesaria: «Ya no debes esperar, sino creer con plena confianza que el Mesías ya ha venido».

Es sumamente necesario dar a conocer ampliamente este artículo de la fe en el Cristo que ya ha sido revelado (hablo de esto solo de paso). Pues, como Cristo ya ha sido manifestado, no podemos ser salvos por fe en el Cristo que ha de venir, sino en el Cristo ya venido. Él ha cumplido todas las cosas, y ha abolido la ley. Por tanto, fue necesario guiar a Cornelio a poner su fe no en el Cristo que aún debía venir, como creía antes, sino en el Cristo ya manifestado. De tal modo que la fe cede ante la fe: «de fe en fe» (Romanos 1).

Por tanto, los escolásticos papales están engañados cuando dicen, para apoyar su *opere congrui* (obra previa a la gracia), que Cornelio, por la obra natural y moral de su razón, merecía la gracia y la remisión por el Espíritu Santo. Ellos alegan virtudes como la piedad y el temor de Dios, que no son cualidades de un gentil u hombre natural, sino de un hombre espiritual que ya goza de estar en la fe. Añaden que, a menos que creyera en Dios y fuera temeroso de Dios, no podría esperar recibir cosa alguna mediante la oración. Por tanto, Lucas elogia primero a Cornelio diciendo: «Es un hombre piadoso y temeroso de Dios». Después lo encomia por sus obras y por dar limosnas. Nuestros adversarios no toman esto en cuenta,

---

46. *sola fide futuri Christi salvati*.

sino que solo se aferran a esta frase, que él «daba limosnas a los pobres». Pues, para ellos, con eso basta para establecer su mérito de congruo, o la obra meritoria (según ellos) antes de la gracia. Pero el primer encomio debe recibirlo el árbol, y luego las obras y el fruto. Cornelio es un árbol bueno, pues es piadoso y temeroso de Dios. Luego rinde buen fruto, da limosnas, clama a Dios, y estos frutos complacen a Dios, pero por la fe. Por eso el ángel habla bien de Cornelio; por su fe en el Cristo que vendría. Luego lo lleva de fe en fe a la otra fe, en el Cristo manifestado. Pues le dice: «Haz venir a un Simón, que tiene por sobrenombre Pedro, él te dirá lo que te conviene hacer». Así como Cornelio no tenía la ley antes del Cristo manifestado, de igual manera, después del Cristo revelado, tampoco recibió la ley ni la circuncisión. Y así como antes no había guardado la ley, tampoco la guardó después. Por lo que este argumento, en conclusión, afirma: Cornelio fue justificado sin la ley; por tanto, la ley no justifica[47].

Naamán el sirio

Igualmente, Naamán el sirio era sin duda un hombre bueno y piadoso, con un criterio reverente y temeroso de Dios (2 Reyes 5:1ss.). Aunque era gentil, y no pertenecía al reino de Moisés, que en ese entonces era floreciente, fue limpiado de su lepra. El Dios de Israel se le reveló, y recibió el Espíritu Santo. Pues dijo así: «Ahora conozco que no hay Dios en toda la tierra, sino en Israel». Naamán no hace nada, no guarda la ley, no está circuncidado. Solo ruega que se le permita llevar un poco del polvo de esa tierra, tanto como dos mulas puedan cargar. Además, pareciera que su fe no era ociosa. Pues habla con el profeta Eliseo de la siguiente manera: «De aquí en adelante tu siervo no sacrificará holocausto ni sacrificio a otros dioses, sino a Jehová. En esto perdone Jehová a tu siervo; que cuando mi señor entrare en el templo de Rimón, y para adorar en él se apoyare sobre mi mano, si yo también me inclinare en el templo de Rimón, si en el templo de Rimón me inclino, Jehová perdone en esto a tu siervo». A lo que el profeta dice: «Vete en paz». Por tanto, fue justificado. Cuando el judío escucha esto, estalla furioso, diciendo: «¿Qué? ¿Ahora los gentiles serán justificados sin guardar la ley? ¿Y se van a comparar con nosotros, los circuncidados?».

---

47. *Cornelius sine lege justificatus est, igitur lex non justificat.*

*Los gentiles fueron justificados sin la ley, aun cuando
la ley y el pacto de Moisés estaban en vigencia*

Tiempo atrás, cuando el reinado de Moisés aún estaba en pie y florecía, Dios manifestó que Él justifica a los hombres sin la ley, tal cual justificó a muchos reyes en Egipto y en Babilonia. También a Job, y a muchas otras naciones del oriente. Además, Nínive, aquella gran ciudad, fue justificada, y recibió de Dios la promesa de que no sería destruida. Pero ¿debido a qué? No por haber escuchado y cumplido la ley. Fue porque Nínive creyó la palabra de Dios predicada por Jonás. Así lo dijo el profeta: «Y los hombres de Nínive creyeron a Dios, y pregonaron ayuno, y se vistieron de cilicio». Es decir, se arrepintieron. Nuestros adversarios pasan astutamente por alto esta palabra: «creyeron». Sin embargo, de allí surge todo. En Jonás no dice: «Y los hombres de Nínive recibieron la ley de Moisés, fueron circuncidados, ofrecieron sacrificios, y cumplieron los votos de la ley». En lugar de eso, creyendo la palabra, se arrepintieron y se vistieron de cilicio y ceniza.

Todo esto fue demostrado plenamente antes de que Cristo fuese revelado, cuando todavía reinaba aquella fe que confiaba en el Cristo venidero. Si en aquel entonces los gentiles fueron justificados sin la ley, y en secreto recibieron el Espíritu Santo cuando la ley todavía regía, ¿por qué, entonces, debe ahora requerirse la ley como condición de justicia, habiendo ya quedado abolida por el Cristo manifestado? Por lo que este es un fuerte argumento que se apoya en la experiencia de los gálatas: «¿Recibieron el Espíritu Santo por las obras de la ley, o por el oír la predicación de fe?». Por lo que se vieron obligados a conceder que, antes de la predicación de Pablo, no habían oído nada de la existencia del Espíritu Santo. Pero, cuando él predicó el Evangelio, y ellos escucharon su predicación, fue entonces que recibieron el Espíritu Santo.

Así también nosotros hoy, bajo la convicción de nuestra propia conciencia, nos vemos obligados a confesar que el Espíritu Santo no se derrama por la observancia de la ley, sino por el oír de la fe. Porque, hasta el día de hoy, muchos en el papado se han afanado arduamente estudiando, guardando la ley, los decretos de los Padres, y las tradiciones del papa. Algunos, con ejercicios sin fin, en vigilia, ayunos, rezos, tanto fatigaron y debilitaron sus cuerpos, que después ya no sirvieron para nada. Por lo que, a pesar de todo eso, no lograron más que atormentarse y afligirse despiadadamente. Jamás pudieron aplacar sus conciencias y alcanzar la paz en Cristo. Continuamente dudaban de la buena voluntad de Dios para con ellos. Pero ahora, desde que el Evangelio enseña que la ley y las obras no justifican, sino la fe en Cristo, las cosas han cambiado. Ha surgido una certeza de conocimiento y entendimiento, una conciencia rebosante de gozo, un juicio acertado en cada aspecto de la vida, y en todo lo demás. El creyente puede ahora fácilmente juzgar al papado, determinando que todas sus órdenes religiosas y tradiciones son impías, cosa que no podía hacer antes. Pues tanta ceguera reinaba en el mundo, que pensábamos que aquellas obras inventadas por los hombres, no solo ajenas a la voluntad de Dios, sino también contrarias a su mandamiento, eran mejores que las obras hechas por el magistrado, el dueño de casa, el niño, y el criado, conforme al mandato de Dios.

Ciertamente deberíamos haber sabido, por la palabra de Dios, que las órdenes religiosas de los papistas (que ellos llaman santas) son impías, pues no hay mandamiento alguno de Dios, ni testimonio en las Escrituras, que las ordene. Por otro lado, sí hay otras órdenes para la vida, dadas por palabra y mandamiento de Dios, que son santas y divinamente instituidas. Sin embargo, en ese entonces estábamos envueltos en una oscuridad tan horrible, que no podíamos juzgar acertadamente sobre nada. Pero ahora, iluminados por la clara luz del Evangelio, todo lo que hay en el mundo para nuestra vida está bajo nuestro juicio. Por la palabra de Dios, podemos osadamente pronunciar que la condición de siervos, que es la más baja a los ojos del mundo, es de mayor agrado para Dios que todas las órdenes religiosas de los papistas. Pues mediante esta palabra Él elogia, aprueba, y adorna la condición de los criados, y no así las órdenes de los monjes, frailes, y otras semejantes. Por tanto, este argumento, arraigado en la experiencia, debiera también prevalecer a nuestro favor. Pues aunque muchos hombres en el papado han obrado muchas obras maravillosas y grandiosas, nunca pudieron estar seguros del favor de Dios para con ellos, sino que siempre albergaron dudas. Jamás pudieron alcanzar el conocimiento de Dios, ni de ellos mismos, ni de su llamamiento. Jamás pudieron sentir el testimonio del Espíritu en sus corazones.

Pero ahora que se ha manifestado la luz del Evangelio, en todas estas cosas están plenamente instruidos por el mero oír de la fe.

No es sin motivo que insisto tanto en estas cosas. Pues a la razón puede parecerle una pequeñez que el Espíritu Santo nos sea dado tan solo por el oír de la fe. Y además, que no se requiera nada más de nosotros excepto renunciar a todas nuestras obras para escuchar únicamente el Evangelio. El corazón del hombre no comprende ni cree que tan gran tesoro, a saber, el Espíritu Santo, se nos conceda solo por el oír de la fe. La razón deduce las cosas así: el perdón de los pecados, la libertad de la muerte, el don del Espíritu Santo, la justicia y la vida eterna, son grandes cosas. Por tanto, si quieres obtener estos inestimables beneficios, debes cumplir con algo de igual valor y peso. El diablo aprueba esta opinión, es de su agrado, y la enaltece en el corazón. Y así, cuando la razón escucha que no puedes hacer nada para lograr el perdón de los pecados, sino que solo debes oír la palabra de Dios, de inmediato exclama: «¡Protesto! Valoras muy poco el perdón de los pecados». Por tanto, la inestimable grandeza del regalo hace que no podamos creer. La razón precisa por la cual este incomparable tesoro se desprecia tan fácilmente es que se ofrece de manera gratuita.

Sin embargo, es necesario que aprendamos esto: que el perdón de pecados, Cristo, y el Espíritu Santo se nos dan gratuitamente por tan solo oír la predicación de fe, a pesar de nuestros pecados tan horribles y faltos de méritos. Además, no debemos fijarnos en la grandeza de lo que se nos da y de nuestra total falta de méritos, pues la grandeza del don y nuestra falta de dignidad nos espantarán. Debemos pensar que a Dios le place darnos gratuitamente este inexpresable regalo, que para nada merecemos, tal como Cristo dice en Lucas: «No temas, pequeño rebaño: he aquí, yo os he dado», dice, «el reino» (Lucas 12:32). ¿A quiénes? A ustedes, que no lo merecen. Sin embargo, nos reclama como su pequeño rebaño. Si yo, entonces, soy pequeño, y el don que Dios me da es grande (más aun, lo más grande), debo pensar que el que lo da también es grande, y es el único grande. Si Él lo ofrece y lo ha de dar, no debo tomar en cuenta mi propio pecado ni cuán indigno soy, sino su buena voluntad de Padre para conmigo, pues Él es el dador. Yo, por tanto, recibo la grandeza del regalo con gozo y felicidad. Estoy agradecido por tal don inestimable que se me da gratuitamente. Recalco, no lo merezco, sino que solo se me da por el oír de la fe.

Aquí, nuevamente, la razón es necia y se ofende. Nos reprende, diciendo: «¿Por qué enseñan a los pecadores que no tienen que hacer nada para obtener este don tan grande e inestimable —y que todo lo que tienen que hacer es escuchar la palabra de Dios—? Parecería que tienden a despreciar la gracia en grande; al tener confianza, se vuelven ociosos, y disolutos, de modo que se cruzan de brazos. ¿Acaso no saben que todos deben ser amonestados para que obren y se ejerciten en la justicia? Entonces podrán alcanzar ese don». Tiempo atrás, los seguidores de Pelagio protestaban lo mismo contra los cristianos. Pero escuchen lo que Pablo dice en este texto: «Recibieron el Espíritu Santo». No lo recibieron por su labor o trajinar, ni por las obras de la ley, «sino por el oír de la fe». En resumen, escuchen lo que el propio Cristo le respondió a Marta, que estaba muy afanada porque su hermana María se había sentado a los pies de Jesús y oía su palabra, dejando a Marta sola con el quehacer. «Marta, Marta», le dijo, «estás afanada y turbada con muchas cosas; pero una cosa es necesaria; y María ha escogido la buena parte, la cual no le será quitada». Por consiguiente, la persona no llega a ser cristiana porque obra, sino porque escucha. Por tanto, el que quiera ejercitarse en las obras de justicia, debe primero ejercitarse en escuchar el Evangelio. Y cuando haya escuchado y recibido el Evangelio, entonces dará gracias a Dios con corazón alegre y gozoso. Después, que se ejercite en esas buenas obras que seguirán al oír de la fe. De esa manera caminará tranquilamente en la luz que es Cristo, y resuelto, hará las obras que quiera. No serán obras de hipocresía, sino obras que en verdad agradan a Dios y son mandadas por Él. Entonces, todas tus buenas obras condenarán todas esas obras hipócritas hechas con la máscara del libre albedrío[48].

Nuestros adversarios piensan que la fe, por la cual recibimos el Espíritu Santo, es una pequeñez de la menor importancia. Pero yo mismo, por experiencia, me doy cuenta de cuán grande y difícil es la fe. Lo mismo piensan todos aquellos que conmigo se han aferrado a ella. Es fácil decir que el Espíritu Santo puede ser recibido tan solo

---

48. *omnes larvas electiriorum operum.*

por el oír de la fe. Pero no es tan fácil escuchar a la fe, aferrarse a ella, creerla, y retenerla. Por eso, cuando me escuches decir que Cristo es el Cordero de Dios, sacrificado por tus pecados, procura escucharlo eficazmente. Pablo, muy acertadamente, lo llamó el «oír de la fe», y no la palabra de fe (aunque habría poca diferencia). Es decir, una palabra tal que, al escucharla, la crees, de modo que no es solo mi voz lo que escuchas, sino que penetra en tu corazón para que puedas creer. Así, ciertamente es por el oír de la fe que recibes el Espíritu Santo. Una vez que lo hayas recibido, mortificarás entonces tu carne.

Los fieles se dan cuenta por experiencia propia de la felicidad que está en ellos cuando, al escuchar la palabra, se aferran a ella y la abrazan. Con plena fe abandonan esta opinión de la ley y de su propia justicia, pero sienten en su carne una poderosa resistencia contra el Espíritu. Pues la razón y la carne se vuelven cómplices. Dicen: «Deben circuncidarse y guardar la ley». Este dicho no se puede desarraigar totalmente de nuestras mentes; se pega firmemente a los corazones de todos los fieles. Por eso en los fieles hay un conflicto constante entre el oír de fe y las obras de la ley. Pues la conciencia siempre murmura y piensa: «Todo esto es demasiado fácil, que se nos prometa la justicia, el Espíritu Santo, y la vida eterna por tan solo oír la palabra». Pero una vez que llegamos ante una fuerte prueba, díganme entonces si es fácil escuchar la palabra de fe. Ciertamente aquel que la da es grande. Además, da grandes cosas gratuitamente y sin reproche. No obstante, tu capacidad se endurece y la fe es débil; estas luchan contra ti para que no puedas recibir este don. Porque, con tan solo un murmullo de protesta en tu conciencia, comienzas a oír incesantemente «Debes hacer...» en tu cabeza. Pero sé firme y resiste, hasta que te sobrepongas a ese «Debes hacer». Así, a medida que la fe aumente poco a poco, esta opinión de la justicia de la ley también irá menguando. Sin embargo, esto no se logra sin grandes conflictos.

CONFERENCIA 16: viernes 28 de agosto

VERSÍCULO 3. *¿Tan insensatos sois? Habiendo comenzado por el Espíritu, ¿vais a terminar[49] ahora por la carne?*

---

49. *consummamini.*

Habiendo concluido este argumento, de cómo el Espíritu Santo no viene por las obras de la ley, sino por la predicación de fe, comienza a exhortar y alertar sobre un doble peligro o dilema. El primero es: «¿Tan insensatos sois? Habiendo comenzado por el Espíritu, ¿vais a terminar ahora por la carne?». Y el otro le sigue: «¿Habéis padecido tantas cosas en vano?». Como si dijera: «Comenzaron en el espíritu», es decir, comenzaron excelentemente bien con su religión. Un poco después, les dice: «Corrieron bien. Pero ¿adónde llegaron? ¡Qué pena! Ahora terminarán en la carne».

Aquí Pablo contrapone el espíritu y la carne. Como ya dije, no habla de la carne refiriéndose a los deseos lujuriosos, las pasiones animales, o los apetitos sensuales. Pues en este lugar él no amonesta contra la lujuria y tales deseos carnales. Aquí habla del perdón de pecados, de la justificación de la conciencia, de obtener justicia ante Dios, de la libertad de la ley, del pecado, y de la muerte. No obstante, aquí dice que, al abandonar al espíritu, han llegado a parar en la carne. Por tanto, la carne aquí se debe entender como la misma justicia y sabiduría de la carne, las cavilaciones de la razón, que procura justificarse por la ley. Aquí Pablo llama «carne» incluso a la máxima excelencia humana, incluyendo la sabiduría de la razón, y aun los mismos esfuerzos de ser justificados por la ley. Todo lo que la gente llama las mejores y más eficaces capacidades del ser humano, Pablo lo llama «la carne». En otras palabras, ¡la totalidad de la sabiduría de la razón, y la justicia de la misma ley!

Hay que prestar atención a este texto, debido a las calumnias y el cavilar de los papistas. Ellos tuercen este texto para injuriarnos. Pues dicen que, en el papado, comenzamos bien por el espíritu. Pero, ahora que nos casamos y tenemos esposa, fuimos a parar en la carne. Como si la vida espiritual dependiera de la soltería, o de tener esposa. Hasta un solterón no se contenta con una sola amante, ¡sino con muchas! ¿Acaso esa conducta no impactaría su vida espiritual? ¡Han perdido la cabeza! No entienden lo que es el espíritu ni la carne. El espíritu es todo lo que se hace en nosotros según el Espíritu. La carne es todo lo que se hace en nosotros de acuerdo con la carne, sin el Espíritu. Por tanto, todos los deberes de un cristiano, como amar a la esposa, criar a los hijos, gobernar la familia, y cosas semejantes (que ellos llaman mundanos y carnales) son frutos del Espíritu. Estos buitres ciegos no pueden discernir entre los vicios y las cosas buenas que Dios da.

Tomen nota de las palabras de Pablo aquí. Los gálatas comenzaron en el Espíritu. Pero ahora debiera añadir en el modo activo: «Ustedes terminaron en la carne»[50]. No obstante, no lo dice así, sino que dice: «ustedes están siendo aniquilados»[51] en el modo pasivo. La justicia de la ley, que Pablo llama aquí la justicia de la carne, está muy lejos de poder justificar a cualquiera. Tanto así que, si después de recibir el Espíritu Santo vuelven a caer en la ley, son aniquilados por ella. Es decir, quedan totalmente destruidos. Por tanto, todos los que enseñan que la ley debe cumplirse con este fin, para ser justificados por ella, aunque tengan la intención de aplacar conciencias, en realidad dejan a la gente arruinada. Piensan que los están llevando a la justificación, ¡pero en realidad los llevan a la maldición![52]

Pablo siempre mira de reojo a los falsos apóstoles. Pues seguían insistiendo en la ley, diciendo: «La sola fe en Cristo no quita el pecado, no aplaca la ira de Dios, y no justifica. Por tanto, si quieren recibir esos beneficios, no solo deben creer en Cristo, sino también guardar la ley, ser circuncidados, guardar las fiestas, los sacrificios, y cosas así. Es así como se librarán del pecado, de la ira de Dios, y de la muerte eterna». «Al contrario», dice Pablo, «con ese mismo proceder establecen la injusticia, provocan la ira de Dios, añaden pecado sobre pecado, y apagan el Espíritu; ¡al final, caen de la gracia y son enteramente rechazados! En fin, todos, maestros y discípulos, llegan a la ruina en la carne». Esta es la primera alerta de peligro para los gálatas, pues si seguían procurando justificarse por la ley, perderían su espíritu, echarían a perder su buen comienzo y terminarían en la zozobra.

VERSÍCULO 4. *¿Habéis padecido tantas cosas en vano?*

Otro peligro o riesgo del cual Pablo advierte es este: «¿Han sufrido tantas cosas en vano?». Como si dijera: «Tomen en cuenta no solo el buen comienzo que tuvieron, sino cuán inútilmente desperdiciaron esa primera parte de la carrera. Además, también han perdido los

---

50. *Nunc carne consumatis.*
51. *ut urne consummamini.*
52. *dum eas justificare volunt, damnat.*

primeros frutos del Espíritu, habiendo caído nuevamente en el ministerio del pecado y de la muerte, y en la mortificante esclavitud de la ley. Pero ahora tengan también presente lo mucho que ya han sufrido por causa del Evangelio, y por el nombre de Cristo. Han sido despojados de sus bienes, han sufrido calumnias y reproches sin fin, arriesgando no solo el cuerpo sino hasta la vida misma. Todos llevaban un rumbo alegre y de buena voluntad. La doctrina que enseñaban era pura, vivían píamente, y por el nombre de Cristo soportaban sin cesar muchos males. Ahora, todo se ha perdido, como también la doctrina de la fe, su sufrimiento, el Espíritu y sus frutos».

Aquí se ve con toda claridad la zozobra que trae la justicia de la ley y la justicia humana. Los que ponen su confianza en estas cosas pierden de inmediato tan incontables beneficios. Miren a su alrededor toda la zozobra y angustia de perder tan inestimable gloria y confianza de conciencia para con Dios. O también de soportar tantas grandes y penosas aflicciones, como la pérdida de bienes, esposa, hijos, cuerpo y vida, ¿para que luego todo ese sufrimiento sea en vano? En estos dos versículos se puede juntar mucho material para exponer y recomendar cuán grande es la ley y la justicia humana[53]. Si tan solo cada creyente trepara al techo de su casa y desde allí gritara el buen comienzo que tuvo en su espíritu, y luego repitiera todas las aflicciones sufridas por causa de Cristo. Pero no hay elocuencia alguna que pueda expresar estas cosas. Pablo aquí habla de cosas inestimables, a saber, la gloria de Dios, la victoria sobre el mundo, la carne y el diablo; la justicia y la vida eterna. Y por otra parte, el pecado, la desesperación, la muerte eterna, y el infierno. Y pensar que en un instante perdemos todos estos dones incomparables, y ganamos todas estas horribles miserias sin fin, todo por los falsos maestros, cuando nos desvían de la verdad del Evangelio hacia esa falsa doctrina. Y no solo lo logran con toda facilidad, sino también con alarde de gran santidad.

VERSÍCULO 4. *Si es que realmente fue en vano.*

Luego él añade esto como si fuera una corrección. Quiere mitigar

---

[53]. Aquí, nuevamente, podemos ver a Lutero frente a sus alumnos utilizando la retórica del sarcasmo para enseñar lo opuesto: la justicia de la fe es el buen comienzo que conduce a las aflicciones por causa de Cristo.

el reproche anterior, por ser bastante fuerte. Lo hace como un apóstol, no queriendo infundir temor sin medida. Aunque los reprende, siempre lo hace así, derramando suave aceite, no sea que los abrume la desesperanza.

Por tanto, dice: «Si es que realmente fue en vano». Como si dijera: «Aun así, no les quito toda esperanza. Pero si terminan de esta manera en la carne, es decir, si siguen tras la justicia de la ley y abandonan el espíritu, como ya se han encaminado, entonces sepan que toda la gloria y confianza que tengan en Dios es en vano, y que habrán sufrido todo en vano. Es cierto que se me hace necesario hablarles de esta manera un tanto fuerte. Debo ser ferviente en mi defensa, y un tanto cortante en mis represiones, pues el tema es muy grave, no sea que piensen que es poca cosa rechazar la doctrina de Pablo para recibir otra. Sin embargo, no los desanimo por completo, para que se arrepientan y cambien de rumbo. Los niños enfermizos y llenos de costras no deben quedar desamparados, sino que hay que atenderlos y quererlos con más atención que a los sanos». Así Pablo, como un médico sagaz, pone casi toda la culpa sobre los falsos apóstoles, autores y únicos causantes de esta enfermedad mortal. Pero, por otro lado, es muy delicado con los gálatas, procurando sanarlos con su buen trato. Así también debemos seguir este ejemplo al reprender a los débiles; a fin de curar sus enfermedades, no olvidando valorarlos y consolarlos. Pues si somos muy ásperos con ellos, pueden caer en la desesperanza.

VERSÍCULO 5. *Aquel, pues, que os suministra el Espíritu y hace milagros entre vosotros, ¿lo hace por las obras de la ley o por el oír con fe?*

Este argumento, cimentado sobre la experiencia de los gálatas, agrada al apóstol. Una vez que los ha reprochado y estremecido, avisándoles de su doble peligro, ahora lo repite, ampliándolo un poco más, diciendo: «Aquel que os suministra», y lo demás. Es decir, «no solo han recibido el Espíritu por el oír de fe, sino que todo lo que conocieron o hicieron fue dado por escuchar la fe». Como si dijera: «No bastó que Dios les diera el Espíritu, sino que el mismo Dios los ha también enriquecido con los dones del Espíritu, y los ha aumentado. De modo que, una vez que recibieron el Espíritu, este sigue creciendo, dando siempre más y más fruto». De modo que claramente los gálatas habían obrado milagros, o al menos habían demostrado los frutos de fe que los verdaderos discípulos del Evangelio siempre manifestarán. En otro texto, el apóstol dijo: «Porque el reino de Dios no consiste en palabras, sino en poder». Este poder no es solamente la facilidad de palabras para hablar del reino de Dios. Ciertamente, es también demostrar que Dios, mediante su Espíritu, es eficaz en nosotros. Pues anteriormente, en el segundo capítulo, dice de sí mismo: «Porque el que fue poderoso en Pedro para el apostolado de la circuncisión, fue poderoso también en mí para con los gentiles» (Gálatas 2).

Cuando un predicador predica así, la palabra no deja de dar fruto; más bien, es eficaz en los corazones de los oyentes. Es decir, cuando viene la fe, detrás viene la esperanza, el amor, y la paciencia. Esto se debe a que Dios ha dado su Espíritu, y obra poderosas virtudes en los creyentes. De igual manera, Pablo dice aquí: «Dios ha dado su Espíritu a los gálatas, y ha obrado milagros[54] por medio de ellos». Como diciendo: «Por medio de mi predicación, Dios no solamente logró la fe de ustedes, sino también su vida piadosa, por la cual rindieron muchos frutos de fe, y sufrieron muchas aflicciones. También, por el mismo poder del Espíritu, habiendo sido adúlteros, iracundos, impacientes, codiciosos, y enemigos, han llegado a ser generosos, castos, mansos, pacientes, y amorosos con el prójimo». Después testifica sobre ellos, afirmando que lo recibieron como a un ángel de Dios, como si hubiera sido Cristo mismo, y lo amaron tanto que hubieran dado sus propios ojos por él (Gálatas 4:14-15).

Es algo bueno y recomendable amar al prójimo al punto de estar listo para desprenderte de tu dinero, bienes, ojos y todo lo que tengas por su salvación. Aun más, de sufrir con paciencia toda adversidad y aflicción; todas estas son ciertamente poderosas virtudes del Espíritu[55]. Él dice: «Todas estas virtudes, ustedes las recibieron y las disfrutaron antes de que llegaran estos falsos maestros entre ustedes. Pero esos frutos no los recibieron por la ley, sino de Dios, quien se los suministró, y diariamente acrecentó el Espíritu en

---

54. *virtutes*. Middleton, en su traducción al inglés, traduce «*miracles*». Aquí, traduciendo al español, he seguido a Middleton.
55. Rörer: *virtutes Spiritus sancti*.

ustedes. El Evangelio progresaba con alegría entre ustedes, en la enseñanza, en su fe, trabajando, y sufriendo. Ahora, puesto que saben estas cosas (sus propias conciencias testifican que es la verdad), ¿por qué ya no manifiestan las mismas virtudes que antes? ¿Por qué ya no enseñan con la verdad? ¿Por qué no son fieles a su fe? ¿Por qué ya no viven tan piadosamente como antes? ¿Por qué ya no me reciben como a un ángel de Dios, como si fuera Cristo mismo? ¿Ya no darían sus ojos por mí? ¿Qué hizo, digo, que este ferviente celo que tenían se haya enfriado para conmigo? ¿Por qué ahora me desprecian y prefieren a los falsos apóstoles? ¿Acaso no se dan cuenta de cuán despiadadamente los seducen?».

De igual manera nos ha sucedido hoy. Cuando por primera vez predicamos el Evangelio, hubo muchos que favorecieron nuestra doctrina; nos tenían en alto prestigio. A nuestra predicación siguieron las virtudes y los frutos[56] de la fe. Pero ¿qué pasó? Pronto surgieron ciertos espíritus fanáticos[57] que destruyeron lo que habíamos sembrado invirtiendo tanto tiempo y trajín. Nos hicieron odiosos ante quienes primeramente nos amaron tanto y habían recibido nuestra doctrina con gratitud. Tan así es, que ahora, para ellos nuestro nombre es el más odioso. Pero el autor de esta perfidia es el diablo, que obra en sus miembros virtudes contrarias[58], las cuales luchan contra las virtudes[59] del Espíritu Santo. Por tanto, dice el apóstol, la experiencia que han tenido, oh gálatas, debiera enseñarles que estas excelentes capacidades no procedieron de las obras de la ley: pues no las tenían antes de escuchar la predicación de fe, ni las tienen ahora, cuando los falsos apóstoles reinan entre ustedes.

Lo mismo podemos decir hoy de los que se jactan de llamarse «evangélicos»[60] y alegan haberse librado de la tiranía del papa: «¿Se han librado de la tiranía del papa, y han obtenido la libertad en Cristo mediante los anabaptistas y otros espíritus fanáticos, o por medio de nosotros, que predicamos la fe en Jesucristo?». Aquí, si quieren confesar la verdad, se ven obligados a decir: «Sin duda alguna fue por la predicación de la fe». Y es cierto que al principio

---
56. *virtutes et fructus fide.*
57. *fanatici spiritus.*
58. *contrarias virtutes.* También puede traducirse como poderes, o capacidades.
59. *virtutibus.* Véase pie de página anterior.
60. *evangelicos.*

de nuestra predicación la doctrina de la fe iba por muy buen camino. Se desplomaron los perdones papales, el purgatorio, los votos, las misas, y tales abominaciones, las cuales conducían a la ruina final de todo el papado. Nadie podía condenarnos justamente, pues nuestra doctrina era pura. Levantamos y consolamos muchas conciencias arruinadas, las cuales, por mucho tiempo, habían sido oprimidas por las tradiciones humanas bajo el papado, que era la más condenable tiranía y el matadero de las conciencias. Y así, muchos dieron gracias a Dios que, por medio del Evangelio (el cual, por la gracia de Dios, fuimos los primeros en predicar), ellos fueron poderosamente librados de estas trampas y mataderos de conciencias. Pero entonces aparecieron estas almitas. *Negaban la presencia corporal de Cristo en la Cena, profanaban el bautismo, destruían las imágenes y abolían todas las ceremonias. Procuraban derrumbar el papado de un solo golpe; ¡pero todo lo que querían era deshonrar nuestro buen nombre!* Por consiguiente, le dieron una mala fama a nuestra doctrina. Se chismoseaba que los profesores reñían entre ellos. Este hecho ofendió a muchos y los apartó de la verdad. Con eso dieron un gran consuelo al papado, pues pensaron que pronto pereceríamos junto con nuestra doctrina. A eso sumaron sus esperanzas de recuperar una vez más su antigua dignidad y autoridad.

Por tanto, los falsos apóstoles disputaban con vehemencia que los gálatas, habiendo sido justificados por la fe en Cristo, debían luego circuncidarse y guardar la ley de Moisés. De otra manera, no podrían ser librados de sus pecados, de la ira de Dios, y obtener el Espíritu Santo. Sin embargo, todo lo que hicieron fue recargarlos con más pecados, pues el pecado no se quita por medio de la ley[61], ni el Espíritu Santo es dado por observarla. La ley solo obra ira e infunde grandes angustias en la gente. De igual manera estas cabezas descontroladas no han hecho más que perjudicar a la Iglesia. En vez de arrebatarle la confianza al papado, lo han establecido.

¡Si tan solo hubieran seguido de común acuerdo con nosotros! ¡Si hubieran continuado como comenzaron, enseñando diligentemente y recalcando el artículo de la justificación![62] ¡Si hubieran seguido insistiendo en que no somos justificados por la justicia de la ley, ni

---
61. *quia per legem non auferuntur peccata.*
62. *diligenter ursissent articulum justificationis.*

por nuestra justicia, sino por la sola fe en Jesucristo![63] Sin duda, este solo artículo habría derrocado poco a poco a todo el papado, con todas las hermandades, perdones, órdenes religiosas, reliquias, ceremonias, invocación de los santos, purgatorio, misas, vigilias, votos, y una infinidad de abominaciones. Pero ellos, en desacato de la enseñanza de la fe y de la verdadera justicia cristiana, se han ido por su propio camino, ocasionando un gran perjuicio a la sana doctrina y a las Iglesias. *En lo sucedido hay un parecido al proverbio alemán de los que pescan frente a la red: «Los que pretenden atrapar peces con sus manos, manos vacías atrapan».*

Por eso hoy se le ha caído la cresta al papado; no por los tumultos de los sectarios, sino por la predicación del artículo de la justificación[64]. *Este artículo no solo ha debilitado el reino del anticristo, sino que también nos ha sustentado y defendido de su violencia. Y si no nos hubiéramos amparado en él desde el principio, ya hubieran desaparecido los sectarios y nosotros seríamos los próximos en desaparecer. Pero a los sectarios les falta mucho para poder reconocer este beneficio. Como dice el salmista, «han devuelto mal por bien, y odio por amor; con furiosa enemistad nos agreden» (Salmo 109:5).*

El artículo de la justificación, nuestra única defensa, no solo contra la fuerza y las artimañas de los hombres, sino también contra las puertas del infierno, es este: «Por la sola fe en Cristo, sin obra alguna nuestra, somos declarados justos y salvos»[65]. *Si así es como somos justificados (y sin duda alguna es así, de otro modo habría que descartar las Escrituras), entonces sin duda alguna se sigue que no somos declarados justos por ser monjes, hacer votos, decir u oír misa, o por cualquier otra obra. Y solo con esto, sin abolir ninguna cosa externa, sin tumulto, ni fuerza humana, ni perjudicando a los sacramentos, sino solo por el Espíritu, el papado se desploma*[66]. *Y esta victoria no proviene de nosotros, sino de Cristo, cuyo beneficio predicamos e iluminamos.*

La historia misma confirma lo que estoy diciendo. Pues en ese entonces, cuando el papado comenzó a tambalear y caer, los sectarios no hicieron nada, pues no podían hacer nada. No presionaron; se quedaron callados. Por el contrario, nosotros no enseñamos ni defendimos nada excepto este artículo de la justificación. Este artículo es lo único que al principio amenazó

---

63. *quod neque legis, neque propria justitia, sed sola fide in Christum justificamur.*
64. *sed per praedicationem articuli de justificatione.*
65. *Articulus justificationis is est, sola fide in Christum, sine operibus nos pronuntiari justos et salvari.*
66. *solo Spiritu praecipitatur papatus.*

la autoridad del papa y despojó su reino. Pero cuando los sectarios vieron que el papado tambaleaba y tropezaba, y que los peces se acumulaban frente a la red, procuraron destruir y aniquilar el papado de un solo golpe. Quisieron quitarnos la gloria y atrapar con sus propias manos los peces reunidos ante la red. Pero lo tomaron como una diversión; no atraparon ninguno, y todos se escaparon. Así como los falsos apóstoles lograron traer justicia a los gálatas, así también los sectarios procuraron derrocar al papado con tumultos. Las imágenes y los abusos de la Iglesia habrían caído por su propio peso si tan solo hubieran enseñado el artículo de la justificación. Pero los impulsaba la vanagloria[67]*. Nada les habría causado más dicha que pregonar que ellos mismos habían hecho caer al papado. Por tanto, desatendieron el artículo de la justificación, suscitaron tumultos que por poco nos abruman y confirmaron las abominaciones del papado. Tal es el éxito de nuestros logros cuando no buscamos la gloria de Dios sino la nuestra.*

Ni el papa ni el diablo con sus demonios temen tales tumultos, sino a la doctrina de la fe. Esta predica que solo Cristo es el vencedor del pecado, de la muerte y del diablo. Eso es lo que el diablo teme. Pues destruye su reino y (como he dicho) nos sostiene y ampara hasta el día de hoy contra las puertas del infierno. Y si no nos aferráramos a esta ancla, nos veríamos obligados a adorar nuevamente al papa, y no habría manera ni razón[68] *de resistirlo. Pues si yo me uniera a los sectarios, mi conciencia viviría en la inseguridad. Pues ellos, sin derecho alguno, se oponen al papa, pues buscan su propia gloria y no la gloria de Dios. Por tanto, si mis únicas armas fueran las de ellos, no me atrevería a combatir al papado, y mucho menos a pretender despojarlo.*

Sin embargo, ellos dicen: «¡El papa es el anticristo!». No hay duda. Pero él, a su vez, responde que le corresponde un ministerio de enseñanza, que en él reside la autoridad de suministrar los sacramentos, de atar y desatar, y que posee este derecho por sucesión apostólica. Por tanto, a él no lo derriban de su sitial con espectáculos de tumultos. Al papa se lo derroca así: «Oh papa, besaría tus pies, te reconocería como el sumo pontífice, si tan solo tú adoraras a mi Cristo, y admitieras que tenemos remisión de pecados y vida eterna por su muerte y resurrección, y no por observar tus tradiciones. Si tan solo concedes esto, no te quitaré tu corona y autoridad. Pero si no lo concedes, proclamaré constantemente que eres el anticristo, y

---

67. Aquí, en el texto en latín, Lutero utiliza la palabra griega κενοδοξια.
68. *ratio*.

declararé que todas tus adoraciones y religiosidades son no solo una negación de Dios, sino una suprema blasfemia contra Él, e idolatría pura». Los sectarios no harían esto. Ellos solo procuran quitarle la corona y la autoridad al papa usando la fuerza externa; por eso todo su esfuerzo es en vano. Pero antes que todo hay que exponer las impiedades y abominaciones del papa. Pues con el manto de santidad y religiosidad ha engañado al mundo entero. Si prosigo en este esfuerzo, veremos qué queda después. Pues yo le quito los granos, y le dejo la espiga. Ellos, por el contrario, le quitan la espiga y le dejan los granos.

En resumen, así como no se hacen milagros[69] por las obras de la ley, tampoco se logran por estas obras exteriores que promueven los sectarios. La Iglesia no consigue más que tumultos, y por si fuera poco, confusión, y obstáculos para el Espíritu. Esto es lo que testifica la experiencia. Pues no pueden derrocar al papa tumbando las imágenes y atacando los sacramentos. Más bien, lo hacen enorgullecerse. Sin embargo, por medio del Espíritu ha decaído y sigue decayendo, es decir, por la predicación de la fe, que testifica que Cristo fue entregado por nuestros pecados. Allí, la justicia y el servilismo a las leyes del papa caen de por sí en ruinas.

No obstante, a menudo he declarado y sigo declarando: «Estoy listo para guardar las tradiciones del papa», si tan solo desatara las conciencias de la gente, para que no crean que son justificados cuando las guardan y condenados cuando no las guardan. Pero él no haría tal cosa. Pues si no atara las conciencias a sus tradiciones, ¿de dónde sacaría su poderío? Por tanto, todo su afán busca atar las conciencias de los hombres y mantenerlas prisioneras de sus leyes. De ahí viene el refrán: «No puedes ser salvo a menos que obedezcas la Santa Sede Romana, junto con los truenos y relámpagos de sus bulas. Quien tenga la temeridad de resistirse, sepa que tendrá que vérselas con la ira del Dios Todopoderoso». Con esto les quita la salvación a todos los que no guardan sus leyes. Por el contrario, a todo el que las guarda, le promete vida eterna. Es así como nos empuja hacia la red de la justicia de las obras, como si nadie pudiera ser justificado ni salvo sin observar sus leyes. En resumen, no hace mención alguna de la fe, ni siquiera una palabra, sino que solo enseña sus asuntos. Pero si él concediera que todas sus leyes no sirven de nada para la justicia ante Dios, yo mismo le concedería mucho. Pero, en ese caso, su imperio se derrumbaría por sí solo. Porque si el papa perdiera todo su poder de salvar

---

69. *non factae sunt virtutes.*

y condenar, no sería más que un mero ídolo. En resumen: la justicia del corazón ignora todas las leyes, no solo las del papa, sino también las de Moisés. Pues la verdadera justicia no viene por las obras de la ley, sino por el oír de la fe, a la cual siguen las virtudes y el fruto del Espíritu.

VERSÍCULO 6. *Así Abraham creyó a Dios, y le fue contado por justicia.*

Hasta ahora, Pablo ha razonado apoyándose en la experiencia de los gálatas, y recalca este argumento con fervor. «Ustedes», les dice, «han creído, y como creyentes han hecho milagros, y han demostrado señales notables[70]. Además, han sufrido muchas aflicciones. Todo esto es por obra y operación, no de la ley, sino del Espíritu Santo». Los gálatas se vieron obligados a admitirlo, pues no podían negar estas cosas visibles a sus ojos y patentes a sus propios sentidos. Por eso este argumento es tan poderoso, porque proviene de la experiencia misma de los gálatas.

Ahora él añade el ejemplo de Abraham, y repasa el testimonio de la Escritura. El primero es de Génesis 15:6: «Y creyó a Dios». Aquí, el apóstol rebate poderosamente la proposición opuesta, como lo hizo en su epístola a los romanos. «Si Abraham», dijo Pablo, «fue justificado por las obras de la ley, tiene justicia de la cual gloriarse; mas no para con Dios, sino ante los hombres» (Romanos 4:2-3). Pues ante Dios solo tiene pecado e ira. Pero ante Dios había sido justificado, no porque obró, sino porque creyó. Pues la Escritura dice: «Abraham creyó a Dios, y le fue contado por justicia». Aquí Pablo resalta y amplía esta enseñanza, pues es valiosa: «Abraham», dice, «no se debilitó en la fe, ni consideró su cuerpo ya muerto (siendo ya como de cien años), ni la matriz muerta de Sara. Tampoco dudó, por incredulidad, de la promesa de Dios, sino que fue fortalecido en fe, dando gloria a Dios, plenamente convencido de que todo lo que él había prometido, era también poderoso para hacerlo; por lo cual también le fue imputado por justicia. Y que le fue imputado, no fue escrito solamente por causa de él, sino también por nosotros».

Con estas palabras, «Abraham creyó», Pablo hace de la fe en Dios la más grandiosa alabanza, el más profundo homenaje, la mejor obediencia, y el más grande sacrificio. El que se crea perito en

---

70. *virtutes.*

retórica, que se explaye en esto, y verá que la fe es omnipotente, inestimable e infinita, pues da gloria a Dios, y no hay mayor tributo que se le pueda rendir a Dios. Pues bien, dar gloria a Dios es creerle, considerarlo verdadero, sabio, justo, misericordioso, poderoso. La fe lo identifica como el autor y dador de todo lo que es bueno. Esto no es obra de la razón, sino de la fe. La fe es el mayor triunfo de la divinidad (si se pudiera decir así); es la manifestación del poder creador de la divinidad. La fe no es Dios en su sustancia, sino la divinidad manifiesta en nosotros[71]. Donde no hay fe, Dios queda despojado de su majestad y divinidad. Por eso, Dios no exige de sus criaturas sino que le rindan gloria y divinidad. Es decir, que no lo consideremos como un ídolo, sino como el Dios que nos toma en cuenta, mira, escucha, se compadece, y viene en nuestro auxilio.

Habiendo desplegado su divinidad en toda su grandeza y perfección, hemos ofrendado todo lo que podríamos tributar. Es decir, todo el que con fiel corazón pueda rendir esa gloria a Dios, tiene la sabiduría de la sabiduría, la justicia de la justicia, la religión de la religión, y el sacrificio del sacrificio. El que pueda entender estas cosas comprenderá la grandeza de la justicia de la fe. Por el contrario, podrá ver la grandeza del pecado de la incredulidad.

Todo el que cree en la palabra de Dios, como Abraham, es justo ante Dios, porque tiene fe, la cual glorifica a Dios. Rinde a Dios lo que se le debe (*pues así es como los juristas definen al hombre justo*). Pues la fe dice así: «Te creo, oh Dios, cuando tú te declaras». Y ¿qué es lo que Dios declara? «Cosas imposibles, mentiras, tonterías, lo absurdo, lo abominable, herejías, y diabluras»; eso es lo que te dirá la razón, si la consultas. Pues ¿qué podría ser más absurdo, tonto, e imposible, que cuando Dios le dice a Abraham que tendrá un hijo del cuerpo estéril y agotado de su esposa Sara?

Si seguimos el juicio de la razón, Dios presenta cosas absurdas e imposibles cuando nos explica el artículo de la fe. Para la razón, es ridículo y absurdo que la cena del Señor nos ofrezca el cuerpo y la sangre de Cristo; que el bautismo sea el lavacro del nuevo nacimiento y de la renovación del Espíritu Santo; que los muertos hayan de levantarse en el día final; que Cristo, el Hijo de Dios, haya sido concebido y estado en el vientre de la virgen María; que haya

---

71. *ea consummat divinitatem, et u tita dicom, creatrix est divinitatis, non in susbtantia dei, sed in nobis.*

nacido y sufrido la muerte más despreciable en la cruz; que se haya levantado otra vez, y esté ahora sentado a la diestra de Dios el Padre, teniendo potestad sobre el cielo y la tierra. Por eso Pablo se refiere al Evangelio de Cristo crucificado como la palabra de la cruz y la locura de la predicación; para los judíos, una ofensa, y para los gentiles, una doctrina sin sentido. La razón no comprende que oír la palabra de Dios y creerla es el culto más elevado que se rinde a Dios[72]. La razón piensa que las cosas que ella escoge y hace con buenas intenciones (así las llaman), por su propia devoción, honran a Dios. Por tanto, cuando Dios habla, la razón juzga su palabra como herejía y palabra del diablo, pues le parece ridícula y necia.

Sin embargo, la fe mata a la razón, y degüella esa bestia que ni todo el mundo, con todas sus criaturas, ha podido matar. Fue así como Abraham la mató por fe en la palabra de Dios, por la cual se le prometió simiente por medio de Sara; quien no solo tenía ya más de noventa años, sino que además era estéril y había pasado sus años de concebir. La fe luchó contra la razón dentro de Abraham. Pero fue allí donde obtuvo la victoria, mató y sacrificó a la razón, el enemigo más cruel y pestilente de Dios. Es así como todos los piadosos entran con Abraham en la oscuridad de la fe. Pero allí es donde matan a la razón, diciendo: «Razón, eres necia, no sabes saborear las cosas que pertenecen a Dios. Por eso, ni hables conmigo, sino quédate en paz. No juzgues, sino escucha la palabra de Dios, y créela». Es así como los piadosos, por la fe, matan a semejante bestia, la más grande de todo el mundo, y ofrecen a Dios el mayor sacrificio y más agradable servicio a Él.

Comparadas con este sacrificio de los fieles, todas las religiones de todas las naciones, y todas las obras de todos los monjes y justicieros legalistas son nada. Pues, como dije anteriormente, por medio de este sacrificio, los fieles desmantelan la razón, ese grande y poderoso enemigo de Dios. Pues la razón desprecia a Dios, niega su sabiduría, justicia, poder, verdad, misericordia, majestad, y divinidad. Además, con el mismo sacrificio, los fieles rinden gloria a Dios. Es decir, creen que Él es justo, bueno, fiel, verdadero. Creen que Él puede hacer todas las cosas, que todas sus palabras son santas, verdaderas, vivas, y eficaces. Todo esto es la obediencia más acepta

---

72. *summum cultum esse.*

ante Dios. Por lo que no puede haber religión más grande y santa en todo el mundo, ni servicio más agradable a Dios, que la misma fe.

Al contrario, los legalistas, y otros tales que procuran la justicia mediante sus propias obras, carecen de fe, no importa todo lo que hagan. Ayunan, oran, pierden el sueño, llevan cruces sobre su espalda. Pero como piensan que aplacan la ira de Dios y que, por esas cosas, merecen la gracia de Dios, no glorifican a Dios. Es decir, no lo juzgan misericordioso, verdadero, que guarda sus promesas, sino que es un juez furioso, que debe ser aplacado con obras, y con todo esto desprecian a Dios; lo hacen un mentiroso, pues hacen desaire a sus promesas, niegan a Cristo y todos sus beneficios. En conclusión, expulsan a Dios de su asiento, y luego se sientan en el lugar que le pertenece solo a Él. Pues ellos, al rechazar y despreciar la palabra de Dios, escogen obras que Dios jamás ha pedido. Se imaginan que Dios se agrada en ellas, y esperan que Él los premie. Por tanto, no abaten a la razón, poderosa enemiga de Dios, sino que la envalentonan. Despojan a Dios de su majestad y divinidad, y las atribuyen a sus propias obras. Por lo que la sola fe rinde gloria a Dios, tal como Pablo testificó de Abraham (Romanos 4:3). «Respecto a la promesa de Dios, Abraham no titubeó con incredulidad, sino que se fortaleció en fe, dando gloria a Dios, y estando plenamente convencido de que lo que Dios había prometido, poderoso era también para cumplirlo. Por lo cual también su fe le fue imputada por justicia»[73].

La justicia cristiana consiste en fe del corazón, y la imputación[74] dada por Dios

Pablo tiene una muy buena razón para añadir esta frase del capítulo 15 de Génesis: «Y le fue imputada por justicia»[75]. Pues la justicia cristiana

---

73. Como el lector atento habrá notado, Lutero cita con frecuencia las palabras de las Escrituras, pero sin precisar la referencia.
74. La doctrina bíblica de la imputación ha sido casi olvidada por el cristianismo del siglo XXI. No obstante, tal como Lutero afirma en este *Comentario*, la imputación de justicia (o la justificación) es el artículo fundamental del cristianismo. *Imputación* todavía es un término importante en el derecho civil y penal. Significa atribuir una acción o valor a cierto individuo o grupo por medio de una declaración jurídica. Por ejemplo, en el aspecto negativo, se le imputan cargos a un sospechoso de haber cometido algún delito penal. Pero en el ámbito teológico, la imputación tiene un significado positivo. Dios declara que la justicia de su Hijo Jesucristo se imputa o se considera a cuenta de un pecador que confiesa por la fe que el decreto de Dios fue dado para él, por la sola fe. La justicia de Cristo se coloca a nuestra cuenta y nos pertenece por entero, sin condición alguna, solo por la imputación de Dios. Este es el significado de la imputación, el cual Lutero pasa ahora a describir en la siguiente exposición.
75. *Et reputatum est illi ad justitiam.* Lutero parece citar Romanos 4:23 de la Vulgata. «Y le fue reputada por justicia».

tiene dos partes. Una, la fe en el corazón. Dos, la imputación declarada por Dios[76]. Por cierto, la fe es la provisión inicial de justicia, y sin embargo, esta justicia no basta. Pues después de la fe, quedan ciertos restos de pecado en nuestra carne. Abraham comenzó con su fe sacrificando a su razón, pero ese sacrificio solamente concluyó con su muerte[77]. Por eso es necesario añadir la otra parte de la justicia, a saber, la declaración divina de que se nos imputa justicia. Así es como sabemos con toda seguridad que nuestra justificación es completa[78]. La fe no rinde a Dios una ofrenda completa, pues sufre de imperfecciones.

Más bien, nuestra fe es tan solo una chispa de fe[79]. A duras penas puede ofrendar a Dios el reconocimiento de su verdadera divinidad. Hemos recibido las primicias del Espíritu, pero aún faltan los diezmos. Además, la razón no muere del todo en esta vida. La prueba está en nuestra lujuria, ira, impaciencia, y otros frutos de la carne y de la incredulidad que permanecen en nosotros. Asimismo, ni aun los que viven más piadosamente tienen un gozo pleno y continuo en Dios. Siguen sintiendo sus diversas pasiones, a veces tristes, a veces felices, como atestigua la Escritura acerca de los profetas y apóstoles. Pero tales faltas no se les imputan, debido a su fe en Cristo. De otra manera, nadie sería salvo. Por tanto, concluimos con estas palabras: «Y le fue imputado por justicia»[80]. Queriendo decir que la justicia ciertamente comienza por la fe, y a través de esta se nos dan las primicias del Espíritu. Pero la fe es débil[81]; y es perfecta solo por la imputación declarada por Dios[82]. Por lo que la fe da inicio a la justicia, pero la imputación la mantiene perfecta hasta el día de Cristo[83].

Los sofistas y los eruditos también discurren sobre la imputación cuando hablan de la aceptación de la buena obra. Pero en esto dicen todo lo opuesto a la Escritura, pues la atribuyen solo a las obras. No toman en cuenta la inmundicia y el veneno que acecha en el corazón, tal como la incredulidad, la duda, la condena de otros, y el

---

76. *fide cordis et imputatione Dei.*
77. *Sacrificium illud fidei coepit in Abraham, sed in morte tandem consummatur.*
78. *ideoque necesse est accedere alteram partem justitiae, quae eam perficit, scilicet imputationem divinam.*
79. *scintilla fidei.*
80. *et imputatium est illi ad justitiam.*
81. *fides infirma est.*
82. *eam non perfici sine imputatione Dei.* Por pura gracia Dios nos declara justos porque nos imputa o acredita justicia. Por tanto, no le falta nada a nuestra fe.
83. *Quare fides justitiam incipit, imputatio perficit usque ad diem Christi.*

odiar a Dios. Estas son las bestias más perniciosas y peligrosas, y son la fuente y la causa de toda fechoría. Pues la razón no teme ni ama a Dios, sino que desconfía de Él y con vanagloria lo condena. No se deleita en sus palabras ni en sus obras, sino que murmura contra Él, está enojada con Él, lo juzga y lo odia. En resumen, «es enemiga de Dios» (Romanos 8:7), y no le da gloria. Esta bestia pestilente (la razón), una vez que degüella, hace que todos los pecados externos y crasos parezcan nada.

Por lo tanto, primero y ante todo, debemos por la fe matar la incredulidad, el desprecio y el odio a Dios, y la murmuración contra su juicio, su ira, y todas sus palabras y obras. Pues con eso matamos la razón, la cual muere solo por medio de la fe, porque creyendo en Dios, le da gloria, aunque Dios parezca decir cosas necias, absurdas e imposibles para la razón. Por su parte, Dios mismo se representa de un modo que la razón no puede juzgar ni concebir. Pues se presenta así: «Te consideraré y pronunciaré justo, no por guardar la ley, no por tus obras ni tus méritos, sino por tu fe en Jesucristo, mi Hijo unigénito, que nació, sufrió, fue crucificado, y murió por tus pecados. Y el pecado que quede en ti, no te lo imputaré». Si así no se mata la razón, condenando todas las religiones y servicios a Dios bajo el cielo, inventados por los hombres a fin de justificarse ante Dios, la justicia de la fe no tendrá lugar.

Cuando la razón escucha esto, enseguida se ofende. Furiosa, pronuncia toda su enemistad contra Dios, diciendo: «¿Entonces de nada valen mis buenas obras? ¿He trabajado y soportado en vano el peso bajo el calor del día? (Mateo 20:11). Por eso rugen las naciones, los reyes, y los príncipes, contra Dios y su Cristo (Salmo 2:2). Pues el mundo no toleraría ni soportaría que su sabiduría, justicia, religiones, y alabanzas fueran reprochadas y condenadas. El papa, con toda su chusma papista, no se dará por equivocado, ni mucho menos se dejará condenar.

Por tanto, todos los que se entregan al estudio de la Santa Escritura deben aprender de esta declaración: «Abraham creyó a Dios, y le fue contado por justicia». Así podrán explicar correcta y elocuentemente la verdadera justicia cristiana, de la siguiente manera: que es fe y confianza en el Hijo de Dios, o más bien, una confianza del corazón en Dios mediante Jesucristo. Y luego, que añadan la siguiente frase para distinguirla de todas las demás: esa fe y confianza se cuentan por justicia por causa de Cristo. Pues estas dos cosas (como he dicho antes) obran la justicia cristiana. Primero, la fe en el corazón (un don de Dios), la cual con toda confianza[84] cree en Cristo. Segundo, que Dios acepta esta fe imperfecta, y por causa de Cristo (en quien comienzo a creer), la declara una justicia perfecta.

Por esta fe en Cristo, Dios no toma en cuenta mi duda de su buena voluntad para conmigo, mi desconfianza, mi tristeza de espíritu, y otros pecados que aún moran en mí. Pues mientras viva en la carne, habrá pecado en mí. Pero como estoy cubierto por la sombra de las alas de Cristo, como el polluelo bajo las alas de la gallina, y vivo sin ningún temor bajo el vasto cielo del perdón de pecados, extendido sobre mí, Dios cubre y perdona los residuos del pecado en mí. Es decir, por la fe con que he comenzado a aferrarme a Cristo, Él acepta mi justicia imperfecta como si fuera perfecta, y toma mi pecado como si no fuera pecado, aunque ciertamente es pecado.

Por consiguiente, nos cubrimos con el manto de la carne de Cristo. Él es nuestra «columna de nube de día, y columna de fuego de noche» (Éxodo 13:21), para que Dios no vea nuestro pecado. Y aunque nosotros mismos lo veamos, y sintamos por ello terrores de conciencia, nos refugiamos en Cristo nuestro mediador y reconciliador (por quien somos perfeccionados). Allí estaremos sanos y salvos. Pues así como todas las cosas están en Él, las tenemos todas a través de Él, quien suple todo lo que nos falta. Cuando creemos así, Dios hace un «guiño» a los pecados adheridos a mi carne, y los cubre, como si no fueran pecados. Pues dice: «Ya que crees en mi Hijo, aunque tengas muchos pecados, estos te serán perdonados, hasta que la muerte te libere del cuerpo del pecado».

Seamos diligentes en comprender este artículo de la justicia cristiana, *que los eruditos papales no entienden ni pueden comprender. Pero no piensen que pueden aprenderlo en una sola lección. Con este fin,* aprendan a leer a Pablo, y reléanlo. Léanlo con frecuencia y mucho esmero, y comparen lo primero con lo último. Comparen a Pablo plena y enteramente con Pablo mismo. Entonces se darán cuenta de que es verdad, que la justicia cristiana consiste en estas dos cosas: en

---

84. *formaliter.*

la fe, que da gloria a Dios, y en la imputación hecha por Dios. Pues la fe es débil (como he dicho), y por tanto, la imputación necesita acoplarse a la fe. Esto quiere decir que Dios no pondrá a nuestra cuenta[85] el remanente de pecado. No lo castigará, ni nos condenará por él, sino que lo cubrirá, y libremente lo perdonará, como si no fuera nada. No por causa nuestra, ni por nuestra dignidad u obras, sino por causa de Cristo, en quien hemos creído.

Por tanto, el cristiano es al mismo tiempo justo y pecador, santo y profano, enemigo de Dios, y aun así, hijo de Dios. Los sofistas no admiten estas contrapartes, pues desconocen cómo procede la justificación. Por esta razón, obligan a todo hombre a seguir luchando sin tregua hasta que ya no sienta pecado alguno en sí mismo. Así han dado ocasión a que muchos, luchando con todas sus fuerzas por ser perfectamente justos, al no lograrlo, se hayan vuelto totalmente locos. Y que, de entre los mismos autores de esta diabólica idea, incontables hayan sido acosados por la desesperanza en la hora de la muerte. Lo mismo habría sucedido conmigo, si Cristo, por su misericordia, no se hubiera fijado en mí, ni me hubiera librado de este error.

Al contrario, nosotros enseñamos y consolamos al pecador afligido de esta manera: «Hermano, es imposible que en esta vida llegues a ser tan justo que no sientas nada de pecado, y que tu cuerpo sea tan claro como el sol, sin mancha ni arruga, pues todavía las tienes. No obstante, eres santo». Pero dirás: «¿Cómo puedo ser santo, si todavía tengo y siento el pecado en mí?». Yo respondo: «¿Sientes tu pecado? Si lo sientes y lo reconoces, es una buena señal. Cuando el enfermo reconoce y admite su enfermedad, es un paso saludable». «Pero ¿cómo podré librarme del pecado?». «Corre a Cristo, el médico, que sana al quebrantado de corazón, y salva a los pecadores. No consultes a la razón, pues te dirá que Él está enojado contigo. Mata a la razón, y cree en Cristo. Si crees, eres justo, porque das gloria a Dios, que es todopoderoso, misericordioso, y verdadero. Con esto justificas y alabas a Dios. En resumen, confiesas ante Él su divinidad. Y el pecado que queda en ti, no se pone a tu cuenta,[86] sino que es perdonado por causa de Cristo, en quien has creído, el cual es perfectamente justo. Su justicia es tu justicia, y tu pecado es su pecado».

---
85. *imputare*.
86. *non imputatur*.

Aquí podemos ver que cada cristiano es un verdadero sacerdote. Pues primero él ofrece y mata su propia razón, y la sabiduría de la carne. Luego, da gloria a Dios, que es justo, veraz, paciente, lleno de compasión, y misericordioso. Y este es el sacrificio diario del Nuevo Testamento, que debe ofrecerse cada tarde y mañana. El sacrificio de la tarde es para matar a la razón, y el de la mañana, para glorificar a Dios. Por tanto, el cristiano se ocupa en este doble sacrificio diario y continuo, y se ejercita en él. Y no hay hombre alguno que pueda exponer a plenitud la excelencia y la dignidad de este sacrificio cristiano.

CONFERENCIA 17: sábado 29 de agosto

Por tanto, esta es una definición extraña y maravillosa de la justicia cristiana, que es una imputación divina de justicia o para justicia, por nuestra fe en Cristo, o por causa de Cristo[87]. Cuando los eruditos papistas escuchan esta definición, se ríen, pues imaginan que la justicia es una cualidad que se infunde en el alma y, a continuación, se esparce por todo el hombre. No pueden deshacerse de las vanas imaginaciones de la razón, que enseña que la verdadera justicia es un buen juicio, buena voluntad o buena intención. Pero el don inefable es más excelente que toda razón, pues Dios cuenta y reconoce al hombre como justo sin obra alguna. Esta justicia es para todo aquel que, por la sola fe, abraza al Hijo, aquel que fue enviado al mundo, nació, sufrió, y fue crucificado por nosotros.

Este tema, en lo que se refiere a las palabras, es un asunto fácil, a saber, que la justicia no se encuentra esencialmente[88] en nosotros. Sin embargo, los papistas, tomando a Aristóteles como punto de partida, razonan que la justicia está esencialmente en nosotros. Pero la justicia está por fuera de nosotros, solo en la gracia de Dios y en su imputación: es decir, no hay sustancia de justicia[89] en nosotros, excepto aquella fe débil y las primicias de la fe, por las que hemos comenzado a aferrarnos a Cristo. Aun así, el pecado, mientras tanto, ciertamente permanece en nosotros. En realidad, la diferencia no es una pequeñez, ni poca cosa, sino algo de gran

---

87. *imputatio divina pro justitia vel ad justitiam propter fidem in Christum, vel propter Christum.*
88. *formaliter.*
89. *nihil formae seu iustitiae.*

peso e importancia. Pues Cristo, dado por nosotros y a quien nos aferramos por la fe, no hizo por nosotros nada pequeño, sino que, como Pablo dijo anteriormente, «nos amó y se entregó a sí mismo por nosotros»; y «por nosotros se hizo maldición» (Gálatas 2:20; 3:13). Esta no es una vana imaginación, que Cristo fue dado por mis pecados. Por mí, Él se hizo maldición, para que yo pueda ser librado de la muerte eterna. Por tanto, aferrarse al Hijo por la fe (Isaías 9:6) y creer en Él de corazón (lo cual es un don de Dios) es la razón por la cual Dios cuenta esa fe, aunque imperfecta, como perfecta justicia.

Aquí llegamos a otro mundo, lejos de la razón, en donde no discutimos lo que debemos hacer, ni qué obras nos merecerán la gracia y el perdón de los pecados. Aquí estamos en la más excelsa y celestial Deidad, donde escuchamos este Evangelio o buenas nuevas: que Cristo murió por nosotros, y que nosotros, creyendo este anuncio, somos tenidos por justos, a pesar de los pecados que quedan en nosotros, por grandes que sean. Esta es la misma definición que nuestro Salvador Jesucristo dio de la justicia de la fe. «El Padre mismo os ama». ¿Por qué los ama? No porque los discípulos fueran fariseos, irreprensibles en la justicia de la ley, o circuncidados, haciendo obras buenas, y ayunando, sino porque «yo los escogí del mundo». Ustedes nada hicieron, excepto amarme y creer que salí del Padre. Esta persona (Yo) fue enviada al mundo por el Padre, y les fui de agrado. Puesto que se han aferrado y han abrazado a aquel que el Padre envió, Él mismo los ama, y ustedes lo complacen. No obstante, en otro lugar los llama malos, y les manda pedir perdón por sus pecados. Estas cosas son contrarias entre sí: que un cristiano sea justo y amado por Dios, y al mismo tiempo sea un pecador. Pues Dios no puede negar su propia naturaleza. Es necesario que él odie el pecado y a los pecadores. Y así es, porque es menester, de otra manera sería injusto y amaría el pecado. ¿Cómo, entonces, estas dos cosas contradictorias son verdaderas al mismo tiempo —que soy pecador y, por más que merezco la ira de Dios y su indignación, el Padre me ama—? Aquí nadie más interviene, sino solo Cristo, el Mediador. El Padre, dice, no los ama porque sean dignos de ser amados, sino porque me han amado, y han creído que yo salí del Padre (Juan 16:27; 18:8).

De tal modo que el cristiano permanece humilde, porque siente los efectos del pecado y confiesa que merece la ira y el juicio de Dios, y por ende, la muerte eterna. Y aun así, conserva un orgullo santo, con el cual se vuelve a Cristo y se sobrepone a este sentido de la ira y del juicio de Dios. Además, no solo cree que el pecado residual no le es imputado, sino también que es amado del Padre, el cual no lo ama por lo que es, sino por causa de Cristo, el amado.

Por tanto, podemos ver cómo la fe justifica sin las obras, y de qué manera, no obstante, es necesaria la imputación de justicia. En nosotros sigue habiendo pecados, los cuales Dios aborrece absolutamente. Por tanto, es necesario que tengamos la imputación de justicia, que obtenemos mediante Cristo y por causa de Cristo, el cual nos ha sido dado y al cual hemos recibido por la fe. Por tanto, mientras vivamos aquí, seremos llevados y cuidados en el seno de la misericordia y la paciencia de Dios, hasta que el cuerpo de pecado sea deshecho, y seamos levantados como nuevas criaturas en aquel gran día. Entonces habrá cielos nuevos y tierra nueva, en los cuales morará la justicia.

Mientras tanto, vivimos bajo el cielo, donde moran los impíos y donde el pecado mora en los creyentes. Por esta razón, Pablo se queja del pecado que permanece en los santos (Romanos 7). No obstante, en Romanos 8 dice después: «No hay ahora condenación para los que están en Cristo Jesús». ¿Cómo pueden reconciliarse estas cosas tan contrarias e incompatibles: que el que debería ser condenado no lo sea, y que el digno de ira y maldición eterna no reciba el castigo? El único que puede reconciliar esto es el Mediador entre Dios y el hombre. Es el hombre Jesucristo, como dice Pablo: «No hay condenación para los que están en Cristo Jesús» (1 Timoteo 1:15; Romanos 8:1).

VERSÍCULO 7. *Sabed, por tanto, que los que son de la fe, estos son hijos de Abraham.*

Este es el argumento general y toda la disputa de Pablo contra los judíos. Que los hijos de Abraham son los creyentes, no los nacidos de su carne y sangre (Romanos 9:7-8). Pablo disputa esto con vehemencia aquí y en Romanos 4 y 9. Pues esta era la mayor confianza y gloria de los judíos: «Simiente e hijos de Abraham somos». Él fue circuncidado y guardó la ley. Por tanto, siendo verdaderos hijos de Abraham, debemos seguir a nuestro padre, etc. Sin duda, había una excelente gloria y dignidad en ser de la simiente de Abraham. Pero esta prerrogativa no servía de nada a los judíos incrédulos. Por esta razón, Pablo, especialmente aquí, lucha poderosamente contra tal argumento, y les quita a los judíos esta fuerte confianza en sí mismos. Pablo podía lograr esto como ningún otro, pues era vasija escogida de Cristo. Porque si al principio hubiéramos tenido que discutir con los judíos sin Pablo, habríamos tenido pocas posibilidades de lograr algo contra ellos.

Así que Pablo razona contra los judíos, que se jactaban con tanta soberbia de ser hijos de Abraham, diciendo: «Simiente de Abraham somos». Y entonces, ¿qué? «Abraham fue circuncidado y guardaba la ley: nosotros hacemos lo mismo». Les concedo todo eso. Sin embargo, ¿procurarán, por eso, ser justificados y salvos? No es así. Pero vamos al patriarca Abraham mismo, y veamos de qué modo fue justificado y salvo. Sin duda alguna, no fue por sus excelentes virtudes y obras santas. No fue porque abandonó su patria, su parentela, y la casa de sus padres. No fue porque se circuncidó y guardó la ley. No fue porque, por orden de Dios, estuvo a punto de ofrecer a su hijo Isaac, en quien tenía la promesa de su posteridad. Fue porque creyó a Dios. Por tanto, fue justificado nada más que por la fe. Si ustedes han de ser justificados por la ley, mucho más Abraham, su padre, debió serlo por la ley. No obstante, Abraham no podía ser justificado ni recibir el perdón de pecados y el Espíritu Santo excepto por la fe. Si esto es cierto según el testimonio de la Escritura, ¿por qué se fían tanto de la circuncisión y la ley, disputando que por ellas tienen justicia y salvación, si el mismo Abraham, su padre, fuente y manantial, en quien tanto se gloriaban, fue justificado por la sola fe? ¿Quién puede arremeter contra este argumento?

Por tanto, Pablo concluye con esta frase: «Los que son de fe, estos son los hijos de Abraham». Ante Dios, el nacimiento corporal o de la carne no los hace hijos de Abraham. Como si dijera: Abraham tenía hijos de la carne, pues por ser padre, engendró esos hijos ante Dios. Pero Dios no cuenta a ninguno como hijo de Abraham (siervo de Dios, escogido por Dios y justificado por la fe) por generación carnal. Sino que él fue el padre de la fe; fue justificado y agradó a Dios, no porque podía generar hijos según la carne, no porque tenía la circuncisión y la ley, sino porque creyó a Dios. Por tanto, el que quiera ser hijo de Abraham el creyente, debe también ser creyente él mismo. De otro modo, no es hijo del Abraham escogido, amado y justificado, sino solo del Abraham procreador. Este no es otra cosa que un ser humano concebido, nacido y envuelto en pecado, sin perdón de pecados, sin fe, sin el Espíritu Santo, como cualquier otro ser humano, y por tanto, bajo condena. Así también son sus hijos carnales, pues todo el legado de su padre es carne y sangre, pecado, y muerte. Por eso, ellos mismos están también bajo condena. Por tanto, de nada aprovecha la jactancia tan gloriosa: «Simiente de Abraham somos».

Pablo representa claramente este argumento en el capítulo 9 de Romanos, tomando dos ejemplos de las Sagradas Escrituras. El primero es el de Ismael e Isaac, ambos de la simiente de Abraham, hijos según la carne. No obstante, se excluyó a Ismael (que nació de Abraham tal como Isaac, y habría sido el primogénito, si la generación carnal tuviera alguna prerrogativa, o si hubiera podido darle hijos a Abraham). La Escritura dice: «En Isaac será tu simiente» (Génesis 21:12). El segundo ejemplo es el de Esaú y Jacob. Estando aún en el vientre de su madre, y no habiendo ninguno hecho nada bueno ni malo, se dijo: «El mayor servirá al menor. A Jacob amé, y a Esaú aborrecí» (Génesis 25:23). Por tanto, es claro que los que son de la fe son los hijos de Abraham.

Aquí algunos protestan (como los judíos y otros espíritus que cavilan hoy) que esta palabra, «fe», en el hebreo significa «verdad», y por tanto, no la relacionamos debidamente. Además, alegan que en Génesis 15 se habla de un tema corporal, a saber, la promesa de descendencia, la cual Pablo relaciona equivocadamente con la fe en Cristo, y que simplemente debería entenderse como la fe de Abraham, por la cual creyó que tendría una simiente, según la promesa de Dios. Esto, dicen, es prueba de que los argumentos y alegatos de Pablo no concluyen nada. De igual manera también objetan que, en el pasaje de Habacuc señalado por Pablo poco después, la fe mencionada se refiere al cumplimiento de toda la visión, y no solo a la fe en Cristo, como Pablo afirma. Así también procuran arrancar todo Hebreos 11, que habla de la fe y de los ejemplos de fe. De este modo, estos espíritus soberbios y arrogantes parten de cacería buscando alabanzas, buscando ser considerados sabios y eruditos, cuando es lo que menos merecen. Pero por causa de los ingenuos e ignorantes, respondemos brevemente a sus argumentos.

Al primero respondo así: que la fe no es otra cosa que la verdad del corazón. Es decir, una opinión correcta y verdadera del corazón acerca de Dios. Pues bien, solo la fe, no la razón, juzga correctamente acerca de Dios. Y es entonces cuando el hombre piensa acertadamente sobre Dios, cuando cree en la palabra de Dios. Pero cuando se pone a medir a Dios sin la palabra, y procura creer en Él según sus propios razonamientos, no tiene la verdad de Dios en su corazón, y por tanto, no puede pensar ni juzgar a Dios como debiera. Por ejemplo, cuando un monje se imagina que su cogulla, su coronita afeitada, y sus votos complacen a Dios, y que por eso recibe gracia y vida eterna, entonces no tiene una opinión verdadera de Dios, sino una opinión falsa y llena de impiedad. La verdad, entonces, es la fe misma, que juzga correctamente a Dios. Esta fe cree que Dios no toma en cuenta nuestras obras ni justicia, porque somos inmundos. Dios, en cambio, tendrá misericordia de nosotros, se fijará en nosotros, nos aceptará, justificará, y salvará, si creemos en su Hijo, a quien Él ha enviado como propiciación por los pecados de todo el mundo. Esta es una verdadera opinión de Dios, y en sí no es más que la fe misma. Mi razón no me puede confirmar plenamente que Dios me ha dado su favor por causa de Cristo. Pero oigo que el Evangelio sí lo anuncia, y me aferro por fe a su favor.

Al segundo argumento respondo que Pablo se remonta acertadamente al capítulo quince de Génesis, relacionándolo con la fe en Cristo. Pues a la fe siempre tiene que unirse la indudable confianza[90] en la misericordia de Dios. Pues bien, esta certeza incluye una fiel confianza[91] en la remisión de pecados por causa de Cristo. Pues sería imposible que tu conciencia esperara algo de las manos de Dios, a menos que primero tuviera la certeza de que Dios ha sido misericordioso con ella por causa de Cristo. Por tanto, todas las promesas se derivan de la primera promesa sobre Cristo: «La simiente de la mujer herirá la cabeza de la serpiente» (Génesis

---

90. *fiducia.*
91. *fidem.*

3:15). Todos los profetas lo comprenden y lo enseñan así. De ahí que la fe de nuestros padres, en el Antiguo Testamento, y ahora la nuestra, en el Nuevo, sea la misma, aunque difieran en sus objetos externos. Pedro testifica de ello en Hechos, cuando dice: «¿... que ni nuestros padres ni nosotros hemos podido llevar? Antes creemos que por la gracia del Señor Jesucristo somos salvos, del mismo modo que ellos» (Hechos 15:10-11). Pablo dijo: «Y todos bebieron la misma bebida espiritual; porque bebían de la Roca espiritual que los seguía, y la Roca era Cristo» (1 Corintios 10:4). Y Cristo mismo dijo: «Abraham vuestro padre se regocijó de ver mi día; y lo vio, y se gozó» (Juan 8:56). No obstante, la fe de los padres se aferraba al Cristo por venir, mientras que la nuestra, al Cristo ya venido. Abraham, en su día, fue justificado por su fe en el Cristo que vendría. Sin embargo, si viviera hoy, sería justificado por la fe en el Cristo ya manifestado y presente; como dije antes respecto a Cornelio, que al principio creyó en el Cristo por venir, pero habiendo sido instruido por Pedro, creyó en el Cristo ya venido. Por tanto, la diversidad de los tiempos jamás cambia la fe, ni al Espíritu Santo, ni sus dones. Pues siempre ha habido, hay, y por siempre habrá una mente, un juicio y una comprensión de Cristo, ya sea en los padres de antaño, en los fieles de hoy, o quienes vendrán mañana. Del mismo modo tenemos también al Cristo por venir, y creemos en Él como lo hicieron los padres del Antiguo Testamento; pues nosotros esperamos que Él regrese en el día final con gran gloria, para juzgar a los vivos y a los muertos, y creemos que ya ha venido para nuestra salvación. Por tanto, este alegato de Pablo no ofende a nadie excepto a esos ciegos e ignorantes maldicientes.

No obstante, para nosotros no es posible volver al Cristo todavía por venir (excepto en la medida en que lo esperamos como Redentor en el día final, para librarnos de todo mal). Pues si volviéramos atrás, creeríamos que Cristo aún no se ha manifestado, sino que todavía está por revelarse. De ese modo negaríamos a Cristo y todos sus beneficios, haciendo de Dios un mentiroso, y testificando, como los judíos, que Dios aún no ha cumplido lo que prometió.

Por tanto, como he dicho, Pablo acertadamente cita ese lugar de Génesis, que habla de la fe de Abraham, y lo relaciona con la fe en Cristo. Pues todas las promesas del pasado estaban vertidas en el Cristo por venir. Por tanto, tanto Abraham como los padres, y asimismo nosotros, somos justificados por la fe en Cristo. Ellos, por fe en él debiendo aún venir; nosotros, por fe en él ya manifestado. Por lo que insistimos ahora respecto de la esencia y la manera de la justificación, que es una misma, tanto para ellos como para nosotros, sea que Cristo deba aún revelarse, o que lo haya hecho ya. Por tanto, basta con decir que Pablo demuestra que la ley no justifica, sino la fe sola, sea en el Cristo venidero, o en el Cristo ya revelado.

De igual manera sucede hoy. Para algunos, Cristo ya ha sido revelado. Para los incrédulos aún ha de venir, y no hay provecho alguno para ellos. Pero si escuchan el Evangelio y creen, se les manifiesta, los justifica y los salva.

VERSÍCULO 7. *Sabed, por tanto, que los que son de la fe, estos son hijos de Abraham.*

Como si dijera: «Sepan por este ejemplo de Abraham, y por el claro testimonio de la Escritura, que son hijos de Abraham los que son de la fe, sean judíos o gentiles, sin ninguna consideración de la ley, o de las obras, o de su procreador carnal. Pues la promesa a Abraham, de que sería heredero del mundo, no fue hecha por la ley, sino por la justicia de la fe. Es decir, que en su simiente serían bendecidas todas las naciones[92] de la tierra, y que él sería llamado "padre de naciones"[93]. Y para que los judíos no interpretaran equivocadamente esta palabra "naciones", relacionándola solo con ellos mismos, la Escritura lo previene diciendo no solamente "un padre de naciones", sino "un padre de muchas naciones". Por tanto, Abraham no solo es el padre de los judíos, sino también de los gentiles.

Aquí podemos ver claramente que los hijos de Abraham no solo son los hijos de la carne, sino los hijos de la fe, como Pablo lo declara en Romanos 4:17: «El cual es padre de todos nosotros (como está escrito: Padre de muchas naciones te he hecho) delante de Dios, a quien creyó». Así que Pablo presenta a dos tipos de Abraham: Abraham el procreador, y Abraham el creyente. Abraham tiene hijos, y es padre de muchas naciones. ¿Dónde? Delante de Dios, ante el cual cree, y no delante del mundo, pues allí Abraham es procreador.

---

92. *cognationes.*
93. *gentium.*

Pues en el mundo, él es hijo de Adán, un pecador, y peor, es un obrero de la justicia de la ley, viviendo de acuerdo con la ley de la razón. Es decir, según la manera de los hombres; pero todo esto no tiene nada que ver con Abraham el creyente.

Este ejemplo de Abraham, dado en las envolturas de las mismas Santas Escrituras, dice que somos contados justos por la fe. Por tanto, este es un poderoso argumento, de dos maneras. Uno, por el ejemplo de Abraham. Dos, por la autoridad de la Escritura.

VERSÍCULO 8. *Y la Escritura, previendo que Dios había de justificar por la fe a los gentiles.*

Estas palabras conciernen al argumento anterior. Como si dijera: «Ustedes los judíos se glorían demasiado en la ley. Alaban sobremanera a Moisés, porque Dios le habló desde la zarza». Yo mismo he escuchado a los judíos jactarse contra nosotros. Dicen: «Ustedes los cristianos tienen apóstoles, un papa, y obispos. Pero nosotros los judíos tenemos patriarcas, profetas, y aun a Dios mismo. Pues Dios nos habló desde la zarza, en el Sinaí, donde nos dio la ley, y en el templo. ¡Aleguen un testimonio igual, si pueden!». A lo que Pablo, el apóstol de los gentiles, responde: «Toda su jactancia y vanagloria no sirven de nada. Pues la Escritura lo previó, y lo anticipó mucho antes de la ley, que los gentiles no serían justificados por la ley, sino por la bendición de la simiente de Abraham. Abraham recibió esta promesa (como dice Pablo después) cuatrocientos años antes de que se diera la ley. Y ya que la ley fue dada tantos años después, no pudo hacer nada para invalidar o abolir la promesa de bendición hecha a Abraham. Esta ha seguido en pie, y permanecerá para siempre». ¿Qué pueden decir los judíos a esto?

Este argumento, cimentado sobre la certeza de la marcha del tiempo, es muy poderoso. La promesa de la bendición fue dada a Abraham cuatrocientos treinta años antes de que el pueblo de Israel recibiera la ley. Pues a Abraham se le dice: «Ya que has creído a Dios, y le has dado gloria, serás, por tanto, "padre de naciones"». Fue allí que Abraham, por la promesa de Dios, fue nombrado padre de muchas naciones, y la herencia del mundo fue dada para su posteridad y futura simiente antes de que se diera la ley. ¿Por qué, entonces, se jactan, oh gálatas, de que recibirán el perdón de pecados, llegarán a ser hijos, y recibirán la herencia por la ley, la cual fue dada mucho después, es decir, cuatrocientos treinta años, después de la promesa?

En el bautismo está la promesa de salvación: «El que creyere... será salvo». Hay quienes niegan (como hacen los fanáticos) que la justicia y la salvación se dan por primera vez a un recién nacido cuando es bautizado. Pero eso es burlarse de la promesa dada en cuanto a este asunto. Pues ellos alegan que el bautismo es provechoso cuando el ser humano tiene uso de razón y ya puede hacer obras, y al hacer buenas obras, puede obtener lo que se contiene en la promesa. Además, dicen que el bautismo no es una señal de la buena voluntad de Dios para con nosotros, sino solo una marca por la que los creyentes se distinguen de los incrédulos. Quienes alegan cosas semejantes despojan al bautismo de la salvación, y la atribuyen a las obras. Es así como los falsos apóstoles y sus discípulos hacían las cosas. Predicaban la ley y su gloria sin moderación, pero la promesa hecha a Abraham cuatrocientos treinta años antes, no la tomaban en cuenta, y la despreciaban. De ningún modo admitirían que Abraham (de quien no obstante se gloriaban como el padre de toda su nación), aun siendo incircunciso, viviendo tantos años antes de la ley, fue justificado nada más que por la fe sola. Porque así testifica la Escritura: «Abraham creyó a Dios, y le fue imputado por justicia» (Génesis 15:6). Después, cuando ya había sido contado por justo debido a su fe, la Escritura menciona la circuncisión, en Génesis 17, donde dice: «Tú guardarás mi pacto, tú y tu simiente después de ti en sus generaciones. Este es mi pacto, que guardaréis» (Génesis 17:10). Con este argumento, Pablo convence poderosamente a los falsos apóstoles, y muestra directamente que Abraham fue justificado por la sola fe. Fue justificado sin y antes de la circuncisión, y cuatrocientos treinta años antes de la ley. Este mismo argumento utiliza en Romanos 4. A saber, que la justicia fue imputada a Abraham antes de la circuncisión, y que antes de ser circuncidado ya era justo, y mucho antes de la ley.

Por tanto, dice Pablo, la Escritura previó un argumento contra esta gloriosa jactancia de la justicia de la ley y las obras. ¿Cuándo? Antes de la circuncisión y la ley. Pues la ley fue dada cuatrocientos treinta años después de la promesa. Abraham no solo había sido justificado sin la ley y antes de la ley, sino que además ya había muerto y lo habían enterrado. Su justicia sin la ley prosperó no solo hasta la ley, sino que daría fruto hasta el fin del mundo. Si, entonces, el padre de toda la nación judía fue justificado sin la ley y antes de la ley, mucho más los hijos serán justificados de la misma manera que su padre. Por tanto, la justicia es por la fe, no por la ley.

VERSÍCULO 8. *Predicó antes el Evangelio a Abraham, diciendo: En ti serán bendecidas todas las naciones.*

Los judíos no solo pasan por alto, sino que, con sus interpretaciones corruptas, también se mofan de estas palabras sobresalientes: «Abraham creyó a Dios», «Te he designado padre», y otras similares, que elogian la fe, y contienen promesas de cosas espirituales. Pues están ciegos y endurecidos de corazón, por lo que no pueden ver que estos textos promueven la fe en Dios, y la manera de ser justos ante Él. Con la misma mala intención interpretan también este sobresaliente texto sobre la bendición espiritual: «En ti serán benditas todas las naciones». Pues dicen que bendecir no significa más que alabar, orar, y ser glorioso ante el mundo. Así es como el judío, dicen ellos, nacido de la simiente de Abraham, es bendecido. Piensan, por tanto, que la bendición no es otra cosa que gloria y alabanza en este mundo; que un hombre puede gloriarse y jactarse de ser de la simiente y la familia de Abraham. Pero esto no es exponer las palabras de las Escrituras, sino corromperlas y pervertirlas. Con estas palabras, «Abraham creyó», Pablo define y presenta ante nuestros ojos un Abraham espiritual, fiel, justo, poseedor de la promesa de Dios. Un Abraham, digo yo, que no está en el error y en la vieja carne, pues no es nacido de Adán, sino del Espíritu Santo. De este Abraham, renovado por la fe y regenerado por el Espíritu Santo, habla la Escritura, y anuncia que será el padre de muchas naciones. Además, que todas las naciones le serán dadas por heredad, cuando dice: «En ti serán benditas todas las naciones».

Esto es lo que Pablo recalca por la autoridad de la Escritura, cuando dice: «Abraham creyó a Dios» (Génesis 15:6). La Escritura no atribuye justicia alguna a Abraham, excepto porque creyó. De este modo, habla de Abraham tal como este es ante Dios. Estas frases de la Escritura nos presentan a un nuevo Abraham, separado del matrimonio carnal y el lecho conyugal, donde es procreador, para presentarlo tal como se lo considera ante Dios. Es decir, es un creyente, justificado por la fe, a quien Dios ahora promete, por esa fe: «Serás padre de muchas naciones». Asimismo, «En ti serán benditas todas las naciones de la tierra». Este es el significado que Pablo utiliza para demostrar cómo la Escritura prevé la vana suposición y soberbia jactancia de los judíos tocante a la ley. Pues la herencia de los gentiles no fue dada a Abraham por la ley y la circuncisión, sino muchos años antes, y por la justicia de la fe sola[94].

Por tanto, decir que los judíos serán considerados y llamados benditos porque son hijos y descendientes de Abraham no es más que jactancia vanagloriosa. No hay duda de que ante el mundo es una gran distinción y gloria ser de la simiente de Abraham, como Pablo enseña en Romanos 9, pero no así ante Dios. Por eso los judíos pervierten impíamente este texto sobre la bendición, relacionándolo solo con la bendición carnal, y causan gran agravio a las Escrituras, pues estas hablan con suma claridad de la bendición espiritual ante Dios, y no puede ni debe entenderse de ninguna otra manera. Por lo tanto, en el texto: «En ti serán benditas...», ¿a quién se refiere ese «ti»? En ti, Abraham el creyente, o en tu fe, o en el Cristo venidero (tu simiente), en quien has creído, en ti «todas las naciones de la tierra serán benditas». Es decir, todas las naciones serán tus hijos benditos, tal como tú has sido bendecido, pues está escrito: «Así será tu descendencia».

Por consiguiente, la bendición y la fe de Abraham es la misma que la nuestra. El Cristo de Abraham es el mismo Cristo nuestro, que murió por los pecados de Abraham tal como por los nuestros. «Abraham vio mi día y se regocijó» (Juan 8:56). Por tanto, todo apunta hacia lo mismo. No podemos tolerar que esta bendición se corrompa. Los judíos miran las Escrituras a través de un velo, y por lo tanto, no comprenden de qué se trata la promesa hecha a los padres. No obstante, debemos tomarla en cuenta sobre todas las cosas. Así, vemos que, cuando Dios habla a Abraham, el patriarca, no habla de la ley, ni de obras, sino de lo que se debe creer. Es decir, Dios le habló de las promesas que se aprehenden por fe. Y ¿qué hizo, entonces, Abraham? Creyó en esas promesas. Y ¿qué hizo Dios con Abraham el creyente? Le imputó la fe como justicia. También le añadió muchas promesas más, tal como: «Yo soy tu escudo», «En ti

---

94. *solam fidem justitiam.*

serán benditas todas las naciones», «Serás padre de muchas naciones», «Así será tu simiente». Estos son argumentos invencibles, que no se pueden contradecir si se consideran las Escrituras con diligencia y seriedad.

VERSÍCULO 9. *Así también los de la fe, son bendecidos con el creyente Abraham.*

Todo el peso y el poder de este texto está en estas palabras: «Con el creyente Abraham». Pues distingue claramente entre un Abraham y el otro. Pablo divide en dos a la misma persona. Como si dijera: «Hay un Abraham que obra, y otro Abraham que cree. Con el Abraham que obra no tenemos nada que ver. Pues si es justificado por las obras, tiene mucho de qué gloriarse, pero no para con Dios. Que los judíos se gloríen todo lo que quieran del Abraham progenitor. Ese Abraham obra, es circuncidado, y guarda la ley. Mas nosotros nos gloriamos en Abraham el creyente. Según la Escritura, él recibió, por su fe, la bendición de la justicia no solo para sí mismo, sino también para todos los que creerían como él. Fue así como se prometió el mundo a Abraham, porque creyó. Por tanto, el mundo entero ha recibido la bendición, es decir, recibe la justicia por imputación[95], si cree como Abraham creyó».

Por consiguiente, la bendición no es otra cosa que la promesa del Evangelio. «Todas las naciones de la tierra son benditas» es como decir: «Todas las naciones escucharán la bendición». Es decir, la promesa de Dios será predicada y difundida por el Evangelio entre todas las naciones. Los profetas entendieron en este texto el sentido espiritual de muchas profecías. Por ejemplo: «Pídeme, y te daré por heredad las naciones, y por posesión tuya los confines de la tierra» (Salmo 2:8). También: «Por toda la tierra salió su voz, y hasta el extremo del mundo sus palabras» (Salmo 19:4). En resumen, todas las profecías sobre el reinado de Cristo, y la proclamación del Evangelio por todo el mundo, han surgido de este texto: «En ti serán benditas todas las naciones de la tierra». Por tanto, decir que las naciones son bendecidas no es otra cosa que ofrecerles la justicia gratuitamente; o que son consideradas justas ante Dios no por la ley, sino por el oír con fe. Pues Abraham no fue justificado sino por

---

95. *accipit imputationem justitiae.*

escuchar la palabra de la promesa, de bendición, y de gracia. Por tanto, tal como Abraham obtuvo la imputación de justicia por el oír con fe[96], así también sucedió con los gentiles, y sucede aún hoy. Pues la misma palabra que se declaró a Abraham fue también anunciada a todos los gentiles.

Aquí vemos que bendecir no es otra cosa que (como dije antes) predicar y enseñar la palabra del Evangelio, confesar a Cristo, y darlo a conocer entre los gentiles. Y este es el oficio sacerdotal, el sacrificio continuo de la Iglesia en el Nuevo Testamento: distribuir esta bendición por la predicación, la administración de los sacramentos, *absolviendo*, consolando y ministrando la palabra de gracia dada a Abraham, por la cual fue bendecido. Pues al creerla, recibió la bendición. Así también nosotros, creyendo, somos bendecidos. Esta bendición es de gran gloria, no ante el mundo, sino ante Dios. Pues hemos escuchado que nuestros pecados han sido perdonados y hemos sido aceptados por Dios. Asimismo, que Dios es nuestro Padre, y que somos sus hijos. Por eso, no seremos objetos de su ira. Más bien, nos librará del pecado, de la muerte, y de todo mal. Nos dará justicia, vida, y eterna salvación. De esta bendición (como he estado diciendo) los profetas predicaron en sus escritos. Los patriarcas no la recibieron con la indiferencia de los judíos, los eruditos papistas, y los sectarios de hoy. En lugar de eso, los profetas las leyeron y sopesaron con gran esmero, entendiendo que estas promesas profetizaban del Cristo y de su reino. Tal como declara la profecía de Oseas: «De la mano del sepulcro los redimiré, los libraré de la muerte. Oh muerte, yo seré tu muerte; y seré tu destrucción, oh sepulcro» (Oseas 13:14). Así también otros profetas en otros textos repitieron todas estas promesas, en las cuales Dios había prometido a los padres herir la cabeza de la serpiente, y bendecir a todas las naciones.

Además, si las naciones son bendecidas, es decir, si son consideradas justas ante Dios, entonces se sigue que son libres del pecado y de la muerte; son partícipes de la justicia, la salvación, y la vida eterna, no por sus obras, sino por su fe en Cristo. Por tanto, el texto de Génesis 12:3, «En ti serán benditas todas las naciones», no habla sencillamente de bendecir con los labios. Más bien, es de

---

96. *imputation justitiae [...] per auditum fidei.*

gran magnitud porque pertenece a la imputación de justicia[97], que es válida ante Dios, y redime del pecado y de todos los males que lo acompañan. Pues bien, esta bendición se recibe por la fe, pues el texto dice claramente: «Abraham creyó a Dios, y le fue contado por justicia». Por eso es una bendición precisamente espiritual. Con solo decir «eres bendecido» alcanza a todo el mundo eficazmente. Aunque esta bendición sea difamada, es la única que vale ante Dios. Por tanto, este texto es poderoso, pues dice que los creyentes participan de esta promesa con la bendición dada al creyente Abraham. Así, Pablo se adelanta a los judíos, tapando la jactancia de estos en Abraham el progenitor y hacedor de obras, justo ante los hombres; el cual, sin embargo, no es Abraham el creyente.

Y así como los judíos se glorían solamente en el Abraham de las obras, también el papa presenta solo al Cristo de las obras, o más bien, a Cristo nuestro ejemplo[98]. Todo el que viva justamente (dice él) debe andar como anduvo Cristo, según su propia declaración en Juan: «Porque ejemplo os he dado, para que también vosotros hagáis como yo os he hecho» (Juan 13:15). No negamos que los fieles deban seguir el ejemplo de Cristo, y tener buenas obras. Sin embargo, decimos que por ellas no serán justificados ante Dios. Aquí Pablo no discute lo que debemos hacer, sino la manera en que somos justificados. Presenta a Cristo solo[99], muriendo por nuestros pecados, resucitando para nuestra justificación, y se lo debe asir por la fe como un don, y no como un ejemplo. La razón no puede entender esto. Por tanto, tal como los judíos imitan a Abraham el hacedor de obras y no a Abraham el creyente, también los seguidores del papa hacen lo mismo hoy. Junto con el papa, todos los que buscan la justicia por las obras, miran y se aferran no al Cristo que justifica sino al Cristo de las obras. De esta manera se desvían de Cristo, de la justicia, y de la salvación. Así como los judíos que fueron salvos siguieron a Abraham el creyente, también debemos hacerlo nosotros. Si hemos de ser libres de nuestros pecados y ser salvos, debemos aferrarnos al Cristo justificador y salvador. Pues el

---

97. *quae pertinet ad reputandam justitiam.*
98. Lutero añade a pie de página: *Papa proponit Christum ut exemplu, non ut donum,* «El papa propone a Cristo como el ejemplo, pero no como el don».
99. *solus Christus proponendus.* Lutero añade esta nota: *In causa justificationeis beneficium, non exemplum Christi considerandum est,* «[Seguir] a Cristo como ejemplo no se toma en cuenta como la causa del beneficio de nuestra justificación».

mismo Abraham se aferró a Él por la fe, y fue bendecido por el favor de Cristo.

Ciertamente para Abraham fue de mucha gloria cuando recibió la circuncisión por mandato de Dios, y fue dotado de excelentes virtudes, obedeciendo a Dios en todas las cosas. Así también es de gran adulación y felicidad imitar el ejemplo de Cristo[100]. Entonces es cuando obramos, amamos al prójimo, hacemos el bien a los que nos ultrajan, oramos por nuestros enemigos, soportamos con paciencia la ingratitud de los que pagan mal por bien. Pero todo esto de nada vale como justicia ante Dios[101]. Las excelentes obras y virtudes de Abraham no fueron la razón de que se lo considerara justo ante Dios. Ni tampoco la imitación del ejemplo de Cristo nos justifica ante Dios[102].

CONFERENCIA 18: sábado 5 de septiembre

Para justificarnos ante Dios, se requiere un precio mucho más excelente. Este no es ni la justicia del hombre ni la de la ley. Para nuestra justificación es necesario que Cristo nos bendiga y nos salve, del mismo modo que Abraham lo tuvo como su bendecidor y salvador. ¿Cómo? No por obras, sino por fe[103]. Por tanto, hay una gran diferencia entre el Cristo que bendice y redime, y el Cristo que obra y da ejemplo. Ahora, Pablo está hablando aquí del Cristo redentor y del Abraham creyente, no del Cristo ejemplar ni del Abraham hacedor de obras. Por tanto, añade a propósito, y con gran pasión: «Todos los que son de fe, son bendecidos con Abraham el creyente».

Por tanto, Abraham el creyente debe quedar tan separado del Abraham que obra como el cielo está lejos de la tierra. El primero cree en Cristo. Este Abraham creyente es una creación divina, un hijo de Dios, heredero del mundo, vencedor sobre el pecado, la muerte, el mundo, y el diablo. No hay manera de elogiarlo lo suficiente. No permitamos que Abraham el creyente permanezca oculto en su tumba, como lo está para los judíos, sino exaltémoslo

---

100. Lutero anota: *Bonum est exempla Christi imitari, sed per hoc non contingit Justitia*, «Es bueno imitar el ejemplo de Cristo, pero nuestra justicia no depende de eso».
101. *sed hoc nihil ad justitiam coram Deo.*
102. *ita nec imitatio exempli Christi nos coram Deo justus facit.*
103. *non per opera, sed per fidem.*

y magnifiquémoslo. Llenemos el cielo y la tierra con su nombre, de modo que este Abraham creyente nos impida totalmente ver al Abraham que obra. Pues cuando hablamos de Abraham el creyente, estamos en el cielo. Pero después, hagamos las cosas que hizo el Abraham que obra, las carnales y terrenales, no las divinas y celestiales (pues le fueron dadas por Dios), ya que estamos en la tierra y entre los hombres. Por tanto, Abraham el creyente llena tanto el cielo como la tierra. Así también, que cada cristiano, por medio de su fe, llene el cielo y la tierra, de modo que no vea cosa alguna excepto la fe.

De estas palabras, «son bendecidos», Pablo extrae ahora un argumento contrario, pues la Escritura está llena de asuntos antitéticos, y cosas que se oponen al compararlas. En este tema es necesario emplear cierta astucia para distinguir estas cosas opuestas en las Escrituras y saber explicar las frases debidamente. Pues esta palabra, «bendecidos», apunta también a lo contrario, es decir, a maldición. Por tanto, cuando las Escrituras testifican que «Todas las naciones que son de la fe reciben la bendición de Abraham el creyente», se deduce que todos los judíos y gentiles sin fe o separados de Abraham el creyente están bajo maldición. Pues la promesa de la bendición fue dada a Abraham para que en él fueran benditas todas las naciones. Así que no podemos esperar bendición alguna excepto en la promesa hecha a Abraham, la cual se proclama ahora al mundo entero mediante el Evangelio. Por tanto, todo el que está sin esa bendición, es maldito. Pablo demuestra esto claramente cuando dice:

VERSÍCULO 10. *Porque todos los que son de las obras de la ley están bajo maldición.*

Aquí pueden ver que la maldición es como un diluvio, que devora todo lo que está separado de Abraham. Eso es lo que pasa sin la fe y cuando falta la promesa de la bendición de Abraham. Pero si la ley misma, dada por Moisés por mandato de Dios, hace que los que están bajo ella estén sujetos a maldición, mucho más lo harán las leyes y las tradiciones inventadas por los hombres. Por tanto, quienes quieran evitar la maldición deben aferrarse a la promesa de la bendición, o estar en la fe de Abraham; de otra manera permanecerán bajo maldición. Por tanto, de este texto, «en ti serán benditas», se deduce que, de ahí en adelante, todos estarían y seguirían estando bajo maldición a menos que fueran bendecidos en la fe de Abraham. Pues a él fue dada la promesa a fin de proclamarla mediante su simiente al mundo entero.

Es muy necesario saber estas cosas, pues son de gran ayuda y consuelo para las conciencias atormentadas. Además, nos enseñan a separar la justicia de la fe de la justicia de la carne, o sea, de la justicia civil. Pues debemos apuntar aquí que Pablo no trata el tema del comportamiento ético, sino un tema divino y espiritual[104]. Pablo no quiere que algún trastornado lo calumnie diciendo que él maldice y condena las leyes civiles y la obediencia a los magistrados. Jerónimo le da muchas vueltas a este texto, pero al final no dice nada. Los eruditos del papa también han intentado explicarlo, pero ¡solo han demostrado no tener siquiera la inteligencia de un pescado![105] Tengan en cuenta que este texto no tiene nada que ver con las leyes civiles, los modales, o con temas políticos (los cuales Dios ha dispuesto, y son cosas buenas, aprobadas y recomendadas por otras partes de la Escritura). Este texto trata de la justicia espiritual, por la cual somos justificados ante Dios, y llamados hijos de Dios en el reino de los cielos. En resumen, aquí no se trata cosa alguna de la vida corporal, sino de la vida eterna. En ella, no hemos de esperar bendición ni procurar justicia alguna por la ley, por las tradiciones, ni por cosa alguna que se pueda nombrar en esta vida. Debe ser únicamente por la promesa de la bendición a Abraham. Que las leyes civiles y los reglamentos permanezcan en su debido lugar y orden. Que el jefe de casa y el magistrado[106] se esmeren siempre por establecer leyes de gran excelencia. Sin embargo, ninguna de ellas podrá librar a persona alguna de la maldición de la ley de Dios. El reino de Babilonia, dispuesto por Dios y encomendado a reyes, tenía leyes excelentes, y todas las naciones debían obedecerlas. No obstante, la obediencia a esas leyes no las salvó de la maldición de la ley de Dios. De igual manera nosotros obedecemos las leyes de los príncipes y magistrados, pero eso no nos hace justos ante Dios. Nuestro tema aquí es otro.

---

104. *non in loco Politico, sed Theologico et spirituali.*
105. *muti quam pisces sunt.*
106. *Oeconomus et Magistratus.*

CONFERENCIA 18: SÁBADO 5 DE SEPTIEMBRE

No sin razón yo enseño y repito esta diferencia con tanta diligencia. Este conocimiento es sumamente necesario, aunque pocos lo resalten o lo entiendan de verdad. Otra vez, confundir y mezclar la justicia celestial con la civil[107] es muy fácil. En la justicia civil debemos prestar atención a las leyes y a las obras. Pero en lo espiritual, divino, y en la justicia celestial, debemos rechazar totalmente toda ley y obra. Debemos fijar nuestra mirada solo en la promesa y la bendición. Esta nos presenta únicamente a Cristo como dador de esta bendición y gracia, y como nuestro único Salvador. Por tanto, esta justicia espiritual excluye toda ley y toda obra, y se fija solo en la gracia y la bendición dada por Cristo, como fue prometida a Abraham, y creída por él.

De esto resulta claro que este argumento es poderoso e invencible. Si esta bendición se recibe solo por mano de Cristo, también es verdad que, inversamente, la bendición no se recibe por mano de la ley. Pues la bendición fue dada a Abraham el creyente antes de la ley y sin la ley. Así fue como Abraham creyó en el Cristo por venir, el dador de la promesa, y así, por la misma fe, creemos en el Cristo ya venido y presente en el mundo hoy. Así es como hoy somos justificados por la fe, tal como Abraham, en ese entonces, fue justificado por la fe. Por tanto, los que están bajo la ley no son bendecidos, sino que permanecen bajo la maldición.

Ni el papa ni su curia creen esta doctrina; mucho menos la quieren creer. Por eso no debemos guardar silencio. Más bien, confesamos la verdad diciendo que el papado está bajo maldición. Sí, y todas las leyes y reglamentos civiles del emperador están bajo maldición. Pues de acuerdo con Pablo, todo lo que existe sin la promesa y la fe de Abraham, está maldito. Cuando nuestros adversarios escuchan esto, enseguida pervierten y calumnian nuestras palabras. Alegan que enseñamos a deshonrar a los magistrados, a suscitar rebelión contra el emperador, a desobedecer sus leyes, a derrocar y destruir gobiernos, y otras mentiras. Con todo esto, todo lo que logran es hacernos daño. Lo que nosotros hacemos es una distinción entre la bendición corporal y la espiritual. Enseñamos que el emperador fue bendecido con una bendición corporal. Pues tener un reino, leyes, y ordenanzas civiles, tener una esposa, hijos, casa, y tierras, son

---

107. *politicae.*

bendiciones. Todas estas cosas son cosas buenas, creadas y dadas por Dios. No obstante, esta bendición corporal, que solo es temporal y llegará a su fin, no nos libra de la maldición eterna. Por eso no condenamos las leyes, ni fomentamos la sedición contra el emperador. Más bien, enseñamos que debe ser obedecido, temido, reverenciado, y honrado, pero solo en lo civil. Sin embargo, cuando hablamos de bendición espiritual, entonces decimos osadamente con Pablo: «Todo lo que está fuera de la promesa y de la fe de Abraham está maldito y existe bajo la eterna maldición de Dios». Pues debemos fijarnos en la otra vida más allá, cuando esta vida en la carne llegue a su fin.

En conclusión, decimos que todas las cosas terrenales son cosas buenas creadas por Dios. Por lo tanto (como he dicho), tener una esposa, hijos, bienes, leyes políticas y reglamentos, son bendiciones de Dios en su debido lugar. Es decir, son bendiciones temporales que pertenecen a esta vida. Pero los legalistas y cumplidores de la ley a través de todos los tiempos, así como los judíos, los papistas, sectarios y tales, las mezclan y las confunden. Pues no hacen diferencia entre las bendiciones corporales y espirituales. Por eso, dicen: «Tenemos una ley, y esta ley es buena, santa, y justa; por tanto, somos justificados por ella». ¿Quién podría negar que la ley es buena, santa, y justa? Sin embargo, es también una ley de condenación, pecado, ira, y muerte. Por eso aquí colocamos una marca para distinguir entre la bendición material y la espiritual, y decimos que Dios otorga una doble bendición. Una material, para nuestros cuerpos en esta vida, y otra espiritual, para la vida eterna. Por tanto, tener riquezas, hijos, y cosas así, concedemos que son bendiciones, pero se limitan solamente a esta vida. Pero para la vida eterna no basta con tener bendiciones corporales, pues hasta los impíos las tienen en más abundancia que muchos. No nos basta con tener una justicia civil o legal, pues en estas cosas los impíos también prosperan. Dios distribuye gratuitamente estas cosas por todo el mundo, así como permite que salga el sol y llueva sobre buenos y malos, pues es generoso con todos. Para Él es poca cosa poner a toda criatura bajo los pies de los impíos. «Porque la creación fue sujetada a vanidad, no por su propia voluntad» (Romanos 8:20). Por tanto, quienes solo tienen estas bendiciones corporales no son hijos de Dios. No son bendecidos espiritualmente por Dios, como Abraham, sino que están bajo maldición, como Pablo dice aquí: «Porque todos los que están bajo las obras de la ley están bajo maldición».

Pablo podría haber dicho, como norma general, que todo lo que existe sin fe está bajo maldición. Pero no lo dijo así. En vez de eso, señala a la ley. Después de la fe, la ley es la mejor, la más grande y excelente de todas las bendiciones dadas al mundo. No obstante, no hace más que condenarlos a todos, y mantenerlos bajo condenación. Pues bien, si la ley de Dios somete a todos a maldición, mucho más lo harán las leyes y bendiciones inferiores. Además, para entender claramente lo que Pablo quiere decir con maldición, lo declara mediante el siguiente testimonio de la Escritura. Pues dice:

VERSÍCULO 10. *Porque todos los que son de las obras de la ley están bajo maldición. Porque escrito está: Maldito todo aquel que no permaneciere en todas las cosas que están escritas en el libro de la ley, para hacerlas.*

Pablo se propone probar, tomando este testimonio de Deuteronomio 27:26, que todos los que están bajo la ley, o bajo las obras de la ley, están malditos, o bajo maldición. Es decir, bajo el pecado, la ira de Dios, y la muerte eterna. Pues no está hablando (como dije antes) de una maldición corporal, sino de una maldición espiritual, que necesariamente es la maldición de la muerte eterna y el infierno. Esta es una forma magnífica de comprobar lo antedicho. Pues Pablo avala esta afirmación: «Todos los que son de las obras de la ley están bajo maldición», para lo cual utiliza una negación tomada de Moisés: «Maldito todo el que no permaneciere en todas las cosas que están escritas en el libro de la ley, para hacerlas». En estas dos oraciones pareciera que Pablo y Moisés se contradicen. Pablo dice: «Todos los que son de las obras de la ley están bajo maldición»; Moisés dice: «El que no hace las obras de la ley está maldito». ¿Cómo se pueden reconciliar estas dos declaraciones? Más aun, ¿cómo puede probarse la una por la otra?

¿A quién se le podría ocurrir tomar esta declaración y probarla usando la que la sigue? «Si guardas los mandamientos de Dios, entrarás en la vida». Y luego intenta probarla usando esta otra: «Si no guardas los mandamientos de Dios, entrarás en la vida». ¿Acaso se puede comprobar lo positivo por medio de su negativo? No hay quien pueda comprender esta aparente contradicción a menos que conozca y comprenda el artículo de la justificación. *Jerónimo suda la gota gorda, pero al final se enreda todo*[108].

Cuando Pablo estuvo entre los gálatas, sin duda trató este tema más a fondo. Pues de otro modo no lo habrían comprendido, considerando que aquí solo lo menciona de paso. Pero puesto que antes ya lo habían escuchado hablar de aquello, ahora lo recuerdan. Estas dos oraciones no están en conflicto, sino que concuerdan bastante bien. Nosotros enseñamos lo mismo: los oidores de la ley no son justos ante Dios, sino los hacedores de la ley serán justificados (Romanos 2:13). Pero lo opuesto también es verdad: todos los que hacen las obras de la ley están bajo maldición. Pues el artículo de la justificación enseña que todo el que no tiene la fe de Abraham está bajo maldición. No obstante, la justicia de la ley debe cumplirse en nosotros (Romanos 8:4). Para quien ignora la doctrina de la fe, estas dos oraciones parecen estar en conflicto. *Todo pareciera un absurdo: «Si cumpliste la ley, no la cumpliste; pero si no la cumpliste, ¡entonces la cumpliste!».*

Por tanto, en primer lugar, debemos ver de qué se ocupa Pablo, a dónde se dirige, y cómo entiende a Moisés. Aquí, Pablo está tratando (como he dicho antes) un tema espiritual. Es un tema aparte de todo reglamento y ley. Cuando describe a Moisés, lo hace de una manera muy diferente a la de los hipócritas y la de los falsos apóstoles, pues expone la ley espiritualmente. Todo lo que tiene que ver con este tema reposa sobre la palabra «hacer». Ahora, «hacer la ley» no es solo aparentar hacerla, sino hacerla verdadera y perfectamente. Hay, pues, dos hacedores de la ley. Primero, los que son de la ley, aquellos contra quienes Pablo se opone arduamente en toda esta epístola; y los otros son los que son de fe, de quienes hablaré en breve. Ahora bien, ser de la ley (o de las obras de la ley) y ser de la fe son posiciones contrapuestas. Son tan opuestas como Dios y el diablo, el pecado y la justicia, la muerte y la vida. Los que son de la ley son los que quieren ser justificados por la ley. Los que son de fe son aquellos que confían solamente en la misericordia de Dios, por causa de Cristo, para su justificación. Por eso, los que dicen

---

108. *Hieronymus satis quidem sudat, sed inexplicatum relinquit.*

que son justos por la fe maldicen y condenan la justicia de las obras. Y a su vez, los que dicen que la justicia es por la ley, maldicen y condenan la justicia de la fe. Por tanto, estos dos conceptos se oponen totalmente el uno al otro.

Aquí Pablo no habla de la ley y de las obras con respecto a su esencia[109]*. Más bien, habla de ellas según el uso y la opinión de los hipócritas, pues ellos buscaban ser justificados por medio de la ley y de sus obras*[110].

El que tome en cuenta este texto comprenderá fácilmente que guardar la ley no es hacerlo solo exteriormente en apariencia (como piensan los hipócritas), sino guardarla en espíritu. Es decir, cumpliendo de manera verdadera y perfecta las cosas prescritas en la ley. Sin embargo, ¿dónde se halla el fulano que cumple la ley así? ¡Que pase al frente y lo alabaremos! Aquí, nuestros adversarios tienen ya su respuesta lista, diciendo: «Los hacedores de la ley serán justificados». Muy bien. Pero primero vamos a definir quiénes son estos hacedores de la ley. Ellos llaman hacedor de la ley al que hace las obras de la ley, y con el tiempo, es hecho justo por las obras anteriores. Según Pablo, ese no es un hacedor de la ley. Pues, como he dicho, el que hace las obras de la ley, y el que es de fe, no son la misma cosa. Más bien se contraponen. Por eso, buscar la justificación por las obras de la ley es negar la justicia de la fe. Por eso, cuando estos legalistas y hacedores de la ley dicen que están guardando la ley, con su propio obrar niegan la justicia de la fe. Pecan contra el primero, segundo y tercer mandamiento, y contra toda la ley. Pues Dios manda que lo adoremos en fe, y en el temor de su nombre. Ellos ponen las cosas al revés. Pretenden hacer la justicia de las obras, pero sin fe y contra la fe. Por tanto, aun en su presunto cumplimiento de la ley, arremeten contra la ley, y pecan mortalmente hasta el otro extremo. Niegan la justicia de Dios, su misericordia, y sus promesas; niegan a Cristo con todos sus beneficios. En sus corazones, establecen no la justicia de la ley (la cual no entienden ni mucho menos cumplen), sino una mera fantasía y un ídolo de la ley. Por tanto, pecan no solo en su observancia de la ley sino también porque no la cumplen. Con su presunta observancia anulan todas las promesas de la majestad divina. La ley no fue dada con ese fin.

---

109. *metaphysice acceptis.*
110. Esta sección en *cursiva* no está en la versión de Middleton.

Por tanto, al no comprender la ley, abusan de ella. Como dice Pablo: «Porque ignorando la justicia de Dios, y procurando establecer su propia justicia, no se han sujetado a la justicia de Dios» (Romanos 10:3). Pues están ciegos y no saben lo que debe pensarse de la fe y las promesas. Es por eso que se precipitan a las Escrituras sin entendimiento alguno. Allí se aferran a una sola porción: «¡la ley!», e imaginan que son capaces de cumplirla con sus obras. Pero esto no es más que un poder engañoso; solo están viendo un producto de su imaginación, y sus propios corazones están bajo un fuerte hechizo. Esa justicia de la ley, que ellos creen estar logrando, es, por el mismo hecho, tan solo idolatría y blasfemia contra Dios. Por tanto, necesariamente permanecen bajo maldición.

Por tanto, es imposible cumplir la ley como se lo imaginan, y mucho menos justificarse por ella. Primero, la ley misma testifica de esto, que su efecto es todo lo opuesto, pues aumenta el pecado, produce ira, acusa, aterroriza, y condena. ¿Cómo, entonces, podría justificar? Además, la promesa enseña lo mismo, porque a Abraham se le dijo: «En ti serán benditas todas las naciones de la tierra». Por tanto, no hay bendición alguna excepto en la promesa de Abraham; y si te encuentras fuera de ella, estás bajo maldición. Y si estás bajo maldición, no estás cumpliendo la ley, porque estás bajo el pecado, el diablo, y la muerte eterna, todo lo cual es ciertamente resultado de la maldición. En conclusión, si la justicia viniera por la ley, en vano sería la promesa de Dios, y en vano derramaría su bendición tan abundantemente. Por tanto, cuando Dios vio que no podríamos cumplir la ley, previó esa eventualidad con mucha anticipación antes de la ley, y dio a Abraham la promesa de la bendición diciendo: «En ti serán benditas todas las naciones de la tierra». Con esas palabras daba testimonio de bendición a todas las naciones no por la ley, sino por la promesa hecha a Abraham. Por eso, todos los que se aferran a la ley y procuran ser justificados por ella, desprecian la promesa, y por eso se los maldice.

Por tanto, en nuestra lista de cosas por hacer, la primera es creer. Y creyendo, somos más justos que la ley[111]. Es necesario que primero recibamos el Espíritu Santo, por el cual somos iluminados y renovados. Luego comenzamos a hacer obras de acuerdo con la

---

111. *quare facere, est primum credere, et sic per fidem praestare legem.*

ley[112], es decir, comenzamos a amar a Dios y a nuestro prójimo. Pero el Espíritu Santo no se recibe por la ley[113] (porque los que están bajo la ley, como dice Pablo, están bajo maldición), sino por el oír con fe, es decir, mediante la promesa. Solo debemos ser bendecidos con Abraham en la promesa hecha a él, y en su fe. Por tanto, ante todo, debemos escuchar y recibir la promesa, la cual presenta a Cristo, y lo ofrece a todos los creyentes. Aferrados a Él por fe, se les da el Espíritu Santo a causa de Él. Es entonces cuando aman a Dios y al prójimo, hacen buenas obras[114], y llevan su cruz con paciencia. Esto, ciertamente, es hacer obras de acuerdo con la ley[115], pues la ley siempre tendrá obras correspondientes[116]. Por tanto, si quieres definir verdadera y claramente lo que significa hacer la ley, no es otra cosa que creer en Jesucristo, y cuando recibimos a Cristo por fe, el Espíritu Santo obra lo que hay en la ley[117]. De otro modo, nadie podría hacer obras de acuerdo con la ley[118]. Pues la Escritura añade que, aparte de la promesa, no hay bendición, ni siquiera en la ley. Por tanto, es imposible hacer obras conforme a la ley sin la promesa[119]; debe haber una bendición, *que es la predicación de Cristo. Él fue lo prometido a Abraham, para que el mundo entero fuera bendecido. De otra manera, jamás podríamos hacer obras acordes con la ley*[120].

Aunque rebusquen por todo el mundo, no encontrarán a nadie que reciba apropiadamente el nombre y título de «hacedor de la ley» sin la promesa del Evangelio. Por tanto, «hacedor de la ley» es un término ficticio[121] que nadie puede comprender a menos que esté sin la ley y sobre ella, apoyado en la bendición y la fe de Abraham. De modo que el verdadero hacedor de la ley es aquel que, habiendo recibido el Espíritu Santo por la fe en Cristo, comienza por amar a Dios y hacer el bien a su prójimo. Así, esta frase, «hacer la ley», debe abarcar la fe que nutre al árbol, el cual entonces produce fruto. Primero viene el árbol, luego el fruto. Pues las manzanas no hacen al árbol, sino que el árbol produce las manzanas. Por tanto, hacer la

---

112. *quo illuminati et renovati incipimus facere legem, hoc est, diluyere Deum et proximum.*
113. *Spiritus sanctum autem non per legem accipitur.*
114. *bona opera fiunt.*
115. *hoc vere est legem facere.*
116. *alioqui lex perpetuo manet infecta.*
117. *Spiritu sancto operari ea, quae sunt in lege.*
118. *neque aliquer lex a nobis fieri potest.*
119. *igitur impossibile est fieri legem absque promissione.*
120. *alioqui nunquam faciemus legem.*
121. *terminus fictus.*

ley sin fe es hacer manzanas sin árbol, de madera y arcilla, lo cual no es hacer manzanas, sino meras fantasías. Por el contrario, cuando ya hay un árbol, es decir, cuando ya hay una persona o hacedor en el cual hay fe en Cristo, las obras siguen. Pues es necesario que el hacedor exista antes de las cosas que se hacen, y no las cosas hechas antes del hacedor.

El hacedor no se llama así por las cosas que ya hizo, sino por las cosas que hará. Pues los cristianos no se vuelven justos haciendo cosas justas[122]. Más bien, habiendo sido declarados justos por la fe en Cristo, la justicia opera[123]. En las cosas de la vida diaria sucede que el hacedor u obrero se vuelve tal al hacer las cosas. Por ejemplo, el que toca la zanfona (como dijo Aristóteles) se vuelve un zanfonista. Pero en lo espiritual[124], los obradores no se hacen tales por las obras que hicieron, sino que, siendo de la fe, pasan a ser obradores. De ellos habló Pablo en Romanos 2:13, cuando dijo: «Los hacedores de la ley serán justificados», o dicho de otro modo, «ya son tenidos por justos»[125].

Hasta los mismos sofistas y eruditos papales se ven obligados a confesar (así lo enseñan) que una obra moral hecha externamente, si no se hace con pureza de corazón, buena voluntad, y rectitud de intención[126], es tan solo hipocresía. De ahí el proverbio de los alemanes: «La cogulla cubre a más de un bandido». Pues el pillo más impío del mundo puede fingir que hace las mismas obras que el creyente más piadoso. Judas hizo lo mismo que los demás apóstoles. ¿Qué les faltaba, a las obras de Judas? ¿Acaso no hizo las mismas obras que el resto de los apóstoles? Miren lo que responde aquí el sofista papal desde su filosofía moral. Dice que, aunque hacía las mismas obras que los otros discípulos, era, no obstante, un réprobo; el juicio de su razón estaba pervertido, y por lo tanto, sus obras eran hipócritas y falsas aunque, en las apariencias, eran similares a las de los apóstoles. Así, ellos mismos se ven obligados a conceder que, en asuntos de la vida diaria y en las cosas externas, las obras no justifican a menos que estén unidas a una rectitud de corazón, voluntad, y juicio. ¿Cuánto más no tendrán la obligación de confesar

---

122. *quia Christiani non fiunt iusti operando iusta.*
123. *sed jam fide in Christum justificati operantur justu.*
124. *in Theologia.*
125. *iusti reputantur.*
126. *recto dictamine rationis.*

lo mismo en el tema espiritual?[127] Pues en lo espiritual debe haber un conocimiento de Dios y una fe que purifica el corazón. Por eso ellos andan en las obras y en la justicia de la ley como lo hacía Judas en las obras de los apóstoles, sin entender lo que hablan ni lo que enseñan. Y aunque Pablo dice expresamente por todos lados que la ley no justifica, sino que trae ira, proclama el pecado, revela la indignación y el juicio de Dios, y amenaza con la muerte eterna, aun así, leyendo estas cosas, no las ven ni mucho menos las entienden. Por tanto, no merecen ser llamados hipócritas, sino máscaras y sombras de hipócritas disfrazados, perversamente embrujados, por lo cual sueñan que son justificados por las obras de la ley. Por eso, como he dicho, el «hacedor de la ley», según ellos lo definen, es un invento, un verdadero fantasma, que ¡no se encuentra en ningún lado de la creación!

Por lo cual, cuando Pablo dice: «Todos los que son de las obras de la ley están bajo maldición» (Gálatas 3), busca probar lo dicho por Moisés: «Maldito todo el que no permaneciere en todo lo que está escrito en este libro». No alega que lo uno contradice lo otro, como pareciera a primera vista. Más bien, prueba el texto debida y precisamente. Pues Moisés enseña y explica lo mismo que Pablo cuando dice: «Maldito el que no cumpla todo, etc.». Pero no hay ser humano alguno que permanezca constantemente en el cumplimiento de la ley. Luego, todos los que son de las obras de la ley no guardan la ley. Y, si no la guardan, están bajo maldición. Sin embargo, como hay dos tipos de hacedores de la ley (como ya dije, los verdaderos hacedores y los hipócritas), los verdaderos hacedores deben ponerse aparte de los hipócritas. Los verdaderos hacedores de la ley son los de la fe; por la fe, son el árbol bueno que viene antes del fruto; son hacedores y obradores antes de haber hecho obra alguna. De estos también habla Moisés, y a menos que sean de esta índole, están bajo maldición. Pero los hipócritas no son de esta clase. Pues aspiran a lograr la justicia mediante sus obras, y por ellas, hacerse justos y aceptos. Se preguntan: «¿Cómo lo lograremos? Por las buenas obras». Por tanto, son semejantes al constructor necio, que construye el techo antes que el fundamento, y que quiere que el fruto produzca el árbol. Cuando procuran justificarse por las obras,

---

127. *in Theologia.*

se proponen crear un obrador a partir de las obras. Esto se opone totalmente a Moisés, pues Moisés sujeta tal hacedor a maldición, como también lo hace Pablo.

Por tanto, al enredarse en el cumplimiento de la ley, no solo no la cumplen, sino que también niegan (como dije) el primer mandamiento, las promesas de Dios, y la bendición prometida a Abraham; renuncian a la fe, y buscan recibir la bendición por sus propias obras: buscan justificarse, librarse a sí mismos del pecado y de la muerte, vencer al diablo, y apoderarse del reino de los cielos por la fuerza. Con esto renuncian expresamente a Dios, y pretenden colocarse en el lugar de Dios. Pues todas estas obras pertenecen solo a la divina majestad, y a ninguna otra criatura, sea humana o angelical.

Por eso Pablo, a partir del primer mandamiento, pudo demostrar fácilmente las abominaciones que el anticristo traería a la Iglesia. Pues todos los que enseñan cualquier otra alabanza como necesaria para la salvación aparte de lo que Dios requiere de nosotros en el primer mandamiento (el temor de Dios, la fe y el amor de Dios) no son nada más que anticristos, los cuales se sientan en el lugar de Dios. Cristo mismo predijo la venida de estos fulanos cuando anunció: «Vendrán muchos en mi nombre, diciendo: yo soy el Cristo» (Mateo 24:5). Asimismo, hoy podemos declarar con osadía y libertad: «Todo el que procura la justicia por las obras aparte de la fe, niega a Dios, y se hace pasar por Dios». Pues el tal piensa así: «Si hago esta obra, seré justo, seré vencedor sobre el pecado, la muerte, el diablo, la ira de Dios, el infierno, y obtendré la vida eterna». Pero díganme, les ruego, ¿qué es esto sino arrogarse la obra que pertenece solo a Dios, y actuar como si fueras tu propio Dios? Por tanto, nos es fácil profetizar y juzgar que todo aquel que no es de fe, además de idólatra, es también un incrédulo, pues niega a Dios, y se sienta en el lugar de Dios. Sobre este mismo fundamento profetizó también Pedro, cuando dijo: «Como habrá entre vosotros falsos doctores, que introducirán encubiertamente herejías de perdición, y negarán al Señor que los rescató, atrayendo sobre sí mismos perdición acelerada».

En el Antiguo Testamento, todas las profecías contra la idolatría brotaron del primer mandamiento. Todos los reyes y profetas impíos, junto con todo el pueblo incrédulo, no hicieron otra cosa que lo que siempre han hecho el papa y todos los hipócritas. Baratean el primer mandamiento y el culto instituido por Dios, y desprecian la promesa de la Simiente de Abraham, esa Simiente en la cual todas las naciones serían bendecidas y santificadas. Ellos instituyeron un culto impío totalmente contrario a la palabra de Dios, y dijeron: «Por medio de este culto serviremos a Dios, que nos sacó de la tierra de Egipto». Fue así como Jeroboam hizo dos becerros de oro, y dijo: «He aquí tus dioses, oh Israel, que te hicieron subir de la tierra de Egipto» (1 Reyes 12:28). Dijo esto acerca del verdadero Dios que había redimido a Israel. No obstante, él y todo su pueblo eran idólatras, pues adoraban a Dios de manera contraria al primer mandamiento. Solo tomaron en cuenta esa obra y pensaron que Dios los consideraría justos por haberla cumplido. Y ¿qué era esto, sino negar a Dios mismo? Ah, pero ellos confesaban a Dios con su boca, y decían: «... que te hicieron subir de la tierra de Egipto». Pablo habla de tales idólatras cuando dice: «Dirán que aman y respetan a Dios, pero con su conducta demostrarán lo contrario» (2 Timoteo 3:5 TLA).

Por consiguiente, todos los hipócritas e idólatras se afanan tratando de hacer las obras que propiamente pertenecen solo a la divinidad, pero estas competen solo a Cristo[128]. Ciertamente, no usan las palabras «Yo soy Dios» o «Yo soy Cristo». No obstante, con sus obras se atribuyen la divinidad y el oficio de Cristo. Es lo mismo que si dijeran: «Yo soy Cristo, soy un salvador, no solo de mí mismo, sino también de otros». Esto no solo es lo que los monjes han enseñado, sino también lo que han hecho creer por todo el mundo. A saber, que ellos son capaces, no solo de justificarse a sí mismos mediante su hipócrita santidad, sino también de hacer partícipes de la misma a otros. No obstante, el oficio de justificar al pecador pertenece propiamente a Cristo solo[129]. Del mismo modo, cuando el papa difunde su santidad por todo el mundo, niega y entierra por completo el oficio y la divinidad de Cristo.

Es menester que todas estas cosas se sopesen y enseñen bien, pues son eficaces para juzgar toda la doctrina cristiana, y la vida de toda persona. También son provechosas para confirmar las conciencias, entender todas las profecías y Escrituras, y juzgar

---
128. *solique Christo competunt.*
129. *cum tamen justificare peccatorem sit solius Christi proprium officium.*

correctamente todas las cosas. Quien comprenda debidamente estas cosas podrá juzgar con certeza que el papa es el anticristo[130], pues enseña un culto muy diferente al que enseña la primera tabla de la ley. Tal persona podrá saber y comprender perfectamente lo que significa negar a Dios, negar a Cristo, y lo que Cristo quiso decir al declarar: «Muchos vendrán en mi nombre, diciendo: Yo soy el Cristo» (Mateo 24:5). También podrá comprender qué significa que el anticristo se siente en el templo de Dios como Dios, y qué significa ver la abominación desoladora en el lugar santo.

Esta maldita hipocresía no es justificada por la bendición divina, ni tampoco es hechura del Dios Creador. Pero esa hipocresía es la fuente de toda fechoría, pues supone que la justificación no es solamente pasiva. Además, dicen ellos, el creyente debe obrar activamente, y sufrir con paciencia lo que Dios obre en él, para que Dios pueda recibir algo de él. Por tanto, el hipócrita, por sus propias obras se hace su propio creador y justificador. Desprecia la bendición prometida a Abraham y a sus hijos de la fe. De modo que cada hipócrita es, simultáneamente, la materia y la causa. Lo cual es contrario a la filosofía, pues una y la misma cosa no puede actuar sobre sí misma. Es la materia porque es el pecador, y es la causa porque se pone una cogulla o elige otra obra para salvarse a sí mismo y a otros, haciéndose al mismo tiempo criatura y creador. No hay palabras para expresar cuán abominable y horrendo es procurar la justicia de la ley y de las obras sin la bendición. No es sino la abominación que está en el lugar santo, la cual niega a Dios y pone a la criatura en el lugar del Creador.

Por tanto, los hacedores de la ley no son los hipócritas que guardan la ley exteriormente[131]. Son, en cambio, los verdaderos creyentes, los cuales, al recibir el Espíritu Santo, la cumplen[132]. Es decir, aman a Dios y a su prójimo. Por eso, el hacedor de la ley no es quien dice cumplirla con sus obras, sino quien ya la ha cumplido por la fe[133]. Pues, de acuerdo con la teología, «los que hacen obras justas es porque ya han sido justificados», pero, según la filosofía, «los que hacen lo justo llegan a ser justificados»[134]. Por tanto, los que

---

130. *certo statuere potest papam esse antichristum.*
131. *hypocritae externe facientes legem.*
132. *qui accepto Spiritu sancto eam implent.*
133. *ut factor legis sit, non qui ex operibus fiat factor, sed qui ex persona per fidem jam facta fiat operator.*
134. *nam in teología justi facti justa faciunt, non item in philosophia, ubi facientes justa justi fiunt.*

hemos sido justificados por la fe hacemos buenas obras[135]. De acuerdo con 2 Pedro 1:10, nuestro llamamiento y elección se confirman cada vez más. Pero como solo tenemos las primicias del Espíritu, y aún no tenemos los diezmos, y los residuos del pecado permanecen en nosotros, no cumplimos la ley perfectamente. No obstante, esta imperfección no se imputa a nuestra cuenta, pues hemos creído en Cristo, que nos ha bendecido según la promesa hecha a Abraham. Mientras tanto, Dios nos cuida tiernamente en el regazo de su divina paciencia, por amor a Cristo. Nosotros somos aquel hombre herido que cayó en manos de ladrones y cuyas heridas vendó el samaritano, derramando aceite y vino. Después nos puso sobre su bestia, nos trajo a la posada e hizo provisión para nuestro cuidado, y al salir, nos encargó al posadero, diciendo: «Cuida de él». Así somos tiernamente cuidados, como si estuviéramos en la posada, hasta que el Señor extienda su mano por segunda vez, como dice Isaías, «para librarnos».

De ahí que la sentencia de Moisés: «Maldito todo el que no permanece en las cosas escritas en este libro», no contradice a Pablo, quien declara malditos a todos los que son de las obras de la ley. Pues Moisés requiere un hacedor que haya cumplido la ley a la perfección[136]. Pero ¿dónde lo hallaremos? En ningún lugar. *Pues Moisés mismo confiesa que él no lo era, cuando dijo: «No hay nadie inocente ante Dios» (Éxodo 34:7).* Y el propio David dijo: «No entres en juicio con tu siervo» (Salmo 143:2). Y Pablo mismo dijo: «No hago lo que quiero; sino lo que aborrezco, aquello hago» (Romanos 7:15). Por eso Moisés, junto con Pablo, nos impulsan hacia Cristo, por medio de quien somos considerados cumplidores de la ley, y se nos anula toda transgresión[137]. ¿De qué manera? Primero, por el perdón de pecados y la imputación de justicia por nuestra fe en Cristo. Luego, por el don de Dios y el Espíritu Santo, que nos dio una vida nueva[138] y nuevos estímulos para ser hacedores eficaces de la ley. Y lo que queda sin hacer, es perdonado por amor a Cristo. Aun más, cualquier pecado que queda en nosotros, no se nos imputa[139]. Por tanto, Moisés está de acuerdo con Pablo, y se refiere a lo mismo

---

135. *Itaque fide justificati facimus bona opera.*
136. *Moses enim requirit factorem, qui perfecte legem faciat.*
137. *per quem fimus factores legis, et nullius transgressionis rei.*
138. *parit novam vitam.*
139. *non imputatur*

cuando dice: «Maldito todo el que no permanece en la ley». Porque, cuando quieren justificarse por las obras, dice que no cumplen la ley, y concluye con Pablo que también están bajo maldición. Por tanto, Moisés requiere verdaderos hacedores de la ley, que sean de fe, así como Pablo condena a los que no son verdaderos hacedores, es decir, quienes no son de fe. Por eso no se contradicen. Moisés habló en negativo y Pablo en afirmativo. Puede entenderse siempre y cuando se defina correctamente el significado de la palabra «hacer». Ambas declaraciones son verdaderas, a saber: «Todos los que no permanecen en todo lo que está escrito en este libro están bajo maldición»; y «Todos los que son de las obras de la ley están bajo maldición».

CONFERENCIA 19: viernes 11 de septiembre

Respuesta a los alegatos de los adversarios en contra de la doctrina y de la justificación por la fe

Aprovecho esta oportunidad para hablar de los argumentos que nuestros adversarios utilizan en contra de la doctrina de la fe, la cual afirma nuestra justificación por la sola fe[140]. Hay muchos pasajes, tanto en el Antiguo Testamento como en el Nuevo, sobre las obras y las recompensas por las obras. Nuestros adversarios se envalentonan con estos textos y los usan como argumentos para derribar la doctrina de fe que enseñamos y defendemos. Por tanto, debemos estar bien equipados y armados, para poder no solo instruir a nuestros hermanos, sino también responder a las objeciones de nuestros adversarios.

Los eruditos del papa, y todos los que no comprenden el artículo de la justificación, desestiman toda justicia a menos que sea la justicia civil y la de la ley. De estas tienen también cierto conocimiento los gentiles. Por eso toman prestadas ciertas palabras de la ley y de la filosofía moral tales como «hacer», «obrar», y otras similares, y luego las relacionan con los temas espirituales[141]. Pero en esto se comportan de la manera más perversa e impía. Debemos hacer una diferencia entre la filosofía y la teología[142]. Los mismos

---
140. *quod sola fide justificemur.*
141. *in Theologiam.*
142. *Theologia.*

eruditos papales conceden y enseñan que, según el orden natural, el existir precede al obrar, pues naturalmente el árbol precede a sus frutos. Nuevamente, ellos conceden lo siguiente: «De acuerdo con la filosofía, una obra de la ética moral solo es buena si proviene del justo juicio de la razón. Es decir, primero viene la buena voluntad[143] de hacer la obra». Por eso ellos requieren un justo juicio de la razón y una buena intención para que la obra sea buena. Es decir, requieren que la persona sea primero moralmente justa[144]. No obstante, cuando se trata de la teología y los asuntos espirituales, en donde tendrían una mayor obligación de requerir el mismo orden, se convierten en burros torpes y desquiciados[145]. Invierten todo de la manera más perversa, pues exigen que primero venga la obra y después el justo juicio de la razón y la buena intención.

Fíjense bien. El «hacer» tiene diferentes significados. Uno en la naturaleza, otro en la filosofía moral, y otro en la teología. En la naturaleza, el árbol debe venir primero, y el fruto después. En la filosofía moral, el «hacer» requiere que, para que la obra sea buena, haya una buena intención y un justo juicio de la razón antes de la obra. Pero hasta ahí llegan todos los filósofos; ahí frenan, y se limitan a no pasar de allí. Por eso, los teólogos dicen que la filosofía moral no coloca a Dios como el objeto y la causa final de todas las cosas.

Según Aristóteles, o un saduceo, o cualquier hombre honrado en el ámbito civil, si contribuye al bienestar público, a la paz, o a la integridad del Estado, se dice que es una persona justa en su manera de pensar y que obra con buenas intenciones. Un filósofo o legislador se limita y no pasa de ahí. No piensa que, por su recta manera de pensar, con sus obras bien intencionadas, obtendrá la remisión de pecados y la vida eterna, como piensa el filósofo papal o el monje. Por tanto, el filósofo pagano piensa mucho mejor que esos hipócritas. Pues permanece dentro de sus límites, tomando en cuenta solo la honradez y la tranquilidad públicas, y no mezcla las cosas celestiales con las terrenales. Por otro lado, el erudito papal imagina ciegamente que Dios toma en cuenta su buena intención[146] y sus obras. Así, mezcla lo terrenal con lo celestial, y corrompe el

---

143. *rectam rationem et bonam voluntatem.*
144. *iustificant personam moraliter.*
145. *adeo stupidi sunt asini.*
146. *bonam intentionem.*

nombre de Dios. Esta manera de pensar la aprendió de la filosofía moral, excepto que abusa de ella mucho más que el pagano.

Por tanto, en la teología debemos ascender mucho más con la palabra «hacer» que en la ciencia natural y en la filosofía. Ahora, el «hacer» se puede convertir en algo totalmente nuevo. *Pues cuando se traslada de las cosas naturales a las morales, el «hacer» ya no lleva el mismo significado. Tampoco lleva el mismo significado cuando pasamos de la filosofía y la ley y llegamos al campo de la teología.* Aquí el «hacer» lleva un nuevo significado, que requiere un justo juicio de la razón y una buena voluntad; no en lo moral, sino en lo espiritual[147]. Es decir, «yo sé y creo por la palabra del Evangelio que Dios ha enviado a su Hijo al mundo para redimirnos del pecado y de la muerte». Aquí, el «hacer» es algo nuevo, algo desconocido para la razón. Los filósofos y los obradores de la ley aún no lo han descubierto, pues es una sabiduría escondida en misterio. Por eso, en la teología, la fe viene antes de la obra.

¿Cómo, entonces, debemos responder a nuestros adversarios cuando alegan contra nosotros las declaraciones de las Escrituras acerca de la ley y de las obras? ¡Pues en esos textos se encuentra «el obrar y el hacer»! Debemos responder con términos teológicos y no con los de la ciencia natural o la ética moral. Pues cuando ellos relacionan esos textos de las Escrituras con la ciencia natural o con la moral, ciertamente los sacan de su contexto y significado. Pero si los relacionan con la teología, deben incluir la razón justa y la buena voluntad, que en este caso son incomprensibles para la razón humana. Pues en la teología, el «hacer» debe entenderse siempre como «el hacer de la fe». De modo que este «hacer de la fe» es como un nuevo reino, separado del «hacer» del mundo natural, o moral. Por tanto, cuando nosotros los teólogos hablamos del «hacer», debemos hablar de ese «hacer de la fe», pues en la teología no hay otra lógica, no hay ninguna buena intención ni buena voluntad fuera de la fe.

Esta regla se observa bien en Hebreos 11. Allí se enumeran las muchas y diferentes obras de los santos en las Sagradas Escrituras: como las de David, que mató a un león y a un oso, y mató a Goliat. Allí, los filósofos religiosos o eruditos del papa (asnos aturdidos)[148]

---
147. *Theologice.*
148. *insulsus asinus*; literalmente, «asnos brutos».

no se fijan en otra cosa que la apariencia externa de la obra. Pero si vamos a ver esta obra, debemos primero considerar qué clase de persona era David antes de hacer la obra. Veremos entonces que era una persona cuyo corazón confiaba en el Señor Dios de Israel, como testifica el texto claramente: «Jehová, que me ha librado de las garras del león y de las garras del oso, él también me librará de la mano de este filisteo» (1 Samuel 17). Además, David dijo al filisteo: «Tú vienes a mí con espada y lanza y escudo; mas yo vengo a ti en el nombre de Jehová de los ejércitos, el Dios de los escuadrones de Israel, que tú has provocado. Jehová te entregará hoy en mi mano, y yo te venceré, y te cortaré la cabeza... Y sabrá toda esta congregación que Jehová no salva con espada y lanza; porque de Jehová es la batalla, y él os entregará en nuestras manos». Pueden ver, entonces, que él era un hombre justo, amado por Dios, fuerte y constante en la fe, antes de hacer esta obra. Por consiguiente, esta obra de David no fue un «hacer» natural o moral, sino un «hacer» de la fe.

La misma epístola menciona a Abel: «Por fe Abel ofreció a Dios más excelente sacrificio que Caín». Cuando los escolásticos [los eruditos del papa] se encuentran con este texto en Génesis (en donde sencillamente se narra cómo Caín y Abel ofrecieron sus dádivas y el Señor miró con agrado las ofrendas de Abel), enseguida se aferran a estas palabras: «ofrecieron sus dádivas al Señor, y el Señor miró con agrado las ofrendas de Abel». Y con eso, exclaman: «Ya pueden ver que Dios miró con agrado las ofrendas; por tanto, las obras sí justifican». De modo que estos puercos inmundos[149] piensan que la justicia solo es un asunto moral, y se fijan solo en la máscara o apariencia de la obra, pero no en el corazón del que hace la obra. Aun en la filosofía se ven obligados a mirar más allá de la obra sola, y fijarse en la buena voluntad del que la realiza. Pero aquí solo se aferran a las palabras «ofrecieron sus dádivas» y «el Señor miró con agrado a Abel y sus ofrendas». Se tapan los ojos, pues el texto de Génesis dice claramente que el Señor miró primero a la persona de Abel, de quien se agradó por su fe, y luego por sus ofrendas. Por eso en teología hablamos de obras de fe, sacrificios, oblaciones, y dádivas, cosas que se ofrecen y hacen en fe. Ese es el

---

149. *inmundi porci*.

testimonio de la epístola a los Hebreos, pues dice: «Por fe Abel ofreció a Dios más excelente sacrificio; por fe Enoc fue traspuesto; por fe Abraham obedeció a Dios» (Hebreos 11:4). Aquí en Hebreos 11 encontramos la norma para responder a los argumentos de los adversarios acerca de la ley y de las obras, a saber: «Este o aquel hizo esta o aquella obra en fe». Así es como das respuesta a todos los argumentos de los adversarios respecto de la ley y de las obras. Así das vuelta a sus argumentos y se los devuelves.

Por tanto, queda claro que en la teología y los asuntos espirituales, la obra no tiene valor sin la fe, pero la fe debe preceder a la obra. «Pues sin fe es imposible agradar a Dios; pues todo el que se acerca a Dios, debe creer». Por eso la epístola a los Hebreos dice que el sacrificio de Abel fue más excelente, porque creyó. Por tanto, la obra o el sacrificio de Abel fue de fe. En cambio, Caín era impío e hipócrita; no tenía fe o confianza en la gracia o el favor de Dios, sino solo una presunción de su propia justicia. Por lo tanto, todo el esfuerzo de la obra con que procuraba agradar a Dios no era sino hipocresía e incredulidad. Por esta razón, aun los adversarios se ven obligados a conceder que todas las obras de los santos presuponen o son precedidas por la fe, gracias a la cual sus obras agradan a Dios, y Él las acepta. Por tanto, en la teología hay un nuevo quehacer, totalmente opuesto al quehacer moral.

Además, vemos que la fe se ejerce de distintas maneras. A veces la fe se ejerce sin obra alguna, y a veces con la obra. Pues así como el artesano trabaja con una variedad de materiales, y así como el jardinero explica que hay árboles estériles y otros que dan fruto, así también el Espíritu Santo habla variadamente de la fe en las Escrituras. A veces habla de una fe abstracta o absoluta, y otras veces de una fe concreta, compuesta, o encarnada. Pues bien, una fe absoluta es cuando la Escritura habla absolutamente de la justificación, o de ser justificado, como se ve en las epístolas a los Romanos y a los Gálatas. Pero cuando la Escritura habla de recompensas y de obras, entonces habla de una fe compuesta, concreta o encarnada. Enumeraremos algunos ejemplos de esta fe, tales como: «la fe que obra por amor» (Gálatas 5:6), «has esto y vivirás» (Lucas 10:28), «si quieres entrar en la vida, guarda los mandamientos» (Mateo 19:17), «haciendo el hombre, vivirá en ellos» (Gálatas 3:12; Levítico 18:5), y «apártate del mal, y haz el bien» (Salmo 34:15). En estos textos y otros similares (de los cuales hay muchos en la Sagrada Escritura), donde se menciona el hacer, la Escritura siempre habla del hacer de fe. De modo que, cuando dice: «haz esto y vivirás», quiere decir, asegúrate primero de tener fe, una razón recta y buena voluntad, es decir, fe en Cristo, y cuando la tengas, ¡obra!

¿Debería asombrarnos, entonces, que a la fe encarnada (que obra como la de Abel, que obró fidelidad) se le prometan méritos y recompensas? Y ¿por qué la Sagrada Escritura no podría hablar diversamente de la fe? ¿Acaso no habla también de Cristo como Dios y hombre? Es decir, a veces habla de la persona entera, y a veces de sus dos naturalezas por separado (ya sea su naturaleza divina o su naturaleza humana). Si habla de sus naturalezas por separado, habla de Cristo en su plenitud. Pero si habla de su divinidad unida a su humanidad en una sola persona, entonces habla del Cristo compuesto o encarnado[150]. Entre los eruditos hay una regla sobre la comunicación de las propiedades[151], cuando las propiedades pertenecientes a la divinidad de Cristo se pueden atribuir a su naturaleza humana, lo que vemos por doquier en las Escrituras. En Lucas 2:11-12, el ángel llama al recién nacido de la virgen María el Salvador de los hombres, y el Señor universal tanto de ángeles como de hombres. Y en el primer capítulo lo llama el Hijo de Dios (Lucas 1:32). Por lo tanto, puedo decir con toda certeza que el recién nacido tendido en el pesebre y en el regazo de María creó los cielos y la tierra, y es el Señor de los ángeles. Aquí es cierto que hablo de un hombre, pero el «hombre» en esta declaración es un término nuevo, y (como los propios eruditos dicen) se relaciona con la divinidad. Es decir, este Dios, que se hizo hombre, ha creado todas las cosas. La creación se atribuye solo a la divinidad de Cristo, pues la humanidad no puede crear, pero se puede decir que este hombre creó, porque la divinidad, que es la única que puede crear, se encarnó con la humanidad. Por tanto, la humanidad participa de las mismas propiedades que la divinidad. Por eso se ha dicho justamente que este hombre Jesucristo liberó a Israel de Egipto, derrocó a Faraón, y ha obrado todas las señales desde el principio del mundo.

---

150. *de Christo composito et incarnato loquitur.*
151. *communicatione idiomatum.*

Es cierto, la Escritura dice: «Si quieres entrar en la vida, guarda los mandamientos de Dios»; «Haz esto y vivirás». Pero ¿de qué «guardar y hacer» habla? Pues en estos y otros pasajes similares (como he dicho) habla de una fe compuesta, y no de una fe rasa y simple. Y el significado del texto «Haz esto y vivirás» es: vivirás por «este hacer de fe»; o, «este hacer» te dará la vida solamente por la fe[152]. De esta manera se atribuye la justificación a la sola fe[153], así como la creación a la divinidad. Y sin embargo, tal como se dice con verdad que Jesús, el hijo de María, creó todas las cosas, así también la justificación se atribuye a la fe encarnada, o al «quehacer de fe». Por tanto, de ninguna manera debemos pensar como los eruditos papales y los hipócritas, que las obras justifican en absoluto, o que las recompensas se prometen por las obras de la ética moral, sino por la fe.

Por tanto, permitamos que el Espíritu Santo hable, tal como habla en las Escrituras, de una fe rasa, simple, y absoluta, o de una fe compuesta o encarnada. Todas las cosas que se atribuyen a las obras propiamente pertenecen a la fe. Pues las obras no se deben entender como las buenas obras de comportamiento moral, sino como obras espirituales de la fe. En la teología, la fe siempre debe ser la espiritualidad de las obras, y se esparce por todas las obras de los creyentes, así como la divinidad de Cristo se difunde por toda su humanidad. *Si sientes el calor del hierro ardiente es porque casi estás tocando el hierro mismo, y el que ha tocado la piel de Cristo, ciertamente ha tocado a Dios.* Por tanto, la fe hace todas las obras. Abraham es llamado el creyente porque la fe se esparce por toda la persona de Abraham. Entonces, cuando lo veo obrando, no veo nada del Abraham según la carne o el agente que obra, sino solamente a Abraham el creyente.

Repito estas cosas con tanta diligencia a fin de enseñarles la doctrina de la fe, y para capacitarlos para responder recta y fácilmente a las protestas de los adversarios. Pues ellos mezclan la filosofía y la teología, y quieren convertir las obras de la ética moral en obras espirituales y teológicas. Una obra espiritual es una obra de fe, y un teólogo es un creyente. Igualmente, un correcto uso de la razón y de la voluntad es una razón y una voluntad de fe. Por tanto, la fe es la manifestación divina en cualquier obra, persona,

---

152. *solam fidem.*
153. *soli fidei.*

o miembro. Y así, es la única causa de la justificación[154]. No obstante, esta fe se atribuye a la materia, a la forma, es decir, a la obra causada por la fe. Cristo, en su humanidad, tiene poder eterno e infinito, no debido a su humanidad, sino debido a su divinidad. Pues la sola divinidad creó todas las cosas, sin cooperación alguna de la humanidad[155]. Ni tampoco fue la humanidad la que venció al pecado y a la muerte, sino que fue el anzuelo escondido bajo el gusano[156]. El diablo mordió el anzuelo, pero cuando trató de devorar el gusano, fue el mismo anzuelo el que venció y devoró al diablo. Por eso, la humanidad por sí sola no podría haber logrado nada. Más bien, fue la divinidad unida a la humanidad la que, por sí sola, hizo todas las cosas, y la humanidad solo gracias a la divinidad. Así es como la sola fe justifica y hace todas las cosas[157]. No obstante, lo mismo se atribuye a las obras, pero por causa de la fe.

Por tanto, estas palabras, «hacer», «obrar», pueden entenderse de tres maneras: en el hacer físico (o según la naturaleza), en lo moral, y en lo teológico (aunque los eruditos papales han inventado ciertas obras neutras, afirmando que no son buenas ni malas). Con respecto al quehacer de la sustancia (según la naturaleza), o en asuntos de moral (como he dicho), estas palabras se toman en su sentido común y natural. Pero en la teología se convierten en palabras totalmente nuevas, y adquieren un nuevo sentido. Por tanto, todos los hipócritas que procuran justificarse por la ley, y opinan con falsedad en cuanto a Dios, pertenecen al hacer moral, y contra ellos discute Pablo. Ellos proponen obras que proceden de una recta razón y buena voluntad. No obstante, estas obras pertenecen a la ética moral o al ámbito de la razón. Por consiguiente, todas sus obras son meramente éticas o racionales. Sin embargo, las obras de los piadosos son espirituales, las cuales pertenecen al reino de la fe.

En las Escrituras leemos de los patriarcas, profetas, y reyes, de cómo ellos hicieron obras justas. Por ejemplo, levantaron muertos y conquistaron reinos. Pero debes recordar que estos y textos similares deben explicarse *de acuerdo con una nueva gramática y teología*[158], como lo hace la epístola: «... por fe hicieron justicia, por fe levantaron muertos, por fe conquistaron reyes y reinos» (Hebreos 11).

---

154. *Fides [...] ut unica causa justificationis.*
155. *humanitate nihil cooperante.*
156. Una metáfora patrística. El anzuelo es la divinidad de Cristo, el gusano es su humanidad.
157. *sola fides justificat et facit omnia.*
158. *dicta secundum novam et theologicam grammaticam exponenda.* Lutero añade a pie de página: «*Locus de operibus exponendos secundum grammaticam theologicam*», «El lugar de las obras se explica de acuerdo con la gramática teológica (o la gramática de la fe)».

De modo que la fe incorpora la obra y publica: «Hecho está»[159]. Si los adversarios gozaran de buena salud[160], no lo negarían. Pero entonces no tendrían nada que decir o protestar. Es cierto que las Escrituras hablan a menudo de hacer y obrar. Pero siempre respondemos que las Escrituras hablan del quehacer de la fe. Pues primero, antes de que pueda obrar, la razón debe ser iluminada por la fe. Entonces, cuando la razón tiene una verdadera opinión y conocimiento de Dios, se encarna e incorpora en las obras. No obstante, todo pertenece a la fe. Después las obras se llevan los aplausos, pero solo por causa de la fe[161].

Por tanto, al leer las Escrituras debemos aprender a hacer la diferencia entre la verdad y la hipocresía, la ética y la fe respecto al hacer de la ley. Por eso podemos declarar confiadamente el verdadero significado de todos los textos que parecieran establecer la justicia de las obras. Por tanto, el verdadero hacer de la ley es el hacer espiritual de la fe[162], la cual falta en los que procuran la justicia por las obras. Por eso cada hacedor de la ley y cada obrador de santidad moral está bajo maldición; pues andan de arriba para abajo jactándose de su propia justicia. Pero esta se opone a la justicia de Dios, procurando justificarse por la razón humana y por la fuerza de la voluntad. No obstante, con este «hacer de la ley», todo lo que logran es quebrantarla. Es decir, los hipócritas «hacen la ley», pero al hacerla, no la cumplen, pues no comprenden esta palabra, «hacer». Pues en el sentido literal de la ley, de acuerdo con la verdadera teología cristiana, «hacer» no tiene valor alguno. De hecho, ellos obran muchas cosas, pero al presumir de su propia justicia, y sin el conocimiento de Dios y de la fe, son como el fariseo (Lucas 18), y como Pablo antes de su conversión. Por tanto, andan ciegos y nunca dan en el blanco. En tal situación permanecen bajo maldición.

Por tanto, nuevamente les advierto que esos argumentos que los adversarios alegan de las Escrituras acerca de las obras y las recompensas deben ser explicados espiritualmente[163]. Pues cuando alegan esta declaración de Daniel 4:27, «Redime tus iniquidades

---

159. *ut fides incorporet et informet 'facere'.*
160. *si sani sunt.* Lo más probable es que Lutero haya estado cuestionando la salud mental de sus adversarios.
161. *sed propter solam fidem.*
162. *Theologicum.*
163. *Theologice.*

dando limosnas a los necesitados»[164], enseguida deben consultar un diccionario[165]. Fíjense bien que no sea un diccionario moral, sino uno teológico[166]. Aquí no se trata de una redención por el quehacer moral, sino espiritual; es decir, la redención que incluye la fe. Pues en las Sagradas Escrituras, la buena voluntad y el justo juicio de la razón vienen antes de las obras. Pero estas no son obras de la moral, sino de lo espiritual[167], que no es otra cosa que la fe. Así podrán poner un freno a la boca de estos tercos filósofos religiosos. Pues ellos mismos se ven obligados a conceder (pues así lo exponen, de acuerdo con Aristóteles) que el uso del libre albedrío o la fuerza de la voluntad precede a cada buena obra. Si esto es cierto en la filosofía, cuánto más esta fuerza de voluntad y justo juicio de la razón guiada por la fe debe preceder a la obra en los asuntos de teología y espiritualidad. Hagan esto con todas las palabras en el modo imperativo, con todas las palabras que son mandatos en las Escrituras, y con todas las palabras que enseña la ley. Pues así lo declara expresamente la epístola a los Hebreos: «Por fe Abel ofreció».

Ahora, suponiendo que esta solución no bastara (aunque ciertamente es certera y firme), en tal caso hay un argumento que vence a todo argumento. Hablo de la imagen principal en la que todos los cristianos se deben fijar cuando son asediados[168] por cualquier tentación y objeción; pues estas vienen no solo de los adversarios, sino del mismo diablo. Ese argumento vencedor es este: «¡Cristo, la cabeza!». Sin vacilar, debemos aferrarnos a Cristo. Supongamos que estos filósofos religiosos [los sofistas], siendo más sutiles y mañosos que yo, pudieran atraparme y enredarme con sus argumentos en favor de las obras antes que de la fe (lo que, no obstante, les sería imposible). Aun así, preferiría dar reverencia y crédito a Cristo solo, en vez de dejarme persuadir por todos los textos que serían capaces de alegar para establecer la justicia de las obras en vez de la doctrina de la fe.

Por tanto, debemos responder expresamente y con claridad de la siguiente manera: «Aquí está Cristo, y aquí están los testimonios de las Escrituras acerca de la ley y de las obras. Pues bien, Cristo es

---

164. *Redime peccata tua eleemosynis*. Lutero recurre a la transliteración de la palabra griega eleemosynis, que significa «limosna, o pequeña ofrenda».
165. *grammatica*. Las gramáticas del latín incluían léxicos o diccionarios.
166. Literalmente: «Debes consultar la gramática, no la moral, sino la teológica»: *Statim consulenda est grammatica, non moralis, sed theologica*.
167. *Theologicum*.
168. *principale spectrum Christianorum*.

el Señor de las Escrituras y todas las obras. Él es el Señor de los cielos, la tierra, el sábado, el templo, la justicia, la vida, la ira, el pecado, la muerte, y sencillamente, de todo». Pablo testifica que, «por mí, se hizo pecado y maldición». Con esto escucho que no hubo forma alguna de librarme de mi pecado, mi muerte, y mi maldición, excepto su muerte y el derramamiento de su sangre. Por tanto, concluyo que la función de vencer mi pecado, mi muerte, y mi maldición pertenece solo a Cristo, en su propio cuerpo, y no a mis obras de la ley o a cualquier otra obra mía. Con esto, la razón se ve obligada a ceder y decir que Cristo no es la obra de la ley, o mi propia obra. Su sangre y muerte no son la circuncisión, ni la observancia de la ley, ni las ceremonias de la ley. Mucho menos es la cogulla de un monje, o la coronilla afeitada, o las abstinencias, los votos, y cosas semejantes. Por eso, si Él es el precio de mi redención, si Él fue hecho pecado y maldición para justificarme y bendecirme, entonces francamente no me importa si me muestran un millar de textos de las Escrituras que apoyan la justicia de las obras contra la justicia de la fe. ¡Adelante, pues, griten a voz en cuello que la Escritura está en mi contra! No me incomodo para nada. Pues tengo de mi lado al autor y Señor de la Escritura. Prefiero estar de su lado que creer toda la matraca de los obradores de la ley y de los que rebuscan méritos. Sin embargo, es imposible que la Escritura sea contraria a esta doctrina, a menos que sea entre los hipócritas tercos y atontados. Pero, para los creyentes, los que tienen tal entendimiento, esta doctrina testifica de Cristo su Señor. Vean, entonces, cómo podrán reconciliar las Escrituras cuando alegan que están en contra de mi doctrina. En cuanto a mí, yo me quedaré con el autor y el Señor de las Escrituras.

Algunos pensarán que no pueden reconciliar esos textos de la Escritura, o responderlos cabalmente. Al mismo tiempo, se verán obligados a escuchar las objeciones y argumentos de los adversarios. Entonces, sencillamente y sin rodeos, contesten así: «Pones en mi contra al siervo, es decir, a la Escritura, y no toda, ni siquiera su parte principal, sino solo algunos pasajes que se refieren a la ley y a las obras. Pero yo vengo a ti en el nombre del Señor, que está sobre las Escrituras, que ha sido hecho por mí el mérito y el precio de la justicia y la vida eterna. A Él me aferro, a Él me apego, y a ti te dejo encargado de las obras. No obstante, jamás has hecho ni una de ellas». Ni el diablo ni ningún presunto vengador religioso podrá jamás arrancar o derrocar esta razón. De mayor importancia, estarás a salvo ante Dios. Pues tu corazón se ha fijado en el objeto que se llama Cristo. Él ha sido clavado a la cruz como maldito, no por sí mismo, sino por nosotros, como dice el texto, «por nosotros se hizo pecado» (Gálatas 3:13). Aférrate a esto, y ponlo contra todas las declaraciones de la ley y de las obras, diciendo: «¿Acaso no escuchas esto, Satanás?». Aquí él cederá, pues sabe muy bien que Cristo es su dueño y Señor.

VERSÍCULO 11. *Y que por la ley ninguno se justifica para con Dios, es evidente; porque: El justo por la fe vivirá.*

Este es otro argumento basado en el testimonio del profeta Habacuc (2:4). Es una declaración clara y de gran autoridad. Pablo la contrapone a todas las declaraciones sobre la ley y las obras. Es como si dijera: «¿Acaso es necesario que discutamos este tema? Traigo todo el peso del más claro testimonio del profeta, que es indiscutible: "El justo por la fe vivirá". Si vive por la fe, entonces no vive por la ley: porque "la ley no es de fe"». Fíjense que aquí Pablo excluye las obras y la ley, y declara que son contrarias a la fe.

Los filósofos del papa (siempre listos para sacarle el cuerpo a las Escrituras) tuercen y pervierten este texto de la siguiente manera: «El justo por la fe vivirá»[169], pero añaden que se trata de la fe que obra o la fe que ha sido formada o moldeada por el amor. No obstante, si no ha sido moldeada por el amor, entonces no justifica. Ellos mismos han tejido este parche encima del texto, haciendo gran daño a las palabras del profeta. Ahora, si llamaran a esta fe moldeada la fe verdadera y espiritual[170], o, como dice Pablo, «fe no fingida»[171], aquella que Dios llama fe, este remiendo no me ofendería, pues entonces la fe no tendría que diferenciarse del amor, sino de una vana opinión de la fe. Por eso nosotros distinguimos entre una fe fingida y una fe verdadera. La fe fingida es la que escucha de Dios, de Cristo, y de todos los misterios de su encarnación y nuestra redención, y capta las cosas que escucha, y hasta puede hablar de ellas muy piadosamente; no obstante, son solo

---
169. *Iustus vivit ex fide.*
170. *Theologicam.*
171. *En la conferencia, Lutero usó la palabra griega* ἀνυποκρίτου.

conjeturas y un oír vacío. Del Evangelio solo quedan ruidos, y balbucean de la nada sin parar. En verdad no es ninguna fe, pues no puede renovar ni cambiar el corazón. No genera un hombre nuevo, sino que lo deja en la vanidad de su antigua opinión y manera de vivir. Esta es una fe muy perniciosa, y sería mejor no tenerla. El filósofo moral está en mejor situación con su moral que el hipócrita con esta fe.

Por tanto, si quieren distinguir entre la fe moldeada y la fe falsa o fingida, tal distinción no me ofende. Sin embargo, ellos hablan de una fe moldeada por el amor, y crean así una doble fe. Una fe sin moldear y otra fe moldeada. Pero este es un parche pestilente y satánico, ante el cual no puedo hacer otra cosa que detestarlo con toda vehemencia. Aunque tenemos, dicen ellos, la fe infusa [*fides infusa*], que es don del Espíritu Santo, añaden a ella la fe adquirida [*fides acquisita*], *la cual adquirimos con muchos hechos de fe*. No obstante, según ellos, las dos carecen de forma[172], por lo cual ambas tienen que ser moldeadas o formadas por el amor. *De tal modo que la fe sin amor (según sus inventos) es como la pintura de un paisaje bello en un lugar oscuro, que no se puede apreciar hasta que se le añade luz, es decir, el amor. Y así, el amor es la forma de la fe y la fe es la sustancia pura del amor*. Pero esto es darle preferencia al amor en vez de a la fe; es atribuir justicia no a la fe, sino al amor. Es decir, alegar que las dos son una y la misma cosa: la fe es el amor, y el amor es la fe.

Aun más, estos demoledores del Evangelio de Cristo enseñan que aun esa fe, que ellos llaman fe infusa, no se recibe por el oír, ni por el obrar, sino que es creada en el hombre por el Espíritu Santo. Alegan que puede existir al mismo tiempo que el pecado mortal, y que aun los peores hombres pueden tenerla. Por tanto, dicen ellos, si está sola, es ociosa e inútil, aunque obre milagros. De esa manera despojan a la fe de su debida función y la someten al amor. De modo que la fe no es nada, a menos que esté unida a su forma, es decir, el amor. *Por tanto, de acuerdo con este pestilente invento de los filósofos del papa, la fe es una virtud miserable, un caos sin forma*. Además, alegan que *la fe sin obras no tiene eficacia ni vida alguna; es tan solo una materia deforme y pasiva*. Todo esto es una blasfemia de origen satánico que oscurece y derroca la doctrina de la fe. Arrastra al hombre lejos de Cristo el Mediador, y no permite asirlo por la fe. Porque si el amor

---

172. *utraque est informis.*

le da forma a la fe, como ellos dicen frívolamente, entonces solo puede concluirse que el amor mismo es la parte principal y más grande de la religión cristiana. Pero es así, precisamente, como pierdo a Cristo, su sangre, y todos sus beneficios. No hago más que apoyarme en un amor que mora en mí, y deleitarme en mi quehacer ético y moral. Pero eso es lo que haría el papa, un filósofo pagano, o un musulmán.

Sin embargo, el Espíritu Santo, que da boca y lengua a todo hombre, también sabe hablar. Bien podría haber dicho (como se imaginan impíamente los sofistas): «El justo vivirá por la fe moldeada». Pero Pablo omitió la última palabra a propósito, diciendo simplemente: «El justo vivirá por la fe». Que se marchen, pues, estos sofistas idólatras. Por nuestra parte, retendremos y exaltaremos esta fe que Dios mismo llama fe; es decir, una fe cierta y verdadera, una que no duda de Dios, ni de sus promesas, ni del perdón de pecados por medio de Cristo. Así viviremos sanos y salvos en Cristo, el objeto de nuestra fe. Así fijaremos nuestra mirada en la pasión y la sangre del mediador y todos sus beneficios. Pues bien, la única fe es la que se aferra a Cristo. Es la única manera de no perder esos beneficios. Por lo tanto, rechazamos ese parche pestilente, y aceptamos que este texto se refiere únicamente a la fe[173]. Pablo declara lo mismo y refuta el concepto de la fe formada por el amor cuando disputa de la siguiente manera.

VERSÍCULO 12. *Y la ley no es de fe.*

Los eruditos papales dicen: «El justo vivirá si su fe es moldeada y adornada por el amor». Pablo, en cambio, dice: «La ley no es de fe». ¿Qué es, entonces, la ley? ¿No es también el mandamiento del amor? Sí, pues la ley no ordena otra cosa que el amor, como dice el propio texto: «Amarás al Señor tu Dios, con toda tu alma» (Mateo 22:37). Y también: «... hago misericordia en millares a los que me aman, y guardan mis mandamientos» (Deuteronomio 5:10). Asimismo: «De estos dos mandamientos pende toda la ley y los profetas» (Mateo 22:40). Por tanto, si la ley que prescribe el amor es contraria a la fe, entonces el amor tampoco es de fe. Así, Pablo refuta claramente el parche tejido por los sofistas tocante a su fe moldeada. Él habla solo

---
173. *sola fide.*

de la fe, aislada de la ley. Y lo que hace con la ley y su mandato del amor, lo hace también con todas las exigencias de la ley. Por tanto, ¿qué queda si separamos el amor y la ley, y dejamos de lado todo lo que es de la ley? ¡Únicamente permanece la fe sola, que justifica y da vida![174]

Pablo aquí razona, a partir del claro testimonio del profeta, que solo el creyente obtiene justicia y vida eterna ante Dios. Pero la obtiene aparte de la ley; no proviene del amor, sino de la fe. ¿Por qué? Porque la ley no es de fe, ni de nada que pertenezca a la fe, pues no puede creer. Ni tampoco las obras de la ley son fe, ni de la fe. La fe es algo muy diferente a la ley, así como la promesa es algo muy diferente a la ley. Pues la promesa no se alcanza por el obrar, sino por el creer que se aferra a la promesa.

Por tanto, así como en la primera división de la filosofía se distingue entre la sustancia y la mixtura, en la teología hay una separación entre la promesa y la ley, de modo que la fe y las obras están tan distantes entre sí como el cielo y la tierra. Es imposible, entonces, que la fe sea de la ley. Pues la fe solo se apoya en la promesa; solo se aferra a Dios y conoce a Dios, y solo se ocupa de recibir todo lo bueno de la mano de Dios. Por el contrario, la ley y las obras consisten en minuciosas exigencias; en hacer y en rendir servicio a Dios. Cuando Abel ofrece su sacrificio a Dios, está rindiendo tributo a Dios. Pero cuando cree, recibe de Dios. Por eso Pablo concluye poderosamente del texto de Habacuc, que el justo vive solo por la fe[175]. No hay manera alguna de que la ley pertenezca a la fe, porque la promesa no ofrece la ley. Pero la fe solo descansa en la promesa. Por tanto, así como hay una gran diferencia entre la ley y la promesa, también la hay entre las obras y la fe. Por eso, ese parche de los eruditos del papa es falso e impío, pues mezcla la ley con la fe. ¿Cuál es el resultado? La ley extingue el fuego de la fe, y se sienta en el lugar de la fe.

¡Fíjense! Aquí Pablo habla de los que sin cansancio se esfuerzan por guardar la ley moralmente, pero no en el sentido espiritual de la teología[176]. Podemos hablar muy bien de las buenas obras, pero según la verdadera teología, las buenas obras se atribuyen solo a la fe[177].

---

174. *sola fides relinquitur, quae justificat et vivificat.*
175. *justum ex fide scilicet sola vivere.*
176. *non Theologice.*
177. *soli fidei.*

VERSÍCULO 12. *Sino que dice: El hombre que las hiciere, vivirá en ellas.*

Estas palabras muy particulares encierran cierta ironía. ¡Pero no las voy a refutar! Es una sencilla declaración moral. Es decir, los que «hacen las obras de la ley» con un sentido moral, aparte de la fe, vivirán por ellas. En otras palabras, no serán castigados sino premiados en su propio cuerpo, ¡aquí y ahora! Entiendo este texto de la misma manera que el texto donde Cristo dijo: «Haz esto, y vivirás» (Lucas 10:28). Hay allí cierta ironía y hasta un aguijoneo: «¡Adelante, sigue, a ver si puedes!»[178].

Aquí Pablo procura definir con exactitud la verdadera justicia de la ley[179] y del Evangelio. La justicia de la ley es cumplir la ley, conforme al dicho: «El que hiciere estas cosas, vivirá en ellas». Pero la justicia de la fe es creer, conforme al dicho: «El justo vivirá por la fe». Por tanto, la ley exige que ofrezcamos algo a Dios. Pero la fe no exige de nosotros obra alguna, ni que rindamos cosa alguna a Dios. En cambio, al creer la promesa de Dios, recibimos generosamente de Él. Por tanto, la función de la ley es requerir obras, así como la función de la fe es decir «sí» a las promesas. Pues la fe es la fe de la promesa, y la obra es la obra de la ley. Pablo, por tanto, se apoya en esta palabra, «hacer». Además, para demostrar claramente cuál es la confianza de la ley, y la confianza de las obras, él compara la una con la otra; la promesa con la ley, y la fe con las obras. Él dice que de la ley solo procede el hacer. Pero la fe es algo totalmente opuesto. La fe le dice «sí» a la promesa, y se aferra a ella.

Por tanto, es necesario distinguir perfectamente entre cuatro cosas. Así como la ley tiene su propio oficio, también lo tiene la promesa. El hacer pertenece a la ley, y el creer a la promesa. Así como hay un gran abismo entre la ley y la promesa, también lo hay entre el hacer y el creer, *aun si entiendes «hacer» en un sentido espiritual o teológico*[180]. *Fíjense que aquí Pablo está abordando otro tema. Él insta a distinguir entre el hacer y el creer, a fin de separar el amor de la fe, y demostrar que la sola fe justifica*[181]. *¿Por qué? Porque, aunque la ley*

---

178. *la thue es nur.* Lutero cambia del latín al alemán en su discurso. Recurre a una expresión idiomática del alemán antiguo. Significa algo muy parecido a la expresión moderna en español: «¡Dale, a ver si puedes!». Rörer y sus ayudantes que tomaban apuntes estuvieron muy atentos, y captaron el cambio del latín al alemán.
179. Pie de página de Lutero: *Iustitia legis. Iustitia fidei.* Al separarlas de esta manera, Lutero indica que no pueden ser combinadas o mezcladas.
180. *Theologice.*
181. *solam fidem sic justificare.*

se guarde moral o espiritualmente[182], o aunque no se observe, no aporta cosa alguna a la justificación. Pues la ley pertenece al ámbito del hacer, pero la fe no es de esta índole. La fe es una especie totalmente diferente, pues precede a cualquier mandato de la ley. Cuando la fe precede a todo lo demás, es entonces que se decreta una bellísima encarnación[183].

Por tanto, la fe nunca deja de justificar y dar vida. No obstante, no permanece sola, ni tampoco se queda con los brazos cruzados. Pero en su propia función y oficio la fe no puede existir a menos que esté sola[184], porque siempre justifica por sí sola[185]. De hecho, la fe se hace carne y se hace hombre, es decir, jamás está sola ni careciendo de amor. Es como Cristo. Él existe con una sustancia divina o una naturaleza divina; esta es eterna, sin principio alguno. No obstante, su humanidad es una naturaleza creada en el tiempo. Estas dos naturalezas en Cristo no se fusionan ni mezclan, y las propiedades de cada una deben distinguirse claramente la una de la otra. Por eso es preciso decir que la humanidad tuvo su principio en el tiempo, pero la divinidad es eterna, sin principio alguno. No obstante, estas dos naturalezas coinciden[186]. La divinidad sin principio alguno se incorporó en la humanidad, la cual sí tuvo su principio. Por lo que me veo obligado a distinguir entre la humanidad y la divinidad, diciendo: «La humanidad no es la divinidad, y aun así, ese Hombre es Dios». Aquí también hago una distinción, y digo: «La ley no es fe, y aun así, la fe obra». La fe y las obras están en común acuerdo, y existen dentro de una misma estructura. No obstante, cada cual retiene y preserva su propia naturaleza y oficio[187]. Entonces, ¿pueden ver el argumento de Pablo? ¡Hay una gran separación y distancia entre la fe y el amor!

Por tanto, ¡que perezcan los sofistas con sus malditos parches! ¡Arruinada sea la voz que diga: «Fe con molde y fe sin molde»![188] De hecho, vamos a repetirlas en voz alta para jamás olvidarlas: «¡Fe con molde, fe sin molde, fe adquirida!»[189]. Estas no son más que fantasmas

---

182. *Theologice.*
183. *tunc fiat pulchra incarnatio.* La justicia de Cristo viene encarnada en la fe. Esa justicia está adherida a la fe. Por eso la fe declara confianza en una justicia ajena, y Cristo, el objeto de esa fe, declara justo al pecador. En esa justicia no hay ningún «hacer» del pecador. Por lo tanto, es una «bellísima encarnación», pues es la bellísima justicia de Cristo encarnada en la fe, sin ningún hacer del creyente.
184. *non quod non sola.* La doble negación se puede traducir de diferentes maneras, negativa o positivamente: «No hay fe si no está sola. A menos que la fe esté sola, no puede ser fe. La fe no existe a menos que esté sola. La fe existe solamente si está sola».
185. *Fides [...] perpetuo sola justifica.*
186. *et tamen convenient haec duo.*
187. *conveniunt igitur fides et opera in composito et tamen utrumque habet et servat suam naturam et propium officium.*
188. Nota de Rörer: *fides formata, informis,* etc.
189. *fides formata, informis, acquisita.* Asumiendo que el texto es una transcripción de la conferencia, ¡casi podemos escuchar a Lutero dirigiendo al alumnado de seminaristas repitiendo estas frases!

inventados por el diablo. Su único propósito es desfigurar y destruir la verdadera doctrina cristiana y la fe, blasfemar y pisotear a Cristo, y establecer la justicia de las obras. Sin duda alguna, las obras deben seguir a la fe, pero la fe no se debe confundir con las obras, ni las obras con la fe. No se confundan. Deben trazar una línea recta que marque la frontera entre la función de la ley y el reino de la fe.

Por tanto, cuando creemos vivimos por la sola fe en Cristo, que es sin pecado. Él también es nuestro propiciatorio y nuestra remisión de pecados. Al contrario, cuando guardamos la ley, es cierto que obramos, pero no tenemos justicia ni vida. Pues la función de la ley no es justificar ni dar vida, sino revelar el pecado y destruir. Ciertamente, la ley dice: «El que hiciere estas cosas, vivirá por ellas». Pero ¿dónde está el hacedor de la ley? ¿Dónde está ese que «ama a Dios con todo su corazón, y a su prójimo como a sí mismo»? Por tanto, no hay quien cumpla la ley, y por mucho que alguien se esfuerce por hacerlo, no lo logrará. Por eso permanece bajo maldición. Sin embargo, la fe no obra, sino que cree en Cristo su Justificador[190]. Por tanto, el hombre no vive por su hacer, sino por su creer. Pero el que cree hace obras de acuerdo con la ley, y lo que no puede hacer, le es perdonado por medio de la remisión de pecados, por causa de Cristo[191]. Además, no se nos imputa lo pecaminoso que queda en nosotros.

Por tanto, Pablo, en este texto (como también en Romanos 10), compara la justicia de la ley y de la fe. Allí, dice: «El hombre que hiciere estas cosas, vivirá por ellas». Como si dijera: «Sería muy bueno que cumpliéramos la ley; pero como nadie la cumple, debemos refugiarnos en Cristo», que «es el fin de la ley para justicia a todo aquel que cree. Nació bajo la ley para que redimiese a los que estaban bajo la ley». Al creer en Él recibimos el Espíritu Santo y comenzamos a «hacer la ley». Y lo que no podemos hacer, no se nos imputa, debido a nuestra fe en Cristo. Pero en la vida venidera ya no necesitaremos la fe. Ya no veremos oscuramente como por espejo (como hoy), sino que lo veremos cara a cara. Veremos a Dios tal como Él es, en la refulgencia de su eterna gloria. Entonces habrá un verdadero y perfecto conocimiento y amor de Dios. Tendremos una sana razón y buena voluntad, pero no de tipo moral,

---

190. *Fides vero non facit, sed credit in Christum justificatorem*
191. *Remissionem peccatorum propter Christum.*

ni teológicamente espiritual, sino celestial, divina y eterna. Mientras tanto, anhelamos la esperanza de nuestra justicia mediante nuestro espíritu en la fe. En cambio, los que buscan el perdón de pecados por medio de la ley, y no por la fe en Cristo, jamás cumplen realmente la ley, sino que permanecen bajo maldición.

CONFERENCIA 20: sábado 12 de septiembre

Por eso Pablo llama justos solamente a los que son justificados mediante la promesa, o por fe en la promesa, sin la ley. Por tanto, los que son de las obras de la ley, y parecieran guardar la ley, no la guardan. El apóstol concluye que todos los que son de las obras de la ley están bajo maldición, pero no estarían en esa condición si guardaran la ley. De hecho, es cierto que el que hace las obras de la ley vivirá en ellas, es decir, será bendecido, pero tal persona no se encuentra en ninguna parte. Ahora bien, hay un doble uso de la ley: uno civil y otro espiritual[192]. Con respecto al uso civil, «Todo el que haga estas cosas vivirá en ellas», es decir, si pudiera guardar la ley. Si el ciudadano obedece al juez exteriormente en el ámbito civil[193], evitará el castigo y la muerte, pues el magistrado no tendrá potestad alguna sobre él. Pero este es el uso político de la ley, el cual sirve para frenar a los rudos e intransigentes. Pero aquí Pablo no está hablando de este uso. En este texto apunta al uso espiritual[194], por lo cual se incluye necesariamente una condición. Es como si dijera: si la gente pudiera guardar la ley, serían felices. No obstante, ¿dónde están? Por tanto, no son hacedores de la ley, a menos que hayan sido justificados aparte de la ley, por la fe.

Por eso, cuando Pablo maldice y condena a los que son de las obras de la ley, no habla de los que son justificados por la fe, sino de aquellos que procuran justificarse por las obras sin la fe en Cristo. Digo esto, no sea que alguno se deje llevar por la imaginación de Jerónimo (que fue engañado por Orígenes). Él no entendió nada de Pablo, sino que lo vio como un mero abogado civil. Sobre esto, razonó: «Los santos patriarcas, profetas, y reyes, fueron circuncidados y ofrecieron sacrificios; por tanto, guardaron la ley.

---
192. *politicus et spiritualis.*
193. *in regno politico.*
194. *Theologice.*

Sería una maldad decir que estaban bajo maldición. Por tanto, no todos los que son de las obras de la ley están bajo maldición». Sin juicio, contradice a Pablo. No sabe distinguir entre los verdaderos guardadores de la ley, justificados por la fe, y esos paupérrimos «hacedores» que sin fe procuran ser justificados por la ley.

Sin embargo, Pablo aquí no dice nada contra los que son justificados por la fe y que son los verdaderos hacedores de la ley. Más bien, Pablo habla contra los que no solo no guardan la ley, sino que además pecan contra ella. Pues la ley exige que temamos, amemos, y adoremos a Dios con una fe verdadera. Pero ellos no hicieron estas cosas, sino que escogieron nuevas obras y un culto nuevo. Sin embargo, Dios jamás había ordenado tales cosas. Esas ordenanzas no lo complacen, sino que más bien provocan su ira, como había dicho: «En vano me adoran con mandamientos de hombres» (Mateo 15:9). Por tanto, están llenos de impiedad y rebeldía contra Dios; son idólatras, y pecan más gravemente que todos los demás contra el primer mandamiento. Además, están llenos de una concupiscencia perversa, ira, y otras grandes pasiones. En resumen, no hay nada bueno en ellos, sino que aparentan ser justos y guardadores de la ley.

Así también nosotros somos justificados por la fe, como los patriarcas, profetas, y todos los santos; con respecto a la justificación no somos de las obras de la ley. Pero todavía estamos en la carne, y tenemos residuos del pecado en nosotros. Es decir, todavía estamos bajo la ley, aunque ya no bajo maldición. ¿Por qué? Por causa de Cristo. Habiendo creído en él, las reliquias del pecado no se nos imputan[195]. Pues la carne es enemiga de Dios, y esa lujuria que todavía permanece en nosotros no solo no cumple la ley, sino que además peca contra esta. Se rebela contra nosotros y nos lleva cautivos a la esclavitud (Romanos 7). Los mismos santos no cumplen la ley, sino que interiormente se le oponen. Esa malvada lujuria y los residuos del pecado permanecen en ellos, a tal punto que los perturba, pues no pueden amar y reverenciar a Dios como quisieran. Desearían clamar a Dios con plena confianza, pero no pueden. Tampoco pueden alabar a Dios ni honrar sus palabras como anhelan. Siendo esto así con los santos, ¡cuánto más no será en

---

195. *propter Christum, in quem credimus, reliquiae peccati non imputantur nobis.*

los enemigos de Dios; aquellos que todavía no han sido justificados por la fe y, en sus corazones, desprecian y odian todas las obras y palabras de Dios! Pueden ver, entonces, que aquí Pablo habla de los que no tienen fe; de aquellos que procuran ser justificados por la observancia de la ley. Aquí Pablo no está hablando de los patriarcas y los santos que ya habían sido justificados por la fe (como imagina Jerónimo).

VERSÍCULO 13. *Cristo nos redimió de la maldición de la ley, hecho por nosotros maldición (porque escrito está: Maldito todo aquel que es colgado en un madero).*

Nuevamente, aquí Jerónimo y los eruditos del papa pierden la cabeza, y miserablemente violentan este texto que trae gran consuelo. Al parecer quisieran (con celo piadoso) quitarle a Cristo el escándalo que lo declara maldición. Eluden así la declaración diciendo: «En realidad Pablo no quiso hablar así». Se atreven a decir: «¡Pablo no está de acuerdo con la propia Escritura!». Y lo demuestran así: «Este texto de Moisés, citado por Pablo, no habla de Cristo. Además, la frase general "todo aquel" está en la cita de Pablo, pero no en Moisés. Por otro lado, Pablo omite la frase "de Dios", la cual sí está en Moisés». «En conclusión», dicen ellos, «es evidente que Moisés hablaba de un ladrón o malhechor que por sus fechorías merecía la horca, como claramente lo atestigua la Escritura en Deuteronomio 21:22-23». De hecho, luego preguntan: «¿Cómo se les puede ocurrir que, por colgar de un madero, Cristo sea maldecido por Dios? ¿Acaso no se dan cuenta de que no fue ningún ladrón ni criminal, sino justo y santo?». Es posible que esa objeción convenza a los sencillos e ignorantes. Pero el caso es que también puede convencer a quienes gustan de alardear de su piedad. Pues los filósofos del papa lo dicen no solo con mucha astucia, sino también con gran alarde de religiosidad. Pues pretenden estar defendiendo el honor y la gloria de Cristo. Además, alegan que solo están advirtiendo a todos los cristianos que no piensen mal de Cristo, de que haya sido hecho maldición. Por tanto, veamos los argumentos de Pablo, y su conclusión.

Pablo fortalece sus palabras con gran elocuencia. Sus palabras son más que suficientes para establecer una clara distinción. Pues él no dice que Cristo haya sido hecho maldición por causa de sí mismo, sino «por nosotros». Por tanto, todo el peso del tema recae sobre estas palabras: «por nosotros». Estas indican que, en cuanto a su persona, Cristo es inocente, y por tanto, no debería haber colgado de un madero. Pero, de acuerdo con la ley de Moisés, todo el que cuelga de un madero es culpable. Por eso, Cristo colgó de la cruz para representar al pecador y ladrón, y no solamente a uno, sino a todos los pecadores y ladrones. Pues todos somos pecadores y ladrones, y por lo tanto, sujetos a muerte eterna y maldición. No obstante, Cristo tomó sobre sí todos nuestros pecados y murió por ellos en la cruz. Por eso fue necesario que tomara nuestro lugar como ladrón[196], y que fuera, como dice Isaías, «contado entre los transgresores» (Isaías 53:12)[197].

Sin duda alguna, todos los profetas vieron esto en espíritu, que Cristo sería el mayor transgresor, asesino, adúltero, ladrón, rebelde, y blasfemo que jamás hubiera existido sobre la tierra. Al ser hecho sacrificio por los pecados del mundo entero, ya no es inocente y sin pecado; ya no es el Hijo de Dios nacido de la virgen María, sino un pecador. Él tiene y lleva los pecados de Pablo, un blasfemo, opresor, y perseguidor; de Pedro, que negó a Cristo; y de David, un adúltero y asesino (por su culpa los gentiles blasfeman el nombre del Señor). En breve, es aquel que tomó y llevó los pecados de cada ser humano sobre su propio cuerpo; no porque Él los hubiera cometido, sino porque los recibió. Nosotros somos los autores de los pecados que hemos cometido, pero estos fueron puestos sobre su propio cuerpo a fin de que hiciera propiciación por ellos con su propia sangre[198].

Por tanto, esta misma sentencia[199] de Moisés también lo alcanza (aunque en sí mismo era inocente), porque fue hallado entre pecadores y ladrones[200]. Es como cuando el juez dicta fallo de culpable[201] al que se encuentra entre otros ladrones, aunque él mismo no haya hecho nada digno de muerte. Ahora, Cristo no solo fue hallado entre pecadores, sino que, por su propia voluntad[202] y por la voluntad del Padre, eligió ser compañero de los pecadores.

---

196. *Sed Christus in sese recepit omnia peccata nostra, et pro illis in cruce mortuus est.*
197. *reputari inter latrones*; la propia traducción de Lutero de Isaías 53:12: «contado entre ladrones».
198. *pro illis sanguine proprio satisfacturus.*
199. *lex.*
200. *latrones.*
201. *pro sonte.*
202. *sponte.*

Adoptó la carne y la sangre de pecadores, ladrones, y quienes se hallaban sumidos en todo tipo de pecado. Por tanto, cuando la ley lo halló entre ladrones, lo condenó y le cobró la vida porque se hizo ladrón.

Este conocimiento de Cristo contiene el más tierno consuelo. Nos da la confianza de que Cristo fue hecho maldición «por nosotros» para redimirnos de la maldición de la ley. Los eruditos del papa apartan a Cristo de los pecados y de los pecadores, y solo lo promueven ante nosotros como un ejemplo a seguir. Pero con eso lo convierten en un Cristo inútil. Lo convierten en un juez y tirano furioso por nuestros pecados, condenando a los pecadores. Pero, por nuestro bien, hagamos una envoltura para Cristo. Confiemos con toda seguridad en que, tal como se arropó con nuestra carne y nuestra sangre, se envolvió con nuestros pecados, nuestra maldición, nuestra muerte, y toda nuestra maldad.

Pero alguien podría decir: «¡Es absurdo y una gran calumnia llamar al Hijo de Dios un maldito pecador!». Yo respondo: «Si lo niegas como maldito pecador, entonces también debes negar que fue crucificado y muerto. No es menos absurdo decir que el Hijo de Dios (como reza nuestra confesión de fe) fue crucificado y sufrió el dolor[203] de nuestro pecado y nuestra muerte, que decir: "Él fue un maldito pecador"». Por lo tanto, si no es absurdo confesar y creer que Cristo fue crucificado entre dos ladrones, tampoco lo es decir que Él fue maldito, y el peor de todos los pecadores. Ciertamente Pablo no dijo en vano que Cristo fue «hecho por nosotros maldición, para que nosotros fuésemos hechos justicia de Dios en él» (2 Corintios 5:21)[204].

De igual manera, Juan el Bautista lo llamó el «Cordero de Dios, que quita el pecado del mundo» (Juan 1:29). Ciertamente es inocente, pues es el Cordero de Dios sin mancha ni contaminación. Pero como lleva los pecados del mundo, su inocencia está cargada con los pecados y la culpa del mundo entero. Cualesquiera sean los pecados que yo, tú, y todos hayamos cometido y cometamos en el futuro, son tan propios de Jesús como si Él mismo los hubiera cometido. En resumen, nuestro pecado debe convertirse en el pecado de Cristo, o pereceremos para siempre. Este verdadero conocimiento de Cristo, que Pablo y los profetas nos entregaron tan

---
203. *poenas.*
204. Traducción de Lutero.

claramente, ha sido oscurecido y desfigurado por los eruditos del papa.

Isaías dice de Cristo: «Dios cargó en él el pecado de todos nosotros» (Isaías 53:6). No debemos disminuir el significado de estas palabras, sino dejarlas con su debido sentido. Pues Dios no pretende entretenernos con las palabras del profeta. Más bien, habla con gran pasión y amor, diciendo que Cristo, este Cordero de Dios, cargaría los pecados de todos nosotros. Sin embargo, ¿qué significa «cargar»? Los sofistas responden: «Ser castigado». Muy bien, pero ¿por qué, entonces, se castiga a Cristo? ¿No es acaso porque tiene y carga el pecado? El hecho de que Cristo tiene pecado es atestiguado también por el Espíritu Santo en Salmo 40:12-13: «Porque me han rodeado males sin número; me han alcanzado mis maldades, y no puedo levantar la vista; son más numerosas que los cabellos de mi cabeza». Y en Salmo 41:4 dice: «Jehová, ten misericordia de mí; sana mi alma, porque contra ti he pecado». Además: «Dios, tú conoces mi insensatez, y mis pecados no te son ocultos» (Salmo 69:5-6). En estos salmos, el Espíritu Santo habla en la persona de Cristo, y con palabras claras testifica que Él tenía pecados. Pues este testimonio no es la voz de un inocente, sino de un Cristo sufriente, que llevó sobre sí la carga de convertirse en la totalidad de los pecadores en una sola persona, y por tanto, fue hecho culpable de la suma de los pecados de todo el mundo.

Por lo tanto, Cristo no solo fue crucificado y muerto, sino que además el pecado fue cargado sobre Él. Y cuando el pecado fue puesto sobre Él, entonces vino la ley y dijo: «Todo pecador debe morir. Por tanto, oh Cristo, si vas a responder, declárate culpable, y sufre no solo el castigo por los pecadores sino también la condena por el pecado y la maldición». Pablo acertadamente relaciona con Cristo este texto de la ley de Moisés: «Todo el que colgare de un madero es maldito de Dios»[205]. Cristo ha colgado del madero; por tanto, Cristo es maldito de Dios[206].

Este es un consuelo muy particular para todos los cristianos: envolver a Cristo con nuestros pecados. Entonces, lo arroparemos con mis pecados, tus pecados y los pecados de todo el mundo. Ahora contemplémoslo cargando así el peso de todos nuestros pecados. Pues

---

205. *est maledictio Dei.*
206. *ergo Christus est maledictum Dei.*

al mirarlo así, desaparecen fácilmente todas las opiniones ilusorias de los seguidores del papa en relación con la justificación por las obras. Pues ellos imaginan (como he dicho) que hay una especie de fe amoldada y adornada por el amor. Según ellos, esta fe quita el pecado, y la gente queda justificada ante Dios. Pero ¿qué es esto sino quitarle la envoltura a Cristo, y desarroparlo despojándolo de nuestros pecados y de nuestra culpa? ¡Esto no es sino cargarnos con nuestros propios pecados! ¡Quitamos nuestra mirada de Cristo para volverla a nosotros y nuestra culpa! ¿Qué es esto sino despachar a Cristo por completo, y hacerlo totalmente inútil para nosotros? Pues si somos nosotros quienes nos quitamos el pecado por medio de las obras de la ley y del amor, entonces no es Cristo quien nos lo quita. Pero si Él es el Cordero de Dios designado desde la eternidad para quitar los pecados del mundo, y si, además, por voluntad propia[207] se envolvió con nuestros pecados haciéndose por nosotros maldición, entonces no hay otra conclusión: ¡no podemos ser justificados por las obras! Dios no ha puesto nuestros pecados sobre nosotros, sino sobre su Hijo Cristo. Así, Él recibe el castigo por nuestros pecados, llega a ser nuestra paz, y «por su llaga somos nosotros curados» (Isaías 53:5). Por tanto, no pueden ser quitados por nosotros. Todo esto lo testifica la Escritura, y nosotros confesamos lo mismo en los artículos de la fe cristiana[208] cuando decimos: «Creo en Jesucristo, Hijo de Dios, quien sufrió, fue crucificado y murió por nosotros».

Por eso, la doctrina del Evangelio (más dulce y llena de consuelo que cualquier otra) no habla de nuestras obras ni de las obras de la ley, sino de la incomprensible e inestimable misericordia y amor de Dios para con nosotros; de lo cual no merecemos nada pues estamos perdidos. Esa doctrina es así. Nuestro misericordioso Padre, viéndonos oprimidos, ahogados, y subyugados por la maldición de la ley, de la cual nunca podríamos librarnos por nuestra propia fuerza, envió a su Hijo unigénito al mundo. Y le dijo: «Sé tú ese Pedro el negador; sé tú ese Pablo el perseguidor, blasfemo y cruel verdugo; sé tú ese David, el adúltero; sé tú ese pecador que comió del fruto[209] en el huerto; sé tú ese ladrón que colgó de la cruz; por un momento sé tú la persona que cometió los pecados de todos los

---

207. *sponte*.
208. *in Symbolo*, «en el Credo».
209. *pomum*, fruto; según Middleton: «manzana».

seres humanos; y asegúrate de pagar y hacer satisfacción por ellos». Entonces se aparece la ley y dice: «¡Le doy fallo de pecador culpable! ¡Un pecador tal que ha tomado sobre su cuerpo los pecados de todos los hombres! De modo que no veo pecados sobre nadie más que Él. Por tanto, ¡que muera en la cruz!». Y así, la ley se abalanza sobre Él, y lo mata. Al hacer esto, todo el mundo queda purificado y limpio de todo pecado; libre de la muerte y de todo mal. Y entonces, habiendo el pecado y la muerte sido quitados de todo el mundo por este solo hombre, Dios ya no ve otra cosa que rectitud y justicia, particularmente en los que creen. Y si quedara algún vestigio de pecado, Dios no puede percibirlo, por causa de la gloria de Cristo, ese infinito y refulgente sol[210].

Es así como debemos magnificar el artículo de la justicia cristiana frente a la justicia de la ley y de las obras[211]. Aun así, no hay elocuencia alguna que pueda proclamarlo debidamente, y mucho menos magnificar su infinita grandeza. Por tanto, el argumento que Pablo presenta en este texto es el más poderoso contra la justicia de la ley. Pues contiene este argumento irrefutable: si los pecados de todo el mundo se encuentran en ese solo hombre Jesucristo, entonces ya no se encuentran en el mundo. Aun más, si Cristo es culpable de todos los pecados que hayamos cometido, entonces somos total y plenamente absueltos de todo pecado. Pero no por nosotros mismos, ni por nuestras obras o méritos, sino por Él. Pero si Él no lleva nuestra culpa ni tampoco carga nuestros pecados, entonces nos toca a nosotros cargarlos, y en ellos moriremos y seremos condenados. «Pero gracias a Dios, que nos ha dado la victoria por medio de nuestro Señor Jesucristo. Amén».

Veamos de qué modo estas dos cosas tan contrarias entre sí pueden reconciliarse en esta sola persona: Cristo. No solo mis pecados y los tuyos, sino también los del mundo entero, pasados, presentes, y futuros, le echan mano, lo sentencian, y ciertamente lo condenan. Pero puesto que, en sí mismo, siendo ahora el máximo y más grande pecador, se encuentra también una justicia eterna e invencible, hay un enfrentamiento entre el más grande y único pecador, y la más excelsa y única justicia. Aquí, uno de los dos debe ceder ante el otro, al luchar entre sí con gran fuerza y poder. El pecado

---

210. *Prae illo Sole, Christo*, «debido a ese sol, Cristo».
211. *magnificare articulum justitiae christianae contra justitiam legis et operum.*

de todo el mundo arremete con toda su fuerza contra la justicia misma. ¿Cuál será el resultado de este combate? La justicia es eterna, inmortal, e invencible. El pecado es también un poderoso y cruel tirano, que reina sobre todo el mundo, subyugando y esclavizando a todos por doquier. De hecho, el pecado es un dios tan fuerte que devora a toda la humanidad, a los educados, iletrados, santos, y sabios. Este tirano arremete contra Cristo buscando devorarlo como a todos los demás. Pero se da cuenta de que es una persona de justicia invencible y eterna. En este duelo[212], por fuerza mayor, el pecado se rinde, es vencido y aniquilado, y la justicia vence, vive, y reina. Por consiguiente, en Cristo todo pecado queda vencido, muerto, y sepultado. ¡La justicia permanece victoriosa y reina para siempre!

De igual manera, la muerte es una reina omnipotente y emperatriz del mundo entero, matando a reyes, príncipes, y a todos en general. También se presenta poderosamente a un enfrentamiento con la vida, pensando que la derrocará por completo y la devorará, pues todo lo que se propone, ciertamente lo llega a cumplir. Pero esa vida es inmortal. Venciendo, escapa de ser vencida, y triunfa matando a la misma muerte. *De este maravilloso combate, la Iglesia cristiana canta fervorosamente: «La muerte y la vida combatieron en admirable duelo: El Rey de la vida murió, mas hoy vive y reina para siempre».* Por Cristo, entonces, la muerte es vencida y abolida. La muerte, por así decirlo, ya no es más que un mero dibujo. Ha perdido su aguijón, y ya no puede herir a los que creen en Cristo. Pues Él es la muerte de la muerte, como dijo el profeta Oseas: «Oh muerte, yo seré tu muerte» (Oseas 13:14)[213].

Así, la maldición, que es la ira de Dios sobre el mundo entero, también entra en pugna con la bendición, que es la gracia y la eterna misericordia de Dios en Cristo. La maldición lucha contra la bendición, buscando condenarla y reducirla a nada; pero no puede. Pues la bendición es divina y eterna, y por tanto, la maldición tiene que ceder. Pues si la bendición en Cristo pudiera ser vencida, entonces Dios mismo sería vencido. Pero esto es imposible; porque Cristo es poder de Dios, justicia, bendición, gracia, y vida. Él vence y destruye a estos monstruos, el pecado, la muerte, y la maldición,

---

212. *duello*; Middleton: «combate».
213. Paráfrasis de Lutero.

sin guerra ni armas, sino en su propio cuerpo, y por sí mismo. Por esto, Pablo se deleita en decir: «Despojando a los principados y a las potestades, los exhibió públicamente, triunfando sobre ellos en sí mismo» (Colosenses 2:15). De tal modo que ya no pueden herir más a los que creen.

Y esta circunstancia, «en sí mismo» [214], convierte esta lucha en un combate mucho más maravilloso y glorioso. Porque demuestra que, sobre esa única y sola persona de Cristo, debían cargarse[215] tantas cosas como la maldición, el pecado, y la muerte. Pero Él las destruyó en sí mismo, y las reemplazó con eterna bendición, justicia, y vida, pues fue en sí mismo el sustituto de toda criatura[216]. Por tanto, al mirar detenidamente a esta persona[217], veo al pecado, la muerte, la ira de Dios, el infierno, el diablo, y todo mal, vencidos y destruidos[218]. En cuanto Cristo reina por su gracia en los corazones de los fieles, quedan nulos y sin efecto el pecado, la muerte, y la maldición. Pero donde Cristo es desconocido, todas estas cosas permanecen. Por tanto, los que no creen, carecen de esta victoria. «Y esta es nuestra victoria», dijo Juan: «la fe» (1 Juan 5:4).

Este es el artículo principal de toda la doctrina cristiana[219], que ha sido oscurecido por los eruditos del papa, al igual que los espíritus fanáticos lo oscurecen hoy en día[220]. Con esto pueden ver cuán importante es creer y confesar el fundamento de la divinidad de Cristo. Cuando Arrio lo negó, necesariamente negó también la premisa de nuestra redención[221]. Vencer en sí mismo el pecado del mundo, la muerte, la maldición, y la ira de Dios, no es obra de criatura alguna, sino del poder divino. Por tanto, es necesario que el que venza estos males en sí mismo sea Dios por naturaleza. Pues a este imponente poderío del pecado, la muerte, y la maldición (que reina por todo el mundo, y en toda criatura) fue necesario contraponer un poder más sobrepujante e imponente. Pero, a menos que sea la potestad soberana y divina, no se puede hallar tal

---

214. Lutero está citando la Vulgata.
215. *debere geri in unica illa persona Christi.*
216. *atque ita per eam mutari totam creaturam*; Middleton: «toda la criatura fuese renovada».
217. Nota de Lutero: *credentibus peccatum & mors abolitae*, «creyendo que todo pecado ha sido muerto y abolido».
218. *Ideo si hanc personam aspexeris, vides peccatum, mortem, iram Dei, inferos, diabolum & omniva mala victa et mortificata.* Watson omitió la traducción de toda esta oración.
219. *Hic est praecipuus locus christianae.*
220. *fanatici spiritus denuo obscurant.*
221. *necesse fait etiam negare eum articulum redemtionis.*

poder. Por lo cual, abolir el pecado, destruir la muerte, quitar la maldición en sí mismo; y, por otra parte, dar justicia, resucitar de los muertos, y conceder bendición, son única y exclusivamente obras de la divina potestad. La Escritura atribuye todo esto a Cristo. Él es en sí mismo vida, justicia, y bendición, es decir, Dios por sustancia y naturaleza[222]. Por tanto, los que niegan la divinidad de Cristo pierden todo lo que es del cristianismo, y se convierten totalmente en musulmanes y gentiles. Como les he advertido con frecuencia, debemos aprender diligentemente el artículo de la justificación. Pues todos los demás artículos de nuestra fe se hallan entre sus paredes; y si este permanece sano, entonces todos los demás también. Por consiguiente, cuando enseñamos que los seres humanos son justificados por Cristo, que Cristo es el vencedor del pecado, la muerte, y la maldición eterna, testificamos al mismo tiempo que Él es Dios en sustancia y naturaleza.

Aquí podemos ver claramente cuán horrible fue la impiedad y ceguera de los eruditos del papa. Ellos enseñaron que esos crueles y déspotas tiranos, el pecado, la muerte, y la maldición (los cuales devoran a toda la humanidad), deben ser vencidos, pero no por la justicia de la ley de Dios. La ley es justa, santa y buena, pero no hace otra cosa que someter a los hombres a maldición. Por tanto, según ellos, estos tiranos deben vencerse por la justicia de las obras del hombre[223], como ayunos, peregrinajes, misas, votos, y otras miserias semejantes. Pero díganme: ¿se ha hallado a alguien, equipado con esta armadura, que diga: «He vencido al pecado, la muerte, y al diablo»? Pablo, en Efesios 6, describe otro tipo de armadura que debemos usar contra estas bestias de la mayor crueldad y furia. Sin embargo, estos ciegos guías de ciegos nos han arrojado desnudos, despojados de armadura, ante estos tiranos invencibles y sumamente poderosos. No solo nos han entregado en manos de ellos para que nos devoren, sino que nos han hecho diez veces más pecadores e impíos que ladrones, rameras, o asesinos. Pues solo compete al poder divino destruir el pecado y abolir la muerte, crear justicia y dar vida. Ellos han atribuido este poder divino a nuestras propias obras, diciendo: «Si haces esta o aquella obra, vencerás al pecado, la muerte, y la ira de Dios». De esta manera, nos ponen en

---

222. *quae naturaliter et substantialiter Deus est.*
223. *operum humanorum.*

el lugar que pertenece a Dios, haciéndonos ciertamente por naturaleza[224], si puedo decirlo, ¡como si fuéramos el mismísimo Dios! En esto, los papistas se han revelado como idólatras siete veces más impíos que los gentiles. Son como la puerca que, recién lavada, vuelve a revolcarse en el cieno. Como dijo Cristo: «Cuando se han descarriado de la fe, un espíritu inmundo entra otra vez en la casa de la que fue echado, y toma otros siete espíritus peores que él; y entrados, habitan allí; y el postrer estado de aquel hombre viene a ser peor que el primero» (Lucas 11:26).

Por tanto, recibamos esta doctrina con acción de gracias y plena confianza, pues es sumamente grata y reconfortante. Esta nos enseña que Cristo ha sido hecho por nosotros maldición, es decir, un pecador sujeto a la ira de Dios. Él puso mis pecados sobre sus propios hombros, diciendo: «He cometido los pecados cometidos por todo ser humano». Por eso, Él fue hecho maldición conforme a la ley; no por sí mismo, sino, como dijo Pablo, «por nosotros». Pues si no hubiera llevado sobre sí los pecados míos, tuyos y del mundo entero, la ley no habría tenido derecho sobre Él; pues la ley solamente condena a pecadores, y los sujeta a maldición. De otro modo, Él no habría podido ser hecho maldición, ni habría podido morir, pues la única causa de la maldición y de la muerte es el pecado, de los cuales Él estaba libre. Pero, puesto que tomó sobre sí mismo nuestros pecados, no por obligación, sino por su propia buena voluntad[225], le fue necesario recibir la carga de la ira de Dios, y recibir su castigo. Todo esto, no lo hizo por su propio bien (pues era justo e invencible, y por tanto, sin culpa alguna), sino «por nosotros».

De hecho, Él hizo un intercambio de gran regocijo para nosotros. Cristo llevó sobre sí nuestra persona de pecado, y nos dio su persona inocente y victoriosa. Ahora estamos revestidos de Él, y somos libres de la maldición de la ley. Pues Cristo, por su propia voluntad, se hizo maldición por nosotros[226]. Dijo: «En lo que toca a mi propia persona, tanto en mi humanidad como en mi divinidad[227], soy bendecido; nada me falta. Pero me despojaré[228], y

---

224. *vere et naturaliter.*
225. *non coacte, sed sua sponte.*
226. Nota de Lutero: *Christi justitia nostra, nostrum peccatum suum*, «Cristo es nuestra justicia, nosotros somos su pecado».
227. *Pro mea persona humanitatis et divinitatis.*
228. *exinanibo. Cf.* Fil 2:7.

pondré tu persona sobre mí. Es decir, tomaré la naturaleza humana, y asimismo caminaré entre ustedes y sufriré la muerte para librarlos de la muerte». Y así, habiendo cargado el pecado de todo el mundo[229] en nuestro favor, su entrega, sufrimiento, crucifixión y muerte significan precisamente que «Él fue hecho maldición por nosotros». Pero, como era una persona divina y eterna, la muerte no lo pudo retener[230]. Por tanto, se levantó de los muertos al tercer día, y ahora vive para siempre. En toda su grandeza ya no se puede hallar nuestro pecado ni nuestra muerte[231], ¡sino tan solo justicia, vida, y bendición eterna!

Debemos retener siempre esta imagen ante nosotros y aferrarnos a ella con firmeza de fe[233]. Quien lo haga tendrá esta inocencia y victoria de Cristo, aunque sea el más grande pecador. *Pero no se puede adquirir por la voluntad del amor*[233], *sino por la razón iluminada por la fe*[234]. Por lo tanto, la sola fe justifica[235], pues la única manera de aferrarnos a esta victoria de Cristo es por la fe sola[236]. Fíjate, entonces, para ver cuánto lo crees, y cuánto lo gozas. Si crees que el pecado, la muerte, y la maldición han sido abolidos, ¡abolidos están! Fue la voluntad de Cristo obtener la victoria, y su voluntad es que lo creas. Asimismo, así como ahora, en su propia persona, ya no hay pecado ni vestigio de muerte[237], tampoco lo hay en nosotros, pues Él ha hecho todo en nuestro favor.

Por tanto, si el pecado te frustra, y la muerte te aterra, piensa que solo es un producto de tu imaginación (porque lo es), y una vana ilusión del diablo. Pues con toda certeza ya no hay pecado ni maldición, ya no hay muerte, ni diablo que nos pueda herir, pues Cristo ha vencido y abolido todas estas cosas. Por consiguiente, la victoria de Cristo es plenamente cierta, y no tiene defecto alguno (pues sobre todo es verdad). El único defecto está en nuestra incredulidad. Pues a la razón se le hace difícil creer estas riquezas tan benditas e indecibles. Además, Satanás, con sus dardos encendidos

---

229. *peccatum totius mundi.*
230. *impossibile fuit morte teneri eam.*
231. *nec amplius invenitur Peccatum, Mors et larva Nostra.*
232. *firma fide.*
233. *voluntate dilectionis.*
234. *ratione illuminata fide.* Nota de Lutero: *Fides sola victoriam Christi apprehendit*, «La sola fe se aferra a la victoria de Cristo».
235. *Ergo sola fide iustificamur.*
236. *sola fides apprehendit hanc victoriam Christi.*
237. *Nulla [...] larva peccatoris, nullum vestigium mortis.*

y sus ministros, con su doctrina falsa e impía, procura despojarnos de esta doctrina y desfigurarla por completo. Arremeten particularmente contra este artículo, que con tanta diligencia enseñamos y por el cual sufrimos el odio y la cruenta persecución de Satanás y del mundo, pues Satanás siente el poder y el fruto de esta doctrina fundamental.

Cada día confesamos en el credo de los apóstoles: «Creo en la santa Iglesia». Al mismo tiempo, decimos: «Ya no hay pecado, muerte, ni maldición, pues Cristo reina». Es como si dijéramos: «Creo que no hay pecado, ni maldición, ni muerte en la Iglesia de Dios». Los que creen en Cristo no son pecadores ni culpables de muerte, sino santos y justos, señoreando sobre el pecado y la muerte, y viviendo para siempre. Pero solo la fe ve esto, pues decimos: «Creo en la santa Iglesia».

Sin embargo, si tú crees a la razón y a tus propios ojos, vas a ver algo totalmente contrario, pues en los creyentes vas a ver muchas cosas que te ofenderán. A veces los verás caer en pecado, verás la debilidad de su fe, los verás ceder a la ira, a la envidia, y a otros malos sentimientos. Incluso podrás cometer el error de concluir: «La Iglesia no es santa». Yo rechazo esa conclusión. Si me fijo en mi propia persona, o en la persona de mi hermano, jamás veré santidad. Pero si me fijo en Cristo, que ha santificado y purificado a su Iglesia, entonces es enteramente santa. Pues Él ha quitado los pecados del mundo entero.

Por eso, allí donde se ve y se percibe la presencia de pecados, estos realmente no están allí. De acuerdo con la teología de Pablo, no hay pecado, ni muerte, ni maldición en el mundo, sino en Cristo, el Cordero de Dios que quitó los pecados del mundo. Él fue hecho maldición para librarnos de la maldición. Por el contrario, según la filosofía y la razón, el pecado, la muerte, y la maldición no se encuentran en ninguna parte excepto en el mundo, en la carne, o en los pecadores. Pues con respecto al pecado, el teólogo de la retórica y el filósofo pagano dicen la misma cosa. Tal como el color, dicen, se pega a la pared, así también el pecado se pega al mundo, a la carne, o a la conciencia. Por tanto, es necesario purificarlo mediante la operación contraria, a saber, por el amor. Pero la verdadera teología enseña que ya no hay pecado en el mundo, pues Cristo, sobre quien el Padre cargó los pecados de todo el mundo, los ha vencido y abatido todos en su propio cuerpo (Isaías 53:6). El que murió por el pecado, y resucitó, ya no muere otra vez. Por tanto, dondequiera que haya verdadera fe en Cristo, el pecado ha sido abolido, muerto, y sepultado. Pero donde no hay fe en Cristo, el pecado aún permanece. Es cierto que en los santos todavía quedan residuos de pecado. Ellos aún no han sido perfeccionados en la fe. No obstante, esos residuos están muertos, pues debido a su fe en Cristo no les son cargados a su cuenta[238].

Este es el poderoso argumento que Pablo esgrime contra la justicia de las obras: es Cristo quien nos rescata de la eterna maldición; no es la ley ni sus obras[239]. Te exhorto, pues, estimado lector cristiano[240], ¡por Dios![241] Te imploro, distingue a Cristo de la ley. Presta atención a la manera en que Pablo habla, y a lo que dice: «Todos los que no cumplen la ley a cada momento, caen por su propio peso bajo maldición». Pues no hay quien haga las obras de la ley siempre y sin desliz alguno. Por lo tanto, el primer postulado es cierto: «Todo ser humano está bajo maldición», pero luego añade el segundo: «Cristo nos ha redimido de la maldición de la ley, habiendo sido hecho maldición por nosotros. Por consiguiente, la ley y las obras no nos redimen de la maldición. Al contrario, nos someten a la maldición». Por eso el amor (que según los eruditos del papa moldea y perfecciona la fe) no solo es incapaz de redimirnos de la maldición, sino que más bien nos ha enredado cada vez más en ella.

Pero así como Cristo es mucho más que la ley y las obras de la ley, así también la redención que Cristo logró es mucho más que mis méritos por las obras de la ley. Pues fue necesario que Cristo mismo nos redimiera de la maldición de la ley. Por tanto, todos permanecen bajo maldición si no se aferran a Cristo por fe. Ni siquiera los eruditos del papa son tan necios como para decir que Cristo es nuestra obra o nuestro amor. Pues Cristo es mucho más que cualquier obra que podamos hacer. Ningún papista, por chiflado que esté, se atrevería a decir que las limosnas que ha dado a los pobres, o la obediencia del monje, es Cristo. Pues Cristo es Dios y hombre,

---

238. *propter fidem in Christum non imputantur*, «no se les imputa debido a su fe en Cristo».
239. Nota de Lutero: *Christius redemit a malediction, ergo non lex*, «Cristo nos redimió de la maldición, por tanto, no fue la ley».
240. *christiane lector*. Obviamente esta frase fue añadida por Rörer o Lutero cuando se preparó el comentario para publicarlo. El texto original representa la transcripción de las conferencias de Lutero, en vivo y en directo, a sus seminaristas.
241. *per Deum*.

concebido por el Espíritu Santo, nacido de la virgen María, y todo lo demás. Pablo dijo: «Él fue hecho maldición por nosotros para redimirnos de la maldición de la ley». Por eso, la ley, las obras, el amor, los votos, y cosas así, no redimen, sino que más bien nos enredan en la maldición y la hacen más pesada. Por tanto, cuanto más nos aferremos a nuestras obras, tanto menos podremos aferrarnos a Él y conocerlo de verdad.

No podemos aferrarnos a Cristo por la ley ni por las obras, sino por la fe, que ilumina la razón o el intelecto. Aferrarnos a Cristo por fe es la verdadera vida contemplativa[242] (la cual neciamente imaginan los monjes y filósofos del papa con sus cabezas en las nubes). Es un contemplar impulsado por una teología espiritual[243], pues fija su mirada en la fiel y divina serpiente sobre el mástil. Es decir, contempla a Cristo colgado de la cruz por mis pecados, los tuyos, y los pecados del mundo entero. Por tanto, es evidente que solo la fe justifica[244]. Pero cuando somos justificados por la fe, marchamos hacia la vida activa. Los filósofos papales han distinguido correctamente entre la vida contemplativa y la vida activa[245]. ¡Pero si tan solo se hubieran referido a la primera como Evangelio y a la segunda como ley! Es decir, ¡si tan solo hubieran enseñado que la vida espiritual debería ser incluida y guiada por la palabra de Dios! ¡Si tan solo hubieran dicho que nuestra mirada no debería fijarse en otra cosa que la palabra del Evangelio! Por eso la vida activa debe procurarse dentro de la ley; pero en ese quehacer no nos aferramos a Cristo, sino que más bien nos ejercitamos en las obras del amor a nuestro prójimo.

Este texto deja claro que todo ser humano, incluidos los apóstoles, los profetas, y los patriarcas, habrían quedado bajo maldición si Cristo no se hubiera interpuesto contra el pecado, la muerte, la maldición de la ley, la ira y el juicio de Dios, venciéndolos en su propio cuerpo. Pues en carne y sangre no hay poder alguno que sea capaz de vencer a estos horribles y enormes monstruos. Así que Cristo no es la ley, ni la obra de la ley, sino una persona divina y humana, que tomó sobre sí mismo el pecado, la condenación de la ley y la muerte, no para sí mismo, sino por nosotros. Por tanto, todo el énfasis y la fuerza del texto está en las palabras «por nosotros».

Por tanto, no debemos imaginar a Cristo en su inocencia como una persona fría y distante, ensimismada en su justicia y santidad

---

242. *proprie est Speculativa vita.*
243. *Theologica.*
244. *Manifestum ergo est solam fidem justificare.*
245. *vitam Contemplativam et Activam.*

(como lo imaginan los escolásticos, los padres, Jerónimo y todos los demás)[246]. Es cierto que, en su propia persona, Cristo es el ser más puro y santo. Pero no te quedes ahí, porque aún no tienes a Cristo, aunque lo conozcas como Dios y como hombre. Lo tendrás en verdad cuando hallas creído que esta persona, la más pura e inocente, te ha sido dada por el Padre para que sea tu Sumo Sacerdote y Salvador. Sin embargo, aun más, fue tu siervo. Se despojó de esta inocencia y santidad, y tomó en su persona tu propia persona pecadora. Luego, en tu favor, se ofreció Él mismo como tu sacrificio, se hizo maldición por ti, y así te libró de la maldición de la ley.

CONFERENCIA 21: viernes 18 de septiembre

Pueden ver, entonces, el espíritu apostólico con el cual Pablo trató este argumento de la bendición y la maldición. Al mismo tiempo, no solo sujeta a Cristo a la maldición, sino que también dice que fue hecho maldito. Así, en 2 Corintios 5:21 lo llama pecado, cuando dice: «Al que no conoció pecado, lo hizo pecado por nosotros, para que nosotros fuésemos hechos justicia de Dios en él».

Esta frase, «Cristo es hecho maldición», se puede exponer correctamente de la siguiente manera: Cristo se hizo un sacrificio[247] por la maldición, por el pecado, o bien, un sacrificio por causa del pecado.

Sin embargo, me agrada más si se conserva el sentido propio de las palabras para enfatizar el significado. Porque, cuando un pecador llega al conocimiento de sí mismo, siente no solo su propia miseria, sino que es la miseria misma. Se da cuenta de que no solo es un pecador bajo maldición, sino que es el pecado mismo y está enteramente bajo maldición. Pues es algo horrible cargar el pecado, la ira de Dios, la maldición y la muerte. Todo el que verdaderamente siente estas cosas (como ciertamente Cristo las sintió en favor de toda la humanidad) es en sí mismo pecado, muerte, y maldición.

Por tanto, Pablo trata este texto con un verdadero espíritu apostólico. No hay erudito papal, ni abogado, ni judío, ni fanático, ni ningún otro que haya hablado como él. Pues ¿quién se atrevería a usar este texto de Moisés: «Maldito todo aquel que colgare de un

---
246. *Patres, Hieronymus et alii.*
247. *hostia.*

madero», para interpretarlo como referido a Cristo? Tal como Pablo relacionó esta declaración con Cristo, también nosotros podemos relacionarla con Cristo, junto con las maldiciones de Deuteronomio 27. Podemos asimismo recoger todas las maldiciones de la ley de Moisés, y atarlas a Cristo. Porque, así como Cristo, en su persona, es inocente con respecto a esta ley en general, también lo es en lo demás. Sin embargo, del mismo modo, Él es culpable ante esta ley en general, pues fue hecho maldición por nosotros, y colgado de un madero como malhechor, blasfemo, asesino, y traidor. Por eso es también culpable en todo lo demás. Pues todas las maldiciones de la ley fueron amontonadas y puestas sobre Él, y por eso las llevó y sufrió por todas ellas en su cuerpo por nosotros. Por tanto, no solo fue maldito, sino que por nosotros se convirtió en la maldición misma.

Esto es interpretar las Escrituras como un verdadero apóstol. Nadie puede hablar así excepto por el Espíritu Santo. Él comprende toda la ley en esta sola declaración: «Cristo fue hecho maldición por nosotros». Luego carga la totalidad de ese peso sobre el propio cuerpo de Cristo. Así también, reúne todas las promesas de las Escrituras, y declara que todas fueron cumplidas en Cristo una vez y para siempre. Pablo toma este argumento apostólico e invencible no solo de ciertas partes de la ley, sino de la totalidad de ella, sobre la cual basa su argumento.

Aquí podemos ver con cuánta diligencia Pablo leía las Sagradas Escrituras, y cuán cuidadosamente sopesó cada palabra de este texto: «En tu simiente serán benditas todas las naciones de la tierra» (Génesis 22:18). Primero, de la palabra «bendición» deduce este argumento: si la bendición se da a todas las naciones, entonces todas las naciones están bajo maldición, incluidos los judíos, que tienen la ley. Pues las Escrituras testifican que todos los judíos, por estar bajo la ley, están también bajo maldición: «Maldito todo aquel que no permanece en todas las cosas escritas en este libro».

Además, él sopesa con mucho cuidado esta cláusula: «todas las naciones». Con esta frase, promueve el siguiente argumento: «La bendición pertenece no solo a los judíos, sino también a todas las naciones del mundo. Pero como pertenece a todas las naciones, es imposible que pueda obtenerse mediante la ley de Moisés, pues ninguna otra nación tenía la ley, excepto los judíos. Y aunque tenían la ley, estaban lejos de obtener la bendición a través de ella. Pues cuanto más se esforzaban por cumplirla, tanto más caían bajo la maldición de la ley. Por tanto, debe haber una justicia mucho más excelente que la justicia de la ley, mediante la cual, no solo los judíos, sino todas las naciones del mundo entero podrían obtener la bendición».

Finalmente, las palabras «en tu simiente» se explican de la siguiente manera: que de la simiente de Abraham surgiría un hombre, es decir, Cristo, por quien luego vendría la bendición a todas las naciones. Por tanto, siendo Cristo quien bendeciría a todas las naciones, él también sería quien les quitaría la maldición. Pero no podía quitarles la maldición mediante la ley, porque la ley recrudece la maldición. Entonces, ¿qué hizo? Se unió a la compañía de los malditos, asumiendo la carne y la sangre de ellos. Luego se interpuso como mediador entre Dios y los hombres, diciendo: «Aunque soy carne y sangre, y ahora habito entre los malditos, sin embargo, soy aquel bendito por quien toda la humanidad sería bendecida». De tal modo que en su sola persona une a Dios y al hombre. Una vez unido a nosotros, que estábamos bajo maldición, se hizo maldición por nosotros. Pero entonces escondió su bendición en nuestro pecado, muerte, y maldición, aunque estas lo condenaron y lo mataron. Pero como era el Hijo de Dios, no lo pudieron retener, sino que Él las venció. Llevó cautiva a la cautividad y triunfó sobre ella. Lo que colgaba de su carne fue lo que había tomado de nosotros mismos, y lo cargó dentro de sí mismo. Por tanto, todos los que se aferran a su carne son bendecidos y librados de la maldición, es decir, del pecado y de la muerte eterna.

Hay quienes no comprenden este beneficio de Cristo (la particular y urgente llamada[248] del Evangelio) y desconocen toda justicia a menos que sea la justicia de la ley. Ellos se ofenden cuando escuchan que las obras de la ley no son necesarias para la salvación. Se escandalizan cuando se enseña que la justicia se obtiene solo por escuchar y creer que Cristo el Hijo de Dios ha tomado nuestra carne sobre su cuerpo. Se indignan con la aclaración de que Él se unió a los malditos para que todas las naciones pudieran recibir la bendición. Pues no entienden nada de esto, o bien solo lo entienden

---

248. *proprie.*

carnalmente. Pues sus mentes se ocupan en otras cavilaciones e ilusiones fantasiosas. Por tanto, estas cosas les parecen inexplicables[249]. Hasta a nosotros, que hemos recibido las primicias del Espíritu, se nos hace imposible comprender estas cosas perfectamente, pues luchan poderosamente contra la razón.

En conclusión, todo mal nos habría anegado, como anegará a los impíos eternamente, si no fuera porque Cristo, por nosotros, se hizo el transgresor de toda ley. Se declaró culpable de toda nuestra maldición por todos nuestros pecados y nuestras maldades. Por lo cual se interpuso como mediador, y nos abraza a nosotros, impíos y condenables pecadores. Tomó sobre sí y cargó todas nuestras maldades, las cuales nos habrían oprimido y atormentado para siempre. Por un momento estas lo derribaron, pasando sobre su cabeza como aguas, tal como el profeta, personificando a Cristo, dijo gimiendo: «Sobre mí reposa tu ira, y me has afligido con todas tus ondas» (Salmo 88:7). Y de nuevo: «Sobre mí han pasado tus iras, y me oprimen tus terrores» (Salmo 88:16). De esta manera, Cristo nos libera de estos terrores y tormentos eternos. Si lo creemos, gozaremos de una paz y felicidad eternas e inestimables.

Estos son los solemnes misterios de la Escritura, los cuales nos mueven a la adoración. Moisés también los reveló anticipadamente en algunos textos, aunque por sombras. Los profetas y los apóstoles mostraron el mismo conocimiento y lo entregaron a su descendencia. Los santos del Antiguo Testamento se regocijaron en este conocimiento y beneficio de Cristo más que nosotros ahora, aunque ahora Él ya se nos ha revelado para darnos tanto consuelo. Ciertamente nosotros reconocemos que este conocimiento de Cristo y la justicia por la fe son un tesoro inestimable; pero no podemos concebir esa plenitud de gozo como los profetas y los apóstoles. Es porque ellos, y Pablo en particular, enseñaron tan plenamente, y con tanto fervor y diligencia, el artículo de la justificación. Pues la propia función de un apóstol es la de desplegar la gloria y el beneficio de Cristo para levantar y consolar tantas conciencias afligidas por todos lados.

---

249. *aenigmata*.

VERSÍCULO 14. *A fin de que la bendición de Abraham viniese sobre los gentiles a través de Jesucristo; para que por la fe recibamos la promesa del Espíritu.*

Pablo siempre tiene ante sus ojos este texto: «en tu simiente». Pues la bendición prometida a Abraham no podía llegar a los gentiles sino por Cristo, la simiente de Abraham. Con este fin fue necesario que Cristo se hiciera maldición, para que la promesa hecha a Abraham, «en tu simiente serán bendecidas todas las naciones», pudiera ser cumplida. Por tanto, la promesa no se podía cumplir a menos que Jesús se hiciera maldición y se uniera a los malditos gentiles[250]. Solo así les podía quitar la maldición, y mediante su bendición, traerles justicia y vida. Aquí recalco (como les anticipé) que la palabra «bendición» no es vacía, como imaginan los judíos, pues ellos la explican diciendo que solo es un saludo, dicho de boca o por escrito. En vez de eso, Pablo habla aquí del pecado y la justicia, la vida y la muerte delante de Dios. Por tanto, habla de cosas inestimables e incomprensibles cuando dice: «para que la bendición de Abraham viniese sobre los gentiles, mediante Jesucristo».

¿Pueden ver la calidad de los méritos que traemos, y el medio por el cual obtenemos esta bendición? Estos sí son los méritos de congruo y de condigno atados en un solo bulto; estas son las obras preparatorias, por las que obtenemos esta justicia: «Jesucristo fue hecho por nosotros maldición». Pues por nuestra ignorancia desconocemos a Dios, somos enemigos de Dios, estamos muertos en pecado, y bajo maldición. ¿Qué, pues, es lo que merecemos? ¿Qué más puede merecer el maldito, si no toma en cuenta a Dios, sigue muerto en sus pecados, y está sujeto a la ira y al juicio de Dios? Cuando el papa excomulga, todo lo que el excomulgado hace se considera maldito. ¿Cuánto más será maldito ante Dios (como todos lo somos antes de conocer a Cristo) el que no hace sino todo lo que está bajo maldición? Porque no hay ninguna otra manera de evitar la maldición, excepto creer, y con firme confianza, decir: «Tú, Cristo, eres mi pecado y mi maldición»; o más bien, «yo soy tu pecado, tu maldición, tu muerte, tu ira de Dios, tu infierno». También podemos decir lo opuesto: «Tú eres mi justicia, mi bendición, mi vida, mi gracia de Dios, y mi cielo». Pues el texto dice

---

250. *Gentibus maledictis.*

claramente: «Cristo por nosotros se hizo maldición». Por tanto, nosotros somos la causa de que fuera maldecido. ¡No! Más bien, nosotros somos su maldición.

Este es un pasaje excelente, y lleno de consuelo espiritual. Y aunque no satisface a los judíos ciegos y duros de corazón, sí nos satisface a nosotros, que hemos sido bautizados y hemos recibido esta doctrina. Esta concluye poderosamente así: «Hemos sido bendecidos por la maldición, el pecado, y la muerte de Cristo; es decir, somos justificados y renacidos a una vida nueva»[251]. Porque mientras el pecado, la muerte, y la maldición permanecen en nosotros, el pecado nos aflige, la muerte nos mata, y la maldición nos condena. Pero cuando estos son transferidos y colocados sobre la espalda de Cristo, todos estos males pertenecen solo a Él, y todos sus beneficios son nuestros. Por tanto, en toda tentación, aprendamos a transferir el pecado, la muerte, la maldición, y todo mal que nos oprima, de nosotros a Cristo. Al mismo tiempo, a recibir de Él justicia, misericordia, vida, y bendición. Pues Él lleva todo nuestro mal y miseria. Como dijo el profeta Isaías: «Dios el Padre ha puesto todas nuestras iniquidades sobre Él» (Isaías 53:6); y de buena gana Él las aceptó, aunque no era culpable. Pero lo hizo cumpliendo la voluntad de su Padre, por la cual somos santificados para siempre.

Así es la infinita e inconmensurable misericordia de Dios, que Pablo gozosamente engrandeció con toda elocuencia y abundancia de palabras. Pero la reducida capacidad del corazón humano no puede comprender, y mucho menos balbucear, la insondable profundidad y el apasionado fervor del amor de Dios hacia nosotros[252]. Además, la grandeza misma de la misericordia de Dios no solo dificulta nuestra capacidad de creer, ¡sino que incluso engendra incredulidad![253] Porque yo no solo escucho que el Todopoderoso Dios, Creador y Hacedor de todas las cosas, es bueno y misericordioso, sino también que esa grandiosa y soberana majestad se preocupó tanto por mí, un condenado pecador, hijo de ira y de la muerte eterna, que no escatimó a su propio Hijo amado, sino que lo entregó a la muerte más vil. Allí, colgado entre dos

---

251. *justificati et vivificati simus.*
252. *abyssum profundissimam et zelum ardentissimum divinae caritatis erga nos non potest angustia cordis humani comprehendere, multo minus eloqui.*
253. *Quin etiam ipsa magnitudo divinae misericordiae non solum difficultatem credenti, sed et incredulitatem parit.*

ladrones, se hizo maldición y pecado por mí, un maldito pecador, para que yo pudiera ser bendecido como hijo y heredero de Dios. ¿Quién puede engrandecer y alabar lo suficiente esta grandiosa bondad de Dios? Ni siquiera todos los ángeles del cielo. Por tanto, la doctrina del Evangelio habla de otros temas mucho más elevados que cualquier libro de ética o filosofía, o incluso el libro de Moisés. El Evangelio habla de los dones más divinos e indescriptibles de Dios, que sobrepasan ampliamente la capacidad y el entendimiento de todo ser humano, aun de toda la hueste angelical, y superan toda su plenitud.

VERSÍCULO 14. *Para que por la fe recibamos la promesa del Espíritu.*

Esta es una frase del idioma hebreo: «La promesa del Espíritu», o «el Espíritu prometido». Pues bien, el Espíritu es libertad de la ley, del pecado, de la muerte, de la maldición, del infierno, y de la ira y del juicio de Dios. Aquí no hay mérito de congruo o mérito de condigno alguno que pongamos de nuestra parte. Más bien, hay una promesa gratuita, y un don provisto gratuitamente mediante la simiente de Abraham, para que podamos ser libres de todo mal, y obtener todo lo bueno. Esta libertad y don del Espíritu no se reciben por mérito alguno, sino por fe. Pues solo la fe se puede aferrar a las promesas de Dios, como Pablo dice en este texto: «Para que podamos recibir la promesa del Espíritu, no por las obras, sino por la fe».

Esta es una doctrina ciertamente dulce y apostólica, pues muestra todo lo que se ha cumplido en nuestro favor. Ahora, ya se nos ha dado todo. Muchos profetas y reyes quisieron verlo y escucharlo. Textos como este resumen diferentes declaraciones de los profetas. Ellos, desde mucho antes, previeron en el espíritu que todo cambiaría. Todo sería restaurado y gobernado por este hombre, Cristo. Ninguno de los profetas o gobernantes del pueblo de Dios dio alguna ley nueva. De hecho, Elías, Samuel, David, y todos los otros profetas permanecieron bajo la ley de Moisés. No establecieron nuevas tablas de la ley, ni un nuevo reino o sacerdocio. Pues ese nuevo cambio del reino, del sacerdocio, de la ley, y del culto, estaban reservados solo para Él, del cual Moisés, tiempo atrás, había profetizado: «Profeta de en medio de ti, de tus hermanos, como yo, te levantará Jehová tu Dios; a él oiréis» (Deuteronomio 18:15). Es como si hubiera dicho: «No le hagan caso a nadie más».

Los padres comprendieron bien esto, pues nadie pudo enseñar mayores y más altos temas que el propio Moisés, quien hizo excelentes leyes de asuntos grandes y elevados, como los diez mandamientos. Miremos en particular el primer mandamiento: «Yo soy Jehová tu Dios: no tendrás dioses ajenos delante de mí: amarás a Jehová tu Dios de todo tu corazón, y de toda tu alma, y con todas tus fuerzas». Esta ley, tocante al amor de Dios, se extiende también a los ángeles. Por tanto, es la fuente de toda sabiduría divina. Y, no obstante, fue necesario que viniera otro maestro, es decir, Cristo. Él traería y enseñaría la gracia y la remisión de pecados, las cuales sobrepasarían aquellas excelentes leyes. Por tanto, este texto está repleto de poder, pues en esta breve declaración, «Para que recibamos la promesa del Espíritu por la fe», Pablo vierte de una vez todo lo que podría haber dicho. Pues cuando ya no puede ir más allá (pues no podía decir algo más grande o sublime), no añade más, y ahí se queda[254].

VERSÍCULO 15. *Hermanos, hablo como hombre: Un pacto, aunque sea de hombre, si fuere confirmado, nadie lo anula, o le añade.*

Después de este argumento principal e invencible, Pablo añade otro, basado en la similitud con un testamento hecho por hombres. Este argumento pareciera muy débil, y de una índole tal que el apóstol no debería usarlo como confirmación de un tema tan importante. Pues en temas elevados y de gran peso, deberíamos confirmar las cosas humanas con las divinas, y no las divinas con las humanas[255]. *De allí que Cicerón dijera de Homero: él relaciona las cosas de los hombres con los dioses; pero hay que relacionar las divinas con nosotros.* Y sin duda es verdad. De todos los argumentos, estos son los más débiles, cuando procuramos comprobar y confirmar las cosas celestiales con las terrenales[256], como suele hacer Escoto. «El hombre», dice, «es capaz de amar a Dios sobre todas las cosas, pues se ama a sí

---

254. En la primera edición en latín, en este punto sigue otro pasaje (WA 401, 457, 16-459, 24) el cual en la segunda edición fue trasladado a otro lugar (WA 401, 419-420). Respectivamente, se encuentra en pp. 67ss.
255. *humana.*
256. *cum ab humanis ad divina argumentamur,* «cuando argumentamos de lo humano a lo divino».

mismo sobre todo lo demás. Por tanto, mucho más será capaz de amar a Dios sobre todas las cosas; pues cuanto mayor es el bien, más se lo ama». Y de aquí se infiere que el hombre es capaz, *ex puris naturalibus*, es decir, por su propia fuerza natural, de cumplir fácilmente ese supremo mandamiento: «Amarás a Dios de todo tu corazón, etc.». Pues, dice él, «el hombre es capaz de amar las cosas de menor valor por encima de todas, aun ofreciendo su propia vida (lo más valioso que tiene), por el lucro inmundo; de ahí que pueda hacerlo mucho más por amor a Dios».

Con frecuencia ustedes me han escuchado decir que las leyes civiles y del hogar[257] son de Dios, pues Dios las ha ordenado y permitido, así como el sol, la luna, y otras criaturas. Por tanto, un argumento tomado de los reglamentos dados a las criaturas de Dios es bueno, siempre que lo usemos debidamente. Es así como los profetas usaron frecuentemente ejemplos y comparaciones de las criaturas. Llamaron a Cristo el sol, a la Iglesia la luna, y a los predicadores y maestros de la palabra, estrellas. Como también hay, en los profetas, muchas comparaciones sobre árboles, cardos, flores, y frutos de la tierra. El Nuevo Testamento también está lleno de tales ejemplos. Por tanto, donde haya un orden divino en la criatura, puede hallarse un argumento vinculable con las cosas divinas y celestiales.

Es así como, en Mateo 7:11, nuestro Salvador Cristo, argumentando de las cosas terrenales a las celestiales[258], dijo: «Y si vosotros, siendo malos, sabéis dar buenas dádivas a vuestros hijos, ¿cuánto más vuestro Padre que está en el cielo dará buenas cosas a los que le pidan?». De igual modo, Pablo: «Es menester obedecer a Dios antes que a los hombres». Jeremías, también, en el capítulo 35: «Los recabitas obedecieron a sus padres, ¿cuánto más no recibiréis instrucción para obedecer a mis palabras?»[259]. Bien, todas estas cosas son dispuestas por Dios, y son sus ordenanzas: «Los padres deben dedicarse a sus hijos, y los hijos deben obedecer a sus padres». Por tanto, tales argumentos son buenos, siempre y cuando se fundamenten en las ordenanzas de Dios. Sin embargo, si se toman a partir de los afectos corruptos de los hombres, son malos y sin valor, precisamente como el argumento de Escoto: «Si

---
257. *politicae et oeconomicae.*
258. *ab humanis ad divina.*
259. Lutero resume el texto.

puedo amar a lo que es de menor valor, más puedo amar a lo de mayor valor». Yo rechazo esa conclusión. Pues mi amor no sigue un mandato divino, sino que es una corrupción diabólica[260]. Ciertamente así debería ser, que cuando me amo a mí mismo o a otra criatura, debería amar más a Dios el Creador; pero no sucede así, pues el amor con que me amo es corrupto y contrario a Dios[261].

Un argumento que relaciona lo corrupto y terrenal con lo divino y espiritual puede ser válido; no piensen que digo lo contrario. *Tampoco se trata de si el argumento es retórico o dialéctico*[262]. *El punto es este: el argumento de lo terrenal a lo celestial tiene valor siempre y cuando se base en lo ordenado por Dios, como vemos en este caso.* Pues la ley civil, que ha sido ordenada por Dios, dice que no es lícito quebrantar ni cambiar el testamento de un hombre.

Es cierto que mientras viva el testador aún no se ratifica, pero cuando él muere ya no es lícito cambiarlo. Pero esto se dice no de facto, sino de jure. Es decir, con respecto a lo que se debe hacer y a lo que no se debe hacer según la ley civil. Sencillamente, la ley sostiene que un testamento no se debe cambiar. Las leyes mismas dictan que el testamento debe observarse religiosamente. Debido a que es la última voluntad del ser humano, es una de las costumbres más sacrosantas de la humanidad[263].

Por tanto, apoyándose en esta costumbre del testamento humano, Pablo argumenta así: «¿Por qué se obedece al hombre pero no a Dios? En la política y en lo civil, con respecto a los testamentos y otras materias, las cosas se observan religiosamente. Nada se cambia, se añade ni se quita. Pero la gente piensa que sí puede añadir y quitar del testamento de Dios. Pretenden cambiar la promesa divina sobre la bendición espiritual y las cosas celestiales y eternas. El mundo debería no solo recibir estas bendiciones con gran fervor y afecto, sino atesorarlas religiosamente con reverencia y honor». Argumentar tomando los ejemplos y las leyes de los hombres tiene un gran poder persuasivo. Por tanto, Pablo dice: «Yo hablo según las costumbres de los hombres». Es decir, «Les traigo un ejemplo

---

260. *Quia meum diligere non est ordinatio divina, sed depravatio diabolica.*
261. *quo diligo me ipsum, est vitiosus et contra Deum.* Lutero añadió su propia nota: *amor nostri vitiosus,* «nuestro amor está viciado».
262. Si el lector hubiera sido un seminarista en la clase de Lutero, lo captaría de inmediato. Si no lo entiende, que siga leyendo. Los seminaristas de Lutero también estudiaban retórica, dialéctica, filosofía, y otras ciencias; por lo tanto, fácilmente habrían captado estos detalles. Lo importante, para el lector de hoy, es seguir el hilo de la justificación por la fe, que es el tema que Pablo introduce con el ejemplo del testamento.
263. *inter sacra humana.*

tomado de las costumbres y maneras de los hombres». Además, es como si hubiera dicho: «Los testamentos de los hombres y otras cosas corruptibles se exigen con todo rigor, y lo que la ley manda se guarda y observa a conciencia». Porque, cuando un hombre hace su testamento, dejando sus tierras y bienes a sus herederos, y luego muere, este testamento queda confirmado y ratificado por la muerte del testador. De modo que, de allí en adelante, nada se puede añadir ni quitar, conforme a las leyes de esa tierra. Ya no se permite ninguna consulta legal. Hay mayor provecho para todos cuando se someten a lo que dispone el testamento.

Pues bien, si la última voluntad de un hombre se respeta con tanta fidelidad, de modo que nada se añade ni se quita, ¿cuánto más no debería obedecerse a conciencia la última voluntad de Dios, prometida a Abraham y a su simiente tras él?

Con la muerte de Cristo el testamento fue confirmado. Luego, después de su muerte, se quitó el sello de su última voluntad y testamento. Es decir, «la bendición prometida de Abraham fue predicada entre todas las naciones dispersas por el mundo entero». Esta fue la última voluntad y testamento de Dios, el gran testador, ratificada por la muerte de Cristo.

Por tanto, nadie lo debe cambiar con añadiduras, como lo hacen los que enseñan la ley y las tradiciones de los hombres. Pues ellos dicen que, a menos que se circunciden, guarden la ley, hagan muchas obras, y sufran otras cosas más, no pueden ser salvos. Esta no es la última voluntad y testamento de Dios. Pues Él no dijo a Abraham: «Si hicieres esto o aquello, obtendrás la bendición»; o «Los que sean circuncidados y guarden la ley la obtendrán». Sino que dijo: «En tu simiente serán benditas todas las naciones de la tierra». Como si hubiera dicho: «Por pura misericordia te prometo que Cristo vendrá de tu simiente. Él derramará a raudales la bendición sobre todas las naciones oprimidas por el pecado y la muerte». Es decir, librará a las naciones de la maldición eterna, del pecado y de la muerte, recibiendo esta promesa por la fe: «En tu simiente serán benditas todas las naciones».

Por tanto, como los falsos apóstoles del pasado, así hoy todos los papistas y legalistas son perversos aniquiladores, no del testamento de los hombres (pues la ley civil se lo prohíbe), sino del testamento de Dios. No obstante, no lo temen, aunque Dios es un fuego consumidor. Pues así es la naturaleza de todos los hipócritas, que observan la ley de los hombres al pie de la letra, pero desprecian las leyes de Dios y pecan con suma impiedad. Sin embargo, llegará el día en que tendrán que cargar con un horrible juicio; sentirán lo que es despreciar y destruir el testamento de Dios. Por lo cual, este argumento basado en la ordenanza de Dios, tiene suficiente fuerza.

VERSÍCULO 16. *Ahora bien, a Abraham fueron hechas las promesas, y a su simiente. No dice: Y a las simientes, como de muchos; sino como de uno: Y a tu simiente, el cual es Cristo.*

Aquí él usa un nuevo nombre, «testamento», para las promesas que Dios hizo a Abraham sobre Cristo, quien traería bendición a todas las naciones. Y ciertamente la promesa no es sino un testamento, el cual aún no ha sido revelado, sino que conserva su sello intacto. Bien, un testamento no es una ley, sino un legado o un don gratuito. Pues los herederos no esperan recibir leyes, exigencias, o carga alguna impuesta por el testamento. En vez de eso, van al encuentro de una herencia ya aprobada.

Por tanto, antes que todo, explica las palabras. Después relaciona el ejemplo, y se apoya en la palabra «simiente». Dice que Abraham no recibió leyes sino un testamento. Es decir, las promesas le fueron declaradas con respecto a la bendición espiritual. Por tanto, algo le fue prometido y entregado. Si, entonces, se respeta el testamento del hombre, ¿por qué entonces se le falta el respeto al testamento de Dios? Pues el testamento del hombre es tan solo una señal[264]. Pero, si guardamos las señales[265], ¿por qué entonces no guardamos las cosas que señalan?

Ahora bien, las promesas le fueron hechas a Él, no a todos los judíos sino a una sola Simiente, la cual es Cristo. Los judíos no aceptan esta interpretación de Pablo. Dicen que aquí el singular se puso supliendo al plural, uno por muchos. Pero nosotros, con todo gozo, recibimos este significado e interpretación de Pablo, que con frecuencia repite esta palabra «Simiente», y explica que esta Simiente es Cristo, movido por su espíritu apostólico. Que los judíos lo nieguen todo lo que quieran. Por nuestra parte, nosotros

---

264. *allegoria.*
265. *signa.*

tenemos argumentos de suficiente fuerza, citados ya por Pablo, los cuales confirman este asunto, y ellos no pueden negarlo. Hasta aquí el asunto de la semejanza[266] de la alegoría[267] descrita; es decir, del testamento del hombre al testamento de Dios. Ahora él sigue explicando y ampliando el mismo tema.

VERSÍCULO 17. *Y esto digo: El pacto antes confirmado por Dios en Cristo, la ley que vino cuatrocientos treinta años después, no le anula, para invalidar la promesa.*

Aquí los judíos podrían objetar: «Dios no se conformó con hacer promesas a Abraham, sino que después de cuatrocientos años dio también la ley». Es como si dijeran: «Dios, desconfiando de sus propias promesas, como si fueran insuficientes, añadió algo mejor: ¡la ley! Esta vino como un mejor sucesor de las promesas. Así, cuando llegara, no serían justificados los ociosos, sino los hacedores de la ley». Con este argumento llegan a una conclusión muy diferente: «La ley, dada después de la promesa, sí abrogó la promesa». Con tales evasivas los judíos siempre tratan de torcer y pervertir estos textos.

El apóstol Pablo responde a esta protesta dando en el clavo, y la refuta con firmeza. «La ley», dice, «fue dada cuatrocientos treinta años después de la promesa "En tu simiente...". Por eso la ley no podía anular ni invalidar la promesa». Pues la promesa, hecha tantos años antes de la ley, es el testamento de Dios, confirmado por Dios mismo, en Cristo. Ahora, la promesa de Dios ya ratificada en el pasado, no podía ser revocada ni anulada. Más bien, quedaba ratificada para siempre.

Entonces, ¿por qué fue añadida la ley? Ciertamente fue entregada tantos años después a la descendencia de Abraham, pero no con el fin de que lograran la bendición. Pues la función de la ley no es bendecir, sino maldecir. La ley fue dada para traer al mundo un grupo de personas que tendrían el testimonio de Cristo, y del cual el mismo Cristo nacería según la carne. Además, para que los que estaban bajo las cadenas de la ley pudieran suspirar por la redención a través de la simiente de Abraham, que es Cristo. Él es el único que

---

266. *similitudo vel pictura allegorica.*
267. *allegoria.*

debía y podía bendecir, es decir, librar a todas las naciones del pecado y de la muerte eterna. Aun más, las ceremonias ordenadas por la ley señalaban a Cristo. Por eso, las promesas no fueron abolidas ni por la ley, ni por las ceremonias de la ley. Más bien, estas mismas, como si fueran sellos, darían por un tiempo testimonio de Él hasta que Él mismo (a saber, la promesa), como la carta enviada, pudiera abrirse, y mediante la predicación del Evangelio, difundirse entre todas las naciones[268].

Sin embargo, permitamos que la ley y la promesa se encuentren cara a cara, y veamos cuál de las dos es más fuerte. Es decir, si la promesa puede abolir a la ley, o la ley a la promesa. Si la ley puede abolir a la promesa, entonces por medio de nuestras obras hacemos de Dios un mentiroso, y su promesa queda nula. Si la ley nos justifica, librándonos del pecado y de la muerte, y si con nuestras obras cumplimos la ley, entonces la promesa hecha a Abraham queda totalmente nula y sin efecto. En tal caso, Dios es un mentiroso y estafador. Pero es imposible que la ley declare que Dios es mentiroso, o que nuestras obras abroguen la promesa. No, más bien es preciso que la promesa sea inconmovible y permanezca establecida para siempre (pues Dios no promete en vano), aun si nosotros fuéramos capaces de guardar y satisfacer la ley. Y si concediéramos que todos los hombres son tan santos como los ángeles, de modo que no necesitan la promesa (lo cual es totalmente imposible), aun así deberíamos pensar que la promesa permanece cierta y segura. De otro modo, Dios sería mentiroso, pues habría prometido en vano, o no habría podido cumplir sus promesas. Por tanto, tal como la promesa existió antes de la ley, así también es mucho más excelente que la ley.

Dios obró con propósito resuelto al hacer la promesa tanto tiempo antes de dar la ley. Lo hizo a propósito y con este fin, para que después no se dijera que la justicia es dada por la ley en vez de darse por la promesa. Pues si Él hubiera querido que fuéramos justificados por la ley, entonces habría dado la ley 430 años antes de la promesa; o al menos, junto con la promesa. Pero, al principio, Él no dice una sola palabra con respecto a la ley, sino que, después de mucho tiempo, 430 años más tarde, Él establece la ley. Mientras

---

268. «Pues las promesas contenidas en la Escritura, eran cartas, a las cuales después se colocaron sellos», 1ª edición.

tanto, todo ese tiempo, Él solo habla de sus promesas. Por tanto, la bendición y el don gratuito de la justicia fueron dados antes de la ley, a través de la promesa. Por eso la promesa es mucho más excelente que la ley. De tal modo que la ley no abroga la promesa. Es la fe en la promesa (por la cual los creyentes eran salvos aun antes del tiempo de Cristo[269]) la que ahora se publica mediante el Evangelio a través del mundo entero. Así, la ley queda destruida cuando la fe se aferra a la promesa, pues jamás podrá hacer abundar el pecado, amedrentar a los pecadores, o empujarlos a la desesperanza.

Pueden también observar un gran énfasis, o una cierta ironía, cuando menciona expresamente el número de 430 años. Como si Pablo dijera: «Si saben algo de aritmética, cuenten con sus dedos el tiempo que pasó entre la entrega de la promesa y la entrega de la ley. Queda claro que Abraham recibió la promesa mucho tiempo antes de la ley; pues la ley fue dada al pueblo de Israel 430 años después». Y este es un argumento invencible, pues se basa y se centra en un período de tiempo determinado.

Aquí él no habla de la ley en general, sino solo de la ley escrita. Es como si dijera: «Dios no podía justificar a los que guardan las ceremonias y las obras de la ley, pues la ley aún no existía con sus requisitos de ceremonias, obras, y promesas de vida para los que la guardan, diciendo: "El hombre que las hiciere, vivirá en ellas"» (Levítico 18:5). Y aunque prometió tales cosas, no se sigue que podamos obtener estas promesas, pues dice claramente: «Todo aquel que las hiciere». Pues bien, es obvio que no hay hombre alguno capaz de hacerlas. Además, Pablo dijo que la ley no puede abolir la promesa. Por tanto, la promesa hecha a Abraham 430 años antes de la ley, siguió vigente. Para que el asunto se pueda entender mejor, lo voy a explicar con un ejemplo similar. Digamos que un hombre rico, no por obligación sino libremente, adopta un hijo, al cual no conoce ni debe nada, y lo nombra heredero de todas sus tierras y bienes. Varios años después de haberle concedido tal beneficio, le impone una ley obligándolo a hacer esto y aquello. El hijo no puede decir que mereció el beneficio por su obediencia, pues muchos años antes lo recibió gratuitamente, sin obligación alguna. Así, tampoco Dios puede tomar en cuenta nuestras obras y méritos anteriores a la

---

269. *ante Christum revelatum.*

justicia, pues la promesa y el don del Espíritu Santo fueron dados 430 años antes de la ley. Pablo promueve este argumento recurriendo a la ironía.

Entonces, queda perfectamente claro que Abraham no obtuvo la justicia ante Dios por la ley, pues esta aún no existía. Y si la ley no existía, entonces tampoco había obras ni méritos. ¿Qué había, entonces? Nada más que la promesa. Abraham creyó en la promesa, y le fue contado por justicia. Por tanto, de la misma manera que el padre obtuvo la justicia, así también los hijos la obtienen y se quedan con ella. De modo que hoy decimos: «Nuestros pecados fueron purgados por la muerte de Cristo hace más de mil quinientos años, cuando todavía no había órdenes religiosas, ni cánones ni reglamentos de penitencia, ni méritos de congruo ni méritos de condigno. Por tanto, no vamos a expiar[270] nuestros pecados ahora con nuestras propias obras y méritos».

Es así como Pablo reúne argumentos a partir de determinados períodos de tiempo y personajes, evidencias firmes y sólidas por donde las mires. Nadie en su sano juicio los podría negar. Por tanto, armemos y fortalezcamos nuestras conciencias con tales argumentos; pues nos ayuda en gran manera tenerlos a la mano cuando la tentación viene de visita. Pues nos llevan de la ley y las obras a la promesa y la fe; de la ira a la gracia; del pecado a la justicia; y de la muerte a la vida.

Por tanto, estas dos cosas (como repito a menudo), la ley y la promesa, deben distinguirse. Pues en cuanto a tiempo, lugar, persona, y en general, en cualquier circunstancia, están tan lejos y separadas la una de la otra como el cielo y la tierra; como el principio del mundo y su final. Ciertamente son cercanas, pues conviven dentro del mismo ser humano. Pero en cuanto a nuestros sentimientos y a su oficio, deben mantenerse separadas la una de la otra. Por tanto, que la ley domine sobre la carne, pero que la promesa reine dulcemente sobre la conciencia. Cuando hayas puesto a cada una en su debido lugar, entonces andarás con toda seguridad entre los cielos de la promesa y la tierra de la ley.

En el espíritu te pasearás por el paraíso de la gracia y de la paz; en la carne andarás por la tierra de las obras y la aflicción. Pero las

---

270. *expiare*.

pruebas que la carne se ve obligada a sufrir, no te serán difíciles, pues la promesa es tan dulce que consolará y alegrará tu corazón en gran manera. Pero presta atención. Si confundes y mezclas las dos, colocando a la ley en la conciencia, y a la promesa de la libertad en la carne, habrás creado una confusión (como ocurrió en el papado). No sabrás cuál es cuál. No podrás distinguir entre la ley y la promesa, o entre el pecado y la justicia.

Por tanto, si has de «trazar correctamente la palabra de verdad», debes hacer una gran distinción entre la promesa y la ley, para que veas cómo cada una impacta tus emociones y la totalidad de tu vida. No por nada Pablo persiste en este argumento con tanto empeño. Él previó en el Espíritu cómo esta fechoría entraría solapadamente en la Iglesia a fin de confundir la palabra de Dios. Es decir, la promesa se mezclaría con la ley, causando la pérdida total de la promesa. Pues cuando la promesa se mezcla con la ley, se convierte en pura ley. Por tanto, acostúmbrate a distinguir tajantemente la ley de la promesa, aun en cuanto al tiempo, para que, cuando venga la ley y acuse a tu conciencia, puedas decir: «Señora Ley, has llegado demasiado temprano; aún no es tu tiempo. ¿Por qué no esperas otros 430 años? Y entonces, cuando hayan pasado, entonces sí, regresa y condena. Pero al venir entonces, habrás llegado demasiado tarde. Pues la promesa te ganó por 430 años». Habiendo dicho eso, reposo dulce y confiadamente. «Por tanto, ley, no tengo nada que ver contigo. No te escucho. Pues ahora vivo con Abraham el creyente, o más bien, con Cristo mi justicia, quien te ha quitado de en medio». Ten siempre a Cristo así ante tus ojos, como el resumen de todos los argumentos para defender la fe contra la justicia de la carne, de la ley, ¡y de toda obra y mérito, habido y por haber!

CONFERENCIA 22: sábado 19 de septiembre

Hasta aquí he repasado casi todos los argumentos que el apóstol Pablo presenta en esta epístola para confirmar esta doctrina de la justificación. Entre ellos, el de mayor peso y eficacia es el argumento sobre la promesa hecha a Abraham y a los otros patriarcas. Es el argumento que Pablo promueve con más esmero, tanto aquí como en la epístola a los Romanos. Las palabras a las cuales atribuye más peso y énfasis se refieren a los períodos de tiempo y a las personas. También se apoya en la palabra «simiente», explicando que es Cristo. Finalmente declara que la ley tiene una función contraria, es decir, pone a todo ser humano bajo maldición. De esta manera fortalece el artículo de la justicia cristiana[271] con fuertes y poderosos argumentos. Además, él derriba los argumentos con que los falsos apóstoles defienden la justicia de la ley, pues los invierte y los vuelca sobre sus propias cabezas. Es decir, ellos porfiaban que la justicia y la vida se obtiene por la ley, pero Pablo demuestra que la ley solo otorga maldición y muerte. Pablo les dice: «Ustedes alegan que la ley es necesaria para la salvación. Pero ¿acaso no han leído: "El que las hiciere, vivirá en ellas"? (Levítico 18:5). Pero ¿quién las guarda? ¡Nadie![272] Por tanto, "Todos los que son de las obras de la ley están bajo maldición". Además, "El aguijón de la muerte es el pecado, y el poder del pecado es la ley"» (1 Corintios 15:56). Ahora, él prosigue a la conclusión de todos estos argumentos.

VERSÍCULO 18. *Porque si la herencia fuese por la ley, ya no sería por la promesa.*

Es lo que también afirma en Romanos 4:14: «Porque si los que son de la ley son los herederos, vana es la fe, y anulada es la promesa». Y es que no puede ser de otro modo, pues esta diferencia es clara: la ley es algo muy diferente a la promesa. Aun la razón natural (aunque sufre de ceguera) se ve obligada a confesar que una cosa es prometer, y otra cosa es exigir; una cosa es dar, y otra cosa es recibir. La ley requiere y exige obras de cada uno de nosotros. La promesa de la Simiente nos ofrece beneficios dados por Dios, los cuales son espirituales y eternos, y gratuitos por causa de Cristo. Por tanto, obtenemos la herencia o la bendición mediante la promesa, y no por la ley. Pues la promesa dice: «En tu simiente serán benditas todas las naciones de la tierra». Por tanto, el que tiene la ley, no tiene suficiente, porque todavía no tiene la bendición, sin la cual se ve obligado a permanecer bajo maldición. Por tanto, la ley no puede

---
271. *articulum de justitia christiana*.
272. *Quis autem facit? Nemo*. Usemos la imaginación. Lutero está dictando esta conferencia. Su dedo le pasa revista al gran salón repleto de seminaristas. De repente se detiene frente a un alumno y pregunta: «¿Quién la guarda?». Se produce un largo silencio, hasta que poco a poco se escucha un coro de voces que responden tímidamente: «Nadie, nadie». Lutero apoya la respuesta, pero con su gran voz resonante: «¡Nadie!».

justificar, pues no trae añadida la bendición. Además, si la herencia fuera por la ley, Dios sería mentiroso, y la promesa sería nula. Asimismo, si la ley bastara para recibir la bendición, ¿por qué, entonces, Dios prometió «En tu simiente»? ¿Por qué no dijo: «Haz esto y recibirás la promesa»; o: «Guarda la ley para que merezcas la vida eterna»? Este argumento se basa en cosas contrarias: la herencia surge de la promesa; por tanto, no viene de la ley.

VERSÍCULO 18. *Mas Dios la dio a Abraham por la promesa.*

No se puede negar que, antes de que existiera la ley, Dios le dio a Abraham una herencia o bendición mediante la promesa. La bendición fue el perdón de los pecados, la justicia, la salvación, y la vida eterna, para que seamos hijos y herederos de Dios, y coherederos con Cristo. Pues Génesis no lo puede decir más claro: «En tu simiente serán benditas todas las naciones de la tierra» (Génesis 22:18). Por tanto, la bendición se da libremente, sin mirar de reojo a la ley o a las obras. Pues Dios dio la herencia antes de que Moisés naciera, ¡y antes de que nadie pensara siquiera en la ley! ¿Por qué, entonces, se jactan de la justicia de la ley, si su padre Abraham recibió justicia, vida y salvación antes de que se diera la ley? ¡O aun antes de cualquier ley! El que no se conmueve ante estas cosas está ciego y endurecido. Pero ya he tratado ampliamente este argumento de la promesa, así que aquí solo lo tocaré de paso.

Hasta aquí hemos escuchado la parte principal de esta epístola. Ahora el apóstol se propone demostrar el uso y la función de la ley, usando los ejemplos del tutor, el joven heredero, y también la alegoría de los dos hijos de Abraham, Isaac e Ismael. Por último, expone ciertos preceptos sobre los modales. En esta última parte de la epístola, Pablo se dedica más a instar que a enseñar.

VERSÍCULO 19. *¿Para qué entonces, sirve la ley?*[273]

Cuando enseñamos que el hombre es justificado sin la ley y las obras, necesariamente surge la pregunta: «Si la ley no justifica, entonces ¿por qué fue dada?». Y además, «¿por qué Dios exige e impone la carga de la ley, si no nos da vida? ¿Por qué la ley nos fatiga

---

273. *Quid igitur lex?*

y aflige tan duramente, si los que trabajan tan solo una hora reciben lo mismo que nosotros? ¿Acaso no hemos soportado el calor y el peso de la ley a lo largo de todo el día?».

Porque, tan pronto como se anuncia la gracia predicada en el Evangelio, ¡enseguida surge este gran murmullo! Pero, si no se lo oye, el Evangelio no ha sido predicado. Los judíos eran de la opinión de que, si guardaban la ley, serían justificados. Por tanto, cuando escucharon el Evangelio de Cristo, que había venido al mundo para salvar no a los justos, sino a los pecadores, y que estos entrarían primero al reino de los cielos, se ofendieron en gran manera. Se quejaron de haber llevado la pesada carga de la ley por tantos años, con gran trabajo y sudor, y de haber sido hostigados y oprimidos por la tiranía de la ley sin provecho alguno, hasta ser perjudicados ellos mismos. Por su parte, los gentiles, a pesar de ser idólatras, habían recibido la gracia sin trabajos ni desdichas. Así también murmuran hoy los seguidores del papa, diciendo: «¿De qué nos ha servido vivir en claustros veinte, treinta, o cuarenta años? ¡Hemos hecho votos de castidad, pobreza, y obediencia! ¡Hemos rezado salmos, seguido las horas canónicas[274], y dicho tantas misas! ¿Para qué hemos castigado nuestros cuerpos con ayunos, oraciones, y humillaciones, si cualquier hombre, mujer, príncipe, gobernador, tutor, maestro, asalariado, miserable esportillero[275] o sirvienta barrendera, no solo nos igualará, sino que incluso será superior o tendrá más dignidad ante Dios?».

Por tanto, esa es una pregunta dura. La razón no la puede responder; solo se siente gravemente ofendida por ella. A su manera, la razón comprende la justicia de la ley. También la enseña y recalca, e imagina que los hacedores de la ley son justos. Pero no comprende la función y la finalidad de la ley. Por tanto, cuando escucha esta declaración de Pablo (extraña y desconocida para el mundo), que «la ley fue dada por causa de las transgresiones», se equivoca, llegando a la siguiente conclusión: «Pablo deroga la ley, pues dice que no somos justificados por ella. Por tanto, él blasfema contra Dios, que dio la ley, al decir que "la ley fue dada por causa de las transgresiones". Vivamos, entonces, como los gentiles que no

---

274. Las horas canónicas dividen el día en períodos de oración obligatoria según un horario fijo.
275. Jornalero contratado para llevar a espaldas una espuerta o canasta cargada con ladrillos, o cualquier otra cosa pesada.

tienen ley, y aun más, "pequemos, y vivamos en pecado, para que abunde la gracia"». Asimismo dicen: «Hagamos el mal para que venga el bien». Esto le sucedió al apóstol Pablo, y lo mismo nos sucede a nosotros hoy. Porque, cuando la gente común escucha en el Evangelio que la justicia llega por la pura gracia de Dios, y por la sola fe, sin ley ni obras, suponen lo mismo que los judíos del pasado: «Si la ley no justifica, entonces no hagamos nada»; y de veras que lo hacen muy bien.

Entonces, ¿qué debemos hacer? Esta malvada terquedad nos saca de quicio, pero no hay remedio contra ella. Porque, cuando Cristo predicaba, le tocaba escuchar que era blasfemo y sedicioso. Es decir, que mediante su doctrina engañaba a los hombres, y los incitaba a rebelarse contra el César. Lo mismo le sucedió a Pablo y los demás apóstoles. ¿Por qué habría de sorprendernos que hoy el mundo nos acuse de la misma manera? Que nos acuse, calumnie, y persiga sin piedad; pero eso no nos hará callar. Más bien, hablaremos sin tapujos, para que las conciencias oprimidas queden libres de las trampas del diablo. No tomemos en cuenta a los necios e impíos que abusan de nuestra doctrina. Para ellos no hay remedio, tengan la ley o no. Pero debemos considerar cómo consolar a los atormentados por la conciencia, de modo que no perezcan con la multitud. Si callamos, prefiriendo nuestra paz, no habrá consuelo para las conciencias agotadas y afligidas de quienes están tan enredados y atrapados por las tradiciones y las leyes de los hombres. Por sus propias fuerzas jamás se podrán desenredar.

Por tanto, cuando Pablo vio que algunos resistían su doctrina, y que otros procuraban dar rienda suelta a la carne, sin que ninguno mejorara, se consoló pensando: «Soy un apóstol de Jesucristo, enviado a predicar la fe a los escogidos de Dios. Debo sufrir todas las cosas por causa de los elegidos, para que ellos también obtengan la salvación». Así también nosotros hoy hacemos todo por causa de los escogidos, pues sabemos que serán edificados y consolados por nuestra doctrina. Pero en cuanto a los perros y a los puercos (los primeros son aquellos que persiguen nuestra doctrina, y los otros son los que pisotean la libertad que tenemos en Cristo), estoy tan airado, que por el resto de mi vida no volvería jamás a dirigirles la palabra. Desearía más bien que estos puercos, junto con nuestros adversarios los perros, estuvieran aún sujetos a la tiranía del papa, antes que andar blasfemando el santo nombre de Dios.

Por tanto, no solo los necios e ignorantes, sino también los que tienen una alta opinión de su propia sabiduría, concluyen: «Si la ley no justifica, entonces no sirve ni vale nada». Pero eso no es verdad. Porque no es válido concluir lo siguiente: el dinero no justifica, así que no tiene valor; los ojos no justifican, así que debemos arrancarlos; las manos no justifican, así que hay que cortarlas. Y si eso no es válido, tampoco se sostiene decir que «La ley no justifica, por tanto, de nada aprovecha». Más bien, es necesario atribuirle su propia función y uso. Por tanto, no destruimos ni condenamos la ley cuando decimos que no justifica, sino que respondemos a la pregunta «¿Para qué sirve la ley?» de un modo diferente a nuestros adversarios. Pues ellos, de manera impía y perversa, imaginan que la ley tiene una función y un uso que no le pertenece.

Contra este abuso y función falsificada de la ley argumentamos y respondemos con Pablo: «La ley no justifica». Pero, con esto, no afirmamos que la ley sea inútil, como ellos enseguida lo entienden. Ellos dicen: si la ley no justifica, entonces fue dada en vano. No, no es así. Pues tiene su propia función y uso. Pero no es el que le atribuyen los adversarios, a saber, justificar a los hombres[276], sino un efecto totalmente opuesto. Con Pablo decimos que la ley es buena, si se la usa debidamente; en otras palabras, si la ley es usada como ley. Si le doy a la ley su debida definición, y la mantengo dentro del perímetro de su debida función y uso, es algo excelente. Pero si le doy otro uso, y le atribuyo lo que no debería, entonces pervierto no solo la ley, sino también toda la teología[277].

Por tanto, aquí Pablo lucha contra esos hipócritas pestilentes que no toleran esta declaración: «La ley fue dada por causa de las transgresiones». Pues ellos piensan que la función de la ley es justificar. Además, esta es la opinión general de los eruditos del papa, y de la razón humana en el mundo entero: «La justicia se obtiene por medio de las obras de la ley». La razón jamás va a tolerar que le arranquen esta perniciosa opinión, pues no comprende la justicia de la fe. Por eso, los papistas dicen necia e impíamente: «La Iglesia tiene la ley de Dios, las tradiciones de los Padres, los decretos conciliares. Y el que por ellos vive, santo es». Nadie podrá persuadirlos de que, cuando guardan estas cosas, no agradan a Dios, sino que más bien provocan su ira.

---

276. *iustificandi homines.* Justificar siempre es «declarar justo», no «hacer justo».
277. *totam theologiam.*

En resumen, todos los que confían en su propia justicia[278] imaginan que apaciguan la ira de Dios con su libre albedrío y adorando el poder de su voluntad[279]. Por lo tanto, esta opinión de la justicia de la ley es el foso de todo mal, y el pecado de los pecados de todo el mundo. Pues los pecados y los vicios crasos pueden salir a la luz del día, y el magistrado puede enmendarlos o reprimirlos con castigos. Pero este pecado, tomen nota, el pecado de la opinión de la justicia propia, no lo descartan como pecado, sino que lo valoran como la religión y la justicia más altas. Este pecado pestilente es la fuerza del poder del diablo por todo el orbe terrestre[280], la cabeza misma de la serpiente, y la trampa con la que enreda y toma cautiva a toda la humanidad. Pues todos, naturalmente, son de este sentir: que son justificados por guardar la ley[281]. Por tanto, Pablo, a fin de mostrar el verdadero oficio y uso de la ley, y para desarraigar del corazón esta falsa opinión de la justicia, responde a la objeción «¿Para qué, entonces, sirve la ley?» diciendo: «No fue dada para justificar a los hombres», sino que:

VERSÍCULO 19. *Fue añadida por causa de las transgresiones.*

Tal como las cosas son diferentes, así también se distinguen por sus diversos usos. Por lo tanto, no deben confundirse; de lo contrario, reinará la confusión. La mujer no vestirá ropa de hombre, ni el hombre usará ropa de mujer. Que el hombre haga cosas de hombre, y la mujer, cosas de mujer. Que cada uno haga lo requerido según su vocación y oficio. Que los pastores y predicadores enseñen la palabra de Dios con pureza. Que los magistrados gobiernen a sus súbditos, y que los súbditos obedezcan a sus magistrados. Que cada cosa sirva en su propio y debido lugar. Que el sol brille de día, y la luna y las estrellas de noche. Que el mar produzca peces, la tierra dé cosechas, el bosque, bestias salvajes y árboles, y así con cada cosa. De igual manera, que la ley no usurpe el oficio y el uso de la justificación, sino que se lo deje a la gracia, a la promesa, y a la fe. ¿Cuál, pues, es el oficio de la ley? Las transgresiones. O, como dice también otro texto: «La ley entró para que el pecado abundase».

---

278. *omnis justitiarius.*
279. *suis electitiis cultibus et voluntaria.*
280. *toto orbe terrarum.* Lutero estaba al día con las últimas observaciones de la ciencia.
281. *sentiunt legem justificare.*

Digamos: «¡Qué lindo oficio! ¿No?»[282]. «La ley», dice, «fue añadida por causa de las transgresiones». Es decir, fue añadida aparte y después de la promesa, hasta que viniera Cristo, la simiente a la cual se había hecho la promesa.

Sobre el doble uso de la ley

Aquí deben entender el doble uso de la ley. Uno es el civil, pues Dios ha ordenado las leyes civiles, todas las leyes, para castigar delitos. Cada ley se da para frenar el pecado. Si es capaz de frenar el pecado, ¿acaso, entonces, no justifica?[283] No, en lo más mínimo. Porque, al no matar, no cometer adulterio, no robar, y abstenerme de otros pecados, no lo hago de buena gana, ni por amor a la virtud, sino por temor a la cárcel, a la espada, y al verdugo. Estos reglamentos actúan como freno y me impiden pecar tal como las amarras y cadenas sujetan al león, o al oso, para que no destroce o devore todo lo que encuentre. Por tanto, el abstenerse de pecar no es justicia, sino más bien una señal de injusticia. Porque, así como el oso o la bestia salvaje rabiosa deben ser amarrados, así también la ley frena al hombre desenfrenado y furioso para que no peque llevado por su lujuria. Este freno muestra claramente que la ley es para los injustos (eso son todos los que están sin Cristo). Ellos necesitan la ley por ser impíos y desbocados. Es necesario frenarlos con amarras y prisión para que no pequen. Por tanto, la ley no justifica.

Entonces, el primer uso de la ley es frenar a los malvados. Pues el diablo reina sobre todo el mundo, e incita a los hombres a cometer todo tipo de horripilantes maldades. Por eso Dios ha establecido magistrados, padres, ministros, leyes, amarras, y todas las ordenanzas civiles, para que, si no pueden hacer otra cosa, al menos aten las manos del diablo, a fin de que no pueda, por su lujuria, andar enloquecido en sus cautivos. Los endemoniados, en quienes el diablo reina poderosamente, deben ser amarrados con fajas y cadenas para que no lastimen a los demás. Esa es, también, la situación del mundo; está poseído por el diablo, y se precipita a todo tipo de maldad. Por eso el magistrado tiene a su disposición esposas y amarras, es decir, sus leyes, a fin de atar pies y manos, pues hay

---

282. Nuevamente, Lutero utiliza la ironía y el sarcasmo en su método de enseñanza.
283. *ergo iustificat?*

muchos que se precipitan a cometer todo tipo de atrocidades. Y quien no tolere el freno de la ley, es castigado con la pena capital. Este freno civil es necesario, y fue ordenado por Dios para preservar la paz en las regiones. Pero tiene un propósito especial: el de proteger la difusión del Evangelio, para que su avance no sea estorbado por los tumultos y las traiciones de los malvados, salvajes, y orgullosos. Sin embargo, Pablo no trata aquí de este uso y función de la ley civil. Esta función es muy necesaria, pero de ninguna manera justifica. Porque, así como el endemoniado o loco no está libre de las ataduras del diablo, ni goza de salud mental por estar atado de pies y manos, tampoco el mundo es justo porque la ley lo sujeta y frena su maldad y atrocidades. Aún permanece en su maldad. El freno, de por sí, muestra claramente que todo el mundo es malo y salvaje, incitado y lanzado a todo tipo de maldades por su príncipe, el diablo. Pues, de lo contrario, el mundo no necesitaría el freno de las leyes para no pecar.

El otro uso de la ley es el divino y espiritual, el cual, como dijo Pablo, es «para que el pecado abunde». Es decir, para revelar al hombre su pecado, ceguera, miseria, impiedad, ignorancia, odio, desprecio de Dios, muerte, infierno, juicio, y la merecida ira de Dios. El apóstol trata particularmente este uso de la ley en Romanos 7. Este es un uso totalmente desconocido para los hipócritas, los filósofos papales y los eruditos teológicos, y para todos los que andan en la opinión de la justicia de la ley, o de su propia justicia. Dios tuvo que frenar y tumbar a este monstruo, a esta bestia salvaje. Esta es la presumida opinión de la justicia humana con su religión. Ensoberbece de forma natural a los hombres y los infla. Llegan a pensar que ellos mismos pueden agradar a Dios en gran manera. Por tanto, Dios consideró necesario enviar a un Hércules con gran fuerza y coraje para derrocar y destruir a ese monstruo por completo. Es decir, Dios vio la necesidad de dar la ley en el monte Sinaí, con gran majestad y terrible demostración de poder a fin de amedrentar a toda esa multitud (Éxodo 19:20).

Este es el uso principal y debido de la ley. Es muy provechoso y sumamente necesario. ¡Cuántos hay que no son asesinos, adúlteros, ladrones, y en las apariencias se refrenan del pecado! Como el fariseo del Evangelio, jurarían, por todas las cosas habidas y por haber, que son justos, ¡aunque en verdad se hallan poseídos por el diablo! Acarician la opinión de su propia justicia y presumen de sus buenas obras y méritos. Dios no tiene otra manera de rebajar y humillar a estos fulanos, que no sea la ley. Este es su martillo de la muerte, su trueno del infierno, y el relámpago de su ira, que aplasta a los hipócritas necios y obstinados. Por tanto, el debido y verdadero uso de la ley es aterrorizar, con relámpagos, tempestad, y sonido de trompeta (como en el Sinaí), y con truenos tumbar y despedazar a esa bestia que se llama la opinión de la justicia propia. Por eso Dios dijo mediante el profeta Jeremías: «Mi palabra es como martillo que quebranta la piedra» (Jeremías 23:29). Mientras la opinión de la justicia propia perdure en el ser humano, también lo hará su incomprensible orgullo, presunción, soberbia, odio a Dios, desprecio de la gracia y la misericordia, e ignorancia de las promesas y de Cristo. La predicación de la gratuita remisión de pecados a través de Cristo no puede entrar en el corazón del ser humano. Este siempre la resistirá. Ni tampoco podrá probar y saborear la gracia mientras acaricie ese enorme peñasco inamovible de la justicia propia que lo tiene acorralado sin salida.

La opinión de la justicia propia es un monstruo grande y terrible, una bestia rebelde, obstinada, y testaruda. Para derribarla, Dios necesita un poderoso martillo: ¡la ley! Cuando se la usa debidamente y en su propio oficio, acusa y revela el pecado así: «¡Fíjate, has quebrantado todos los mandamientos de Dios!». El horror penetra en la conciencia, se da cuenta de que ha ofendido a Dios y merece su ira, y se siente culpable y teme la muerte eterna. Aquí, el pobre pecador afligido siente el intolerable peso de la ley, y queda abatido casi hasta la desesperanza. Ahora, al sentirse oprimido con gran angustia y terror, desea la muerte, o bien, procura su propia destrucción. Esto demuestra que la ley es aquel martillo, ese fuego, aquel horrible viento, ese terrible terremoto que desgarra montañas y rompe peñascos. Es decir, a los orgullosos y testarudos hipócritas. Elías cubrió su rostro con su manto al no ser capaz de sobrellevar estos terrores de la ley, representados allí (1 Reyes 19:11-13). No obstante, cuando cesó la tormenta que había presenciado, llegó un tierno susurro[284], en el cual estaba el Señor. Pero le fue necesario pasar por esa tempestad de fuego, un torbellino, y un terremoto, para luego sentir al Señor en ese suave susurro[285].

---
284. *sibilos.*
285. *susurro lenis aurae sequebatur.*

El pavor y la majestad desplegados en el monte Sinaí cuando Dios dio la ley representan el verdadero uso de la ley. El pueblo de Israel, al salir de Egipto, proyectaba cierto aire de santidad. Se jactaban diciendo: «Somos el pueblo de Dios. Haremos todas las cosas que el Señor nuestro Dios ha mandado». Además, Moisés mandó santificar al pueblo, y les ordenó lavar sus ropas, no tocar a sus esposas, y prepararse para el tercer día. ¡No hubo nadie que no se hubiera saturado de santidad! Al tercer día, Moisés condujo al pueblo fuera del campamento hasta el monte, delante del Señor, para que escucharan su voz. ¿Qué pasó entonces? Los hijos de Israel vieron aquel terrible aspecto del monte humeando y ardiendo, nubes negras y relámpagos encendiendo toda esa oscuridad de arriba abajo. Luego oyeron el sonido de la trompeta, cada vez más largo y sonoro, y cada vez más extendido. Al ver y escuchar todo ese despliegue seguido por truenos y relámpagos, se llenaron de pavor. Se pararon lejos de allí, y dijeron a Moisés: «De buena gana haremos todo, pero que el Señor no hable con nosotros, no sea que muramos y este gran fuego nos consuma. Habla tú con nosotros, y oiremos». Díganme ahora, les ruego[286], ¿de qué sirvieron todas sus purificaciones, sus ropas blancas, y haberse abstenido de tocar a sus mujeres? De nada en absoluto. Ninguno pudo soportar la presencia del Señor con su gloria y majestad. Más bien, todos se aterraron y temblaron de miedo, ¡y huyeron como perseguidos por el mismo diablo! «Porque Jehová tu Dios es fuego consumidor», y nadie puede permanecer en pie ante su presencia.

Por tanto, la ley de Dios tiene esa debida particularidad demostrada en el monte Sinaí, cuando fue dada por primera vez. Quienes la escucharon se habían lavado, y lucían ropas limpias; eran rectos, purificados, y castos. No obstante, la revelación de la ley llevó a aquel pueblo santo al conocimiento de su propia miseria. Entonces, despavoridos, se lanzaron a la desesperación y a la muerte. No hubo pureza ni santidad que los salvara. Tal era el sentimiento de su propia inmundicia, indignidad, pecado, juicio e ira de Dios, que huyeron de la presencia del Señor, pues ni siquiera podían soportar su voz. «¿Qué ser viviente ha podido jamás», dijeron, «escuchar la voz del Dios vivo que habla desde en medio del

---

286. Lutero ahora dirige sus palabras directamente a sus alumnos, los seminaristas en la sala.

fuego, y seguir viviendo?». Ahora hablaban de manera muy diferente a como lo habían hecho un poco antes, cuando dijeron: «Somos el pueblo santo de Dios, a quien el Señor ha escogido para sí como pueblo peculiar entre todas las naciones de la tierra. Haremos todo lo que el Señor ha dicho». Al fin y al cabo, lo mismo sucede con todos los legalistas. Cuando están fuera de la tentación, ebrios con la idea de su justicia propia, piensan: «Somos los más amados de Dios; Él toma en cuenta nuestros votos, ayunos, oraciones, y nuestra fuerza de voluntad para hacer grandes obras; por lo tanto, Dios tendrá que darnos esa anhelada corona en el cielo». Pero entonces vienen los truenos, relámpagos, el fuego, y el martillo. Es decir, la ley de Dios viene repentinamente sobre ellos y los quebranta en pedazos. Pues les ha manifestado su pecado, la ira, y el juicio de Dios. Entonces, al igual que los judíos al pie del monte Sinaí, huyen despavoridos pidiendo misericordia.

Aquí advierto a todos los que temen a Dios, y particularmente a los que llegarán a enseñar a otros, que con esmero aprendan de Pablo y comprendan el verdadero y debido uso de la ley. Temo que, después de nuestros tiempos, será pisoteado y totalmente abolido por los enemigos de la verdad. Pues aun hoy, mientras todavía vivimos, y realizamos un arduo esfuerzo para explicar la función y el uso de la ley, así como del Evangelio, hay pocos, aun entre los que se cuentan como evangélicos[287] y profesan con nosotros el Evangelio, que comprenden estas cosas correctamente. ¿Qué creen que pasará cuando la muerte nos haya llevado de aquí? No diré nada de los anabaptistas, los nuevos arrianos, y los espíritus que blasfeman contra el cuerpo y la sangre de Cristo[288], los cuales no son menos ignorantes de estas cosas que los papistas, aunque dirían todo lo contrario. Pues ellos se han sublevado contra la doctrina pura del Evangelio, han ido a parar a las leyes y tradiciones, y por tanto, no enseñan a Cristo. Se jactan y juran que no procuran sino la gloria de Cristo y la salvación de sus hermanos, y que enseñan la palabra de Dios en su pureza. Pero en los hechos ciertamente la corrompen y la tuercen hasta romperla y darle otro sentido, dándole así un tono más acorde con sus propias imaginaciones. Por tanto, amparándose en el nombre de Cristo, no enseñan más que sus

---
287. *evangelici*.
288. *spiritibus blasphemis in Sacramentum corporis et sanguis Christi*.

propias fantasías, y bajo el nombre del Evangelio, otras leyes y ceremonias. Por tanto, son y seguirán siendo siempre los mismos, es decir, tan solo monjes y obradores de la ley; se hacen pasar por sabios, pero enseñan solo ceremonias, inventándoles nuevos nombres y nuevas obras.

No es poca cosa, entonces, comprender la ley debidamente, y saber cuál es su verdadero uso y función. Pero, por cuanto enseñamos estas cosas con esmero y fidelidad, testificamos que no rechazamos la ley y las obras, como nuestros adversarios falsamente nos acusan. Más bien, establecemos firmemente la ley, exigimos sus obras, y decimos que la ley es buena y útil, pero en su debido uso. Primero, para frenar las transgresiones civiles; y luego, para revelar las transgresiones espirituales y hacer que el pecado abunde. Por lo que la ley es también una luz brillante y reveladora. Pero no ilumina la gracia de Dios, ni la justicia y la vida, sino el pecado, la muerte, la ira, y el juicio de Dios. En el monte Sinaí, los truenos, relámpagos, la nube oscura y densa, la cima ardiente y envuelta en humo, todo ese terrible aspecto, no dio gozo ni vida a los hijos de Israel. En vez de eso, los atemorizó y espantó. Mostró lo limitados que eran, pues a pesar de toda su pureza y santidad, no podían permanecer ante la majestad de Dios que les hablaba desde la nube. Así mismo, la ley, cuando se la usa debidamente, no hace más que revelar el pecado, producir ira, acusar, y amedrentar a la gente, pues los lleva hasta el precipicio de la desesperación. Este es el uso debido de la ley, aquí está su fin, y ahí se le debe cerrar el paso.

Por el contrario, el Evangelio es una luz que ilumina, aviva, consuela, y levanta las mentes angustiadas. Pues demuestra que Dios, por amor a Cristo, es misericordioso con los pecadores, aun con los más indignos, si creen que por su muerte son librados de la maldición, es decir, del pecado y de la muerte eterna. Mediante su victoria, se les otorga gratuitamente la bendición, es decir, la gracia, el perdón de los pecados, la justicia, y la vida eterna. Así, haciendo la distinción entre la ley y el Evangelio, damos a cada cual su propio uso y oficio. Pero esta diferencia entre la ley y el Evangelio no se encuentra por ningún lado en los libros de los monjes, los cánones, o los eruditos teólogos; ni siquiera en los libros de los antiguos Padres. Agustín sostuvo y señaló esa distinción en algunos aspectos. Jerónimo y otros la desconocieron. En resumen, por muchos años hubo un silencio escandaloso sobre esta diferencia en todas las universidades e Iglesias. La conciencia humana quedó en gran riesgo y peligro. Pero cuando se conoce esta distinción, se conoce el verdadero modo de justificación, y entonces no es cosa de otro mundo discernir entre la fe y las obras, Cristo y Moisés, y todas las leyes civiles. Pues fuera de Cristo, todas las cosas son ministerio de muerte para castigar a los impíos. Por tanto, Pablo responde a esta pregunta de la siguiente manera:

VERSÍCULO 19. *La ley fue añadida por causa de las transgresiones.*

Es decir, para que las transgresiones abundaran, se conocieran, y fueran fáciles de ver. Sin duda, esto es así. Cuando la ley le muestra al ser humano su pecado, su muerte, el juicio, el infierno, y la ira de Dios, es imposible que no se impaciente, murmure contra Dios, y desprecie su voluntad. Pues no puede soportar el juicio de Dios, su propia muerte y condenación, y sin embargo, tampoco los puede evitar. Aquí, entonces, cae inevitablemente en el odio y la blasfemia contra Dios. Antes, fuera de la tentación, se consideraba el santo más santurrón[289]. Adoraba y alababa a Dios; se arrodillaba y le daba gracias, como el fariseo (Lucas 18). Pero ahora que la ley revela su pecado y su muerte, incluso quisiera negar la existencia de Dios. La ley, de por sí, trae consigo un odio especial a Dios. Así es como la ley no solo da a conocer el pecado, sino que también lo ensancha y lo infla, lo inflama y engrandece[290]. Por eso Pablo dijo: «El pecado, para mostrarse pecado, obró muerte en mí por lo que es bueno, a fin de que, por el mandamiento, el pecado llegase a ser sobremanera pecaminoso» (Romanos 7:13). Allí él apela abundantemente en favor de estas consecuencias de la ley.

Entonces Pablo no ignora la pregunta: «Si la ley no justifica, entonces ¿para qué sirve?». Su respuesta es: «Aunque no justifica, es muy provechosa y necesaria. En primer lugar, es un freno civil para los carnales, rebeldes, y obstinados. Segundo, es un espejo que muestra al hombre quién es: un pecador, culpable de muerte, y merecedor de la ira e indignación eterna de Dios. ¿Para qué sirve esta humillación, y estos garrotazos y aflicciones[291] dados por el martillo

---
289. *magnus Sanctus.*
290. *per stensionem augeri, inflari, incendi & magnificari peccatum.*
291. *contusio et contritio.*

de la ley? Su fin es mostrarnos una entrada a la gracia. Pues Dios es el Dios de los humildes, los doblegados, los afligidos, los oprimidos, los desesperanzados, y los que zozobran en su pobreza. Es su naturaleza exaltar al humilde, alimentar al hambriento, dar vista a los ciegos, consolar a los doblegados y afligidos, a los golpeados y quebrantados de corazón, justificar a los pecadores, dar vida a los muertos, y salvar a los que están más que desesperados y condenados. Pues Él es el Todopoderoso Creador, que hace todas las cosas de la nada. Pero la perniciosa y pestilente opinión de la justicia propia no se reconoce pecadora, inmunda, miserable, y condenable, sino justa y santa; no tolera que Dios haga su obra natural y debida. Por lo tanto, Dios debe usar ese mazo (hablo de la ley) para abatir y demoler, y reducir a esta bestia por completo, con su vana confianza, sabiduría, justicia, y poder, de modo que finalmente aprenda, por su propia miseria y desfachatez, que debe sufrir sus propias consecuencias sola, perdida y condenada. Y es aquí, entonces, cuando la conciencia sufre los terrores de la ley, que vienen el Evangelio y la gracia, los cuales la levantan y consuelan, diciendo: «Cristo vino al mundo, no para quebrar la caña cascada ni apagar el pábilo humeante, sino para predicar el Evangelio de gran gozo a los pobres, para sanar a los quebrantados y contritos de corazón, y para predicar el perdón de pecados a los cautivos».

Sin embargo, la dificultad de este asunto se resuelve aquí. Cuando el ser humano se horroriza y se siente totalmente derrotado, puede incorporarse otra vez. En ese momento, puede decir: «Ya he sido más que magullado y suficientemente afligido. Ha llegado el tiempo de la gracia; ha llegado el momento de escuchar a Cristo, de quien proceden las palabras de gracia y vida. Ha llegado el momento de fijar la mirada no en el humo y las llamaradas del monte Sinaí, sino en el monte Moriá[292]. Allí encontraré el trono, el templo, el propiciatorio de Dios, es decir, a Cristo, quien es el Rey de la justicia y la paz. Allí escucharé lo que el Señor me dirá, pues Él tan solo habla paz a su pueblo».

Pero las cosas no se dan así. El corazón humano es enormemente necio. En este conflicto de la conciencia llega el momento en que la ley ha cumplido su función y ejercido su verdadero ministerio[293].

---

292. Monte al que subió Abraham para sacrificar a su hijo Isaac.
293. *usum*.

Pero entonces, este fulano arroja a un lado la doctrina de la gracia, aunque esta le prometía con total seguridad el perdón de los pecados por causa de Cristo. Y en cambio, rebusca más leyes con las cuales poder consolarse[294]. «Si logro vivir más, corregiré mi vida. Haré esto y aquello». Aquí, tienes que hacer todo lo contrario. Tienes que despedir a Moisés con su ley. Mándalo lejos, allá donde están los confiados, orgullosos, y obstinados. En estos terrores y angustias, aférrate a Cristo, que fue crucificado y murió por tus pecados. Entonces encontrarás el solo hecho de tu plena salvación[295].

Así, la ley tiene una utilidad incidental[296] para la justificación. No justifica, pero nos impulsa hacia la promesa de la gracia y esta llega a ser nuestro más dulce y anhelado consuelo. De modo que no abrogamos la ley, sino que mostramos su verdadero oficio. Es decir, la ley es un ministro sumamente útil[297] que te impulsa hacia Cristo. Por tanto, una vez que la ley te haya humillado, horrorizado, y abatido por completo[298] llevándote al borde de la desesperación, más vale que sepas usar correctamente la ley. Pues su deber y uso no es solo revelar el pecado y la ira de Dios, sino también conducir a los hombres a Cristo. El Espíritu Santo, en el Evangelio, revela este uso de la ley, pues allí testifica que Dios se manifiesta al afligido y quebrantado de corazón. Por tanto, si has sido contristado[299] por este mazo[300], no reacciones perversamente a tal quebranto[301]. Es decir, no te recargues con más leyes. Más bien, escucha lo que Cristo te dice: «Venid a mí, todos los que estáis trabajados y cargados, y yo os haré descansar» (Mateo 11:28). Cuando la ley te tenga oprimido y estés a punto de perder las esperanzas, recuerda esto: te está impulsando a Cristo, para pedirle auxilio. Por tanto, la debida función de la ley es servir al Evangelio y a la justificación. Este es el mejor y más perfecto uso de la ley.

---

294. *sibi consolere velit.*
295. *plane actum est de salute tua.*
296. *per accidens.*
297. *utilisima ministra.*
298. *contrivit.*
299. *contritus.*
300. *malleo.*
301. *contritio.*

CONFERENCIA 23: viernes 25 de septiembre

Por eso, aquí Pablo comienza a exhortar sobre la ley, y la define. Se cuida de no contradecir lo que ha dicho antes, que la ley no justifica. Pues la razón, al escuchar que la ley no justifica, enseguida concluye: «Entonces Dios dio la ley en vano».

Fue necesario definirla para responder a la pregunta: «¿Qué es la ley?», y cómo se la debe entender. Así, no se la debe representar como más necesaria de lo que ya es. Él dijo: «Simplemente no hay ley que sea necesaria para la justificación». Por tanto, cuando razonamos acerca de la justicia, la vida, y la salvación eterna, la ley debe ser completamente apartada de los ojos. No como si jamás hubiera existido, o hubiera de existir en el futuro, sino como si fuera absolutamente nada[302]. Pues en el tema de la justificación, nadie puede quitarse suficientemente la ley de la vista y fijarse solo en la promesa. Por eso les dije que, en sus emociones, mantengan la ley y la promesa muy separadas, aunque las dos tienen paredes lindantes.

VERSÍCULO 19. *Hasta que viniese la simiente a quien fue hecha la promesa.*

Pablo no propone el argumento de que la ley es perpetua. En vez de ello, dice que fue dada y añadida a las promesas por causa de las transgresiones. Es decir, para refrenarlas en lo civil, pero particularmente para revelar las transgresiones y hacerlas abundar espiritualmente[303], y eso no a perpetuidad, sino tan solo por un tiempo. Aquí es necesario saber por cuánto tiempo debería prolongarse el poder y la tiranía de la ley, que pone al descubierto el pecado, nos muestra lo que somos, y revela la ira de Dios. Aquellos cuyos corazones son sensibles en estos asuntos[304] perecerían de un momento a otro si no recibieran este consuelo. Por tanto, si los días de la ley no fuesen acortados, nadie sería salvo. Es necesario, pues, establecer plazos, y fijar límites a la ley, después de los cuales ya no puede reinar. ¿Hasta cuándo, entonces, debería prolongarse el dominio de la ley? Hasta la venida de la Simiente, a saber, aquella de

---

302. *sed prorsus nihil sit.*
303. *Theologice.*
304. *Qui serio ista sentiunt.*

la cual fue escrito: «En tu simiente serán benditas todas las naciones de la tierra» (Génesis 22:18). La tiranía de la ley, entonces, habría de prolongarse hasta el cumplimiento del tiempo, y hasta que viniera aquella simiente de la bendición. No con el fin de que la ley misma trajera a esta simiente o diera justicia, sino para refrenar en lo civil a los rebeldes y obstinados, y encerrarlos, por así decirlo, en prisión; y luego, espiritualmente[305] redargüirlos de pecado, humillarlos, y afligirlos. Entonces, cuando estuvieran así humillados y abatidos[306], los obligaría a anhelar aquella bendita Simiente.

Podemos entender la duración de la ley tanto respecto de la letra como de su función espiritual[307]. En lo que respecta a la letra, es así: la ley duraría hasta el tiempo de la gracia. «La ley y los profetas», dijo Cristo, «hasta Juan profetizaron. Hasta este día, el reino de los cielos sufre violencia, y los violentos lo arrebatan» (Mateo 11:12-13). Fue en este tiempo que Cristo fue bautizado, y comenzó a predicar. También fue en aquel tiempo cuando, de acuerdo con la letra de la ley, cesaron todas las ceremonias de Moisés.

Espiritualmente[308], la ley se debe entender así: la ley no reinaría en la conciencia más allá del tiempo señalado, sino solo hasta la venida de esta bendita Simiente. Cuando la ley me enseña mi pecado, y me horroriza, y me revela el juicio de Dios, comienzo a temblar y perder las esperanzas. Cuando la ley me trae hasta este punto, entonces ha llegado su fin. Ya ha desempeñado su oficio a plenitud, ha revelado suficientemente la ira de Dios, y entonces, su reino de terror cesa. Al llegar a este punto, debemos decir: «¡Ley! ¡Ya no más! Ya me has aplastado y contristado[309] lo suficiente». «Todas tus ondas y tus olas han pasado sobre mí» (Salmo 88:8)[310]. «Y no escondas tu rostro de tu siervo. No me reprendas en tu furor, ni me castigues con tu ira» (Salmo 6:2). Cuando estos terrores y pruebas han llegado, entonces ha llegado el tiempo y la hora de que aparezca la bendita Simiente. Que la ley tenga, entonces, su lugar, habiendo ciertamente sido añadida para que el pecado sea revelado y abunde, pero no para siempre, sino hasta que venga la bendita Simiente. En

---

305. *Theologice.*
306. *contritos.*
307. *spiritualiter.*
308. *spiritualiter.*
309. *contrivisti.*
310. La versificación corresponde a la Vulgata, que Lutero cita.

aquel momento, la ley se despide; debe dejar de revelar el pecado y causar angustia. Debe entregar su reino a otro, es decir, a la bendita Simiente, la cual es Cristo. En sus labios hay gracia. Su voz no acusa ni espanta, sino que habla de cosas mejores que la ley: «Gracia, paz, y perdón de pecados; victoria sobre el pecado, la muerte, el diablo, y la condenación». Y ¡todo esto se obtiene por su muerte y pasión, y es dado a todos los creyentes!

Por tanto, Pablo, con estas palabras: «Hasta que viniese la simiente a quien fue hecha la promesa», muestra el plazo previsto para la ley, literal y espiritualmente. Con respecto a la letra, cesó una vez que vino la bendita Simiente al mundo. Pues Él tomó nuestra carne sobre sí, dio el Espíritu Santo, y escribió una nueva ley en nuestros corazones. Pero, en su plazo espiritual, la ley no termina de una vez, sino que continúa arraigada firmemente en la conciencia. Por tanto, es difícil para el que se ha ejercitado en el uso espiritual[311] de la ley poder ver el fin de la ley. Cuando la mente se inunda de angustia por su sentimiento de pecado, no puede imaginar que tiene esperanza alguna. Pero la esperanza es cierta, pues Dios es misericordioso y perdonará pecados por causa de Cristo. La mente solo juzga que Dios está airado con los pecadores y, por lo tanto, los acusa y condena. Aquí la fe debe levantar nuevamente a esa conciencia afligida y atribulada. Cristo dijo: por medio de «dos o tres congregados en mi nombre» (Mateo 18:20). Pero si no hay un hermano fiel que, con su mano, extienda la palabra de Dios para consolar a esta alma atribulada y abatida, seguirá hacia la desesperanza y la muerte. El que está solo se encuentra en un gran peligro. «¡Ay del solo cuando cayere!» (dijo el predicador), «Pues no habrá segundo que lo levante» (Eclesiastés 4:10). Por tanto, los que instituyeron esa maldita vida de los monjes solitarios, han dado ocasión a que muchos caigan en la desesperanza. Si alguien se aparta de la compañía de los demás por un día o dos, para ocuparse en la oración (como leemos de Cristo, que a veces se apartaba solo al monte, y pasaba toda la noche en oración), no hay peligro en eso. Pero cuando alguien es obligado a vivir toda su vida en soledad, eso no es sino una trampa del mismo diablo. Pues cuando el hombre es tentado y se encuentra solo, no es capaz de levantarse por sí mismo; no, ni ante la más débil tentación.

---

311. *theologico.*

VERSÍCULO 19. *Y fue ordenada por ángeles en mano de un mediador.*

Esta es solo una pequeña digresión de su propósito principal. No explica ni concluye la declaración; solo la menciona de paso, y luego vuelve a su tema principal. Pero el texto que lo movió a desviarse fue: «¿Luego la ley es contraria a las promesas de Dios?». Cuando Pablo habló de distinguir entre la ley y el Evangelio, no solo señaló que había una diferencia en los tiempos de cada uno. También la había respecto del autor y su causa eficaz, pues la ley fue dada por ángeles (Hebreos 2:2), pero el Evangelio, por el mismo Señor.

Por tanto, el Evangelio es mucho más excelente que la ley. Pues la ley es la voz de los siervos, pero el Evangelio es la voz del mismo Señor. Por tanto, a fin de rebajar y disminuir la autoridad de la ley, y exaltar y magnificar al Evangelio, él dice que la ley fue una doctrina dada para abarcar un breve plazo de tiempo. Pues duró solo hasta que vino el cumplimiento de la promesa. Es decir, hasta que la bendita Simiente llegó cumpliendo la promesa. Pero el Evangelio perdura para siempre, pues todos los fieles han tenido siempre un solo Evangelio inalterable por el cual han sido salvos desde el principio del mundo. La ley, por tanto, es muy inferior al Evangelio, ya que fue ordenada por ángeles, los cuales son tan solo siervos, y duró poco tiempo. Pero el Evangelio fue ordenado por el mismo Señor, y ha de continuar para siempre (Hebreos 1:2), pues fue prometido antes del principio de los siglos (Tito 1:2).

Además, la palabra de la ley no solo fue ordenada por los ángeles como siervos, sino también por otro siervo, muy por debajo de los ángeles, a saber, un hombre; fue dada (como dice aquí) por mano de un mediador, el cual fue Moisés. Ahora, Cristo no es ningún siervo, sino el mismo Señor. Él no es un mediador entre Dios y el hombre según la ley, como lo fue Moisés. En vez de eso, Él es el Mediador de un mejor pacto. Por tanto, la ley fue ordenada por ángeles como siervos, pues en el monte Sinaí, Moisés y el pueblo oyeron hablar a Dios, es decir, escucharon a los ángeles hablar en favor de la persona de Dios. Por eso Esteban dijo: «Que recibisteis la ley por disposición de ángeles, y no la guardasteis» (Hechos 7:53). También el texto de Éxodo 3:2 dice claramente que el ángel se apareció a Moisés en una llama de fuego, y le habló desde la zarza ardiente.

(Aquí el texto del latín está corrompido, pues no tiene la palabra «ángel», sino «Señor». Por desconocimiento de la lengua hebrea surgió una disputa respecto a este texto, si fue el Señor mismo quien habló con Moisés, o un ángel).

Por tanto, Pablo da a entender que Cristo es Mediador de un pacto mucho mejor que el de Moisés. Y aquí él recuenta la historia de Moisés y la dádiva de la ley, recordando cómo Moisés dirigió al pueblo a salir de sus tiendas y llegar al pie del monte Sinaí. Fue un espectáculo encendido de terror. Todo el monte ardía en llamas. Cuando todos los del pueblo lo vieron, comenzaron a temblar, pues pensaron que serían súbitamente destruidos por esa espantosa tempestad. Cuando no pudieron resistir el estruendo ensordecedor de la ley desde el monte Sinaí (pues la voz aterradora de la ley habría matado al pueblo), dijeron a Moisés, su mediador: «Ve tú allá, y escucha lo que diga el Señor, y habla tú con nosotros». Y él respondió: «Yo fui un mediador entre Dios y vosotros». En estos textos es plenamente claro que Moisés había sido designado como mediador entre el pueblo y la voz de la ley. Pablo toma esta historia y (con cierta sutileza) propone lo siguiente: «Es imposible que la ley pueda traer justicia». En otras palabras: «¿Cómo podría la ley justificar? ¿No ven acaso que todo el pueblo de Israel, pese a toda su purificación y santificación, y aun el mismo Moisés, como mediador entre Dios y el pueblo, se llenó de terror y tembló ante la voz de la ley?».

Pues así lo relata la epístola a los Hebreos (capítulo 12)[312]. Allí no hubo más que espanto y temblor. Pero ¿qué clase de justicia y santidad es esta, que no puede tolerar, ni es capaz ni está dispuesta a oír la ley, sino que sale corriendo, detestándola como si no hubiera en el mundo cosa más odiosa y aborrecible? Pues la historia testifica con suma claridad que el pueblo, al escuchar la ley, no odiaba nada más que la ley, y deseaba morir antes que escucharla.

Esto es lo que pasa cuando el pecado queda al descubierto. Es como si la ley fuera un farol y sus potentes rayos de luz encandilaran el corazón. En ese momento, nada es más odioso e intolerable para la gente que la ley. Prefieren morir antes que verse obligados a soportar la ley, aunque solo sea por un instante. Esta es la prueba más

---

312. Nota de Lutero: *Lex perterrefacit, ergo non justificat*, «La ley causa un terror extremo, por tanto, no justifica».

certera de que la ley no justifica. Pues si la ley de veras justificara, entonces sin duda la gente la amaría. Se deleitarían, y les sería todo un placer, la abrazarían rebosando de buena voluntad. Pero ¿dónde estaba esa buena voluntad? En ningún lado. Ni en Moisés, ni en el pueblo entero, pues todos se espantaron y huyeron. ¿Cómo, entonces, es posible que la gente huya del objeto de su mayor afecto? Pues no se deleita en ella, ¡sino que la rehúye y aborrece con odio mortal!

Por tanto, esta huida muestra que en el corazón del hombre hay un odio infinito contra la ley, y por consiguiente, contra Dios mismo, el autor de la ley. Y si no hubiera otro argumento para probar que la justicia no viene por la ley, bastaría esta sola historia, que Pablo recuerda con estas pocas palabras: «por mano de un mediador». Como si dijera: «¿No recuerdan que sus padres fueron tan incapaces de escuchar la ley que tuvieron que usar a Moisés como mediador?» (Hebreos 12). Pero, cuando le dieron ese oficio, estaban muy lejos de amar la ley. Huyeron junto con su mediador, y así mostraron que la odiaban por igual. ¡Si hubieran podido, habrían atravesado incluso una montaña de hierro para volver a Egipto! Pero estaban cercados, sin escapatoria alguna. Por eso clamaron a Moisés: «Habla tú con nosotros, pues si volvemos a escuchar la voz de Dios, ciertamente moriremos». Por tanto, si no podían soportar el oír de la ley, ¡cuánto menos la iban a cumplir!

Por lo cual, si el pueblo de la ley[313] se vio en la apremiante necesidad de acudir a un mediador, no hay otra conclusión: ¡ni siquiera el pueblo de la ley fue justificado por la ley! Entonces, ¿para qué les sirvió la ley? Ya lo había dicho Pablo: «La ley entró para que el pecado abundase» (Romanos 5:20). Entonces, la ley fue una luz y un sol, que arrojó sus rayos en los corazones de los hijos de Israel. Por eso se espantaron. La ley los hirió con tan grande temor de Dios, que odiaron la ley junto con su autor, lo cual era una horrible maldad. ¿Dirán ahora que esta gente era justa? Rotundamente, ¡no! Justos son los que escuchan la ley, y de buena voluntad la abrazan y se deleitan en ella.

Pero la historia de la entrega de la ley testifica que todos los habitantes del mundo, no importa cuán santos sean, odian y aborrecen

---

313. *legis populus.*

la ley. Especialmente considerando que, aunque el pueblo de la ley se había purificado y santificado, no pudieron escuchar la ley. Más bien hubieran querido que jamás se les diera la ley. Por lo tanto, es imposible que alguien pueda ser justificado por la ley. Al contrario, esta tiene un efecto totalmente opuesto.

Pablo (como he dicho) toca este tema únicamente de paso. No lo sopesa a fondo, ni tampoco lo concluye. Pero al que lee cuidadosamente le será fácil comprender que habla muy bien de ambos mediadores. Es decir, de Moisés y de Cristo. Compara al uno con el otro, como lo veremos más adelante. Si Pablo hubiera seguido el tema más ampliamente, este texto le hubiera dado un argumento más que suficiente para escribir una nueva epístola. Esta historia de Éxodo 19 y 20, sobre la entrega de la ley, contiene suficiente material como para escribir un nuevo tomo, aunque pocos lo leerían y con menos devoción. A los que no les importa conocer el verdadero uso de la ley y su función, se les haría bien aburrido compararlo con otras narraciones de la historia sacra.

Es claro, entonces, que, si todos los habitantes del planeta tierra hubieran estado en pie rodeando el monte como lo estuvo el pueblo de Israel, también habrían odiado la ley, y también habrían salido corriendo. Por tanto, todo el mundo es enemigo de la ley, y la odia a muerte. No obstante, la ley es santa, justa, y buena, y es el reglamento directo y conciso de la voluntad divina[314]. Entonces, ¿cómo puede ser justo el que aborrece y detesta la ley, y a la voz de esta sale corriendo? Con todo eso, ¡solo demuestra enemistad contra Dios, el autor de la ley! La verdad es que la carne no puede hacer otra cosa. Ese es el testimonio de Pablo, «Porque la mente carnal es enemistad contra Dios; porque no se sujeta a la ley de Dios, ni tampoco puede» (Romanos 8:7). Cuando odias a Dios y su ley al punto de que ni siquiera quieres oírla, y al mismo tiempo insistes en que por ella eres justificado, ¡has perdido la cabeza totalmente![315]

Por tanto, los eruditos del papa están totalmente ciegos y no comprenden nada de esta doctrina. Solo se fijan en la gran apariencia externa de la ley, pensando que la cumplen con tan solo satisfacer las meras normas morales[316]. Añaden que, por aparentar ese buen comportamiento moral, son justos ante Dios.

---
314. *rectitudo divinae voluntatis.*
315. *extrema dementia.*
316. *civilibus moribus satisfieri.*

No pueden ver el verdadero impacto espiritual de la ley. Este no consiste en justificar, acallar y aquietar la conciencia en su peor momento. Más bien, la ley hace abundar el pecado, espanta la conciencia, y provoca la ira. Pero ellos ignoran esa obra de la ley. En vez, se jactan de tener buena voluntad, y del poder de su propia razón para dictarles rectamente cómo cumplir la ley de Dios. Pero, respecto de si esto es verdad, hay que preguntarle al pueblo de la ley, con su mediador, los cuales escucharon la voz de la ley desde el monte Sinaí. Pregúntenle al mismo David, quien a menudo se queja en los Salmos desfalleciendo ante el rostro de Dios; se sentía en el mismo infierno, horrorizado y oprimido por la grandeza de su pecado, por la ira e indignación de Dios. David no confió en los sacrificios, ni en la misma ley, para defenderse de estos grandes tiranos. Más bien, fue levantado y consolado por la sola y gratuita misericordia de Dios. Por tanto, la ley no justifica[317].

¡Si tan solo la ley sirviera para consentir mis afectos! ¡Si tan solo la ley respaldara mi hipocresía! ¡Si tan solo la ley apoyara mi opinión y confianza en mi propia justicia! ¡Si la ley dijera que, sin la misericordia de Dios y la fe en Cristo, yo puedo ser justificado ante Dios (solo fortalecido por su ayuda, como todo el mundo piensa naturalmente de la ley)! Además, ¡si tan solo la ley dijera que Dios es apaciguado y conmovido por las obras! ¡Si tan solo la ley dijera que Dios tiene la obligación de recompensarme por mis obras! ¡Si la ley dijera que puedo descartar a Dios, y convertirme en mi propio dios! ¡Si tan solo la ley dijera que puedo despachar a Cristo y salvarme por mis propios méritos! ¡Si la ley consintiera mis sentimientos, entonces la encontraría dulce, deleitable, y ciertamente placentera; entonces la razón tendría motivo para halagarse! No obstante, no se podía dar rienda suelta a esta forma de pensar y de establecerse sin freno alguno. Por eso fue necesario dar la ley con su debida función y uso. Así se pone al descubierto que la razón no puede tolerar esos rayos de la ley. Algún Moisés tendrá que interponerse como mediador, y aun así, sin fruto alguno, como lo explicaré en breve[318].

Para este fin, aludiremos al texto de 2 Corintios 3:13, donde Moisés cubre su rostro. Pablo acude a la historia de Éxodo 34 para

---

317. *Ergo lex non justificat*.
318. El lector debe recordar que Lutero dictaba estas conferencias a seminaristas en el seminario de Wittenberg.

demostrar que los hijos de Israel no solo ignoraron el uso espiritual de la ley, sino que tampoco lo podían tolerar. Primero, dice Pablo, no podían comprender el propósito de la ley debido al velo con el cual Moisés cubrió su rostro. Ni podían mirar a Moisés cara a cara debido a la gloria de su aspecto, pues cuando Moisés hablaba con ellos, tenía que cubrir su rostro con un velo; de otro modo, no podían soportar sus palabras. Dicho de otro modo, no podían escuchar a Moisés, su mediador, a menos que él mismo colocara otro mediador entre ellos, es decir, el velo. ¿Cómo, pues, escucharían la voz de Dios, o de algún ángel, cuando ni siquiera podían escuchar la voz del hombre Moisés, su mediador, a menos que tuviera la cara tapada? Por tanto, a menos que esa bendita Simiente se levantara para consolar a los que escucharan la ley, perecerían a causa de su pánico. Pues detestaban la ley, y cada día odiaban y blasfemaban a Dios más y más. Pues cuando la ley infunde temor y confusión, y penetra cada vez más en la conciencia, mientras más se prolonga, más aumenta el odio y la blasfemia contra Dios.

Por tanto, esta historia nos enseña cuál es el poder del libre albedrío[319]. El pueblo es presa del pavor, tiembla, luego da la espalda y huye. ¿Dónde quedó el libre albedrío? ¿Adónde se fue la buena voluntad[320], esa buena intención, ese recto juicio de la razón del que tanto se jactan los papistas? ¿De qué les valió el libre albedrío a estos seres purificados y santificados?[321] No tiene nada que escoger[322]. Al contrario, enceguece la razón, y pervierte la misma voluntad. No recibe, ni saluda, ni abraza con gozo la venida del Señor al monte Sinaí con truenos, relámpagos y fuego. No soporta escuchar la voz del Señor. Más bien, clama: «¡No hable el Señor con nosotros, no sea que muramos!». Podemos ver, entonces, el gran poder y la fuerza del libre albedrío en los hijos de Israel, quienes, a pesar de haberse lavado y santificado, no pudieron soportar oír ni una sílaba ni una letra de la ley[323]. Por tanto, estas altísimas recomendaciones de los papistas sobre el libre albedrío, ¡no son más que basura!

---

319. *liberi arbitrii.*
320. *bona voluntas.*
321. *Quid hic in purificatis et sanctis liberum arbitrium valet?*
322. *Nihil habet consilii.*
323. A lo largo de estas conferencias, Lutero usaba el sarcasmo como herramienta retórica.

VERSÍCULO 20. *Ahora bien, un mediador no es de uno solo.*
Aquí él compara a estos dos mediadores con asombrosa brevedad. No obstante, el lector atento debe darse cuenta de que la palabra *mediador* está aquí en su sentido común y corriente. No señala a Moisés en particular. «Un mediador», dice, «no es un mediador de uno solo». La palabra incluye a dos, el ofendido y el ofensor. Uno de ellos necesita intercesión y el otro no. Por eso, un mediador intercede no solo en favor de uno, sino entre los dos que están en desacuerdo.

Por eso Moisés, en términos generales, es un mediador, pues cumple el oficio de mediador entre la ley y el pueblo, el cual no puede soportar el uso espiritual[324] y verdadero de la ley. Entonces, la ley debe ponerse un nuevo rostro, y cambiar de voz. Es decir, la voz espiritual[325] de la ley; esta ley que trae pánico a los afectos interiores debe ponerse una máscara o velo. Con esta máscara o velo, la ley se vuelve más tolerable y se deja escuchar por medio de la voz humana de Moisés.

Pues bien, enmascarada[326] de esta manera, la ley ya no habla con su propia majestad, sino por medio de la voz de Moisés. Pero así la ley ya no cumple con su propia función, es decir, ya no aflige a la conciencia. Y esta es la razón por la que ni la entienden ni la valoran; por eso se han vuelto confiados, negligentes, y presumidos hipócritas. No obstante, se necesita una de estas dos cosas: que la ley no cumpla su función y se cubra con un velo (pero entonces, como he dicho, se hace creadora de hipócritas), o de otro modo, debe cumplir su debido uso sin el velo, pero entonces mata. Te incumbe, pues, aferrarte a esa bendita Simiente por la fe, es decir, debes mirar más allá de tu cumplimiento de la ley para fijarte en Cristo. Aquí Él te dirá: «Basta de los espantos que has sufrido con la ley, ten consuelo hijo mío, tus pecados te son perdonados» (de lo que hablaré en breve). De otro modo, ciertamente tendrás a Moisés de mediador, y con su velo.

Por esta razón dice Pablo: «Un mediador no es de uno solo». Pues Moisés no puede ser solamente mediador de Dios, pues Dios no necesita mediador. Además, él no es mediador del pueblo solamente,

---
324. *Theologicum usum.*
325. *Theologicum vocem.*
326. *larvata.*

sino que desempeña el oficio de mediador entre Dios y el pueblo, el cual estaba en desacuerdo con Dios. Porque la función del mediador es apaciguar al ofendido, y reconciliarlo con el ofensor. Aunque Moisés como mediador (ya lo he dicho) no hace nada más que cambiar la voz de la ley, y hacerla más tolerable para que el pueblo pueda soportar oírla, él no da poder alguno para cumplirla. En conclusión, él es un mediador del velo, y, por tanto, no concede poder alguno para cumplir la ley. Moisés solamente luce el velo. Por tanto, los discípulos de Moisés siempre serán hipócritas, pues Moisés es el mediador del velo.

Sin embargo, ¿qué piensan que habría pasado si la ley se hubiera dado sin Moisés, o antes o después de Moisés, y sin mediador alguno? Además, ¿si no se le hubiera dado al pueblo escapatoria alguna, ni tampoco mediador? En tal caso, el pueblo habría sido abatido por un pánico irresistible; habría perecido de inmediato. Si de todos modos el pueblo hubiera huido, seguramente algún mediador habría intervenido. Así, el pueblo podría sobrevivir, la ley quedaría vigente, y se efectuaría también una reconciliación entre la ley y el pueblo[327]. Ciertamente, Moisés llegó en el momento preciso y fue hecho mediador. Se coloca un velo y cubre su rostro, pero ni aun así puede librar a las conciencias de la angustia y el terror que trae la ley. Cuando la ley haya logrado abundar y desenmascarar el pecado, el pobre pecador, en la hora de la muerte o en el remordimiento de su conciencia sentirá la ira y el juicio de Dios contra el pecado. Entonces, para que no desespere, debe tener un mediador. Este vendrá y apartará a Moisés, y le dirá al pecador: «Aunque seas pecador, permanecerás sin caer»; es decir, «no morirás». No obstante, la ley, con su ira y maldición, también permanece.

Este mediador es Jesucristo, que no cambia la voz de la ley, ni la cubre con un velo, como lo hizo Moisés, ni me aleja de la ley para que esta no me vea. Más bien, Él mismo afronta la ira de la ley y la quita, y satisface la ley en su propio cuerpo, en su propio ser. Y, por medio del Evangelio, me dice: «Ciertamente la ley te amenazó con la ira de Dios y la muerte eterna; pero no temas, no huyas, permanece en pie. Yo suplo y sustituyo todo en tu favor. Satisfago la ley en tu favor». Este es un mediador mucho más excelente que Moisés, pues se interpone entre Dios el ofendido, y tú, el ofensor.

---

327. *et populo cum lege convenisset.*

Aquí, la intercesión de Moisés de nada vale; él cumplió su función, y ahora ha desaparecido con su velo. Llegando a este punto, el infeliz pecador, en toda su desesperación, se acerca a su encuentro con Dios, el ofendido. Aunque sea en sus últimos suspiros, el pecador necesita un mediador muy ajeno a Moisés. Un mediador que pueda satisfacer la ley y quitar su ira. La ira de Dios debe ser reconciliada con ese perdido y condenado pecador, culpable de la muerte eterna.

De este mediador Pablo habla brevemente cuando dice: «Un mediador no es de uno solo». Pues esta palabra, «mediador», señala al intercesor entre el ofendido y el ofensor. Nosotros somos los que ofendemos. El ofendido es Dios y su ley. La ofensa es tan grande que Dios no la puede perdonar, ni nosotros la podemos remediar. Por tanto, entre Dios (que en sí mismo es uno) y nosotros hay una brecha insalvable. Además, Dios no puede revocar su ley, sino que insiste en su observancia y cumplimiento. Por otro lado, nosotros, los transgresores de la ley, no podemos huir de la presencia de Dios. Cristo, entonces, se ha interpuesto como mediador entre estas dos partes contrarias, alejadas por una separación infinita, eterna e irreparable. Pero logró reconciliarlas entre sí. Y ¿cómo lo logró? Como dijera Pablo en otro lugar, «Rayendo el manuscrito de las ordenanzas que había contra nosotros, que nos era contrario, quitándolo de en medio y clavándolo en la cruz; y despojando a los principados y a las potestades, los exhibió públicamente, triunfando sobre ellos en sí mismo» (Colosenses 2:14-15). Por tanto, no es un mediador de uno solo, sino entre dos que estaban en desacuerdo total.

Este también es un texto repleto de poder y eficacia para desarmar la justicia de la ley. Nos enseña que, con respecto a la justificación, la ley debe quitarse totalmente de nuestra vista. Además, esta palabra, «mediador», arroja suficiente evidencia para comprobar que la ley no justifica, pues ¿por qué, entonces, necesitaríamos un mediador? Considerando, entonces, que la naturaleza humana no puede soportar oír la ley, mucho menos es capaz de cumplirla, o de ponerse de acuerdo con ella. Por lo tanto, la ley no justifica[328].

Esta doctrina (que repito tan a menudo y, aunque me vuelva tedioso, seguiré martillando en sus cabezas) es la verdadera doctrina de la ley. Todo cristiano debería aprenderla con esmero. Así

---
328. *Ergo lex non justificat.*

podrá definir verdaderamente lo que es la ley, cuál es su propio uso y oficio, cuáles son sus límites, cuál es su poder, su plazo de duración, y su fin. Pues tiene un propósito totalmente diferente al que todos piensan, pues todos tienen esta pestilente y perniciosa opinión de que la ley justifica, pues la tienen arraigada por naturaleza. Por tanto, temo que, cuando muramos nosotros, esta doctrina quedará nuevamente desfigurada y oscurecida. Pues el mundo se volverá a llenar de una horrible oscuridad por sus errores antes del día final.

Por tanto, todo el que pueda comprenderlo, entienda, que la ley, en la verdadera teología cristiana, y en su verdadera y debida definición, no justifica. Más bien, tiene un efecto totalmente contrario. Descubre y revela quiénes somos en verdad. Manifiesta la ira de Dios, nos perturba. No solo pone el pecado al descubierto, sino que lo multiplica fuera de control, pues donde el pecado era pequeño, ahora, por mano de la ley, que lo trae a la luz, se torna pecaminoso en gran manera. El ser humano comienza a odiar la ley y huir de ella, y con perfecto odio aborrece a Dios, el dador de la ley. Esto no es ser justificado por la ley (como la propia razón se ve obligada a admitir), sino cometer un doble pecado contra ella. Primero, porque, además de tener una voluntad tan apartada de la ley que ni siquiera puede oírla, obra en contra de ella. Segundo, porque la odia tanto que quisiera abolirla a ella y a Dios mismo, su autor, el cual es absolutamente bueno.

Ahora, ¿qué más grande blasfemia, qué pecado más horrendo se podría imaginar que odiar a Dios, y aborrecer su ley (no queriendo escucharla), aunque es buena y santa? Pues la historia claramente testifica que el pueblo de Israel se negó a escuchar aquella excelente ley, aquellas palabras santas y llenas de gracia[329], a saber: «Yo soy Jehová tu Dios, que te saqué de la tierra de Egipto, de casa de siervos. No tendrás dioses ajenos delante de mí, etc. Hago misericordia en millares, etc. Honra a tu padre y a tu madre, para que tus días se alarguen en la tierra que Jehová tu Dios te da». Además, necesitaron un mediador. No podían soportar esta sabiduría divina de suma excelencia y perfección; esta doctrina llena de gracia, dulce y grata. «Que no hable el Señor con nosotros», dijeron, «no sea que muramos. Habla tú con nosotros». Sin duda alguna, es asombroso que el ser humano no pueda oír aquello que es para su máximo bien

---

329. *in sua natura iucundissimas voces.*

y felicidad[330], a saber, que tiene un Dios, y que es misericordioso y le mostrará misericordia por millares de generaciones. Además, no puede soportar aquello que es su defensa y seguridad más importante, a saber: «No matarás, no cometerás adulterio, no robarás». Pues con estas palabras el Señor ha defendido y fortificado la vida del hombre, su mujer, sus hijos, sus bienes, como con una muralla, contra la fuerza y la violencia de los impíos.

La ley, entonces, nada puede hacer, sino iluminar, con su luz, la conciencia de modo que pueda conocer el pecado, la muerte, el juicio, y la ira de Dios. Antes de venir la ley, me sentía seguro, sin ser consciente de pecado alguno. Pero cuando viene la ley, se me revela el pecado, la muerte, y el infierno. Esto no es ser hecho justo, sino culpable, enemigo de Dios, y condenado a muerte y al fuego del infierno. Por tanto, el punto principal de la ley para los hombres, en la verdadera teología cristiana, ¡no es mejorarlos sino empeorarlos! Es decir, la ley les deja sus pecados al descubierto. Pero al conocer su pecado, son humillados, perturbados, molidos, y abatidos. Así los lanza a buscar consuelo y dirigirse a la bendita Simiente. Este es el resumen del argumento de Pablo sobre la palabra «mediador», por la cual él había interrumpido el hilo de su pensamiento.

VERSÍCULO 20. *Pero Dios es uno.*

Dios no ofende a hombre alguno, y por tanto, no necesita un mediador. Más bien, somos nosotros quienes ofendemos a Dios, y por tanto, necesitamos un mediador; no a Moisés, sino a Cristo, que habla de cosas mejores a nuestro favor. Aquí Pablo termina con su digresión y vuelve a su tema principal.

VERSÍCULO 21. *¿Luego la ley es contraria a las promesas de Dios?*

Pablo había dicho antes que la ley no justifica. ¿Nos desharemos, entonces, de la ley? No, para nada. Pues trae consigo un cierto valor. ¿Cuál? Lleva a los hombres al conocimiento de sí mismos. Descubre y multiplica el pecado. Pero aquí surge una protesta: «Si la ley no hace más que empeorar a los hombres, mostrando sus pecados, entonces es contraria a las promesas de Dios. Pues, por la ley, Dios se ofende y es provocado a ira. Entonces, Él no toma en cuenta ni

---

330. summum ac suavissimum bonum.

cumple sus promesas. Pero nosotros los judíos pensamos lo opuesto. Somos sujetados por las bridas y sometidos a esa disciplina externa. Por eso Dios se conmueve y se apresura a cumplir su promesa, pues esa disciplina nos hace dignos de merecer la promesa».

Pablo responde: «Nada que ver. Al contrario, si prestan atención a la ley, le cierran el paso a la promesa». Pues la razón natural[331] ofende a Dios, que es fiel a su promesa. Es la misma lógica que se niega a escuchar que su ley es santa y buena, porque dice: «No hable el Señor Dios con nosotros». Entonces, ¿cómo puede Dios cumplir su promesa a quienes no solo rechazan su ley y disciplina, sino que con odio mortal la desprecian y se dan a la fuga? Por tanto, como dije, aquí surge esta protesta: «¿Es la ley contraria a las promesas de Dios?». Aunque solo de paso, Pablo responde a esta protesta, diciendo:

VERSÍCULO 21. *¡En ninguna manera!*

¿Por qué responde así? Primero, porque Dios no nos promete según lo que merecemos[332], por méritos alcanzados, o por buenas obras, sino por su propia inagotable bondad y eterna misericordia[333]. No dice a Abraham: «En ti serán benditas todas las naciones puesto que has guardado la ley». Sino que, cuando todavía era incircunciso, no tenía ley alguna, y aún era idólatra (Josué 24:2), le dijo: «Vete de tu tierra…»; «yo seré tu escudo». Y también: «En ti serán benditas todas las naciones». Estas son promesas absolutas y puras que Dios dio a Abraham gratuitamente, sin condición alguna ni consideración de las obras, anteriores o posteriores.

Esto contradice a los judíos, que piensan que sus pecados pueden obstruir las promesas de Dios. Pero Pablo dijo: «Dios no retrasa sus promesas a causa de nuestros pecados, ni las apresura a causa de nuestra justicia o méritos. No toma en cuenta lo uno ni lo otro». Por tanto, aunque lleguemos a ser los más horrendos pecadores, y lleguemos, por causa de la ley, a despreciar y odiar más a Dios, aun así Dios no desiste de cumplir su promesa. Pues su promesa no se basa en si lo merecemos o no, ni tampoco en nuestra justicia, sino

---

331. *ratio humana.*
332. *motus nostra dignitate.*
333. *Deus promisit non motus nostra dignitate.*

solamente en su bondad y misericordia. Por eso, cuando los judíos dicen: «El Mesías no ha venido todavía porque nuestros pecados se lo impiden», se están imaginando algo aborrecible: como si Dios fuera injusto debido a nuestros pecados o quedara como mentiroso porque nosotros somos mentirosos. Él permanece siempre justo y verdadero. Por tanto, su verdad es la única razón por la cual Él cumple y concreta su promesa en realidad.

Además, aunque la ley revela y aumenta el pecado, no es contraria a las promesas de Dios. Más bien, confirma las promesas[334]. Pues cuando se la usa correctamente según su debida obra y propósito, humilla y prepara al hombre para que gima por la misericordia y la busque. Porque cuando se revela al hombre su pecado, y la ley lo multiplica dentro de él, comienza a percibir la maldad y el odio de su corazón contra la ley, y contra Dios mismo, el autor de la ley. Entonces ciertamente siente que, además de no amar a Dios, también odia y blasfema a Dios, que es la plenitud de la bondad y la misericordia, y además odia y blasfema su ley, la cual es sumamente santa. Es entonces que la ley lleva al hombre a reconocer que no hay nada bueno en él. Y así, estando abatido[335] y humillado por la ley, reconoce que en sí mismo es la persona más infeliz y maldita. Por tanto, cuando la ley mueve al hombre a declarar su propia maldad[336], y a confesar su pecado desde lo profundo de su corazón, entonces la ley ha cumplido su obra debidamente. Su tiempo se ha cumplido y su fin ha llegado. Llega entonces el tiempo de la gracia, para que la bendita simiente venga y levante y consuele a todo aquel que haya sido abatido y humillado por la ley. Así, la ley no es contraria a las promesas de Dios. En primer lugar, la promesa no se basa en la ley, sino solo en la verdad y la misericordia de Dios.

En segundo lugar, cuando la ley desempeña su propósito y oficio principal, humilla al hombre, y al humillarlo, lo hace suspirar y gemir, y buscar la mano y la ayuda de su mediador. Así, siente su gracia y su misericordia sumamente dulces y consoladoras (como se ha dicho, «dulce es tu misericordia»), y su don, precioso e inestimable. Aunque no sea su propósito principal, nos capacita para aferrarnos a Cristo y recibirlo[337]. Pues, como dice el poeta:

---
334. *pro illis est.*
335. *contritus.*
336. *malitia.*
337. *Atque sic nos Christi capaces redit.*

Dulcia non meruit, qui non gustavit amara:

> No mereces degustar la dulzura
> Hasta no haber probado la amargura.

Y otro dicho dice:

> El hambre es el mejor cocinero[338].

Así como la tierra seca ansía la lluvia, así la ley provoca que las almas turbadas y afligidas tengan sed de Cristo. Para estas, Cristo tiene un dulce sabor; para ellas, Él no es sino gozo, consuelo, y vida. Allí es donde se comienza a conocer debidamente a Cristo y su beneficio.

Este, entonces, es el uso supremo de la ley. Cuando el hombre puede usarla así, ella lo humilla y le da sed de Cristo. Por cierto, Cristo llama a las almas sedientas. Las atrae y las llama de la manera más amorosa y llena de gracia. Dice: «Venid a mí todos los que estáis trabajados y cargados, y yo os haré descansar» (Mateo 11:28). Se deleita en regar estas tierras secas. Él no derrama sus vertientes en tierras empapadas y fétidas. Sobre todo, tienen que estar resecas y sedientas de agua. Su beneficio no tiene precio alguno. Él solo da a los necesitados, a los que intensamente desean sus beneficios. Él predica buenas nuevas de gran gozo a los pobres. Da de beber al sediento. «Si alguno tiene sed, venga a mí y beba; Él sana a los quebrantados de corazón» (Juan 7:37; Salmo 146:8[339]). Él consuela a los maltrechos y magullados por la ley. Por tanto, la ley no es contraria a las promesas de Dios.

VERSÍCULO 21. *Porque si se hubiera dado una ley que pudiera vivificar, la justicia verdaderamente habría sido por la ley.*

Pablo dice: «No hay ley que por sí misma sea capaz de alentar o dar vida, sino solo matar». Por tanto, ni las obras hechas de acuerdo con las leyes y tradiciones del papa, ni las hechas de acuerdo con la

---

338. *Dulcia non meruit, qui non gustavit amara. Fames optimus cocus est.* Lutero cita dos proverbios populares de su época.
339. Tal vez Lutero estaba pensando en Salmo 147:3, y citó Salmo 146:8, que son muy parecidos. Los predicadores y maestros a menudo sufrimos de estas fallas.

misma ley de Dios, justifican al ser humano ante Dios. Más bien, esas obras los convierten en los más horrendos pecadores. No pacifican la ira de Dios; más bien, la provocan. No obtienen justicia, sino que la estorban. No dan vida, sino que destruyen y matan[340]. Por tanto, cuando dice: «Si se hubiera dado una ley que pudiera vivificar», claramente enseña que la ley en sí misma no justifica, sino que tiene un efecto totalmente contrario.

Aunque estas palabras de Pablo son más que claras, para los papistas son oscuras y totalmente desconocidas. Pues si ellos ciertamente las hubieran entendido, no magnificarían su libre albedrío, su propia fuerza natural[341], la observancia de decretos, las obras supererogatorias, y cosas así. Sin embargo, para no pasar por impíos tan patentes, e incrédulos crasos, negando las palabras del apóstol de Cristo con tanta osadía, tienen este pestilente retoque siempre listo (con el cual pervierten los textos de Pablo sobre la ley que muestra el pecado y engendra ira, es decir, los diez mandamientos). Pues dicen que Pablo solo habla de la ley ceremonial, y no de la ley moral. Pero Pablo habla claramente cuando dice: «Si se hubiera dado una ley», sin exceptuar ley alguna. Por tanto, este retoque de los papistas no vale ni un parpadeo; pues las leyes ceremoniales también habían sido ordenadas por Dios, y debían guardarse tan estrictamente como las leyes morales. Los judíos observaban la circuncisión tan rigurosamente como el día sábado. Es obvio, por tanto, que Pablo habla de toda la ley.

En el papado se cantan y repiten estas palabras del apóstol, y en todas sus iglesias. No obstante, ellos enseñan y viven todo lo contrario. Pablo sencillamente dice que ninguna ley fue dada para alentar y dar vida. Pero los papistas enseñan todo lo contrario, y afirman que muchas e infinitas leyes fueron dadas para alentar y dar vida. Aunque no lo dicen con tantas palabras, sus hechos delatan lo que piensan. Pues tal es el testimonio de su vida monástica[342]. Pues esta es su religión, e incluye muchas otras leyes y tradiciones de los hombres; sus obras y méritos antes y después de la gracia[343]; sus innumerables ceremonias impías y falsas alabanzas[344]. Todas esas

---

340. *mortificant.*
341. *vires humanas.*
342. *monachatus,* monástica.
343. *opera et mertia congrui et condigni.*
344. *cultus.*

cosas son inventos de sus propias cabezas, y ¡eso es todo lo que predican! Con eso, no hacen más que pisotear el Evangelio, aunque con toda seguridad prometen gracia, perdón de pecados, y vida eterna a todos los que las guarden y cumplan. Esto, puedo decir, no puede negarse, pues sus libros todavía circulan, y de ello dan fiel testimonio.

Con Pablo, nosotros afirmamos lo contrario: «No hay ley alguna, sea del hombre o de Dios, que pueda dar vida». Por tanto, hacemos una gran diferencia entre la ley y la justicia, tal como la hay entre la vida y la muerte, o entre el cielo y el infierno. Nada nos puede mover de aquí debido a este texto de Pablo. Pues allí él dice claramente que la ley no ha sido dada para justificar, dar vida, o salvar. Solo ha sido dada para matar y destruir. No importa que sea todo lo contrario a lo que todos piensan. Pues naturalmente solo pueden juzgar que la ley fue dada para alcanzar la justicia, la vida y la salvación.

CONFERENCIA 24: sábado 26 de septiembre

Esta diferencia entre la función de la ley y el Evangelio resguarda el verdadero uso y la integridad de toda la doctrina cristiana. También capacita al creyente para ejercer un buen criterio sobre toda manera de vivir, sobre las leyes y dogmas de todos los hombres, y para discernir todo tipo de espíritus. Por otro lado, los papistas, puesto que confunden y mezclan la ley y el Evangelio, no pueden enseñar con certeza alguna lo tocante a la fe, las obras, las situaciones y estados de la vida, ni las diferencias de espíritus. Hoy, los espíritus fanáticos sufren de lo mismo.

Por tanto, una vez que Pablo ha rebatido con sus argumentos lo suficiente, y en buen orden, enseña que la ley (si se considera su uso verdadero y perfecto) no es sino un tutor indicado para conducirnos a la justicia. Pues humilla a los hombres, y los prepara y hace aptos para recibir la justicia de Cristo. Cumple su debida obra y función cuando los hace sentir culpables, los aterra y los lleva al conocimiento del pecado, la ira, la muerte, y el infierno. Cuando la ley ha logrado todo esto, desaparece la opinión de la justicia y la santidad del hombre, y Cristo, con todos sus beneficios, comienza a ser más dulce. Por tanto, la ley no es contraria a las promesas de Dios, sino que más bien las confirma. Ciertamente no cumple la promesa, ni trae justicia, aunque con su función y oficio nos humilla, y nos hace más sedientos y más aptos para recibir el beneficio de Cristo. Por tanto, dice, si se hubiera dado alguna ley que trajera justicia, y por la justicia, la vida (pues nadie puede alcanzar la vida a menos que primero sea justo), entonces la justicia sería por la ley. Además, si hubiera algún estilo de vida, alguna obra, alguna religión, por la cual el hombre pudiera alcanzar la remisión de pecados, la justicia, y la vida, entonces ciertamente estas cosas justificarían y darían vida. Pero eso es imposible, pues:

VERSÍCULO 22. *La Escritura encerró todo*[345] *bajo pecado.*

¿En dónde? Primero, en las promesas mismas, referidas a Cristo, como en Génesis 3: «La simiente de la mujer quebrantará la cabeza de la serpiente» (Génesis 3:15). También en Génesis 22:18: «En tu simiente». Por tanto, dondequiera que haya alguna promesa en las Escrituras, hecha a los patriarcas, referida a Cristo, allí se promete la bendición, es decir, justicia, salvación, y vida eterna. ¿Por qué? Porque ellos mismos estaban sujetos a lo opuesto, es decir, a la maldición, al pecado, y a la muerte eterna. Si no fuera así, ¿habría sido necesario prometer la bendición?

En segundo lugar, la Escritura encierra todo bajo pecado y maldición, especialmente por medio de la ley. La ley tiene su función especial de revelar el pecado y provocar la ira. Así lo hemos visto a lo largo de esta epístola, pero particularmente en esta declaración de Pablo: «Todos los que son de las obras de la ley están bajo maldición», y asimismo, en ese texto donde el apóstol basa su argumento en Deuteronomio 27:26: «Maldito todo el que no permanece en todas las palabras de este libro de la ley para hacerlas». Estas declaraciones, en palabras tan sencillas, encierran todo bajo pecado y maldición, no solo a los que pecan abiertamente contra la ley, o no la guardan externamente. También encierran a todos los que están bajo la ley, incluyendo a los que se esfuerzan afanosamente por guardarla, como los judíos que ya mencioné. Aun más, en el mismo texto, Pablo encierra bajo pecado y maldición a

---

345. *omnia*, «todas las cosas».

todos los monjes, frailes, ermitaños, cartujos, y el resto, con todo lo que profesan, sus reglamentos, y órdenes religiosas. A todas estas cosas ellos atribuyen santidad, acariciando la fantasía de que, si mueren después de haber hecho sus votos, se irán derechito al cielo. Pero ¡escuchen! Aquí la Escritura encierra todo bajo pecado. Por tanto, ni el voto ni la más perfecta orden de cartujos es justicia ante Dios, pues todo ha sido encerrado bajo maldición y condenación. ¿Quién dicta esa sentencia? La Escritura. Pero ¿dónde? Primero en la promesa: «La simiente de la mujer herirá la cabeza de la serpiente»; «en ti serán benditas»; y textos así. Además, en toda la ley, cuyo oficio principal es el de culpar a los hombres de pecado. Por tanto, no hay monje alguno, ni cartujo, ni celestino, que aplaste la cabeza de la serpiente, sino que todos ellos son aplastados y quebrantados por la cabeza de la serpiente, es decir, están bajo el poder del diablo. ¿Quién lo creería?

Resumiendo, todo lo que no es de Cristo y sus promesas, sea la ley de Dios o del hombre, sea la ley ceremonial o moral, todo, sin excepción alguna, queda encerrado bajo pecado, pues la Escritura encierra todo bajo pecado. Y aquel que dice «todo» no hace excepción alguna. Por tanto, con Pablo, concluimos que las normas y leyes de todas las naciones, por muy buenas y necesarias que sean, con todas las ceremonias y religiones, sin la fe en Cristo están y permanecen bajo pecado, muerte, y condena eterna; a menos que estén acompañadas por la fe en Cristo, como en el texto que sigue. Pero ya hemos hablado ampliamente de este tema.

Por tanto, el verdadero postulado es este: la sola fe justifica (lo cual, no obstante, nuestros adversarios no pueden tolerar). ¿Por qué? Porque aquí Pablo concluye poderosamente que la ley no vivifica ni da vida, pues no fue dada con ese fin. Si, pues, la ley no justifica ni da vida, mucho menos las obras justifican. Porque, cuando Pablo dice que la ley no da vida, quiere decir que las obras tampoco dan vida. Porque tiene más sentido decir que la ley alienta y da vida, y mucho menos decir que las obras alientan y dan vida. Pues si el mismo cumplimiento de la ley (aunque es imposible cumplir la ley así) no justifica, mucho menos las obras justifican[346]. Por tanto, la sola fe justifica, sin obras[347]. Pablo no puede soportar este parche: «La

---

346. Pie de página de Lutero: *Si lex non justificat, multo minus opera*, «Si la ley no justifica, entonces mucho menos las obras justifican».
347. *Ergo sola fides sine operibus justificat.*

fe más las obras justifica». En vez de eso, él sencillamente procede desde lo negativo (Romanos 3:20), como también del segundo capítulo: «Por tanto, por las obras de la ley nadie será justificado». Y asimismo: «La ley no fue dada para dar vida» (Gálatas 2:16).

VERSÍCULO 22. *Para que la promesa por la fe de Jesucristo, fuese dada a los que creen.*

Antes él había dicho que la Escritura había encerrado todo bajo pecado. ¿Qué? ¿Para siempre? ¡No! Solo hasta el cumplimiento de la promesa. Ahora, la promesa es la herencia misma, o la bendición prometida a Abraham. La bendición incluye: nuestro rescate de la ley, del pecado, de la muerte, y del diablo. Además, somos llevados a la gratuita dádiva de la gracia, la justicia, la salvación, y la vida eterna. Esta promesa, dijo él, no se alcanza por mérito alguno, ni por guardar ley alguna, ni por lograr obra alguna. En vez de eso, simplemente es dada. ¿A quién? A los que creen. ¿En quién? En Jesucristo, que es la bendita simiente, la cual ha redimido a todos los creyentes de la maldición para que puedan recibir la bendición. Estas palabras no son oscuras, sino suficientemente claras. No obstante, debemos recalcarlas con diligencia, y sopesar su fuerza y peso. Pues si todo ha sido encerrado bajo pecado, se sigue que todas las naciones están bajo maldición y destituidas de la gracia de Dios. También, que están bajo la ira de Dios, y el poder del diablo, y que no hay hombre alguno que pueda ser librado de ninguno de esos males excepto por la fe en Jesucristo. Por tanto, con estas palabras, Pablo arremete poderosamente contra las opiniones ilusas de los papistas y todos los legalistas acerca de la ley y las obras, cuando dice: «... para que la promesa por la fe en Jesucristo sea dada a todos los que creen».

Ahora, ¿cómo debemos responder a las declaraciones acerca de las obras y las recompensas? Ya he dicho lo suficiente sobre este tema, y el asunto ahora no exige que hablemos de las obras. Pues aquí no se trata de abogar en favor de las obras, sino de la justificación. Esta no se alcanza por la ley y las obras, ya que todas las cosas están encerradas bajo pecado y bajo maldición. La justificación es por la fe en Cristo. Cuando salgamos del tema de la justificación, no podremos alabar y magnificar lo suficiente aquellas obras que Dios nos ordena. Pues ¿quién podrá encomendar y exponer suficientemente el provecho y el fruto de tan solo una obra hecha por el cristiano a través de la fe y en la fe? Ciertamente es más preciosa que el cielo o la tierra. El mundo entero no podría premiar el valor de una buena obra. Porque el mundo no tiene la gracia de magnificar las santas obras de los fieles como ellas lo merecen, y mucho menos de recompensarlas. Pues no las toma en cuenta, y si lo hace, no las considera como obras buenas, sino como los delitos más impíos y detestables, y eliminan del mundo a quienes las hacen, como si fueran las plagas más pestilentes de la humanidad.

Lo mismo le sucedió a Cristo, el Salvador del mundo. En recompensa por su incomprensible e inestimable beneficio, sufrió la más vergonzosa muerte en la cruz. Tal fue también la experiencia de los apóstoles. Ellos traían la palabra de gracia y vida eterna al mundo; pero fueron considerados como καθάρματα y περίψωμα[348] del mundo entero. Esta es la buena recompensa que el mundo da por tan grandes e indecibles beneficios. Pero las obras hechas sin fe, aunque se hagan con gran despliegue de santidad, están bajo maldición. Aunque sus autores piensen que por ellas merecen gracia, justicia, y vida eterna, más bien amontonan pecado sobre pecado. Es así como obra el papa, aquel hijo de perdición, y todos sus seguidores. Igualmente, todos los buscadores de méritos y herejes que se han desviado de la verdad.

VERSÍCULO 23. *Pero antes que viniese la fe.*

Aquí él procede a declarar el provecho y la necesidad de la ley. Pablo había dicho antes que la ley fue añadida por causa de las transgresiones. No dijo que el propósito de Dios fuera dar una ley para matar y condenar; pues, en Romanos 7:13, dice: «¿Entonces lo que es bueno vino a ser muerte para mí? ¡En ninguna manera!». Por tanto, la ley es una palabra que nos dirige a la vida, y nos impulsa a vivir. Así, no solo se da como ministro de muerte[349], sino que su uso

---

348. *katharmata* y *peripsoma*. ¿Qué están haciendo estas dos palabras griegas aquí? Usemos la imaginación. Lutero está dictando su conferencia bien animado en su tema. De repente, se da cuenta de que va a decir dos palabras muy ofensivas en latín. Pero entonces, en vez de decirlas en latín, escoge dos equivalentes en griego, tal vez para que no sonaran tan chocantes. Solo los alumnos que sabían bien el griego captaron el impacto de las palabras. De otro modo, les sorprendió escuchar dos palabras que no comprendían y ni se dieron cuenta del significado de ellas. Καθάρματα = bastardos; περίψωμα = escoria de heces.
349. *non est data tantum ad mortem.*

principal y su fin es revelar la muerte, para que se vea y se conozca cuán horrible[350] es el pecado. No obstante, no revela la muerte como si su único fin fuera matar y destruir. Más bien, revela la muerte con este fin: cuando los hombres se ven horrorizados, abatidos, y humillados, entonces deben temer a Dios. Así lo declara Éxodo 20:20: «No temáis», dijo Moisés, «que para probaros vino Dios, y para que su temor esté en vuestra presencia y no pequéis». Por tanto, el oficio de la ley es matar, pero solo para que Dios pueda reanimar y dar vida. Entonces la ley no es dada sencillamente para matar[351]. Más bien, puesto que el hombre es orgulloso, y se imagina que es sabio, justo, y santo, es necesario que la ley lo humille, para que muera la bestia de la opinión de la justicia propia. De otro modo, ningún ser humano podría alcanzar la vida.

Entonces, aunque la ley mata, Dios usa este efecto de la ley, esta muerte, para el buen propósito de dar vida. Dios conoce esa plaga fatal que aflige al mundo entero, esa opinión de la justicia propia. Es decir, su hipocresía y confianza en su propia santidad. Por eso, Dios dio la ley para acabar con esta plaga. No obstante, Él no quiere que los hombres queden abatidos para siempre. Una vez que caen, pueden volver a levantarse al oír esta voz: «No temas, no di la ley ni te maté por ella para que te quedes en esta muerte, sino para que me temas y vivas». Porque la jactancia en las buenas obras y la justicia propia no pueden tener lugar al lado del temor de Dios. Donde no hay temor de Dios, no puede haber sed de la gracia para recibir la vida eterna. Entonces, Dios necesita un fuerte martillo, o un potente mazo, para romper las rocas, y un fuego ardiente en medio del cielo para derrumbar montañas. Es decir, para destruir a esta bestia furiosa y obstinada (hablo de presumir de la justicia propia). De modo que el ser humano es molido y quebrantado por la ley hasta la nada, y pierde las esperanzas en su propia fuerza, justicia, y santidad. Cuando se siente tan desesperado y sediento, entonces es cuando clama pidiendo misericordia y remisión de pecados.

VERSÍCULO 23. *Pero antes que viniese la fe, estábamos guardados bajo la ley, encerrados para aquella fe que había de ser revelada.*

---

350. *quale et quantum.*
351. *simpliciter ad mortem.*
352. Lutero dirige la pregunta a sus alumnos con cierto sarcasmo. Obviamente, la respuesta es «¡No!».

Antes de que llegara el tiempo del Evangelio y de la gracia, la función de la ley era encerrarnos, y custodiarnos dentro de ella, como si fuera una prisión. ¿Les parece un buen ejemplo para mostrar cómo la ley hace justos a los hombres? Por tanto, es necesario sopesarlo atentamente. No hay ladrón, asesino, adúltero, ni ningún otro malhechor que ame las cadenas y las amarras, la oscura y repugnante prisión en que está fuertemente atado. Más bien, si pudiera, con sus hierros y amarras, acabaría a golpes con su prisión hasta hacerla añicos. Ciertamente, mientras está en la prisión, se refrena de hacer el mal. Pero no por su buena voluntad, ni por causa de la justicia, sino porque la prisión lo sujeta, de modo que no puede hacer nada. Mientras está allí, fuertemente atado, no odia sus robos y asesinatos. Incluso se amarga mucho porque no puede robar, asaltar, cortar, y degollar. Más bien, odia la prisión, y si pudiera escapar, robaría y mataría igual que antes.

La ley encierra a los hombres de dos maneras: en lo civil y en lo espiritual[353]
La gente se ve obligada a aparentar que guarda la ley. ¿Por qué? Por la fuerza de la ley y la justicia que demanda. La ley amenaza a los transgresores con la muerte o cualquier otro castigo. Ciertamente obedecemos la ley, pero por temor al castigo. Es decir, no de buena gana, sino muy indignados. Pero ¿qué justicia es esta, cuando nos abstenemos del mal por temor al castigo? Por tanto, esta justicia de las obras ciertamente no es sino amar el pecado y odiar la justicia, detestar a Dios con su ley, y adorar la maldad en su totalidad[354]. Porque vean con qué buena voluntad el ladrón ama su prisión y odia su robo. Así también somos nosotros, cuando decimos que «nos encanta obedecer la ley», pero solo en las apariencias cumplimos lo que manda y evitamos lo que prohíbe[355].

No obstante, aunque los corazones de los hombres sigan empedernidos en la maldad, la ley tiene cierta utilidad[356]. Primero, en lo externo y civil, conteniendo de algún modo a los ladrones, asesinos, y otros malhechores. Pues si ellos no creyeran[357] ni comprendieran

---
353. *Theologice.*
354. *et summam malitiam adorare.*
355. Nuevamente Lutero utiliza el sarcasmo al dictar su conferencia.
356. *hoc commodi habet lex.*
357. *nisi hanc fidem exiguam haberent.*

que el pecado se castiga en esta vida con prisión, la horca, la espada, y esas cosas, y en el más allá, con la condena eterna y los fuegos del infierno, ningún magistrado, padre[358], ni maestro podría ponerle freno a la furia y saña de los hombres a quienes no les importan leyes, amarras, ni cadenas[359]. Sin embargo, por las amenazas de la ley, que infunden terror en las mentes, los malos son de algún modo disuadidos, para que no se lancen de cabeza a toda clase de maldades. Ellos preferirían que no hubiera ley, castigo, infierno, y en fin, ni siquiera Dios. Si Dios no tuviera infierno, ni castigara a los impíos, sería amado y alabado por todos los hombres. Pero, puesto que castiga a los impíos, y todos lo son, pues están todos encerrados bajo la ley, no les queda más que blasfemar a Dios y odiarlo a muerte.

Además, la ley encierra a los hombres bajo pecado, no solo en lo civil, sino también en lo espiritual[360]. Es decir, la ley es también una prisión espiritual[361], y por así decirlo, como el mismo infierno. Porque, cuando revela el pecado y amenaza de muerte con la ira eterna de Dios, el hombre no puede evitarla ni hallar consuelo alguno. Pues nadie tiene el poder de sacudir estos horribles terrores que surgen en la conciencia, ni ninguna otra angustia o amargura de espíritu. De aquí surgen esos lamentos de los santos que se encuentran en todos los salmos: «En el sepulcro, ¿quién te alabará?» (Salmo 6:5). Así es cuando el hombre se encuentra atado en la prisión, de la cual no hay escapatoria, y no puede ver cómo será librado de esas ataduras, es decir, de esos horribles terrores.

Entonces, la ley es una prisión, tanto en lo civil como en lo espiritual[362]. Pues primero restringe a los malos para que no anden descabezados siguiendo su propia lujuria, metiéndose en todo tipo de maldad. En lo espiritual[363], revela nuestro pecado, nos perturba y humilla para que podamos conocer nuestra propia miseria y condenación. Esta es la verdadera función de la ley, y su verdadero uso, pero no para siempre. Pues el estar encerrado y sujeto bajo la

---

358. *paterfamilias*.
359. El MS de Rörer reza: «Si la multitud no creyera en la muerte, ni en el infierno, entonces ningún magistrado, a pesar de todo su poder, podría frenarlos, ni le sería posible al padre de familia, ni al predicador, ni al maestro».
360. *Theologice*.
361. *spiritualis*.
362. *Theologice*.
363. *spiritualiter*.

ley no debe perdurar, sino durar hasta que llegue la fe. Una vez venida la fe, esta prisión espiritual debe llegar a su fin.

Aquí vemos nuevamente que hay una gran distancia entre la ley y el Evangelio. Están separadas como frases que se contradicen. Pero, en los afectos del alma, están inseparablemente conectadas. Pablo lo demuestra cuando dice: «Estábamos guardados bajo la ley, encerrados para aquella fe que había de ser revelada». Por tanto, no basta que estemos encerrados bajo la ley, pues si no se presentara algo más, nos veríamos forzados a desesperar, y moriríamos en nuestros pecados. No obstante, Pablo añade que estamos encerrados y guardados bajo el ayo (la ley), pero no para siempre, sino a fin de llevarnos a Cristo, que es el fin de la ley. Por tanto, estos pavores, esta humillación, y esta prisión no deben seguir para siempre, sino solo hasta que se revele la fe. Puede permanecer siempre y cuando sea para nuestro provecho y salvación, es decir, hasta que seamos abatidos y humillados por la ley. Será entonces que la gracia, la remisión de pecados, y la libertad de la ley, del pecado, y de la muerte, serán para nosotros el más dulce consuelo. Pero no está a nuestro alcance por las obras, sino aferrándose a ello por la sola fe[364].

Cuando llegue el momento de la tentación, quiero que comprendas cómo se relacionan estas dos cosas tan contrarias. Es decir, cuando la ley te haya perturbado y abatido, entonces debes darte cuenta de que la ley ha llegado a su fin. Este es el verdadero uso de la ley. Todos los impíos son ignorantes pues desconocen totalmente este conocimiento y esta astucia. Caín no reconoció cuando fue encerrado en la prisión de la ley; no sentía la gravedad de su pecado. Al principio era libre, estaba fuera de la prisión. Aunque ya había matado a su hermano, sutilmente encubrió el asunto pensando que ni Dios se daría cuenta: «¿Acaso soy yo guarda de mi hermano?», dijo. Pero cuando escuchó estas palabras: «¿Qué has hecho? La voz de la sangre de tu hermano clama a mí desde la tierra», comenzó a sentir como si las paredes de la prisión se le vinieran encima. ¿Qué fue lo que hizo? Se quedó atado en la prisión. No unió el Evangelio con la ley, sino que dijo: «Mi maldad es más grande de lo que yo merezco». Solamente respetaba la prisión; no tomó en cuenta que había recibido la revelación de su pecado para ese

---

364. *quae operibus non accipiuntur, sed sola fide apprehenduntur.*

fin, para acudir a Dios y recibir misericordia y perdón. Por tanto, desesperó y negó a Dios[365]. No pudo creer que había sido encerrado con ese fin, recibir la revelación de la gracia y la fe, sino solo para quedar encerrado en la prisión de la ley.

Estas frases, «guardados bajo, encerrados», no son vanas y sin provecho, sino profundamente reveladoras y escogidas con cuidado. Se refieren a verdaderos temores espirituales. Aunque la conciencia rebusque por todo el mundo, siempre se siente enjaulada, y no encuentra dónde sentirse a salvo.

Mientras perduran estos terrores, la conciencia siente tal angustia y tristeza que, aun si el cielo y la tierra fueran diez veces más anchos y largos, le parecerán tan estrechos y angostos como un agujerito de ratón. Aquí el hombre se siente totalmente destituido de toda sabiduría, fuerza, justicia, consejo, y socorro. Pues la conciencia es muy delicada, y cuando se siente tan encerrada bajo la prisión de la ley, no puede ver salida alguna. Esta estrechez se encoge cada día más, como si no tuviera fin. Es entonces cuando siente la ira de Dios, infinita e incalculable. Nadie puede escapar de ella, como testifica Salmo 139:7: «¿A dónde huiré de tu presencia?».

Así como en este mundo la prisión civil[366] aflige al cuerpo de tal modo que el encarcelado no tiene el libre uso de su cuerpo, así la prisión espiritual aflige la mente. La angustia es tan fuerte que el recluso no puede gozar de calma en el corazón ni de una conciencia en paz[367]. Pero no es para siempre (como piensa la razón cuando se siente en esta prisión), sino hasta que la fe se revela. Por tanto, la conciencia entorpecida necesita ser revivida y consolada de la siguiente manera: «Hermano, ciertamente estás encerrado, pues escrito está: "Estamos encerrados para aquella fe que ha de ser revelada". Has sido afligido en esta prisión, pero no para tu destrucción, sino para consolarte por medio de la bendita simiente. La ley te ha matado para que, por medio de Cristo, puedas revivir y ser restaurado a la vida. Por tanto, no desesperes como Caín, Saúl, y Judas. Cuando ellos se vieron encerrados, no pudieron ver más allá de su oscura prisión, y allí se quedaron. Por eso cayeron víctimas de la desesperación. Tú, sin embargo, debes pensar diferente cuando

---

365. *negavit se deum habere.*
366. *conclusivo vel carcer civiliter.*
367. *Theologice carcer est.*

sientas estos terrores de la conciencia. Debes saber que estar así encerrado, confundido, y derrotado ha sido para tu provecho. Por tanto, aprovecha este tiempo de cárcel, pues te conviene. Sin embargo, cuando la ley haya cumplido su oficio, la fe será revelada. Pues Dios no te aflige para que te quedes en esa aflicción. No quiere matarte para que permanezcas en la muerte». «No deseo la muerte del impío», dice mediante el profeta (Ezequiel 33:11). «Pero Él te afligirá para que seas humillado, y sepas que necesitas misericordia, y el beneficio de Cristo».

Por tanto, este tiempo de cárcel bajo la ley no se extiende para siempre, sino solo hasta la llegada o revelación de la fe. Un precioso salmo lo dice así: «Se complace Jehová en los que le temen», es decir, en los que están bajo la prisión de la ley. Pero enseguida añade: «y en los que esperan en su misericordia» (Salmo 147:11). Por tanto, debemos unir estas dos cosas, aunque parezcan tan contrarias entre sí. Porque ¿qué podría ser más contrario que odiar y aborrecer la ira de Dios, y luego confiar en su bondad y misericordia? La una es el infierno puro, la otra es el encanto celestial, pero las dos casi se tocan en el corazón. En teoría alguien podría unirlas fácilmente. Pero en la experiencia y en la práctica es lo más difícil; yo mismo lo he comprobado en mi experiencia personal. De este asunto, los papistas y fanáticos sectarios no saben nada. Por tanto, estas palabras de Pablo les son oscuras y totalmente desconocidas. Pero cuando la ley les revela sus pecados, los acusa y los perturba, no pueden hallar consuelo, reposo, ayuda, ni socorro. En lugar de eso, caen en la desesperanza, como Caín y Saúl.

Por tanto, la ley (como dije) es nuestra prisión y verdugo; no la amamos, sino que la odiamos. Por eso, todo el que dice que ama la ley es un mentiroso, y no sabe lo que dice. Si los ladrones y salteadores se jactaran de amar su prisión, ataduras y cadenas, ¡estarían locos de remate! Considerando, pues, que la ley nos encierra y guarda bajo prisión, con toda seguridad somos sus enemigos acérrimos. En conclusión: amamos la ley y su justicia tal como un asesino ama su mohoso calabozo, sus ataduras y hierros. ¿Cómo, entonces, podríamos ser justificados por la ley?

VERSÍCULO 23. *Encerrados para aquella fe que había de ser revelada.*
Aquí Pablo habla del pleno cumplimiento del tiempo en que Cristo

vino. Pero debemos relacionarlo no solo con ese tiempo, sino también respecto del hombre interior[368]. El cumplimiento de la venida de Cristo es la historia de la abolición de la ley y la llegada de la luz, la libertad y la vida eterna. Esto sucede cada día en la vida del cristiano. Algunos siempre se encuentran en el tiempo de la ley, y otros en el tiempo de la gracia. Cada cristiano tiene un cuerpo en cuyos miembros (como dijo Pablo) mora y lucha el pecado. Yo entiendo que el pecado no es solamente el hecho o la obra, sino la raíz, el árbol, y los frutos, como dice la Escritura cuando habla del pecado. Este no solo está arraigado[369] en la carne bautizada de cada cristiano, sino que también está en guerra mortal dentro de él, y lo tiene cautivo. Aunque él no dé su consentimiento para pecar, o hacer las obras del pecado, aun así, el pecado prevalece, y ejerce gran poder sobre él[370]. El cristiano tal vez no caerá en pecados externos y crasos como asesinato, adulterio, robo, y otros semejantes. Sin embargo, no se ve libre de las impaciencias, murmuraciones, odios, y blasfemias contra Dios. La razón del hombre carnal[371] no presta nada de atención a estos pecados. Pero lo obligan, aun contra su propia voluntad, a detestar la ley. Lo impulsan a huir de la presencia de Dios; lo acosan hasta llegar a odiar y blasfemar a Dios. Tal como el deseo carnal es fuerte en un joven, en los años de madurez el hombre desea y ama la gloria, y el viejo lidia con la codicia. De la misma manera, en el creyente fiel y justo, prevalecen poderosamente la impaciencia, la murmuración, el odio, y la blasfemia contra Dios. Hay muchos ejemplos en los Salmos, en Job, Jeremías, y por todas las Escrituras. Por eso Pablo, al describir y exponer esta lucha espiritual, usa palabras muy fervientes y al caso, tales como lucha, rebelión, encerrar, y llevar al cautiverio.

Estos dos períodos (de la ley y del Evangelio) se encuentran en el cristiano en lo que toca a los afectos del hombre interior. El tiempo de la ley es cuando esta me acosa, me atormenta con pesadumbre de corazón, me oprime, y me lleva al conocimiento del pecado, y lo hace abundar. Aquí, la ley está ejerciendo su oficio verdadero y perfecto, el cual el cristiano sentirá a menudo a lo largo de su vida.

---
368. *affectum.*
369. *haeret.*
370. *tamen ad magnum impulsem.*
371. *humanae rationi.*

Por eso al apóstol Pablo le fue dado un aguijón en la carne, «un mensajero de Satanás que me abofetee». Él con gozo habría preferido sentir a cada instante alegría en la conciencia, las dulces risas de su corazón, y el grato sabor de la vida eterna. Habría estado feliz y contento sintiéndose libre de toda prueba y agonía de espíritu. Por eso deseaba que le fuera quitada esa tentación. No obstante, no fue así. En cambio, el Señor le dijo: «Bástate mi gracia, porque mi poder se perfecciona en la debilidad» (2 Corintios 12:9). Cada cristiano es consciente de esta batalla. En mi propia experiencia, paso muchas horas peleando con Dios y resistiéndolo con impaciencia. La ira y el juicio de Dios me desagradan. Así también mi impaciencia, mi murmurar, y tales pecados, le provocan desagrado. Este es el tiempo de la ley, bajo el cual cada cristiano vive de continuo en cuanto a la carne. «Porque la carne codicia contra el Espíritu, y el Espíritu contra la carne». En unos, sin embargo, más, y en otros menos (Gálatas 5:17).

El tiempo de la gracia es cuando el corazón se reanima por la promesa de la gratuita misericordia de Dios, y dice: «¿Por qué te abates, oh alma mía, y por qué te turbas dentro de mí?» (Salmo 42:6). ¿Acaso solo ves ley, pecado, terror, pesadumbre, desesperanza, muerte, infierno, y al diablo? ¿Acaso no ves que también hay gracia, remisión de pecados, justicia, consuelo, gozo, paz, vida, cielo, Cristo, y Dios? No me angusties más, oh alma mía. ¿Qué es la ley, qué es el pecado, qué son todas las maldades comparadas con estas cosas? Confía en Dios, que no ha escatimado su propio Hijo amado, sino que lo ha dado a la muerte en la cruz por tus pecados. Entonces estamos encerrados bajo la ley según la carne, pero no para siempre, sino solo hasta que Cristo sea manifestado. Por eso, cuando te sientas abatido, atormentado, y afligido por la ley, entonces di: «Señorona ley[372], no estás sola, ni tampoco eres todas las cosas. Además de ti, hay otras cosas mucho más grandes y mejores que tú, a saber, la gracia, la fe, y la bendición. Esta gracia, esta fe, y esta bendición, no me acusan, ni me afligen, ni me condenan. Más bien me consuelan, me instan a confiar en el Señor, y me prometen victoria y salvación en Cristo. No tengo razón para vivir angustiado o sin esperanzas».

Esto es un arte, y todo el que lo sepa usar hábilmente y con astucia,

---

372. *Domina lex.*

bien puede llamarse un teólogo. Los espíritus fanáticos y sus discípulos de hoy se jactan continuamente del espíritu, y se persuaden de que son muy hábiles y diestros en Él. Sin embargo, yo, y otros como yo, apenas hemos aprendido sus principios básicos. Ciertamente se aprende, pero mientras perduren la carne y el pecado, jamás se aprenderá a la perfección, y así debe ser. Así que el cristiano se encuentra dividido entre dos tiempos. Respecto de la carne, está bajo la ley. Tocante al espíritu, está bajo la gracia. La concupiscencia, la codicia, la ambición, y el orgullo, siempre se aferran a la carne. E igualmente, la ignorancia, el desprecio de Dios, la impaciencia, la murmuración y el resentimiento para con Dios, todo eso es carne. Dios obstruye y destruye nuestros planes y deseos pues no castiga enseguida a los impíos, rebeldes, y orgullosos. Este tipo de pecado está arraigado en la carne de los fieles. Por tanto, si te fijas en nada más que la carne, te encontrarás siempre en el tiempo de la ley. Pero estos días deben acortarse, de otro modo, nadie sería salvo. La ley debe tener su tiempo designado, al igual que también debe tener su fin. Por tanto, el tiempo de la ley no es perpetuo, sino que tiene un fin, el cual es Jesucristo. Pero el tiempo de la gracia es eterno. Pues «Cristo, habiendo resucitado de los muertos, ya no muere; la muerte ya no tiene dominio sobre él». Él es eterno; por tanto, el tiempo de la gracia también lo es.

No podemos pasar por alto estas declaraciones sobresalientes de Pablo. Los papistas y los sectarios las ignoran, pero pierden. Son palabras de vida, que consuelan y confirman maravillosamente a las conciencias afligidas. Si las conocen y comprenden bien, pueden juzgar correctamente sobre la fe, pueden distinguir un temor verdadero de uno falso, y pueden juzgar sobre los afectos internos del corazón y discernir todo espíritu. El temor de Dios es algo santo y precioso, pero no debe ser perpetuo. El cristiano lo debe tener siempre, pues el pecado estará siempre en él; pero no debe tener solo eso, de lo contrario, será como el temor de Caín, Saúl, y Judas, es decir, un temor degradante y desesperado. Por tanto, el cristiano debe vencer el temor por fe en la palabra de gracia; debe quitar sus ojos del tiempo de la ley, y poner su mira en Cristo y en la fe que se ha de manifestar. *Entonces este temor se convierte para él en algo dulce, y se mezcla con néctar, de modo que comienza no solo a temer, sino también a amar a Dios.* Aquí el temor comienza a sentirse como algo dulce en nosotros, y nos hace deleitarnos en Dios. Pues si el hombre se fija solamente en la ley y el pecado, dejando de lado la fe, jamás podrá desprenderse del temor, sino que terminará presa de la desesperación.

Por tanto, Pablo distingue claramente entre el tiempo de la ley y el de la gracia. Aprendamos también a distinguir correctamente el tiempo de ambos, no solo en palabras, sino también en los afectos más profundos, que es lo más difícil. Aunque cada una de estas cosas debe su existencia a su extrema separación, se encuentran casi unidas en un solo corazón. Nada se encuentra tan estrechamente tejido como el temor y la confianza, la ley y el Evangelio, el pecado y la gracia; pues están tan unidos que lo uno absorbe a lo otro. Por tanto, no hay otra conjunción matemática como esta[373].

En este pasaje, «¿Para qué, entonces, sirve la ley?», Pablo comienza a argumentar sobre la ley, así como sobre su uso y abuso. Construye sobre el fundamento puesto previamente. Es decir, «los creyentes obtienen la justicia solo por la gracia, por la promesa, y no por la ley». A partir de ese argumento, surgió la pregunta: «¿Para qué, entonces, sirve la ley?». Pues la razón, al oír que la justicia o la bendición se obtiene por la gracia y por la promesa, enseguida infiere: «entonces la ley no sirve de nada». Por tanto, se debe considerar la doctrina de la ley con mucha atención. Así podremos juzgar por qué y cómo la debemos valorar, no sea que la rechacemos por completo (como los espíritus fanáticos lo hicieron hace diez años, incitando a la gente del pueblo a rebelarse[374], diciendo que la libertad del Evangelio liberaba a todos de cualquier ley)[375], o, en caso contrario, atribuyamos a la ley la capacidad de justificar. En ambos casos se peca contra la ley. Por un lado, atribuyendo a la ley la facultad de justificar, y por otro, al decir que somos libres de cualquier ley. Por tanto, debemos andar por el camino real[376], de modo que no rechacemos la ley ni le atribuyamos más de la cuenta.

Lo que he repetido tanto, sobre los usos de la ley, el secular y el espiritual[377], basta para declarar que la ley no es dada para los justos,

---

373. *matematica coniunctio*.
374. La referencia es a la Revuelta del Campesinado (1525). Lutero usa como punto final de sus cálculos la publicación del *Comentario* (1535) y no la fecha de las conferencias (1531).
375. *libertate Evangelicam absolvere homines ab omibus legibus*.
376. *regia via*.
377. *Politico et Theologico*.

sino (como dijo Pablo en otro lugar) para los injustos y rebeldes (1 Timoteo 1:9). Ahora bien, hay dos tipos de injustos, los que han de ser justificados, y los que no lo serán. Los que no han de ser justificados deben ser frenados por el uso civil de la ley, pues se los debe sujetar con las ataduras de la ley, tal como se amarra a las bestias con cuerdas y cadenas. Este uso de la ley no tiene fin, y de dicho uso Pablo no dice cosa alguna. Pero los que han de ser justificados deben ser preparados mediante el uso espiritual de la ley durante un tiempo. Este no dura para siempre, como el uso civil, sino que mira a la fe que se ha de revelar y termina con la llegada de Cristo. Así, todas las declaraciones de Pablo, en donde él insta al uso espiritual de la ley, deben aplicarse a los que serán justificados, y no a los ya justificados. Pues los que ya han sido justificados, por cuanto permanecen en Cristo, están por encima de la ley. La ley, entonces, debe imponerse a los que todavía no han sido justificados, para guardarlos en prisión hasta que les llegue la justicia de la fe. No es para que alcancen esta justicia mediante la ley (eso no sería usar la ley debidamente sino abusarla), sino para que, cuando hayan sido abatidos y humillados por la ley, acudan a Cristo, que es «el fin de la ley, para justicia a todo aquel que cree».

Pues bien, en primer lugar, los abusadores de la ley son los legalistas y los hipócritas, pues viven con la fantasía de que serán justificados por la ley. Pues ese uso de la ley no ejercita ni tampoco impulsa al hombre a la fe que se ha de manifestar. En vez de eso, lo vuelve un hipócrita descuidado, arrogante, hinchado, y que presume de la justicia de la ley, poniendo tropiezo a la justicia de la fe. En segundo lugar, los abusadores de la ley eximen al cristiano de toda ley, como lo hicieron los descalabrados fanáticos que impulsaron la rebelión de los campesinos. Hoy hay muchos de este tipo alegando profesar el Evangelio junto con nosotros. Piensan que, al quedar libres de la tiranía del papa por la doctrina del Evangelio, la libertad cristiana es una libertad disoluta y carnal para hacer lo que les venga en gana. Estos (como dijo Pedro en 1 Pedro 2:16) tienen la libertad del espíritu, pero la usan para encubrir su maldad, por la cual el nombre de Dios y el Evangelio de Cristo son calumniados por todos lados. Por tanto, sufrirán tan solo una vez el merecido castigo por su maldad. En tercer lugar, están aquellos que también abusan de la ley, pues al sentir el terror de la ley, no comprenden que ha llegado el fin de esos pavores y deben acudir a Cristo. Este abuso los hace caer en la desesperanza, pues la arrogancia y presunción de los hipócritas los llevarán hasta ahí.

Al contrario, el verdadero uso de la ley jamás puede ser valorado y engrandecido como lo merece.

Cuando tu conciencia sienta que las estrechas paredes de su prisión se están cerrando, no desesperes. En medio de su terror, el Espíritu Santo viene a orientarla. Entonces, la conciencia recapacita: «Ciertamente estoy encerrada como prisionera bajo la ley, pero no para siempre. Más bien, este tiempo de prisión me será de gran utilidad. ¿Cómo así? Pues por medio de esta cárcel seré impulsada a gemir y a buscar la mano de un Salvador». De esta manera, la ley es un soldado que empuja al hambriento hacia Cristo, para que Él lo colme de bienes. Por tanto, el verdadero oficio de la ley es mostrar nuestros pecados, hacernos culpables, humillarnos, matarnos, llevarnos al infierno y, finalmente, quitarnos toda ayuda, socorro, y consuelo, con este fin: que seamos justificados, exaltados, avivados, llevados al cielo, y dotados de toda buena dádiva. Por tanto, no solo mata, sino que mata para que podamos vivir.

VERSÍCULO 24. *De manera que la ley fue nuestro ayo para traernos a Cristo.*

Aquí él nuevamente coloca a la ley y al Evangelio lado a lado en nuestros afectos. Hasta aquí habían estado separados, pero ahora dice: «La ley es nuestro ayo para traernos a Cristo». Este ejemplo del ayo también merece nuestra atención. Aunque un ayo es muy provechoso y necesario para la instrucción y la crianza de los niños, ¡muéstrenme un niño o alumno que ame a su ayo! ¿Qué tipo de amor y obediencia mostraron los judíos a Moisés, cuando en esa misma hora (según el testimonio de la historia) lo hubieran lapidado sin remordimiento alguno? Por tanto, no es posible que el pupilo ame a su disciplinario. ¿Cómo puede amar a quien lo tiene encerrado y no le permite hacer lo que le venga en gana? Y, cuando quiere violentar sus reglamentos, enseguida es reprendido y castigado; y, para remate, es obligado a besar la vara del castigo. Contéstenme, les ruego: ¿cuán justa y buena es esta obediencia, que solo obedece a su tutor por sus severas amenazas y ásperas correcciones, haciéndolo incluso besar la vara? ¿Lo hace de buena voluntad? Tan pronto como el tutor da la espalda, el pupilo rompe la vara, o la arroja al fuego. Y si tuviera poder alguno sobre su tutor, no se dejaría golpear, sino que más bien él le propinaría los golpes. Sin embargo, el tutor es muy necesario para el pupilo, para instruirlo y disciplinarlo. De otro modo, el niño estaría totalmente perdido sin su disciplina, instrucción, y buena educación.

CONFERENCIA 25: viernes 9 de octubre

Por tanto, el tutor es asignado al niño para instruirlo, criarlo, y mantenerlo en prisión, por así decirlo. Pero ¿con qué fin, y por cuánto tiempo? ¿Es la idea que los ásperos y duros tratos del tutor duren para siempre, y que el niño permanezca encerrado para siempre? De ningún modo. Es tan solo por un tiempo. La obediencia, la prisión y la corrección rendirán provecho en la conducta del niño. Así, cuando llegue el momento, podrá ser el heredero de su padre. Pues la voluntad del padre no es que su hijo esté siempre sujeto al tutor recibiendo los golpes de la vara. Quiere, más bien, que por medio de su instrucción y disciplina pueda ser capacitado y formado para ser el sucesor de su padre.

Es como si Pablo hubiera dicho: «La ley es tan solo un tutor, mas no para siempre, sino hasta que nos haya llevado a Cristo». Así lo había dicho antes: «La ley fue añadida por causa de las transgresiones, hasta que viniese la simiente; y también: «Estábamos guardados bajo la ley, encerrados para aquella fe que había de ser revelada». Por eso la ley no es un mero tutor, sino un tutor para llevarnos a Cristo. Porque ¿qué clase de tutor sería si siempre atormentara y golpeara al pupilo, y no le enseñara nada? Aun así, en el pasado había tales tutores que eran crueles tiranos y nada más que carniceros. Los niños eran golpeados constantemente; estudiaban con mucho dolor y angustia constante, pero no les servía de nada. La ley no es tal tutor. Pues además de perturbar y mortificar (como el tutor necio, que golpea a sus alumnos y no les enseña nada), con sus varas nos empuja hacia Cristo. La ley es como un buen tutor que instruye y ejercita a sus pupilos en la lectura y la caligrafía. Así podrán alcanzar un buen conocimiento de las letras y otras cosas provechosas. Cuando sean grandes, se gozarán en lo que antes se veían obligados a cumplir, aunque fuera en contra de su voluntad.

Por medio de este excelente ejemplo, Pablo muestra el verdadero uso de la ley. Es decir, no justifica a hipócritas, pues en su presunción y confianza propia siguen sin Cristo. Por el contrario, los de corazón contrito no son abandonados por la ley a la muerte y a la maldición (si usan la ley debidamente), pues Pablo enseña que la ley los hace ir a Cristo. Sin embargo, los que no se aferran a Cristo por la fe y continúan en su maldad sufriendo terrores, al final caerán en la desesperanza. Por eso Pablo, en esta alegoría del ayo, declara vívidamente el verdadero uso de la ley. Pues el ayo reprocha a sus pupilos, los aflige y les impone cargas pesadas, pero no para prolongar ese cautiverio. Más bien, cuando los niños están bien educados y debidamente instruidos, el ayo termina su oficio. Además, cuando los niños estén libres del acoso del tutor, podrán gozar de su libertad y de los bienes de su padre. De igual manera, todos los que son acosados y oprimidos[378] por la ley, sepan que estos terrores y acosos[379] no durarán para siempre. Más bien, ese medio los prepara para llegar a Cristo, el cual ha de ser revelado y les dará la libertad del espíritu, con todos sus beneficios.

VERSÍCULO 24. *Para que fuésemos justificados por la fe*[380].

La ley no es un tutor que nos lleva a otro dador de leyes que exige buenas obras; nos lleva a Cristo, nuestro justificador y Salvador, para que seamos justificados por la fe en Él, y no por las obras. Pero cuando alguien siente la fuerza y la potencia de la ley, no comprende ni cree el verdadero mensaje de la ley. Por eso dice: «He vivido en la maldad, pues he violado todos los mandamientos de Dios, y por eso lo reconozco, soy culpable de la muerte eterna. Pero si Dios tan solo me alargara la vida algunos años, o al menos unos meses, cambiaré mi vida y de ahí en adelante viviré en santidad». Aquí, se toma el verdadero uso de la ley para convertirlo en un abuso. La razón, al verse acorralada por estos pavores e innavegables estrechos, tiene la osadía de comprometerse con Dios y cumplir con todas las obras de

---

378. *conteruntur*.
379. *contritionem*.
380. *ut ex fide iustificemur*.

toda la ley. Por eso han surgido tantas sectas y enjambres de monjes e hipócritas religiosos, tantas ceremonias, tantas obras, inventadas para merecer la gracia y la remisión de pecados. Los que formularon estas cosas pensaron que la ley era un ayo para conducirlos no a Cristo, sino hacia una nueva ley, o hacia Cristo como un nuevo legislador, y no como aquel que ha abolido la ley.

No obstante, el verdadero uso de la ley es enseñarme que soy pecador hasta que yo mismo lo admita, y me humille. Así vendré a Cristo, y Él me justificará por la fe. Pero la fe no es ninguna ley, ni tampoco obra alguna, sino una firme confianza que se aferra a Cristo, que «es el fin de la ley» (Romanos 10). ¿De qué manera? No porque ha abolido la ley antigua para darnos una nueva; ni porque sea un juez que ahora necesita ser apaciguado por las obras, como han enseñado los papistas. Más bien, Él es el fin de la ley para justicia, para todos los que creen[381]. Es decir, el que cree en Él, es justo[382]. La ley jamás tendrá de qué acusarlo. La ley, entonces, es buena, santa y justa, si se usa debidamente[383]. Así, los que abusan de la ley son, primero, los hipócritas que atribuyen a la ley la potestad de justificar; y segundo, los que desesperan sin entender que la ley es un ayo para conducirlos a Cristo. Es decir, la ley los humilla, no para su destrucción, sino para su salvación. Pues Dios hiere para poder sanar; y mata para dar vida nueva.

Por tanto, como he dicho antes, Pablo habla de aquellos que han de ser justificados y no de los que ya han sido justificados. Y así, cuando te propongas razonar sobre la ley, debes tomar el tema de la ley y dirigirlo hacia aquellos sobre los cuales rige la ley: el pecador y el malvado, a quienes la ley no justifica, sino que pone el pecado ante sus ojos, los derriba, y los trae al conocimiento de sí mismos. Los hace ver el infierno, la ira, y el juicio de Dios. Este es ciertamente el debido oficio de la ley. De allí sigue el uso de este oficio: a saber, que el pecador vea que la ley no revela su pecado y lo humilla con el fin de desesperarlo, sino para que, acusado y contristado, vaya a Cristo el Salvador y Consolador. Cuando esto sucede, ya no está bajo el ayo. Y este uso es muy necesario. Pues como el mundo entero está rebosando de pecado, necesita este ministerio de la ley, a fin de

---

381. *sed finis est legis ad justitiam omni credenti.*
382. *Omnis, qui credit in eum, est justus.*
383. *legitime.*

revelar el pecado; de otro modo, nadie jamás alcanzaría la justicia, como lo hemos declarado ampliamente. Pero ¿qué obra realiza la ley en los que ya han sido justificados por Cristo?

VERSÍCULO 25. *Mas venida la fe, ya no estamos bajo ayo.*

Es decir, estamos libres de la ley, de la prisión, y de nuestro ayo. Porque, cuando se revela la fe, la ley ya deja de afligir y atormentar. Aquí Pablo habla de la fe tal como fue predicada y anunciada por Cristo al llegar el tiempo preparado de antemano. Pues Cristo, tomando sobre sí nuestra carne, vino una vez al mundo: abolió la ley con todas sus consecuencias, y libró de la muerte eterna a todos los que reciben su beneficio por la fe. Por tanto, si ponen su mirada en Cristo, y lo que Él ha hecho, verán que ya no hay ley. Pues Él, llegando en el momento preparado, quitó la ley. Ahora, puesto que la ley ha desaparecido, ya no seguimos bajo su tiranía, sino que vivimos con gozo y seguridad bajo Cristo, quien dulcemente reina en nosotros por medio de su Espíritu. Ahora, en donde reina el Señor, hay libertad. Por tanto, si podemos aferrarnos perfectamente a Cristo, que por su muerte ha abolido la ley, y nos ha reconciliado con el Padre, el ayo no tendrá poder alguno sobre nosotros[384]. Sin embargo, la ley de los miembros, rebelándose contra la ley de la mente, nos lo impide, de modo que no podemos aferrarnos a Él perfectamente. Por tanto, la falta no radica en Cristo, sino en nosotros, que todavía no nos hemos deshecho de esta carne, a la cual el pecado permanecerá adherido mientras permanezcamos en esta vida. Por tanto, en cuanto a nosotros, en parte estamos libres de la ley, y en parte bajo la ley. Con Pablo, conforme al espíritu, servimos a «la ley de Dios, pero conforme a la carne, a la ley del pecado» (Romanos 7).

De aquí se sigue, por consecuencia, que con respecto a la conciencia, somos plenamente libres de la ley y, por tanto, ese ayo no la debe regir; es decir, no la debe afligir con sus terrores, amenazas y cautiverio. Y aunque lo intente siempre con toda su fuerza, la conciencia no se debe turbar. Pues ante sus ojos tiene a Cristo crucificado, el cual ha sacado de la conciencia todas las dependencias de la ley, «rayendo el manuscrito de las ordenanzas

---

384. *nihil iurius.*

que había contra nosotros» (Colosenses 2:14). Por tanto, tal como la virgen no conoce a hombre alguno, así la conciencia no solo debe desconocer la ley, sino que también debe estar totalmente muerta a la ley, y la ley, de igual manera, a la conciencia. Esto no se puede alcanzar mediante cualquier obra, ni mediante la justicia de la ley, sino por la fe, la cual se fija en Cristo y se aferra a Él. No obstante, el pecado aún permanece pegado a la carne, en cuanto a sus efectos, los cuales a veces acusan y afligen a la conciencia. De este modo, mientras la carne tenga vida, permanecerá este tutor de la ley, el cual muchas veces aflige la conciencia y la recarga con su peso al revelar el pecado y la amenaza de muerte. No obstante, se alienta diariamente cuando Cristo llega, pues así como Él vino una vez al mundo, en el momento preciso preparado de antemano, para redimirnos de la dura y áspera servidumbre del ayo, así se allega cada día a nosotros espiritualmente, a fin de que podamos crecer en la fe y en su conocimiento; a fin de que la conciencia pueda aferrarse a Él más plena y perfectamente cada día; y para que la ley de la carne y el pecado, con el terror de la muerte y todos los males que la ley trae consigo, vaya menguando en nosotros cada día más. Así, mientras vivimos en esta carne, la cual no está libre de pecado, la ley a menudo regresa y desempeña su oficio; en algunos más, en otros menos, según sea su fe, fuerte o débil, mas no para destrucción, sino para su salvación. Pues este es el ejercicio de la ley en los santos, a saber, la continua mortificación de la carne, la razón, y nuestra propia fuerza, y para la diaria renovación del hombre interior, como dice 2 Corintios 4:16.

Entonces recibimos las primicias del fruto del Espíritu. La levadura está escondida en la mezcla de la masa; pero aún no ha sido leudada toda la masa; no, la levadura apenas ha comenzado a leudarla. Si me fijo en la levadura, no puedo ver más que levadura pura. Pero si me fijo en toda la masa, veo que aún no está toda leudada. Es como decir: si me fijo en Cristo, soy enteramente puro y santo, desconociendo totalmente la ley, pues Cristo es mi levadura. Pero si me fijo en mi propia carne, siento en mí codicia, lujuria, ira, vanagloria, y arrogancia, y asimismo, miedo a la muerte, pesadumbre, odio, murmuraciones, e impaciencia contra Dios. Cuanto más están en mí estos pecados, tanto más ausente está Cristo de mí; o si está presente, lo sentimos, pero poco. Aquí surge la necesidad de un ayo, para ejercitar y frustrar esta mula obstinada, la carne, y para que, por medio de este ejercicio, los pecados puedan reducirse, y el camino sea preparado para Cristo. Pues así como Cristo vino una vez corporalmente, en el tiempo designado, y abolió la ley entera, venció al pecado, y destruyó la muerte y el infierno, de igual manera, Él viene espiritualmente, sin cesar, y diariamente apaga y mata estos pecados en nosotros.

Digo esto para que, si alguien protesta, puedas responder: Cristo vino al mundo, y de una vez por todas quitó todos nuestros pecados y nos limpió con su sangre. ¿Para qué, pues, necesitamos escuchar el Evangelio, o recibir los sacramentos? Es cierto que, en tanto te fijes en Cristo, la ley y el pecado se encuentran abolidos. Pero Cristo aún no ha venido a ti; o, si ha venido, quedan aún los vestigios del pecado en ti; aún no has sido totalmente leudado. Pues donde hay concupiscencia, pesadumbre de espíritu, y miedo a la muerte, allí también está la ley y el pecado. Cristo aún no ha llegado del todo. Sin embargo, cuando Él viene de verdad, aleja el temor y la pesadumbre, y trae paz y calma a la conciencia. Así, en la misma medida en que me aferro a Cristo por la fe, la ley me es abolida. Pero mi carne, el mundo y el diablo, perturban la fe en mí, de modo que no puede ser perfecta. Con gusto quisiera que esa pequeña luz de la fe presente en mi corazón se regara por todo mi cuerpo y en todos sus miembros. Pero esto no se logra ni se esparce de inmediato, sino que apenas comienza a esparcirse. Mientras tanto, este es nuestro consuelo: tenemos las primicias del Espíritu, y desde ahora, comenzamos a ser leudados. Sin embargo, cuando este cuerpo de pecado se disuelva, y con Cristo nos levantemos como criaturas totalmente nuevas, habremos sido totalmente leudados.

Entonces, aunque Cristo es el mismo ayer, hoy y para siempre (Hebreos 13:8), y aunque todos los fieles antes de Cristo tenían el Evangelio y la fe, aun así, Cristo vino una vez en el tiempo preparado de antemano. La fe también llegó cuando los apóstoles predicaron y anunciaron el Evangelio a largo de todo el mundo. Además, Cristo también llega espiritualmente cada día. La fe, de igual modo, también llega diariamente por la palabra del Evangelio. Ahora, cuando llega la fe, el ayo se ve obligado a ceder el puesto, con su oficio pesado e hiriente. Pero entonces Cristo viene espiritualmente, y cada vez más, a medida que llegamos a conocer y comprender lo que nos ha sido dado por Él, y crecemos en su gracia y conocimiento (2 Pedro 3:18).

VERSÍCULO 26. *Porque todos sois hijos de Dios por la fe en Cristo Jesús.*

Pablo, como un verdadero y excelente maestro de la fe, tiene siempre estas palabras en su boca: «por la fe, en la fe, de la fe» que es en Cristo Jesús. No dice que son hijos de Dios porque han sido circuncidados, han escuchado la ley, y hecho sus obras (como se imaginan los judíos y enseñan los falsos apóstoles), sino por fe en Cristo Jesús. La ley, pues, no nos hace hijos de Dios, y mucho menos las tradiciones de los hombres. No engendra en nosotros una nueva naturaleza, ni un nuevo nacimiento. En cambio, pone ante nosotros el antiguo nacimiento, por el cual nacimos al reino del diablo. Nos prepara, más bien, para un nuevo nacimiento, el cual es por la fe en Jesucristo, y no por la ley, como Pablo testifica claramente: «Porque todos sois hijos de Dios por la fe». Como si dijera: «Aunque hayan sido atormentados, humillados y muertos por la ley, aun así, la ley no los ha hecho justos, ni los ha hecho hijos de Dios: esto es obra de la fe». ¿Cuál fe? La fe en Cristo. La fe en Cristo, pues, nos hace hijos de Dios, y no la ley. Lo mismo testifica san Juan: «Mas a todos los que le recibieron, a los que creen en su nombre, les dio potestad de ser hechos hijos de Dios» (Juan 1:12). ¿Dónde habrá lengua alguna, humana o angelical, que pueda exaltar y magnificar lo suficiente la gran misericordia de Dios para con nosotros, que siendo míseros pecadores, y por naturaleza hijos de ira, hemos sido llamados a su gracia y gloria, a ser hijos y herederos de Dios, coherederos con el Hijo de Dios, y señores sobre cielo y tierra; y eso solamente mediante nuestra fe que es en Cristo?

VERSÍCULO 27. *Porque todos los que habéis sido bautizados en Cristo, de Cristo estáis revestidos.*

De acuerdo a la ley, tal como dice el capítulo 13 a los Romanos: «Vestíos del Señor Jesucristo» (Romanos 13:14). Se refiere a seguir el ejemplo y las virtudes de Cristo. A hacer lo que Él hizo y sufrir lo que Él sufrió. Y en 1 Pedro 2: «Cristo padeció por nosotros, dejándonos ejemplo, para que vosotros sigáis sus pisadas». Ahora, nosotros vemos en Cristo una paciencia inigualable, una insuperable ternura y amor, una maravillosa modestia en todas las cosas. Debemos ponernos esta fina vestidura, es decir, seguir estas virtudes.

Sin embargo, revestirse de Cristo, según el Evangelio, no consiste en la imitación, sino en un nuevo nacimiento y una nueva creación. Es decir, es revestirse de la inocencia de Cristo, su justicia, su sabiduría, su poder, su salud salvadora, su vida, y su espíritu. Todos estamos vestidos con el traje de pieles de Adán, que es una prenda perecedera y de pecado; es decir, todos estamos sujetos al pecado; vendidos al pecado. Hay en nosotros una horrible ceguera, ignorancia, un desprecio y un odio de Dios. Además, maligna concupiscencia, impureza, codicia, etc. Este manto, es decir, esta naturaleza corrupta y pecaminosa, la recibimos de Adán, a lo cual Pablo suele referirse como «el viejo hombre». Este viejo hombre debe ser dejado de lado, con todas sus obras (Efesios 4:22; Colosenses 3:9), para que los hijos de Adán puedan llegar a ser hijos de Dios. Esto no puede hacerse como un cambio de prenda, ni por ley u obra alguna, sino por un nuevo nacimiento y por la renovación del hombre interior, lo cual sucede en el bautismo, como dijo Pablo: «Porque todos los que habéis sido bautizados en Cristo, de Cristo estáis revestidos». Y también: «Nos salvó por el lavamiento de la regeneración y de la renovación del Espíritu Santo» (Tito 3:5). Pues en los bautizados, además de su regeneración y renovación por el Espíritu Santo a una justicia celestial y a la vida eterna, surge en ellos una nueva luz y una nueva lumbre; surgen afectos nuevos y santos, tales como el temor de Dios, una fe verdadera y una esperanza segura. Además, comienza también en ellos una nueva voluntad. Y esto es revestirse de Cristo en verdad, y de acuerdo al Evangelio.

Por tanto, en el bautismo no se nos entrega la justicia de la ley, o de nuestras propias obras, sino a Cristo mismo; Él es nuestro manto. Ahora, Cristo no es ley alguna, ni legislador, ni obra alguna, sino un don divino e inestimable que Dios nos ha dado para ser nuestro Justificador, nuestro Vivificador, y nuestro Redentor. Por tanto, estar revestido de Cristo conforme al Evangelio no es estar revestido de la ley ni de las obras, sino de un don incomparable, es decir, la remisión de pecados, justicia, paz, consuelo, gozo de espíritu, salvación, vida, y Cristo mismo.

Tengan esto muy presente, pues los espíritus fanáticos y consentidos vagabundean procurando desfigurar la majestad del bautismo, calumniándolo. Pablo, al contrario, lo adorna y expone con títulos honrosos, llamándolo «el lavamiento de la regeneración y de la renovación del Espíritu Santo» (Tito 3:5). Y aquí también ha dicho que todos los que son bautizados se han revestido de Cristo. Como si dijera: *Por medio del bautismo no han recibido una mera señal por la cual son enrolados en el número de los cristianos», como en nuestros días muchas cabezas fanáticas lo suponen, las cuales han hecho del bautismo una mera señal, es decir,* un signo raso y vacío. Porque todos (dice él) los que habéis sido bautizados en Cristo, de Cristo estáis revestidos. Es decir, son sacados de la ley y llevados a un nuevo nacimiento, el cual se lleva a cabo en el bautismo. Por tanto, ya no están bajo la ley, sino que están revestidos de un nuevo manto, a saber, la justicia de Cristo. *Pablo, por ende, enseña que el bautismo no es una señal, sino el manto de Cristo. ¡No! ¡Es más! Cristo mismo es nuestro manto.* Por lo que el bautismo es algo de gran poder y eficacia. Ahora, estando revestidos así de Cristo, con ese manto de justicia y salvación, es entonces que debemos revestirnos de Cristo como prenda de ejemplo e imitación. Estas cosas ya las he tratado más ampliamente en otro lugar; por eso aquí solo las trato someramente.

VERSÍCULO 28. *Ya no hay judío ni griego; no hay esclavo ni libre; no hay varón ni mujer; porque todos vosotros sois uno en Cristo Jesús.*

Aquí, además, podrían añadirse muchos otros nombres de personas y oficios ordenados por Dios, como estos: no hay magistrado ni súbdito, maestro ni oyente, tutor ni pupilo, don ni siervo, dueña ni criada, pues en Cristo Jesús, todas las situaciones, aun las ordenadas por Dios, nada son. De hecho, el hombre, la mujer, el siervo, el libre, el judío, el gentil, el rey, el súbdito, todos son buenas criaturas de Dios. Pero en Cristo, es decir, en cuanto a la salvación, son todos nada, con toda su sabiduría, justicia, religión, y poder.

Por tanto, con estas palabras, «No hay judío, etc.», Pablo poderosamente da la ley por abolida. Pues, cuando un hombre es renovado por el bautismo[385] y se ha revestido de Cristo, no hay judío ni griego, etc. Aquí, el apóstol no habla del judío según su naturaleza y sustancia, sino que llama judío a todo aquel que es discípulo de Moisés, se sujeta a la ley, se circuncida, y procura con todas sus fuerzas guardar las ceremonias[386] ordenadas por la ley. Cuando uno es revestido de Cristo, dice, ya no hay judío ni circuncisión, ni ceremonia alguna de la ley, pues Cristo ha abolido todas las leyes de Moisés que alguna vez existieron. Por tanto, la conciencia que ha creído en Cristo debe estar tan persuadida de que la ley ha sido abolida, con todos sus terrores y amenazas, que debería desentenderse totalmente de si alguna vez hubo Moisés, o ley alguna, o judío alguno. Porque de ninguna manera Cristo y Moisés pueden estar de acuerdo. Moisés vino con la ley, muchas obras, y muchas ceremonias. Pero Cristo vino sin ley alguna, sin exigir obra alguna, sino dando gracia y justicia. Pues «la ley por Moisés fue dada, pero la gracia y la verdad vinieron por Jesucristo» (Juan 1:17).

Además, cuando dice «ni griego», rechaza y condena también la sabiduría y la justicia de los gentiles. Pues entre los gentiles hubo muchos hombres de renombre, como Jenofonte, Temístocles, Marco Fabio, Atilio Régulo, Cicerón, Pomponio Ático y muchos otros, los cuales, dotados de virtudes sobresalientes, gobernaron sus territorios excelentemente, e hicieron muchas obras que merecían ser preservadas. Aun así, delante de Dios todos estos fueron como nada, con su sabiduría, poder, obras sobresalientes, virtudes excelentes, leyes, religiones y ceremonias, pues no debemos pensar que los gentiles condenaban toda honradez y religión. Sí, a lo largo de todas las edades, todas las naciones dispersas por el mundo entero han tenido sus leyes, religiones y ceremonias, sin las cuales no habría sido posible que la humanidad fuera gobernada. Por tanto, toda justicia referida al gobierno de familias, territorios, o asuntos divinos (como en la justicia de la ley), con toda obediencia, cumplimiento y santidad, sin importar cuán perfecta fuera, no vale nada ante Dios. ¿Qué cosa, entonces, vale? El manto de Cristo, con el cual nos vestimos al ser bautizados.

---

385. *ubi novus homo in baptismo fit.*
386. *cultum.*

De modo que si el siervo cumple con su deber, obedece a su amo, o sirve en su vocación con toda diligencia y fidelidad; si aquel que goza de libertad ejerce autoridad y gobierna su territorio, o guía a su familia honradamente y con elogios; si el hombre cumple con su responsabilidad de hombre casándose con una mujer, gobernando a su familia, obedeciendo al magistrado, y comportándose decentemente ante todos; si la mujer vive pudorosamente, obedece a su marido, vela por su hogar, y educa a sus hijos en el temor de Dios (siendo ciertamente dones excelentes y obras santas), aun así, todas estas cosas son nada en comparación con esa justicia que está delante de Dios. En síntesis, toda ley, ceremonia, religión, justicia y obras del mundo entero, aun de los mismos judíos, que fueron los primeros en tener el reino y el sacerdocio designado por Dios, con sus leyes santas, religiones, ceremonias, y alabanzas, todas estas (digo yo) no quitan el pecado, ni libran de la muerte, ni compran la vida.

Por tanto, oh gálatas, los falsos apóstoles de ustedes los seducen, cuando les enseñan que la ley es necesaria para la salvación. De esa manera, los privan de aquella excelsa gloria de su nuevo nacimiento y adopción, y los llaman a volver a su viejo nacimiento, y a esa miserable servidumbre de la ley. Los convierten a ustedes, que son libres hijos de Dios, en esclavos de la ley, queriendo hacer distinción de personas según la ley. Ciertamente hay diferencias en la ley y en el mundo, como conviene que sea, pero no ante Dios. «Todos pecaron y están destituidos de la gloria de Dios» (Romanos 3:23). Por tanto, calle en la presencia de Dios todo judío, gentil, y el mundo entero. Ciertamente Dios tiene muchas ordenanzas, leyes, grados y maneras de vivir, pero todos estos de nada sirven para merecer la gracia y obtener la vida eterna. Por cuanto todos los que son justificados lo son no por guardar las leyes del hombre, o la ley de Dios, sino solo por Cristo, quien ha abolido toda ley. El Evangelio solo dispone de Él para que sea el que pacifique la ira de Dios por el derramamiento de su propia sangre, como Salvador nuestro; y sin fe en Él, ni el judío será salvo por la observancia de la ley, ni el monje por su orden, ni el griego por su sabiduría, ni el magistrado o el amo por gobernar rectamente[387], ni los siervos por su obediencia.

---

387. *per Politicam aut Oeconomicam iustitiam.*

VERSÍCULO 28. *Porque todos vosotros sois uno en Cristo Jesús.*

Estas son palabras excelentes. En el mundo y de acuerdo a la carne, hay una gran diferencia y desigualdad de personas, las cuales deben observarse atentamente. Pues si la mujer quisiera ser hombre, o el hijo el padre, o el siervo el amo, o si el súbdito fuera el magistrado, no habría sino todo tipo de confusión en todas las cosas. Por el contrario, en Cristo no hay ley, ni diferencias entre personas; no hay judío ni griego, sino que todos son uno. Pues solo hay un cuerpo, un espíritu, una esperanza de llamamiento. Hay un solo Evangelio, «una fe, un bautismo, un Dios y Padre de todos, un Cristo y Señor de todo». Tenemos el mismo Cristo, tú y yo, y todos los fieles como Pedro, Pablo, y todos los santos. *Todos ellos han bautizado a infantes*[388]. Aquí, por tanto, la conciencia nada le debe a la ley, sino que solo tiene a Cristo ante sus ojos. Por eso Pablo siempre desea añadir esta frase: «En Cristo Jesús»; el cual, si es quitado de nuestra vista, nos deja en la angustia y el pavor.

Las mentes fanáticas de hoy hablan de la misma manera que los teólogos papales, pues sueñan que la fe es una cualidad adherida al corazón, sin Cristo. Este es un error diabólico. Pero Cristo debe ser presentado de manera tal que no puedas ver nada excepto a Él, y pienses que no hay nada más cercano a ti, o más presente en el corazón que Él. Pues Él no está sentado ociosamente en el cielo, sino que está presente con nosotros, obrando y viviendo en nosotros; como Pablo dijera antes, en el capítulo segundo: «Vivo, mas no ya yo, sino que Cristo vive en mí»[389]. E igualmente aquí: «De Cristo estáis revestidos». Por tanto, la fe es un mirar certero, que no se fija en nada excepto en Cristo, el vencedor del pecado y de la muerte; el dador de la justicia, la salvación, y la vida eterna. Esta es la razón por la que Pablo nombra y presenta a Jesucristo con tanta frecuencia en casi cada versículo de sus epístolas. Pero lo presenta mediante la palabra, pues no se lo puede aprehender de otra manera que no sea por fe en la palabra.

Esto fue representado de forma viva y sobresaliente por la serpiente de bronce, que es una figura de Cristo. Moisés mandó a los judíos, mordidos por las serpientes del desierto, que solo se fijaran

---
388. Los infantes que han sido bautizados también han sido revestidos de Cristo.
389. El Cristo que vive en mí, es el Cristo que vive por mí, es el Cristo que vive a mi favor.

en la serpiente de bronce sin apartar sus miradas. Quienes así lo hicieron, fueron sanados solo por mirar fija y constantemente a la serpiente. Y, por el contrario, murieron los que no obedecieron el mandamiento de Moisés, sino que se fijaron en sus propias heridas y no en la serpiente. Por tanto, si quiero encontrar algún consuelo cuando mi conciencia está afligida, o al encontrarme al borde de la muerte, no debo hacer más que aferrarme a Cristo por la fe, y decir: «Creo en Jesucristo, el Hijo de Dios, quien sufrió, fue crucificado y murió por mí, en cuyas heridas y en cuya muerte veo mi pecado, y en cuya resurrección tengo victoria sobre el pecado, la muerte y el diablo, además de justicia y vida eterna. Fuera de Él, nada veo; nada escucho». Esta es la fe verdadera tocante a Cristo y en Cristo[390], por la cual somos hechos miembros de su cuerpo, carne de su carne, y hueso de sus huesos. En Él vivimos, nos movemos, y existimos. *Por tanto, vana es la especulación de los cerebros fanáticos con respecto a la fe, que se imaginan que Cristo está en nosotros espiritualmente, es decir, imaginariamente, mientras que realmente está en el cielo.* Es necesario que Cristo y la fe estén totalmente unidos. Debemos estar en el cielo, y Cristo debe vivir y obrar en nosotros. Ahora, Él vive y obra en nosotros, no por la imaginación, sino como una realidad presente y eficaz[391].

VERSÍCULO 29. *Y si vosotros sois de Cristo, entonces simiente de Abraham sois, y herederos conforme a la promesa.*

Es decir, si creen y son bautizados en Cristo. Si creen que Él es aquella Simiente prometida a Abraham, la cual trajo la bendición a los gentiles, entonces son hijos de Abraham, no por naturaleza, sino por adopción. Pues la Escritura atribuye a él, no solo hijos según la carne, sino también por adopción y por la promesa; pero el otro será echado de la casa. Así que Pablo, en pocas palabras, traslada toda la gloria del Líbano, es decir, del pueblo judío, al desierto, es decir, a los gentiles. Y de este texto surge un consuelo particular: a saber, que los gentiles son hijos de Abraham y, por consiguiente, el pueblo de Dios. Pero no son hijos de Abraham por ser engendrados según la carne, sino por la promesa. Entonces, el reino de los cielos, la

---
390. *fides Christi et in Christum.*
391. *non speculative, sed realiter, praesentissime et efficacissime.*

vida y la herencia eterna, pertenecen a los gentiles. Y, desde mucho antes, la Escritura ya lo había señalado, cuando dijo: «Te he puesto por padre de muchedumbre de gentes» (Génesis 17:4). Y de nuevo: «En tu simiente serán benditas todas las naciones» (Génesis 22:18). Ahora, puesto que nosotros los gentiles hemos creído, y por fe hemos recibido la bendición prometida a Abraham y hecha realidad en Cristo, la Escritura nos llama hijos y herederos de Abraham, no según la carne, sino según la promesa. Así que esa promesa, «En tu simiente», pertenece también a todos los gentiles; de acuerdo a esta promesa, Cristo ha llegado a ser nuestro.

Ciertamente la promesa se hizo solamente a los judíos y no a nosotros los gentiles: «Él manifiesta sus palabras a Jacob [...]. No ha hecho así con ninguna otra de las naciones» (Salmo 147:19-20). No obstante, lo prometido nos llega por la fe, y solo por ella nos podemos aferrar a la promesa de Dios. Aunque la promesa no fue hecha a nosotros, fue hecha tocante a nosotros y para nosotros. Pues somos nombrados en esa promesa: «En tu simiente serán benditas todas las naciones». Pues la promesa demuestra claramente que Abraham sería el padre, no solo de la nación judía, sino de muchas naciones, y que él sería el heredero, no de una nación, sino del mundo entero (Romanos 4:13). De modo que la gloria de todo el reino de Cristo se desplaza hacia nosotros. Por lo que todas las leyes quedan totalmente abolidas en el corazón y la conciencia del cristiano: aunque quedan todavía en la carne. Y de eso ya hemos hablado ampliamente.

Gálatas 4

CONFERENCIA 26: sábado 10 de octubre

VERSÍCULOS 1-2. *Además digo: Entre tanto que el heredero es niño, en nada difiere del siervo, aunque es señor de todo. Mas está bajo tutores y mayordomos hasta el tiempo señalado por el padre.*

Miren cómo Pablo suda procurando el regreso de los gálatas[1]. Consideren sus fuertes argumentos al debatir el tema. Presenta el ejemplo de Abraham, del testimonio de las Escrituras, y de ocasiones similares. Pareciera retomar el tema desde el principio. Parecía que ya había concluido su disputa sobre la justificación. Había resumido diciendo: «El hombre es justificado ante Dios por la sola fe»[2]. Pero ya que trae a la memoria este ejemplo de la ley civil acerca del pequeño heredero, es porque quiere confirmar su tema. Se las ingenia, con cierta sutileza santa, para tomar a los gálatas desprevenidos, pues a los ignorantes se los persuade más fácilmente con ejemplos y cosas similares, en vez de argumentos profundos y cortantes. Prefieren fijarse en la imagen de un cuadro bien pintado que hacerlo en un libro bien escrito. Ahora, por tanto, Pablo, después de poner el ejemplo del testamento de un hombre, la persona del ayo, recurre también a este ejemplo del heredero (conocido y familiar para cada persona), a fin de moverlos y persuadirlos. Por cierto, es muy provechoso estar bien equipado con ejemplos y semejanzas. No solo Pablo, sino también los profetas y Cristo mismo los usaron con frecuencia. [El texto en latín indica aquí cierto tipo de pausa, pues

---
1. *ardeat et aestuet ad revocandos.*
2. *concludebat homines sola fide justificari coram Deo.*

contiene esta frase: «Desde aquí hasta el final de la epístola, él está constantemente suplicando». Pareciera que Lutero estuviera respondiendo a la pregunta de un seminarista durante la conferencia]³.

Pueden ver, dijo él, que las leyes civiles ordenan que un heredero, aunque ya sea dueño y señor de todos los bienes de su padre, no difiera en nada de un criado. Es cierto que su esperanza de recibir la herencia está asegurada. Pero antes de llegar a la mayoría de edad, sus tutores lo tienen sometido, como un pupilo a su ayo. No le entregan el manejo de sus propios bienes, sino que lo obligan al servicio, para ver cómo maneja sus asuntos a la manera de un siervo. Por tanto, mientras esta servidumbre perdura, es decir, mientras está bajo ayos y rectores, es igual a un siervo en todo. Esta sujeción y servidumbre es de mucho provecho para él, porque de otra manera, debido a la necedad, derrocharía pronto todos sus bienes. Pero el cautiverio no perdura para siempre, sino por un tiempo limitado, como el padre lo haya designado.

VERSÍCULO 3. *Así también nosotros, cuando éramos niños, estábamos en esclavitud bajo los rudimentos del mundo.*

De igual manera, cuando éramos pequeñuelos, éramos herederos. Teníamos la promesa de la herencia por venir, la cual se nos daría mediante la simiente de Abraham; es decir, por Cristo, en quien serían benditas todas las naciones de la tierra. Pero todavía no había llegado la plenitud del tiempo. Por esa razón vino Moisés, nuestro tutor, gobernador, y ayo. Nos mantuvo sujetos a cautiverio, maniatados, de tal modo que no podíamos presidir nuestra herencia, ni poseerla. Mientras tanto, tal como se nutre y mantiene viva la esperanza de libertad en el heredero, así también Moisés nos nutrió con la esperanza de la promesa, la cual sería revelada en el tiempo designado. Es decir, cuando viniera Cristo, quien pondría fin al tiempo de la ley para instaurar el tiempo de la gracia.

De tal modo que el tiempo de la ley finalizó de dos maneras: primero (como he dicho), cuando Cristo vino en la carne, en el momento designado por el Padre. «Mas venido el cumplimiento del

---

3. Esta oración, al igual que otras similares —aunque infrecuentes—, también indicaría que el texto es una transcripción de las conferencias.

tiempo, Dios envió a su Hijo, nacido de mujer, nacido bajo la ley, para que redimiese a los que estaban bajo la ley». «Entró una sola vez en el lugar santísimo, habiendo obtenido eterna redención». Además, el mismo Cristo, quien vino una vez en el tiempo señalado, viene también en espíritu a nosotros cada día y a cada hora. Ciertamente, vino una sola vez, y con su propia sangre redimió y santificó a todos. No obstante, debido a que todavía no somos perfectamente puros (pues los residuos del pecado se aferran a nuestra carne y luchan contra el espíritu), Él viene cada día a nosotros espiritualmente, cumpliendo cada vez más el tiempo señalado por el Padre, abrogando y quitando la ley.

Es así como Él también vino a los patriarcas del Antiguo Testamento, antes de aparecer en la carne. Ellos tenían a Cristo en espíritu. Creían en Cristo, que había de ser manifiesto, tal como nosotros creemos en Cristo, que ya se ha manifestado; y fueron salvos por Él, tal como nosotros, conforme a lo dicho: «Jesucristo es uno, ayer, y hoy, y será el mismo para siempre». Ayer, antes del tiempo de su venida en la carne; hoy, cuando ya ha sido revelado en el tiempo señalado; ahora y para siempre Él es uno y el mismo Cristo. Pues por Él solo y únicamente todos los fieles han sido, son, y serán librados de la ley, justificados, y salvos.

«De igual manera, nosotros también», dijo, «estábamos en esclavitud bajo los rudimentos del mundo». Es decir, la ley tenía dominio sobre nosotros y nos mantenía en una esclavitud opresiva, como esclavos y cautivos. Pues primero frenaba a los carnales y rebeldes a fin de que no se precipitaran a todo tipo de maldad. Pues la ley amenaza de castigo a los delincuentes; y si no la temieran, no habría fechoría alguna que dejarían de cometer. La ley reina y gobierna sobre todos los que frena de esta manera. Además, nos acusaba, espantaba, mataba, y condenaba espiritualmente ante Dios. Ese era el dominio principal de la ley sobre nosotros. Por tanto, tal como un heredero está sujeto a sus tutores, y es golpeado y obligado a cumplir diligentemente sus mandatos, así también, antes de que viniera Cristo, las conciencias de los hombres estaban oprimidas por la exigente servidumbre de la ley. Es decir, la ley los acusa, perturba, y condena. Pero este dominio, o más bien esta tiranía de la ley no perdura, sino que sigue solamente hasta el tiempo de la gracia. Por lo que la función de la ley es reprender y multiplicar los pecados. La ley no trae justicia; la ley mata, no da vida. «La ley es un ayo para llevarnos a Cristo».

Los tutores manejan al heredero durante su niñez, gobernándolo con severidad y aspereza, ordenándole como si fuera un criado. Así, se ve obligado a estar sujeto a ellos. De igual manera la ley nos acusa, humilla, y lleva cautivos, para servir al pecado, la muerte y la ira de Dios. Todo esto es el más cruel cautiverio. Pero el poder de los tutores sujetando y esclavizando al pequeño heredero no es para siempre. Termina según el tiempo señalado por el padre. De allí en adelante ya no necesita el gobierno de sus tutores, ni tampoco permanece sometido a ellos. Al contrario, disfruta su libertad, y se regocija en su herencia. Asimismo, la ley tiene dominio sobre nosotros y nos vemos obligados a ser siervos y esclavos de su dominio, mas no para siempre, pues sigue esta frase: «Mas venido el cumplimiento del tiempo, Dios envió a su Hijo». Cristo, el que había sido prometido, vino y nos redimió de nuestra opresión bajo la tiranía de la ley.

Al contrario, la venida de Cristo de nada aprovecha a los hipócritas descuidados, los impíos que condenan a Dios, ni a los desesperados que piensan que solamente les queda vivir bajo los terrores de la ley. Cristo solo aprovecha a los que están atormentados y angustiados por un tiempo. Es decir, los que no pierden las esperanzas a pesar de esas grandes angustias que la ley agita en el alma. Más bien, ellos se allegan a Cristo con confianza inquebrantable, a su trono de gracia. Pues Él es quien los ha redimido de la maldición de la ley, habiéndose hecho por ellos maldición. Allí, en Él, encontrarán gracia y misericordia.

Por tanto, hay cierta pasión en esta frase: «estábamos en esclavitud». Es como si hubiera dicho: «Nuestra conciencia estaba sujeta a la ley, nos tenía sujetos como esclavos y cautivos, como un tirano somete a sus prisioneros; nos azotaba, y con todo su poder ejercía su tiranía sobre nosotros. Es decir, nos hacía sentir un terror y pesadumbre de espíritu; nos hacía temblar sintiendo que estábamos al borde de la desesperación, amenazándonos de muerte eterna y condenación». Esta servidumbre espiritual[4] es muy dolorosa y amarga, pero (como he dicho) no perdura; solo duró el

---

4. *Theologica servitus.*

tiempo de nuestra niñez, cuando Cristo estuvo ausente. Durante su ausencia, somos siervos, encerrados bajo la ley, destituidos de la gracia, la fe, y todos los dones del Espíritu Santo. Pero cuando Cristo llega, ¡pone fin a la cárcel y a la esclavitud!

VERSÍCULO 3. *Bajo los elementos o rudimentos del mundo.*

Algunos han pensado que aquí Pablo habla de fuerzas elementales: tierra, aire, agua, y fuego. Pero Pablo tiene una manera de hablar muy particular. Aquí él habla ni más ni menos que de la ley de Dios, a la cual él llama los elementos o rudimentos del mundo, de tal modo que sus palabras parecen ser una gran herejía. En otros textos él también tiende a disminuir y menguar la autoridad de la ley en gran manera, pues dice que la letra mata, que es el ministerio de la muerte y la condenación, y el poder del pecado. Él escogió a propósito estos nombres tan odiosos, los cuales claramente demuestran el poder y el uso de la ley. Así, en los terrores del pecado, la ira, y el juicio de Dios, no confiemos en nuestra propia justicia, ni en la justicia de la ley. Pues esta, en su uso principal, no puede hacer otra cosa que acusar nuestras conciencias; hace abundar el pecado, y amenaza de muerte y condena eterna. Por eso, esta disminución y desprecio de la ley debe relacionarse con el conflicto de la conciencia, y no con la vida civil. Tampoco tiene que ver con aquellos cuyos corazones ya están en paz.

Por tanto, él llama a la ley «los elementos del mundo». Es decir, las leyes y tradiciones externas escritas en cierto libro. La ley en el mundo secular refrena al hombre del mal y lo obliga a hacer el bien. Pero aun guardándola de esa manera, la ley no lo libra del pecado, ni lo justifica, ni le prepara el camino al cielo, sino que lo deja en el mundo. Yo no obtengo la justicia y la vida eterna porque no mato, no cometo adulterio, no robo, y no hago cosas así. Estas virtudes externas y ganarse la vida honradamente no son el reino de Cristo, ni la justicia celestial, sino la justicia de la carne y del mundo. Los gentiles también la han tenido; no solo los apiladores de méritos, como eran los fariseos en el tiempo de Cristo, y en nuestro tiempo los frailes y los monjes, y otros que los siguen. Algunos sí observan esta justicia para evitar los castigos de la ley. Otros, para ser alabados por los hombres y tenidos por justos, constantes y pacientes. Por tanto, deberían más bien llamar a eso «hipocresía pintada en acuarela», en vez de justicia.

Además, cuando la ley desempeña su oficio y función principal, no puede hacer más que acusar, aterrorizar, condenar, y matar. Pero donde hay tal terror, estos sentimientos de pecado, agonía mortal, temor de la ira y del juicio de Dios, nada de esto es justicia divina o celestial. Al contrario, ¡todas estas cosas son mundanas! Pues el mundo (siendo el reino del diablo) no es más que un fangoso charco de pecado, muerte, infierno, y de todos los males que puedan sentir los temerosos, afligidos, y cargados de corazón. Pero los confiados y legalistas que siempre andan condenando a otros, no sienten que están ahí. Por tanto, la ley, aun cumpliendo su función a la perfección, no hace más que señalar el pecado y hacerlo abundar. Nos golpea con el terror de la muerte; pero todas estas son cosas de este mundo. Por tanto, muy precisamente, Pablo llama a la ley «los elementos o rudimentos del mundo».

Aunque Pablo llama a toda la ley «los rudimentos del mundo» (así parece según lo dicho previamente), no obstante, él habla así despreciando particularmente las leyes ceremoniales. Estas no aprovechan mucho, pues según él, solo consisten en cosas externas, como carnes, bebidas, vestimentas, lugares, tiempos, el templo, las fiestas, lavamientos, sacrificios, y cosas así. Estas cosas son tan solo de este mundo. Fueron ordenadas por Dios para usarlas según su tiempo, pero no para justificar ni salvar ante Dios. Por tanto, por medio de esta frase, «los rudimentos del mundo», él rechaza y condena la justicia de la ley, la cual consiste en estas ceremonias externas, aunque hayan sido ordenadas por mandato de Dios para observarlas durante un tiempo. Por eso Pablo les da un nombre insignificante, llamándolas los «rudimentos del mundo». Así también las leyes del emperador son rudimentos del mundo, pues tratan de asuntos de este mundo. Es decir, cosas de esta vida presente, como bienes, posesiones, herencias, asesinatos, adulterios, robos, y asuntos así, de los cuales también habla la segunda tabla de los diez mandamientos. Con respecto a las leyes, cánones, y decretos papales, los cuales prohíben el matrimonio y las carnes, Pablo en otro lugar los llama «doctrinas de diablos». Estas también son rudimentos del mundo, pues con extrema maldad sujetan las conciencias de los hombres a la observancia de cosas externas, contrarias a la palabra de Dios y la fe.

Por tanto, la ley de Moisés no trata más que de asuntos mundanales. Es decir, solo muestra, tanto en lo civil como en lo espiritual, que hay maldad en este mundo. No obstante, si se la utiliza en su verdadero sentido, impulsa a la conciencia, por medio de angustias, a buscar y tener sed de la promesa de Dios, y a mirar a Cristo. Pero para poder hacerlo, necesitas la ayuda del Espíritu Santo. Él podrá decir a tu corazón: «Cuando la ley haya obrado su función en ti, no es la voluntad de Dios que sigas así, todo pasmado y muerto. Más bien, cuando por la ley llegues al conocimiento de tu miseria y condenación, no pierdas las esperanzas, sino pon tu fe en Cristo», Él es «el fin de la ley, para justicia a todo aquel que cree» (Romanos 10:4). En ese momento, ya no existe cosa alguna terrenal; todo asunto mundanal y toda ley llega a su fin. Es entonces cuando las cosas celestiales comienzan a aparecer. Mientras estamos bajo los rudimentos del mundo, es decir, bajo la ley, esta es incapaz de dar justicia y paz a la conciencia. Además, también revela y acrecienta los pecados, y engendra ira. Allí somos nada más que siervos, sujetos a la ley, aunque tengamos la promesa de la bendición por venir. Cierto, la ley dijo: «Amarás al Señor tu Dios»; pero la ley no puede darme tal amor ni tampoco me aferra a Cristo.

Digo esto no en desprecio de la ley, ni tampoco es esa la intención de Pablo. Más bien, la ley se debe tener en gran estima. Pero Pablo trataba aquí el tema de la justificación; por eso le fue necesario hablar de la ley como una cosa despreciable y odiosa, pues la justificación es un tema muy diferente a la ley. Cuando estamos en este tema debemos seguir hablando de la ley con el mayor desprecio y como lo más insignificante. Por tanto, cuando la conciencia se encuentra en conflicto, no debe fijarse en nada más que únicamente Cristo[5]. Entonces la ley debe quitarse enteramente de la vista, y abrazar solo al Cristo prometido. Pero del dicho al hecho hay mucho trecho. En el momento de la tentación, cuando la conciencia lucha ante la presencia de Dios[6], es dificilísimo hacerlo[7]. Es decir, la conciencia te acusa, te perturba, revela tu pecado, amenaza con la ira de Dios y la

---
5. *nisi unicum Christum.*
6. *cum Deo agit.*
7. El dicho español se presta para traducir la frase latina de Lutero: «*Hoc facile quidem dicitur [...] omnium difficillimum est*».

muerte eterna. Entonces (digo yo), cuando te veas así de afectado[8], vive como si jamás hubiera habido ley o pecado alguno, sino solo Cristo, la sola gracia y redención[9]. También exclama: «Oh ley, no te voy a prestar atención, pues eres de lengua tartamuda y lenta. Además, ha llegado el cumplimiento del tiempo, y por tanto ya soy libre, no voy a tolerar tu tiranía ni un momento más». Aquí pueden ver cuán difícil es discernir entre la ley y la gracia. ¡Cuán divino y celestial es esperar en la esperanza contra toda esperanza! Y cuán verdadero es el postulado de Pablo: «Somos justificados por la sola fe»[10].

Así que, en el tema de la justificación, aprende a hablar de la ley con todo el desprecio que puedas, siguiendo el ejemplo del apóstol que llama a la ley «los rudimentos del mundo, tradiciones perniciosas, el poder del pecado, el ministerio de la muerte», y cosas así. Porque si permites que la ley oprima tu conciencia cuando te encuentras en la presencia de Dios luchando contra el pecado y la muerte, entonces la ley no es más que un hueco sin fondo lleno de todo mal, herejías, y blasfemias. Pues toda la función de la ley es acrecentar el pecado, acusar y aplastar la conciencia, amenazar de muerte, y exponerte ante un Dios iracundo que rechaza y condena a los pecadores. Por tanto, aquí, si has de ser sabio, destierra lejos de ti a este Moisés tartamudo y balbuceante, junto con su ley, y de ningún modo te dejes intimidar por sus terrores y amenazas. Tenlo por sospechoso, hereje, excomulgado y condenado, peor que el papa y el diablo mismo, y por eso, de ninguna manera le des audiencia.

Sin embargo, fuera del tema de la justificación, debemos con Pablo pensar en la ley con reverencia, recomendarla altamente, llamarla santa, justa, buena, espiritual y divina. Fuera de la conciencia la deberíamos endiosar, pero en cuanto a la conciencia, es el diablo mismo. Pues en la más pequeña tentación es incapaz de levantar y consolar a la conciencia. Por el contrario, aplasta, oprime con pesadumbre, y arrebata de la conciencia la seguridad de la justicia, la vida, y toda la grandeza del favor de Dios. Por eso, poco después Pablo la llama «los débiles y pobres rudimentos». Por lo tanto, bajo ningún caso permitamos que la ley gobierne nuestra

---
8. *sic affectus sis.*
9. *quasi nunquam fuerit lex aut ullum peccatum, solus Christus, mera gratia et redemtio.*
10. *sola fide nos justificari.*

conciencia, especialmente considerando el alto precio que Cristo pagó para librar a nuestra conciencia de la tiranía de la ley. «Pues fue hecho por nosotros maldición para librarnos de la maldición de la ley». Que los fieles aprendan, entonces, que la ley y Cristo son dos cosas contrarias, pues la una no puede tolerar la presencia del otro. Pues cuando Cristo está presente, no hay caso alguno en que la ley pueda regir, sino que debe abandonar la conciencia, salir de la cama (pues es tan angosta que no hay lugar para las dos, como dice en Isaías 28:20). Que salga de allí y ceda el lugar a Cristo solo[11]. ¡Que solo Él reine en justicia, paz, gozo, y vida! ¡Que la conciencia pueda dormir y reposar gozosamente en Cristo, sin ningún sentimiento de la ley, del pecado, y de la muerte!

Cuando Pablo usa esta frase retórica, «elementos del mundo», para describir la ley, ¡miren cuán apasionadamente eleva la gloria y autoridad de la ley![12] Pero solo lo dice así para ver si estamos prestando atención. Pues si lees a Pablo detenidamente, te darás cuenta de que él llama a la ley «el ministerio de muerte, la letra que mata», y otras cosas así. Por eso, enseguida pensarás: «¿Por qué le da nombres tan odiosos a la ley, que a la razón le parecen blasfemias, aunque la ley sea una doctrina revelada desde el cielo?». A lo que Pablo contesta: «La ley es ambas cosas; justa y buena, y también es el ministerio del pecado y de la muerte», aunque en aspectos diferentes. Antes de Cristo, es santa. Después de Cristo, es muerte. Por tanto, venido Cristo, no hay razón alguna para entendernos con la ley, a menos que sea en este aspecto: la ley tiene poder y dominio sobre la carne, para frenarla, para someterla. Por lo cual existe un conflicto entre la ley y la carne (para la cual el yugo de la ley es duro y gravoso) siempre y cuando tengamos vida.

De todos los apóstoles, solo Pablo llama a la ley «los rudimentos del mundo, los elementos débiles y pobres, el poder del pecado, la letra que mata», y cosas así. Los otros apóstoles no hablaron así de la ley. Así que, si quieres ser un erudito de la teología cristiana[13], tienes que recalcar intensamente esta manera de hablar del apóstol. Cristo lo llama vasija escogida, y por tanto, le dio un exquisito vocabulario; un vocablo particular entre todos los apóstoles. Así, él,

---

11. *soli Christo.*
12. Aquí Lutero usa uno de sus métodos didácticos favoritos: la sátira. Lutero quiere decir totalmente lo contrario. Es decir, que con esa frase Pablo rebaja o minimiza la gloria y autoridad de la ley.
13. *studiosus Christianae Theologiae.*

como vasija escogida, podría fielmente establecer los fundamentos del artículo de la justificación, y exponerlo claramente.

VERSÍCULO 4. *Mas venido el cumplimiento del tiempo, Dios envió a su Hijo, nacido de mujer, nacido bajo la ley, para que redimiese a los que estaban bajo la ley.*

Es decir, una vez que el tiempo de la ley llegó a su fin, y Cristo fue manifestado. Allí llegó el tiempo cuando nos libró de la ley, y la promesa fue proclamada entre todas las naciones.

Observen con mucha atención cómo Pablo define a Cristo en este texto. Pablo dice: Cristo es el Hijo de Dios y de una mujer; nació por nosotros pecadores bajo la ley, para redimir a los que estábamos bajo la ley. Con estas palabras él abarca tanto a la persona de Cristo como a su oficio. Su persona consiste en su naturaleza divina y humana, pues lo demuestra claramente cuando dice: «Dios envió a su Hijo, nacido de mujer». Cristo, por tanto, es «verdadero Dios y verdadero hombre». Su oficio resalta en estas palabras: «Nacido bajo la ley, para que redimiese a los que estaban bajo la ley».

Al parecer algunos se ofendieron y criticaron a Pablo por no llamarla «virgen» ni «madre de Dios». En vez de eso, solo la llamó «mujer». También algunos de los padres antiguos hubieran preferido que la llamara virgen, en vez de mujer. Pero en esta epístola, el enfoque de Pablo es de mayor importancia. Este es el Evangelio, la fe, la justicia cristiana. El énfasis incluye la misma persona de Cristo, cuál es su función, lo que Él llevó sobre sí e hizo por causa nuestra, y los beneficios que nos ha dado a nosotros, infelices pecadores. Por tanto, debido a la excelencia de tan alto y maravilloso asunto, él no tomó en cuenta la virginidad de María. Para él bastó con exponer y predicar la inestimable misericordia de Dios, en vez de decir que el Hijo de Dios nació de la dignidad de ese género. Por tanto, no hace mención de la dignidad de ese género, sino solo del género. En cuanto a su mención del género, solo dice que Cristo se hizo verdadero hombre, nacido de mujer. Como si dijera: no nació de hombre y mujer, sino solo de mujer. Por tanto, nombra solo a la mujer, diciendo: «nacido de mujer», como si hubiera dicho: «hecho de una virgen». Juan el evangelista, cuando expone acerca del Verbo, dice que «en el principio, fue hecho carne», sin mencionar una sola palabra de su madre.

Además, este texto también testifica de Cristo, pues venido el cumplimiento del tiempo de la ley, Cristo causa el derrocamiento de ella. Libera a los oprimidos por la ley, pero no hace mención alguna de una nueva ley por venir, o de alguna ley a la par con la antigua ley de Moisés. Por eso los monjes y eruditos papales no yerran menos y blasfeman a Cristo, pues se imaginan que Él ha dado una nueva ley a la par con la ley de Moisés. Los musulmanes hacen lo mismo cuando se jactan de su Mahoma, como un nuevo legislador después de Cristo, y mejor que Cristo. Así que [según ellos] Cristo no vino a abolir la ley, sino a establecer una nueva. Pero Cristo (tal como Pablo dice aquí) fue enviado del Padre al mundo para redimir a los que estaban esclavizados bajo la ley.

Estas palabras dibujan un cuadro de Cristo preciso y verdadero, pues no le atribuyen la función de hacer una nueva ley, sino la de redimir a los que estaban bajo la ley, pues Cristo mismo dijo: «Yo no juzgo a nadie» (Juan 8:15). Y en otro texto: «No he venido para juzgar al mundo, sino para salvar al mundo» (Juan 12:47). Es como si hubiera dicho: «Yo no vine a traer ninguna ley, ni a juzgar a los hombres de acuerdo a ella, como hicieron Moisés y otros legisladores. Mi función es mayor y mejor. La ley mataba, pero en vez de eso, yo juzgo, condeno, y mato a la ley, de modo que los libero de su tiranía».

Nosotros, los viejos, nos empapamos de esta perniciosa doctrina de los papistas. Formamos una opinión muy opuesta a la que Pablo enseña aquí. Con nuestra boca confesábamos que Cristo nos redimió de la tiranía de la ley, pero en nuestros corazones pensábamos que Él era un legislador, un tirano, y un juez, más temible que el propio Moisés. Hasta el día de hoy no hemos podido rechazar del todo esta perversa opinión, a pesar de la gran luz de la verdad.

En nuestra juventud la aprendimos a la fuerza y quedó arraigada en nuestros corazones. Pero ustedes todavía son jóvenes y no han sido infectados con esta perniciosa opinión. Ustedes pueden aprender quién es Cristo con más pureza. Con menos dificultad que nosotros los viejos se pueden sacar de la mente estas blasfemas opiniones sobre Cristo. Pero todavía no han escapado de los engaños del diablo. Aunque aún no han sido infectados con esa maldita opinión sobre Cristo como legislador, todavía tienen la raíz que la alimenta. Es decir, todavía tienen la carne, la razón, y una naturaleza corrupta que no puede pensar en Cristo como otra cosa que un legislador.

Por tanto, deben esforzarse todo lo que puedan, poner todo de su parte para aprender quién es Cristo y conocerlo, aferrándose a Él tal cual Pablo lo presenta en este texto. Pero si, a esta corrupción natural, le añaden maestros malos y corruptos (de los cuales el mundo está repleto), esta corrupción natural aumentará; el mal se multiplicará. Es decir, la enseñanza impía aumentará y confirmará el pernicioso error de la razón enceguecida, la cual naturalmente juzga que Cristo es un legislador. Entonces la razón va a imprimir ese error con todas sus fuerzas en nuestras mentes, y no se lo podrá borrar sino con gran lucha y dificultad.

Por tanto, es de gran provecho para nosotros tener siempre a la vista esta declaración dulce y consoladora, y otras iguales, que presentan a Cristo en vivo y en verdad. Que así sea, que nosotros, a lo largo de toda la vida, y ante todo peligro, al confesar nuestra fe ante tiranos, y en la hora de nuestra muerte, podamos decir osada y confiadamente: «Oh ley, no tienes poder alguno sobre mí, por eso en vano me acusas y condenas. Pues yo creo en Jesucristo, el Hijo de Dios, a quien el Padre envió al mundo para redimir a infelices pecadores oprimidos por la tiranía de la ley. Él dio su vida, y derramó su sangre por mí. Por tanto, al sentir tus terrores y amenazas, oh ley, sumerjo mi conciencia en las heridas, la sangre, la muerte, la resurrección y la victoria de Cristo mi Salvador. Fuera de Él, nada veré, nada escucharé». Esta fe es nuestra victoria, por la que vencemos los terrores de la ley, del pecado, de la muerte, y de todo mal, aunque sea ante grandes conflictos. Y es aquí donde los verdaderos piadosos se ejercitan diariamente ante graves tentaciones, en verdadera lucha y sudor. Pues con frecuencia son asediados por el pensamiento de que Cristo los acusa y ha puesto pleito contra ellos. Se lo imaginan exigiendo que rindan cuentas de su vida pasada, y que luego los condenará. No pueden confiar en que Él ha sido enviado por su Padre para redimirlos de la tiranía y la opresión de la ley. Y ¿de dónde viene esto? Los santos todavía no han desechado la carne que se rebela contra el espíritu. Por eso, los terrores de la ley, el temor de la muerte, y panoramas tristes y pesados son recurrentes, y ponen obstáculo a nuestra fe, de tal modo que no puede aferrarse al beneficio de Cristo (quien nos ha redimido de la esclavitud de la ley) con toda la confianza posible.

Sin embargo, ¿por qué, y de qué nos redimió Cristo? Así fue como logró nuestra redención: «nacido bajo la ley». Cuando vino Cristo, nos halló a todos cautivos bajo ayos y tutores, es decir, encerrados y atrapados en la prisión bajo la ley. Entonces, ¿qué hizo? Aunque era el Señor de la ley, y por tanto la ley no tenía autoridad ni poder sobre Él (pues Él es el Hijo de Dios), de su propia voluntad se sometió a la ley. Así que llega la ley y ejerce sobre Él toda la tiranía que ejercía sobre nosotros. Es la misma que también a nosotros nos acusa y aterra. Nos hace sujetos al pecado, la muerte, la ira de Dios, y nos condena con su fallo judicial. Y al hacerlo, está en todo su derecho: «pues todos somos pecadores, y por naturaleza somos hijos de ira». Por otro lado, Cristo no hizo pecado, ni tampoco fue hallado engaño en su boca. Por tanto, no estaba sujeto a la ley. No obstante, la ley no fue menos cruel con este cordero inocente, justo y bendito, de lo que lo fue con nosotros, malditos y condenados pecadores. En vez de eso, fue más exigente. Pues lo acusó de blasfemo y sedicioso. Lo hizo culpable ante Dios de los pecados de todo el mundo. Tanto lo aterrorizó y oprimió con pesadumbre y angustia de espíritu, que llegó a sudar sangre; y, por un corto plazo, la ley lo condenó a muerte, y muerte de cruz.

Este fue verdaderamente un combate asombroso. La ley, siendo apenas algo creado, arremetió contra su Creador con todo su poder. Ejerció sobre el Hijo de Dios toda la tiranía que ejercía sobre nosotros, hijos de ira, aunque así violentaba todo derecho y equidad. Así fue como, tan horrorosamente, la ley pecó contra su Dios al condenarlo. Por eso fue llevada ante el tribunal para rendir cuentas. Allí Cristo dijo: «Oh ley, poderosa reina y cruel soberana de toda la humanidad, ¿qué he hecho para que así me acuses, me amedrentes, y condenes, siendo yo inocente?».

La ley antes había condenado y aniquilado a todos los hombres. Ahora queda indefensa y desprotegida, pues es condenada y vencida, pierde todo su derecho, no solo sobre Cristo (a quien cruelmente ultrajó y mató), sino también sobre todos los que han creído en Él. Pues Cristo les había dicho: «Venid a mí todos los que estéis trabajados bajo el yugo de la ley. Yo podría haber vencido a la ley con solo mi poder absoluto, sin mi propia sabiduría, pues soy el Señor de la ley, y por tanto ella no tiene poder sobre mí. Pero me he hecho sujeto a la ley por causa de los que estaban bajo ella, llevando la carne de ellos sobre mí. Es decir, por mi propio inestimable amor[14] me humillé y me entregué a la misma prisión, tiranía, y esclavitud de la ley bajo la cual ustedes sirvieron como cautivos y esclavos. Yo permití que la ley tuviera dominio sobre mí. Siendo yo su amo, permití que me angustiara, me subyugara, y me hiciera cautivo del pecado, la muerte, y la ira de Dios; eso no debería haber sucedido. Por tanto, con derecho y autoridad he vencido a la ley dos veces. Primero, como Hijo de Dios y Señor de la ley. Segundo, a favor de todos ustedes, como si ustedes mismos hubieran vencido a la ley, pues mi victoria es la victoria de todos ustedes».

En todo lugar Pablo habla así de este maravilloso combate entre Cristo y la ley. A fin de hacer el tema más deleitoso y real, tiende a representar la ley usando una figura retórica llamada *prosopopeya*[15], como si se tratara de cierto personaje poderoso que condenó y mató a Cristo. Pero Cristo, al vencer la muerte, a su vez venció, y condenó a este personaje. Por eso, «¡Allí en la cruz murió la enemistad!» (Efesios 2:16 RVC). Además, «Subiste a lo alto, cautivaste la cautividad» (Salmo 68:18). También usa la misma figura en sus epístolas a los Romanos, Corintios, y Colosenses: «condenó al pecado en la carne». Por tanto, mediante esta victoria Cristo desterró la ley fuera de nuestra conciencia, de modo que ya no puede perturbarnos a la vista de Dios, acosarnos con desesperanza, o condenarnos. Es cierto que no deja de poner nuestro pecado al descubierto, pues nos acusa y perturba. Pero la conciencia, aferrándose a esta palabra del apóstol, «Cristo nos ha redimido de la ley», es levantada por la mano de la fe, y recibe gran consuelo. Además, triunfa sobre la ley con cierto orgullo santo, diciendo: «No me importan tus terrores y amenazas, pues tú has crucificado al Hijo de Dios, y lo hiciste de la manera más injusta. Por tanto, el pecado que has cometido contra Él no te puede ser perdonado. Has perdido tu derecho y soberanía, y ahora, más que nunca, no solo has sido vencida, condenada, y muerta por Cristo, sino también ante mí, pues he creído en Él, y Él me ha dado su victoria». De tal modo que para nosotros la ley ha muerto para siempre, permaneciendo en Él[16]. Por tanto, gracias a Dios, que nos ha dado la victoria por medio de nuestro Señor Jesucristo.

---

14. *per superabundantiam*.
15. Personificación.
16. *modo in Christo permaneamus*.

Estas cosas también confirman esta doctrina: que somos justificados por la sola fe[17]. Cuando se libró este combate entre Cristo y la ley, no intervino ninguna de nuestras obras o méritos, sino que fue Cristo solo[18] quien se vistió de nuestra persona, se sujetó a la ley, y en perfecta inocencia sufrió toda la tiranía de ella. Así, la ley, como malhechor y maldito asesino del Hijo de Dios, pierde todo su derecho, y merece tal condenación que, dondequiera que esté Cristo, o se diga su nombre tan solo una vez, se ve obligada a esconderse y huir, tal como el diablo huye de la cruz (según la imaginación de los papistas). Por tanto, si creemos, somos librados de la ley por medio de Cristo, quien triunfó sobre ella por sí solo. Así, este glorioso triunfo, comprado por Cristo para nosotros, no se obtiene mediante obra alguna, sino por la sola fe[19]. Por tanto, la sola fe justifica[20].

Entonces, estas palabras, Cristo «nació bajo la ley», son breves y conmueven. También contienen cierto fervor, por lo que merecen ser sopesadas con diligencia y consideración. Pues declaran que el Hijo de Dios, habiendo nacido bajo la ley, no solo cumplió con un par de obras de la ley. Él no solo fue circuncidado, y presentado en el templo. Tampoco se limitan a decir que subió a Jerusalén cuando llegó el cumplimiento del tiempo. No es que solamente haya vivido bajo el gobierno civil de la ley. No, Él sufrió toda la tiranía de la ley. Pues la ley hizo acopio de todas sus fuerzas y se lanzó contra Cristo. Lo asedió tan ferozmente que Él sintió una angustia y un terror cuales nunca otro ser humano sentirá sobre la faz de la tierra. La prueba es rotunda: su sangriento sudor, el consuelo brindado por el ángel, aquella poderosa oración elevada por sus labios desde el huerto. Luego, ese breve y quejumbroso gemido desde la cruz: «Dios mío, ¿por qué me has abandonado?» (Mateo 27:46). Sufrió todo esto para redimir a los que estaban bajo la ley. Es decir, en la más profunda agonía, angustia y terror, al borde de la desesperación. Todo lo sufrió por todos los oprimidos con la pesada carga de sus pecados, como por cierto todos estamos oprimidos. Pues en cuanto a la carne pecamos diariamente contra todos los mandamientos de Dios. Pero Pablo nos da un gran consuelo cuando dice: «Dios envió a su Hijo».

---

17. *quod sola fide justificemur.*
18. *sed solus Christus.*
19. *sed sola fide apprehenditur.*
20. *Ergo sola fides justificat.*

Así que Cristo, un ser divino y humano, fue designado por Dios desde la eternidad para nacer de una virgen al llegar el cumplimiento del tiempo[21]. Pero no vino para crear una nueva ley, sino para sentir y sufrir los terrores de la ley al máximo, y vencerla, a fin de poder abolirla por completo. No fue hecho un maestro de la ley, sino un discípulo obediente a ella, a fin de que, por esta su obediencia, Él pudiera redimir a los que estaban bajo la ley. Esto va en contra de la doctrina de los papistas, pues ellos han hecho de Cristo un legislador, y mucho más severo y estricto que Moisés. Pablo aquí enseña todo lo contrario. A saber, que Dios humilló a su Hijo bajo la ley, y lo obligó a llevar el juicio y la maldición de la ley, el pecado, la muerte, y toda maldad. Pues Moisés, el ministro de la ley, del pecado, de la ira, y de la muerte, arrestó, ató, condenó, y mató a Cristo, y Cristo lo sufrió todo. Por tanto, de pie ante la ley, Cristo es el receptor pasivo. No es un ente activo que obliga su cumplimiento como legislador, ni tampoco es el juez de acuerdo con la ley. Más bien, Él se somete a la ley, se coloca bajo su condenación, y así nos libra de su maldición.

Cristo, en el Evangelio, imparte enseñanzas, e instruye sobre la ley, o más bien la interpreta. Pero nada de esto pertenece a la doctrina de la justificación, sino a la doctrina de las buenas obras. Además, la obra principal de Cristo (por la cual Él vino al mundo) no fue enseñar la ley. Tan solo fue un oficio incidental o resultante, como lo fue también el de sanar enfermos, levantar muertos, y obras así. Estas ciertamente fueron obras excelentes y divinas, pero no fueron las obras principales de Cristo. Los profetas también enseñaron la ley y obraron milagros. Pero Cristo es Dios y hombre; Él luchó contra la ley, y sufrió la crueldad y la tiranía de la ley como ningún otro. Así como la venció en sí mismo permaneciendo firme ante la ley, y por eso fue levantado de entre los muertos. La ley era nuestro más cruel y mortal enemigo, pero Él la condenó y la quitó de en medio. De allí en adelante la ley ya no puede condenar ni matar a los fieles. Por tanto, el verdadero y propio oficio de Cristo es el de luchar contra la ley, el pecado y la muerte en beneficio de todo el mundo. Por medio de esta lucha, librada en él mismo, venció y derrocó a la ley. Así es como los creyentes son librados de la ley y de todo mal. Por tanto, enseñar la ley y obrar milagros son beneficios

---

21. *nautus ex Deo ab aeterno, ex Virgine in tempore.*

particulares de Cristo, pero no son el motivo principal por el cual vino al mundo. Pues los profetas, y especialmente los apóstoles, hicieron mayores milagros que Cristo (Juan 14:12).

Fue necesario que Cristo tuviera la naturaleza divina[22] para poder vencer a la ley en su propia persona. Pues no hay nadie más, sea hombre o ángel, que esté sobre la ley, excepto solo Dios. Pero Cristo está sobre la ley, pues Él la ha vencido. Por tanto, Él es el Hijo de Dios y tiene la naturaleza divina[23]. Si te aferras a Cristo, tal como Pablo lo ha dibujado aquí, no podrás errar ni caer en confusión. Además, fácilmente podrás juzgar todo tipo de formas de vivir según las religiones y ceremonias de todo el mundo. Sin embargo, si este cuadro verdadero de Cristo se desfigura u oscurece de alguna manera, entonces la confusión reina en todas las cosas. Pues el hombre natural[24] no puede juzgar respecto de la ley de Dios. Aquí fracasa la astucia de los filósofos, de los eruditos canónigos, y de todos los hombres. Pues la ley tiene poder y dominio sobre todo hombre. Por tanto, la ley juzga al hombre, y no el hombre a la ley. Solo el cristiano tiene un juicio acertado y verdadero respecto de la ley. Y ¿cuál es? Que la ley no justifica. Entonces, ¿por qué razón se hizo la ley, si no justifica? La justicia ante Dios, que solo se recibe por la sola fe[25], no es la razón final por la cual los cristianos obedecen la ley, sino la paz del mundo, la gratitud a Dios, y un buen ejemplo por el cual otros puedan ser provocados a creer el Evangelio. A tal punto el papa ha confundido y mezclado la ley ceremonial, la ley moral, y la fe, todas entre sí, que finalmente ha preferido la ley ceremonial en vez de la ley moral, y la ley moral en vez de la fe.

CONFERENCIA 27: viernes 16 de octubre

VERSÍCULO 5. *A fin de que recibiésemos la adopción de hijos.*

Es decir, somos hijos de Dios. Pablo expone y amplía este texto de Génesis 22:18: «En tu simiente serán benditas todas las naciones de la tierra». Un poco antes había llamado a esta bendición de la simiente de Abraham, «justicia, vida, la promesa del Espíritu, libertad de la ley,

---

22. *necessario sequitur eum esse natura Deum.*
23. *ac natura Deus.*
24. *animalis homo.*
25. *sola fide accipitur.*

el testamento», y cosas así. Aquí la llama «adopción y herencia de vida eterna». La palabra bendición abarca todas estas cosas. Pues cuando la maldición (el pecado, la muerte, etc.) queda abolida, entonces su lugar es ocupado por la bendición, es decir, justicia, vida, y toda buena dádiva.

Sin embargo, ¿por qué mérito hemos recibido esta bendición, es decir, esta adopción y herencia de la vida eterna? Por ningún mérito nuestro, en absoluto. Pues, ¿qué pueden merecer los que están encerrados bajo pecado, sujetos a la maldición de la ley, y son solo dignos de la muerte eterna?

Por tanto, hemos recibido esta bendición libremente, y sin merecerla en absoluto, pero no sin mérito. Y ¿cuál es ese mérito? No el nuestro, sino el de Jesucristo, el Hijo de Dios, quien nació bajo la ley, no para sí mismo sino por nosotros (como Pablo había dicho antes: «por nosotros se hizo maldición»), y nos redimió a los que estábamos bajo la ley. Por tanto, hemos recibido esta adopción por la sola redención de Jesucristo el Hijo de Dios, quien es nuestro mérito sobreabundante y eterno. Aquí no se toma en cuenta ningún mérito nuestro, si es *de congruo* o *de condigno*, o si viene antes o después de la gracia. Junto con esta libre adopción, también hemos recibido el Espíritu Santo, que Dios ha enviado a nuestros corazones, el cual exclama: «Abba, Padre», tal como sigue a continuación.

VERSÍCULO 6. *Y por cuanto sois hijos, Dios envió el Espíritu de su Hijo a vuestros corazones.*

El Espíritu Santo se ha enviado de dos maneras. En la Iglesia primitiva fue enviado con una apariencia manifiesta y visible. Así fue como vino sobre Cristo, en el Jordán, con apariencia de paloma, y con semejanza de fuego sobre los apóstoles y otros creyentes. Esta fue la primera dádiva del Espíritu Santo. Fue necesario enviarlo de esta manera pues convenía que se estableciera por muchos milagros debido a los incrédulos, tal como Pablo testifica: «Las lenguas son por señal», dijo, «no a los creyentes, sino a los incrédulos» (1 Corintios 14:22). Pero después de que la Iglesia fue llamada y reunida, y confirmada con esos milagros, ya no fue necesario seguir enviando al Espíritu Santo de forma visible.

En segundo lugar, el Espíritu Santo se envía mediante la palabra a los corazones de los creyentes, como dice aquí: «Dios envió el Espíritu de su Hijo». Esta dádiva ya no es con manifestación visible alguna, sino esta otra: cuando escuchamos la palabra externa, recibimos un fervor y una luz interna, por la cual somos conmovidos y llegamos a existir como nuevas criaturas. Por eso también recibimos un nuevo juicio, un nuevo sentimiento, y nuevas emociones. Este cambio, y este nuevo juicio, no es obra de la razón, ni del poder del hombre, sino el don y la operación del Espíritu Santo, que viene con la predicación de la palabra, la cual purifica nuestros corazones por la fe, y despierta en nosotros un nuevo ánimo espiritual. Por tanto, hay una gran diferencia entre nosotros y aquellos que con violencia y sutileza persiguen la doctrina del Evangelio. Pero nosotros, por la gracia de Dios, por medio de la palabra, podemos juzgar la voluntad de Dios para nosotros, toda ley y doctrina, nuestra propia vida, y la vida de otros. Por el contrario, los papistas y sectarios no pueden dar juicio acertado sobre cosa alguna. Pues corrompen, persiguen, y blasfeman la palabra. Pues bien, sin la palabra, el hombre no puede dar juicio certero sobre cosa alguna.

Ante el mundo no pareciera que hemos sido renovados en espíritu y tenemos el Espíritu Santo. No obstante, nuestro juicio, nuestra manera de hablar, y nuestra confesión comprueban más de la cuenta que tenemos el Espíritu Santo con sus dones en nosotros. Antes, ¡no podíamos juzgar correctamente respecto de nada! No hablábamos como ahora hablamos. No confesábamos que todas nuestras obras eran pecado y merecían condenación. No decíamos que Cristo era nuestro único mérito, tanto antes como después de la gracia, como ahora lo hacemos, en el verdadero conocimiento y luz del Evangelio. Por tanto, no nos dejemos perturbar por esto, que el mundo (cuyas obras testificamos son malas) nos juzgue como los herejes más perniciosos y sediciosos, destructores de la religión, perturbadores de la paz común, y poseídos por el diablo que habla en nosotros y nos gobierna en todo lo que hacemos. Más que suficiente es el testimonio de nuestra conciencia contra ese juicio perverso y maligno del mundo. Por ese don de Dios no solo creemos en Jesucristo; también lo predicamos y confesamos ante el mundo. Así como creemos con nuestro corazón, también lo confesamos con nuestra boca, según lo dicho por el salmista: «Creí; por tanto, hablé» (Salmo 116:10).

Además, nos ejercitamos en el temor de Dios, y evitamos el pecado todo lo que podemos. Si pecamos, no lo hacemos a propósito, sino por ignorancia, y lo lamentamos. Tal vez tenemos deslices, pues el diablo nos acecha día y noche. También los residuos del pecado se aferran a nuestra carne sin tregua. Por tanto, respecto de la carne, somos pecadores; sí, aun después de haber recibido el Espíritu Santo. Y no hay gran diferencia entre el cristiano y un hombre secular honrado[26]. Pues, en sus apariencias, las obras externas del cristiano son básicas y sencillas. Cumple con su deber de acuerdo a su vocación, guía a su familia, labra la tierra, da consejos, socorre y auxilia a su vecino. El hombre carnal no estima demasiado estas obras; piensa que pertenecen al hombre común incluyendo a los paganos. Pues el mundo no comprende las cosas que competen al Espíritu de Dios, y por tanto juzga perversamente las obras de los piadosos. En cambio, valora enormemente esas monstruosas supersticiones y obras de los hipócritas en las cuales despliegan gran fuerza de voluntad. Las considera obras de santidad, y no escatima el apoyo que les da.

Por otro lado, las obras de los creyentes parecieran nonadas y frivolidades. No obstante, son buenas obras, aceptas ante Dios porque son hechas en fe, con corazón alegre, y por una obediente gratitud a Dios. Pero estas, digo yo, no solo las desprecian como buenas obras. Al contrario, las rechazan y condenan como las obras más impías y abominables. Por eso el mundo no cree en lo más mínimo que tenemos el Espíritu Santo. No obstante, cuando llega la tribulación o la cruz, y el momento de confesar nuestra fe (lo cual es la obra propia y principal de los creyentes), cuando es menester abandonar mujer, hijos, bienes, y hasta la vida, a fin de no negar a Cristo, entonces es cuando se manifiesta la confesión de nuestra fe. Entonces es cuando confesamos a Cristo y su palabra, por el poder del Espíritu Santo.

Por tanto, no debemos dudar de que el Espíritu Santo mora en nosotros, sino estar plenamente confiados de que «somos templo del Espíritu Santo», tal como dijo Pablo (1 Corintios 3:16). Pues cualquier creyente que en sí mismo siente amor por la palabra de Dios,

---
26. *hominem civilter bonum.*

y de buena voluntad escucha, habla, escribe, y piensa sobre Cristo, debe saber que esta no es la obra de su voluntad o su razón, sino el don del Espíritu Santo, pues es imposible que se hagan estas cosas sin el Espíritu. Por otro lado, donde se encuentre odio y desprecio por la palabra, allí reina el diablo, el dios de este mundo, cegando «la mente de los incrédulos, para que no les resplandezca la luz del glorioso Evangelio de Cristo». Esto lo vemos hoy en la mayoría de la gente común. No sienten amor alguno por la palabra, sino que la condenan, como si no tuviera nada que ver con ellos. Pero todos los que sienten amor o deseo de la palabra deben reconocer con gratitud que este afecto es derramado en ellos por el Espíritu Santo. Pues este afecto y deseo no lo creamos dentro de nosotros, ni tampoco hay reglas que enseñen cómo recibirlo. En cambio, es sencilla y enteramente la obra de la diestra del Altísimo. Cuando con buena voluntad y alegría escuchemos la predicación de la palabra sobre Cristo el Hijo de Dios, el cual por nosotros se hizo hombre, y se hizo sujeto a la ley, a fin de librarnos de la maldición de la ley, el infierno, la muerte, y la condenación, entonces confiemos en que, por medio de esta predicación, Dios envía al Espíritu Santo a nuestros corazones. Por tanto, a los piadosos incumbe saber, sobre todas las cosas, que tienen el Espíritu Santo.

Digo esto para rebatir esa perniciosa doctrina de los papistas. Pues ellos enseñan que nadie puede saber con toda seguridad si tiene el favor de Dios; no importa que en esta vida haya sido el creyente más piadoso e intachable. Y esta sentencia común ha sido una norma especial y un artículo de fe en todo el papado. Con esa opinión desfiguraron totalmente la doctrina de la fe, atormentaron las conciencias de los hombres, despojaron a las iglesias de Cristo, oscurecieron y negaron todos los beneficios del Espíritu Santo, echaron por tierra toda verdadera adoración de Dios, impusieron la idolatría, el desprecio de Dios, y la blasfemia contra Dios en los corazones de los hombres. *Pues el que duda de la voluntad de Dios para él, y no tiene seguridad alguna de estar bajo la gracia, no puede creer que tiene la remisión de pecados, que Dios lo ampara, y que podrá ser salvo.*

Agustín lo dijo recta y fielmente: «Cualquiera ciertamente puede ver su propia fe, si de veras la tiene». Ellos niegan esto. Dicen: «Ni Dios lo quiera, que yo me confíe de estar bajo la gracia, de ser santo, y de tener el Espíritu Santo; aun si viviera piadosamente, e hiciere cualquier cantidad de buenas obras». Ustedes son jóvenes[27], y todavía no han sido infectados con esta perniciosa opinión (en la cual se fundamenta todo el reino del papado). Mírenla bien, y huyan de ella como si fuera la plaga más horrible. Nosotros los viejos fuimos criados en este error desde nuestra juventud, y nos hemos amamantado allí; por eso tenemos ese error profundamente arraigado en nuestros corazones. Por tanto, desaprenderlo y olvidarlo nos toma tanto trabajo como aprender y aferrarnos a la verdadera fe. Pero debemos estar plenamente confiados y de ninguna manera dudar que estamos bajo la gracia. Con toda seguridad confiemos en que, por causa de Cristo, Dios se complace en nosotros, y tenemos el Espíritu Santo: «Y si alguno no tiene el Espíritu de Cristo, el tal no es de él». *Además, todo lo que procede de la duda, sean sus pensamientos, palabras, o hechos, es pecado; pues todo lo que no procede de la fe, es pecado.*

Por tanto, si eres ministro de la palabra de Dios, o magistrado municipal, con toda seguridad debes pensar confiadamente que Dios se complace en tu labor. Pero jamás podrás pensarlo a menos que tengas el Espíritu Santo. Sin embargo, tú dirás: «Yo no dudo que Dios se complace con mi trabajo, pues es ordenado por Dios; pero dudo de mi propia persona, si Dios se complace conmigo o no». Aquí debes consultar la teología del Evangelio[28], la cual nos enseña y asegura que no solo el oficio de la persona, sino la persona misma es de agrado ante Dios. Pues tal persona ha sido bautizada, cree en Cristo, sus pecados han sido purgados en su sangre, y vive en la comunión y en la congregación de su Iglesia[29]. Además, no solo ama la doctrina pura de la palabra, sino que también se regocija cuando ve que avanza y que aumenta el número de sus fieles. Al mismo tiempo, también detestará al papa y a todos los sectarios con su impía doctrina, conforme al dicho del salmista: «Los pensamientos vanos aborrezco; mas amo tu ley» (Salmo 119:113).

Por tanto, debemos estar plenamente confiados de que no solo nuestro oficio, sino también nuestra persona es de agrado para Dios. Sí, todo lo que diga, haga, o piense en particular[30] es de agrado para Dios; no por causa nuestra, sino por el favor de Cristo, quien

---

27. Recuérdese que los oyentes de Lutero son jóvenes seminaristas.
28. *consulenda est Theologia.*
29. *in societate Ecclesiae.*
30. *privatim.*

por nosotros nació bajo la ley. Sobre ese fundamento tenemos plena confianza de que Cristo agrada a Dios y que Él es santo. Y así, ya que Cristo agrada a Dios, si nosotros estamos en él[31], también somos de agrado para Dios, y somos santos. Y aunque el pecado todavía permanece en nuestra carne, y asimismo caemos y ofendemos diariamente, no obstante, la gracia sobreabunda y es más fuerte que el pecado. La misericordia y la verdad del Señor reinan sobre nosotros para siempre. Por eso, el pecado no nos puede angustiar ni hacernos dudar de la gracia de Dios que está en nosotros. Pues Cristo, ese todopoderoso gigante, además de abolir la ley, ha condenado al pecado, y ha vencido a la muerte y todo mal. Mientras Él esté a la diestra de Dios, haciendo intercesión por nosotros, no podemos dudar de la gracia y el favor de Dios para con nosotros.

Además, Dios también ha enviado el Espíritu de su Hijo a nuestros corazones, como Pablo lo dice aquí. Tal como Cristo, en su propio Espíritu, confía con toda certeza en que Él agrada a Dios, así también nosotros, teniendo el mismo Espíritu de Cristo, debemos estar confiados en su favor. Pues más que suficiente ha sido dado para que tengamos plena confianza. Digo esto en relación con el testimonio interno, por el cual el corazón del cristiano debe sentirse plenamente convencido de que está bajo la gracia, y tiene el Espíritu Santo. Ahora bien, las señales externas (como he dicho antes) son: gozo al escuchar de Cristo, predicar y enseñar de Cristo, darle gracias a Él, alabarlo, confesarlo, y aun con pérdida de bienes y de la vida. Además, cumplir con nuestro deber, así como corresponde a nuestra vocación según nuestra capacidad, cumplirlo con fe, gozo, y cosas así. No inmiscuirnos en los asuntos de otros, sino atender los nuestros, ayudar a nuestro hermano necesitado, consolar a los quebrantados de corazón, y obras similares. Mediante estas señales, y también a través de ciertos efectos y consecuencias, tenemos plena confianza y confirmación de que tenemos el favor de Dios[32]. Los impíos también se imaginan que tienen las mismas señales, pero están lejos de la verdad. Aquí podemos percibir claramente que el papa con su doctrina no hace más que perturbar y atormentar las conciencias de la gente, y al final, los lanza a la desesperación. Por

---
31. *in eo haeremus.*
32. *in gratia.*

tanto, como dice el salmista, «en su boca no hay verdad o rectitud» (Salmo 5:9), y en otro lugar, «debajo de su lengua hay vejación y maldad» (Salmo 10:7).

Aquí podemos ver cuán gran debilidad todavía hay en la fe de los piadosos. Pues si estuviéramos plenamente convencidos de vivir bajo la gracia, en el perdón de nuestros pecados, de tener el Espíritu de Cristo, de ser hijos de Dios, entonces sin duda alguna estaríamos dichosos y agradecidos de Dios por este don de incalculable valor. Sin embargo, a causa de nuestras emociones contrarias, es decir, temor, duda, angustia, pesadumbre, y otras semejantes, no podemos darnos plena confianza. Sí, aun nuestra conciencia juzga que es una gran presunción y orgullo concedernos esta gloria. Por tanto, si hemos de entender este asunto debidamente, debemos practicarlo, pues sin la experiencia y la práctica jamás podrá aprenderse.

Por eso, cada cual debería practicarlo. Así, su conciencia estará plenamente confiada de estar en la gracia, y de que su persona y sus obras en verdad agradan a Dios. Y si llegare a sentir cualquier incertidumbre o duda, entonces luche, a fin de lograr más fortaleza y confianza en la fe. Así podrá decir: «Yo lo sé, soy acepto, y tengo el Espíritu Santo, no porque lo merezco, o por mis obras, o mis méritos, sino por causa de Cristo[33]. Él, por su infinito amor por nosotros, se hizo esclavo y sujeto a la ley, y quitó los pecados del mundo entero. En Él creo yo. Si yo soy pecador, y cometo errores, Él es justo y no puede errar. Además, soy feliz cuando escucho, leo, canto, y escribo de Él. No deseo nada más que ver su Evangelio darse a conocer por todo el mundo, y que así muchos se conviertan a Él».

Estas cosas testifican claramente de la presencia del Espíritu Santo con nosotros y dentro de nosotros. Pues tales cosas no se logran en el corazón por la fuerza del hombre, ni se obtienen por el ingenio ni el esfuerzo humano. Se obtienen solo por medio de Cristo. Primeramente, nos justifica por el conocimiento de sí mismo en su santo Evangelio, y después crea un nuevo corazón en nosotros, nos trae nuevas emociones, y nos da la confianza de que agradamos al Padre por causa de Él. Además, nos da un verdadero y sano juicio para ver las cosas. Así probamos e intentamos cosas que

---

33. *propter Christum.*

antes desconocíamos o despreciábamos por completo. Por tanto, ahora tenemos el deber de luchar contra esta incertidumbre, para vencerla cada día más. Así alcanzaremos una plena persuasión y certeza del favor de Dios para con nosotros. Debemos desarraigar de nuestros corazones la maldita opinión de que el hombre debe dudar de la gracia y el favor de Dios, duda que ha infectado al mundo entero. *Pues si no estamos seguros de estar en la gracia, y de que por causa de Cristo agradamos al Padre, entonces negamos que Cristo nos ha redimido, y negamos por completo todos sus beneficios. Ustedes son jóvenes*[34], *y fácilmente se pueden aferrar a la doctrina del Evangelio y rehuir esa pestilente opinión con la cual todavía no han sido infectados.*

VERSÍCULO 6. *El cual clama: Abba, Padre.*

Pablo podría haber dicho: «Dios envió el Espíritu de su Hijo a nuestros corazones, invocando[35]: Abba, Padre». Pero no fue eso lo que dijo, sino: «... clamando[36]: Abba, Padre», para que pueda mostrar y describir al cristiano en la tentación, el cual aún es débil, y cree, pero con flaqueza. En Romanos (8:26), él llama a este clamor «gemidos indecibles». Igualmente dice: «Y asimismo también el Espíritu ayuda en nuestra flaqueza; porque qué hemos de pedir como conviene, no lo sabemos; mas el Espíritu mismo intercede por nosotros con gemidos que no se pueden expresar».

Este es un consuelo muy particular cuando dice: «... el Espíritu de Cristo ha sido enviado a nuestros corazones clamando Abba, Padre»; además, no solo «nos ayuda en nuestra flaqueza», sino que también «intercede por nosotros con gemidos indecibles». Todo el que creyere esto confiadamente no será vencido por prueba alguna, por muy dura que sea la aflicción. Pero hay muchas cosas que impiden esta fe en nosotros. Primero, nuestro corazón nace en pecado. Además, este mal se halla injertado en nosotros por naturaleza, pues dudamos de la buena voluntad de Dios[37] para con nosotros, y no podemos creer con certeza que agradamos a Dios. Sobre todo, el diablo, nuestro adversario, ruge horriblemente a nuestro alrededor, diciendo: «Tú eres un pecador; por eso, Dios está

---
34. *juniores.* En aquel tiempo, varones en la edad del servicio militar, de 17 a 46 años.
35. *invocatem.*
36. *clamantem.*
37. *de divino favore.*

airado contigo, y te destruirá para siempre». Contra todos estos horribles e intolerables rugidos, no tenemos más que aferrarnos y apoyarnos en la sola palabra, la cual presenta a Cristo ante nosotros como vencedor sobre el pecado y la muerte, y sobre todo mal. Sin embargo, la dificultad radica en aferrarse firmemente a la palabra en esas tentaciones y terrores de la conciencia. Pues entonces no hay sentido alguno que pueda percibir a Cristo. No lo podemos ver. El corazón no siente su presencia ni su auxilio en la tentación, sino que pareciera que Él está furioso con nosotros, y nos ha abandonado. Además, cuando estamos bajo la tentación y nos sentimos afligidos, sentimos el poder del pecado, la flaqueza de la carne, y la duda; asimismo, sentimos los dardos ardientes del diablo, los terrores de la muerte, y la ira y el juicio de Dios. Todas estas cosas claman horriblemente contra nosotros, de modo que no podemos ver más que desesperanza y muerte eterna.

Pero aun así, en medio de estos terrores de la ley, los truenos del pecado, los asaltos de la muerte, y los rugidos del diablo, el Espíritu Santo (dice Pablo) clama en nuestros corazones: «¡Abba, Padre!». Este clamor sofoca los horribles clamores de la ley, el pecado, la muerte, el diablo, y otros males, penetra las nubes de los cielos, y asciende hasta el oído de Dios. Con estas palabras Pablo quiere decir que todavía hay flaquezas en los creyentes. Así también habla en Romanos 8, cuando dice: «El Espíritu nos ayuda en nuestra flaqueza». Así como emociones y sentimientos negativos nos asedian sin tregua, cuando sentimos el desagrado de Dios más que su favor y buena voluntad para con nosotros, así mismo se envía el Espíritu Santo a nuestros corazones. El Espíritu no solo gime e intercede por nosotros, sino que también clama poderosamente: «¡Abba, Padre!». El Espíritu mismo ruega por nosotros de acuerdo a la voluntad de Dios, con lágrimas y gemidos tan profundos que no se pueden escuchar. Pero ¿de qué modo?

Cuando estamos en medio de los terrores y el conflicto de la conciencia, nos aferramos a Cristo, y creemos que Él es nuestro Salvador. Pero es entonces cuando la ley y el pecado nos acosan y atormentan más que nunca. Además, el diablo nos asedia con todo su armamento y dardos ardientes, y se propone con todo su poder quitarnos a Cristo y todo nuestro consuelo. Aquí no podemos sucumbir a la desesperanza. Tan solo somos esa caña cascada y ese pabilo humeante (Mateo 12:20). Mientras tanto, el Espíritu Santo nos auxilia en nuestra flaqueza, intercede por nosotros con gemidos indecibles, y certifica a nuestro espíritu que somos hijos de Dios. Así es como nuestra mente se sobrepone a los terrores: mirando a su Salvador y excelso Pontífice, Jesucristo[38]. Así se vence la flaqueza de la carne; concibe su consuelo, y dice: «Abba, Padre». Este gemido que apenas podemos percibir, Pablo lo llama un clamor y gemido indecible, que llena cielo y tierra. Además, lo llama el clamor y gemido del espíritu, pues el Espíritu Santo suscita lo mismo en nuestros corazones cuando flaqueamos con debilidad y nos sentimos abrumados por debilidad y tentación.

La ley, el pecado, y el diablo claman contra nosotros como nunca. Sus grandes y temibles rugidos parecieran llenar cielo y tierra; sobrepasan largamente el gemido de nuestro propio corazón. Aun así, jamás podrán lastimarnos. Pues cuanto más ferozmente nos asedien, acusen y atormenten con sus clamores, tanto más será nuestro gemir. Con nuestros gemidos nos aferramos a Cristo y clamamos a Él de boca y corazón. Nos asimos a Él, y creemos que nació bajo la ley para librarnos de la maldición de la ley. En sí mismo destruyó tanto el pecado como la muerte. Por eso, cuando por la fe nos hemos aferrado a Cristo, clamamos por medio de Él: «Abba, Padre». Este clamor nuestro sobrepasa ampliamente el rugido de la ley, del pecado, del diablo, y toda maldad.

Pero nuestros gemidos son tan atenuados por nuestros terrores y esta nuestra flaqueza, que apenas los percibimos como gemidos. Pues nuestra fe es muy débil cuando gime por Cristo en la tentación. Especialmente si tomamos en cuenta nuestros propios sentimientos; por eso no podemos escuchar el clamor. Pero dice Pablo: «El que escudriña los corazones sabe cuál es la intención del Espíritu».

Para este escudriñador de los corazones, ese gemido débil y lastimero (así nos parece) es un fuerte clamor, y un quejido indecible. Si lo comparamos con los grandes y temibles rugidos de la ley, del pecado, de la muerte, del diablo, y del infierno, pareciera que nuestros gemidos fueran como nada y no se hacen oír. Pablo tiene razón cuando, hablando de este lamento del corazón de los

---

38. *Pontificem.*

creyentes en su aflicción, lo llama un clamor y lamento del espíritu. No hay palabras que lo puedan expresar, pues llena todo el cielo. ¡Hasta los ángeles piensan que no hay nada más que se pueda escuchar!

No obstante, en nosotros hay un sentimiento totalmente diferente. Pues nos parece que nuestro lastimero gemido ni siquiera atraviesa las nubes, y que de ninguna manera Dios ni sus ángeles pueden oírlo desde el cielo. Cuando estamos siendo tentados pensamos lo peor. Escuchamos al diablo rugir temiblemente contra nosotros. Sentimos el cielo y la tierra temblar a nuestro alrededor; tememos que caigan sobre nosotros. Pareciera que toda criatura nos amenaza y nos destruirá; vemos el infierno abrirse, listo para devorarnos. Este sentimiento del corazón, estas horribles voces proceden del espectáculo que vemos y escuchamos. Por eso Pablo dijo en 2 Corintios 12:9 que el poder de Cristo se perfecciona en nuestra debilidad. En esa debilidad es cuando Cristo se manifiesta en toda su potencia, cuando verdaderamente reina y triunfa en nosotros, cuando nos sentimos tan débiles que apenas se nos puede escapar un gemido lastimero. Pero Pablo dijo: «¡A oídos de Dios este gemido es el más fuerte clamor, que llena cielo y tierra!».

Cristo, también, en Lucas 18, en la parábola del juez injusto, se refiere a este gemido del corazón fiel como un clamor; sí, un clamor tal que no cesa ni de día ni de noche de clamar a Dios. Él dijo: «¿Y no hará Dios justicia a sus escogidos, que claman a él día y noche? ¿Se tardará mucho en responderles? Os digo que pronto les hará justicia». Nosotros, el día de hoy, enfrentamos gran persecución y oposición del papa, y de tiranos y sectarios. Estos luchan contra nosotros tanto a diestra como a siniestra, no quedándonos más que clamar con estos gemidos. Estas han sido nuestras armas, nuestro fuego y artillería; con ellas, a lo largo de los años, hemos dispersado las estrategias y proyectos de nuestros adversarios, y con ellas hemos también comenzado a derrocar el reino del anticristo. Ellas también provocarán que Cristo apresure el día de su gloriosa venida, y ponga a sus enemigos bajo sus pies. Amén. Así sea.

En Éxodo 14, el Señor habla a Moisés en el mar Rojo, diciendo: «¿Por qué clamas a mí?». Pero Moisés no había clamado; más bien temblaba y estaba a punto de perder las esperanzas, porque se hallaba en un gran aprieto. Parecía que la incredulidad y la falta de fe reinaban en él. Pues cuando vio al pueblo de Israel rodeado y encerrado por las huestes de los egipcios y por el mar, no había escapatoria alguna. Aquí Moisés no se atrevió a abrir su boca. Por tanto, ¿de qué manera clamó? Por eso, no debemos juzgar según los sentimientos de nuestro propio corazón, sino conforme a la palabra de Dios, que nos enseña que el Espíritu Santo es dado a los afligidos, los atemorizados, y los que bordean la desesperación, para levantarlos y consolarlos, a fin de que no sean vencidos en sus tentaciones y aflicciones. Más bien, es para que puedan salir invictos, pero no sin antes haber pasado por grandes temores y aflicciones.

Los papistas se han hecho esta idea: «Los santos estaban tan llenos del Espíritu Santo que jamás tuvieron o sintieron tentación alguna». Pero son puras conjeturas. Lo mismo dicen los fanáticos del Espíritu Santo. Pablo, en cambio, dice: «El poder de Cristo se perfecciona en nuestra debilidad. El Espíritu nos ayuda en nuestra flaqueza e intercede por nosotros con gemidos que no se pueden expresar». Pero hay más. Cuando tenemos la mayor necesidad del auxilio y el consuelo del Espíritu Santo, entonces es cuando Él está más listo para socorrernos; cuando nos vemos en nuestra mayor debilidad y a punto de perder las esperanzas.

Cuando alguien sufre aflicción con corazón perseverante y gozoso, es cuando el Espíritu Santo ha obrado en él. El Espíritu ejerce su oficio propio y particular en los que han sufrido grandes terrores y aflicciones, y se han acercado, como dice el salmista, a las puertas de la muerte. Moisés dijo lo mismo cuando vio la muerte en las aguas, y se vio rodeado por todos lados. Por eso se sintió en extrema angustia y desesperación. Sin duda, en su corazón habrá sentido ese poderoso clamor del diablo contra él, diciendo: «Todo este pueblo perecerá porque no tiene escapatoria; y de esta gran calamidad se hallará que solo tú eres el autor, porque ¿acaso no has sido tú quien los sacó de Egipto?». Para colmo, el mismo pueblo había clamado contra él, diciendo: «¿No había sepulcros en Egipto, que nos has sacado para que muramos en el desierto? ¿Por qué has hecho así con nosotros, que nos has sacado de Egipto? ¿No es esto lo que te hablamos en Egipto, diciendo: Déjanos servir a los egipcios? Que mejor nos fuera servir a los egipcios, que morir en el desierto». El Espíritu Santo aquí no era un producto de su imaginación, sino que lo acompañó eficazmente y en verdad[39]. El Espíritu intercedió por él con gemidos indecibles, de tal modo que Moisés gimió ante el Señor, diciendo: «Oh Señor, a tu mandato he conducido a este pueblo, por tanto, ayúdanos». Este gemido, o lamento ante Dios, la Escritura lo llama un clamor.

Me he extendido en este tema para mostrar claramente cuál es el oficio del Espíritu Santo, y cuándo ejerce su cargo. En la tentación, no debemos juzgar de manera alguna conforme a nuestro propio sentimiento o emociones, ni por el clamor de la ley, el pecado, el diablo, o cualquier otra cosa. Si nos dejamos guiar por nuestros propios sentimientos, y les damos la razón a todos esos gritos, pensaremos que estamos fuera del alcance de toda ayuda y socorro del Espíritu Santo, totalmente despojados de la presencia de Dios. No; más bien, recordemos lo dicho por Pablo: «El Espíritu nos ayuda en nuestra flaqueza». Así también suspira: «Abba, Padre». Es decir, nos parece que apenas expresa un gemido lastimero y un lamento del corazón. Sin embargo, ante Dios, es un fuerte clamor y un gemido que no se puede expresar con palabras. Por tanto, en medio de tu tentación y flaqueza, aférrate solo a Cristo, y gime ante Él, pues Él da el Espíritu Santo, que clama: «Abba, Padre». Y a oídos de Dios este gemido lastimero es un fortísimo clamor, que llena cielo y tierra. De modo que Dios no escucha nada más, pues el gemido sofoca los demás clamores.

Presten atención a lo que dijo Pablo: que el Espíritu intercede por nosotros en la tentación; no con muchas palabras, o largas oraciones, sino solo con un gemido, un gemido sin palabras. No clama a gritos, diciendo: «Ten piedad de mí, oh Dios». En vez de eso, solo deja escapar un gemido débil y febril, como: «Ah, Padre». Esta es tan solo una pequeña palabra, pero se remonta más allá del espacio. La boca no habla, sino que el sentimiento del corazón dice: «Aunque esté oprimido con angustia y terror de un extremo a otro, y parezca que he sido abandonado y desterrado de tu presencia, aun así, soy tu hijo, y tú eres mi Padre, por el favor de Cristo[40]. Soy amado por causa del Amado». Por lo que esta pequeña palabra, «Padre», concebida por el sentimiento del corazón, sobrepasa toda la elocuencia de Demóstenes, Cicerón, y los más elocuentes oradores

---
39. *non speculative, sed re vera.*
40. *tu pater propter Christum.*

que jamás hayan existido sobre la faz de la tierra. Este asunto no se expresa con palabras, sino con gemidos: gemidos tales que no se pueden expresar con palabras o elocuencia, pues no hay lengua que los pueda expresar.

CONFERENCIA 28: sábado 17 de octubre

He usado muchas palabras para decir que un cristiano debe sentir la firme confianza de que tiene el favor de Dios[41], y de que tiene el clamor del Espíritu Santo en su corazón. Lo he dicho así para que aprendamos a repudiar por entero esa opinión apestosa[42] de todo el reino del papa, pues ha enseñado que el creyente debe tener inseguridad; debe dudar de la gracia y el favor de Dios para con él. Cuando esta opinión logra entrar, entonces Cristo de nada aprovecha; pues el que duda del favor de Dios dudará también de las promesas de Dios, y por consiguiente, de la voluntad de Dios y de los beneficios de Cristo. ¿Cuáles son estos? Su nacimiento, sufrimiento, muerte y resurrección por nosotros, y todo lo que se deriva de ellos. Pero no puede haber mayor blasfemia contra Dios que negar sus promesas, negar a Dios mismo, negar a Cristo, y cosas por igual. Por tanto, no solo fue una extrema locura, sino una horrible impiedad, cómo los monjes, tan piadosamente, sedujeron a la juventud, a hombres y mujeres, para que entraran en sus monasterios y en sus santas órdenes[43] (como las llaman), como si esto les otorgara un segurísimo estado de salvación. No obstante, una vez que lo habían hecho, ¡les advertían que tenían que dudar de la gracia y el favor de Dios para con ellos!

Además, el papa ha llamado a todos los pueblos a obedecer a la Santa Iglesia Romana, como si fuera un estado de santidad, por el cual ellos sin duda alguna alcanzarían la salvación. Pero, una vez que los tiene sumisos a sus leyes, la iglesia les prohíbe confiar en su salvación. Ahí lo tienen. Así es como funciona el reino del anticristo. Primero la iglesia se jacta y se hincha con la santa ley. Promete vida eterna a todos los que la guardan pero añaden la observancia de las

---
41. *gratia.*
42. *repudiare pestilentissimam opinionem.*
43. *ad religions et ordines sanctos.*

ceremonias y reglamentos de su orden. Entonces, esta pobre gente comienza a afligir sus cuerpos con largas jornadas de vigilias, ayunos, y tales ejercicios, de acuerdo con las tradiciones y ordenanzas de los hombres. Pero ¿qué es lo que ganan? ¡Tan solo incertidumbre! Por medio de la doctrina del papa, Satanás se ha metido de la manera más horrible para lograr la muerte y la destrucción de las almas. Por eso el papado no es más que un matadero de conciencias, y el mismo reino del diablo.

Ahora bien, a fin de establecer y confirmar este pernicioso y maldito error, ellos alegan el proverbio de Salomón: «Los justos y los sabios, y sus obras, están en la mano de Dios; y que no saben los hombres ni el amor ni el odio; todo está delante de ellos» (Eclesiastés 9:1). Algunos entienden que esto habla del odio que vendrá; y otros del odio presente. Pero ninguno comprende a Salomón, que en este texto lo que menos quiere decir es lo que ellos se imaginan. Además, por encima de todo, la Escritura nos enseña que no debemos dudar, sino confiar y creer sin dudar que Dios es misericordioso, amoroso[44], y paciente. Él no es ningún estafador ni te ofrece una cosa por otra. Al contrario, es fiel y verdadero, y cumple su promesa. De hecho, ya cumplió lo prometido al entregarnos a su Hijo único para morir por nuestros pecados, ¡para que todo aquel que en Él cree no se pierda, sino que tenga vida eterna!

Aquí no podemos dudar sino creer que Dios se complace con nosotros. Con toda confianza podemos creer que Dios está satisfecho y su ánimo para con nosotros es favorable[45]; que el odio y la ira de Dios ya se apartaron, sabiendo que permitió que su Hijo muriera por nosotros, indignos pecadores. Aunque todo este tema se expone y repite a lo largo de todo el Evangelio, de nada les vale. Se aferran solamente a este proverbio de Salomón, el cual tuercen a su manera. Especialmente los que juramentan votos. Ellos se convierten en los más estrictos hipócritas en todas sus órdenes religiosas. Prefieren pervertir a Salomón antes que creer en las promesas y los consuelos de las Escrituras, rechazando hasta las palabras mismas de Jesús. Abusaron de las Escrituras para su propia destrucción, y fueron más que justamente castigados por despreciarlas, sin atender en lo más mínimo al Evangelio.

---

44. *benignum.*
45. *quin Deus sit placates et ex animo nobis faveat.*

Vale la pena que sepamos estas cosas. Primero, porque los papistas se jactan de su santidad como si nunca hubieran cometido mal alguno. Por tanto, deben ser convencidos de sus propias abominaciones, con las cuales han llenado el mundo entero. Sus propios libros los acusan, y su número es infinito. Segundo, para que estemos plenamente confiados de que tenemos la doctrina pura del Evangelio. El papa no se puede gloriar de esta confianza. Pues en su reino, aun si todo lo demás fuera sano y puro, esta monstruosa desconfianza[46] respecto de la gracia de Dios y de su favor sobrepasa cualquier otra monstruosidad. Es obvio que los enemigos del Evangelio de Cristo enseñan falsedades, pues ordenan que la gente debe vivir en la incertidumbre. Nos persiguen y matan como herejes porque no les hacemos caso. En cambio, nosotros enseñamos de tal modo que la duda no cabe por ningún lado. Sin embargo, ¡nos persiguen con la furia y crueldad del diablo como si de veras estuvieran segurísimos de su doctrina!

Por tanto, demos gracias a Dios que ahora hemos sido librados de esta monstruosa doctrina de la duda. Podemos estar seguros de que el Espíritu Santo clama y engendra en nuestros corazones gemidos indecibles. Esta es nuestra ancla, nuestro fundamento. El Evangelio no nos ordena fijarnos en cuán buenos somos, o en nuestra perfección, sino en Dios quien promete, y en Cristo nuestro Mediador. Pero muy al revés, el papa no nos ordena fijarnos en el Dios de la promesa, ni en Cristo nuestro Sumo Pontífice[47], sino en nuestras obras y méritos. Pero ¿acaso no es eso seguir necesariamente en la duda y vivir sin esperanza? Sin embargo, con gozo y gratitud nos aferramos a Dios, quien no puede mentir. Pues Él dice: «Yo ya entregué mi Hijo a la muerte, y por su sangre te redimió de tus pecados y de la muerte eterna». En este caso no puedo dudar, a menos que niegue del todo a Dios. Por eso nuestra doctrina es cierta[48], porque nos saca de nosotros mismos[49]. Así, no nos confiaremos en nuestra propia fuerza, nuestra conciencia, nuestros sentimientos, nuestra propia persona, y nuestras propias obras. Más bien, nuestra confianza se encuentra en lo que está fuera de nosotros, es decir, en la promesa y la verdad de Dios, que no nos

---

46. *istud monstrum incertitudinis.*
47. *Pontificem.*
48. *Theologia.*
49. *ponit nos extra nos.*

puede fallar. Esto lo desconoce el papa, y por tanto, impíamente se imagina que el hombre no puede saber, por justo y bueno que sea, si merece amor u odio. No obstante, si el papa fuera justo y sabio, sabría con toda seguridad que es amado por Dios; en caso contrario, no es justo ni sabio.

Además, esta declaración de Salomón no dice nada del odio o del favor de Dios para con los hombres. Más bien, es una declaración moral[50] que censura la ingratitud de los hombres. Pues tal es la perversidad y la ingratitud del mundo, que cuanto más merece el hombre, tanto menos se lo estima; y a veces, el que debería ser su mejor amigo se convierte en su peor enemigo. Por el contrario, el que menos merece suele ser el más valorado. Esto le ocurrió a David, un hombre santo, y un buen rey, que fue desterrado de su propio reino. Lo mismo sucedió con los profetas, Cristo, y los apóstoles; sus vidas fueron truncadas. En conclusión, la historia de todas las naciones testifica de muchos en su propia tierra, los cuales, aun cuando merecían lo mejor, fueron desterrados por sus propios ciudadanos. Tuvieron que vivir en gran miseria, y algunos sufrieron mucha vergüenza y humillación; finalmente, murieron en el calabozo. Por eso Salomón en este texto no habla de la conciencia ni de su relación con Dios, ni del favor ni del juicio, ni del amor ni del odio de Dios. Más bien, habla de los juicios y afectos entre los hombres. Es como si dijera: «Hay muchos hombres justos y sabios, que Dios usa para obrar mucho bien, y para la paz y la quietud entre los hombres. Pero estos están tan lejos de reconocerlo, que con frecuencia les pagan de la manera más descortés sus obras buenas y merecedoras del bien». Por tanto, aunque el hombre haga las cosas bien, y más que bien, aun no sabe si por su diligencia o fidelidad será objeto del odio o el favor de los hombres.

Así también nosotros hoy. Pensábamos que íbamos a hallar favor entre nuestros propios compatriotas alemanes por predicarles el Evangelio de paz, vida, y eterna salvación. No obstante, en vez de hallar favor, hemos hallado odio amargo y cruel. Es cierto que al principio muchos se deleitaron grandemente con nuestra doctrina, y la recibieron gozosamente. Pensamos que eran nuestros amigos y hermanos. Llegamos a creer que, junto con nosotros, iban a sembrar y predicar a otros esta doctrina. Pero ahora nos damos cuenta de que

---

50. *política*.

son falsos hermanos. Se han vuelto contra nosotros como si fuéramos sus enemigos mortales, pues siembran y esparcen por todos lados la falsa doctrina. Nosotros enseñamos bien y piadosamente, pero ellos lo pervierten y lo tumban con maldad, suscitando controversias que ofenden a las iglesias. Por tanto, todos los que cumplen su deber fielmente y con devoción, no importa todo el bien que hagan, no reciben absolutamente nada a cambio. En lugar de ello, todo lo que pueden esperar es rechazo y odio. Pero no se perturben ni atormenten. Más bien, digan con Cristo: «Me odiaron sin causa». También: «Con palabras de odio me rodearon; y pelearon contra mí sin causa. En pago de mi amor me han sido adversarios; mas yo oraba» (Salmo 109:3-4).

Pero el papa, con su doctrina diabólica, exige que dudemos del favor de Dios para con nosotros. Con eso, le arrebata a la iglesia todas las promesas de Dios, sepulta todos los beneficios de Cristo, y abroga todo el Evangelio. Como consecuencia inevitable vienen los desaciertos, pues la gente no se apoya en las promesas de Dios, sino en sus propias obras y méritos. Por tanto, al no confiar en la buena voluntad de Dios para con ellos, dudan; y al final, perderán las esperanzas. Pues nadie puede entender la voluntad de Dios, ni lo que le agrada, sino por su palabra. Esta palabra nos asegura que Dios ha lanzado lejos todo el odio y el desagrado que tenía concebido contra nosotros, cuando nos dio a su Hijo único por nuestros pecados. *Los Sacramentos, el poder de las llaves, también lo confirman. Pues si Dios no nos amara, no los hubiera puesto en nuestras manos. Estamos abrumados por la infinita cantidad de testimonio de su favor para con nosotros.* Por tanto, abandonemos totalmente estas dudas diabólicas, con las que todo el papado está envenenado.

Confiemos plenamente en la misericordia de Dios para con nosotros, y en que nos ha dado el Espíritu Santo, el cual intercede por nosotros con esos llantos y gemidos que no se pueden expresar.

El verdadero lloro y gemido es cuando un hombre clama a Dios en la tentación. No es un clamor dirigido a un tirano, juez, o verdugo, sino a un padre. El gemido puede ser leve y secreto; casi inaudible. Pero a veces llega una gran tentación; un angustioso momento de prueba. Ahí, la conciencia lucha contra el juicio de Dios, y tiende a hablarle no como a un padre, sino como a un juez injusto, iracundo, y cruel tirano. Este quejido lo suscita Satanás en el corazón, sobrepasa el clamor del espíritu, y se siente intensamente. Pareciera que Dios nos ha abandonado y nos arrojará al infierno. Los fieles a veces se quejan así, como en los Salmos: «Cortado soy de delante de tus ojos» (Salmo 31:22). También: «Soy como vasija rota». Este no es el gemido que clama: «Abba, Padre», sino el rugido ante la ira de Dios, que clama despavoridamente: «Oh juez cruel, oh verdugo», y cosas así. Este es el momento en que debes desviar tus ojos de la ley, de las obras, y de los sentimientos de tu propia conciencia, y aferrarte mediante la fe a la promesa. Es decir, a la palabra de gracia y vida, la cual levanta nuevamente la conciencia, de modo que ahora comienza a gemir y decir: «Aunque la ley me acuse, y el pecado y la muerte me perturben como nunca, aun así, oh mi Dios, tú me prometiste gracia, justicia y vida eterna por medio de Jesucristo». Y así es como la promesa trae un suspiro y un gemir que clama: «Abba, Padre».

Aquí yo no rechazo lo que algunos afirman. Señalan que Pablo usó dos palabras a propósito, de las cuales una es del hebreo y la otra del griego. Pues en ese entonces la iglesia estaba constituida por judíos y griegos. Estos dos pueblos empleaban diferentes idiomas al llamar a Dios «Padre». No obstante, el gemido de ambos es el mismo, pues ambos claman: «Padre».

VERSÍCULO 7. *Así que ya no eres siervo, sino hijo.*

Pablo concluye su argumento con esta exclamación. Es como si hubiera dicho: «Siendo cierto que tenemos el Espíritu por causa del Evangelio, clamamos: ¡Abba, Padre! Este es un decreto pronunciado desde el cielo; por eso ya no hay más esclavitud, solo libertad y adopción». Pero ¿quién lo dio a luz? Fue ese gemido. Pero ¿cómo? El Padre me lo ofrece, por su promesa, su gracia y su favor paternal. ¿Qué más falta? Que yo reciba esa gracia. Pero esto pasa cuando otra vez, y con corazón de niño, asiento con la cabeza diciendo «sí» a este nombre: «Padre». Aquí, entonces, se encuentra el padre con el hijo, y el encuentro se lleva a cabo sin bombos ni platillos. Es decir, nada interviene entre ellos; no se requiere ni ley ni obra. Pues ¿qué debe hacer el pecador en los terrores y la horrible oscuridad de la tentación? Aquí nada queda excepto responder con un suspiro que apenas dice «Padre». Pero así recibo su promesa, pues por amor a Cristo (nacido bajo la ley) me llama su hijo. Aquí simplemente respondo con el suspiro que murmulla «Padre». Él no impone demanda alguna. Tan solo se escucha el pequeño sollozo de un niñito. En la aflicción, este pequeño se aferra a Él por la fe, y dice: «Me prometiste que soy tu hijo por causa de Cristo[51]; por eso te llamaré Padre». Esto es lo que verdaderamente significa ser sus hijos; simplemente sin obra alguna. Pero estas cosas, sin experiencia ni práctica, no se pueden entender.

En este texto, Pablo toma esta palabra, «siervo», como también lo hizo antes en el capítulo tres (v. 28), cuando dijo: «No hay esclavo ni libre». Aquí lo llama un esclavo de la ley, sujeto a la ley, como lo había dicho poco antes: «Estábamos en esclavitud bajo los rudimentos del mundo». Un esclavo, de acuerdo con Pablo en este texto, es un culpable y cautivo bajo la ley, bajo la ira de Dios y la muerte. El esclavo mira a Dios no como un padre misericordioso, sino como un verdugo, un enemigo, y un tirano. Esto ciertamente es estar maniatado en cautiverio babilónico, y recibir crueles tormentos desde adentro. Pues la ley no libra del pecado y de la muerte. Más bien revela y hace abundar el pecado, y te enciende la ira. Pero esta esclavitud terminó. Ya no nos tiene presos ni oprimidos, ni carga su peso sobre nosotros, ni cosa alguna así. Pablo dice: «Ya no serás esclavo». Pero la declaración tiene un significado más amplio: «En Cristo ya no habrá más esclavitud, sino tan solo libertad y adopción». Pues cuando viene la fe, termina la esclavitud, como había dicho antes en 3:25.

Entonces, si el Espíritu de Cristo clama en nuestros corazones «Abba, Padre», ya no somos siervos sino hijos[52]. Por eso, no solo somos liberados del papa y de todas las abominaciones de las tradiciones de los hombres, sino también de todo el dominio y el poder de la ley de Dios. Por eso, de ninguna manera deberíamos tolerar el dominio de la ley en nuestra conciencia. Mucho menos debemos tolerar al papa, con todas sus vanas amenazas y terrores. Por cierto, él ruge poderosamente como león (Apocalipsis 10[53]), y amenaza a todos los que no obedecen sus leyes con la ira y la indignación del Dios Todopoderoso, sus benditos apóstoles, y muchas otras amenazas. Pero aquí Pablo nos presta armas y nos

---

51. *propter Christum.*
52. Los próximos dos párrafos siguen el texto latino *CDE*. Véase Apéndice: Notas del traductor: «Sobre el texto en latín».
53. Al margen, Rörer cita Apocalipsis 10:10. No obstante, la cita del león rugiente es de Apocalipsis 10:3.

consuela contra estos rugidos cuando dice: «Ya no eres siervo, sino hijo». Aférrate a este consuelo por la fe, diciendo: «Oh ley, tu tiranía no puede tener lugar alguno en el trono donde Cristo está sentado como mi Señor. Allí no te puedo escuchar (y mucho menos a ti, oh anticristo), pues soy libre y soy hijo, y como tal, no debo estar sujeto a yugo alguno, ni ser servil a ley alguna». No permitamos la entrada de Moisés con todas sus leyes (ni menos aun la del papa con las suyas) a la recámara nupcial, es decir, para reinar en la conciencia. De ninguna manera, pues Cristo la ha librado de la ley, a fin de no estar bajo yugo alguno. Que los siervos se queden abajo con la mula en el valle. Que nadie excepto Isaac ascienda al monte con su padre Abraham. Es decir, que la ley tenga dominio sobre el cuerpo, y sobre el hombre viejo. Que este quede bajo la ley y sufra la carga que se le imponga. Que se ponga a trabajar y se afane por la ley. Que la ley le marque sus límites y le recete lo que tiene que hacer, lo que debe sufrir, y cómo debe vivir y comportarse entre los hombres. Pero que no manche la cama donde solo Cristo debe reposar y dormir. Que la ley no perturbe la conciencia. Pues esta debe vivir a solas con Cristo su esposo en el reino de la libertad y la adopción.

Si, entonces (dice él), por el Espíritu de Cristo clamamos «Abba, Padre», entonces por cierto ya no somos siervos, sino libres e hijos. Por eso, ya estamos libres de la ley, del pecado, de la muerte; es decir, ya estamos a salvo, libres de todo mal. Por consiguiente, la adopción trae consigo el reino eterno, y toda la herencia celestial. El corazón humano no puede concebir cuán inestimable es la gloria de este don, mucho menos expresarla. Mientras tanto, la podemos ver, aunque bajo sombras, allá en la lejanía. Tenemos este pequeño lamento endeble de la fe que solo reposa al escuchar la voz de Cristo proclamando su promesa. *Con respecto a lo que sentimos y las emociones centrales de nuestra experiencia, eso es lo menos que nos debe interesar. Por otro lado, la promesa de Cristo pertenece al nivel más excelso e infinito. Por eso, lo que el cristiano tiene en Cristo es lo más grandioso; de hecho, ¡infinito!* Pero no lo podemos medir usando la razón y la emoción humana. Más bien, pensemos como si fuera un círculo, es decir, el Dios de la promesa. Él es infinito, por tanto, su promesa es infinita.

A veces su promesa es rodeada por momentos de angustia, como si fueran estrechos rocosos. *No obstante, su Palabra es como la brújula en el centro*. En tiempos pasados solo podíamos ver los estrechos rocosos, pero ahora solo podemos ver el centro. De tal modo que ya no hay nada más que acuse, atemorice, u oprima mi conciencia, pues el servilismo ha cedido ante la adopción. Esta no solo nos da libertad de la ley, el pecado, y la muerte, sino también la herencia de la vida eterna, la cual se expresa de la siguiente manera.

VERSÍCULO 7. *Y si hijo, también heredero de Dios por Cristo.*

Puesto que él es hijo, entonces también debe ser heredero. Merece ser heredero, ¡pero solo porque nació! Pues no hay ni obra ni mérito por el cual pudiera obtener la herencia, sino que ya es suya por el mero hecho de su nacimiento. El heredero es tan solo un ente pasivo y no un agente activo. Es decir, no por engendrar, laborar, ni custodiar. ¡Nació, es heredero! *Ni tampoc*o gastó ningún esfuerzo para ser concebido, solo fue un agente pasivo. Es así como obtenemos los dones eternos, a saber, el perdón de los pecados, la justicia, la gloria de la resurrección, y la vida eterna, no como agentes activos sino como entes pasivos. Es decir, no por hacer, sino por recibir. Aquí no hay nada que se interponga: la sola fe se aferra a la promesa ofrecida. Así como un hijo según las leyes civiles es heredero solo en virtud de su nacimiento, aquí, la sola fe es la que nos hace hijos de Dios, nacidos de la palabra. Esta es la matriz de Dios, en la cual somos concebidos, llevados, nacidos, nutridos, y todo lo demás. Entonces, es por este nacimiento, por medio de esta pasión[54] que somos declarados nuevas criaturas, formados por la fe en la palabra. Ahora bien, puesto que ya somos herederos, somos librados de la muerte, el pecado, el diablo, y tenemos también justicia y vida eterna.

Además, esto sobrepasa el entendimiento humano, que él nos llame herederos, no de algún príncipe acaudalado o poderoso, ni del emperador, ni del mundo, sino de Dios, el Todopoderoso, Creador de todas las cosas. ¡Tal es nuestro valor como herederos! No hay palabras para describir todo esto. Así lo dijo Pablo en 2 Corintios 9:15. Cuando el pecador comienza a entender la grandiosa excelencia

---

54. *hac ergo nativitate, hac passione [...] fili et heredes Dei per Christum*. Lutero vincula nuestro «nuevo nacimiento» con la pasión de Cristo. Nacemos otra vez por causa de, y dentro del nacimiento, la vida, la pasión, y la resurrección de Cristo. La doctrina de Lutero sobre el nuevo nacimiento apunta en esa dirección. Nuestro nuevo nacimiento es como nuestro bautismo, por el cual somos bautizados en Él, y también nacemos en Él.

de esta doctrina, es cuando llega a ser hijo y heredero de Dios. Todo el que cree con fe perseverante considera como excremento el poder y las riquezas del mundo al compararlas con su herencia eterna. Aborrece todo lo encumbrado y glorioso del mundo.

Sí, cuanto más grandiosa la pompa y la gloria del mundo, tanto más la desprecia. En conclusión, todo lo que el mundo estima como lo más encumbrado y grandioso, es, a sus ojos, lo más asqueroso y abominable. Pues ¿qué es el mundo, con todo su poder, riquezas, y gloria, comparado con ser hijo y heredero de Dios? Junto a Pablo, desearíamos con todo el corazón quedar libres y estar con Cristo; nada sería tan bienvenido como morir sin demoras. Acogeríamos la muerte como la más gozosa paz, sabiendo que sería el fin de todas nuestras miserias, y por ende, alcanzaríamos nuestra herencia en su totalidad. Sí; alguien que creyera plenamente en esto no seguiría con vida por mucho tiempo, sino que inmediatamente sería absorbido por un gozo incontenible y extremo.

Pero la ley de los miembros combate contra la ley de la mente, impide la fe en nosotros, y no nos permite alcanzar su perfección. Por tanto, necesitamos el auxilio y el consuelo del Espíritu Santo, para que en nuestras pruebas y aflicciones interceda por nosotros con gemidos indecibles, como he dicho anteriormente. El pecado permanece en la carne, a veces oprime la conciencia, y estorba la fe; por eso no podemos mirar y desear con gozo perfecto aquellas eternas riquezas que Dios nos ha dado por medio de Cristo. Pablo mismo, sintiendo esta batalla de la carne contra el espíritu, exclama: «¡Miserable hombre de mí! ¿Quién me librará de este cuerpo de muerte?». Él acusa a su cuerpo, al cual, no obstante, tiene la obligación de amar, y le da un nombre odioso: su Muerte. Como si dijera: «Mi cuerpo me aflige y perturba más que la misma muerte». Le impedía sentir ese gozo del Espíritu en él. No siempre disfrutaba de ese dulce gozo al pensar en la herencia celestial venidera. Más bien, a menudo sentía gran pesadez de espíritu, angustia, y aflicciones por todos lados.

Aquí podemos ver claramente cuán difícil es la fe para nosotros. Esto no se percibe con toda facilidad y rapidez, aunque así lo imaginan ciertas mentes henchidas y flojas. Estoy hablando de los que quisieran tragarse de un solo golpe todas las Escrituras. Pero la gran flaqueza de los santos, y la lucha de la carne contra el espíritu, testifica de toda la debilidad de su fe. Pues una fe perfecta pronto traería el desprecio de esta vida actual. Si pudiéramos concebir y estar seguros de que Dios es nuestro Padre, y nosotros sus hijos y herederos, entonces ¡condenaríamos totalmente a este mundo! Sí, a todo el mundo, con toda su gloria, justicia, sabiduría, y poder; con todos los cetros reales y coronas, y con todas las riquezas y placeres que contiene. No deberíamos vivir estresados por esta vida; ni tampoco con el corazón tan apegado a las cosas del mundo[55], confiando en ellas cuando las tenemos, y luego clamando con lamentos y desesperación cuando las perdemos. Más bien, debemos hacer todas las cosas con gran amor, humildad, y paciencia. Sin embargo, hacemos lo contrario, pues la carne todavía tiene fuerza, pero la fe es flaca, y el espíritu débil. Por tanto, Pablo lo dijo muy bien, en esta vida tenemos tan solo las primicias del Espíritu; los diezmos vendrán después.

VERSÍCULO 7. *Por Cristo.*

Pablo siempre tiene a Cristo en los labios; no lo puede olvidar. Pues él anticipaba que el mundo le prestaría atención a todo menos a Cristo y su Evangelio (aun los mismos que profesan ser cristianos). Por tanto, habla de él, y lo presenta de continuo ante nuestros ojos. Siempre que habla de la gracia, la justicia, y la promesa, la adopción, y la herencia, tiende a añadir: «en Cristo», o «por Cristo», desmereciendo veladamente a la ley. Es como si dijera: «Estas cosas no son nuestras por la ley ni por las obras de la ley; mucho menos por nuestra propia fuerza, o por la tradición humana; solo nos llegan a través de Cristo[56]».

VERSÍCULOS 8-9. *Mas entonces, no conociendo a Dios, servíais a los que por naturaleza no son dioses. Mas ahora, conociendo a Dios, o más bien, siendo conocidos por Dios, ¿cómo es que os volvéis de nuevo a los débiles y pobres rudimentos, a los cuales os queréis volver a esclavizar?*

Aquí Pablo concluye su contienda. Desde aquí hasta el fin de la epístola no tiene mucho más que disputar; solo da ciertos preceptos

---

55. *non sic adhaereremus corde corporalibus rebus.* Literalmente: «ni tener el corazón apegado a las cosas materiales».
56. *sed per solum Christum.*

tocantes al comportamiento. No obstante, reprocha a los gálatas. Se siente muy dolido porque ellos súbita y fácilmente se despojaron de su doctrina divina y celestial. Es como si les hubiera dicho: «Sus nuevos maestros los llevarán nuevamente al cautiverio de la ley. Yo no lo hice. En lugar de ello, por mi doctrina, los llamé de la oscuridad, de la ignorancia de Dios, a una luz y un conocimiento maravillosos de Él. Les quité el yugo y los puse en la libertad de los hijos de Dios. ¿De qué manera? No les prediqué las palabras de la ley, ni los méritos de los hombres, sino la gracia y la justicia de Dios. Les entregué la dádiva de las bendiciones celestiales y eternas por causa de Cristo. Sabiendo que digo la verdad, ¿por qué abandonaron tan pronto la luz, y se volvieron a la oscuridad? ¿Por qué permitieron que tan fácilmente los llevaran de la gracia a la ley, y de la libertad a la esclavitud?».

Nuevamente podemos ver aquí (como he dicho antes) que caer de la fe[57] es algo fácil[58], como lo atestigua el ejemplo de los gálatas. Lo mismo declara el ejemplo de los sacramentarios, los anabaptistas, y otros semejantes. Nosotros, por nuestra parte, exponemos esta doctrina de la fe viajando constantemente, predicando, leyendo, y escribiendo. Con claridad y pureza distinguimos entre el Evangelio y la ley, y aun así, no ganamos mucho terreno. Esto viene del diablo, quien merodea con todas las sutilezas posibles para seducir a los hombres, y encerrarlos en el error. No puede tolerar la existencia del verdadero conocimiento de la gracia, y de la fe en Cristo. Por lo tanto, para quitar a Cristo totalmente de la vista y del corazón[59], pone ante los hombres ciertos espectáculos, con los cuales engaña, para llevarlos poco a poco de la fe, del conocimiento de la gracia, a los temas de la ley. Cuando ya lo ha logrado, entonces ha sacado a Cristo. No es sin causa que entonces Pablo habla tanto y tan a menudo de Cristo. Se propone con toda pureza exponer la doctrina de la fe, por la cual, de manera exclusiva, se atribuye la justicia. Le quita esa facultad a la ley, declarando que esta tiene un efecto totalmente contrario. Es decir, engendra ira, hace abundar el pecado, y otros efectos similares. Pablo quisiera persuadirnos de no permitir que Cristo sea desalojado de nuestro corazón. La esposa no

---
57. *facillimum esse lapsum in fide.*
58. *Lapsus in fide facilis* (Nota de Rörer).
59. *e conspectus et corde.*

debe permitir que nadie le arranque a su esposo de sus brazos, sino que debe siempre abrazarlo y aferrarse a Él. Pues estando Él presente, ya no hay peligro. Lo único que hay son gemidos fieles, la buena voluntad paternal[60], nuestra adopción, y nuestra infinita herencia.

Sin embargo, ¿por qué dice Pablo que los gálatas volvieron a los débiles y pobres rudimentos o ceremonias, es decir, a la ley? Siendo gentiles, ellos nunca habían tenido la ley; aunque también escribió así a los judíos, como veremos después. De otro modo, ¿por qué no les habló de la siguiente manera? «En el pasado, cuando no conocían a Dios, sirvieron a los que por naturaleza no son dioses; pero ahora, viendo que conocen a Dios, ¿por qué vuelven a ellos, abandonando al Dios verdadero, para adorar a los ídolos?». ¿Será que Pablo entiende que todo es la misma cosa, caer de la promesa para volver a la ley, de la fe a las obras, y que esto es lo mismo que servir a los dioses que por naturaleza no son dioses? Yo respondo: todo el que cae del artículo de la justificación, desconoce a Dios, y es un idólatra. Por tanto, todo es la misma cosa; volver a la ley, o adorar ídolos; ¡todo es la misma cosa! No importa si lo llaman monje, musulmán, judío, o anabaptista. Porque cuando se quita este artículo de en medio, todo lo que queda no es sino error, hipocresía, impiedad, e idolatría, no importa si aparenta mantener la misma verdad, el verdadero servicio a Dios, y la verdadera santidad.

La razón es porque Dios no se deja conocer ni tampoco se puede conocer por ningún otro medio excepto por Cristo[61]. Esto es lo que dijo el apóstol Juan: «el unigénito Hijo, que está en el seno del Padre, Él le ha dado a conocer» (Juan 1:18). Él es la simiente prometida a Abraham, en la cual Dios ha atado todas sus promesas. Por tanto, Cristo es el único medio, y como dirían ustedes, el espejo, por el cual podemos ver a Dios y conocer su voluntad. Pues en Cristo vemos a Dios no como un juez exigente y cruel, sino como un Padre de infinita buena voluntad, amoroso, y misericordioso. Él, para bendecirnos o librarnos de la ley, el pecado, la muerte, y todo mal, como asimismo para dotarnos de la gracia, la justicia, y la vida eterna, «no escatimó ni a su propio Hijo, sino que lo entregó por todos nosotros». Este es el verdadero conocimiento de Dios, el

---
60. *paternitas.*
61. *Deus cognoscitur per Christum.* Nota de Rörer, «A Dios se lo conoce por Cristo».

convencimiento divino que no nos engaña, sino que nos dibuja un vívido cuadro de Dios. Fuera de este Dios, no hay otro Dios[62].

Los que han caído de este conocimiento es porque necesariamente han concebido esta fantasía en su corazón: «Serviré a Dios así y asá; me haré monje en cierta orden; voy a cumplir con esta u otra obra; y es así como serviré a Dios; pues sin duda alguna Dios aceptará estas obras, y por ellas, me recompensará con la vida eterna. Pues Él es misericordioso y generoso, obsequia todo hasta a los indignos y desagradecidos. Por eso, mucho más me dará gracia y vida eterna, por mis muchas grandes buenas obras y méritos alcanzados». Esta es la más alta sabiduría, justicia, y religión que se haya inventado la razón; la cual es común a todas las naciones, a los papistas, judíos, mahometanos, herejes, y todo lo demás[63]. No pueden ir más allá de donde estaba parado el fariseo que menciona el Evangelio. No tienen conocimiento de la justicia cristiana, o de la justicia de la fe, porque el hombre natural no percibe los pensamientos de Dios, ni los entiende, ni piensa que los necesita. Por tanto, no hay diferencia alguna entre un papista, un judío, un turco[64], y un hereje. Es cierto que hay diferencia entre las personas, los lugares, los ritos, las religiones, las obras, y las adoraciones[65]. No obstante, todo se resume en una y la misma razón, el mismo corazón, la misma opinión y raciocinios, en todos ellos. Pues el turco piensa lo mismo que el cartujo[66]: «Si hago esta o aquella obra, Dios me será misericordioso; si no la cumplo, me dará su ira». No hay término medio entre las obras humanas, y el conocimiento de Cristo. Si este conocimiento queda opacado o desfigurado, todo es la misma cosa, no importa si eres monje o pagano[67].

Por eso es una tremenda locura cuando los seguidores del papa y los turcos guerrean entre sí. Todo surge de esta discusión: «Nosotros tenemos la verdadera religión, y Dios solamente acepta nuestra manera de adorarlo»[68]. Ni los mismos monjes llegan a un acuerdo entre ellos; pues unos se consideran más santos que los otros,

---

62. *extra quam non est Deus.*
63. *papistae, Iudaei, Mahometistae, haeretici, etc.*
64. *papistam, Iudaeum, Turcam, haereticum, etc.*
65. *Nulla differentia est inter Turcas, Iudaeos, papistas, etc.* Nota de Rörer: «No hay diferencia entre turcos, judíos, papistas, etc.».
66. *Turca, quod Carthusianus.*
67. *sive sis monachus, sive ethnicus, etc.*
68. *papistae & Turcae inter se digladiantur de religione & cultu Dei.*

GÁLATAS 4:8-9

porque cumplen con ciertas tonterías llamadas ceremonias, y aun así, en sus corazones todos son de la misma opinión. ¿Ya ven? Si han visto un huevo, los han visto todos. Pues todos tienen la misma fantasía: «Si cumplo con esta obra, Dios me tendrá misericordia; si no la cumplo, me alcanzará su ira». Y es así como todos los que se rebelan contra el conocimiento de Cristo caerán obligadamente en la idolatría. Se imaginarán a un dios de su propia hechura, ¡a un dios que no existe![69] Así ocurre con el monje en su monasterio, no importa el renombre que tenga. Es el mismo, el monje que toma los votos de su orden, que el turco que jura obedecer su Corán. Todos se dan la misma confianza, que están agradando a Dios, y en consecuencia recibirán un gran galardón por todos sus esfuerzos.

Pero tal Dios que perdona los pecados y justifica a los pecadores por sus obras no se puede encontrar por ningún lado. Por eso, todo lo que tienen es una vana imaginación, un sueño, y un ídolo en sus corazones. Pues Dios no ha prometido que salvará y justificará a los hombres por sus religiones, observancias, cultos[70] y ordenanzas diseñadas por los hombres. Nada hay más abominable para Dios (como testifica toda la Escritura) que todas estas obras de la fuerza de la voluntad, tales como servicios, ritos, y ceremonias[71]. Por esa misma idolatría Él ha derrocado reinos e imperios por entero. Por tanto, todos los que confían en su propia fuerza y justicia, sirven a un dios, pero es un dios de su propia imaginación. Pero sin duda alguna, no es Dios en su propia naturaleza[72]. Pues el verdadero Dios, en su naturaleza[73], habla así: «No hay justicia, ni sabiduría, ni religión de mi agrado, excepto la única: aquella en la cual el Padre es glorificado por el Hijo. Todo el que se aferre a ese Hijo se aferra a mí. Le prometo que yo le seré por Dios. A estos, yo, el Padre, acepto, justifico, y salvo. Todos los demás permanecen bajo ira, porque adoran lo que por naturaleza no es Dios».

Todo el que abandona esta doctrina, obligadamente cae, y pierde el conocimiento de Dios. No puede comprender lo que es la verdadera justicia cristiana, la sabiduría, y el servicio de Dios[74]. El tal es un idólatra, que vive bajo la ley, el pecado, la muerte, y el poder

---
69. *quia necesse est eum de Deo fingere formam, quae nusquam est.*
70. *cultus.*
71. *cultus.*
72. *qui natura Deus est.*
73. *verus et naturalis.*
74. *cultus.*

del diablo, y todas las cosas que hace están bajo maldición y condenación. Por tanto, el anabaptista se imagina que agrada a Dios si se rebautiza, si abandona su hogar, su esposa y sus hijos; si mortifica su carne, y sufre mucha adversidad, y al final la muerte misma. Sin embargo, no tiene ni una gota del conocimiento de Dios en él. No obstante, excluyendo a Cristo, está atrapado en sus sueños de obras, abandono de sus bienes y mortificación, y ya no se diferencia del musulmán, el judío, o el papista en el espíritu de su corazón. La única diferencia está en la apariencia externa[75], o sea, en las obras y las ceremonias, las cuales él mismo ha escogido. Todos los monjes y sus presuntas órdenes de santidad sostienen esta misma falsa confianza, aunque hay ciertas diferencias en sus prendas de vestir y otras cosas de sus apariencias.

Hoy hay muchos como estos. ¡Cuánto quisieran ellos hacerse pasar por verdaderos maestros y profesores del Evangelio! Además, hasta con sus palabras, parecieran enseñar a los pecadores que son librados de sus pecados por la muerte de Cristo. Pero como enseñan la fe de tal modo que atribuyen más al amor que a la fe, deshonran grandemente a Cristo, e impíamente pervierten su palabra. Pues se ingenian la ilusión de que Dios nos valora y acepta por nuestro amor a Dios y al prójimo. Si esto fuera cierto, entonces no necesitaríamos a Cristo para nada. Esta gente no sirve al verdadero Dios, sino a un ídolo de su propio corazón, diseñado por ellos mismos. Pues el verdadero Dios no nos estima ni acepta por nuestro amor, virtudes, o novedad de vida, sino por causa de Cristo[76].

Aquí ellos protestan así: «Pero la Escritura ordena que debemos amar a Dios con todo nuestro corazón». Es cierto. Pero ¿quién cumple plenamente con el mandato? Aunque Dios lo manda, no se sigue que lo obedecemos cabalmente. Si amáramos a Dios con todo nuestro corazón, entonces sin duda alguna seríamos justificados, y viviríamos por esta obediencia, como está escrito: «El que hiciere estas cosas vivirá por ellas» (Levítico 18:5). Pero el Evangelio dice: «Tú no haces estas cosas, así que no vivirás por ellas». Pues esta declaración, «amarás al Señor tu Dios», requiere una perfecta obediencia, un perfecto temor, perfecta confianza, y amor a Dios. Mientras vivamos en esta naturaleza corrupta, no podremos hacer

---
75. *externam larvam.*
76. *sed propter Christum.*

ni cumplir estas cosas. Por tanto, esta ley, «amarás al Señor tu Dios», no justifica. Al contrario, acusa y condena a todo ser humano, conforme a lo dicho: «la ley engendra ira» (Romanos 4:15). Por otro lado, «Cristo es el fin y el cumplimiento de la ley para justicia, a todo aquel que cree»[77]. De esto hemos hablado ampliamente.

Los judíos guardan la ley del mismo modo, queriendo agradar a Dios con su obediencia. Pero eso no es servir al verdadero Dios sino idolatría. Ellos adoran una vana ilusión, un ídolo en su propio corazón. Pero este ídolo no se puede encontrar por ningún lado. Pues el Dios de sus padres, a quien dicen que adoran, prometió a Abraham «una simiente» por la cual serían benditas todas las naciones. Por tanto, no es por la ley sino por el Evangelio que se conoce a Dios y se recibe su bendición[78].

Pablo dijo estas palabras, «no conociendo a Dios, servíais», precisa y directamente a los gálatas porque eran gentiles. No obstante, las mismas palabras alcanzan también a los judíos. Aunque en apariencia los judíos habían rechazado los ídolos de los gentiles, en sus corazones los adoraban más que los mismos gentiles. En Romanos, Pablo los desenmascara: «Dices que detestas a los ídolos, pero entras a los templos a robarte esos ídolos» (Romanos 2:22 PDT). Los gentiles no eran el pueblo de Dios, no tenían su palabra, y por tanto, su idolatría era más vulgar. Pero los judíos idólatras encubrían su idolatría con el nombre y la palabra de Dios. Precisamente esto es lo que hacen hoy todos los legalistas al buscar afanosamente la justicia por sus obras. Con este espectáculo externo de santidad, engañan a muchos. Por tanto, la idolatría, cuanto más santa y espiritual, tanto más dañina es.

Sin embargo, ¿cómo se pueden reconciliar estas dos declaraciones contrarias dichas por el apóstol: «No conocíais a Dios» y «adorabais a Dios»? Yo respondo: «Todos los hombres tienen naturalmente el conocimiento general de que hay un Dios, según Romanos 1: «Porque lo que de Dios se conoce les es manifiesto; porque Dios se lo manifestó» (Romanos 1:19). Dios les fue revelado en las cosas invisibles de Dios manifiestas mediante la creación del mundo. Además, las ceremonias y las religiones en existencia por todas las

---

77. *Christus est consummatio legis ad iusticiam omni credenti.*
78. *Non per legem sed Evangelium cognoscitur Deus, & donatur benedictio.* Nota de Rörer: «No es por la ley sino por el Evangelio que se conoce a Dios y se recibe su bendición».

naciones, testifican de un conocimiento generalizado de Dios en toda la humanidad. Pero si lo tenían por naturaleza, o por la tradición de sus padres, aquí no lo disputaré.

Pero aquí algunos nuevamente protestan: «Si ya todas las gentes conocían a Dios, ¿por qué entonces Pablo dice que los gálatas no conocían a Dios antes de la predicación del Evangelio?». Yo respondo que hay dos tipos de conocimiento de Dios: uno general, y otro particular[79]. Todas las gentes tienen el conocimiento general; a saber, que hay un Dios creador de cielo y tierra, justo, y que castiga a los impíos. Sin embargo, lo que Dios piensa de nosotros (cuál es su voluntad para nosotros), lo que dará o hará para librarnos del pecado, de la muerte, y salvarnos (el propio y verdadero conocimiento de Dios), todo esto lo desconocen. De la misma manera que yo conozco a alguien de vista, pero no personalmente, porque en verdad no comprendo sus sentimientos[80] hacia mí, así es como la gente en su estado natural conoce a Dios. Pero cuál es su voluntad, y cuál no es su voluntad[81], lo desconocen. Pues así está escrito: «No hay quien entienda a Dios». Y en otro lugar: «A Dios nadie le vio jamás» (Juan 1:18); es decir, nadie ha conocido cuál es la voluntad de Dios. Ahora, ¿de qué te vale si sabes que hay un Dios, pero ignoras cuál es su voluntad para ti? Aquí algunos piensan una cosa, y otros otra. Los judíos se imaginan que la voluntad de Dios es ser adorado de acuerdo al reglamento de Moisés. El turco[82], si guarda su Corán; el monje, si es fiel a su orden y cumple sus votos. Sin embargo, todos estos están engañados, y se vuelven vanos en sus propios pensamientos. Como dice Pablo, no sabiendo lo que agrada o no agrada a Dios (Romanos 1:21). Por tanto, en vez del Dios verdadero y natural, adoran los sueños y las imaginaciones de su propio corazón, las cuales por naturaleza nada son.

Esto es lo que Pablo quiso decir con «cuando no conocían a Dios, cuando no conocían la voluntad de Dios, cuando servían a los que por naturaleza no son dioses», es decir, cuando servían a los delirios e imaginaciones de su propio corazón. Pues pensaban, sin la palabra, que tenían que adorar a Dios con esta o aquella obra; con este o aquel rito o ceremonia.

---

79. *generalis et propia.*
80. *quid sit voluntas ipsius.*
81. *quid velit, quid non velit.*
82. *Turcae.*

Pues toda la idolatría ha surgido de este postulado generalizado del pensamiento de la naturaleza humana: «Sí, hay un Dios». Pero sin recibir ningún conocimiento particular de Dios[83], la gente concibió vanas y perversas imaginaciones de quién es Dios, sin la palabra de Dios y en contra de ella. Pero dieron un alto valor a sus propios pensamientos, alegando que así y así era Dios.

Ahora, ¿acaso el monje no piensa igual? Pues se inventa un dios que perdona pecados, y otorga gracia y vida eterna tan solo si cumple con los votos de su orden. Pero ¿dónde se encuentra este dios? Por ningún lado. Por eso, el monje no rinde servicio al verdadero Dios, sino a lo que por naturaleza no es dios; a saber, la imaginación y el ídolo de su propio corazón. Es decir, su propia y falsa opinión de Dios, la cual se imagina es verdad sin que quepa lugar a duda. Ahora bien, ¿en qué se parece una opinión a Dios? ¡La misma razón nos obligará a negar[84] tal tontería! Por tanto, todo el que se propone adorar a Dios sin su palabra, no rinde servicio al verdadero Dios (como dice Pablo), sino a lo que por naturaleza no es dios.

Por tanto, aunque aquí digas que los «rudimentos» hablan de la ley de Moisés o de las tradiciones de los gentiles (aunque aquí él habla precisa y principalmente de los rudimentos de Moisés), no hay gran diferencia. Pues el que ha caído de la gracia a la ley no cae con menos peligro que aquel que cae de la gracia a la idolatría. Ya que sin Cristo no hay más que pura idolatría, y una vana y falsa imaginación de Dios, aunque se llame la ley de Moisés, o las ordenanzas del papa, o el Corán del turco, y cosas así. Por tanto, dice con cierto asombro:

VERSÍCULO 9. *Mas ahora, conociendo a Dios.*

Es como si hubiera dicho: «¡Me asombro! Ustedes conocieron a Dios por la predicación de la fe. Pero ahora se levantan tan súbitamente contra el conocimiento de su voluntad. Yo estaba tan convencido de que ustedes estaban firmemente arraigados en su conocimiento. De tal modo que ¡jamás se me ocurrió que los tumbarían tan fácilmente!». Pero ahora, siendo instigados por los falsos apóstoles,

---

83. *sine cognitione divinitatis.*
84. *ipsa ratio fateri cogitur.*

vuelven a las débiles y pordioseras ceremonias, a las cuales nuevamente rinden tributo. Por medio de mi predicación escucharon la voluntad de Dios, la cual trae bendición a todas las naciones; no por medio de la circuncisión, o por medio de la observancia de la ley, sino por Cristo, prometido a Abraham. Los que creen en Él, serán bendecidos junto con Abraham, el creyente. Ustedes ya son hijos y herederos de Dios. Es así (digo yo) como han conocido a Dios.

VERSÍCULO 9. *Más bien, siendo conocidos por Dios.*

Aquí Pablo reprocha su propia retórica, donde dijo: «mas ahora habiendo conocido a Dios». Ahora reemplaza esa oración con «siendo conocidos por Dios», pues temía que hubieran perdido del todo a Dios. Es como si hubiera dicho: «¡Ay! ¿Han llegado a tal punto que, ahora que han conocido a Dios, se han vuelto de la gracia a la ley? No obstante, Dios todavía los conoce».

Por cierto, nuestro conocimiento es más bien pasivo, en vez de activo. Es decir, consiste en esto: «En vez de conocer a Dios, más bien nosotros somos conocidos por Dios». Lo único que hacemos es permitir que Dios obre en nosotros. Él envía la palabra divina, y cuando por fe nos aferramos a ella, nacemos hijos de Dios.

Así que el sentido y significado es este: «Son conocidos por Dios». Es decir, han sido huéspedes de la Palabra, han sido dotados de fe y del Espíritu Santo, por el cual han revivido. Aun con estas palabras, «son conocidos por Dios», le quita toda la justicia a la ley, y refuta el alegato de que podemos conocer a Dios por medio de la virtud de nuestras propias obras. «Nadie sabe quién es el Padre, sino el Hijo, y a quien el Hijo lo quisiere revelar» (Mateo 11:27). Como también: «Por su conocimiento justificará mi siervo justo a muchos, y él llevará las iniquidades de ellos» (Isaías 53:11). Por tanto, nuestro conocimiento de Dios es meramente pasivo[85].

CONFERENCIA 29: viernes 23 de octubre

Por tanto, Pablo queda atónito. Por medio del Evangelio ellos habían recibido un conocimiento del Dios verdadero. Fue algo sorprendente.

---

85. *nostra de Deo est mere passiva.*

Por causa de la persuasión de los falsos apóstoles, de un momento a otro volvieron a los rudimentos débiles y pordioseros. Yo también me sentiría atónito si nuestra iglesia (que por la gracia de Dios ha sido debidamente establecida en la doctrina y la fe) fuera seducida y pervertida por algún fanático pretencioso. Con tan solo un par de sermones lograrían que mi congregación ya no me aceptara más como su pastor[86].

Algún día sucederá. Si no sucede mientras estemos vivos, será cuando la muerte nos aleje. Pues muchos entonces se levantarán como maestros y eruditos, quienes bajo los colores de la verdadera religión enseñarán una doctrina falsa y perversa. Rápidamente derrocarán todo lo que nos ha tomado tanto tiempo y esfuerzo construir. No somos mejores que los apóstoles, que mientras todavía vivían, vieron cómo esas iglesias se sublevaron, las mismas que ellos habían sembrado personalmente por medio de su ministerio. Por tanto, no ha de maravillarnos si hoy nos vemos obligados a ver el mismo mal en esas iglesias donde reinan los sectarios. Una vez que pasemos a la muerte, se posesionarán de esas iglesias que hemos sembrado y levantado mediante nuestro ministerio. Las infectarán y sublevarán con su veneno. No obstante, Cristo prevalece y reinará hasta el fin del mundo. Por tanto, y con gran asombro, la iglesia también prevalecerá, así como perduró durante el papado.

Pablo pareciera hablar con mucho desprecio de la ley, cuando la llama los «rudimentos» (como también lo había hecho antes, al principio de este capítulo). Pero ahora no solo la llama «rudimentos», sino «débiles y pordioseros rudimentos y ceremonias». ¿Acaso no es blasfemia darle nombres tan odiosos a la ley de Dios? En su debido uso, la ley debe servir a las promesas, y apoyar a las promesas y a la gracia. Sin embargo, cuando lucha contra estas, ya no es la santa ley de Dios, sino una doctrina falsa y diabólica, y no hace más que lanzar a los hombres a la locura, y por tanto, ¡debe ser repudiada y excomulgada!

Por tanto, cuando él llama a la ley los rudimentos débiles y pordioseros, habla de la ley según la entienden los hipócritas orgullosos y engreídos, los que procuran ser justificados por la ley. No está hablando del sentido espiritual de la ley, que la ley engendra

---

86. *Doctorem suum.*

ira. La ley (como he dicho a menudo), cuando se usa debidamente, acusa y condena. En este respecto, no solo es un rudimento fuerte y enriquecido, sino todo un potentado opulento; sí, es una potencia invencible y señorial. Y si comparas aquí la conciencia con la ley, entonces la conciencia es demasiado frágil; pues el pecado más pequeño atormenta y aflige a la conciencia hasta el punto de la desesperación, a menos que pueda ser nuevamente reanimada. Por eso, la ley en su debido uso es tan potente y grandiosa que ni el cielo y la tierra la pueden contener. Pues tan solo una jota o una tilde es capaz de aniquilar a toda la humanidad, tal cual atestigua la historia de la ley cuando fue dada por Moisés (Éxodo 19-20). Este es el uso verdadero y divino de la ley, del cual Pablo no habla aquí.

Por tanto, Pablo reprocha a los hipócritas por haber caído de la gracia, y también a los que todavía no se han aferrado a ella. Ambos abusan de la ley pues procuran ser justificados por ella. Se ejercitan y se agotan día y noche en sus obras. Ese fue el testimonio de Pablo: «Porque yo les doy testimonio», dijo él, «de que tienen celo de Dios, pero no conforme a ciencia. Porque desconocieron la justicia de Dios» (Romanos 10:2-3 LBLA). Estos fulanos esperan ser fortalecidos y enriquecidos por la ley. Creen que pueden contraponer su poder y riqueza (los cuales piensan haber conseguido por la justicia de la ley) contra la ira y el juicio de Dios. Así piensan que pueden apaciguar a Dios, y ser salvos por la ley. Pero en este aspecto, afirmamos que la ley es un rudimento débil y pordiosero. Por tanto, es imposible que la ley pueda aconsejarte, o servirte de auxilio alguno.

Los que quisieran ampliar su retórica tendrían que desplegarse en las palabras «activa», «pasiva», o «neutra». Activa, la ley es un rudimento débil y pordiosero, porque debilita a sus seguidores y los convierte en harapientos. Pasiva, porque la ley no tiene ni poder ni riquezas para entregar ni producir justicia. Neutra, porque su naturaleza no es más que debilidad y penuria. ¿Cómo, pues, puede fortalecer y enriquecer a los que antes ya eran debiluchos y harapientos? Por tanto, procurar ser justificados por la ley es como si alguien, ya débil y pobre, buscara superar su propia debilidad y pobreza con un mal peor que lo destruyera totalmente. Es como si alguien, víctima de una plaga fatal, ¡buscara remedio infectándose con una peor! O como si un leproso viniera para quitarle la lepra al otro; o como si un pordiosero procurara enriquecer a otro mendigo. *Aquí, como dice el proverbio, «uno es el que ordeña al chivo, y otro es el que sostiene el colador»*[87].

Este es un ejemplo perfecto de una *tapinosis*[88]. Pablo se burla de los que trabajan para ser justificados por la ley porque su esfuerzo no hace más que volverlos cada día más débiles y empobrecidos. De hecho, ellos mismos ya son débiles y pordioseros. Es decir, por naturaleza ya son hijos de ira, sujetos a la muerte y a la eterna condenación. Aun así, se aferran solamente a la debilidad y a la pobreza, esperando que estas los fortalezcan y los llenen de riquezas. Por tanto, todos los que caen de la promesa a la ley, de la fe a las obras, no hacen sino imponerse una carga más pesada cuando ya están debiluchos y tambaleando. Para comenzar, no pueden llevar el peso encima, y luego, con sus esfuerzos, se debilitan diez veces más (Hechos 15:10). Al final se lanzan a la desesperación, a menos que Cristo venga y los ponga en libertad.

El Evangelio también testifica de lo mismo cuando habla de la mujer atormentada por doce años con un flujo de sangre. Ella sufrió mucho en manos de los médicos, gastando todo lo que tenía para pagarles, sin poder encontrar remedio. Cuanto más pasaba el tiempo, aun estando bajo el cuidado de ellos, tanto más empeoraba (Marcos 5:25ss.). Así es. Así pasa con los muchos que procuran hacer las obras de la ley a fin de ser justificados en sus intentos de guardarla. No solo logran hacerse más injustos, sino que resultan dos veces más pecadores de lo que eran antes. Es decir (como he dicho), más débiles y paupérrimos, y más ineptos para cualquier buena obra. Esta verdad la he comprobado tanto en mi persona como en muchos otros. En el papado he conocido muchos monjes quienes, con gran fervor, hicieron grandes obras para alcanzar la justicia y la salvación. Pero al final se volvieron más impacientes, más débiles, más infelices, más incrédulos, más temerosos, y más listos para desesperar que todos los demás. Los magistrados civiles, siempre ocupados con problemas de gran peso e importancia, no eran tan impacientes, temerosos, decaídos, supersticiosos e incrédulos como estos legalistas y rebuscaméritos.

---

87. Proverbio alemán que expresa la necedad humana, pues ¡sería una gran locura recoger la leche al ordeñar la vaca con un colador en vez de un cubo!
88. Figura retórica por la cual se minimiza la importancia o se subestiman las cualidades de lo referido. Lutero se refiere a las palabras de Pablo en Gálatas 4:8-9 donde llama a la ley «débiles y pordioseros rudimentos».

CONFERENCIA 29: VIERNES 23 DE OCTUBRE

Entonces, todos los que procuran la justicia mediante la ley *alcanzan este insólito logro: adquieren el hábito*[89] *de repetir las mismas obras para volver a comenzarlas desde el principio ¡vez tras vez tras vez!* Se imaginan a un Dios airado y amenazador[90] que podrán aplacar con esas obras. Pues bien, una vez que han concebido esta fantasía, se dan manos a la obra. Pero jamás podrán encontrar suficientes buenas obras como para acallar la conciencia. Pues hasta encuentran pecado en esas obras que ya habían hecho. Por tanto, jamás pueden tener confirmación en la conciencia, sino que siempre vivirán con la duda pensando así: «No me he sacrificado lo suficiente como debiera; no he rezado bien; he dejado de hacer esto; he cometido este o aquel pecado». Aquí tiembla el corazón y se siente oprimido con innumerables pecados, los cuales siguen en aumento sin fin, de modo que se desvía cada vez más de la justicia, hasta que al fin adquiere la manía[91] de la desesperanza. Por eso muchos, al borde de la muerte, gritan en su agonía[92]: «¡Soy todo un miserable! No he cumplido con los reglamentos de mi orden. ¿A dónde huiré de la ira de Cristo, ese juez iracundo? ¡Oh, que Dios me enviara a un hato de puercos! ¡Soy el desgraciado más vil de todo el mundo!».

Es así como, al fin de sus días, el monje es más débil, más pordiosero, más incrédulo y temeroso que al principio, cuando entró por primera vez a su orden. La razón es que procuró fortalecerse con la debilidad, y enriquecerse con la pobreza. La ley, o las tradiciones de los hombres, o el reglamento de su orden, debería haber curado su enfermedad, y enriquecerlo en su pobreza. Pero ha terminado más débil y pordiosero que los publicanos y las rameras. Los publicanos y las rameras no se han hecho el hábito de repetir infelices obras tediosas[93] en las cuales confiar, como los monjes. Sin embargo, puesto que sienten el peso de sus pecados (como jamás lo han hecho los monjes, monjas, y frailes), pueden decir con el publicano: «¡Señor, sé propicio a mí, pecador!» (Lucas 18:13).

Al contrario, el monje que ha pasado toda su vida en los rudimentos débiles y paupérrimos, se ha hecho el hábito de decir[94]:

---

89. Lutero usó el griego εξιν.
90. *tremendum*.
91. *acquirat habitum desperationis*.
92. *in agone*.
93. *infelicem illam operum* εξιν.
94. *comparavit sibi hunc habitum*.

«Si guardas los reglamentos de tu orden, serás salvo», y cosas así. Con esta falsa persuasión queda tan encandilado y embrujado, que no puede comprender la gracia; no, ni una sola vez podrá recordar el significado de la palabra «gracia». Así, ni las obras de toda su vida, por muchas y grandes que sean, le bastan, sino que siempre mira y busca más y más obras. De tal modo que, apilando obras, procura aplacar la ira de Dios y justificarse a sí mismo. Finalmente se ve al borde de la desesperación. Por eso, todo el que cae de la fe para seguir tras la ley, es como el perro de Esopo, que suelta la presa para morder la sombra.

Por tanto, es imposible, para los que procuran la justicia y la salvación mediante la ley (como es la inclinación humana), hallar paz y quietud en su conciencia. Más bien, todo lo que logran es apilar leyes sobre leyes, con las que se atormentan a sí mismos y a otros. Afligen las conciencias de los hombres con obscuros presagios. Así, muchos mueren antes de tiempo debido a la extrema angustia en sus corazones. Pues una ley siempre pare diez más, y así siguen, en aumento exponencial y perpetuo. *Esto se atestigua en las innumerables* Summae *(esa linda creación del llamado «el Angélico»), donde se reúnen y exponen este tipo de leyes*[95].

En resumen, el que procura ser justificado por la ley, suda sin cesar por lo que jamás podrá lograr. Aquí podemos relacionar lo que dijeron los Padres, con respecto a dichos de sabios y hombres ilustres acerca de obrar en vano, tales como: «Rodando la piedra»; «Sacando agua con un colador», y otras así. Yo pienso que, con tales inventos y parábolas, los Padres quisieron inculcar en sus discípulos la diferencia entre la ley y el Evangelio. Querían demostrar que, cuando los hombres caen de la gracia, no importa cuánto se esmeren con su agotador e incesante esfuerzo, toda su obra es en vano. De estos se dice propiamente que andan rodando la piedra. Es decir, en vano se esfuerzan, como decían los poetas sobre Sísifo, el hombre que rodaba la piedra hasta la cima de la montaña en el infierno. Tan pronto como llegaba a la cumbre, la veía rodar montaña abajo sin poder evitarlo. Se habla también de los que sacan agua de un pozo con un colador. Es decir, se agotan con esfuerzos inútiles y sin fin, como los poetas relatan de las hijas de Dánao, pues en el infierno les tocaba cargar agua en vasijas rotas para llenar un cántaro sin fondo.

---

95. Mención de la *Summae*, de Santo Tomás de Aquino, el «Doctor Angelical». Obviamente, Lutero no era un gran fanático de esa obra.

CONFERENCIA 29: VIERNES 23 DE OCTUBRE

Quisiera que ustedes, los estudiantes de materias sacras, almacenaran parábolas como estas, pues les ayudarán a retener una mejor manera de ver la diferencia entre la ley y el Evangelio. Así se puede ilustrar que procurar justificarse por la ley es como contar plata de un bolso vacío; comer de un plato sin comida; beber de una taza vacía; procurar fuerza y riqueza en donde todo lo que hay es debilidad y pobreza; ponerle carga al que ya está aplastado por el peso de lo que ya lleva encima; pagar una cuenta de cien monedas de oro cuando no tienes ni un centavo; quitarle la camisa al desnudo; oprimir al enfermo y necesitado con más enfermedad y penurias.

Pero ¿quién hubiera pensado que los gálatas, habiendo aprendido una doctrina tan sana y pura de tan excelente apóstol y maestro, podrían tan súbitamente dejarse alejar de la misma, y dejarse pervertir del todo por los falsos apóstoles? Tengo razón para repetirlo tanto: caer de la verdad del Evangelio es algo fácil. ¿Por qué? La gente no valora, no, ni los mismos fieles, cuán excelente y precioso tesoro es el verdadero conocimiento de Cristo. Por eso no se esfuerzan con esmero y cuidado para obtenerlo y retenerlo. Además, gran parte de los que escuchan la palabra no son acosados ni con cruz ni con aflicción. No luchan contra el pecado, la muerte, ni el diablo, sino que viven protegidos por sus cuatro paredes, sin conflicto alguno. Estos no han sido probados ni acrisolados por la tentación, no están armados con la palabra de Dios contra las sutilezas del diablo, ni han sentido jamás el uso y el poder de la palabra. Es cierto que, cuando se encuentran reunidos con otros ministros y predicadores fieles de la palabra, repiten lo que escuchan, persuadidos de que comprenden el tema de la justificación a la perfección. Pero, cuando se encuentran solos, y llegan los lobos disfrazados de ovejas a sus rediles, reaccionan como los gálatas. Es decir, son seducidos tan rápido, que fácilmente regresan a los rudimentos débiles y pordioseros.

Aquí Pablo tiene una manera muy particular de expresarse, muy diferente a los otros apóstoles. Pues, fuera de Pablo, no hubo ni uno de ellos que le diera tales nombres a la ley. A saber, que es un rudimento débil y pordiosero, es decir, totalmente inútil para alcanzar la justicia[96]. Por cierto, yo no le daría tales nombres a la ley,

---

96. *Legi [...] plus quam inutile ad justitiam.*

pensando que sería una gran blasfemia contra Dios; pero Pablo ya lo había hecho. Ya he tratado este tema ampliamente, señalando cuándo la ley es débil y pordiosera, y cuándo la ley es potente y acaudalada.

Ahora bien, si la ley de Dios es débil e inútil para la justificación, cuánto más débiles y enclenques serán las leyes y los decretos del papa, sin provecho alguno para la justificación. *No es que yo rechace y condene todas sus leyes, pues digo que muchas son útiles para la disciplina externa. Pues es necesario que todo en la iglesia se haga ordenadamente, para que no surjan disensiones ni riñas. De igual manera, las leyes del emperador son buenas para el bienestar de la nación, y asuntos así. Pero el papa no se contenta con este buen reconocimiento de sus leyes, sino que requiere que creamos que por observarlas seremos justificados y salvos. Por tanto, negamos todo eso, y* condenamos tales ordenanzas, leyes, y decretos del papa. Lo hacemos con osadía y confianza, como lo hizo Pablo contra la ley de Dios. Decimos que tales reglamentos son débiles y pordioseros, totalmente inútiles para la justicia. Peor aun, son execrables, malditos, diabólicos, y condenables, pues blasfeman contra la gracia, derrocan el Evangelio, suplantan a la fe, y quitan a Cristo de en medio.

Cuando el papa, entonces, requiere que guardemos sus leyes como obligatorias para la salvación, es el mismo anticristo, y el vicario de Satanás[97]. Todos los que se aferran a él y confirman sus abominaciones y blasfemias, o quienes las guardan para merecer el perdón de sus pecados, son siervos del anticristo y del diablo. La doctrina de la iglesia papista ha sido esa por mucho tiempo, diciendo que estas leyes deben guardarse como necesarias para la salvación. Así es como el papa se sienta en el templo de Dios, haciéndose pasar por Dios; se opone a Dios, y se exalta a sí mismo contra todo lo que se llama Dios, y permite ser adorado como Dios. Es así como las conciencias de los hombres temen y reverencian las leyes y mandatos del papa más que la palabra de Dios y sus ordenanzas. Es así como él se hizo Señor de cielo y tierra, del infierno, y luce una triple corona sobre su cabeza. Los cardenales y obispos, sus criaturas, los hizo reyes y príncipes de este mundo. Por tanto, si no hubiera oprimido las conciencias de la gente con sus leyes, no podría

---

97. *Papa [...] est antichristus et Satanae vicarious.*

haber mantenido su horrible poder, dignidad, y riquezas por tanto tiempo. De otro modo, todo su reino se desplomaría en poco tiempo.

El texto que Pablo explica aquí es de gran peso e importancia, y por tanto, hay que prestarle mucha atención. A saber, los que caen de la gracia a la ley pierden totalmente el conocimiento de la verdad. No ven sus propios pecados. No conocen a Dios, ni al diablo, ni a sí mismos. Además, no comprenden la fuerza y el uso de la ley, aunque se jactan sin medida de que la guardan y la observan. Pues sin el conocimiento de la gracia, es decir, sin el Evangelio de Cristo, es imposible definir la ley como un rudimento débil y pordiosero, inútil para la justicia. Más bien tienen un concepto totalmente contrario a la ley. Es decir, no solo es necesaria para la salvación, sino que también fortalece a los débiles, y enriquece a los pobres y pordioseros. Prometen que todos los que la obedezcan y guarden merecerán la justicia y la salvación eterna. Pero si esta opinión permanece, se niega la promesa de Dios, se desaloja a Cristo, y se establece toda mentira, impiedad, e idolatría. No obstante, el papa, con todos sus obispos, escuelas, y su sinagoga entera, ha enseñado que sus leyes son necesarias para la salvación. Por tanto, ha sido un maestro de los elementos débiles y pordioseros. Con estos ha convertido a la Iglesia de Cristo, a lo largo y ancho del mundo entero, en la más débil y pordiosera. Es decir, con la maldad de sus leyes recargó y despiadadamente atormentó a la Iglesia, desfigurando a Cristo, y enterrando su Evangelio. *Por tanto, si van a observar las leyes del papa sin consultar a la conciencia, ¡pues háganlo! Pero no vayan a pensar que les va a valer como justicia, porque la justicia es dada por Cristo solo*[98].

VERSÍCULO 9. *A los cuales os queréis volver a esclavizar.*

Pablo añade esta frase para señalar a los hipócritas orgullosos y presumidos, quienes procuran justificarse por la ley, como he demostrado antes. De otro modo, él llama a la ley santa y buena, y añade: la «ley es buena, si uno la usa legítimamente» (1 Timoteo 1:8). Es decir, en su uso civil[99], para frenar a los malhechores, y

---

98. *justitiae ea namque per solum Christum donatur.*
99. *politice.*

espiritualmente para aumentar las transgresiones[100]. Pero todos los que observan la ley para obtener la justicia ante Dios, cambian la ley, de algo bueno a algo que condena y perjudica. Él reprocha a los gálatas porque han querido volver a la esclavitud de la ley, la cual no quita el pecado, sino que lo hace abundar. Pues mientras los pecadores, siendo débiles en sí mismos, procuran justificarse por la ley, no encuentran en ella sino debilidad y pobreza. ¡Es como si dos pordioseros enfermos y débiles unieran fuerzas! Pero ninguno de los dos es capaz de sanar al otro, sino que más bien ¡el uno se vuelve una carga para el otro!

Nosotros, fortalecidos en Cristo, con gusto serviríamos a la ley. No a la débil y pordiosera, sino a la poderosa y acaudalada. Es decir, a la que ejerce control sobre el cuerpo. Es así como servimos a la ley, mas solo en nuestro cuerpo y miembros exteriores, no con nuestra conciencia. Pero el papa exige que obedezcamos sus leyes con esta idea: si hacemos esto o aquello, seremos justos. De otro modo, seremos condenados. Aquí la ley no es más que un elemento débil y pordiosero. Pues mientras la conciencia siga esclava de la ley, no habrá más que pura debilidad y pobreza. Por tanto, todo el peso del asunto recae sobre esta palabra: «esclavitud»[101]. Lo que quiere decir Pablo es esto: él no permitirá a la conciencia servir a la ley como esclava, sino que vivirá en libertad y tendrá dominio sobre la ley. Pues por Cristo la conciencia ha muerto a la ley, y la ley a la conciencia. Esto ya lo expusimos ampliamente en el capítulo dos.

VERSÍCULO 10. *Guardáis los días, los meses, los tiempos, y los años.*

Con estas palabras él demuestra claramente la enseñanza de los falsos apóstoles: todo tiene que ver con la observancia de días, meses, tiempos y años. *Casi todos los eruditos han interpretado este texto relacionándolo con los días de la astrología de los caldeos, diciendo que los gentiles, al concertar sus negocios o celebrar los asuntos de la vida y sus quehaceres, observaban ciertos días fijos, meses, y tiempos de este tipo. Alegan que los gálatas, instados por los falsos apóstoles, hacían lo mismo. San Agustín, a quien otros siguieron, explicó estas palabras de Pablo en*

---

100. *quod lex bona sit, si quis ea legitime utatur, scilicet politice ad coercendos malos, theologice ad augendas transgressiones.*
101. *serviendi.*

relación con las costumbres de los gentiles, aunque después las interpretó como los días, meses, y otros tiempos de los judíos.

Pero aquí Pablo instruye a la conciencia. Por eso, él no está hablando de la costumbre de los gentiles al guardar días o asuntos que tienen que ver con el cuerpo. Aquí él habla de la ley de Dios, de la observancia de días, meses, y cosas así, de acuerdo con la ley de Moisés. Es decir, se refiere a los días, meses, y tiempos religiosos que los falsos apóstoles observaban como necesarios para la justificación. Los judíos tenían el mandato de santificar el sábado, las lunas nuevas, el primer día del mes, y el séptimo; las tres fiestas designadas: la pascua, la fiesta de las semanas, de los tabernáculos, y el año del jubileo. Los falsos apóstoles enseñaban que tenían la obligación de guardar estas ceremonias como necesarias para la justicia. Por tanto, él dice que ellos, habiendo perdido la gracia y la libertad que tenían en Cristo, habían vuelto al servilismo de los elementos débiles y pordioseros. Pues habían sido persuadidos por los falsos apóstoles de que debían guardar estas leyes, y de que por guardarlas, obtendrían la justicia; pero si no las guardaban serían condenados. Por otro lado, Pablo de ninguna manera puede tolerar que las conciencias de los hombres estén atadas a la ley de Moisés, sino que permanezcan libres de la ley. «He aquí, yo Pablo» (dice él poco después en el capítulo cinco) «os digo que, si os circuncidáis, de nada os aprovechará Cristo» (Gálatas 5:2). También: «Por tanto, nadie os juzgue en comida o en bebida, o respecto a días de fiesta o de luna nueva, o de sábados» (Colosenses 2:16). Así también dijo Cristo, nuestro Salvador: «El Reino de Dios no viene con la observancia de la ley» (Lucas 17:20 JBS)[102]. Mucho menos entonces se ha de cargar y enredar las conciencias con las tradiciones de los hombres.

Aquí alguien podría decir: «Si los gálatas pecaron al observar días y tiempos, ¿por qué no es pecado cuando ustedes hacen lo mismo?». Yo respondo: «Observamos el día del Señor, el día de su Navidad, la Pascua, y tales, con plena libertad[103]. *No cargamos las conciencias con estas ceremonias, ni las enseñamos como los falsos apóstoles y los papistas lo hicieron, exigiéndolas como necesarias para la justificación, o para purgar nuestros pecados. Las guardamos para que todo se pueda hacer ordenadamente y sin tumultos en la iglesia, y para que la comunión externa*

---

102. Paráfrasis de Lutero.
103. *liberrime*.

(pues estamos de acuerdo en espíritu) no se quebrante. Pues así sucedió cuando el pontífice romano Víctor excomulgó a todas las iglesias de Asia por la sola razón de haber celebrado la Pascua en una fecha diferente a la de la iglesia romana. Ireneo reprochó a Víctor por esto, pues por cierto fue reprochable. ¡Fue una gran locura entregar todas las iglesias del oriente al diablo por una cosa tan insignificante! El verdadero conocimiento de los días y los tiempos se desconocía aun entre los hombres más importantes. Jerónimo no lo tenía; Agustín tampoco lo entendió, sino hasta que fue acosado y perturbado por los pelagianos».

Sin embargo, nosotros observamos tales fiestas para preservar el ministerio de la palabra, para reunir a la gente en ciertos días y horas, para escuchar la palabra, llegar al conocimiento de Dios, participar en la comunión[104], orar por toda necesidad, y dar gracias a Dios por todos sus beneficios corporales y espirituales. Fue sobre todo por esta última, creo yo, que los padres instituyeron la observancia del día del Señor, la Pascua, Pentecostés, y otras.

VERSÍCULO 11. *Me temo de vosotros, que haya trabajado en vano con vosotros.*

Aquí Pablo muestra su gran preocupación por la caída de los gálatas. Los reprocharía con más dureza, pero teme. Pues si los trata con más aspereza los ofendería aun más, y lo echarían de sus mentes para siempre. Por eso, al escribirles cambia y mitiga sus palabras, y asume la mayor responsabilidad diciendo: «Me temo de vosotros, que haya trabajado en vano por vosotros». Es decir, he predicado el Evangelio con gran esmero y fidelidad entre ustedes, y no veo fruto alguno. No obstante, aunque les extiende un afecto muy amoroso y paternal, los reprocha bastante fuerte, aunque con mucha sutileza. Cuando dice que había trabajado en vano sin ver fruto alguno, dice una de dos cosas y ninguna es un gran elogio. Una, o eran incrédulos obstinados, o habían caído de la doctrina de la fe. Pues bien, tanto los incrédulos como los que se han apartado de la fe son pecadores, impíos, injustos, y están bajo condenación. Por tanto, estos en vano obedecen la ley: en vano observan días, meses, y años. Y en estas palabras: «Me temo de vosotros, que haya trabajado en vano con vosotros», los excomulga muy sutilmente.

---
104. *ut communione utatur.*

Pues el apóstol quiere decir: «Quedan excluidos y separados de Cristo a menos que pronto regresen a la sana doctrina». Pero no los denuncia abiertamente porque se da cuenta de que no lograría nada bueno con un trato áspero. Por tanto, cambia su estilo, y les habla moderadamente diciendo:

VERSÍCULO 12. *Seáis como yo; porque yo soy como vosotros.*

Este pasaje no es para entrar en debates[105]. *Más bien, debe ser entendido como un intento de persuadir*[106]. Hasta aquí, Pablo se había ocupado enteramente de la enseñanza. Se conmovió por la enorme e impía rebelión de los gálatas. Se sintió vehemente y furioso con ellos, y los reprendió amargamente. Los llamó necios, embrujados, incrédulos de la verdad, que habían crucificado a Cristo, etc. Ahora bien, al terminar la mayor parte de su epístola, se da cuenta de que los había tratado con demasiada dureza. Por tanto, teniendo cuidado de no hacer más daño con la severidad, demuestra que sus fuertes reproches proceden de un afecto paternal y de un verdadero corazón apostólico. De modo que modifica el asunto con palabras suaves y tiernas por si hubiera ofendido a alguien (como ciertamente algunos se habían ofendido) y, mediante estas suaves y amorosas palabras, pudiera volver a ganarlo.

Y aquí, con su propio ejemplo amonesta a todos los pastores y ministros[107]. Estos deben tener un afecto maternal y paternal, no como si se dirigiesen a lobos rapaces, sino al delicado rebaño de ovejas, despiadadamente seducido y descarriado, llevando con paciencia sus faltas y debilidades, instruyéndolo y restaurándolo con espíritu de mansedumbre. Pues no hay ninguna otra manera de volverlos a traer al buen camino. Pues si los reprocha demasiado serán provocados a la ira, o de otro modo a la desesperación, pero no al arrepentimiento. Aquí tomen nota, de paso, que así es la naturaleza y el fruto de la verdadera y sana doctrina, pues cuando se ha enseñado y comprendido bien, une a los corazones de los hombres en un mismo sentimiento. Pero cuando los hombres rechazan la doctrina piadosa y sincera, abrazando errores, esta unidad y sentimientos de mutuo acuerdo pronto se quebrantan. Por

---
105. Literalmente, *Hic locus non est dialecticus.*
106. *qui tractandi sun rhetorice.*
107. *Episcopos.*

tanto, tan pronto como veas a tus hermanos seducidos por los espíritus vanos y fanáticos, y los veas caer del artículo de la justificación, pronto te darás cuenta de que perseguirán a los fieles con amargo odio, a los mismos que antes amaban con afecto y devoción.

Esto lo comprobamos hoy mismo. Nuestros falsos hermanos y otros sectarios al principio de la reforma del Evangelio[108] nos escuchaban con alegría; leían nuestros libros con gran fervor y afecto. Reconocían la gracia del Espíritu Santo en nosotros, y nos respetaban como verdaderos ministros de Dios. Algunos también vivieron entre nosotros como familia por un tiempo, y se comportaron con mucho pudor y sobriedad. Pero tan pronto como se separaron de nosotros, y se pervirtieron con la impía doctrina de los sectarios[109], se dieron a conocer como los enemigos más acérrimos de nuestra doctrina y de nuestro nombre, más que cualquier otro. Los seguidores del papa nos odian, pero no con tanto sinsabor. Yo mismo, con frecuencia, me asombro, preguntándome de dónde les nació tal odio mortal contra nosotros, habiéndonos antes amado con tanto afecto y ternura. No los ofendimos, ni les dimos ocasión de odiarnos. Incluso se vieron obligados a confesar que nuestro mayor deseo es dar a conocer la gloria de Dios, el verdadero beneficio de Cristo, enseñar la verdad del Evangelio con pureza. Eso es lo que Dios ha revelado por medio de nosotros a este mundo ingrato. Por eso, ¡ellos deberían amarnos en vez de odiarnos! Me maravillo, y tengo razón para señalar a la fuente de este cambio. La única razón es que han prestado atención a nuevos maestros. Estos no han hecho otra cosa que infectarlos con su venenoso e implacable odio hacia nuestra obra y pasión.

Esta ha sido la situación de los apóstoles y todos los fieles ministros desde entonces. Cuando sus discípulos y oyentes quedan infectados por los errores de los falsos apóstoles y los fanáticos[110], se vuelven y se convierten en sus peores enemigos. Entre los gálatas hubo muy pocos que siguieron en la sana doctrina de los apóstoles. Todos los demás, habiendo sido seducidos por los falsos apóstoles, ya no reconocieron a Pablo como su pastor y maestro. No, para ellos

---

108. *initie caussae Evangelicae.*
109. *per phanaticos spiritus.*
110. *phanaticorum.*

no había nada más odioso que el nombre y la doctrina de Pablo. Por mi parte, temo que muy pocos renunciaron a su error como resultado de esta epístola.

Si lo mismo nos llegara a pasar, es decir, si en nuestra ausencia, nuestra iglesia fuera seducida por los fanáticos, y escribiéramos aquí, no una ni dos, sino muchas epístolas, lograríamos nada o casi nada. Nuestros hombres (con la excepción de los más fuertes) se portarían de igual manera respecto de nosotros. Serían iguales a los de hoy que se han dejado seducir por los sectarios. Más temprano que tarde adorarían al papa en vez de obedecer nuestras amonestaciones, o apoyar nuestra doctrina. Nadie los podría convencer de que, al rechazar a Cristo, regresarían nuevamente a los elementos débiles y pordioseros, y a los que por naturaleza no son dios. No tolerarían para nada escuchar que sus maestros, quienes los han seducido, se dedican a derrocar el Evangelio de Cristo y a perturbar las conciencias de los hombres. Dicen: «Los luteranos no son los únicos sabios; no son los únicos que predican a Cristo; no son los únicos que tienen el Espíritu Santo, el don de profecía, y el verdadero conocimiento de las Escrituras. Nuestros maestros no son menos que ellos. ¡No! Incluso los superan en muchas cosas, pues también tienen la unción del Espíritu, y enseñan temas espirituales». Pero estos perturbadores jamás han degustado la verdadera teología; están atascados en la letra, y no tienen otra cosa que enseñar excepto el catecismo, la fe, el amor, y cosas así.

CONFERENCIA 30: viernes 30 de octubre

Por tanto (como suelo decir), caer de la fe es algo fácil pero sumamente peligroso; pues es caer del más alto cielo hasta el fondo del abismo en el infierno. La caída no es según suele notarse en la gente, como en asesinatos, adulterio, y cosas semejantes; sino satánica. Pues los que caen así no se pueden recuperar fácilmente, y casi siempre siguen perversa y tercamente en su error. Por tanto, ellos terminan peor que al principio. Así lo dijo Cristo, nuestro Salvador: «Cuando el espíritu inmundo ha salido del hombre, anda por lugares secos, buscando reposo, y no lo halla. Entonces dice: Volveré a mi casa de donde salí; y cuando llega, la halla desocupada, barrida y adornada.

Entonces va, y toma consigo otros siete espíritus peores que él, y entrados, moran allí» (Lucas 11:24ss.).

Entonces Pablo pudo ver por revelación del Espíritu Santo las consecuencias negativas que se iban a producir en las mentes de los gálatas. Debido a sus fervorosas pero fuertes censuras (pues los había llamado necios y embrujados), ahora se da cuenta de que esos ásperos reproches podrían tener un efecto opuesto. En vez de reformarse, ellos podrían rechazarlo aun más. Además, ahora Pablo sabía que los falsos apóstoles estaban entre ellos. Los falsos maestros tomarían estos ásperos reproches de Pablo (aunque procedían de un afecto paternal) y los torcerían dándoles un significado diferente. Podrían alegar así: «Ahora Pablo, al que ustedes tanto alaban, los ha dejado ver de veras quién es él; como también el espíritu que lo mueve. Porque cuando estuvo entre ustedes los trató con cariño paternal, pero cuando llegan sus cartas pueden ver que es tan solo un tirano». Por eso Pablo se siente tan afligido; no sabe qué decirles y escribirles. Corre peligro al defender su causa contra acusadores ausentes. Ya han comenzado a odiarlo, y se han dejado convencer por otros de que su causa no vale nada. Por tanto, está muy desconcertado, y poco después añade: «porque estoy perplejo de vosotros». Es decir, «no sé qué hacer, o cómo tratarlos».

VERSÍCULO 12. *Os ruego, hermanos, que seáis como yo; porque yo soy como vosotros.*

Estas palabras han de entenderse, no respecto de la doctrina, sino de los sentimientos. Por tanto, el significado de «sean como yo» no es «piensen de la doctrina como yo», sino «quiéranme, así como yo los quiero». Es como si dijera: «Tal vez los he reprochado muy ásperamente; perdonen mi aspereza, y no juzguen mi corazón por mis palabras, sino juzguen mis palabras de acuerdo al afecto de mi corazón. Mis palabras parecen rudas, y mi castigo fuerte, pero mi corazón es amoroso y paternal. Por tanto, oh gálatas, tomen estos mis reproches conforme a los sentimientos que tengo por ustedes; pues el tema me obligaba a mostrarme un tanto áspero y severo con ustedes».

Podríamos decir lo mismo de nosotros. Corregimos severamente, y nuestra manera de escribir es áspera y vehemente;

pero no tenemos amargura en nuestro corazón, ni envidia, ni deseo de venganza contra nuestros adversarios. Más bien, nos preocupan y nos angustia su situación. No odiamos ni a los seguidores del papa, ni deseamos mal a quienes promueven el error, ni tampoco queremos que sean destruidos. Nuestro deseo es que vuelvan al camino recto, y sean salvos junto con nosotros.

El maestro castiga al alumno, no para hacerle un mal, sino por su propio bien. La vara es áspera, pero la corrección es necesaria para el niño, y el corazón del que corrige es amigable y sincero. Así es como el padre castiga al hijo, no para maltratarlo, sino para enmendarlo. El castigo es fuerte y molesto para el niño, pero la intención del padre es pura y tierna. No obstante, si amas al hijo, en realidad no lo estás castigando sino formando. No lo hagas perder las esperanzas con tus castigos, porque con eso lo destruyes. Así que la corrección que se da al niño es una señal del afecto paternal, y es muy provechosa para el niño. Así es, mis gálatas, como yo los trato. Así que no juzguen mis reproches como ásperos y amargos, sino como provechosos para ustedes. «A la verdad ningún castigo al presente parece ser causa de gozo, sino de tristeza; pero después da fruto apacible de justicia a los que por él son ejercitados» (Hebreos 12:11). Por tanto, el mismo afecto que yo les tengo, ténganlo por mí. Los llevo amorosamente en mi corazón; lo mismo deseo de ustedes para conmigo.

Por tanto, habla con ellos suavemente, y sigue de la misma manera, para apaciguar sus sentimientos, pues se estaban molestando con él por sus ásperos reproches. No obstante, no retrae sus palabras fuertes. Por cierto, confiesa que han sido ásperas y amargas. Por necesidad (dice), me vi obligado a reprocharles algo fuerte y severo; pero lo hice con un corazón sincero y amoroso para con ustedes. El médico da a su paciente el amargo remedio, no para lastimarlo, sino para curarlo. Si, entonces, la culpa de la amargura del remedio no se atribuye al médico, sino al propio remedio y al malestar, entonces juzguen mi reprensión dura y severa de la misma manera.

VERSÍCULO 12. *Os ruego, hermanos: Ningún agravio me habéis hecho.*

Él los ha llamado desobedientes a la verdad; les ha dicho que han crucificado a Cristo. Pero ¿qué les implora ahora? Más bien parece otra fuerte reprensión. Sin embargo, Pablo dice que no es reprensión alguna, sino una súplica fervorosa, y por cierto que así es. Es como si hubiera dicho: «Lo confieso. Los he reprochado con cierta amargura, pero tómenlo bien, y se darán cuenta de que estos mis reproches no son reproches, sino súplicas y ruegos». Si un padre corrige de igual manera a su hijo, es como si dijera: «Hijo mío, te ruego que seas un buen hijo», y cosas así. Es cierto que parece una disciplina, pero si pudieras ver el corazón del padre, te parecería tan solo una súplica suave y ferviente.

VERSÍCULO 12. *Ningún agravio me habéis hecho.*

Es como si les hubiera dicho: «¿Por qué me voy a molestar con ustedes, o hablar mal de ustedes si en nada me han ofendido?». A lo que ellos parecieran responder: «Pero ¿por qué dices que nos hemos pervertido, que hemos abandonado tu doctrina, que somos necios, embrujados, y esas cosas? Esto prueba que sí te sientes ofendido por nosotros». Él responde: «Ustedes no me han agraviado a mí, sino a ustedes mismos; por tanto, estoy afligido, no por causa mía, sino por el amor que les tengo. Por tanto, no piensen que los reproché con malas intenciones, ni con malos sentimientos. Dios es testigo de que ustedes no me han hecho ningún mal. Más bien, ustedes me han colmado de grandes beneficios».

Hablándoles así, suavemente, prepara sus mentes para que toleren su disciplina paternal con el afecto de pequeñuelos. Esto es como suavizar el ajenjo o ponerle miel y azúcar a una infusión amarga para endulzarla. Es así como los padres hablan tiernamente a sus hijos después de haberlos castigado, y les dan manzanas, peras, y otras cosas similares. Los niños, así, se dan cuenta de que sus padres los aman, y de que procuran su bien a pesar de las ásperas correcciones.

VERSÍCULOS 13-14. *Como bien saben, la primera vez que les prediqué el evangelio fue debido a una enfermedad, y, aunque esta fue una prueba para ustedes, no me trataron con desprecio ni desdén. Al contrario, me recibieron como a un ángel de Dios, como si se tratara de Cristo Jesús.*

CONFERENCIA 30: VIERNES 30 DE OCTUBRE

Ahora él declara los goces que había recibido de los gálatas. «El primer beneficio (dijo él) que valoro como el mejor de todos es el siguiente: cuando comencé a predicar el Evangelio entre ustedes, fue por una flaqueza de la carne y grandes tentaciones, pero esta mi cruz no les causó ofensa alguna. Más bien ustedes se mostraron amorosos, bondadosos, y me brindaron su amistad. No se ofendieron por la flaqueza de mi carne, mis tentaciones y aflicciones, a pesar de que me sentía casi abrumado por ellas. Me amaron tiernamente, y me recibieron como a un ángel de Dios; no, más bien, como a Jesucristo mismo». Ciertamente este es un gran cumplido para los gálatas, que recibieron el Evangelio de un hombre tan despreciable y afligido por todos lados como lo era Pablo. Pues dondequiera que predicaba el Evangelio, tanto judíos como gentiles murmuraban y se enfurecían contra él. Pues todos los poderosos, sabios, religiosos, y eruditos odiaron, persiguieron, y blasfemaron a Pablo. A pesar de todo esto, los gálatas no se molestaron en lo más mínimo. No se fijaron en esta flaqueza, estas tentaciones y peligros; no solo prestaron atención a este Pablo pobre, despreciado, sufrido, y afligido, sino que se declararon sus discípulos y además lo recibieron y escucharon como a un ángel de Dios; sí, incluso como a Jesucristo mismo. Este es un cumplido merecido, y una virtud singular de los gálatas. Por cierto, ninguno de los destinatarios de sus otras cartas recibió un cumplido así, solo estos gálatas.

Jerónimo y otros de los antiguos padres explican esta flaqueza en la carne de Pablo como si fuera cierta enfermedad del cuerpo, o alguna tentación de la lujuria[111]. Estos hombres vivieron en una época en que la iglesia pasaba por una etapa aparentemente pacífica y próspera, sin cruz ni persecución. Fue cuando los obispos comenzaron a juntar riquezas, estima, y gloria en el mundo. Fue cuando muchos también gobernaban con tiranía a los que tenían bajo su mando, como lo testifica la historia eclesiástica. Pocos cumplían con su deber, y los que parecían cumplirlo, abandonaron la doctrina del Evangelio y promulgaron sus propios decretos al pueblo. Pues bien, cuando el quehacer de los pastores y los obispos no es la palabra de Dios, sino que desechan su predicación pura y sincera, es inevitable que caigan en una falsa seguridad. Estando en esta condición no luchan contra las tentaciones, no sufren por la

---

111. *tentatio libidinis*.

cruz y la persecución, pues estas siempre e inevitablemente siguen cuando se predica la palabra en toda su pureza. Por tanto, les fue imposible comprender a Pablo. Pero nosotros, por la gracia de Dios, sostenemos una doctrina sana y sincera, la cual también predicamos y enseñamos libremente. Por eso nos obligamos a sufrir la amargura del odio, las aflicciones, y las persecuciones del diablo y del mundo. Por fuera, los tiranos y los sectarios con poder y traición nos acosan. Por dentro, las angustias y los dardos del diablo nos hostigan. Si no fuera por estas cosas, nosotros también estaríamos a oscuras, desconociendo a Pablo. Así ha sido en el pasado, por todo el mundo. Por eso los papistas, los fanáticos sectarios, y otros de nuestros adversarios todavía las desconocen. Por tanto, el don del conocimiento, la interpretación de las Escrituras, y nuestro propio estudio, junto con las tentaciones internas y externas, abren para nosotros el significado de Pablo y el sentido de las Sagradas Escrituras.

Por eso, Pablo no dice que esta flaqueza de la carne sea una enfermedad del cuerpo, ni la tentación de la lujuria, sino el sufrimiento de su aflicción[112] que llevaba en el cuerpo, la cual enfrenta por medio de la virtud y el poder del Espíritu. No piensen que nosotros estamos torciendo y pervirtiendo las palabras de Pablo; más bien, escuchemos su propia voz: «Por lo cual me gozo en las debilidades, en afrentas, en necesidades, en persecuciones, en angustias por amor a Cristo; porque cuando soy débil, entonces soy poderoso» (2 Corintios 12:9-10). Más adelante añade: «En trabajos más abundante; en azotes sin medida; en cárceles más; en peligros de muerte muchas veces. De los judíos cinco veces he recibido cuarenta azotes menos uno. Tres veces fui azotado con varas; una vez apedreado; tres veces padecí naufragio» (2 Corintios 11:23-25). Estas aflicciones que sufrió en su cuerpo las llama la flaqueza en la carne, y no alguna enfermedad del cuerpo. Como si dijera: «Cuando prediqué el Evangelio entre ustedes estaba oprimido con diversas tentaciones y aflicciones. Siempre corrí riesgo estando entre judíos y gentiles, como también entre los falsos hermanos. Padecí hambre y penurias en todo. Me tenían por lo más vil y la escoria misma del mundo»[113]. Él menciona esta su debilidad en muchos lugares, como en 1 Corintios 4 y 2 Corintios 4, 6, 11, 12 y otros textos.

---

112. *passionem seu afflictionem.*
113. En su conferencia, Lutero usó las palabras griegas κάθαρμα y περίψημα (aguas negras, excremento que se pega a las sandalias). Las palabras griegas se encuentran en el texto original.

Así, podemos ver que, cuando Pablo habla de aflicciones, se refiere a las flaquezas de la carne, que sufría en la carne, al igual que las han sufrido los otros apóstoles, los profetas, y todos los fieles. El poder de Cristo en él siempre reinaba y triunfaba. De lo cual él testifica en 2 Corintios 12 con estas palabras: «Porque cuando soy débil, entonces soy fuerte». Además, «de buena gana me gloriaré más bien en mis debilidades, para que habite en mí el poder de Cristo» (2 Corintios 12:9). Así mismo, en el segundo capítulo: «Mas a Dios gracias, el cual hace que siempre triunfemos en Cristo» (2 Corintios 2:14). Como si dijera: «Por cierto, el diablo, los judíos y los gentiles rugen cruelmente contra nosotros. No obstante, perseveramos invencibles contra todos sus ataques, y quiéranlo o no, nuestra doctrina prevalecerá y triunfará». Esta era la potencia y el poder del espíritu en Pablo. Pero interiormente, él sufría la flaqueza y el cautiverio de la carne.

Ahora, esta flaqueza de la carne en los creyentes ofende a la razón y la deja atónita. Por eso, Pablo expresa ese gran cumplido a los gálatas, porque ellos no se habían espantado por esta escandalosa[114] flaqueza, ni por esa vil y despreciable cruz que vieron en él. Más bien, lo recibieron como a un ángel, aun como el mismo Jesucristo. Cristo mismo armó a los fieles contra esta vil y despreciable forma de la cruz en la cual Él se manifestó cuando dijo: «Y bienaventurado es el que no fuere escandalizado en mí» (Mateo 11:6). Por cierto, es gran cosa cuando los creyentes en Él lo confiesan como el Señor de todo, y el Salvador del mundo. Sí, aunque hayan escuchado como fue el más despreciado por la gente, considerado el más insignificante, y hasta escarnecido y rechazado por el mundo (Salmo 22:7); aunque, por poco tiempo, haya sido despreciado y odiado por todos, condenado a muerte de cruz, aun por su propio pueblo, y especialmente por los que se consideraban los mejores, los más sabios, y hasta los más santos. Esto es causa de admiración, que no se tomen en cuenta esos grandes agravios. Los creyentes no lo juzgan condenable, sino que valoran a este Cristo pobre sobre todas las cosas. No les importa que haya sido tan impíamente escarnecido, escupido, azotado y crucificado. Más bien lo estiman por sobre todas las riquezas de los más acaudalados; lo

---

114. *scandalosissima*.

declaran más potente que todos los poderosos del mundo, con todas las coronas y cetros de todos los reyes y príncipes de toda la tierra. Por tanto, con toda razón el Cristo los llama «benditos», pues no se escandalizaron por causa de Él.

De modo que fue algo maravilloso que los gálatas no se avergonzaran por ese agravio tan fuerte y esas formas tan despreciables de la cruz que vieron en Pablo, sino que lo recibieran como a un ángel, y como a Jesucristo mismo. Además, así como Cristo llamó a sus discípulos a velar con Él en las tentaciones, así también Pablo dijo que los gálatas no lo despreciaron por las tentaciones que él llevaba en la carne. Por tanto, Pablo tiene más que buena razón para concederles tantos elogios.

Ahora bien, Pablo no solo tenía tentaciones por fuera[115] (las que ya mencioné), sino también tentaciones internas y espirituales, como las de Cristo en el huerto, pues en 2 Corintios 12 se lamenta de que sentía el «σκολοψ[116] [aguijón] en mi carne, y un mensajero de Satanás que me abofetee». Digo esto de paso, porque los papistas, que lo tradujeron al latín como *stimulus carnis*, han explicado este *stimulum* como acoso del morbo carnal. Pero en el griego es σκολοψ, que significa un aguijón o estaca puntiaguda. Por tanto, fue una tentación espiritual. Aquí no hay contradicción, pues califica a la otra palabra «carne», diciendo: «me es dado el aguijón en mi carne». Pues los gálatas, y otros que conocían bien a Pablo, a menudo lo habían visto en gran pesadumbre, angustia, y turbación.

Por tanto, los apóstoles no solo enfrentaban tentaciones corporales, sino también tentaciones espirituales. Lo que también él confiesa en 2 Corintios 7:5: «Por fuera, conflictos; por dentro, temores». Al terminar los Hechos, Lucas también dice que Pablo, después de haber padecido por mucho tiempo las tormentas del mar, como asimismo la aflicción de su espíritu, se reconfortó y cobró aliento. Fue cuando los hermanos que habían venido desde Roma se vieron con él en el Foro de Apio y Las Tres Tabernas. También en Filipenses 2:27 él confiesa que Dios había tenido misericordia de él, pues había restablecido a Epafrodito. Debido a su agotamiento había estado a las puertas de la muerte, pero Dios había restablecido su salud, y así Pablo no sufrió tristeza sobre tristeza. Por tanto, además

---

115. Rörer añadió esta nota: *Tentationes spirituales Pauli.*
116. Lutero libremente usa la palabra griega *escolops* durante su conferencia. Sus alumnos habían estudiado griego.

de tentaciones por fuera, los apóstoles sufrían gran pesadumbre de espíritu.

Sin embargo, ¿por qué dice Pablo que los gálatas no lo despreciaron? Pareciera que lo hubieran despreciado cuando abandonaron su Evangelio. Pablo mismo lo explica: «Cuando por primera vez prediqué el Evangelio entre ustedes (dijo), no se comportaron como otros. Ellos se ofendieron grandemente por mi flaqueza y tentación de la carne, y así me despreciaron y rechazaron». Pues la razón del hombre pronto se ofende ante esta vil y despreciable forma de la cruz. Juzga como locos a los que en medio de sus aflicciones procuran consolar, socorrer, y auxiliar a otros. Pero a pesar de sus sufrimientos se regocijan en sus grandes riquezas, es decir, su justicia, poder, victoria sobre el pecado, la muerte, y todo mal, como también en el gozo, la salvación, y la vida eterna. No obstante, sufren necesidad, flaquezas, tristezas, desprecios, maltratos, y la muerte misma *(no de parte de la multitud, sino por mano de las más altas autoridades civiles y religiosas)*[117]; pues los consideran como si fueran veneno puro. Los que los matan piensan que rinden un alto servicio a Dios. Por tanto, cuando ofrecen a otros tesoros eternos, y ellos mismos perecen tan despiadadamente ante el mundo, son considerados el hazmerreír del mundo, reciben burlas y se los obliga a escuchar: «Médico, cúrate a ti mismo». De aquí también vienen los lamentos que se escuchan por todos los Salmos: «Soy gusano, y no hombre»; o también: «No te alejes de mí, porque la angustia está cerca; porque no hay quien ayude» (Salmo 22:11).

Por tanto, es un gran encomio a los gálatas que no se hayan ofendido con las flaquezas y tentaciones de Pablo, sino que lo hayan recibido como un ángel de Dios; sí, como a Jesucristo mismo. Ciertamente esta es una gran virtud que merece gran encomio, cuando se trata de los apóstoles. Pero es aun mayor, y es una verdadera virtud cristiana, el haber prestado atención a Pablo, cuando se presentó entre los gálatas pobre, débil, y despreciable (como él lo dice de sí mismo), y no obstante, haberlo recibido como un ángel del cielo. Incluso le dieron el honor de recibirlo como si hubiera sido el mismo Jesucristo, y no lo despreciaron ni ofendieron por sus aflicciones, que eran tantas y abundantes. Por eso, con estas palabras alaba grandemente la virtud de los gálatas; confiesa que

---

117. *in administracione politica et ecclesiastica.*

siempre los recuerda y estima, y por eso, desea que todo el mundo se entere de sus virtudes. No obstante, al realzar tanto sus beneficios y virtudes, él sutilmente muestra cuán plenamente lo amaban antes de que vinieran los falsos apóstoles. Por eso los insta a que sigan como antes, y que lo abracen con el mismo amor y respeto de antes. Aquí también parece que los falsos apóstoles se habían apoderado de una mayor autoridad que la del mismo Pablo entre los gálatas. Pues estos, presionados por esa nueva autoridad, les concedieron mayor preferencia que a Pablo, a quien antes habían amado tanto, y recibido como un ángel de Dios.

VERSÍCULO 15. *¿Dónde está, pues, aquel sentido de bendición que tuvisteis?*

Es como si hubiera dicho: «¿Recuerdan cuán felices estuvieron? ¿Todos los encomios y elogios que recibieron?». Esta es la misma expresión que encontramos en el cántico de la virgen María: «Desde ahora me dirán bienaventurada todas las generaciones» (Lucas 1:48). Y estas palabras, «¿Dónde está, pues, aquel sentido de bendición que tuvisteis?», contienen cierto fervor. Es como si dijera: «No solo fueron bendecidos, sino que fueron bendecidos en todo y altamente elogiados». Habla de esta manera para moderar y atenuar su amarga infusión, es decir, sus ásperos reproches. Temía que los gálatas se hubieran sentido muy ofendidos, pues sabía de qué manera los falsos apóstoles lo calumniarían, y se burlarían de sus palabras. Pues así es el calibre y la naturaleza de estas víboras; calumniarán y pervertirán con malas intenciones todas las palabras que proceden de un corazón sencillo y sincero, despojándolas de su sentido y significado. Pues en esto son artesanos asombrosamente astutos, y aventajan toda la astucia y elocuencia de los más grandes oradores del mundo entero. Pues los conduce un espíritu maligno, que los hechiza, y enardecidos con una furia diabólica contra los fieles, no pueden hacer menos que interpretar perversamente, y tergiversar malignamente sus palabras y escritos. Por tanto, son como la araña, que chupa el veneno de la dulzura y delicia de las flores. Pero el veneno no fluye de las flores, sino de su propia naturaleza venenosa, que convierte en veneno todo lo que de por sí es bueno y justo. Por tanto, con estas palabras dulces y suaves,

Pablo procura impedir que los falsos apóstoles se aprovechen para calumniar sus palabras torciéndolas así: «Pablo los trató con desconsideración; los llamó necios, hechizados, y desobedientes a la verdad. Por tanto, ahí está la prueba. Él no procura su salvación, sino que los considera dignos de ser condenados y rechazados por Cristo».

VERSÍCULO 15. *Porque yo os doy testimonio de que si hubiese sido posible, os hubierais sacado vuestros propios ojos para dármelos.*

Su elogio a los gálatas pareciera exagerado: «No solo me atendieron, y con todo respeto me recibieron como a un ángel de Dios, sino que también, si hubiese sido necesario, se habrían sacado sus propios ojos para dármelos. Sí, hasta habrían entregado sus vidas por mí». Por cierto, los gálatas dieron sus vidas por él, pues al recibir y dar sustento a Pablo (a quien el mundo tenía por el más vil y maldito), arriesgaron sus vidas por él, recibiendo sobre sus propias cabezas el odio y la indignación tanto de judíos como de gentiles. Así también hoy, el nombre de Lutero es el más odioso del mundo. A todo el que se atreve a felicitarme lo consideran un peor pecador que cualquier idólatra, blasfemo, perjuro, fornicario, adúltero, asesino, o ladrón[118].

Por consiguiente, los gálatas estaban bien establecidos en la doctrina y la fe de Cristo, considerando que, con gran riesgo personal, recibieron y sustentaron a Pablo, que era odiado por todo el mundo. De otra manera jamás habrían soportado aquel odio cruel del mundo entero.

VERSÍCULO 16. *¿Me he hecho, pues, vuestro enemigo, porque os digo la verdad?*

Aquí él deja ver la razón para dirigirse a los gálatas con tanta bondad. Sospecha que lo tienen por enemigo, pues los había reprochado tan ásperamente. «Les suplico», dice, «no presten atención a estos reproches como pretextos para renunciar a la doctrina. Así verán que mi intención no fue reprocharlos, sino enseñarles la verdad. Por cierto, confieso que mi epístola es áspera y severa. Pero demuestra

---

118. Para describir la manera en que Pablo llegó a los gálatas odiado y rechazado por gentiles y judíos, Lutero brevemente describe su propio rechazo y odio de parte de algunos de sus seguidores. Pareciera que Lutero quería decir algo más de su situación personal pero decidió abandonar ese hilo de pensamiento para volver al tema de Pablo y los gálatas.

el propósito serio con el cual los llamo a retornar a la verdad del Evangelio. Pues han caído de esa verdad, y quiero que regresen al Evangelio y permanezcan en él. Por tanto, no tomen la aspereza y amargura personalmente, sino remítanla a la enfermedad que padecen. No me tengan por enemigo al reprenderlos tan severamente, sino piensen en mí como su padre. Pues si no los amara con tanto cariño, como a mis propios hijos, no los habría reprochado tan severamente. Pues yo sé que ustedes me han amado de la misma manera. Cuando un amigo da un mal paso, tenemos el deber de amonestarlo. Si en verdad es sabio, no se molestará por la amonestación. Más bien, dará gracias por el amable reproche. Por lo general, en el mundo la verdad enciende el odio, y el que dice la verdad termina siendo un enemigo. Pero no debe ser así entre amigos; mucho menos entre cristianos. Por tanto, no deben ofenderse conmigo, pues solo los reprendí por amor, para que permanezcan en la verdad. No se ofendan conmigo ni piensen que soy su enemigo; ni por eso pierdan la verdad. Mis reproches son de un padre y amigo; no vayan a pensar por eso que soy su enemigo». Pablo dice todas estas cosas para confirmar lo que había dicho antes: «Os ruego, hermanos, que seáis como yo; porque yo soy como vosotros: ningún agravio me habéis hecho».

VERSÍCULO 17. *Ellos tienen celo de vosotros, mas no para bien.*

Aquí él reprende las lisonjas de los falsos apóstoles. Pues Satanás, por medio de sus ministros, utilizando artimañas sutiles y bien armadas, intenta engañar a la gente sencilla. Como dijo Pablo, «con palabras suaves y lisonjas engañan el corazón de los simples» (Romanos 16:18). Primeramente, protestan a lo grande que su mayor deseo es el avance de la gloria de Dios. Luego, alegan que los mueve el Espíritu (diciendo que la gente se siente descuidada, o que no se les está enseñando la verdad pura). A partir de ahí, ¡alegan que ellos son los únicos que enseñan la infalible verdad! Pero hay más. Siguen diciendo que, por medio de ellos, los elegidos son librados del error y llegan al conocimiento de toda la verdad.

Además prometen que, si reciben su doctrina, con toda seguridad serán salvos. Si los pastores fieles y alertas no pueden rechazar a estos lobos rapaces, los falsos maestros harán gran daño a la iglesia bajo estas pretensiones de piedad porque vienen vestidos con pieles de ovejas. Pues los gálatas podrían decir: «¿Por qué arremetes con tanto disgusto contra nuestros maestros, sabiendo que todo lo que tienen es celo por nosotros? Todo lo que hacen es por puro celo y amor; no deberías molestarte por eso». «Por cierto», dijo él, ellos tienen celo por ustedes, pero es un celo que no aprovecha». *Es así como hoy se nos obliga a escuchar a los sacramentarios quejándose de nosotros. Alegan que por nuestra terquedad ofendemos contra el amor y rompemos la paz entre las iglesias, pues rechazamos su doctrina de la cena del Señor. Sería mejor, dicen ellos, que lo pasáramos por alto, no hay peligro alguno. Añaden que por causa de este único artículo de la doctrina (sin ser el mayor) se fomentan tan grandes discordias y contiendas en la iglesia. Alegan que no difieren de nosotros en ningún otro artículo de la doctrina, sino solo en este, de la cena del Señor. A lo que replico: ¡Maldito ese amor y acuerdo que se pacte y preserve a costas de la palabra de Dios!*[119]

Es así como los falsos apóstoles fingían que fervientemente amaban a los gálatas, y se conmovían respecto de ellos con un celo divino muy particular. Observen que celo o tener celos significa un amor ofendido, o por decirlo así, una codicia piadosa. Elías dijo: «He sentido un vivo celo por Jehová Dios de los ejércitos» (1 Reyes 19:14). Es así como el marido siente celos por su esposa, el padre por el hijo, el hermano por su hermano; es decir, porque se aman sin medida. No obstante, odian sus vicios, y se afanan por corregirlos. Los falsos apóstoles pretendían tener este tipo de celo por los gálatas. Por cierto, Pablo reconoce que ellos tenían mucho celo por los gálatas, pero ese celo (dijo él) no era bueno. Es así como estas sombras y sutilezas seducen a los simples, pues estos seductores los hacen creer que les tienen gran celo, pues se esmeran mucho por ellos. Por tanto, Pablo aquí nos advierte que distingamos entre un celo que fortalece, y otro celo que perjudica. Por cierto, el celo bueno merece elogios, pero no así el celo que perjudica. «Tengo celo por ustedes (dijo Pablo), así como ellos. Ahora, juzguen ustedes cuál de nuestros celos es más provechoso, el mío o el de ellos, cuál es bueno y piadoso, cuál es vil y carnal. Por tanto, no sean seducidos tan fácilmente por el celo de ellos»;

---

119. *Maledicta sit caritas et Concordia, propter quam conservandam periclitatur verbum Dei.*

VERSÍCULO 17. *Sino que quieren apartaros de nosotros para que vosotros tengáis celo por ellos.*

Es como si hubiera dicho: «Es verdad, tienen mucho fervor por ustedes, pero con eso solo quieren que sientan fervor únicamente por ellos, y así me rechacen. Si sus sentimientos fueran sinceros y piadosos, entonces estarían más que contentos de que ustedes me amaran, y ellos mismos también me amarían. Pero odian nuestra doctrina, y por tanto, desean que ustedes la rechacen por completo, y que en su lugar se predique la doctrina de ellos. Entonces, con su presunto fervor, ellos solo pretenden arrancarme de su corazón y hacerme odioso ante ellos. Así, una vez que lleguen a odiarme, ustedes abrazarán la doctrina de ellos. Tan solo pretenden arrebatar el afecto que me tienen, y voltearlo exclusivamente hacia ellos. Así no recibirán ninguna otra doctrina excepto la de ellos». Con estas palabras Pablo coloca a los falsos apóstoles en tela de juicio, y muestra a los gálatas los falsos pretextos con los cuales procuran engañarlos. Así también nos advirtió Cristo nuestro Salvador, diciendo: «Guardaos de los falsos profetas, que vienen a vosotros vestidos de ovejas, mas por dentro son lobos rapaces» (Mateo 7:15).

Pablo sufrió las mismas tentaciones que nosotros sufrimos hoy. Se sentía sumamente molesto por la manera en que las cosas estaban saliendo. Pues poco después de la predicación de su doctrina, que era divina y santa, surgieron muchas sectas, conmociones, derrumbamientos de reinados, cambios en otros, y muchas otras cosas similares que siguieron, las cuales ocasionaron infinitos males y agravios. Por los judíos fue acusado de ser pernicioso, un sedicioso a través de toda la nación. Lo acusaban de ser cabecilla de la secta de los nazarenos. Era como si dijeran: «Este es un tipo sedicioso y blasfemo. Predica cosas que no solo derrocarían a la nación judía (una excelente organización establecida por la ley de Dios), sino que también anularía esos mismos diez mandamientos. Si lo logra, acabaría con la verdadera religión, el servicio a Dios, y nuestro sacerdocio con esa doctrina que él llama el Evangelio y que pretende esparcir por todo el mundo. Pero de esa doctrina tan solo han surgido infinitos males, sediciones, agravios, y sectas». También se vio obligado a escuchar de los gentiles, que clamaron contra él en Filipos, alegando que era un perturbador de la ciudad, y predicaba ordenanzas que no les era lícito adoptar (Hechos 16:20-21).

Judíos y gentiles atribuían disturbios políticos y calamidades, hambrunas, guerras, disensiones, y sectas, a la doctrina de Pablo y los otros apóstoles. Por tanto, los persiguieron como si fueran la plaga común y enemigos de la paz civil y la religión. No obstante, los apóstoles no cesaron su cometido. En cambio, con más constancia predicaron y confesaron a Cristo. Sabían que era mejor obedecer a Dios antes que a los hombres, y que Cristo fuese predicado, aunque el mundo entero se perturbara con alborotos, o que tan solo un alma se pasara por alto o pereciera por no predicarlo.

Sin duda alguna, sentir todas estas ofensas era una pesada cruz para los apóstoles, pues no estaban hechos de hierro. Les causaba un inmenso dolor que el pueblo (con todos sus dones) pereciera. Pablo habría estado dispuesto a ser rechazado por Cristo si con ello hubiera logrado salvarlos. Ellos vieron cómo, debido a su doctrina, se producían grandes tumultos y cambios en los gobiernos. Además, les causó más amargura que la misma muerte, especialmente a Pablo, ver cómo entre ellos mismos se levantaban muchas sectas. Pablo sintió un enorme peso cuando oyó que los corintios negaban la resurrección de los muertos; que las iglesias sembradas por su ministerio estaban trastornadas; que el Evangelio había sido derrocado por los falsos apóstoles, y que toda Asia se había sublevado contra su doctrina, junto con muchos de sus grandes personajes.

Sin embargo, él sabía que su doctrina no era la causa de todas estas discordias y sectas, y por tanto, no se desanimó. No abandonó su vocación, sino que siguió adelante, convencido del Evangelio que predicaba. Este era el poder de Dios para salvación a todo el que cree, no importando si a judíos y gentiles les parecía una doctrina tonta y escandalosa. Él sabía que, para maestros y oyentes, la palabra de la cruz era una bendición, si no se avergonzaban de ella. Así lo había dicho Cristo: «Bienaventurado es el que no se escandaliza de mí» (Mateo 11:6). También sabía la otra parte, la condena para los que juzgaban esta doctrina como necia y herética. Por tanto, plenamente convencido[120], dijo con Cristo, cuando judíos y gentiles se molestaban y ofendían con su doctrina: «Dejadlos; son ciegos guías de ciegos» (Mateo 15:14).

---

120. En su conferencia, Lutero usó la palabra griega πληροφορία, la cual aparece dentro del texto latino.

También nosotros hoy nos vemos obligados a escuchar lo mismo que se dijo de Pablo y los otros apóstoles. Pues dicen que la doctrina del Evangelio (la que profesamos) es la causa de incontables calamidades, sediciones, guerras, sectas, y escándalos sin fin. Escarban todos los tumultos que puedan encontrar y luego nos echan la culpa.

Lo obvio es que no sembramos herejías ni perversa doctrina, sino que predicamos el Evangelio de Cristo, exaltándolo como nuestro Sumo Pontífice y Redentor[121]. Además, nuestros adversarios se ven obligados a conceder (si confiesan la verdad) que mediante nuestra doctrina no hemos dado causa alguna para que se levanten sediciones, guerras, o tumultos. Más bien, siempre hemos enseñado el honor y el respeto a los magistrados[122] porque así lo ha estipulado Dios. Ni tampoco somos los autores de delitos; pero si los impíos cometen delitos al ofenderse contra nosotros, la culpa es de ellos, y no nuestra. Dios nos ha encomendado predicar la doctrina del Evangelio, sin tomar en cuenta ofensa alguna. Pero como esta nuestra doctrina condena la doctrina impía y la idolatría de nuestros adversarios, ellos se molestan, y se ponen a pelear entre ellos mismos. Los sabios eruditos dijeron que estas ofensas habían de ocurrir, y que no se debían evitar, pues son inevitables.

Cristo enseñó el Evangelio sin temor a las ofensas de los judíos. «Déjenlos», dijo él, «son ciegos, guías de ciegos» (Mateo 15:14). Cuanto más los sacerdotes prohibían a los apóstoles que predicaran en el nombre de Cristo, tanto más testimonio daban de ese mismo Jesús, al que habían crucificado. Osadamente testificaban que Él es Señor y Cristo, que todo el que invocare su nombre será salvo, y que no hay otro nombre debajo del cielo dado a los hombres, por el que debamos ser salvos. Asimismo, hoy nosotros predicamos a Cristo sin que nos importen los clamores de los papistas impíos y de todos nuestros adversarios. Ellos alegan que nuestra doctrina es sediciosa y llena de blasfemia; que perturba gobiernos, derroca religiones, enseña herejías, y en fin, es la causa de todo mal. Cuando Cristo y sus apóstoles predicaban, se decía lo mismo de ellos. Poco tiempo después vinieron los romanos, y de acuerdo a las propias profecías de Cristo, destruyeron tanto su lugar como la nación. Por tanto, tomen

---

121. *Pontifex et Redemptor noster.*
122. *Potestatem.*

nota hoy los enemigos del Evangelio, pues podrían ser derrocados por los mismos males que ellos han profetizado.

Se han inventado una pila de prácticas escandalosas. Enseñan que ni monjes ni sacerdotes se casen, que está prohibido comer carne los viernes. Estas cosas en nada los ofenden, pero con estas viles doctrinas seducen y a diario destruyen incontables almas. Con su vil ejemplo causan el tropiezo de los débiles cuando blasfeman y condenan el glorioso Evangelio del Dios Todopoderoso. Persiguen y matan a los estudiosos de la sana doctrina. Pero ellos no piensan que están provocando problemas. Lo presentan como obediencia, servicio, y sacrificio acepto ante Dios. Por tanto, vamos a dejarlos así: «Pues son ciegos, guías maestros de ciegos». «El que es injusto, sea injusto todavía; y el que es sucio, ensúciese todavía». Pero nosotros, por nuestra fe, hablaremos y expondremos las maravillosas obras del Señor mientras tengamos aliento, y llevaremos las persecuciones de nuestros adversarios hasta que Cristo, nuestro Sumo Pontífice y Rey[123], venga de los cielos. Lo esperamos, vendrá en breve, y como juez justo, traerá el pago para todos los que desobedecen su Evangelio. Así sea. Amén.

Los fieles no se deben perturbar en absoluto a pesar de todas estas ofensas que alegan los impíos. Ellos lo saben muy bien: lo que más odia el diablo es la doctrina pura del Evangelio; por eso se dispone a desfigurarla con incontables manchas, para así desarraigarla de los corazones de los hombres para siempre.

Antes, cuando la Iglesia no enseñaba más que las tradiciones de los hombres, el diablo no arreciaba con tanta furia. Pues mientras el hombre fuerte guardaba la casa, todas sus posesiones estaban en paz. Pero ahora, habiendo venido ya el hombre más fuerte, que ha vencido y atado al hombre fuerte y saqueado su casa, entonces comienza a arremeter sin tregua. Esta es una señal infalible de que la doctrina que profesamos es de Dios. De otro modo (como dice Job capítulo 40), el «Behemot[124] [el hipopótamo] se esconde debajo de las sombras, en lo oculto de las cañas»[125]. Pero ahora que anda rugiendo como león, levanta ventiscas y aspavientos, pero todo eso es una obvia señal de que siente el poder de nuestra predicación.

---

123. *Pontifex & Rex.*
124. En el texto en latín aparece el hebreo בהמות.
125. De la traducción de Lutero del hebreo al latín.

Cuando Pablo dice: «... tienen celo de vosotros, mas no para bien», muestra de paso quiénes son los autores de las sectas. A saber, esos espíritus celosos que siempre derrocan la verdadera doctrina y perturban la paz del pueblo. Pues estos se levantan con un celo perverso, se imaginan que tienen cierta particularidad de santidad, temperancia, paciencia, y doctrina superior a todas las demás, y por tanto, piensan que son capaces de proveer salvación para todos. Se creen que enseñan cosas más profundas y provechosas, que organizan mejores servicios y ceremonias que cualquier otro, desprecian a todos como si fueran nada a su lado, rebajan toda otra autoridad, y corrompen las cosas que se han enseñado con toda pureza. Los falsos apóstoles tenían ese tipo de celo impío y perverso, levantando sectas, no solo en Galacia, sino en todos los lugares donde Pablo y los otros apóstoles habían predicado. Después, tras todas estas sectas se suscitaron delitos innumerables y líos asombrosos. «Pues el diablo» (como dijo Cristo) «es un mentiroso y asesino». Por tanto, tiene la intención no solo de perturbar las conciencias de los hombres con falsa doctrina, sino también de suscitar tumultos, sediciones, guerras, y todo tipo de fechorías.

Hoy día hay muchos que están poseídos con este tipo de celo. Pretenden gran religiosidad, pudor, doctrina, y paciencia. No obstante, en los hechos son lobos rapaces, con su hipocresía buscan solo desacreditarnos, y se oponen a la propagación de cualquier otra doctrina. Ahora, ya que estos hombres tienen una gran opinión de sí mismos y desprecian a los demás, lo único que pueden traer son horribles disensiones, sectas, divisiones, y sediciones. Por tanto, ¿qué debemos hacer? Este asunto no tiene remedio, pues Pablo tampoco lo pudo remediar en su tiempo. No obstante, ganó a algunos que hicieron caso a sus advertencias. Así también espero que hayamos podido rescatar a algunos de los errores de los sectarios.

VERSÍCULO 17. *Bueno es ser celoso en lo bueno siempre, y no solamente cuando estoy presente con vosotros.*

Como si dijera: «Los elogio por esto, pues me amaron sin medida cuando prediqué el Evangelio en la flaqueza de la carne. Deberían sentir el mismo afecto por mí ahora que estoy ausente, como si nunca me hubiera ido. Aunque en persona esté ausente, aun así, tienen mi doctrina, la cual deben retener y resguardar, habiéndola recibido por el Espíritu Santo. Piensen entre ustedes que, mientras tengan mi doctrina, Pablo estará presente con ustedes. Por tanto, no los reprendo por el fervor que tienen, sino que los elogio, y mucho más porque es el celo de Dios o del Espíritu, y no el de la carne». Ahora bien, el celo del Espíritu siempre es bueno; pues es un intenso afecto y fervor del corazón por hacer algo bueno[126], y por tanto, no es el celo de la carne. Es por eso que elogia la devoción de los gálatas, para intentar aplacar sus ánimos, y que así, con paciencia, acepten su disciplina. Es como si dijera: «Acepten el lado bueno de mi disciplina, pues no viene de mi molestia, sino de un corazón entristecido y atento para que sean salvos». Este es un ejemplo vivo de cómo enseñar a todos los ministros a apacentar su rebaño, a velar por cada palabra, para que, ya sea con reproches, o ternura, o súplicas, puedan retenerlos en la sana doctrina. Así podrán lograr que las ovejas abandonen a sus mañosos seductores y falsos maestros.

CONFERENCIA 31: sábado 31 de octubre

VERSÍCULO 19. *Hijitos míos, por quienes vuelvo a sufrir dolores de parto, hasta que Cristo sea formado en vosotros.*

Pablo sostiene la siguiente norma en su retórica. Las palabras suaves y tiernas aplacarán el ánimo de los gálatas, a quienes llama sus hijos, los *separados*[127]. Todas sus palabras están calculadas para mover sus afectos, y reconciliarlos bondadosamente. Las palabras «Por quienes vuelvo a sufrir dolores de parto» indican una alegoría. Pues los apóstoles, en su oficio de tutores, son como padres sustitutos. Los padres forman el cuerpo, los apóstoles le dan forma al alma. Además, la forma del alma cristiana es la fe, esa confianza del corazón, la cual se aferra a Cristo, y se prende solo de Él, y de ninguna otra cosa. El corazón provisto con esta confianza, que por causa de Cristo es justo, tiene la verdadera forma de Cristo[128]. Esta

---
126. *qui zelat propter rem bonam.*
127. ὑποχοριστιχῶς. En el texto latino, Lutero recurre al término griego «apartados o separados». Puede ser que Lutero haya estado pensando que estaban separados de Pablo por la distancia, o por haber abandonado su doctrina. No obstante, en el texto bíblico, Pablo sencillamente los llama «hijitos míos».
128. *quod propter Christum simus justi, habet veram formam Christi.*

forma es generada por el ministerio de la palabra, como dice en 1 Corintios 4:15: «Yo os engendré por medio del Evangelio», es decir, «en espíritu para que puedan conocer a Cristo y creer en Él». También en 2 Corintios 3: «Sois carta de Cristo ministrada por nosotros, escrita no con tinta, sino con el Espíritu del Dios vivo». Pues la palabra proviene de la boca del apóstol o del ministro, y entra al corazón del que la escucha. El Espíritu Santo se hace presente allí, y graba la palabra en el corazón, y este le da su consentimiento. Por tanto, cada maestro piadoso es un padre, que fecunda y va formando la verdadera figura en la mente del cristiano, por medio del ministerio de la palabra.

Además, estas palabras, «por quienes vuelvo a sufrir dolores de parto», las relaciona con los falsos apóstoles. Como si Pablo les dijera: «Yo los engendré debidamente, por medio del Evangelio. Pero estos corruptos han formado una nueva semejanza[129] en sus corazones, no la de Cristo, sino la de Moisés[130]; de tal modo que ahora hacen reposar su confianza[131] no sobre Cristo, sino sobre las obras de la ley». Esta no es la verdadera forma de Cristo, sino la de un intruso[132], y es totalmente diabólica. Él no dice: «por quienes yo sufro dolores de parto hasta que mi semejanza sea formada en ustedes», sino «hasta que Cristo sea formado en ustedes». Es decir, yo sufro dolores de parto para que puedan nuevamente recibir la forma y la semejanza de Cristo, y no la de Pablo. Con estas palabras nuevamente reprende a los falsos apóstoles, pues ellos habían borrado la forma de Cristo en los corazones de los creyentes, y les imprimían otra forma; es decir, la de ellos mismos, como dice en el capítulo 6: «quieren obligarlos a ustedes a circuncidarse para luego jactarse de la señal que ustedes llevarían en el cuerpo» (NVI).

De esta figura de Cristo él también habla en Colosenses 3:10: «Os habéis vestido del nuevo hombre, el cual se va renovando hacia un verdadero conocimiento, conforme a la imagen de aquel que lo creó». Por tanto, Pablo procura reparar la forma de Cristo[133] en los gálatas, la cual había sido desfigurada y pervertida[134] por los falsos

---

129. *faciem.*
130. *finxerunt novam faciem in corde vestro, non Christi, sed Mosi.*
131. *fiducia.*
132. *aliena.*
133. *reparare formam Christi;* 1ª edición: *imaginem Dei seu Christi.*
134. *deformatam et depravatam.*

apóstoles. Esa forma es que los sentimientos, el entendimiento, y la voluntad se conformen a la voluntad de Dios, cuyo pensamiento y voluntad es el perdón de nuestros pecados, y concedernos vida eterna por Jesucristo el Hijo, a quien Él ha enviado al mundo para ser el sacrificio por nuestros pecados. Además, para que por medio de Él seamos reconciliados con el Padre y reconozcamos que somos sus hijos y Él es nuestro misericordioso Padre. Esto es tener la imagen divina, que pensemos como el Padre piensa en todas las cosas. Entonces, en el meollo del afecto de nuestro corazón, tendremos en nuestra mente la misma imagen que la de Dios o de Cristo. Según Pablo, esto es lo que significa ser renovado en el espíritu de nuestra mente y revestirse del nuevo hombre, creado según Dios (Efesios 4:23-24).

Por tanto, dice que sufre nuevamente por los gálatas con dolores de parto. No obstante, su lucha no es para que los recién nacidos se parezcan al apóstol, o que los niños tengan la imagen de Pablo, o de Cefas, u otros; sino la de otro Padre, es decir, Cristo. «Lo formaré a Él» (dice), «en ustedes, para que tengan el mismo pensar que hubo en Cristo». Resumiendo, «Sufro por ustedes»; es decir, trabajo con esmero para llamarlos a regresar a su fe, la cual han perdido (habiendo sido engañados por las artimañas y sutilezas de los falsos apóstoles) porque han vuelto a la ley y a las obras. Por tanto, ahora debo nuevamente esforzarme para hacerlos volver de la ley a la fe de Cristo. Esto es lo que él llama sufrir dolores de parto.

VERSÍCULO 20. *Quisiera estar presente con vosotros ahora y cambiar mi tono.*

Estas son las verdaderas preocupaciones de un apóstol. Hay un dicho común: «La carta es un mensajero muerto»[135], pues no puede dar más de lo que lleva. No hay epístola o carta escrita con tanta precisión que no le falte nada. Pues las circunstancias varían. Hay diversidad de tiempos, lugares, personas, maneras, y afectos que no se pueden expresar a fondo en una carta. Por tanto, el lector reacciona de diferentes maneras; uno con tristeza, otro con alegría, según sea su disposición. Pero si algo se ha dicho muy ásperamente, o a destiempo, el orador puede explicar, atenuar, o corregir lo dicho.

---

135. *Epistolam mortuum nuncio.*

Por eso el apóstol quisiera estar con ellos para atenuar y cambiar su tono según fuera necesario de acuerdo con las reacciones de sus oyentes. Pues si viera que algunos están muy afligidos, podría atenuar sus palabras para no oprimirlos con más pesadumbre. Por el contrario, si viera que hay algunos muy presumidos, podría reprenderlos fuertemente, no fuera que se volvieran demasiado confiados y descuidados.

Por eso no podía precisar la forma de lidiar con ellos por medio de las cartas, pues estaba ausente. Es como si dijera: «Si mi epístola es muy áspera, temo que, en vez de corregir, ofenderé más». Además, «si soy demasiado tierno, a los perversos y tercos no les servirá de nada, pues cartas muertas, con sus palabras, no pueden dar más de lo que ya tienen. Pero, comparada con una epístola, la voz del hombre en vivo es toda una reina; pues puede añadir o reducir, puede adaptarse a todo tipo de sentimientos, tiempos, lugares, y personas. En resumen, sería bueno que mis cartas los convirtieran para que vuelvan de la ley a la fe de Jesucristo. Pero temo que no lo lograré con mis cartas muertas. Sin embargo, si estuviera con ustedes, podría cambiar mi tono, sería capaz de reprender ásperamente a los obstinados, y consolar a los débiles con palabras dulces y amorosas, según lo requiriera la ocasión».

VERSÍCULO 20. *Pues perplejo estoy en cuanto a vosotros.*

Es decir, «estoy tan afligido en mi espíritu, pues no sé cómo presentarme ante ustedes en mis cartas». Aquí hay una descripción vívida del verdadero afecto de un apóstol. No deja nada fuera: reprende a los gálatas, les suplica, les habla suavemente, elogia su fe, esforzándose por todos los medios para hacerlos volver a la verdad del Evangelio y librarlos de las trampas de los falsos apóstoles. Estas son palabras fervorosas, que proceden de un corazón conmovido y encendido por un celo candente y ardiente, y por tanto, deben tomarse en cuenta atentamente.

VERSÍCULO 21. *Decidme, los que deseáis estar bajo la ley, ¿no oís a la ley?*

Aquí Pablo habría concluido su epístola, pues ya no quería seguir escribiendo, sino más bien estar presente entre los gálatas, y hablarles en persona. Pero sintiéndose demasiado perplejo, y teniendo mucho cuidado en este asunto, acude de paso a esta alegoría, que se le ha venido a la mente. Pues la gente se deleita mucho con alegorías y parábolas; Cristo mismo a veces las usaba. Pues son como cuadros pintados; presentan las cosas como si estuvieran dibujadas ante los ojos de la gente sencilla. Por eso conmueven y persuaden en gran manera, especialmente a los sencillos e inocentes. Por eso, primero conmueve a los gálatas con palabras y argumentos. Segundo, dibuja el asunto ante sus ojos con esta buena alegoría.

Pablo era un asombroso artesano de alegorías. Tiende a relacionarlas con la doctrina de la fe, la gracia, y Cristo, pero no con la ley y las obras, como lo hizo Orígenes, y también Jerónimo. Ellos merecen reprensión, pues tomaron las sencillas frases de la Escritura, y las convirtieron en alegorías sin sentido, que terminan en callejones ciegos. Por eso el uso de alegorías es algo peligroso. Pues a menos que se tenga un perfecto conocimiento de la doctrina cristiana, las alegorías no se pueden usar debidamente.

Sin embargo, ¿por qué Pablo cita el libro de Génesis como «la ley»? Es de allí que toma una alegoría de la historia de Ismael e Isaac. Pero ni Génesis ni este pasaje se refieren a la ley[136], sino que solo contiene una historia de los dos hijos de Abraham. Pablo tiende a llamar al primer libro de Moisés «la ley», según la costumbre de los judíos. Este no contiene ley alguna excepto la de la circuncisión, pero principalmente enseña la fe, y testifica que los patriarcas agradaron a Dios con su fe. No obstante, los judíos, por la ley de la circuncisión que contiene, llamaron al libro de Génesis, junto con los demás libros de Moisés, «la ley». De igual manera lo hizo Pablo, pues era judío. Cristo mismo, bajo el nombre de «la ley», abarca no solo los libros de Moisés, sino también los Salmos: «Pero esto es para que se cumpla la palabra que está escrita en su ley: Sin causa me aborrecieron» (Juan 15:25; Salmo 35:19).

VERSÍCULOS 22-23. *Porque está escrito que Abraham tuvo dos hijos; uno de la sierva, y otro de la libre. Pero el de la sierva nació según la carne; mas el de la libre lo fue por la promesa.*

Es como si dijera: «Abandonaron la gracia, la fe, y a Cristo; desertaron,

---

136. *non sit legalis.*

y se fueron a la ley. Entonces, ya que han decidido estar bajo la ley, y hacerse sabios por ella, les hablaré de la ley». Ruego que presten atención a la ley. Verán que Abraham tuvo dos hijos: Ismael de Agar, e Isaac de Sara. Ambos fueron engendrados por Abraham. Ismael fue tan ciertamente hijo de Abraham como lo fue Isaac, pues ambos vinieron de un solo padre, de una carne, y de una simiente. Así que ¿cuál fue la diferencia? La diferencia no está (dijo Pablo) en que la madre de uno era libre y la otra sierva (aunque corresponde a la alegoría). Más bien, la diferencia está en que Ismael nació de la sierva; nació según la carne, es decir, sin la promesa y la palabra de Dios. Sin embargo, Isaac no solo nació de la libre, sino también según la promesa, de la simiente de Abraham, al igual que Ismael. Concedo que ambos eran hijos de un solo padre. No obstante, hay una gran diferencia. Pues, aunque Isaac también nació según la carne, desde antes ya Dios lo había prometido a Isaac, a tal punto que le había puesto nombre[137]. Nadie se había dado cuenta de esta diferencia excepto Pablo, que la había visto en este pasaje de Génesis.

La manera en que Agar quedó embarazada y concibió a Ismael no fue por la palabra de Dios, la cual predecía el futuro. Más bien, fue porque Sara le dio permiso a Abraham para entrar a su sierva Agar. Tal como dice el libro de Génesis, puesto que Sara era infértil, tomó a Agar y se la dio a Abraham por esposa. Sara había escuchado que Abraham, por la promesa de Dios, tendría simiente en su cuerpo, y ella esperaba ser la madre de esta simiente. Pero habiendo esperado la promesa por tantos años con gran angustia de espíritu, y viendo que el asunto se había prolongado, sus esperanzas se vieron frustradas[138]. Por tanto, esta santa mujer renuncia a su lugar de honor ante su esposo, y lo cede a su sierva. Ella no permite que su esposo se case con otra esposa de su familia, sino que lo entrega en matrimonio a su criada, y espera así tener descendencia, aunque sea por medio de una criada. Pues así dice la historia: «Y Sarai, esposa de Abram, no le daba hijos; y ella tenía una sierva egipcia, que se llamaba Agar. Dijo, pues, Sarai a Abram: "Ya ves que Jehová me ha hecho estéril; te ruego que entres a mi sierva; quizá tendré hijos de ella"» (Génesis 16:1-2). Sara se sintió muy humillada

---
137. O: «el nombre que Dios le había dado» [Middleton]. *promissio & nominatio Dei.*
138. *se spe sua frustratam esse.*

cuando se vio presionada a rebajarse de esta manera. Pero de cierta manera asumió responsabilidad por esa tentación y prueba de su fe. Pues pensó: «Dios no puede mentir; lo que Él prometió a mi esposo, sin duda alguna se cumplirá. Pero tal vez Dios no quiera que yo sea la madre de esa simiente. No me sentiré ofendida si Agar tiene ese honor. Por eso, daré permiso a mi esposo para que entre a ella, y quizá por ella edificaré mi posteridad».

Por tanto, Ismael nace sin la palabra, sino solo por el pedido de Sara. Pues no hay palabra alguna de Dios que ordene hacerlo, ni tampoco promete un hijo. En vez de ello, todo se hace por un «quizá», la palabra dicha por Sara. «Quizá», dice, «yo tendré hijos de ella». Abraham no había recibido palabra alguna de Dios sobre el tiempo en que Sara daría a luz el hijo prometido. La única palabra había sido el «quizá» de Sara. Entonces, es obvio que Ismael fue hijo de Abraham solo según la carne, sin la palabra[139]. Por tanto, él nació de un «quizá», un hijo que se espera y nace como todo niño. Pablo se fijó en ese detalle, y precisamente lo tomó en cuenta.

En Romanos 9, insta usando el mismo argumento que aquí, presentado en una alegoría, y concluye poderosamente que todos los hijos de Abraham no son hijos de Dios. Abraham (dice él) tuvo dos tipos de hijos. Algunos son nacidos según su carne y sangre, pero la palabra y la promesa de Dios vino antes, como en Isaac. Otros nacen sin la promesa, como Ismael. Por tanto, los hijos de la carne (dice él) no son los hijos de Dios, sino solo los hijos de la promesa. Con este argumento, él tapa poderosamente las bocas de los vanagloriosos judíos, que se gloriaban de ser de la simiente e hijos de Abraham, como también lo dijo Cristo en Mateo 3 y en Juan 8. Como si Pablo dijera: «No son correctas vuestras afirmaciones o deducciones: "Soy de la simiente carnal de Abraham; por consiguiente, soy hijo de Dios"; "Esaú es el primogénito, por lo tanto, es el heredero"». No es así, sino al contrario. Los que quieran ser hijos de Abraham, no lo serán por su nacimiento carnal, sino que serán hijos por medio de la promesa y la fe. Ellos son los verdaderos hijos de Abraham, y por consiguiente, hijos de Dios.

Entonces, puesto que Ismael no fue prometido por Dios a Abraham, solo es un hijo según la carne, y no según la promesa.

---

[139]. Hoy en día, tal vez Lutero habría usado la expresión moderna: «Ismael fue tan solo un hijo biológico de Abraham».

Porque nació según un «quizá», como todo otro niño. Pues no hay madre que sepa si tendrá niño o no; o al enterarse de que está esperando, no puede decir si será hijo o hija. Sin embargo, Isaac fue mencionado expresamente por su nombre: «Sara, tu esposa», dijo el ángel a Abraham, «te dará a luz un hijo, y llamarás su nombre Isaac». Aquí se nombra expresamente al hijo y a la madre. Por tanto, debido a esta humildad de Sara, ella renunció a su derecho, sufrió el desprecio de Agar (Génesis 16), y Dios la recompensó con este honor, que ella sería la madre del hijo prometido.

VERSÍCULO 24. *Lo cual es una alegoría*[140].

En la teología, las alegorías no acarrean mucho peso probatorio. Sin embargo, si se usan como dibujos, embellecen y presentan el tema. Pues si Pablo no hubiera confirmado todavía la justicia de la fe contra la justicia de las obras utilizando argumentos fuertes y concluyentes, esta alegoría habría sido poco provechosa. Pero, como anteriormente había fortalecido su causa con argumentos invencibles, tomados de la experiencia, del ejemplo de Abraham, de los testimonios de las Escrituras y cosas semejantes, ahora, al fin de su contienda, añade una alegoría, a fin de embellecer todo lo demás. Pues es algo muy oportuno añadir una alegoría, cuando ya se ha puesto un buen fundamento, y el asunto se ha comprobado a fondo. Tal como un dibujo es un ornamento para decorar y embellecer una casa ya construida, así también una alegoría alumbra un tema que de otra manera ya ha sido comprobado y confirmado.

VERSÍCULOS 24-25. *Pues estas mujeres son dos pactos; uno procede del monte Sinaí que engendra hijos para ser esclavos; éste es Agar. Ahora bien, Agar es el monte Sinaí en Arabia.*

Abraham es una figura de Dios, que tiene dos hijos. Es decir, dos tipos de gentes se representan por Ismael e Isaac. Estos dos nacen mediante Agar y Sara, las cuales representan los dos Pactos, el Antiguo y el Nuevo. El Antiguo es del monte Sinaí, que engendra esclavitud, el cual es Agar. Pues, en su idioma, los árabes le dan el nombre de Agar al mismo monte que los judíos llaman Sinaí (que

---

140. *per Allegoriam.*

pareciera tener ese nombre debido a sus muchos cardos y espinas), de lo cual Tolomeo y los eruditos griegos testifican en sus comentarios. De la misma manera hay una diversidad de nombres que se dan a las muchas montañas, de acuerdo con la diversidad de naciones. Por eso el monte que Moisés llamó Hermón, los sidonios lo llaman Sirión; y los amorreos, Senir.

Ahora, esto viene muy bien al punto, pues el monte Sinaí, en el idioma árabe, significa «esclava». Yo creo que la semejanza de este nombre le dio a Pablo luz y ocasión para presentar esta alegoría. Así como Agar, la sierva, dio a Abraham un hijo, pero no un heredero sino un esclavo, así también el monte Sinaí es una alegoría de Agar, que le dio a Dios un hijo, es decir, un pueblo según la carne. Además, así como Abraham era verdadero padre de Ismael, también el pueblo de Israel tenía por Padre al verdadero Dios, quien les dio su ley, sus decretos, su religión, el verdadero servicio, y el templo. Así lo dice el Salmo 147:19: «Él manifiesta sus palabras a Jacob, sus estatutos y sus juicios a Israel». No obstante, esta fue la única diferencia: Ismael nació de la esclava según la carne, es decir, sin la promesa, y por tanto, no podía ser el heredero. Así fue que la mística Agar, es decir, el monte Sinaí, donde fue dada la ley, y se ordenó el Antiguo Pacto, engendró un pueblo para Dios (en la alegoría Abraham representa a Dios), pero sin la promesa. Es decir, un pueblo carnal y esclavo[141], pero no el heredero de Dios. Pues por la ley no fue añadida la promesa de la bendición a través de Cristo, de libertad de la maldición de la ley, del pecado y de la muerte. Tampoco por la ley fue dada la gratuita remisión de pecados, la justicia y la vida eterna. Al contrario, la ley dice de sus mandamientos: «Todo el que los cumpla, vivirá por ellos» (Levítico 18:5 RVC).

Por cuanto las promesas de la ley son condicionales, prometen vida, pero no gratuitamente; son solo para los que cumplen la ley. Por eso dejan las conciencias de los hombres en la incertidumbre, pues no hay ser humano alguno que cumpla la ley. Pero las promesas del Nuevo Pacto no añaden condición alguna, ni requieren cosa alguna de nosotros, ni dependen de nuestra virtud como condición. Más bien nos otorgan libremente perdón de pecados, gracia, justicia y vida eterna por causa de Cristo[142]. Así lo he dicho copiosamente en otros tratados.

---

141. Nota de Lutero: *Populus legis*.
142. *propter Christum*.

Por tanto, la ley o el Antiguo Pacto contiene solo promesas condicionales, pues siempre trae anexa esta misma condición: «Si obedecen mi voz, si guardan mis estatutos, si andan por mis caminos, serán mi pueblo», y otras más. Los judíos no entendieron que esas promesas eran condicionales; y las convirtieron en netamente absolutas. Pensaron que Dios jamás las revocaría, y tendrían que guardarlas a toda costa. Los judíos escucharon a los profetas predecir la destrucción de la ciudad de Jerusalén, del templo, del reino y del sacerdocio, pues los profetas discernían entre las promesas corporales de la ley, y las promesas espirituales acerca de Cristo y su reino. Por esa misma razón persiguieron y mataron a los profetas como herejes y blasfemos de Dios, porque los judíos no podían ver que esta conexión venía adjunta: «Si guardan mis mandamientos, les irá bien».

Por tanto, Agar, la sierva, da a luz un esclavo. Por lo que Ismael no es el heredero, y aunque él es hijo de Abraham por naturaleza, sigue siendo esclavo. ¿Qué es lo que falta? La promesa, y la bendición de la palabra. Así que la ley dada en el monte Sinaí, al cual los árabes llaman Agar, solo da a luz a esclavos. Pues la promesa dada, con respecto a Cristo, no venía condicionada a la ley. Por tanto, ¡oh gálatas! Si abandonan la promesa y la fe, caen de nuevo en la ley y las obras; siempre seguirán siendo esclavos. Es decir, jamás quedarán libres del pecado y de la muerte, sino que siempre vivirán bajo la maldición de la ley. Pues Agar no engendra la simiente de la promesa con sus herederos. Es decir, la ley no justifica, no trae la adopción y la herencia, sino que más bien impide la herencia, y produce ira[143].

VERSÍCULO 25. *Agar es el monte Sinaí en Arabia, que corresponde a la que ahora es Jerusalén, y está en servidumbre con sus hijos.*

Esta es una maravillosa alegoría. Así como poco antes Pablo relacionó a Agar con el Sinaí, ahora habría querido mucho más relacionar a Sara con Jerusalén, pero no se atreve, ni tampoco puede. Más bien, se ve obligado a conectar a Jerusalén con el monte Sinaí, pues dice: «Que pertenece a Agar, viendo que el monte Agar

---

143. *lex non justificat, non affert filiationem et hereditatem, sed potius eam impedit et iram efficit.*

alcanza hasta Jerusalén». Y es verdad, que hay una cordillera de montañas que se extiende desde Arabia Pétrea hasta Cadesbarnea de los judíos. Entonces, él dice, la que ahora es Jerusalén, es decir, esta Jerusalén terrenal y pasajera, no es Sara. Al contrario, Jerusalén pertenece a Agar, pues allí reina ella. Allí, dentro de Jerusalén, está la ley engendrando esclavitud, allí está la adoración y las ceremonias, el templo, el reino, el sacerdocio, y todo lo demás fue ordenado en Sinaí por la madre, que es la ley, eso es todo lo que se hace en Jerusalén. Por tanto, Pablo la relacionó con el Sinaí, y la resumió en una sola palabra, Sinaí o Agar.

Yo no me habría atrevido a interpretar esta alegoría así. Hubiera preferido llamar a Jerusalén, Sara, o el Nuevo Pacto, viendo en particular que allí comenzó la predicación del Evangelio, allí fue dado el Espíritu Santo, y allí nació el pueblo del Nuevo Pacto. De ser así, habría pensado que sería una alegoría muy acertada. Pero no podemos jugar con las alegorías a nuestro antojo. Una bella comparación podría engañar fácilmente, y desviar de la verdad. Ninguno de nosotros habría pensado que sería un buen argumento darle el nombre de Sinaí a Agar, y de Jerusalén a Sara. Pero Pablo lo hace, y relaciona a Sara con Jerusalén, aunque no la Jerusalén terrenal. A la terrenal sencillamente la conecta con Agar. Pero Sara es esa Jerusalén espiritual y celestial, en la cual no reina la ley, ni el pueblo según la carne. No es como esa Jerusalén terrenal que sigue en esclavitud junto con sus hijos. La celestial es donde reina la promesa, donde hay un pueblo libre y espiritual.

Y para que la ley quedara plenamente abolida junto con todo el reino establecido en Agar, la Jerusalén terrenal fue horriblemente destruida, con todos sus ornamentos, el templo, las ceremonias, y todo lo demás. Aunque el Nuevo Pacto comenzó allí, y de allí se ha difundido por todo el mundo, no obstante, la ciudad pertenece a Agar. Esa es la ciudad de la ley, las ceremonias y el sacerdocio, instituido por Moisés. En resumen, fue engendrada por Agar la esclava; por eso está en esclavitud con sus hijos. Es decir, camina en las obras de la ley, y jamás alcanzará la libertad del espíritu. Continuamente permanecerá bajo la ley, el pecado, una conciencia pecaminosa, la ira y el juicio de Dios, y bajo la culpa de la muerte y el infierno. Es cierto, goza de libertad según la carne, pues tiene un reino terrenal, tiene sus magistrados, riquezas, bienes, y cosas semejantes. Pero nosotros hablamos de la libertad del espíritu, en donde estamos muertos a la ley, al pecado y a la muerte, y vivimos y reinamos en la gracia, el perdón de los pecados, la justicia y la vida eterna. La Jerusalén terrenal no puede suplir nada de eso; lo único que tiene es Agar.

VERSÍCULO 26. *Mas la Jerusalén de arriba es libre; la cual es la madre de todos nosotros.*

Pablo dice que esta Jerusalén terrenal (la de abajo) tiene el reglamento y las ordenanzas de la ley, es Agar, y está en esclavitud con sus hijos. Es decir, no ha sido liberada de la ley, del pecado, y de la muerte. Pero la Jerusalén de arriba, es decir, la Jerusalén espiritual, es Sara (aunque Pablo no añade el nombre propio de Sara, le da otro nombre, «la libre»). Ella es esa verdadera dama en libertad, la cual es la madre de todos nosotros. Ella nos engendra en libertad, y no en esclavitud como lo hace Agar. La Jerusalén celestial, la de arriba, es la iglesia, son los fieles dispersos por todo el mundo. Ellos son los que tienen el mismo y único Evangelio, una misma fe en Cristo, el mismo Espíritu Santo, y los mismos sacramentos.

Por tanto, la palabra «arriba» no debe interpretarse como lo hacen los eruditos papales, como si fuera la iglesia triunfante en el cielo[144]. Más bien, se deriva a la iglesia militante aquí en la tierra. Pues se dice de los creyentes que su vivir está en el cielo, «Nuestra ciudadanía[145] está en el cielo» (Filipenses 3:20). Pero no como el lugar, sino como el cristiano creyente, quien se aferra a estos dones inestimables, celestiales, y eternos, que están en el cielo. «El cual nos ha bendecido con toda bendición espiritual en los lugares celestiales en Cristo» (Efesios 1:3). Por tanto, debemos distinguir entre las bendiciones celestiales o espirituales, a diferencia de las terrenales. Pues la bendición terrenal es la de tener un buen gobierno civil y económico[146]: tener hijos, paz, riquezas, frutos de la tierra, y otras comodidades corporales. Pero la bendición celestial es la de ser librado de la ley, del pecado, y de la muerte; ser justificado

---

144. Lutero usó la palabra ἀναγωγιχῶς en su conferencia. Se refiere a uno de los sentidos de la interpretación de las Escrituras. Uno de ellos era un ἀναγογε, o referente al fin del mundo o a la vida venidera.
145. Lutero usó otra palabra griega en su conferencia: πολίτευμα, *ciudadanía*.
146. *bonam politiam et oeconomiam*.

y renacer a vida, tener paz con Dios, tener un corazón fiel, una conciencia gozosa, y un consuelo espiritual. También incluye tener el conocimiento de Jesucristo, el don de la profecía, y la revelación de las Escrituras, el don del Espíritu Santo, y regocijarse en Dios. Estas son las bendiciones celestiales que Cristo ha dado a la iglesia.

Por tanto, la Jerusalén de arriba, es decir, la Jerusalén celestial, es la iglesia que ahora está en el mundo. Esta no es el sentido futurista[147] de la patria venidera. Tampoco es la iglesia triunfante, como se la imaginan los monjes iletrados y los eruditos papales. Ellos enseñaban que la Escritura tiene cuatro sentidos: el literal, el figurado, el alegórico, y el místico futurista [anagógico][148]. Ellos neciamente han interpretado casi todas las palabras de las Escrituras de acuerdo a estos sentidos. De este modo, la palabra Jerusalén, literalmente indicaría la ciudad de dicho nombre; figuradamente, una conciencia pura; alegóricamente, la iglesia militante; futurista, la ciudad celestial, o la iglesia triunfante. Con estas fábulas necias y frívolas hacen pedazos las Escrituras en tantos diversos sentidos. Por consiguiente, las pobres conciencias llenas de tales tonterías no pueden recibir doctrina alguna con confianza. Pero aquí Pablo dice que la Jerusalén antigua y terrenal pertenece a Agar, y que está en esclavitud con sus hijos, y ha quedado totalmente abolida. Sin embargo, la Jerusalén nueva y celestial es una reina que goza de libertad, ha sido designada por Dios para ser nuestra madre en esta tierra, y no en el cielo. Pues por ella hemos sido engendrados, y aun así somos engendrados diariamente. Por tanto, es necesario que esta nuestra madre esté en la tierra entre los hombres, como también su generación. No obstante, es engendrada por el Espíritu Santo, por el ministerio de la palabra y los sacramentos, y no según la carne.

Digo esto para que en este tema no nos despistemos con meditaciones del más allá, sino que sepamos que Pablo coloca a la Jerusalén de arriba en contraste con la Jerusalén terrenal, no físicamente, sino espiritualmente. Pues hay una distinción entre las cosas espirituales y las corporales o terrenales. Las espirituales son de arriba, las terrenales son de abajo. La Jerusalén de arriba se distingue de la Jerusalén carnal y pasajera, que es de abajo, no en

---
147. Otra vez aquí Lutero usó la palabra griega ἀναγωγιχῶς, *anagógico*.
148. *Literalem, Tropologium, Allegoricum et Anagogicum*.

localidad (como he dicho) sino espiritualmente. Pues esta Jerusalén espiritual, cuyo inicio fue en la Jerusalén terrenal, no tiene ningún lugar propio como lo tiene la otra en Judea. Más bien, está dispersa por todo el mundo, y puede estar en Babilonia, Turquía, Tartaria, Escitia, Italia, Alemania, en las islas del mar, en las montañas y los valles, y por todo el mundo donde moren hombres y mujeres que tienen el Evangelio y han creído en Jesucristo.

Sara, o Jerusalén, nuestra madre en libertad, es la misma Iglesia, la esposa de Cristo, de quien todos hemos nacido. Esta madre engendra hijos libres sin cesar, hasta el fin del mundo, siempre y cuando ella predique y proclame el Evangelio, pues esto es lo que significa engendrar. Pues bien, ella enseña el Evangelio de esta manera: somos librados de la maldición de la ley, del pecado, de la muerte, y de todo mal, por medio de Jesucristo, mas no por la ley, ni por las obras. Por tanto, la Jerusalén de arriba, es decir, la iglesia, no está sujeta a la ley y a las obras. En lugar de eso, goza de libertad, es una madre sin ley, sin pecado, y sin muerte. Ahora bien, tal como la madre, así son los hijos que engendra.

Esta hermosa alegoría enseña muy acertadamente que la iglesia no debe hacer otra cosa que predicar y enseñar el Evangelio en verdad y sinceridad, y que por estos medios engendra hijos. Es así como todos somos padres e hijos los unos de los otros, pues somos engendrados entre nosotros. Yo, siendo engendrado por otro mediante el Evangelio, engendro a otro, que a su vez engendrará a otro, y así, este engendrar seguirá hasta el fin del mundo. Ahora bien, yo hablo del engendrar; no de Agar, la esclava que engendra esclavos mediante la ley, sino de Sara, la libre que engendra herederos sin la ley, y sin sus afanes. Pues ya que Isaac es el heredero y no Ismael (aunque ambos son hijos concebidos por Abraham), Isaac tuvo la herencia por la palabra de la promesa, a saber: «Sara tu esposa te dará a luz un hijo, y llamarás su nombre Isaac» (Génesis 17:19). Sara comprendió esto muy bien, por lo cual dijo: «Echa a esta sierva y a su hijo» (Génesis 21:10), palabras que también Pablo relaciona después. Por tanto, tal como Isaac tiene la herencia de su padre solo por la promesa y su nacimiento, sin la ley y sin las obras, nosotros nacemos por medio del Evangelio de esa mujer Sara la libre, es decir, la iglesia, los verdaderos herederos de la promesa. Ella nos instruye, nos alimenta, nos lleva en su vientre, en su falda, y en sus brazos. Nos conforma y moldea a la imagen de Cristo, a fin de presentar a todo hombre perfecto en Él. Así que todas las cosas se cumplen por medio del ministerio de la palabra. Por cuanto el oficio de la mujer en libertad es engendrar hijos para Dios por medio de su esposo, sin cesar y sin fin, es decir, hijos entendidos que han sido justificados por la fe, y no por la ley[149].

VERSÍCULO 27. *Porque está escrito: Alégrate estéril, tú que no das a luz: Prorrumpe en júbilo y clama, tú que no tienes dolores de parto, porque más son los hijos de la dejada, que de la que tiene marido.*

Pablo aquí se deriva a Isaías el profeta[150], siendo todo alegórico. Escrito está (dice él) que la madre que tiene muchos hijos, y que tiene marido, tendrá que enfermar y morir. Al contrario, la estéril, la que no tiene hijos, los tendrá en abundancia. De la misma manera Ana canta en su cántico, del cual Isaías tomó su profecía «Los arcos de los fuertes fueron quebrados, y los débiles se ciñeron de fortaleza. Los saciados se alquilaron por pan; y los hambrientos dejaron de estarlo; aun la estéril dio a luz a siete, y la que tenía muchos hijos languidece» (1 Samuel 2:4ss.). Es algo maravilloso (dice él): La fértil se volverá estéril, y la estéril, fértil. Además, los que antes eran fuertes, llenos, ricos, gloriosos, justos, y bendecidos, se volverán débiles, hambrientos, pobres, despreciados pecadores, sujetos a la muerte y condenación. Por otro lado, los débiles y hambrientos, serán fuertes y satisfechos.

Por medio de esta alegoría del profeta Isaías, el apóstol muestra la diferencia que hay entre Agar y Sara. Es decir, entre la sinagoga y la iglesia, o entre la ley y el Evangelio. La ley es el esposo de la mujer fértil, o sea, de la sinagoga, que engendra muchos hijos. Pues hombres de todas las edades, no solo los mentecatos, sino también los más sabios y potentes (es decir, la humanidad entera, con excepción de los hijos de la libre), no pueden ver ni conocen ninguna otra justicia que no sea la justicia de la ley; mucho menos conocen que hay otra más excelente. Por lo cual se consideran justos si guardan la ley, y en las apariencias cumplen con sus obras. *(Y en esta palabra "ley" incluyo toda ley, humana y divina).*

---

149. *tales filios, qui fide, non lege norunt se justificari.*
150. Isaías 54:1.

GÁLATAS 4:27

Ahora bien, aunque estos rindan frutos, tengan muchos discípulos, y brillen con la justicia y las gloriosas obras de la ley, no son libres, sino esclavos, pues son hijos de Agar, engendrados en la esclavitud. Y si son esclavos, no pueden ser partícipes de la herencia, sino que serán echados fuera de la casa, pues los esclavos no se quedan en la casa para siempre. Sí, ya han sido echados fuera del reino de la gracia y la libertad: «pero el que no cree, ya es condenado». Por tanto, permanecen bajo la maldición de la ley, bajo el pecado y la muerte, bajo el poder del diablo, y bajo la ira y el juicio de Dios.

Si la ley moral o los diez mandamientos no pueden hacer más que engendrar esclavos, es decir, no pueden justificar, sino solo intimidar, acusar, condenar, y arrojar las conciencias al barranco de la desesperación, ¿cómo, pues, podrán todas las leyes de los hombres, o las leyes del papa, justificar, siendo meras doctrinas de diablos? Por tanto, todos los que enseñan y presentan las tradiciones de los hombres, o la ley de Dios, como necesarias para obtener la justicia ante Dios, no hacen más que engendrar esclavos. Con todo, a tales maestros se los cuenta entre los mejores hombres; obtienen el favor del mundo, y son las madres más fértiles, pues obtienen un sinnúmero de discípulos. ¿Por qué? Porque la razón humana no comprende lo que es la fe ni la verdadera piedad, y por tanto, la descarta y desprecia, y es naturalmente adicta[151] a la superstición y a la hipocresía, es decir, a la justicia de las obras. Ahora bien, ya que esta justicia brilla y florece por todos lados, es una poderosa emperatriz del mundo entero. Por tanto, los que enseñan la justicia de las obras de la ley engendran muchos hijos, dan la apariencia de ser libres, despliegan un glorioso teatro de excelentes virtudes, pero en la conciencia están encadenados como esclavos del pecado. Por tanto, tienen que ser echados fuera de la casa para condenación.

Por otra parte, Sara la libre, es decir, la verdadera iglesia, parece infértil. Pues el Evangelio, que es la palabra de la cruz y la aflicción, predicada por la iglesia, no brilla con tanto esplendor como la doctrina de la ley y las obras, y por eso no tiene tantos discípulos. Además, a ella le han puesto el rótulo de que prohíbe buenas obras, vuelve a los hombres confiados, holgazanes, descuidados, suscita

---

151. Lutero usó la palabra *afficitur*, que significa «influido, afectado, afligido, o debilitado». Por lo tanto, la palabra del español moderno más acertada, en este contexto, sería *adicta*.

herejías y sediciones, y es la causa de toda fechoría. Por tanto, no aparenta éxito ni prosperidad; todo pareciera infecundo, desolado, y desahuciado. Por tanto, los impíos están muy convencidos de que la iglesia con su doctrina no perdurará mucho más. Los judíos se confiaban de que la iglesia sembrada por los apóstoles sería derrocada, y la llamaron con el odioso nombre de «secta». Por tanto, hablaron con Pablo de esta manera en Hechos 28:22: «Porque lo único que sabemos es que en todas partes se habla en contra de esa secta». De igual manera, ¿cuán a menudo (ruego que me digan) nuestros adversarios han quedado chasqueados, cuando algunos señalaron la ocasión, y otros el momento, en que ciertamente quedaríamos destruidos? Cristo y sus discípulos fueron oprimidos, pero después de su muerte la doctrina del Evangelio se esparció más lejos que durante sus días. De igual manera, nuestros adversarios pueden oprimirnos hoy, pero la palabra de Dios permanece para siempre. Entonces, cuanto más la iglesia parezca infértil y abandonada, débil y despreciada, víctima de persecución, y obligada a escuchar el reproche de que su doctrina es herética y sediciosa, tanto más, delante de Dios, solo ella es fértil. Por el ministerio de la palabra, ella engendra un infinito número de hijos, herederos de justicia y vida eterna; y aunque por fuera ellos sufren persecución, en espíritu gozan de la mayor libertad; pues no solo juzgan sobre toda doctrina y obra, sino que también son los más gloriosos vencedores contra las puertas del infierno.

Por tanto, el profeta confiesa que la iglesia está de luto; de otro modo, no la habría exhortado al regocijo. Concede que ante el mundo ella es infértil, y por eso la llama infértil y abandonada, sin hijos; pero ante Dios, dice él, es fértil, y por tanto, la insta a regocijarse. Es como si hubiera dicho: «Es cierto que eres despreciada e infértil; puesto que tu esposo no es la ley, no tienes hijos. Pero regocíjate: aunque no tengas a la ley por tu esposo, serás la madre de innumerables hijos. Esta promesa es fiel a pesar de que, siendo virgen, fuiste abandonada en la víspera de tu matrimonio (pues no la llama viuda). Tú deberías tener esposo si él no te hubiera abandonado o no lo hubieran matado. Pero tu marido, la ley, no cumplió su obligación contigo y te dejó sola y olvidada; por eso ya no tienes obligación de casarte con la ley». Por tanto, aunque el pueblo, o la iglesia del Nuevo Pacto, está totalmente libre de la ley respecto a la conciencia, pareciera haber sido abandonada según lo juzga el mundo. Sin embargo, aunque jamás haya sido tan infértil, sin la ley y sin las obras, ante Dios es la más fértil, y engendra un infinito número de hijos, no para esclavitud, sino para libertad. Pero ¿por qué medio? No por la ley, sino por la palabra y el Espíritu de Cristo, que es dado por medio del Evangelio, por el cual ella concibe, da a luz, y educa a sus hijos.

Entonces, por medio de esta alegoría, Pablo muestra la diferencia entre la ley y el Evangelio. Primero, al llamar a Agar el Pacto Antiguo, y a Sara, el Nuevo. También, cuando él llama a la una esclava y a la otra libre. Además, cuando dice que la casada y fértil ha quedado estéril y ha sido echada de la casa con sus hijos. Por otro lado, cuando la que era estéril y despreciada llega a ser fértil, da a luz un infinito número de hijos, y ellos son los herederos. En estas diferencias se representan dos tipos de personas: las de la fe, y las de la ley[152]. El pueblo de la fe no tiene a la ley por su marido, no sirve en esclavitud, pues no ha nacido de aquella madre en donde ahora está Jerusalén; en cambio, tiene la promesa y es libre porque ha nacido de Sara la libre.

De esa manera, él separa al pueblo espiritual del Nuevo Pacto, del otro pueblo de la ley, cuando dice que el pueblo espiritual no son los hijos de Agar la esclava, sino de Sara la libre, que desconoce la ley. De esta manera coloca al pueblo de la fe muy por encima de la ley y separada de ella[153]. Entonces, si están por encima de la ley y separados de ella, son justificados solamente debido a su nacimiento espiritual, el cual es por la sola fe y no por la ley o sus obras. Ahora bien, ya que el pueblo de la gracia no tiene la ley, ni podría tenerla, el pueblo de la ley no tiene ni podría tener la gracia[154]. Es así porque es imposible que la ley y la gracia puedan existir como un solo par[155]. Por tanto, o debemos ser justificados por la fe, y perder la justicia de la ley, o de otro modo, ser justificados por la ley, y perder la gracia y la justicia de la fe[156]. Pero esta es una pérdida grave y lamentable, la de perder la gracia para volver a la ley. Pero de otro modo, es una pérdida grata y saludable perder la ley para aferrarnos a la gracia.

---

152. *Hae differentiae essentials sunt populi fidei et legis.*
153. *populum fidei longe supra et extra legem.*
154. *populus gratiae non habet nec potest habere legem, ita populus legis non habet nec potest habere gratiam.* Pie de página de Lutero: *Populus gratiae sine lege, populus legis sine gratia*, «El pueblo de la gracia sin la ley; el pueblo de la ley sin la gracia».
155. *impossibile est legem et gratiam simul posse exsistere.*
156. *Aut igitur fide justificari nos oportet, et justitiam legis amittere, aut lege, et gratiam et justitiam fidei amittere.*

Por tanto, nosotros (siguiendo el ejemplo y el esmero de Pablo) procuramos, hasta donde nos sea posible, presentar claramente la diferencia entre la ley y el Evangelio, lo cual es muy fácil de hacer en palabras. Pues ¿quién no se da cuenta de que Agar no es Sara, y Sara no es Agar? ¿Y además, que Ismael no es Isaac, y no tiene lo que tiene Isaac? Cualquiera podría ver estas diferencias. Pero en los grandes terrores, y en la agonía de la muerte, cuando la conciencia lucha contra el juicio de Dios, lo más difícil es decir con confianza segura y esperanza inquebrantable: «Yo no soy hijo de Agar, sino de Sara; es decir, no me apego a la ley como cosa que me pertenece, porque Sara es mi madre. Ella trae a este mundo herederos y no esclavos; a libres y no a encadenados». Pero todo esto es muy difícil de aceptar.

CONFERENCIA 32: viernes 13 de noviembre

Así, Pablo, mediante este testimonio de Isaías, ha comprobado que Sara, es decir, la iglesia, es la verdadera madre, que da a luz hijos en libertad y herederos. Por el contrario, Agar (la sinagoga) engendra muchos hijos, pero son esclavos, y deben ser echados fuera. Además, este texto debe tomarse en cuenta con mucha atención pues también habla de la libertad cristiana y de abolir la ley. El texto también afirma el artículo principal de la doctrina cristiana, que por Cristo somos justificados y salvos[157]. Al mismo tiempo, por antítesis, nos da la razón para sostener la abrogación de la ley. Es de gran provecho para confirmar la doctrina de nuestra fe; además, sostiene a nuestra conciencia con gran confianza y consuelo. Asimismo, nos protege en grandes pavores, porque sabemos con toda seguridad que la ley ha sido abrogada[158].

Como antes he dicho con frecuencia, vuelvo a decir (pues no se puede repetir demasiado) que el cristiano, al aferrarse al beneficio de Cristo por la fe, no tiene ley alguna. Para él, toda la ley ha sido abolida, con todos sus tormentos y aflicciones. Este texto de Isaías enseña lo mismo, y por tanto, es muy sobresaliente y lleno de consuelo. El profeta insta a la estéril y abandonada a regocijarse,

---
157. *per Christum justificemur et salvemur.*
158. *si sciamus legem esse abrogatam.*

aunque de acuerdo a la ley solo merecía menosprecio o lástima. Pues la mujer estéril, de acuerdo a la ley, estaba bajo maldición. Pero el Espíritu Santo invierte esta condena, y a la estéril la declara merecedora de alabanza y bendición. Por otro lado, a la fértil y las que procrean hijos, las declara bajo maldición, pues dice: «Alégrate, oh estéril, la que no daba a luz; levanta canción, y da voces de júbilo, la que nunca estuvo de parto; porque más son los hijos de la dejada que los de la casada». Sin embargo, Sara, es decir, la iglesia, ante el mundo parece estar abandonada e infértil sin la justicia y las obras de la ley. No obstante, es la madre más prolífica de un sinnúmero de hijos ante Dios, tal como testifica el profeta. Por otro lado, aunque pareciera que Agar es más prolífica que nunca, engendrando tantos hijos, su edad reproductiva llegó a su fin. ¿Por qué? La esclava ha sido echada de la casa junto con sus hijos esclavos, y no reciben la herencia con los hijos de la libre, como Pablo lo explica seguidamente.

Por tanto, por ser hijos de la libre, la ley (nuestro viejo marido) ha sido abolida para nosotros. Mientras este marido tuviera dominio sobre nosotros, nos era imposible engendrar hijos libres en espíritu; tampoco eran hijos de la gracia, sino que estábamos atados a la otra en esclavitud. Es cierto que, mientras reina la ley, los hombres no son holgazanes, sino que trabajan arduamente, llevando la carga y el calor del día. En ese afán engendran muchos hijos, pero ellos, tanto padres como hijos, son ilegítimos. No pertenecen a la madre que goza de libertad; por eso, al fin son echados de la casa con Ismael. Mueren bajo condenación, sin recibir herencia alguna. Por consiguiente, es imposible que los hombres alcancen la herencia, es decir, que sean justificados y salvos por la ley, por mucho que trabajen, o que su prole sea extensa. Por tanto, maldita sea esa doctrina, vida, o religión, que procura alcanzar la justicia ante Dios por medio de la ley o sus obras[159]. Pero sigamos con nuestra tarea, tocante a la abolición de la ley.

Tomás[160] y otros escolásticos, hablando de la abolición de la ley, dicen que las leyes judiciales y ceremoniales son dañinas y funestas desde la venida de Cristo, y por tanto, estas son las abolidas, pero no la ley moral. Estos doctos ciegos no sabían de lo que hablaban.

---

159. *Maledicta sit igitur omnis doctrina, vita, religio, quae conatur lege aut operibus parare justitiam coram Deo.*
160. Santo Tomás de Aquino.

Pues si vas a hablar de la abolición de la ley, habla de la ley en sí, de su propio uso y función, en su sentido espiritual, entendiendo todo el alcance de la ley, sin hacer distinción alguna entre la judicial, ceremonial, y moral. Pues cuando Pablo dice que somos liberados de la maldición de la ley mediante Cristo, él habla de toda la ley, y principalmente de la ley moral, pues esta es la única que acusa, maldice y condena la conciencia, cosas que no hacen las otras dos. Por tanto, nosotros decimos que la ley moral, o la ley de los diez mandamientos, no tiene poder de acusar y angustiar a la conciencia, pues allí reina Cristo por su gracia, y la ha rechazado como justicia.

No es que la conciencia no sienta todas las angustias de la ley (ciertamente las siente), pero ya no está bajo condenación, ni se entrega a la desesperanza. «Ahora, pues, ninguna condenación hay para los que están en Cristo Jesús» (Romanos 8). También, «si el Hijo os libertare, seréis verdaderamente libres» (Juan 8:36). Entonces, cualesquiera sean las angustias que sienta el cristiano cuando la ley le muestre su pecado, él no desesperará; pues ha creído en Jesucristo, y ha sido bautizado en Él, ha sido limpio por su sangre, y tiene la remisión de todos sus pecados.

Nuestro pecado es perdonado por Cristo, el mismo Señor de la ley. Él es nuestro consuelo pues se entregó a sí mismo para lograr nuestro perdón. La ley, siendo tan solo un criado, ya perdió su derecho de acusarnos y condenarnos por causa de nuestros pecados, pues ya hemos sido perdonados. Ahora somos libres, por cuanto el Hijo nos ha liberado. Por tanto, toda la ley queda abolida para aquellos que han puesto su fe en Cristo. «Entonces, ¿qué hago? ¿Nada?». Es que no puedes hacer nada para librarte de la tiranía de la ley. Pero escucha estas gozosas nuevas que el Espíritu Santo te trae por medio de las palabras del profeta: «Alégrate, oh estéril».

Es como si dijera:

–¿Por qué tienes tanta pesadumbre, por qué te lamentas tanto, si no tienes motivo?

–Porque soy estéril y desechado.

–Bien, no importa cuán estéril y desahuciado te sientas sin la justicia de la ley; Cristo es tu justicia. Por ti, Él fue hecho maldición para librarte de la maldición de la ley. Si crees en Él, la ley ha muerto para ti. Y por cuanto Cristo es superior a la ley, tu justicia es mucho mayor que la justicia de la ley. Además, tú eres fértil y no estéril, pues tienes muchos más hijos que la casada.

También la ley queda abolida en su aspecto externo. Es decir, las leyes civiles de Moisés no nos pertenecen. Por tanto, no debemos restablecerlas, ni atarnos supersticiosamente a ellas, como algunos lo han hecho en el pasado, desconociendo esta libertad. Ahora bien, aunque el Evangelio no nos sujeta a las leyes civiles de Moisés, no nos exime de obedecer las leyes civiles de la tierra, sino que en esta vida corporal nos sujeta a las leyes de los gobiernos en donde vivimos. Es decir, manda a todos a obedecer a su gobernador y sus leyes, «no solamente por la ira, sino también por causa de la conciencia» (1 Pedro 2, Romanos 13). El emperador no peca si implementa algunas de las leyes civiles de Moisés; está en toda su libertad de hacerlo. Por tanto, los eruditos papales dicen tonterías cuando enseñan que las leyes civiles de Moisés perecieron después de Cristo.

Así como no estamos obligados a guardar las ceremonias de Moisés, mucho menos estamos obligados a las ceremonias del papa. Por cierto, en esta vida corporal no podemos prescindir totalmente de las ceremonias (pues cierta instrucción[161] es necesaria). Por eso, el Evangelio permite a la iglesia ciertas ordenanzas respecto a días, tiempos, lugares, y asuntos así, para que la gente pueda saber el día y la hora, y el lugar de reunirse para escuchar la palabra de Dios. También permite que se establezcan lecciones y lecturas, como en las escuelas, especialmente para la instrucción de los niños y los iletrados. Estas cosas se permiten a fin de que todo se pueda hacer decentemente y con orden en la iglesia (1 Corintios 14:40). Sin embargo, no hay ningún mérito en guardar esos reglamentos para obtener remisión de pecados. Además, se pueden cambiar u omitir sin pecado alguno para no estorbar al creyente más débil. *Ni tampoco es cierto que las ceremonias de Moisés después de la revelación de Cristo sean para muerte. Si fuera así, los cristianos habrían pecado al celebrar las fiestas de la Pascua y Pentecostés, instituidas por la iglesia antigua siguiendo el ejemplo de la ley de Moisés (aunque de otra manera y con fines muy diferentes).*

---

159. *Maledicta sit igitur omnis doctrina, vita, religio, quae conatur lege aut operibus parare justitiam coram Deo.*
160. Santo Tomás de Aquino.
161. *paedagogian.*

Ahora bien, aquí Pablo habla de la ley moral como abolida, lo cual merece nuestra atención. Pues él habla en contra de la justicia de la ley, a fin de establecer la justicia de la fe. Esta es su conclusión: si la sola gracia o la fe en Cristo justifica, entonces toda la ley simplemente queda abolida[162]. El testimonio de Isaías lo confirma, pues exhorta a la estéril y despreciada a regocijarse. Pareciera que ella no tiene ni un hijo, ni la esperanza de tenerlo. Es decir, no tiene discípulos, ni el favor, ni las miradas del mundo, pues predica la palabra de la cruz de Cristo crucificado, contra toda la sabiduría de la carne. Pero tú que eres estéril (dice el profeta) no te perturbes por esto en absoluto. Más bien, levanta tu voz y regocíjate, pues la despreciada tiene más hijos que la casada. Es decir, la casada tiene un gran número de hijos, pero será debilitada. Por otro lado, ¡la despreciada tendrá hijos en abundancia!

Él llama a la iglesia «estéril» porque sus hijos no son engendrados por la ley, ni por las obras, ni por la industria ni el esfuerzo humano, sino por la palabra de fe por medio del Espíritu de Dios. Aquí todo lo que hay es nacer, no hay obra alguna. Por el contrario, los que rinden fruto no hacen más que trabajar y afanarse con grandes esfuerzos para engendrar y dar a luz. Pero nadie nace a pesar de todo el esfuerzo. No importa toda su lucha para lograr el derecho de hijos y la herencia a través de la justicia de la ley, o su propia justicia; siguen siendo esclavos, y jamás recibirán la herencia. ¡No! Por mucho que se agoten hasta la muerte con tanto esfuerzo. Pues en contra de la voluntad de Dios, procuran obtener por sus propias obras lo que Dios, por su pura gracia, dará a todos los creyentes por causa de Cristo[163]. Los fieles también obran, pero no por eso son hechos hijos y herederos (pues esto lo recibieron de nacimiento). Lo que hacen ahora como hijos y herederos es glorificar a Dios con sus buenas obras, y prestar ayuda a su prójimo.

VERSÍCULO 28. *Así que, hermanos, nosotros, como Isaac, somos hijos de la promesa.*

Es decir, no somos hijos de la carne, como Ismael, o como todo el Israel carnal. Ellos se gloriaban de ser de la simiente de Abraham y

---
162. *Si sola gratia seu fides in Christum justificat, ergo tota lex simpliciter abrogata est.*
163. *quod Deus ex mera gratia propter Christus.*

del pueblo de Dios. Pero Cristo respondió: «Si fueran hijos de Abraham, harían lo mismo que él hizo» (Juan 8:39ss.). También: «Si Dios fuese el Padre de ustedes, ciertamente me amarían y reconocerían mi palabra». Es como si él hubiera dicho: «Los hermanos que nacen y se crían en el mismo hogar se conocen entre ellos por la voz, pero "ustedes son de su padre el diablo"». Nosotros no somos tales hijos (dijo él), que siguen siendo esclavos, y al final serán echados fuera de casa. Nosotros somos hijos de la promesa, como lo fue Isaac. Es decir, de la gracia y de la fe, nacidos solo de la promesa. Con respecto a esto, ya he hablado lo suficiente antes en 3:8, al tratar este texto: «En tu simiente serán benditas todas las naciones de la tierra». Por tanto, somos declarados justos, no por la ley, ni por las obras, ni nuestra propia justicia, sino por la pura misericordia y gracia de Dios[164]. Pablo repite esto con mucha frecuencia, y se esmera por presentar la promesa que se recibe por la sola fe[165], pues él sabía la mucha necesidad que había de hacerlo.

Hasta aquí la alegoría [de Génesis], a la cual Pablo agrega el texto de Isaías como interpretación. Ahora él relaciona la historia de Ismael e Isaac para nuestro ejemplo y consuelo.

VERSÍCULO 29. *Pero como entonces el que nació según la carne perseguía al que nació según el Espíritu; así también es ahora.*

Este texto contiene un grandioso consuelo. Todo el que nace y vive en Cristo se regocija en su nacimiento y la herencia que ha recibido de Dios. Pero tiene a Ismael por su enemigo y perseguidor. Nuestra propia experiencia lo ha confirmado. Todo el mundo está repleto de tumultos, persecuciones, sectas, y agravios. Por tanto, si no nos armáramos con este consuelo de Pablo y otros similares, y no comprendiéramos bien este artículo de la justificación, jamás podríamos resistir la violencia y las sutiles artimañas de Satanás. Pues ¿quién no se perturbaría con estas crueles persecuciones de nuestros adversarios, y con estas sectas e infinitas ofensas que hoy fomentan estos espíritus agitados y fanáticos? Ciertamente para nosotros no es ninguna pequeñez cuando se nos obliga a escuchar que todo estaba en paz y tranquilidad antes de la publicación del

---

164. *Ergo non ex lege, operibus, justitia propia pronuntiamur justi, sed ex mera gratia.*
165. *quae sola fide apprehenditur.*

Evangelio. Pero luego dicen: «Desde que se predica y promulga, todo se ha vuelto un torbellino, todo el mundo está en trifulcas, de modo que cada cual se arma contra el otro». Cuando la persona que no ha recibido el Espíritu de Dios escucha cosas así, pronto se ofende. Comienza a juzgar sobre el tema. Luego concluye que la desobediencia de los súbditos contra sus gobernadores, las sediciones, guerras, plagas, y hambrunas, los gobiernos derrocados, reinos, y países, sectas, agravios, y un sinnúmero de otros males proceden de la predicación del Evangelio.

Contra tan inmenso agravio debemos consolarnos y armarnos con dulces palabras. Los fieles siempre llevarán este nombre y rótulo en el mundo: que son sediciosos y revoltosos, autores de males sin fin. Por eso nuestros adversarios piensan que tienen causa justa contra nosotros. Incluso piensan que le hacen un gran favor a Dios cuando nos odian, persiguen, y matan. Entonces no hay otra posibilidad, sino que Ismael persiga a Isaac, y no que Isaac persiga a Ismael. Pues todo el que no sufra persecución por parte de Ismael no puede confesar que es cristiano.

Sin embargo, que nos digan nuestros adversarios (que tanto magnifican estos males de hoy) las muchas cosas buenas que siguieron a la predicación del Evangelio de Cristo y sus apóstoles[166]. ¿Acaso no siguió la destrucción del reino de los judíos? ¿Acaso no fue destruido el Imperio romano? ¿Acaso todo el mundo no se envolvió en un gran tumulto? No obstante, el Evangelio no fue el motivo, pues Cristo y sus apóstoles predicaban para el provecho y la salvación de los hombres, y no para su destrucción. Pero estas cosas vinieron por causa de la iniquidad de la gente, las naciones, los reyes y príncipes, quienes poseídos del diablo, no daban oído a la palabra de la gracia, la vida, y la eterna salvación, sino que la detestaban y condenaban como la doctrina más malévola y dañina para la religión y los gobiernos. Y está bien que esto suceda, pues el Espíritu Santo lo dejó predicho por David: «¿Por qué se amotinan las naciones?» (Salmo 2:1ss.).

Tales tumultos y trifulcas los vemos y escuchamos hoy. Los adversarios transfieren la culpa a nuestra doctrina. Pero la doctrina de la gracia y la paz no es la que fomenta estos males. Más bien es la

---

166. Otra vez Lutero recurre a un cierto sarcasmo.

gente, naciones, reyes, y príncipes de la tierra. Como dice el Salmo 2, ellos rugen y murmuran contra el Señor y su Ungido, conspiran y se consultan, no contra nosotros (como piensan ellos), ni contra nuestra doctrina, la cual blasfeman como falsa y sediciosa. Por tanto, sus consultas y sus maniobras son y serán nulas. «El que mora en los cielos se reirá; el Señor se burlará de ellos». Por tanto, ¡clamen todo lo que quieran! Digan que nosotros somos los causantes de provocar estos tumultos y levantamientos. No obstante, este salmo nos consuela, porque dice que ellos mismos son los autores de estas maldades. No lo pueden creer, y mucho menos aceptar que ellos son los que murmuran, se levantan, y consultan contra el Señor y su Ungido. ¡No! Pues piensan que son ellos los que sostienen la causa de Dios, los que defienden su gloria, y los que al perseguirnos rinden servicio agradable a Él. Pero el salmo no miente, y seguirá comprobando que así son las cosas hasta que venga el fin. Aquí no hacemos nada, sino que solo sufrimos, tal como testifica nuestra conciencia en el Espíritu Santo. Además, la doctrina contra la cual levantan tantos tumultos y agravios no es nuestra, sino de Cristo. Esta doctrina no la podemos negar, ni podemos abandonar su defensa, considerando que Cristo dijo: «Si alguien se avergüenza de mí y de mis palabras en medio de esta generación adúltera y pecadora, también el Hijo del hombre se avergonzará de él cuando venga en la gloria de su Padre con los santos ángeles» (Marcos 8:38).

Por tanto, todo el que predique a Cristo en verdad y confiese que Él es nuestra justicia, debe contentarse cuando escuche que lo tienen por perverso, y que causa problemas por todos lados. Los judíos dijeron de Pablo y Silas: «¡Estos que han trastornado al mundo también han venido acá y hacen contrario a los decretos de César!» (Hechos 17:6-7). Y en Hechos 24:5: «Porque hemos hallado que este hombre es una plaga, y levantador de sediciones entre todos los judíos por todo el mundo, y cabecilla de la secta de los nazarenos». De igual manera también los gentiles se quejan en Hechos 16:20: «Estos alborotan nuestra ciudad». Pues así también hoy acusan a Lutero, que perturba al papado y al Imperio romano. Pero si yo guardara silencio, entonces todo lo que el hombre fuerte tiene quedaría en paz, y el papa dejaría de perseguirme. Pero desistir sería empañar el Evangelio de Jesucristo y desfigurarlo. Si yo hablo, el papa se perturba, y ruge con crueldad. Entonces, o debemos perder al papa, un hombre terrenal y mortal, o perder a Cristo el eterno, junto con la vida eterna. Pero si vas a escoger entre dos males, escoge el menor: ¡que se venga abajo el papa, y que Cristo permanezca eterno y celestial!

Cristo mismo, en el Espíritu, vio rebeliones y disturbios que seguirían a su predicación, pero se consolaba de esta manera: «Fuego vine a meter en la tierra; ¿y qué quiero, si ya está encendido?» (Lucas 12:49). De igual manera hoy vemos la persecución y blasfemias de nuestros adversarios por causa de la predicación del Evangelio. Asimismo, sentimos el desprecio y la ingratitud de los hombres contra nosotros con muy malas consecuencias. Esto nos angustia muchísimo, a tal punto que según la carne y la lógica pensamos que habría sido mejor no divulgar la doctrina de la fe. La paz se habría sostenido si nunca se hubiera publicado y perturbado la paz del pueblo. Pero nosotros también en el Espíritu seremos intrépidos. Con Cristo decimos: «Fuego vine a prender sobre la tierra, y ¿qué quiero, si ya está encendido?». Una vez que se prende el fuego, siguen grandes conmociones. Pues no es un rey o emperador quien queda provocado, sino el dios de este mundo, que es un espíritu poderoso en gran manera, y señor de todo el mundo. Esta frase tan frágil, «predicando a Cristo crucificado», cae encima de ese poderoso y temible adversario. Leviatán, al sentir el poder divino de esta palabra, agita todos sus miembros, sacude su cola, y hace hervir como una olla lo profundo del mar (Job 41:22). De ahí viene el tumulto y furor del mundo.

Por tanto, no nos molestemos porque nuestros adversarios se ofenden y vociferan que la predicación del Evangelio no termina en nada bueno. Son incrédulos, ciegos y obstinados, y por tanto, es imposible que vean fruto alguno del Evangelio. Por el contrario, nosotros los creyentes sí vemos sus inestimables frutos y beneficios. No importa que, por algún tiempo, desde afuera nos condenen como basura y περίψημα[167] del mundo entero y nos maten. Así también por dentro somos afligidos por la conciencia de pecado[168] y atormentados por diablos. Pero vivimos en Cristo, en quien y por quien somos hechos reyes y señores sobre el pecado, la muerte, la

---

167. περίψημα. Lutero usó esta palabra del griego Koiné durante su conferencia y luego la incluyó en el texto en latín. Significa la costra maloliente pegada a las sandalias después de pisar cualquier tipo de excremento.
168. *conscientia peccati*.

carne, el mundo, el infierno, y toda impiedad; por quien también pisamos a aquel dragón y basilisco, el rey del pecado y de la muerte. ¿De qué modo? Por la fe. Pues esa bienaventurada dicha, la que esperamos, todavía no se ha manifestado, pero hasta entonces la esperamos con paciencia, aunque ciertamente ya la tenemos por la fe.

Por tanto, con diligencia debemos aprender el artículo de la justificación, pues es la única fortaleza que podemos erigir contra tanta infinidad de calumnias escandalosas. Es nuestro poderoso consuelo en todas nuestras tentaciones y persecuciones. Pues nos damos cuenta de que no hay otra doctrina más importante. El mundo se ofenderá con esta pura doctrina del Evangelio, y continuamente clamará que no termina en nada bueno. «Pero el hombre natural no percibe las cosas que son del Espíritu de Dios, porque para él son locura» (1 Corintios 2:14). Él solo se fija en los males de afuera, calamidades, rebeliones, asesinatos, sectas, y otras cosas así; con estas apariencias se ofende y se ciega. Al final cae despreciando y blasfemando la palabra.

Por otra parte, nosotros debemos confirmar el artículo de la justificación. Pues nuestros adversarios no nos acusan y condenan de crímenes como adulterios, homicidios, asaltos, y otros similares. Nos acusan por nuestra doctrina. Pero ¿qué es lo que enseñamos? Que Cristo, el Hijo de Dios, por la muerte en la cruz nos ha redimido de nuestros pecados y de la muerte eterna.

Por tanto, ellos no tienen nada que contradecir[169] de nuestra vida, sino de nuestra doctrina. Pero nuestra doctrina no se trata de nosotros sino de Cristo[170]. Por consiguiente, ¡Cristo tiene la culpa que nos echan a nosotros! Él es el pecado por el cual nuestros adversarios nos persiguen. No nosotros, sino Cristo lo cometió. Pero si Cristo es el culpable, es porque Dios quiso hacerlo pecado para que fuese nuestro único justificador y salvador. Entonces, ¡miren bien si lo quieren tumbar del cielo como condenado, hereje, y sedicioso! Mientras tanto, nosotros, felices y contentos, encomendamos nuestra causa a Él; somos como espectadores, viendo quién saldrá victorioso, si Cristo o ellos. Nos duele según la carne que estos ismaelitas nos odien y persigan con tanta furia. No

---
169. *impugnan.*
170. *sed doctrinam nostram, imo non nostram, sed Christi.*

obstante, de acuerdo al espíritu, nos gloriamos en estas aflicciones. Por un lado, porque sabemos que las sufrimos no por causa de nuestros pecados, sino por causa de Cristo, cuyo beneficio y gloria predicamos. Por otro lado, también se confirma la advertencia de Pablo, que Ismael se burlaría de Isaac y lo perseguiría.

Los judíos explican el texto de Génesis 21:9, citado por Pablo, en donde Ismael se burla y persigue a Isaac, de la siguiente manera. Ismael obligaba a Isaac a cometer idolatría. Si lo hizo, no creo que fuera una idolatría tan crasa como se la imaginan los judíos: que Ismael hizo imágenes de barro, a la manera de los gentiles, y luego obligó a Isaac a adorarlas. Abraham jamás lo habría tolerado. Sin embargo, yo pienso que Ismael aparentaba ser un hombre muy piadoso. Así también era Caín, que igualmente persiguió a su hermano, y al final lo mató. La riña no fue por ninguna posesión sino porque vio que Dios lo estimaba más que a él. De igual manera, Ismael amaba ser religioso, sacrificaba y se ejercitaba en cosas buenas. Pero se burlaba de su hermano Isaac, y quería hacerse pasar como el mejor dador de ofrendas. Pretendía dos razones. Primero, era religioso y servía a Dios. Segundo, porque según la ley tenía el derecho civil[171]; por consiguiente, la herencia era suya. Él se consideraba con todo el derecho de reclamar estas dos cosas. Pues pensó: «Soy el primogénito; por derecho divino me pertenecen el reino y el sacerdocio». Por tanto, Ismael perseguía a Isaac por causa de su religión, y en lo material, por la herencia.

Esta persecución siempre se hará presente en la iglesia, especialmente cuando florece la doctrina del Evangelio. Es decir, los hijos de la carne se burlan de los hijos de la promesa, y los persiguen. Hoy, los papistas nos persiguen por la exclusiva razón de que enseñamos que la justicia viene por la promesa. El clero papal y su séquito se amargan viendo que no adoramos a sus ídolos, es decir, que no valoramos su justicia, sus obras, y sus adoraciones, diseñadas y ordenadas por los hombres, como medio para obtener gracia y el perdón de los pecados. Por esta razón se disponen a echarnos de la casa. Es decir, se jactan de que son la iglesia, los hijos y el pueblo de Dios, y de que la herencia les pertenece. Pero a nosotros nos excomulgan y destierran como herejes y sediciosos, y

---

171. *civilem dominationem.*

cuando pueden, también nos matan. Así piensan que rinden buen servicio a Dios. En todo lo que está de su parte, nos echan de esta vida, y de la vida venidera. Los espíritus fanáticos[172] nos odian a muerte, porque detectamos y detestamos sus errores y herejías, las que difunden por todos lados y las renuevan diariamente en la iglesia. Por este motivo ellos[173] nos juzgan como peores que los papistas, y por tanto, se han infundido de un odio más cruel contra nosotros, más que contra los papistas.

Por tanto, tan pronto como la palabra de Dios sale a la luz, el diablo se enfurece, y utiliza todas sus fuerzas y mañosas sutilezas para perseguirla, y borrarla por completo. Así, no le queda más que levantar innumerables sectas, horribles delitos, crueles persecuciones, y abominables asesinatos. Pues él es el padre de mentiras y un asesino. Riega sus mentiras por todo el mundo por medio de falsos maestros, y mata a los hombres por mano de tiranos. Por estos medios, él es el dueño que habita[174] tanto en el reino espiritual como en el material. En el reino espiritual, por medio de las mentiras de los falsos maestros; por medio de sus dardos ardientes, personalmente enciende herejías e impías opiniones. En el reino material habita en la espada de los tiranos. Así es como este padre de mentiras y asesino fomenta persecución por todos lados, tanto espiritual como materialmente, contra los hijos de la libre. La persecución espiritual que nos vemos obligados a sufrir hoy en día a manos de los fanáticos[175] nos es sumamente dolorosa e intolerable. Esto se debe a los infinitos agravios y las calumnias con las que el diablo se dedica a desfigurar nuestra doctrina. Pues nos vemos obligados a oír que todas las herejías y errores de los anabaptistas y otros herejes, y todas las otras enormidades proceden de nuestra doctrina. Es más tolerable la persecución de los tiranos, aunque constantemente nos acechan para despojarnos de nuestros bienes y quitarnos la vida. Pues nos persiguen no por nuestros pecados, sino por nuestra confesión de la palabra de Dios. Por tanto, aprendamos hasta del título que Cristo le dio al diablo, a saber, que él es el padre de mentiras y homicidios (Juan 8:44). Pues cuando el Evangelio florece, y Cristo reina, entonces las sectas de la perdición también

---

172. *fanatici spiritus.*
173. 1ª edición: *hi, praesertim Anabaptistae.*
174. *occupat.*
175. *a phanaticis.*

surgirán y bramarán por doquier persiguiendo la verdad con muertes y homicidios. Por eso Pablo dice: «Porque también es preciso que entre vosotros haya herejías» (1 Corintios 11:19). Los que no están enterados de estas cosas, pronto se ofenden. Luego se desvían del verdadero Dios y la verdadera fe, y vuelven a su dios antiguo confiándose en falsedades.

Por tanto, en este texto Pablo entrega anticipadamente armas a los creyentes, para que no se escandalicen con esas persecuciones, sectas, y agravios, diciendo: «Pero como entonces el que nació según la carne». Es como si hubiera dicho: «Si somos hijos de la promesa, nacidos según el Espíritu, ciertamente debemos esperar que nuestro hermano nos persiga, porque nació según la carne. Es decir, no solo nuestros enemigos, que son patentemente impíos, nos perseguirán, sino los mismos que al principio fueron nuestros queridos amigos, con quienes participábamos como familia, juntos en la misma casa. Ellos recibieron de nosotros la verdadera doctrina del Evangelio, pero más tarde se convirtieron en nuestros enemigos mortales, y seguirán persiguiéndonos sin tregua. Pues son hermanos según la carne, y perseguirán a los hermanos nacidos según el Espíritu». Fue así que Cristo se lamentó de Judas: «Aun mi íntimo amigo, en quien yo confiaba, el que de mi pan comía, levantó contra mí su calcañar» (Salmo 41:10). Pero este es nuestro consuelo: que no hemos dado ocasión alguna para que los ismaelitas nos persigan. Los papistas nos persiguen porque enseñamos la pura y debida doctrina de la piedad[176]. Pero si dejáramos de predicarla, dejarían de perseguirnos. Además, si diéramos nuestro visto bueno a las perversas herejías de los sectarios, nos alabarían. Pero, ya que detestamos y aborrecemos la impiedad tanto de los unos como de los otros, por eso es que tan indignamente nos odian y persiguen.

Sin embargo, no solo Pablo (como mencioné) nos prepara con armas contra tales persecuciones y ofensas, sino que Cristo mismo también nos consuela con ternura. Pues en Juan 15:19 dice: «Si fuerais del mundo, el mundo amaría lo suyo; pero como no sois del mundo, sino que yo os escogí de entre el mundo, por eso el mundo os odia». Como si dijera: «Yo soy la causa de todas estas persecuciones que sufren; y si los matan, yo soy la causa de que los

---

176. *propter doctrinam pietatis*.

maten. Pues si no predicaran mis palabras ni me confesaran, el mundo no los perseguiría. Pero esto indica que andan en el bien, pues "El siervo no es más que su señor. Si a mí me han perseguido, también a ustedes los perseguirán por causa de mi nombre"»[177].

Con estas palabras el Señor transfiere toda la culpa sobre sí mismo, y nos libra de todo temor. Es como si hubiera dicho: «Ustedes no son la razón por la que el mundo los odia y persigue, sino que mi nombre, el que ustedes predican y confiesan, ese es el motivo». «Pero confiad, yo he vencido al mundo». Este consuelo nos sostiene, así que no nos queda duda alguna. Basta con la potencia de Cristo, no solo para llevar la carga, sino también para someter toda la crueldad de los tiranos, y las sutiles mañas de los herejes. Y así lo declaró al mostrar su poder contra los judíos y los romanos, cuya tiranía y persecuciones Él toleró por un tiempo. También sobrellevó las sutilezas y las prácticas tramposas de los herejes, pero en su tiempo y lugar las derribó todas, perdurando como rey y vencedor. Entonces, que los papistas se enfurezcan todo lo que quieran, que los sectarios calumnien y corrompan el Evangelio de Cristo todo lo que puedan. Pese a ello, Cristo reinará eternamente, y su palabra permanecerá para siempre, cuando todos sus enemigos sean destruidos. Además, este es un consuelo muy particular, que la persecución de Ismael contra Isaac no durará para siempre, sino solo por un corto plazo, y cuando se acabe, se pronunciará la siguiente sentencia:

VERSÍCULO 30. *Mas ¿qué dice la Escritura? Echa fuera a la sierva y a su hijo; porque el hijo de la sierva no será heredero con el hijo de la libre* (Génesis 21:10).

Estas palabras de Sara le dolieron mucho a Abraham. Sin duda, cuando escuchó esta declaración, su corazón de padre se estremeció de compasión por su hijo Ismael, pues había nacido de su carne. La Escritura de Génesis 21 testifica claramente cuando dice: «Este dicho pareció grave en gran manera a Abraham a causa de su hijo». Pero Dios confirmó la sentencia que Sara pronunció, diciendo a Abraham: «No te parezca grave a causa del muchacho y de tu sierva; en todo lo que te dijere Sara, oye su voz, porque en Isaac te será llamada descendencia».

---

177. Pareciera que Lutero cita de memoria Lucas 15:20.

En este lugar los ismaelitas escuchan la sentencia pronunciada contra ellos, que derrota a todos los judíos, griegos, romanos, y todos los demás que persiguen a la iglesia de Cristo. Esta misma sentencia derrocará a los papistas, y a todos los legalistas[178], esos que hoy en día se jactan de ser el pueblo de Dios, y la iglesia. Ellos esperan con toda seguridad que recibirán la herencia, y nos juzgan, a nosotros que reposamos en la promesa de Dios. Alegan que no solo somos infértiles y desamparados, sino también herejes expulsados de la iglesia, y que por eso es imposible que seamos hijos y herederos. Pero Dios destituye tales juicios, y pronuncia contra ellos esta sentencia: «Debido a que son hijos de la esclava, y persiguen a los hijos de la libre, serán echados fuera de la casa, y no tendrán herencia alguna con los hijos de la promesa; en vez de ello, la herencia pertenece solo a los de la promesa, pues son los hijos de la libre. Esta sentencia ha sido ratificada, y jamás podrá ser revocada. Por lo que, con toda seguridad, nuestros ismaelitas no solo perderán el gobierno eclesiástico y político[179], sino también la vida eterna. Pues la Escritura ha predicho que los hijos de la esclava serán echados de la casa, es decir, del reino de la gracia, pues no hay posibilidad alguna de que sean herederos junto con los hijos de la libre.

Ahora bien, debemos ver aquí que el Espíritu Santo llama al pueblo de la ley y de las obras usando un nombre despectivo: «hijo de la esclava». Es como si dijera: «¿Por qué se jactan de la justicia de la ley y de las obras, y por qué se glorían de ser el pueblo y los hijos de Dios por esa misma razón? Si no saben de quién son hijos, yo se lo diré: son esclavos nacidos de una esclava. Y ¿qué clase de esclavos? Esclavos de la ley, y, por consiguiente, del pecado, de la muerte, y de la eterna condenación. Y ya que el esclavo no es ningún heredero, se lo echa de la casa». Por tanto, el papa, con todo su reino, y todos los otros legalistas (que, en apariencia, podrían hacer creer que son la suma de la santidad), que tienen la esperanza de alcanzar la gracia y la salvación guardando las leyes humanas o divinas, son hijos de aquella esclava, y no tienen herencia alguna con la libre. Y ahora hablo, no de los papas, los cardenales, los obispos, y los monjes, pues son patentemente malvados, han hecho de su vientre un dios, y cometido pecados tan horrorosos que, por decoro, no nombraré.

---

178. *omnes, quincunque tandem sunt, iustitiarios.*
179. *administrationem ecclesiasticam et politicam.*

Más bien hablo de sus mejorcitos, así como fuimos muchos otros y yo mismo. Vivíamos piadosamente, con gran esfuerzo y sufrimiento procurábamos guardar las órdenes monásticas, apaciguar la ira de Dios, y merecer la remisión de pecados y la vida eterna. Aquí, todos los citados escuchan su sentencia: «los hijos de la esclava deben ser echados fuera de la casa con su madre la esclava».

Nosotros tomamos en serio estas declaraciones. Perseveramos confiados en nuestra doctrina, y nos confirmamos en la justicia de la fe, en contra de la doctrina y la justicia de las obras[180], que el mundo abraza y engrandece, condenando y despreciando a la otra. Esto perturba y ofende las mentes débiles. Aunque claramente se pueden dar cuenta de la impiedad y la abominable maldad de los papistas, no se convencen fácilmente de que toda esa multitud, con su nombre de iglesia, está equivocada. No se percatan de que muy pocos tienen una sana y correcta opinión de la doctrina de la fe. Tiempo atrás, el papado vivía en santidad y austeridad. Seguían el ejemplo de los padres de la antigüedad, como Jerónimo, Ambrosio, Agustín, y otros. En aquel tiempo, el clero todavía no se había ganado la mala fama por su simonía, suntuosidad, lujuria, poder, fornicación, sodomía, y otra infinidad de pecados. Más bien trataban de vivir conforme a los reglamentos y decretos de los padres en celibato y en las apariencias. Pero ¿qué podríamos decir hoy de las obras del papado?

El celibato, al cual el clero se sometió tan estrictamente en el tiempo de los padres, ante la mirada de todos, daba a meros hombres la apariencia de los mismos ángeles. Por lo cual el apóstol Pablo, en el segundo capítulo a los Colosenses (2:18), lo llama la religión de ángeles. Y los papistas cantan así de sus vírgenes: «Vivieron una vida angelical en la carne, porque vivían contrario a la carne». Además, la vida que llaman contemplativa (a la que los clérigos se entregaban muy de lleno, descuidando toda responsabilidad civil y familiar) tenía un gran teatro de santidad. Si ese espectáculo de santidad y apariencias del papado antiguo permaneciera hasta hoy, nuestra doctrina de fe no le hubiera hecho nada. Pues hoy vemos lo poco que prevalecemos a pesar de haber desaparecido ese teatro de santidad y severa disciplina.

---

180. *doctrina et iusticia fidei, contra doctrinam et iusticiam operum.*

Sin embargo, supongamos que aquella religión y disciplina antigua del papado todavía existiera. Aun así, sería nuestro deber (siguiendo el ejemplo de Pablo, que persiguió sin tregua a los falsos apóstoles que aparentaban ser grandes hombres y muy santos) luchar contra los apiladores de méritos del reino del papado, y decir: «Aunque vivan en celibato, agotando y consumiendo sus cuerpos con tribulaciones sin fin, y caminando humildemente en la religión de los ángeles, siguen siendo esclavos de la ley, del pecado, y del diablo, y deben ser echados de la casa; pues buscan la justicia y la salvación mediante sus obras, y no por medio de Cristo»[181].

Por lo tanto, no deberíamos perturbarnos por la vida pecaminosa de los papistas, sino más bien por su doctrina abominable e hipócrita, la cual condenamos en particular. Entonces, supongamos que aquella religión y disciplina del papado antiguo todavía floreciera, y que ahora se observara con tanta severidad y rigor como antes (como lo hicieron los eremitas, Jerónimo, Agustín, Gregorio, Bernardo, Francisco, Domingo, y muchos otros). No obstante, debemos decir así: «Si todo lo que presentan ante la ira y el juicio de Dios es esa santidad y castidad de vida, por estos hechos no son más que hijos de la esclava que deben ser echados del reino de los cielos y sufrir la condenación».

Ni tampoco ellos defienden su vida criminal. ¡No! Más bien los mejores y más sanos la detestan. Ellos luchan por retener y defender la doctrina de diablos, por la hipocresía, y por la justicia de las obras. Hoy reclaman la autoridad de los concilios y los ejemplos de los santos Padres, alegando que ellos fueron los autores de las santas órdenes y sus reglamentos. Por tanto, no debemos luchar contra la patente maldad y delitos del papado, sino contra la más grande santidad y piedad de sus santos[182]. Pues piensan que se conducen en una vida angelical, y sueñan que guardan no solo los mandamientos de Dios, sino también las enseñanzas de Cristo; y que además hacen obras de supererogación, y otras tales que no sirven para nada. Decimos que esto es obrar en vano, a menos que echen mano de la «una sola cosa» que Cristo dijo es «necesaria», y que, junto con María, escojan la mejor parte, la cual no les será quitada (Lucas 10:42).

---

181. *non per Christum quaeritis justitiam et salutem.*
182. *contra speciosissimos eius sanctos.*

¡Bernardo sí lo hizo! Era un hombre tan piadoso, tan santo, y tan casto, que se debe encomiar y preferir sobre todos los demás. En cierta ocasión estaba muy enfermo. Había perdido las esperanzas de vivir, pero no puso su confianza en su vida de celibato, en la cual había vivido con toda castidad, ni en sus buenas obras y obras de caridad[183], de las cuales tenía muchas. Más bien las quitó de su vista. Luego echó mano del beneficio de Cristo, por medio de la fe, y dijo: «He vivido perdidamente[184], pero tú, Señor Jesucristo, por doble derecho eres dueño del reino de los cielos. Primero, porque eres el Hijo de Dios; segundo, porque lo has comprado por tu sangre y tu pasión. El primero retienes por derecho de tu primogenitura. El segundo me lo otorgas, no por el derecho de mis obras, sino por el derecho de tu gracia». Él no puso su vida de monje y su vida angelical ante la ira y el juicio de Dios, sino que echó mano de esa «una cosa necesaria», y por tanto, fue salvo. Pienso que Jerónimo, Gregorio, y muchos de los otros padres y eremitas fueron salvos de la misma manera. Y sin duda alguna, en el Antiguo Testamento muchos de los reyes de Israel y otros idólatras fueron salvos de igual manera. Pues en la hora de la muerte se despojaron de la vana confianza que habían puesto en sus ídolos, y echaron mano de la promesa de Dios respecto a la simiente de Abraham que había de venir, es decir, Cristo, en quien todas las naciones serían bendecidas. Y si hoy hubiera algún papista que fuera salvo, sencillamente debería apoyarse no en sus propias buenas obras y méritos, sino solamente en la misericordia de Dios, que se nos ofrece en Cristo. Entonces podrá decir con Pablo: «No tengo mi propia justicia, que es de la ley, sino la que es por la fe de Cristo, la justicia que es de Dios por la fe» (Filipenses 3:9).

VERSÍCULO 31. *Así que, hermanos, no somos hijos de la sierva, sino de la libre.*

Aquí Pablo concluye su alegoría de la iglesia infértil, y del pueblo fructífero de la ley. Él dijo: «Nosotros no somos hijos de la esclava». Es decir, no estamos bajo la ley que engendra hijos para la esclavitud, porque aterra, acusa, y lleva a la desesperación. Más bien, Cristo nos

---

183. *benefata et official pietatis.*
184. *perdite.*

ha librado de ella. Por tanto, ya no puede aterrar ni condenarnos. Ya hemos hablado de este tema. Además, aunque por un tiempo los hijos de la esclava nos persigan sin tregua, este es nuestro consuelo: al final, ellos serán echados fuera, a la densa oscuridad, y se verán obligados a dejarnos la herencia, la cual nos pertenece por ser hijos de la libre.

Por tanto, Pablo empleó estas palabras, «la esclava» y «la libre» (como ya lo escuchamos), a fin de rechazar la justicia de la ley y confirmar la doctrina de la justificación. Y a propósito él emplea estas palabras, «la libre», a la cual fervorosamente proclama y engrandece, especialmente al inicio del siguiente capítulo. De allí que aprovecha la ocasión para explicar la libertad cristiana, cuyo conocimiento es sumamente necesario, pues el papa la ha derribado por completo y ha sujetado a la iglesia bajo las tradiciones y ceremonias de los hombres, llevándola cautiva a la más mísera e inmunda esclavitud. Sin embargo, la libertad que Cristo nos compró es hoy para nosotros un castillo fuerte[185], en el cual nos defendemos contra la tiranía del papa. Por tanto, debemos considerar con diligencia esta doctrina de la libertad cristiana, y confirmar la doctrina de la justificación. Asimismo, debemos levantar y consolar las conciencias debilitadas, pues vendrán muchas pruebas y agravios que nuestros adversarios imputan al Evangelio. Ahora bien, la libertad cristiana es algo muy espiritual, que la mente carnal no puede entender. Aun los que tienen las primicias del Espíritu, y la pueden explicar con claridad, pueden a duras penas retenerla en sus corazones. Pues a la razón le parece que es un tema de muy poca importancia. Por tanto, si el Espíritu Santo no la magnificara para valorarla como se merece, sería condenada.

---

185. *firmissimum praesidium*. Dos años antes de estas conferencias, en 1529, Lutero ya había escrito un himno con ese título: «Castillo fuerte». La Iglesia cristiana lo canta hasta el día de hoy.

Gálatas 5

CONFERENCIA 33: sábado 14 de noviembre

Ahora Pablo, al acercarse al final de su epístola, disputa apasionadamente en defensa de las doctrinas de la fe y la libertad cristiana contra los falsos apóstoles. Ellos son los enemigos y demoledores de estas doctrinas. Descarga contra ellos palabras como truenos y relámpagos a fin de derrotarlos y vencerlos por completo. Con todo esto exhorta a los gálatas a huir de la doctrina perniciosa de los falsos apóstoles como si fuera la peor plaga. Al exhortarlos, entrelaza amenazas y promesas, buscando retenerlos en la libertad con la cual Cristo los compró, diciendo:

VERSÍCULO 1. *Estad, pues, firmes en la libertad con que Cristo nos hizo libres; y no os sujetéis de nuevo al yugo de esclavitud.*

Quiere decirles: Permanezcan firmes. Así también dijo Pedro: «Sed sobrios, y velad; porque vuestro adversario el diablo, cual león rugiente, anda alrededor buscando a quien devorar; al cual resistid firmes en la fe» (1 Pedro 5:8-9). Dijo: «No sean descuidados, no cedan, perseveren; ¡no se acuesten, sigan de pie!». Es como si hubiera dicho: «Más vale estar alertas y constantes, para que puedan guardar y retener esa libertad con la cual Cristo los ha libertado. Los que se consideran seguros, se descuidan, y no pueden permanecer en esta libertad. Pues Satanás odia a muerte la luz del Evangelio, es decir, la doctrina de la gracia, la libertad, la confianza, y la vida. Por tanto, tan pronto como ve que el Evangelio comienza a surgir, de inmediato lucha contra la luz de este. Con toda su fuerza y potencia, suscita tormentas y tempestades para apagarla, y finalmente extinguirla por completo». Por eso Pablo amonesta a los fieles a no dejarse vencer por el sueño ni descuidarse; más bien, «constantes y valientes resistan a Satanás, y jamás podrá despojarlos de esa libertad con la cual Cristo los ha comprado».

Aquí cada palabra es un certero golpe apasionado. «Estad firmes», dijo. Como si dijera: «En esto tienen mucha necesidad de estar atentos y alertas, en la libertad». ¿Cuál libertad? No en la libertad que nos ha dado el Emperador, sino en aquella en la que Cristo nos hizo libres. El Emperador ha dado, o más bien se vio obligado a dar al obispo de Roma[1] una ciudad gratis y otras tierras. Como también inmunidades, privilegios y prerrogativas, además de otras dádivas. Esto también es libertad, pero es una libertad civil, por la cual el Pontífice Romano[2], con todo su clero, está exento de pagar impuestos. Además, hay también una libertad carnal, o más bien diabólica, por la cual el diablo reina prácticamente sobre todo el mundo. Pues los que gozan de esta libertad no obedecen las leyes de Dios, sino que hacen lo que les viene en gana. Esta es la libertad que la gente busca y abraza hoy. Lo mismo sucede con los sectarios, quienes se dan la libertad de esparcir sus opiniones y desplegar todas sus obras. De este modo enseñan y hacen con impunidad todo lo que se imaginan que está bien. Todos estos están firmes en la libertad con la que el diablo los liberó. Pero aquí no hablamos de esta libertad, aunque es la única que al mundo le importa. Ni tampoco hablamos de la libertad civil, sino de otro tipo de libertad que la sobrepasa, una que el diablo odia y ataca con todo su poder.

Esta es la libertad que Cristo nos ha dado, no de un yugo terrenal, ni del cautiverio babilónico ni de los musulmanes, sino de la ira eterna de Dios. ¿Y dónde se logra? En la conciencia. Allí es donde reposa nuestra libertad, sin ir más allá. Pues Cristo nos ha hecho libres, no políticamente, ni carnalmente, sino espiritualmente[3]. Es decir, somos libres de tal modo que nuestra conciencia ha llegado a estar en paz y libertad, sin temer la ira venidera. Esta es la libertad más grande e inestimable. Si comparamos su excelencia y majestad con las demás (la política y la carnal), son apenas como una gota de agua en el vasto mar. Pues ¿quién puede expresar lo maravilloso que es para el hombre estar confiado en su corazón, puesto que Dios

---

1. *Romano Pontifici*.
2. *Ibid*.
3. *Theologice seu espiritualiter*. Literalmente: En lo «teológico o en lo espiritual».

no tiene, ni tendrá, ira contra él, sino que por causa de Cristo[4] le será como un Padre fiel y clemente? Esta, por cierto, es una libertad maravillosa e incomprensible, que la altísima y soberana Majestad nos muestre tanto favor. Pues en esta vida no solo nos defiende, sostiene, y socorre, sino que también, en cuanto a nuestro cuerpo, sembrado en corrupción, deshonra, y enfermedad, lo libertará resucitándolo en incorrupción, poder y gloria. Por tanto, es una libertad indescriptible que seamos libres de la ira de Dios para siempre; una libertad que sobrepasa cielo, tierra, y toda criatura.

De aquí se sigue otra libertad, por la cual, por medio de Cristo, somos hechos salvos y libres de la ley, del pecado, de la muerte, del poder del diablo, del infierno, y todos esos males. Pues así como la ira de Dios no nos puede atemorizar, pues Cristo nos ha librado de ella, tampoco la ley, el pecado, y esas cosas nos pueden acusar ni condenar. Y aunque la ley nos acusa, y el pecado nos perturba, no pueden desesperarnos. Pues la fe, que vence al mundo, enseguida viene y dice: «Para mí, esto no es nada, pues Cristo me ha libertado y librado de todo aquello. Asimismo, la muerte, la más poderosa y temida por todo el mundo[5], ha quedado vencida y despojada en la conciencia por esta libertad del Espíritu». Por tanto, la majestad de esta libertad cristiana ha de tenerse en gran estima, y debe ser considerada detenidamente. Pues es fácil decir: «Libertad de la ira de Dios, del pecado, de la muerte», y cosas así. Pero en el cara a cara con la tentación, la conciencia agoniza; en esas situaciones de la vida real es muy difícil vivir y sentir la excelencia de esa libertad y gozar de sus frutos.

Por tanto, debemos llenarnos de ánimo. Así, cuando sintamos la acusación de la ley, los terrores del pecado, el horror de la muerte, y la ira de Dios, podremos quitar estas pesadumbres y fantasías angustiosas de nuestra vista, y en su lugar colocar la libertad de Cristo, el perdón de los pecados, la justicia, la vida, y la eterna misericordia de Dios. Y aunque sintamos muy fuerte lo contrario, confiemos en que no será por mucho tiempo, según lo dicho por el profeta: «Con un poco de ira escondí mi rostro de ti por un momento; mas con misericordia eterna tendré compasión de ti»[6]. No obstante, lograr esto es muy difícil. Porque la libertad que Cristo

---
4. *Faventem et clementem patrem propter Christum.*
5. *qua nihil potentius et horribilius in mundo est.*
6. Isaías 54:8. Aquí el original coloca la cita bíblica en el pie de página.

nos compró no se cree tan pronto como se escucha. Si pudiera asimilarse con una fe firme y constante, ninguna ira ni terror del mundo, de la ley, del pecado, o del diablo, sería tan grande que no pudiera ser inmediatamente absorbida como una pequeña gota de agua en el mar abierto. Ciertamente esta libertad cristiana absorbe de inmediato, y quita todo el montón de males, la ley, el pecado, la muerte, la ira de Dios, y finalmente a la serpiente misma, con su cabeza, donde radica su poder. En su lugar coloca justicia, paz, y vida eterna. Pero ¡bienaventurado el que entiende y cree!

Por tanto, aprendamos a magnificar esta nuestra libertad. Ningún emperador, ni patriarca, ni profeta, ni ningún ángel del cielo la alcanzó por nosotros. Lo hizo Jesucristo mismo, el Hijo de Dios, por quien todas las cosas fueron creadas tanto en el cielo como en la tierra. Él nos compró esta libertad, sin otro precio que el de su propia sangre. Así nos liberó, no de algún yugo corporal o transitorio, sino de una esclavitud espiritual y eterna bajo los más crueles e invencibles tiranos: la ley, el pecado, la muerte, y el diablo. De esa manera nos reconcilió con Dios su Padre. Ahora, puesto que estos enemigos han sido vencidos, y hemos sido reconciliados con Dios por la muerte de su Hijo, con toda certeza somos justos ante Dios, y todo lo que hacemos[7] le agrada. Y aunque todavía queden en nosotros ciertos remanentes de pecado, no se cuentan en contra nuestra, sino que son perdonados[8] por causa de Cristo[9].

Pablo utiliza palabras de gran fervor y poder; por eso hay que examinarlas atentamente. «Estad firmes (dice) en la libertad con que Cristo nos hizo libres». Por lo tanto, esta libertad no se nos da por la ley, o por nuestra justicia, sino gratuitamente, por causa de Cristo, quien nos libertó. Esto es lo mismo que Pablo testifica y declara a lo largo de toda su epístola. También Cristo, en Juan 8:36, dijo: «Así que, si el Hijo os libertare, seréis verdaderamente libres». Él es el único que se interpone entre nosotros y los males que nos perturban y afligen por todos lados. Él los ha vencido y quitado, de modo que ya no pueden oprimirnos ni condenarnos. En lugar de pecado y muerte, nos da justicia y vida eterna. Así, en nuestra conciencia, Él intercambia el yugo y los terrores de la ley por la ley

---

7. *omnes actiones nostras.*
8. *non imputari, sed condonari.*
9. *propter Christum.*

de la libertad y el consuelo del Evangelio, que dice: «Hijo, ten ánimo, tus pecados te son perdonados» (Mateo 9:2). Por tanto, todo el que cree en Cristo tiene esta libertad.

La razón no puede percibir la excelencia de este asunto. Sin embargo, si se lo considera en el espíritu, se verá que es de un valor incalculable. Pues ¿quién es capaz de concebir un regalo tan grande e inefable como el perdón de pecados, la justicia, y la vida eterna, en vez de la ley, el pecado, la muerte, y la ira de Dios, y que Dios mismo sea perpetuamente misericordioso y favorable? Los papistas y los hipócritas, que procuran la justicia de la ley, o su propia justicia, se glorían de tener también la remisión de pecados, justicia, y el favor de Dios[10]. Pues se jactan de que ellos también tienen esta libertad, la cual prometen a otros. Pero en los hechos son siervos de corrupción, y en la hora de la tentación toda su confianza se evapora en un instante. Pues confían en las obras y las satisfacciones de los hombres, y no en la palabra de Dios, ni mucho menos en Cristo. Por tanto, es imposible que quienes se autojustifican, y procuran ganar el cielo, la vida, y la salvación por obras meritorias, puedan saber en qué consiste ser libres del pecado.

Al contrario, nuestra libertad tiene por fundamento a Cristo mismo, que es nuestro eterno Sumo Sacerdote, que está sentado a la diestra de Dios y que intercede por nosotros. De modo que el perdón de pecados, la justicia, la vida, y la libertad que por Él hemos recibido, son ciertos y perpetuos, con tal de que lo creamos. Por tanto, si nos aferramos a Cristo con firmeza de fe, y permanecemos en la libertad con que nos hizo libres, obtendremos esos dones inestimables. Pero si somos descuidados y negligentes, los perderemos. Con buena razón Pablo nos insta a vigilar y resistir. Él sabía que el diablo no quiere más que despojarnos de esta libertad por la que Cristo pagó un tan alto precio. El diablo, mediante sus ministros, quiere enredarnos nuevamente en el yugo de esclavitud, como lo explica a continuación.

VERSÍCULO 1. *Y no se sometan nuevamente al yugo de esclavitud (NVI).*

Pablo se ha declarado a favor de la gracia y la libertad cristiana de

---

7. *propitium Deum.*

una manera fuerte y profunda. Ha exhortado a los gálatas a persistir en ellas, pues es muy fácil desprenderse de ellas. Por tanto, los insta a no romper filas, no sea que, por andar bostezando con un falso sentido de seguridad, caigan de la gracia y la fe a la ley y las obras. La razón no ve peligro alguno en darle mucha más preferencia a la justicia de la ley que a la justicia de la fe. Por eso, Pablo, con cierta indignación arremete contra la ley de Dios, y con gran desprecio la llama un yugo, sí, un yugo de esclavitud. Así también la llama Pedro: «¿Por qué tentáis a Dios, poniendo sobre la cerviz de los discípulos un yugo?» (véase Hechos 15:10). De esta manera, pone todo al revés. Pues los falsos apóstoles degradaron la promesa, y magnificaron la ley y sus obras de la siguiente manera: «Si de veras quieren librarse del pecado y la muerte (dijeron), y alcanzar la justicia y la vida, entonces cumplan la ley, circuncídense, observen días, meses, tiempos, y años, ofrezcan sacrificios, y cosas similares. Así es como esta obediencia de la ley los justificará y salvará». Sin embargo, Pablo protesta. Pregunta: ¿Qué? La verdad es que los maestros de la ley no liberan la conciencia, sino que la atrapan y le imponen el yugo de esclavitud.

Por tanto, él se expresa sobre la ley con mucho desprecio y desacato, y la llama una insufrible esclavitud y un yugo vergonzoso. No se expresaría así si no tuviera una gran razón. Pues esta perniciosa opinión de la ley, que justifica a los hombres ante Dios, está tenazmente adherida a la razón humana[11]. Toda la humanidad está tan enredada en ella, que difícilmente puede desenmarañarse y ponerse a salvo de ella. Aquí Pablo, a fin de despojar a la ley de la gloria de justificar, pareciera comparar a los que buscan la justicia por la ley con los bueyes atados al yugo. Porque, así como los bueyes que tiran del yugo con gran esfuerzo no obtienen más recompensa que hierba y pasto, y cuando ya no son aptos para tirar del yugo son destinados al matadero, así también los que procuran la justicia por medio de la ley están cautivos y son oprimidos por el yugo de la esclavitud, es decir, la ley. Y habiéndose agotado con gran dolor y esfuerzo por los años de las obras de la ley, al final su recompensa será que para siempre estarán bajo el yugo de la esclavitud. Y ¿de quién son siervos? Del pecado, la muerte, la ira de Dios, y el diablo.

---

11. *valde tenaciter adhaeret rationi.*

Por lo que no hay esclavitud más grande ni más dura que el yugo de la ley. Pablo tiene, entonces, una muy buena razón para llamarla el yugo de la esclavitud. Como hemos dicho antes, la ley no hace otra cosa que sacar a relucir, aumentar, y agravar el pecado; acusa, horroriza, condena, y engendra ira, y finalmente, desespera a las conciencias, lo cual es el yugo más miserable e insufrible que pueda existir (Romanos 3, 4, 7).

Por tanto, él usa palabras muy vehementes. Pues lo que más quisiera sería persuadirlos de no sufrir esta intolerable carga que los falsos apóstoles querían imponerles, o de volver a quedar sometidos al yugo de la esclavitud. Es como si dijera: «No se trata aquí de un asunto trivial, sino de una libertad o servidumbre infinita y eterna». La libertad de la ira de Dios y de todo mal no es transitoria, dada por decretos civiles u obras pasajeras de la carne; es una libertad eterna. Igualmente, la esclavitud del pecado, la muerte, y el diablo, la cual oprime a los que pretenden ser justificados y salvos por la ley, no es tan solo de la carne y pasajera; es una esclavitud eterna. Pues todos los obreros de la ley, dedicados a cumplir y rendir en todas las cosas con precisión y exactitud (de los cuales habla Pablo), nunca descansarán ni vivirán en paz. Mientras tengan vida, siempre tendrán dudas de la buena voluntad de Dios para con ellos, siempre temerán la muerte, la ira y el juicio de Dios; y después de esta vida serán castigados por su incredulidad con perdición eterna.

Por tanto, los hacedores de la ley[12] y los que se fían de la rectitud de sus vidas son debidamente llamados, según el proverbio, «mártires del diablo»[13], porque, para ganar el infierno, se imponen más arduos trabajos y molestias que los mártires de Cristo, para alcanzar el cielo. Pues son atormentados de dos maneras. Primero, se afligen miserablemente mientras están aquí, haciendo muchas y grandes obras, todas en vano; y después, en la muerte, amontonan una gran recompensa de eterna condenación. Pues son los mártires más miserables, tanto en esta vida como en la venidera, y su cautiverio es eterno. En cambio, los piadosos sufren pruebas en el mundo, pero en Cristo tienen paz, porque han creído que Él ha vencido al mundo. Por tanto, debemos resistir perseverando con

---

12. *operatores legis.*
13. *vocantur diaboli (ut mere vulgi loquar) martyres.* A pie de página, Lutero resume: *Martyres diaboli*, «mártires del diablo».

firmeza en esa libertad que Cristo nos compró mediante su muerte. También debemos estar alertas a fin de no enredarnos nuevamente en el yugo de la esclavitud. Eso es lo que ha sucedido con los espíritus fanáticos que, habiendo caído de la fe y de esta libertad, se han ganado aquí una esclavitud transitoria, y en el mundo venidero serán oprimidos con un yugo eterno. En cuanto a los papistas, la mayor parte han degenerado paulatinamente en epicúreos[14]. Por eso se han inventado esa cancioncilla para celebrar su libertad en la carne: *Ede, bibe, lude, post mortem nulla voluptas*. Es decir: «Comamos, bebamos, juguemos, pues después de la muerte se acabaron los placeres». Así se han convertido en los mismísimos esclavos del diablo, quien los tiene sometidos a su cautiverio para cumplir nada más que su voluntad. Por tanto, ellos sentirán este cautiverio eterno en el infierno. Hasta aquí las exhortaciones de Pablo han sido vehementes y fervorosas, pero lo que sigue las sobrepasa.

VERSÍCULO 2. *Escuchen bien: yo, Pablo, les digo que, si se hacen circuncidar, Cristo no les servirá de nada.*

Aquí Pablo está conmovido por un gran celo y fervor de espíritu, y truena contra la ley y la circuncisión. Estas palabras ardientes proceden de una gran indignación fomentada por el Espíritu Santo, cuando dice: «Escuchen bien: yo Pablo». «Por revelación de Jesucristo, yo he recibido un conocimiento del Evangelio que no se ha dado a ningún otro. Eso me da autoridad de lo alto para publicarlo y predicarlo. Por eso les declaro esta nueva pero irrefutable verdad: "Si se circuncidan, solo estarán logrando decir que, para ustedes, Cristo fue solo un inútil"»[15]. Esta es una declaración muy fuerte, pues Pablo dice que circuncidarse equivale a declarar que Cristo es un inútil total, no en sí mismo, sino con respecto a los gálatas. Pues ellos, habiendo sido engañados por las sutilezas de los falsos apóstoles, creían que, además de la fe en Cristo, era necesario que los fieles se circuncidaran, o de otro modo no podrían alcanzar la salvación.

Este texto es como una piedra de toque. Nos permite juzgar con plena certeza y libertad toda doctrina, obras, cultos[16], y ceremonias de todo hombre. Quienquiera que enseñe que, además de la fe en

---

14. *papistas [...] major et potior pars degenerat hodie paulatim in Epicuraeos.*
15. *Christum otiosum fieri.*
16. *cultus.*

Cristo, cualquier cosa es necesaria para la salvación (se trate de papistas, turcos, judíos, o sectarios), o llegue a inventar cualquier obra o religión, o guarde cualquier ordenanza, tradición, o ceremonia alguna, creyendo que por tales cosas podrá obtener el perdón de pecados, justicia, y vida eterna, escuche en este texto la sentencia que, por medio del apóstol, el Espíritu Santo pronuncia sobre todos ellos: «Cristo no les sirve para nada»[17]. Considerando que Pablo se atreve a dar esta sentencia contra la ley y la circuncisión, las cuales fueron ordenadas por Dios mismo, ¿qué no diría contra la paja y el hollín de las tradiciones de los hombres?

Por tanto, este texto es un trueno terrible contra todo el reinado del papa. Pues todos ellos, sacerdotes, monjes, ermitaños, y otros, han depositado su confianza y su fe en sus propias obras, justicia, votos, y méritos (lo mejor de ellos), y no en Cristo, al cual, con toda impiedad y blasfemia, imaginan como un juez iracundo, que acusa y condena. Aquí oyen su juicio, que Cristo no les ha valido para nada[18]. Pues si pueden quitar sus pecados, y merecer el perdón de estos y la vida eterna por su propia justicia y rectitud de vida, entonces ¿con qué fin nació Cristo? ¿Qué provecho reciben de su pasión y derramamiento de sangre, de su resurrección, victoria contra el pecado, la muerte y el diablo, si han sido capaces de vencer a estos monstruos con su propia voluntad? ¡No hay palabras para expresar cuán horrible es despojar del provecho a Cristo! Por tanto, el apóstol pronuncia estas palabras con gran desagrado e indignación: «Si os circuncidáis, de nada os aprovechará Cristo»[19]. Es decir, «No tendrán ningún provecho de todos sus beneficios, pues en vano los desplegó ante ustedes».

Aquí es suficientemente claro que no hay nada bajo el sol más dañino que la doctrina de los hombres y sus obras. Pues derriban de una vez la verdad del Evangelio, la fe, la verdadera adoración a Dios, y a Cristo mismo, a quien el Padre ha entregado todas las cosas. «En Cristo están escondidos todos los tesoros de sabiduría y conocimiento»; «En él habita corporalmente toda la plenitud de la Deidad» (Colosenses 2:3, 9). Por tanto, todos los autores, o los que sustentan la doctrina de las obras, son opresores del Evangelio. Como

---

17. *quod Christus illis simpliciter non prosit.*
18. *quod Christus sit illis otiosus.*
19. *Christus vobis nihil proderit.*

si esto fuera poco, le quitan el provecho a la muerte de Cristo, manchan y desfiguran sus sacramentos, y los despojan de su verdadero uso. En resumen, son blasfemos, enemigos y negadores de Dios, y de todas sus promesas y beneficios.

El que no se conmueve con estas palabras de Pablo (con las cuales llama a la ley un yugo de esclavitud), ni refuta la observancia de la circuncisión como necesaria para la salvación, roba a Cristo su beneficio. Y entonces, ¿dónde queda? Plantado en la ley y la circuncisión (y ¿qué decir de las tradiciones de los hombres?). Por tanto, lo único que le queda es la confianza que ha depositado en su propia justicia y obras; por eso no se puede compungir y buscar esta libertad que hay en Cristo. Su corazón se ha endurecido más que el hierro y la piedra.

Esta sentencia no podría ser más clara, que Cristo de nada vale, es decir, que nació, fue crucificado y resucitó sin valor alguno para el circuncidado, es decir, para el que puso su confianza en la circuncisión. Pues (como dije antes) aquí Pablo no habla de la obra de la circuncisión en sí (la cual no perjudica para nada al que no confía en ella para justicia), sino del uso de la obra, es decir, de la confianza y la justicia atribuidas a la obra. Pues debemos entender a Pablo según el tema o el argumento que presenta, es decir, que los hombres no son justificados por la ley, las obras, la circuncisión, ni nada por el estilo. Él no dice que las obras en sí son nada, sino que la confianza y la justicia de las obras son nada. A esto se refiere con que Cristo para nada aprovecha. Por tanto, a todo el que recibe la circuncisión creyendo que es necesaria para la justificación, Cristo no le sirve de nada.

Tengamos esto bien en mente cuando la tentación nos sobrevenga en privado, cuando el diablo acuse y atormente nuestra conciencia para lograr que desesperemos. Pues él es el padre de la mentira, y el enemigo de la libertad cristiana. El diablo nos atormenta a cada instante con falsos temores. Luego, cuando nuestra conciencia haya perdido esta libertad cristiana, se verá obligada a sentir un falso remordimiento por el pecado y la condenación; así, siempre nos tendrá presos de la angustia y el pavor. Aquel gran dragón (digo yo), aquella serpiente antigua (Apocalipsis 12:10), el diablo (que engaña al mundo entero y acusa día y noche ante la presencia de Dios a los hermanos), vendrá y te acusará. Te dirá que no has hecho nada bueno; que has transgredido la ley de Dios. Entonces respóndele así: «Tú me perturbas con el recuerdo de mis antiguos pecados; también me recuerdas que no he hecho nada bueno. Pero yo no tomo nada de eso en cuenta. Pues si, por un lado, confío en mis buenas obras, y por otro, desconfío porque no las he hecho, de cualquier modo, Cristo no me aprovecha para nada. Por tanto, si por un lado me muestras mis pecados, y por el otro me muestras mis buenas obras, ¡no acepto ninguna de las dos! Las echo lejos de mi vista, y reposo solo en la libertad con la cual Cristo me ha hecho libre. Yo sé que Él es provechoso para mí; por tanto, no seré la causa de que sea inútil para mí. Eso ocurriría si, por un lado, presumiera obtener el favor de Dios y la vida eterna[20] por mis buenas obras, y por otro, me angustiara por mi salvación a causa de mis pecados».

Por tanto, aprendamos de una vez a distanciar a Cristo de toda obra, tanto buena como mala; de toda ley, tanto de Dios como del hombre, y de toda conciencia angustiada, pues Cristo no tiene nada que ver con estas. Admito que sí tiene que ver con las conciencias angustiadas; mas no para afligirlas, sino para levantarlas y consolarlas en sus angustias. Por tanto, si Cristo se presenta semejante a un juez iracundo, o como un legislador que nos exige rendir cuenta estricta de nuestra vida pasada, debemos darnos la confianza de que ese no es Cristo, sino un demonio fuera de control. Pues la Escritura dibuja a Cristo como el lugar donde hemos sido perdonados; como nuestro Abogado y Consolador[21]. Eso es Él, y lo será para siempre. Jesús no puede variar en la esencia de su persona.

El diablo, transformado a la semejanza de Cristo, disputa con nosotros de la siguiente manera: «Debes hacer esto, pues mi palabra te ha dicho que lo hagas, y no lo has hecho; mi palabra también dice que no deberías haber hecho aquello, pero lo hiciste. Por eso debes saber que descargaré toda mi venganza contra ti». En ese momento, ni siquiera pestañees. Más bien, debemos pensar de inmediato: «Cristo no habla así; Él no añade aflicción al afligido»; «Él no quiebra la caña cascada, ni apaga el pábilo que humea» (Mateo 12:20). Ciertamente, a los de duro corazón habla ásperamente; pero a los angustiados y afligidos los atrae de la manera más amorosa y

---

20. *consecuturum gratiam et vitam aeternam.*
21. *propiciatorem, interpellatorem et consolatorem.*

bondadosa, diciendo: «Venid a mí todos los que estáis trabajados y cargados, y yo os haré descansar» (Mateo 11:28). «No he venido a llamar a justos, sino a pecadores al arrepentimiento» (Mateo 9:13). «Hijo, ten ánimo, tus pecados te son perdonados» (Mateo 9:2). «Confiad, yo he vencido al mundo» (Juan 16:33). «El Hijo del Hombre vino a buscar y a salvar lo que se había perdido» (Lucas 19:10). Por tanto, estemos alertas, para que no seamos engañados con las artimañas e infinitas sutilezas de Satanás, ni recibamos a un acusador y condenador en vez de un Consolador y Salvador. Es así como podría venir un falso Cristo enmascarado, es decir, el diablo, para hacernos perder a Cristo, y para que no nos aproveche de nada. Todo esto lo hemos dicho con respecto a las tentaciones privadas y particulares y a la forma de comportarnos cuando nos sobrevengan.

VERSÍCULO 3. *Y otra vez testifico a todo hombre que se circuncidare, que está obligado a guardar toda la ley.*

El primer perjuicio es, por cierto, muy grande. Pues allí Pablo dice a los circuncidados que Cristo no les aprovecha para nada. Pero este siguiente texto no es para menos, pues dice que los circuncidados están obligados a guardar toda la ley. Sus palabras son tan intensas y apasionadas que las confirma con un juramento: «Yo testifico», es decir, «Juro por el Dios viviente».

Estas palabras se pueden entender de manera tanto negativa como afirmativa. Negativamente, de la siguiente manera. «Yo testifico a todo circuncidado: "Te has metido en una gran deuda, y no la podrás pagar a menos que guardes la totalidad de la ley"»[22]. Es decir, por el solo hecho de ser circuncidado, en verdad no lo es. Y por solo aparentar que guarda la ley, tampoco la guarda sino que la quebranta. Este es el significado más sencillo y verdadero de Pablo en este texto. Después, en el capítulo 6, se explica diciendo: «Ni aun los mismos que se circuncidan guardan la ley». Asimismo, lo dice anteriormente en 3:10: «... todos los que son de las obras de la ley están bajo maldición». Es como si dijera: «Aunque se hayan circuncidado, no son justos ni libres de la ley. Más bien, por este hecho son deudores y esclavos de la ley. Cuanto más procuran satisfacer

---

22. *debitor est totius legis servandae.*

la ley y ser librados de ella, tanto más se enredan y entrampan con su yugo. Cuanto más se aferran a la ley, más poder le dan de acusar y condenarlos. Esto no es más que correr hacia atrás como el cangrejo, o limpiar la mugre con estiércol».

Digo esto en relación con las palabras de Pablo. Yo mismo lo he aprendido por mi experiencia y la de otros en el monasterio. He visto a muchos que obraban con dolor, y hacían concienzudamente todo lo posible para acallar sus conciencias. Cubrían sus cuerpos de cilicio, ayunaban, y castigaban y atormentaban sus cuerpos con diferentes ejercicios (que los dejaban totalmente consumidos, aunque comenzaban siendo de hierro), y todo esto para obtener quietud y una conciencia en paz. No obstante, cuanto más se esforzaban, tanto más los golpeaba el temor. Especialmente al acercarse la hora de la muerte, tenían tanto miedo, que he visto a muchos asesinos y otros condenados a la pena capital morir con más valentía que ellos, pese a la gran santidad de la cual habían presumido.

Por eso, es una verdad confirmada que los que guardan la ley no la cumplen; pues cuanto más se esfuerzan por cumplir la ley, tanto más la transgreden. De igual manera juzgamos con respecto a las tradiciones de los hombres. Cuanto más el hombre procura pacificar su conciencia de esa manera, tanto más la aflige y atormenta. Cuando yo era monje, vivía de acuerdo al estricto reglamento de mi orden en todo lo que me era posible. Solía confesarme con gran devoción, y llevar la cuenta de todos mis pecados (aun antes de comenzar ya me hallaba contrito). Regresaba al confesonario con frecuencia, y cumplía al pie de la letra toda penitencia que se me imponía. No obstante, a pesar de todo esto, mi conciencia nunca me confirmaba, sino que siempre dudaba: «No has hecho bien esto o aquello; no tuviste suficiente contrición y remordimiento; omitiste aquel pecado en tu confesión», y cosas así. Por tanto, cuanto más procuraba ayudar a mi conciencia débil, titubeante, y afligida por las tradiciones de los hombres, tanto más débil y dudoso, y tanto más afligido me sentía. Y así, cuanto más observaba las tradiciones de los hombres, tanto más las transgredía, y al procurar la justicia por medio de mi orden, jamás la alcanzaba. Pues es imposible (como dijo Pablo) que la conciencia pueda ser aplacada mediante las obras de la ley, y mucho menos por medio de las tradiciones de los hombres, sin la promesa y las buenas nuevas que hay en Cristo.

Por tanto, los que procuran ser justificados y avivados por la ley están mucho más lejos de la justicia y de la vida que los publicanos, los pecadores, y las prostitutas. Estos pecadores no pueden confiar en sus propias obras, sabiendo que son de tal calaña que no tienen esperanza alguna de obtener gracia y perdón de pecados a través de ellas. Pues si la justicia y las obras hechas de acuerdo a la ley no justifican, ¿de qué manera, entonces, los pecados cometidos contra la ley podrían justificar?

Los legalistas están en peor condición que los que pecan contra la ley, pues estos últimos no pueden confiar en sus propias obras. Pues ya sabemos que la confianza en las obras estorba la verdadera fe en Cristo, y es más, la desaloja por completo. De hecho, ese es el caso de los legalistas. En las apariencias, se abstienen de pecado y viven su religión[23] sin tacha a la vista del mundo. Tienen una alta opinión de su propia justicia, pero no teniendo verdadera fe en Cristo, se desplomará. Por esta razón son más infelices que los publicanos y las prostitutas, quienes no presentan sus buenas obras a Dios para quitar su desagrado. Ellos no piensan que por sus obras Dios los recompensará con vida eterna (como piensan los legalistas). Estos pecadores no tienen nada que ofrecer; solo quieren que sus pecados sean perdonados por el favor de Cristo.

Por tanto, todo el que procura cumplir la ley pensando que por ella será justificado, se hace deudor de toda la ley. Pero no cumplen ni con una letra de la ley. Pues la ley no se ha dado para justificar. Más bien fue dada para descubrir el pecado, horrorizar, acusar y condenar. Por tanto, cuanto más el hombre procura aplacar su conciencia mediante la ley y las obras, tanto más la deja en duda y confusión. Pregúntenles a los monjes (que se esfuerzan con fervor por aquietar la conciencia practicando sus tradiciones). Que digan si pueden afirmar con toda seguridad que su vida monástica agrada a Dios. Si confiesan la verdad, responderán: «Aunque viva sin mancha y observe con toda diligencia los reglamentos de mi orden, se me hace imposible decir con toda confianza si mi obediencia agrada a Dios o no».

En la Vida de los Padres *leemos de Arsenio (a quien ya mencioné). Por mucho tiempo había vivido en la más admirable santidad y abstinencia.*

---

23. *religiose.*

GÁLATAS 5:3

Pero cuando sintió que la muerte lo acechaba, comenzó febrilmente a lamentarse con gran temor y pánico. Cuando le preguntaron la razón de su temor a la muerte, respondió: «Aunque he vivido todos mis días en santidad y sin tacha alguna de acuerdo al juicio de los hombres, los juicios de Dios son diferentes a los juicios de los hombres». Así que mediante su santidad y austeridad de vida no había logrado nada sino temor y horror ante la muerte. Si había de ser salvo, debía desprenderse de toda su justicia propia y apoyarse solo en la misericordia de Dios, diciendo: «Creo en Jesucristo el Hijo de Dios, nuestro Señor, que sufrió, fue crucificado, murió por mis pecados...», y el resto del credo[24].

La otra explicación es en sentido afirmativo. El que se circuncida, también se compromete obligadamente a guardar toda la ley. Pues el que recibe a Moisés en un solo punto, está obligado a recibirlo en todos. Y de nada vale decir que la circuncisión es necesaria, pero no las demás leyes de Moisés, pues por la misma razón que te circuncidaste tienes también que guardar toda la ley. Ahora bien, comprometerse a guardar toda la ley no es sino mostrar que, en efecto, Cristo todavía no ha venido. Y si esto es cierto, entonces estamos obligados a guardar todas las ceremonias judías, y las leyes que reglamentan las carnes, lugares, y tiempos. También se debe seguir esperando que Cristo, el Mesías, venga para abolir el reino y el sacerdocio judío, como asimismo para establecer un nuevo reino sobre todo el mundo. Pero toda la Escritura testifica, y su desenlace declara con toda claridad, que Cristo ya ha venido, y ya ha abolido la ley y cumplido todas las cosas dichas de Él por los profetas. Por tanto, habiendo la ley sido completamente abolida, y quitada de en medio, la reemplazó con gracia y verdad. Por consiguiente, nosotros no somos justificados por la ley o sus obras, sino por la fe en Cristo, quien ya ha venido[25].

Algunos hoy, al igual que los falsos apóstoles en aquel tiempo, quisieran atarnos a ciertas leyes de Moisés que les agradan. Pero esto de ninguna manera se debe tolerar. Pues si permitimos que Moisés nos rija en lo que sea, estamos obligados a obedecerlo en todo. Por tanto, no permitamos que se nos imponga ninguna de sus leyes. Admitimos que Moisés sea leído y oído por nosotros como

---

24. *Credo in Iesum Christum filium Dei, dominum nostram passum, crucifixum, mortuum pro peccatis meis etc.* Lutero comienza a recitar el credo ante sus alumnos, el mismo credo que había recitado a lo largo de su vida monástica. ¿Puede el lector oír el murmullo en el aula, mientras sus alumnos lo recitan con él?
25. *Non igitur lex neque opera ejus, sed fides in Christum, qui jam venit, justificat.*

profeta y testigo de Cristo. Podemos, además, tomar de él ejemplos de las mejores leyes y costumbres[26]. Pero de ninguna manera permitiremos que Moisés domine sobre nuestra conciencia. En tal caso, que se quede muerto y enterrado, y que nadie sepa dónde está su tumba.

La primera explicación, es decir, la negativa, se manifiesta como la más apta y más espiritual. No obstante, ambas son correctas y condenan la justicia de la ley. La primera es esta: somos tan incapaces de lograr la justificación por la ley que, cuanto más tratamos de cumplirla, tanto más la quebrantamos. La segunda es esta: cualquiera que se proponga cumplir cualquier porción de la ley, se obliga a guardarla toda. En conclusión, a todos los que procuran ser justificados por la ley, Cristo no les aprovecha en nada.

Aquí, el argumento más sobresaliente de Pablo es este: poner nuestra confianza en la ley es negar a Cristo por completo. Pero es atrevido afirmar que confiar en la ley de Moisés, dada por Dios al pueblo de Israel, es negar a Cristo[27]. Por tanto, ¿por qué la dio Dios? Antes de la venida de Cristo y hasta que se manifestó en la carne, la ley fue necesaria, pues ella es nuestro ayo para llevarnos a Cristo. Pero, venido Cristo, por el cual hemos creído, ya no estamos bajo ayo. De esto ya hablamos ampliamente al terminar el capítulo 3. Por tanto, todo el que enseña que la ley es necesaria para la justicia, enseña a negar totalmente a Cristo y sus beneficios[28]: han hecho de Dios un mentiroso, y aun de la ley una mentirosa; pues la ley testifica de Cristo, y de las promesas acerca de Cristo, y predijo que Él sería un Rey de gracia, no de la ley.

VERSÍCULO 4. *De Cristo os desligasteis[29], los que por la ley os justificáis; de la gracia habéis caído[30].*

Aquí Pablo se explica, y muestra que no habla simplemente de la ley, ni de la obra de la circuncisión, sino de la confianza y el concepto que los hombres tienen de que serán justificados por medio de la ley. Como si dijera: «Yo no condeno por completo a la ley ni a la

---

26. *exempla optimarum legum et morum.*
27. *negationem Christi.*
28. *Itaque qui legem necessariam ad justitiam docet, negationem Christi et omnium beneficiorum ejus docet.*
29. *evacuati estis.*
30. RVR1995.

circuncisión (pues me es lícito beber, comer, y reunirme con los judíos según la ley; o me es lícito circuncidar a Timoteo); lo que condeno es querer justificarse por medio de la ley. Eso es como decir que Cristo aún no ha venido. O si digo que ya ha venido, entonces estoy enseñando que, por sí solo, Cristo no puede justificar. Eso es desligarse de Cristo». Por tanto, dice él, se han separado, es decir, están totalmente vacíos de Cristo. Quedaron desligados como el antiguo faraón y su hijo. Eso era lo que los falsos apóstoles enseñaban: «¡Suelten a Cristo! ¡Acaben con Cristo!». Pablo respondía: «Entonces para ustedes Cristo ya no existe, ni les sirve para nada. Tampoco han recibido el amplio conocimiento, ni el Espíritu, ni su afecto, ni el favor, ni la libertad, ni la vida, ni lo que Cristo hizo por ustedes. Han quedado totalmente vaciados de Cristo, de modo que Él ya no tiene nada más que ver con ustedes, ni ustedes con Él».

Hay que observar con atención y enfatizar lo que Pablo dice. Procurar la justicia por medio de la ley no es sino separarnos de Cristo, y lograr que Cristo nos resulte totalmente inútil. ¿Qué cosa más contundente podría decirse contra la ley? ¿Qué podría interponerse contra este trueno y relámpago? Por eso es imposible que Cristo y la ley convivan en un solo corazón, pues uno de los dos debe ceder: o la ley, o Cristo. Pero, si piensas que Cristo y la confianza en la ley pueden convivir[31], ciertamente en tu corazón no mora Cristo, sino el diablo. Este engañador adopta la apariencia de Cristo, te acusa y perturba, y te exige la ley y sus obras. Pues el verdadero Cristo (como lo he dicho antes) no te pide que rindas cuentas por tus pecados, ni te insta a confiar en tus propias buenas obras. El verdadero conocimiento de Cristo, o de la fe, no disputa si has hecho buenas obras para justicia, o si has hecho malas obras que te condenarán, sino que simplemente concluye lo siguiente: si has hecho buenas obras, no por ellas serás justificado, o si has hecho malas obras, no por ellas serás condenado. No quito a las buenas obras su mérito, ni recomiendo las malas. Pero en lo que toca a la justificación, digo que debemos asegurarnos de retener a Cristo; de lo contrario, si nos empeñamos en justificarnos por medio de la ley, haremos que Cristo no nos sirva para nada. Pues solo Cristo me

---

31. *fiduciam legis.*

justifica, tanto contra mis malas obras, como sin mis buenas obras[32]. Si tengo esta convicción sobre Cristo, me aferro al Cristo verdadero. Pero si pienso que Él me exige la ley y las obras para lograr la justicia[33], entonces no me sirve de nada, y me he vaciado de Él por completo.

Estas son declaraciones y amenazas temibles contra la justicia de la ley, y la justicia propia. Además, son también los principios fundamentales que sostienen el artículo de la justificación. Por tanto, al final llegamos a esta conclusión: O nos quedamos sin Cristo, o sin la justicia de la ley. Si te quedas con Cristo, eres justo ante Dios. Pero si te aferras a la ley, Cristo no te sirve de nada. Además, tienes la obligación de guardar toda la ley, y ya se ha pronunciado el fallo contra ti: «Maldito todo aquel que no cumpliere todas las cosas escritas en esta ley» (Deuteronomio 27:26). Además, lo que hemos dicho de la ley, lo decimos de las tradiciones de los hombres. O el papa, con sus religiosos, deben rechazar todo aquello en lo que han confiado, o de otro modo, Cristo no les ha servido de nada. Así puede juzgarse fácilmente cuán perniciosa y pestilente es la doctrina del papa, pues conduce a los hombres a separarse de Cristo alejándose de Él. En Jeremías 23, Dios se queja de los profetas, pues profetizaban mentiras y sueños nacidos en sus propios corazones a fin de olvidar su nombre. Por tanto, así como los falsos profetas se apartaron de la correcta interpretación de la ley, y de la verdadera doctrina sobre la simiente de Abraham en quien serían benditas todas las naciones, y predicaron sus propios sueños para que la gente se olvidara de su Dios, así también los papistas, habiendo oscurecido y desfigurado la doctrina de Cristo, anularon su poder, enseñando y exponiendo solamente la doctrina de las obras. Así han apartado al mundo entero de Cristo. Quien considere seriamente estas cosas no podrá hacer más que temer y temblar.

VERSÍCULO 4. *De la gracia habéis caído.*

Es decir, ya no están en el reino de la gracia. Cuando alguien cae por la borda, no importa de qué lado cae al mar; se ahoga. Asimismo, el que ha caído de la gracia, perecerá. Por eso, el que procura justificarse

---

32. *Christus enim solus me justificat contra opera mea mala, et sine operibus meis bonis.*
33. *ad iusticiam,* «hacia la justicia».

por la ley, ha naufragado, y se ha lanzado al inevitable enfrentamiento con la muerte eterna.

Y *¿qué podría ser más necio e impío que decidir guardar la ley de Moisés, y así perder la gracia y el favor de Dios? Si lo haces, ¡amontonas ira y toda maldad sobre ti!* Y si los que procuran justificarse por la ley moral han caído de la gracia, ¿a dónde, pregunto, llegan a parar los que procuran justificarse por sus propias tradiciones y votos? ¡A lo más profundo del infierno! ¡Oh no! ¿Quién dijo eso? Ah, no. Se van derechito al cielo, pues eso es lo que ellos mismos nos enseñaron: «Todo el que viva según la regla de san Francisco, Domingo, Benito, o cualquier otro, que la paz y la misericordia de Dios sea sobre él». Así también, «todos los que guarden y perseveren en la castidad, la obediencia, y otras exigencias, tendrán la vida eterna». Pero con esos juguetes están volando más allá de la nada[34]. Pero escuchen aquí lo que Pablo les enseña, y lo que Cristo instruye, diciendo: «El que cree en el Hijo tiene vida eterna; mas el que es incrédulo al Hijo no verá la vida, sino que la ira de Dios está sobre él». También: «El que no cree, ya es condenado» (Juan 3:18).

De paso, así como toda la doctrina de los papistas sobre las tradiciones de los hombres, las obras, votos, y méritos, se hizo la más común del mundo, también se llegó a pensar que era la mejor y la más cierta de todas; por lo que el diablo ha edificado y establecido su reino con mucho poder. Por tanto, cuando nosotros hoy impugnamos y vencemos esta doctrina con la potencia de la palabra de Dios, y sale volando como el tamo que arrebata el viento, no debe maravillarnos que Satanás nos agreda tan cruelmente, y suscite calumnias y ofensas por doquier, y ponga a todo el mundo en nuestra contra. Es entonces cuando algunos dirán que hubiera sido mejor que nos quedáramos quietos, pues así estos diablos no se habrían levantado. Pero debemos tener en mayor estima el favor de Dios, cuya gloria declaramos, que el de un mundo tirano que nos persigue. Pues ¿qué es el papa y todo el mundo comparado con Dios, *a quien ciertamente debemos magnificar y preferir antes que a todas las criaturas? Además, los impíos exageran los tumultos y ofensas que Satanás ha provocado para destruir, o al menos desfigurar nuestra doctrina. Por el contrario, nosotros engrandecemos el provecho y el fruto*

---

[34]. Lutero en uno de sus mejores usos de la sátira.

inestimable de esta doctrina, la cual sostenemos por encima de todo tumulto, divisiones sectarias, y ofensas. Es cierto que somos débiles, y llevamos el tesoro celestial en frágiles vasijas de barro; pero por frágiles que sean, el tesoro es de un precio incalculable.

Estas palabras, «de la gracia habéis caído», no se deben tomar con indiferencia o como si fueran poca cosa. Pues tienen gran peso e importancia. Él que ha caído de la gracia, ha renunciado totalmente a la expiación, al perdón de los pecados, a la justicia, a la libertad, y a la vida. De hecho, ha abandonado todo lo que Jesús logró con sus méritos en favor nuestro mediante su muerte y resurrección. Sin embargo, caer de la gracia es echarse encima la ira y el juicio de Dios, el pecado, la muerte, la esclavitud del diablo, y la condena eterna. Este texto confirma y fortifica poderosamente nuestra doctrina de la fe, o el artículo de la justificación, y maravillosamente nos consuela frente a la furia cruel de los papistas, quienes nos persiguen y condenan como a herejes, porque enseñamos esta verdad fundamental. Ciertamente este texto debería causar temor en los enemigos de la fe y de la gracia, es decir, en todos los que procuran la justicia de las obras, disuadiéndolos de perseguir y blasfemar la palabra de gracia, vida, y salvación eterna. Pero son duros de corazón y obstinados. Viendo, no pueden ver, y oyendo, no escuchan. Cuando leen esta temible sentencia del apóstol pronunciada contra ellos, no la entienden. Que se queden, entonces, así, pues son ciegos, y guías de ciegos.

CONFERENCIA 34: viernes 20 de noviembre

VERSÍCULO 5. *Nosotros por el espíritu, extrayendo de la fe*[35]*, la esperanza de justicia aguardamos*[36]*.*

Aquí Pablo pone el punto final al tejido con una extraordinaria declaración: «Ustedes procuran justificarse por la ley, la circuncisión, y las obras; nosotros, en cambio, no procuramos ser justificados por esos medios, no sea que Cristo nos resulte inútil. De

---

35. *spiritu ex fide.*
36. El griego reza así: ημεις γαρ πνευματι εκ πιστεως ελπιδα δικαιοσυνης απεκδεχομεθα. Traducido literalmente al español, dice: «Nosotros por el espíritu, extrayendo de la fe, la esperanza de justicia aguardamos». Esta traducción concuerda con la versión usada por Lutero en su disertación en el latín original (la Vulgata de Jerónimo): *Nos enim spiritu ex fide spem iustitiae expectamus.* La traducción al español, en el texto, es del traductor.

hacerlo, nos meteríamos en la gran deuda de cumplir toda la ley. Pero el único logro será caer de la gracia. Más bien, en espíritu, mediante la fe, aguardamos la esperanza de justicia». Aquí se debe prestar atención a cada palabra, pues están llenas de sentimiento y poder. No solo dice, como acostumbra, que somos justificados por la fe, o por el espíritu mediante la fe, sino que además añade: «Aguardamos la esperanza de la justicia», incluyendo la esperanza, para que pueda abarcar todo el tema de la fe. *Cuando dice: «nosotros en espíritu por fe», en la palabra «espíritu» se deja ver una parte opuesta, como si dijera: «No procuramos ser justificados por la carne, sino por el espíritu. Este espíritu no es según el espíritu de los fanáticos, que se presentan como si cada cual fuera el dueño del espíritu[37]. Así es como los herejes se jactan del espíritu. Pero nuestro espíritu es el de la fe». Del espíritu y de la fe ya se ha hablado ampliamente, pero aquí no solo dice: «Somos justificados por el espíritu por fe», sino que añade: «Aguardamos la esperanza de justicia», lo cual es algo nuevo.*

La esperanza, según las Escrituras, se ha de entender de dos maneras: una, aquello por lo que se espera, y la otra, el sentimiento de aquel que espera. De lo que se espera, se observa en Colosenses, capítulo 1: «Por la esperanza que os está guardada en el cielo» (Colosenses 1:5), es decir, aquello por lo que se espera. Del sentimiento de aquel que espera, se entiende en Romanos 8:24-25: «Porque en esperanza somos salvos». Así también en este texto se puede entender de dos maneras. La primera es: en espíritu esperamos, mediante la fe, por la esperanza de justicia. Es decir, la justicia por la que se espera, la cual ciertamente se manifestará en su debido momento. La segunda: nuestro espíritu, tomando de la fe, aguarda con ansias la manifestación de la justicia que ya es nuestra y tan solo la esperamos. Es decir, ya somos justos. Pero nuestra justicia todavía no se ha revelado visiblemente, todavía pende de la esperanza. «Porque en esa esperanza fuimos salvados» (Romanos 8:24).

Pero mientras vivimos aquí, el pecado permanece en nuestra carne. En nuestra carne y miembros hay también una ley que se rebela contra la ley de nuestra mente, y nos lleva cautivos a servir al pecado. Ahora bien, cuando estos sentimientos de la carne se enfurecen

---

37. *ne sit Phanaticus et ex se Magister natus.* El MS. de Rörer reza: *ne sit phanaticus spiritus sibiipsi magister factus.*

y reinan, nosotros, por otra parte, mediante el espíritu, luchamos contra ellos; entonces queda un lugar para la esperanza. Es cierto que hemos comenzado siendo declarados justos por la fe, por lo cual hemos recibido las primicias del Espíritu. En nosotros también ha comenzado la mortificación de la carne, pero la justicia no ha sido plenamente perfeccionada en nosotros. Por lo tanto, lo que falta es que seamos hechos perfectamente justos, y esto es lo que esperamos. Así que todavía no hemos sido hechos justos, pero ya lo somos por medio de la esperanza[38].

Este es un consuelo dulce y firme, por el cual las conciencias perturbadas, sintiendo su pecado, y aterradas con cada dardo encendido del diablo, pueden recibir un maravilloso consuelo. Pues el sentimiento de pecado, de la ira de Dios, de la muerte, del infierno, y de cualquier otro terror, es maravillosamente fuerte en el conflicto de la conciencia, como yo mismo lo sé por experiencia. Así que, a los que están afligidos y sumidos en su miseria, debe dárseles el siguiente consejo: «Hermano, tú deseas experimentar tu justificación con tus sentidos. Es decir, quisieras sentir el favor de Dios tal como sientes tu pecado, pero eso no puede ser. Más bien, tu justicia debe superar todo sentimiento de pecado. Es decir, tu justicia o justificación, a lo cual te aferras, no se apoya en lo visible ni en lo que puedas sentir[39], sino en la esperanza que será revelada cuando al Señor le agrade. Por tanto, no debes juzgar según el sentimiento de pecado que te perturba y aterra, sino de acuerdo a la promesa y a la doctrina de la fe, por la cual se te promete a Cristo, quien es tu perfección y eterna justicia». Es así como la esperanza del afligido, que consiste en el sentimiento interno, es provocada por la fe en medio de todos los terrores y sentimientos de pecado. Ancla su esperanza solamente en la justicia de Cristo. Además, si por esperanza se entiende lo que todavía no ha llegado, entonces no lo podemos ver. Pero tenemos la esperanza de que llegará el momento en que se perfeccionará y manifestará con toda claridad.

El texto se presta para cualquiera de los dos significados. Pero el primero, que penetra hasta el deseo interior y el sentimiento de esperanza, trae un consuelo más abundante. Pues la justicia que hay en mí no es perfecta aún, ni la puedo sentir todavía. Sin embargo,

---

38. *nondum est in re, sed adhuc in spe.*
39. *non est visibilis, non est sensibilis.*

no me desespero, pues la fe me permite ver a Cristo en quien confío. Además, cuando por la fe me aferro a Él, estoy luchando contra los dardos encendidos del diablo. Así, la esperanza me anima contra los sentimientos de pecado. También me da la confianza de que en el cielo hay una justicia perfectamente preparada y resguardada para mí. Por tanto, ambas declaraciones son ciertas. Primero, ya soy justo mediante esa justicia por la cual he comenzado; y segundo, también cobro ánimo contra el pecado mediante la misma esperanza. Por eso espero la plena consumación de mi perfecta justicia en los cielos. Estas cosas no se entienden debidamente mientras no se las lleva a la práctica.

¿Cuál es la diferencia entre la fe y la esperanza?

Aquí surge una pregunta: ¿cuál es la diferencia entre la fe y la esperanza? Los sofistas y los escolásticos [los eruditos del papa] se han esforzado mucho en este tema, pero nunca han podido decir nada con ninguna certeza. Sí, aun a nosotros, que nos ocupamos en las Escrituras con mucha diligencia, y también con más plenitud y poder de espíritu (no presumimos nada), se nos hace difícil encontrar alguna diferencia. Pues entre la fe y la esperanza hay una afinidad tan grande, que la una no se puede separar de la otra. No obstante, hay una diferencia entre ellas, la cual se debe a sus diferentes funciones, su diversidad de operaciones, y sus finalidades.

Primero, difieren en tema, es decir, en el fundamento sobre el cual descansan. Pues la fe descansa en el entendimiento, y la esperanza en la voluntad. Pero en realidad, la una no puede separarse de la otra, tal como los dos querubines del propiciatorio.

Segundo, difieren con respecto a su función, es decir, en su proceder. La fe comunica los quehaceres que se tienen por delante. La fe enseña, prescribe, y dirige, para dar a conocer la noticia[40]. La esperanza es una exhortación que provoca la mente para fortalecerla, para armarla de osadía y valor. La fortifica para sufrir y perseverar en la adversidad, y en ese ánimo, esperar mejores cosas.

Tercero, difieren en cuanto a su objeto, es decir, ese objeto especial sobre el cual fijan sus miradas. Pues la fe tiene por objeto la verdad, enseñándonos a aferrarnos a ella, fijando la mirada en la

---
40. *notitia*.

palabra prometida. La esperanza tiene como objeto la bondad de Dios y mira todas las cosas que han sido prometidas en la palabra, a saber, aquellas cosas que la fe nos enseña que debemos esperar.

Cuarto, difieren en su orden. Pues la fe es el principio de la vida antes de toda tribulación (Hebreos 11). Pero la esperanza viene después, y procede de la tribulación (Romanos 5:3-4).

Quinto, hay un contraste entre las dos. La fe es maestra y jueza; lucha contra errores y herejías, juzgando espíritus y doctrinas. Pero la esperanza es como el general o capitán de campo, luchando contra la tribulación, el peso de la cruz, la impaciencia, la desesperación, el desaliento, la desesperanza, y la blasfemia. Sin embargo, al mismo tiempo espera cosas buenas, aun en medio de todo mal.

Por tanto, cuando la fe me instruye por la palabra de Dios, me aferro a Cristo, creyendo en Él con todo el corazón (lo cual no es posible sin la voluntad)[41]. Creo en Él, y en la noticia de que por Él soy justo. Cuando por la fe en esta noticia soy justificado, enseguida viene el diablo, el padre de engaños, y procura extinguir mi fe por medio de tretas y sutilezas, es decir, por medio de mentiras, errores, y herejías. Además, puesto que es un asesino, merodea para oprimir mi fe. Aquí, la esperanza en medio de la lucha se aferra de aquello que ha sido decretado[42] por la fe. De esa manera, vence al diablo, quien siempre acusa a la fe. Pero después de esta victoria sigue la paz y el gozo en el Espíritu Santo. Así que, en realidad, la fe y la esperanza apenas pueden distinguirse la una de la otra, aunque aún hay cierta diferencia entre ellas. Para que esto se pueda percibir mejor, intentaré explicarlo con un ejemplo.

Los gobernantes civiles tienen que distinguir entre[43] la prudencia y la firmeza. No obstante, estas dos virtudes están tan unidas que no pueden dividirse. La firmeza es una constancia de voluntad, la cual no se desanima en la adversidad, sino que persevera con valor, y espera mejores cosas. Pero si la firmeza no se deja guiar por la prudencia, no es más que imprudencia y precipitación. Por otro lado, si la firmeza no se uniera a la prudencia, tal prudencia sería puro aire y algo totalmente inútil. Así como en el gobierno la prudencia es inútil sin la firmeza, en la teología, la fe sin esperanza

---

41. *quod tamen sine voluntate.*
42. *fide dictatam.*
43. *in politia.*

no es nada. Pues si la esperanza es perseverante y constante en la adversidad, al final vence todo mal. Por otro lado, tal como la firmeza sin prudencia es actuar precipitadamente, la esperanza sin fe es presunción de espíritu, y es tentar a Dios. Pues no tiene conocimiento de Cristo y de la verdad que enseña la fe, y por tanto, es tan solo una ciega precipitación y arrogancia. Es así como el creyente, ante todo, debe tener su entendimiento instruido por la fe[44]. De esa manera, su mente será guiada en las pruebas para que pueda esperar aquellas mejores cosas que la fe ha revelado y enseñado.

La fe es la dialéctica que concibe la idea del objeto de su confianza. La esperanza es la retórica que amplía, insta, persuade, y exhorta a la constancia, para que la fe no falte en la hora de la tentación, sino que se aferre a la palabra y no se despegue de ella. La dialéctica y la retórica son artes diferentes, pero son tan afines que son inseparables. Pues sin la dialéctica, el retórico no tiene nada que enseñar con certeza, y sin la retórica, el dialéctico no conmueve a sus oyentes. Pero el que es capaz de unirlas enseña y persuade. Asimismo, la fe y la esperanza son sentimientos diferentes, pues la fe no es esperanza, ni la esperanza fe; pero por su gran afinidad son inseparables. Por tanto, tal como la dialéctica y la retórica se dan la mano para ayudarse mutuamente, así también se entienden la fe y la esperanza. Por tanto, existe la misma diferencia entre la fe y la esperanza en la teología, que la que existe entre el entendimiento y la voluntad en la filosofía, entre la prudencia y la firmeza en el gobierno, y entre la dialéctica y la retórica en la oratoria[45].

Resumiendo, la fe se concibe a través de la enseñanza, pues la instrucción imprime la verdad en la mente. Pero la esperanza se concibe mediante la exhortación, pues la exhortación reanima la esperanza en medio de las pruebas. Además, la esperanza confirma a los que han sido justificados por la fe, no para ceder ante el mal, sino para contraatacarlo osadamente. No obstante, si la chispa de fe no alumbrara a la voluntad, no se convencería de aferrarse a la

---

44. *intellectum fide informatum.*
45. Todo este párrafo nos recuerda que Lutero dictaba cátedra ante un grupo de seminaristas bien estudiados en las disciplinas que él menciona. Aquí no he cambiado el registro o el nivel de la terminología. Así, el lector puede observar el nivel académico del profesor y sus estudiantes. No obstante, en este párrafo, el nivel de la terminología no describe el estilo general de la oratoria de Lutero a lo largo de estas conferencias. En la mayor parte de este comentario, su uso del latín no fue ni clásico ni enteramente académico. Sin embargo, de vez en cuando sorprendía a su alumnado con una retórica académica como la de este párrafo.

esperanza. Así que tenemos la fe, la cual nos instruye para comprender la sabiduría celestial, aferrarnos a Cristo, y perseverar en la gracia. Pero tan pronto como nos aferramos a Cristo por la fe, lo confesamos. De inmediato, nuestros enemigos, el mundo, la carne, y el diablo, conspiran contra nosotros, odiándonos y persiguiéndonos de la forma más cruel, tanto en cuerpo como en espíritu. Por tanto, nosotros, creyendo y justificados por la fe, en espíritu aguardamos la esperanza de nuestra justicia. Esperamos con paciencia, pues todo lo que vemos y sentimos es exactamente lo contrario. El mundo, con su príncipe el diablo, nos asedia poderosamente, tanto por dentro como por fuera. Además, el pecado permanece en nosotros, incitándonos a la depresión. Sin embargo, ante todo esto, no nos rendimos, sino que por la fe levantamos nuestra mente, pues la fe nos enseña, nos guía, y alumbra nuestro camino. Es así como perseveramos firmes y constantes. Así venceremos toda adversidad por medio de Aquel que nos amó, hasta que nuestra justicia, en la cual hemos creído y esperado, sea manifestada.

Así como comenzamos por la fe, seguimos con esperanza, y por la revelación lo tendremos todo. Mientras vivimos aquí, creemos, enseñamos la palabra, y publicamos el conocimiento de Cristo a otros. En este quehacer sufrimos pacientemente la persecución (de acuerdo a este texto: «Creí; por tanto, hablé, estando afligido en gran manera» [Salmo 116:10]), siendo fortalecidos y animados por la esperanza. Pues la Escritura nos exhorta a retener nuestra esperanza con las promesas más dulces y consoladoras, pues son reveladas y enseñadas por la fe. Así es como la esperanza surge y aumenta en nosotros, «para que, por la paciencia y consolación de las Escrituras, tengamos esperanza» (Romanos 15:4).

Por tanto, hay una muy buena razón por la cual Pablo une la paciencia en las tribulaciones con la esperanza, en Romanos 5 y 8, como también en otros textos, pues ellas despiertan la esperanza. Pero la fe (como lo he mostrado antes) viene antes de la esperanza, pues es el principio de la vida, y comienza antes de toda tribulación. La fe aprende de Cristo y se aferra a Él sin la cruz de la tribulación. No obstante, el conocimiento de Cristo no puede durar mucho sin las pruebas y conflictos que trae la cruz. En este caso, debe provocarse a la mente para que tenga firmeza de espíritu (pues la esperanza no es sino fortaleza espiritual[46], tal como la fe no es sino discernimiento espiritual), la cual consiste en sufrimiento, de acuerdo con el dicho: «... que mediante la paciencia». Estas tres cosas, entonces, viven juntas en los fieles: la fe, que enseña la verdad y defiende de los errores; la esperanza, que sufre y vence toda adversidad, tanto en el cuerpo como en el espíritu; y el amor, que obra el bien en todo, como se sigue del texto. Y es así como el creyente es íntegro y perfecto en esta vida, por dentro y por fuera, hasta que se manifieste la justicia que espera, y esta será una justicia perfecta y consumada[47], la cual no tendrá fin.

Además, este texto contiene una doctrina singular como fuente de consuelo. Con respecto a la doctrina, muestra que somos justificados, no por las obras, los sacrificios, o las ceremonias de la ley de Moisés, ni mucho menos por las obras y tradiciones de los hombres, sino solo por Cristo[48]. Por tanto, todo lo que el mundo valora como bueno y santo sin Cristo, no es sino pecado, error, y carne. Por eso, la circuncisión y la observancia de la ley, así como las obras, religiones, y votos de los monjes, y de todos los que confían en su propia justicia, son enteramente de la carne. Pero nosotros (dice Pablo) estamos muy por encima de todas estas cosas en el espíritu y el hombre interior; pues Cristo es nuestra posesión por la fe, y en medio de nuestro sufrimiento, mediante la esperanza, aguardamos aquella justicia que ya es nuestra por la fe[49].

Por tanto, cuando la ley te acusa y el pecado te perturba, y todo lo que sientes es la ira y el juicio de Dios, pese a todo ello, no pierdas las esperanzas, sino toma la armadura de Dios, el escudo de la fe, el yelmo de la esperanza, la espada del Espíritu, y muestra tu valor como un guerrero bueno y valiente. Por la fe aférrate a Cristo, que es Señor sobre la ley y el pecado, y todo lo demás que viene con él. Creyendo en Él serás justificado, pero la razón y el sentimiento de tu propio corazón no te lo dirán sino solo la palabra de Dios. Además, en medio de estos conflictos y terrores, que con frecuencia vuelven y te frustran, espera la justicia con paciencia mediante la esperanza, la cual es tuya ahora por la fe, aunque apenas ha comenzado y es imperfecta, hasta que a su propio tiempo se manifieste perfecta y eterna.

---

46. *fortitudo Theologica.*
47. *consummata.*
48. *sed per solum Christum.*
49. *quam fide jam possidemus.*

Nuevamente, tu dirás: «En mí mismo no siento justicia alguna, o al menos, estoy muy poco consciente de ella». Sin embargo, no consiste en sentir, sino en creer que tienes justicia. Y a menos que creas que eres justo, le causas un gran agravio a Cristo, quien te ha limpiado por el lavamiento del agua mediante la palabra. También murió en la cruz, condenó al pecado y mató a la muerte, para que por medio de Él puedas obtener la justicia y la vida eterna. No puedes negar estas cosas (a menos que abiertamente te declares impío, blasfemes contra Dios, y desprecies completamente a Dios con todas sus promesas, y a Cristo con todos sus beneficios). Por consiguiente, no puedes negar que eres justo.

Por tanto, aprendamos, en las grandes y horribles angustias, cuando nuestra conciencia no sienta sino pecado, y juzgue que Dios está enojado con nosotros, y que Cristo nos ha retirado su rostro, a no hacer caso de los sentimientos de nuestro corazón. Más bien, aferrémonos a la palabra de Dios, que dice: «Dios no está enojado, Él se fija en los afligidos, en el pobre y humilde de espíritu, aquel que tiembla a su palabra» (Isaías 66:2). Recordemos que Cristo no da la espalda a los trabajados y cargados, sino que los devuelve a la vida. Por tanto, este texto enseña claramente que la ley y las obras no nos otorgan justicia ni consuelo alguno. Más bien, esa es la obra del Espíritu Santo por medio de la fe de Cristo. Él despierta la esperanza que vence los terrores y tribulaciones, y persevera venciendo toda adversidad. Muy pocos saben cuán débiles y frágiles son la fe y la esperanza mientras sufren la cruz y se hallan en medio del conflicto. Pues pareciera que son como el pabilo humeante, que casi se apaga cuando arrecia el viento. Pero los fieles creen en medio de todos estos agravios y aflicciones, esperando contra la esperanza. Ellos luchan por la fe en la promesa de Cristo, contra el sentimiento del pecado y de la ira de Dios. Así, por la experiencia, entienden que esta chispa de fe, aunque sea muy pequeña (como parece a la razón, pues la razón apenas la siente), es un poderoso fuego que colma todo el cielo y absorbe todos nuestros terrores y pecados.

En todo el mundo, para los verdaderos creyentes no hay nada más querido y preciado que esta doctrina. Pues quienes la entienden, saben esto, que el mundo entero desconoce. A saber, que el pecado, la muerte, y toda miseria, aflicción y calamidad del cuerpo, así como del espíritu, se convierten en beneficio y provecho para los elegidos. Cuando Dios pareciera estar más lejos, y más enojado, cuando a nuestro parecer Él aflige y destruye, es entonces cuando, en realidad, está más cerca de nosotros. Es entonces cuando es el más misericordioso y amoroso Salvador. Pues los que sufren así saben que tienen una justicia eterna, la cual esperan en esperanza. Es una posesión cierta y segura, apartada para ellos en el cielo, aun cuando sienten los horribles terrores del pecado y de la muerte. Y aun más, cuando han sido destituidos de todo, es entonces cuando son señores de todas las cosas. Esto está de acuerdo con lo dicho: «Teniendo nada, y aun así, teniendo todas las cosas» (2 Corintios 6:10). Esto, dice la Escritura, es concebir consuelo mediante la esperanza. Pero este arte no se aprende sin grandes y frecuentes tentaciones.

VERSÍCULO 6. *Porque en Jesucristo ni la circuncisión vale algo, ni la incircuncisión, sino la fe que obra por amor*[50].

Los eruditos del papa tuercen este texto hacia su propia opinión, pues enseñan que somos justificados por el amor o las obras[51]. Pues dicen que la fe, aunque sea infundida desde lo alto (no hablo aquí de la fe adquirida[52] por nuestro esfuerzo), no justifica a menos que sea moldeada por el amor[53]. Pues al amor lo llaman «lo que hace grata la gracia»[54], es decir, justificable (para usar nuestro propio término, o más bien, el de Pablo). Luego dicen que el amor es adquirido[55] por nuestro mérito de congruo, y todo eso. Además, afirman que aun la fe infundida está en el mismo plano que el pecado mortal. Es así como dejan a la fe totalmente despojada de la justificación, y atribuyen esta (por este medio) solamente al amor (así es como razonan). Procuran validar su argumento acudiendo a este texto de Pablo: «La fe que obra por amor», como si Pablo hubiera dicho: «Miren, la fe no justifica; es más, es como nada, a menos que se le añada ese obrero llamado Amor[56], el cual da forma a la fe».

---

50. *per charitatem eficax.*
51. Nota de Lutero: *Sophistarum dogma de justificatione.*
52. *fides acquisita.*
53. *informatam per charitatem.*
54. *gratia gratum faciens.*
55. *acquiriri.*
56. *operatix caritas.*

Sin embargo, todas estas cosas son monstruosidades, fabricadas por cabezas ociosas. Pues ¿quién va a tolerar que la fe, la cual es el don de Dios por medio del Espíritu Santo infundido en nuestros corazones, pueda estar al mismo nivel que el pecado mortal? Si hablaran de la fe adquirida por nuestro propio esfuerzo[57], o de la fe histórica y de una opinión concebida a partir de la historia, se les podría tolerar; es más, con respecto a una fe histórica podrían hablar correctamente. Pero cuando piensan así de la fe infundida, confiesan abiertamente que están totalmente faltos de toda comprensión correcta de la fe. Además, ellos leen este texto de Pablo a través de un vidrio de colores (como dice el proverbio), y pervierten el texto para adaptarlo a sus sueños. Pues Pablo no dice: «La fe que justifica por medio del amor», o «La fe que hace acepto por el amor». Ellos se inventan tal texto y lo insertan en este lugar a la fuerza. Mucho menos dice Pablo: «El amor que hace acepto». No dice eso, sino: «La fe que obra por amor»[58]. Pablo enseña que las obras son hechas por la fe mediante el amor, no que la persona es justificada por el amor. Pero ¿quién puede ser tan falto de gramática para no comprender, por las mismas palabras, que una cosa es ser justificado, y otra es obrar? Pues las palabras de Pablo son claras: «La fe que obra por amor»[59]. Por lo cual es un fraude patente cuando anulan el significado claro de Pablo, e interpretan «obrar» como «justificar»; y «obras» como «justicia». Pues aun en la filosofía moral se ven obligados a confesar que las obras no son justicia, sino que surgen de la justicia.

Además, aquí Pablo no trata la fe como si no tuviera forma, o como si fuera una masa caótica, inútil y sin propósito. Más bien atribuye el obrar a la fe misma, y no al amor. No sueña ilusamente que la fe es alguna cualidad tosca y sin forma, sino que afirma que es una cualidad eficaz y laboriosa, como una sustancia, o (como dicen ellos) una forma sustancial. Pues él no dice: «El amor es eficaz», sino «La fe es eficaz». No dice: «El amor obra», sino «La fe obra». Pero aquí él hace del amor un instrumento usado por la fe, por medio del cual la fe obra. Y ¿quién no sabe que un instrumento no obtiene su fuerza, movimiento y acción de sí mismo, sino del obrero operador o agente? Pues ¿quién diría que el hacha es lo que da poder y mueve la mano del carpintero, o que el velero otorga al marinero el poder y los movimientos de la navegación? O, deduciendo del ejemplo de Isaías, ¿quién dirá: «El serrucho maneja al carpintero», o «la vara levanta

---

57. *fides acquisita.*
58. *ex fide per charitatem.*
59. *per charitatem OPERATUR.*

la mano»? (Isaías 10:15). Hay muy poca diferencia cuando dicen: «el amor es la forma de la fe», o «el amor imparte fuerza y movimiento a la fe», o «el amor justifica». Sin embargo, puesto que Pablo ni siquiera atribuye las obras al amor, ¿cómo es posible que le atribuya la justificación? Por tanto, es cierto que se comete un gran agravio, no solo a Pablo, sino a la fe y al amor, cuando este texto se tuerce contra la fe a favor del amor.

Pero esto es lo que les sucede a los lectores descuidados y a otros fulanos que traen sus propias premisas a la lectura de las Sagradas Escrituras. Más bien deberían venir con las manos vacías para llevarse los pensamientos de las Escrituras. Además, deberían considerar con diligencia las palabras, comparando las que vienen antes con las que van después. Así podrán alcanzar una comprensión completa de cada texto, en vez de rebuscar palabras y frases que se ajusten a sus propios sueños ilusorios. Pues aquí Pablo no se dispone a declarar lo que es la fe, o lo que vale ante Dios. Él no disputa, digo, sobre la justificación (pues antes ya lo había hecho ampliamente). Más bien, al resumir su argumento, demuestra lo que es la vida del cristiano, diciendo: «En Cristo Jesús ni la circuncisión vale algo, ni la incircuncisión, sino la fe que obra por amor». Es decir, la fe no es disimulada ni hipócrita, sino viva y verdadera. Esta fe ejerce e impulsa las buenas obras por medio del amor. Equivale a decir: el que quiera ser un verdadero cristiano y pertenecer al reino de Cristo, debe ser un verdadero creyente. Si su fe no es seguida por obras de amor, no es un verdadero creyente. Así, tanto por la derecha como por la izquierda, Pablo cierra la puerta del reino de Cristo a los hipócritas. Por la izquierda, deja fuera a los judíos, junto con todos los que trabajan por su propia salvación, diciendo: «En Cristo, ni la circuncisión»; es decir, ni las obras, ni las adoraciones[60], ni ninguna modalidad de vida vale ante Dios, excepto la sola fe[61] (sin confianza alguna en las obras o en los méritos). Y por la derecha, deja fuera a los haraganes y ociosos; estos son los que dicen: «Si la fe justifica sin obras, entonces no hagamos nada; solo creamos y hagamos lo que nos venga en gana». «No es así, ¡enemigos de la gracia!», dijo Pablo. «¡Entienden todo al revés!». Y aunque es cierto que la sola fe justifica[62], aquí él habla de la fe en otro aspecto. Es decir, una vez que la fe ha justificado, no es ociosa, sino que obra por medio del amor.

---

60. *cultus.*
61. *sed sola fides.*
62. *solam fidem justificare.*

CONFERENCIA 34: VIERNES 20 DE NOVIEMBRE

Por tanto, en este texto Pablo presenta la suma de la vida del cristiano[63]. A saber, que interiormente consiste en fe en Dios, y por fuera, en amor y buenas obras para con nuestro prójimo. De modo que el cristiano es perfecto interiormente[64] por medio de la fe en Dios, pues Dios no necesita de nuestras obras. Por fuera, vivimos ante los hombres, a los cuales no les sirve de nada nuestra fe, sino nuestro amor y nuestras obras. Por eso, cuando escuchamos o comprendemos esta manera de vivir la vida cristiana, por medio de la fe y el amor (como he dicho), aún no se ha declarado qué fe o qué clase de amor, pues este es otro tema.

Pues en cuanto a la fe, o a la naturaleza interna, el poder y el uso de la fe, Pablo ya lo dijo antes, cuando demostró que la fe es nuestra justicia, o más bien, nuestra justificación ante Dios. Pero aquí, en este texto, él une el amor y las obras. Es decir, habla de la función externa de la fe, que nos provoca a las buenas obras, y a dar los frutos del amor, para el bien de nuestro prójimo. *Por tanto, ya que este texto habla de cómo los cristianos se ocupan en su manera de vivir, sería un absurdo entenderlo como la justificación ante Dios. Eso sería una pésima dialéctica, muy mal organizada. Sería la falacia de componer una conclusión dividiendo las partes. Es decir, concluir que el todo se comprende solo a la luz de una de las partes. Pero la dialéctica no puede tolerar (a diferencia de la retórica) las figuras de la sinécdoque y la hipérbole. El pensamiento dialéctico es el maestro de los maestros, pues define, distingue, investiga y deduce (con toda la precisión posible). Pero ¿a quién se le podría ocurrir que los siguientes ejemplos pertenecen a la dialéctica? «El ser humano es alma y cuerpo, no puede existir sin alma y cuerpo; por tanto, el cuerpo tiene la capacidad del entendimiento, pero el alma por sí sola no tiene esa capacidad». Es lo mismo que en este ejemplo: «La vida cristiana es fe y amor, o la fe obrando por amor; por tanto, el amor justifica, y no la sola fe». ¡Pero la mente humana sigue inventando cosas!*

Pues en cuanto a la fe, o a la naturaleza interna, el poder y el uso de la fe, Pablo ya lo dijo antes, cuando demostró que la fe es nuestra justicia, o más bien, nuestra justificación ante Dios. Pero aquí, en este texto, él une el amor y las obras. Es decir, habla de la función externa de la fe, que nos provoca a las buenas obras, y a dar los frutos del amor, para el bien de nuestro prójimo. *Por tanto, ya*

---
63. *totam vitam Christianam.*
64. *absolute sit Christianus.*

que este texto habla de cómo los cristianos se ocupan en su manera de vivir, sería un absurdo entenderlo como la justificación ante Dios. Eso sería una pésima dialéctica, muy mal organizada. Sería la falacia de componer una conclusión dividiendo las partes. Es decir, concluir que el todo se comprende solo a la luz de una de las partes. Pero la dialéctica no puede tolerar (a diferencia de la retórica) las figuras de la sinécdoque y la hipérbole. El pensamiento dialéctico es el maestro de los maestros, pues define, distingue, investiga y deduce (con toda la precisión posible). Pero ¿a quién se le podría ocurrir que los siguientes ejemplos pertenecen a la dialéctica? «El ser humano es alma y cuerpo, no puede existir sin alma y cuerpo; por tanto, el cuerpo tiene la capacidad del entendimiento, pero el alma por sí sola no tiene esa capacidad». Es lo mismo que en este ejemplo: «La vida cristiana es fe y amor, o la fe obrando por amor; por tanto, el amor justifica, y no la sola fe». ¡Pero la mente humana sigue inventando cosas!

Asimismo, podemos aprender de este pasaje: ¡cuán horrible es la oscuridad entre aquellos «egipcios», esos presuntos cristianos que desprecian no solo la fe, sino también el amor! En su lugar se agotan con obras de fuerza de voluntad, rapaduras, vestimentas, comidas, y otros infinitos vanos teatros de máscaras, mediante los cuales desean hacerse pasar por cristianos. Pero aquí Pablo se pone en pie con gran libertad, y declara abierta y claramente: «Lo que hace al cristiano es la fe que obra por amor». No dice: Lo que hace al cristiano es una cogulla, ayunos, vestuarios, o ceremonias, sino una verdadera fe en Dios, la cual ama a su prójimo y hace el bien. No importa si es siervo o señor, rey, sacerdote, hombre, mujer, vestido de púrpura o harapos, si come carne o pescado; ninguna de estas cosas, sin excepción alguna, lo hace cristiano, sino la sola fe y el amor. Todo lo demás es falsedad e idolatría, y sin embargo, nada es más despreciado entre quienes quisieran ser más que cristianos y pertenecer a una iglesia más santa que la misma Iglesia de Dios. Una vez más, ellos admiran y se jactan de sus teatros y farsas de fuerza de voluntad, las cuales utilizan para encubrir sus odios, asesinatos, y todo el reino del infierno. Tal es el vehemente poder de la hipocresía y la superstición a lo largo de las edades, ¡desde el principio hasta el fin del mundo!

VERSÍCULO 7. *Vosotros corríais bien; ¿quién os estorbó para que no obedezcáis a la verdad?*

Estas palabras son claras. Pablo afirma que les ha enseñado

la verdad, la misma que había enseñado antes. Ellos habían corrido siempre bien y habían obedecido a la verdad, es decir, la creían y vivían debidamente. Pero ahora ya no, pues habían sido descarriados por los falsos apóstoles. Además, aquí utiliza una nueva figura para hablar de la vida cristiana como una ruta, una carrera. Entre los hebreos, correr o caminar es lo mismo que vivir con entendimiento. Los maestros corren cuando enseñan con pureza, y los que escuchan (los alumnos) corren cuando reciben la palabra con gozo, y cuando brotan los frutos del Espíritu. Todo esto sucedió en presencia de Pablo, como dijo antes, en los capítulos 3 y 4. Aquí dice: «Corríais bien», es decir, las cosas iban bien y con gozo entre ustedes; vivían bien, iban encaminados a la vida eterna, como promete la palabra de Dios.

Estas palabras, «Corríais bien», contienen un consuelo particular. A veces hay una tentación que perturba a los piadosos, y es que en su vida parecen arrastrarse en vez de correr. Pero si permanecen en la sana doctrina, y andan en el espíritu, no se dejen perturbar por eso. Pareciera que sus asuntos avanzan muy lentamente, o más bien, se arrastran a paso lento. Pero Dios juzga de otra manera. Lo que a nosotros nos parece muy lento, o que apenas se mueve, a la vista de Dios es una valiente carrera. Asimismo, lo que a nuestros ojos es solo pesar, duelo, y muerte, para Dios es gozo, regocijo, y verdadera felicidad. Por eso Cristo dijo: «Bienaventurados los que lloran y están de duelo, porque serán consolados... se reirán» (Mateo 5:4)[65]. A los que creen en el Hijo de Dios, todo les resultará para bien, sea el dolor o la misma muerte. Por tanto, los verdaderos corredores son aquellos que, sin importar lo que pase, corren bien y siguen adelante contentos, ayudados por el Espíritu de Dios, el cual desconoce la lentitud.

VERSÍCULO 7. *¿Quién os estorbó para que no obedezcáis a la verdad?*

En esta carrera, los que son estorbados son los que se desprenden de la fe y de la gracia, para caer en la ley y las obras, como sucedió con los gálatas. Fueron descarriados y seducidos por los falsos apóstoles, a los cuales veladamente reprende con estas palabras: «¿Quién os

---

65. Lutero parafrasea dos textos, uniendo la última parte de Lucas 6:21 a Mateo 5:4.

estorbó, para que no obedezcáis a la verdad?». Aquí, de paso, Pablo demuestra que los hombres pueden ser embrujados tan fuertemente por las falsas doctrinas, que abrazan mentiras y herejías en vez de la verdad y la doctrina espiritual. Y, por otro lado, consideran que la sana doctrina que antes amaban es un error, y juran que el error es la sana doctrina, y lo defienden con todas sus fuerzas.

Así fue como los falsos apóstoles condujeron a los gálatas (que inicialmente habían corrido bien) a su falsa opinión. Les hicieron creer que habían errado, y que con Pablo al frente habían estado marchando muy lentamente. Sin embargo, más tarde, siendo seducidos por los falsos apóstoles, cometieron la desfachatez de caer de la verdad. Tan grande fue el hechizo, que llegaron a pensar que estaban felices, y que ahora estaban corriendo bien. Lo mismo ha sucedido hoy con los que han sido seducidos por los sectarios y los espíritus fanáticos. Por eso me urge decir que caer de la doctrina no proviene del hombre, sino del diablo. Es sumamente peligroso, pues es caer del más alto cielo hasta el fondo del infierno. Pues quienes persisten en el error están tan lejos de reconocer su pecado, que sostienen que el pecado mismo es la más grande justicia. Por lo tanto, les es imposible obtener el perdón.

VERSÍCULO 8. *Esta persuasión no viene de Aquel que os llama.*

Este es un gran consuelo, y es una doctrina sin igual, mediante la cual Pablo muestra cómo se debe desarraigar de los corazones la falsa persuasión de quienes han sido engañados por maestros impíos. Los falsos apóstoles eran tipazos muy encantadores que, en las apariencias, superaban a Pablo tanto en educación como en piedad. Los gálatas, engañados por este teatro piadoso, supusieron que, cuando los escuchaban, estaban escuchando a Cristo mismo, y por tanto, juzgaron que su persuasión era de Él. Por su parte, Pablo muestra que esta persuasión y doctrina no venían de Cristo sino del diablo. Cristo los había llamado a la gracia y no a esa otra falsa persuasión. Con este argumento libró a muchos de esta falsa convicción. De igual manera nosotros hoy sacamos a muchos del error que los sedujo, cuando mostramos que sus opiniones son fanáticas, impías y llenas de blasfemias.

Nuevamente, este consuelo pertenece a todos los afligidos. Por causa de la tentación, ellos conciben una falsa opinión de Cristo. Pues el diablo es un experto en la persuasión, y sabe cómo exagerar el pecado más pequeño; aun el más diminuto. Así, cuando la persona se encuentra en la tentación, llega a pensar que es el pecador más horrible y odioso, y que por esos diminutos delitos merece la eterna condenación. Aquí, tal como Pablo hizo con los gálatas, se debe consolar y levantar a la conciencia perturbada. Es decir, debe saber que esta manera de pensar no proviene de Cristo, pues esa opinión lucha contra la palabra del Evangelio. Pues este representa a Cristo no como un acusador ni como un exactor cruel, sino como un Salvador y manso Consolador, misericordioso y humilde de corazón.

Sin embargo, Satanás (un astuto engañador que acecha por todos lados) puede demoler tu consuelo, contraponiendo la palabra y el ejemplo de Cristo de la siguiente manera: «Es cierto que Cristo es manso, humilde, y misericordioso, pero solo con los piadosos y religiosos. Por el contrario, Él amenaza a los pecadores de ira y destrucción (Lucas 13). Él, además, declaró que los incrédulos ya están bajo condenación (Juan 3:18). Asimismo, hizo muchas buenas obras, sufrió muchos males, y nos ordena seguir su ejemplo. Pero si tu vida no anda de acuerdo a la palabra de Cristo, ni sigues su ejemplo, estas declaraciones que Cristo pronunció como un juez severo son para ti, y las declaraciones consoladoras que lo muestran como un Salvador amoroso y misericordioso no son para ti. Pues eres un pecador, y tampoco tienes fe. De hecho, no has hecho absolutamente nada bueno». Todo el que sea tentado de esa manera, consuélese de este modo:

La Escritura nos presenta a Cristo de dos maneras. Primero, como una dádiva; un regalo. Si me aferro a Él de esta manera, «nada me faltará». «Pues en Cristo están escondidos todos los tesoros de sabiduría y conocimiento» (Colosenses 2:3). Nuestro consuelo es Él, con todo lo que en Él hay: «Mas de él sois vosotros en Cristo Jesús, el cual de Dios nos es hecho sabiduría, justificación, santificación, y redención». Por tanto, aunque haya cometido pecados, muchos y gravosos, aun así, si creo en Él, todos serán absorbidos por su justicia. Segundo, la Escritura lo presenta como un ejemplo a seguir. No obstante, no permitiré que este Cristo (Cristo el ejemplo) me sea presentado sino hasta después, cuando venga el momento del gozo y el regocijo, al salir de la tentación (cuando apenas pueda seguir la milésima parte de su ejemplo). Entonces lo tendré como mi espejo para ver todo lo que todavía me falta; para que no me confíe ni me descuide. Pero en el momento de la tribulación no escucharé ni admitiré a Cristo, excepto como una dádiva. Pues, al morir por mis pecados, me ha conferido su justicia. Él ha cumplido y logrado en mi favor todo lo que a mi vida le faltaba: «Porque el fin de la ley es Cristo, para justicia a todo aquel que cree».

Es bueno que sepamos estas cosas, no solo para tener un remedio cierto y seguro en el momento de la tentación. Pues Satanás procura envenenarnos con el veneno de la desesperación, y hay que desecharlo. Pero también hay que resistir la furia de los sectarios y los cismáticos de nuestro tiempo. Pues los anabaptistas no encuentran nada más glorioso en toda su doctrina que instar con toda severidad a seguir el ejemplo de Cristo y llevar la cruz. Se centran en las declaraciones de Cristo, cuando encomendó a sus discípulos que llevaran la cruz. Por tanto, debemos aprender cómo resistir a este Satanás, que transforma su apariencia en la de un ángel de luz. Podemos resistirlo si sabemos reconocer la diferencia entre el Cristo que se nos presenta como una dádiva, y el que se nos presenta como un ejemplo. Cada forma de predicarlo tiene su momento oportuno, pero si no observamos la diferencia, la predicación de la salvación se convierte en veneno.

Por tanto, a todos los que están trabajados y lastimados por su pesada carga de pecados, Cristo debe ser presentado como un Salvador y como una dádiva. No les presenten a Cristo como ejemplo y legislador. Sin embargo, a los que se sienten confiados y obstinados, ¡sí! A ellos hay que presentárselo como ejemplo. Así también se les deben presentar las duras declaraciones de la Escrituras, y los horribles ejemplos de la ira de Dios, como la inundación del mundo[66], la destrucción de Sodoma y Gomorra, y otros semejantes, para que se arrepientan. Por tanto, que cada cristiano, cuando esté frustrado y afligido, se sacuda la falsa opinión que tenga de Cristo. En esos momentos necesita responder así: «Oh maldito Satanás, ¿por qué discutes conmigo de obras y esfuerzos? Ya

---

66. *ut diluvii*, el Diluvio.

mis pecados me perturban y afligen sin medida. Pero ¡no! Estando ahora trabajado y cargado, no te haré caso, pues eres un acusador y un destructor. Haré caso a Cristo, el Salvador de la humanidad. Pues Él mismo lo dijo. Él vino al mundo para salvar a los pecadores, consolar a los que viven en el terror, la agonía y la desesperación, y para predicar libertad a los cautivos. Este es el verdadero Cristo, y fuera de Él no hay otro. Puedo buscar ejemplos de una vida piadosa en Abraham, Isaías, Juan el Bautista, Pablo, y otros santos. Pero ninguno de ellos puede perdonar mis pecados, ni librarme del poder del diablo y de la muerte, ni salvarme y darme la vida eterna. Estas cosas pertenecen a Cristo solo, de quien el Padre dice: "Este es mi Hijo amado, en el cual tengo contentamiento, a él oíd"» (Mateo 3:17; Marcos 9:7). Aprendamos a consolarnos de esta manera mediante la fe cuando nos sobrevenga la tentación y la falsa doctrina. De otro modo, el diablo intentará seducirnos por medio de sus ministros, o matarnos con sus dardos ardientes.

VERSÍCULO 9. *Un poco de levadura leuda toda la masa.*

Jerónimo y todo su séquito acusan a Pablo. Alegan que tuerce las Sagradas Escrituras para darles el sentido que quiere. Dicen que Pablo rebate textos cuando no hay razón de rebatirlos si se entienden en su contexto. Sin embargo, acusan al Apóstol injustamente. Pues muy sabia y precisamente él ahora particulariza las declaraciones generalizadas, y las particulares las generaliza. Como anteriormente en el capítulo 3, toma esta declaración general: «Maldito todo aquel que cuelga de un madero» (Gálatas 3:10), y la particulariza, relacionándola de manera más precisa con Cristo. Y esta declaración particular: «Un poco de levadura», etc., la generaliza, vinculándola con la doctrina (como en este texto, donde aboga por la justificación) y con temas de la vida y de malas prácticas éticas (como en 1 Corintios 5:6).

Toda esta epístola testifica abundantemente de cómo Pablo sufría por la caída de los gálatas, y de cuán a menudo él había martillado en sus cabezas (a veces reprendiendo, y a veces suplicando) las grandísimas y horribles calamidades que seguirían a su caída a menos que se arrepintieran. Pero esta solicitud paternal y apostólica de Pablo no los conmovió en absoluto. Al principio, muchos habían aceptado a Pablo como su maestro, pero ahora preferían a los falsos apóstoles. Pensaban que estos habían predicado la verdadera doctrina, y no Pablo. Además, los falsos apóstoles, sin duda, calumniaban a Pablo entre los gentiles, diciendo que era un tipo obstinado y contencioso. Insinuaban que por poca cosa provocaba la desunión entre las iglesias, y que por ninguna razón lo tuvieran por sabio ni tampoco lo felicitaran. Con estas falsas acusaciones lograron que Pablo se volviera desagradable para muchos.

Algunos, que no habían abandonado del todo la doctrina de Pablo, pensaron que no había ningún peligro en disentir un poco de él sobre la doctrina de la justificación por la fe. Por tanto, cuando escucharon que Pablo había hecho una montaña a partir de un grano de arena, se maravillaron y pensaron: «Aunque nos hayamos desviado un poco de la doctrina de Pablo, y tengamos alguna falta, ¡el asunto es en verdad una pequeñez! Pablo debería haber hecho la vista gorda, o al menos, no exagerarlo para no romper la unidad de las Iglesias por algo tan ínfimo».

CONFERENCIA 35: sábado 21 de noviembre

Disminuir la importancia de la justificación por la fe es la razón por la cual Pablo contesta así: «Un poco de levadura leuda toda la masa»[67]. Pablo se apoya grandemente en esta amonestación. Nosotros hoy la tomamos en cuenta. Pues *los sacramentarios niegan la presencia de Cristo en la Cena*. Pero luego protestan contra nosotros diciendo que somos contenciosos, obstinados, e inamovibles al defender nuestra doctrina. Alegan que, sencillamente, *por este pequeño artículo referido a los sacramentos, ¡quebrantamos el amor cristiano y rasgamos el acuerdo entre las iglesias! Dicen que no deberíamos almacenar tanto grano en este pequeño punto de doctrina, el cual es oscuro y no fue explicado lo suficiente por los Apóstoles. Además, dicen que, por causa del mismo punto, no respetamos la suma de la doctrina cristiana o el acuerdo general de todas las iglesias. Añaden que ya concuerdan con nosotros en todos los otros artículos, los cuales son más necesarios y de mayor trascendencia. Con este argumento, muy plausible, no solo nos difaman entre su propia gente, sino que también logran descarriar a muchos buenos hombres, pues*

---

67. *corrompit.*

juzgan que disentimos de ellos por pura terquedad o algún afecto particular. Pero estas son sutiles artimañas del diablo con las que él procura derribar *no solo ese artículo, sino toda la doctrina cristiana.*
  Por tanto, a todo esto, contestamos con Pablo: «Un poco de levadura leuda toda la masa». En la filosofía, una pequeña falta al principio tiene como resultado final una grande y grave falta. En la teología, es lo mismo: un pequeño error derriba toda la doctrina. Por eso debemos interponer una gran distancia entre nuestra vida y la doctrina, de modo que las dos estén lo más lejos posible la una de la otra. La doctrina no es nuestra, sino de Dios, y de ella nosotros somos llamados ministros. La vida es nuestra. Por tanto, en cuanto a eso, estamos listos para obrar, sufrir, perdonar, y todo lo que nuestros adversarios[68] soliciten, siempre que la doctrina permanezca incorrupta y sana. Por lo cual nosotros siempre diremos con Pablo: «Un poco de levadura». *En este asunto no podemos ceder ni un pelo. Pues la doctrina es como un punto matemático, que no puede dividirse. Es decir, no puede estar sujeto ni a la suma ni a la resta. Por el contrario, la vida es como un punto físico; siempre puede dividirse, siempre puede ceder en algo.*
  Una pequeña mota en el ojo lo lastima. Por eso los alemanes tienen un dicho sobre los remedios para la vista: «Nada es bueno para los ojos»[69]. Nuestro Salvador dijo: «La luz del cuerpo es el ojo; así que, si tu ojo fuere sincero, también todo tu cuerpo será iluminado; mas si fuere malo, también tu cuerpo será tenebroso». Asimismo: «Así que, si todo tu cuerpo está lleno de luz, no teniendo parte alguna de tinieblas, será todo luminoso, como cuando una lámpara con su resplandor te alumbra» (Lucas 11:34, 36). Mediante esta alegoría Cristo quiere decir que la doctrina debe ser de lo más sencilla, clara, sincera, sin oscuridad alguna, sin niebla, ni nada. Santiago el Apóstol añade: «El que es culpable en un punto, es culpable de todo» *(no lo dijo de sí mismo; sin duda lo había escuchado de los apóstoles). Por tanto, la doctrina debería ser como un círculo de oro, redondo y perpetuo, en el cual no hay fisuras; pues donde hubiere la más mínima brecha, el círculo ya no estará completo. ¿De qué les sirve a los judíos creer en un solo Dios, y en Él como Creador de todo, creer todos los artículos, y aceptar todas las Escrituras, si niegan a Cristo? «Por tanto, el que ofende en un punto, ofende en todos».*

---

68. *sacramentarii.* Aquí seguí la traducción de Middleton: «adversaries».
69. *Nichts ist Inn die Augen gut.* Un proverbio alemán.

Este texto, entonces, nos ayuda mucho contra los que argumentan diciendo que quebrantamos la armonía del amor, causando gran perjuicio y daño a las iglesias. Pero nosotros protestamos que no queremos sino la paz y el amor entre todos[70], siempre que nos dejen sana e incorrupta toda la doctrina de la fe. *Si no podemos obtener esto, en vano nos exigen amor. ¡Maldito aquel amor preservado a costa de la pérdida de la doctrina de la fe!*[71] Pero a esa fe todos deben ceder: el amor, un apóstol, ¡o aun un ángel del cielo, o quien sea! *Por tanto, sus calumnias muestran cuánto diluyen la majestad y la grandeza de la palabra de Dios. Pues si de veras creyeran que es la palabra de Dios, no jugarían así con ella. Más bien la tendrían en gran estima, y sin disputa ni duda alguna pondrían su confianza en ella; pues saben muy bien que una palabra de Dios es el todo y el todo es uno solo. Igualmente, un artículo de doctrina es el todo, y el todo es uno. De este modo, si se pierde un punto de doctrina, poco a poco se pierden todos. Pues están conectados, y en uno solo están unidos como por el mismo vínculo*[72].

Dejemos, pues, que exalten el amor y la concordia todo lo que quieran. Pero en cuanto a nosotros, magnifiquemos la majestad de la palabra y de la fe. El amor puede, sin peligro alguno, sufrir un descuido momentáneo. Pero no así la palabra y la fe. El amor todo lo sufre; cede delante de todo. Pero la fe nada sufre, no cede ante nadie. Cuando el amor cede, cree, da, y perdona, a veces es traicionado. Pero, aunque sea engañado, no sufre lo que podría llamarse una verdadera pérdida. Es decir, no pierde a Cristo; por tanto, no se ofende. Más bien persevera en hacer el bien, aun a los ingratos e indignos de su amor. Pero en el asunto de la fe y la salvación, cuando los hombres enseñan mentiras y errores bajo la bandera de la verdad, y seducen a muchos, aquí el amor no tiene lugar alguno. Pues aquí lo que se pierde no es algún beneficio otorgado a los ingratos. Más bien perdemos la palabra, la fe, a Cristo, y la vida eterna. *Porque, si niegas a Dios en un solo artículo, lo has negado en todos. Pues Dios no se divide en muchos artículos, sino que es todo en cada uno, y es uno en el conjunto de ellos. Por eso, cuando los sacramentarios nos acusan de faltar al amor, respondemos constantemente con este proverbio de Pablo: «Un poco de levadura...». Y, además, como dice*

---

70. *servare pacem et charitatem cum omnibus.*
71. *Maledicta sit caritas, quae servatur cum jactura doctrinae fidei.*
72. *cohaerent enim et quodam communi vinculo continentur.*

el dicho: «No juegues con mi reputación ni mi fe, ni me metas el dedo en el ojo»[73].

He hablado ampliamente de estas cosas para confirmar a nuestra gente y para enseñar a otros que tal vez se ofenden por nuestra persistencia. Ellos no piensan que tenemos razones firmes y fuertes para esta perseverancia. Por tanto, no nos conmueve todo lo que ellos nos reclaman, que debemos guardar el amor y la concordia. Pues si no se ama a Dios y su palabra, de nada valen ni el objeto ni cuánto aman. Todo su amor es en vano.

Por tanto, por medio de esta declaración, Pablo amonesta tanto a los maestros como a sus oyentes. Es como si dijera: «Tengan cuidado de no considerar la doctrina de la fe como poca cosa, con la cual pueden jugar como les plazca. Pues esta es como un rayo de luz que nos viene del cielo; que nos ilumina, dirige, y guía». Ahora bien, así como el mundo, con toda su sabiduría y poder, no puede detener ni desviar los rayos de luz que vienen del sol a la tierra, así tampoco nada se puede añadir ni quitar a la doctrina de la fe. Pues tal cosa sería desfigurarla y derrocarla por completo.

VERSÍCULO 10. *Yo confío de vosotros en el Señor.*

Es como si dijera: «Ya les he enseñado, amonestado, y reprochado más de lo suficiente como para que, a estas alturas, me hubieran hecho caso. No obstante, confío en ustedes en el Señor».

Aquí surge una pregunta a partir del texto. ¿Obró bien Pablo cuando dijo que tenía confianza en los gálatas, considerando que las Sagradas Escrituras prohíben cualquier confianza en los hombres? Tanto la fe como el amor confían y creen, pero de manera diferente, porque sus objetos difieren. La fe confía en Dios, y por tanto, no puede ser traicionada. Pero el amor cree en el hombre, y por tanto, es traicionado con frecuencia. Ahora bien, la fe que surge del amor es tan necesaria para la vida diaria, que sin esta fe, la vida en este mundo no podría subsistir. Pues si un hombre no creyera y confiara en el otro, ¿qué clase de vida tendríamos sobre la tierra? Los verdaderos cristianos, en virtud del amor, están más prestos a creer que los hijos de este mundo. Pues la fe en los hombres es un fruto del Espíritu, o de la fe cristiana, en los piadosos. Por eso Pablo

---

73. *Nor patitur ludum fama, fides, oculus.* Un proverbio de la época.

tenía confianza en los gálatas, aunque se hubieran desviado de su doctrina: pues aún estaban en el Señor. Como diciendo: «Confiaré en ustedes en tanto el Señor esté en ustedes, y ustedes en Él; es decir, mientras permanezcan en la verdad. Pues si caen de allí, seducidos por los ministros de Satanás, dejaré de confiar en ustedes». De esta manera es lícito que los piadosos confíen o crean en los hombres.

VERSÍCULO 10. *Que no pensaréis ninguna otra cosa.*

A saber, con respecto a la doctrina y a la fe que les he enseñado y han aprendido de mí. Es decir, confío en que no recibirán ninguna otra doctrina contraria a la mía.

VERSÍCULO 10. *Mas el que os perturba, llevará el juicio, quienquiera que él sea.*

Con esta declaración, Pablo se sienta como un juez en el tribunal. Condena a los falsos apóstoles y les da un nombre despreciable; los llama «perturbadores» de los gálatas. Esos son los que ellos adulaban como muy «piadosos y maestros», mucho mejores que Pablo. Luego pasa a estremecer a los gálatas haciendo esta horrible declaración de juicio con la que osadamente condena a los falsos apóstoles. ¡Cuánto quisiera él que ellos huyeran de esa falsa doctrina como si fuera la más mortífera plaga! Como si dijera: «¿Por qué prestan atención a estos pestilentes tipos que no enseñan, sino solo perturban? La doctrina que les entregan no es más que la turbación de sus conciencias. Por tanto, no importa cuán grandes sean, ¡tendrán su condena!».

Ahora bien, por estas palabras, «quienquiera que él sea», podría entenderse que, en apariencia, los falsos apóstoles eran tipazos muy piadosos y santificados. Podría ser que, entre ellos, hubiera algún distinguido discípulo de los apóstoles, alguien de gran nombre y autoridad. Pues no sin razón utiliza palabras tan vehementes y tajantes. También en el capítulo 1 habla de la misma forma, diciendo: «Mas si aun nosotros, o un ángel del cielo os predicare otro Evangelio del que os hemos predicado, sea anatema» (Gálatas 1:8). Y, sin duda alguna, muchos se ofendieron con esta vehemencia del apóstol, pensando: «¿Por qué razón será que el apóstol quebranta así el amor? ¿Por qué será tan testarudo por una pequeñez? ¿Por qué pronuncia tan bruscamente una condena eterna contra aquellos que son tan ministros de Cristo como él?». Pero nada de esto conmueve a Pablo. Más bien, maldice y condena osadamente a todos los que pervierten la doctrina de la fe, sin importar en cuán alta estima se los tenga ni cuán santos y sabios parezcan.

De igual manera tenemos por excomulgados y condenados a todos los que dicen que el artículo del sacramento del cuerpo y la sangre de Cristo es incierto, o que este artículo ha forzado las palabras de Cristo en la Cena. Sin titubeo insistimos en que todos los artículos de la doctrina cristiana, sean pequeños o grandes (aunque para nosotros ninguno es pequeño), deben mantenerse puros y firmes. Y esto es sumamente necesario, pues la doctrina es nuestra única luz verdadera, que alumbra y guía, mostrando el sendero al cielo. Si se la derriba en parte, se viene toda abajo. Cuando esto sucede, el amor no nos ayuda para nada. Podemos ser salvos sin amor y sin haber llegado a un acuerdo con los sacramentarios, pero no sin la doctrina pura y la fe. Por lo demás, con gusto mantendremos el amor y el acuerdo con todos los que tienen una correcta opinión de todos los artículos de la doctrina cristiana. Y, aun más, en todo lo que podamos, tendremos paz con nuestros enemigos y oraremos por ellos, pues por ignorancia blasfeman nuestra doctrina y nos persiguen. Pero no será así con aquellos que a sabiendas y contra su conciencia agravian cualquier artículo de la doctrina cristiana.

Por eso, lo que Pablo aquí nos enseña con su propio ejemplo es a ser tan tercos como los falsos apóstoles por el bien de la doctrina. Porque Pablo enseñaba: «Mi doctrina es recta y piadosa», y los falsos apóstoles y sus discípulos pensaban: «Nuestra doctrina es recta y piadosa; este asunto de Pablo es una mera pequeñez que él está exagerando». Sin embargo, Pablo advirtió: «No se trata de una diferencia insignificante, sino de una gran maldad por la cual ustedes serán juzgados y condenados».

¿Por qué (como amonesto con frecuencia) debemos discernir cuidadosamente entre la doctrina y la vida? Porque la doctrina es celestial, la vida es terrenal. En la vida hay pecado, error, impureza, y miseria, mezclada con vinagre, como dice el dicho. De ahí que el amor haga su obra de guiñar el ojo, tolerar, dejarse engañar, creer, esperar, y sufrir todas las cosas. De ahí que el perdón de pecados prevalezca todo lo que pueda, a fin de que el pecado y el error no se defiendan ni sustenten. Sin embargo, en la doctrina, donde no hay error, no hay necesidad de perdón. Por eso, no hay comparación alguna entre la doctrina y la vida. Un puntito de doctrina es de mayor valor que el cielo y la tierra, y por lo tanto, no podemos tolerar que la más pequeña tilde de la doctrina sufra corrupción. Pero bien podemos hacer la vista gorda ante las ofensas y los errores de la vida, pues nosotros también erramos a diario en la vida y la conducta, tal como lo confesamos fervorosamente en el Padrenuestro y en los artículos de nuestra fe. Pero nuestra doctrina, bendito sea Dios, es pura. Tenemos todos los artículos de nuestra fe arraigados en las Sagradas Escrituras, las mismas que el diablo quisiera corromper y derrocar. Por eso nos asedia tan astutamente con el piadoso argumento de que no debemos quebrantar el amor y la unidad de las iglesias.

VERSÍCULO 11. *Y yo, hermanos, si aún predico la circuncisión, ¿por qué padezco persecución todavía? Entonces ha cesado la ofensa de la cruz*[74].

Pablo, acudiendo a todos los recursos posibles para que los gálatas vuelvan, ahora razona acudiendo a su propio ejemplo. «Me he ganado (dice) el odio y la persecución de los sacerdotes, ancianos, y de toda mi nación. ¿Por qué? Porque le he quitado la justicia a la circuncisión. Pero si me pusiera del lado de ellos y le atribuyera justicia, los judíos no solo dejarían de perseguirme, sino que también me amarían y me halagarían muchísimo. Sin embargo, como predico el Evangelio de Cristo y la justicia de la fe, aboliendo la ley y la circuncisión, por eso sufro persecución. En cambio, los falsos apóstoles, para evitar esta cruz y el odio cruel de la nación judía, predican la circuncisión, y por este medio obtienen y retienen el favor de los judíos». Así lo dice en el capítulo 6: «Estos os constriñen a que os circuncidéis». Además, ellos quieren que no exista ninguna disensión, sino paz y acuerdo entre los gentiles y los judíos. Pero es imposible lograr eso sin que se pierda la doctrina de la fe, que es la doctrina de la cruz, la cual está llena de oprobios. Por tanto, cuando dice: «Si aún predico la circuncisión, ¿por qué padezco persecución todavía? Entonces ha cesado la ofensa de la

---

74. σκάνδαλον τοῦ σταυροῦ. Literalmente, «la piedra de tropiezo de la cruz». Más adelante, Lutero se refiere al texto usando esa frase.

cruz», él quiere decir que sería un gran absurdo e inconveniente que la ofensa de la cruz cesara. Lo mismo declara cuando dice: «Porque no me envió Cristo a bautizar, sino a predicar el Evangelio; no con sabiduría de palabras, para que no se haga vana la cruz de Cristo» (1 Corintios 1:17). Es como si dijera: «No permito que sea abolido el escándalo y la cruz de Cristo».

Aquí algunos hombres dirán: «Entonces los cristianos son locos, pues voluntariamente se arrojan al peligro; ya que ¿qué otra cosa hacen, predicando y confesando la verdad, sino procurarse el odio y la enemistad de todo el mundo, y generarse oprobios?». Esto, dijo Pablo, no me ofende ni perturba en nada, sino que me hace más osado, y me da esperanzas de un feliz éxito y aumento de la Iglesia, la cual florece y crece bajo la cruz; pues es menester que Cristo, cabeza y esposo de la Iglesia, reine sobre sus enemigos (Salmo 110:2). Sin embargo, cuando la cruz es abolida, por un lado, cesa la furia de los tiranos y de los herejes, y por otro, cesan los oprobios. Llega la paz por todos lados, pues es el diablo quien vigila la entrada de la casa. Esta paz es una señal segura de que ha logrado quitar la pura doctrina de la palabra de Dios.

Bernardo, al considerar este tema, dijo que la Iglesia está en su mejor condición cuando Satanás la asedia por todos lados, tanto mediante sutilezas como por medio de violencia. Pero está en su peor condición cuando se encuentra rodeada de una gran calma. Por cierto, Bernardo cita esa declaración de Ezequías en su cántico: «He aquí amargura grande me sobrevino en la paz» (Isaías 38:17), y relaciona el texto con la Iglesia en su condición de calma y quietud. Por tanto, Pablo lo tiene muy claro: «Lo que se predica en tiempos de paz no es el Evangelio». De hecho, el mundo también lo tiene muy claro: «Cuando surgen grandes protestas, tumultos, insultos, divisiones, y cosas así, es porque se está enseñando esa doctrina herética y sediciosa del Evangelio». Por eso a veces se dice que «Dios se disfraza del diablo[75], y el diablo se disfraza de Dios»[76]. Es decir, Dios se conocerá bajo la semejanza del diablo, y el diablo se conocerá por su disfraz de Dios.

«La piedra de tropiezo de la cruz» tiene un sentido activo y otro pasivo. Tan pronto como se predica la doctrina del Evangelio, aparece

---

75. *larvam Dei.*
76. *sceleratissii nebulones.*

la cruz, conforme al texto: «Creí; por tanto hablé, estando afligido en gran manera» (Salmo 116:10). Así que la cruz de los cristianos es la persecución, con reproches e ignominia, y sin compasión alguna. Por eso se sufren tantos males. Primero, sufren como si fueran los criminales más perniciosos[77] del mundo. Así lo declaró el profeta Isaías cuando profetizó de Cristo: «Fue contado con los transgresores» (Isaías 53:12). Luego, los asesinos y ladrones reciben sus castigos según determinados plazos, y se les tiene compasión. Pero no es así como el mundo juzga a los cristianos. Al contrario, los juzga como los más pestilentes y perniciosos, y piensa que no hay tormentos lo suficientemente severos como para castigarlos por sus delitos tan horrendos. Ni tampoco es movido a compasión, sino que los castiga con la muerte más indigna y vergonzosa que pueda haber. Con eso el mundo piensa que tiene doble ganancia. Pues primero, se imagina que al matarlos rinde un gran servicio a Dios, y segundo, espera restaurar la paz y el orden públicos porque ha eliminado tales plagas. Por tanto, la muerte y la cruz de los fieles están repletas de sufrimientos y escándalos. Pero Pablo dice que debemos mantenernos firmes sin importar cuánto dure la persecución por la cruz de Cristo y su oprobio, y más bien, debe confirmarnos en la fe. Pues mientras la cruz perdure, le irá bien a la causa cristiana[78].

De igual manera Cristo consuela a sus discípulos en Mateo 5:11-12: «Bienaventurados sois cuando por mi causa os vituperen y os persigan, y digan toda clase de mal contra vosotros, mintiendo. Regocijaos y alegraos; porque vuestro galardón es grande en el cielo; porque así persiguieron a los profetas que fueron antes de vosotros». La Iglesia no puede permitir que este regocijo le sea arrebatado de las manos. Por tanto, yo no desearía tener concordia con el papa, los obispos, los príncipes, y los sectarios. Pues si tuviéramos tal concordia, sería una señal inequívoca de que hemos perdido la verdadera doctrina[79]. En resumen, mientras la Iglesia enseñe el Evangelio, sufrirá persecución. Pues el Evangelio presenta

---

77. *sceleratissii nebulones*.
78. *res Chrstiana*.
79. *Quare non libenter velim, quod papa, episcopi, principes et fanatici spiritus nobiscum concords essent*. Por cierto, esta es la respuesta anticipada (casi quinientos años antes) de Lutero a la Declaración conjunta sobre la doctrina de la justificación, entre la Federación mundial luterana y la Iglesia católica-romana, junto con otras iglesias protestantes y evangélicas.

la misericordia y la gloria de Dios, y saca a la luz la malicia y las artimañas del diablo, lo pinta tal como es, y le arranca el antifaz de la majestad de Dios, con que engaña al mundo entero. Es decir, muestra que todas las adoraciones, órdenes religiosas inventadas por los hombres, y tradiciones sobre el celibato, sobre las carnes, y otras cosas, por las cuales los hombres creen merecer el perdón de pecados y la vida eterna, son cosas impías y diabólicas. Así que no hay nada que irrite más al diablo que la predicación del Evangelio, pues eso le arranca el antifaz de Dios, y lo expone tal como es, es decir, el diablo, y no Dios. Por tanto, es imposible que el florecimiento del Evangelio no vaya acompañado de la cruz y el agravio. De otra manera, el diablo no es tocado, sino que solo se le hacen cosquillas. Pero si se le dan golpes certeros, no descansa, sino que comienza a rugir descontroladamente, y levanta contiendas por todos lados.

Así que, si los cristianos han de sostener la palabra de vida, que no se atemoricen ni ofendan cuando vean al diablo andar suelto, rugiendo por doquier. El mundo se turba, los tiranos ejercen crueldad, y surgen herejías[80]. Más bien, tengan por seguro que estas son señales, no de terror, sino de gozo, como Cristo mismo declaró: «Regocijaos y alegraos». Dios no quiera, entonces, que el oprobio de la cruz se pierda, lo cual sucedería si predicásemos lo que el príncipe de este mundo y sus secuaces quisieran escuchar con deleite, es decir, la justicia de las obras. En tal caso, tendríamos un diablo amable, un mundo favorable, un papa lleno de gracia, y príncipes misericordiosos. Sin embargo, como presentamos los beneficios y la gloria de Cristo, nos persiguen y despojan de nuestros bienes y nuestras vidas.

VERSÍCULO 12. *¡Oh que fuesen también cortados los que os perturban!*

¿Pertenece esto también al quehacer de un apóstol? ¿No solo denunciar a los falsos apóstoles como perturbadores de la Iglesia, condenarlos, y entregarlos a Satanás, sino también desear que sean totalmente desarraigados al punto de perecer por completo? ¿Qué otra cosa sería esto excepto conjurar maldiciones? Aquí, Pablo alude

---

80. *sectas.*

(según creo) a los de la circuncisión. Como si dijera: «Ellos los obligan a cortarse el prepucio de la carne, pero yo, más bien, quisiera que ellos mismos fueran totalmente cortados de raíz».

Aquí surge la pregunta de si es lícito que los cristianos maldigan. Lo es, aunque no siempre, ni por cualquier razón, sino cuando el asunto llega a este punto: cuando se habla mal de la palabra de Dios, su doctrina es blasfemada, y en consecuencia, se blasfema a Dios mismo. Entonces debemos llegar a esta sentencia y decir: «Bendito sea Dios y su palabra, y quienquiera que esté sin Dios y su palabra, maldito sea; aun si es un apóstol o un ángel del cielo». Así lo dijo antes, en el capítulo 1: «Mas si aun nosotros, o un ángel del cielo os predicare otro Evangelio del que os hemos predicado, sea anatema. Como antes hemos dicho, también repito ahora: Si alguno os predica un evangelio diferente del que habéis recibido, sea anatema» (Gálatas 1:8-9).

Por tanto, Pablo muestra aquí las graves consecuencias de un poco de levadura. Por eso mismo se atrevió a maldecir a los falsos apóstoles, pues aparentaban ser hombres de gran autoridad y santidad. Por tanto, no hagamos de la enseñanza de la levadura poca cosa. Si se la descuida, poco a poco se perderá la verdad y la salvación, y se negará a Dios mismo. Pues cuando se corrompe la palabra, y se niega y blasfema a Dios (la consecuencia de corromper la palabra), no queda esperanza alguna de salvación. Pero, por nuestra parte, si somos blasfemados, maldecidos, y degollados, todavía hay Uno que puede volver a levantarnos, y librarnos de la maldición, la muerte, y el infierno.

Aprendamos, pues, a promover y exaltar la majestad y autoridad de la palabra de Dios. Pues no es poca cosa (como alegan los fanáticos de hoy), sino que cada tilde es más grande que el cielo y la tierra. Así que, en este asunto, no sabemos de amor cristiano ni de concordia. Más bien, nos sentamos, por así decirlo, como jueces en el trono. Es decir, maldecimos y condenamos la enseñanza y la doctrina que desfigura y corrompe la majestad de la palabra de Dios: «pues un poco de levadura fermenta toda la masa». En cambio, si nos dejaran la palabra de Dios íntegra y sana, no solo estaríamos dispuestos a guardar el amor y la paz con ellos, sino que además nos ofreceríamos a ser sus siervos, y a hacer por ellos todo lo que esté a nuestro alcance. De no ser así, que perezcan y sean arrojados al infierno; no solo ellos, sino el mundo entero, a fin de que Dios y su palabra permanezcan para siempre. Pues mientras Él permanezca, también permanecerán la vida, la salvación, y los fieles.

Por tanto, Pablo hace bien al maldecir a los que perturbaban a los gálatas, y al pronunciar sentencia contra ellos. Cuando dice que quisiera que «fueran cortados», está diciendo que sean desarraigados de la Iglesia de Dios; que Dios no apoye ni prospere su doctrina ni sus obras. En otras palabras, que sean malditos junto con todo lo que enseñan y hacen. Y esta maldición procede del Espíritu Santo. Así es como también Pedro, en Hechos 8, maldice a Simón el mago: «Tu dinero perezca contigo». A veces la Sagrada Escritura promulga maldiciones contra los que perturban las conciencias de la gente, y particularmente en los Salmos: «Que la muerte los sorprenda; desciendan vivos al infierno» (Salmo 55:15). Y también: «Que los pecadores desciendan al infierno junto con todos los que olvidan al Señor».

Hasta aquí Pablo ha defendido el lugar de la justificación con argumentos fuertes y poderosos. Luego, para no omitir nada, intercala aquí y allá represiones, alabanzas, exhortaciones, amenazas, y cosas semejantes. Finalmente, añade su propio ejemplo: que él sufre persecución por esta doctrina. Por tal razón amonesta a todos los fieles, a fin de que no se ofendan ni desmayen cuando vean surgir grandes tumultos, sectas y agravios durante la predicación del Evangelio. Deben, más bien, regocijarse y ser felices, pues cuanto más ruge el mundo contra el Evangelio, tanto más prospera el Evangelio y avanza con alegría.

Este consuelo debería hoy animarnos, pues es cierto que el mundo nos odia y persigue por la sola razón de que profesamos la verdad del Evangelio. No nos acusa de robo, asesinato, prostitución y tales cosas. Sin embargo, nos detesta y aborrece, ya que, fielmente y con pureza, enseñamos a Cristo, y no cedemos ni un pelo en la defensa de la verdad. Por tanto, sepamos con certeza que esta, nuestra doctrina, es santa y divina, y que por eso el mundo la odia con tanta amargura. Pues no hay una doctrina tan impía, necia, y perniciosa, que con deleite el mundo no admita, abrace, y defienda, y luego con reverencia atienda, estime, y alabe a sus profesantes, y haga por ellos todo lo que pueda. El mundo solamente aborrece la verdadera doctrina del Evangelio, de la vida, y de la salvación, junto con sus ministros, y obra toda clase de desprecio que pueda inventar contra ellos. Es evidente, pues, que el mundo está cruelmente enojado con nosotros solo por el odio a la palabra. Por tanto, cuando nuestros adversarios objeten que nada surge de esta doctrina excepto guerras, sediciones, ofensas, sectas, y otros infinitos males, contestemos: «Bendito sea el día en que veamos estas cosas. Pero el mundo entero está en tumulto. Y bien, así sea. Pues el mundo no estaría tan turbado si no fuera por el diablo, que ruge y suscita tales embrollos contra la pura doctrina del Evangelio. Pero, al mismo tiempo, el Evangelio no puede ser predicado sin que lo sigan estos embrollos y tumultos. Por tanto, lo que ustedes consideran grandes males, nosotros lo recibimos con gran alegría».

La doctrina de las buenas obras

Ahora prosigue a las exhortaciones y los preceptos referidos a la vida y las buenas obras. Pues es la costumbre de los apóstoles, luego de enseñar la fe e instruir las conciencias de los hombres, añadir los preceptos de las buenas obras, por las que exhortan a los fieles a ejercer los deberes de la piedad[81] entre ellos. La misma razón, en cierto modo, enseña y comprende esta parte de la doctrina; pero en cuanto a la doctrina de la fe, no sabe nada. Por tanto, para aclarar que la doctrina cristiana no destruye la buena moral[82] ni lucha contra las ordenanzas civiles, el apóstol también nos exhorta a vivir moralmente[83]; a vivir honradamente y sin disimulos, a guardar el amor y vivir en acuerdo mutuo. Por tanto, el mundo juzga injustamente cuando acusa a los cristianos de destruir las buenas obras, perturbar la paz civil, la honradez en la vida diaria, y cosas así. Pues ellos enseñan las buenas obras y todas las virtudes mejor que cualquier filósofo o magistrado, porque añaden la fe a todo lo que hacen.

VERSÍCULO 13. *Porque vosotros, hermanos, a libertad habéis sido llamados; solamente que no uséis la libertad como ocasión para la carne, sino por amor servíos los unos a los otros.*

---

81. *officia pietatis.*
82. *bonos mores.*
83. *admonet de bonis moribus.*

Es como si dijera: «Ya han obtenido la libertad por medio de Cristo. Es decir, ya están por encima de toda ley, según la conciencia; y ante Dios, son benditos y salvos. Cristo es su vida. Por tanto, aunque la ley, el pecado, y la muerte los perturben y aterroricen, no los pueden dañar ni desesperar. Esta es la excelente e inestimable libertad que han recibido. Ahora está en sus manos prestar atención y cuidar de no usar esa libertad como ocasión para la carne».

Este mal es común, y es el más pernicioso de todos los que Satanás ha suscitado en la doctrina de la fe; a saber, que en muchos casos él invierte esta libertad, con la que Cristo nos hizo libres, y la convierte en libertinaje de la carne. De lo mismo se queja el apóstol Judas en su epístola: «Porque ciertos hombres han entrado encubiertamente, hombres impíos, que cambian la gracia de nuestro Dios en libertinaje» (Judas 4). Pues la carne no entiende plenamente la doctrina de la gracia. Es decir, desconoce que somos justos, no por obras, sino por la sola fe, y que la ley no tiene autoridad sobre nosotros. Por tanto, cuando escucha la doctrina de la fe, abusa de ella y la convierte en libertinaje, y enseguida infiere: «Si no tenemos ley, entonces vivamos como nos plazca; no hagamos el bien, no atendamos al necesitado, y no suframos mal alguno, pues no hay ley que nos obligue ni nos amarre a tales cosas».

Por tanto, hay peligro en ambos lados, aunque el uno es más tolerable que el otro. Si no se predicara la gracia o la fe, nadie podría ser salvo, pues solo la fe justifica y salva[84]. Por otro lado, si se predica la fe (como se debe hacer), la mayoría de los hombres comprende carnalmente esta doctrina, y relaciona la libertad del espíritu con la libertad de la carne. Podemos ver esto en todo tipo de vida, tanto en los encumbrados como en los más ordinarios. Todos se jactan de ser evangélicos[85] y de la libertad cristiana. No obstante, sirviendo a su propia concupiscencia, se entregan a la codicia, los placeres, el orgullo, la envidia, y otros vicios similares. No hay quien cumpla fielmente con su deber, ni con el deber de amar fielmente a su hermano. Esta pena, a veces, me impacienta tanto, que a menudo quisiera que tales puercos, que andan pisoteando las perlas, aún estuvieran bajo la tiranía del papa, pues es imposible que este pueblo de Gomorra sea gobernado por el Evangelio de paz.

---

84. *fides enim sola justificat et salvat.*
85. *Evangelicos.*

Además, nosotros mismos, que enseñamos la palabra, ya no cumplimos nuestro deber con tanto fervor y diligencia, estando a la luz del Evangelio, como lo hacíamos antes, estando en la oscuridad de la ignorancia. Pues cuanto más seguros estamos de la libertad que Cristo nos compró, tanto más fríos e indolentes somos para tratar la palabra, orar, hacer el bien, y sufrir adversidades. Y si Satanás no nos frustrase, interiormente, con tentaciones espirituales, y por fuera, con el desprecio y la ingratitud de nuestros condiscípulos, nos volveríamos completamente descuidados, negligentes, y reacios a toda buena obra. Y así, con el tiempo, perderíamos el conocimiento y la fe en Cristo, abandonaríamos el ministerio de la palabra, y nos dedicaríamos a una vida más fácil para la carne. Muchos de nuestros hombres ya han llegado a eso. Han luchado por mantenerse en el ministerio de la palabra, pero además de no poder ganarse la vida con ella, han sido tratados indignamente por aquellos a quienes la predicación del Evangelio liberó de la esclavitud del papa. Estos, abandonando al Cristo pobre y su oprobio, se enredan en las cosas de esta vida, sirviendo a sus propios vientres, y no a Cristo. Pero no recibirán más recompensa que la que les espera en el tiempo venidero.

Sabemos que el diablo nos asedia más a nosotros cuando odiamos al mundo (pues mantiene cautivos a los demás en la esclavitud según su voluntad). Además, él obra con todas sus fuerzas para quitarnos la libertad del espíritu, o al menos, para convertirla en lascivia. Siguiendo el ejemplo de Pablo, enseñamos y exhortamos a nuestros hermanos a que no usen esta libertad del espíritu, comprada por la sangre de Cristo que les ha sido dada, como ocasión para la libertad de la carne, o como dice Pedro, como un disfraz para su malicia (1 Pedro 2:16). Más bien, por amor, sean siervos los unos de los otros.

Por tanto, a fin de que los cristianos no abusen de esta libertad, tal como he dicho, el apóstol coloca un yugo de servidumbre sobre su carne, por medio del amor mutuo. Los creyentes deben recordar que, en su conciencia y ante Dios, son libres de la maldición de la ley, del pecado, y de la muerte, por lo que Cristo hizo por ellos. Pero con respecto al cuerpo, son siervos, y por medio del amor deben servirse los unos a los otros según este mandato de Pablo. Que todo creyente, entonces, procure cumplir su deber con diligencia según su llamamiento, y socorra a su prójimo con todas sus fuerzas. Esto es lo que Pablo aquí requiere de nosotros: «Por amor, servíos los unos a los otros». Estas obras no liberan a los santos según la carne, sino que los sujetan a servidumbre.

Además, esta doctrina del amor mutuo, que debemos retener y practicar los unos con los otros, no penetra ni a martillazos en la cabeza de la gente carnal, ni tampoco los puede persuadir. Pero los cristianos con gozo reciben y obedecen esta doctrina. Otros, tan pronto como se predica la libertad, deducen enseguida: «Si soy libre, entonces haré lo que me dé la gana. Esto que tengo aquí es mío, así que, ¿por qué no lo vendo, por todo lo que le pueda sacar? Además, si no obtenemos salvación por nuestras buenas obras, ¿por qué habríamos de dar cosa alguna a los pobres?». De esta manera se sacuden el yugo y la servidumbre de la carne[86], y convierten la libertad del espíritu en libertinaje y libertad carnal. Pero a todos estos descuidados censuradores, les declaramos (aunque no nos crean, sino que se rían de nosotros) que, si usan sus cuerpos y bienes para su lujuria (como ciertamente lo hacen, porque no socorren al pobre, ni ayudan a los necesitados, sino que engañan a sus hermanos regateando, agarrando lo ajeno, y acaparando, y cueste lo que cueste alcanzan lo codiciado), les decimos (digo yo) que no son libres, aunque se jacten mucho de serlo. Más bien, han perdido a Cristo y la libertad cristiana, se han hecho esclavos del diablo, y están siete veces peor. Porque el diablo, que había sido echado fuera, ha tomado consigo a otros siete demonios peores que los anteriores, y ha vuelto a habitar en ellos. Por eso sus obras postreras son peores que las primeras.

En cuanto a nosotros, tenemos el mandato divino de predicar el Evangelio, que ofrece a todos los hombres libertad de la ley, del pecado, de la muerte, y de la ira de Dios, en forma gratuita, por causa de Cristo, si tienen fe. No está en nuestro poder esconder ni revocar esta libertad que ya ha sido hecha pública por el Evangelio; pues Cristo libremente nos la ha dado y comprado por su muerte. Pues no podemos obligar a esos cerdos, que se arrojan de cabeza a todo charco de lujuria y obras disolutas, a servir a los demás con sus cuerpos y sus bienes; por eso hacemos lo que podemos, es decir, los exhortamos cuidadosamente a que lo hagan. Si con estas

---

86. *I.e.*, la ley del amor, impuesta como un yugo sobre la carne para retenerla y refrenarla (Middleton).

amonestaciones no logramos nada, encomendamos el asunto a Dios, y Él recompensará a estos burladores con su justo castigo a su debido tiempo. Mientras tanto, nos consolamos persuadidos de que nuestra obra no es en vano. Pues mediante nuestro ministerio, muchos, sin duda, han sido librados de la esclavitud del diablo y trasladados a la libertad del espíritu. Estos (no obstante, son pocos) reconocen la gloria de esta libertad del espíritu. Por su parte, están listos para servir a los hombres por amor, y saben que son deudores de sus hermanos en la carne. Por eso nos dan mucho más gozo que la innumerable multitud de quienes abusan de esta libertad y nos podrían desanimar.

Pablo usa aquí palabras sencillas pero muy al caso cuando dice: «Hermanos, a libertad fueron llamados». Y para que nadie sueñe que él habla de la libertad de la carne, explica a qué tipo de libertad se refiere. De modo que aclara: «... solamente que no uséis la libertad como ocasión para la carne, sino por amor servíos los unos a los otros». Por tanto, que todo cristiano sepa que, en su conciencia, Cristo lo ha constituido como señor sobre la ley, el pecado, y la muerte, de modo que no tienen ninguna potestad sobre él. No obstante, también debe saber que sobre su cuerpo se impone una servidumbre externa, a fin de que sirva a su prójimo por amor. Los que entienden la libertad cristiana de otra manera, disfrutan de los beneficios del Evangelio, pero para su propia destrucción. Terminan siendo peores idólatras (bajo el nombre de Cristo) que cuando estaban bajo el papa. Ahora, Pablo prosigue a declarar, a partir de los diez mandamientos, lo que significa servir por amor los unos a los otros.

CONFERENCIA 36: viernes 27 de noviembre

VERSÍCULO 14. *Porque toda la ley en una palabra se cumple, en ésta: Amarás a tu prójimo como a ti mismo.*

Después de colocar el fundamento de la doctrina cristiana, Pablo prosigue a edificarla con oro, plata, y piedras preciosas. Ahora bien, no hay otro fundamento, como él mismo dijo a los corintios, excepto el de Jesucristo, o el de la justicia de Cristo (1 Corintios

3:11). Sobre este fundamento él ahora edifica las buenas obras, es decir, las verdaderamente buenas, las cuales se resumen todas en este único precepto: «Amarás a tu prójimo como a ti mismo». Como si dijera: «Cuando digo que deben servirse unos a otros por amor, quiero decir lo mismo que la ley dice en otro texto: "Amarás a tu prójimo como a ti mismo"» (Levítico 19:18). Y ciertamente esto es interpretar la Escritura y los mandamientos de Dios correctamente. *La opinión de los escolásticos con respecto a la palabra «amor» es totalmente vana y fría. Pues dicen que amar no es más que desearle el bien a alguien*[87]*, o que el amor es una cualidad inherente a la mente*[88]*, por la cual la persona puede evocar ese sentimiento del corazón, o aquel gesto, que se llama benevolencia*[89]*. Ese es un amor desnudo, baldío, y matemático [calculador], el cual no se encarna (por decirlo así) ni procede a obrar. Pero Pablo dice que el amor debe ser un siervo, y a menos que tenga la función de siervo, no es amor.*

Ahora bien, al darnos los preceptos del amor, Pablo alude indirectamente a los falsos apóstoles, a quienes confronta poderosamente, para defender y establecer contra ellos su doctrina de las buenas obras. Es como si dijera: «¡Oh gálatas! Hasta aquí les he enseñado la vida verdadera y espiritual, pero ahora les enseñaré también cuáles son las verdaderas buenas obras. Y haré esto para que puedan ver cómo las vanas y necias obras ceremoniales, que los falsos apóstoles enfatizan, son muy inferiores a las obras del amor». Pues tal es la necedad y la locura de todos los falsos maestros y espíritus fanáticos, que no solo abandonan el verdadero fundamento y la doctrina pura, sino que, aferrados a sus supersticiones, sus buenas obras nunca resultan buenas. Por tanto (como dice Pablo en 1 Corintios 3:12-13), ellos solo edifican sobre el fundamento con madera, heno, y hojarasca. Los falsos apóstoles no enseñaban ni requerían las obras del amor. Pues estas instan a prestar pronto auxilio al prójimo en toda necesidad, no solo con nuestros bienes, sino también con nuestra carne, es decir, con la lengua, la mano, el corazón, y todas nuestras fuerzas. Ellos solo requerían la circuncisión, y la observancia de días, meses, años, y tiempos. Pero de otras buenas obras no podían enseñar cosa alguna. Pues después

---

87. *bonum alicui velle.*
88. *animo.*
89. *bene velle.*

de haber destruido el fundamento, que es Cristo, y oscurecido la doctrina de la fe, era imposible que quedara cualquier verdadero uso, ejercicio, u opinión de las buenas obras. Si se corta el árbol, perece también el fruto.

De igual manera, los sectarios de hoy están hechizados por la doctrina de las buenas obras. Están atolondrados por enseñar todo tipo de obras fenomenales y supersticiosas. Han quitado a Cristo, han cortado el árbol, han derribado el fundamento, y por tanto, han edificado sobre la arena y no pueden erigir más que madera, paja, y hojarasca. Producen un gran teatro de amor, humildad, y cosas así; pero en realidad aman, como dice Juan, «no de hecho y en verdad sino de palabra y de lengua» (1 Juan 3:18). Cuando se trata del amor, ¡todo lo que ofrecen no es más que palabrería!

También hacen un despliegue de gran santidad. Alardean de su falsa santidad ante la gente. Con ese despliegue engañan a la gente para que piensen que sus obras son las más espléndidas y agradables ante Dios. Pero si observas estas obras a la luz de la palabra, te darás cuenta de que son tan solo frivolidades y pequeñeces; solo tienen que ver con tiempos, lugares, vestimentas, reverencias a personajes, y minucias así. Por lo cual es necesario que los maestros piadosos expongan la doctrina de las buenas obras, así como la doctrina de la fe. Pues Satanás odia a las dos, y las asedia amargamente. No obstante, primero hay que sembrar la fe; pues sin fe es imposible comprender lo que es una buena obra, o lo que agrada a Dios.

Por tanto, podemos ver cómo Satanás aborrece la verdadera doctrina de las buenas obras. Todos los seres humanos tienen un cierto conocimiento implantado en sus mentes. Por naturaleza se dan cuenta de que deben tratar a otros como ellos quisieran ser tratados. A esta y otras opiniones similares las llamamos la ley natural[90]. Estos conceptos son el fundamento del derecho humano[91] y de toda buena obra. No obstante, la razón humana es tan corrupta y ciega por la malicia del diablo[92] que no comprende este conocimiento que trae desde la cuna. O incluso si lo comprende, por la advertencia de la palabra de Dios, el poder de Satanás es tal que a sabiendas lo descuida y condena. Además, hay otro mal. El diablo aflige a todos los legalistas y herejes con una locura desmedida. Pues en vez de la verdadera doctrina de las buenas obras, enseñan meras ceremonias

---

90. *lex naturae.*
91. *iuris humani.*
92. *vitio.*

infantiles u obras monstruosas que ellos mismos han inventado. La razón, al no tomar en cuenta la fe, magnifica estas cosas y se deleita en ellas.

Es así como en el papado los hombres se inventan esas obras necias e inútiles que Dios no manda ni requiere. Hoy vemos este mismo celo por inutilidades en los sectarios y sus discípulos, y particularmente, en los anabaptistas. Pero en nuestras iglesias, donde se enseña con más diligencia la doctrina de las buenas obras, es asombroso cuánto reina la indolencia y el letargo. Cuanto más exhortamos a obrar el bien, a servir con amor los unos a los otros, o a desatender sus vientres, tanto más lentos y más fríos se vuelven para todos los ejercicios de la piedad. Por eso, Satanás amargamente odia e impide no solo la doctrina de la fe, sino también la de las buenas obras. De modo que, por un lado, él impide que nuestro pueblo la aprenda, o si ya la conoce, le impide practicarla. Por su parte, los hipócritas y herejes la desatienden totalmente, y en lugar de eso, enseñan ceremonias tontas u obras ridículas y fanáticas con las que hechizan a la gente carnal. Pues el mundo no se rige por el Evangelio y la fe, sino por la ley y la superstición.

Por tanto, el apóstol exhorta diligentemente a los cristianos a ocuparse en las buenas obras, una vez que han escuchado y recibido la doctrina pura de la fe. Pues los restos del pecado permanecen, aun en los justificados. Estos restos, siendo contrarios a la fe, la obstruyen, y nos impiden hacer buenas obras. Además, la razón humana y la carne, que en los santos resiste al Espíritu, y en los impíos reina poderosamente, se deleita naturalmente con la superstición farisaica. Es decir, se complace más midiendo a Dios con su propia imaginación[93] que por su palabra. Hace las obras de su propia elección con mucho más fervor que las obras ordenadas por Dios. Por eso es necesario que los predicadores de la fe trabajen diligentemente enseñando y recalcando la doctrina del amor no fingido. Asimismo, deben apoyar las buenas obras. La doctrina de la verdadera fe también indica que las hagamos.

Que nadie piense, entonces, que conoce a fondo este mandamiento: «Amarás a tu prójimo como a ti mismo». Cierto, es fácil decirlo con palabras. Pero muéstrenme los instructores y los instruidos que lo enseñan, aprenden, viven, ejercen, y cumplen debidamente. Por tanto, estas palabras, «Servíos los unos a los otros

---

93. *ex suis cogitationibus.*

por amor» y «Amarás a tu prójimo como a ti mismo», son eternas. Sin embargo, ninguno de los fieles las toma en cuenta lo suficiente, ni las recalca, practica y cumple debidamente. Los fieles, asombrosamente, tienen esta tentación: que, si omiten incluso una pequeña cosa que deben cumplir, enseguida les remuerde la conciencia, pero no se perturban de la misma manera si descuidan los deberes del amor (lo cual sucede a diario) o si carecen de un amor sincero y fraternal hacia su prójimo. Pues no toman en cuenta el mandamiento del amor más que sus propias supersticiones, de las cuales no están del todo libres en esta vida.

Por eso Pablo apela a los gálatas con estas palabras: «Porque toda la ley en una palabra se cumple». Como si dijera: «Se han ahogado en sus supersticiones y ceremonias sobre lugares y tiempos, las cuales no rinden provecho alguno ni para ustedes ni para otros; y mientras tanto, descuidan el amor, lo único que debían guardar». ¿Qué locura es esta? Así lo dijo Jerónimo: «Desgastamos y consumimos nuestros cuerpos en vigilias, ayunos, y labores; pero descuidamos el amor, la única señora y maestra de las obras».

Esto se puede ver muy bien en los monjes, que observan estrictamente sus tradiciones con respecto a ceremonias, ayunos, vigilias, vestimentas, y tales cosas. En aquello, si omiten algo, aunque sea poco, es pecado mortal. Pero cuando, además de descuidar el amor, se odian mutuamente a muerte, ¿acaso no pecan, ni ofenden a Dios?

Por tanto, mediante este mandamiento, Pablo no solo enseña las buenas obras, sino que también condena las obras fanáticas y supersticiosas. No solo edifica sobre el fundamento con oro, plata, y piedras preciosas, sino que además derriba la madera, y quema la paja y la hojarasca. *En verdad Dios hizo bien al dar tantas ceremonias a los judíos; pues con ellas dio a entender que la mente humana es naturalmente supersticiosa, y que no se interesa por el amor, sino que se envuelve en ceremonias y se deleita en la justicia carnal. Mientras tanto, sin embargo,* Dios testificó, por medio de ejemplos en el Antiguo Testamento, todo lo que Él siempre ha valorado: el amor. Su gran deseo es que la misma ley y las ceremonias le cedieran su lugar. Cuando David y los que estaban con él tuvieron hambre, y no tenían qué comer, comieron del pan de la proposición, que por ley el pueblo no podía comer, sino solo los sacerdotes. Los discípulos de Cristo quebrantaron el sábado (como dijeron los judíos) al sanar enfermos en día sábado. Todas estas cosas muestran que el amor ha de preferirse a toda ley y ceremonia, y que lo único que Dios requiere de nuestras manos es amar al prójimo. Cristo dio testimonio de lo mismo cuando dijo: «Y el segundo es como este» (Mateo 22:39).

VERSÍCULO 14. *Porque toda la ley en una palabra se cumple.*

Como si dijera: ¿Por qué se colocan el yugo de la ley? ¿Por qué se esfuerzan y perturban con las ceremonias de la ley, respecto a carnes, días, lugares, y otras cosas? ¿Por qué se afanan sobre la manera de comer, beber, y de observar sus fiestas y sacrificios? Dejen estas necedades, y oigan lo que digo: Toda la ley se encierra en este dicho: «Amarás a tu prójimo como a ti mismo». Dios no se deleita en la observancia de ceremonias de la ley[94], ni tampoco las necesita. Lo único que Él requiere de sus manos es esto: que crean en Cristo, a quien ha enviado, en el cual son plenamente perfectos[95], y tienen todas las cosas. Pero si a la fe quieren añadir leyes, sepan que todas las leyes se encierran en este corto precepto: «Amarás a tu prójimo como a ti mismo». Procuren guardar este mandamiento, con el cual habrán cumplido todas las leyes.

Pablo es el intérprete más fiel de los mandamientos de Dios, pues condensa a todo Moisés en un breve resumen, mostrando que todas sus leyes (casi infinitas) no contienen más que esta breve declaración: «Amarás a tu prójimo como a ti mismo». La razón humana se ofende con la simpleza y parquedad de estas palabras; pues tan pronto como se dice «cree en Cristo» se escucha también «amarás a tu prójimo como a ti mismo». Por eso desprecia tanto la doctrina de la fe como la de las verdaderas buenas obras. No obstante, esa simple y vil palabra de fe (como opina la razón), «cree en Cristo», es el poder de Dios[96] para los creyentes, por el cual vencen al pecado, la muerte, el diablo, y todo mal, por el cual también alcanzan la salvación y la vida eterna. Por tanto, servir al prójimo por amor es orientar al extraviado, consolar al afligido,

---

94. *rituum legalium.*
95. *ex suis cogitationibus.*
96. *ex suis cogitationibus.*

levantar al débil, socorrer al prójimo por todos los medios posibles, sufrir sus torpezas y faltas de consideración[97], soportar pruebas, labores, e ingratitud y desprecio en la Iglesia. En la vida civil y la vida diaria es obedecer al juez, dar el merecido honor a los padres, tener paciencia en el hogar con una esposa petulante y una familia incontrolable, y cosas así. Estas (digo yo) son obras que, para la razón, no tienen valor alguno. Son obras cuya excelencia y valor el mundo entero no puede comprender (pues no mide las obras ni cosa alguna por la palabra de Dios, sino por el juicio de la razón impía, ciega, y necia). Es más, no puede siquiera estimar el valor de la más pequeña obra verdaderamente buena.

Por tanto, cuando los hombres sueñan que comprenden bien el mandamiento del amor, están totalmente engañados. Ciertamente, lo tienen escrito en su corazón, porque naturalmente juzgan que el otro debería recibir el mismo trato que uno quisiera para uno. Pero eso no quiere decir que lo comprendan, pues si lo comprendieran, ciertamente lo cumplirían, y le darían preferencia al amor antes que a todas las obras. No tendrían en tan alta estima sus juguetes supersticiosos, como lo es vivir con cara larga, cabizbajo, permanecer soltero, alimentarse de pan y agua, vivir en el desierto, vestirse de harapos, y cosas así. Estas obras inhumanas y supersticiosas, que se han diseñado y escogido, las estiman tan santas y excelentes, que sobrepasan y oscurecen el amor, que es como el sol de toda buena obra. Tan grande e incomprensible es la ceguera de la razón humana, que no solo es incapaz de juzgar debidamente sobre la doctrina de la fe, sino también respecto de la vida externa y las obras. Por tanto, debemos luchar fuertemente contra las opiniones de nuestro propio corazón (al cual, en el tema de la salvación, nos inclinamos más naturalmente que a la palabra de Dios). Además, tenemos que rechazar el falso disfraz y el piadoso teatro de nuestras propias obras que hemos escogido. Aprendamos a magnificar las obras que cada cual ejerce en su propia vocación, sin importar cuán sencillas y despreciables parezcan, pues tienen la aprobación de la palabra de Dios. Por otro lado, despreciemos aquellas obras que la razón escoge sin mandamiento de Dios, por muy excelentes y piadosas que parezcan.

---

97. *agrestes mores et importunitatem.*

En otro lugar he tratado plenamente esta instrucción, así que ahora solo la trataré de paso. Sin duda, es fácil decir rápidamente: «Amarás a tu prójimo como a ti mismo». Pero su significado es preciso y profundo. No hay nadie que pueda dar un ejemplo mejor, más cierto y cercano que el de uno mismo. *Ni tampoco podría haber una disposición más noble o profunda que el amor, ni un objeto de amor más excelente que el prójimo. Por tanto, el ejemplo, la disposición, y el objeto son todos excelentes sin medida.* Por tanto, si quieres saber de qué manera debes amar a tu prójimo, y tener un ejemplo claro de este asunto, considera cuidadosamente de qué manera te amas a ti mismo. Si tuvieras necesidad o te hallaras en peligro, te sentirías feliz de tener el amor y la amistad de todos los hombres, y de que cada hombre y criatura te socorriera con consejo, bienes, y fortaleza. Por tanto, no necesitas un libro que te instruya y advierta cómo debes amar a tu prójimo. ¿Por qué? Porque tienes en tu corazón un excelente libro con todas las leyes. No necesitas un tutor en este tema. Tan solo consulta tu propio corazón, y te enseñará lo suficiente como para amar a tu prójimo como a ti mismo. El amor o la caridad es una excelente virtud, la cual no solo dispone al hombre a servir a su prójimo con la lengua, las manos, el dinero y sus recursos materiales, sino también con el cuerpo y hasta la propia vida. Al hacer todo esto, no lo motiva recompensa alguna ni ninguna cosa, ni tampoco lo desmotivan las malas consecuencias ni la ingratitud. Es así como la madre alimenta y cuida a su hijo, solo porque lo ama.

En conclusión, no hay una criatura más noble que tu prójimo, a la cual debas mostrar amor. No es ningún demonio, león, oso, lobo, palo, piedra, o lo que sea, sino la criatura más semejante a ti. Y no hay nadie sobre la tierra más agradable, amoroso, útil, amigable, consolador, y necesario que tu prójimo. Este amor es el condimento más sabroso para el bien de nuestra civilización y sociedad. En toda la creación, ¡nadie es más digno de nuestro amor que nuestro prójimo!

Pero el diablo es un mago tan prodigioso, que es capaz no solo de opacar este objeto tan noble y sacarlo de la mente, sino también de persuadir al corazón para que opine exactamente lo contrario. De modo que juzga a su prójimo como digno no de amor, sino de un odio amargo, y logra esto fácilmente, con tan solo un susurro: «Mira, este hombre tiene tal falta, te ha reprendido, te ha perjudicado...», y cosas así. Y de esa manera, este objeto *tan querido se hace tan vil, que ya no es un prójimo digno de tu amor, sino un enemigo digno de tu odio. Así es como Satanás puede cambiar prodigiosamente la disposición de amar*[98] *en nuestros corazones. En vez de amar a nuestro prójimo, nos volvemos detractores, agentes de odio, y perseguidores, de tal manera que nada queda de este precepto («Amarás a tu prójimo como a ti mismo») excepto una osamenta de letras y sílabas.*

Ahora bien, mi prójimo es cada ser humano, particularmente aquel que necesita mi ayuda, como Cristo lo explica en Lucas 10. Aun si me ha maltratado o herido de algún modo, no por ello se ha despojado de su naturaleza humana[99], ni ha cesado de existir en carne y sangre. Es la criatura de Dios más parecida a mí. En resumen, no ha dejado de ser mi prójimo. Por lo tanto, mientras permanezca en él la naturaleza humana, permanece también el mandato de amarlo. Esto exige de mí que no desprecie mi propia carne, ni pague mal por mal, sino que venza el mal con el bien, o de lo contrario el amor jamás llegará a ser como Pablo lo describe en 1 Corintios 13.

Un miembro enfermo del cuerpo no se amputa, sino que se cuida y se cura. A los miembros menos honrosos (dice Pablo) debemos otorgarles honores más abundantes (1 Corintios 12:23). Pero la naturaleza está tan corrompida y cegada por el veneno del diablo, que los hijos de este mundo, aun si saben que alguien tiene muchos dones y virtudes, tan pronto como le descubren siquiera una sola falta o tacha, ven solo eso, y olvidan todos sus dones y virtudes. También pueden verse bufones y crasos burlones que no hablan consideradamente de aquellos que consideran desagradables, sino que les dan algún nombre burlón, como el hombre de Terencio, que decía: «Turnio, nariz de gancho, orejas de repollo», y cosas así. En breve, el mundo es el reino del diablo, que ciertamente desprecia la fe y el amor y todas las palabras y obras de Dios.

Por tanto, Pablo encomienda el amor a los gálatas, y a todos los fieles, pues ellos son los únicos que pueden verdaderamente amar. Los exhorta a ser siervos los unos de los otros, por medio del amor. Es como si dijera: «No necesitan echarse encima la carga de la circuncisión, con las ceremonias de la ley de Moisés. Más bien, por encima de todas las cosas, perseveren en la doctrina de la fe que han recibido de mí. Después, si han de hacer buenas obras, les diré

---

98. *habitus diligendi.*
99. *humanitatem.*

en una sola palabra la principal y mayor de todas, y de qué manera pueden cumplir toda ley: "Servíos los unos a los otros por amor". No les faltará a quien hacer el bien, pues el mundo está lleno de quienes necesitan la ayuda de otros». Esta es la doctrina perfecta de la fe y del amor, como también la más breve y la más amplia de la teología. La más breve en cuanto a palabras y oraciones, pero en cuanto a su uso y práctica, la más amplia, la más extensa, la más profunda, y la más excelsa del mundo entero.

VERSÍCULO 15. *Mas si os mordéis y devoráis los unos a los otros, mirad que no os consumáis los unos a los otros.*

Con estas palabras Pablo ofrece el siguiente testimonio. Si el fundamento de la fe en Cristo fuese derrocado por los falsos maestros, no quedaría paz ni concordia dentro de la Iglesia, ni en la doctrina ni en la vida. Pero es inevitable que, tanto en la una como en la otra, surjan diversas opiniones y discrepancias de vez en cuando. *Sin embargo, una vez que se rompe la armonía en la Iglesia, esa ruptura no tiene fin. Pues los autores de los cismas entran en desacuerdo entre ellos mismos. Uno enseña que, para obtener la justicia, debe hacerse esta obra, y otro, que se necesita una diferente. Cada cual porfía en su propia opinión y superstición, y critica la del otro.* Al final, el uno muerde y devora al otro, es decir, cada uno juzga y condena al otro hasta que finalmente todos se consumen. De esto no solo testifica la Escritura, sino que también hay ejemplos a lo largo de la historia. Después de que el África fue pervertida por los maniqueos, enseguida surgieron los donatistas, los cuales, cuando tampoco pudieron concordar entre ellos, se dividieron en tres sectas diferentes. *En nuestros días, los primeros que nos abandonaron fueron los sacramentarios, luego los anabaptistas, y entre ellos no concuerdan.* Y ¿cuántas sectas tenemos hoy, que surgen una tras otra? Una secta produce otra, y la una condena a la otra. *Cuando el número pierde su unidad, según los matemáticos, la ruptura progresa hasta el infinito.* Por tanto, cuando se quebranta la unidad de espíritu, es imposible que haya acuerdo alguno, tanto en doctrina como en vida. En vez de ello, surgen diariamente nuevos errores, sin manera de contener su multiplicación.

Esto también lo vemos en el papado, en donde, una vez que abandonaron la doctrina de la fe, fue imposible que permaneciera la armonía de espíritu.

En su lugar surgió, por medio de la doctrina de las obras, un sinnúmero de sectas de monjes, y cuando no podían llegar a un acuerdo entre ellos, medían su santidad según la severidad de sus órdenes y la dificultad de sus obras supersticiosas que ellos mismos se habían inventado. De tal modo que los unos se consideraban más santurrones que los otros. Además, no solo disentían entre los monjes de diversas profesiones, sino también entre los de la misma orden. Así como un alfarero envidia a otro, el minorita[100] envidia a otro, sin fin alguno. En conclusión, en cada monasterio había tantas opiniones como monjes. Tanto acariciaron entre ellos sus rivalidades, contenciones, disputas, virulencias, mordiscos y ferocidad, que (como en el dicho de Pablo) ahora se consumen los unos a los otros.

Sin embargo, los que sostienen la doctrina de la fe se aman conforme a este precepto de Pablo. No censuran el estilo de vida[101] y las obras del otro, sino que cada cual aprueba el estilo de vida[102] del otro y el deber que destaca en su vocación. Ningún piadoso piensa que el oficio de magistrado es mejor a la vista de Dios que el de un subalterno. Y eso es porque se da cuenta de que ambos han sido ordenados por Dios y tienen ese mandato divino. Tampoco distingue entre el oficio o el trabajo de un padre y su hijo, un tutor y su pupilo, un señor y su siervo, y otros más. Más bien, confiadamente confiesa que ambos agradan a Dios, si fungen en la fe y según la voluntad de Dios. Sin duda alguna, a la vista del mundo, estos tipos de vida y sus deberes no son iguales. Pero esta desigualdad externa no impide para nada la unidad del Espíritu, por la cual todos piensan y creen lo mismo sobre Cristo, a saber, que solo por Él obtenemos la remisión de pecados y justicia[103]. Además, acerca de la manera externa de vivir, junto con nuestro diario deber, ninguno juzga al otro, ni censura sus obras, ni tampoco elogia sus propias obras como si fueran mucho mejores. Más bien, a una voz y en un espíritu confiesan que tienen el mismo y único Cristo Salvador, ante quien no hay acepción de personas ni de obras.

Hacer esto es imposible para los que descuidan la doctrina de la fe y el amor, y enseñan obras supersticiosas. El monje no concede que las obras del laico, las cuales cumple en función de su profesión, son tan buenas y agradables a Dios como las suyas. La monja prefiere mucho más su propia vida y obras que las obras de la matrona que vive con su esposo, pues juzga

---

100. Fraile franciscano.
101. *vitae genus.*
102. *Ibid.*
103. *scilicet per eum solum nobis contingere remissionem peccatorum et justitiam.*

que por sus obras es merecedora de la gracia y la vida eterna, lo cual no sucede con la matrona. Por lo cual, estas personas, tan malditas como la sed por el oro[104], de forma vehemente han condenado y persuadido al mundo entero de que su nivel[105] en la vida y sus obras son mayores y más piadosas que las de los laicos. Pues si hasta el día de hoy no se defendieran ni aferraran a esta opinión de la santidad de sus obras, tampoco podrían retener su honra y riquezas. Por tanto, no hay monje ni legalista alguno que se pueda convencer de que las obras de un cristiano común, o un esposo, esposa, sierva, criado, u otros, realizadas en fe y obediencia a Dios, sean mejores y más agradables a Dios que esas obras atroces y supersticiosas que ellos mismos han escogido. Pues cuando quitan a Cristo, la piedra angular, los que procuran la salvación por obras son incapaces de juzgar que alguien distinto de ellos sea capaz de cumplir obras tan grandes y espléndidas que puedan agradar a Dios. Es así como, el día de hoy, los anabaptistas sueñan ilusamente que ellos, los pobres, sufriendo hambre y frío, vestidos de harapos, etc., son los santos, mientras que los que poseen bienes no lo son. Por tanto, es imposible que los legalistas y autores de las sectas guarden la paz con aquellos que no aceptan sus opiniones; antes bien, los muerden y los devoran.

Por otro lado, Pablo advierte que tales ocasiones de discordia han de evitarse, y muestra cómo se pueden evitar. Dice que el camino a la unidad y a la concordia es este: «Cada cual cumpla su deber en la vida a la que Dios lo ha llamado. No trepe encima de los demás, ni rebusque faltas en las obras de otros y recomiende las suyas, sino que cada cual sirva al otro por amor». Esta es una doctrina verdadera y sencilla, sobre las buenas obras. Los que han naufragado en la fe no enseñan esto, y han concebido ideas fantasiosas sobre la fe y las buenas obras. Pero han discrepado los unos con los otros sobre la doctrina de la fe y las obras, y se muerden y devoran, es decir, se acusan y condenan entre ellos, como Pablo dice aquí de los gálatas: «Si os mordéis y devoráis los unos a los otros, mirad que no os consumáis los unos a los otros». Es como si dijera: «No se acusen ni condenen por causa de la circuncisión, por la observancia de días sagrados, o de otras ceremonias; antes bien, entréguense al servicio y a la ayuda mutua por amor». De otro modo, si siguen mordiéndose y devorándose, tengan cuidado de no

---

104. *sacri Illia homines, ut auri fames.* ¿Un eco de la frase de Virgilio *auri sacra fames?*
105. *statum.*

consumirse, es decir, de perecer por completo. Esto sucede casi siempre, especialmente con los autores de sectas, como Arrio y otros, y con algunos en nuestro tiempo. Porque el que haya puesto su fundamento sobre la arena, y construye con paja, hojarasca, y cosas así, sin duda alguna caerá y será consumido, pues todas esas cosas se han ordenado para el lago de fuego. Tras morder y devorar de esa manera, no digo que seguirá la ruina y la destrucción de una ciudad, sino de países y reinos enteros. Pero ahora el apóstol prosigue a mostrar lo que significa servir al prójimo por amor.

Es algo peligroso y difícil enseñar que somos justos por la fe sin obras, y al mismo tiempo requerir las obras. Aquí, a menos que los ministros de Cristo sean agentes fieles y sabios en la dispensación de los misterios de Dios, manejando con precisión la palabra de verdad, enseguida confundirán la fe con las obras. Ambas doctrinas, tanto la de la fe como la de las obras, se deben enseñar y enfatizar diligentemente. No obstante, cada cual debe permanecer dentro de sus límites. De otro modo, si enseñan solo las obras (como lo hace el reino del papado), se pierde la fe. Y si solo se enseña la fe, entonces los hombres carnales se ponen a pensar que las obras no son necesarias.

Hacía poco que el apóstol había exhortado a los hombres a las buenas obras, y enseñado que toda la ley se cumplía en una sola palabra, a saber: «Amarás a tu prójimo como a ti mismo». Aquí, alguien dirá que, a lo largo de toda su epístola, Pablo despoja de justicia a la ley, pues dice: «Por las obras de la ley nadie será justificado», y también: «Pues todos los que están bajo las obras de la ley, están bajo maldición». Pero ahora, cuando dice que toda la ley se cumple en una sola palabra, pareciera haber olvidado el tema que trata en toda su epístola, opinando algo muy diferente: a saber, que «los que hacen las obras del amor cumplen la ley y, por tanto, son justos». A esta objeción Pablo responde de la siguiente manera.

CONFERENCIA 37: sábado 28 de noviembre

VERSÍCULO 16. *Digo, pues: Andad en el Espíritu; y no satisfagáis los deseos[106] de la carne.*

Es como si hubiera dicho: «No he olvidado mi discurso anterior sobre

---

106. *concupiscentiam.*

la fe, ni tampoco lo he revocado exhortándolos al amor mutuo diciéndoles que "toda la ley se cumple por medio del amor". Sigo en la misma forma de pensar, con mi opinión previa. Así que, para que me puedan comprender debidamente, añado: "Andad en el Espíritu; y no satisfagáis los deseos de la carne"».

Una refutación del argumento de los escolásticos:
«El amor es el cumplimiento de la ley; por tanto, la ley justifica»

Aunque aquí Pablo habla con mucha sencillez y claridad, ha logrado poco. Pues los eruditos papales, al no comprender este texto de Pablo, «El amor es el cumplimiento de la ley», han deducido lo siguiente: «Si el amor es el cumplimiento de la ley, se sigue que el amor es justicia; por tanto, si amamos, somos justos». Con tremenda profundidad, estos tipos simpáticos[107] argumentan de la palabra a la obra; de la doctrina a los preceptos, o a la vida, de la siguiente manera: «La ley decreta el mandato del amor; por tanto, inevitablemente, sin demora alguna, se infundirán de amor». Pero esta conclusión es absurda, pues apoya su argumento sobre preceptos, y fundamenta su punto final en las obras[108].

Es cierto que tenemos el deber de obedecer la ley y ser justificados por medio de su cumplimiento. Pero el pecado nos estorba. Es cierto que la ley prescribe y ordena que amemos a Dios con todo nuestro corazón, etc., y que amemos al prójimo como a nosotros mismos. Pero no por eso se sigue que: «Escrito está; por eso, ¡lo hicimos!», o «La ley manda: "¡Amaos!"; así que, ¡amamos!». No hay ser humano sobre la faz de toda la tierra que ame a Dios y a su prójimo tal como lo requiere la ley. Sin embargo, en la vida venidera, donde ya habremos sido purificados de todo vicio y pecado, y en donde seremos hechos tan puros y claros como el sol, amaremos perfectamente y seremos justos por medio de un amor perfecto. Pero, en esta vida, la carne nos estorba para alcanzar tal pureza. Pues, en tanto tengamos vida, el pecado estará adherido a nuestra carne. Por lo cual nuestro corrupto amor propio es tan poderoso que sobrepasa ampliamente nuestro amor por Dios y por el prójimo. Mientras tanto, para que en esta vida también podamos

---
107. *belli homines.*
108. *a praeceptis argumentari et concluyere ad opera.*

ser justos, tenemos a Cristo como nuestro propiciatorio y trono de gracia. Puesto que hemos creído en Él, no se nos imputa pecado[109]. Por tanto, en esta vida, la fe es nuestra justicia[110]. Pero en la vida venidera, cuando hayamos sido plenamente purificados y librados de todos nuestros pecados y concupiscencias, ya no tendremos necesidad de la fe y la esperanza, sino que entonces amaremos perfectamente.

Por tanto, es un gran error atribuir justificación o justicia al amor, lo cual es nada[111]. Y si lo fuese, le faltaría grandeza para apaciguar a Dios, pues el amor, aun en los fieles (como he dicho), es imperfecto e impuro. Y nada inmundo entrará al reino de Dios. No obstante, mientras tanto, esta confianza y seguridad nos sostiene: «Cristo nos hace sombra con su justicia, pues es el único que no cometió pecado, y en cuya boca no se halló engaño». Estando al amparo de esta nube, y abrigados por esta sombra, este cielo de la remisión de pecados y el trono de gracia, comenzamos a amar y a cumplir la ley. Pero, mientras vivamos aquí, este cumplimiento no nos justifica ni hace aceptos ante Dios. Sin embargo, cuando Cristo haya entregado el reino a Dios su Padre, y abolido todo principado, y Dios sea en todo y sobre todo, entonces la fe cesará, y el amor será perfecto y perpetuo (1 Corintios 13). Este asunto no lo comprenden los eruditos papales. Por tanto, cuando escuchan que el amor es la suma de toda la ley, enseguida concluyen: *ergo*, la ley justifica[112]. Y por otro lado, cuando leen en Pablo que la fe justifica al hombre, dicen: «Sí, porque la fe ha sido formada y adornada mediante el amor». Pero ese no es el sentido de Pablo, como ya lo he explicado ampliamente.

Si ya estuviéramos purificados de todo pecado, y encendidos en un perfecto amor a Dios y a nuestro prójimo, ciertamente seríamos justos y santos por el amor, y Dios no pediría nada más de nosotros. Pero esto no se cumple en esta vida, sino que se posterga hasta la vida venidera. Es cierto que aquí recibimos el don y los primeros frutos del Espíritu, de modo que comenzamos a amar, pero esto sucede débilmente. Sin embargo, si amáramos a Dios verdadera y

---

109. *ut et in hac vita justi simus, habemus propitiatorium et thronum gratiae, Christum, in quem credentes, peccatum nobis non imputatur.*
110. *fides justitia nostra in hac vita.*
111. *Magnus igitur error est tribuere justificationem dilectioni, quae nulla est.*
112. *ergo...*: «Por tanto, la ley justifica».

perfectamente, como lo requiere la ley de Dios, que dice: «Amarás al Señor tu Dios con todo tu corazón, y con toda tu alma, y con todas tus fuerzas», entonces la pobreza nos sería tan agradable como la riqueza, el dolor como el placer, y la muerte como la vida. Es más, quien pudiera amar a Dios en verdad y a la perfección, no prolongaría mucho su vida, sino que pronto sería absorbido por este amor.

Sin embargo, puesto que la naturaleza humana está tan corrompida y ahogada en el pecado, ninguno de sus sentidos puede valorar a Dios debidamente. No ama a Dios, sino que lo odia con odio mortal. Por tanto, como dice Juan: «En esto consiste el amor; no en que nosotros hayamos amado a Dios, sino que Él nos amó a nosotros, y envió a su Hijo en propiciación por nuestros pecados» (1 Juan 4:10). Y como Pablo dijo anteriormente, en el capítulo 2, «el cual me amó y se entregó a sí mismo por mí» (Gálatas 2:20). Y en el capítulo 4: «Mas venido el cumplimiento del tiempo, Dios envió a su Hijo, nacido de mujer, nacido bajo la ley, para que redimiese a los que estaban bajo la ley» (Gálatas 4:4-5). Nosotros, habiendo sido redimidos y justificados por el Hijo, comenzamos a amar, según lo dicho por Pablo en Romanos 8: «Porque lo que era imposible para la ley, por cuanto era débil por la carne, Dios enviando a su Hijo en semejanza de carne de pecado, y a causa del pecado, condenó al pecado en la carne; para que la justicia de la ley fuese cumplida en nosotros» (Romanos 8:3-4). Es decir, para que pudiera comenzar a cumplirse. Por tanto, esas enseñanzas de los sofistas y eruditos del papa, acerca del cumplimiento de la ley, son meros sueños ilusorios.

Por tanto, con estas palabras, «Andad en el Espíritu», Pablo da a entender cómo quisiera él que entendiéramos este texto donde dice: «Por amor servíos los unos a los otros». Además: «El amor es el cumplimiento de la ley». Como si dijera: «Cuando ordeno que se amen los unos a los otros, esto es lo que les pido: que anden en el Espíritu. Pues yo sé que no cumplirán la ley, ya que el pecado vivirá en ustedes mientras tengan vida; por eso, es imposible que cumplan la ley. No obstante, mientras tanto, procuren con diligencia andar en el Espíritu, es decir, luchen contra la carne en el Espíritu, y sigan el aliento espiritual».

Por tanto, no se ha olvidado del tema de la justificación, pues cuando los insta a andar en el Espíritu, niega claramente que las obras justifiquen. Es como si dijera: «Cuando hablo de cumplir la ley, no quiero decir que sean justificados por la ley. Lo que quiero decir es que, en ustedes, hay dos capitanes contrarios: el espíritu y la carne. Dios ha suscitado en sus cuerpos una lucha; pues el espíritu lucha contra la carne, y la carne contra el espíritu. Aquí no les pido nada más. Solo que sigan al Espíritu como el capitán y guía, y que resistan a ese capitán de la carne, pues es lo único de lo que serán capaces. Obedezcan al Espíritu, y luchen contra la carne. Por tanto, cuando les enseño a guardar la ley, y los exhorto al amor mutuo, no piensen que estoy revocando lo que les enseñé sobre la doctrina de la fe, y que ahora estoy atribuyendo justificación a la ley o al amor. Lo que quiero decir es que deben andar en el espíritu, y no practicar los deseos de la carne».

Pablo utiliza palabras muy aptas y oportunas. Como si dijera: «Todavía no hemos llegado al cumplimiento de la ley, así que debemos andar en el Espíritu, y ejercitarnos en Él, para que podamos pensar, decir, y hacer las cosas del Espíritu, y resistir aquellas que son de la carne». Por tanto, añade:

VERSÍCULO 16. *Y no satisfagáis los deseos de la carne.*

Es como si dijera: «Los deseos o la lujuria de la carne todavía no han muerto en nosotros, sino que nuevamente saltan y luchan contra el espíritu». La carne de ningún santo[113] es tan piadosa que, al ser ofendida, no muerda ni devore, o haga al menos caso omiso de algún detalle del mandamiento del amor. Desde el primer acoso ya no puede controlarse, sino que se enoja con su prójimo, busca la venganza, y lo odia como su enemigo, o al menos no lo ama como debería amarlo, aunque así lo requiera el mandamiento. Repito, esto es así aun en los santos[114].

Por tanto, el apóstol ha dado esta orden a los fieles: «Sírvanse los unos a los otros por amor; lleven los unos las cargas y las debilidades de los otros, perdónense mutuamente. Y si no pueden sobrellevarse y tolerarse así por amor[115], es imposible que el amor y la armonía puedan permanecer entre los cristianos. Pues siempre será así: tú

---

113. *nullius sancti.*
114. *sanctis.*
115. *sine hac* επικεια

ofenderás con frecuencia, y te sentirás ofendido. Puedes ver muchas cosas en mí que te ofenden, y yo, por mi parte, veo en ti muchas cosas que me desagradan. En esto, si no nos sobrellevamos por amor, jamás se acabarán las disensiones, discordias, envidias, odios, y mala voluntad.

Por consiguiente, Pablo quisiera que anduviéramos en el Espíritu, no sea que satisfagamos los deseos de la carne. Es como si dijera: «Aunque sientas que la ira y el disgusto te mueven contra tu hermano que te ofende o hace algo contra ti, resiste y reprime estas emociones violentas por medio del Espíritu». Sobrelleva su debilidad y ámalo conforme al mandamiento: «Amarás a tu prójimo como a ti mismo». Pues tu hermano no deja de ser tu prójimo si sufre un desliz o te ofende. Más bien, es entonces cuando más necesita que le muestres tu amor. Y este mandamiento, «Amarás a tu prójimo...», requiere lo mismo. A saber, que no obedezcas a la carne, la cual, cuando se siente ofendida, odia, muerde, y devora. En cambio, lucha contra ella en el Espíritu, y sigue amando a tu prójimo de la misma manera, aunque no descubras en él cosa alguna digna de tu amor.

Los escolásticos interpretan el deseo de la carne como la lujuria del cuerpo[116]. Es muy cierto que aun los creyentes, especialmente los más jóvenes[117], son tentados por la lujuria de la carne. Y aun a los casados (así de corrupta y pestilente es la carne) no les falta tal tipo de lujuria carnal. Esto se aplica a cada uno (me refiero aquí a los creyentes casados, hombres y mujeres). Se pide a cada cual que se examine a fondo, y sin duda, encontrará que la belleza y los modales de la mujer ajena le agradan más que los de la propia. Se enfada y disgusta con su propia y legítima esposa; ama a la mujer que no le pertenece. Los hombres desprecian lo que tienen, y se enamoran de lo que no tienen, como dijo el poeta: *Nitimur in vetitum semper, cupimusque negata*. Esto es:

*Por lo vetado luchamos siempre,
y por lo prohibido desmayamos.*

Por tanto, no niego que la lujuria está incluida en los deseos de la

---
116. *libidinem.*
117. *adolescentes.*

carne, pero no se trata solo de eso. Pues los deseos de la carne abarcan toda otra emoción corrupta, y los fieles están infectados por todo eso, unos más, otros menos. Cosas como el orgullo, el odio, la codicia, la impaciencia, y otras semejantes. En efecto, entre las obras de la carne, Pablo enumera no solo estos vicios crasos, sino también la idolatría, la herejía, y otras similares. Por tanto, queda claro que habla de toda la concupiscencia de la carne, y de todo el dominio del pecado[118]. Este surge aun en los creyentes que han recibido las primicias del Espíritu, y se opone al dominio del Espíritu[119]. Por tanto, incluye no solo la lujuria carnal, el orgullo, la codicia, y pecados así. También incluye la incredulidad, la desconfianza, la desesperanza, el odio y el desprecio de Dios, la idolatría, las herejías, y cosas afines, cuando dice: «Y no satisfagáis los deseos de la carne». Es como si dijera: «Escribo para que se amen los unos a los otros. Pero no lo hacen, ni tampoco pueden, pues la carne, infectada y corrompida por la concupiscencia, no solo suscita en ustedes el pecado, sino que es el pecado mismo[120]. Pues si tuvieran un amor perfecto, no habría tristeza ni adversidad tan grande que pudiera estropear o perturbar ese amor, sino que se esparciría por todo el cuerpo. Ninguna esposa sería tan desfavorecida que su marido no estuviera loco por ella, despreciando a todas las demás, por muy bellas y hermosas que fueran. Sin embargo, esto no sucede. De modo que es imposible que seamos hechos justos por medio del amor».

«Por tanto, no piensen que estoy revocando o anulando lo que he enseñado sobre la fe. Pues la fe y la esperanza deben permanecer para que, por la una, podamos ser justificados, y por la otra, podamos levantarnos en las pruebas, y perseverar hasta el fin. Además, nos servimos por medio del amor, ya que la fe no es ociosa; sin embargo, el amor es débil y diminuto. Por tanto, cuando los insto a andar en el Espíritu, quiero decirlo con toda claridad: no son justificados por medio del amor».

«Pero cuando los exhorto a andar en el Espíritu, y a no satisfacer los deseos de la carne, no los obligo a despojarse totalmente de la carne, o a matarla, sino a frenarla y someterla». Pues Dios quiere que

---
118. *universa politia*.
119. *politiam Spiritus*.
120. *ipsum peccatum*.

la raza humana perdure hasta el día final, y eso no es posible a menos que existan padres que engendren y críen hijos. Y al ser necesario que estos medios perduren, también es necesario que lo haga la carne, y por consiguiente, que peque, pues la carne no existe sin pecado. Por tanto, respecto de la carne, somos pecadores; pero en lo que toca al espíritu, somos justos. No obstante, nuestra justicia abunda mucho más que nuestro pecado, pues la santidad y la justicia de Cristo, nuestro Propiciatorio[121], abunda mucho más que el pecado del mundo entero. Además, el perdón de pecados, que se nos ha dado por medio de Él, es tan grande, tan inmenso, y tan infinito, que devora fácilmente todo pecado. De esta manera, podemos andar conforme al Espíritu.

Aquí se puede observar que Pablo escribe estas cosas no solo a los ermitaños y monjes que viven en celibato, sino a todos los cristianos. Digo esto a fin de que no erremos como los papistas, que sueñan con la idea de que este mandamiento pertenece solo al clero, y de que el apóstol los exhorta a vivir en celibato. Se imaginan que el apóstol los llama a subyugar la carne con vigilias, ayunos, trabajos, y cosas así, para no satisfacer los deseos de la carne, es decir, la lujuria carnal. Como si toda la lujuria de la carne fuera vencida dominando este deseo carnal, el cual, no obstante, jamás pudieron suprimir ni dominar, pese a todos los yugos que le han impuesto a su propia carne.

Jerónimo (no hago alusiones a nadie más), un gran amante y defensor del celibato, lo confiesa expresamente. «Oh (dijo), cuán a menudo he imaginado que estoy en los deleites y placeres de Roma, aun hallándome en los parajes más desiertos, abrasados por el calor del sol, que se prestan para las más horrendas habitaciones de los monjes». Pero no se detiene ahí: «Yo, que por temor al infierno me había condenado a tal prisión, con frecuencia me imaginaba bailando entre doncellas vírgenes cuando no tenía más compañía que escorpiones y bestias salvajes. Mi rostro estaba pálido de ayunos, pero mi mente se inflamaba con los deseos de mi cuerpo frío; y aunque mi carne ya estaba medio muerta, las llamas de esta lujuria carnal hervían dentro de mí».

Si el propio Jerónimo, viviendo de pan y agua en el desierto salvaje, sentía esas llamaradas del deseo carnal, ¿qué sentirán nuestros

---

121. *Propiciatoris nostri.*

clérigos, santurrones adoradores de sus vientres, atiborrados de los más delicados manjares? ¡Es de maravillarse que sus panzas no revienten! Por tanto, todas estas cosas fueron escritas no para los ermitaños ni para los monjes (como se imaginan los papistas), ni tampoco solamente para los pecadores del mundo, sino para la Iglesia universal de Cristo, y para todos los creyentes, a quienes Pablo exhorta a andar en el Espíritu, y a no satisfacer los deseos de la carne. Es decir, no solo a poner freno a las pasiones crasas de la carne, como la lujuria, la ira, la impaciencia, y cosas semejantes, sino también a los sentimientos espirituales tales como la duda, la blasfemia, la idolatría, el desprecio y el odio de Dios, y otros más.

Pablo (como he dicho) no requiere que los piadosos se despojen de la carne por entero, sino que le pongan freno, para que se sujete al Espíritu. En Romanos 13, nos insta a valorar la carne[122]. Pues así como no podemos ser crueles con los cuerpos de otros, tampoco podemos tratar nuestros propios cuerpos con crueldad (Efesios 5:29). Por tanto, de acuerdo al precepto de Pablo, debemos cuidar nuestra propia carne, para que soporte las luchas de la mente y del cuerpo. Pero solo para lo necesario, y no para satisfacer los deseos de la carne. Por tanto, si la carne comienza a descontrolarse, reprímela y ponle freno por medio del Espíritu. Si no puedes, ten una esposa, pues es mejor casarse que quemarse. Al hacerlo, andarás en el Espíritu, es decir, estarás siguiendo la palabra de Dios, y haciendo su voluntad. *Pero (como he dicho) este mandamiento de andar en el Espíritu no pertenece solo a los ermitaños y monjes. Se dirige a todos los cristianos, aunque algunos piensan que el deseo carnal no les afecta para nada[123]. Es así como el príncipe no satisface los deseos de la carne cuando diligentemente cumple su deber y gobierna bien a sus súbditos, castigando al culpable y defendiendo al inocente. Aquí la carne y el diablo lo resisten, y lo tientan, provocándolo a declarar guerras injustas, a obedecer su codicia, y desmanes así[124]. A menos que se deje guiar por el Espíritu, y siga las buenas y santas advertencias de la palabra de Dios respecto de su deber, entonces estará satisfaciendo los deseos de la carne[125]. Así que, cada cual en su llamamiento, ande conforme al Espíritu, y no satisfará su deseo carnal[126] ni ninguna otra obra de la carne.*

---

122. *favore carnem.* Romanos 13:14. Aquí Lutero traduce al alemán: «Cuiden del cuerpo, pero no de tal modo que se desenfrene».
123. ¿Puede el lector oír algunas risitas entre los seminaristas?
124. *cupiditatibus.*
125. *concupiscentiam carnis.*
126. *libidinem.*

VERSÍCULO 17. *Porque el deseo de la carne es contra el Espíritu, y el del Espíritu es contra la carne.*

Cuando Pablo dice que el deseo de la carne es contra el Espíritu, y el Espíritu es contra la carne, nos advierte que sentiremos la concupiscencia de la carne. Es decir, no solo el morbo carnal, sino también orgullo, ira, pesadumbre, impaciencia, incredulidad, y otras pasiones semejantes. Tal como quisiera que fuéramos conscientes de que somos afectados por esos sentimientos, quiere, también, que no los consintamos, ni satisfagamos esos deseos. Es decir, que no pensemos, ni hablemos, ni hagamos esas cosas a las que nos provoca la carne. De modo que, si somos provocados a la ira, debemos airarnos, pero de la manera que nos enseña el Salmo 4: «no pequen». Es como si Pablo dijera: «Yo sé que la carne los provocará a la ira, a la envidia, a la duda, a la incredulidad, y otras tentaciones. Pero resistan por el Espíritu, para no pecar. Pues si abandonan la dirección del Espíritu, y siguen a la carne, van a satisfacer el deseo de la carne, y morirán», como dice en Romanos 8. Así que esta declaración del apóstol se aplica no solo a los deseos de la lujuria, sino también a todo el reino del pecado.

VERSÍCULO 17. *Y éstos se oponen entre sí, para que no podáis hacer lo que quisiereis.*

Estos dos capitanes o líderes (dice), la carne y el Espíritu, son contrincantes dentro del cuerpo, de modo que ustedes no pueden hacer lo que se les ocurra. Este texto atestigua claramente que Pablo escribe estas cosas a los fieles, es decir, a la Iglesia de los creyentes en Cristo, bautizados, justificados, renovados, y habiendo recibido pleno perdón de los pecados. No obstante, él dice que ellos tienen la carne en rebelión contra el espíritu. De la misma manera, en Romanos 7:14, declara: «Yo soy carnal, vendido bajo pecado». Y también: «Veo otra ley en mis miembros, que se rebela contra la ley de mi mente, y me lleva cautivo a la ley del pecado que está en mis miembros». Además: «¡Miserable hombre de mí! ¿Quién me librará de este cuerpo de muerte?».

Aquí, no solo los eruditos del papa, sino también algunos de los antiguos padres se afanan mucho, viendo cómo pueden disculpar a Pablo. Pues les parece absurdo e indebido decir que esa vasija escogida de Cristo pudiera tener pecado. Pero damos fe a las propias palabras de Pablo, donde él claramente confiesa que está vendido bajo pecado, que es llevado cautivo del pecado, y que en la carne él sirve a la ley del pecado. Aquí, ellos responden que el apóstol solamente da voz a los impíos. Pero los impíos no se quejan de que su carne está en rebelión, ni de ninguna batalla o conflicto, ni del cautiverio o esclavitud del pecado, pues el pecado reina poderosamente en ellos. Por tanto, este lamento proviene de Pablo, y se escucha en todos los fieles. Así, los que han tratado de disculpar a Pablo y a todos los creyentes diciendo que no tienen pecado han obrado malvadamente, pues con este argumento (que procede de la ignorancia de la doctrina de la fe), han despojado a la Iglesia de un consuelo muy particular. Han abolido el perdón de pecados, y dejado a Cristo como un inútil[127].

Por tanto, cuando Pablo dice: «Veo otra ley en mis miembros», no niega su carne, ni los vicios de ella. Por consiguiente, es muy creíble que a veces sintiera el deseo carnal. Más aun (sin duda), en él estos sentimientos estaban bien suprimidos, debido a graves y dolorosas aflicciones y tentaciones en mente y cuerpo. Por estas era continuamente probado y perturbado, tal como declaran sus epístolas. O si en algún momento, al sentirse feliz y fuerte, sintió la lujuria de la carne[128], ira, o impaciencia, aun así las habría resistido por el Espíritu, y no permitido que estas pasiones lo dominaran. Por tanto, no permitamos que esos textos (donde Pablo describe la batalla de la carne contra el espíritu en su cuerpo), se corrompan con arreglos que tratan de componerlos a su gusto. Los escolásticos, los monjes, y otros semejantes, jamás han sentido tentación espiritual alguna, y por tanto, han luchado solo procurando reprimir y vencer la lujuria carnal y el morbo. Se sienten orgullosos de esa victoria que, a pesar de todo, nunca lograron. Hasta han pensado que son mejores y más piadosos que los casados. ¡No! Yo diría que, con esta pretensión de piedad, ellos alimentaron y conservaron toda clase de pecados horribles, como discordia, orgullo, odio, desdén, y desprecio de sus prójimos, confianza en su propia justicia, presunción, desacato de toda piedad y de la palabra de Dios, infidelidad, blasfemia, y pecados semejantes. Ellos jamás lucharon contra estos pecados. No, sino que se hicieron la idea de que en ningún modo esos eran pecados. Establecieron su justicia en la

---
127. *otiosum*.
128. *libidinem*.

observancia de sus necios e impíos votos, y tuvieron por maldad descuidarlos y condenarlos.

No obstante, este debe ser nuestro fundamento y ancla: Cristo es nuestra justicia suprema, consumada, y perfecta[129]. Si no tenemos nada más en que confiar, aún permanecen estas tres cosas (como dice Pablo): la fe, la esperanza, y el amor (1 Corintios 13:13). Por tanto, siempre debemos creer, y nunca perder la esperanza. Siempre debemos aferrarnos a Cristo como la cabeza y el fundamento de nuestra justicia. Todo aquel que en Él creyere no será avergonzado. Además, también debemos luchar para ser justos externamente. Es decir, no dar consentimiento a la carne, la cual siempre nos seduce hacia algún mal, sino resistirla por el Espíritu. No debemos dejarnos vencer por la impaciencia, la ingratitud y el desprecio de la gente que abusa de la libertad cristiana, sino que por el Espíritu debemos vencer esta y toda otra tentación. Miren bien, entonces, que nos encontremos luchando contra la carne por medio del Espíritu, para que seamos justos externamente, aunque esta justicia no nos trae el favor de Dios.

Por tanto, que nadie desespere al sentir que a veces la carne desata una nueva batalla contra el espíritu, o si no puede subyugar a la carne de inmediato, llevándola a la obediencia del Espíritu. Yo también quisiera tener un corazón más valiente y constante, que pudiera no solo osadamente condenar las amenazas de los tiranos, y las herejías, agravios y tumultos suscitados por Satanás y sus soldados enemigos del Evangelio, sino también sacudir de inmediato la frustración y la angustia de espíritu, y no sentir el aguijón del temor a la muerte, sino recibirla y abrazarla como si fuera un huésped de lo más cordial. Pero encuentro otra ley en mis miembros, la cual se rebela contra la ley de mi mente, etc. Otros deben luchar contra tentaciones inferiores como la pobreza, reproches, impaciencia y cosas similares.

Por tanto, que nadie se asombre, ni desfallezca, cuando sienta en su cuerpo esta batalla de la carne contra el espíritu, sino que cobre ánimo en su corazón, y se consuele con estas palabras de Pablo: «... la carne codicia contra el Espíritu». Asimismo, «estos son contrarios, para que no hagáis lo que quisierais». Con estas declaraciones consuela a los tentados. Es como si dijera: «Es imposible que sigan la dirección del Espíritu en todo sin sentir los

---

129. *capitalem, rotundam et perfectam.*

impedimentos de la carne. ¡No! La carne pondrá resistencia, y tanto así, que no podrán hacer las cosas que más quisieran. Aquí, basta que resistan a la carne para que no cumplan sus deseos, es decir, seguir al Espíritu y no a la carne, que fácilmente se deja vencer por la impaciencia, el deseo de vengarse, morder, murmurar, odiar a Dios, sentir enojo contra Él, perder las esperanzas, etc.». Por tanto, cuando el hombre siente esta batalla entre el espíritu y la carne, no te vendas por ninguna baratija. Más bien, resiste en el Espíritu diciendo: «Soy pecador; siento el pecado en mí, pues todavía no he sido despojado de la carne, en la cual mora el pecado mientras tenga vida. Pero, en el Espíritu, no le daré el gusto a la carne. Es decir, por la fe y la esperanza me aferraré a Cristo, y por su palabra me levantaré, y así erguido, no le daré fruto a los deseos de la carne»[130].

Es muy provechoso para los creyentes estar al tanto de todo esto. Ténganlo bien en mente, pues es un consuelo oportuno cuando son tentados. Cuando yo era monje, si en algún momento sentía el deseo de la carne, enseguida pensaba que sería despojado de mi salvación[131]; es decir, si tenía algún mal sentimiento, lujuria carnal[132], ira, odio, o envidia contra algún hermano. Cada día, lo admito, ¡inventaba una nueva manera de luchar! Pero ¡no lograba nada! Pues el deseo carnal y la lujuria de mi carne siempre regresaban, de modo que no podía reposar, sino que siempre me sentía agobiado por estos pensamientos: «Has cometido este o aquel pecado, estás infectado de envidia, impaciencia, y otros pecados parecidos. Por tanto, en vano has ingresado a esta orden, y todas tus buenas obras han sido en vano». Si en aquel entonces hubiera entendido estas declaraciones de Pablo, «La carne codicia contra el espíritu, y el espíritu contra la carne», y «estos dos están en pugna, para que no puedan hacer lo que quieran», no me habría atormentado tanto. Más bien habría pensado, como suelo hacerlo hoy: «Martín, mientras tengas carne, siempre encontrarás pecado en ti. Por eso sentirás la lucha de ella, conforme a lo dicho por Pablo: "La carne resiste al espíritu". Por tanto, no desesperes, sino resiste, y no satisfagas sus deseos. De esta manera no estarás bajo la ley».

Recuerdo que Staupitz solía decir: «He jurado más de mil veces ante Dios que sería un mejor hombre; pero jamás he podido cumplir

---

130. *concupiscentiam.*
131. *actum esse de salute mea.*
132. *libidinem.*

mi juramento. De ahora en adelante, no juraré más, pues he aprendido por experiencia que no puedo cumplir mis juramentos. A menos, pues, que Dios, por causa de Cristo, me extienda su favor y misericordia, y me conceda la hora bendita y feliz en que tenga que despedirme de esta vida tan sufrida, no podré sostenerme con todos mis votos y buenas obras». Esto no solo era cierto, sino que era una desesperación piadosa y santa, y todos los que serán salvos deben confesar lo mismo de boca y corazón. Pues los piadosos no confían en su propia justicia, sino que dicen con David: «No entres en juicio con tu siervo; porque no se justificará delante de ti ningún viviente» (Salmo 143:2). Asimismo: «Jehová, si mirares a los pecados, ¿quién, oh Señor, quedaría en pie?» (Salmo 130:3). Ellos ponen su mirada en Cristo, su Propiciatorio, quien dio su vida por los pecados de ellos. Además, saben que, aunque haya residuos del pecado en su carne, no les son tomados en cuenta[133], sino que son gratuitamente perdonados. No obstante, mientras tanto, luchan en el Espíritu contra la carne, para no satisfacer los deseos de esta. Y aunque sienten que la carne ruge y se rebela contra el espíritu, y ellos mismos caen a veces en el pecado por su debilidad, no se desaniman, ni piensan que su condición, modo de vida, y obras realizadas en su vocación desagradan a Dios, sino que se ponen de pie por la fe.

Por tanto, los fieles reciben gran consuelo mediante esta doctrina de Pablo, entendiendo que, en sí mismos, son carne, por un lado, y espíritu, por otro. No obstante, el espíritu impera, y la carne queda subyugada, de modo que la justicia reina, y el pecado queda sometido como esclavo. El que desconozca esta doctrina, y aun viendo lo contrario en sí mismo, piense que los fieles no deben tener falta alguna, será finalmente devorado por un espíritu de tristeza y angustia. Pero al que conoce bien esta doctrina, y la utiliza correctamente, aun las cosas malas lo ayudarán inevitablemente a bien[134]. Pues cuando la carne lo provoque a pecar, por esa misma razón se verá movido y obligado a buscar el perdón de pecados por causa de Cristo, y a abrazar la justicia de la fe. Si así no fuera, no le daría el gran valor que le corresponde, ni la buscaría con tan ferviente deseo. Por tanto, nos es de gran provecho sentir a veces la

---

133. *non imputari.*
134. *etiam mala necesse est cooperare in bonum.*

pecaminosidad de nuestra naturaleza y la corrupción de nuestra carne, para que, por este medio, despertemos y nos alentemos a la fe, clamando a Cristo. Es así como un cristiano llega a ser un poderoso artífice y maravilloso creador, el cual, de la pesadumbre, crea el gozo; del terror, el consuelo; del pecado, la justicia; y de la muerte, la vida, cuando por este medio reprime y pone freno a la carne, sujetándola al espíritu.

Por tanto, los que sientan el deseo de la carne, no desesperen de su salvación. Que lo sientan, con toda su fuerza, para que no den consentimiento. Que las pasiones de la lujuria, la ira, y otros vicios los sacudan, para que no sean derrotados. Que el pecado los asedie, para que no los venza. En efecto, cuanto más piadoso sea cada uno, tanto más sentirá la batalla. De ahí las quejas de los santos en los Salmos y en toda la Escritura. Pero de esta batalla, los ermitaños, los monjes, los eruditos del papa, y todos los que procuran la justicia y la salvación por medio de las obras, no saben nada.

Sin embargo, alguien podría decir aquí que es peligroso enseñar que el hombre no está bajo condena si no vence inmediatamente los sentimientos y las pasiones de la carne cuando las siente. Porque cuando esta doctrina se enseña entre la gente común, se vuelven más descuidados, negligentes, y holgazanes. Esto es lo que dije poco antes. Si enseñamos la fe, la gente carnal descuida y rechaza las obras. Si se exigen las obras, entonces se pierde la fe y el consuelo de la conciencia. Aquí no se puede obligar a nadie, ni puede prescribirse ninguna regla exacta; más bien, cada cual debe esforzarse con diligencia por saber qué pasión de la carne lo domina más, y una vez encontrada, no debe descuidarse ni jactarse. Debe, más bien, vigilar y luchar en el espíritu, pues, si no puede controlarla, debe al menos no satisfacer sus deseos.

Todos los hijos de Dios han tenido y sentido esta lucha de la carne contra el espíritu, y es lo mismo que nosotros también sentimos y comprobamos. Todo el que rebusque en su conciencia, si no es un hipócrita, se dará también cuenta de lo mismo que dice Pablo aquí: que la carne resiste al espíritu. Por tanto, cada uno de los santos[135] sienten y confiesan que su carne resiste y se opone a su espíritu, y que estos dos son contrarios. En los creyentes, una cosa se opone

---

135. *unusquisque sanctus.*

tanto a la otra, que, hagan lo que hagan, no pueden hacer todo lo que quisieran. Por tanto, la carne se opone para que no podamos guardar los mandamientos de Dios, amar a nuestro prójimo como a nosotros mismos, y mucho menos amar a Dios con todo nuestro corazón. De modo que es imposible que seamos justificados por las obras de la ley[136]. Ciertamente en nosotros hay buena voluntad, y así debe ser (pues es el espíritu mismo el que resiste a la carne). Pues lo que el espíritu desea más es hacer el bien, cumplir la ley, amar a Dios y al prójimo, y cosas semejantes. Pero la carne no obedece esta buena voluntad, sino que la resiste. No obstante, Dios no nos imputa este pecado, pues es misericordioso para con los que creen, por causa de Cristo[137].

Sin embargo, de allí no se infiere que debas tratar al pecado con liviandad o normalizarlo, porque Dios no lo imputa. Es verdad que no lo imputa, pero ¿a quién, y por causa de quién? A quienes se arrepienten, y por la fe se aferran a Cristo, el propiciatorio[138], por cuya causa todos sus pecados son perdonados, y aun los residuos del pecado no les son imputados. Eso no le quita importancia a su pecado, sino que lo amplifica. Pues ellos saben que no lo pueden borrar con satisfacciones, obras, ni justicias, sino solo con la muerte de Cristo. Y aun así, la grandeza y la enormidad de su pecado no los lleva a desesperar, sino a confiar que son perdonados por causa de Cristo[139].

Digo esto porque alguien podría pensar: «Entonces el pecado es poca cosa después de recibir la fe».

El pecado es verdaderamente pecado, sea cometido antes de conocer a Cristo, o después. Y Dios siempre odia el pecado. Es más, todo pecado está bajo condenación, en lo que respecta al hecho en sí. Sin embargo, el que cree no ha sido condenado a muerte. Esto proviene de Cristo, el Propiciatorio, quien por su muerte ha quitado el pecado. Pero al que no cree en Cristo, no solo lo condenan todos sus pecados, sino que hasta sus buenas obras también lo condenan, conforme a la Escritura: «Todo lo que no es de fe, es pecado» (Romanos 14:23). Por tanto, el error de los eruditos papales es sumamente pernicioso, pues marcan diferencias entre los pecados

---

136. *Ideo impossibile est nos legis operibus iustificari.*
137. *propter Christum.*
138. *Propiciatorem.*
139. *propter Christum.*

en lo que respecta a los hechos[140], y no según la persona. El creyente tiene pecados tan grandes como el incrédulo. Pero al que cree, le son perdonados, y no imputados. Sin embargo, al incrédulo no le son perdonados, sino imputados. Para el creyente, son veniales. Para el incrédulo, son mortales y lo condenan, pero no porque hay diferencia entre pecados. No es que el pecado del creyente sea de menor consecuencia, y el pecado del incrédulo más grave, sino que son diferentes personas. Pues el creyente tiene en sí mismo la confianza de que, por la fe, su pecado le ha sido perdonado, pues por esa causa Cristo se dio a sí mismo. Por tanto, aunque todavía tenga pecado, y peque diariamente, sigue siendo piadoso. Pero el incrédulo, al contrario, sigue pecando. Y esta es la verdadera sabiduría y el consuelo de los piadosos, que aunque tienen y cometen pecados, saben que por causa de Cristo no les son imputados[141].

Digo esto para el consuelo de los piadosos. Pues ellos ciertamente solo sienten que tienen y cometen pecados; es decir, sienten que no aman a Dios con el fervor debido; que no confían en Él con la entrega que debieran. A veces dudan de si Dios cuida de ellos o no; son impacientes, y en las pruebas se enojan con Dios. De allí (como he dicho) proceden todos los lamentos quejumbrosos de los fieles en las Escrituras, y especialmente en los Salmos; y Pablo mismo se queja de que es «carnal, vendido bajo pecado». Y aquí dice que la carne resiste al espíritu y se rebela contra él. Pero ellos están haciendo morir las obras de la carne por medio del espíritu (Romanos 8:13), y «crucifican la carne, con sus pasiones y deseos» (Gálatas 5:24). Estos pecados no los perjudican ni los condenan. Sin embargo, si obedecen a la carne, satisfaciendo sus deseos, entonces sí pierden la fe y el Espíritu Santo. Si no aborrecen su pecado, y se vuelven a Cristo (quien ha dado potestad a su Iglesia para recibir y levantar a los caídos, a fin de que recuperen la fe y el Espíritu Santo), mueren en sus pecados. Por tanto, no hablamos de los que sueñan que tienen fe, y aún siguen en sus pecados. Estos ya han pasado a juicio: pues los que viven según la carne, morirán. Asimismo, «Manifiestas son las obras de la carne, que son: adulterio, fornicación, inmundicia, lascivia, idolatría, hechicerías, enemistades, pleitos, celos, iras, contiendas, disensiones, herejías,

---

140. *substantiam facti.*
141. *propter fidem in Christum non imputari.*

envidias, homicidios, borracheras, desenfrenos, y cosas semejantes a estas; de las cuales os denuncio, como también ya os denuncié, que los que hacen tales cosas, no heredarán el reino de Dios» (Gálatas 5:19-21).

Por lo que podemos ver quiénes son los verdaderos santos. No están hechos de palo y piedra (como imaginan los monjes), como si nada pudiera moverlos, o jamás sintieran lascivia alguna, ni deseos de la carne. Por el contrario, como dice Pablo, su carne resiste al espíritu, y por eso tienen pecado, y pueden pecar. Y el Salmo 32:5-6 testifica que los fieles confiesan su impiedad, e imploran que la impiedad de su pecado sea perdonada. Está escrito: «Confesaré, dije, contra mí mis rebeliones a Jehová; y tú perdonaste la maldad de mi pecado. Por esto orará a ti todo santo en el tiempo de poder hallarte». Además, toda la Iglesia, que ciertamente es santa, ora por el perdón de sus pecados, y cree en el perdón de los pecados. Y en Salmo 143:2, David suplica: «No entres en juicio con tu siervo; porque no se justificará delante de ti ningún viviente». Y en Salmo 130:3: «Señor, si te fijaras en nuestros pecados, ¿quién podría sostenerse en tu presencia? Pero en ti hallamos perdón, para que seas reverenciado». Así hablan y oran los más grandes santos e hijos de Dios, como David, Pablo, y otros semejantes. Por eso, todos los fieles hablan lo mismo, y oran con el mismo espíritu. Los eruditos papales no leen las Escrituras, o si las leen, lo hacen con un velo sobre los ojos. Por eso no pueden juzgar correctamente sobre cosa alguna, ni sobre el pecado ni sobre la santidad.

VERSÍCULO 18. *Mas si sois guiados por el Espíritu, no estáis bajo la ley.*

Pablo no puede olvidar la doctrina de la fe, sino que la sigue repitiendo, y la remacha en sus cabezas; sí, aun cuando trata el tema de las buenas obras. Aquí alguien podría protestar: «¿Pablo, por qué dices que no estamos bajo la ley? ¿Acaso no enseñas que el deseo de nuestra carne va en contra del espíritu y se nos opone? ¿Acaso no nos atormenta y nos convierte en esclavos? Sentimos el pecado y no podemos ser libres de él, por más que desmayemos buscando nuestra libertad. ¿Acaso no es eso estar bajo la ley?». Pero Pablo responde: «No se molesten por eso. Solo procuren ser dirigidos por el Espíritu. Es decir, muestren la disposición de seguir y obedecer aquella voluntad que resiste a la carne y no satisface sus deseos (pues esto es ser dirigido y atraído por el Espíritu). Entonces no estarán bajo la ley». Es por eso que Pablo dice de sí mismo: «Yo mismo con la mente sirvo a la ley de Dios» (Romanos 7:25). Es decir, en el espíritu no estoy sujeto a pecado alguno; pero aun así, en mi carne sirvo a la ley del pecado. Los fieles, pues, no están bajo la ley. Es decir, están en el espíritu, pues la ley no los puede acusar, ni dictar sentencia de muerte contra ellos, aunque sientan el pecado y confiesen que son pecadores. Pues el poder y la potencia de la ley han sido quitados por Cristo, «nacido de mujer, nacido bajo la ley, para que redimiese a los que estaban bajo la ley» (Gálatas 4:4). Por tanto, la ley no puede acusar que hay pecado en los creyentes[142], aunque ciertamente hay pecado y se comete en transgresión de la ley.

Así que, el poderío y el dominio del Espíritu son tan grandes que la ley no puede acusar a los piadosos, aunque cometan lo que realmente es pecado. Pues Cristo es nuestra justicia, y nos apropiamos de Él por la fe. Él es enteramente irreprensible[143], y, por lo tanto, la ley no lo puede acusar. Estando adheridos a Él, somos conducidos por el Espíritu, y estamos libres de la ley. De modo que el apóstol, aun cuando está enseñando las buenas obras, no se olvida de su doctrina de la justificación, sino que siempre demuestra que es imposible que seamos justificados por medio de las obras. Pues los residuos del pecado se clavan persistentemente en nuestra carne, y por tanto, mientras esta vive, no cesa de codiciar lo que es contrario al Espíritu. Mas no por eso nos acecha peligro alguno, ya que somos libres de la ley, pues andamos en el Espíritu.

Y con estas palabras, «si sois guiados por el Espíritu, no estáis bajo la ley», podrán darse un gran consuelo, y consolar a otros que estén atravesando grandes tentaciones. Pues a veces sucede que el hombre es tan ardientemente acosado por la ira, el odio, la impaciencia, el deseo carnal, el terror y la angustia de espíritu, o algún otro deseo de la carne, que no puede sacudirse de ellos, no importa cuánto se esfuerce. ¿Qué debe hacer en este caso? ¿Debe desesperar? ¡No! ¡Dios no lo quiera! Sino que debe decirse a sí mismo: «Tu carne lucha y ruge contra el espíritu. Que ruja todo lo

---
142. *piis.*
143. *irreprehensibilis.*

que quiera; simplemente, pase lo que pase, no satisfagas sus deseos». Más bien camina con sabiduría, y sigue la dirección del Espíritu. Al hacerlo, estarás libre de la ley. Admito que te acusa y te perturba, pero lo hace en vano. Por tanto, en este conflicto de la carne contra el espíritu, no hay nada mejor que tener la palabra de Dios a la vista, y buscar en ella el consuelo del Espíritu.

Y el que sufra esta tentación, no desmaye. Durante el conflicto, el diablo puede sacudirte exagerando tu pecado para tumbarte con ataques[144]. No sentirás más que la ira de Dios y desaliento. En tal caso, de ninguna manera prestes atención a tus sentimientos[145] y al juicio de tu razón, sino aférrate a esta declaración de Pablo: «Si sois guiados por el Espíritu». Es decir, si te dejas levantar y consolar por la fe en Cristo, no estarás bajo la ley. Así tendrás un fuerte escudo, con el cual podrás desviar todos los dardos encendidos con los que el demonio te asedia. De este modo, sin importar cuánto ruja y hierva la carne, tales sentimientos y desmanes no te podrán herir ni condenar, pues siguiendo la dirección del Espíritu, no darás consentimiento a la carne, ni le darás el gusto en sus deseos. Por tanto, cuando los sentimientos enfurecidos de la carne rugen, el único remedio es tomar la espada del Espíritu, es decir, la palabra de salvación (donde Dios dice que no desea la muerte del pecador, sino que se convierta y viva), y ¡a luchar contra ellos! Al hacerlo, no dudemos de que lograremos la victoria, aunque, cuando estemos en plena batalla, sentiremos totalmente lo contrario. No obstante, cuando no se tiene la palabra a la vista, no queda consejo ni auxilio alguno. Hablo por experiencia. He sufrido muchas grandes pasiones, las cuales han sido vehementes e inmensas. Sin embargo, tan pronto como me aferré a algún lugar de las Escrituras, asiéndome de ellas como si fueran mi ancla, enseguida se desvanecieron mis tentaciones. Sin la palabra, me habría sido imposible soportarlas siquiera por un poco de tiempo, y más aun, vencerlas.

CONFERENCIA 38: viernes 4 de diciembre

Por tanto, el resumen de todo lo que Pablo ha enseñado en esta discusión sobre la lucha entre la carne y el espíritu es esta: los santos

---

144. *succumbere in paroxismo.*
145. *non sequatur sensum suum.*

y escogidos de Dios no pueden cumplir los deseos del espíritu. Pues el espíritu quisiera ser enteramente puro, pero estando unido a la carne, esta se lo impide. No obstante, serán salvos por la remisión de pecados que hay en Cristo Jesús. Además, puesto que andan en el espíritu, y son guiados por el Espíritu, no están bajo la ley. Es decir, la ley no los puede acusar ni amedrentar. Por más que se esfuerce, jamás podrá hacerlos desesperar.

VERSÍCULO 19. *Y manifiestas son las obras de la carne, que son...*

Este texto no es diferente a esta declaración de Cristo: «Por sus frutos los conoceréis. ¿Se recogen uvas de los espinos, o higos de los abrojos? Así, todo buen árbol da buenos frutos, mas el árbol malo da malos frutos». Pablo enseña lo mismo que Cristo. Es decir, que las obras y los frutos son testimonio suficiente para saber si los árboles son buenos o malos; si los hombres siguen las indicaciones de la carne o del espíritu. Es como si dijera: «Para que nadie diga dentro de sí mismo que no me entiende mientras hablo de la lucha entre la carne y el espíritu, presentaré ante sus ojos las obras de la carne, conocidas aun entre los impíos, y luego también los frutos del Espíritu».

Pablo lo hace así pues entre los gálatas había muchos hipócritas (como hoy los hay entre nosotros). Por fuera aparentan ser piadosos, y se jactan mucho del Espíritu. En cuanto a las palabras, han conocido la verdadera doctrina del Evangelio, pero no andan conforme al espíritu, sino según la carne, haciendo sus obras. Por lo cual, Pablo los convence claramente de que no son tan piadosos como presumían. Y, para que no desprecien esta amonestación, pronuncia contra ellos la horrible sentencia de que no heredarán el reino de los cielos; lo hace con el fin de que, una vez amonestados, puedan enmendarse. Cada etapa de la vida, aun para los creyentes, tiene sus tentaciones particulares. La lascivia carnal[146] acecha al hombre toda su juventud; en la madurez, lo hace la ambición y la vanagloria; y en la vejez, la avaricia. Jamás ha habido creyente alguno que, en algún momento de su vida, no haya sido provocado por la carne a la impaciencia, a la ira, a la vanagloria, y pecados así.

---

146. *libido.*

Por tanto, Pablo habla aquí de los creyentes; en ellos, dice, «la carne codicia contra el espíritu». Por eso, jamás se encontrarán sin los deseos y las luchas de la carne; no obstante, no serán perjudicados. Pero debemos juzgar que una cosa es ser provocado por la carne, y no ceder a sus deseos, sino andar en el espíritu y resistir, y otra cosa es consentir a la carne, y cumplir despreocupadamente sus obras, permanecer en ellas, y al mismo tiempo fingir piedad y jactarse del Espíritu. A los primeros los consuela diciendo que son guiados por el Espíritu y no están bajo la ley. A los otros los amenaza con la destrucción eterna.

No obstante, a veces sucede que los santos también caen, y satisfacen los deseos de la carne. Así fue cuando David cayó horriblemente en adulterio. Él fue también la causa de la matanza de muchos, cuando quiso que Urías pereciera en la batalla. Con esto dio también ocasión a los enemigos de gloriarse contra el pueblo de Dios, adorar a sus ídolos, y blasfemar al Dios de Israel. Pedro también cayó gravosa y horriblemente cuando negó a Cristo. Pero, aunque estos pecados fueron grandes y horrorosos, no se cometieron por desprecio a Dios, o una mente obstinada en la maldad[147], sino por flaqueza y debilidad. Así, cuando fueron amonestados, no permanecieron obstinadamente en sus pecados, sino que se arrepintieron. Sobre los tales él insta, en el capítulo 6, que sean recibidos, instruidos y restablecidos, diciendo: «Si alguno fuere tomado en alguna falta, vosotros que sois espirituales, restaurad al tal en espíritu de mansedumbre, considerándote a ti mismo, no sea que tú también seas tentado» (Gálatas 6:1). Por tanto, a estos que pecan y caen por flaqueza, no se les niega el perdón. De esa manera podrán levantarse y no continuar en su pecado, pues, de todas las cosas, persistir en el pecado es la peor. Sin embargo, si no se arrepienten, sino que permanecen obstinadamente en su impiedad, y satisfacen los deseos de la carne, es una señal segura de que hay engaño en su espíritu.

Por tanto, nadie estará libre de lujuria y deseos carnales mientras viva en la carne, y por tanto, nadie estará libre de tentación. No obstante, algunos son tentados de otras maneras, según las diferencias entre las personas. Un hombre es afectado por deseos más apasionados y gravosos, como angustia de espíritu[148], blasfemia,

---

148. *tristitia spiritus*.

desconfianza, y desesperación. Otro, con tentaciones más crasas, como lujuria[149], ira, envidia, codicia, y otras semejantes. Pero allí Pablo quiere que andemos en el Espíritu y resistamos a la carne. Sin embargo, todo aquel que obedezca a la carne, y persista, sin temor alguno de Dios ni remordimiento de conciencia, satisfaciendo su lujuria y deseos, sepa que no pertenece a Cristo. Y por mucho que se jacte del nombre de cristiano, se engaña a sí mismo. «Pues todos los que son de Cristo crucifican su carne, con sus deseos y concupiscencias» (Gálatas 5:24).

¿Quiénes son los que debidamente son llamados santos, y que por cierto lo son?

Este texto (como dije antes) contiene un consuelo particular; pues nos enseña que los santos y los hombres más piadosos de este mundo no viven sin concupiscencia ni tentaciones de la carne, ni aun sin pecados. Por tanto, nos advierte que no hagamos como otros, de quienes escribe Gerson, los cuales luchaban por alcanzar la perfección intentando vaciarse de todo sentimiento de tentación o pecado, es decir, querían sentirse como meros palos y piedras. Los monjes y los escolásticos tenían la misma imagen de sus santos, como si hubieran sido trozos de madera sin sentimientos y carentes de toda emoción. Ciertamente la virgen María sintió gran dolor y tristeza de espíritu por la pérdida de su hijo (Lucas 2:35). David, en los Salmos, se queja de que la mucha tristeza casi lo ahogaba, por la grandeza de sus tentaciones y pecados. Pablo también se queja, sintiendo «desde afuera, conflictos; desde adentro, temores», y que, en su carne, sirve a la ley del pecado. Dice que lleva la carga de todas las iglesias, y que Dios ha mostrado gran misericordia para con él. Ha librado a Epafrodito, quien, habiendo estado cercano a la muerte, fue devuelto a la vida, para que no sufriera tristeza sobre tristeza. Por tanto, los santurrones de los sofistas[150] son como los sabelotodos estoicos[151]. Se imaginaban tan sabios que, en toda la naturaleza[152], jamás se hallarían otros como ellos. Y por esta persuasión necia y diabólica, procedente de la ignorancia, al no tomar

---

149. *libido.*
150. *Sophistarum Sancti.*
151. *Sapientibus Stoicorum.*
152. *in rerum natura.*

en cuenta esta doctrina de Pablo, los eruditos papales acarrearon sobre sí, y sobre un sinnúmero de otros, la más horrible desesperación.

Cuando yo era monje, quería con todo el corazón tener la dicha de ver en carne propia la forma de vivir de algún santo u hombre piadoso. Mientras tanto, imaginaba que tal santo viviría en un monte, absteniéndose de comida y bebida, y viviendo solo de raíces de hierbas y agua fría. Yo había aprendido la opinión de estos santos inhumanos, no solo de los libros de los sofistas y escolásticos, sino también de los libros de los Padres. Pues Jerónimo escribió así en cierto lugar: «En cuanto a las comidas y las bebidas no tengo nada que decir, por cuanto ya son un exceso, de tal modo que aun los lánguidos y débiles deberían tomar solo agua, o cualquier cosa diluida». Sin embargo, ahora, a la luz del Evangelio, podemos ver claramente quiénes son aquellos que Cristo y sus apóstoles llamaron santos. No son los que viven solos, y en celibato[153], o absteniéndose de ciertas cosas. Tampoco son los que observan estrictamente días, comidas, vestimentas, y otras cosas parecidas. Tampoco son los que, por fuera, aparentan hacer obras grandes y atroces (como leemos de muchos en las vidas de los padres). Más bien, los verdaderos santos son aquellos que, habiendo sido llamados por el clarín del Evangelio y bautizados, creen que han sido justificados y limpiados por la muerte de Cristo. Es por eso que, en sus escritos, Pablo llama a los cristianos santos, hijos, y herederos de Dios. Por tanto, todos los que creen en Cristo son santos, sean hombres o mujeres, libres o esclavos, etc. No por sus propias obras, sino por las obras de Dios, las cuales reciben por fe, tales como la palabra, los sacramentos, la pasión de Cristo, su muerte, resurrección, victoria, y el derramamiento del Espíritu Santo. En resumen, son santos mediante una santidad recibida gratuitamente, no mediante una presunta santidad lograda por su propio esfuerzo, buenas obras y méritos. En resumen, eres santo por una justicia pasiva y no por una justicia activa.

Así, los verdaderos santos son los ministros de la palabra, los jueces de los mancomunados, los padres, hijos, maestros, siervos, y muchos otros. Son santos si, en primer lugar, ponen la confianza

---

153. *coelibem vitam agunt.*

en Cristo como su sabiduría, justicia, santificación, y redención; y luego, si cada cual cumple el deber de su vocación conforme a la ordenanza de la palabra de Dios, y no obedece a la carne, sino que reprime la lascivia y su codicia. Por cierto, no todos tienen la misma fortaleza para resistir las tentaciones. De hecho, en la mayoría de los creyentes son notorias muchas flaquezas y ofensas, pero estas de ninguna manera impiden su santidad. Pues no pecan por una voluntad obstinada en permanecer en el mal[154], sino solo por flaqueza y debilidad. Pues (como lo he dicho antes) los creyentes sí sienten los deseos y lujurias de la carne[155], pero los rechazan y no cumplen sus antojos. Asimismo, aunque caigan inesperadamente en pecado, obtienen el perdón, si se vuelven a levantar por la fe en Cristo, que no quiere que nos descarriemos, sino que busquemos y traigamos al redil a la oveja descarriada y perdida. Ni Dios lo quiera, por tanto, que, por su manera de vivir, yo juzgue enseguida a los débiles en la fe como profanos o impíos. Pues puedo ver que aman, reverencian la palabra de Dios, y vienen a la cena del Señor. Pues Dios los ha recibido, y los tiene por justos [los justifica][156] mediante la remisión de pecados. Es por eso que permanecen en pie o caen.

Por tanto, con gran regocijo doy gracias a Dios, pues Él, con tanta abundancia y sin medida me concedió lo que tanto le pedía cuando era monje. Me ha dado la gracia de ver no solo uno, sino muchos santos. Es más: incluso un número infinito de verdaderos santos. No de aquellos que se han inventado los santurrones del papa, sino de aquellos que Cristo mismo y sus apóstoles representaron y describieron. Yo mismo confío en ser uno de ellos, pues por la gracia de Dios soy bautizado, creo en Cristo, Él es mi Señor, por su muerte me ha redimido y librado de todos mis pecados, y me ha dado justicia y eterna santidad. Y sea maldito todo aquel que no conceda este honor a Cristo, de creer que, por su muerte, su palabra, y sus sacramentos, ya es justo y santificado.

Por tanto, repudiemos esa opinión necia e impía[157] sobre el título de «santos». Bajo el papado, éramos ignorantes y creíamos que solo era pertinente a los santos en el cielo, o en la tierra, a los ermitaños

---

154. *destinata malitia.*
155. *concupiscentiam carnis.*
156. *reputat eos iustos.*
157. *stulta et impia opinione.* La traducción de *stulta* merece una palabra más fuerte, como «estúpida», o «idiota». Lutero, en el aula, quería que sus palabras también tuvieran un impacto afectivo sobre sus alumnos.

y monjes. Pues veíamos que algunos habían logrado ciertas obras extrañas y asombrosas. Pero ahora, por medio de las Sagradas Escrituras, aprendamos que todos los creyentes en Cristo son santos. El mundo ha tenido en gran admiración la santidad de Benito, Gregorio, Bernardo, Francisco, y otros, porque ha escuchado que han hecho ciertas obras magníficas en apariencia e inusuales. Sin duda que Hilario, Cirilo, Atanasio, Ambrosio, Agustín, y otros, también fueron santos, pero no vivieron vidas tan estrictas y severas como los primeros. Vivieron entre los hombres, y comieron alimentos comunes, bebieron vino, y usaban vestimentas limpias y sencillas. Entre ellos y otros hombres honrados, no había diferencia alguna con respecto a sus costumbres diarias y el uso de las cosas necesarias para esta vida. Pero ¿fueron preferidos antes que los otros? Estos últimos enseñaron la doctrina de Cristo sinceramente y con pureza, sin superstición alguna. Resistieron a los herejes, y purgaron a la Iglesia de errores sinnúmero; su compañerismo y amistad fueron beneficiosos para muchos[158]. En particular, ayudaron a los tristes y afligidos, a quienes levantaron y consolaron mediante la palabra de Dios. Pues no se apartaron de la compañía de los demás hombres, sino que ejercieron sus cargos aun en lugares donde había todo tipo de personas.

Los otros, en cambio, no solo enseñaron muchas cosas contrarias a la fe, sino que ellos mismos fueron autores e inventores de muchas supersticiones, errores, ceremonias abominables, e impías adoraciones. Por tanto, a menos que a la hora de su muerte se hayan aferrado a Cristo, y hayan depositado toda su confianza en su muerte y victoria, su vida estricta y dolorosa no les sirvió de nada.

Todo esto declara suficientemente quiénes son los verdaderos santos, y quiénes han recibido el llamamiento a vivir la vida piadosa. No la vida de quienes se esconden en rincones y cuevas, esa vida de cuerpos raquíticos por ayunos, vestidos de costales. Pues están muy convencidos y confiados de que obtendrán algún premio especial en el cielo, muy por sobre los demás cristianos. Sin embargo, la vida piadosa es la de aquellos que son bautizados y creen en Cristo. Se despojan del viejo hombre y sus obras, aunque no podrán lograrlo del todo, pues la concupiscencia y la lujuria permanecerán en ellos

---

158. *iucundissima*.

mientras vivan. No obstante, esos sentimientos no los perjudican para nada mientras no permitan que reinen en ellos; más bien, los someten mediante el Espíritu.

Esta doctrina trae un gran consuelo a las mentes de los creyentes, de modo que, cuando sienten estos dardos de la carne con los cuales Satanás agrede al espíritu, no deben acongojarse. Eso les pasó a muchos en el papado, pues pensaban que no debían sentir la concupiscencia de la carne. No obstante, aunque tenían a Jerónimo, Gregorio, Benito, Bernardo, y otros (considerados por los monjes como ejemplos perfectos de castidad y toda virtud cristiana), jamás pudieron llegar al punto de no sentir la concupiscencia ni los deseos de la carne. Ciertamente los sentían, y con mucho poder, como confiesan y reconocen claramente en diferentes lugares de sus libros. *Por tanto, Dios no les imputó estas pequeñas faltas, ni aun esos errores perniciosos que algunos de ellos trajeron a la Iglesia. Gregorio fue el autor de la misa privada, una abominación tan grande que, en la Iglesia del Nuevo Testamento, jamás hubo otra mayor. Otros inventaron la vida monástica, con sus adoraciones impías y religiones voluntarias. Cipriano insistió en que los bautizados por herejes debían ser rebautizados.*

Por lo tanto, en los artículos de nuestra fe[159], confesamos debidamente la creencia en una santa Iglesia. Puesto que es invisible, y habita en el Espíritu en un lugar inaccesible[160], su santidad no se puede ver. Pues Dios la esconde, y cubre sus flaquezas, pecados, errores, y diferentes formas de comprender el escándalo de la cruz. Ante Él, ¡estas cosas sencillamente no existen! Quienes ignoran esto, al ver las flaquezas y pecados de los bautizados, que tienen la palabra y la creen, enseguida se ofenden, y juzgan que no pertenecen a la Iglesia; al mismo tiempo, sueñan con la ilusión de que los eremitas, los monjes y otros rapados tales son la Iglesia. Aunque con sus labios honran a Dios, en vano lo honran, porque no siguen la palabra de Dios, sino doctrinas y mandamientos de hombres, y enseñan a otros a hacer lo mismo. Pero como enseñan ciertas supersticiones y obras grotescas, la razón carnal los magnifica y estima grandemente. Por tanto, juzgan que solo ellos son santos, y que son la Iglesia. Al hacer esto, cambian e invierten totalmente el artículo de fe: «Creo en una santa Iglesia». En lugar de la declaración

---

159. *in Simbolo (sic.).*
160. *inaccessibili.*

«Creo», colocan «Veo». Estos tipos de justicia y santidad son inventos propios del hombre; no son más que hechicería espiritual, con la cual ciegan los ojos y las mentes de los hombres, y los desvían del conocimiento de la verdadera santidad.

Sin embargo, nosotros enseñamos que la Iglesia no tiene mancha ni arruga, sino que es santa, pero solo por la fe en Cristo Jesús[161]. Una vez más: es santa en vida y en su manera de vivir, por la abstinencia de los deseos de la carne y el ejercicio de los frutos espirituales. Pero no de tal modo que ya sea libre de todo mal deseo, o se encuentre purgada de toda opinión y error impío. Pues la Iglesia siempre confiesa sus pecados, ora por el perdón de sus faltas, y cree también en el perdón de los pecados[162]. Por tanto, los santos pecan, caen, y también yerran; pero por ignorancia. Pues de su propia voluntad no niegan a Cristo, ni abandonan el Evangelio; por tanto, tienen remisión de pecados. Y si por ignorancia se equivocan también en la doctrina, esto es igualmente perdonado. Pues al final reconocen su error, y reposan solamente en la verdad y la gracia de Dios ofrecida en Cristo. Así sucedió con Jerónimo, Gregorio, Bernardo y otros. Por tanto, los cristianos procuran evitar las obras de la carne, pero no pueden evadir los deseos y el morbo de la carne.

Por tanto, es útil que los piadosos sientan la impureza de su carne, para que no se hinchen con opiniones vacías e impías sobre la justicia de las obras, como si por ellas fueran aceptados delante de Dios. Los monjes, hinchados con esta opinión de su propia justicia, pensaban ser tan santos, que vendían su justicia y santidad a otros, aunque por el testimonio de sus propios corazones estaban convencidos de que eran impuros. Así de pernicioso y pestilente es el veneno de confiar en la justicia propia, como también la idea de que uno puede limpiarse a sí mismo. Sin embargo, los creyentes, al sentir la impureza de sus propios corazones, no pueden confiar en su propia justicia. Este sentimiento hace que se doblegan, se humillen, y no puedan confiar en sus propias buenas obras. Más bien se verán obligados a huir a Cristo, su Propiciatorio[163] y único auxilio. Él no tiene carne corrupta y pecaminosa, sino la carne más pura y santa, que Él ha dado por la vida del mundo. En Él encuentran

---

161. *ecclesiam non habere maculam aut rugam, sed esse sanctam, per fidem tamen in Jesum Christum.*
162. Lutero alude al tercer artículo del credo.
163. *Christum Propiciatorem.*

una justicia santa y perfecta. Por tanto, los creyentes se mantienen humildes. No confían en una justicia falsificada a la manera de los monjes, sino en una verdadera y sin disimulos, ya que la impureza todavía permanece en ellos. Si Dios los juzgara estrictamente a partir de esta, les daría fallo de culpables, merecedores de la muerte eterna. Pero no se hinchan de orgullo frente a Dios. Más bien, con corazón quebrantado y contrito, se humillan reconociendo sus pecados, y reposan enteramente en el beneficio de Cristo el Mediador. Así llegan a la presencia de Dios y oran por el perdón de sus pecados por causa de Él mismo. Por tanto, Dios los cubre con un infinito cielo de gracia, y no les imputa sus pecados, por causa de Cristo[164].

Digo esto para que tengamos los ojos bien abiertos ante los errores perniciosos de los papistas sobre la santidad de nuestra vida. Ellos pueden enredar nuestras mentes de un modo tal que no podemos sacudirnos sin gran esfuerzo. Por tanto, procuren discernir con diligencia, y podrán juzgar debidamente entre la justicia y la santidad verdaderas, y la hipocresía. Entonces podrán ver el reino de Cristo con ojos distintos a los de la razón carnal, es decir, con ojos espirituales, y juzgar debidamente quienes son los verdaderos santos, aquellos que han sido bautizados y han creído en Cristo. Después, en la misma fe por la que han sido justificados, y por la cual sus pecados pasados y presentes han sido perdonados, se abstienen de los deseos de la carne. Pero no quedan totalmente limpios de estos deseos, pues la carne se opone al espíritu. No obstante, estos deseos impuros y rebeldes permanecen en ellos, para que puedan ser humillados, y al serlo, sientan la dulzura de la gracia y el beneficio de Cristo. Por tanto, estos residuos de deseos impuros y pecados no los perjudican para nada. Más bien, son de gran provecho para los creyentes. Pues cuanto más sientan sus flaquezas y pecados, tanto más acudirán a Cristo, al trono de la gracia, y con más fervor ansiarán su ayuda y socorro. Es decir, que Él los adorne con su justicia, que les aumente la fe, y que les proporcione su Santo Espíritu, por cuya guía llena de gracia puedan vencer los deseos de la carne, para que estos no gobiernen, sino que sean sometidos. Por tanto, los verdaderos cristianos luchan continuamente contra el

---

164. *expandit super eos Deus immensum coelum gratiae, ac peccata propter Christum non imputat eis.*

pecado, y sin embargo, en la lucha no son vencidos, sino que obtienen la victoria.

He dicho esto para que puedan entender, no por medio de ilusiones soñadoras, sino por la palabra de Dios, quiénes son los verdaderos santos. Podemos, así, ver el alcance de la doctrina cristiana para levantar y consolar a las conciencias débiles. No se trata de capuchas, cogullas, afeitadas, fraternidades, y juguetes semejantes, sino de asuntos elevados y de gran peso, a saber, de cómo podemos vencer a la carne, el pecado, la muerte, y el diablo. Esta doctrina es desconocida por los legalistas y todos cuantos confían en sus propias obras. Ellos no tienen la capacidad de instruir o encarrilar a la conciencia vagabunda y descarriada, o de apaciguarla y consolarla cuando se encuentra en medio de la pesadumbre, el terror, o la desesperación.

VERSÍCULO 19. *Y manifiestas son las obras de la carne, que son: Adulterio, fornicación, inmundicia, lascivia, idolatría, hechicerías, etc.*

Pablo no recita todas las obras de la carne, sino que usa un cierto número para representar una lista indefinida. Primero, hace un recuento de todo tipo de lujurias[165], como el adulterio, la fornicación, la impureza, y la disipación. Pero el deseo carnal no es la única obra de la carne, como imaginaron los papistas; pues ellos también llaman al matrimonio una obra de la carne (tan castos y santos son estos hombres), aunque Dios mismo es el autor del matrimonio, y ellos mismos lo cuentan entre sus sacramentos. En cambio, el apóstol incluye también entre las obras de la carne (como he dicho antes) la idolatría, la hechicería, el odio, y otros. Por tanto, este lugar por sí solo basta para demostrar ampliamente lo que Pablo quiere decir con las obras de la carne. Estas palabras son tan conocidas que no requieren interpretación alguna. *Sin embargo, el que quiera saber el significado de cada palabra en particular puede leer el antiguo comentario que publiqué en 1519. Allí mostré, según mis capacidades, la naturaleza y fuerza de cada palabra del catálogo de las obras de la carne y los frutos del Espíritu. Ahora, al exponer la Epístola a los Gálatas, nuestro propósito principal ha sido entregarles lo más claramente posible el artículo de la justificación.*

---

165. *species libidinis.*

Idolatría

Todas las religiones más elevadas, y las devociones más piadosas y fervientes de todos los que rechazan a Cristo el Mediador, y adoran a Dios sin su palabra y ordenanza, son nada más que pura idolatría. En el papado, los monjes se encerraban en sus celdas para reflexionar y meditar en Dios y sus obras. A medida que calentaban sus más fervorosas devociones, se hincaban, rezaban, y caían postrados y embelesados contemplando cosas tan celestiales que lloraban de felicidad. Estos despliegues de fervor se consideraban las obras más santas y espirituales.

Allí no estaban pensando en mujeres, ni en criatura alguna, sino solo en Dios el Creador, y en sus grandes maravillas. No obstante, esta obra de la mayor espiritualidad (según lo estima la razón) es, de acuerdo a Pablo, una obra de la carne, y mera idolatría. Y cuanto más santa y piadosa es en las apariencias, tanto más peligrosa y perniciosa es. Pues hace que la gente se aparte de la fe en Cristo, y que confíen en sus propias fuerzas, obras, y justicia. Tal es la religión de los anabaptistas de hoy; aunque a diario se traicionan demostrando que están poseídos por el diablo, y que son sediciosos y sanguinarios.

Por tanto, los ayunos, el vestirse de pieles, las obras santas, los reglamentos estrictos, y toda la vida de los monjes cartujos y las monjas de la Cartuja, cuyo reglamento, no obstante, es el más estricto y severo, son las obras mismas de la carne; sí, son pura idolatría. Pues por ellas se imaginan que son santos, y que serán salvos, no por medio de Cristo (a quien sirven por temor como si fuera un juez severo y cruel), sino sirviendo a sus reglamentos y órdenes. Ciertamente piensan en Dios, en Cristo, y en las cosas celestiales, pero lo hacen según su propio razonamiento, y no de acuerdo a la palabra de Dios. Es decir, piensan que, por sus vestimentas y manera de vivir, toda su vida es santa y agradable a Cristo. No solo esperan apaciguarlo con su vida austera, sino también que Él los recompensará por sus buenas obras y justicia. Por tanto, sus pensamientos más espirituales (según ellos se imaginan) no son solo carnales, en su mayoría, sino también impíos en extremo; pues quisieran borrar sus pecados y obtener gracia y vida eterna confiando y aferrándose a su propia justicia, y rechazando y despreciando la palabra, la fe, y a Cristo. Por tanto, todas las adoraciones, servicios a Dios[166], y todas las religiones sin Cristo son idolatría y culto a ídolos. El Padre tiene contentamiento solo en Cristo. Todo aquel que lo oye, y hace lo que Él ha ordenado, ese es amado por causa del «Amado»[167]. Él nos ordena creer en su palabra y ser bautizados, y no ingeniar cualquier otra nueva modalidad de adorar o servir a Dios.

Tal como lo he dicho antes, las obras de la carne son manifiestas: adulterio, fornicación, y otras similares. Pero la idolatría presenta un teatro tan bueno, y es tan espiritual, que muy pocos, es decir, de los fieles, la reconocen como una obra de la carne. Pues cuando el monje vive en celibato, ayuna, reza lo requerido por su orden, o dice misa[168], se considera muy lejos de ser un idólatra, o de satisfacer alguna obra de la carne. Más bien, está totalmente persuadido y confiado de que es dirigido y gobernado por el Espíritu, que camina conforme al Espíritu, y que piensa, habla, y no hace sino cosas espirituales. Está convencido de que rinde un servicio aceptable a Dios como ningún otro. Hoy en día, nadie puede persuadir a los papistas de que su misa es una gran blasfemia contra Dios, y de que, desde los tiempos del apóstol, jamás se ha visto en la Iglesia otra idolatría tan horrible. Pues son ciegos y obstinados, y por tanto, juzgan perversamente a Dios y las cosas de Él. Pues suponen que con la idolatría se rinde verdadero culto a Dios, e inversamente, que la fe es idolatría. No obstante, nosotros creemos en Cristo y conocemos su pensamiento. Por eso somos capaces de juzgar y discernir todas las cosas en verdad, y ante Dios no podemos ser juzgados por ningún ser humano.

Por tanto, queda claro aquí que Pablo llama «carne» a todo lo que hay en el hombre, abarcando los tres poderes del alma. Estos son la voluntad de la lujuria[169], la voluntad de la ira[170], y la razón. Las obras de la voluntad lujuriosa son adulterio, fornicación, impureza y otras obras semejantes. Las obras de la voluntad iracunda son los pleitos, las contiendas, asesinatos, y otras así. Las obras de la razón o el intelecto[171] son los errores, falsas religiones,

---
166. *omnes cultus.*
167. *est dilectus propter dilectum.*
168. *legit horas canonicas, sacrificat, etc.*
169. *voluntatem concupiscibilem.*
170. *voluntatem irascibilem.*
171. *rationis seu intellectus.*

supersticiones, idolatría, herejías (las sectas), y otras semejantes. Es muy necesario que conozcamos estas cosas, pues esta palabra, «carne», ha sido oscurecida en el mundo del papado. Ellos han tomado la obra de la carne como nada más que la satisfacción del deseo carnal, o el acto de la lujuria. Por eso no pueden comprender a Pablo. Pero aquí podemos ver claramente que Pablo cuenta la idolatría y la herejía entre las obras de la carne. No obstante, estas dos (como ya dijimos) son valoradas por la razón como si fueran las más grandiosas y excelentes virtudes, sabiduría, religión, santidad, y justicia. Pablo las llama la religión de los ángeles (Colosenses 2). Sin embargo, aunque en las apariencias ostenta la más santa y piadosa espiritualidad, no es otra cosa que una obra de la carne; abominación e idolatría contra el Evangelio, contra la fe, y contra el verdadero servicio a Dios. Esto lo ven los fieles, pues tienen ojos espirituales. Pero los legalistas juzgan lo contrario: pues un monje jamás puede convencerse de que sus votos son obras de la carne. Y del mismo modo, jamás un musulmán creería que su Corán, sus lavamientos[172], y otras ceremonias, podrían ser obras de la carne.

Hechicería

En el capítulo 3 ya hablé de la hechicería. Antes de que se revelara la luz y la verdad del Evangelio, este vicio era común en nuestros días. Cuando yo era niño, había muchas brujas y hechiceros que echaban sus hechizos sobre el ganado y la gente, en particular sobre los niños. La cosecha entera se echaba a perder por las granizadas y las tempestades que sus encantamientos causaban. Sin embargo, ahora, a la luz del Evangelio, estas cosas ya no se escuchan tan frecuentemente, pues la luz del Evangelio ha sacado al diablo de su asiento, junto con todas sus engañosas alucinaciones. No obstante, hoy en día ha embrujado a los hombres con cosas más horribles, a saber, con sortilegios y hechicerías espirituales.

Pablo cuenta la hechicería entre las obras de la carne. Como todos saben, no se trata de una obra del deseo carnal o la lascivia, sino de un tipo de idolatría. Pues la hechicería hace un pacto con el diablo. La superstición o la idolatría jura un pacto con dios, pero no con el Dios verdadero, sino con un dios falso. Por tanto, la idolatría

---

172. *baptismata*.

es, en realidad, hechicería espiritual. Tal como los brujos hechizan al ganado y la gente, así los idólatras, es decir, todos los legalistas, o quienes se justifican a sí mismos, procuran embrujar a dios, o mejor dicho, a un dios inventado por ellos mismos. Llegan a creer que ese dios imaginario los justificará, pero no por su libre gracia, misericordia, y la fe en Cristo, sino por respeto a sus adoraciones, nacidas de la voluntad, y las obras de su propio albedrío. Creen que, como recompensa, les dará justicia y vida eterna. Sin embargo, mientras procuran embrujar a su dios, se embrujan a sí mismos; pues si siguen en esta impía opinión que han concebido de Dios, morirán en su idolatría y serán condenados. La mayoría de las obras de la carne son bien conocidas, por lo que no es necesario aclararlas más.

Sectas

Al hablar de sectas, Pablo no se refiere aquí a esas divisiones o contiendas que a veces surgen en el gobierno de los hogares, en los mancomunados[173], o en los asuntos mundanos y terrenales. Se refiere a aquellas que surgen en la Iglesia con respecto a la doctrina, la fe, y las obras. Como ya hemos dicho, las herejías, es decir, las sectas, siempre han existido en la Iglesia, en diferentes lugares. No obstante, el papa es el archihereje, y la cabeza de todos los herejes; pues él ha llenado el mundo de un inmenso diluvio de infinitas sectas y errores. ¿Qué concordia y unidad podía haber en una diversidad tan grande de monjes, y otras órdenes religiosas? Ningún tipo o secta de cualquiera de ellas podía convenir con otra; pues medían su santidad por la severidad de sus órdenes. De ahí que los cartujos se consideran más piadosos que los franciscanos, y lo mismo sucede con las demás. Por lo cual no hay unidad de espíritu, ni concordia entre las mentes, sino una gran discordia en la iglesia papal. No hay conformidad en su doctrina[174], fe, religión, o servicio racional[175], sino que todas las cosas son totalmente contrarias. Por su parte, entre los cristianos, la palabra, la fe, la religión, los sacramentos, el servicio, Cristo, Dios, el corazón, el alma, el entendimiento[176], y la

---

173. *in Oeconomia aut Politia.*
174. *non est una et eadem doctrina.*
175. *cultus et mens.*
176. *sensus.*

voluntad, son uno y común a todos. Además, con respecto a la vida, y a la diversidad de condiciones, grados, y formas de vivir, para nada estorban la concordia y la unidad espiritual, como he dicho antes. Y quienes tienen esta unidad de espíritu, ciertamente pueden juzgar con respecto a todas las sectas; de otra manera, nadie podría entender aquello. Es así que, indudablemente, en todo el papado no hubo un solo teólogo que comprendiese a Pablo en este texto, en el cual condena todas las adoraciones, religiones, abstinencias, vidas pulcras, y santidad de vida aparente, entre todos los papistas, sectarios, y cismáticos. Por el contrario, todos pensaron que se refería a la idolatría crasa y las herejías de los gentiles y musulmanes, que blasfeman abiertamente el nombre de Cristo.

Borracheras, glotonería[177]

Pablo no dice que comer y beber sean obras de la carne, sino emborracharse y desenfrenarse; estos son, de todos los vicios, los más comunes hoy en día. Todos los que se han entregado a esta bestia del desenfreno y el exceso, deben saber que, por mucho que se jacten de ser espirituales, no lo son, pues siguen a la carne y satisfacen sus deseos. En cambio, se dicta contra ellos esta horrible sentencia: que ninguno heredará el reino de Dios. Por tanto, Pablo quiere que los cristianos huyan de la borrachera y la disipación, y que vivan sobria y moderadamente, sin excesos, no sea que, por consentir a la carne, sean provocados al desenfreno. Porque, ciertamente, tras la disipación y los festejos de la gula, la carne tiende al desenfreno, y a inflamarse con una vergonzosa lujuria. Sin embargo, no basta con solo refrenar esta vergonzosa disipación y lascivia que sigue a la borrachera y el desenfreno, o cualquier tipo de exceso; también la carne, cuando se halla sumamente sobria y templada, debe ser sometida y reprimida, no sea que satisfaga sus morbos y deseos. Pues a veces sucede que aun los más sobrios de todos son los más tentados. Como dijo Jerónimo, hablando de sí mismo: «Mi rostro estaba pálido de ayuno, y mi mente, inflamada de deseos carnales en mi cuerpo frío; y aunque mi carne estaba ya medio muerta, todavía las llamaradas de la lascivia impura hervían en mí». Esta fue también mi experiencia cuando fui monje. Así que

---

177. *comessationes*.

el calor de los deseos impuros no se apaga solo con ayunos, sino que debemos recibir el socorro del Espíritu, es decir, a medida que meditamos en la palabra de Dios, la fe, y la oración. Ciertamente el ayuno reprime los fuertes ataques del deseo carnal. Pero los deseos de la carne no se vencen al abstenerse de comidas y bebidas, sino solamente por la mediación de la palabra de Dios y la invocación de Cristo.

VERSÍCULO 21. *Y cosas semejantes.*

Pues es imposible enumerar todas las obras de la carne.

VERSÍCULO 21. *De las cuales os denuncio, como también ya os denuncié, que los que hacen tales cosas, no heredarán el reino de Dios.*

Esta es una declaración muy fuerte y terrible, pero muy necesaria, contra los falsos cristianos e hipócritas descuidados, que se jactan del Evangelio, la fe, y el Espíritu, y no obstante, satisfacen con toda confianza las obras de la carne. Pues principalmente los herejes, hinchados con sus propias opiniones de los asuntos espirituales[178] (como sueñan en sus imaginaciones), están poseídos del diablo, y son del todo carnales. Por tanto, cumplen y satisfacen los deseos de la carne, aun con todas las facultades del alma. Por lo que es sumamente necesario que el apóstol pronuncie una sentencia tan horrenda y terrible contra estos descuidados legalistas y obstinados hipócritas (que todos los que hacen tales obras de la carne, enumeradas por Pablo, no heredarán el reino de Dios). Pablo dice esto para que, al escuchar esta severa sentencia, algunos de ellos se horroricen y comiencen a luchar por medio del Espíritu contra las obras de la carne, a fin de no satisfacer sus deseos.

VERSÍCULO 22. *Mas el fruto del Espíritu es amor, gozo, paz, paciencia, benignidad, bondad, fe.*

El apóstol no dice las obras del Espíritu, como dijo de las obras de la carne. En lugar de eso, adorna estas virtudes cristianas con un nombre más honroso, llamándolas el fruto del Espíritu. Estas traen

---

178. *de rebus spiritualissimis.*

consigo los frutos más provechosos[179]. Pues todos los que los tienen rinden gloria a Dios, y con ellos atraen y provocan a otros a abrazar la doctrina y la fe de Cristo.

Amor

Con solo decir «amor», y nada más, habría bastado, pues el amor abarca todos los frutos del Espíritu. Además, en 1 Corintios 13, Pablo atribuye el amor a todos los frutos hechos en el Espíritu, cuando dice: «El amor es paciente, bondadoso», y cosas similares.

No obstante, aquí lo coloca por sí mismo, entre los demás frutos del Espíritu, y dándole el primer lugar. Con esto, advierte a los cristianos que, ante todo, deben amarse los unos a los otros, honrándose mutuamente, y prefiriéndose los unos a los otros. Pues Cristo y el Espíritu Santo moran en ellos, y tienen la palabra, el bautismo, y otros dones de Dios que los cristianos poseen.

Gozo

Esta es la voz del novio y de la novia. Es decir, las dulces meditaciones en Cristo, las exhortaciones provechosas, los salmos y cánticos agradables, y las alabanzas y dádivas de gracia con las cuales los piadosos instruyen, animan, y se consuelan. Dios, por tanto, se aparta de un espíritu amargo. Aborrece la doctrina en la cual priman la congoja y el desánimo. Reprueba el espíritu melancólico y pesado. En cambio, por otro lado, ama los corazones alegres. Es por eso que ha enviado a su Hijo, no para oprimirnos con pesadumbre y tristeza, sino para alegrar nuestras almas en Él[180]. Pues por esta causa los profetas, los apóstoles, y Cristo mismo nos exhortan, es más, nos ordenan regocijarnos y estar felices: «Alégrate mucho, hija de Sión; da voces de júbilo, hija de Jerusalén: he aquí, tu Rey vendrá a ti, él es justo y salvador» (Zacarías 9:9). Y en los Salmos, con frecuencia encontramos: «Regocijaos en el Señor». Pablo dice: «Regocijaos siempre en el Señor» (Filipenses 4:4). Y Cristo dice: «Regocijaos porque vuestros nombres están escritos en los cielos». Cada vez que existe este espíritu, interiormente el corazón se regocija por la fe en Cristo, plenamente confiado de que Él es nuestro

---

179. *maximam utilitatem et fructum.*
180. *ut exhilararet nos.*

Salvador y Pontífice[181]. Y exteriormente expresa este gozo con palabras y gestos. Además, los fieles se regocijan cuando ven cómo el Evangelio se propaga en lugares lejanos, a fin de que muchos sean ganados para la fe, y así se expanda el reino de Cristo.

Paz

Tanto para con Dios como para con los hombres, pues la finalidad es que los cristianos sean mansos y apacibles. No contenciosos, ni odiándose, sino llevando los unos las cargas de los otros; con perseverancia[182], sin la cual la paz no puede permanecer, y por esa razón Pablo la coloca después de la paz.

Tolerancia o perseverancia[183]

Yo pienso que es una paciencia constante. Con ella, el hombre no solo puede sobrellevar adversidades, agravios, injurias, y cosas semejantes, sino también aguardar pacientemente que se enmienden los que lo han perjudicado. Cuando el diablo no puede vencer a los tentados por la fuerza, procura vencerlos en el largo plazo. Pues sabe que somos vasijas de barro, incapaces de resistir y soportar muchos golpes y violentos choques. De este modo, cuando prolonga sus tentaciones por mucho tiempo, muchos se rinden. Para vencer estos ataques continuos debemos usar la perseverancia, la cual, con paciencia, mantiene la mirada fija, no solo esperando que quienes nos perjudican se enmienden, sino también para que las tentaciones que el diablo provoca contra nosotros lleguen a su fin.

Benignidad

Es cuando la persona es mansa y de buena disposición en su vida diaria. Pues los seguidores del Evangelio no serán ásperos ni amargados, sino tiernos, humanos[184], corteses, y de buen hablar, a fin de que otros se sientan atraídos a deleitarse en su compañía. Ellos podrán pasar por alto las faltas de otros, o al menos dar la mejor explicación de lo sucedido; se contentarán cediendo y dando su lugar a otros. Además, podrán sobrellevar a los impulsivos e

---

181. *pontificem.*
182. *per patientiam.*
183. μακροθυμία, la cual Lutero interpreta como *assiduitas patientiae.*
184. *humani.*

intratables. Pues aun los paganos lo dicen: «Debes conocer las costumbres de tu amigo, pero no las debes odiar». Así también fue Cristo nuestro Salvador, como podemos ver a través de los Evangelios. De Pedro se escribió que, cuando recordaba la dulce mansedumbre de Cristo, que lo guiaba cada día en su trato con otros, lloraba. Es una excelente virtud, y muy necesaria en cada aspecto de la vida.

Bondad

Existe cuando la persona de buena voluntad socorre a otras en sus necesidades al dar, prestar, y hacer obras semejantes.

Fe

Ya que aquí Pablo cuenta la fe entre los frutos del Espíritu, es obvio que no habla de la fe en Cristo, sino de la fidelidad u honradez[185] de una persona para con otra. Por eso dice, en 1 Corintios 13, que el amor todo lo cree. Por eso dice que esta fe no es recelosa sino amable, y que en todos ve siempre lo mejor. Y si alguien fuera engañado, y se enterara de que ha sido traicionado, tal es su paciencia y amabilidad, que pasaría por alto el asunto. En resumen, está presto a creer en todos, aunque no deposita su confianza en nadie[186]. En cambio, cuando falta esta virtud, la gente se vuelve desconfiada, reacia, huraña, testaruda, de modo que nadie cree a nadie, ni da lugar a nadie; no hay tolerancia mutua. Por muy bien que alguien hable o actúe, es cuestionado y calumniado, de modo que todo aquel que no lo elogie ni exalte le resulta odioso. Por lo que es imposible que puedan tener amor, amistad, acuerdos, o paz con ser humano alguno. Pero, si estas virtudes llegaren a faltar, ¿qué quedaría en esta vida, excepto morderse y devorarse unos a otros? Por tanto, en este texto, la fe es cuando uno le da valor al otro en todo lo que tiene que ver con esta vida presente. Pues ¿qué manera de vivir sería esta si en este mundo no creyéramos los unos en los otros?

Mansedumbre

Es cuando la persona no se molesta ni es provocada al enojo con facilidad. En esta vida hay infinitas ocasiones que provocan a la ira, pero los creyentes las vencen con mansedumbre.

---

185. *candorem*.
186. *I.e.* porque confía solo en Dios.

Sobriedad, temperancia[187]

Esta es una sobriedad o cuidadosa moderación[188] en toda la vida del hombre. Es una virtud que Pablo contrapone a las obras de la carne. Él quiere que el cristiano viva sobria y decorosamente; que no sea adúltero, ni fornicario, ni disoluto. Y si no pueden vivir en castidad, entonces que se casen. Además, no deben ser contenciosos ni pendencieros, no deben darse a borracheras ni desenfrenos, sino abstenerse de todas estas cosas. La castidad o la templanza[189] incluyen todo. Jerónimo explica la temperancia solo en relación con la virginidad, como si los casados no pudieran ser castos, o como si el apóstol solo hubiera escrito estas cosas a los que nunca perdieron la virginidad. En Tito 1 y 2, Pablo también advierte a los obispos, a los jóvenes, y a los casados, hombres y mujeres por igual, que sean castos y puros.

VERSÍCULO 23. *Contra tales cosas no hay ley.*

Es cierto que hay una ley, pero no contra estas cosas. Como también dijo en otro lugar: «La ley no fue dada para el justo» (1 Timoteo 1:9). Pues los justos viven de tal modo que no necesitan ninguna ley, ni advertencias, ni frenos. Más bien, de buena voluntad cumplen con las cosas que la ley requiere sin el freno de la ley. Por tanto, la ley no puede acusar ni condenar a los que creen en Cristo. Es cierto que la ley acusa y perturba nuestra conciencia; pero estando tomados de la mano de Cristo por la fe, Él la vence, con todos sus terrores y amenazas. Así que, para ellos, la ley simplemente ha sido abolida. Ya no tiene poder para acusarlos, pues espontáneamente hacen lo que la ley requiere. Por la fe, han recibido el Espíritu Santo, que no les permite estar ociosos. Aunque la carne se opone, andan conforme al Espíritu. Así, interiormente, el cristiano satisface la ley por la fe (pues, para todos los que creen, Cristo cumple perfectamente la ley para justicia), y exteriormente, obra y recibe la remisión de pecados. Sin embargo, al que obra para satisfacer los deseos de la carne, la ley lo acusa tanto en lo civil como en lo espiritual.

---

187. *continentia.*
188. *sobrietas, temperantia seu moderatio.*
189. *castitas seu continentia.*

VERSÍCULO 24. *Pero los que son de Cristo han crucificado la carne con sus pasiones y deseos.*

Todo este pasaje sobre las obras demuestra que los verdaderos creyentes no son hipócritas. Por tanto, que nadie se engañe, dice, pues todo aquel que pertenece a Cristo crucifica a la carne con todos sus vicios y deseos. Pues los santos aún no mudan totalmente su piel viciada, y se inclinan hacia el pecado. Tampoco temen ni aman a Dios tan perfectamente como deberían. Además, son provocados a la ira, la envidia, la impaciencia, los deseos impuros, y ese tipo de emociones. No obstante, no las satisfacen. Pues (como Pablo dice aquí) crucifican a la carne, con todas sus pasiones y deseos. Logran esto no solo cuando reprimen el desenfreno de la carne con ayunos y otros ejercicios, sino también (como dijo Pablo antes) cuando andan de acuerdo al Espíritu. Es decir, cuando, siendo advertidos por las amonestaciones de Dios, en las cuales enseña que castigará severamente el pecado, echan fuera el pecado. Además, cuando, armados de la palabra de Dios, la fe, y la oración, no satisfacen los deseos de la carne.

Cuando de esta manera resisten a la carne, la crucifican con sus pasiones y deseos. Por tanto, aunque la carne todavía tenga vida, no satisface lo que quisiera hacer, por cuanto ha sido maniatada, y clavada firmemente a la cruz. Los fieles, pues, mientras viven, crucifican la carne, es decir, sienten los deseos de la carne, pero no los satisfacen. Pues han sido armados con la armadura de Dios, es decir, con la fe, la esperanza, y la espada del Espíritu. Así resisten a la carne y la crucifican con esos clavos espirituales que la obligan a obedecer al Espíritu. Después, cuando mueren, se despojan totalmente de ella. Pero cuando se levanten nuevamente, de la muerte a la vida, tendrán una carne pura e incorrupta, sin afectos ni lujurias.

CONFERENCIA 39: sábado 5 de diciembre

VERSÍCULO 25. *Si vivimos en el Espíritu, andemos también en el Espíritu*[190].

Anteriormente, el apóstol incluyó entre las obras de la carne la herejía y la envidia, y condenó a los envidiosos, autores de sectas,

---

[190]. En el texto latino de Irmischer, 5:25 comienza el capítulo 6. Lo mismo sucede en el texto de Weimar. Aquí he utilizado la versificación de la versión Reina Valera, siguiendo los comentarios de Lutero correspondientes al texto griego de los versículos.

diciendo que no heredarían el reino de Dios. Y ahora, como si hubiera olvidado lo dicho un poco antes, nuevamente reprocha a quienes son fácilmente provocados y se envidian mutuamente. ¿Por qué lo repite? ¿Acaso no bastó con la primera vez? Ciertamente, lo hizo a propósito, pues aquí aprovecha el momento para denunciar ese execrable vicio de la vanagloria[191], la causa de los problemas de todas las iglesias de Galacia. Este ha sido siempre el más pernicioso y perjudicial para toda la Iglesia de Cristo. Por tanto, en su epístola a Tito, no aprueba que un vanaglorioso sea ordenado obispo. Pues la vanagloria (como observó Agustín) es la madre de todas las herejías, o más bien la fuente de todo pecado y confusión, como lo atestigua la historia tanto sagrada como secular.

La vanagloria o la arrogancia[192] siempre ha sido un veneno común en el mundo. Los mismos poetas e historiadores paganos siempre la han reprochado tajantemente. No hay pueblo en donde no haya algún fulano deseoso de ser tenido por más sabio y más merecedor de respeto que los demás. Sin embargo, están infectados por esta enfermedad, pues se apoyan en la reputación que les ha dado su erudición y sabiduría. En este caso, nadie cederá ante el otro, como dice el proverbio: «No es fácil hallar a alguien que elogie a otro por su ingenio y habilidad; pues es cosa buena ver a los hombres señalar a otro y decir: ese es». No obstante, la vanagloria no es tan perjudicial en las personas particulares, y ni siquiera en algún tipo de magistrado, como lo es en aquellos que tienen algún cargo en la Iglesia. Sin embargo (particularmente cuando se halla en los grandes personajes), no solo causa embrollos y arruina comunidades, sino que produce también desconciertos y alteraciones de reinos e imperios, como lo atestiguan en sus escritos tanto la historia sacra como la profana.

No obstante, cuando este veneno se desliza dentro de la Iglesia, o del reino espiritual, faltan las palabras para contar todo el daño que causa. Pues allí no hay disputa tocante a erudición, ingenio, belleza, riquezas, reinos, imperios, y cosas semejantes. Más bien, tiene que ver con la salvación o la condenación; la vida eterna, o la muerte eterna. Por lo que Pablo exhorta fervorosamente a los

---

191. Lutero utiliza la palabra griega κενοδοξία (kenodoxia) durante su conferencia. Debe recordarse que Lutero dirige sus conferencias a un grupo de seminaristas que conocen el griego del Nuevo Testamento.
192. Como en la nota anterior, aquí Lutero también utiliza el griego κενοδοξία (kenodoxia) durante su conferencia.

ministros de la palabra a huir de este vicio, diciendo: «Si vivimos en el Espíritu». Como si dijera: Si es verdad que vivimos por el Espíritu, entonces prosigamos a andar ordenadamente en el Espíritu. Pues donde está el Espíritu, renueva a los hombres, y obra en ellos nuevos sentimientos. Es decir, habiendo antes sido arrogantes, iracundos, y envidiosos, ahora son humildes, mansos, y pacientes. Estos no buscan su propia gloria, sino la gloria de Dios. No se provocan entre ellos, ni se envidian, sino que ceden su lugar al otro, y en honra se prefieren el uno al otro. Por el contrario, tenemos a los que andan rebuscando gloria y se envidian mutuamente; algunos hasta se jactan de tener el Espíritu y de vivir en el Espíritu. Pero se engañan a sí mismos, pues van en pos de la carne y cumplen sus obras y ya tienen su merecido juicio: «no heredarán el reino de Dios».

Pues bien, nada es tan peligroso para la Iglesia como este vicio tan horrendo, y nada es tan común. Pues cuando Dios envía sus obreros a la cosecha, enseguida Satanás también envía a sus ministros, que de ninguna manera se harán pasar por menos que los debidamente llamados[193]. Aquí surge inmediatamente la disensión. Los impíos no ceden ni un pelo ante los piadosos, pues sueñan que los sobrepasan en ingenio, erudición, piedad, espíritu, y otras virtudes. Mucho menos deben ceder los piadosos ante los impíos, no sea que pongan en peligro la doctrina de la fe. Además, tal es la naturaleza de los ministros de Satanás, que hacen un buen teatro de su caridad, humildad, amor de la concordia, y otros frutos del Espíritu. Asimismo, protestan que no procuran nada sino la gloria de Dios y la salvación de las almas de los hombres. No obstante, están henchidos de arrogancia, haciendo todo con el único fin de lograr las κενόδοξοι[194] [lisonjas] y los elogios de los hombres. En resumen, piensan que la piedad es ganancia (1 Timoteo 6:5), y que el ministerio de la palabra se les ha entregado para lograr fama y estima. Por tanto, no son más que autores de disensiones y sectas.

De ahí que la κενοδοξία [vanagloria] de los falsos apóstoles haya sido la razón por la cual las iglesias de Galacia fueron perturbadas y abandonaron a Pablo. En este capítulo en particular, Pablo se empeña en suprimir ese vicio tan execrable. De hecho, ese fue el mal

---
193. *rite vocati*.
194. Alabanzas, cumplidos, lisonjas, elogios. Aquí Lutero otra vez usó la palabra griega, pero en el plural.

que motivó al apóstol a escribir toda esta epístola. Y si no lo hubiera hecho, todo su esfuerzo vertido en la predicación del Evangelio entre los gálatas habría sido en vano. Pues en su ausencia, los falsos apóstoles, personas que hacían gala de gran autoridad, reinaban en Galacia. Ellos, además de aparentar afán por la gloria de Cristo y la salvación de los gálatas, pretendían también que habían guardado íntima compañía con los apóstoles. Se jactaban de haber seguido sus pisadas. Decían que Pablo no había visto a Cristo en la carne, ni había estado en la compañía de los demás apóstoles. Por tanto, lo desacreditaron, y rechazaron su doctrina, y se gloriaban de que su propia doctrina era sana y verdadera. Fue así como perturbaron a los gálatas, y levantaron sectas entre ellos, de modo tal que entre ellos mismos se provocaban y envidiaban. Todo esto fue una señal inconfundible. Demostraba que ni los maestros ni los alumnos vivían y andaban conforme al Espíritu, sino que seguían a la carne satisfaciendo sus obras. Por consiguiente, perdieron la verdadera doctrina, la fe, a Cristo, y todos los dones del Espíritu Santo. Se volvieron peores que los paganos.

No obstante, no solo inculpa a los falsos apóstoles que en su tiempo perturbaron a las iglesias de Galacia, sino que también previó en el Espíritu que surgiría un sinnúmero de otros iguales hasta el fin del mundo. Estos, habiendo sido infectados por este vicio pernicioso, irrumpirían en la Iglesia sin llamamiento[195], jactándose del Espíritu y la doctrina celestial. Con estos pretextos procurarían derrocar la verdadera doctrina y la fe. En nuestros días hemos visto muchos así, que se han dado la bienvenida al reino del Espíritu, es decir, al ministerio de la palabra. Por medio de esta hipocresía, se han granjeado fama y estima. Presumen de haber llegado a ser grandes maestros del Evangelio, tanto así que dicen vivir en el Espíritu y andar dirigidos por Él. *Pero cuando conquistaron las mentes de la gente con sus cautivantes palabras, enseguida se desviaron del camino recto. Comenzaron a enseñar alguna nueva idea. Buscaron renombre diciendo que fueron los primeros en señalar los errores de la Iglesia. Se jactan de haber quitado y corregido los abusos, derrocando al papado, y de haber descubierto cierta nueva doctrina en particular. Con esas vanaglorias incluso se jactaron de haber ganado el primer puesto entre*

---

195. *sine vocatione.*

los eruditos evangélicos. Pero como su gloria derivaba de la boca de los hombres, y no de Dios, no pudieron permanecer firmes y estables. Como lo profetizó Pablo, terminaron perdidos en su propia confusión, y su fin fue la destrucción. Pues «los malos son como el tamo que arrebata el viento».

El mismo fallo espera a todos los que buscan predicar el Evangelio para ganancia propia, y no para la gloria de Jesucristo. Pues el Evangelio no se nos ha entregado para procurar nuestra gloria y alabanza, ni tampoco para que el pueblo nos honre y alabe por ser sus ministros. Es, más bien, para que se predique y publique el beneficio y la gloria de Cristo, y que el Padre sea glorificado en su misericordia. Pues nos ofrece a Cristo su Hijo, a quien entregó por todos nosotros, y por quien nos ha dado todas las cosas. Por tanto, el Evangelio es una doctrina mediante la cual lo menos que debemos buscar es nuestra propia gloria. Pues el Evangelio nos presenta cosas celestiales y eternas que no son nuestras ni tampoco hemos hecho o merecido. Más bien nos ofrece, vuelvo a decir, lo que no merecemos, solo por la bondad y la gracia de Dios. Así que, ¿para qué buscar en él nuestra gloria y alabanza? Por tanto, todo el que busca su propia gloria en el Evangelio, habla de sí mismo. Y el que habla de sí mismo es un mentiroso, y no hay justicia en él. En cambio, el que busca la gloria del que lo envió, es verdadero, y no hay injusticia en él (Juan 7:18).

Por tanto, Pablo encomienda fervorosamente a todos los ministros de la palabra, diciendo: «Si vivimos en el Espíritu, andemos también en el Espíritu». Es decir, permanezcamos en la verdad que nos ha sido enseñada, en amor fraternal y acuerdo espiritual. Prediquemos a Cristo y la gloria de Dios con sencillez de corazón. Confesemos haber recibido de Él todas las cosas. No nos sintamos superiores a los demás. No organicemos sectas. Pues hacer estas cosas no es andar debidamente, sino desviarse del camino, y establecer una manera nueva pero perversa de andar.

Por lo cual podemos entender que Dios, en su gracia tan especial, sujeta a los maestros del Evangelio a la cruz y a todo tipo de aflicciones, para su propia salvación y la del pueblo. De otro modo, no podrían reprimir ni abatir esta bestia que se llama κενοδοξία [vanagloria]. Pues si la doctrina del Evangelio no viniera acompañada de persecución, cruz, y agravios, entonces sus maestros serían infectados y perecerían por el veneno de la vanagloria. Jerónimo dijo que había visto a muchos que podían sufrir grandes inconvenientes en su cuerpo y la falta de bienes, pero a ninguno que pudiera sacudirse los elogios. Pues es casi imposible que alguien no se infle al escuchar cualquier elogio de sus virtudes. Aunque Pablo tenía el Espíritu de Cristo, dijo que le fue dado un mensajero de Satanás que lo abofeteara, para que no se exaltara sobremanera por la grandeza de sus revelaciones (2 Corintios 12:7). Bien lo dijo Agustín: «Si un ministro de la palabra es alabado, está en peligro: si un hermano lo desprecia o lo desacredita, también está en peligro. Quien escucha al predicador de la palabra debe respetarlo por causa de la palabra; pero si se enorgullece, está en peligro. Al contrario, si lo desprecian, está fuera de peligro; no así para el que lo despreció».

Por tanto, debemos honrar nuestro gran beneficio, el cual es la predicación de la palabra y la participación en los sacramentos. También deberíamos reverenciarnos mutuamente, conforme al texto: «En cuanto a honra, prefiriéndoos los unos a los otros» (Romanos 12:10). Pero dondequiera que esto se practica, la carne inmediatamente siente el cosquilleo de la vanagloria y se hincha de orgullo; pues no hay nadie (ni siquiera entre los piadosos) que no prefiera ser elogiado en vez de despreciado. Tal vez alguno podría estar tan establecido en este asunto que fuera la excepción, no dejándose afectar ni por los halagos ni por los desprecios, como dijo la mujer de David: «El rey, mi señor, es como el ángel de Dios, que ni por bendición ni por maldición se mueve»[196] (2 Reyes 14; 2 Samuel 14:17). E igualmente dice Pablo: «Por honra y por deshonra, por mala fama, y por buena fama» (2 Corintios 6:8). Aquellos que no se inflan por los elogios ni se derrumban por la crítica, sino que sencillamente procuran establecer el beneficio de Cristo buscando la salvación de las almas, son los que caminan dignamente.

Por tanto, que cada cual esté atento a andar dignamente, y en particular los que se jactan del Espíritu. Si eres alabado, ten por cierto que no eres tú el alabado, sino Cristo, a quien se debe toda honra. Y cuando enseñas la palabra con rectitud, y vives piadosamente, estos no son tus propios dones, sino los dones de Dios,

---

196. Biblia San Jerónimo.

por lo que no eres tú el elogiado, sino Dios, que se te ha revelado. Si reconoces esto, andarás rectamente, y no hinchado de vanagloria, pues «¿Qué tienes que no hayas recibido?». Más bien confiesa que lo has recibido de Dios, y ni los agravios, ni los desprecios, ni la persecución te moverán a abandonar tu llamamiento.

Por lo cual Dios, por su sola gracia, hoy cubre nuestra gloria con infamia, reproche, odio mortal, cruel persecución, hostigamiento, y la maldición del mundo entero. Asimismo, con el desprecio y la ingratitud aun de aquellos que nos rodean, como también de la gente común. A estos se unen los ciudadanos, los caballeros, y los nobles (cuya enemistad, odio y persecución contra el Evangelio, aunque camuflados y discretos, son un peligro aun mayor que el trato externo de nuestros enemigos declarados). Todo esto es para que no hagamos alarde de los dones de Dios en nosotros. Es necesario que se cuelgue esta piedra de molino en nuestro cuello, para que no seamos infectados con ese veneno pestilente de la arrogancia. Hay algunos de nuestro lado que nos aman y reverencian por el ministerio de la palabra. Pero por cada uno que nos respeta, del otro lado hay cien que nos odian y persiguen. Por eso, ese trato rencoroso, y esas persecuciones por parte de nuestros enemigos, ese gran desdén e ingratitud, ese odio cruel y privado de aun aquellos que forman parte de nuestro círculo íntimo, son como paisajes agradables que nos causan alegría, pues fácilmente olvidamos que somos orgullosos.

Por tanto, regocijándonos en el Señor, nuestra gloria, sigamos caminando por la línea recta. Estos dones que tenemos, reconocemos que son dones de Dios, y no nuestros. Son dados para edificar el cuerpo de Cristo. Por eso no nos jactaremos de ellos. Pues sabemos que se demanda más de quienes reciben mucho, que de quienes reciben poco (Lucas 12:48). Además, sabemos que Dios no hace acepción de personas. Por tanto, el celador de la iglesia que usa el don que Dios le ha dado, agrada a Dios igual que un predicador de la palabra, pues sirve a Dios con la misma fe, y con el mismo espíritu. Por tanto, debemos valorar a los cristianos más ordinarios con la misma estima que ellos nos confieren. Así estaremos a salvo del veneno de la vanagloria, y andaremos en el Espíritu.

Contrario a esto, los espíritus fanáticos procuran su propia gloria, el favor de los hombres, la paz del mundo, la comodidad de la carne. Ellos no buscan la gloria de Cristo, ni tampoco la salvación de las almas (aunque protestan que no buscan otra cosa). En todo esto, no pueden evitar quedar al descubierto al recomendar su propia doctrina e industria y denigrar la de otros hombres; pues todo lo hacen con el objeto de granjearse renombre y alabanza. Dicen: Nadie supo esto antes que yo; yo fui el primero en verlo y enseñarlo. Por tanto, todos son espíritus κενόδοξοι [vanagloriosos], es decir, no se regocijan ni glorían en el Señor. Mas cuando se glorían piensan que son fuertes y robustos, porque son engrandecidos por el pueblo cuyos corazones ganaron mediante sus maravillosas mañas y sutilezas. Pues en sus propias palabras, acciones, y escritos pueden falsificar y desmenuzar todas las cosas. Sin embargo, cuando no son alabados y elogiados por el pueblo, se convierten en los hombres más miedosos del mundo, porque odian y evitan la cruz de Cristo y la persecución. En cambio, cuando se los alaba y exalta, entonces no hay otro más fortachón, atrevido y fornido que ellos, ¡ni siquiera Héctor ni Aquiles![197]

Por tanto, la carne es una bestia tan sagaz y mañosa, que sin más razón que esta maldita κενοδοξίαν [vanagloria], abandona su función[198], corrompe la verdadera doctrina, y quebranta la armonía en la Iglesia. Por eso Pablo, con toda razón, ásperamente la redarguye, tanto aquí como en otros textos. Así lo señalamos anteriormente en el capítulo 4: «Ellos tienen un celo equivocado por ustedes», dijo, «sí, para alejarme de ustedes, para que los amen solamente a ellos» (Gálatas 4:17). Es decir, ellos me desacreditan para volverse famosos ellos. No buscan la gloria de Cristo y vuestra salvación, sino su propia gloria, mis agravios, y vuestra esclavitud.

VERSÍCULO 26. *No nos hagamos vanagloriosos.*

Como ya lo dije, no nos inflemos de una gloria vacía. Esto no es otra cosa que retener para nosotros la gloria que le pertenece solo a Dios y a la verdad. La arrogancia se gloría en historias inventadas por nosotros, y en los elogios de todos los que están más que dispuestos a aplaudir por cualquier cosa. Aquí no hay ningún fundamento de la verdadera gloria, sino un falso fundamento, y por tanto, es imposible

---

197. ¿Puede el lector ver a Lutero imitando a Héctor y a Aquiles, en pose de fortachón, frente a sus alumnos?
198. *ordinem.*

tolerarla por mucho tiempo. El que alaba a un hombre siendo un hombre, es un mentiroso; pues en él no hay nada digno de alabar, lo único que merece es condenación. Por tanto, en cuanto a nuestra persona, nuestra gloria es esta: que todos han pecado y merecen la muerte eterna ante Dios. Pero cuando nuestro ministerio recibe honores, ese es otro caso. Pues no solo debemos querer, sino también hacer todo lo posible para que la gente lo magnifique, y reciba su debido respeto, pues esto se tornará para su salvación. Pablo advierte a los romanos que no ofendan a nadie. Por eso dijo: «No sea, pues, difamado vuestro bien» (Romanos 14:16). Y en otro texto: «... para que el ministerio no sea vituperado» (2 Corintios 6:3). Por eso, cuando nuestro ministerio recibe halagos, no somos elogiados debido a nuestra propia persona, sino que (como dice el salmo) somos alabados en Dios, y en su santo nombre.

VERSÍCULO 26. *Provocándoos unos a otros, envidiándonos unos a otros.*

Aquí él describe el efecto y el fruto de la vanagloria. Aquel que enseña cualquier error, o es el autor de cualquier doctrina nueva, no ha logrado más que provocar a otros. Cuando ellos no aprueban ni reciben su doctrina, enseguida comienzan a odiarlos amargamente. Hoy vemos el odio mortal con que nos odian los sectarios porque no hacemos caso ni aprobamos sus errores. Nosotros no los provocamos, ni esparcimos por el mundo ninguna mala opinión de ellos. Más bien, reprochamos ciertos abusos en la Iglesia, y enseñando fielmente el artículo de la justificación, hemos andado por el camino recto. Pero ellos, abandonando este artículo, han enseñado muchas cosas contrarias a la palabra de Dios. Aquí, puesto que nosotros no íbamos a dejar que la verdad del Evangelio se perdiera, nos pusimos en contra de ellos, y hemos condenado sus errores. Por eso, cuando no lo aceptaron, no solo nos ofendieron primero sin causa alguna, sino que aún nos odian con todo rencor, y sin otra razón que la vanagloria. Pues estarían más que felices de borrar nuestra existencia con tal de reinar y gobernar sin tenernos a nosotros por molestia. Pues se imaginan que nada trae más gloria que profesar el Evangelio. Pero es al revés. Ante el mundo que nos observa, ¡todo lo que merecemos es descrédito y humillación!

Gálatas 6

VERSÍCULO 1. *Hermanos, si alguno fuere tomado en alguna falta, vosotros que sois espirituales, restaurad al tal en espíritu de mansedumbre.*

Este es otro admirable precepto moral, y muy necesario en nuestro día. Pero los sacramentarios echan mano de este texto para sugerir que nosotros, al menos en algo, hagamos la vista gorda a los desatinos de nuestros hermanos. Nos insinúan que debemos encubrir su error con amor. Se aferran al texto de Pablo donde enseña claramente sobre el amor, el cual «cree todas las cosas, espera todas las cosas, soporta todas las cosas». Además, citan la enseñanza de Pablo aquí, «los que son espirituales deben tratar de restaurarlos con espíritu de mansedumbre». El asunto (según ellos) es de tan poca importancia que tan solo por este artículo no deberíamos quebrantar el vínculo cristiano, pues la Iglesia no puede tener nada más preciado y provechoso. Así que nos sermonean del perdón de los pecados, y nos acusan de ser obstinados pues no cedemos ni un pelo a lo que piden, ni toleramos su error (el cual no confiesan abiertamente), ni mucho menos los restauramos con espíritu de mansedumbre. Es así como estos simpáticos tipazos se adornan junto con su causa. Pero la verdad es que nos odian y falsamente nos calumnian.

Nada me ha hecho sufrir tanto (Cristo es mi testigo) en todos estos años como la discordia en esta doctrina, y los sacramentarios saben bien que yo no fui el autor de tal discordia, si es que confiesan la verdad. Pues lo que yo creí y enseñé desde el principio de esta causa[1], con respecto a la justificación, los sacramentos, y todos los otros artículos de la doctrina

---

1. La Reforma.

cristiana, ¡no ha cambiado ni un ápice hasta el día de hoy! El caso es que los creo y profeso con mayor confianza, pues he sido fortalecido por el estudio, la práctica, y la experiencia, así como por grandes y frecuentes tentaciones. Diariamente le ruego a Cristo que me preserve y fortalezca en esta fe y confesión hasta el día de su venida en gloria. Amén.

Desde nuestro inicio es obvio que, a través de toda Alemania, nadie desafió la doctrina del Evangelio excepto los papistas. Entre los que recibimos el Evangelio, hubo pleno acuerdo respecto a todos los artículos de la doctrina cristiana. Este acuerdo duró hasta que los sectarios salieron de la nada con sus nuevas opiniones no solamente sobre los sacramentos, sino también sobre ciertas otras creencias. Ellos fueron los primeros que perturbaron a las iglesias y rompieron la armonía. Desde aquel entonces (muy por fuera de nuestro control), más y más sectas nos han carcomido, incrementando el espíritu de contienda.

Yendo contra sus propias conciencias, nos han agredido dejando secuelas mucho más hirientes de lo que merecíamos. Por todos lados han arruinado nuestra reputación. Es mucho más doloroso cuando los inocentes sufren el castigo, especialmente cuando los del otro bando son los culpables.

Sin embargo, fácilmente podríamos olvidar este daño, recibirlos y restaurarlos con un espíritu de mansedumbre, si tan solo volvieran al camino recto y marcharan a la par con nosotros. Es decir, si creyeran y enseñaran piadosamente sobre la Cena del Señor y otros artículos de la doctrina cristiana; si predicaran de común acuerdo con nosotros no sus propias opiniones, sino a Cristo, para que el Hijo de Dios sea glorificado por nosotros, y el Padre por Él. Pero puesto que enaltecen el amor, los acuerdos conjuntos, y empequeñecen el significado de los sacramentos, como si poco importara lo que pensamos de la eucaristía instituida por nuestro Señor, eso no lo toleramos. Sin embargo, tal como ellos predican vivir en armonía, también nosotros predicamos la armonía en la doctrina y en la fe. Ahora bien, si tan solo nos dejaran tranquilos y no metieran el dedo en este artículo, entonces nosotros, junto con ellos, también exaltaríamos la armonía del amor, la cual no es de igual importancia. Pero si la tiras por la borda, entonces has hecho lo mismo con Cristo, y cuando desechas a Cristo, de nada vale el amor. Por el contrario, si retienes la unidad del Espíritu en Cristo, en nada te perjudica si disientes de aquellos que corrompen la palabra y con ello quebrantan la unidad del Espíritu. Por eso, yo prefiero que ellos, y todo el mundo, se separen de mí, y se declaren mis enemigos, en vez de que yo me separe de Cristo y lo tenga a Él por mi enemigo. Pues eso sucedería si me desviara de la sencillez y claridad de su palabra para correr tras sus vanas ilusiones, o si torciera las palabras de Cristo para poder unirme a ellos. Para mí, estar unidos en un solo Cristo es de mayor fortaleza que un infinito número de acuerdos presuntamente basados en el amor.

Pero junto con los que aman a Cristo y fielmente enseñan y creen en su palabra, ofrecemos no solo retener la paz y la armonía. También sobrellevaremos sus debilidades y pecados, y los restauraremos cuando caigan (como Pablo aquí nos insta) con un espíritu de mansedumbre. Fue así como Pablo sobrellevó la debilidad y la caída de los gálatas y otros (que fueron descarriados por los falsos apóstoles) tan pronto como recobraron la cordura. Fue así como recibió la gracia aquel corintio incestuoso. Fue así también como Onésimo, aquel esclavo fugitivo al cual engendró en el Señor estando encadenado en Roma, se reconcilió con su amo. Por tanto, Pablo mismo practicaba lo que aquí predica. Pues sobrellevaba al débil y restauraba al caído, pero solo con los que podían ser sanados. Es decir, los que prontamente admitían su pecado, su caída, su error, y volvían a sus cinco sentidos. Por su parte, los falsos apóstoles defendían obstinadamente su doctrina, alegando que no era ningún error, sino la pura verdad. En ese caso, Pablo mismo fue duro y severo. «Ojalá», dijo, «fuesen también cortados los que os perturban»; «mas el que os perturba, llevará el juicio, quienquiera que sea» (Gálatas 5:12). Asimismo, «el que os perturba llevará la sentencia, quienquiera que sea» (Gálatas 5:10). E igualmente, «Mas si aun nosotros, o un ángel del cielo os predicare otro Evangelio del que os hemos predicado, sea anatema» (Gálatas 1:8).

Sin duda alguna había muchos que defendían a los falsos apóstoles contra Pablo. Decían que tenían la misma medida del Espíritu, que eran igualmente ministros de Cristo, y que predicaban el mismo evangelio que Pablo. Además, decían: «Aunque no estamos de acuerdo con toda la doctrina de Pablo, él no debería pronunciar tan horrible decreto contra nosotros; pues con esa terquedad no logra sino perturbar a las iglesias y destruir la buena armonía».

Pero Pablo ni pestañeó. Confiadamente maldijo y condenó a los falsos apóstoles, llamándolos perturbadores de las iglesias y subversivos contra el Evangelio de Cristo. Por otro lado, Pablo enaltece su propia doctrina, de modo que, ante ella, debían ceder todos: la armonía del amor, los apóstoles, un ángel del cielo, o cualquier otra cosa.

CONFERENCIA 39: SÁBADO 5 DE DICIEMBRE

Por eso no podemos permitir que este asunto sea reducido a poca cosa. Pues Aquel a quien esta causa pertenece, es grandioso. Ciertamente una vez fue tan solo un pequeñuelo, cuando yacía en el pesebre. No obstante, aun así, era tan grande que fue adorado por ángeles y proclamado Señor de todas las cosas. Por tanto, no vamos a permitir que su palabra sea perjudicada en ningún artículo de la fe. En los artículos de la doctrina, nada debe parecernos poca cosa o de poca importancia, como si fuera innecesario. Pues la remisión de pecados pertenece a los débiles en la fe y en la moral, a los que reconocen su pecado y buscan el perdón. Pero de ninguna manera pertenece a los que corrompen la doctrina, o a quienes no reconocen su error y pecado, sino que testarudamente lo defienden como si fuera la verdad y la justicia. En consecuencia, perdemos la remisión de pecados, porque pervierten y niegan la palabra que predica y trae ese perdón. Por eso, primeramente, sean uno con nosotros en Cristo. Es decir, confiesen su pecado y corrijan su error. Luego, si algo nos faltase en el espíritu de mansedumbre, nos podrían acusar justamente.

El que sopesa con diligencia las palabras del apóstol puede percibir que no habla de errores y ofensas contra la doctrina, sino de pecados de menor consecuencia, en los que el creyente cae no por voluntad propia, ni por un propósito firme, sino por debilidad. De ahí que utilice palabras tan tiernas y paternales, pues no lo llama un error ni un pecado, sino una falta. Nuevamente, a fin de minimizar, y como para disculpar el pecado, y quitar toda la culpa de la persona, añade: «Si alguno fuere tomado»; como si dijera: «Si fuere seducido por el diablo, o por la carne». Y este nombre o expresión de «alguno» ayuda en algo a reducir y matizar el tema. Es como si dijera: «¿Qué otra cosa es tan común para el ser humano como caer, ser seducido, y errar?». Así lo dice Moisés en Levítico 6:3: «Cosas en las que suele pecar el hombre». Por lo que esta declaración está llena de consuelo celestial, lo cual, en cierto conflicto horrible, me libró de la muerte. Así que, en esta vida, los santos no solo viven en la carne, sino que, de vez en cuando, por causa de los engaños del diablo, también satisfacen los deseos de la carne. Es decir, caen en la impaciencia, la envidia, la ira, el error, la duda, la desconfianza, y cosas semejantes. Pues Satanás siempre asedia por ambos lados, atacando la pureza de la doctrina, y por otro lado, contra la pureza de sus vidas. Atenta contra la pureza de la doctrina creando sectas y disensiones. Pero también atenta contra la integridad de la vida del creyente. Por eso pretende corromperla diariamente con transgresiones. Por tanto, Pablo enseña cómo tratar a los creyentes que han caído así. Los que son fuertes, deben levantarlos y restaurarlos con el espíritu de mansedumbre.

Los que lideran en la Iglesia deben estar al tanto de estas cosas. Algunos se apresuran a sacar todas las cosas a la luz; pero se olvidan del afecto paternal y maternal que Pablo requiere de los que tienen almas a su cargo. Él también pone un ejemplo de este precepto (2 Corintios 2:6-8), donde dice que aquel que fue excomulgado fue reprochado en exceso, y que ahora deberían perdonarlo y consolarlo, no sea que el pesar lo consuma. Por tanto, yo les ruego (dice) que lo traten con amor. Por cierto, los pastores y ministros deben censurar firmemente a los que han caído, pero cuando vean que sienten pesar por sus ofensas, entonces comiencen a levantarlos, a consolarlos, y a atenuar sus faltas todo lo que puedan. Pero háganlo acudiendo solo a la misericordia, la cual deben contraponer al pecado, no sea que los caídos se ahoguen en un desánimo abrumador. Tal como el Espíritu Santo es oportuno en mantener y defender la doctrina de la fe, también es templado y compasivo, sobrellevando y pasando por alto los pecados de los hombres, cuando estos se sienten afligidos por lo que hicieron.

Sin embargo, en cuanto a la sinagoga del papa, al igual que en todas las cosas, este ha enseñado y hecho todo lo contrario al mandato y ejemplo de Pablo. El papa, y todos sus obispos, solo han sido tiranos y carniceros de las conciencias de los hombres. Pues los han recargado cada vez con nuevas tradiciones, y por cada pequeñez los han azorado con sus excomuniones, y para que puedan obedecerlos más fácilmente con sus vanos terrores, han añadido estas sentencias del papa Gregorio: «Toda mente sana tiene el deber y el derecho de temer que tiene alguna falta aun donde no hay falta alguna». Además: «Se debe temer a nuestros reproches, aun si son injustos y equivocados». Por medio de estas sentencias (traídas a la Iglesia por el diablo) establecieron sus excomuniones, y esta presunta majestad del papado, que es tan terrible para el mundo entero. No hay necesidad alguna de semejante humildad y piedad en las mentes, de temer faltas en donde no hay ninguna. «Oh, tú, Satanás romano[2], ¿quién te dio este poder de intimidar y condenar

---
2. *Satan Romane.*

las conciencias[3] de la gente? ¿Acaso ellos, desde antes, no sufrían ya de terror con tus injustas y erróneas sentencias? Deberías, más bien, haberlos levantado, librado de falsos temores, y haberlos traído de vuelta, de las mentiras y errores a la verdad. Esto omitiste, y conforme a tu título y nombre, a saber, hombre de pecado e hijo de perdición, te imaginas que hay faltas donde no las hay». Esto, ciertamente, es la artesanía y el engaño del anticristo, con el que ha establecido su poderosa excomunión y tiranía. Por cuanto todo el que despreciaba sus sentencias injustas era considerado como el más obstinado e impío; así como lo hicieron algunos príncipes, aunque contra sus conciencias; pues en aquellos tiempos de oscuridad no comprendían que las maldiciones del papa no tenían poder alguno.

Por tanto, los que tengan a su cargo el cuidado de las conciencias de los hombres, aprendan de este mandato de Pablo, de cómo deben lidiar con aquellos que hayan caído en alguna falta. «Hermanos y hermanas» (dice), «si alguno fuere tomado en alguna falta, no lo perturben ni le causen más penas. No lo traten con rencor, ni lo rechacen ni condenen. Más bien, restáurenlo y levántenlo otra vez. Luego, por medio de un espíritu de comprensión y compasión, restituyan en él lo que ha sido corrompido por el engaño del diablo, o por la debilidad de la carne. Pues el reino al que habéis sido llamados no es el reino del terror ni de la pesadumbre, sino el de la fe, el gozo, y la felicidad. Por tanto, si observan a algún hermano agobiado por el pecado que ha cometido, corran hacia él, extiéndanle la mano, levántenlo otra vez, consuélenlo con palabras suaves, y estréchenlo con brazos maternales. En cuanto a los que siguen duros de corazón y obstinados, quienes sin temor ni cuidado alguno siguen en sus pecados, repróchenlos con firmeza». Pero (como dijo) al otro lado están los que han sido tomados en alguna falta. Están agobiados y afligidos por la falta cometida. Estos deben ser levantados y advertidos por ustedes que son espirituales, en el espíritu de mansedumbre, y no con celo de justicia severa, como algunos lo han hecho. Pues cuando debían saciar la sed de las conciencias fatigadas con algún consuelo dulce y refrescante, dieron en su lugar vinagre y hiel, como los judíos dieron a beber a Cristo, mientras colgaba del madero.

---

3. *mentes.*

Estas cosas demuestran más que suficientemente que el perdón de pecados se debe aplicar no tanto porque alguien da su consentimiento a la doctrina (como hacen los sacramentarios). Más bien, el perdón se aplica a su eficacia en nuestra vida y obras. Aquí, que nadie condene al otro, ni lo reproche ásperamente y con ira. Ezequiel habla de los pastores de Israel, que rigen al rebaño de Dios con crueldad y aspereza (Ezequiel 34:4); pero un hermano debe consolar a su hermano caído con un espíritu manso y amoroso. Otra vez, el caído debe escuchar la palabra de aquel que lo levanta, y creerla. Porque Dios no quiere que los heridos sean abatidos, sino levantados, como dice el salmo. Pues Dios ha otorgado mucho más a ellos que a nosotros. Es decir, ha dado la vida y sangre de su propio Hijo. Por tanto, también los debemos recibir, socorrer y consolar con toda bondad y ternura. *Por eso no negamos el perdón a los sacramentarios u otros autores de sectas impías. Más bien, de nuestros corazones los perdonamos por sus insultos y blasfemias contra Cristo. Y con respecto al mal que nos han causado, jamás lo mencionaremos si tan solo se arrepienten, se despojan de su impía doctrina con la que han perturbado a las iglesias, y caminan en orden por el sendero recto con nosotros. Pero si perseveran en su error, y destruyen el verdadero orden, en vano exigen de nosotros el perdón de pecados.*

VERSÍCULO 1. *Considerándote a ti mismo, no sea que tú también seas tentado.*

Esta es una advertencia muy necesaria a fin de cortar el maltrato a los caídos por parte de los pastores, pues no muestran compasión alguna al no levantarlos ni restituirlos. «No hay ningún pecado (dijo Agustín), cometido por hombre alguno, que no pueda ser repetido por cualquier otro hombre». Estamos en tierra resbaladiza; así que, si nos hinchamos de orgullo y abandonamos nuestro deber, nada es más fácil que caer. Bien se dijo de cierta persona en un libro titulado «Las vidas de los padres», cuando se le contó que uno de sus hermanos había caído con una prostituta: «Ayer cayó él; hoy puedo caer yo». Por tanto, Pablo añade esta fervorosa advertencia, que los pastores no deben ser severos ni faltos de misericordia para con quienes han ofendido, ni medir su propia santidad según los pecados de otros hombres. Más bien, deben tener afecto maternal para con ellos, y pensar así: «Este hombre ha caído; yo también podría caer, de manera más peligrosa y vergonzosa que él». Y si van a estar tan listos para juzgar y condenar a otros, harían bien en considerar su propio pecado, pues verían que los pecados de los caídos son tan solo pajas comparadas con las vigas de sus propios pecados.

«Así que, el que piensa estar firme, mire que no caiga». David, un hombre tan piadoso, lleno de fe y del Espíritu de Dios, con tan aventajadas promesas de Dios, con un historial de haber hecho tantas y grandes cosas para el Señor, cayó muy lamentablemente en sus años avanzados. Fue derribado por la lujuria de la juventud, después de tantas y diversas tentaciones a las cuales Dios lo había sometido. ¿Por qué, entonces, habríamos de presumir de nuestra propia perseverancia? Y es que Dios, con tales ejemplos, nos muestra, en primer lugar, nuestra debilidad, para que no nos hinchemos de orgullo, sino para que temamos. Además, nos revela sus juicios, los cuales no pueden tolerar el más mínimo orgullo, ni contra Él, ni contra nuestros hermanos. Por tanto, Pablo tiene un buen motivo para decir: «Considerándote a ti mismo, no sea que tú también seas tentado». Los que son hostigados por la tentación saben cuán necesario es este mandamiento. Por otro lado, quienes no son probados así, no comprenden a Pablo, y por tanto, no los mueve ninguna misericordia para con los caídos; tal como se hizo notorio en el papado, donde no reinaba otra cosa que tiranía y crueldad.

VERSÍCULO 2. *Sobrellevad los unos las cargas de los otros, y cumplid así la ley de Cristo.*

Este es un mandamiento muy amable, al cual añade un gran encomio. La ley de Cristo es la ley del amor. Cristo, después de redimirnos, nos renovó, nos hizo su Iglesia, pero no nos dio más ley que la del amor mutuo: «Un mandamiento nuevo os doy: Que os améis unos a otros; que como yo os he amado, así también os améis unos a otros» (Juan 13:34-35). Y amar no es desear el bien al otro (como sueñan los sofistas), sino sobrellevar las cargas de los otros, esto es, sobrellevar las cosas que a ti te causarían malestar, aquellas con las cuales no estarías dispuesto a cargar. Por tanto, los cristianos deben tener espaldas fuertes y huesos duros, para que puedan cargar con la carne, es decir, con la debilidad de sus hermanos, pues Pablo dice que llevan pesadas cargas y pesares. Por tanto, el amor es tierno, cortés, paciente, no cuando recibe, sino cuando da, pues tiene la obligación de pasar por alto muchas cosas, y sobrellevarlas. Los fieles maestros pueden ver que en la Iglesia hay muchos errores y ofensas que tienen la obligación de sobrellevar. En las comunidades municipales, los sujetos jamás obedecen a sus magistrados como deberían. Por tanto, a menos que el magistrado sepa guiñar el ojo y dejar pasar cosas respecto de tiempos y lugares, jamás podrá gobernar su territorio. En los asuntos domésticos deben hacerse muchas cosas que no son del agrado del señor de la casa. Pero si podemos sobrellevar y guiñar el ojo a nuestros propios vicios y ofensas, que cometemos a diario, sobrellevemos también, entonces, las faltas de los otros, de acuerdo a esta declaración: «Sobrellevad los unos las cargas de los otros». E igualmente, «Amarás a tu prójimo como a ti mismo».

Habiendo, entonces, vicios en todos los aspectos de la vida, y en todas las personas, Pablo presenta a los fieles la ley de Cristo, por la cual los exhorta a sobrellevar las cargas de los otros. Los que no hacen esto dan pleno testimonio de que no comprenden ni una jota de la ley de Cristo. Esta es la ley del amor, como dice Pablo: «El amor todo lo cree, todo lo espera, y sobrelleva todas las cargas de los hermanos» (1 Corintios 13:7)[4]. No obstante, no hay que perjudicar al primer mandamiento[5]. Cuando este se quebranta, no se transgrede la ley de Cristo, es decir, la ley del amor. No, los transgresores del primer mandamiento no hieren ni ofenden a su prójimo, sino a Cristo y su reino, que Él ha comprado con su propia sangre. Este reino no se mantiene por medio de la ley del amor, sino por la palabra de Dios, por la fe, y por el Espíritu Santo. Por lo tanto, este mandamiento de sobrellevar las cargas de los otros no pertenece a los que niegan a Cristo. No se trata solamente de que no admitan su pecado, sino que, lo que es peor, también lo defienden. Tampoco pertenece a quienes permanecen en sus pecados (en este aspecto, también niegan a Cristo).

Ellos deben rendir cuenta de sus fechorías. Por nuestra parte, no

---
4. Paráfrasis de Lutero.
5. *salvo primo ordine*.

deberíamos andar con ellos, no sea que comencemos a hacer las mismas cosas malas que ellos hacen. Por otro lado están los que de buena gana escuchan la palabra de Dios y la creen, pero de todos modos caen en pecado, contra su propia voluntad. Sin embargo, cuando se los amonesta, no solo reciben la amonestación con gozo, sino que también detestan su pecado y procuran enmendarse. Estos, digo yo, son los que Pablo nos ordena sobrellevar cuando son sorprendidos en alguna falta. En este caso, no seamos despiadados ni severos, sino que, siguiendo el ejemplo de Cristo, quien sobrellevó y cargó a los tales, sobrellevemos y tomemos también sus cargas. Pues si Él no los castiga (lo cual tendría todo el derecho de hacer), mucho menos debemos hacerlo nosotros.

VERSÍCULO 3. *Porque si alguno piensa de sí que es algo, no siendo nada, a sí mismo se engaña.*

Nuevamente aquí él reprende a los autores de las sectas, y los pinta de todos los colores necesarios. Es decir, son duros de corazón, sin misericordia y despiadados. Desprecian a los débiles, y no se comprometen a sobrellevar sus cargas. En cambio, como maridos y maestros fuera de control, son severos y estrictos. Nada les agrada excepto lo que ellos hacen. Estas personas serán siempre tus más acérrimos enemigos, a menos que elogies todo lo que digan o hagan, y te conformes a sus antojos[6] en todo. De todos los hombres, ellos son los más orgullosos, y tienen la osadía de acaparar todas las cosas. Es lo que Pablo dice aquí; ellos piensan que son algo. Es decir, tienen el Espíritu Santo, comprenden todos los misterios de las Escrituras, no pueden errar, y cosas así.

Por eso Pablo añade con toda certeza que no son nada pues se engañan con vanas persuasiones de su propia sabiduría y santidad. Por tanto, no entienden nada, ni de Cristo, ni de la ley de Cristo. Si entendieran, dirían: «Hermano, tú estás infectado con un vicio, y yo con otro; por cuanto Dios me ha perdonado diez mil talentos, yo te perdono los cien denarios» (Mateo 18). Pero cuando ellos exigen todas las cosas con total exactitud y perfección, y no sobrellevan de ninguna manera las cargas de los débiles, ofenden a muchos con esta severidad y estrechez. Tanto así que comienzan a despreciarlos,

---
6. *moribus.*

odiarlos, y evitarlos, y no buscan consuelo ni consejo en ellos, ni toman en cuenta sus enseñanzas. Por el contrario, los pastores deben comportarse con quienes están a su cargo en forma tal que sean amados y reverenciados, no por sus personas, sino por su oficio y virtudes cristianas, las cuales deben brillar en ellos.

Por tanto, Pablo aquí ha señalado correctamente a estos severos y despiadados santurrones cuando dice: «Piensan de sí que son algo». Es decir, estando hinchados con sus necias opiniones y sueños ilusos, tienen una convicción asombrosa de su propio conocimiento y consagración, aunque en realidad no son nada, y no hacen más que engañarse. Pues es un engaño muy patente cuando alguien está persuadido de ser algo mientras que, en realidad, no es nada. La mejor descripción de estas personas se encuentra en Apocalipsis 3:17, que señala: «Tú dices: Yo soy rico, y estoy enriquecido, y no tengo necesidad de nada; y no conoces que tú eres un desventurado, y miserable, y pobre, y ciego, y desnudo».

CONFERENCIA 40: viernes 11 de diciembre

VERSÍCULO 4. *Así que, cada uno examine su propia obra, y entonces tendrá de qué gloriarse, solo en sí mismo, y no en otro.*

Pablo prosigue a amonestar a estos fulanos detestables a los cuales llama vanagloriosos. Este odioso mal es la causa de todos los males, y perturba a los gobiernos y a las conciencias. Especialmente en los asuntos espirituales es un mal de índole incurable. Y aunque este texto podría entenderse con respecto a las obras de esta vida, o de la vida civil, el apóstol habla, no obstante, de la obra del ministerio, e impugna a las cabezas vanidosas, pues con sus opiniones fantasiosas perturban a las conciencias bien instruidas.

Esto es propio de los efectos de esa hierba, la κενοδοξία [vanagloria][7]. A quienes la usan no les importa si sus obras, es decir, su ministerio, es puro, sencillo, y fiel, o no. Lo único que rebuscan es procurar las alabanzas de la gente. Fue así como los falsos apóstoles, al ver que Pablo predicaba el Evangelio en su pureza a los gálatas, y

---

7. Debe recordarse que Lutero dictaba esta clase a seminaristas instruidos en griego. Cuando una palabra griega era más adecuada, Lutero la incluía en su discurso. Aquí Pablo usa la palabra griega κενοδοξία, que significa «gloria vacía».

que ellos no podían traer una doctrina mejor, comenzaron a buscar faltas en las cosas que él había enseñado piadosa y fielmente. En vez de resaltar la doctrina de Pablo, daban preferencia a su propia doctrina. Por medio de esta sutileza se ganaron el favor de los gálatas, y delante de ellos presentaron a Pablo de la forma más odiosa. Es así como los vanidosos y vanagloriosos tienen este conjunto de tres vicios. Primero, codician la gloria; segundo, son asombrosamente astutos y mañosos para hallar faltas en las obras y palabras ajenas, a fin de ganarse el amor, la estima, y los aplausos de la gente. Y tercero, una vez que han logrado renombre (aunque sea a costa del esfuerzo de otros), se fortalecen tanto, y tienen la barriga tan llena, que se atreven a dictaminar sobre cualquier cosa. Por tanto, son tipos tan perniciosos que merecen toda maldición. Son odiosos como perros sarnosos, o serpientes venenosas; pues buscan su gloria, y no la que es de Cristo Jesús.

Pablo habla aquí en contra de estos fulanos. Es como si dijera: «Estos espíritus arrogantes hacen su obra, es decir, enseñan el Evangelio a fin de ganar elogio y estima entre los hombres». En otras palabras, quieren ser considerados como doctores de gran renombre, con los cuales ni Pablo ni nadie podrían compararse. Y una vez lograda esta estima, comienzan a menoscabar los dichos y las obras de otros, mientras promueven las propias como superiores. Con esta sutileza embrujan las mentes de las personas, las cuales, por la comezón de oídos, no solo se deleitan escuchando nuevas opiniones, sino que además se regocijan de que sus maestros anteriores hayan sido denigrados y desfigurados por estos nuevos profesores de gran renombre. Pero solo están atiborrados de orgullo y, por eso, vomitan la palabra.

Esto no debe ser así, dice él, sino que cada cual debe ser fiel en su determinado ministerio. No busques tu propia gloria, ni dependas de los elogios y los encomios de la gente. Más bien ocúpate solamente en cumplir con tu verdadero deber. Es decir, enseña el Evangelio en toda su pureza. Si tu obra es sincera e íntegra, ten confianza en que no te faltará gloria[8] alguna ante Dios ni ante los fieles. Y entretanto, no te trastornes si no recibes los cumplidos de este mundo ingrato. Bien sabes que el objetivo de tu ministerio no eres tú, sino que Cristo

---

8. *gloriam.*

sea glorificado por medio de tu ministerio. Por lo cual, revestido con la armadura de justicia por la derecha y por la izquierda, repite: «Yo no enseño el Evangelio a fin de recibir los elogios del mundo. Por lo tanto, no daré un paso atrás en la predicación del evangelio, aun si el mundo me elogia o me calumnia hasta avergonzarme». Un maestro así enseña la palabra y atiende fielmente a su deber, sin prestar atención a lo que piense el mundo, sin que le importen la gloria o las ganancias. Seguirá adelante sin recibir elogios, gloria, fortaleza, o sabiduría de nadie. No busca el respaldo de los elogios de los demás, pues lo tiene en sí mismo.

A quien realmente cumple su oficio con fidelidad no le importará lo que el mundo diga. No le importará si el mundo lo alaba o lo reprueba, pues tiene la alabanza en sí mismo, en el testimonio de su propia conciencia, y su alabanza y gloria están en Dios. Por eso, puede decir con Pablo: «Porque nuestra gloria es esta: el testimonio de nuestra conciencia, que con sencillez y sinceridad de Dios, no con sabiduría humana, sino con la gracia de Dios, nos hemos conducido en el mundo» (2 Corintios 1:12). Esta gloria es incorruptible y duradera, pues no depende del juicio de otros hombres, sino de nuestra propia conciencia. Esta da testimonio de que hemos enseñado el Evangelio con pureza, hemos administrado los sacramentos debidamente, y hemos hecho bien todas las cosas. Por tanto, nadie nos la puede arrancar ni desfigurar.

Pero la gloria que buscan estos κενοδοξοι [buscadores de aplausos] es incierta y de lo más voluble, pues no la tienen en sí mismos, sino que viene de la boca y la opinión del pueblo. Por tanto, su propia conciencia no les puede dar testimonio de que lo han hecho todo con sencillez y sinceridad, solamente para la gloria de Dios, y para la salvación de las almas. Su única meta ha sido que los consideren famosos por su obra y esfuerzo de predicar y recibir los elogios de la gente.

Ciertamente tienen una gloria, una confianza, y un testimonio ante los hombres, pero no en ellos mismos ni ante Dios. Los fieles no desean este tipo de gloria. Si Pablo hubiera tenido su alabanza en los hombres, y no en sí mismo, habría desfallecido al ver muchas ciudades, naciones, y a toda Asia, separarse de él; al ver que tantos agravios, calumnias, y herejías seguían a su predicación. Cristo, cuando estaba solo, es decir, cuando no solamente los judíos lo buscaban para matarlo, sino que también sus discípulos lo habían abandonado, no estaba solo, sino que el Padre estaba con Él, pues tenía gloria en sí mismo.

Si hoy nuestra confianza y gloria dependieran del juicio y el favor de los hombres, moriríamos con angustia y congoja de corazón. Pues los papistas, sectarios, y todo el mundo están tan lejos de juzgarnos dignos de cualquier reverencia o alabanza, que nos odian y persiguen con rencor. Sí, nada les daría más satisfacción que derrocar nuestro ministerio y desarraigar nuestra doctrina para siempre. De los hombres no obtenemos más que rechazos; pero nos regocijamos y gloriamos en el Señor. Por eso continuamos nuestra labor con gozo y fidelidad, sabiendo que Él la acepta. De modo que no nos importa si nuestra obra agrada o desagrada al diablo, o si el mundo nos ama o nos odia. Pues nosotros, sabiendo que nuestra obra ha quedado bien hecha, y teniendo una buena conciencia ante Dios, seguimos adelante, sea con honra o deshonra, famosos o aborrecidos. Esto, dice Pablo, es tener el regocijo o la gloria en ti mismo.

Esta advertencia es muy necesaria para contrarrestar ese vicio repugnante de la vanagloria. El Evangelio es una doctrina que, tanto por sí misma como por la malicia del diablo, atrae la cruz y la persecución. Por eso Pablo acostumbra llamarlo la palabra de la cruz y de la ofensa. No siempre tiene discípulos fieles y constantes. Hoy hay muchos que lo profesan y lo abrazan, pero si mañana son ofendidos por causa de la cruz, se desprenden de ella y la niegan. Así que, los que enseñan el Evangelio con el fin de obtener el favor y la alabanza de los hombres, deben perecer. Que su gloria se convierta en vergüenza cuando el pueblo deje de aplaudirlos. Por lo tanto, cada pastor y ministro de la palabra debe aprender a tener gloria y regocijo en sí mismo, y no en la boca de otros hombres. Si alguno los alabare, como los fieles suelen hacerlo («por mala fama, o por buena fama», dice Pablo), deben recibir esta gloria como la sombra de una gloria imprevista[9]. Deben, más bien, pensar que la sustancia de la gloria no es sino el testimonio de su propia conciencia. La evidencia está en que no toman en cuenta su propia obra. Su único esmero es cumplir fielmente con su deber, es decir, enseñar el Evangelio con pureza, y manifestar el verdadero uso de los sacramentos. Cuando

---

9. *accidens gloriae.*

e esta manera han comprobado su propia obra, tienen gloria y regocijo en sí mismos, y nadie se los puede quitar. Pues ciertamente los tienen sembrados y arraigados en su propio corazón, y no en la boca de otros hombres, a los cuales Satanás puede fácilmente apartar, y llenarles de maldiciones esa misma boca que antes estaba repleta de bendiciones.

Por tanto, dice Pablo, si desean elogios, búsquenlos donde puedan encontrarlos: no en la boca de otros, sino en sus propios corazones, al cumplir fielmente con su deber. Además de la gloria que tendrán en sí mismos, tendrán también elogio y encomio entre los hombres. Pero si se glorían en otros hombres, y no en sí mismos, a esa misma vergüenza y confusión que tienen dentro de sí le serán añadidos reproche y confusión ante los hombres. Hoy hemos visto esto en ciertos espíritus fanáticos, los cuales no acreditaron su labor; es decir, que además de no haber procurado enseñar el Evangelio en su pureza y sencillez, lo usaron indebidamente, a fin de ganarse las alabanzas de los hombres, quebrantando así el segundo mandamiento. Por tanto, además de su propia confusión interna, les fueron añadidas confusión y vergüenza entre los hombres, conforme a la sentencia: «No tendrá Dios por inocente al que tomare su nombre en vano» (Éxodo 20:7). Como también: «Yo honraré a los que me honran, y los que me desprecian serán tenidos en poco» (2 Samuel 2:30).

Pero si buscamos primeramente la gloria de Dios por medio del ministerio de la palabra, entonces ciertamente seguirá nuestra propia gloria, como se dijo: «Al que me honrare, yo honraré». En resumen, que cada cual pruebe su propia obra; es decir, procure ser fiel en su ministerio. Esto, por sobre todo, se requiere de los ministros de la palabra (1 Corintios 4:2). Es como si dijera: «Cada cual procure enseñar la palabra con pureza y fidelidad, y no ponga su mirada en nada excepto la gloria de Dios, y la salvación de las almas. Entonces su obra será fiel y sana; entonces tendrá gloria y regocijo en su propia conciencia». Así podrá decir osadamente: «Esto, mi doctrina y mi ministerio, es de agrado ante Dios». Ciertamente esta es una excelente gloria.

Esta declaración también se puede aplicar a las obras de los fieles, no importa la situación en que se encuentren. Si el magistrado, el dueño de casa, el siervo, el maestro, el erudito, permanecen en su vocación y cumplen fielmente su deber, y no se distraen en asuntos que no tienen nada que ver con su vocación, entonces bien pueden gloriarse y regocijarse en sí mismos. Pues pueden decir: «He hecho las obras de mi trabajo como Dios me las asignó, con toda la fidelidad y diligencia a mi alcance. Por tanto, sé que hago esta obra con fe y obediencia y, por eso, es agradable a Dios. Si otros hablan mal de lo que hago, no le doy importancia». Pues siempre habrá alguien que desprecie y calumnie la doctrina y la vida del creyente. Pero Dios ha amenazado con destruir todo labio mentiroso y toda lengua calumniosa. Por tanto, mientras tales hombres codician la vanagloria, y con mentiras y calumnias desfiguran a los fieles, les acontece como dijo Pablo: «Cuya gloria es su vergüenza» (Filipenses 3:19). Y en otro texto: «Su insensatez será manifiesta a todos» (2 Timoteo 3:9). ¿Por quién? Por Dios el juez justo; pues tal como traerá a la luz sus falsas acusaciones y calumnias, también hará relucir la justicia de los fieles como la luz del mediodía, tal como dice el Salmo 37.

Esta frase, «en sí mismo» (para resumir), debe entenderse de modo tal que no deje a Dios fuera. Es decir, que cada cual tenga por cierto, que cualquiera sea su condición de vida, su obra es una obra divina, pues es la obra que Dios ha ordenado para su vocación.

VERSÍCULO 5. *Porque cada uno llevará su propia carga.*

Esto es, por así decirlo, la razón o confirmación de la declaración previa, no sea que alguno se apoye en el juicio de los hombres, tras recibir alabanzas o elogios de ellos. Es como si dijera: «Es una extrema locura buscar la gloria en otro, y no en ti mismo; pues en la agonía de la muerte, y en el juicio final, no te servirá de nada que otros hombres te hayan alabado. Pues ningún otro llevará tu carga, ya que estarás solo ante el tribunal de Cristo, y llevarás tu carga solo. Allí, ninguno de tus alabadores podrá ayudarte. Pues cuando muramos, estas alabanzas llegarán a su fin. Y en aquel día, cuando el Señor juzgará todos los secretos de todo corazón, el testimonio de tu propia conciencia estará a tu favor, o contra ti. Contra ti, si has basado tu gloria en otros hombres. A tu favor, si lo tienes en ti mismo, es decir, si tu conciencia te da testimonio de que has cumplido tu deber en el ministerio de la palabra, o de otra manera, según tu llamamiento, en forma sincera y fiel, pensando solo en la gloria de Dios y la salvación de las almas». Y estas palabras, «Cada cual llevará su juicio», son muy fervorosas, y deberían perturbarnos a tal punto que no busquemos la vanagloria.

Además, se ha de notar que aquí no estamos tratando el tema de la justificación, en donde nada aprovecha sino la pura gracia y el perdón de pecados, que se reciben por la sola fe[10]. En donde todas nuestras obras, y aun las mejores, y todas aquellas que se hacen por llamamiento de Dios, tienen necesidad de perdón de pecados. Pero ese es otro tema. Él aquí no trata de la remisión de pecados, sino que compara las obras verdaderas y las hipócritas. Por tanto, estas cosas deben entenderse así. Aunque la obra del ministerio de un pastor fiel no sea perfecta y aún necesite del perdón de pecados, en sí misma es buena y perfecta al compararla con el ministerio del vanaglorioso.

De modo que nuestro ministerio es bueno y sano, por cuanto buscamos la gloria de Dios y la salvación de las almas. Mas no es así con el ministerio de las cabezas fanáticas, pues ellos buscan su propia gloria. Sin embargo, ya que no hay obra alguna que pueda acallar nuestra conciencia ante Dios, es necesario que estemos persuadidos de que hemos hecho nuestro trabajo íntegra y verdaderamente, de acuerdo al llamamiento de Dios. Es decir, no hemos corrompido la palabra de Dios, sino que la hemos enseñado pura y fielmente. Necesitamos que nuestra conciencia testifique que hemos cumplido con nuestro deber a la altura de nuestro oficio y llamamiento, y hemos vivido nuestra vida de igual manera. Entonces debemos gloriarnos en nuestras obras, por cuanto sabemos que han sido ordenadas por Dios, y que le agradan. Pues en el juicio final cada cual llevará su propia carga. Las alabanzas de otros ¡no nos servirán de nada!

Hasta aquí él ha hablado de ese vicio extremadamente pestilente, la vanagloria. No hay nadie que la pueda suprimir, sino que debemos estar continuamente en oración. Pues ¿habrá alguien, aun entre los fieles, que no se deleite cuando le cantan alabanzas? Tan solo el Espíritu Santo nos puede preservar para que no seamos infectados con este vicio.

---

10. *sola fide*.

VERSÍCULO 6. *El que recibe instrucción en la palabra de Dios comparta todo lo bueno con quien le enseña (NVI).*

Aquí él predica a los discípulos u oidores de la palabra, ordenándoles compartir toda cosa buena con sus maestros y tutores en la palabra. A veces me asombro ante la razón por la cual los apóstoles, con toda diligencia, ordenaron a las iglesias que proveyeran sustento a sus maestros. Pues en el papado veía cómo todos contribuían abundantemente a la construcción y el mantenimiento de buenos templos, al aumento de las ganancias, y al bienestar de los que habían sido designados para su servicio idólatra. Esa fue la causa del aumento del patrimonio y las riquezas de los obispos y del clero, pues por todos lados ellos poseían los mejores y más fructíferos terrenos. Por eso yo pensaba que este mandato de Pablo había sido en vano, al ver que toda clase de cosas buenas no solo se ofrendaban abundantemente al clero, sino que, además, ellos rebosaban de bienes y riquezas. Yo pensaba, más bien, que debía exhortarse a cerrar las manos, tan dadivosas, en vez de procurar que dieran más; pues, a causa de esta excesiva generosidad, aumentaba la avaricia del clero. Pero ahora conozco la razón por la que han tenido tanta abundancia de bienes hasta el día de hoy, y el contraste con la escasez y las penurias que sufren los pastores y ministros de la palabra.

Antes, cuando todo lo que se enseñaba era solo errores y doctrina impía, tenían todas las cosas en mucha abundancia. No participan en absoluto del patrimonio de Pedro (quien negó que tenía oro y plata). Ni tampoco de los bienes espirituales (como los llamaban), ya que hoy el papa ha llegado a convertirse en emperador, y los cardenales y obispos en reyes y príncipes del mundo entero. Mas hoy, desde que el Evangelio ha sido predicado y publicado, quienes lo profesan se han enriquecido como nunca lo hicieron Cristo y sus apóstoles. Entonces, por experiencia, nos damos cuenta de cuán bien se guarda este mandamiento de alimentar y sustentar a los pastores y ministros de la palabra de Dios, mandato que, aquí y en otros textos, Pablo con tanta diligencia repite y martilla en la cabeza de sus oyentes. Por lo que nosotros sabemos, hoy ya no hay ciudad alguna en la que se alimente y sustente a los pastores y predicadores. Más bien, todos ellos están distraídos con esos bienes que no fueron dados a Cristo, sino al papa, para el sustento de sus abominaciones, pues él oprime al Evangelio, enseña las doctrinas y tradiciones de los hombres, y establece la idolatría. Empero Jesús fue recostado sobre un pesebre en vez de una cama, ya que no había lugar para Él en el mesón. Después, cuando vivía entre los hombres, no tenía dónde recostar su cabeza. Más tarde, y por poco tiempo, fue despojado de sus ropas y colgado de una cruz entre dos ladrones, muriendo la peor de las muertes. Pero el papa ha recibido grandes concesiones de tierras en donde practicar sus abominaciones, sofocar el Evangelio con tradiciones humanas, y celebrar sus impías ceremonias y adoraciones.

Siempre que leo las exhortaciones de Pablo, con las que persuade a las iglesias a alimentar a sus pastores, o a aliviar la pobreza de los santos en el judaísmo, me maravillo mucho y me da vergüenza que tan gran apóstol se viera obligado a usar tantas palabras con el fin de obtener beneficios para las congregaciones. Escribiendo a los corintios, dedica dos capítulos enteros a este tema (2 Corintios 8 y 9). Yo sería circunspecto en difamar a Wittenberg, la cual por cierto no es nada comparada con Corinto, de la manera en que él difamó a los corintios, al suplicarles que socorrieran y ministraran a los pobres. Pero este es el riesgo que corre la predicación del Evangelio, que no solo nadie está dispuesto a dar cosa alguna para preparar a los ministros y mantener a sus eruditos, sino que los hombres comienzan a despojar, robar, hurtar, y con diferentes sutilezas a engañarse los unos a los otros. En resumen, los hombres de repente se desquician, y se transforman en crueles bestias. En contraste, cuando se predicaba la doctrina de diablos, los hombres eran pródigos, y de buena voluntad ofrecían todas las cosas a los que los engañaban. Los profetas reprochaban el mismo pecado en los hebreos, que se resistían a dar cosa alguna a los sacerdotes fieles y a los levitas, pero daban todo en abundancia a los impíos.

Pero ahora comenzamos a darnos cuenta de la importancia de este mandato de Pablo respecto al sustento de los ministros de la Iglesia. Pues lo único que Satanás no puede tolerar es la luz del Evangelio. Y cuando ve que comienza a brillar, se enfurece, y con toda su fuerza y empeño se dedica a sofocarlo. Intenta lograrlo de dos maneras. Primero, mediante las mentiras de los herejes[11] y con

---

11. *mendaciis haereticorum.*

la fuerza de tiranos. Segundo, mediante la pobreza y la hambruna. Pero, como hasta ahora no ha podido suprimir el Evangelio en este país (alabado sea el Señor) mediante los herejes y tiranos, ha procurado sofocarlo de la otra manera. Es decir, retirando el sustento de los ministros de la palabra, para que así, por la opresión de la pobreza y la necesidad, abandonen el ministerio. Así el pueblo permanecerá en su miseria, destituido de la palabra de Dios, y con el tiempo se tornará tan feroz como una bestia salvaje. Satanás fomenta el avance de este horrible mal por medio de magistrados impíos en las ciudades, y también mediante los nobles y los hidalgos en el campo. Pues ellos se quedan con los bienes de la Iglesia, los cuales serían el sustento de los ministros del Evangelio. Así, los vuelcan al uso impío, «porque de dones de rameras los juntó, y a dones de rameras volverán» (Miqueas 1:7).

Además, Satanás también logra que los hombres se desvíen del Evangelio por causa de mucha llenura. Pues cuando el Evangelio se predica diligente y diariamente, a muchos les da hartazgo, y comienzan a despreciarlo. Así, poco a poco se vuelven negligentes en cumplir los deberes de la piedad. Nuevamente, ya no hay hombre alguno que críe a sus hijos en la buena instrucción, y mucho menos con el estudio de las Sagradas Escrituras[12]. Más bien, los emplean en las artesanías o en los empleos de ganancia. Todas estas son las prácticas de Satanás, sin otro fin que el de sofocar el Evangelio en nuestro país con el despotismo de los tiranos, o las sutiles artimañas de los herejes.

Por tanto, con buena razón Pablo amonesta a los oyentes del Evangelio a compartir toda buena dádiva con sus pastores y maestros. Hablando a los corintios, dijo: «Si nosotros sembramos en vosotros lo espiritual, ¿es gran cosa si segáremos de vosotros lo material?» (1 Corintios 9:11). Por tanto, los oidores deben suministrar cosas materiales a quienes les han dado cosas espirituales. Pero ambos grupos, tanto los ciudadanos como los nobles, hoy abusan de nuestra doctrina porque, bajo su amparo, ellos mismos se enriquecen. Hasta ahora, mientras el papa reinaba, no había hombre que no tuviera que pagar anualmente algo a los curas para sus aniversarios (según lo llamaban ellos), así como por misas, vigilias, treintenas y tales basuras[13]. Los frailes mendicantes también recibían su porción.

---

12. *sacrarum literarum.*
13. *item pro Missis, Vigilis etc.*

Asimismo, los mercaderes de Roma, tomando las ofrendas diarias, también se llevaban algo. De estas cosas, y de un sinnúmero de tales coerciones, nuestros compatriotas han sido hoy librados por causa del Evangelio. Pero ¿piensan que están agradecidos de Dios por esta libertad? Estos pródigos donantes se han convertido ahora en descarnados ladrones y rateros. Pues se niegan a ofrendar siquiera un centavo para el Evangelio o sus ministros. Tampoco dan cosa alguna para aliviar y socorrer a los santos en penurias. Lo cual es prueba certera de que han perdido tanto la palabra como la fe, y de que en ellos no existe ninguna bondad espiritual. Pues es imposible que los verdaderos piadosos permitan que sus pastores vivan en necesidad y penuria. Se ríen y regocijan cuando sus pastores sufren cualquier adversidad. Detienen la mano para darles sustento, o no lo dan con la debida fidelidad. Así comprueban ciertamente que son peores que los paganos.

Sin embargo, antes de que pase mucho tiempo, sentirán las calamidades que seguirán a su ingratitud; pues perderán tanto las cosas temporales como las espirituales[14]. Pues este pecado debe ser castigado dolorosamente; y ciertamente pienso que no fue por otra razón que las iglesias de Galacia, Corinto, y otros lugares, fueron tan perturbadas por los falsos apóstoles: porque tenían a sus pastores y predicadores en tan poca estima. Pues no puede haber una buena razón para que, quien le niega un centavo a Dios (que da todo lo bueno y la vida eterna), le regale un pedazo de oro al diablo (el autor de todo mal y de la muerte eterna). Así que, todo el que no sirve a Dios en lo poco, para su mayor provecho, que sea siervo del diablo en lo mucho, para su total y extrema confusión. Por tanto, ahora que la luz del Evangelio ha comenzado a brillar, podemos ver lo que en realidad es el diablo, y lo que es el mundo.

Y cuando dice: «en todos sus bienes», no se ha de entender que cada hombre tiene la obligación de dar todo lo que posee a sus ministros, sino que deben darles un sustento generoso, de tal modo que puedan vivir con bien.

Y cuando dice: «en todos sus bienes», no se ha de entender que cada hombre tiene la obligación de dar todo lo que posee a sus ministros, sino que deben darles un sustento generoso, de tal modo que puedan vivir con bien.

---

14. *carnalia et spiritualia.*

VERSÍCULO 7. *No os engañéis; Dios no puede ser burlado, pues todo lo que el hombre sembrare, eso también segará.*

En este texto el apóstol promueve tan fervorosamente el sustento y la alimentación de los ministros, que también agrega una amenaza a la reprensión y exhortación, diciendo: «Dios no puede ser burlado». Y con esto llega hasta los tuétanos de la perversidad de nuestros compatriotas, pues con arrogancia desprecian nuestro ministerio. Pues ellos piensan que es tan solo un juego y un deporte. Por eso se dedican (especialmente los nobles) a tomar a los pastores como súbditos, siervos y esclavos. Y si no tuviéramos un príncipe tan piadoso, y amante de la verdad, hace tiempo que nos habrían expulsado del país. Cuando los pastores piden lo merecido o se quejan de penurias, los príncipes responden: «Los sacerdotes son codiciosos, quieren vivir en abundancia; no hay quién pueda satisfacer su insaciable avaricia; si fueran verdaderos predicadores del Evangelio, se despojarían de todos sus bienes, y en su pobreza seguirían al Cristo pobre, sufriendo cualquier y toda adversidad».

Aquí Pablo les da la vuelta y amenaza horriblemente a estos tiranos y burladores de Dios que tan descuidada y orgullosamente se burlan de la miseria de los predicadores. Pero se hacen pasar por verdaderos evangélicos y no por burladores de Dios. Más bien, aparentan que lo adoran muy piadosamente. «No se engañen», dijo él, «Dios no puede ser burlado». Es decir, «Él no permitirá ser burlado en sus ministros». Pues dice: «El que a mí desecha, desecha al que me envió» (Lucas 10:16). Y asimismo dijo a Samuel: «No te han desechado a ti, sino a mí me han desechado» (1 Samuel 8:7). Por tanto, oh burladores, aunque Dios posponga su castigo por un tiempo, cuando lo considere propicio, los traerá a la luz, y castigará este desprecio de su palabra y el odio amargo hacia sus ministros. De modo que no es a Dios a quien engañan, sino a ustedes mismos, y no se reirán ustedes de Dios, sino que Él se reirá de ustedes (Salmo 2:4). Pero nuestros orgullosos caballeros, ciudadanos, y gente común del pueblo[15] no se conmueven en absoluto ante estas nefastas amonestaciones. Sin embargo, las sentirán cuando la muerte los aceche, si se han burlado de ellos mismos o de nosotros. Pero ¡no! No sería de nosotros, sino de Dios mismo, como Pablo dice

---

15. *nobilitas, cives et rustici.*

aquí. Mientras tanto, puesto que desprecian arrogantemente nuestras advertencias con un orgullo intolerable, decimos estas cosas para nuestro consuelo. Así sabremos que es mejor sufrir el mal, que hacer el mal; pues la paciencia siempre es inocente y mansa. Además, Dios no permitirá que sus ministros se mueran de hambre, pues aun cuando los acaudalados sufran escasez y hambre, Él los alimentará, y en los días de hambruna, serán saciados.

VERSÍCULO 7. *Pues todo lo que el hombre sembrare, eso también segará.*

Todo esto es para el apoyo de los ministros. De mi parte, no me deleito en interpretar estas declaraciones. Pues pareciera que se dan como mandamientos, y en verdad son órdenes. Además, si se repiten con frecuencia, suena como si hubiera cierta forma de avaricia. No obstante, se debe advertir a los hombres, para que puedan ofrendar a sus pastores tanto el respeto como el sustento necesario. Cristo nuestro Salvador enseñó lo mismo en Lucas 10: «Comiendo y bebiendo lo que os dieren; porque el obrero digno es de su salario» (Lucas 10:7). Y Pablo dice en otro texto: «¿No sabéis que los que ministran en las cosas santas, comen del templo; y que los que sirven al altar, del altar participan? Así también ordenó el Señor que los que predican el Evangelio, vivan del Evangelio» (1 Corintios 9:13-14).

Es bueno que nosotros en el ministerio también sepamos estas cosas, no sea que nuestra conciencia nos acuse por recibir a cambio de nuestro trabajo una compensación que provenga de los bienes del papa. Y aunque tales bienes hayan sido acumulados por fraude y engaño, hay que tomar en cuenta que Dios despojó a los egipcios. Es decir, despojó a los papistas de sus bienes. Pero ahora nos son concedidos aquí, entre nosotros, para un uso bueno y santo; no porque los nobles los saquean y abusan, sino porque se ofrendan para la gloria de Dios, para instruir a la juventud virtuosamente, y para su sustento. *Pues es imposible que alguien trabaje día y noche por su alimento, y al mismo tiempo se dedique al estudio de las cosas sagradas tal como requiere el oficio de la predicación.* Sepamos, entonces, que con buena conciencia (pues así lo ordenó y mandó Dios) los que predican el Evangelio pueden vivir del Evangelio. Se nos ha dado el uso de los bienes de la Iglesia para el sustento necesario de nuestras vidas, a fin de poder desempeñar nuestro oficio de una manera mejor. Que ningún hombre tenga escrúpulos en hacerlo así, como si fuera ilegítimo usar tales bienes.

VERSÍCULO 8. *Porque el que siembra para su carne, de la carne segará corrupción; mas el que siembra para el Espíritu, del Espíritu segará vida eterna.*

Aquí añade un símil y una alegoría. Aplica esta declaración generalizada de la siega al tema particular del sustento y el alimento para los ministros de la palabra. Dice Pablo: «El que siembra para el Espíritu»; es decir, el que valora a los maestros de la palabra de Dios lleva a cabo una obra espiritual, y segará la vida eterna. Aquí surge la pregunta: ¿Entonces merecemos la vida eterna por medio de las buenas obras? Pues pareciera que Pablo afirma eso en este texto. Sobre tales declaraciones, respecto de las obras y sus recompensas, ya hablamos ampliamente en el capítulo cinco. Y es muy necesario, siguiendo el ejemplo de Pablo, exhortar a los fieles a las buenas obras, es decir, a ejercer su fe por medio de las buenas obras. Pues si no siguen a la fe, es patente que tal fe no es verdadera. Por tanto, el apóstol dice: «El que siembra en la carne» (algunos lo entienden como su propia carne), es decir, el que no contribuye en absoluto a los ministros de la palabra de Dios, sino que solo se alimenta y sustenta a su propia carne (pues esta así lo aconseja). Tal persona, de la carne segará corrupción, no solo en esta vida actual, sino también en la venidera. Pues todos los bienes de los malos pasarán, y ellos mismos, al final, perecerán vergonzosamente. El apóstol quisiera animar a sus oyentes a ser generosos y provechosos con sus pastores y predicadores. Pero es una gran vergüenza, dada la inmensa perversidad e ingratitud de los hombres, que las iglesias necesiten esta advertencia.

Los encratitas[16] abusaron de este texto para confirmar su impía opinión contra el matrimonio. Lo explicaban así: «El que siembra para su carne segará corrupción». Es decir, el que se case con esposa, será condenado; por tanto, una esposa es cosa condenable,

---

16. Herejía sectaria que surgió en el cristianismo a partir del siglo II d. C. Profesaban el más rígido ascetismo prohibiendo el uso de la carne y del vino en las comidas y se oponían al matrimonio.

y el matrimonio es impío, por cuanto allí se siembra para la carne. Esas bestias viles estaban tan desprovistas de todo juicio que no vieron por dónde iba el apóstol. Hablo así para que puedan ver cuán fácilmente, por medio de sus ministros, el diablo puede desviar de la verdad a los corazones de la gente sencilla. En poco tiempo, Alemania tendrá un sinnúmero de tales bestias; sí, ya tiene muchísimas. Pues, por un lado, persigue y mata a los ministros piadosos, y por el otro, los descuida, desprecia, y permite que vivan en penuria. Tenemos que armarnos contra estos errores y otros similares aprendiendo a conocer el verdadero significado de las Escrituras. Pues aquí Pablo no habla del matrimonio, sino de sustentar a los ministros de la Iglesia, como todo hombre dotado de sentido común puede percibir. Y aunque este sustento solo sea corporal, él lo llama sembrar en el Espíritu. En cambio, cuando la gente acumula codiciosamente todo lo que puede, y solo busca su propia ganancia, él llama a eso sembrar para la carne. A los que siembran en el Espíritu les pronuncia bendición tanto en esta vida como en la venidera, y a los que siembran para la carne los declara bajo maldición tanto en esta vida como en la venidera.

VERSÍCULO 9. *No nos cansemos, pues, de hacer el bien, porque a su tiempo segaremos si no desmayamos*[17].

El apóstol, con la intención de finalizar su epístola, pasa de lo particular a lo general, y exhorta a todos en general a las buenas obras. Es como si dijera: «Seamos liberales y generosos, no solo con los ministros de la palabra, sino también con todos los hombres, sin cansarnos. Pues es fácil hacer el bien una o dos veces, pero perseverar, y no desfallecer ante la ingratitud o la perversidad de aquellos a quienes se hizo el bien, eso es muy difícil». Por tanto, él no solo nos exhorta a hacer el bien, sino también a no desmayar haciendo el bien. Y a fin de persuadirnos aun más, añade: «Porque a su tiempo segaremos si no desmayamos». Es como si dijera: «Esperen con la mirada puesta en la promesa por venir, y así no habrá ingratitud ni trato perverso de los hombres que pueda desviarlos de hacer el bien; pues en el tiempo de la siega recibirán el aumento más abundante del fruto de su semilla». Por tanto, con las

---

17. *non deficientes.*

palabras más dulces, él exhorta a los fieles a seguir con sus buenas obras.

VERSÍCULO 10. *Así que, según tengamos oportunidad, hagamos bien a todos; y mayormente a los de la familia de la fe.*

Este es el cierre de su exhortación a mantener generosamente a los ministros de la palabra, y a ofrendar para todos los necesitados. Es como si hubiera dicho: «Hagamos el bien entre tanto que el día dura; la noche viene cuando nadie puede obrar. Es cierto que, cuando se apaga la luz de la verdad, los hombres pueden hacer muchas cosas, pero todo es en vano. Pues andan en la oscuridad, y no saben por dónde van, y por tanto, toda su vida, todo su sufrimiento, y su muerte, son en vano». Y con estas palabras él se dirige a los gálatas. Es como si hubiera dicho: a menos que perseveren en la sana doctrina que recibieron de mí, todo el bien que hagan, todo el sufrimiento en sus pruebas, y otras cosas así, no les servirán de nada. Como dijo antes: «¿Tantas cosas habéis padecido en vano?» (3:4). Y mediante un nombre nuevo describe a nuestra comunidad de la fe[18], dentro de la cual los primeros son los ministros, y luego, todos los fieles.

CONFERENCIA 41: sábado 12 de diciembre

VERSÍCULO 11. *Mirad cuán grandes letras os he escrito con mi propia mano.*

Él cierra su epístola con una exhortación a los fieles, y un fuerte reproche o invectiva contra los falsos apóstoles[19]. Antes él maldijo a los falsos apóstoles. Ahora, por así decirlo, repite lo mismo, pero con otras palabras. Con cierta renuencia, los acusa fuertemente. Procura atemorizarlos para que dejen la doctrina de los falsos apóstoles, no importa cuánto estimen la autoridad de ellos. Los maestros que tienen (dice) son de tal índole que, en primer lugar, no toman en cuenta la gloria de Cristo, y la salvación de sus almas, pues

---
18. *qui sunt in Nostra societate fidei.*
19. En los versículos 11-12 he seguido el orden de la edición de 1538, tal como aparece en el texto Weimar del CDE. El texto latino de Irmischer tiene un orden un tanto diferente al texto en estos dos versículos, lo cual no cambia para nada el significado de los comentarios de Lutero.

solo buscan su propia gloria. Segundo, huyen de la cruz. Tercero, tampoco comprenden las cosas que enseñan, y mucho menos las practican. Si alguno, especialmente entre los apóstoles, los elogiara como doctores de teología por tener estas tres virtudes[20], pues ¡que todos le den la espalda! Sin embargo, no todos los gálatas obedecieron esta advertencia de Pablo. Él no comete falta alguna al dirigirles estas invectivas, sino que los condena justamente, usando su autoridad apostólica. De igual manera, cuando llamamos al papa el anticristo, y maldecimos a sus obispos y a los sectarios, no les quitamos nada. Pero, por autoridad divina, los juzgamos malditos, pues las Escrituras dicen: «Mas si aun nosotros, o un ángel del cielo» (Gálatas 1:8). La razón es que persiguen y procuran derrocar la doctrina de Cristo.

«Mirad», dice, «cuán grandes letras os he escrito con mi propia mano». Dice esto para conmoverlos, y mostrar su afecto maternal hacia ellos. Es como si dijera: «Yo jamás le escribí, a ninguna otra iglesia, una epístola tan larga como la que les he escrito a ustedes, con mi propia mano». Pues sus otras epístolas, mientras él las dictaba, otros las escribían, y después él escribía su saludo y su nombre con su propia mano, como se ha de notar al fin de sus epístolas. Y con estas palabras (supongo) él mencionaba cuán larga había sido esta epístola. Otros lo entienden de otra manera. Ahora, lo que sigue es una acusación y condena.

VERSÍCULO 12. *Todos los que quieren agradar en la carne, éstos os constriñen a que os circuncidéis; solamente para no sufrir persecución por la cruz de Cristo.*

Aquí él usa una palabra significativa: ευπροσωπησαι, *«agradar»*[21]. *Es lo mismo que decimos en alemán: «Se hace un buen gesto para caer bien»*[22]. *La virtud principal de ellos (dijo él), es esta: que adulan a los dignatarios y prelados. Lo único que buscan es lograr el favor de ellos sin perder nada de su propia gloria, siempre y cuando logren que se circunciden. Pues los gobernantes de los judíos resistían obstinadamente el Evangelio y defendían a Moisés. Por esa razón los falsos apóstoles estudiaban cómo tenerlos de buen*

---

20. Nuevamente Lutero recurre al sarcasmo en su discurso para enfatizar su tema.
21. Debe recordarse que Lutero se dirige a un grupo de seminaristas. Por tanto, supone que están al día con el griego. El significado de la palabra *euprosopeisai* es «armar un teatro a fin de agradar».
22. Un antiguo proverbio alemán, el cual aparece en alemán dentro del texto: «*Wohl geberden, sich sein wissen zu stellen*».

humor y congraciarse con ellos en las apariencias. Por tanto, con este fin, enseñan que la circuncisión es necesaria para la salvación, para seguir siendo favorecidos por ellos, y así evitar la persecución por causa de la cruz. Así mismo hoy tenemos a los que astutamente elogian al papa, a los obispos, y a los príncipes; ellos nos denuncian e impíamente difaman nuestros escritos. Hacen todo esto no porque aman y defienden la verdad, sino para agradar a sus ídolos, al papa, a los obispos, a los reyes y príncipes de este mundo, sin sufrir persecución por causa de la cruz de Cristo. Pero si por el Evangelio pudieran obtener esas comodidades carnales que han recibido de los obispos impíos y de los príncipes; o si profesar el Evangelio les trajera riquezas, paz y seguridad de la carne, entonces de inmediato se unirían a nosotros.

Sus doctores de teología (dijo) tienen la cabeza llena de arrogancia. No les importa la gloria de Cristo y la salvación de ustedes, sino que tan solo buscan su propia gloria. Nuevamente, ya que le tienen miedo a la cruz, predican la circuncisión y la justicia de la carne, no sea que provoquen a los judíos a odiarlos y perseguirlos. Por tanto, aunque ustedes los escuchen con gozo como nunca, y por mucho tiempo, estarán escuchando a los que han hecho de sus vientres su dios; aquellos que buscan su propia gloria, y le sacan el cuerpo a la cruz. Aquí se debe observar cierto fervor en la palabra *constriñen*. Pues la circuncisión, en sí misma, es nada. Pero dejarse obligar a ser circuncidado, y confiar en eso como justicia y santidad, mientras no hacerlo se declara pecado, tal cosa es un agravio a Cristo. Esto ya lo he dicho ampliamente.

VERSÍCULO 13. *Porque ni aun los mismos que se circuncidan guardan la ley, sino que quieren que vosotros seáis circuncidados, para gloriarse en vuestra carne.*

Y ¿acaso no valdría decir aquí que Pablo es un hereje? Pues dice que no solo los falsos apóstoles, sino también toda la nación de los judíos, que había sido circuncidada, ¡no guardaban la ley! ¿Por qué? Porque los circuncidados, al guardar la ley, no la cumplían. Esto es hablar contra Moisés, que dice que ser circuncidado es guardar la ley, y no ser circuncidado es anular el pacto (Génesis 17:14). Los judíos eran circuncidados sin otra razón que para guardar la ley, la que ordenaba que todo varón debía ser circuncidado al octavo día. Ya hemos tratado todo esto previamente; no es necesario repetirnos. Pues bien, estas cosas sirven para condenar a los falsos apóstoles, a fin de que los gálatas teman escucharlos. Es como si dijera: «Miren, pondré a la vista de ustedes la clase de maestros que tienen. Primero, son vanagloriosos; no buscan sino su propia ganancia, y no les importa más que su propio vientre. Segundo, huyen de la cruz. Y, por último, no enseñan la verdad, ni cosa alguna con certeza, sino que todo lo que dicen y hacen son falsificaciones repletas de hipocresía. Por tanto, aunque aparentan guardar la ley, no la obedecen, pues sin el Espíritu Santo no se puede guardar la ley. Pero el Espíritu Santo no se puede recibir sin Cristo, y donde no mora el Espíritu Santo, allí mora un espíritu inmundo, es decir, el desprecio de Dios, y la búsqueda de ganancia y vanagloria. Por tanto, todo lo que hacen, con respecto a la ley, es tan solo hipocresía y doble pecado. Pues un corazón inmundo no guarda la ley. Más bien, hace solo un teatro de observancias, y por tanto, se confirma aun más en su maldad e hipocresía».

Hay que tener muy presente esta declaración: «los circuncidados no guardan la ley». Es decir, «los circuncidados no están circuncidados». También se puede aplicar a otras obras. Aquel que obra, ora, o sufre sin Cristo, obra, ora, y sufre en vano, pues «todo lo que no es de fe, es pecado». Por tanto, no sirve de nada que el hombre se circuncide, ayune, ore, o haga cualquier otra obra externa, si interiormente desprecia la gracia, el perdón de los pecados, la fe, a Cristo, y está hinchado de su confianza y presunción de su propia justicia. Todos estos son horribles pecados contra la primera tabla de la ley. Después siguen los pecados contra la segunda tabla, tales como la desobediencia, la prostitución, la furia, la ira, el odio, y tales. Por lo cual él ha dicho muy bien, que los que se han circuncidado, no guardan la ley, sino que solo fingen guardarla. Pero esta simulación, o más bien hipocresía, es doble maldad ante Dios.

¿Qué pretenden los falsos apóstoles cuando procuran que ustedes sean circuncidados? No buscan que se vuelvan justos[23], por mucho que los tengan en mente, sino que quieren gloriarse en vuestra carne. Ahora bien, ¿quién no detestaría este horrible y pestilente vicio de la

---

23. *iustificemini*.

ambición y deseo de gloria, que se procura poniendo en riesgo las almas de los hombres? Estos son espíritus (dijo él) engañosos, desvergonzados, y vanos, que sirven a su propio vientre y odian la cruz. Y entonces (lo que es peor), los obligan a circuncidarse conforme a la ley, para poder abusar de vuestra carne para su propia gloria con la pérdida eterna de vuestras almas. Pero ¿qué más han ganado ustedes ante Dios, excepto la eterna condenación? Y ¿qué más han logrado ante los hombres, excepto que los falsos apóstoles se gloríen de haber sido sus maestros, y ustedes, sus discípulos? Pero ellos siguen enseñando lo que ellos mismos no observan. Así reprocha fuertemente a los falsos apóstoles.

Estas palabras, «para gloriarse en vuestra carne», son muy eficaces. Es como si dijera: No tienen la palabra del Espíritu; por eso es imposible que ustedes reciban el Espíritu por medio de lo que ellos predican. Todo lo que ellos hacen es que ustedes ejerciten su carne, para que ustedes se hagan sus propios jueces por medio de la carne, o se justifiquen a sí mismos. Externamente, ellos observan días, tiempos, sacrificios, y otras cosas según la ley, cosas enteramente carnales. Pero todo lo que cosechan no es más que trabajo sin ganancia, y condenación. Y, por otro lado, lo que ellos ganan con todo eso, es esto: se pueden jactar de ser sus maestros, han logrado que abandonen la doctrina de Pablo el hereje, y que vuelvan a su madre, la sinagoga. Es así como hoy se jactan los papistas. Dicen que han logrado traer a la santa madre Iglesia a aquellos a quienes han engañado y seducido. Por el contrario, nosotros no nos gloriamos en vuestra carne, sino con respecto a vuestro espíritu, porque han recibido el Espíritu por medio de nuestra predicación (Gálatas 3:2).

VERSÍCULO 14. *Mas lejos esté de mí gloriarme, salvo en la cruz de nuestro Señor Jesucristo.*

El apóstol termina el asunto con indignación. Con gran fervor de espíritu exclama: «¡Mas lejos esté de mí gloriarme!». Es como si dijera: «Esta gloria y ambición carnal de los falsos apóstoles es un veneno tan peligroso, que ojalá fuese enterrado en el infierno, pues causa la destrucción de muchos. Pero gloríense en la carne todo lo que quieran, y perezcan con su maldita gloria. En cuanto a mí, no deseo ninguna otra gloria, sino aquella por la cual me regocijo en la cruz de Cristo». De la misma manera, también dice: «Nos gloriamos en nuestras aflicciones» (Romanos 5). Y en 2 Corintios 12:9: «Me gloriaré en mis aflicciones». Aquí Pablo enseña cuál es la gloria y el regocijo de los cristianos, a saber, gloriarse y enorgullecerse de las tribulaciones, los reproches, las debilidades, y cosas similares.

El mundo no solo juzga a los cristianos diciendo que son muy deplorables y repugnantes, sino que lo hace de la manera más cruel. Con verdadero celo los odia, persigue, condena, y mata como si fueran la plaga más perniciosa del mundo espiritual y terrenal, es decir, como herejes y rebeldes. Pero como ellos no sufren estas cosas debido a asesinatos, robos, y otras maldades similares, sino por el amor de Cristo, por dedicarse a presentar su beneficio y gloria, se glorían en la tribulación y en la cruz de Cristo, y con los apóstoles se gozan de ser tenidos por dignos de padecer afrenta por el nombre de Cristo. De igual modo nos gloriamos hoy, cuando el papa y el mundo entero nos persiguen con gran crueldad, y nos condenan y matan. Pero sufrimos estas cosas no por ser acusados de ser ladrones, asesinos, y cosas así, sino por causa de Cristo, nuestro Señor y Salvador, cuyo Evangelio enseñamos en verdad.

Ahora bien, nuestra gloria aumenta y se confirma principalmente por dos razones. Primero, debido a que estamos seguros de que nuestra doctrina es pura y divina[24]. Segundo, porque nuestra cruz y sufrimiento son los de Cristo. Por tanto, cuando el mundo nos persigue y mata, no es razón para quejarnos o lamentarnos, sino más bien causa para regocijarnos y tenernos por dichosos. Ciertamente el mundo entero nos tiene por desdichados y malditos; pero, por el otro lado, Cristo, quien es más grande que el mundo, y por cuya causa sufrimos, nos declara bienaventurados, y nos regocijamos en su voluntad. «Bienaventurados sois cuando por mi causa os vituperen y os persigan, y digan toda clase de mal contra vosotros, mintiendo. Regocijaos y alegraos» (Mateo 5:11-12). Así que nuestra gloria es otro tipo de gloria, diferente a la del mundo, el cual no se regocija en la tribulación, afrentas, persecución, y muerte, sino que se gloría en el poder, riquezas, honra, sabiduría, y justicia propia. Pero el fin de esta gloria es lamento y confusión.

---

24. *puram atque divinam.*

Además, la cruz de Cristo no significa ese pedazo de madera que Cristo llevó sobre sus hombros y al cual fue después clavado. Más bien significa todas las aflicciones de los fieles, cuyos sufrimientos son los de Cristo: «Abundan en nosotros las aflicciones de Cristo» (2 Corintios 1:5). También, «cumplo en mi carne lo que falta de las aflicciones de Cristo por su cuerpo, que es la Iglesia» (Colosenses 1:24). Por tanto, la cruz de Cristo significa en general todas las aflicciones que la Iglesia sufre por Cristo, de lo cual Él mismo testificó cuando dijo: «Saulo, Saulo, ¿por qué me persigues?» (Hechos 9:4). Saulo no arremetía con violencia contra Cristo sino contra su Iglesia. Pero el que la toca, toca la niña de su ojo. Pues hay más sensibilidad en la cabeza que en cualquier otro miembro del cuerpo. Y esto lo sabemos por experiencia, pues cuando el dedito del pie o la parte menor del cuerpo se lastima, es la cabeza misma la que, por el gesto, muestra el dolor que siente. Es así como Cristo, nuestra cabeza, asume todas nuestras aflicciones como suyas, y sufre también cuando sufrimos, pues somos su cuerpo.

Es para nuestro provecho saber estas cosas, no sea que seamos consumidos por el dolor, o caigamos en el desaliento al ver que nuestros adversarios cruelmente nos persiguen, excomulgan, y matan. Pero pensemos por nosotros mismos, siguiendo el ejemplo de Pablo, que debemos gloriarnos en la cruz que llevamos, no por nuestros pecados, sino por causa de Cristo. Si solo pensáramos en nosotros mismos por los sufrimientos que sobrellevamos, no solo serían extremadamente dolorosos sino intolerables. Sin embargo, cuando decimos: «Los sufrimientos de Cristo son nuestros en abundancia» (2 Corintios 1:5), o como dice el Salmo 44, «Por causa de ti nos matan cada día», entonces estos sufrimientos no solo son fáciles, sino dulces, como fue dicho: «Mi carga es ligera, y mi yugo es suave» (Mateo 11:30).

Ahora bien, hoy es manifiesto que la única razón por la que sufrimos odio y persecución de parte de nuestros adversarios es que predicamos a Cristo fielmente y con pureza. Si lo negáramos y consintiéramos a sus perniciosos errores e impía religión[25], no solo dejarían de odiarnos y perseguirnos, sino que también nos brindarían honor, riquezas, y muchas otras cosas buenas. Pero como

---

25. *impios cultus.*

sufrimos estas cosas por causa de Cristo, podemos verdaderamente regocijarnos con Pablo en la cruz de nuestro Señor Jesucristo; es decir, no en las riquezas, poder, y favor de los hombres, etc., sino en aflicciones, debilidades, pesares, luchas en el cuerpo, terrores en el espíritu, persecuciones, y todo otro mal (2 Corintios 7:5). Por tanto, confiamos en que pronto Cristo nos dirá lo mismo que David dijo a Abiatar el sacerdote: «Yo he ocasionado la muerte de todas las personas[26] de la casa de tu padre» (1 Samuel 22:22). Y también: «El que os toca, toca a la niña de mi ojo» (Zacarías 2:8). Es como si hubiera dicho: «El que te hiere, a mí me hiere; pues si no predicaras mi palabra y me confesaras, no sufrirías estas cosas». Así también lo dijo en Juan: «Si fuerais del mundo, el mundo amaría lo suyo; mas porque no sois del mundo, antes yo os elegí del mundo, por eso el mundo os aborrece» (Juan 15:19). Pero ya hemos tratado todo este tema.

VERSÍCULO 14. *Por el cual el mundo me es crucificado a mí, y yo al mundo.*

Es así como habla Pablo: «El mundo me es crucificado a mí», es decir: «Yo juzgo que el mundo ya ha sido condenado». «Y yo al mundo», es decir, el mundo, a su vez, juzga que yo he sido condenado. Por tanto, nos crucificamos y condenamos el uno al otro. Yo aborrezco toda doctrina, justicia, y obras del mundo, como el veneno del diablo. A su vez, el mundo detesta mi doctrina y mis obras, y juzga que yo soy un sedicioso, pernicioso, tipo pestilente, y hereje. Es así como hoy el mundo nos es crucificado, y nosotros al mundo. Maldecimos y condenamos como suciedad del diablo todas las tradiciones referidas a la misa, las órdenes, votos, adoraciones al poder de la voluntad[27], las obras, y todas las abominaciones del papa y otros herejes. Ellos, a su vez, nos persiguen y matan por ser destructores de la religión, y perturbadores de la paz del pueblo.

Los monjes se ilusionaron pensando que al entrar en sus monasterios estaban crucificando al mundo; pero por ese medio crucifican a Cristo, y no al mundo. Sí, por ese medio el mundo se libraba de ser crucificado, y todo se fomentaba aun más por esa opinión

---

26. *Ego sum reus omnium animarum vestrum.*
27. *cultibus.*

de santidad y confianza que tenían en su propia justicia, la cual había llegado a formar parte de la religión[28]. Por tanto, de la manera más necia e impía, esta declaración del apóstol fue forzada para respaldar la entrada a los monasterios[29]. Aquí Pablo habla de un tema muy alto y de gran importancia; es decir, lo que todo cristiano considera como sabiduría, justicia, y poder de Dios, es lo que el mundo condena como la más grande necedad, impiedad, y debilidad. Por otro lado, lo que el mundo considera como la más alta religión y servicio a Dios, los fieles saben que no es sino la más execrable y horrible blasfemia ante Dios. Es así como los piadosos condenan al mundo, y a su vez, el mundo condena a los piadosos. Pero los piadosos, por su parte, juzgan acertadamente, pues el hombre espiritual juzga todas las cosas (1 Corintios 2:15).

El juicio del mundo, tocante a la religión y a la justicia delante de Dios, es tan contrario al juicio de los piadosos como Dios y el diablo son contrarios entre sí. Pues, así como el diablo crucifica a Dios, y Dios crucifica al diablo, es decir, Dios condena la doctrina y las obras del diablo (pues el Hijo de Dios apareció, como dice Juan, para destruir las obras del diablo; 1 Juan 3:8), así el diablo condena y trastorna la palabra y las obras de Dios (pues es asesino, y padre de mentiras). Es así como el diablo condena la doctrina y la vida de los piadosos, llamándolos los más perniciosos herejes y perturbadores del bien público. Así mismo, los fieles llaman al mundo el hijo del diablo, el cual ha seguido en las pisadas de su padre, diciendo así que es un asesino y un mentiroso al igual que su padre. Este es el mensaje de Pablo cuando dice: «... por el cual el mundo me es crucificado a mí, y yo al mundo». Ahora, en las Escrituras, el mundo no solo significa los impíos y los malos, sino también los mejores, los más sabios, y los que se hacen pasar por los más santos del mundo entero.

Y aquí, de paso, señala encubiertamente a los falsos apóstoles. Como si dijera: «Odio y detesto totalmente como algo maldito la gloria que no es por la cruz de Cristo; *sí, considero todo como muerto, y muerto de una muerte tan horrible como la de quien muere colgado de un madero.* Pues el mundo, con toda su gloria, me es crucificado, y yo al mundo. Por tanto, malditos sean todos los que se glorían en su

---

28. *I.e.,* en las órdenes religiosas.
29. *ingressum religionis.*

carne, y no en la cruz de Cristo». Con estas palabras Pablo testifica que odia al mundo con el perfecto odio del Espíritu Santo; y, además, que el mundo lo odia con el perfecto odio de un espíritu maligno. Es como si dijera: «Es imposible que haya acuerdo alguno entre el mundo y yo. Entonces, ¿qué debo hacer? ¿Ceder, y enseñar las cosas que agradan al mundo? ¡No! Más bien, con espíritu valiente me opondré, lo despreciaré y crucificaré tal como el mundo me desprecia y me crucifica».

En conclusión, Pablo enseña aquí cómo debemos luchar contra Satanás (quien no solo atormenta nuestros cuerpos con diversas aflicciones, sino que también hiere continuamente nuestros corazones con sus dardos ardientes, pues quiere vencernos con su perseverancia y derrocar nuestra fe y sacarnos de la verdad y de Cristo). Porque, así como vemos cómo Pablo, con tanto arrojo, despreció al mundo, también nosotros debemos repudiar al mundo, a su príncipe, y todo su ejército, engaños, y furias infernales; y, confiando en el auxilio y la ayuda de Cristo, debemos triunfar contra él de la siguiente manera: «Oh Satanás, cuanto más intentas herirme y lastimarme, tanto más osadamente me levanto contra ti, y me río de ti hasta con desdén. Cuanto más me perturbes e intentes desesperarme, tanto más adquiriré confianza y osadía, y me gloriaré en medio de tus furias y maldad; no por algún poder en mí, sino por el poder de Cristo, mi Señor y Salvador, cuyo poder se perfecciona en mi debilidad. Por tanto, cuando soy débil, entonces soy poderoso» (2 Corintios 12:9-10). Por otro lado, cuando se da cuenta de que sus amenazas y terrores causan temor, se regocija, y horroriza cada vez más a los que ya tiene atemorizados.

VERSÍCULO 15. *Porque en Cristo Jesús ni la circuncisión vale nada, ni la incircuncisión, sino una nueva criatura.*

Esta es una manera maravillosa de expresarse, cuando Pablo dice: «Ni la circuncisión ni la incircuncisión valen nada». Pareciera que, más bien, debió decir: «O la circuncisión, o la incircuncisión: solo una de las dos tiene valor», puesto que son cosas contrarias. Pero aquí él niega que una de las dos tenga valor alguno. Es como si hubiera dicho: «Deben subir más alto, pues tanto la circuncisión como la incircuncisión son cosas de poca importancia, pues ninguna de las dos puede alcanzar la justicia ante Dios. Es verdad que son contrarias entre sí; pero son nada con respecto a la justicia cristiana, la cual no es terrenal, sino celestial; por tanto, no consiste en cosas corporales. De modo que, si has sido circuncidado o eres incircunciso, es igual, pues en Cristo Jesús ni la una ni la otra tienen valor alguno».

Los judíos se ofendieron grandemente al escuchar que la circuncisión no tenía valor alguno. No tenían problema para asentir si se decía que la incircuncisión no tenía valor alguno; pero no podían tolerar escuchar que se dijera lo mismo de la circuncisión, pues estaban dispuestos aun a derramar sangre por defender la ley y la circuncisión. De igual manera los papistas contienden hoy con vehemencia para retener sus tradiciones tocantes a comer carne, el celibato, los días santos, y demás; y nos excomulgan y maldicen pues enseñamos que en Cristo Jesús estas cosas no valen nada. *Y entre nuestra propia gente hay algunos no menos ciegos que los papistas; piensan que la libertad de las tradiciones del papa es algo tan necesario que, a menos que de inmediato las quebranten y anulen todas, temen estar pecando.* Pero Pablo dice que, para alcanzar la justicia delante de Dios, debemos tener otra cosa, la cual es mucho más excelente y preciosa que *la circuncisión o la incircuncisión; que la observancia o la transgresión de las tradiciones del papa*. En Cristo Jesús, dice él, ni la circuncisión ni la incircuncisión, ni el celibato ni el matrimonio, ni el comer carne ni el ayuno, valen cosa alguna. La carne no nos hace aceptos ante Dios. Tampoco somos mejores por abstenernos, ni peores por comer. Todas estas cosas, y aun el mundo entero, con todas sus leyes y justicia, de nada valen para la justificación. *Sí, ni siquiera son dignas de mención al tratar un tema tan elevado.*

Ni la razón ni la sabiduría de la carne comprenden esto, pues la carne «no percibe las cosas que son del Espíritu de Dios». Por eso sostiene que la justicia se sitúa en las cosas externas. Mas la palabra de Dios nos enseña que no hay nada bajo el cielo que sea de valor para la justicia ante Dios, excepto Cristo solo[30], o como dice Pablo aquí, una nueva criatura. Las leyes civiles y políticas, las tradiciones de los hombres, las ceremonias de la Iglesia, y aun la ley de Moisés, son cosas que existen sin Cristo; por tanto, no tienen valor para la

---

30. *unicum Christum.*

justicia ante Dios. En su debido lugar y tiempo las podemos usar como cosas buenas y necesarias, pero si hablamos de la justificación, de nada valen, sino que perjudican. «Porque en Cristo Jesús ni la circuncisión vale nada, ni la incircuncisión, sino una nueva criatura».

Y por medio de estas dos cosas, la circuncisión y la incircuncisión, Pablo simplemente excluye todo lo demás, y niega que en Cristo Jesús tengan valor alguno, es decir, en la causa de la fe y de la salvación. Pues aquí él toma una parte para dar a entender el todo, es decir, por la incircuncisión da a entender todos los gentiles, y por la circuncisión da a entender todos los judíos, con todas sus fuerzas y gloria. Es como si dijera: «Todo lo que puedan hacer los gentiles, con toda su sabiduría, justicia, leyes, poderes, reinos, e imperios, no tiene valor alguno en Cristo Jesús. Y todo lo que puedan hacer los judíos, con su Moisés, su ley, su circuncisión, sus adoraciones, su templo, su reino, y su sacerdocio, de nada vale. Por tanto, en Cristo Jesús, o en el tema de la justificación, no debemos disputar ni de las leyes de los gentiles, ni de la de los judíos, sino que sencillamente debemos dictar esta sentencia: ni la circuncisión ni la incircuncisión tienen valor alguno».

Entonces, ¿son malas las leyes? De ningún modo; rotundamente no. Son buenas y provechosas, aunque en su lugar y tiempo, es decir, en las cosas corporales y en lo civil, que son asuntos que no podrían gobernarse sin leyes. Además, también en nuestras iglesias usamos ciertas ceremonias y leyes; no para que por medio de ellas alcancemos la justicia, sino para mantener el buen orden, dar ejemplo, quietud, y concordia, según lo dicho: «Hágase todo decentemente y con orden» (1 Corintios 14:40). Pero si las leyes se presentan y enfatizan como si, por cumplirlas, el hombre fuese justificado, o como si, por quebrantarlas, fuese condenado, entonces deben ser despojadas y abolidas; pues en tal caso Cristo pierde su oficio y su gloria, pues solo Él nos justifica y nos da el Espíritu Santo. Por tanto, mediante estas palabras, el apóstol afirma que ni la circuncisión ni la incircuncisión tienen valor, sino la nueva criatura. Ahora bien, puesto que ni las leyes de los gentiles ni la de los judíos servían de algo, el papa ha obrado de la manera más impía, pues ha obligado a los hombres a guardar sus leyes con miras a alcanzar la justicia.

Ahora, la nueva criatura, en la cual se renueva la imagen de Dios, no puede ser creada pintándola de colores o con la falsificación de buenas obras (pues, en Cristo Jesús, ni la circuncisión ni la incircuncisión tienen valor alguno). Más bien, es creada por Cristo, según la imagen de Dios, en justicia y verdadera santidad. Cuando se hacen buenas obras, ciertamente dan la apariencia de una nueva función teatral, con cuyo aspecto externo se deleita el mundo y la carne, pero no hay una nueva criatura; pues el corazón sigue impío, igual que antes, lleno hasta el colmo de sus desprecios a Dios, y falto de fe. Por tanto, una nueva criatura es la obra del Espíritu Santo, el cual limpia nuestro corazón mediante la fe, y obra el temor de Dios, el amor, el pudor, y otras virtudes cristianas; el cual también otorga el poder de poner freno a la carne y de rechazar la justicia y la sabiduría del mundo. Aquí no hay pintura de acuarela, ni teatro, sino toda una nueva especie externa[31]. Aquí ha nacido otra manera de pensar, con otro juicio, es decir, cabalmente espiritual, por lo cual aborrece aquellas cosas que antes valoraba grandemente. La vida monástica, con sus órdenes, nos hechizaba tanto en el pasado que pensábamos que no había otra manera de ser salvos; pero ahora la juzgamos de manera muy diferente. Ahora nos avergonzamos de esas cosas que antes adorábamos como sumamente celestiales y santas, antes de que se nos regenerara en esta nueva criatura.

Por tanto, cambiar de vestimentas, y otras cosas externas, no produce una nueva criatura (como se imaginan los monjes), sino que lo hace la renovación de la mente por medio del Espíritu Santo; a lo cual sigue un cambio en los miembros y sentidos del cuerpo entero. Pues cuando el corazón ha sido iluminado por una nueva luz, por un nuevo juicio, y por nuevas emociones, a causa del Evangelio, sucede que los sentimientos interiores también se renuevan; pues los oídos desean escuchar la palabra de Dios, y no las tradiciones y las ilusiones de los hombres. La boca y la lengua ya no se jactan de sus propias obras, justicia, y reglamentos, sino que no dejan de engrandecer la misericordia que Dios nos ofrece en Cristo Jesús. Estos cambios no consisten en palabras, sino que son eficaces[32] y traen una nueva mentalidad[33], una nueva voluntad,

---

31. *fucus aut tantum nova externa species.*
32. *non verbales, sed reales.*
33. *mentem.*

nuevos sentimientos, y nuevas funciones en la carne, de tal modo que los ojos, los oídos, la boca, y la lengua, ya no ven, escuchan, y hablan como antes, sino que la mente aprueba, ama, y sigue un tema diferente al de antes. Pues antes, enceguecida por los errores papales y esa oscuridad, se imaginaba a Dios como un mercader, que nos vendía su gracia a cambio de nuestras obras y méritos. Pero ahora, a la luz del Evangelio, por la sola fe en Cristo somos reputados justos[34]. Alaba y magnifica a Dios; se regocija y gloría en la sola confianza y garantía de la misericordia de Dios a través de Jesucristo. Si ha de sufrir pruebas o aflicción, las sobrelleva con gozo y alegría, aunque la carne se queje y lamente. A esto Pablo llama una nueva criatura.

VERSÍCULO 16. *Y a todos los que anduvieren conforme a esta regla, paz y misericordia sea sobre ellos.*

Él añade esto como una conclusión exclamatoria[35]. Esta es la única y verdadera regla en la cual debemos andar, a saber, la nueva criatura. *Los franciscanos impíamente tuercen y relacionan este texto de Pablo con su propia orden; y de allí que hay quienes han blasfemado y cometido sacrilegio declarando que su orden es más santa que las demás, ya que ha sido establecida bajo la autoridad del apóstol. Pero Pablo, de lo cual no hay duda alguna, aquí no habla de cogullas, afeitadas[36], y otros juguetes vanos que incluyen en sus órdenes; sino que habla de la nueva criatura,* la cual no es la circuncisión ni la incircuncisión, sino el nuevo ser creado a la imagen de Dios en justicia y verdadera santidad, el cual interiormente es justo en el espíritu, y exteriormente es santo y limpio en la carne. Los monjes tienen una justicia y santidad, pero es hipócrita e impía, pues no aspiran a ser justificados por la sola fe en Cristo, sino por la observancia de sus reglamentos. Además, aunque por fuera falsifican la santidad, y sus ojos, manos, lengua, y otros miembros se refrenan del mal, tienen un corazón impuro, copado de inmundicia, lascivia, envidia, ira, obscenidad, desprecio y odio a Dios, blasfemia contra Cristo, y cosas similares, pues son los más rencorosos y crueles enemigos de la verdad. *Por tanto, maldita*

---

34. *sola fide in Christum reputari justos.*
35. Lutero usó la palabra «epiphonema».
36. Literalmente: «tonsuras».

sea la orden de Francisco, Domingo, y todos los monjes; primero, porque oscurecen y desfiguran con sus reglamentos el beneficio y la gloria de Cristo, y luego, porque llenan el mundo de idolatrías sin fin, falsas adoraciones, religiones impías, obras de la voluntad, etc. Pero bendita sea esta regla de la cual Pablo habla en este texto; por la cual vivimos en la fe de Cristo, y somos hechos nuevas criaturas, es decir, justos, y ciertamente santos mediante el Espíritu Santo, sin coloridos ni falsificaciones. A los que andan de acuerdo a esta regla sea la paz, es decir, el favor de Dios, el perdón de pecados, la tranquilidad de conciencia, y misericordia; es decir, socorro en las aflicciones, y el perdón del remanente de pecado que queda en nuestra carne. Sí, y aunque los que anden conforme a esta regla sean sobrecogidos por cualquier pecado, no obstante, por ser hijos de la gracia y de la paz, la misericordia los sostiene, de modo que sus pecados y deslices no les serán imputados.

VERSÍCULO 16. *Y sobre el Israel de Dios.*

Aquí él vincula a los falsos apóstoles y a los judíos, que se gloriaban en sus padres, se jactaban de ser el pueblo de Dios, de tener la ley, etc., según Romanos 9. Es como si dijera: «El Israel de Dios son aquellos que, junto con Abraham el fiel, creen en las promesas de Dios ya ofrecidas en Cristo, sean judíos o gentiles; pero no aquellos que, según la carne, fueron engendrados por Abraham, Isaac, y Jacob». Este tema ya lo hemos tratado anteriormente, en el capítulo tres.

VERSÍCULO 17. *De aquí en adelante nadie me cause molestias.*

Él concluye su epístola con cierta indignación. Es como si dijera: «Fielmente he enseñado el Evangelio tal como lo recibí por revelación de Jesucristo. El que no quiera seguir esto, que siga lo que quiera, con tal de que, a partir de ahora, no me cause más molestias. En una sola palabra, este es mi dictamen: que Cristo, a quien he predicado, es el único Pontífice y Salvador del mundo. Por tanto, que el mundo marche de acuerdo a esta norma, de la cual he hablado aquí y a lo largo de toda la epístola; de otro modo, que perezca para siempre».

VERSÍCULO 17. *Porque yo llevo en mi cuerpo las marcas del Señor Jesús.*

Así como los minoritas interpretan la oración previa («a todos los que anden conforme a esta regla») en relación con su propia orden, también interpretan que esta declaración debe entenderse en relación con las marcas que llevara su Francisco. Pero yo sostengo que esto es una vana imaginación y un vano juego. Pues aunque así fuera, que Francisco hubiera llevado la marca en su cuerpo (tal como lo pintan), esta no fue impresa en su cuerpo por causa de Cristo, sino que el propio Francisco se la puso por una necia devoción, o más bien, por vanagloria, con la cual podría jactarse de que era tan querido por Cristo, que él incluso había dibujado sus heridas sobre su cuerpo.

Este es el verdadero significado de este texto: «Las marcas que llevo en mi cuerpo muestran más que cabalmente de quién soy siervo. Si quisiera agradar a los hombres, exigiendo la circuncisión y la observancia de la ley como necesarias para la salvación, y me gloriara en vuestra carne como lo hacen los falsos apóstoles, no llevaría obligadamente estas marcas en mi cuerpo. Pero como soy siervo de Jesucristo, y ando según una regla verdadera, es decir, enseño y confieso abiertamente que fuera de Cristo nadie puede obtener el favor de Dios[37], la justicia, y la salvación, entonces debo llevar las insignias de Cristo mi Señor; estas marcas no las busqué yo mismo, sino que me fueron impuestas contra mi voluntad por el mundo y Satanás, sin otra razón que por predicar que Jesús es el Cristo».

Por tanto, las llagas y los sufrimientos, que él llevó sobre su cuerpo, las llama marcas; así como a los dardos ardientes del diablo, la angustia, y el terror de espíritu. Estos sufrimientos también los menciona en todas sus epístolas, así como Lucas las menciona en los Hechos. También en 1 Corintios 4:9, 11-13: «Porque pienso», dice, «que Dios nos ha puesto a nosotros los apóstoles como postreros, como a sentenciados a muerte; porque somos hechos espectáculo para el mundo, los ángeles, y los hombres». También: «Hasta esta hora padecemos hambre, y tenemos sed, y estamos desnudos, y somos abofeteados, y no tenemos morada fija. Y nos fatigamos trabajando con nuestras manos; siendo maldecidos, bendecimos;

---

37. *gratiam*.

siendo perseguidos, lo soportamos; siendo difamados, rogamos; hemos venido a ser como la escoria del mundo, el desecho de todos hasta ahora». Y asimismo en 2 Corintios 6:4-5: «En mucha paciencia, en tribulaciones, en necesidades, en angustias; en azotes, en cárceles, en tumultos, en trabajos, en vigilias, en ayunos, etc.». Y nuevamente, en los capítulos 11 y 12 (11:23-26): «En trabajos más abundante; en azotes sin medida; en cárceles más; en peligros de muerte muchas veces. De los judíos cinco veces he recibido cuarenta azotes menos uno. Tres veces fui azotado con varas; una vez apedreado; tres veces padecí naufragio; una noche y un día estuve en las profundidades; en jornadas muchas veces; peligros de ríos, peligros de ladrones, peligros de los de mi nación, peligros entre los gentiles, peligros en la ciudad, peligros en el desierto, peligros en el mar, peligros entre falsos hermanos».

Estas son las verdaderas marcas y señas impresas de las cuales el apóstol habla en este texto; las cuales nosotros también hoy, por la gracia de Dios, llevamos en nuestros cuerpos por causa de Cristo. Pues el mundo nos persigue y mata, falsos hermanos nos odian con odio mortal, Satanás interiormente nos espanta con sus dardos ardientes, y sin más razón que porque enseñamos que Cristo es nuestra justicia y vida[38]. Nosotros no escogimos estas marcas por llevar cierta dulce devoción, ni tampoco nos comprometimos a sufrirlas gozosamente, sino que el mundo y el diablo nos las imponen por causa de Cristo; nos vemos obligados a sufrirlas, y con Pablo nos regocijamos en el espíritu (el cual está siempre dispuesto, se gloría, y se regocija) de que las llevamos en nuestro cuerpo; pues son un sello y confiable testimonio de la verdadera doctrina y fe. Pablo dijo estas cosas (como dije antes) con cierta indignación.

VERSÍCULO 18. *Hermanos, la gracia de nuestro Señor Jesucristo sea con vuestro espíritu. Amén.*

Esta es su última despedida. Termina la epístola con las mismas palabras con las que comenzó. Es como si dijera: «Les he enseñado a Cristo con toda pureza, los he instado, los he reprochado, no he omitido nada que considerara provechoso para ustedes. No hay nada más que pudiera haberles dicho, pero con todo mi corazón ruego

---

38. *quam quod docemus Christum justitiam et vitam nostram esse.*

que nuestro Señor Jesucristo bendiga y multiplique mi esfuerzo, y los gobierne mediante su Espíritu Santo para siempre».

Hasta aquí, entonces, la exposición de la Epístola de Pablo a los Gálatas. El Señor Jesucristo, nuestro Justificador y Salvador, quien me ha dado la gracia y la capacidad para exponer esta epístola, e igualmente a ustedes, para escucharla, nos preserve y establezca a todos (lo cual es el mayor deseo de mi corazón), a fin de que, creciendo cada día más en el conocimiento de su gracia y fe sin disimulos, podamos ser hallados sin culpa ni reprensión en el día de nuestra redención. A Él, con el Padre y el Espíritu Santo, sea la gloria para siempre sin fin[39]. Amén.

Por tanto, al Rey eterno, inmortal, invisible, al único sabio Dios, sea honor y gloria por siempre jamás. Amén. (1 Timoteo 1:17).

FIN.

---

39. *saecula saeculorum.*

Apéndice A

PRÓLOGO DE PHILIP WATSON
A LA VERSIÓN EN INGLÉS[1]

Las versiones más antiguas en inglés del *Comentario de Lutero sobre la Epístola a los Gálatas*, por lo general lo describen como «seleccionado y recopilado palabra por palabra de su predicación». De hecho, se originó en un curso de disertaciones que dictara en 1531 en la Universidad de Wittenberg, en donde fue profesor de Exégesis Bíblica por más de 30 años. Él mismo no fue responsable de su publicación, aunque contribuyó con un prólogo en el cual reconoce que verdaderamente representa su pensamiento.

Él no tenía la costumbre de escribir sus disertaciones, sino que hablaba libremente utilizando un bosquejo breve pero preparado previamente, al igual que lo hacía cuando predicaba. Por tanto, estamos en deuda por este *Comentario*, así como por mucha de su obra preservada, a sus amigos y admiradores que, mientras lo escuchaban en el aula o en la Iglesia, no dejaban descansar sus lápices y papel.

La edición original de este *Comentario* —en latín, al igual que las disertaciones en donde se originó— fue preparada para la página impresa por George Rörer[2], uno de los cronistas más asiduos y

---
1. En esta traducción al español, se incluye el prefacio de Philip Watson a la versión en inglés, por su valor histórico, ya que Watson, por así decirlo, resucitó del latín, aquellas secciones del latín que fueron «lavadas como por esponja» por los primeros (y anónimos) traductores al inglés. Todas estas secciones son desconocidas en español, pues nunca habían sido traducidas al español. Tal como Watson explica posteriormente en este prefacio, dichos traductores expurgaron esas secciones para no ofender a los seguidores de Zuinglio, que disentían de Lutero en su concepto de los sacramentos. Sin embargo, los traductores también «esponjaron» muchas secciones en donde el artículo de la justificación se expone con mayor claridad en este *Comentario*. Es importante que el lector de la versión en español se familiarice con el contenido del *Comentario* de Lutero, y no solamente conozca las partes que fueron traducidas originalmente del latín al inglés. He permitido el uso de las comillas tal cual aparecen en el Prólogo de Watson en inglés.
2. Rörer (1492-1557) llegó a Wittenberg en 1522, después de haber estudiado en Leipzig. Desde el principio, nunca desaprovechó oportunidad de escuchar a Lutero dictar disertaciones, o predicar, y es de él, principalmente, de quien somos deudores por los sermones de Lutero que existen hasta el día de hoy.

confiables de Lutero, con cierta ayuda de Viet Dietrich[3] y además de Caspar Cruciger[4].

Estos son los «hermanos» a quienes Lutero menciona en su Prefacio. Los tres habían participado en sus disertaciones de 1531, y Rörer, tal cual, había tomado extensos apuntes (utilizando una caligrafía de invención propia) durante todas las disertaciones. Estos apuntes se encuentran impresos arriba del texto publicado del *Comentario* en la edición Weimar de las obras de Lutero[5], y son citados ocasionalmente en los pies de página de este volumen, en donde se mencionan como «el MS de Rörer». De paso, muestran que el curso comenzó a dictarse el 3 de julio y terminó el 12 de diciembre, con un total de cuarenta y una disertaciones hasta el final. Todo el texto publicado se origina en estos apuntes, salvo la exposición de Gálatas 5:6, derivada de un manuscrito propio de Lutero que puso a disposición de Rörer, aunque no fue escrito particularmente para este *Comentario*. A fines de julio de 1532, Rörer comenzó a escribir las disertaciones, de cuando en cuando consultando con Dietrich y Cruciger para confirmar su exactitud. A principios de 1534 ya estaba en manos del impresor, y un año después ya había sido publicado. Una segunda edición revisada prosiguió en 1538, y una versión en alemán en 1539.

Más de treinta años después, en 1575, fue publicada la primera versión en inglés, y la traducción fue hecha de la segunda edición en latín. En 1577 fue «diligentemente revisada, corregida, e impresa nuevamente», con dos impresiones más antes de concluir el siglo. Todas las subsiguientes ediciones en inglés, salvo una, parecen haber

---

Fue un huésped bienvenido en la casa de Lutero, llegando casi a diario de visita. Después de su ordenación en 1525 —el primer servicio de ordenación evangélico que celebrara Lutero—, sostuvo por una docena de años una posición algo así como jefe de diáconos. Participó en el Coloquio de Marburgo, las Visitas de Sajonia, y la Concordia de Wittenberg; y fungió como secretario de la Comisión para la revisión de la traducción de Lutero de la Biblia. En 1537 renunció a su función eclesiástica a fin de dedicarse a la preparación de la colección de las obras de Lutero.

3. Dietrich (1506-1549) llegó a Wittenberg como alumno el mismo año que Rörer. En 1527 llegó a ser su secretario privado de Lutero y vivía en su casa. Con él estamos en deuda, en parte, por nuestro conocimiento de las *Charlas de Mesa* de Lutero (*Table Talk*), como también de la colección de *Hauspostillen*, o charlas dadas por Lutero en los tiempos devocionales junto a su familia. Dietrich partió de Wittenberg en 1535 para formar parte del liderazgo que estableció la Reforma en su tierra natal de Nüremberg.

4. Cruciger (1504-1548) fue oriundo de Leipzig. En 1519 fue oyente de la Disputa de Leipzig entre Lutero y Eck, y en 1521 llegó como alumno a Wittenberg. En 1525 fue nombrado a una posición pastoral y educacional en Magdeburgo, pero tras tres años fue llamado nuevamente a Wittenberg para fungir como Deputado Profesor de Teología y Ministerio de la Iglesia del Castillo (Castle Church) en Wittenberg. Laboró en estrecha colaboración con Lutero y Melanchton. Tomó la iniciativa de publicar algunos de los sermones de Lutero, y colaboró con Rörer en la preparación de los primeros tomos de la colección de las obras de Lutero. En 1539 jugó un papel importante en el establecimiento de la Reforma en Leipzig.

5. WA 40^1, I-668, y 40^2, I-184.

sido reproducciones o sinopsis de la traducción del siglo XVI[6].

La más conocida de estas es la que se conoce como edición de «Middleton», publicada inicialmente en 1807, la cual fue reimpresa seis o siete veces durante el siglo XIX, y prestó el texto para el resumen de J. P. Fallowe en 1939. Recibe su nombre del hecho de tener como prefacio «Vida del autor y una historia completa e imparcial de los tiempos en que vivió, por el difunto Rev. Erasmus Middleton, B.D., Rector de Turvey, Bedfordshire»[7]. Middleton fue un clérigo evangélico de la Iglesia de Inglaterra, quien murió en 1805. Su «Vida» de Lutero había sido publicada en el primer tomo de su *Biographia Evangelica* en 1769. No está claro quién preparó la edición de 1807 para la imprenta, pero su carácter general sugiere que no manifiesta una modernización muy hábil (con respecto a ortografía, puntuación y tales) de un texto considerablemente más antiguo, sin referencia alguna al latín original.

En la preparación de esta edición se ha usado una «Middleton» original, junto con una edición de tipo letra negra de 1616, la cual fue la más antigua disponible; y todo el texto ha sido comparado con el latín original. Hubiera sido un proyecto demasiado largo y costoso producir una traducción completamente nueva y moderna, además que hay mucho que decir a favor de retener el estilo de los traductores de la época de Elizabeth, y quienes estuvieron tan cercanos a Lutero en espíritu como en su tiempo, y quienes hablaban el inglés como él lo hubiera hablado si hubiera sido su lengua materna. Si la manera en que han traducido el latín no demuestra una traducción literal, es más certera de lo que permitirían los predicados modernos, y conserva mucho más el sabor picante del original. No es fácil verter a Lutero al inglés del siglo XX, aun cuando se lo hace hablar «inglés americano», como admite Th. Graebner en el prefacio de su versión condensada —muchos pasajes parecieran debilitarse y tornarse ineficaces al compararse con el latín—. La única dificultad yace tal vez en parte debido a lo que Lutero dice, y no solo en la manera como lo dice, como se puede ver

---

6. Hubo al menos siete ediciones en el siglo XVII, ocho en el XVIII, y trece en el XIX. Tres de las últimas se publicaron en los Estados Unidos, como también la nueva traducción drásticamente abreviada («agilizada») de Th. Graebner en 1939. En una edición en inglés con fecha de 1845, el Rev. John Owen, M.A., intentó una nueva traducción; pero fracasó como reemplazo de la edición de «Middleton», y pareciera que nunca más se reimprimió.
7. En inglés: *Life of the Author and a complete and impartial history of the times in which he lived, by the late Rev. Erasmus Middleton, B.D., Rector of Turvey, Bedfordshire.*

en su propio Prefacio en esta edición. Aquí parecía que una traducción nueva era necesaria, y se ha hecho vertiéndola al uso moderno sin recurrir a una simple paráfrasis. En otros lugares, no obstante, aun cuando ha sido necesario alterar o añadir, se ha intentado armonizar con el estilo del siglo XVI.

Los nombres de los traductores de la era de Elizabeth (como nos explica el que en ese entonces era el obispo de Londres[8] en su Prólogo), según su propia voluntad, nos son desconocidos. Pero podemos descubrir algo de ellos, tanto por la manera en que tradujeron a Lutero como por el prefacio de su traducción a la cual dieron el título: «A todas las conciencias afligidas que gimen por la Salvación, y luchan bajo la Cruz por el reino de Cristo»[9]. Pareciera que eran simpatizantes de Zuinglio; pues a pesar de la gran admiración que sentían por Lutero, y de que lo elogiaban por su obra, no podían evitar lamentar (aunque lo disculpaban) que no hubiera sido capaz de congeniar con el reformador Suizo en el tema de la doctrina sacramentaria, y tuvieron que confesar que habían omitido de su traducción diversos pasajes de su *Comentario*, los cuales habrían ofendido a algunos lectores[10]. En un aspecto relacionado, es de interés que, desde que apareció por primera vez en 1535, el *Gálatas* de Lutero evocó protestas de los teólogos de la escuela de Zurich[11].

---

8. Edwin Sandys: Obispo de Worcester, 1559-70, y de Londres, 1570-76; Arzobispo de York, 1576-88. Él fue uno de los Comisionados para la revisión de la Liturgia en 1559, y uno de los traductores de la Biblia de los Obispos, 1563-65.

9. «To all afflicted consciences which grone for Saluation, and wrastle vnder the Crosse for the kingdome of Christ»; inglés antiguo [HC].

10. «Y aunque su doctrina con respecto a la pequeña circunstancia del Sacramento no puede ser defendida a fondo, ni tampoco ha de maravillarnos en él, que estando ocupado con los puntos de mayor peso en la religión, no tuvo tiempo de ocio con el cual luchar investigando este asunto, ni tampoco debiera predisponer en contra de todo lo demás que él enseñó tan sanamente [...]. Y aun en el mismo asunto del Sacramento, a pesar que difiere un tanto de Zuinglio, siguiendo demasiado cerca de la letra: aun así tampoco se une a los papistas, que colocara la transubstanciación o la idolatría. Por cuanto ya que el tema no surge a mayores, ni tampoco se dirige contra artículo alguno de nuestro Credo, no seamos tan exigentes que debido a una pequeña verruga desechemos el cuerpo entero [...]. Pero el que de ninguna manera pueda tolerar esta tacha, entonces si puede, que diga el nombre de cualquier Doctor o escritor (salvo solo la Escritura) [...] que no haya errado en alguna declaración o exposición de la santa Escritura. Pero si no puede, entonces que aprenda [...] a llevar lo mejor y dejar lo peor (aunque en este libro no hay tal cosa por temer, ya que nosotros por respeto a los sencillos hemos a propósito lavado con esponja y omitido tales lugares de tropiezo que fueron tan solo muy pocos, que pudieran ofender) y dar gracias a Dios por cualquier cosa buena, y en particular por esto que nos ha dado por medio de Lutero, al abrirnos su gracia, misericordia y buena voluntad en su Hijo tan excelentemente mediante la predicación de este hombre...».

11. En una carta dirigida a Bullinger a fines de marzo, 1535, Bucer escribió: «Este comentario respecto a Gálatas del cual te quejas, fue de los apuntes que tomó Caspar Cruciger en las disertaciones que dictó Lutero hace tres años, pero que hasta ahora se publica. Maldice a todo amor y convenio que se pueda preservar solo si se pone en riesgo la palabra de Dios. ¿Qué hay de malo en eso? Es cierto que él dice que los sacramentarios quieren ese tipo de convenio; pero ¿quiénes son los sacramentarios? Por sacramentarios él se refiere a los que sostienen que no hay nada más que pan y vino en el Sacramento. Pero usted no es ese tipo de persona; así que esto a usted no le viene al caso». (Bucer se equivocaba al pensar que Cruciger fue responsable por la publicación del *Comentario*. Véase el prefacio de los redactores de Weimar, WA 40¹, 2.) El pasaje en el cual Lutero «maldice todo amor, etc.» fue uno de aquellos lavados con esponja por los traductores al inglés.

No obstante, los pasajes omitidos de la traducción al inglés abarcan más temas que los sacramentales —o de cualquier otra doctrina—, y algunos a duras penas podrían clasificarse entre los que podrían ofender. Por ejemplo, incluyen puntos gramaticales y filológicos, y citas de comentaristas previos; y son más numerosos de lo que se habría esperado. Puede ser que los traductores hayan trabajado a partir de una copia defectuosa del texto original, aunque no hay duda alguna de que usaron la segunda edición del texto en latín. Sus omisiones principales se indican en este tomo en letra cursiva. Fue necesario suplir pasajes más cortos y de menor importancia, pero al mejor parecer no fue ni necesario ni deseable marcarlos, no fuera que las páginas terminaran desfiguradas por demasiados cambios de tipo. No obstante, los traductores más que compensaron por cualquier omisión con la verbosidad de su traducción. Si Lutero quedó sorprendido (como dice en su Prefacio) al verse representado como *verboso* en el latín de Rörer, ciertamente se habría sorprendido mucho más al ver cuán prolijo se había vuelto en inglés. También habría protestado levemente en cuanto a algunos puntos, pues, aunque a veces él sabía cómo vituperar, ciertamente no había dicho las cosas así tan fuertemente.

No obstante, los traductores de la época de Elizabeth habían captado los acentos genuinos de Lutero. Al reparar las omisiones, corregir varios errores, y al podar frases totalmente superfluas, se puede decir que esa traducción lo representa con bastante precisión a los lectores de la traducción en inglés. En general se han evitado cambios en la traducción, aun en lugares donde la traducción se vertió con bastante liberalidad, siempre y cuando el sentido de Lutero se representara a suficiencia y no hubiera algún tema de importancia en particular. En algunos casos, ciertas palabras y frases que no se encuentran en el original han sido colocadas entre corchetes en vez de omitirse. Muchas referencias a citas bíblicas colocadas por los traductores antiguos o por los redactores Weimar, pero no por Rörer, se han retenido. Las citas bíblicas han quedado en su forma del siglo XVI (en vez de asimilarse a la Versión Autorizada que vino posteriormente), salvo cuando, por causa del latín, fueron necesarias ciertas modificaciones. En cuanto a la puntuación y el uso de mayúsculas, ni las ediciones previas del inglés ni del latín sirvieron de modelo para copiarlas al pie de la letra; pero si hay cierta medida de informalidad, particularmente en el uso de las mayúsculas, se puede tomar como un reflejo de mayor informalidad en el texto en latín.

El hecho de que esta versión se basa en la segunda edición del original en vez de en la primera no es desventaja alguna, ya que los cambios practicados a la revisión fueron principalmente para mejorar el estilo y aclarar el sentido. No se hicieron alteraciones drásticas, aunque algunas referencias a sucesos más contemporáneos con las cátedras de 1531 se omitieron ya que habían perdido su relevancia en 1538, y en algunos lugares se introdujeron modificaciones para evitar ofender innecesariamente a los seguidores de Zuinglio[12]. Además, la aproximadamente veintena de subtítulos (impresos en esta edición con negrita) fueron añadidos a fin de indicar los temas en consideración en ciertos lugares. Que estas cosas fueron hechas con el consentimiento y el aval de Lutero se demuestra por el hecho de que la edición revisada no solo incluía su Prefacio original, sino también un suplemento de su propia mano. Entonces, podemos dar por hecho que él entendía que esta expresaba verdaderamente sus enseñanzas, las cuales —podemos notar—, en cuanto a sus convicciones teológicas, quedaron sin cambio alguno desde la primera edición y, por cierto, desde las disertaciones en donde se originaron.

La Epístola a los Gálatas era una de las favoritas de Lutero. La llamó «mi propia Epístola, con la cual me he desposado. Es mi Katie von Bora»[13]. En esta, hallaba una fuente de fortaleza para su propia vida y fe, así como un arsenal de armas para su obra de reforma. Previamente ya había dictado disertaciones al respecto: en 1519, cuando en gran parte dependió de Jerónimo y Erasmo para su exégesis, y en 1523, cuando se separó de ambos[14]. En la presente obra, con frecuencia expresa discrepancias con Jerónimo, y ocasionalmente difiere de Erasmo. Él llegó a tener en muy poca estima sus comentarios previos. «No aportan en nada a esta época», dijo, «fueron tan solo mis primeras luchas contra la confianza en las obras». Pero otorgó mayor valor a su siguiente exposición. Cuando la edición en latín de sus obras estaba en preparación, un par de años

---

12. *Cf.*, *e.g.*, p. 146, n. I seguidamente.
13. El nombre de la esposa de Lutero.
14. Los comentarios anteriores se encuentran en WA 2, 436ss.

antes de su muerte, dijo: «Si me hicieran caso, publicarían solo los libros que contienen doctrina, como los Gálatas»[15].

En 1531, Lutero decide nuevamente dictar disertaciones respecto a la Epístola pues siente que la centralidad de la doctrina de la justificación se había oscurecido parcialmente debido a las controversias de los años previos. Durante casi toda una década había luchado contra dos frentes: contra aquellos a quienes él llamaba *Enthusiasmus*, o *Schwärmerei*, y contra la teología escolástica y el papado. Los primeros, a quienes encaró por primera vez en los profetas de Zwickau en 1522, se representan diversamente en este Comentario por «espíritus fantasiosos»[16], Sectarios, Anabaptistas[17], Sacramentarios, y otros semejantes, a quienes encontramos en estas páginas. Los últimos, con quienes estuvo intrincado desde el principio de su obra de reforma, tienen sus representantes en los «sofistas»[18], los teólogos académicos, los monjes, los papistas, y el papa[19]. Estos dos grupos de sus opositores, por supuesto que se oponían el uno al otro al igual que contra Lutero, y tal vez era de esperar, aunque infortunadamente, que cada cual se diferenciara del otro señalando que Lutero participaba de los errores del otro partido. Por los «Entusiastas», Lutero era considerado —debido a lo que hoy se llamaría su conservadurismo— que en muchos aspectos apenas era mejor que un papista; mientras que los papistas —debido a que ellos mismos erróneamente calificaban la doctrina de Lutero como «individualismo» y «subjetivismo»— pensaban que Lutero apenas era mejor que un Entusiasta[20].

Aquellos a quienes Lutero llamaba Entusiastas, no obstante, eran una muchedumbre muy heterogénea y de ninguna manera eran un cuerpo unido. Es cierto que en gran parte se colocaron a la

---

15. WA 40[1], 2.
16. fanáticos [HC].
17. Una nota en la página con cara a la titular de una edición en inglés de 1760 dice: «Por cuanto *Lutero*, en este *Comentario*, denuncia en gran manera a una Secta llamada *Anabaptista*, ya que era un Gentío sedicioso y turbulento; el Lector enterado se dará cuenta, al repasar las siguientes exposiciones, que de ninguna manera eran como aquellas congregaciones cristianas que hoy en día se llaman Bautistas».
18. *Sophistae*. Un nombre despectivo para los eruditos de la Iglesia católica. Los traductores de la época de Elizabeth frecuentemente pensaron que era necesario añadir el adjetivo «papista», y por lo general, esto se ha permitido en esta edición.
19. Tal vez cabe señalar aquí que, después de la época de Lutero, y en gran parte como resultado de su obra, la misma Iglesia romana sostuvo una reforma de considerables dimensiones. Por tanto, las severas críticas de Lutero al «sofismo», «monjerías», y «papismo», no deberían relacionarse demasiado al catolicismo romano moderno —o cualquier otro—.
20. Lutero mismo dice: «Los Entusiastas son tan malos como el papa [...] ambos me son como una plaga; pues los Sacramentarios me odian y los Anabaptistas me odian más que al papa, y el papa me odia más que a ellos». *WA Tischreden*, 3, nr. 2873; *Münchener Ausgabe*, nr. 211, pp. 135s.

izquierda del movimiento de la Reforma; pero estaban divididos en numerosos partidos y sectas, los cuales diferían entre ellos y de Lutero en sus opiniones respecto a la forma que debía tomar la Reforma. Incluían a revolucionarios radicales como Münzer y a los responsables de la apasionada Rebelión de los Campesinos, o de los excesos diez años después de Münster, el Anabaptista. Pero también incluían a puritanos como Carlstadt, que había renunciado al mundo, y a hombres de pensamiento místico-racionalista como Schwenkfeld y Franck; y hasta los seguidores de Zuinglio podrían en ciertos aspectos incluirse entre sus filas. Ya que, a primera vista, esa diversidad es obvia, algunos tenían base para lamentarse cuando Lutero los arrojaba a todos en la misma pila y los descartaba a todos como *Schwärmer*. No obstante, ellos tenían en común algo más que su celo antirromano; pues no solo todos ellos estaban insatisfechos con el panorama reformador de Lutero, sino que todas sus diversas protestas contra el mismo podían rastrearse a una misma y única fuente. Tal cual era el parecer de Lutero no obstante el caso, quien por su parte descartó las diferencias entre ellos, y acusó a cada cual y a todos por igual de Entusiasmo.

Lo que Lutero entendía por Entusiasmo podría describirse ampliamente como el asumir una postura espiritual superior, alegando la manifestación de un punto de vista más espiritual[21]. Pues la esencia de la contienda de los Entusiastas contra él, pareciera que su concepto del cristianismo no era lo suficientemente espiritual. De hecho, para los más extremistas, él no era nada espiritual, como atestigua el ataque que Münzer publicó contra él en 1524, titulado: «Contra la carne sin espiritualidad y flojera de vida que hay en Wittenberg». Esta falta de espiritualidad, según alegaban, se manifestaba en una diversidad de maneras, las cuales no podemos detallar aquí por falta de espacio. Pero no faltaba verse ni por menos en la importancia que Lutero todavía vinculaba a lo externo de la religión tal como los sacramentos y la palabra escrita y hablada. Para los Entusiastas para quienes lo único necesario era la operación del Espíritu en cada alma en sí misma. Esta operación

---

21. En el siglo XVIII, el Entusiasmo significaba casi lo mismo que en el XVI, y hay una frase en una conversación que quedó anotada entre el obispo Butler y Juan Wesley en 1739, la cual podría incluso servir como definición. Aunque él no usa la palabra en sí, el obispo, de hecho, acusa a Wesley de Entusiasmo cuando desmerece «las pretensiones de revelaciones especiales del Espíritu Santo» —una acusación que Wesley refuta de inmediato—. Véase el *Diario* de Wesley (Wesley's *Journal*, Standard Edn., vol. 2, p. 256).

podría concebirse en términos de visiones apocalípticas, iluminación mística, o una intuición de la razón, pero en cualquier caso era independiente de cualquier mediación externa. Lo importante era la experiencia interna, y se alegaba que esta era prioritaria sobre todo lo externo, incluyendo hasta la misma Escritura —pues sin ella no era posible interpretar la Escritura debidamente—[22]. La «palabra externa», escrita o hablada, por tanto, de nada aprovechaba a menos que previamente hubieran escuchado la «palabra interna» (o recibido la «luz interna») del Espíritu en sus corazones; y aun de menor provecho todos los ritos y ceremonias externos. Aunque tales cosas externas y corporales podrían tener su lugar, no se puede pensar que de hecho podrían mediar las realidades internas y externas de la religión.

Como apoyo para sus conceptos, los Entusiastas comúnmente (aunque un tanto inconsecuentes) apelaban a la Escritura[23]. Al fin, ¿acaso no estaba escrito que «la letra mata pero el espíritu vivifica» (2 Corintios 3:6) y «es el espíritu que da vida; la carne de nada aprovecha» (Juan 6:63)? Pero Lutero tenía una respuesta lista. Si estos textos se leyeran en sus contextos, tal como es preciso, sería patente que no hablan a favor de, sino en contra de los Entusiastas. Cuando san Pablo hablaba de la letra y el espíritu, no contraponía a la palabra externa, escrita, por encima de la palabra interna experimentada en el corazón, ni tampoco estaba distinguiendo entre el sentido literal de la palabra escrita, y algún significado más profundo, espiritual (o alegórico)[24]. Estaba elaborando el contraste entre la ley y el Evangelio, ambos de los cuales pueden exponerse a viva voz o por escrito sin quitarles nada de lo espiritual al hacerlo. Ciertamente, en Romanos 7:14 san Pablo expresamente describe la ley —a la cual en 2 Corintios 3 él llama «la letra»— como espiritual. En cuanto al contraste entre el espíritu y «la carne», Lutero tiene claro que los Entusiastas en gran parte han fracasado al no comprender el

---

22. En su *Ausgedrückte Entoblössung*, Münzer declaró que «Aquel que jamás en su vida haya escuchado o visto la Biblia, bien podría poseer una fe cristiana del todo genuina por haber sido enseñado debidamente mediante el Espíritu, así como con todos aquellos que —sin derivarse a libro alguno— escribieron las Santas Escrituras». Véase K. Holl, *Gesammelte Aufsäte*, I. *Luther*, p. 431, n. 4; y C. Hinrichs, *Luther und Münzer* (Berlin, 1952), p. 107.
23. «Ningún sectario viene y dice: Esto es lo que yo digo, sino: Mis amigos, aquí está la palabra de Dios, esto es lo que Cristo dice...». WA 34, 36. *Cf.* WA 29, 480; 37, 611.
24. Lutero ya había tenido que lidiar con 2Co 3:6 en el frente antirromano, y se puede encontrar una plena e iluminadora presentación del tema en su *Respuesta al supercristiano, superespiritual, y supererudito libro del Carnero Emser de Leipzig* (*Answer to the Superchristian, Superspiritual, and Superlearned Book of Goat Emser of Leipzig*). WA 7, y *WML* (= *Works of Martin Luther*, 6 vols., Philadelphia, 1915-32), III, 310-401.

significado bíblico de estas palabras. Ellos equiparan «carne» con «cuerpo», con lo externo, visible y palpable, y «espíritu» con lo que (psicológicamente) es interno e impalpable mediante los sentidos físicos. Pero de acuerdo al uso bíblico, Lutero sostiene:

> Todo lo que procede del Espíritu Santo se llama espíritu y espiritual, no importa cuán corporal, externo, y visible pueda ser. Y todo lo que es carne y carnal procede sin el Espíritu de los poderes de la carne, no importa todo lo interno e invisible que pueda ser. Por tanto, en Romanos 7 Pablo llama a la mente carnal «la carne», y en Gálatas 5, él cuenta entre las obras de la carne la «herejía, odio, envidia», etc., las cuales son enteramente internas e invisibles[25].

De allí que Lutero pueda hablar de Cristo el encarnado como una «carne espiritual», lo cual, desde el punto de vista de los Entusiastas, es tan ridículo como «hierro de madera»[26].

Ahora bien, por supuesto que se pueden dar citas de Lutero que parecieran demostrar —cuando se separan del resto de su pensamiento— que Lutero mismo era todo un Entusiasta. En la Introducción a su exposición al Magnificat (1521), por ejemplo, dice:

> Nadie puede entender correctamente a Dios o la palabra de Dios, a menos que lo reciba directamente del Espíritu Santo. Pero nadie lo puede recibir del Espíritu Santo sin experimentarlo, probarlo, y sentirlo[27].

Monseñor Ronald Knox cita este pasaje (de segunda mano) para ilustrar el «credo místico» sobre el cual, según alega, se fundamentaba a fin de cuentas la teología de Lutero, y para demostrar que Lutero, «en gran parte sin razón alguna», tomó su posición contra Münzer[28]. Naturalmente, Monseñor Knox no señala —ya que tal vez se ha enterado— que la manera en que Lutero comprendía la relación entre la palabra y el Espíritu de Dios

---

25. WA 23, 201ss.
26. WA 23, 203. Cf. G. Ebeling, *Evangelische Evangelienauslegung* (Munich, 1942), p. 336.
27. WA 7, 456; WML III, 127.
28. R. Knox, *Enthusiasm* (Oxford, 1950), pp. 128s.

era bastante diferente a la de Münzer y los demás Entusiastas[29]. Ellos sostenían que el Espíritu era dado independientemente de la mediación externa; Lutero sostenía que el Espíritu empleaba medios externos, y sobre todo la palabra escrita y hablada, para alcanzar entrada a los corazones y las mentes de los hombres. En un sermón que predicó en 1526, dice:

> La palabra es la puerta y la ventana del Espíritu Santo [...]. Si cierran esta ventana con tranca, Dios no podrá concederles su verdadero Espíritu Santo. Es su voluntad usar esta puerta, a saber, la palabra Escrita o hablada [...] Si procuran hacer las cosas de otra manera, entonces [...] tendrán un espíritu del cual jactarse, el de Satanás[30].

Aquí Lutero claramente tiene en mente a los Entusiastas, pero lo que dice está en completa armonía con su pensamiento antes de confrontarse con los Entusiastas; pues ya en 1519 había escrito:

> En ningún lugar el Espíritu está más presente y vivo que en sus propios escritos sagrados [...]. Debemos dar a la Escritura el lugar principal y permitir que sea su intérprete más veraz, sencillo, y claro [...]. Yo quiero que gobierne la Escritura sola, y que no sea interpretada de acuerdo a mi espíritu o el de cualquier otro hombre, sino que sea entendida según su propia luz (*per se ipsem*) y de acuerdo a su propio Espíritu[31].

Aquí Lutero lidiaba al frente de la contienda antirromana, contra los argumentos a favor de la autoridad eclesiástica en relación con la interpretación de la Escritura; pero sus palabras bien podrían dirigirse contra los Entusiastas por igual.

Por lo que Lutero podía ver, había muy poco que escoger entre sus oponentes a ambos lados, a pesar de la hostilidad entre ellos.

---

29. Hay abundante evidencia al respecto en los estudios de K. Holl «Lutero y los Entusiastas» y «La contribución de Lutero a la exégesis», en *Gesammelte Aufsätze*, I, pp. 420ss. y 544ss. Véase también G. Ebeling, *op. cit.*, pp. 311-357; R. Prenter, *Spiritus Creator, Studier i Luthers Teologi* (Copenhagen, 1946), pp. 114ss. y 253ss.; P. S. Watson, *Let God be God, An interpretation of the theology of Luther* (London, 1947), pp. 149ss., esp. 165ss.
30. *WA* 20, 451.
31. *WA* 7, 97ss. ¡Pasajes de esta índole resaltan más que obviamente que Mons. Knox no ha interpretado su cita de Lutero en el espíritu con el cual fue escrita! Lutero no admite conocimiento de Dios sin intermediario, y no apoya argumento alguno para el misticismo. Véase P. S. Watson, *op. cit.*, pp. 76ss. y 94ss.

Aunque al tomar todo en cuenta, él prefiere al papa en vez de los Entusiastas[32], pues en ambos encuentra sencillamente diferentes manifestaciones del mismo error fundamental. Por tanto, en *De servo arbitrio* (1525), él escribió:

> Yo no apruebo a aquellos que recurren a jactarse del Espíritu, pues el año pasado sostuve, y todavía sostengo, un conflicto severo con esos fanáticos que sujetan las Escrituras a la interpretación de su propio espíritu. Por esa misma razón también hasta el día de hoy me opongo al papa, en cuyo reino nada más se acepta comúnmente sino esa declaración, que las Escrituras son oscuras y ambiguas, y que el Espíritu para interpretarlas debe buscarse en la Santa Sede de Roma —una idea de lo más perniciosa, que ha resultado en que hombres impíos se exalten por encima de las Escrituras y hagan de ellas lo que les plazca—[33].

Trece años después, en los Artículos de Schmalkald, lo hallamos diciendo básicamente lo mismo. Insistiendo en que el Espíritu es dado solo «mediante o con la palabra externa», prosigue así:

> Debemos ser cautelosos con los Entusiastas, pues se jactan de poseer el Espíritu antes de y sin la palabra. Y luego se sientan como jueces pasando juicio sobre la Escritura o la palabra hablada[34], volteándola y torciéndola como les place, así como Münzer y muchos otros lo siguen haciendo, queriendo distinguir marcadamente entre el espíritu y la letra, aunque no entiendan ni lo uno ni lo otro [...]. De igual manera el papado es puro Entusiasmo, por el cual el papa se jacta de tener todas las leyes en el santuario de su corazón[35], de modo que todo lo que él decide y ordena en su Iglesia es ambos, a la

---

32. «El papa no es tan malo como los Entusiastas; él siempre ha dicho que la palabra externa se sostiene debidamente». *WA* 25, 5. «No todo lo que el papa dice está mal, pues él todavía tiene el Sacramento del Altar, el Bautismo, y el Ministerio de la palabra (*Predigtamt*). Los Entusiastas repudian absolutamente todo lo que tiene el papa; pero yo no. Aun así, entre ellos todavía conservan la vocación y la ordenanza de la predicación. Ninguna herejía es tan impía que no tenga mucho de lo bueno». *WA* 23, 748; *cf.* 26, 147.
33. *WA* 18, 653.
34. *vocale, mündlich*.
35. Pues así lo había decretado el papa Bonifacio VIII (1294-1303): *Romanus pontifex jura omnia in scrinio pectoris sui censetur habere*. Este decreto fue incorporado a la ley canónica (Lib. Sext. Decretal. I, I. Tit. 2, cap. I). Véase Francke, *Libri Symbolici Ecclesiae Lutheranae*, no. 15, sobre *Art. Smalc.* III, viii, 3; y *WML* II, 148.

vez espíritu y justo, aunque sobrepase y quebrante la Escritura y la palabra hablada. Esto no es otra cosa que el diablo, la serpiente antigua, que sedujo a Adán y Eva para convertirlos en Entusiastas al alejarlos de la palabra externa de Dios, y dirigirlos a espiritualidades e imaginaciones propias[36].

En otras palabras, a la vista de Lutero, sus oponentes por ambas partes son culpables de lo que, según la frase del obispo Butler, podría llamarse «pretensiones de revelaciones particulares del Espíritu Santo»; y eso, para Lutero, no menos que para el obispo, «es algo muy horroroso»[37].

Desde este punto de vista, la diferencia principal entre los papistas y los Entusiastas está en que, mientras los primeros ponen su mira en la autoridad de la Iglesia (institucionalizada en el papado) para recibir la auténtica dirección del Espíritu, los últimos ponen su mira en la manifestación directa del Espíritu en cada alma en particular (de tal modo que —al menos en teoría— ¡cada cual podría ser su propio papa!). Pero esta diferencia entre sus oponentes es de poca importancia al compararla con el error fundamental del cual Lutero acusa a ambos por igual, y el cual constituye la diferencia vital entre él y ellos: el error de buscar el Espíritu de Dios en cualquier otro lugar, menos en la palabra de Dios, como si la palabra misma no fuera la expresión viviente y el vehículo en sí del Espíritu[38]. Las diversas manifestaciones de este error, tal como Lutero lo encaró en los «dos frentes» de su campaña reformadora, se ejemplifican más que suficientemente en este *Comentario*, en donde se reflejan las controversias de la época, y aunque tienden a impedir el progreso de la exposición, se relacionan con el tema central —la doctrina de la justificación— en forma tal que nos ayudan a comprender tanto la doctrina como a ellas.

Cuando la primera edición en inglés de este *Comentario* fue publicada en 1575, los traductores comenzaron su prefacio confiando al «lector piadoso» lo siguiente:

---

36. *WA* 50, 245. El pasaje prosigue: «Y él logró esto, además, por medio de otras palabras externas, al igual que nuestros Entusiastas, aunque ellos condenan la palabra externa, de ninguna manera guardan silencio ellos mismos, sino que llenan el mundo entero con sus palabras y escritos, como si el Espíritu no pudiera venir mediante la Escritura o la palabra hablada de los apóstoles. Sino que él debe venir mediante sus discursos y escritos».
37. Véase arriba, p. 6, n. 4.
38. Para ver un recuento de lo que Lutero quiere decir con «la palabra», véase P. S. Watson, *op. cit.*, pp. 149-177.

PRÓLOGO DE PHILIP WATSON

> Entre muchos otros libros buenos en inglés que en estos nuestros días han sido impresos y traducidos, encontrarás tan solo muy pocos, en donde podrás aprovechar el tiempo mejor, o podrás ver tu labor mejor recompensada para el provecho de tu alma, o en donde podrás ver el espíritu y el caudal de san Pablo más vívidamente representado, que en la lectura diligente de este comentario sobre la Epístola de san Pablo a los Gálatas.

También dieron cierta recomendación de cómo leer el libro «con provecho y juicio», diciendo que dos cosas eran particularmente necesarias, siendo la primera:

> Leerlo todo en su conjunto, y no por partes ni retazos aquí y allá, sino tomarlo todo en el orden en que aparece, comparando un lugar con el otro, con la finalidad de comprender mejor el significado correcto del escritor, de cómo y con qué sentido excluye las buenas obras, y de qué forma no: de qué manera descuida la ley, y de qué manera magnifica la ley. Pues en cuanto a la justificación ante Dios, la promesa gratuita del Evangelio no admite condición alguna sino la fe sola en Cristo Jesús: en cuanto a la obediencia al deber, aquí Lutero no excluye obra buena alguna, sino que más bien las exhorta, y al respecto, en muchos lugares. Por tanto, se debe distinguir discretamente tocante al tiempo y la ocasión.

Lo segundo que es necesario para que cualquier lector pueda «llevar fruto» de este libro, es que debería traer a la lectura la misma mentalidad del autor cuando predicaba:

> Es decir, necesita que sus sentidos se ejerciten un tanto en tales conflictos espirituales, y que sea bien humillado con el temor de Dios y arrepentimiento interior […]. Pues aunque es de lo más cierto que no hay mayor consuelo para el alma del hombre que se pueda hallar en libro alguno comparado con la Escritura, sino en este comentario de M. Lutero: pero este consuelo no tiene cabida en lugar alguno sino solo en

donde la conciencia, sintiendo pesadumbre, necesita la mano del Médico. Los otros, que se sienten sanos, y en su alma no sienten dolencia alguna, poco les importan estos libros, de modo que tienen poca comprensión de esta doctrina cuando la leen»[39].

Tal consejo no estaría de más aun para el «Lector moderno piadoso». Cualquiera sea el caso, es de interés cómo el sentimiento de los traductores —y también del Prólogo del obispo Sandy— halló eco en los dos siglos siguientes en hombres cuya influencia sobre el cristianismo de habla inglesa ha sido profundo y de amplio alcance.

En el relato de su peregrinaje espiritual, escrito en la prisión de Bedford y titulado *La Sobreabundante gracia al principal de los pecadores*, Juan Bunyan nos relata cómo, muchos años antes:

> El Dios en cuyas manos están todos nuestros días y caminos, un día lanzó a mis manos un libro de Martín Lutero; era su *Comentario sobre Gálatas* [...], el cual, con tan solo leer sus primeras páginas, encontré mi condición en su experiencia, tan amplia y profundamente explicada, como si su libro hubiera sido escrito de mi propio corazón [...], y esto, pienso yo, debo confesar ante todos los hombres, que con la excepción de la Santa Biblia, prefiero este libro de Lutero sobre los gálatas a todos los libros que jamás haya visto, como el más oportuno para una conciencia herida.

Luego, medio siglo después, un tal William Holland, al regresar de Londres a América, anota en su diario que el 17 de mayo de 1738 fue «dirigido providencialmente al *Comentario de Martín Lutero sobre la Epístola a los Gálatas*». Luego prosigue:

> Lo llevé enseguida al Sr. Charles Wesley, quien estaba enfermo en la casa del Sr. Bray, ya que era un tesoro muy precioso que

---

39. El pasaje prosigue: «Y en mi mente, esta es la razón por la que el papa y sus papistas tienen tan poco afecto y aprecio por la doctrina de Lutero, y todo porque, por lo común, ellos jamás se sienten en gran desconcierto en espíritu con alguna profunda aflicción, sino que se burlan de los que están agobiados con tales conflictos y tentaciones de Satanás, como lo hicieron con Lutero [...]. Pero [...] al final, cuando yacen al punto de la muerte, cuando ante sus ojos tienen a la muerte, por un lado, y la justicia de Dios, por el otro, en la mayor parte, o desesperan, o de otro modo, abandonando cualquier otro auxilio, solo se aferran a la fe y a la sangre de Cristo Jesús, y de hecho, muchos de ellos se contentan en morir como luteranos, no importa cuánto hayan odiado a Lutero en el pasado. Y ¿qué diremos, entonces, de esta doctrina de Lutero? Si los mismos papistas mueren felices en ella, ¿por qué no están dispuestos, asimismo, a vivir en ella?».

había encontrado, y los tres juntos nos sentamos, el Sr. Charles Wesley leía el Prefacio en voz alta. Al leer las palabras: «*¿Qué? ¿Entonces no nos queda nada por hacer? ¡No, nada! Sino solo aceptarlo a Él quien por Dios nos ha sido hecho sabiduría y justicia y santificación y redención*»[40], me sobrevino tal poder que no puedo bien describir; mi gran carga cayó en un instante; mi corazón estaba tan lleno de paz y amor que irrumpí en lágrimas... Mis compañeros, al verme tan afectado, cayeron de rodillas y oraron. Cuando después salí a la calle, apenas podía sentir la tierra bajo mis pies.

El mismo Diario de Charles Wesley confirma este incidente, y también relata el impacto que la lectura de Lutero dejó sobre el mismo Charles. Dice él:

Me maravillé de que tan pronto nos hubiésemos apartado tan completamente de Aquel que nos había llamado a la gracia de Cristo, a otro evangelio. ¿Quién habría pensado que nuestra Iglesia había sido fundada sobre este artículo importante de la justificación por la fe sola? Me asombré de haber pensado que esta era una nueva doctrina; especialmente ya que nuestros Artículos y Predicados jamás han sido revocados, y la llave del conocimiento no se nos ha quitado.

De allí en adelante procuré afianzar a tantos de mis amigos que venían a visitarme, en esta verdad fundamental: la salvación por la fe sola; no una fe ociosa, sino una fe que obra por amor, y que necesariamente produce toda buena obra y toda santidad.

Esta noche, durante varias horas, estuve en privado con Martín Lutero, quien me fue una gran bendición, especialmente la conclusión del segundo capítulo. Me esforcé, esperé y oré para sentir a «aquel que *me* amó, y se entregó por *mí*».

---

40. El pasaje no proviene del Prefacio, sino del Argumento de Lutero. Holland hace una paráfrasis del texto.

Cuatro días después, la oración de Charles Wesley fue contestada cuando, el domingo de Pentecostés, experimentó su «conversión evangélica» y conoció lo que era tener, no solo la doctrina de la justificación por la fe, sino también la fe de la cual habla la doctrina.

Juan Wesley entró en la misma experiencia tres días después de Charles, y el *Prefacio a la Epístola a los Romanos* de Lutero fue clave para lograrlo[41]. Pero él no parece haber leído el *Comentario* sobre Gálatas sino hasta tres años después. Cuando lo leyó, su reacción fue muy diferente a la de su hermano. En su diario, el 15 de junio de 1741, escribe:

> Me sentí totalmente avergonzado. ¡Cómo había valorado este libro, tan solo porque otros lo habían recomendado; o, a lo mejor, porque había leído algunas excelentes declaraciones que se citan de él! Pero ¿qué diré, ahora que puedo dar mi propio juicio? [...] Él tiene el tinte del Misticismo muy profundizado, y por tanto, a veces se equivoca peligrosamente [...]. ¡Cómo se atreve él a denunciar a la razón (casi en las palabras de Tauler), bien o mal, como un enemigo irreconciliable del Evangelio de Cristo! [...] Nuevamente, ¡con cuánta blasfemia habla de las buenas obras y de la ley de Dios [...]. Aquí (yo me doy cuenta) está la verdadera fuente del error de los moravitas. Ellos siguen a Lutero, para bien, o para mal. De allí su «No hay obras; no hay ley; no hay mandamientos».

En un sermón publicado muchos años después, Wesley declaró que, aunque Lutero era excelente en el tema de la justificación, en *Gálatas* manifestaba una ignorancia total respecto a la santificación». Pero hay evidencia de que Wesley había leído a Lutero muy someramente, y de que, desde el principio, se había prejuiciado por los problemas que él estaba teniendo en ese entonces con las enseñanzas antitomistas y quietistas de los moravitas[42]. Si él hubiera prestado atención a la recomendación de los traductores al lector, bien se habría dado cuenta de que Lutero también podría citarse contra ellos como por ellos mismos.

---

41. Véase su *Diario [Journal]* del 24 de mayo de 1738.
42. Para una crítica de la actitud de Wesley, véase Henry Carter, *The Methodist Heritage*, 1951, pp. 221ss.; P. S. Watson, *Que Dios sea Dios [Let God be God]*, pp. 86ss., 170ss.; y «El significado de Lutero para los cristianos de otras comuniones», en *El luteranismo mundial de hoy [World Lutheranism of Today]*, 1950, pp. 357s.

Al mismo tiempo, tal vez es relevante observar que, en 1531, cuando Lutero dictaba sus disertaciones sobre Gálatas, su problema no era el antinomismo, sino más bien el legalismo, tal como lo es en la Epístola en sí. Sin embargo, en 1536, el antinomismo se le presentó como un problema, cuando Johannes Agrícola adoptó una posición muy similar a los moravitas de Wesley. Lutero se refiere a esto mismo en el pasaje añadido a su Prefacio de la segunda edición de su *Gálatas*, cuando dice que Satanás ha suscitado una secta de tales que dicen que «se debe sacar a los diez mandamientos de la Iglesia». La reacción de Lutero a esta «secta» se encuentra manifiesta no en otra materia más de disertaciones sobre Gálatas, sino en una serie de vigorosas *Tesis contra los antinomia*[43], en las que no hay nada que contradiga la enseñanza de este *Comentario*, aunque naturalmente hay un énfasis un tanto diferente. Pero aun en el Comentario, cuando él ataca «la ley» y «las obras», más de una vez explica que no son estas cosas en sí que él ataca, sino cuando se usan equivocadamente con intención legalista. Y cuando él condena a la *ratio*, no es en sí la «razón» simplemente como «la facultad de aprehender, juzgar y discurrir» (usando la definición de Wesley) que él tenía en mente, sino más bien el uso de esa facultad por el «hombre natural», a quien nada le parece más «racional» que una manera legalista de pensar[44]. En las siguientes páginas se encontrarán suficientes ejemplos de esto.

Entendiendo a Lutero correctamente, su crítica de la «razón» y «la ley» (o las obras) no es sino un ataque a esa propensión del ser humano a justificarse a sí mismo, y a la justicia propia, la cual él considera «la plaga universal del mundo entero». Es una plaga sutil,

---

43. *WA* 39; *cf.* también lo siguiente, tomado de «Tocante a los concilios y a las iglesias» (1539): «Los "Antinomia" son excelentes predicadores para la Pascua, pero avergüenzan como predicadores de Pentecostés, pues nada predican de la *sanctificatione et vivificatione Spiritus Sancti*, *i.e.*, tocante a la santificación por el Espíritu Santo, sino que predican solo de la redención por medio de Cristo, aunque Cristo [...] ha comprado la redención del pecado y de la muerte a fin de que el Espíritu Santo nos haga nuevos hombres, en lugar del viejo Adán, de tal modo que muramos al pecado y vivamos a la justicia, como enseña san Pablo (Romanos 6), comenzando y creciendo en esta vida aquí en la tierra, y culminándola en el más allá. Lo que Cristo nos ha merecido no es solo *gratia*, «gracia», sino también *donum*, el «don» del Espíritu Santo, para que podamos no solo alcanzar el perdón del pecado, sino también dejar de pecar. Por tanto, todo el que no deja de pecar, sino que continúa en su previa vida de impiedad, debe de tener otro Cristo diferente al de los Antinomia [...]. Pero nuestros "Antinomia" no pueden ver que predican a Cristo sin el Espíritu Santo y en contra del Espíritu Santo, puesto que están dispuestos a que la gente siga en su vida antigua y, no obstante, sean declarados salvos, aunque la lógica del asunto es que el cristiano debe tener al Espíritu Santo y vivir en novedad de vida, o saber que no tiene Cristo alguno». *WA* 50, 599s.; *WML* V, 234s.

44. Vale recordar que, en sus dos Catecismos (1529), Lutero enseña que la razón es un don de Dios; y en ambos, lo primero que se debe aprender es una exposición de los diez mandamientos.

de la cual él encuentra síntomas en lugares sorpresivos, y no estaría de más decir que todo el objetivo de su exposición de la Epístola a los Gálatas es enterarnos de ella, y señalarnos su antídoto. Este mismo lo encuentra en la doctrina de Pablo de la justificación por la fe; fe en Cristo y en Dios por medio de Cristo; una fe que nos saca de *nosotros mismos*; y una fe que «no es ociosa», sino que siempre «obra por amor». Nadie sostendría que cada punto de la exégesis de Lutero sobre cada texto paulino se podría defender a la luz de la erudición moderna; pero que él ha captado «el espíritu y el caudal» del apóstol, y que es «viviente» (como dirían sus antiguos traductores), no se disputará; y que él tiene mucho que ilumina en el transcurso de su exposición. Además, como no puede decirse que esa «plaga» de la justicia propia —no solo en individuos, sino (aun más) en clases, naciones, y aun en denominaciones eclesiásticas— ya ha sido desterrada del mundo, el tema principal de este *Comentario* no es menos relevante hoy de lo que lo fue hace cuatro siglos.

Philip S. Watson
Handsworth Methodist College, Birmingham

Apéndice B

Notas del traductor

Este *Comentario de Martín Lutero sobre la Epístola a los Gálatas* (de aquí en adelante el *Comentario*) se publicó por primera vez en latín en 1535, con dos ediciones ese mismo año. En 1538 se publicó la tercera edición con importantes revisiones para facilitar la lectura[1]. Dos ediciones siguieron, en 1543 y luego en 1546, sin ninguna modificación adicional del texto en latín.

El *Comentario* se tradujo al alemán en 1545, y luego al inglés en 1575. La traducción al inglés sufrió importantes omisiones en manos de sus traductores. A fin de no ofender a los seguidores de Ulrico Zuinglio (Ulrich Zwingli), los traductores omitieron un sinnúmero de párrafos. La mayoría trataban de los sacramentos, tema de grandes diferencias entre Zuinglio y Lutero. No obstante, los traductores también omitieron declaraciones importantes e incisivas de Lutero respecto de la justificación por la fe. Las secciones omitidas aparecen en este *Comentario* en letra *cursiva*, y las he incluido por su valor histórico. Este *Comentario* jamás fue traducido al español en su totalidad sino hasta el 2011, y luego, en esta edición revisada que tienes en tus manos.

En 1516, cuando Lutero todavía se consideraba un fraile agustino, ya había dictado su primera serie de disertaciones sobre la Epístola de San Pablo a los Gálatas, las cuales fueron publicadas en 1519. No obstante, dicha serie sobre Gálatas representa su pensamiento poco antes de su conversión evangélica. Por eso el *Comentario* de 1519 carece de profundidad y claridad en cuanto al artículo fundamental

---

1. La traducción de este *Comentario* sigue la edición de 1538, según el texto de Irmischer, cotejado con la edición Weimar 46, 46a.

sobre el cual se apoya la Iglesia, el artículo[2] central y predominante de la justificación por la fe[3]. En el *Comentario* ahora traducido al español, este artículo brilla con gran esplendor, pues representa el pensamiento de Lutero en toda su madurez teológica en el Evangelio. Según su propio testimonio, Lutero relata que, en el año 1519, después de haber dictado clases sobre los Salmos, Romanos, y la Epístola a los Gálatas, él entendió que la «justicia de Dios», descrita en Romanos 1:17, era la justicia que proviene de Dios en Cristo. No era la justicia retributiva de un Dios vengativo. La «justicia de Dios» habla de la justicia de Cristo, imputada gratuitamente y por la sola fe, a todo pecador creyente.

Lutero relata su experiencia de la siguiente manera:

> Finalmente, por piedad divina, y tras meditar noche y día, percibí la concatenación de los dos pasajes: «La justicia de Dios se revela en él», «conforme está escrito: el justo, por la fe, vivirá». Comencé a darme cuenta de que la justicia de Dios no es sino aquella por la cual el justo vive por un don de Dios, es decir, por la fe, y que el significado de la frase era el siguiente: por medio del Evangelio se revela la justicia de Dios, o sea, la justicia pasiva, en virtud de la cual Dios misericordioso nos justifica por la fe, conforme está escrito: «el justo por la fe vivirá». De inmediato sentí que había renacido y entrado por los portales abiertos del mismo paraíso. Enseguida pude ver la Escritura entera iluminada con una luz diferente[4].

Este es el concepto de la justificación del pecador por medio de la sola fe, que reluce en este *Comentario*.

Además, existen otras diferencias entre los dos comentarios. En

---

2. Lutero usa la palabra *articulum*, en latín. En ese idioma, dicha palabra significa una articulación o coyuntura que hace girar algún miembro del cuerpo. También puede significar el fulcro o punto de apoyo de una palanca. Si se mueve dicho fulcro o pivote, se cae la estructura que sostiene. Este es el sentido que se incorpora a la palabra «artículo» en español. La traducción de este *Comentario* usa «artículo» para traducir el término latino *articulum* de Lutero.

3. El Comentario de 1519 sí fue traducido al español. No obstante, de ese y otros comentarios escritos por Lutero en aquellos primeros años, él dijo: «No aportan nada a esta época; fueron tan solo mis primeras luchas contra la confianza en las obras». Véase http://www.iglesiareformada.com/Lutero_Galatas.html.

4. *Tomus primus omnium operum R. D. Martini Lutheri, Witebergae* 1545, 2-5, de donde lo tomamos; E var, 1, 15-24; WA 54, 179-187. Citado en http://www.scribd.com/doc/23227116/Martin-Lutero. Traducción redactada por el traductor de la presente obra. Véase también en: http://www.iclnet.org/pub/resources/text/wittenberg/luther/tower.txt.

el comentario de 1519, Lutero todavía se apoyaba en Jerónimo y Agustín para su exégesis o interpretación de las palabras de Pablo en Gálatas. En el comentario de 1535, Lutero se apoya solo en la Escritura, rechazando casi en su totalidad la teología de Jerónimo y Agustín. Lutero también rechaza la filosofía y la razón como auxiliares a la justificación, argumentando que estas engañan a la conciencia, haciéndola razonar que algunas de sus obras valen ante Dios para la justificación.

Otra diferencia importante es que, en el *Comentario*, Lutero relaciona la lucha de Pablo, enfrentado a los falsos apóstoles que perturbaban a los gálatas, con su propia lucha contra los fanáticos y los eruditos papales, quienes insistían en que la obediencia a la ley era necesaria para la justificación. Este aspecto del *Comentario* realza no solo el valor teológico de su exégesis, sino también su valor histórico. Además, el lector de hoy se ve desafiado a practicar el mismo análisis; a contraponer la teología cristiana contemporánea y confrontarla con el artículo de la justificación por la sola fe.

Sin embargo, la diferencia más sencilla entre los dos comentarios fue resaltada por el mismo Lutero. Cuando, en este *Comentario*, él discurre sobre las obras de la carne en Gálatas 5:19, denota la siguiente diferencia:

> Sin embargo, el que quiera saber el significado de cada palabra en particular puede leer el antiguo comentario que publiqué en 1519. Allí mostré, según mis capacidades, la naturaleza y fuerza de cada palabra del catálogo de las obras de la carne y los frutos del Espíritu. Ahora, al exponer la Epístola a los Gálatas, nuestro propósito principal ha sido entregarles lo más claramente posible el artículo de la justificación[5].

Por lo tanto, este *Comentario* provee una fuente de meditación en la maravillosa e infinita gracia de Dios, que justifica no al obediente a ley alguna, sino al impío, al pecador, y por la sola fe. Aquí también podemos ver a Lutero no solo como teólogo, sino también como pastor, ayudando a todo creyente en la lucha diaria contra la carne y sus innumerables tentaciones. Por otro lado, se verá que Lutero

---

5. Véase este *Comentario* en dicho pasaje.

magnifica la verdadera función de la ley, que es causar la desesperanza del pecador y lanzarlo hacia Cristo para ser justificado. Lutero insiste en que de ningún modo la Iglesia cristiana puede descartar este verdadero propósito de la ley, por el cual es «justa, santa, y buena» (Romanos 7:12).

Sobre el texto en latín

Hay cinco primeras ediciones del texto en latín de las *Conferencias sobre Gálatas* de Lutero. En la introducción a la edición de Weimar del *Comentario sobre Gálatas* de Lutero, estas son designadas como *A, B, C, D,* y *E*. Las ediciones A y B corresponden a 1535[6]. Entre estas dos no hay diferencia alguna en el texto en latín. Cada una fue publicada por una casa editorial diferente. Las ediciones C, D, y E corresponden a los años 1538 (C), 1543 (D), y 1546 (E)[7]. En las ediciones CDE, el texto en latín es el mismo. Sin embargo, entre el texto latino de AB y las ediciones CDE, hay diferencias correspondientes a matices de sintaxis, orden de palabras, sinónimos, o frases adicionales que amplifican y aclaran el contenido a lo largo del texto.

El texto principal de la edición Weimar (WA1 40) es el AB, y representa el texto en latín de las primeras dos publicaciones (1535). No obstante, cada cambio o revisión en las CDE se notifica a pie de página. Hay cientos de estas pequeñas modificaciones. Los revisores Weimar del *Comentario de Lutero sobre Gálatas* no aluden en lugar alguno al por qué ni a cómo se hicieron los cambios, ni tampoco indican quién sería responsable de las revisiones. Tampoco ofrecen su propia explicación. Solo podemos hacer conjeturas. Lo que sí sabemos es que Georg Rörer, Caspar Cruciger, y Veit Deitrich tomaron apuntes, y que los apuntes de Rörer fueron los más extensos. La edición Weimar nos provee los apuntes de Rörer, intercalados con algunos de los otros. Para conveniencia del estudioso, la edición Weimar coloca los apuntes de Rörer en la parte superior de la página, ocupando aproximadamente un cuarto de ella. Seguidamente aparece el texto latino AB, en aproximadamente el 60-70 % de la página. Las páginas terminan con extensas notas al

---

6. WA 40¹, 13.
7. WA 40¹, 13, 14.

pie, indicando las revisiones de las CDE. De hecho, en el pie de página, cada revisión es indicada por las letras CDE[8]. Al observar las tres secciones de cada página, se puede apreciar un patrón, lo cual solo conduce a una conjetura informada sobre los cambios en CDE. Los apuntes de Rörer son escuetos. Obviamente tenían la función de recordarle las palabras de Lutero. El texto AB representa la primera transcripción de las conferencias dictadas por Lutero, según lo recordado por Rörer y sus ayudantes. No hay razón para dudar o desconfiar de lo que recordaron, pues reconstituyeron las conferencias a partir de los apuntes. No obstante, el texto AB tiende a ser más conciso. Tengo la impresión de que Rörer *et al.* procuraron corregir la brevedad del texto AB en la siguiente edición, C (1538). Las ediciones D (1543) y E (1546) son copias de la C y no contienen ninguna modificación. Cuando Rörer y sus ayudantes prepararon la edición C, no es improbable que hayan releído el texto latino en voz alta y recordado frases y explicaciones que no habían sido incluidas en las ediciones AB. Tampoco es improbable que Lutero, con su sobresaliente memoria, haya participado recordando sus propias palabras dichas durante las conferencias. En su *Prefacio al Comentario*, Lutero mismo dice que no podía creer que *tam verbosum fuisse me*, refiriéndose a la abundancia de palabras que había usado en sus conferencias plasmadas en el texto. Por lo tanto, según mi observación, las ediciones CDE contienen el pensamiento más completo de Lutero sobre Gálatas.

Por consiguiente, para ofrecer esta traducción en un español moderno y común, y suponiendo que las ediciones CDE representan la exposición más completa de Lutero sobre Gálatas, he usado el texto CDE del latín, en vez del AB, como la versión más amplia y precisa de sus conferencias.

La intención y el propósito de esta traducción es que un lector laico, en el mundo hispanohablante del siglo XXI, pueda oír las conferencias de Lutero, como una transcripción de sus clases sobre Gálatas dictadas originalmente en latín, y como un hecho histórico único. La edición de Rörer, preservada a lo largo de varias ediciones, fieles al original, nos aproximan lo más cerca posible a

---

8. En lugar de desviar la atención del texto, las revisiones incluyen aclaraciones, frases de énfasis, preferencias por otros sinónimos, y cambios en la sintaxis de las oraciones. En conjunto, acentúan el significado del texto de 1535, en vez de alterarlo.

una transcripción de las conferencias de Lutero. Rörer logró, con las limitaciones de sus escuetos apuntes y su memoria, lo que un alumno de hoy hubiera hecho captando las conferencias de Lutero digitalmente en audio o vídeo. Para facilitar la lectura, he indicado dentro del texto el lugar correspondiente al inicio de cada conferencia. En los apuntes de Rörer, él indicó muy concisamente la fecha de cada una. Esta es la primera vez que una traducción de sus conferencias sobre Gálatas (incluyendo las traducciones al inglés) contiene esta organización, así como la fecha correspondiente a las clases dadas por Lutero a sus seminaristas en Wittenberg.

Lutero dictó sus conferencias usando el latín vernáculo, pero intercalando terminología académica. Esta última reflejaba su trasfondo como monje y sacerdote de la academia de los monjes agustinos. A veces, Lutero precisaba su pensamiento recurriendo a la terminología hebrea y griega suponiendo que sus alumnos ya tenían conocimiento de esos idiomas.

A lo largo de la traducción, los textos bíblicos en español proceden de la Reina Valera 1960, a menos que se indique otra fuente. Por supuesto, Lutero sabía de memoria muchos textos bíblicos. No obstante, ya que a menudo él dictaba estas conferencias extemporáneamente y de memoria, sus citas de la Vulgata latina no siempre son exactas. He intentado incluir todas las citas bíblicas tal como se encuentran en el texto en latín[9].

Esta traducción relucirá por sus imperfecciones, pues el latín de Lutero es difícil de traducir a cualquier idioma. Su latín escrito era majestuoso, impecable, preciso. Sin embargo, cuando él pronunció estas disertaciones sobre Gálatas en 1531, solo llevaba preparado un bosquejo, primordialmente con citas bíblicas. Al enseñar, Lutero, como todo buen profesor que ama su materia, se apasionaba, y su lenguaje a veces se tornaba áspero al pensar en cómo Roma y los fanáticos distorsionaban el Evangelio. Rörer, su taquígrafo principal, captó esta pasión en su lenguaje. De modo que, en estas páginas, reluce la personalidad de Lutero, apasionada por el Evangelio de la justicia de Cristo, que justifica a todo pecador sin obra alguna de la ley. Estas páginas (que abarcan casi dos veces

---

9. Rörer añadió otras citas bíblicas al margen de sus apuntes. Estas no las he incluido. Dada mi premisa de que el texto en latín es una transcripción de las conferencias de Lutero, solo incluí los pasajes que se encuentran dentro del texto atribuido a Lutero. Infrecuentemente incluí alguna cita de Rörer, pero solo en lugares donde, en mi opinión, la referencia bíblica era indispensable para comprender todo el pasaje.

más contenido exegético que el Comentario de 1519)[10] permiten ver a Lutero frente a sus alumnos, en la gran sala de disertaciones de la Universidad de Wittenberg, dialogando y rebatiendo los argumentos de sus oponentes. En muchas ocasiones, Lutero no podía terminar sus oraciones, y antes de culminar su argumento, añadía frase tras frase, para luego pasar a otro argumento, tan solo para volver al anterior. En esta traducción dejé algunas de sus oraciones extensas para no perder el ritmo con el cual Lutero puntualizaba sus argumentos. No obstante, cuando estas frases se extendían línea tras línea, sin puntuación, opté por colocar un punto y coma, o a veces, un punto y seguido. De no haberlo hecho, la lectura del párrafo en español se habría dificultado. No obstante, no se omitió ni se modificó ninguna declaración contenida en el *Comentario* de Lutero.

He intentado, aunque no siempre con éxito, que el español de esta traducción pueda ser entendido por el laico contemporáneo, a comienzos del siglo XXI. Al mismo tiempo, cuando Lutero usó terminología teológica en latín, y la manera más precisa de traducir tal acepción era el término teológico en español, lo hice de esa manera, recordando que Lutero dictó estas clases a seminaristas entendidos en la teología, el griego, y el hebreo de la Biblia. Por esa razón no quise diluir el sentido y el valor teológico del catedrático en divinidades, el doctor Martín Lutero. De tal modo que ni el laico ni el erudito estarán plenamente satisfechos con el español de esta obra. No obstante, el valor de esta traducción no se ha de juzgar según su fidelidad a todos los cánones del idioma español, sino por la enorme bendición de entender el gran artículo de la justificación por la fe en todo su esplendor.

Cuando Lutero tradujo la Biblia al alemán, puntualizó las pautas que utilizó en su traducción. Respecto a una de ellas, dijo: «Yo quería hablar alemán, no latín ni griego, ya que me había comprometido a hablar alemán en la traducción»[11]. De igual manera, yo he querido que esta traducción hable un español sencillo y contemporáneo, sin diluir ni simplificar el profundo pensamiento de Lutero. En la mayoría de los casos, cuando se podía escoger entre dos sinónimos,

---

10. 439 páginas en latín, 567 en inglés (1535) vs. 269 páginas en latín, 182 en español (1519).
11. «I wanted to speak German, not Latin or Greek, since I had undertaken to speak German in the translation». *On Translating: An Open Letter*, The Wilderness, October 8, 1530.

escogía el más sencillo si es que no alteraba o confundía el significado y el impacto del pensamiento original[12].

En este *Comentario*, Lutero habla de los «turcos, los judíos, los papistas» de un cierto modo que hoy se consideraría ofensivo o «políticamente incorrecto»[13]. Estas acepciones han quedado tal cual. Siguiendo la norma que no diluiría el vocablo de Lutero, las dejé así. Como tal, la traducción conserva su valor histórico.

En sus disertaciones de Gálatas, Lutero hizo relucir todo el drama que vivieron los gálatas con la llegada de los falsos apóstoles. Al leer este Comentario uno se traslada no solo a esa gran sala en la Universidad de Wittenberg, donde se puede ver y escuchar a un Lutero apasionado con el tema de la justificación, sino que también es transportado a las antiguas iglesias de los gálatas. Allí uno puede escuchar los sermones y las enseñanzas de los falsos apóstoles, puede ver a la hermandad titubeando entre el evangelio de Pablo y este «otro evangelio», y hasta es posible oír la lucha interna de la hermandad por no abandonar el Evangelio de Pablo. Al mismo tiempo, uno se da cuenta de que están siendo seducidos por las enseñanzas sutilmente piadosas pero falsas de los falsos apóstoles. Lutero es un profesor y catedrático por excelencia, lo cual reluce en su estilo de enseñanza que tan precisamente captó Rörer en sus apuntes, y que, con imperfecciones, he tratado de conservar en esta traducción.

Soli Dei Glori.

Haroldo S. Camacho, Ph. D.
29 de abril de 2022

---

12. Esta traducción no es una paráfrasis, versión revisada, o condensación del *Comentario de Lutero sobre Gálatas*. Desde la última mitad del siglo pasado se popularizó una edición en inglés del Comentario de Lutero de 1535, que incorrectamente se autodenomina el *Comentario de Lutero sobre Gálatas*, según la redacción de Theodore Graebner (1949). Pero la obra de Graebner no es una traducción, sino tan solo una paráfrasis de la magna obra de Lutero. Por tanto, le resta virtud y pureza al comentario de 1535, pues Graebner no traduce a Lutero, sino que lo interpreta. Por ejemplo, Graebner traduce al inglés las frases latinas de Lutero *imputatio iustitiae* e *imputationem iustitiae* como «a transfusion of righteousness» («una transfusión de justicia») en varios lugares (véase su comentario en Gálatas 3:6). «Transfusión de justicia» es precisamente el concepto de justificación que sostiene el catolicismo romano, alegando que la justicia es «infusa» o «infundida» dentro del pecador, por lo que Dios podría justificarlo. Este es el concepto exacto que Lutero luchó tanto por contrarrestar en su *Comentario* de 1535, tan solo para que, en 1949, una presunta traducción de su obra lo presentara como el concepto de justificación que sostenía. Esta obra de Graebner ya ha sido traducida al español y otros idiomas modernos, transmitiendo un concepto opuesto y, por tanto, equivocado de la teología de Lutero sobre la verdad de la justificación según la enseñó el apóstol Pablo.
13. En inglés: «Politically incorrect».

Índice

A

a cuenta de Cristo, 89, 93, 164, 177, 297, 339, 388, 390, 460, 468, 475, 485, 528, 543, 609, 638, 704
Abba, 456, 463, 464, 465, 468, 474, 475, 476
Abogado, 27, 34, 230, 341, 357, 567
abolió la ley, 213, 256, 321, 427, 429
abominación desoladora, 256, 321
Abraham, 41, 49, 162, 163, 184, 284, 285, 286, 287, 288, 289, 294, 295, 296, 298, 299, 300, 301, 302, 303, 304, 305, 306, 307, 308, 309, 310, 312, 313, 315, 316, 320, 322, 327, 329, 359, 361, 367, 368, 369, 371, 372, 373, 375, 488, 524, 525, 526, 527, 528, 533, 542, 548, 551, 555, 574, 594, 712
absolución, 202, 203
aceptación, 175, 176, 177, 288
acuerdos basados en el amor, 675
Adán, 32, 33, 232, 233, 300, 302, 431, 729
adopción, 163, 263, 434, 436, 455, 456, 474, 475, 476, 479, 481, 529
afecto paterno y materno, 239, 677
Agar, 525, 526, 527, 528, 529, 530, 531, 533, 534, 537, 538
Agustín, 93, 102, 104, 123, 148, 385, 459, 497, 499, 553, 554, 648, 664, 668, 679, 739
ajena, 221, 222, 224, 628
al mismo tiempo justo y pecador, 291
al morir por mis pecados, me ha conferido su justicia, 593
Al pan, pan, y al vino, vino, 195
alegoría, 369, 375, 425, 520, 524, 526, 527, 528, 529, 530, 533, 534, 537, 543, 555, 596
Ambrosio, 102, 553, 640
anabaptistas, 16, 17, 18, 51, 64, 84, 86, 104, 192, 229, 247, 250, 279, 384, 480, 549, 593, 614, 620, 622, 653, 723
anticristo, 52, 53, 125, 167, 233, 234, 281, 282, 319, 321, 466, 469, 476, 495, 678
antiguo comentario que publiqué en 1519, 739
Antiguo Testamento, 124, 267, 298, 319, 323, 360, 441, 555, 615
Antioquía, 42, 117, 124, 146
Arístides, 165

ÍNDICE

Aristóteles, 292, 317, 324, 332
arrianos, 60, 61, 384
arrogancia, 112, 160, 423, 428, 581, 664, 665, 669, 670, 694, 700
artículo de la justificación, 11, 33, 54, 57, 74, 100, 147, 153, 162, 181, 201, 229, 266, 280, 281, 282, 313, 323, 351, 360, 448, 481, 501, 543, 547, 574, 576, 652, 671, 739, 743
artículo fundamental, 138, 147, 153, 191, 737
astrología de los caldeos, 497
Atanasio, 648
Ático, 165, 433
Ayo, 415

B
Babilonia, 257, 269, 309, 533
bailando entre doncellas vírgenes, 630
barrendera, 376
bautismo, 17, 53, 53, 112, 144, 150, 187, 191, 235, 280, 285
Behemot, 137, 518
bendición, 300, 302, 303, 304, 305, 306, 308, 309, 310, 311, 315, 316, 319, 321, 349, 350, 351, 353, 357, 358, 359, 361, 362, 366, 367, 368, 371, 374, 375, 390, 408, 410, 419, 421, 436, 437, 4445, 456, 485, 488, 511, 516, 528, 529, 531, 539, 668, 679, 792, 743
Bernardo, 554, 555, 602, 648, 649, 650
brujería, 245, 246, 247, 250, 252
buenas nuevas, 1414, 145, 293, 405, 570
buenas obras, 31, 32, 36, 55, 65, 66, 67, 70, 107, 122, 123, 167, 171, 177, 178, 182, 183, 193, 195, 197, 201, 203, 210, 221, 228, 230, 237, 262, 272, 301, 306, 316, 318, 322, 329, 337, 382, 403, 412, 425, 454, 458, 482, 535, 542, 555, 567, 570, 573, 587, 588, 607, 612, 613, 614, 616, 622, 635, 640, 650, 710

C
Caín, 14, 15, 16, 326, 327, 415, 416, 417, 420, 548
cánones, 372, 385, 444, 743
carnal, 31, 149, 175, 210, 224, 242, 245, 295, 296, 299, 302, 303, 395, 418, 422, 450, 509, 514, 526, 528, 532, 542, 556, 558, 610, 614, 615, 628, 629, 630, 631, 632, 633, 635, 639, 641, 643, 649, 651, 652, 655, 658, 702, 726
cartujos, 49, 653, 656
cautiverio, 73, 418, 425, 427, 440, 442, 475, 480, 508, 558, 563, 564, 633
cedo nulli, 139
celestino, 409
celibato, 107, 553, 554, 555, 604, 630, 646, 654, 708
cena del Señor, 78, 285, 514, 647, 674
ceremonias, 34, 74, 99, 108, 126, 131, 132, 135, 153, 163, 164, 179, 184, 202, 225, 234, 235, 240, 261, 264, 280, 281, 333, 370, 371, 385, 390, 406, 409, 426, 433, 444, 455, 481, 483, 484, 488, 489, 498, 519, 530, 541, 564, 571, 583, 613, 615, 616, 622, 648, 655, 691, 708, 709, 725

ÍNDICE

Cicerón, 165, 364, 433, 468
circuncisión, 31, 41, 84, 87, 94, 95, 97, 105, 116, 117, 120, 122, 123, 124, 125, 131, 132, 135, 140, 141, 142, 144, 145, 151, 162, 163, 164, 165, 184, 192, 201, 235, 261, 268, 278, 295, 301, 303, 307, 333, 406, 433, 488, 524, 564, 572, 573, 583, 585, 587, 601, 605, 612, 619, 622, 700, 707, 708, 709, 710, 711, 713
cogulla, 124, 131, 132, 228, 229, 240, 255, 297, 317, 321, 333, 589, 652, 711
combate, 349, 350, 351, 352, 353, 478
comportamiento moral, 329, 395
conciencia, 28, 29, 32, 33, 35, 36, 43, 47, 48, 54, 55, 56, 58, 61, 64, 66, 67, 68, 70, 78, 82, 85, 86, 89, 96, 99, 100, 102, 105, 106, 110, 121, 124, 129, 131, 136, 137, 150, 151, 155, 157, 158, 161, 178, 179, 184, 188, 197, 198, 199, 200, 207, 208, 211, 212, 214, 216, 232, 237, 257, 270, 273, 280, 283, 354, 367, 372, 377, 387, 396, 397, 399, 414, 416, 419, 423, 427, 428, 429, 433, 435, 436, 437, 441, 442, 443, 445,446, 450, 455, 457. 461, 462. 464, 471, 472, 474, 475, 477, 478, 490, 492, 493, 495, 497, 498, 519, 528, 530, 532, 535, 538, 240, 541, 545, 546, 558, 559, 560, 562, 566, 567, 569, 570, 578, 592, 600, 608, 609, 611, 615, 637, 652, 662, 674, 677, 678, 683, 685, 687, 688, 689, 695, 731, 734
Concilio de Nicea, 154
concordia, 597, 598, 603, 605, 620, 622, 656, 657, 665, 709

Consolador, 71, 212, 216, 232, 251, 426, 567, 568, 592, 618
consuelo, 28, 29, 36, 47, 51, 62, 63, 64, 74, 82, 83, 86, 89, 100, 115, 137, 149, 150, 155, 178, 193, 197, 202, 204, 210, 212, 214, 217, 218, 249, 251, 280, 309, 343, 345, 346, 347, 360, 362, 377, 388, 389, 398, 402, 405, 414, 4151, 417, 429, 432, 436
Cordero de Dios, 62, 183, 190, 194, 199, 273, 345, 346, 347, 354
Cornelio, 149, 260, 261, 262, 263, 266, 267, 268
Creación, 329
credo de los Apóstoles, 354
cristianismo, 55, 169, 175, 351, 724, 731
Cristo como ejemplo, 306
Cristo crucificado, 58, 209, 216, 217, 239, 254, 286, 427, 542, 546
Cristo da forma e imbuye a la fe, 173
Cristo es el objeto de la fe, 173
Cristo es nuestra justicia, 352
Cristo es nuestra justicia suprema, consumada y perfecta, 634
Cristo es tu justicia, 540
Cristo está presente, 50, 173, 447
Crucifixión, 215, 216, 353

D

Daniel, 256, 331
David, 135, 149, 150, 177, 322, 344, 347, 363, 396, 472, 544, 615, 636, 640, 642, 645, 668, 680, 705
de condigno, 166, 167, 168, 170, 175, 176, 179, 180, 229, 263, 237, 238, 361, 363, 372, 456

de congruo, 166, 167, 168, 170, 174, 175, 176, 179, 180, 224, 225, 229, 235, 236, 237, 238, 269, 340, 343, 456, 585
de Cristo hacen un Moisés, 190
débiles y pordioseras, 488
declarado justo, 94, 164, 236
declarado justo por Cristo, 236
Deidad, 59, 60, 61, 170, 230, 293, 565
Demóstenes, 468
dialéctica, 581, 588, 589
diez mandamientos, 19, 27, 164, 184, 213, 235, 256, 259, 364, 406, 444, 515, 535, 560, 611, 734
diferencia entre fe y esperanza, 579
diferencia entre ley y gracia, 191, 192
divinidad, 131, 132, 170, 285, 286, 287, 288
divinidad de Cristo, 291, 320, 328, 329, 330
doble uso de la ley, 341, 380
doctores de teología, 699, 700
doctrina de las obras, 25, 234, 238, 565, 574, 521
doctrina y fe, 714
donatistas, 626

E

egipcios, 196, 207, 214, 467, 589, 695
el amor como instrumento de la fe, 586, 587
el pecado permanece en la carne, 478, 479
Elías, 150, 363, 382, 514
Eliseo, 268
encratitas, 696
epicúreos, 564
Erasmo, 148, 234, 722
eres justo ante la presencia de Dios, 219
ermitaños, 409, 565, 630, 631, 637, 647
eruditos papales, 92, 166, 173, 174, 175, 176, 185, 190, 219, 220, 226, 290, 317, 324, 329, 330, 336, 449, 531, 532, 541, 624, 625, 638, 640, 646, 739
esclavitud, 33, 40, 82, 126, 128, 129, 162, 175, 196, 222, 276, 342, 440, 441, 442, 450, 452, 474, 475, 480, 497, 527, 530, 531, 532, 535, 537, 555, 556, 557, 560, 561, 562, 563, 564, 576, 609, 611, 633, 670
Escoto, 171, 364, 365
Escrituras, 52, 57, 64, 67, 70, 79, 85, 91, 92, 93, 98, 100, 111, 134, 135, 141, 142, 150, 155, 156, 172, 185, 196, 204, 221, 229, 247, 249, 250, 253, 262, 270, 281, 296, 302, 303, 308, 320, 325, 327, 328, 329, 330, 331, 332, 333, 358, 408, 418, 439, 470, 478, 502, 507, 527, 532, 577, 579, 582, 587, 593, 594, 596, 598, 601, 639, 640, 642, 648, 682, 692, 697, 699, 706, 728
esperanza de justicia, 576, 577
espíritu perdonador, 673
Espíritu Santo, 29, 41, 61, 79, 111, 117, 119, 121, 132, 138, 144, 150, 152, 159, 177, 180, 181, 185, 187, 193, 196, 203, 204, 221, 223, 224, 235, 239, 243, 244, 258, 259, 260, 261, 262, 263, 264, 265, 266, 268, 269, 271, 272, 274, 279, 280, 285,

295, 298, 302, 315, 316, 321, 322,
327, 329, 335, 336, 346, 356, 372,
388, 391, 423, 431, 432, 443, 456,
457, 458, 459, 460, 462, 467, 468,
471, 478, 483, 501, 502, 520, 521,
530, 531, 532, 540, 544, 545, 552,
564, 565, 580, 584, 586, 606, 639,
659, 662, 666, 677, 681, 701, 709,
710, 715, 726
espíritus fanáticos, 34, 40, 44, 46,
51, 53, 59, 62, 79, 126, 190, 229,
249, 279, 350, 407, 420, 421, 432,
549, 564, 591, 612, 669, 687
eunomianos, 61
evangélicos, 279, 384, 608, 667, 694
Evangelio, 9, 12, 31, 35, 36, 39, 40,
42, 44, 46, 50, 51, 52, 53, 54, 61,
72, 73, 75, 77, 78, 81, 82, 83, 84,
85, 86, 88, 89, 90, 91, 92, 93, 97,
98, 99, 100, 101, 102, 103, 104,
105, 106, 107, 108, 110, 111, 112,
113, 114, 115, 116, 118, 119, 120,
121, 126, 127, 128, 129, 130, 131,
133, 137, 138, 140, 141, 142, 143,
144, 145, 147, 149, 151, 152, 153,
154, 155, 156, 157, 158, 160, 161,
162, 167, 168, 169, 177, 180, 181,
187, 190, 192, 195, 198, 200, 202,
203, 205, 270, 271, 272, 276, 278,
279, 286, 293, 197, 299, 302, 304,
305, 308, 316, 325, 335, 338, 356,
359, 363, 370, 371, 376, 377, 431,
435, 448, 454, 455, 457, 460, 462,
470, 471, 472, 473, 474, 479, 480,
482, 484, 486, 488, 491, 493, 494,
495, 496, 501, 504, 505, 506, 507,
510, 513, 515, 517, 518, 521, 523,
592, 599, 601, 606, 607, 671, 674,
675, 683, 684, 685, 686, 690, 691,
692, 693, 695, 700, 710, 711, 712,
730, 732, 733, 738, 472, 744
excomunión, 94, 677, 678
Ezequiel, 679

F

Fabio, 165, 433
falsos apóstoles, 10, 11, 12, 41, 42,
46, 47, 49, 50, 51, 52, 74, 75, 76,
77, 79, 80, 82, 83, 84, 85, 86, 87,
88, 90, 92, 95, 96, 97, 98, 99, 100,
101, 103, 111, 112, 114, 115, 120,
122, 124, 125, 126, 127, 128, 129,
132, 133, 134, 137, 138, 140, 143,
145, 163, 189, 192, 200, 201, 204,
205, 220, 241, 249, 250, 252, 253,
254, 257, 258, 275, 277, 279, 280,
282, 301, 313, 367, 374, 430, 434,
487, 489, 494, 497, 498, 501, 503,
511, 512, 513, 514, 515, 516, 519,
521, 522, 523, 554, 557, 562, 563,
564, 571, 573, 590, 591, 595, 599,
600, 601, 604, 605, 612, 665, 666,
675, 683, 693, 698, 699, 700, 701,
702, 706, 712, 713, 739, 744
fanático(s), 39, 40, 44, 45, 46, 47, 51,
59, 62, 79, 84, 86, 101, 126, 204,
229, 247, 249, 279, 301, 350, 407,
417, 421, 422, 432, 436, 467, 501,
502, 507, 543, 549, 577, 591, 605,
612, 669, 728, 739, 742
fariseos, 41, 104, 105, 118, 243, 261,
293, 443
fe en Cristo, 9, 13, 31, 35, 84, 86, 87,
94, 95, 117, 118, 119, 121, 126, 129,
130, 138, 150, 154, 160, 163, 164,
177, 178, 179, 180, 181, 182, 183,

ÍNDICE

184, 185, 186, 189, 190, 191, 182,
193, 194, 195, 198, 201, 203, 208,
209, 212, 229, 233, 237, 240, 241,
261, 262, 265, 270, 275, 280, 281,
288, 290, 292, 296, 297, 299, 305,
316, 317, 322, 328, 340, 341, 355,
396, 409, 410, 430, 445, 480, 531,
540, 542, 564, 570, 571, 609, 620,
642, 647, 650, 653, 656, 659, 661,
711
fe es nuestra justicia en esta vida, 625
fe imperfecta como justicia perfecta, 290
fe infusa, 194, 335
fe justifica, 128, 173, 188, 192, 195, 294, 330, 338, 353, 356, 409, 453, 587, 608
fe sacrificando a la razón, 288
fe sin obras, 193, 204, 335, 623
fértil(es), 534, 535, 536, 537, 539, 541
filosofía, 317, 321, 323, 324, 325, 326, 329
filósofos papales, 356, 381
filósofos religiosos, 325, 332
Francia, 240
franciscanos, 656, 711
Francisco, 186, 554, 575, 648, 712, 713
fuerza de voluntad, 188, 227, 332, 384, 458, 589

G

gentiles, 15, 16, 43, 47, 58, 87, 95,
106, 111, 112, 113, 115, 117, 118,
119, 120, 121, 123, 124, 126, 129,
133, 138, 140, 141, 142, 144, 145,
148, 149, 150, 151, 152, 153, 159,
160, 162, 163, 261, 262, 263, 264,
266, 269, 278, 286, 299, 300, 305,
308, 323, 344, 351, 352, 361, 376,
433, 436, 437, 481, 485, 487, 497,
498, 506, 507, 508, 512, 515, 516,
545, 548, 595, 601, 657, 709, 712,
714
Georg Rörer, 9
gracia, 15, 18, 19, 25, 27, 29, 30, 31,
32, 33, 34, 35, 44, 52, 54, 55, 56,
60, 61, 64, 69, 70, 72, 73, 74, 75,
79, 81, , 82, 83, 87, 88, 89, 94, 95,
99, 100, 102, 106, 107, 108, 109,
110, 124, 131, 139, 140, 143, 144,
152, 153, 155, 157, 161, 164, 165,
166, 167, 168, 169, 170, 171, 172,
174, 179, 180, 185, 189, 191, 192,
193, 195, 198, 200, 201, 202, 203,
204, 205, 207, 208, 211, 212, 213,
215, 2016, 219, 221, 224, 225, 226,
228, 230, 232, 233, 234, 235, 236,
237, 238, 239, 240, 244, 251, 252,
254, 256, 257, 261, 264, 267, 272,
275, 280, 287, 292, 293, 297, 298,
390, 391, 401, 404, 406, 407, 410,
411, 412, 412, 415, 419, 420, 421,
426, 430, 433, 440, 441, 442, 446,
456, 457, 459, 461, 462, 463, 469,
471, 474, 479, 480, 487, 488, 489,
490, 493, 496, 498, 501, 507, 524,
528, 537, 539, 540, 542, 543, 544,
552, 555, 561, 562, 570, 571, 572,
574, 575, 576, 582, 585, 587, 590,
591, 604, 608, 625, 647, 651, 656,
659, 667, 675, 689, 701, 711, 712,
714, 715, 732, 739
griego, 10, 11, 115, 122, 131, 137,
185, 432, 433, 415, 474, 509, 552,
743

H

Habacuc, 296, 334, 337
hacedores de la ley, 259, 313, 314, 317, 318, 321, 323, 341, 342, 369, 376, 563
Haz lo que hay en ti, 225
Hechos de los Apóstoles, 260, 262, 264
herederos, 179, 233, 367, 368, 374, 375, 430, 436, 437, 440, 477, 479, 488, 529, 533, 536, 537, 538, 542, 552, 646
herejes, 33, 39, 42, 59, 60, 87, 103, 127, 138, 253, 411, 457, 471, 482, 529, 548, 549, 551, 552, 576, 577, 602, 613, 614, 648, 649, 656, 658, 691, 692
herencia, 18, 105, 300, 301, 303, 368, 374, 375, 410, 437, 440, 442, 444, 456, 476, 477, 478, 479, 481, 529, 533, 535, 539, 542, 543, 548, 552, 556
hijas de Dánao, 493
hijos, 36, 52, 77, 94, 119, 141, 162, 163, 170, 179, 190, 196, 198, 230, 233, 242, 243, 250, 274, 276, 294, 295, 296, 299, 301, 302, 303, 305, 309, 311, 365, 375, 382, 385, 397, 430, 431, 434, 436, 437, 451, 455, 456, 462, 475, 477, 480, 484, 488, 505, 520, 522, 524, 525, 526, 527, 529, 530, 531, 533, 534, 536, 537, 538, 539, 541, 542, 543, 548, 550, 552, 554, 555, 556, 598, 619, 637, 640, 646, 712
hipérbole, 588, 589
hombre viejo, 30, 31, 218, 476
Homero, 364

I

Iglesia militante, 531, 532
Iglesia triunfante, 42, 531, 532
Imperio romano, 240, 544, 545
imputación, 177, 178, 287, 288, 291, 292, 294, 304, 305, 306, 322
incircuncisión, 135, 140, 141, 142, 145, 585, 587, 707, 708, 709, 710, 711
infértil, 525, 535, 536, 537, 539, 552, 555
Ireneo, 499
Isaac, 157, 184, 295, 296, 375, 476, 524, 525, 526, 527
Isaías, 322, 344, 346, 362, 534, 538, 542, 543, 586
Ismael, 134, 296, 375, 524, 526, 527, 528, 533, 538, 539, 542, 544, 548
israelitas, 41, 241

J

Jenofonte, 165, 433
Jeremías, 150, 365, 382, 418, 574
Jerónimo, 52, 80, 98, 105, 106, 112, 114, 115, 123, 132, 148, 151, 152, 154, 165, 234, 309, 313, 341, 343, 357, 385, 499, 506, 524, 553, 554, 555
Jerusalén, 51, 97, 98, 106, 112, 113, 114, 115, 119, 120, 121, 125, 126, 141, 146, 153, 154, 261, 263, 529, 530
Jerusalén de arriba, 531, 532
(Jerusalén) no es Sara, 530, 533
Job, 150, 249, 269, 418, 518
Jonás, 150, 269
Judas, 47, 134, 317, 318, 416, 420, 550, 608

judío(s), 15, 33, 34, 41, 54, 57, 58, 59, 87, 89, 93, 95, 105, 111, 114, 118, 120, 121, 122, 123, 124, 140, 141, 142, 148, 149, 151, 152, 155, 156, 159, 162, 163, 167, 174, 186, 194, 261, 262, 263, 264, 266, 286, 294, 295, 298, 299, 300, 302, 303, 305, 306, 308, 311, 357, 358, 361, 362, 368, 369, 377, 403, 404, 406, 408, 423, 430, 432, 433, 434, 435, 436, 437, 474, 481, 482, 484, 485, 498, 507, 512, 515, 516, 517, 524, 527, 529, 536, 544, 545, 548, 552, 571, 573, 587, 596, 601, 615, 685, 699, 700, 790, 712

juez, 32, 64, 69, 70, 71, 92, 135, 136, 176, 203, 237, 231, 251, 235, 236, 287, 341, 344, 345, 426, 449, 454, 466, 473, 481, 492, 518, 567, 292, 599, 617, 653, 688

Julio César, 247

justicia activa, 29, 30, 31, 32, 33, 34, 35, 646

justicia cristiana, 27, 28, 29, 31, 32, 33, 34, 160, 170, 174, 216, 230, 241, 253, 281, 287, 289, 290, 292, 348, 374, 448, 482, 483

justicia de Cristo, 29, 34, 41, 49, 50, 72, 189, 190, 197, 220, 233, 407, 432, 578, 611, 630, 738, 742

justicia de Dios, 49, 209, 230, 260, 314, 315, 331, 345, 357, 486, 490, 738

justicia de la carne, 77, 89, 275, 309, 373, 443, 700

justicia de la fe, 28, 36, 39, 111, 137, 143, 154, 164, 165, 181, 192, 258, 285, 289, 293, 299, 303, 314, 333, 338, 378, 422, 482, 527, 537, 542, 553, 562, 601, 636

justicia de la gracia, 29, 34, 88, 89, 207, 230

justicia de la ley, 28, 31, 32, 33, 34, 86, 88, 89, 104, 105, 111, 122, 154, 157, 161, 162, 164, 189, 206, 207, 224, 228, 230, 232, 234, 237, 239, 240, 245, 253, 257, 260, 261, 263, 273, 279

justicia de las obras, 11, 283, 314, 331, 332, 333, 340, 351, 355, 413, 527, 535, 553, 554, 566, 576, 604, 650

justicia del Evangelio, 157

justicia formal, 170, 173

justicia pasiva, 28, 29, 32, 33, 35, 36, 646

justicia propia, 15, 29, 62, 122, 239, 245, 253, 258, 379, 382, 384, 387, 412, 517, 650, 703, 734, 735

justificación, 10, 11, 14, 30, 33, 49, 51, 57, 58, 59, 74, 92, 100, 121, 123, 124, 136, 147, 153, 154, 162, 164, 165, 166, 169, 172, 171, 172, 173, 201, 204, 209, 218, 219, 224, 229, 233, 259, 265, 266, 274, 275, 280, 281, 282, 289, 299, 306, 307, 313, 314, 321, 323, 327, 329, 339, 342, 347, 351, 360, 373, 379, 386, 388, 389, 400, 410, 439, 445, 446, 448, 454, 495, 498, 543, 547, 556, 573, 576, 577, 587, 588, 592, 594

justificación por la ley, 572

justificado(s), 276, 277, 280, 293, 300, 301, 313, 314, 315, 318, 321, 338, 340, 348, 351, 359, 374, 375, 376, 379, 381, 400, 422, 428, 431,

433, 443, 444, 490, 534, 540, 541, 542, 552, 556, 561, 562, 572, 574, 626
justificado(s) en Cristo, 188, 198
justificado(s) por Cristo, 188, 193, 194, 262, 286, 290, 310, 322, 341, 342
justificado(s) por la fe, 295, 298, 303, 310
justificado(s) por la ley, 188, 204, 206, 221, 255, 257, 274, 295, 300, 313, 342, 370, 417, 422, 489, 490, 537, 566
justificar, 148, 163, 165, 170, 182, 186, 194, 204, 208, 210, 225, 238, 261, 265, 275, 300, 315, 320, 339, 340, 371, 375, 378, 379, 387, 396, 407, 421, 426, 444, 535, 562, 570, 573, 586

K
kenodoxia, 664
Kraus de Halle, 251

L
la ley es buena, santa y justa, 183, 192, 234, 311, 378, 385
la sola fe justifica, 188, 330, 338, 353, 409, 453, 537
legalistas, 55, 187, 198, 198, 236, 286, 287, 311, 367, 384, 410, 422, 485, 491, 552, 570
legislador, 35, 69, 111, 155, 172, 176, 189, 195, 198, 231, 232, 324, 426, 431, 449, 450, 454, 567, 593
levadura, 428, 594, 595, 596, 597, 605
ley ceremonial, 164, 165, 174, 184, 206, 234, 259, 406, 409, 455
ley de Dios, 29, 60, 83, 87, 16, 111, 118, 155, 183, 184, 186, 188, 190, 197, 238, 255, 258, 309, 312, 351, 378, 383, 384, 395, 406, 409, 427, 434, 443, 455, 475, 489, 495, 498, 515, 535, 562, 567, 626, 641, 733
ley de Moisés, 62, 82, 105, 116, 119, 120, 151, 192, 201, 204, 205, 228, 240, 259, 263, 269, 280, 344, 346, 358, 363, 445, 449, 487, 498, 541, 572, 575, 583, 619, 708
ley moral, 184, 259, 406, 455, 535, 539, 540, 542, 575
ley y gracia, 191, 192
Líbano, 436
libertad cristiana, 151, 422, 538, 556, 557, 560, 561, 566, 608, 610, 611, 634
libre albedrío, 55, 74, 94, 97, 108, 165, 166, 167, 184, 186, 202, 227, 272, 332, 379, 397, 406
lugar santísimo, 441
lunas nuevas, 498

M
Macario, 246, 250
macedonios, 61
maldición 77, 90, 91, 92, 126, 138, 179, 200, 213, 275, 293, 294, 308, 309, 310, 311, 312, 313, 315, 316, 318, 319, 232, 331, 333, 340, 341, 342, 343, 344, 345, 346, 347, 349, 350, 351, 352, 353, 354, 355, 356, 357, 358, 359, 360, 361, 362, 363, 367, 374, 385, 399, 408, 409, 410, 411, 425, 442, 447, 545, 456, 459, 465, 484, 528, 533, 535, 539, 540,

ÍNDICE

568, 604, 605, 606, 609, 623, 668, 669, 678, 687, 697
Maldito aquel amor, 597
mandamientos de Dios, 28, 67, 190, 192, 197, 225, 233, 312, 329, 382, 425, 453, 554, 612, 616
maniqueos, 620
María, 203, 272, 285, 328, 329, 344, 355, 448, 554, 645
Marta, 272
matar la razón y creer en Cristo, 289
mediador, 46, 70, 176, 177, 185, 256, 290, 336, 359, 360, 392, 393, 394, 396, 397, 398, 399, 400, 401, 402, 404
Mediador, 36, 57, 58, 59, 69, 70, 183, 184, 232, 251, 293, 294, 335, 392, 393, 471, 651, 653
mérito que me pone de acuerdo, 167
méritos congrui et condigni, 267
méritos de condigno, 229, 236, 372
méritos de congruo, 168, 170, 174, 175, 176, 179, 180, 229, 237, 238, 361, 372
Mesías, 15, 163, 267, 404, 571
ministerio, 19, 42, 43, 44, 47, 48, 50, 53, 90, 96, 97, 98, 111, 114, 116, 126, 133, 140, 144, 149, 195, 196, 198, 200, 248, 276, 282, 386, 426, 443, 446, 447, 489, 499, 516, 521, 532, 534, 536, 609, 611, 665, 669, 671, 683, 684, 685, 686, 687, 688, 689, 692, 694, 695
ministro de la palabra, 47, 48, 499, 521, 532, 534, 536, 609, 665, 666, 669, 687, 688

ministro de pecado, 189, 190, 192, 193, 195, 198, 204, 220, 254, 255
misa, 62, 74, 107, 166, 179, 180, 181, 186, 203, 233, 255, 280, 281, 351, 376, 649, 654, 692, 705
Moisés, 31, 35, 49, 52, 54, 58, 62, 69, 81, 82, 83, 84, 87, 105, 110, 113, 116, 119, 120, 134, 149, 151, 155, 157, 162, 185, 189, 190, 191, 192, 194, 195, 197, 198, 199, 120, 134, 149, 151, 155, 157, 162, 185, 189, 190, 191, 192, 194, 195, 197, 198, 199, 200, 201, 204, 205, 228, 231, 240, 259, 263, 265, 268, 269, 280, 284, 300, 308, 312, 313, 318, 319, 322, 323, 343, 344, 346, 357, 358, 359, 360, 363, 364, 735, 383, 386, 388, 390, 392, 393, 394, 395, 396, 397, 398, 399, 400, 402, 412, 423, 433, 435, 436, 440, 445, 446, 449, 545, 466, 467, 468, 476, 486, 487, 490, 498, 524, 528, 530, 541, 571, 572, 575, 583, 616, 619, 676, 699, 700, 708, 709
Moisés a imagen de Cristo, 534
monjas, 64, 146, 255, 492, 653
monje agustino, 13
monjes, 17, 52, 57, 64, 65, 86, 101, 145, 150, 164, 167, 186, 187, 201, 202, 203, 238, 240, 255, 256, 270, 281, 286, 320, 356, 385, 391, 409, 426, 443, 448, 469, 482, 484, 491, 492, 518, 532, 552, 570, 583, 615, 321, 630, 632, 633, 640, 645, 648, 649, 650, 651, 653, 659, 705, 710, 711, 712, 713
monte Sinaí, 100, 381, 383, 384, 385, 387, 392, 393, 396, 397, 527,

528, 529
Münzer, 724, 726, 727, 728
murallita de bronce, 182
musulmanes, 57, 59, 64, 194, 198, 351, 449, 558, 657

N

Naamán, 268
nación judía, 88, 302, 437, 515, 601
naturaleza divina, 328, 339, 448, 455
necedad, 44, 58, 72, 176, 237, 243, 244, 440, 612, 706
Nínive, 269
(no somos) justificados por el amor, 585
novio, 183, 659
nueva criatura, 707, 708, 709, 710, 711
Nuevo Testamento, 193, 292, 305, 365, 649

O

obras de la carne, 245, 629, 639, 643, 650, 652, 654, 655, 656, 657, 658, 662, 663, 726, 739
obras supererogatorias, 255, 256, 406
Ockham, 171
Oh papa, besaría tus pies, 282
oír de la fe, 117, 258, 269, 271, 272, 273, 284
orden religiosa, 168, 186, 188, 203
Orígenes, 163, 234, 341, 524

P

pacto, 163, 238, 269, 301, 364, 369, 392, 393, 527, 528, 529, 530, 536, 537, 655, 700
padre de muchas naciones, 299, 300, 302, 303
Pafnucio, 154
papa, 16, 28, 34, 42, 57, 78, 83, 86, 87, 92, 93, 101, 103, 104, 105, 107, 113, 118, 126, 128, 130, 131, 136, 137, 138, 139, 142, 143, 146, 156, 166, 170, 171, 173, 174, 176, 179, 181, 185, 190, 191, 201, 205, 210, 227, 234, 236, 279, 281, 282, 283, 300, 306, 320, 323, 326, 334, 335, 337, 343, 346, 350, 351, 355, 361, 378, 395, 422, 446, 455, 460, 466, 469, 471, 472, 475, 482, 495, 496, 501, 535, 545, 546, 556, 574, 579, 603, 604, 608, 609, 632, 656, 677, 692, 699, 700, 708, 723, 728, 729
papa Gregorio, 677
papado, 45, 51, 63, 73, 135, 168, 175, 180, 202, 255, 257, 269, 270, 274, 280, 281, 282, 310, 373, 406, 459, 460, 470, 473, 489, 491, 545, 553, 554, 614, 620, 623, 647, 649, 653, 655, 657, 666, 680, 690, 723, 728, 729
papistas, 11, 17, 18, 28, 31, 33, 34, 59, 64, 86, 92, 103, 104, 110, 118, 122, 127, 129, 154, 168, 170, 177, 180, 187, 190, 204, 206, 229, 230, 255, 264, 270, 274, 292, 305, 311, 352, 367, 378, 384, 397, 406, 407, 410, 417, 420, 426, 449, 453, 454, 457, 459, 467, 471, 482, 498, 507, 509, 517, 548, 549, 550, 551, 552, 553, 554, 561, 564, 565, 574, 575, 576, 630, 631, 651, 652, 654, 657, 674, 686, 695, 702, 708, 723, 729, 744

Pascua, 205, 498, 499, 541
paz con Dios, 55, 184, 532
paz de Dios, 56
Pelagio, 272
penitencia, 253, 372, 569
perdón de los pecados, 27, 36, 94, 102, 120, 150, 167, 179, 186, 187, 271, 293, 375, 385, 388, 477, 531, 548, 559, 576, 632, 640, 650, 673, 701
plenitud de los tiempos, 440
poder de Cristo, 252, 466, 467, 508, 707
poder de la voluntad, 174
poder del pecado, 63, 65, 374, 443, 446, 447
Pomponio, 165, 433
Pontífice, 177, 282, 465, 471, 517, 518, 660, 712
pontífice romano, 126, 499, 558
Porfirio, 112, 114, 115, 143, 146, 147, 160
presencia corporal de Cristo en la Cena, 280
primicias del Espíritu, 288, 322, 360, 429, 479, 556, 578, 629
principios elementales, 22
propter Christum, 165, 173, 178, 292, 340, 342, 462, 468, 475, 484, 520, 528, 559, 560, 638, 651

R

razón, 14, 15, 28, 39, 49, 55, 57, 60, 62, 65, 70, 75, 80, 83, 86, 87, 96, 100, 102, 105, 112, 114, 123, 126, 127, 128, 130, 133, 146, 148, 152, 154, 155, 158, 161, 163, 177, 178, 186, 196, 199, 204, 205, 207, 208, 210, 213, 219, 225, 226, 227, 228, 231, 238, 239, 249, 257, 267, 271, 272, 273, 274, 282, 285, 286, 287, 288, 289, 291, 292, 293, 297, 300, 301, 306, 307, 310, 317, 324, 325, 328, 329, 330, 331, 332, 333, 353, 354, 356, 360, 374, 376, 378, 389, 396, 397, 398, 401, 404, 418, 419, 421, 428, 447, 450, 457, 476, 583, 584, 594, 595, 599, 605, 606, 607, 613, 614, 617, 636, 642, 249, 653, 654, 655, 665, 670, 688, 693, 699, 703, 708, 713, 714, 733, 734, 739, 741
razón humana, 28, 62, 65, 171, 204, 226, 238, 325, 331, 378, 535, 562, 613, 614, 616, 617
recabitas, 365
redención, 16, 32, 110, 176, 203, 231, 332, 333, 334, 350, 355, 369, 441, 446, 451, 465, 592, 647, 715
remisión de pecados, 29, 39, 55, 59, 63, 74, 122, 150, 161, 166, 169, 174, 177, 178, 200, 208, 223, 256, 282, 297, 324, 340, 364, 382, 408, 412, 415, 419, 426, 432, 459, 528, 541, 553, 561, 621, 625, 643, 647, 650, 662, 676, 689
residuos, 177, 244, 290, 322, 342, 355, 441, 4558, 636, 638, 641, 651
restos de pecado, 288
resurrección, 49, 50, 52, 130, 206, 207, 208, 216, 240, 282, 436, 450, 469, 477, 516, 565, 576, 646
retórica, 132, 239, 241, 285, 354, 447, 452, 488, 490, 520, 581, 588, 589
Roma, 16, 51, 52, 114, 126, 509, 556, 630, 675, 693, 728, 742

Romanos, 43, 114, 176, 240, 283, 284, 373, 381, 499, 551, 552, 556
rudimentos, 440, 441, 443, 444, 445, 446, 447, 475, 479, 481, 487, 492, 494

S

sábados (días de reposo), 31, 101, 498
sabiduría, 13, 14, 19, 30, 32, 39, 48, 50, 55, 58, 59, 66, 68, 72, 73, 74, 89, 94, 102, 111, 156, 186, 192, 205, 207, 225, 239, 247, 252, 274, 285, 286, 289, 292, 325, 364, 378, 387, 401, 416, 431, 432, 433, 434, 451, 479, 482, 483, 542, 565, 582, 592, 598, 602, 639, 642, 647, 655, 664, 682, 685, 703, 706, 708, 709, 710, 732
sacerdotes, 64, 104, 146, 181, 255, 517, 518, 565, 601, 615, 691, 694
sacramentarios, 229, 250, 480, 514, 595, 597, 600, 620, 673, 379, 723
sacramentos, 36, 46, 52, 53, 54, 78, 107, 108, 181, 281, 282, 283, 305, 429, 473, 531, 532, 566, 595, 646, 647, 652, 656, 668, 673, 674, 685, 686, 724, 737
sacrificio de la tarde y sacrificio de la mañana, 292
sacrificio diario, 292
Sajonia, 246
salir de la cama, 447
Salmos, 346, 376, 396, 418, 637, 645, 659
Salomón, 149, 470, 472
salvación, 32, 35, 36, 40, 48, 57, 60, 66, 67, 75, 81, 82, 87, 102, 105, 108, 109, 115, 124, 126, 127, 128, 129, 131, 132, 141, 149, 153, 161, 169, 176, 179, 180, 184, 199, 200, 201, 201, 211, 213, 218, 219, 237, 255, 256, 261, 263, 264, 278, 283, 295, 298, 301, 305, 306, 319, 359, 374, 375, 377, 384, 388, 389, 407, 408, 410, 415, 419, 426, 428, 432, 434, 435, 469, 491, 493, 495, 496, 510, 512, 516, 519, 544, 552, 554, 561, 564, 566, 567, 576, 587, 593, 597, 605, 606, 610, 616, 617, 622, 635, 637
sana doctrina, 36, 45, 46, 47, 80, 115, 281, 500, 501, 518, 520, 590, 591, 698
Santa Sede, 283, 728
santidad, 32, 48, 52, 53, 62, 65, 67, 69, 72, 73, 94, 107, 108, 150, 163, 186, 189, 217, 236, 255, 256, 276, 283, 320, 331, 354, 356, 357, 383, 385, 393, 409, 411, 412, 425, 433, 458, 469, 471, 481, 484, 485, 519, 522, 523, 5234, 596, 570, 571, 605, 613, 621, 622, 630, 640, 646, 647, 648, 648, 650, 651, 655, 656, 657, 679, 682, 700, 706, 710, 711, 732
Sara, 284, 285, 525, 526, 527, 528, 529, 530, 531, 533, 534, 535, 537, 538, 539, 551
sarcasmo, 93, 237, 239, 245, 253, 258, 276, 380, 397, 412, 413, 544, 699
se nos imputa justicia, 288
Sé tú ese Pedro, 347
sectarios, 19, 42, 84, 86, 204, 281, 282, 283, 305, 311, 417, 420, 457, 460, 466, 489, 501, 502, 507, 519,

550, 551, 558, 565, 591, 593, 603, 613, 614, 657, 671, 674, 686, 699, 723
seguridad, 51, 62, 96, 154, 173, 204, 215, 288, 345, 372, 388, 402, 407, 417, 427, 440, 459, 460, 472, 506, 513, 538, 552, 570
Señora Ley, 373
serpiente, 20, 209, 217, 243, 244, 247, 297, 305, 356, 379, 408, 409, 435, 436, 560, 566, 729
servirnos los unos a los otros en amor, 609
simiente,
sinécdoque, 141, 588, 589
Sísifo, 493
Sodoma y Gomorra, 52, 181, 593
sola fe, 9, 32, 35, 95, 117, 118, 119, 160, 176, 177, 182, 183, 184, 188, 190, 195, 201, 203, 206, 209, 212, 237, 261, 262, 265, 267, 275, 281, 287, 282, 295, 301, 323, 329, 330, 338, 340, 353, 377, 409, 415, 439, 446, 453, 455, 477, 537, 543, 587, 588, 589, 608, 689, 711, 738, 739
sola gracia, 15, 55, 57, 87, 94, 139, 446, 542, 669
solo Cristo, 155, 209, 232, 293, 446, 476
Staupitz, 102, 155
stimulus carnis, 509
su justicia es tu justicia, 291
sucesión apostólica, 282
Suetonio, 247
Supererogación, 554

T

teatro de buenas obras, 230

teología cristiana, 57, 331, 401, 402, 447, 739
teología de los escolásticos, 170
testador, 366, 367
testamento (humano), 364, 366, 367, 368, 439
tiempo de la ley, 418, 419, 420, 421, 440, 448, 449
Tolomeo, 528
tonsura, 131, 132, 228, 229
transcripción, 10, 741, 742
trono de gracia, 251, 442, 625
tropiezo de la cruz, 602
tu justicia no se apoya en lo visible ni en lo que puedas sentir, 578
tu pecado es su pecado, 291
tutor, 135, 375, 376, 407, 423, 424, 425, 428, 432, 440, 441, 451, 452, 618, 621, 690

U

ustedes los jóvenes, 232

V

velo, 134, 135, 303, 397, 398, 399, 640
verdadera Iglesia, 535
verdadero arrepentimiento, 175
victoria, 49, 56, 60, 61, 125, 167, 184, 193, 212, 217, 220, 240, 249, 276, 281, 206, 648, 350, 353, 385, 391, 419, 436, 450, 452, 510, 565, 580, 633, 642, 646, 648, 652
victoria de Cristo, 167, 353, 450
vida contemplativa, 356
Vida de César, 247
Vidas de los Padres, 197, 246, 646, 679

Vulgata, 19, 31, 32, 134, 181, 185, 200, 278, 350, 390, 576, 742

W
Weimar, edición de, 718, 740
Wittenberg, 9, 11, 40, 52, 78, 691, 717, 724, 742, 743, 744

Y
yugo de la ley, 117, 447, 451, 563, 616

Z
zorros atados juntos por la cola, 18
Zuinglio, 41, 123, 185, 248, 717, 720, 722, 724, 737

www.ingramcontent.com/pod-product-compliance
Lightning Source LLC
Chambersburg PA
CBHW031152020526
44117CB00042B/230